D1618361

hänssler

cLv

Für Dottie:

Meinen Schatz, meine beste Freundin und meine Frau.

Ohne ihre Geduld, Liebe, Ermutigung und konstruktive Kritik hätte dieses Projekt niemals vollendet werden können.

Josh McDowell

Die Fakten des Glaubens

Die Bibel im Test.

Fundierte Antworten auf herausfordernde Fragen an Gottes Wort

Josh McDowell, ein in christlichen Kreisen international bekannter Redner und Buchautor, ist langjähriger Mitarbeiter der Studentenarbeit in Amerika (Campus Crusade for Christ – »Campus für Christus«). Er hat am Wheaton College und Talbot Theological Seminary studiert und dort seine akademischen Grade erworben. Inzwischen hat er mehr als 45 Bücher geschrieben. Er ist verheiratet und hat vier Kinder.

Adressen von »Campus für Christus« im deutschsprachigen Raum:

Deutschland
Campus für Christus
Am Unteren Rain 2
D – 35394 Gießen
Tel.: 0641-975180
Fax: 0641-9751840
E-Mail: Info@Campus-D.de

Österreich
AGAPE Österreich
Weisslhofweg 6
A – 5400 Hallein
Tel.: 06245-76012
Fax: 06245-760124
E-Mail: Office@AgapeOesterreich.at

Schweiz
Campus für Christus
Josefstr. 206
CH – 8005 Zürich
Tel.: 01-2748484
Fax: 01-2748483
E-Mail: Info@cfc.ch

Hänssler
Bestell-Nr. 393.689
ISBN 3-7751-3689-4

CLV
Internet: www.clv.de
Bestell-Nr. 255.632
ISBN 3-89397-632-9

Originaltitel: The new evidence that demands a verdict
Übersetzung: Friedhilde Horn, Dirk Wilke

Internet: www.haenssler.de
E-Mail: info@haenssler.de
Die Bibelstellen sind nach der Schlachter-Übersetzung,
© Copyright by Genfer Bibelgesellschaft, CH-1028 Préverenges,
zitiert.
Umschlaggestaltung: Ingo C. Riecker
Titelbild: Mauritius. Die Bildagentur
Satz: CLV
Druck und Bindung: Ebner & Spiegel, Ulm
Printed in Germany

Inhaltsverzeichnis

Vorwort 11

Einleitung 13

Praktische Hinweise für den Leser – von Bill Wilson 17

Erklärungen zum Layout 21

Danksagungen 23

Er veränderte mein Leben 25
Wie eine Beziehung zu Jesus Christus das Leben des Autors veränderte.

Einführung 33
Glaube beruht auf Fakten. Ein intelligenter Glaube. Falsche Vorstellungen vom Christentum. Weltbilder hinter den falschen Vorstellungen.

Teil I: Die Beweise für die Bibel 71

Kapitel 1: Die Einzigartigkeit der Bibel 73
Ein intelligenter Mensch, der nach Wahrheit sucht, wird sicher ein Buch lesen und sich damit auseinander setzen, das die historischen Qualifikationen der Bibel besitzt, deren Einzigartigkeit die Heilige Schrift über jedes andere jemals geschriebene Buch erhebt.

Kapitel 2: Wie wir die Bibel bekommen haben 93
Verwendete Materialien. Bibeleinteilungen. Warum gerade 39 alttestamentliche Bücher? Was sind die Apokryphen? Warum gehören nicht noch andere Bücher zur Heiligen Schrift?

Kapitel 3: Ist das Neue Testament historisch zuverlässig? 117
Alle antike Literatur unterliegt bestimmten Kriterien im Hinblick auf ihre Glaubwürdigkeit. Wie sieht es vergleichsweise damit beim Neuen Testament aus? Archäologische Funde bestätigen das Neue Testament.

Kapitel 4: Ist das Alte Testament historisch glaubwürdig? 171
Bibliografischer Test. Innerer Indizienbeweis-Test. Archäologisches Beweismaterial demonstriert die Zuverlässigkeit des Alten Testamentes.

Vorwort

Ist das Christentum glaubwürdig? Gibt es eine intellektuelle Grundlage für den Glauben an Jesus Christus als den Sohn Gottes?

Gelehrte aus allen Jahrhunderten würden ebenso wie Millionen von Studenten und älteren Erwachsenen eine solche Frage mit einem uneingeschränkten »Ja« beantworten. Und genau darum geht es auch in dem neuen Buch von Josh Dowell: *The New Evidence That Demands a Verdict*.

Seit 1964 hat Josh McDowell als Reisesekretär für »Campus für Christus International« gearbeitet. Mehr als sieben Millionen Studenten und Professoren in über siebenhundert Hochschulen in vierundachtzig Ländern der Erde haben Informationen über den christlichen Glauben, Ermutigung, Hilfe und Herausforderung durch sein anregendes Lehren und sein persönliches Zeugnis erfahren. Seine Erfahrung im Reden auf Studententreffen, kleinen und großen Kundgebungen, Vorträgen in Lehrsälen und vielen Beratungsgesprächen und Debatten, sein *magna cum laude*-Abschlussexamen am Talbot Theological Seminary sowie seine ausgedehnten Untersuchungen des historischen Materials im Hinblick auf den christlichen Glauben qualifizieren Josh dazu, mit Autorität über die Glaubwürdigkeit des Christentums zu sprechen und zu schreiben.

Ein Gesetzeslehrer fragte einst Jesus: »Meister, welches ist das größte Gebot im Gesetz?« Und Jesus antwortete darauf: »Du sollst den Herrn, deinen Gott, lieben mit deinem ganzen Herzen und mit deiner ganzen Seele und mit deinem ganzen Denken. Das ist das erste und größte Gebot« (Mt 22,36-38). Gott schuf uns mit der Fähigkeit zu denken, uns Wissen anzueignen und die Wahrheit zu erkennen. *Gott will, dass wir unsern Verstand gebrauchen.*

Und der Apostel Petrus ermahnt seine Glaubensgeschwister: »… heiligt vielmehr Gott, den Herrn, in euren Herzen! Seid auch allezeit bereit zur Verantwortung gegenüber jedermann, der Rechenschaft fordert über die Hoffnung, die in euch ist« (1. Petr 3,15).

Aus diesem Grund betont die Arbeit von »Campus für Christus«, dass Christen angeleitet werden sollen, sich darin einzuüben, die Erfahrung des reich erfüllten Lebens zu machen, das allen denen offen steht, die ihr Vertrauen auf Jesus Christus setzen. Schulungseinrichtungen für verantwortliche christliche Leiter sowie für Laien zur Anleitung in evangelistischer Praxis, Seminare für Bibelarbeiten und andere Schulungsprogramme haben Hunderttausende in die Lage versetzt, überzeugende, historische und belegbare Begründungen für ihren Glauben an Jesus Christus anzugeben.

Während der fünfundfünfzig Jahre, in denen ich der akademischen Welt die gute Nachricht vom Erlöser zu vermitteln suchte, sind mir nur wenige Menschen begegnet, die aufrichtig diese Zeugnisse für den Glauben erwogen haben und dann doch leugneten, dass Jesus Christus der Sohn Gottes und der Erlöser der Menschen ist. Für mich erscheinen die Zeugnisse, die die Gottessohnschaft Jesu bestätigen, als überwältigend schlüssig für jeden aufrichtigen, sachlich denkenden Menschen, der sich auf der Suche nach Wahrheit befindet. Und trotzdem haben nicht alle – nicht einmal die Mehrheit derer, zu denen ich sprach – Jesus als Herrn und Erlöser angenommen. Und das geschah nicht deshalb, weil sie nicht hätten *glauben können* – sie *wollten* einfach nicht glauben!

Zum Beispiel kam ein brillant begabter, aber verlegener Psychiater nach Arrowhead Springs in meine Beratung. Er bekannte mir freimütig, dass er niemals bereit gewesen sei, ernsthaft die Ansprüche Christi für sein eigenes Leben in Betracht zu ziehen, weil er gefürchtet hätte, davon überzeugt zu werden und dann seinen Lebensstil ändern zu müssen. Andere bekannte Atheisten wie Aldous Huxley und Bertrand Russell lehnten es ab, sich mit den historischen Grundtatsachen bezüglich der Geburt, des Lebens, Lehrens, der Wunder und des Todes Jesu von Nazareth intellektuell auseinander zu setzen. Die es dennoch taten – wie z. B. C. S. Lewis, C. E. M. Joad oder Malcolm Muggeridge –, fanden die Aussagen so überzeugend, dass sie schließlich akzeptierten, dass Jesus Christus wirklich der ist, als den er sich ausgab – der Sohn Gottes und ihr eigener Erlöser und Herr.

Ein sorgfältiges und von Gebet begleitetes Durcharbeiten des Materials in diesem Buch wird den Leser in die Lage versetzen, die »Gute Nachricht« verständlich und überzeugend darzulegen. Doch zum Schluss noch ein Wort der Warnung: Gehen Sie nicht davon aus, dass der Mensch im allgemeinen intellektuelle Zweifel an der Gottheit Jesu Christi hat. Die Mehrheit aller Menschen in den meisten Kulturen brauchen nicht davon überzeugt zu werden, dass er Gott ist und dass sie ihn als ihren Erretter nötig haben. Ihnen muss vielmehr gesagt werden, wie sie ihn als Erlöser annehmen und ihm als ihrem Herrn folgen können.

Daher ist es der Christ selbst, der vom Lesen dieses neuen Buches den größten Nutzen haben wird. Es wird gleichzeitig Ihren eigenen Glauben an Christus stärken und Ihnen Material an die Hand geben, Ihren Glauben auf wirksamere Weise an andere weiter zu vermitteln.

»Dann spricht er [Jesus] zu Thomas: Reiche deinen Finger her und sieh meine Hände, und reiche deine Hand her und lege sie in meine Seite, und sei nicht ungläubig, sondern gläubig! Und Thomas antwortete und sprach zu ihm: Mein Herr und mein Gott! Jesus spricht zu ihm: Thomas, du glaubst, weil du mich gesehen hast; glückselig sind, die nicht sehen und doch glauben!« (Joh 20,27-29).

William R. Bright
Präsident und Gründer von
Campus Crusade for Christ International
Arrowhead Springs
San Bernardino, CA 92414

Einleitung

Was soll dieses neue Buch?

Es ist eigentlich kein Buch, sondern eine Sammlung von Ausarbeitungen für meine Vortragsreihen »Christentum: Schwindel oder Geschichte?«. Es herrscht tatsächlich ein Mangel an Dokumentation der historischen Grundlagen des christlichen Glaubens. Studenten, Professoren und Laien in der Kirche fragen oft: »Wie können wir das dokumentieren und in der Weitergabe des Glaubens benutzen, was Sie und andere uns lehren?«

Nachdem der erste Band von *The New Evidence That Demands a Verdict* veröffentlicht worden war, erhielt ich viele Anfragen von Studenten, Professoren und Pastoren mit der Bitte um Material, das sich auf die Quellentheorie und die Formkritik bezog. Studenten finden sich auf den Universitäten oft in Vorlesungen bei Professoren wieder, die auf eine völlig einseitige Sicht festgelegt sind. Diese Studenten sind dann am Ende wegen ihres mangelnden Hintergrundwissens weniger ausgebildet als vielmehr einer Art Gehirnwäsche unterzogen worden. Da sie aber keine Basis oder irgendwelche Quellen besitzen, aufgrund derer sie einen Gegenstandpunkt beziehen könnten zu dem, was man sie lehrt, sind sie oft einfach eingeschüchtert. Es besteht wirklich ein dringendes Bedürfnis, den »Absolutheitsansprüchen« so vieler Lehrbücher an den Universitäten an diesen beiden Punkten entgegenzuwirken. Aus diesem Grunde geben wir den zweiten Band *The New Evidence That Demands a Verdict* heraus.

Heute sind die Quellentheorie und die Formkritik zwar etwas aus der Mode gekommen. Aber viele der dort aufgestellten Regeln werden auch heute noch von den Professoren in den Universitäten und Colleges »nachgeplappert«. Und mehr noch, diese falschen Prinzipien bilden oft den Ausgangspunkt für Untersuchungen der Bibelkritiker – solche Dozenten, die Seminare über Jesus anbieten, oder solche Professoren, die Vorlesungen über biblische Themen halten. Diese neue Ausgabe bringt die Diskussion jetzt auf den neusten Stand.

Warum nun diese revidierte Ausgabe?

Seit der ersten Auflage im Jahr 1972 und ihrer Überarbeitung im Jahr 1979 haben bedeutsame neue Entdeckungen stattgefunden, die die historischen Grundlagen für den christlichen Glauben noch weiterhin bestätigen. Z. B haben neue archäologische Funde zusätzliches Material für die Glaubwürdigkeit des Alten und des Neuen Testamentes erbracht.

Nichtsdestoweniger wurde unsere Kultur in den vergangenen zwanzig Jahren stark von der philosophischen Sichtweise, die man als Postmoderne bezeichnet, beeinflusst. Die Menschen von heute fragen, warum die Beweisführung für die Glaubwürdigkeit des christlichen Glaubens überhaupt notwendig oder wichtig ist. In unserm Land und weltweit hat sich ein Skeptizismus ausgebreitet, der dem irregeleiteten Denken solcher Projekte wie des »Jesus-Seminars« erlaubt, die Menschen im Hinblick auf die wahre Identität Jesu Christi zu verwirren und ihnen die Orientierung zu nehmen.

Es ist meine Hoffnung, dass mit der Bereitstellung der neuesten Informationen diese dritte Auflage von *The New Evidence That Demands a Verdict* Christen des 21. Jahrhunderts im Hinblick auf das Verstehen und Verteidigen der Grundlagen ihres Glaubens Vertrauen vermitteln wird.

Was kann man damit anfangen?

Dieses Buch soll meinen Schwestern und Brüdern in Christo helfen, Seminararbeiten zu schreiben, Vorträge und Bibelstunden vorzubereiten und sie bei Diskussionen und persönlichen Gesprächen mit Berufskollegen oder Nachbarn unterstützen, sodass sie ihre Überzeugung in Bezug auf Christus, die Bibel und die Relevanz des Christentums den Menschen des 21. Jahrhunderts vermitteln können.

Von einigen Studenten erhielten wir Reaktionen darauf, wie sie an ihren Universitäten mit diesem Stoff zurechtkamen.

Einer schrieb: »In meinem Seminar über Vortrag und Rede benutzte ich Ihre Ausarbeitungen, um meine drei Vorträge vor den Kurskollegen vorzubereiten. Der erste bezog sich auf die Glaubwürdigkeit der Heiligen Schrift, der zweite auf Jesus Christus und der dritte auf die Auferstehung.«

Ein anderer schrieb: »Ihre Dokumentationen haben vielen unter uns den Mut gegeben, in unsern Kursen öffentlich dazu Stellung zu nehmen … überall bekommen die Christen plötzlich mehr Mut.«

Und wieder ein anderer: »Ich benutzte Ihre Ausarbeitungen zur Vorbereitung für eine Ansprache innerhalb eines rednerischen Wettbewerbs. Ich habe den Wettbewerb gewonnen und werde die gleiche Ansprache noch einmal bei meiner Examensfeier halten. Vielen Dank, mein Bruder.«

Ein Professor äußerte sich so: »Ihr Buch hat mir eine Menge an Stoff vermittelt, nach dem ich für meinen Unterricht schon Ausschau gehalten hatte. Vielen Dank!«

Ein Pastor schrieb: »Die Erkenntnisse, die ich aus Ihrem Buch gewann, haben die nagenden Zweifel, die ich von meiner Seminarzeit her noch mit mir herumgetragen hatte, beseitigt.«

Ein Laie sagte: »Ihre Untersuchungen haben mir geholfen, den Stoff für den Sonntagsschulunterricht, den ich erteilen soll, richtig einzuschätzen.«

Und schließlich noch eine Bemerkung eines anderen Universitätsstudenten: »Wenn ich dieses Material im letzten Jahr schon zur Verfügung gehabt hätte, wäre ich in der Lage gewesen, fast allen negativen Behauptungen des Professors in meinem alttestamentlichen Kolleg eine begründete Antwort entgegenzusetzen.«

Achten Sie auf Ihre Einstellung

Unsere Motivation beim Umgang mit diesen Ausarbeitungen besteht darin, Jesus Christus zu ehren und ihn zu verherrlichen – nicht um in einer Debatte den Sieg davonzutragen. Die augenscheinliche Gültigkeit dieser Aussagen soll nicht dazu dienen, das Wort Gottes zu beweisen, sondern eine Basis für den Glauben zu schaffen. Wir sollten mit offenem und ehrfürchtigem Geist mit solchen apologetischen und die Glaubwürdigkeit unterstützenden Aussagen umgehen: »… heiligt vielmehr Gott, den Herrn, in euren Herzen! Seid auch allezeit bereit zur Verantwortung gegenüber jedermann, der Rechenschaft fordert über die Hoffnung, die in euch ist (und zwar) *mit Sanftmut und Ehrerbietung*« (1. Petr 3,15).

Wenn dieses Material sorgfältig durchgearbeitet und benutzt wird, kann das einen Menschen dazu motivieren, über Jesus Christus aufrichtig nachzudenken und ihn damit zur zentralen und vorrangigen Frage zu führen – nämlich zum Evangelium.

Wenn ich mit jemandem über Christus spreche, der ehrliche Zweifel hegt, biete ich ihm immer reichlich Information an, um seine Fragen zu beantworten. Danach versuche ich das Gespräch auf die Beziehung dieses Menschen zu Christus zu führen. Das Anbieten von sachlichen Beweisstücken und Aussagen zur Verteidigung des Glaubens sollte niemals Ersatz für die Vermittlung des Wortes Gottes, des Evangeliums sein.

Warum ist das Buch urheberrechtlich geschützt?

Das geschieht nicht, um seinen Gebrauch einzuschränken, sondern um es gegen Missbrauch zu schützen und die Rechte der Autoren und der Verlage zu wahren, die ich dabei zitiert und dokumentiert habe.

Und warum wird das Buch als Studien- und Nachschlagewerk herausgegeben?

Weil die Ausarbeitungen jeweils nur kurz umrissen und die Übergänge zwischen verschiedenen Konzepten nicht ausführlich gegeneinander abgegrenzt sind, hat man den größten Nutzen davon, wenn man die einzelnen Abschnitte durchdenkt und seine eigene Überzeugung entwickelt. Auf diese Weise wird das Gesagte zu Ihrer eigenen Botschaft und nicht ein Nachplappern anderer Leute.

Die reine Gliederung dieser Ausarbeitungen kann zu Missverständnissen einer Illustration oder eines Konzeptes führen. Seien Sie deshalb vorsichtig, wenn Sie in der einen oder anderen Weise Schlüsse ziehen, solange Sie etwas nicht klar verstanden haben. Beschäftigen Sie sich noch einmal eingehend damit und ziehen Sie andere Quellen zu Rate.

Eine Investition, die sich fürs ganze Leben lohnt

Empfehlungen von Büchern, die inhaltlich einen Bezug zu Teil 1 und 2 haben. Dies sind ebenso sehr brauchbare Bücher, um sie der Universitätsbibliothek zu spenden, oder benutzen Sie die Bücher-Liste als Vorschlag für die Neuanschaffungen an Ihrer Universitätsbibliothek.

- Archer, Gleason. *A Survey of Old Testament Introduction*. Moody Press.
- Bruce, F. F. *The Books and the Parchments*. Fleming Revell.
- Bruce, F. F. *The New Testament Documents: Are They Reliable?* InterVarsity Press.

- Geisler, Norman L. and William E. Nix. *A General Introduction to the Bible.* Moody Press.
- Henry, Carl (Hg.). *Revelation and the Bible.* Baker Book House.
- Kitchen, K. A. *Ancient Orient and Old Testament.* InterVarsity Press.
- Little, Paul. *Know Why You Believe*. InterVarsity Press.
- Montgomery, John Warwick. *History and Christianity*. InterVarsity Press.
- Montgomery, John Warwick. *Shapes of the Past.* Edwards Brothers.
- Pinnock, Clark. *Set Forth Your Case.* Craig Press.
- Ramm, Bernard. *Protestant Christian Evidences.* Moody Press.
- Smith, Wilbur. *Therefore Stand.* Baker Book House.
- Stoner, Peter. *Science Speaks*. Moody Press.
- Stott, John R. W. *Basic Christianity.* InterVarsity Press.
- Thomas, Griffith. *Christianity Is Christ*. Moody Press.

Die folgenden Bücher, die sich auf Teil III beziehen, möchte ich ebenfalls empfehlen:

- Cassuto, U. *The Documentary Hypothesis.* Magnes Press, The Hebrew University.
- Free. Joseph P. *Archaeology and Bible History*. Scripture Press.
- Guthrie, Donald. *New Testament Introduction*. InterVarsitiy Press.
- Harrison, R. K. *Introduction to the Old Testament.* Wm. B. Eerdmans Publishing Company.
- Kistemaker, Simon. *The Gospels in Current Study.* Baker Book House.
- Ladd, G. E. *The New Testament and Criticism.* Wm. B. Eerdmans Publishing Co.

Die folgenden Veröffentlichungen sind drei hervorragende Bücher zum Verständnis der Kritik des Neuen Testamentes:

- Marshall, Howard I. *Luke: Historian and Theologian*. Zondervan Publishing House.
- McNight, Edgar V. *What is Form Criticism?* Fortress Press.
- Perrin, Norman. *What is Redaction Criticism?* Fortress Press.

Das folgende ist ein hervorragendes Arbeitsbuch, um den Begriff »Formen« im Hinblick auf die Formkritik zu verstehen:

- Montgomery, Robert M. and Richard W. Stegner. *Auxiliary Studies in the Bible: Forms in the Gospels, 1. The Pronouncement Story.* Abingdon Press.

Praktische Hinweise für den Leser – von Bill Wilson

Eine Warnung vorab: Dies ist ein gefährliches Buch. Wenn Sie den Inhalt auf sich einwirken lassen, könnte das Ihr Denken ernsthaft verändern.

Falls Sie erwarten, dass das Buch eine harmlose Angelegenheit ist, ein Buch, mit dem man sich an den Kamin setzt und eine Tasse heiße Schokolade beim Lesen trinkt, dann sollten Sie sich die Sache lieber noch einmal überlegen. Wenn aber die Gedanken in Bewegung geraten, suchen Sie vielleicht nach einem Kuli und einem Block, um sich Notizen für die nächste Gelegenheit zu machen, wo Sie mit einem Freund über die Wahrheit der Guten Nachricht von Jesus Christus sprechen werden.

»Moment mal«, sagen Sie vielleicht, »ich und glaubwürdige Aussagen zu diesem Thema machen? Eigentlich wollte ich nur ein Buch lesen.« Nun, Sie müssen wissen, dass dies die persönlichen Ausarbeitungen Josh McDowells für seine Vorträge sind. Und wenn Sie dann die zwingenden Argumente erkennen, könnte es sein, dass Sie selbst auf diese Weise etwas davon weitergeben wollen. Die stärkste Motivation für Josh zur Materialsammlung für diesen erweiterten Band *Die Fakten des Glaubens* war sein Anliegen, andere Menschen dazu auszurüsten und mit entsprechenden dokumentierten Informationen zu versorgen. In dem revidierten und auf den neuesten Stand gebrachten Buch, das beide Bände umfasst, finden Sie mehr glaubwürdige Aussagen über die Grundlagen des christlichen Glaubens denn je zuvor.

Hier gibt es eine Menge an benutzerfreundlichem Material, für das Sie einige Zeit benötigen werden, um es zu verarbeiten. Falls Sie starke Herausforderungen lieben, und wenn Sie Ihren eigenen Glauben stärken und mit allen Fakten, die Sie nur erhalten können, bezeugen wollen, dann sollten Sie unbedingt jetzt mit dem Lesen beginnen und nicht mehr zurückschauen.

Sehr wahrscheinlich werden Sie verschiedene Informationen zu verschiedenen Zeiten und für verschiedene Zwecke brauchen. Als Laie, Hochschulstudent, Oberstufenschüler oder Christ im vollzeitlichen Dienst haben Sie vielleicht nur begrenzt Zeit zur Verfügung. Vielleicht haben Sie auch noch gar keine persönliche Beziehung zu Gott durch den Glauben an Jesus Christus und halten Ausschau nach Antworten auf Ihre eigenen Fragen. Wie auch immer Ihre Situation aussieht: ein paar Tipps für den Gebrauch des Buches können Ihnen vielleicht Zeit ersparen, um das spezielle Material sofort finden zu können, das Sie brauchen.

Wenn Sie bis heute noch keinen Zugang zum christlichen Glauben gefunden haben

Der Abschnitt »Er veränderte mein Leben« vor der Einführung könnte für Sie dann von größtem Interesse sein. Viele Menschen stellen heute die Frage: »Kann Jesus Christus mein Leben gerade jetzt verändern?« In diesen Anfangszeilen berichtet der Autor über den Einfluss, den Christus auf sein eigenes Leben ausgeübt hat. Der christliche Glaube ist eine aufregende Sache. Jesus übte nicht nur eine grundlegende Wirkung auf die Menschen seiner Zeit aus, wie historische Beweise zeigen. Er wirkt vielmehr heute noch lebensverändernd bei denen, die ihm vertrauen und ihm folgen.

Für alle Leser

Um sich im Stoff dieses Buches besser zurechtfinden zu können, sehen Sie sich das Inhaltsverzeichnis sorgfältig an, bevor Sie mit dem Lesen beginnen.

Der erste Teil beschäftigt sich vorwiegend mit der Glaubwürdigkeit der Bibel.

Teil 2 legt die historischen Anhaltspunkte und die unterstützenden Bezeugungen für die Behauptung Jesu dar, dass er göttlichen Ursprungs ist.

Der dritte Teil dagegen geht vor allem auf zwei historische Herausforderungen an den christlichen Glauben von seiten radikaler Bibelkritiker ein: 1. Die Quellenscheidungs-Hypothese (von vielen Wissenschaftlern in der Vergangenheit benutzt, um die Genauigkeit und die mosaische Urheberschaft der ersten fünf Bücher im Alten Testament zu leugnen). 2. Die Formkritik, die von vielen Gelehrten dazu benutzt wird, um die Gültigkeit der Berichte der Evangelien von Jesus zu leugnen – der vier ersten Bücher des Neuen Testaments.

Teil 4 umfasst einen gänzlich neuen Abschnitt, der folgenden Anliegen gewidmet ist: 1. Der Beweisführung, dass die Wahrheit erkennbar ist. 2. Den Antworten auf die unterschiedlichen Weltsichten. 3. Einer Verteidigung der Existenz von Wundern. 4. Der Beweisführung, dass die Geschichte erkennbar ist.

Jeder Christ, der mit andern Menschen über seinen Glauben spricht, wird sehr schnell die Erfahrung machen, dass bestimmte Fragen bezüglich des Christentums immer wieder vorkommen. Mit ein wenig grundsätzlicher Vorbereitung darauf werden Sie 90% dieser Fragen beantworten können.

Teil 1 und 2 dieses Buches beschäftigen sich mit folgenden häufig geäußerten Fragen und Einwänden:

- »Die Bibel unterscheidet sich nicht von irgendeinem anderen Buch.« (s. Kap.1, 3 u. 4)
- »Wie kann ich mich auf die Bibel verlassen, wenn sie selbst von der Kirche bis 350 Jahre nach der Kreuzigung Jesu nicht offiziell anerkannt war?« (s. Kap. 2, 3 u. 4)
- »Wir besitzen die Urschriften der biblischen Autoren nicht mehr. Wie können wir also wissen, ob das, was uns heute vorliegt, authentisch ist?« (s. Kap. 3 u. 4)
- »Wie kann ich an Jesus glauben, wenn alles, was wir von ihm wissen, von voreingenommenen christlichen Schriftstellern stammt?« (s. Kap. 5)
- »Jesus hat niemals den Anspruch erhoben, dass er Gott sei. Wie können die Christen behaupten, dass er es doch ist?« (s. Kap. 6-10)
- »Wie können die Christen sagen, dass Jesus leiblich aus dem Grab wieder auferstand? Man hat doch eine Menge möglicher natürlicher Erklärungen für dieses Phänomen vorgeschlagen.« (s. Kap. 9)

- »Was sagt die Archäologie über Ereignisse, von denen die Bibel berichtet?« (s. Kap. 3, 4 u. 13)
- »Wenn die Bibel wahr und Jesus wirklich Gott ist, was sollte das für mich für einen Unterschied machen?« (s. Kap. 11)

Teil 2, 3 und 4 beziehen sich auf folgende häufig geäußerte Fragen:

- »Viele Philosophen sagen, dass Wunder unmöglich sind. Was sagen Sie dazu?« (s. Kap. 12 und 39)
- »Viele Bibelkritiker sagen, dass die ersten fünf Bücher der Bibel nicht von Mose selbst geschrieben sind. Was sagen Sie dazu?« (s. Teil 3, Abs. II)
- »Mein Professor sagt, dass die Evangelien uns nur ein verzerrtes Bild der vagen Erinnerungen vermittelt, die die Christen des ersten Jahrhunderts von Jesus hatten. Was sagen Sie?« (s. Teil 3, Abs. III)
- »Ich höre die Vorlesungen über NT-Einleitung, aber es klingt nicht allzu gut und freundlich im Hinblick auf die Person Jesus Christus. Was ist damit los?« (s. Kap. 29)

Erklärungen zum Layout

Fußnoten: Um den Lesefluss nicht zu behindern, habe ich die bibliografischen Angaben als Kurzbeleg ans Ende des jeweiligen Kapitels gesetzt. Eine Bibliografie am Ende des Buches enthält dann die üblichen bibliografischen Informationen über die zitierten Werke.

In Fällen, wo eine Bezugnahme nicht in Anführungszeichen gesetzt ist (und auch nicht als Block-Zitat erscheint), stammen die Aussagen zwar aus dem angegebenen Werk, sind aber nicht wörtlich angeführt. »Ehre, wem Ehre gebührt.«

Abschnitts-Einteilung: Ich habe mich entschlossen, die dezimale Form der Gliederung zu verwenden:

1
1.1
1.1.1
1.1.1.1 usw.

Dies soll dem Leser helfen, bestimmte Hinweise im Text oder in den Fußnoten schneller zu finden.

Die Übersicht am Anfang jedes Kapitels entfaltet den groben Umriss seines Inhalts.

Biografische Skizzen: Am Ende des Buches finden Sie eine begrenzte Auswahl von Biografien der verschiedenen Autoren. Diese Skizzen erhellen den Hintergrund einiger der hier zitierten Autoren.

Danksagungen

Robert Mounce, Dekan des Potter College of Arts and Humanities in West-Kentucky, spricht von der Hingabe und der Vision als Voraussetzung für die Anstrengung, ein solches Buch zu schreiben:

> Die Aufgabe der Wissenschaft ist tatsächlich eine bescheidene Rolle, die eine gewaltige Hingabe erfordert. Meine eigenen persönlichen Gefühle gehen dahin, dass junge Männer mit der Gabe, begrifflich denken und wahrnehmen zu können, ermutigt werden sollten zu glauben, dass man Gott auch in der Einsamkeit eines Studierzimmers dienen kann – umgeben von den Früchten geistiger Arbeit.

Die Veröffentlichung irgendeines Buches erfordert die Bemühungen zahlreicher Menschen, von denen viele wichtige Rollen hinter den Kulissen spielen. Und das gilt besonders für dieses Buch mit seinen neuesten Überarbeitungen. Ich möchte mich bei folgenden Personen bedanken:

Das ursprüngliche wissenschaftliche Team, das den ersten Band bearbeitete, bestand aus elf Studenten von neun unterschiedlichen Universitäten: Doug Wilder von der Michigan State University, Phil Edwards von der Ohio State University, Ron Lutjens von der Bowling Green University, Wayne Trout vom Virginia Polytechnic Institute, Brent Nelson von der Indiana University, David Sheldon von der Ohio State University, Frank Dickerson von der Ohio State University, Steve Smith vom Virginia Polytechnic Institute, James Davis vom Louisiana Polytechnic Institute, Linn Smith von der North Texas State University und Stick Ustick von der Sacramento State University.

Das wissenschaftliche Team für den 2. Band setzte sich aus vierzehn Studenten von vierzehn verschiedenen Universitäten zusammen. Das waren: Ron Lutjens von der Bowling Green University, James Davis vom Louisiana Polytechnic Institute, Frank Dickerson von der Ohio State University, Jay Gary vom Georgia Tech, Ray Moran von der Baylor University, John Austin von der University of Virginia, Richard Beckham von der Louisiana State University, Dave Wilson vom Trinity Seminary, Terry Shope von der University of Arkansas, John Sloan von der West Texas State University, Faith Osteen von der Arizona State University, Stephanie Ross von der North Texas State University, Beth Veazi von der University of Arizona und Nancy Thompson vom Chaffey College.

Bill Watkins brachte Ideen und Informationen ein, das Design und lieferte die Überarbeitung für die *revidierte Ausgabe*.

Dr. James Beverly vom Ontario Theological Seminary gab seinen Rat im Hinblick auf Design, Inhalt und Überarbeitung der *neuen Ausgabe*.

Dr. Norm Geisler vom Southern Evangelical Seminary in Charlotte, North Carolina, war der leitende Herausgeber der überarbeiteten Fassung des Buches. Zusammen mit einem Team von achtzehn Seminar-Studenten übernahm er die notwendigen Nachforschungen in Bezug auf Quellen und Material und überwachte das

Schreiben und Lektorieren dieses neuen Bandes. Es waren: Todd B. Vick, Benjamin Hlastan, Steve Bright, Duane Hansen, Sabrina Barnes, D. Scott Henderson, Kenneth Lee Hood, Douglas E. Potter, Scott Matscherz, Gavin T. Head, David L. Johnson, Stephen M. Puryear, Eric F. LaRock, Janis E. Hlastan, Jeff Spencer, Malcolm C. C. Armstrong, Bruce Landon und Frank Turek. Mrs. Laurel Maugel, Dr. Geislers Sekretärin, leistete unschätzbare Hilfe beim Schreiben und Koordinieren des Projektes.

Bill Wilson war der Herausgeber beim Projekt der revidierten Fassung, unterstützt von Assistent Marcus Maranto. Bills Team kam vom Dallas Theological Seminary. Es waren Nicholas Alsop, David Hoehner, Ronny Reddy, Mike Svigel und John Zareva.

Mein Sohn, Sean McDowell, gab eine verständnisvolle Kritik des ganzen Manuskriptes ab und schrieb das Kapitel über die Postmoderne noch einmal neu.

Dave Bellis, der zweiundzwanzig Jahre lang mein Koordinator für Quellenbearbeitung gewesen war, begleitete und erleichterte den langen Prozess der Überarbeitung durch das Labyrinth einer Menge von Einzelheiten vom Anfang bis zum Ende.

Mark Roberts vom Thomas Nelson Verlag gab geduldige Anweisungen und Einsichten bezüglich des Entwurfs und Inhalts der revidierten Ausgabe.

Lee Hollaway, der zuständige Herausgeber im Thomas Nelson Verlag, verwandte viele Stunden darauf, das Manuskript durchzusehen und seine Herausgabe zu begleiten.

Ich bin sehr dankbar für dieses Team von über 50 engagierten Fachleuten, Männern und Frauen, die zuverlässig daran arbeiteten, eine brauchbare Verteidigung der Hoffnung, die in uns ist, bereitzustellen.

Josh McDowell

Er veränderte mein Leben

Thomas von Aquin schrieb einmal: »Tief im Innern jeder Seele ist ein Durst nach Glück und Sinnerfüllung.« Als Teenager war ich ein Beispiel für die Gültigkeit dieser Aussage. Ich wollte glücklich sein, und ich wollte einen Sinn in meinem Leben finden. Ich wollte Antworten finden auf drei grundlegende Fragen: »Wer bin ich?«, »Warum bin ich hier?« und »Wohin gehe ich?« Das sind wohl die schwierigsten Fragen des Lebens. Ich schätze, dass 90 Prozent aller Menschen im Alter von vierzig Jahren und darunter sie nicht beantworten können. Doch ich verspürte einen brennenden Durst zu wissen, was es mit dem Leben auf sich hatte. Als junger Student machte ich mich dann auf die Suche nach Antworten.

An dem Ort, wo ich aufwuchs, schien jeder irgendwie religiös zu sein. Ich dachte, dass ich meine Antworten vielleicht auf diesem Wege finden würde und begann, in die Kirche zu gehen. Ich stieg hundertfünfzigprozentig ein und ging morgens, nachmittags und abends zur Kirche. Doch vermutlich hatte ich die falsche dabei erwischt, denn ich fühlte mich in der Kirche genauso mies wie außerhalb von ihr. Das einzige, was mir meine religiösen Erfahrungen einbrachten, waren fünfundsiebzig Cents in der Woche: Ich legte einen Vierteldollar in den Opferstock und nahm einen Dollar wieder heraus. Auf diese Weise konnte ich mir einen Milchshake kaufen!

Meine Kindheit verlebte ich auf einer Farm in Michigan. Die meisten Farmer haben eine sehr praktische Veranlagung. Mein Vater lehrte mich: »Wenn etwas nicht funktioniert, wirfs weg.« Also machte ich Schluss mit der Religion.

Dann dachte ich, dass eine gute Erziehung oder Ausbildung meine Fragen nach Glück und Sinnerfüllung beantworten könnten. Also ließ ich mich in der Universität immatrikulieren. Doch welche Enttäuschung erlebte ich! Ich bin vermutlich in meinem Leben an mehr Universitäten gewesen als irgendjemand sonst in der Geschichte. Man kann dort eine Menge finden, aber sich dort einzuschreiben, um die Wahrheit und den Sinn des Lebens zu finden, ist praktisch verlorene »Liebesmühe«.

Ich bin sicher, dass ich an der ersten Universität, die ich besuchte, für die Dozenten einer der unpopulärsten Studenten war. Ich war gewohnt, Professoren persönlich in ihrem Sprechzimmer aufzusuchen, um Antworten auf meine Fragen zu suchen. Wenn sie mich kommen sahen, machten sie das Licht aus, ließen die Rollläden herunter und schlossen die Tür ab, um mir auszuweichen. Mir wurde bald klar, dass ich an der Universität die Antworten nicht finden würde, um die es mir ging. Die Mitglieder der Fakultät und meine Kommilitonen hatten genauso viele Probleme, Frustrationen und unbeantwortete Fragen im Hinblick auf das Leben wie ich. Vor einigen Jahren sah ich einen Studenten um ein Universitätsgelände gehen mit einem Schild auf dem Rücken: »Folgen Sie mir nicht, ich kenne den Weg nicht.« So kamen mir alle vor, die mir an der Universität begegneten. Bildung und Erziehung waren nicht die Antworten auf das, was mich bewegte.

Ich kam zu dem Ergebnis, dass das Erwerben von Ansehen vielleicht ein möglicher Weg sein könnte. Man sollte eine edle Sache entdecken, sich ganz und gar da hineingeben und ein bekannter Mensch werden. Die Leute mit dem meisten Prestige an der Universität, die auch gleichzeitig die Finanzen kontrollierten, waren die Studentenführer. So bewarb ich mich für verschiedene studentische Ämter und wurde auch gewählt. Es war eine großartige Sache, alle auf dem Campus zu kennen, wichtige Entscheidungen zu treffen und die Gelder der Universität nach eigenem Gutdünken verwenden zu können. Doch der Anreiz war bald verflogen, wie bei allem anderen, was ich versucht hatte.

Jeden Montagmorgen wachte ich mit Kopfschmerzen auf wegen der Art und Weise, wie ich die letzte Nacht verbracht hatte. Mein Empfinden war: *Jetzt liegen wieder weitere fünf langweilige Tage vor uns.* Glück drehte sich für mich um jene drei Party-Nächte: Freitag, Samstag und Sonntag. Danach würde der Kreislauf der Langeweile von vorn beginnen. Ich fühlte mich frustriert, ja geradezu verzweifelt. Mein Ziel war immer noch, meine Identität und meinen Lebenssinn zu finden. Doch was ich auch versuchte: Alles ließ mich leer und ohne Antworten.

In dieser Zeit bemerkte ich eine kleine Gruppe von Leuten im Bereich der Universität – acht Studenten und zwei Lehrer – und da war irgendetwas Besonderes an ihnen. Sie schienen zu wissen, wohin sie der Weg ihres Lebens führen würde. Und sie hatten eine Eigenschaft, die ich bei anderen zutiefst bewunderte: Sie besaßen eine Überzeugung. Ich bin gerne mit Menschen zusammen, die eine Überzeugung haben, selbst wenn es nicht meine eigene ist. Da ist eine gewisse Dynamik im Leben von Menschen, die von tiefen Überzeugungen erfüllt sind, und ich freue mich an dieser Dynamik. Aber dann gab es noch etwas bei dieser Gruppe, das meine Aufmerksamkeit fesselte. Es war Liebe, die man ihnen abspürte. Diese Studenten und Professoren bewiesen nicht nur Liebe untereinander, sondern sie begegneten auch andern außerhalb ihrer Gruppe mit Liebe und Fürsorge. Sie sprachen nicht nur von Liebe, sie praktizierten sie auch. Das war etwas mir vollkommen Fremdes, aber ich wünschte es mir auch. So beschloss ich, mich mit dieser Gruppe anzufreunden.

Etwa zwei Wochen später saß ich in der Studentenvereinigung um einen Tisch und unterhielt mich mit einigen Mitgliedern dieser Gruppe. Bald drehte sich das Gespräch um das Thema Gott. Ich war dabei sehr unsicher und bemühte mich, das möglichst zu verbergen. Ich lehnte mich in meinem Stuhl zurück und tat, als ob mich nichts weniger interessiere. »Christentum, ha!«, trumpfte ich auf, »das ist was für Schwächlinge, nichts für Intellektuelle.« Tief in meinem Innern wünschte ich mir aber genau das, was sie hatten. Doch mit meinem Stolz und meiner Stellung an der Universität ließ es sich nicht vereinbaren, dass *sie* das merkten. Dann wandte ich mich an eins der Mädchen in der Gruppe und sagte: »Sag mir doch, was euer Leben verändert hat. Warum seid ihr so anders als die andern Studenten und Lehrer?«

Sie schaute mir gerade in die Augen und sagte zwei Worte, die ich niemals in einer klugen Diskussion an einer Universität zu hören erwartet hätte: »Jesus Christus.«

»Jesus Christus?«, fuhr ich auf. »Lass mich bloß mit diesem Quatsch in Ruhe. Ich habe von Religion, der Bibel und der Kirche die Nase voll.«

Sofort erwiderte sie: »Mein Herr, ich sagte nicht ›Religion‹, ich sagte ›Jesus Christus‹.«

Überrascht vom Mut und der Überzeugung des Mädchens entschuldigte ich mich für meine Haltung. »Aber ich bin krank und müde von jeder Religion und religiösen Menschen«, fügte ich hinzu. »Ich will nichts mehr damit zu tun haben.«

Dann traten meine neuen Freunde mit einer Herausforderung an mich heran, die mir unglaublich erschien. Sie forderten mich – einen angehenden Jurastudenten – auf, den Anspruch, dass Jesus Christus Gottes Sohn sei, intellektuell zu überprüfen. Ich hielt ihr Ansinnen für einen Scherz. »Diese Christen waren ja so naiv. Wie konnte etwas so Fadenscheiniges wie das Christentum einer intellektuellen Prüfung standhalten?« Ich spottete über ihren Vorschlag.

Doch sie ließen nicht locker. Jeden Tag traten sie wieder an mich heran, und schließlich hatten sie mich in die Ecke gedrängt. Ich war allmählich so irritiert über ihre Hartnäckigkeit, dass ich schließlich auf ihren Vorschlag einging – aber nicht, um wirklich etwas zu prüfen, sondern um zu widerlegen. Ich beschloss, ein Buch zu schreiben, das das Christentum ad absurdum führen sollte. Ich verließ die Universität und ging auf Reisen – durch die Vereinigten Staaten und Europa –, um Beweismaterial zu sammeln, womit der christliche Glaube als Heuchelei erwiesen werden sollte.

Eines Tages, als ich in London in einer Bibliothek saß, hörte ich eine innere Stimme zu mir sagen: »Josh, was du machst, entbehrt jeglicher Grundlage!« Ich unterdrückte die Stimme sofort. Doch an jedem neuen Tag vernahm ich diese Stimme wieder. Je mehr ich forschte und untersuchte, desto nachdrücklicher hörte ich sie. Ich kehrte in die Staaten zurück und begab mich wieder an die Universität. Doch in dieser Nacht konnte ich nicht schlafen. Um zehn Uhr war ich zu Bett gegangen und lag bis vier Uhr morgens wach, wobei ich versuchte, die überwältigende Einsicht, die sich bei mir angesammelt hatte zu leugnen, dass nämlich Jesus Christus Gottes Sohn war.

Mir ging allmählich auf, dass ich intellektuell unredlich war. Mein Geist sagte mir, dass der Anspruch Christi auf Wahrheit beruhte, aber mein Wille zog mich in eine andere Richtung. Ich hatte soviel dafür investiert, die Wahrheit zu finden. Doch ich war nicht bereit, ihr zu gehorchen, als ich sie endlich erkannte. Ich empfand die persönliche Aufforderung Christi an mich, wie sie in Offenbarung 3,20 zu lesen ist: *»Siehe, ich stehe vor der Tür und klopfe an. Wenn jemand meine Stimme hört und die Tür öffnet, so werde ich zu ihm hineingehen und das Mahl mit ihm essen und er mit mir.«* Doch das »Christwerden« erschien mir mein Ich total zu zerschmettern. Ich konnte mir keinen kürzeren Weg vorstellen, alles Schöne in meinem Leben zu ruinieren.

Ich wusste, dass ich diesen inneren Konflikt lösen musste, sonst hätte er mich verrückt gemacht. Ich hatte mich selbst immer als einen aufgeschlossenen Menschen angesehen, daher beschloss ich nun, den Anspruch Christi einem letzten Test zu unterziehen. An einem Abend in meiner Wohnung in Union City, Michigan, am Ende meines zweiten Universitätsjahres wurde ich Christ. Da mag jemand fragen: »Woher wusstest du, dass du ein Christ geworden warst?« Ich hatte es erlebt! Ich hatte mich allein an einen christlichen Freund gewandt und vier Dinge im Gebet ausgesprochen, die meine Beziehung zu Gott herstellten.

Erstens hatte ich gesagt: »Herr Jesus, danke, dass du für mich am Kreuz gestorben bist.« Ich erkannte, dass, auch wenn ich der einzige Mensch auf dieser Erde wäre, Christus auch dann für mich gestorben wäre. Sie mögen denken, dass es die unwiderlegbaren intellektuellen Hinweise waren, die mich zu Christus brachten. Aber nein, so war es nicht. Am Ende war es die Art, wie Gott seinen Fuß in die Tür meines Lebens gesetzt hatte. Was mich zu Christus brachte, war die Erkenntnis, dass er mich so sehr geliebt hatte, dass er für mich starb.

Zweitens sagte ich: »Ich bekenne, dass ich ein Sünder bin.« Niemand brauchte mir das noch zu sagen. Ich wusste, dass es Dinge in meinem Leben gab, die mit einem heiligen, gerechten, richtenden Gott unvereinbar waren. Die Bibel sagt: *»Wenn wir aber unsere Sünden bekennen, so ist er treu und gerecht, dass er uns unsere Sünden vergibt und uns reinigt von aller Ungerechtigkeit«* (1.Joh 1,9). So sagte ich: »Herr, vergib mir.«

Drittens sagte ich: »Gerade jetzt öffne ich so gut wie ich kann die Tür meines Lebens für dich und setze mein Vertrauen auf dich als meinen Erlöser und Herrn. Übernimm du die Herrschaft in meinem Leben. Verändere mich von innen nach außen. Mach mich zu einem solchen Menschen, zu dem du mich geplant und geschaffen hast.«

Das Letzte, was ich betete, hieß: »Danke, dass du in mein Leben gekommen bist.«

Nachdem ich gebetet hatte, passierte gar nichts. Es zeigte sich kein Blitzstrahl. Ich bekam keine Engelsflügel. Wenn sich irgendetwas verändert hatte, dann war es dies, dass ich mich nach dem Beten elend fühlte, nahezu körperlich krank. Ich fürchtete, ich hätte eine emotionale Entscheidung getroffen, die ich später mit meinem Verstand bedauern würde. Aber mehr noch fürchtete ich, was meine Freunde sagen würden, wenn sie herausbekamen, was geschehen war. Ich hatte wirklich den Eindruck, dass ich die Selbstbeherrschung verloren hatte.

Doch in den nächsten achtzehn Monaten wurde mein Leben vollständig umgekrempelt. Die fast größte Veränderung vollzog sich in der Art und Weise, wie ich die Menschen ansah. Während ich an der Universität studierte, hatte ich mir für die nächsten fünfundzwanzig Jahre meines Lebens bereits einen Plan gemacht. Mein höchstes Ziel war, Gouverneur von Michigan zu werden. Ich nahm mir vor, mein Ziel zu erreichen, indem ich andere Menschen benutzte, um auf der Leiter des politischen Erfolges emporzuklimmen – ich dachte, dazu wären die andern da. Doch nachdem ich mein Vertrauen auf Christus gesetzt hatte, änderte sich mein Denken. Statt dass ich andere benutzte, um mir zu dienen, wünschte ich mir, gebraucht zu werden, um andern zu dienen. Der Wandel von einem ichbezogenen Dasein zu einem, das andere im Blick hatte, war eine dramatische Veränderung in meinem Leben.

Ein anderer Bereich, der sich allmählich veränderte, betraf mein schlimmes Temperament. Ich war gewohnt zu explodieren, wenn mich jemand nur unfreundlich ansah. Ich habe immer noch Narben von einem Zusammenstoß mit einem Mann, den ich in meinem ersten Universitätsjahr fast umgebracht hätte. Diese Veranlagung war derart in mir verwurzelt, dass ich gar nicht erst bewusst versuchte, sie zu ändern. Doch eines Tages, als ich mich in einer Krise befand, die mich normalerweise aus den Fugen gebracht hätte, stellte ich fest, dass diese schlimmere Art mich nicht mehr beherrschte. Ich bin auf diesem Gebiet noch nicht vollkommen geworden, doch der Wandel in meinem Leben war ein dramatischer und bedeutungsvoller.

Vielleicht geschah die wesentlichste Veränderung im Bereich von Hass und Bitterkeit. Mit einem Herzen voller Hass war ich aufgewachsen, der sich vor allem gegen einen Mann richtete, dem ich mehr als irgendjemand anderem auf dieser Welt grollte. Ich verachtete alles, was mit ihm zu tun hatte. Ich kann mich noch erinnern, wie ich als Junge nachts im Bett lag und Pläne schmiedete, wie ich ihn umbringen könnte, ohne von der Polizei erwischt zu werden. Dieser Mann war mein Vater.

Während meiner Jugendzeit galt mein Vater als *der* Trunkenbold der Stadt. Ich habe ihn kaum einmal nüchtern gesehen. Meine Schulkameraden spotteten über ihn, wenn er im Geschäftsviertel der Stadt in der Gosse lag und sich selbst zum Narren machte. Ihre Spötteleien verletzten mich zwar tief, aber das sagte ich nie jemandem. Ich lachte mit ihnen und versteckte meinen Schmerz in meinem Inneren.

Manchmal fand ich meine Mutter im Stall. Sie lag da im Mist hinter den Kühen, wo mein Vater sie mit einem Schlauch geschlagen hatte, bis sie nicht mehr aufstehen konnte. Mein Hass erreichte allmählich den Siedepunkt und ich gelobte mir: »Wenn ich erst stark genug bin, dann bringe ich ihn um.« War mein Vater betrunken und es kam Besuch vorbei, packte ich ihn am Kragen, zog ihn hinaus in den Stall und band ihn fest. Dann fuhr ich seinen Lastwagen hinter das Silo und sagte allen, er sei zu einer Versammlung gefahren. Auf diese Weise waren wir als Familie aller Verlegenheit enthoben. Wenn ich seine Hände und Füße festband, legte ich das Seil auch um seinen Hals. Ich hoffte geradezu, er würde den Versuch machen, loszukommen und sich dabei selbst erwürgen.

Zwei Monate bevor ich meinen High-School-Abschluss machte, kam ich von einer Verabredung wieder ins Haus zurück. Irgendwo hörte ich meine Mutter seufzen. Ich rannte in ihr Zimmer und fand sie aufrecht im Bett sitzend. »Sohn«, sagte sie, »dein Vater hat mein Herz gebrochen.« Sie legte ihre Arme um mich und zog mich dicht zu sich heran. »Ich habe den Willen zum Leben verloren. Alles, was ich mir wünsche, ist, deinen Schulabschluss noch zu erleben. Dann möchte ich sterben.«

Zwei Monate später machte ich das Abschlussexamen, und am Freitag danach starb Mutter. Ich glaube, dass sie tatsächlich am gebrochenen Herzen gestorben ist. Dafür hasste ich meinen Vater. Wenn ich nicht einige Monate danach mein Zuhause verlassen hätte, um aufs College zu gehen, wäre ich vielleicht doch noch an ihm zum Mörder geworden.

Nachdem ich die Entscheidung getroffen hatte, Jesus als meinen Erlöser und Herrn anzunehmen und ihm zu vertrauen, durchflutete die Liebe Gottes mein Leben. Er nahm den Hass auf meinen Vater weg und kehrte meine Gefühle um. Fünf

Monate, nachdem ich Christ geworden war, stand ich meinem Vater gegenüber, schaute ihm in die Augen und sagte: »Dad, ich liebe dich.« Ich wollte den Mann dort nicht lieben, aber ich tat es. Gottes Liebe hatte mein Herz verändert.

Nachdem ich zur Wheaton Universität gewechselt hatte, wurde ich in einen schweren Verkehrsunfall verwickelt. Ich wurde das Opfer eines betrunkenen Fahrers. Man brachte mich später vom Krankenhaus nach Hause, damit ich mich dort vollends erholen sollte. Nun kam mein Vater zu mir, um mich zu besuchen. Bemerkenswerter Weise war er an diesem Tag nüchtern. Er schien verlegen und ging in meinem Zimmer auf und ab. Dann platzte er heraus: »Wie kannst du einen Vater wie mich lieben?«

»Dad«, sagte ich, »vor sechs Monaten habe ich dich noch gehasst. Ich verachtete dich. Aber ich habe jetzt mein Vertrauen auf Jesus Christus gesetzt, Gottes Vergebung angenommen und er hat mein Leben verändert. Ich kann das alles nicht erklären, Dad. Aber Gott hat meinen Hass auf dich weggenommen und durch Liebe ersetzt.«

Wir unterhielten uns nahezu eine Stunde lang. Dann sagte er: »Sohn, wenn Gott in meinem Leben bewirken kann, was ich in deinem Leben an Veränderung gesehen habe, dann möchte ich ihm die Gelegenheit dazu geben.« Er betete: »Gott, wenn du wirklich Gott bist, und Jesus am Kreuz starb, um mir zu vergeben, was ich meiner Familie angetan habe, dann brauche ich dich. Wenn Jesus in meinem Leben das tun kann, was ich von seinem verändernden Handeln im Leben meines Sohnes gesehen habe, dann möchte auch ich ihm als meinem Erlöser und Herrn vertrauen.« Als ich meinen Vater dieses Gebet aus tiefstem Herzen sprechen hörte, war das eine der größten Freuden meines Lebens.

Nachdem ich Christ geworden war, wurde mein Leben innerhalb von sechs bis achtzehn Monaten grundlegend verändert. Doch das Leben meines Vaters erfuhr eine Verwandlung unmittelbar vor meinen Augen. Es war, als ob eine Hand von oben herab eingegriffen und in ihm ein Licht angezündet hätte. Danach rührte er den Alkohol nur noch ein einziges Mal an, brachte das Glas aber nur bis an die Lippen – und das wars dann. Nach vierzig Jahren des ständigen Trinkens! Er brauchte es nicht mehr. Vierzehn Monate später starb er an Komplikationen, die sich aus seinem früheren Alkoholismus ergeben hatten. Aber in dieser Zeit übergaben über hundert Menschen in der Gegend um meine kleine Heimatstadt herum ihr Leben Jesus Christus – wegen der Veränderung, die sie im Leben des stadtbekannten Trunkenboldes, meines Vaters, gesehen hatten.

Man kann über den christlichen Glauben lachen. Man kann darüber spotten und ihn lächerlich machen. Aber er hat ganz einfach Auswirkungen. Wenn Sie sich Christus anvertrauen, beobachten Sie Ihre Einstellung und Ihr Handeln – Jesus Christus ist dabei, Ihr Leben zu verändern.

Christlicher Glaube ist nicht etwas, das man einfach schlucken muss oder das einem aufgezwungen werden kann. Sie haben Ihr Leben zu leben und ich meines. Alles, was ich tun kann, ist, Ihnen zu erzählen, was ich gelernt und erfahren habe. Was Sie dann mit Christus anfangen, ist Ihre Sache.

Vielleicht hilft Ihnen das Gebet, das ich gesprochen habe: »Herr Jesus, ich brauche dich. Danke, dass du für mich am Kreuz gestorben bist. Vergib mir meine Schuld und reinige mich. Gerade in diesem Augenblick vertraue ich dir als meinem Erlöser und Herrn. Mach mich zu dem Menschen, als den du mich geplant und geschaffen hast. In Christi Namen, Amen.«

Josh McDowell

Einführung

Kapitelübersicht

1 Bereit zur Verantwortung gegenüber jedermann

»… heiligt vielmehr Gott, den Herrn, in euren Herzen! Seid auch allezeit bereit zur Verantwortung gegenüber jedermann, der Rechenschaft fordert über die Hoffnung, die in euch ist, mit Sanftmut und Ehrerbietung« (1.Petr 3,15).

1.1 Sich entschuldigen – für was?

Dieses Buch der *Beweisführung* für die Gültigkeit des christlichen Glaubens ist ein Buch der *»Verteidigung«*. Mit dem Wort *»Verteidigung«* ist hier nicht gemeint, sich für irgendetwas zu entschuldigen, sondern etwas zu verteidigen, was man für wahr hält.

Der hier verwandte Begriff »Apologetik« (griech. *apologia*) bedeutet vielmehr die »Verteidigung der Verhaltens- und Verfahrensweise«. Wilbur Smith formuliert es folgendermaßen: »… eine verbale Verteidigung, eine Rede zur Verteidigung dessen, was man getan hat, oder einer Wahrheit, die man glaubt …«[1]

Apologia oder die Apologie ist also eine Verteidigungsrede oder -schrift. Das heutige englische Wort »apology« trägt zwar die Bedeutung von »Entschuldigung«, aber »im früheren, ursprünglichen Gebrauch besaß es nicht diesen Gedanken der Entschuldigung, Beschwichtigung oder Wiedergutmachung eines zugefügten Schadens«.[2]

Im Deutschen wird *Apologia* mit »Verantwortung«, »Rechtfertigung«, »Verteidigung« oder »Verhör« übersetzt und findet sich einschließlich der zitierten Stelle aus 1. Petr 3,15 achtmal im Neuen Testament:

- Apg 22,1: »Ihr Männer, Brüder und Väter, hört jetzt meine *Verteidigung* vor euch an!«
- Apg 25,16: »Ich antwortete ihnen, es sei nicht der Brauch der Römer, einen Menschen dem Tod preiszugeben, ehe der Angeklagte die Kläger vor Augen habe und Gelegenheit erhalte, sich der Klage wegen zu verteidigen.«
- 1.Kor 9,3: »Dies ist meine *Verteidigung* denen gegenüber, die mich zur Rede stellen …«
- 2.Kor 7,11: »Denn siehe, wieviel ernstes Bemühen hat dies bei euch bewirkt, dass ihr in gottgewollter Weise betrübt worden seid, dazu *Verteidigung*, Entrüstung, Furcht, Verlangen, Eifer, Bestrafung! Ihr habt in jeder Hinsicht bewiesen, dass ihr in der Sache rein seid.«
- Phil 1,7: »… die ihr alle sowohl in meinen Fesseln als auch bei der *Verteidigung* und Bekräftigung des Evangeliums mit mir Anteil habt an der Gnade.«
- Phil 1,17: »… jene aber aus Liebe, weil sie wissen, dass ich zur *Verteidigung* des Evangeliums bestimmt bin.«
- 2.Tim 4,16: »Bei meiner ersten *Verteidigung* stand mir niemand bei, sondern alle verließen mich; es werde ihnen nicht angerechnet!«

Die Art und Weise, wie das Wort »Verteidigung« in 1. Petr 3,15 gebraucht wird, bezeichnet die Antwort auf eine rechtliche Anfrage, wie z. B.: »Warum bist du ein Christ?« Ein glaubender Mensch ist daher verpflichtet, eine angemessene Antwort darauf zu geben.

Paul Little zitiert John Stott: »Wir dürfen dem intellektuellen Stolz des Menschen keinen Vorschub leisten, aber wir müssen seine intellektuelle Integrität befriedigen.«[3]

Beattie folgert:

> Das Christentum bedeutet entweder ALLES für die Menschheit oder NICHTS. Es ist entweder höchste Gewissheit oder größter Wahn … Wenn aber das Christentum ALLES für die Menschheit bedeutet, dann ist es für jeden Menschen wichtig, einen guten Grund für die Hoffnung anzugeben, die in Bezug auf die ewigen Wahrheiten des christlichen Glaubens in ihm ist. Diese Wahrheiten unüberlegt zu akzeptieren oder sie einfach auf jemandes Autorität hin anzunehmen genügt für einen intelligenten und festen Glauben nicht.[4]

Darum lautet die grundlegende »apologetische« These dieses Buches:

> Es gibt einen unendlichen, allwissenden, allmächtigen und allliebenden Gott, der sich durch natürliche und übernatürliche Mittel offenbart hat: in der Schöpfung, im Wesen des Menschen, in der Geschichte Israels und der Kirche, in der Heiligen Schrift, in der Menschwerdung Gottes in Christus und im Herzen des Gläubigen durch das Evangelium.[5]

1.2 Das Christentum beruht auf Tatsachen

Das Christentum beruft sich auf die Geschichte, auf die Fakten der Geschichte, die klar erkennbar und für jeden zugänglich sind.

J. N. D. Anderson gibt D. E. Jenkins' Bemerkung wieder: »Das Christentum beruht auf unbestreitbaren Fakten.«[6]

Clark Pinnock sagt: »Die Fakten, die dem christlichen Anspruch zugrunde liegen, sind nicht speziell religiöser Art. Sie sind vielmehr erkennbare, informatorische Tatsachen wie die, auf denen alle historischen, juristischen und alltäglichen Entscheidungen beruhen.«[7]

Lukas, der christliche Historiker des ersten Jahrhunderts, demonstriert diese Wahrheit in seinem Evangelium und in seiner Apostelgeschichte eindeutig. Lukas sagt, dass er sich bemüht habe, einen geordneten und geschichtlich genauen Bericht abzufassen über die Tatsachen, »die unter uns völlig erwiesen sind, wie sie uns diejenigen überliefert haben, die von Anfang an Augenzeugen und Diener des Wortes gewesen sind« (Lk 1,1.2). Zu diesen historischen, erkennbaren Ereignissen gehörte die Auferstehung Jesu Christi, ein Geschehen, das von Jesus selbst bestätigt wurde. Das spielte sich vor zahlreichen Augenzeugen während vierzig Tagen ab und war begleitet von vielen sicheren Kennzeichen (Apg 1,3).

In diesem Buch wollen wir einige dieser »unbestreitbaren Tatsachen« darstellen sowie untersuchen, ob die christliche Auslegung dieser Tatsachen nicht bei weitem die logischste ist. Die Apologetik will die Menschen ja nicht durch bloße Überredungskunst bekehren. Die Absicht ist, wie Clark Pinnock sagt: »Sie [die Apologetik] will den Menschen die Argumente und Fakten, die für das Evangelium sprechen, nachvollziehbar darlegen, sodass sie sich unter der Leitung des Heiligen Geistes für Christus entscheiden können. Das Herz kann nicht annehmen, was der Verstand ablehnt.«[8]

1.3 Angriff ist die beste Verteidigung

Während meines Studiums musste ich eine Arbeit über »Die beste Verteidigung des Christentums« schreiben. Ich schob sie immer wieder auf – nicht, weil ich kein Material besessen hätte, sondern weil ich nicht das bringen konnte, was der Professor erwartete (offenbar eine Zusammenfassung der Notizen, die ich in seinen Vorlesungen gemacht hatte).

Endlich gab ich mir einen Ruck und schrieb das, was ich für das Richtige hielt. Ich begann mit dem Satz: »Einige sagen, der beste Angriff sei eine gute Verteidigung.« Ich erklärte dann, dass meiner Meinung nach die beste Verteidigung des christlichen Glaubens eine »klare, einfache Darlegung der Behauptungen Christi und seiner Person in der Kraft des Heiligen Geistes« sei. Ich erklärte die »Vier geistlichen Gesetze« und berichtete, wie ich am 19.12.1959 um acht Uhr dreißig abends (in meinem zweiten Studienjahr) Christus als Erlöser und Herrn aufgenommen hatte. Den Abschluss der Arbeit bildete eine Darstellung der Fakten der Auferstehung.

Der Professor muss gründlich darüber nachgedacht haben. Jedenfalls hat er der Arbeit zugestimmt, da er mir eine Eins gab.

William Tyndale hatte Recht mit seiner Meinung, dass »ein Bauernjunge, der die Bibel liest, mehr von Gott weiß, als der gelehrteste Geistliche, der sie ignoriert«. In andern Worten, eine Junge von einer Farm in Arkansas, der das Evangelium weitersagt, kann auf Dauer wirksamer evangelisieren als ein Harvard-Absolvent mit seinen intellektuellen Argumenten.

Ein Wort der Warnung sei jedoch noch gesagt, wenn man Apologetik betreiben möchte: Gott rettet, nicht die Apologetik. Auf der anderen Seite benutzt Gott oft solche Beweisführungen, um Glaubenshindernisse auszuräumen, die manche Leute errichten und zeigt damit auch, dass der Glaube an Christus ein vernünftiger Glaube ist. Der große Theologe und Apologet aus Princeton, Benjamin Warfield, erklärte dazu:

> Es steht ganz sicher nicht in der Macht aller Demonstrationen der Welt, einen Christen »zu machen«. Paulus mochte pflanzen und Apollos begießen, Gott allein war es, der das Wachsen gab … das heißt nicht im mindesten, dass der Glaube, den Gott gibt, ein irrationaler ist, ein Glaube ohne Begründung durch richtige Argumente … Wir glauben an Christus, weil es vernünftig ist, an ihn zu glauben, nicht: obwohl es irrational ist … Wir behaupten nicht absurderweise, dass Beweisführungen in sich selbst die Kraft haben, einen Menschen zu einem Christen zu machen oder die Welt für Christus zu erobern. Nur der Geist des Lebens kann einer toten Seele Leben vermitteln oder die Welt im Hinblick auf Sünde und Gerechtigkeit und Gericht überzeugen. Doch wir behaupten, dass Glaube in all seinen Äußerungen eine Form der Überzeugung ist und daher notwendigerweise auf glaubwürdigen Aussagen beruht.[9]

In Hebr 4,12 heißt es: »Denn das Wort Gottes ist lebendig und wirksam und schärfer als jedes zweischneidige Schwert, und es dringt durch, bis es scheidet sowohl Seele als auch Geist, sowohl Mark als auch Bein, und es ist ein Richter der Gedanken und Gesinnungen des Herzens.«

Wir brauchen ein Gleichgewicht zwischen Evangelisation und Apologetik: Wir müssen das Evangelium predigen, aber auch bereit sein, Rechenschaft über unseren Glauben abzulegen.

Der Heilige Geist will Männer und Frauen von der Wahrheit überzeugen. Man muss diese einem andern nicht überstülpen. »Eine gottesfürchtige Frau namens Lydia, eine Purpurhändlerin aus der Stadt Thyatira, hörte zu; und der Herr tat ihr das Herz auf, sodass sie aufmerksam Acht gab auf das, was von Paulus geredet wurde« (Apg 16,14).

Clark Pinnock, ein fähiger Apologet und Zeuge Christi, bemerkt ganz richtig:

> Ein intelligenter Christ sollte fähig sein, die Fehler in der Position des Nichtchristen aufzudecken und Fakten und Argumente darzulegen, die für das Evangelium sprechen. Wenn unsere Apologetik uns davon abhält, einem Menschen das Evangelium zu erklären, ist es eine ungenügende Apologetik.[10]

2 Der Nebel lichtet sich

Ich war gewohnt, in Kalifornien zu leben. An manchen Tagen war der Nebel oder besser gesagt der Smog in einigen Städten Kaliforniens so dicht, dass man das Auto unmittelbar vor dem eigenen nicht sehen konnte. Unter solchen Umständen war das Fahren sehr gefährlich.

Der springende Punkt ist: Wenn Sie wirklich sehen wollen, was Sie vor sich haben, müssen Sie das loswerden, was Ihnen die Sicht nimmt. Im Hinblick aufs Christentum gehen viele Menschen mit einem so vernebelten Denken heran, dass sie nicht erkennen können, worum es da wirklich geht. Bevor sie sich das Beweismaterial für den christlichen Glauben ansehen, sollten Sie zunächst einige Missverständnisse aus dem Weg räumen.

2.1 Missverständnis Nr. 1: »Blinder Glaube«

Ein ziemlich verbreiteter Vorwurf gegen die Christen lautet: »Ihr seid ja zu bedauern! Alles, was ihr vorzuweisen habt, ist doch nur ›blinder Glaube‹.« Das würde allerdings deutlich machen, dass der so Redende zu denken scheint, Christsein sei so etwas wie intellektueller Selbstmord.

Persönlich gilt für mich: »Mein Herz kann nur Dinge annehmen, die auch mein Verstand akzeptiert.« Mein Herz und mein Kopf wurden zusammen erschaffen und glauben in Harmonie miteinander. Christus hat uns geboten: »Du sollst den Herrn, deinen Gott, lieben mit deinem ganzen Herzen und mit deiner ganzen Seele und mit deinem ganzen *Denken*« (Mt 22,37).

Wenn Jesus Christus und die Apostel einen Menschen zum Glauben riefen, ging es nicht um einen »blinden Glauben«, sondern vielmehr um einen »intelligenten Glauben«. Der Apostel Paulus sagte: »Denn ich *weiß*, wem ich mein Vertrauen geschenkt habe« (2.Tim 1.12.). Jesus sagte: »… und ihr werdet die Wahrheit erkennen (nicht ignorieren), und die Wahrheit wird euch freimachen« (Joh 8,32).

Der Glaube eines Menschen umschließt *Denken*, Fühlen und Wollen. Ich finde es gut, wie F. R. Beattie es ausdrückt: »Der Heilige Geist bewirkt keinen blinden und unbegründeten Glauben im Herzen.«[11]

Paul Little schreibt: »Der christliche Glaube stützt sich auf Tatsachen. Er ist ein vernünftiger Glaube. Glaube im christlichen Sinn geht über den Verstand hinaus, steht aber nicht im Gegensatz zum Verstand.«[12] Glaube ist innere Gewissheit, die sich auf Tatsachen beruft. Man sagt den Christen oft nach, dass sie einen blinden »Sprung ins Dunkle« hinein tun. Diese Vorstellung hat ihre Wurzeln häufig bei Kierkegaard.

Für mich war der christliche Glaube kein »Sprung ins Dunkle« hinein, sondern eher ein Schritt ins Licht. Ich sammelte alle Anhaltspunkte, die ich nur bekommen konnte und trug sie auf einer Skala ein. Die Ergebnisse sprachen für Christus als den Sohn Gottes, der von den Toten auferstanden war. Sie zeigten mir ein solch überwältigendes Gewicht der Glaubwürdigkeit des Evangeliums, dass ich, als ich Christ wurde, ins Licht hineinschritt, statt einen »Sprung ins Dunkle« tat.

Wenn ich versucht hätte, blind zu glauben, hätte ich Jesus Christus abgelehnt und allen Glaubwürdigkeitsbeweisen den Rücken gekehrt.

Aber Vorsicht! Ich behaupte nicht, ohne den Schatten eines Zweifels nachgewiesen zu haben, dass Jesus der Sohn Gottes ist. Ich habe nur die Beweismaterialien untersucht und die Pros und Kontras gegeneinander abgewogen. Die Ergebnisse wiesen darauf hin, dass Christus derjenige sein musste, als der er sich ausgab. Und dann musste ich eine Entscheidung treffen und tat es auch. Die umgehende Reaktion vieler darauf ist: »Du hast gefunden, was du finden wolltest.« Das ist aber nicht der Fall. Ich fand durch Nachforschungen und Überprüfungen bestätigt, was ich am liebsten abgelehnt hätte. *Ich hatte mich auf den Weg gemacht, um das Christentum zu widerlegen*. Ich hatte Vorurteile und war befangen gewesen, aber nicht im Sinne von »pro« Christus, sondern im »Kontra« ihm gegenüber.

Hume würde sagen, dass historische Evidenz keine Gültigkeit besitzt, weil es keine »absolute Wahrheit« gibt. Ich hielt nicht nach absoluter Wahrheit Ausschau, sondern eher nach »historischer Wahrscheinlichkeit«.

»Ohne objektives Kriterium«, sagt John W. Montgomery, »hat man von vornherein verloren, wenn man eine sinnvolle Wahl unter *a prioris* treffen will. Die Auferstehung stellt eine Basis für historische Wahrscheinlichkeit dar, wenn man den christlichen Glauben unter die Lupe nehmen will. Zugegeben, die Basis ist nur eine der Wahrscheinlichkeit, nicht der Sicherheit, aber Wahrscheinlichkeit ist die einzige Ebene, auf der sterbliche Menschen ihre Entscheidungen treffen können. Nur deduktive Logik und reine Mathematik gewähren unwiderlegbare Sicherheit. Und das tun sie, weil sie von selbstbestätigenden formalen Axiomen herkommen (mathematischen Grundsätzen, die nicht bewiesen werden können, z. B. die Tautologie: wenn A, dann A), wobei keine Tatsachen im Spiel sind. Im Augenblick, wo wir den Boden der Tatsachen betreten, müssen wir auf die Wahrscheinlichkeit zurückgreifen. Das mag bedauerlich sein, ist aber unvermeidbar.«[13]

In der Zusammenfassung seiner vier Artikel im Magazin »His« schreibt W. Montgomery im Hinblick auf Geschichte und Christentum, dass er »versucht hat zu zeigen, dass das Gewicht der historischen Wahrscheinlichkeit auf der Seite der Berechtigung des Anspruches Jesu Gott zu sein, der Retter der Menschen und der kommende Richter der Welt, liegt. Wenn die Wahrscheinlichkeit diese Ansprüche wirklich unterstützt (können wir das Gegenteil behaupten, nachdem wir die Beweise untersucht haben?), dann müssen wir auch danach handeln.«[14]

2.2 Missverständnis Nr. 2: »Sei nur ehrlich«

Christlicher Glaube ist objektiv, d. h. auf einen Gegenstand bezogen. Der Begriff

»rettender Glaube« meint einen Glauben, der die Beziehung eines Menschen zu Christus (dem Gegenstand) herstellt; damit steht er in diametralem Gegensatz zu dem durchschnittlichen »philosophischen« Glaubensbegriff, wie er heute in den Hörsälen gelehrt wird. Wir können das Klischee nicht akzeptieren: »Es ist einerlei, was du glaubst, wenn du es nur ganz fest glaubst.«

Lassen Sie mich das illustrieren. Ich hatte eine Debatte mit dem Leiter der philosophischen Fakultät einer Universität im Mittleren Westen der Vereinigten Staaten. Im Laufe der Diskussion erwähnte ich auch, wie wichtig die Tatsache der Auferstehung sei. An diesem Punkt unterbrach mich mein Diskussionspartner und sagte etwas sarkastisch: »Aber Herr McDowell, ob die Auferstehung stattgefunden hat oder nicht, das ist doch nicht die eigentliche Frage, sondern: ›Glauben Sie, dass sie stattfand?‹« Er wollte damit sagen (wirklich eine kühne Behauptung), dass mein *Glaube* das Wichtigste sei. Ich erwiderte sofort ziemlich heftig: »Mein Herr, es kommt sehr wohl darauf an, was ich als Christ glaube – ob Christus wirklich auferstanden ist. Der Wert des christlichen Glaubens liegt nicht im Glaubenden, sondern im Gegenstand des Glaubens.« Dann fuhr ich fort: »Wenn mir jemand beweisen könnte, dass Christus nicht von den Toten auferstanden ist, dann hätte ich kein Recht auf meinen Glauben« (s. 1.Kor 15,14).

Der christliche Glaube ist Glaube *an* Christus. Seine Bedeutung bzw. sein Wert liegt nicht beim Glaubenden, sondern bei dem, an den geglaubt wird – nicht im Vertrauenden, sondern in dem, dem man vertraut.

Gleich nach jener Debatte sprach mich ein islamischer Student an, und in einer sehr offenen Unterhaltung sagte er aufrichtig: »Ich kenne viele Moslems, die mehr Glauben an Mohammed haben als einige Christen an Christus.« Ich entgegnete: »Das mag sehr wohl zutreffen, aber der Christ ist ›errettet‹. Sehen Sie, es kommt nicht darauf an, wieviel Glauben man hat, sondern was der Gegenstand des Glaubens ist; das ist vom christlichen Standpunkt des Glaubens her wichtig.«

Oft sagen mir Studenten: »Einige Buddhisten haben viel mehr Hingabe und Glauben an Buddha [hier zeigt sich ein Missverständnis über den Buddhismus] als manche Christen an Christus.« Ich kann darauf nur antworten: »Das mag sein, aber der Christ ist errettet.«

Paulus sagte: »Ich weiß, an *wen* ich glaube.« Das erklärt, warum das christliche Evangelium ihr Zentrum in der Person Jesu Christi hat.

John Warwick Montgomery schreibt:

> Wenn unser »Christus des Glaubens« abweicht vom biblischen »Jesus der Geschichte«, dann verlieren wir entsprechend zum Maß der Abweichung auch den echten »Christus des Glaubens«. Einer der größten christlichen Historiker unserer Zeit, Herbert Butterfield, hat es so gesagt: »Es wäre ein gefährlicher Irrtum zu meinen, man könne die Wesensmerkmale einer historischen Religion bewahren, wenn der Christus der Theologen vom Jesus der Geschichte getrennt würde.«[15]

Man sollte die Einstellung vermeiden: »Verwirrt mich nicht mit den Tatsachen, ich habe meine feste Meinung!« Für den Christen sind die in der Heiligen Schrift berichteten Tatsachen wesentlich. Aus diesem Grunde sagt der Apostel Paulus: »Wenn aber Christus nicht auferstanden ist, so ist unsere Verkündigung vergeblich, und vergeblich auch euer Glaube! … ist aber Christus nicht auferstanden, so ist euer Glaube nichtig, so seid ihr noch in euren Sünden!« (1.Kor 15,14.17).

2.3 Missverständnis Nr. 3: »Die Bibel ist voller Mythen«

Kritiker erklären manchmal: »In der Bibel berichtete Ereignisse wie die Jungfrauengeburt, die Auferstehung und die Himmelfahrt Jesu, dass er Wasser zu Wein gemacht habe und auf dem Wasser gegangen ist, sind nicht wirklich passiert. Sie wurden eingeschoben, um Jesus in den Status einer göttlichen Gestalt zu erheben, obwohl er, wenn er überhaupt gelebt hat, nur ein gewöhnlicher Sterblicher war.«

Ein Professor für Weltliteratur, zu dessen Studenten ich gesprochen hatte, fragte mich: »Was denken Sie von der griechischen Mythologie?« Ich antwortete mit einer Gegenfrage: »Halten Sie die Ereignisse im Leben Jesu wie die Auferstehung, die Jungfrauengeburt usw. nur für Mythen?« Ein klares »Ja« kam von ihm. Ich sagte nun, dass es einen offenkundigen Unterschied zwischen den Ereignissen gebe, die in der Bibel über Christus berichtet sind und den Erzählungen aus der griechischen Mythologie, die eine entfernte Ähnlichkeit dazu aufwiesen. Die ähnlich klingenden Geschichten aus der griechischen Welt der Mythen wie z. B. Auferstehungen bezögen sich nicht auf reale Wesen aus Fleisch und Blut, sondern auf nicht-historische, erfundene mythologische Gestalten. Dagegen seien im christlichen Glauben solche Ereignisse an den historischen Jesus von Nazareth geknüpft, den die neutestamentlichen Schreiber persönlich gekannt hätten. »Sie haben Recht«, meinte jetzt der Professor, »das ist mir vorher niemals klar gewesen.«

2.3.1 Augenzeugen

Die Autoren des Neuen Testamentes schrieben entweder als Augenzeugen der Ereignisse, von denen sie berichteten, oder sie gaben Augenzeugenaussagen wieder, die sie aus erster Hand erhalten hatten. Ihre persönliche Verbindung zu den Vorfällen geht klar aus ihren nachstehend genannten Aussagen hervor:

- »Denn wir sind nicht klug ersonnenen Legenden gefolgt, als wir euch die Macht und Wiederkunft unseres Herrn Jesus Christus kundtaten, sondern wir sind Augenzeugen seiner herrlichen Majestät gewesen« (2.Petr 1,16).

- »Was von Anfang war, was wir gehört haben, was wir mit unsern Augen gesehen haben, was wir angeschaut und was unsere Hände betastet haben vom Wort des Lebens – und das Leben ist erschienen, und wir haben gesehen und bezeugen und verkündigen euch das ewige Leben, das bei dem Vater war und uns erschienen ist – was wir gesehen und gehört haben, das verkündigen wir euch, damit auch ihr Gemeinschaft mit uns habt, und unsere Gemeinschaft ist mit dem Vater und mit seinem Sohn Jesus Christus« (1.Joh 1,1-3).

- »Nachdem viele es unternommen haben, einen Bericht über die Tatsachen abzufassen, die unter uns völlig erwiesen sind, wie sie uns diejenigen überliefert haben, die von Anfang an Augenzeugen und Diener des Wortes gewesen sind, so schien es auch mir gut, der ich allem von Anfang an genau nachgegangen bin, es dir der Reihe nach zu beschreiben, vortrefflichster Theophilus« (Lk 1,1-3).

- »Den ersten Bericht habe ich verfasst, o Theophilus, über alles, was Jesus anfing zu tun und zu lehren, bis zu dem Tag, da er [in den Himmel] aufgenommen wurde, nachdem er den Aposteln, die er erwählt hatte, durch den Heiligen Geist Befehl gegeben hatte. Ihnen erwies er sich auch nach seinem Leiden als lebendig durch viele sichere Kennzeichen, indem er ihnen während vierzig Tagen erschien und über das Reich Gottes redete« (Apg 1,1-3).

- »Danach ist er mehr als fünfhundert Brüdern auf einmal erschienen, von denen die meisten noch leben, etliche aber auch entschlafen sind. Danach erschien er dem Jakobus, hierauf sämtlichen Aposteln. Zuletzt aber von allen erschien er auch mir, der ich gleichsam eine unzeitige Geburt bin« (1.Kor 15,6-8).

- »Noch viele andere Zeichen tat Jesus nun vor seinen Jüngern, die in diesem Buch nicht geschrieben sind. Diese aber sind geschrieben, damit ihr glaubt, dass Jesus der Christus, der Sohn Gottes ist, und damit ihr durch den Glauben Leben habt in seinem Namen« (Joh 20,30.31).

- »Und wir sind Zeugen alles dessen, was er im Land der Juden und in Jerusalem getan hat. Ihn haben sie getötet, indem sie ihn ans Holz hängten. Diesen hat Gott auferweckt am dritten Tag und hat ihn offenbar werden lassen, nicht dem ganzen Volk, sondern uns, den von Gott erwählten Zeugen, die wir mit ihm gegessen und getrunken haben nach seiner Auferstehung aus den Toten. Und er hat uns geboten, dem Volk zu verkündigen und zu bezeugen, dass er der von Gott bestimmte Richter der Lebendigen und der Toten ist« (Apg 10,39-42).

- »Die Ältesten, die unter euch sind, ermahne ich als Mitältester und Zeuge der Leiden des Christus, aber auch als Teilhaber seiner Herrlichkeit, die geoffenbart werden soll …« (1.Petr 5,1).

- »Und als er dies gesagt hatte, wurde er zusehends emporgehoben, und eine Wolke nahm ihn auf vor ihren Augen weg« (Apg 1,9).

- Der Apostel Petrus verkündete: »Ihr Männer von Israel, hört diese Worte:

Jesus von Nazareth, einen Mann, der von Gott euch gegenüber beglaubigt wurde durch Kräfte und Wunder und Zeichen, die Gott durch ihn in eurer Mitte tat, wie ihr auch selbst wisst …« (Apg 2,22).

- »Als er aber dies zu seiner Verteidigung vorbrachte, sprach Festus mit lauter Stimme: Paulus, du bist von Sinnen! Das viele Studieren bringt dich um den Verstand! Er aber sprach: Hochedler Festus, ich bin nicht von Sinnen, sondern ich rede wahre und wohlüberlegte Worte! Denn der König versteht diese Dinge sehr wohl! An ihn richte ich meine freimütige Rede. Denn ich bin überzeugt, dass ihm nichts davon unbekannt ist; denn dies ist nicht im Verborgenen geschehen! Glaubst du den Propheten, König Agrippa? Ich weiß, dass du glaubst. Da sagte Agrippa zu Paulus: Es fehlt nicht viel, und du überredest mich, dass ich ein Christ werde!« (Apg 26,24-28).

2.3.2 »Ja, das habt ihr: ihr wusstet, dass …

Die Schreiber des Neuen Testaments appellierten an das Wissen ihrer Leser oder Hörer bezüglich der Fakten und Beweise im Hinblick auf die Person Jesu Christi, das diese aus erster Hand besaßen. Sie sagten nicht nur: »Seht doch her, wir sahen dies oder das«, oder »Wir hörten jenes«, sondern sie drehten den Spieß vor ihren schärfsten Gegnern direkt um und sagten: »Ihr wisst doch selbst von diesen Dingen. Ihr habt es doch gesehen. Ihr selbst wisst davon.« Man sollte vorsichtig sein, wenn man zu seinem Gegner sagt: »Du *weißt* es doch selbst«, denn wenn man dann nicht in allen Einzelheiten Recht hat, wird das Gegenüber sehr schnell und erfreut den Irrtum aufdecken. Aber genau das taten die Apostel, und ihre Kritiker konnten sie nicht widerlegen.

2.3.3 Der Unterschied zwischen Mythos und Geschichte

Ganz sicher kannten die neutestamentlichen Schreiber den Unterschied zwischen Mythos, Legende und Realität.

S. Estborn berichtet in *Gripped by Christ*, dass ein Inder namens Anath Nath, ein Hindu, sowohl die Bibel als auch die *Schastras* studierte:

> Zwei biblische Themen gaben ihm besonders zu denken: die Realität der Inkarnation und das Sühneopfer für die Sünden der Menschen. Er versuchte, diese Lehren mit den Hindu-Schriften in Verbindung zu bringen, und fand eine Parallele zum Selbstopfer Christi in Prajapati, dem vedischen Schöpfer-Gott. Er sah aber auch einen entscheidenden Unterschied: Der vedische Prajapati ist ein mystisches Symbol, das auf mehrere Personen angewendet wird; Jesus von Nazareth dagegen ist eine historische Person. »Jesus ist der wahre Prajapati«, sagte Anath Nath, »der wahre Retter der Welt.«[16]

J. B. Phillips, zitiert von E. M. Blaiklock, sagt:

> Ich habe im Griechischen und Lateinischen Hunderte von Mythen gelesen, hier

> aber [in der Bibel] fand ich nicht den leisesten Hauch von Mythos. Die meisten Menschen, die sich mit Latein und Griechisch beschäftigt haben – welche Einstellung sie auch immer zu den neutestamentlichen Berichten haben – würden ihm Recht geben.[17]

C. S. Lewis ist sicherlich ein Literaturwissenschaftler, der dem zustimmen würde, dass die biblischen Berichte weder im Mythischen noch im Legendären anzusiedeln sind. In einem Kommentar zum Evangelium des Johannes tadelt er die Kritiker, die das Evangelium für unhistorisch halten:

> Wenn er [der Bibelkritiker] mir sagt, dass manches in einem Evangelium eine Legende oder eine Fantasiegeschichte darstellt, möchte ich wissen, wie viele Legenden und fantastische Bücher er gelesen hat, wie weit sein Geschmackssinn geübt ist, sie damit zu erkennen. Und ich möchte nicht fragen, wieviel Jahre er mit dem Lesen dieses Evangeliums verbracht hat. … Lesen Sie die Dialoge (im Johannes-Evangelium): das Gespräch mit der samaritanischen Frau am Brunnen oder das, welches der Heilung des Blindgeborenen folgte. Schauen Sie doch nur die Szene an: Jesus (falls ich den Ausdruck benutzen darf) kritzelte mit dem Finger im Staub herum. Und dann das unvergessliche »… und es ward Nacht«. Ich habe Gedichte, Fantasieerzählungen, visionäre Literatur, Legenden, Mythen mein Leben lang gelesen. Ich weiß, wie sie aussehen und sich anhören. Und ich weiß, dass nicht ein einziges dieser »Werke« dem gleicht, was wir hier (in der Bibel) finden.[18]

2.4 Missverständnis Nr. 4: »Den historischen Jesus können wir nicht kennen«

»*Wenn* jemand nach historischen Prinzipien das Leben Jesu von Nazareth studieren sollte, würde er einem sehr bemerkenswerten Mann begegnen, aber nicht dem Sohn Gottes.« Manchmal habe ich es auch so sagen hören: »Wenn man den ›modernen historischen‹ Zugang [zum christlichen Glauben] wählt, wird man niemals die Auferstehung entdecken.«

Wissen Sie – es ist wahr. Bevor Sie in eine Schlussfolgerung hineinspringen, lassen Sie mich einiges erklären. Für viele ist heute das Studium der Geschichte mit den Vorstellungen verbunden, dass es keinen Gott gibt, dass Wunder unmöglich sind, dass wir in einem geschlossenen System leben und dass es nichts Übernatürliches gibt. Mit diesen Annahmen oder Voraussetzungen beginnen sie ihre »kritischen, offenen und ehrlichen« Untersuchungen der Geschichte. Wenn sie sich mit dem Leben Jesu beschäftigen und von seinen Wundern oder seiner Auferstehung lesen, dann folgern sie, dass es kein Wunder und keine Auferstehung war, weil wir wissen (nicht historisch, sondern philosophisch), dass es keinen Gott gibt, wir in einem geschlossenen System leben und Wunder nicht möglich sind. Etwas Übernatürliches gibt es einfach nicht. Deshalb können alle diese Dinge nicht sein. Damit haben die Leute die Auferstehung Christi schon ausgeschlossen, ehe sie überhaupt anfangen, die Auferstehung historisch zu untersuchen.

Diese Voraussetzungen sind weniger historische Vorurteile als vielmehr philosophische. Ihr Zugang zur Geschichte beruht auf der »rationalen Annahme«, dass Christus nicht von den Toten auferstanden sein kann. Statt mit historischen Daten anzufangen, schließen sie sie sofort durch »metaphysische Spekulation« aus.

John W. Montgomery schreibt: »Die Tatsache der Auferstehung kann nicht aus *a-priori*-philosophischen Gründen als unannehmbar bezeichnet werden. Wunder sind nur dann unmöglich, wenn man sie so definiert – aber eine solche Definition lässt angemessene historische Forschung nicht zu.«[19]

Ich zitiere Montgomery ziemlich ausführlich, weil er mich zum historischen Nachdenken angeregt hat.

Er sagt weiter:

> Kant hat nachgewiesen, dass alle Argumente und Systeme mit Voraussetzungen beginnen; das bedeutet aber nicht, dass alle Voraussetzungen gleichermaßen wünschenswert sind. Es ist besser (wie wir es getan haben) mit methodischen Voraussetzungen zu beginnen (durch die wir zur Wahrheit gelangen) als mit inhaltlichen Voraussetzungen (die gewisse Wahrheiten bereits als gegeben ansehen). Es hat sich gezeigt, dass in unserer modernen Welt die empirische Methode am besten diese Bedingung erfüllt. Man beachte aber, dass wir uns nur der Voraussetzung der wissenschaftlichen Methode bedienen, nicht der rationalistischen Vorwegnahme des quasi-religiösen »Wissenschaftsglaubens«.[20]

Montgomery zitiert Huizengas Kommentare zum historischen Skeptizismus (»De Historische Idee« in seinen Verzamelde Werken, VII, Harlem, 1950, 134 ff.: zitiert in Übersetzung in Fritz Stern (Hg.), The Varieties of History, New York: Meridian Books, 1956, S. 302). Huizenga sagt:

> Das stärkste Argument gegen den historischen Skeptizismus … ist dieses: Wer die Möglichkeit korrekter historischer Beweisführung und Überlieferung in Zweifel zieht, kann nicht gleichzeitig seine eigene Beweisführung, Beurteilung, Kombination und Interpretation akzeptieren. Er kann seinen Zweifel nicht auf seine historische Kritik beschränken, sondern ist gezwungen, ihn auch auf sein eigenes Leben anzuwenden. Er entdeckt sofort, dass es ihm nicht nur an schlüssigen Beweisen in allen möglichen Punkten seines eigenen Lebens mangelt, die er als ziemlich selbstverständlich angenommen hatte, sondern auch, dass es überhaupt keine Beweise gibt. Kurz gesagt, er sieht sich gezwungen, neben seinem historischen Skeptizismus einen allgemeinen philosophischen Skeptizismus zu akzeptieren. Und allgemeiner philosophischer Skeptizismus ist zwar ein nettes Gedankenspiel, aber leben kann man damit nicht.[21]

Millar Burrows von der Universität Yale, der amerikanische Experte für die Schriftrollen vom Toten Meer, schreibt (ebenfalls von Montgomery zitiert):

> Es gibt eine Art von christlichem Glauben … der heute recht stark vertreten ist, [der] die Aussagen des christlichen Glaubens als bekenntnishafte Aussagen ansieht, die der Einzelne als Glied einer gläubigen Gemeinschaft annimmt, und die nicht von der Vernunft oder von Beweisen abhängig sind. Wer sich auf diesen Standpunkt stellt, wird nicht zugeben, dass geschichtliche Forschung irgendetwas über die Einzigartigkeit von Christus aussagen könne. Er ist skeptisch gegenüber der Möglichkeit, irgendetwas über den geschichtlichen Jesus zu wissen, und scheint damit zufrieden, von solcher Kenntnis abzusehen. Ich kann diese Auffassung nicht teilen. Ich bin aufs tiefste überzeugt davon, dass die geschichtliche Offenbarung Gottes in Jesus von Nazareth der Eckstein jedes Glaubens sein muss, der wirklich christlich ist. Darum ist jede geschichtliche Frage, die den wirklichen Jesus, der vor neunzehnhundert Jahren in Palästina lebte, betrifft, von grundsätzlicher Wichtigkeit.[22]

Montgomery fügt hinzu:

> Historische Geschehnisse sind einzigartig, und ihre Tatsächlichkeit kann nur anhand der allgemein anerkannten dokumentarischen Methode geprüft werden, der wir hier gefolgt sind. Kein Historiker hat das Recht auf ein geschlossenes Kausalsystem, denn – wie der Logiker Max Black von der Cornell-Universität in einem Essay (»Models and Metaphors«, Ithaca: Cornell University Press, 1962, S. 16) kürzlich gezeigt hat – genau dieses Kausalkonzept ist »eine absonderliche, unsystematische und unberechenbare Idee«, weshalb sich »jeder Versuch einer Formulierung eines ›universalen Kausalgesetzes‹ als nutzlos erweisen muss«.[23]

Der Historiker Ethelbert Stauffer kann uns einige Hinweise geben, wie wir Geschichte zu sehen haben (Zitat nach Montgomery):

> Was tun wir [als Historiker], wenn wir Überraschungen erleben, die allen unseren Erwartungen, vielleicht allen unseren Überzeugungen und dem gesamten Wahrheitsverständnis unserer Zeit zuwiderlaufen? Wir sagen, wie es ein großer Historiker in solchen Fällen zu tun pflegte: »Es ist gewiss möglich.« Und warum auch nicht? Für den kritischen Historiker ist nichts unmöglich.[24]

Der Historiker Philip Schaff sagt dazu noch: »Es ist nicht die Absicht des Historikers, aus vorgefassten Meinungen Geschichte zu konstruieren und sie den eigenen Meinungen anzupassen, sondern die Geschichte mit den besten Belegen wiederzugeben und sie für sich selbst reden zu lassen.«[25]

Robert M. Horn gibt eine gute Hilfe zum Verständnis der Voreingenommenheit der Menschen gegenüber der Geschichte:

> Am besten lässt es sich daran zeigen, dass, wer die Existenz Gottes leugnet, auch nicht bereit ist, sich den Glauben an die Bibel zu eigen zu machen. Ein Moslem,

der überzeugt ist, dass Gott keinen Sohn zeugen kann, wird nicht ein Buch als Gottes Wort akzeptieren, das lehrt, dass Christus der eingeborene Sohn Gottes ist.

Andere sind der Meinung, dass Gott keine Person, sondern das höchste bzw. letzte Prinzip oder der Urgrund des Seins ist. Mit dieser Einstellung ist man von vornherein geneigt, die Bibel als Selbstoffenbarung Gottes zu verwerfen. Aufgrund dieser Voraussetzung kann die Bibel nicht das persönliche Wort des »Ich bin, der ich bin« (2.Mose 3,14) sein. Andere klammern das Übernatürliche aus. Sie wollen einem Buch keinen Glauben schenken, welches lehrt, dass Christus von den Toten auferstand. Wiederum andere gehen davon aus, dass Gottes Wahrheit durch Menschen nicht unentstellt wiedergegeben werden kann; sie werden demzufolge wenigstens gewisse Teile der Bibel als rein menschliche Erzeugnisse werten wollen.[26]

Eine grundlegende Definition der Geschichte ist für mich »eine Kenntnis der Vergangenheit, die auf Zeugnissen beruht«. Einige sagen dann sofort: »Ich stimme damit nicht überein.« Dann frage ich zurück: »Glauben Sie, dass Lincoln lebte und Präsident der Vereinigten Staaten war?« »Ja«, lautet für gewöhnlich ihre Antwort. Trotzdem habe ich noch niemanden getroffen, der Lincoln persönlich gesehen oder beobachtet hätte. Der einzige Weg zu dieser Kenntnis ist das Zeugnis – physisch, verbal oder geschrieben.

Eine Warnung sei noch gesagt: Gibt man der Geschichte diese Definition, muss man feststellen, ob die Vertrauenswürdigkeit der Zeugen gewährleistet ist. Wir werden uns dem später in diesem Buch zuwenden.

2.5 Missverständnis Nr. 5: »Liebevolle Christen sollten andere religiöse Anschauungen akzeptieren«

»Ihr Christen scheint zu denken, dass euer Weg der einzig wahre ist und alle anderen Ansichten falsch sind. Wie intolerant wollt ihr sein? Warum könnt ihr andere Leute nicht akzeptieren und das, was sie glauben, auch als wahr ansehen?«

Diese Kritik spiegelt eine neue Definition des Begriffs »Toleranz« wider. *Websters New World Dictionary of English* (dritte Auflage) definiert »tolerieren« mit »erkennen und respektieren [anderer Glaubenslehren, Praktiken usw.], ohne sie zu teilen«, und »zu ertragen oder damit zurechtzukommen [jemand oder etwas, das man nicht besonders mag]«. Der Apostel Paulus drückt dieses Prinzip so aus: »… sie [die Liebe] erträgt alles« (1.Kor 13,7).

Doch heute wird den Menschen systematisch eine neue Definition von Toleranz aufgedrängt. Zum Beispiel sagt Thomas A. Helmbock, der Vizepräsident der Lambda-Chi-Alpha-Bruderschaft: »Die Definition einer neuen …Toleranz ist, dass der Glaube eines jeden Menschen, sein Lebensstil und Wahrheitsanspruch gleichberechtigt sind mit allen anderen … Dein Glaube und meiner sind in gleicher Weise gültig und alle Wahrheit ist relativ.«[27]

Dieses Missverständnis geht davon aus, dass Wahrheit etwas Umfassendes, alles Einschließendes ist, dass sie auch entgegengesetzte Ansprüche in sich vereinigen kann. Tatsache jedoch ist, dass alle Wahrheit exklusiv ist – wenigstens bis zu einem gewissen Grad – weil sie alles ausschließen muss, was nicht wahr ist.

Z. B. ist es wahr, dass Washington D.C. die Hauptstadt der Vereinigten Staaten von Amerika ist. Das heißt, keine andere Stadt der Vereinigten Staaten ist die Hauptstadt dieses Landes. Tatsächlich kann keine andere Stadt auf diesem Planet Erde oder irgendwo im Universum einen berechtigten Anspruch vorweisen, die Hauptstadt der Vereinigten Staaten zu sein. Eine Stadt, und nur eine, entspricht den Voraussetzungen, und das ist Washington D.C.

Einfach weil nur eine Stadt die Hauptstadt der USA ist, heißt das nicht, dass die Leute, die diese Wahrheit behaupten, deshalb intolerant sind. Sie mögen eine Menge andere Städte lieben und selbst in andern Städten leben. Sie mögen auch in ganz anderen Ländern leben und ihren Wohnort den USA vorziehen. Den exklusiven Wahrheitsanspruch im Hinblick auf Washington D.C. zu akzeptieren macht einen Menschen nicht tolerant oder intolerant – es lässt ihn nur einfach korrekt sein in Bezug darauf, welches die Hauptstadt der USA ist.

Das Gleiche gilt für das Christentum. Wenn der Anspruch des christlichen Glaubens berechtigt ist – und viele Menschen sehen ihn als gültig an – sind diese Leute nicht intoleranter im Hinblick auf ihren Glauben als diejenigen, die Washington D.C. als Hauptstadt der USA akzeptieren. Und entweder haben sie Recht oder sie irren sich darin, wie Gott sich selbst in der Welt offenbart hat. Wenn sie Recht haben, dann gibt es keinen andern Weg zu Gott als den durch Christus. Wenn sie sich irren, dann ist das ganze Christentum ein Schwindel. Die Frage nach der Toleranz ist gar nicht relevant. Es geht um die Frage der *Wahrheit*.

Das Missverständnis der Intoleranz geht davon aus, dass ein Mensch seine Wahlmöglichkeiten immer offen lassen sollte, selbst wenn das Beweismaterial die Optionen auf eine einzige zusammenschrumpfen lässt. Warum sollten wir das tun? Es erscheint wirklich unbegründet, wie die Apologeten Norman Geisler und Ron Brooks sagen:

> Es ist sicher gut, wenn man die Möglichkeit zugibt, dass man sich irren kann, und nicht gut, wenn man eine Position auf Biegen und Brechen festhält ohne Rücksicht darauf, was dagegen spricht. So sollte auch jemand keine feste Entscheidung treffen, ohne alles zur Verfügung stehende sachliche Material vorurteilsfrei überprüft zu haben … [Aber] sollen wir für alles offen bleiben, wenn alle Gründe dafür sprechen, dass es nur eine Schlussfolgerung geben kann? Das wäre das Gleiche wie der Irrtum eines Denkens, das sich gegen alles verschließt … Was ist, wenn die absolute Sicht richtig ist? Wird die Offenheit im andern Fall nicht absolut gesetzt? Auf lange Sicht kann Offenheit nicht wirklich wahr sein, außer wenn sie einigen realen Absoluten gegenüber besteht, die nicht geleugnet werden können. Aufgeschlossenheit sollte nicht verwechselt werden mit Ignoranz. Man sollte niemals offen bleiben für eine Alternative, wenn es nur eine Lösung geben kann.[28]

In Wirklichkeit ist der Mensch intolerant, der angesichts starker Beweise für das Christentum den Glauben ablehnt.

2.6 Missverständnis Nr. 6: »Ich habe ein intellektuelles Problem«

Die Ablehnung Christi hat gewöhnlich eher mit dem Willen als mit dem Verstand zu tun; es ist nicht so sehr ein »Ich kann nicht« als vielmehr ein »Ich will nicht«. Ich habe viele Menschen mit intellektuellen Ausreden getroffen, aber erst wenige (wenn auch ein paar) mit echten intellektuellen Problemen. Ausreden können eine Menge Gründe haben. Ich habe großen Respekt vor einem Menschen, der sich die Zeit nimmt, Christi Ansprüche zu überprüfen und dann zu dem Schluss kommt, dass er einfach nicht glauben kann. Ich habe Verständnis für jemanden, der weiß, warum er nicht glaubt (im Hinblick auf Tatsachen und Geschichte), denn ich weiß, warum ich glaube (im Hinblick auf Tatsachen und Geschichte); das gibt uns, trotz unterschiedlicher Folgerungen, eine gemeinsame Basis.

Ich habe herausgefunden, dass die meisten Menschen Christus aus einem oder mehreren der folgenden Gründe ablehnen:

1. Unwissenheit – Röm 1,18-23 (oftmals selbst verschuldet); Mt 22,29
2. Stolz – Joh 5,40-44
3. Moralische Probleme – Joh 3,19.20

Ich hatte einmal ein Gespräch mit einer Frau, die das Christentum satt hatte, weil sie glaubte, es sei nicht historisch und beruhe nicht auf Tatsachen. Sie hatte allen Leuten klar gemacht, dass sie ehrlich nachgeforscht und als Ergebnis ihrer Studien an der Universität tiefen intellektuellen Problemen begegnet sei. Einer nach dem andern hatte vergeblich versucht, sie von der Wahrheit im Hinblick auf Christus zu überzeugen, weil sie auf intellektuellem Weg auf ihre vielen Anklagen zu antworten versuchten.

Ich hörte ihr zu und stellte dann einige Fragen. Innerhalb von dreißig Minuten gab sie zu, dass sie alle zum Narren gehalten und diese intellektuellen Zweifel entwickelt habe, um ihr moralisches Fehlverhalten zu entschuldigen.

Man muss auf die Grundprobleme oder wirklichen Fragen antworten – nicht auf die oberflächlichen, vorgeschobenen, die sich dann oft selbst offenbaren.

Ein Student an einer Universität in Neu-England sagte mir, dass er intellektuelle Probleme mit dem Christentum habe und deshalb Christus nicht als persönlichen Erlöser annehmen könne. »Warum können Sie das nicht?«, fragte ich ihn. Er meinte: »Das Neue Testament ist nicht glaubwürdig.« Dann fragte ich: »Wenn ich Ihnen beweise, dass das Neue Testament zur zuverlässigsten Literatur der Antike gehört, würden Sie dann glauben?« Daraufhin kam von ihm ein schroffes »Nein!«. »Sie haben kein Problem mit Ihrem Verstand«, entgegnete ich ihm dann, »sondern mit Ihrem Willen!«

Ein graduierter Student derselben Universität bombardierte mich nach einem Vortrag über »Auferstehung – Faktum oder Fabel?« mit Fragen, die voller Vorwürfe waren (später fand ich heraus, dass er das mit den meisten christlichen Rednern so machte). Nach einem 45-minütigen Streitgespräch fragte ich ihn schließlich: »Wenn ich Ihnen unwiderlegbar beweisen könnte, dass Jesus Christus von den Toten auferstanden und der Sohn Gottes ist, würden Sie ihn dann in Betracht ziehen?« Seine sofortige und nachdrückliche Antwort lautete: »Nein!«

Michael Green zitiert Aldous Huxley, den Atheisten, der den Glauben vieler zerstört hat und als großer Intellektueller gilt. Huxley gibt seine eigenen Vorurteile zu, wenn er (in *Ends and Means*, S. 270ff.) schreibt:

> Ich hatte Motive dafür, die Welt ohne Sinn zu wollen; so nahm ich konsequenterweise an, dass sie keinen hatte, und es fiel mir nicht schwer, befriedigende Begründungen für diese Annahme zu finden. Der Philosoph, der keinen Sinn in der Welt findet, hat es nicht nur mit einem Problem der reinen Metaphysik zu tun, sondern er ist auch bemüht nachzuweisen, dass es keinen gültigen Grund gibt, warum er persönlich nicht genau das tun sollte, was er tun will oder warum seine Freunde nicht die politische Macht ergreifen sollten und so regieren, wie sie es für sich selbst für am vorteilhaftesten halten … Was mich betrifft, so war die Philosophie der Sinnlosigkeit im Wesentlichen ein Instrument sexueller und politischer Befreiung.[29]

Bertrand Russel ist ein Beispiel eines intelligenten Atheisten, der das Christentum ablehnt, ohne es geprüft zu haben. In seinem Essay *Why I am not a Christian* wird deutlich, dass er nicht einmal die Indizien für die Auferstehung Christi geprüft hat; es ist sogar zweifelhaft, ob er das Neue Testament überhaupt einmal angesehen hat. Es ist absurd, dass ein solcher Mann sich so wenig mit den Einzelheiten der Auferstehung beschäftigt hat, die doch das Fundament des Christentums ist.[30]

Jesus sagte: »Wenn jemand seinen (Gottes) Willen tun will, wird er erkennen, ob diese Lehre von Gott ist, oder ob ich aus mir selbst rede« (Joh 7,17).

Wer ehrlich herausfinden will, ob Christi Ansprüche wahr sind, der wird eine Antwort bekommen – vorausgesetzt, er ist bereit, Christus zu folgen, falls seine Worte sich als wahr herausstellen sollten. Ohne diese Bereitschaft jedoch kann man keine Antwort erwarten.

Der französische Philosoph Pascal schreibt: »Die Evidenz der Existenz Gottes und seiner Gabe an uns ist zwingend, aber diejenigen, die darauf bestehen, dass sie ihn und sein Geschenk nicht nötig haben, werden immer Wege finden, das Angebot abzuwerten.«[31]

3 Welten im Konflikt

Wie im Vorhergehenden ausführlich illustriert, ist es notwendig, die Ausreden der Menschen ernst zu nehmen, um die Glaubwürdigkeit des Christentums richtig bewerten zu können. Viele kommen heute aus einer weitgehend anderen geistigen Situation, als man sie vor zwanzig Jahren noch vorfand, als dieses Buch zuletzt revidiert wurde. Deshalb habe ich noch ein neues Kapitel angefügt, in dem die verschiedenen Sichtweisen im Hinblick auf die Welt unter die Lupe genommen werden. Bitte schauen Sie sich diese unterschiedlichen Weltbilder sorgfältig an. Es wird Ihnen helfen, die Schwierigkeiten der Menschen zu verstehen, die in diesen Sichtweisen gefangen sind und dann das akzeptieren sollen, was bei objektiver Begründung unwiderlegbar einsichtig zu sein scheint. Ausführlicher wird zu dem Thema in Teil IV »Die Wahrheit und ihre Konsequenzen« in diesem Buch etwas gesagt.

3.1 Die postmoderne Welt

Ein heute gängiger Trend in der Philosophie – im Kielwasser des französischen Philosophen Jacques Derrida – heißt Dekonstruktionalismus oder Postmodernismus. Diese Sichtweise betont die Relativität aller Bedeutung und aller Wahrheit und leugnet Erstprinzipien – d. h. allgemein geltende Wahrheiten (z. B. Ich bin), die den Ausgangspunkt für alle philosophische Fragestellungen bieten. Obwohl die Behauptungen dieser Richtung für diejenigen verwirrend klingen mögen, die keine philosophische Schulung haben, so beherrscht doch ihre praktische Auswirkung buchstäblich das Denken der meisten Menschen von heute. Das Ergebnis ist eine völlig relativistische Art, über Wahrheit zu denken: Es gibt gar keine absoluten Wahrheiten mehr, nur noch Wahrheiten, die für jeden Einzelnen relevant sind.

»Die christliche Lehre mag für dich wahr sein, für mich aber nicht.« Dies ist das Missverständnis des Relativismus – eine zentrale Komponente des Postmodernismus. Man geht davon aus, dass die christliche Botschaft für einige Leute wahr sein mag – an manchen Orten und zu manchen Zeiten. Aber sie gilt nicht für alle Menschen, an allen Orten und zu allen Zeiten. Sie ist nur relativ wahr, nicht absolut und nicht allgemeingültig.

Carl Henry legt dar, dass der Same für den Postmodernismus in der Moderne ausgestreut wurde:

> Die moderne Ära versuchte die Menschheit zu befreien … vom Schicksal oder der Existenz in einem von Gott geordneten Universum. Die säkulare Wissenschaft versprach eine neue Freiheit für die Menschen und den Fortschritt für den Planeten Erde. Die geistige Ordnung der Welt wurde nun im menschlichen Denken und Begründen angesiedelt.[32]

Menschliches logisches Denken ersetzte auf diese Weise in der modernen Ära das Vertrauen auf Gott. In der Postmoderne lehnt man die Notwendigkeit selbst der Bindung an die Vernunft und die daraus entstehenden Verantwortlichkeiten ab. Die Postmoderne verneint die Vorstellung, dass Glaube in angemessener Weise die Wirklichkeit widerspiegeln kann. Henry bemerkt:

> Die einzige erkenntnistheoretische Prämisse, die von allen Postmodernisten geteilt wird, ist ihre Ablehnung alles Objektiven. Damit ist der Glaube gemeint, dass Wissen aus einer Reihe von Überzeugungen besteht, die ihrerseits wieder

auf noch anderen Überzeugungen beruhen, und dass das Ganze durch unumkehrbare objektive Überzeugungen gestützt wird.[33]

Grenz fasst zusammen:

Die Postmoderne schließt, dass alle Versuche, ein objektives, vereinheitlichendes Zentrum – eine einzige reale Welt – hinter der Flut von Erfahrung zu beschreiben, zum Scheitern verurteilt sind. Am Ende produzieren sie nur fiktive Schöpfungen des menschlichen Geistes. In der Loslösung der menschlichen Erklärung von der Vorstellung einer zugrunde liegenden objektiven Welt schneidet uns die postmoderne Kritik der Moderne von den realen Dingen ab und lässt uns nur Worte übrig.[34]

McCallum fasst die postmoderne Position so zusammen:

Aber wie können wir wissen, ob die Bilder, die unsere Sinne uns zum Bewusstsein bringen, wirklich der Realität entsprechen, die außerhalb unseres Denkens existiert? Letztlich wäre der einzige Weg, um sicher zu gehen, außerhalb von uns selbst zu stehen und dann unser geistiges Bild mit der realen Welt zu vergleichen. Da das aber nicht möglich ist, gibt es keinen Weg festzustellen, ob die Übereinstimmung gewährleistet ist. Wir bleiben im Skeptizismus stecken.
Das ist ein Grund, weshalb die Postmodernisten behaupten, dass es keine erfahrungsmäßige Objektivität gibt. Sie sprechen vom Problem der Darstellung – wie wir die Realität aufnehmen, und ob unsere Wahrnehmungen wirklich die äußere Welt widerspiegeln. Die Postmodernisten lehnen das ab. Sie weisen darauf hin, dass unterschiedliche Menschen die gleichen Dinge unterschiedlich sehen.[35]

Zum Beispiel sagen sie, dass wir nicht wissen können, wie Jesus wirklich war, wir können es nur aus unserer eigenen Sprache ableiten.

Grenz fügt hinzu:

Postmoderne Denker … behaupten, dass wir nicht einfach einer Welt begegnen, die »da draußen« ist, sondern dass wir diese Welt konstruieren, indem wir Gedanken, Begriffe, Auffassungen benutzen, die wir an sie herantragen. Sie behaupten, dass wir keinen festen Punkt jenseits unserer eigenen Konstruktionen der Welt haben, von dem aus eine rein objektive Sicht der Realität »da draußen« möglich sei, wie immer diese auch aussehen möge.[36]

Rotry behauptet: »Für den Postmodernisten sind wahre Sätze nicht wahr, weil sie der Wirklichkeit entsprechen, und deshalb ist es einerlei, mit welcher Art von Wirklichkeit, wenn überhaupt mit irgendeiner, ein bestimmter Satz korrespondiert – es ist einerlei, was ihm den Wahrheitsgehalt verleiht.«[37]

Peter Kreeft und Ronald K. Tacelli vom Boston College entgegnen dem: »Wahrheit bedeutet die Entsprechung von dem, was du weißt oder sagst zu dem, was ist. Wahrheit bedeutet: ›Es sagen, wie es ist.‹« Sie fahren fort:

> Alle Theorien von Wahrheit, wenn sie klar und einfach ausgedrückt sind, setzen den vernünftigen Begriff von Wahrheit voraus, der zur Weisheit der Sprache und des traditionellen Gebrauchs gehört, nämlich die Entsprechung (oder Identität) die er dort hat. Denn jede Theorie beansprucht, wahr zu sein, d. h. dass sie mit der Wirklichkeit korrespondiert und dass die andern tatsächlich falsch sind, d. h. dass sie der Wirklichkeit nicht entsprechen.[38]

McCallum schließt:

> Auf diese Weise behaupten die Postmodernisten, dass es keinen Weg gibt, um zu wissen, ob die Gesetze der Sprache und die Gesetze, die die Wirklichkeit regieren, die gleichen sind. Der Postmodernismus lässt uns in einem alles durchdringenden Skeptizismus stecken, eingeschlossen in dem – wie sie es nennen – Gefängnis der Sprache. Die Wirklichkeit ist definiert oder konstruiert durch Kultur und Sprache, nicht durch Vernunft und Beobachtung zu entdecken.[39]

Henry fasst zusammen:

> Texte werden erklärt als im Wesentlichen unfähig, Wahrheit über irgendeine objektive Wirklichkeit zu vermitteln. Die Meinung eines Interpreten ist genauso richtig wie die eines anderen, wie unvereinbar die beiden auch sein mögen. Es gibt keine ursprüngliche oder endgültige textliche Bedeutung, keine Möglichkeit, die Bibel oder irgendeinen anderen Text zu interpretieren.[40]

Rotry schließt: »Am Ende sagen uns die Pragmatisten, dass das, worauf es ankommt, unsere Loyalität zu andern Menschen ist, die gegenüber der Dunkelheit zusammenhalten, nicht unsere Hoffnung darauf, die Dinge zurechtzurücken.«[41]

Grenz fasst zusammen:

> Die postmoderne Weltsicht arbeitet mit einem auf Gemeinschaft beruhenden Verständnis von Wahrheit. Sie behauptet, was wir auch immer als Wahrheit akzeptieren und selbst die Art und Weise, wie wir uns die Wahrheit vorstellen, ist von der Gemeinschaft abhängig, zu der wir gehören. Und weiter, und noch viel radikaler, behauptet die postmoderne Weltanschauung, dass diese Relativität über unsere Wahrnehmung von Wahrheit noch hinausgeht bis zu ihrem Kern: Es gibt keine absolute Wahrheit. Vielmehr ist die Wahrheit relativ im Verhältnis zu der Gemeinschaft, in der wir leben.[42]

Das ist eine unheimliche Ansicht, wenn man daran denkt, was die Volksgemeinschaft im Deutschland des Dritten Reiches als wahr definierte.

Norman Geisler zeigt die praktischen Konsequenzen aus der postmodernen Logik:

> Es würde bedeuten, dass Billy Graham die Wahrheit sagt, wenn er erklärt: »Gott existiert«, und Madalyn Murray O'Hare auch Recht hat, wenn sie behauptet: »Gott existiert nicht.« Doch diese beiden Aussagen können nicht beide wahr sein. Wenn die eine stimmt, ist die andere falsch. Und da sie die einzigen Möglichkeiten erschöpfen, muss eine davon wahr sein.[43]

Geisler behauptet auch:

> Wenn die Wahrheit relativ ist, dann ist niemand jemals auf dem falschen Weg – selbst wenn das doch der Fall ist. Solange etwas für mich wahr erscheint, bin ich im Recht, selbst wenn ich Unrecht habe. Der Nachteil ist, dass ich niemals etwas dazu lernen kann, weil Lernen bedeutet, von einer falschen Überzeugung zu einer richtigen zu kommen – d. h. von einer absolut falschen Überzeugung zu einer absolut richtigen.[44]

Kreeft und Tacelli kommentieren die Popularität dieser Denkweise:

> Vielleicht ist der erste Ursprung des Subjektivismus von heute – wenigstens in Amerika – der Wunsch, akzeptiert zu werden, »auf Draht« zu sein, modern, Avantgarde, up to date, alles lieber als altmodisch oder »nicht in«. Wir wissen es alle aus der Kinderzeit: Sich zu blamieren ist die absolut vorrangige Angst eines Teenagers – doch als Erwachsene legen wir uns mehr kultivierte, wissenschaftlichere Masken an.[45]

Eine andere Quelle des Subjektivismus ist nach Kreeft und Tacelli die Furcht vor einer radikalen Veränderung – z. B. die Angst vor Konversion, »Wiedergeburt, vor der Hingabe seines ganzen Lebens und Willens an Gottes Willen. Im Subjektivismus hat man es viel bequemer, wie z. B. im Mutterleib oder im Traum oder in einer narzisstischen Fantasie.«[46]

Van Inwagen denkt über die bestürzende Tatsache nach, dass es Menschen gibt, die die Objektivität der Wahrheit leugnen:

> Das Interessanteste im Hinblick auf objektive Wahrheit ist, dass es Leute gibt, die leugnen, dass sie existiert. Man wundert sich, dass es so etwas gibt. Bei einigen – da bin ich ziemlich sicher – gibt es dafür folgende Erklärung: Sie sind zutiefst feindselig eingestellt gegenüber dem Gedanken, dass es irgendetwas geben könnte, das in irgendeinem Sinn wertend, beurteilend oder richtend über ihnen steht. Was sie am allermeisten ablehnen, ist natürlich die Vorstellung von der Existenz eines Gottes. Aber nahezu genauso unangenehm ist ihnen der Gedanke, dass es ein objektives Universum geben könnte, das sich nicht darum kümmert, was sie denken, und das ihre liebsten Überzeugungen ad absurdum führen könnte, ohne sie erst zu fragen.[47]

Die Behauptungen des Christentums stehen in deutlichem, klar erkennbaren Gegensatz zur verschwommenen Welt der postmodernen Sprache. Jesus hat keinen Zweifel daran gelassen, dass er das einzige Heil für die Menschen ist, die einzige Hoffnung für Versöhnung mit Gott. Er sagte: »Ich bin der Weg und die Wahrheit und das Leben; niemand kommt zum Vater als nur durch mich« (Joh 14,6). Und die Gemeinde hat die Konsequenzen aus diesen Worten Jesu nicht aus den Augen verloren. Als der Apostel Petrus von den jüdischen religiösen Führern gezwungen wurde, sein Auftreten zu begründen, sagte er unmissverständlich:

> »… so sei euch allen und dem ganzen Volk Israel kundgetan, dass durch den Namen Jesu Christi, des Nazareners, den ihr gekreuzigt habt, den Gott auferweckt hat aus den Toten, dass dieser durch ihn gesund vor euch steht. Das ist der Stein, der von euch, den Bauleuten, verworfen wurde, der zum Eckstein geworden ist. Und es ist in keinem anderen Heil; denn es ist kein anderer Name unter dem Himmel den Menschen gegeben, in dem wir gerettet werden sollen!« (Apg 4,10-12).

Wenn man den Anspruch des Christentums abwägen will, steht man vor einer klaren Wahl: Entweder ist Jesus Christus die Antwort auf die tiefsten Fragen aller Menschen, zu allen Zeiten und an allen Orten, oder er ist für niemand, zu keiner Zeit und an keinem Ort relevant. Wenn er nur für ein paar Menschen eine psychologische Krücke ist, macht ihn das nicht notwendigerweise zum Objekt des Glaubens für alle Menschen. Und umgekehrt, wenn Jesus Herr und Gott ist, dann hört diese Tatsache nicht auf, wahr zu sein, einfach weil einige sich entschieden haben, das nicht zu glauben.

Peter van Inwagen erklärt, dass »Überzeugungen und Behauptungen sich so zur Welt verhalten, wie eine Landkarte zu einem bestimmten Gebiet: Zuerst muss die Karte den Landstrich richtig wiedergeben. Und wenn sie das nicht tut, dann liegt der Fehler bei der Landkarte und nicht bei dem Land oder dem Gelände, das sie darstellen soll.«[48]

In einer Anwendung aufs praktische Leben fügt Inwagen hinzu: »Wenn Ihr Freund Alfred auf etwas, was Sie gesagt haben, mit den Worten reagiert: ›Das mag für dich wahr sein, aber nicht für mich‹, dann kann das nur als Vorwand angesehen werden für das, was man eigentlich sagen will, nämlich: ›Das kannst du denken, aber ich denke es nicht.‹«[49]

Und weiter beruhen nach Mortimer J. Adler:

> [Aussagen wie] »Das mag im Mittelalter gegolten haben, aber heute ist das nicht mehr wahr.« oder: »Das mag für primitive Menschen Gültigkeit haben, aber nicht für uns.« liegen zwei Arten von Verwechslungen zugrunde. Erstens: Manchmal wird zu besonderen Zeiten oder an bestimmten Orten die Mehrheitsmeinung mit der Wahrheit verwechselt wie im folgenden Beispiel: Ein Teil der Menschheit hielt in vergangenen Jahrhunderten an der Ansicht fest, dass die

> Erde eine Scheibe sei. Diese falsche Auffassung wird heute ganz allgemein abgelehnt. Das kann man nun nicht so auslegen, als ob die objektive Wahrheit sich geändert hätte – was einmal als wahr gegolten hätte, sei nicht mehr wahr. Was sich verändert hat, ist nicht die Wahrheit der Sache, sondern die Vorherrschaft einer Meinung, die inzwischen nicht mehr populär ist. Eine zweite Art von Verwechslung ergibt sich, wenn der räumliche oder zeitliche Kontext einer Aussage ignoriert wird: »Die Bevölkerung eines Landes ändert sich von Zeit zu Zeit, aber die Aussage über die Größe der Bevölkerung eines Landes zu einer bestimmten Zeit bleibt wahr, auch wenn sie später zunimmt. Die Einbeziehung des Zeitpunktes in einer Aussage, z. B. über die Bevölkerung der USA in einem bestimmten Jahr, macht sie für immer wahr, wenn sie beim ersten Mal gestimmt hat.«[50]

Selbst der Agnostiker Bertrand Russell behauptet, dass Wahrheit nicht relativ im Hinblick auf unsern Verstand ist:

> Es liegt auf der Hand, dass das Denken nicht Wahrheit oder Irrtum bewirkt. Es schafft Überzeugungen, aber wenn diese entstanden sind, kann der Verstand sie nicht wahr oder falsch machen, außer in bestimmten Fällen, wenn es um zukünftige Dinge geht, die in der Macht dessen liegen, der etwas glaubt, wie z. B. ob man einen Zug besteigt. Was einen Glauben wahr macht, ist eine Tatsache. Und diese Tatsache schließt in keiner Weise (abgesehen von Ausnahmefällen) die Beteiligung des Denkens der Person ein, die eine bestimmte Überzeugung hat.[51]

Adler fährt fort:

> Die Wahrheit oder der Irrtum einer Aussage beruht auf ihrer Beziehung zu feststellbaren Tatsachen, nicht auf ihrer Beziehung zu dem Urteil, das Menschen darüber fällen. Ich kann eine Aussage als wahr bestätigen, die in Wirklichkeit falsch ist. Und Sie mögen eine Aussage als falsch ablehnen, die in Wirklichkeit wahr ist. Meine Bestätigung und Ihre Ablehnung berühren oder verändern in keiner Weise die Wahrheit oder den Irrtum der Aussage, die Sie und ich für falsch beurteilt haben. Wir machen Aussagen nicht wahr oder falsch, durch Bestätigung oder Leugnen. Sie sind entweder wahr oder falsch unabhängig von dem, was wir darüber denken, welche Ansichten wir haben und welche Urteile wir fällen.[52]

Dr. William Lane Craig sagt vom Postmodernismus:

> Zu behaupten, dass »die Wahrheit ist, dass es keine Wahrheit gibt« ist sowohl ein Widerspruch in sich selbst als auch willkürlich. Wenn diese Aussage wahr ist, dann ist sie nicht wahr, da es keine Wahrheit gibt. Der so genannte Dekonstruktionismus kann daher nicht davon abgehalten werden, sich selbst bloßzustellen. Und außerdem gibt es auch keinen Grund, die postmoderne Perspektive bereitwilliger zu übernehmen als, sagen wir, die Einstellungen zum westlichen Kapitalis-

> mus, dem männlichen Chauvinismus, dem weißen Rassismus usw., da der Postmodernismus nicht mehr an Wahrheitsgehalt besitzt als diese Perspektiven.[53]

Craigs Hinweis zeigt die Gefahr im postmodernen Denken auf. Wenn es keine objektive Wahrheit gibt, dann gibt es auch nichts, was falsch ist. Was die meisten Menschen als zutiefst abscheulich empfinden (z. B. Mord, Diebstahl und – in der Vergangenheit – auch Lüge), muss nun akzeptiert werden, weil es für einige Menschen akzeptabel ist.

James Sire deckt eine andere postmoderne Widersprüchlichkeit auf:

> Obwohl die Ultramodernisten (Postmodernisten) eigentlich verpflichtet wären zu sagen, dass sie noch nie einer Schilderung begegneten, die sie nicht hören mochten, ist klar, dass das nicht stimmt. Christlich-fundamentalistische und evangelikale Berichte werden oft abgelehnt wegen ihrer Exklusivität.[54]

McCallum behauptet:

> Postmodernisten sind der Ansicht, dass wir – da wir ja nicht außerhalb von uns selbst stehen können, um die geistigen Bilder mit der Wirklichkeit zu vergleichen – gezwungen sind, die Vorstellung abzulehnen, dass wir die Wirklichkeit in einer objektiven Weise kennen könnten. Wir würden im Gegenteil darauf antworten, dass unsere Beurteilung der Welt, weil sie nicht irrtumsfrei genau ist, durchaus offen ist für eine Revision durch weitere Forschung. Nur weil uns die absolute Sicherheit über die äußere Welt fehlt, heißt das doch nicht, dass wir nichts über das wissen können, was außerhalb von uns existiert. Wir müssen deshalb nicht im postmodernen Skeptizismus schwelgen.
>
> Der Erfolg wissenschaftlicher Technologie ist ein starkes Argument dafür, dass unsere Wahrnehmungen der Welt relativ akkurat sind. Zahllose Leistungen bezeugen die Verlässlichkeit menschlichen Wissens.[55]

Zum Beispiel haben sich die Berechnungen der Mathematiker, welche Erdumkreisungen, Flugbahnen und Beschleunigungen nötig sein würden, um einen Menschen auf dem Mond landen zu lassen, als zuverlässig erwiesen. Neil Armstrong hat tatsächlich seinen Fuß auf den Mond gesetzt!

Ein Mensch könnte weder agieren noch sehr lange leben, wenn er beständig handelte, als ob die Wahrheit mehr eine Sache der Perspektive als eine objektive Wirklichkeit wäre. Er würde ungedeckte Schecks ausstellen, wenn nur »für ihn« auf seinem Bankkonto noch Geld vorhanden wäre; er würde Gift trinken, wenn es »für ihn« Limonade wäre, er würde im dünnen Eis einbrechen, wenn es »für ihn« dick genug wäre oder von einem Bus überfahren werden, wenn der Bus sich »seiner Ansicht nach« gar nicht bewegte. Für einen Menschen, der sich in der Welt erfolgreich zurechtfinden will, *muss* die objektive Entsprechung zwischen Wahrheit und Wirklichkeit in gewissem Sinn *eine Rolle spielen*.

Noch gefährlicher für die Menschheit sind diejenigen, die mit dieser Ansicht von Wahrheit (wie sie wahrgenommen wird) nur hinsichtlich ihrer moralischen Aktivitäten leben.

Und endlich: wenn der Postmodernismus Recht hat, dann ist eine Ehe praktisch unmöglich. Es bedeutet nämlich, dass ein Mann nicht wirklich seiner Frau zuhören und verstehen muss, was sie sagt. Er kann das mit seiner eigenen Ansicht davon überdecken. Und das – das haben die meisten Männer im Laufe der Jahre erfahren – bringt ihnen eine Menge Schwierigkeiten ein.

3.2 Die Welt der östlichen Mystik

Da die meisten Mystiker ein dualistisches Weltbild verneinen: Recht gegen Unrecht, Wahrheit gegen Irrtum, sind die tatsächlichen Grundlagen eines Glaubens für den Mystiker unwichtig. Die Gefahr, die daher von der Perspektive östlicher Mystik droht, besteht darin, dass Informationen vermieden werden, die zur wahren Erkenntnis Gottes führen könnten. Eine der verbreitetsten Formen des östlichen Mystizismus in den USA und andern Ländern dieser Welt ist der Zen-Buddhismus.

Norman Anderson definiert den Mystizismus so:

> Allgemein gesagt vertritt [der Mystizismus] den Glauben, dass das unmittelbare Wissen von Gott, von geistlicher Wahrheit oder letzter Realität gewonnen werden kann »durch direkte Intuition oder Einsicht und auf einem Weg, der sich von der gewöhnlichen sinnlichen Wahrnehmung oder dem Gebrauch logischen Denkens unterscheidet« (*Websters New Collegiate Dictionary*).[56]

Anderson sagt uns, wie das Zen diese Kenntnis letzter Realität erreicht:

> Zen-Buddhisten glauben, dass sie durch strenge Selbstdisziplin und eine genau beschriebene Methode der Meditation *satori* erhalten, das der japanische Begriff für Erleuchtung ist – entweder plötzlich, wie manche lehren, oder allmählich, wie andere denken –, auf dem Wege einer Wahrnehmung, die eher erfahrungsmäßig ist als intellektuell.[57]

D. T. Suzuki sagt ganz offen: »Das Zen folgt nicht den Wegen gewöhnlichen Denkens und achtet nicht auf Widersprüche bei sich selbst oder Unvereinbarkeiten.«[58] Und dann sagt er noch: »Das Zen ist entschieden kein System, das auf logischem Denken und der Analyse beruht. Wenn es irgendetwas ist, dann das genaue Gegenteil von Logik, womit ich die dualistische Art des Denkens meine.«[59]

Suzuki definiert »satori« als vollständig verschieden von rationalem Wissen: »Satori kann man als ein intuitives Schauen in die Natur der Dinge bezeichnen im Gegensatz zum analytischen oder logischen Verständnis davon.«[60]

Als Ergebnis meiden die Zen-Buddhisten und andere Mystiker ganz allgemein die Anwendung von Logik. Der Philosoph William Lane Craig stellt verschiedene logische Probleme den Behauptungen des Mystizismus gegenüber:

> Unter dem Einfluss des östlichen Mystizismus leugnen heute viele Leute, dass systematische Folgerichtigkeit ein Test für Wahrheit ist. Sie behaupten, dass die Realität letztlich unlogisch ist oder dass logische Widersprüche zur Realität dazugehören. Sie erklären, dass im östlichen Denken das Absolute oder Gott oder das Reale die logischen Kategorien des menschlichen Denkens überschreiten. Sie sind geneigt, die Forderung nach logischer Folgerichtigkeit für ein Stück des westlichen Imperialismus anzusehen, der zusammen mit andern Spuren des Kolonialismus abgelehnt werden sollte … mir liegt es nahe, frei herauszusagen, dass eine solche Position verrückt und unverständlich ist. Zu sagen, dass Gott beides im gleichen Sinne ist – gut und nicht gut – oder dass Gott weder existiert noch nicht existiert, ist für mich regelrecht unfassbar. In unserm »politisch korrekten« Zeitalter gibt es eine Tendenz, alles herabzusetzen, was aus dem Westen kommt, und östliche Denkweisen als wenigstens gleichwertig zu erheben, wenn nicht dem westlichen Denken überlegen. Zu erklären, dass das östliche Denken ernsthafte Defizite aufweist, wenn es solche Behauptungen aufstellt, bedeutet, dass man erkenntnistheoretisch selbstgerecht ist und durch die Zwänge des logisch-zerhackenden westlichen Denkens nicht mehr klar sehen kann.[61]

Wenn jemand Schwierigkeiten hat, die Gesetze der Logik zu akzeptieren, dann wird diese Person auch Probleme haben mit den Aussagen über die Glaubwürdigkeit, die in diesem Buch dargelegt werden. Die Beweisstücke hier bringen z. B. jemanden zu dem Schluss, dass entweder Jesus körperlich aus dem Grab auferstanden ist oder dass er es nicht ist. Da steht man vor einer Entscheidung. Man kann nicht mit »sowohl als auch« über die Frage diskutieren, ob Jesus von den Toten auferstanden ist oder nicht.

Ravi Zacharias erzählt eine Geschichte, die die Sinnlosigkeit des östlichen mystischen *Sowohl-als-auch*-Diskutierens illustriert:

> Als der Professor zunehmend redegewandt und erläuternd sich auf das Gesetz der Widerspruchslosigkeit bezog, kam er schließlich zu dem Ergebnis: »Diese [*entweder/oder*] Logik ist die westliche Art, die Realität zu sehen. Das wirkliche Problem liegt darin, dass man als westlicher Denker die Unvereinbarkeit sucht, während man vom östlichen Denken her an dieses Problem herangehen sollte. Das *sowohl/als auch* ist der östliche Weg, die Realität zu sehen.«
>
> Nachdem er sich mit diesen beiden Vorstellungen von *entweder/oder* und *sowohl/als auch* einige Zeit beschäftigt hatte … fragte ich schließlich, ob ich diesen Gedankenflug wohl unterbrechen und eine Frage stellen könnte … Ich fragte: »Sir, wollen Sie damit sagen, dass ich, wenn ich den Hinduismus studiere, dann *entweder* das *Sowohl-als-auch-System* der Logik benutzen muss oder gar keines habe?«
>
> Daraufhin trat Stille ein, die eine Ewigkeit zu dauern schien, sodass man eine Nadel hätte fallen hören können. Ich wiederholte meine Frage: »Haben Sie gesagt, dass ich, wenn ich den Hinduismus studieren möchte, ich *entweder* die

> *Sowohl-als-auch-Logik* benutzen muss oder dass es sonst nicht möglich ist? Habe ich das richtig verstanden?«
> Er warf seinen Kopf zurück und sagte: »Da schaut das *Entweder-oder-Prinzip* heraus, nicht wahr?«
> »Allerdings tut es das«, antwortete ich. »Und in der Tat schauen wir sogar in Indien nach beiden Seiten, wenn wir eine Straße überqueren – entweder ist es der Bus, der Vorfahrt hat, oder ich, niemals wir beide.«
> Sehen Sie den Fehler, den er machte? Er benutzte die *Entweder-oder-Logik*, um die *Sowohl-als-auch-Methode* zu beweisen. Je mehr wir versuchen, das Gesetz des Sich-nicht-widersprechen-dürfens totzuschlagen, desto mehr erschlägt es uns.[62]

Zacharias weist auch auf das hin, was viele im Hinblick auf die östliche Philosophie nicht anerkennen wollen:

> Die gesamte Lehrmethode des größten Hindu-Philosophen Shankara war rein sokratisch, als er die Debatte über Ideen nicht in der dialektischen Weise des »*sowohl/als auch*«, sondern in der den Widerspruch ausschließenden Methode des »*entweder/oder*« führte. Er forderte seine Antagonisten dazu heraus, ihm seinen Irrtum nachzuweisen oder andernfalls sich seinen Ansichten anzuschließen. Dann ist der springende Punkt überhaupt nicht, ob wir östliche oder westliche Logik benutzen, sondern wir benutzen die Logik, die am besten die Realität widerspiegelt. Und das Gesetz des Sich-nicht-widersprechen-dürfens ist stillschweigend oder ausdrücklich und offen von Ost und West inbegriffen.[63]

Ronald Nash fügt hinzu:

> Das Gesetz der Widerspruchsfreiheit ist nicht einfach nur ein Gesetz des Denkens. Es ist zwar ein Gesetz des Denkens, aber weil es zuerst ein Gesetz des Seins ist. Und dieses Gesetz ist auch nicht etwas, das man nach Belieben anerkennen oder ablehnen kann. Seine Ablehnung führt zur Absurdität. Es ist einfach sinnlos, die Gesetze der Logik zu leugnen. Wenn das Gebot der Widerspruchsfreiheit abgelehnt wird, dann hat nichts mehr Bedeutung. Wenn die Gesetze der Logik nicht zuerst das auch wirklich meinen, was damit gesagt wird, dann kann überhaupt nichts mehr einen Sinn haben, einschließlich der Leugnung der Gesetze.[64]

Das Zeugnis des Ex-Hindu Rabindranath Maharaj illustriert das Dilemma, in das jeder gerät, der sich dem pantheistischen Mystizismus des Ostens öffnet:

> Meine Religion hatte wunderbare Theorien, aber ich geriet in ernsthafte Schwierigkeiten, sie im täglichen Leben anzuwenden. Und es war nicht nur eine Sache meiner fünf Sinne, die gegen meine inneren Visionen standen. Es war auch eine Sache des Verstandes … Wenn es nur eine Realität gab, dann war Brahman sowohl böse als auch gut, dann war Tod und Leben dasselbe, auch Hass und Liebe. Das

> ließ alles in Bedeutungslosigkeit versinken, das Leben wurde zur Absurdität … Das schien unvernünftig – aber (so wurde ich erinnert) der Vernunft konnte man nicht trauen – sie war Teil der Illusion. Wenn die Vernunft auch »Maya« war – wie die Veden lehrten – wie konnte ich dann irgendeinem Konzept trauen, einschließlich der Vorstellung, dass alles »Maya« war und nur Brahman real? Wie konnte ich sicher sein, dass die Seligkeit, die ich suchte, nicht auch eine Illusion war, wenn keiner meiner Wahrnehmungen oder Begründungen getraut werden konnte?[65]

Norman Geisler stellt die gezielte Frage:

> Wenn wir eine verkehrsreiche Straße überqueren und sehen drei Spuren auf uns zukommen, sollten wir uns keine Sorgen darum machen, weil es ja doch bloß eine Illusion ist? Sollten wir uns nicht einmal um Autos kümmern, wenn wir über die Straße gehen, wenn wir, der Verkehr und die Straße in Wirklichkeit gar nicht existieren? Wenn Pantheisten ihre Überzeugung tatsächlich konsequent ausleben würden, bliebe dann noch einer von ihnen übrig?[66]

Francis Schaeffer erzählt eine Geschichte, die die Absurdität des Ablehnens des logischen Dualismus illustriert:

> Eines Tages sprach ich zu einer Gruppe von Leuten, die sich im Zimmer eines jungen Südafrikaners an der Universität Cambridge versammelt hatten. Unter anderem war da ein junger Inder anwesend – ein Sikh, aber religiös ein Hindu. Am Anfang äußerte er sich radikal gegen das Christentum, verstand aber die Probleme seines eigenen Glaubens offenkundig nicht. So sagte ich: »Ist es unkorrekt, wenn ich sage, dass auf der Grundlage Ihres religiösen Systems Grausam-Sein und Nicht-Grausam-Sein letztlich gleich sind, dass es keinen wesentlichen Unterschied zwischen beidem gibt?« Er stimmte dem zu. Der Student, in dessen Zimmer wir uns trafen, der sehr klar die Konsequenzen dessen, was der Sikh gesagt hatte, verstand, nahm seinen Kessel mit kochendem Wasser, aus dem er gerade Tee aufgießen wollte, und hielt ihn dem Inder über den Kopf. Der schaute auf und fragte, was er vorhabe. Mit kühler, aber freundlicher Entschlossenheit sagte der andere: »Es ist doch kein Unterschied zwischen Grausam-Sein und Nicht-Grausam-Sein.« Der Inder stand auf und ging in die Nacht hinaus.[67]

3.3 Die atheistische Welt

Das Wort »Atheismus« stammt von zwei griechischen Wörtern ab: »A« hat die Bedeutung von »nein« oder »nicht«, und »*theos*« bedeutet »Gott«. Ein Atheist ist also einer, der behauptet, dass es keinen Gott gibt – eine Position, die sehr schwer zu verteidigen ist. Wenn ein Atheist auf Dauer sicher sein will, dass sein Glaube korrekt ist, muss er behaupten, selbst allwissend zu sein, denn es besteht ja immer die Möglichkeit, dass ein Gott außerhalb seiner Erkenntnis existiert. Und angesichts der Tatsache, dass die meisten Menschen zugeben würden, nur einen unendlich kleinen Bruchteil allen Wissens im Universum zu besitzen, ist das Risiko, dass Gott außerhalb des Wissens eines Menschen existiert, doch sehr hoch.

Viele Menschen, denen ich begegnete, haben kaum einmal etwas von den Fakten, die in diesen Aufzeichnungen dargelegt werden, gehört und noch viel weniger sie in Betracht gezogen. Mir ging es genauso, bis ich mich daran machte, das Christentum zu widerlegen. Und aus diesem Grunde habe ich das Material gesammelt: Ich wollte jedem, speziell Atheisten, eine Gelegenheit zu einem neuen Leben geben, das auf der Wahrheit des Anspruchs Jesu beruhte. Wenn es wirklich keinen Gott gibt, dann ist die Zukunft düster – für die Gesellschaft und für den Einzelnen. Schauen Sie sich doch Dostojewskis brillante Beschreibung einer Kultur ohne Gott in »The Brother *Karamazow*« an: »Aber was wird dann aus den Menschen werden? … ohne Gott und Unsterblichkeit? Alle Dinge sind dann legal, sie können tun, was sie wollen? Wusstet ihr das nicht?«[68]

Dostojewski fährt fort:

> Es ist Gott, der mir Sorge macht. Das ist das Einzige, was mir Sorge macht. Was ist, wenn er nicht existiert? Was ist, wenn Ratikin Recht hat – dass er nur eine Vorstellung ist, die Menschen sich ausgedacht haben? Wenn er nicht existiert, dann ist der Mensch der Herr der Erde, des Universums. Prächtig! Nur – wie soll er gut werden ohne Gott? Das ist die Frage. Darauf komme ich immer wieder zurück. Wen soll der Mensch dann lieben? Wem wird er dankbar sein? Wem wird er Loblieder singen? Ratikin lacht. Ratikin sagt, dass man die Menschheit auch ohne Gott lieben kann. Na, nur ein greinender Idiot kann das behaupten. Das Leben ist für Ratikin leicht. Du würdest besser über die Erweiterung der Menschenrechte nachdenken oder darüber, wie man die Fleischpreise niedrig halten kann. Du würdest deine Menschenliebe dadurch einfacher und direkter zeigen als mit der Philosophie. Ich antwortete ihm: Gut, aber ihr, ohne Gott, werdet eher die Fleischpreise hochtreiben, wenn es euch passt, und schlagt einen Rubel auf jede Kopeke.[69]

Doch es geht um mehr als nur um die Vorstellung von Gott. Es geht um die Wirklichkeit Gottes und seine Fähigkeit, einen Menschen tatsächlich und substanziell von innen her zu verändern.

Wenn man sich ansieht, wie Atheisten sich im Allgemeinen am Ende ihres Lebens fühlen, dann findet man da eine Tendenz, in Erwägung zu ziehen, ob Gott sich uns möglicherweise doch in Christus geoffenbart hat:

> Sartre fand den Atheismus »grausam«; Camus »schrecklich« und Nietzsche »unerträglich«. Atheisten, die konsequent versuchen, ohne Gott zu leben, neigen zum Selbstmord oder werden verrückt. Diejenigen, die inkonsequent sind, leben im ethischen oder ästhetischen Schatten christlicher Wahrheit, während sie die Realität leugnen, die diesen Schatten wirft.[70]

Sartre sagte nicht lange vor seinem Tod:

> Ich fühle mich nicht so, als ob ich ein Produkt des Zufalls bin, ein Staubkorn im Universum, sondern wie jemand, der erwartet, bereitet, vorgebildet war. Kurz gesagt, ich empfinde mich als ein Wesen, das nur ein Schöpfer hierher gebracht haben konnte. Und diese Vorstellung einer schöpferischen Hand bezieht sich auf Gott.[71]

Mein Gebet ist, dass alle, die diese Aufzeichnungen lesen, zu dem Einen finden, der buchstäblich uns »erwartet, bereitet und vorgebildet hat« für ein sinnvolles und geplantes Leben durch Jesus Christus.

3.4 Die agnostische Welt

Wegen der Schwierigkeit, eine atheistische Position zu verteidigen, nehmen die meisten unreligiösen Menschen eine agnostische Position ein.

Auch dieser Begriff setzt sich aus zwei griechischen Wörtern zusammen. »A« steht für »nein« oder »nicht«, und »*gnosis*« bedeutet »Wissen«. Der Begriff sagt also einfach nur aus: »kein Wissen«. Ein Mensch dieser Richtung ist nicht sicher, ob ein Gott existiert oder nicht.

Das philosophische Konzept des Agnostizismus ist allerdings häufig von dem allgemein bekannten Inhalt des Ausdrucks zu unterscheiden. Kant und andere waren der Ansicht, dass wir *nicht* wissen *können*, ob Gott existiert. Die meisten Agnostiker würden eher sagen, dass sie Agnostiker sind, weil sie *nichts* von der Existenz Gottes *wissen*. Die erste Gruppe hat die Möglichkeit, Gott zu erkennen, rundherum ausgeschlossen. Die andere wartet noch. Sie wissen nur, dass sie im Augenblick kein Wissen über Gott haben. Auf diese Weise finden wir zwei unterschiedliche Arten »kein Wissen« oder »keine Kenntnis« zu definieren. Im ersten Fall heißt das, dass ein Wissen nicht möglich ist. Im zweiten, dass bisher kein Wissen vorhanden ist.

Kants Erkenntnistheorie resultiert im Agnostizismus, der sagt, dass man über die Wirklichkeit nichts wissen kann. Norman Geisler kommentiert: »In seiner uneingeschränkten Form behauptet [der Agnostizismus], dass alles Wissen von der Wirklichkeit [d. h. Wahrheit] unmöglich ist. Doch diese Aussage wird in sich selbst als Wahrheit über die Wirklichkeit angeboten.«[72]

Geisler und Peter Bocchino fassen die sich-selbst-aufhebende Natur dieser Behauptung zusammen:

> Der fundamentale Fehler in Kants harter agnostischer Position ist sein Anspruch, eine Erkenntnis von dem zu haben, von dem er selbst behauptet, dass man es nicht wissen könne. In andern Worten: Wenn es wahr wäre, dass man die Realität nicht kennen kann, dann wüsste keiner etwas darüber, auch Kant nicht. Kants harter Agnostizismus lässt sich zusammenfassen in der Behauptung: »Ich weiß, dass die Wirklichkeit nicht erkennbar ist.«[73]

Die meisten Menschen beschränken den Agnostizismus jedoch auf den Glauben, dass man nicht wissen kann, ob Gott existiert, wobei andere Bereiche der Realität unberücksichtigt bleiben.

3.5 Die wissenschaftliche Welt

Merkwürdig genug ist von allen »Welten im Zusammenstoß« heute die wissenschaftliche Welt, diejenige, die zunehmend die stärksten und schockierendsten Anhaltspunkte zugunsten der Existenz eines Gottes liefert.

Im Laufe der Jahre ist manches über den Kampf zwischen Wissenschaft und Religion bekannt geworden. Doch in den letzten Jahren sind die »Fakten«, die die Wissenschaft im Hinblick auf den Ursprung des Universums und den der Menschheit zutage gefördert hatte, zunehmend unter Beschuss geraten, besonders von Insidern. Im Laufe der Zeit haben Wissenschaftler, wie z. B. Michael Behe, die »Fakten« der Wissenschaft von einem wissenschaftlich-methodischen Standpunkt aus unter die Lupe genommen. Werke wie Behes *Darwins Black Box: The Biochemical Challenge to Evolution*, in dem er Beweise aus der Biochemie bringt, die Darwins Evolutionstheorie ablehnen, haben in ein neues Zeitalter der Kritik an Darwins Theorie hineingeführt.

Interessanterweise ist es so: Je mehr die Wissenschaft entdeckt, desto deutlicher scheint das Konzept eines Schöpfers vor den Augen aufzutauchen. Im Bezug auf die DNA sagt Charles Thaxton: »Man hat eine strukturelle Identität zwischen der genetischen Botschaft der DNA und der geschriebenen Botschaft einer menschlichen Sprache entdeckt.«[74]

Hubert Yockey erklärt:

> Es gibt eine Identität der Struktur zwischen DNA (und Protein) und geschriebenen sprachwissenschaftlichen Botschaften. Da wir aus Erfahrung wissen, dass Intelligenz geschriebene Botschaften produziert, und keine andere Ursache bekannt ist, ist die Folgerung daraus – aufgrund der deduktiven Methode – dass intelligente Ursachen DNA und Protein produziert haben. Die Bedeutung dieses Ergebnisses liegt in seiner Gewissheit, denn diese ist viel stärker, als wenn die Strukturen sich nur ähnlich wären. Wir haben es nicht zu tun mit einer oberflächlichen Ähnlichkeit zwischen DNA und einem geschriebenen Text. Wir sagen nicht, dass die DNA wie eine Botschaft ist. Vielmehr ist die DNA eine Botschaft. Die Biologie umfasst also das Konzept einer Planmäßigkeit.[75]

Auch William Dembski sagt:

> Innerhalb der Biologie ist der intelligente Schöpfungsplan eine Theorie biologischen Ursprungs und biologischer Entwicklung. Ihre fundamentale Behauptung ist, dass intelligente Ursachen notwendig sind, um die komplexen, an Informationen reichen Strukturen der Biologie zu erklären, und dass diese Ursachen empirisch aufgedeckt werden können.[76]

Dembski fährt fort:

> In der Welt gibt es Ereignisse, Objekte und Strukturen, die durch ungelenkte

> natürliche Ursachen nicht erklärt werden können. Angemessen ist das nur möglich durch die Rückführung auf intelligente Ursachen. Wissenschaftler können das heute sehr genau demonstrieren. Was also seit langer Zeit als philosophische Intuition bestand, ist heute zum wissenschaftlichen Untersuchungsprogramm geworden.[77]

Chandra Wickramasinghe fährt fort:

> Ich denke, wenn Sie sich die Struktur der Lebewesen, der Mikroorganismen und unsere eigene unter dem Mikroskop ansehen, wenn man ein lebendiges System untersucht, das wir vor uns sehen, das uns zugänglich ist, kommt man unausweichlich zu der Schlussfolgerung, dass Leben nicht durch Zufallsprozesse entstanden sein kann – innerhalb einer endlichen Zeitspanne, in einem endlichen Universum. Ich denke, die Aussagekraft des Lebens ist rigoros. Es sind harte Tatsachen, die die Natur des Lebens betreffen, wie man es im Labor untersucht. Die Information, die in dem System des Lebendigen enthalten ist, das wir hier auf der Erde vorfinden, ist vielleicht die härteste kosmologische Tatsache. Man kann sich dem nicht verschließen in dem Sinn, dass das Universum in irgendeiner Weise diese Zusammenhänge aufdecken muss. Ich würde diese Gegebenheit im Hinblick auf die Qualität der »Information« über die kosmologischen Fakten setzen.[78]

Stanley Jaki sagt:

> Von einem Plan zu sprechen, mag seit Darwin vor dem Tribunal der Wissenschaft die verwerflichste Sache sein. Verblüffend genug ist es aber nun, dass die Wissenschaft in ihrer fortschrittlichsten und umfassendsten Form, der wissenschaftlichen Kosmologie, heute die Vorstellung von einem Plan wieder in die wissenschaftliche Diskussion bringt. Kurz nach der Entdeckung der 2.7o K-Strahlen begannen Kosmologen sich über die sehr engen Grenzen zu wundern, die der kosmischen Evolution gezogen worden waren. Das Universum erschien ihnen mehr und mehr auf eine extrem enge Spur verwiesen worden zu sein, eine »Schiene«, die so festgelegt war, dass letztlich der Mensch auf der Bühne auftreten musste. Wenn diese »kosmische Suppe« auch nur ein bisschen anders ausgefallen wäre, wären nicht nur die chemischen Elemente, aus denen alle organischen Körper zusammengesetzt sind, gar nicht entstanden. Träge Masse wäre ebenso einer Interaktion unterworfen gewesen, die sich unterschieden hätte von derjenigen, die erforderlich ist für die Gerinnung großer Klumpen von irgendeinem Stoff, wie Protosterne und Proto-Sonnensysteme … Auf jeden Fall ist das Auftauchen von Leben auf der Erde vom rein wissenschaftlichen Standpunkt aus ein Ergebnis enormer Unwahrscheinlichkeit. Kein Wunder, dass angesichts dessen einige Kosmologen, die nicht mehr bereit sind, auf dem Altar des blinden Zufalls zu opfern, beginnen, vom »anthropischen Prinzip« zu sprechen. Die

> Anerkennung dieses Prinzips wurde unterstützt durch den nagenden Verdacht, dass das Universum vielleicht doch um des Menschen willen extra »maßgeschneidert« worden sei.[79]

Hugh Ross sagt dazu:

> Astronomen haben entdeckt, dass die charakteristischen Merkmale des Universums, unserer Galaxie und unseres Sonnensystems, so großartig darauf abgestimmt sind, das Leben zu fördern, dass die einzige vernünftige Erklärung dafür die Vorsorge eines persönlichen, intelligenten Schöpfers ist, dessen Einbeziehung dieses Maß an Abgestimmtheit erklärt. Dem muss Kraft und Absicht zugrunde liegen.[80]

Ross gibt Paul Davies Kommentar wider, dass es »für mich immer mehr starke Anhaltspunkte dafür gibt, dass hinter allem etwas vor sich geht. Der Eindruck eines ›Entwurfs‹ ist überwältigend.«[81]

Dann heißt es weiter:

> Die Gesetze der Wissenschaft, wie wir sie heute kennen, enthalten viele fundamentale Zahlen, wie die Größe der elektrischen Ladung eines Elektrons und das Verhältnis der Massen von Protonen und Elektronen. Es ist bemerkenswert, dass diese Zahlenwerte sehr fein abgestimmt zu sein scheinen, um die Entfaltung des Lebens möglich zu machen … und es scheint klar zu sein, dass nur ein relativ geringer Spielraum für die Werte dieser Zahlen besteht, der die Entwicklung von irgendeiner Form von intelligentem Leben möglich machen würde.[82]

Hawking fügt hinzu:

> Das bedeutet, dass der Anfangszustand des Universums sehr sorgfältig ausgewählt worden sein muss, wenn das »Urknall-Modell« für den Anfang der Zeit zutrifft. Es könnte sehr schwierig sein zu erklären, warum das Universum ausgerechnet so seinen Anfang genommen haben sollte, außer wenn man es als einen Schöpferakt eines Gottes ansieht, der die Absicht hatte, Wesen wie uns zu schaffen.[83]

»Es ist das zunehmende Staunen, das viele Astronomen und Physiker dazu geführt hat, das ›anthropische Prinzip‹ zu verändern und mit Sir Fred Hoyle zu verkündigen, dass ›da ein Gott sein muss‹.«[84]

Ross fährt fort:

> Es ist nicht nur das Universum, das Anhaltspunkte für einen »Plan« liefert. Auch Sonne und Erde geben solche »Beweisstücke« her. Frank Dake, Carl Sagan und Josef Shklovskii gehörten zu den ersten Astronomen, die darauf hinwiesen. Sie

> versuchten, die Zahl der Planeten (im Universum) mit einer Umwelt, die Leben ermöglichte, zu schätzen. In den frühen sechziger Jahren erkannten sie, dass nur ein ganz bestimmter Stern mit einem Planeten, der sich in genau der richtigen Entfernung von dem Stern befände, die Voraussetzungen für die Entfaltung von Leben bieten würde.[85]

Dann fügt Ross noch hinzu:

> Angesichts der Tatsache, dass das beobachtbare Universum nahezu eine Billion Galaxien enthält, wobei zu jeder im Durchschnitt hundert Milliarden Sterne gehören, so kann man erkennen, dass man nicht einmal bei einem einzigen Planeten erwarten kann, dass er allein durch einen natürlichen Prozess die notwendigen Voraussetzungen für die Entfaltung von Leben besitzt. Kein Wunder, dass u. a. Robert Rood und James Trefil vermutet haben, dass intelligentes physisches Leben nur auf der Erde existiert.[86]

Ross schließt: »Und wieder wird deutlich, dass ein persönlicher, jenseitiger Schöpfer das Universum, den Planet Erde, das Leben geplant haben muss.«[87]

Oder sollte es möglich sein, dass der schlichte Zufall für all diese Zusammenhänge verantwortlich ist? »Es ist schwer zu glauben, dass die unendlichen Weiten und die Großartigkeit der Natur nur zufällig entstanden sind.«[88]

Clark sagt weiter: »Ist auch das Vorhandensein der chemischen Elemente nur eine Sache des Zufalls – Kohlenstoff, Stickstoff, Sauerstoff und all die anderen? Sind auch die beachtlichen Mengen an Wasser und Kohlendioxid nur zufällig da?«[89]

> Die Tatsache, dass diese Verhältnisse [ein feinabgestimmtes Universum] notwendig sind für unsere Existenz, ist eine der faszinierendsten Entdeckungen der modernen Wissenschaft … All das drängt die Frage nach der Ursache auf – von der unendlichen Reihe möglicher Werte her, die die Natur als grundsätzlichen Bestand hätte auswählen können, und von der wirklich unendlichen Verschiedenheit der Anfangsbedingungen, die das Ur-Universum hätten charakterisieren können, die tatsächlichen Werte und Bedingungen, die zusammenwirken, um die besondere Kette der so sehr speziellen Merkmale zu produzieren, die wir beobachten. Denn das Universum ist eindeutig ein besonderer Ort: in großem Maßstab äußerst einförmig, aber nicht so exakt einförmig, dass sich nicht Galaxien bilden konnten … ein Expansionstempo, das in unglaublicher Genauigkeit auf den Energiegehalt abgestimmt ist … die Werte seiner Kräfte erlauben das Entstehen von Atomkernen, verbrennen aber doch nicht allen kosmischen Wasserstoff … und viele andere offensichtliche Glücksfälle.[90]

Ist das Universum nach einem bestimmten Plan entstanden, und wenn ja, wie sieht die Beziehung zu seinem Schöpfer aus? Henry Margenau antwortet auf die erste Frage sehr entschieden:

Mein Argument an der Stelle ist sehr einfach. Was ist der Unterschied zwischen einer Ursache und einem Plan? Ursache bedeutet Bestimmung zukünftiger Ereignisse durch die Vergangenheit. Ein Plan bedeutet Bestimmung zukünftiger Ereignisse durch eine Vision von der Zukunft. Man kann keinen Plan haben, solange man keine Vorstellung hat von dem, was man will. Ein Plan erfordert einen Geist, der dahinter steht.[91]

4 Zusammenfassung

Der Skeptiker David Hume schloss sein berühmtes *Enquiry Concerning Human Understanding* mit der Forderung:

> Wenn wir irgendein Buch zur Hand nehmen – ein theologisches oder eins über wissenschaftliche Metaphysik – dann sollten wir fragen: »Enthält es irgendeine abstrakte Begründung bezüglich Quantität oder Zahl?« Nein. »Enthält es irgendeine experimentelle Begründung im Hinblick auf Tatsachen oder Existenz?« Wenn auch darauf ein »Nein« folgt, dann übergib das Buch den Flammen: Es kann dann nichts anderes enthalten als Trugschlüsse und Illusionen.[92]

Gibt es irgendeinen zwingenden Beweis, der einen Menschen aus der Sinnlosigkeit von Skeptizismus, Agnostizismus und Atheismus befreien kann? Oder von den Widersprüchen des Postmodernismus? Oder von den täuschenden Emotionen des Mystizismus? Ich glaube, dass es den gibt.

B. C. Johnson lehnt in *The Atheist Debater's Handbook* diese Herausforderung ab: »Wenn Gott existiert, dann wird sich das irgendwie herausstellen. Es werden Zeichen auftauchen, die auf eine solche Folgerung schließen lassen.«[93]

Diese hier vorliegenden Ausarbeitungen stehen den Forderungen von Hume und Johnson diametral gegenüber. Sie bieten Beweise der Glaubwürdigkeit an, sogar, wie Hume forderte, in Mengen- und Zahlenangaben, und außerdem – was noch viel mehr ist – sie helfen einem einsichtigen Menschen zu entdecken, dass Gott sich uns in der Person Jesu Christi wirklich zugewandt hat.

Ich stimme mit Johnson darin überein, dass es Hinweise geben muss – tatsächlich sind diese schon aufgetaucht –, die auf Gottes Existenz hindeuten. Sie sind bereits in spezieller Weise sichtbar geworden. Gott will eindeutig, dass wir noch mehr von ihm wissen sollen als nur, dass er existiert. Wir sollen wissen, dass wir ihn kennen lernen können. Lesen Sie dieses Buch, um die Tatsachen und Argumente für die Wahrheit der Bibel zu entdecken!

5 Literaturangaben

[1] Wilbur M. Smith, *Therefore Stand*, S. 45,481.
[2] F. R. Beattie, *Apologetics*, S. 48.
[3] Paul E. Little, *Know Why You Believe*, S. 28.

[4] F. R. Beattie, *Apologetics*, S. 37f.
[5] Bernard Ramm, *Protestant Christian Evidences*, S. 33.
[6] J. N. D. Anderson, *Christianity: The Witness of History*, S. 10.
[7] Clark Pinnock, *Set Forth Your Case*, S. 6f.
[8] Ebd., S. 3.
[9] Benjamin B. Warfield, *Apologetics: Fundamental Apologetics*, S. 24f.
[10] Clark Pinnock, *Set Forth Your Case*, S. 7.
[11] F. R. Beattie, *Apologetics*, S. 25.
[12] Paul E. Little, *Know Why You Believe*, S. 30.
[13] John W. Montgomery, *The Shape of the Past*, S. 141.
[14] John W. Montgomery, *History and Christianity*, S. 19.
[15] John W. Montgomery, *The Shape of the Past*, S. 145.
[16] S. Estborn, *Gripped by Christ*, S. 43.
[17] J. B. Phillips zitiert nach Edward M. Blaiklock, *Layman's Answer*, S. 47.
[18] C. S. Lewis, *Christian Reflections*, S. 154f.
[19] John W. Montgomery, *The Shape of the Past*, S. 139-144.
[20] Ebd., S. 144.
[21] Ebd., S. 139f.
[22] Millar Burrows zitiert nach John W. Montgomery, *History and Christianity*, S. 15f.
[23] Max Black zitiert nach John W. Montgomery, *History and Christianity*, S. 76.
[24] Ethelbert Stauffer zitiert nach John W. Montgomery, *History and Christianity*, S. 76.
[25] Philip Schaff, *History of the Christian Church*, S. 175.
[26] Michael Green, *Runaway World*, S. 10.
[27] Thomas A. Helmbock, *IT*, S. 2.
[28] Norman L. Geisler, *When Skeptics Ask*, S. 259.
[29] Michael Green, *Runaway World*, S. 36.
[30] Ebd.
[31] Blaise Pascal, *The Provincial Letters, Pensees, Scientific Treatises*, o.S.
[32] Carl F. Henry, »The Postmodernism: The New Spectre?", David S. Dockery, *Challenge of Postmodernism*, S. 36.
[33] Ebd., S. 42.
[34] Stanley J. Grenz, *A Primer on Postmodernism*, S. 83f.
[35] Dennis McCallum, *The Death of Truth*, S. 36.
[36] Stanley J. Grenz, *A Primer on Postmodernism*, S. 41.
[37] Richard Rorty, *Consequences of Pragmatism*, S. xvi.
[38] Peter Kreeft/K. Tacelli, *Handbook of Christian Apologetics*, S. 365f.
[39] Dennis McCallum, *The Death of Truth*, S. 40.41.
[40] Carl F. Henry, »The Postmodernism: The New Spectre?", David S. Dockery, *Challenge of Postmodernism*, S. 36.
[41] Richard Rorty, *Consequences of Pragmatism*, S. 166.
[42] Stanley J. Grenz, *A Primer on Postmodernism*, S. 8.

[43] Norman L. Geisler, *Baker's Encyclopedia of Christian Apologetics*, S. 745.
[44] Ebd.
[45] Peter Kreeft/K. Tacelli, *Handbook of Christian Apologetics*, S. 381.
[46] Ebd.
[47] Peter Van Inwagen, *Metaphysics*, S. 59.
[48] Ebd., S. 56.
[49] Ebd., S. 56f.
[50] Mortimer J. Adler, *Six Great Ideas*, S. 43.
[51] Bertrand Russell, *The Problems of Philosophy*, S. 129f.
[52] Mortimer J. Adler, *Six Great Ideas*, S. 41.
[53] William L. Craig, »Political Incorrect Salvation«, Timothy A. Philips/Dennis L. Okholm, *Christian Apologetics in the Postmodern World*, S. 82.
[54] James W. Sire, »On Being a Fool for Christ and an Idiot for Nobody«, Timothy A. Philips/Dennis L. Okholm, *Christian Apologetics in the Postmodern World*, S. 120.
[55] Dennis McCallum, *The Death of Truth*, S. 52.
[56] Norman Anderson, *Christianity and World Religions*, S. 37.
[57] Ebd., S. 88.
[58] D. T. Suzuki, *Living by Zen*, S. 94.
[59] D. T. Suzuki, *Introduction to Zen Buddhism*, S. 38.
[60] D. T. Suzuki, *Essays in Zen Buddhism: First*, S. 230.
[61] William L. Craig, »Political Incorrect Salvation«, in Timothy A. Philips/Dennis L. Okholm, *Christian Apologetics in the Postmodern World*, S. 78-81.
[62] Ravi K. Zacharias, *Can Man Live Without God?*, S. 129.
[63] Ebd., S. 130.
[64] Ronald H. Nash, *World Views in Conflict*, S. 84.
[65] Rabindranath Maharaja/Dave Hunt, *A Death of a Guru*, S. 104.
[66] Norman L. Geisler, *Worlds Apart*, S. 102.
[67] Francis A. Schaeffer, *The Complete Works of Francis Schaeffer*, Bd. 1, S. 110.
[68] Fyodor M. Dostoyevsky, *The Brothers Karamazov*, S. 312.
[69] Ebd., S. 314.
[70] Norman L. Geisler, *Baker's Encyclopedia of Christian Apologetics*, S. 282.
[71] Stephen Schwarz, »Summary Statement«, Roy A. Varghese, *The Intellectuals Speak Out About God*, S. 128.
[72] Norman L. Geisler, *Christian Apologetics*, S. 135.
[73] Norman L. Geisler/Peter Bocchino, *When Students Ask*, o.S.
[74] Charles Thaxton, *A New Design Argument*, S. zitiert in CP,18.
[75] Hubert P. Yokey, Journal of Theoretical Biology, Charles Thaxton, *A New Design Argument*, S. 19.
[76] William A. Dembski, *The Intelligent Design Movement*, S. 24.
[77] Ebd., S. 25.
[78] Chandra Wickramasingha, »Science and the Devine Origin of Life«, Roy A. Varghese, *The Intellectuals Speak Out About God*, S. 33.

[79] Stanley L. Jaki, »From Scientific Cosmology to a Created Universe«, Roy A. Varghese, *The Intellectuals Speak Out About God*, S. 71f.

[80] Hugh Ross, »Astronomical Evidences for a Personal, Transcendent God«, J. P. Moreland, *The Creation Hypothesis*, S. 160.

[81] Paul C. Davies, »The Cosmic Blueprint«, S. 203, J. P. Moreland, *The Creation Hypothesis*, S. 164.

[82] Stephen Hawking, *A Brief History of Time*, S. 125.

[83] Ebd., S. 127.

[84] Roy A. Varghese, *The Intellectuals Speak Out About God*, S. vii, 23-27; Terry L. Miethe/Anthony G. Flew, *Does God Exist?*, S. 165.

[85] Hugh Ross, »Astronomical Evidences for a Personal, Transcendent God«, J. P. Moreland, *The Creation Hypothesis*, S. 164.

[86] Ebd., S. 169f.

[87] Hugh Ross, *The Fingerprint of God*, S. 138.

[88] Robert E. Clark, *Science and Christianity*, S. 154.

[89] Ebd.

[90] Paul C. W. Davies, *The Accidental Universe*, zitiert nach Alvin C. Plantiga, *Methodological Naturalism*, S. 111.

[91] Henry Margenau. »Modern Physics and Belief in God«, zitiert in Roy A. Varghese, *The Intellectuals Speak Out About God*, S. 42.

[92] David Hume, *Enquiry Concerning Human Understanding*, 12,2.

[93] B. C. Johnson, *The Atheist Debater's Handbook*, S. 15.

Erster Teil

Die Beweise für die Bibel

01 Die Einzigartigkeit der Bibel

Kapitelübersicht

1 Einführung

Immer und immer wieder höre ich – wie von einer kaputten Schallplatte – die Aussage: »Ach nein, Sie lesen doch nicht etwa die Bibel?« Manchmal sagt man auch: »Wieso die Bibel? Sie ist doch nur ein Buch wie jedes andere. Sie sollten mal ›das und das‹ lesen!« Und dann nennen sie einige ihrer eigenen Lieblingsbücher.

Es gibt aber auch Menschen, die eine Bibel in ihrer »Bibliothek« haben. Ganz stolz erzählen sie mir dann, dass sie neben anderen »Größen« in ihrem Regal steht wie z. B. Homers *Odyssee*, Shakespeares *Romeo und Julia* oder Austens *Stolz und Vorurteil*. Ihre Bibel mag verstaubt und unbenutzt sein, aber sie halten sie immer noch für einen Klassiker.

Andere machen eher abwertende Bemerkungen über die Bibel, spötteln sogar bei dem Gedanken, dass irgendjemand sie ernst genug nehmen könnte, um darin zu lesen. Für diese Leute ist es ein Zeichen von Unwissenheit, in ihrer »Bibliothek« eine Bibel stehen zu haben.

Die oben angeführten Fragen und Beobachtungen bedrückten mich bereits, als ich noch gar kein Christ war, und ich versuchte, die Bibel – als Gottes Wort an die

Menschen – zu widerlegen. Ich kam endlich zu dem Schluss, dass es sich hier einfach nur um banale Phrasen von entweder voreingenommenen, mit Vorurteilen behafteten oder einfach unbelesenen Männern und Frauen handelte.

Doch die Bibel sollte um ihrer selbst willen einen Ehrenplatz auf dem Bücherregal besitzen. Sie ist »einzigartig«. Meine Gedanken, mit denen ich mich herumschlug, um die Bibel zu beschreiben, gipfeln in dem einen Wort: »einzigartig«.

Das berühmte englische Wörterbuch Webster muss an dieses »Buch der Bücher« gedacht haben, als es die Definition von »einzigartig« formulierte: »1. unvergleichlich; einzig; allein dastehend. 2. unterschieden von allen andern; ohne seinesgleichen.«

Professor M. Montiero-Williams, ehemaliger Professor der Universität Boden für Sanskrit (eine altindische Literatursprache), vertrat auch diesen Standpunkt. Nachdem er 42 Jahre mit dem Studium orientalischer Schriften verbracht hatte, verglich er sie mit der Bibel und sagte dann:

> Stapeln Sie, wenn Sie wollen, diese Bücher auf der linken Seite Ihres Schreibtisches; aber legen Sie Ihre Bibel auf die rechte Seite – ganz für sich und mit weitem Abstand. Denn … es ist eine Kluft zwischen ihr und den so genannten heiligen Büchern des Ostens, die die eine von den andern zutiefst, hoffnungslos und für immer trennt … ein wahrer Abgrund, den auch keine Religionswissenschaft überbrücken kann.[1]

Die Bibel unterscheidet sich von allen anderen Büchern. Sie ist einzigartig in vielerlei Hinsicht, ein paar Merkmale ihrer Einzigartigkeit seien hier nur stellvertretend genannt:

2 Einzigartig in ihrer Kontinuität

Die Bibel ist das einzige Buch, welches folgende Kriterien bezüglich seiner Abfassung erfüllt:

1. über eine Zeitspanne von mehr als 1.500 Jahren geschrieben.

2. von mehr als 40 Verfassern aus allen Gesellschaftsbereichen, einschließlich Königen, militärischen Führern, Bauern, Philosophen, Fischern, Zollbeamten, Dichtern, Musikern, Staatsmännern, Gelehrten und Hirten abgefasst. Zum Beispiel von Mose, einem politischen Führer und Richter, geschult an den »Universitäten« Ägyptens, von David, einem König, Dichter, Musiker, Hirten und Krieger, von Amos, einem Hirten, von Josua, einem militärischen Oberbefehlshaber, von Nehemia, dem Mundschenk eines heidnischen Königs, von Daniel, einem Premierminister, von Salomo, einem König und Philosophen, von Lukas, einem Arzt und Historiker, von Petrus, einem einfachen Fischer, von Matthäus, einem Zollbeamten, von Paulus, einem Rabbiner und von Markus, dem Sekretär des Petrus.

3. an verschiedenen Orten geschrieben: durch Mose in der Wüste, durch Jeremia in einem Gefängnis, durch Daniel an einem Berghang und in einem Palast, durch Paulus im Gefängnis, durch Lukas auf Reisen und durch Johannes in der Verbannung auf der Insel Patmos.

4. zu verschiedenen Zeiten verfasst: von David in Zeiten von Kriegen und Opfern oder von Salomo in Zeiten von Frieden und Wohlstand.

5. in verschiedenen Gemütsverfassungen: Einige schrieben auf der Höhe von Freude und Glück, andere schrieben aus der Tiefe von Sorge und Verzweiflung. Einige schrieben in Zeiten der Sicherheit und festen Überzeugung, andere in Tagen der Verwirrung und des Zweifels.

6. auf drei Kontinenten: Asien, Afrika und Europa.

7. in drei Sprachen:

Hebräisch ist die Sprache der Israeliten und praktisch des ganzen Alten Testaments. In 2.Kön 18,26-28 und Neh 13,24 wird es die »Sprache von Juda« genannt und in Jes 19,18 »die Sprache Kanaans«.

> Hebräisch ist eine bildhafte Sprache, in der die Vergangenheit nicht nur beschrieben, sondern mit Worten geradezu »gemalt« wird. Da wird nicht nur eine Landschaft dargestellt, sondern ein sich bewegendes Panorama. Der Verlauf der Ereignisse wird vor dem geistigen Auge neu in Szene gesetzt (Achten Sie auf den häufigen Gebrauch von »siehe!«/»schau!«, ein so genannter Hebraismus, der auch ins Neue Testament übernommen worden ist). Solche oft vorkommenden hebräischen Ausdrücke wie: »er stand auf und ging«, »er öffnete seine Lippen und sprach«, »er hob seine Augen auf und sah« oder »er erhob seine Stimme und weinte« machen die bildliche Kraft dieser Sprache anschaulich.[2]

Aramäisch war »die Verkehrssprache« des Nahen Ostens bis zur Zeit Alexanders des Großen (6.-4. Jh. v.Chr.).[3]

Daniel 2 bis 7 und der größte Teil von Esra 4 bis 7 sind in Aramäisch geschrieben, wie auch gelegentliche Aussagen im Neuen Testament, wie bekannterweise der Schrei Jesu am Kreuz: *»Eli, Eli, lama asabtani«* (Mt 27,46), was soviel wie »Mein Gott, mein Gott, warum hast du mich verlassen?« bedeutet.

> Aramäisch ist mit dem Hebräischen sprachlich sehr eng verwandt und auch sehr ähnlich in der Struktur. Aramäische Texte sind in der Bibel in der gleichen Schrift verfasst wie das Hebräische. Im Gegensatz zum Hebräischen benutzt das Aramäische aber einen größeren Wortschatz, einschließlich mancher Lehnwörter und eine größere Auswahl von Bindewörtern. Es enthält auch ein sorgfältig

> entwickeltes System des Gebrauchs der Zeiten infolge der Verwendung von Partizipien zusammen mit Pronomen oder den verschiedenen Formen des Verbs »sein«. Obwohl das Aramäische weniger wohlklingend und poetisch ist als das Hebräische, ist es wahrscheinlich in seiner Möglichkeit, etwas exakt auszudrücken, dem Hebräischen überlegen.
>
> Aramäisch hat vielleicht die längste, durchgehende lebendige Geschichte von allen bekannten Sprachen. Es wurde schon zur Zeit der Patriarchen benutzt und wird von einigen Menschen auch heute noch gesprochen. Aramäisch und das mit ihm verwandte Syrische entwickelten sich an verschiedenen Orten und in verschiedenen Perioden zu vielen unterschiedlichen Dialekten. Charakterisiert durch Einfachheit, Klarheit und Genauigkeit passte es sich leicht an die verschiedenen Bedürfnisse des täglichen Lebens an. Es konnte sowohl als Sprache der Gelehrten als auch für Schüler, Juristen oder Kaufleute dienen. Manche haben es das semitische Äquivalent des Englischen genannt.[4]

Griechisch: Diese Sprache umfasst fast das gesamte Neue Testament. Es war auch die internationale Sprache zur Zeit Christi, wie Englisch in der modernen Welt.

> Die griechische Schrift basiert auf einem Alphabet, das vermutlich von den Phöniziern übernommen und dann der griechischen Sprache im Lautsystem und in der Schriftrichtung angepasst wurde. Das Griechische wurde zuerst wie alle west-semitischen Sprachen von rechts nach links geschrieben, dann abwechselnd rückwärts und vorwärts, und schließlich nur noch von links nach rechts.
>
> Die Eroberungen Alexanders des Großen förderten die Ausbreitung der griechischen Sprache und Kultur. Örtliche Dialekte wurden weitgehend ersetzt durch das »Hellenistische« oder das »Koine«-Griechisch (grch. »gemeinsam«). [...] Der »Koine«-Dialekt fügte dem Attischen Griechisch viele mundartliche Ausdrücke hinzu und machte es damit weltoffener. Eine vereinfachte Grammatik passte es besser in eine weltweite Kultur ein. Die neue Sprache, die die einfache, volkstümliche Ausdrucksweise widerspiegelte, wurde die gängige Handels- und Diplomatensprache. Das Griechische verlor zwar viel von seiner Eleganz und den feinen Nuancen, als es sich vom klassischen Griechisch zur Koine fortentwickelte, trotzdem behielt es sein kennzeichnenden Merkmale von Kraft, Schönheit, Klarheit und logischer, rhetorischer Stärke bei.
>
> Es ist bezeichnend, dass der Apostel Paulus seinen Brief an die Christen in Rom in griechischer Sprache statt in Lateinisch schrieb. Das römische Imperium jener Zeit war außer bei Regierungsgeschäften kulturell eine griechische Welt.
>
> Das Vokabular des griechischen Neuen Testamentes gibt genügend und sogar im Überfluss die Möglichkeit, selbst in Bedeutungsnuancen erkennen zu lassen, was der Autor sagen will. Das Neue Testament benutzt z.B. zwei verschiedene Wörter für »Liebe« (für zwei verschiedene Arten von Liebe), zwei Wörter für »ein anderes« (ein anderes vom gleichen, oder ein anderes von einer andern Art) und verschiedene Wörter für verschiedene Arten von Wissen. Bemerkenswerter-

weise sind einige Wörter ausgelassen, wie z. B. eros (eine dritte Art von Liebe) und andere, die in der hellenistischen Kultur jener Zeit allgemein gebräuchlich waren.[5]

8. ein breites Spektrum literarischer Stile, einschließlich: Dichtung, historische Erzählung, Lied, Liebesgeschichte, didaktische Abhandlung, persönliche Korrespondenz, Erinnerungen, Satire, Biografie und Autobiografie, Gesetz, Prophetie, Gleichnis und Allegorie.

9. behandelt Hunderte kontroverser Themen: Themen, die gegensätzliche Meinungen hervorrufen, wenn sie erwähnt oder diskutiert werden. Die biblischen Autoren fassten Hunderte von »heißen Eisen« an (z. B. Ehe, Scheidung und Wiederheirat, Homosexualität, Ehebruch, Gehorsam gegenüber einer Autorität, Wahrheit und Lüge, charakterliche Entfaltung, Erziehung, Wesen und Offenbarung Gottes). Doch von 1. Mose bis zur Offenbarung behandeln diese Schreiber den Stoff mit erstaunlicher Übereinstimmung.

10. stellt sie trotz aller Verschiedenartigkeit doch eine einzige, entfaltete Geschichte dar: Gottes Erlösung für die Menschheit. Norman Geisler und William Nix sagen es z. B. so:

> Das »verlorene Paradies« des 1. Buches Mose wird zum »wiedergewonnenen Paradies« der Offenbarung. Während das Tor zum Baum des Lebens im Buch Genesis geschlossen ist, wird es in der Offenbarung für alle Zeiten wieder geöffnet.[6]

Der gemeinsame »rote Faden« ist die Erlösung von der Sünde und Verdammung zu einem Leben vollständiger Verwandlung und nie endender Seligkeit in der Gegenwart des einen gnädigen und heiligen Gottes.

11. Zum Schluss das Wichtigste: Unter allen Gestalten, die in ihr beschrieben sind, liegt das Hauptaugenmerk immer wieder bei dem einen, wahren, lebendigen Gott, der uns durch Jesus Christus bekannt gemacht wird.

Betrachten wir zuerst das Alte Testament: Das Gesetz schafft die *Basis* für Christus, die Geschichtsbücher demonstrieren die *Vorbereitung* auf Christus, die poetischen Werke das Streben auf Christus zu und die prophetischen Bücher entfalten eine *Erwartung* auf Christus hin.

Im Neuen Testament »… berichten die Evangelien von der historischen Offenbarung Christi, die Apostelgeschichte bezieht sich auf die *Verkündigung* von Christus, die Briefe vermitteln eine *Interpretation* dazu und in der Offenbarung finden wir die *Vollendung* aller Dinge in Christus.«[7]

Vom ersten bis zum letzen Blatt ist die Bibel deshalb christozentrisch, auf Christus hin zentriert.

Deshalb zeigt die Bibel, obwohl sie viele unterschiedliche Bücher von vielen verschiedenen Autoren enthält, in ihrer Kontinuität, dass sie gleichzeitig ein einziges Buch ist. F. F. Bruce sagt dazu:

> Jeder Teil des menschlichen Körpers kann nur in seiner Beziehung zu dem Ganzen angemessen erklärt und beurteilt werden. Und jeder Teil der Bibel kann auch nur angemessen beurteilt werden im Bezug zur ganzen Bibel.[8]

Jedes Buch ist wie ein Kapitel dieses einen Buches, das wir Bibel nennen. Bruce schließt:

> Die Bibel scheint auf den ersten Blick eine Sammlung von — hauptsächlich jüdischer — Literatur zu sein. Forschen wir aber nach, unter welchen Umständen die verschiedenen biblischen Dokumente geschrieben wurden, entdecken wir, dass sie in einem Zeitraum von über 1.400 Jahren entstanden sind. Die Verfasser schrieben in verschiedenen Ländern – von Italien im Westen bis Mesopotamien und möglicherweise Persien im Osten. Die Schreiber selbst waren eine heterogene Gruppe von Menschen, nicht nur durch Hunderte von Kilometern räumlich und Hunderte von Jahren zeitlich voneinander getrennt, sondern auch durch die unterschiedlichsten Lebenswege. In ihren Reihen gab es Könige, Hirten, Gesetzgeber, Fischer, Staatsmänner, Höflinge, Priester und Propheten, einen Zelte anfertigenden Rabbi und einen heidnischen Arzt — nicht zu reden von anderen, von denen wir gar nichts wissen, außer den Schriften, die sie uns hinterlassen haben. Die Schriften selber gehören zu einer ganzen Anzahl verschiedener literarischer Typen. Sie enthalten geschichtliche Themen, Gesetze (bürgerliche, strafrechtliche, ethische, rituelle, hygienische), religiöse Dichtung, didaktische Abhandlungen, Lyrik, Gleichnisse und Allegorien, Biografien, persönliche Korrespondenz, persönliche Erinnerungen und Tagebücher und dazu die unterschiedlichen biblischen Arten von Prophetie und endzeitlichen Aussagen.
>
> Daher ist die Bibel nicht einfach eine Anthologie [ausgewählte Sammlung], sondern eine Einheit, durch die alles miteinander verbunden ist. Eine Anthologie wird von einem einzelnen Menschen zusammengestellt, doch kein Mensch hat je auf diese Weise die Bibel verfasst.[9]

Stellen Sie die Bücher der Bibel der Sammlung von westlichen Klassikern gegenüber — den *Great Books of the Western World.* Diese enthalten eine Auswahl von mehr als 450 Werken von nahezu 100 Autoren, die in einer Zeitspanne von etwa 2.500 Jahren lebten: Homer, Platon, Aristoteles, Plotin, Augustin, Thomas von Aquin, Dante, Hobbes, Spinoza, Calvin, Rousseau, Shakespeare, Hume, Kant, Darwin, Tolstoi, Whitehead und Joyce, um nur einige von ihnen zu nennen. Obwohl diese Menschen alle Teil der westlichen Tradition und geistigen Welt sind, entfalten sie doch oft eine unglaubliche Verschiedenartigkeit in ihren Ansichten über nahezu jedes Thema. Und obwohl ihre Sichtweisen einige Allgemeinheiten miteinander teilen, so vertreten sie doch auch zahlreiche widersprechende und widersprüchliche Positionen und Perspektiven. Tatsächlich geben sie sich oft besondere Mühe, Hauptgedanken zu kritisieren und abzulehnen, die von ihren Vorgängern dargelegt worden sind.

Ein Verlagsvertreter von *Great Books of the Western World* kam eines Tages zu mir ins Haus, um neue Verkäufer für diese Serie anzuwerben. Er breitete Prospekte vor uns aus, worin die Serie näher beschrieben wurde, und redete fünf Minuten lang mit meiner Frau und mir darüber. Dann sprachen wir anderthalb Stunden mit ihm über die Bibel, die wir ihm als »das größte Buch« aller Zeiten vor Augen stellten.

Ich forderte diesen Vertreter auf, zehn Autoren aus seiner Serie auszuwählen, die alle zu einer Generation, einer Zeit, einem Kontinent, einer Sprache gehörten und einen gemeinsamen Lebenshintergrund hatten und sich alle zu einem einzigen strittigen Thema geäußert hatten. Dann fragte ich ihn: »Würden diese zehn Leute miteinander übereinstimmen?« Er schwieg eine Weile und antwortete dann: »Nein.« »Was hätten wir dann mit Ihrer Serie in der Hand?«, wollte ich nun genau wissen. Die Antwort kam umgehend: »Ein Konglomerat« (uneinheitliches, zusammengewürfeltes Sammelsurium). Zwei Tage später übergab er sein Leben an Jesus Christus.

Die Einzigartigkeit der Bibel, wie sie im Vorhergehenden aufgezeigt wurde, *beweist* nicht, dass sie göttlich inspiriert ist. Sie fordert aber jeden, der aufrichtig nach Wahrheit sucht, auf, diese Einzigartigkeit im Hinblick auf ihre Kontinuität zu überprüfen. Jener Verlagsvertreter von *Great Books* tat das und entdeckte dabei den biblischen »Erlöser«.

3 Einzigartig in ihrer Verbreitung

Es ist nicht ungewöhnlich, dass man von Büchern, die auf der Bestsellerliste stehen, hört, dass einige Hunderttausende von Exemplaren verkauft werden. Seltener schon trifft man auf Bücher, die eine Auflage von mehr als einer Million haben. Und noch seltener gibt es solche, die die Zehn-Millionen-Marke beim Verkauf überschritten haben. Es verblüfft daher einigermaßen, dass die Zahl verkaufter Bibeln in die Milliarden reicht. Sie haben richtig gelesen: Milliarden! Es hat mehr Auflagen der Bibel – sowohl als ganzes Buch als auch in ausgewählten Teilen – gegeben, als von irgendeinem andern Buch in der Geschichte. Manche sagen, dass in einem bestimmten Monat oder Jahr ein ganz bestimmtes Buch höhere Verkaufszahlen gehabt hat als die Bibel. Doch im Hinblick auf ihre gesamte Verbreitung gibt es nichts, das sich auch nur annähernd mit ihr vergleichen könnte.

Nach dem Bericht der Vereinigten Bibelgesellschaften von 1998, dem *Scripture Distribution Report*, hatten allein die ihnen angeschlossenen Gesellschaften 20,8 Millionen vollständige Bibeln und 20,1 Millionen Testamente verteilt. Wenn man ganze Bibelteile (z.B. komplette einzelne Bücher) und kurze Auszüge (zu speziellen Themen) dazurechnet, dann belief sich die gesamte Verteilung von Bibeln, Bibelteilen und -auszügen allein im Jahr 1998 auf 585 Millionen – und diese Zahlen beziehen sich ja nur auf die Bibeln, die von den Vereinigten Bibelgesellschaften verbreitet wurden.

Um es an einem Bild noch deutlicher zu machen: Wenn man alle Menschen, die im letzten Jahr eine Bibel oder Bibelteile oder Auswahltexte erhielten, in einer Reihe aufstellen würde, und ihnen nacheinander alle fünf Sekunden ein Buch überreichen wollte, dann würde das, was die Vereinigten Bibelgesellschaften allein im letzten Jahr geleistet haben, 92 Jahre dauern.

The Cambridge History of the Bible sagt: »Kein anders Buch hat nur annähernd eine solche konstante Verbreitung erreicht.«[10]

Derjenige Kritiker hat Recht, der einwendet, dass dies natürlich nicht beweist, dass die Bibel Gottes Wort ist, aber es demonstriert doch, dass sie einzigartig ist.

Verbreitung von Bibeln durch die *United Bible Societies*:

	Bibeln	Testamente	Teile	Bibelteile für Anfänger	Auswahltexte	Auswahltexte für Anfänger
Afrika	2.436.187	541.915	1.325.206	1.494.911	4.024.764	350.092
Nord- und Südamerika	9.869.916	12.743.263	7.074.311	6.277.936	315.468.625	25.120.757
Asien Pazifikregion	6.213.113	5.368.429	9.007.281	8.262.462	151.042.342	9.765.191
Europa Mittlerer Osten	2.232.299	1.463.020	1.973.054	495.301	2.197.975	275.358
insgesamt in 1998	20.751.515	20.116.627	19.379.852	16.530.610	472.733.706	35.511.398

4 Einzigartig in ihrer Übersetzung

Die Anzahl der Bibelübersetzungen ist ebenso beeindruckend wie ihre Verkaufszahlen. Die meisten Bücher werden niemals in eine andere Sprache übersetzt. Und wenn manche übersetzt werden, dann meistens nur in zwei oder drei Sprachen. Weit weniger erleben eine Übersetzung in zweistelliger Höhe. Nach Angaben der Vereinigten Bibelgesellschaften wurde die Bibel (oder Teile davon) in mehr als 2.200 Sprachen übersetzt! Obwohl das nur etwa ein Drittel der in der Welt bekannten 6.500 Sprachen ist, stellen diese Sprachen doch das vorrangige Kommunikationsmittel für etwa 90% der ganzen Weltbevölkerung dar.[11] Weltweit ist in der Geschichte kein anderes Buch mehr übersetzt, rückübersetzt oder paraphrasiert worden als die Bibel.

Die Bibel war eines der ersten größeren Bücher, das überhaupt übersetzt wurde. Etwa um das Jahr 250 v. Chr. wurde das hebräische Alte Testament ins Griechische übersetzt und erschien unter dem Namen Septuaginta.[12] Die Übersetzung wurde ursprünglich für in Alexandria lebende Griechisch sprechende Juden angefertigt, die des Hebräischen nicht mehr mächtig waren.

Seit damals haben Übersetzer immer wieder sehr engagiert Schriften des Alten und des Neuen Testamentes in andere Sprachen übersetzt, die selbst kein geschriebenes Alphabet besaßen und z. T. auch heute noch nicht besitzen. Die Wycliff-Bibelübersetzer z. B. beschäftigen allein über 6.000 Fachleute, die in 50 verschiedenen Ländern mit mehr als 850 verschiedenen Sprachen arbeiten und neue oder revidierte Bibelübersetzungen anfertigen.[13] Von diesen wurden 468 Sprachen zum ersten Mal übersetzt. Nach Ted Bergman vom Summer Institute of Linguistics sollte die Bibel für nahezu alle Sprachgruppen in den Jahren 2007 bis 2022 zugänglich sein. Das bedeutet, dass wir weniger als eine Generation von dem Zeitpunkt entfernt sind, an dem es auf der ganzen Welt einen allgemein übersetzten Buchtext gibt.

Kein anderes Buch in der Geschichte ist deshalb, was seine Übersetzungen angeht, auch nur annähernd mit der Bibel vergleichbar.

5 Einzigartig in ihrem Fortbestand

5.1 Durch die Zeiten

Obgleich die Bibel auf vergänglichem Material geschrieben wurde und deshalb bis zur Erfindung des Buchdruckes über Jahrhunderte hinweg auch immer wieder abgeschrieben werden musste, haben doch weder ihr Stil, ihre Genauigkeit noch ihre Existenz dabei größeren Schaden genommen. Verglichen mit anderen Schriften des Altertums hat die Bibel mehr Manuskriptbelege als zehn andere beliebige Schriftstücke aus der klassischen Literatur zusammen (s. Kap. 3).

John Warwick Montgomery sagt:

> … dem so entstandenen Text des Neuen Testamentes skeptisch gegenüberzustehen hieße, die gesamte klassische Antike in dunkle Vergessenheit geraten zu lassen; denn kein Dokument des Altertums ist bibliographisch so gut belegt wie das Neue Testament.[14]

Ähnlich drückt sich Bruce Metzger, ein Professor der Princeton-Universität und einer der führenden Textkritiker der Welt, im Hinblick auf biblische Texte aus, dass nämlich im Vergleich mit andern antiken Texten »… der Textkritik des Neuen Testamentes ein verblüffend reiches Material zur Verfügung steht«[15].

Bernard Ramm sagt zur Genauigkeit und Menge der biblischen Manuskriptüberlieferung:

> Die Juden sorgten für eine so sichere Erhaltung, wie es bei keinem andern Manuskript je der Fall gewesen ist. Mit ihren *Massora* (*parva*, *magna* und *finalis*) registrierten sie jeden Buchstaben, jede Silbe, jedes Wort und jeden Abschnitt. Sie hatten eine besondere Klasse von Fachleuten in ihrer Kultur, deren einzige Pflicht es war, diese Dokumente mit praktisch vollkommener Worttreue zu erhalten und zu kopieren: Schriftgelehrte, Gesetzeslehrer, Massoreten. Wer hat je die Buchstaben, Silben und Wörter von Platon, Aristoteles, Cicero oder Seneca gezählt?[16]

John Lea verglich in *The Greatest Book in the World* die Bibel mit Shakespeare:

> In einem Artikel des *North American Review* stellte ein Autor einige interessante Vergleiche zwischen den Schriften Shakespeares und der Bibel an. Sie machen deutlich, dass man mit den biblischen Manuskripten viel sorgfältiger umgegangen sein muss als mit anderen Schriften. Und das galt sogar noch für die Zeit, als es schon viel bessere Möglichkeiten gab, den korrekten Text mittels gedruckter Kopien zu bewahren als früher, wo man noch alle Kopien mit der Hand erstellen musste. Er sagte: »Es ist seltsam, dass Shakespeares Text, der doch erst seit weniger als zwei Jahrhunderten existiert, weit unsicherer und verfälschter ist als der des Neuen Testamentes, der heute über 18 Jahrhunderte alt ist und während der ersten 15 Jahrhunderte nur in Manuskriptform existierte … Mit vielleicht einem Dutzend oder 20 Ausnahmen kann der Text eines jeden Verses im Neuen Testament durch allgemeinen Konsens der Gelehrten als so weit geklärt gelten, dass alle Streitfragen über die Lesart sich mehr auf die Auslegung der Wörter als auf irgendwelche Zweifel hinsichtlich der Wörter selber beziehen müssen. Hingegen sind in jedem der 37 Stücke Shakespeares vermutlich noch an die 100 Lesarten strittig, von denen ein Großteil wesentlichen Einfluss auf die Bedeutung der Stellen hat, in denen sie vorkommen.«[17]

5.2 Unter Verfolgung

Die Bibel hat wie kein anderes Buch den bösartigsten Angriffen ihrer Feinde widerstanden. Viele haben versucht, sie durch Verbrennen zu vernichten oder sie »für ungesetzlich zu erklären – von den Tagen der römischen Kaiser an bis auf den heutigen Tag in kommunistisch regierten Ländern«[18].

Im Jahre 303 n. Chr. erließ der römische Kaiser Diokletian ein Edikt, um die Christen an ihren Gottesdiensten zu hindern und ihre Schriften zu zerstören:

> Ein kaiserlicher Erlass wurde verkündigt, welcher befahl, die Kirchen bis auf den Grund niederzureißen und die Schriften zu verbrennen. Er verfügte weiter, dass Angehörige der Oberschicht alle bürgerlichen Rechte und alle übrigen ihre Freiheit verlieren sollten, sofern sie am Bekenntnis zum Christentum festhielten.[19]

Die historische Ironie dieses Ereignisses wird von dem Kirchenvater Eusebius aus dem 4. Jh. eindrücklich geschildert, der schrieb, dass 25 Jahre nach dem Edikt von Diokletian der Kaiser Konstantin einen andern Erlass herausgab, dass nämlich auf Kosten seiner Regierung fünfzig Kopien der Heiligen Schriften hergestellt werden sollten.[20]

> Viele Jahrhunderte später behauptete Voltaire, der 1778 gestorbene berühmte französische Spötter, das Christentum werde 100 Jahre nach seiner Zeit nur noch im Museum existieren. Doch was geschah? Voltaire lebt nur noch in der Geschichte, während die Verbreitung der Bibel in fast allen Teilen der Welt zunimmt und überall Segen bringt. So wurde z. B. die Englische Kathedrale in

> Sansibar auf dem Platz des alten Sklavenmarktes gebaut, und der Abendmahlstisch steht genau an der Stelle, wo einst der Pfahl zum Auspeitschen der Sklaven stand! Die Welt ist voll von solchen Beispielen … Jemand sagte einmal treffend: »Wir könnten ebenso gut unsere Schulter gegen das glühende Sonnenrad stemmen und versuchen, seinen Lauf aufzuhalten, wie zu versuchen, die Verbreitung der Bibel zum Stillstand zu bringen.«[21]

Was nun Voltaires Vorhersage hinsichtlich des Untergangs des Christentums innerhalb von 100 Jahren angeht, so weisen Geisler und Nix darauf hin, dass »schon fünfzig Jahre nach seinem Tode die Genfer Bibelgesellschaft seine Druckerpresse und sein Haus benutzte, um die Bibel stapelweise herzustellen«.[22]

Die Feinde der Bibel kommen und gehen, doch die Bibel überdauert sie. Jesus hatte Recht, als er sagte: »Himmel und Erde werden vergehen, aber meine Worte werden nicht vergehen« (Mk 13,31).

5.3 Trotz Kritik

H. L. Hastings hat die Einzigartigkeit der Bibel im Widerstand gegen die Angriffe des Unglaubens und der Skepsis überzeugend illustriert:

> Ungläubige Menschen haben achtzehnhundert Jahre lang dieses Buch widerlegen und stürzen wollen, und dennoch steht es heute fest wie ein Fels. Seine Verbreitung nimmt zu und es wird heute mehr denn je geliebt, geschätzt und gelesen. Mit all ihren Angriffen haben diese Leute genauso großen Einfluss auf die Bibel gehabt, wie es ein Mann mit einem Hämmerchen hätte, der damit auf die großen Pyramiden Ägyptens losgehen wollte. Als ein französischer Monarch eine Verfolgung der Christen in seinem Reich plante, erklärte ein alter Staatsmann und Krieger: »Sire, die Kirche Gottes ist ein Amboss, der schon viele Hämmer abgenutzt hat.« So haben die Hämmer der Ungläubigen im Laufe der Zeiten an diesem Buch herumgeklopft; doch die Hämmer sind abgewetzt und der Amboss steht unversehrt da. Wäre dieses Buch nicht Gottes Buch, so hätten die Menschen es längst vernichtet. Kaiser und Päpste, Könige und Priester, Fürsten und Herrscher haben alle versucht, Hand daran zu legen; sie sind gestorben, das Buch aber lebt immer noch.[23]

Bernard Ramm fügt hinzu:

> Tausendmal wurde die Bibel zu Grabe geläutet, der Beerdigungszug gebildet, die Inschrift auf den Grabstein gemeißelt und die Totenrede gehalten. Aber irgendwie blieb die »Leiche« nie im »Grab«.
>
> Kein anderes Buch wurde so zerhauen, zerstochen, gesichtet, untersucht und verächtlich gemacht. Welches Buch der Philosophie oder Religion, der Psychologie oder Belletristik, der Klassik oder der Moderne war je solchen massiven Angriffen ausgesetzt wie die Bibel? – mit solcher Gehässigkeit und Zweifelsucht, mit sol-

> cher Gründlichkeit und Gelehrsamkeit – jedes Kapitel, jede Zeile und jede Aussage?
> Die Bibel wird aber nach wie vor von Millionen geliebt, von Millionen gelesen und von Millionen studiert.[24]

Theologen bezogen sich einst auf »die gesicherten Ergebnisse der Bibelkritik«. Doch diese Nachweise sind nicht mehr so sicher, wie man einmal geglaubt hat. Nehmen wir z. B. die »Quellenscheidungshypothese«. Eine der Begründungen für ihre Entwicklung – abgesehen von den verschiedenen Gottesnamen, die im 1. Buch Mose Verwendung finden – war, dass der Pentateuch (die fünf Bücher Mose) nicht von Mose selbst geschrieben worden sein konnte, weil die »sicheren Ergebnisse« der bibelkritischen Forschung bewiesen hätten, dass zur Zeit des Mose noch überhaupt nicht oder doch nur sehr selten geschrieben wurde. Aus diesem Grund schloss man auf eine spätere Autorenschaft. Die Kritiker kamen daher auf die Idee, dass vier verschiedene Schreiber, die mit J, E, P und D bezeichnet wurden, die Verfasser seien, die alles zusammengestellt hätten. Diese Kritiker errichteten ein ganzes Gebäude ihrer Theorie und gingen sogar soweit, dass sie einen Vers inhaltlich gleich auf drei verschiedene Autoren aufteilten (s. Teil 3 dieses Buches für eine gründlichere Analyse der Quellentheorie).

Doch dann entdeckten einige Leute die »Schwarze Stele«.[25] Sie war mit keilförmigen Schriftzeichen bedeckt, dem detaillierten Gesetzeskodex Hammurabis. War sie postmosaisch? Nein, sie war sogar prämosaisch; ja nicht nur das, sie ging sogar den Schriften des Mose um mindestens drei Jahrhunderte voraus.[26] Erstaunlicherweise stammte sie also aus der Zeit vor Mose, der doch nur ein »primitiver Mensch« ohne Alphabet gewesen sein sollte.

Welch eine Ironie der Geschichte! Die Quellentheorie wird zwar immer noch gelehrt, doch viel von ihrer ursprünglichen Begründung (»die gesicherten Ergebnisse der kritischen Bibelforschung«) hat sich inzwischen als falsch erwiesen.

Diese »gesicherten Ergebnisse« führten auch zu dem Schluss, dass es zur Zeit des Abraham keine Hethiter gegeben habe (ein Volk, von dessen Existenz man damals nur aus dem Alten Testament wusste). Alles von ihnen Gesagte könne nur in den Bereich des Mythos gehören. Auch das erwies sich als eine falsche Annahme. Archäologische Untersuchungen haben inzwischen Hunderte von Hinweisen auf die hethitische Kultur erbracht, die sich über 1.200 Jahre erstrecken.

Earl Radmacher, inzwischen pensionierter Rektor des Western Conservative Baptist Seminary, zitiert Nelson Glueck, vormals Rektor des Jewish Theological Seminary des Hebrew Union College in Cincinnati und wohl einer der drei größten Archäologen:

> Ich hörte ihn [Glueck] … in Dallas im Temple Emmanuel. Er wurde ziemlich rot im Gesicht, als er sagte: »Man hat mir vorgeworfen, die uneingeschränkte Verbalinspiration der Bibel zu lehren. Ich möchte zu verstehen geben, dass ich dies niemals gelehrt habe. Alles, was ich sagte, war, dass ich in meinen gesamten ar-

> chäologischen Forschungen nie ein Zeugnis der Antike gefunden habe, das irgendeiner Aussage des Wortes Gottes widerspricht.«[27]

Robert Dick Wilson, der mehr als 45 Sprachen und Dialekte fließend spricht, kam nach lebenslangem Studium des Alten Testamentes zu dem Ergebnis:

> Ich möchte sagen, dass das Resultat der 45 Jahre meiner Beschäftigung mit der Bibel mich zu dem immer festeren Glauben geführt hat, dass wir im Alten Testament einen wahren historischen Bericht der Geschichte des israelitischen Volkes haben.[28]

Die Bibel ist einzigartig in ihrer Fähigkeit, ihren Kritikern gegenüber standzuhalten. Es gibt kein anderes vergleichbares Buch in der gesamten Literatur. Ein Mensch, der nach Wahrheit sucht, wird sicherlich einem solchen Buch mit diesen Qualifikationen Beachtung schenken müssen.

6 Einzigartig in ihren Lehren

6.1 Prophetie

Wilbur Smith, der eine persönliche Bibliothek von 25.000 Bänden sein eigen nennt, kommt zu dem Schluss:

> Was man auch immer von der Autorität dieses Buches, das wir die Bibel nennen, und von seiner Botschaft halten mag, so besteht doch weltweite Übereinstimmung darin, dass es in mehrfacher Hinsicht das beachtlichste Schriftwerk ist, das in den annähernd 5.000 Jahren, die die Menschheit des Schreibens kundig ist, je verfasst wurde. Sie ist das einzige menschliche Werk, in dem sich eine Fülle von Prophetien in Bezug auf einzelne Nationen, auf Israel, auf alle Völker der Erde, auf bestimmte Städte und auf das Kommen dessen, der der Messias sein sollte, befindet. Die Welt der Antike kannte viele Praktiken zur Bestimmung der Zukunft, bekannt als Wahrsagerei oder Weissagung; aber in der gesamten Skala der griechischen und lateinischen Literatur – wenn sie auch Wörter wie »Prophet« und »Prophetie« gebrauchten – können wir weder eine wirklich genaue Prophetie eines großen historischen Geschehens in der fernen Zukunft noch eine Prophetie über einen in der Menschheit erscheinenden Retter finden …
>
> Der Islam kann auf keine Prophetien über das Kommen Mohammeds hinweisen, die Hunderte von Jahren vor seiner Geburt geäußert oder geschrieben worden wären. Ebenso wenig können die Gründer irgendeines Kultes in diesem Land mit Recht einen Text des Altertums für sich beanspruchen, der ihr Erscheinen konkret voraussagte.[29]

Geisler und Nix stimmen damit überein. In ihrem Buch *A General Introduction to the Bible* – einem maßgeblichen Standardwerk – schreiben sie:

Nach 5. Mose 18 galt ein Prophet als falsch, wenn er Vorhersagen machte, die niemals in Erfüllung gingen. Keine uneingeschränkten Prophetien der Bibel im Hinblick auf Ereignisse sind bis zum gegenwärtigen Tag unerfüllt geblieben. Viele, viele Vorhersagen, einige davon Hunderte von Jahren im Voraus gemacht, sind sogar buchstäblich erfüllt worden. Die Zeit (Dan 9), der Ort (Mi 5,2) und die Umstände der Geburt Christi sind im Alten Testament vorhergesagt, ebenso wie Dutzende von anderen Einzelheiten im Hinblick auf sein Leben, seinen Tod und seine Auferstehung (s. Jes 53). Zahlreiche andere Prophezeiungen bewahrheiteten sich ebenfalls, einschließlich der Zerstörung von Edom (Obd 1), der Fluch über Babylon (Jes 13), die Zerstörung von Tyrus (Hes 26) und Ninive (Nah 1-3), und die Rückkehr von Israel in sein Land (Jes 11,11). Auch andere Bücher nehmen für sich in Anspruch, göttlich inspiriert zu sein, wie etwa der Koran oder das Buch Mormon oder Teile der (hinduistischen) Veden. Doch keines dieser Bücher enthält voraussagende Prophetie. Daher ist erfüllte Prophetie ein starker Beleg für die einzigartige, göttliche Autorität der Bibel.[30]

6.2 Geschichte

Von 1. Samuel bis 2. Chronik finden wir die Geschichte Israels über eine Zeitspanne von fast fünf Jahrhunderten. In *The Cambridge Ancient History* heißt es dazu: »Die Israeliten zeigen eindeutig eine Begabung für historische Zusammenhänge, und das Alte Testament umfasst die ältesten, noch vorhandenen historischen Schriften.«[31]

Der anerkannte Archäologe Professor W. F. Albright beginnt sein klassisches Essay *The Biblical Period* mit folgender Beobachtung:

> Die hebräische nationale Tradition übertrifft alle anderen in ihrer klaren Darstellung der Stammes- und Familienursprünge. In Ägypten und Babylonien, in Assyrien und Phönizien, in Griechenland und Rom suchen wir umsonst nach etwas Vergleichbarem. Es gibt auch nichts dergleichen in der Überlieferung germanischer Völker. Weder Indien noch China können Ähnliches aufweisen, da ihre frühesten historischen Erinnerungen nur literarische Hinterlassenschaften entstellter dynastischer Traditionen sind, ohne die Spur eines Hirten oder Bauern hinter dem Halbgott oder König, mit dem ihr Bericht beginnt. Weder in den ältesten indischen historischen Schriften (den Puranas) noch bei den frühesten griechischen Historikern gibt es eine Andeutung der Tatsache, dass sowohl die Indo-Arier als auch die Hellenen einst Nomaden waren, die vom Norden her in ihre späteren Wohngebiete einwanderten. Gewiss, die Assyrer erinnern sich vage daran, dass ihre ersten Herrscher Zeltbewohner waren. An deren Namen entsinnen sie sich noch, aber nicht an Einzelheiten ihrer Taten. Woher sie kamen, war längst vergessen.[32]

Im Hinblick auf die Glaubwürdigkeit der Geschlechtsregister in 1. Mose 10 schließt Albright: »Dies steht in der antiken Geschichte absolut einmalig da, ohne auch nur eine entfernte Parallele zu haben, selbst nicht bei den Griechen … Das Geschlechtsregister bleibt ein erstaunlich akkurates Dokument.«[33]

6.3 Charakter

Lewis S. Chafer, Gründer und vormals Rektor des Dallas Theological Seminary, sagt: »Die Bibel ist kein solches Buch, wie es ein Mensch schreiben würde, wenn er könnte, oder schreiben würde, wenn er wollte.«

Die Bibel spricht sehr offen über die Sünden der Menschen, die in ihr auftreten, selbst wenn diese Sünden ein schlechtes Licht auf Gottes auserwähltes Volk, seine Führer und selbst die Verfasser der biblischen Schriften fallen lassen. Zum Beispiel:

- Die Sünden der Patriarchen sind erwähnt (1. Mose 12,11-13; 49,5-7).
- Die Sünden des Volkes werden angeprangert (5. Mose 9,24).
- König Davids Ehebruch mit Batseba und der anschließende Versuch Davids, die Sache zu vertuschen (2. Sam 11-12).
- Die Schreiber der Evangelien schildern ihr eigenes Versagen und auch das der Apostel (Mt 8,10-26; 26,31-56; Mk 6,52; 8,18; Lk 8,24.25; 9,40-45; Joh 10,6; 16,32).
- Unordnung in den Gemeinden wird aufgedeckt (1. Kor 1,11; 15,12; 2. Kor 2,4).

Die Bibel als Ganzes ist ein Buch, das die Realität im Blick hat, nicht irgendwelche Fantasievorstellungen. Sie schildert das Gute und das Böse, Recht und Unrecht, das Beste und das Schlimmste, Hoffnung und Verzweiflung, Freude und Schmerz des Lebens. Und so sollte es auch sein, denn letztlich ist Gott der Autor dieses Werkes und »… kein Geschöpf ist vor ihm verborgen, sondern alles ist enthüllt und aufgedeckt vor den Augen dessen, dem wir Rechenschaft zu geben haben« (Hebr 4,13).

7 Einzigartig in ihrem Einfluss auf die Literatur

Cleland B. McAfee schreibt in *The Greatest English Classic*:

> Wenn alle Bibeln in irgendeiner größeren Stadt vernichtet würden, könnte das Buch in seinen wesentlichen Teilen mit Zitaten aus den Regalen der Stadtbibliothek wiederhergestellt werden. Es gibt Arbeiten über fast alle großen Schriftsteller, die besonders dem Ziel gelten, darauf hinzuweisen, wie sehr die Bibel diese Menschen beeinflusst hat.[34]

Gabriel Sivan schreibt:

> Kein anderes Dokument, das sich im Besitz der Menschheit befindet, bietet dem Leser derart viel: ethische und religiöse Anweisungen, ausgezeichnete Dichtungen, ein soziales Programm und juristische Schlüsselbegriffe, eine Interpretation der Geschichte und eine Schilderung all der Freuden, Sorgen und Hoffnungen, die in den Menschen aufwallen und die von Israels Propheten und Führern mit unvergleichlicher Kraft und Leidenschaftlichkeit zum Ausdruck gebracht wurden.[35]

Im Hinblick auf die hebräische Bibel fügt er hinzu:

> Seit dem Aufkommen der Zivilisation hat kein Buch die schöpferische Kraft unter Schriftstellern derart stark inspiriert wie das Alte Testament, die hebräische Bibel. In Dichtung, Schauspiel und Fiktion ist sein literarischer Einfluss unübertroffen. Der deutsche Dichter Heinrich Heine beschrieb (um 1830) seinen Einfluss auf die lyrische Sprache: »Sonnenaufgang und Sonnenuntergang, Verheißung und Erfüllung, Geburt und Tod, das ganze menschliche Drama, alles taucht in diesem Buch auf … Es ist das Buch der Bücher – die Bibel.«
> Mit unterschiedlichen Einsichten, aber in unveränderlicher Übereinstimmung fanden Schriftsteller aus nahezu allen Ländern und Kulturen im Laufe von mehr als 1.000 Jahren einen unvergleichlichen Schatz an Themen und Gestalten in der Bibel. Diese Stoffe haben sie dann in Darstellungen zeitloser Motive bearbeitet und interpretiert, wie z. B. Gott und Mensch; Konflikt zwischen Gut und Böse, Liebe und Eifersucht und den Kampf des Menschen für Freiheit, Wahrheit und Gerechtigkeit.[36]

Susan Gallagher und Roger Lundin erkennen an:

> Die Bibel ist eines der wichtigsten Dokumente in der Geschichte der Zivilisation, nicht nur wegen ihres Status als heilige, inspirierte Schrift, sondern auch wegen ihres intensiven Einflusses auf das westliche Denken. Als vorherrschendes Weltbild für wenigstens 14 Jahrhunderte spielte das Christentum und sein großer zentraler Text eine wesentliche Rolle bei der Ausbildung der westlichen Kultur. Infolgedessen beziehen sich viele literarische Texte, selbst solche aus unserer nachchristlichen Ära, häufig auf die Bibel und die christliche Tradition.[37]

Elie Wiesel, bekannter Schriftsteller und Friedensnobelpreisträger stellte folgende Beobachtung an:

> Als inspiriertes Werk ist die Bibel gleichzeitig eine Quelle der Inspiration. Für ihren Einfluss gibt es nichts Vergleichbares – weder auf sozialer noch auf ethischer Ebene oder in dem Bereich literarischen Schaffens … Ihre Gestalten sind dramatisch, die Szenen zeitlos, ihre Siege und Niederlagen überwältigend. Jeder Schrei geht uns nahe, jeder Ruf durchdringt uns. Als Texte aus einem andern Zeitalter sind die biblischen Dichtungen ihrerseits selbst zeitlos. Sie sprechen uns als Gemeinschaft und als Einzelne an, quer durch die Jahrhunderte und auch jenseits von ihnen.[38]

Harold Fisch, emeritierter Professor an der Bar-Ilan-Universität, stellte fest:

> Die Bibel hat die Literatur der westlichen Welt in einem Maß durchdrungen, das man kaum abschätzen kann. Mehr als irgendein anderes einzelnes literarisches

> Werk der Antike oder Moderne hat sie den Schriftstellern vom Mittelalter an einen Reichtum an Symbolen, Vorstellungen und Zugangsweisen zur Realität vermittelt. Diesen Einfluss kann man nicht nur in Texten verfolgen, die sich unmittelbar mit biblischen Gestalten oder Themen befassen, sondern auch in einer riesigen Zahl von Gedichten, Spielen und anderen Schriften, die sich nicht offenkundig auf biblische Themen zurückführen lassen, aber eine biblische Schau im Hinblick auf die Menschheit und die Welt bezeugen.[39]

In seiner inzwischen als klassisch geltenden *Anatomy of Criticism* stellt der weltberühmte Literaturkritiker Northrop Frye fest, dass »die westliche Literatur mehr durch die Bibel als durch irgendein anderes Buch beeinflusst worden ist«[40].

25 Jahre danach schrieb er:

> Mir wurde sehr bald klar, dass ein Student der englischen Literatur, der die Bibel nicht kannte, einen großen Teil dessen, was er las, nicht verstand: Auch der gewissenhafteste Student legt dann die Folgerungen, ja sogar die Bedeutung des Ganzen falsch aus.[41]

Der Historiker Philip Schaff beschreibt in *The Person of Christ* die Einzigartigkeit der Bibel und ihres Heilandes so:

> Dieser Jesus von Nazareth besiegte ohne Geld und Waffen mehr Millionen Menschen als Alexander, Cäsar, Mohammed und Napoleon; ohne Wissenschaft und Gelehrsamkeit warf er mehr Licht auf göttliche und menschliche Dinge als alle Philosophen und Gelehrten zusammen; ohne rhetorische Kunstfertigkeit sprach er Worte des Lebens, wie sie nie zuvor oder seither gesprochen wurden, und erreichte eine Wirkung wie kein anderer Redner oder Dichter. Ohne selbst eine einzige Zeile zu schreiben, setzte er mehr Federn in Bewegung und lieferte Stoff für mehr Predigten, Reden, Diskussionen, Lehrbücher, Kunstwerke und Loblieder als das gesamte Heer großer Männer der Antike und Moderne.[42]

Bernard Ramm fügt hinzu:

> Es gibt eine Vielfalt bibliographischer Studien, die in keiner anderen Wissenschaft und auf keinem anderen Gebiet menschlichen Wissens eine Parallele haben. Von den apostolischen Vätern seit 95 n. Chr. bis zur Neuzeit gibt es einen durch die Bibel inspirierten großen literarischen Strom: biblische Wörterbücher, Bibelenzyklopädien, Bibellexika, Bibelatlanten und Bücher über die Geografie. Diese mögen zur Einführung dienen. Und dann, aufs Geratewohl herausgegriffen, können wir noch die unzähligen Bibliografien über Theologie, Religionsunterricht, Hymnologie, Mission, die biblischen Sprachen, Kirchengeschichte, religiöse Lebensbeschreibungen, Andachtsbücher, Kommentare, Religionsphilosophie, Beweisführung, Apologetik usw. erwähnen. Es scheint eine endlose Zahl zu sein …

> Kein anderes Buch in der gesamten menschlichen Geschichte hat seinerseits zum Schreiben so vieler Bücher angeregt wie die Bibel.[43]

8 Einzigartig in ihrem Einfluss auf die Zivilisation

Die Bibel ist ebenfalls einzigartig in ihrem Einfluss auf die Zivilisation. Geisler und Nix erklären dies in knapper Form:

> Der Einfluss der Bibel und ihrer Lehre auf die westliche Welt liegt für alle auf der Hand, die sich mit Geschichte beschäftigen. Und die wesentliche Rolle des Westens im Hinblick auf das Weltgeschehen ist ebenfalls klar. Die Zivilisation ist mehr durch jüdisch-christliche Schriften beeinflusst worden als durch irgendein anderes Buch oder schriftstellerisches Werk der Welt. Tatsächlich übertrifft kein großes moralisches oder religiöses Werk der Welt die Tiefe der Moral im Prinzip der christlichen Liebe und keines hat ein erhabeneres geistliches Konzept als die biblische Sicht von Gott. Die Bibel stellt die höchsten Ideale dar, die der Menschheit je bekannt waren, Ideale, die die Zivilisation geformt haben.[44]

Grady Davis schreibt in *The New Encyclopedia Britannica*: »Die Bibel führte ihre Sichtweise von Gott, vom Universum und von der Menschheit in alle führenden westlichen Sprachen ein und damit in den intellektuellen Prozess der westlichen Menschen.«[45] Er sagt weiter:

> Seit der Erfindung der Buchdruckerkunst (Mitte des 15. Jh.s) ist die Bibel mehr gewesen als nur die Übersetzung eines antiken, orientalischen literarischen Werkes. Sie schien gar kein fremdes Buch zu sein, und sie war die verbreitetste, bekannteste und zuverlässigste Quelle und der Schiedsrichter der intellektuellen, moralischen und geistlichen Ideale der westlichen Welt.[46]

Gabriel Sivan sagt: »Die Bibel hat den Freiheitskämpfern Kraft gegeben und den Verfolgten ein festes Herz, den Sozialreformern die Leitlinien und den Schriftstellern und Künstlern Anregung und Inspiration.«[47]

Der französische Philosoph Jean-Jacques Rousseau rief aus:

> Seht euch doch die Worte unserer Philosophen an! Mit all ihrer wichtigtuerischen Sprache, wie gewöhnlich und verächtlich wirken sie doch verglichen mit der Heiligen Schrift! Ist es möglich, dass ein Buch – gleichzeitig so einfach und großartig – nur das Werk von Menschen ist?

Kenneth L. Woodward weist im Magazin *Newsweek* darauf hin, dass nach »zweitausend Jahren … selbst die Jahrhunderte noch immer nach der Geburt Jesu von Nazareth gezählt werden. Am Ende dieses Jahres [1999] registrieren die Kalender in Indien und China, in Europa, Amerika und dem Mittleren Osten den Anbruch eines dritten Jahrtausends.«[48]

9 Eine angemessene Schlussfolgerung

Das oben Gesagte »beweist« natürlich nicht automatisch, dass die Bibel wahr ist. Aber es beweist mir, dass sie einzigartig ist, ohne ihresgleichen dasteht.

Ein Professor sagte einmal zu mir: »Als intelligenter Mensch werden Sie das Buch lesen, das mehr als jedes andere die Aufmerksamkeit auf sich gelenkt hat – wenn Sie nach der Wahrheit suchen.« Die Bibel hat sich ganz sicher als dieses einzigartige Buch qualifiziert.

Theodore Roosevelt stellte einst fest: »Eine gründliche Kenntnis der Bibel ist mehr wert als eine Fachhochschulreife.«

10 Literaturangaben

1 Sidney Collett, *All About the Bible*, S. 314f.
2 David S. Dockery, *Foundations for Biblical Interpretation*, S. 214.
3 William F. Albright, *The Archaeology of Palestine*, S. 218.
4 David S. Dockery, *Foundations for Biblical Interpretation*, S. 221.
5 Ebd., S. 224-225.227.
6 Norman L. Geisler/William E. Nix, *A General Introduction to the Bible* (1986), S. 28.
7 Ebd., S. 29.
8 F. F. Bruce, *The Books and the Parchments*, S. 89.
9 Ebd., S. 88.
10 Stanley L. Greenslade, *Cambridge History of the Bible*, S. 479.
11 www.biblesociety.org
12 Merrill F. Unger, *Ungers Bible Dictionary*, S. 1147.
13 William Barnes, »Wycliffe Bible Translators«, *The Oxford Companion to the Bible*, S. 823.
14 John W. Montgomery, *History and Christianity* (1971), S. 29.
15 Bruce M. Metzger, *The Text of the New Testament*, S. 34.
16 Bernard Ramm, *Protestant Christian Evidence* (1953), S. 230f.
17 John W. Lea, *The Greatest Books in the World*, S. 15.
18 Bernard Ramm, *Protestant Christian Evidence* (1953), S. 232.
19 Stanley L. Greenslade, *Cambridge History of the Bible*, S. 476.
20 Eusebius, *Ecclesiastical History*, VII, 2,259.
21 Sidney Collett, *All About the Bible*, S. 63.
22 Norman L. Geisler/William E. Nix, *A General Introduction to the Bible* (1968), S. 123f.
23 John W. Lea, *The Greatest Books in the World*, S. 17f.
24 Bernard Ramm, *Protestant Christian Evidence* (1953), S. 232f.

[25] Merrill F. Unger, *Ungers Bible Dictionary*, S. 444.
[26] Ebd.
[27] Earl Radmacher, *Personal Conversation*, S. 50.
[28] Robert Dick Wilson, *Which Bible?*, S. 42.
[29] Wilbur M. Smith, *The Incomparable Book*, S. 9f.
[30] Norman L. Geisler/William E. Nix, *A General Introduction to the Bible* (1986), S. 196.
[31] *The Cambridge Ancient History*, Bd. XI, S. 222.
[32] W. F. Albright in Louis Finkelstein, *The Jews, Their History, Culture and Religion*, S. 3.
[33] William F. Albright, *Recent Discoveries in Bible Lands*, S. 70ff.
[34] Cleland B. McAfee, *Greatest English Classics*, S. 134.
[35] Gabriel Sivan, *The Bible and Civilization*, S. xiii.
[36] Ebd., S. 218.
[37] Susan V. Gallagher/Roger Lundin, *Literature Through the Eyes of Faith*, S. 120.
[38] Elie Wiesel, zitiert in S. Liptzen, *Biblical Themes in World Literature*, S. 293.
[39] Harold Fisch, *HarperCollins Bible Dictionary*, S. 136.
[40] Northrop Frye, *Anatomy of Criticism*, S. 14.
[41] Northrop Frye, *The Great Code*, S. XII.
[42] Philip Schaff, *The Person of Christ*, American Tract Society 1913, o.S.
[43] Bernard Ramm, *Protestant Christian Evidence* (1953), S. 239.
[44] Norman L. Geisler/William E. Nix, *A General Introduction to the Bible* (1986), S. 196f.
[45] Grady Davies, *The New Encyclopedia Britannica*, S. 904.
[46] Ebd., S. 905.
[47] Gabriel Sivan, *The Bible and Civilization*, S. 491.
[48] Kenneth L. Woodward, »2000 Years of Jesus«, *Newsweek*, March 29 (1999), S. 52.

02 Wie wir die Bibel bekommen haben

Kapitelübersicht

1 Wie wurde die Bibel geschrieben?

Viele Menschen stellen Fragen nach dem Hintergrund der Bibel, nach ihrer Einteilung und nach dem Material, das bei ihrer Herstellung verwendet wurde. Dieser Abschnitt wird Sie mit ihrem Aufbau bekannt machen und Ihnen ein größeres Verständnis dafür geben, wie sie zusammengestellt wurde.

1.1 Die verwendeten Materialien

1.1.1 Das Schreibmaterial

1.1.1.1 Papyrus

Die Unmöglichkeit, viele der antiken Manuskripte (ein Manuskript ist in diesem Zusammenhang eine handgeschriebene Kopie der Heiligen Schrift) wiederzuentdecken, ist hauptsächlich auf das leicht vergängliche Material zurückzuführen, das man damals zum Schreiben benutzte. »Alle … ursprünglichen Originalschriften«, schreibt F. F. Bruce, »sind seit langem verloren gegangen. Das konnte gar nicht anders sein, da sie auf Papyrus geschrieben waren, und da … Papyrus nur unter außergewöhnlichen Bedingungen eine längere Zeit überdauert.«[1]

Unter den Schreibmaterialien, die in biblischen Zeiten zur Verfügung standen, war das gebräuchlichste Papyrus, das aus der Papyrusstaude gewonnen wurde. Dieses Schilfgras wuchs an den flachen Seen und Flüssen von Ägypten und Syrien. Große Schiffsladungen davon wurden in dem syrischen Hafen von Byblos umgeschlagen. Man vermutet, dass das griechische Wort für Bücher (*biblios*) vom Namen dieses Hafens herstammt. Auch das englische Wort »paper« für Papier ist vom griechischen Wort für Papyrus (*papyros*) abgeleitet.[2]

In *The Cambridge History of the Bible* wird beschrieben, wie Papyrus als Schreibmaterial hergestellt wurde:

> Die Riedgräser wurden abgezogen und längsweise in dünne, schmale Streifen geschnitten, ehe man sie kreuzweise in zwei Lagen hämmerte und zusammenpresste. Nach dem Trocknen wurde die weißliche Oberfläche mit einem Stein oder einem anderen Werkzeug glattpoliert. Plinius erwähnt verschiedene Qualitäten von Papyri. Und man fand aus der Periode vor dem neuen Reich [in Ägypten] unterschiedliche Stärken und Oberflächen, denn die Blätter waren oft sehr dünn und lichtdurchlässig.[3]

Das älteste bekannte Papyrus-Fragment geht auf etwa 2.400 v. Chr. zurück.[4] Die frühesten Manuskripte waren auf Papyrus geschrieben und in ihrem Bestand auf Dauer gefährdet, außer in sehr trockenen Gebieten wie der ägyptischen Wüste oder in Höhlen wie in Qumran. Dort wurden erst vor einigen Jahrzehnten die sogenannten »Schriftrollen vom Toten Meer« entdeckt.

Bis etwa ins dritte Jahrhundert n. Chr. fand der Papyrus allgemeine Verwendung.[5]

1.1.1.2 Pergament

Als Pergament bezeichnet man »präparierte Häute von Schafen, Ziegen, Antilopen und anderen Tieren«. Diese Häute wurden »geschabt und geglättet«, um ein einigermaßen dauerhaftes Schreibmaterial herzustellen. F. F. Bruce sagt, dass »das Wort ›Pergament‹ vom Namen der Stadt Pergamon in Kleinasien abgeleitet ist, wo dieses Schreibmaterial damals vor allem hergestellt wurde«.[6]

1.1.1.3 Velin

Als Velin wurden – häufig purpurn gefärbte – Kalbshäute bezeichnet. Einige darauf aufgezeichnete Manuskripte existieren heute noch. Auf gefärbtem Velin schrieb man gewöhnlich in silberner oder goldener Schrift.

J. Harold Greenlee bemerkt, dass die ältesten Lederrollen von etwa 1.500 v. Chr. stammen.[7]

1.1.1.4 Andere Schreibmaterialien

Ostraka: Diese Topfscherben aus unlasiertem Ton waren beim einfachen Volk in Gebrauch und wurden in großen Mengen in Ägypten und Palästina gefunden (vgl. Hiob 2,8).

Steine: Archäologen haben gewöhnliche Steine gefunden, auf die mit einem eisernen Griffel geschrieben worden war.

Lehmtafeln: Sie wurden mit einem scharfen Schreibzeug eingeritzt und dann getrocknet, um dauerhafte Aufzeichnungen zu gewinnen (vgl. Jer 17,13; Hes 4,1). Diese Tafeln stellten das billigste und eins der dauerhaftesten Schreibmaterialien dar.

Wachstafeln: Mit einem Metallstift schrieb man auf flache mit Wachs überzogene Holzstücke.

1.1.2 Schreibinstrumente

Meißel: Ein eisernes Instrument, mit dem man Steine einritzte.

Metallgriffel oder -nadel: Ein dreiseitiges Instrument mit einem abgeflachten Kopf, mit dem man auf Lehm- und Wachstafeln schrieb.[8]

Rohr/Feder: Ein angespitztes Schilfrohr, das aus 15-40 cm langen Binsen (*Jiuncus maritimius*) gewonnen wurde. Die Enden wurden flach geschnitten, sodass sie die Form eines Meißels bekamen. Auf diese Weise konnte man entweder mit der schmalen oder mit der breiten Seite dicke und dünne Striche ziehen. Diese Schilf-»Feder« war vom Anfang des ersten Jahrtausends an in Mesopotamien in Gebrauch, von wo sie weiter verbreitet wurde. Der Federkiel dagegen scheint erst im 3. Jh. v. Chr. in Griechenland aufgetaucht zu sein (vgl. Jer 8,8).[9] Eine Feder wurde z. B. benutzt, um auf Velin, Pergament und Papyrus zu schreiben.

Tinte: Die Tinte war in der Antike gewöhnlich eine Mischung aus »Holzkohle, Kleber und Wasser«.[10]

1.2 Form und Gestalt antiker Bücher

Schriftrollen wurden hergestellt, indem man Papyrusbogen aneinander klebte und die langen Bahnen dann um einen Stab wickelte. Die Größe der Rolle war durch die Schwierigkeit ihrer Verwendung begrenzt. Gewöhnlich wurde nur eine Seite beschrieben. Eine zweiseitige Rolle nennt man ein »Opistograph« (vgl. Offb 5,1). Man fand Rollen, die 44 m lang waren. Eine durchschnittliche Rolle war ca. 6 bis 10 m lang.

Kein Wunder, dass Callimachus, ein Bibliothekar der antiken alexandrinischen Bibliothek, meinte: »Ein großes Buch ist eine große Plage.«[11]

Kodex- oder Buchform: Um das Lesen leichter und das Material weniger umfangreich zu machen, wurden Papyrusblätter zusammengelegt und auf beiden Seiten beschrieben. Greenlee sagt, das Christentum sei die Hauptursache für die Entwicklung der Kodex-Buchform gewesen.

1.3 Schriftarten

1.3.1 Unzialschrift

Nach dem Neutestamentler Bruce Metzger »wurden … literarische Werke … in einer kunstvollen Handschrift, der sogenannten Unzialschrift angefertigt. Diese ›Buchschrift‹ wies sorgfältig ausgeführte, nicht zusammenhängende Buchstaben auf, etwa wie unsere Großbuchstaben«.[12]

Geisler und Nix bemerken, dass als die »wichtigsten Handschriften des Neuen Testamentes allgemein die bedeutenden Unzialschriften angesehen werden, die aus dem vierten Jahrhundert und späterer Zeit stammen. Sie erschienen fast unmittelbar nach der Bekehrung Konstantins und seiner Erlaubnis beim Konzil von Nizäa (325 n. Chr.), viele Kopien der Bibel herzustellen«.[13]

Wahrscheinlich sind die beiden ältesten und bedeutendsten Unzialmanuskripte der Codex Vaticanus (etwa 325-350 n. Chr.) und der Codex Sinaiticus (etwa 340 n. Chr.).

1.3.2 Minuskelschrift

Eine Schrift aus Kleinbuchstaben in Kursivschrift wurde erst um den Anfang des 9. Jh.s herum für die Herstellung von Büchern geschaffen.[14]

1.3.3 Zwischenräume und Vokale

Die griechischen Manuskripte wurden ohne Abstand zwischen den Wörtern geschrieben und die hebräischen Texte ohne Vokale, bis diese von den Massoreten zwischen dem 5. und 10. Jh. hinzugefügt wurden.

Beide Schreibweisen erscheinen den meisten modernen Lesern merkwürdig und verwirrend. Doch die Menschen der Antike, für die Griechisch oder Hebräisch ihre Muttersprache war, sahen sie als normal an und verstanden sie ohne weiteres. Die Juden brauchten keine geschriebenen Vokale. Wenn sie sprechen lernten, wurde es ihnen von selbst vertraut, wie die Worte zu betonen und zu interpretieren waren.

Ähnlich hatten Griechisch sprechende Menschen keine Schwierigkeiten damit, ihre Sprache ohne Zwischenräume bei den geschriebenen Worten zu verstehen. Metzger erklärt dazu:

> In dieser Sprache ist es – mit sehr wenigen Ausnahmen – die Regel, dass original griechische Wörter nur mit einem Vokal enden können (oder einem Diphthong [zwei Vokale, die bei der Aussprache ineinander übergehen]) oder in einem von drei Konsonanten (n, r oder s). Man sollte nicht annehmen, dass *scriptio continua* beim Lesen ungewöhnlich viel Schwierigkeiten bereitet hätte, da es offensichtlich in der Antike Brauch war, laut zu lesen, selbst dann, wenn man allein war. So kam es, dass man trotz fehlender Zwischenräume durch das eigene Aussprechen und Betonen des Gelesenen – Silbe für Silbe – die *scriptio continua* gewohnt war.[15]

1.4 Einteilungen

1.4.1 Bücher

Die entsprechenden Informationen zu diesem Punkt finden sie unter dem Abschnitt »Der Kanon« in diesem Kapitel (2.1).

1.4.2 Kapitel

1.4.2.1 Das Alte Testament

Die ersten Einteilungen wurden noch vor der babylonischen Gefangenschaft vorgenommen, die 586 v. Chr. begann. Der Pentateuch [die fünf Bücher Mose] wurde dabei in 154 Gruppierungen aufgeteilt, *Sedarim* genannt, »um das Lesen in einem Dreijahreszyklus zu ermöglichen«.[16]

Während der babylonischen Gefangenschaft, jedoch noch vor 536 v. Chr., wurde der Pentateuch dann »in 54 Abschnitte, *Paraschijjoth* genannt, unterteilt und diese später nochmals in 669 kleinere Segmente zur Auffindung bestimmter Schriftstellen. Diese Abschnitte benutzte man als Jahres-Perikopen«.[17]

Um 165 v. Chr. teilte man dann auch die als »Propheten« bezeichneten Bücher des Alten Testamentes in Abschnitte ein.

Und schlussendlich – »nach der protestantischen Reformation, besaß die hebräische Bibel zum größten Teil die gleiche Kapiteleinteilung wie das protestantische Alte Testament. Diese Einteilung wurde 1330 zuerst am Seitenrand der Schriften vermerkt«.[18]

1.4.2.2 Das Neue Testament

Die Griechen versahen als erste die neutestamentlichen Schriften mit Absätzen, und zwar schon vor dem Konzil von Nizäa (325 n. Chr.), vielleicht etwa um 250 n. Chr.

Das älteste System einer Kapiteleinteilung stammt etwa von 350 n. Chr. und erscheint auf den Seitenrändern des Codex Vaticanus. Doch waren diese Abschnitte viel kleiner als unsere heutigen Kapiteleinteilungen. Z. B. weist in unserer Bibel das Matthäusevangelium 28 Kapitel auf, doch im Codex Vaticanus ist es in 170 Abschnitte unterteilt.

Geisler und Nix schreiben dazu:

> … erst im 13. Jahrhundert wurden diese Abschnitte geändert und auch dann nur allmählich. Stephen Langton, ein Professor der Universität von Paris und späterer Erzbischof von Canterbury, teilte die Bibel nach den heutigen Kapiteln ein (ca. 1227). Das war noch vor der Einführung beweglicher Lettern in das Druckverfahren. Da die Wycliff-Bibel (1382) dieser Schablone folgte, bildeten jene grundlegenden Einteilungen praktisch die Basis, auf der die Bibel bis zum heutigen Tag gedruckt wird.[19]

1.4.3 Verse

1.4.3.1 Das Alte Testament

Im Alten Testament waren die Verseinteilungen zunächst »nur durch Abstände zwischen den Wörtern gekennzeichnet, die sonst einfach im ganzen Buch aneinander gehängt waren … Nach der babylonischen Gefangenschaft wurden für das öffentliche Lesen und die Interpretation Absätze eingeführt und später noch zusätzliche Markierungen geschaffen. Diese ›Vers‹-Kennzeichnungen waren unregelmäßig und unterschieden sich von Ort zu Ort. Erst um 900 n. Chr. wurden die Markierungen standardisiert«.[20]

1.4.3.2 Das Neue Testament

Verseinteilungen die dem ähneln, was wir in unsern modernen Bibeln vorfinden, gab es im Neuen Testament erst ab der Mitte des sechzehnten Jahrhunderts. Sie folgten nach der Kapiteleinteilung, »… offensichtlich in dem Bemühen, Querverweise und das öffentliche Lesen noch mehr zu erleichtern. Die Markierungen tauchen zum ersten Mal in der vierten Auflage des griechischen Neuen Testamentes auf, das von Robert Stephanus, einem Pariser Drucker, 1551 herausgeben wurde. Diese Verseinteilung wurde dann von William Whittingham von Oxford 1557 in das ›Englische Neue Testament‹ übernommen. 1555 führte Stephanus die Einteilung in die lateinische Vulgata ein, in der sie bis zum heutigen Tag in gültig ist «.[21]

2 Wer entschied, was zur Bibel gehört?

Dies ist die Frage nach der *Kanonizität*. Ein kritischer Mensch möchte wissen, warum einige Bücher in den *Kanon* der Bibel aufgenommen wurden und andere nicht.

2.1 Die Bedeutung des Wortes »Kanon«

Die Wurzel dieses Wortes steckt in dem Begriff »Schilfrohr, Ried«, was im Englischen *cane*, im Hebräischen *ganeh* und im Griechischen *kanon* heißt. Das Schilfrohr wurde als Messlatte benutzt und erhielt so im Laufe der Zeit die Bedeutung von »Standard«.

Der Kirchenvater Origenes benutzte im 3. Jh. n. Chr. das Wort »Kanon, um das zu bezeichnen, was wir Glaubensregel nennen würden, den Standard, nach dem wir messen und bewerten sollten«. Später bedeutete der Begriff auch »Liste« oder »Index«.[22] Auf die Heiligen Schriften angewandt bedeutet also das Wort *Kanon* »eine offiziell anerkannte Liste von Büchern«.[23]

Es ist wichtig festzustellen, dass die Kirche den Kanon nicht geschaffen hat. Sie hat nicht entschieden, welche Bücher »Heilige Schrift« genannt werden würden, inspiriertes Wort Gottes. Stattdessen hat die Kirche erkannt oder entdeckt, welche Bücher von ihrem Beginn an inspiriert gewesen waren. Um es anders auszudrücken:

> Ein Buch ist nicht deshalb Wort Gottes, weil es von den Gläubigen akzeptiert worden ist. Es wurde vielmehr von der Gemeinde akzeptiert, weil es Wort Gottes war. Das heißt, Gott hat dem Buch seine göttliche Autorität verliehen, nicht die Gemeinde der Gläubigen. Sie erkannten nur diese von Gott verliehene Autorität.[24]

Die Übersicht auf S. 29 dürfte eine Hilfe dabei sein, dieses wichtige Prinzip deutlich zu machen.[25]

2.2 Kriterien für die Zugehörigkeit zum Kanon

Aus den Schriften der Bibel- und Kirchengeschichte können wir wenigstens fünf Prinzipien ablesen, die zur Anerkennung und Sammlung wahrhaft göttlich inspirierter Bücher geführt haben. Geisler und Nix stellen diese Prinzipien folgendermaßen dar:

Unrichtige Sichtweise	Richtige Sichtweise
Die Kirche hat den Kanon bestimmt	Die Kirche hat den Kanon entdeckt
Die Kirche ist die Mutter des Kanons	Die Kirche ist das Kind des Kanons
Die Kirche ist der Verwalter des Kanons	Die Kirche ist der Verkündiger des Kanons
Die Kirche regelt den Kanon	Die Kirche erkennt den Kanon an
Die Kirche ist Richter über den Kanon	Die Kirche ist Zeuge des Kanons
Die Kirche ist Herr des Kanons	Die Kirche ist Diener des Kanons

1. Wurde das Buch von einem Propheten Gottes geschrieben? »Wenn es von einem von Gott beauftragten Mann verfasst war, dann galt es als Wort Gottes.«
2. Wurde der Schreiber durch das Handeln Gottes bestätigt? Häufig unterschieden sich durch Wunder die wahren von den falschen Propheten. »Mose wurden wundersame Kräfte verliehen, um seine göttliche Berufung zu beweisen (2.Mose 4,1-9). Elia triumphierte durch einen übernatürlichen Akt über die falschen Propheten Baals (1.Kön 18). Jesus war … von Gott beglaubigt … durch Kräfte und Wunder und Zeichen, die Gott durch ihn tat (Apg 2,22). … (Ein) Wunder ist ein Handeln Gottes, um das Wort Gottes zu bestätigen, das dem Volk Gottes durch einen Propheten Gottes gegeben wurde. Das Wunder soll die Predigt erhärten, die Botschaft bestätigen.«
3. Sagt die Botschaft die Wahrheit über Gott? »Gott kann sich nicht selbst widersprechen (2.Kor 1,17-18), noch kann er lügen (Hebr 6,18). Daher kann kein Buch mit falschen Behauptungen Gottes Wort sein.« Aus diesen Gründen vertraten die Kirchenväter den Standpunkt: »Im Zweifelsfall schließt es aus.« Dadurch wurde der »Gültigkeit ihrer Entscheidung im Hinblick auf die Kanonizität der Bücher noch mehr Gewicht verliehen«.
4. Wies ein Buch die Kraft Gottes aus? »Die Väter glaubten, dass das Wort Gottes ›lebendig und kräftig‹ sei (Hebr 4,12) und deshalb verwandelnde Kraft zur Erbauung (2.Tim 3,17) und zur Verbreitung des Evangeliums (1.Petr 1,23) besitzen musste. Wenn die Botschaft eines Buches diesem Ziel nicht diente, wenn sie nicht die Kraft besaß, ein Leben zu verändern, dann stand Gott offensichtlich nicht dahinter.« Die Gegenwart von Gottes verwandelnder Kraft war ein schwer wiegendes Zeichen dafür, dass ein vorliegendes Buch den Beglaubigungsstempel Gottes trug.
5. Wurde ein Buch von der Gemeinde Jesu Christi akzeptiert? »Paulus sagte von den Thessalonichern: ›Und darum danken wir auch Gott ohne Unterlass dafür,

dass ihr das Wort der göttlichen Predigt, das ihr von uns empfangen habt, nicht als Menschenwort aufgenommen habt, sondern als das, was es in Wahrheit ist, als Gottes Wort …‹ (1.Thess 2,13). Welche nachfolgenden Debatten sich auch über den Platz eines Buches im Kanon angeschlossen haben mögen – die Menschen, die die Propheten kannten, die die Bücher geschrieben hatten, wussten am besten über ihre prophetische Beglaubigung Bescheid. Deshalb dient trotz aller späteren Streitereien über diesen Punkt als bester Beweis immer noch die ursprüngliche Akzeptanz der Bücher durch die Gläubigen unter den Zeitgenossen.« Wenn ein Buch von der Gemeinde der Gläubigen als Wort Gottes empfangen, gesammelt, gelesen und benutzt wurde, galt es als zum Kanon gehörig. Diese Praxis finden wir auch in der Bibel selbst. Ein Beispiel dafür ist, dass der Apostel Petrus die Schriften des Paulus als den alttestamentlichen Schriften gleichwertig anerkannte (2.Petr 3,16).[26]

2.3 Der christliche Kanon – das Neue Testament

2.3.1 Merkmale für die Kanonizität im Neuen Testament

Der wesentliche Faktor im Hinblick auf die Anerkennung eines Buches als zum Kanon des Neuen Testamentes gehörig war die göttliche Inspiration. Und das Hauptmerkmal dafür war wiederum die Apostolizität. »In der Terminologie des Neuen Testamentes«, so schreiben Geisler und Nix, »war die Kirche ›auferbaut auf der Grundlage der Apostel und Propheten‹ (Eph. 2,20), die Christus versprochen hatte durch den Heiligen Geist in ›alle Wahrheit‹ zu führen (Joh 16,13). Von der Gemeinde in Jerusalem heißt es, dass sie beständig in der ›Apostel Lehre‹ blieben (Apg 2,42). Der Begriff *apostolisch* als Merkmal der Zugehörigkeit zum Kanon bedeutete nicht unbedingt, dass die Verfasser der Schriften Apostel oder diese von Aposteln diktiert worden waren.«[27]

Und weiter:

> Es scheint besser, mit Louis Gaussen, B. B. Warfield, Charles Hodge, J. N. D. Kelly und den meisten Protestanten darin übereinzustimmen, dass die apostolische Autorität oder die Zustimmung der Apostel entscheidendes Merkmal für die Zugehörigkeit zum Kanon bildete und nicht nur die Autorenschaft eines Apostels.[28]

N. B. Stonehouse bemerkt, dass die apostolische Autorität, »die sich im Neuen Testament ja weiter äußert, niemals von der Autorität Jesu losgelöst ist. In den Briefen wird ständig anerkannt, dass es in der Gemeinde nur eine absolute Autorität gibt: die des Herrn selbst. Wo auch immer die Apostel mit Autorität sprechen, da tun sie es, als ob sie im Namen des Herrn sprächen. Z.B. wo Paulus seine Autorität als Apostel verteidigt, gründet er seinen Anspruch ganz allein und unmittelbar auf seinen vom Herrn empfangenen Auftrag (Gal 1 und 2). Wo er sein Recht voraussetzt, regulierend in das Leben der Gemeinde einzugreifen, beansprucht er für sein Wort die Autorität des Herrn, auch wenn dazu kein direktes Wort an ihn ergangen ist (1.Kor 14,37; s. 1.Kor 7,10).«[29]

John Murray sagt: »Der Einzige, der im Neuen Testament mit einer Autorität redet, die nicht von einem andern verliehen ist und ihre Gültigkeit in sich selbst besitzt, ist der Herr.«[30]

2.3.2 Die kanonischen Bücher des Neuen Testamentes

2.3.2.1 Gründe für ihre Sammlung

1. Sie waren prophetisch

Der ursprüngliche Grund, die inspirierten Bücher zu sammeln und zu bewahren, lag in ihrem prophetischen Charakter. Das heißt: da sie von einem Apostel oder einem von Gott beauftragten Propheten geschrieben worden waren, mussten sie wertvoll sein. Und wenn sie wertvoll waren, musste man sie bewahren. Diese Begründung wird aus apostolischen Zeiten durch die Sammlung und Verbreitung der Briefe des Paulus offenbar (vgl. 2.Petr 3,15-16; Kol 4,16).[31]

2. Die Bedürfnisse der frühen Kirche

Die Gemeinden mussten wissen, welche Bücher gelesen und verehrt werden sollten, und welche auf ihre unterschiedlichen und oft unsicheren Situationen in einer allgemein sozial und religiös feindlichen Umgebung angewendet werden sollten. Sie hatten mit vielen Problemen zu kämpfen und brauchten Gewissheit darüber, welche Bücher ihnen als Quelle der Autorität dienen sollten.

3. Aufkommende Ketzerei

Schon um das Jahr 140 n. Chr. entwickelte der Häretiker Markion seinen eigenen unvollständigen Kanon und begann ihn zu verbreiten. Die Gemeinde musste seinem Einfluss entgegentreten, indem sie alle Bücher der neutestamentlichen Schriften zusammenstellte.

4. Die Verbreitung unechter Schriften

Viele östliche Kirchen benutzten in Gottesdiensten Bücher, die eindeutig auf Fälschungen beruhten. Diese Tatsache verlangte einfach eine Entscheidung hinsichtlich des Kanons.

5. Missionsarbeit

Das Christentum hatte sich sehr schnell auf andere Länder ausgebreitet, und es bestand die Notwendigkeit, die Heiligen Schriften in die anderen Sprachen zu übersetzen … Schon in der ersten Hälfte des zweiten Jahrhunderts wurde sie ins Syrische und in das Alt-Lateinische übersetzt. Doch da die Missionare keine Bibel übersetzen konnten, die nicht existierte, konzentrierte sich die Aufmerksamkeit notwendigerweise auf die Frage, welche Bücher tatsächlich zum autoritativen christlichen Kanon gehörten.[32]

6. Verfolgung

Das Edikt des Diokletian (303 n. Chr.) forderte zur Vernichtung der heiligen Bücher der Christen auf. Wer würde schon sterben für ein Buch, das vielleicht einen religiösen Inhalt hatte, aber nicht heilig war? Die Christen mussten wissen, welche Bücher tatsächlich »heilig« waren.

2.3.2.2 Der anerkannte Kanon

1. Athanasius von Alexandrien

Athanasius (367 n. Chr.) verschaffte uns schließlich die erste Liste neutestamentlicher Bücher, die sich exakt mit unserm heutigen Neuen Testament deckt. Er gab seine Liste in einem festlichen Brief für an Gemeinden bekannt. Wie er es formulierte:

> Es ist wirklich keine langweilige Sache, von den Büchern des Neuen Testamentes zu sprechen. Es sind dies: Die vier Evangelien – nach Matthäus, Markus, Lukas und Johannes. Danach die Apostelgeschichte und – sieben an der Zahl – die Briefe (die katholischen genannt), nämlich einer von Jakobus, zwei Briefe des Petrus, drei Briefe des Johannes, danach einer von Judas. Dazu gibt es noch vierzehn Briefe des Paulus, in dieser Reihenfolge: der erste ist an die Römer gerichtet, danach zwei an die Korinther, dann einer an die Galater, die Epheser, die Philipper; danach einer an die Kolosser, danach zwei an die Thessalonicher und der an die Hebräer, und wieder zwei an Timotheus, einer an Titus und zuletzt einer an Philemon. Und außerdem die Offenbarung des Johannes.[33]

2. Hieronymus und Augustin

Kurz nachdem Athanasius seine Liste verbreitet hatte, ließen Hieronymus und Augustin eine gleiche folgen. Sie legten den neutestamentlichen Kanon mit 27 Büchern fest.[34]

3. Polykarp und seine Zeitgenossen

Polykarp (115 n. Chr.), Klemens von Alexandrien (ca. 200 n. Chr.) und andere frühe Kirchenväter beziehen sich auf die alt- und neutestamentlichen Bücher mit der Wendung: »… wie es in diesen Schriften gesagt ist.«

4. Justin

Justin, der Märtyrer (100-165 n. Chr.), schreibt in seiner ersten Apologie in Bezug auf das Abendmahl:

> Und an dem Tag, den sie Sonntag nannten, versammelten sich alle, die in den Städten und auf dem Lande lebten, an einem Platz. Dort wurde aus den Berichten der Apostel oder den Schriften der Propheten vorgelesen, solange es die Zeit erlaubte. Wenn der Sprecher mit dem Lesen aufhörte, gab der Älteste noch Ermahnungen an die Zuhörer weiter und forderte sie auf, diese positiven Dinge nachzuahmen.[35]

In seinem *Dialog* mit Trypho findet sich jedes Mal, wenn er aus den Evangelien zitiert, die Wendung »Es steht geschrieben«. Er und Trypho müssen gewusst haben, was das bedeutete, und dass diese Einführung der Beleg dafür war, dass die Schrift inspiriert war.[36]

5. Irenäus

Hinsichtlich der Bedeutung von Irenäus (180 n. Chr.) schreibt F. F. Bruce:

> Die Wichtigkeit seiner Aussagen liegt in seiner Nähe zum apostolischen Zeitalter und seinen ökumenischen Verbindungen. In Kleinasien zu den Füßen von Polykarp, des Johannesschülers, aufgewachsen, wurde er um 180 n. Chr. Bischof von Lyon, in Gallien. Seine Schriften bezeugen die kanonische Anerkennung der vier Evangelien und der Apostelgeschichte, der Briefe an die Römer, die Korinther (2), der an die Galater, Epheser, Philipper, Kolosser, an die Thessalonicher (2), an Timotheus (2), an Titus, eines Briefs des Petrus, eines Briefs des Johannes und der Offenbarung. In seiner Abhandlung *Gegen die Ketzerei*, III,ii,8, wird klar, dass um 180 n. Chr. der Gedanke des vierfachen Evangeliums im Bereich des christlichen Glaubens so verankert war, dass man es als abgesicherte Tatsache ansah, so klar und unumstößlich wie die vier Himmelsrichtungen auf dem Kompass.[37]

6. Ignatius

Ignatius (50-115 n. Chr.) schrieb: »Ich möchte euch nicht Befehle erteilen wie Petrus und Paulus – sie waren Apostel.«[38]

7. Kirchenkonzile

F. F. Bruce sagt:

> Als schließlich ein Kirchenkonzil – die Synode von Hippo im Jahr 393 n. Chr. – die 27 Bücher des Neuen Testamentes auflistete, verlieh es ihnen nicht noch eine besondere Autorität, die sie nicht schon gehabt hätten, sondern man stellte damit nur die bereits vorher bestehende Kanonizität fest. (Auf die Regeln der Synode von Hippo kam man vier Jahre später auf der dritten Synode von Karthago erneut zurück.)[39]

Seit dieser Zeit wurden die akzeptierten 27 Bücher des Neuen Testamentes nicht mehr ernsthaft in Frage gestellt – weder von römisch-katholischer Seite noch von den Protestanten oder den orthodoxen Ostkirchen.

2.3.2.3 Die Einteilung des Kanons

2.3.3 Die neutestamentlichen Apokryphen

2.3.3.1 Eine Liste der Apokryphen

Der Brief des Barnabas (70-79 n. Chr.)
Der Erste Clemensbrief (um 96 n. Chr.)
Antike Homilie oder sogenannter *Zweiter Brief des Clemens* (um 120-140 n. Chr.)

Hirt des Hermas (um 115-140 n. Chr.)
Didache, Lehre der Zwölf (um 100-120 n. Chr.)
Apokalypse des Petrus (um 150 n. Chr.)
Apostelgeschichte von Paulus und Thekla (170 n. Chr.)
Brief an die Laodizeer (4. Jh.?)
Evangelium nach den Hebräern (65-100 n. Chr.)
Brief des Polykarp an die Philipper (um 108 n. Chr.)
Die sieben Briefe des Ignatius (um 100 n. Chr.)

Dies ist lediglich eine unvollständige Liste der unechten und für den Kanon abgelehnten Schriften.[40]

Die Evangelien	Geschichts-buch	Die Briefe des Paulus	Die Briefe (allgemein)	Prophetie
Matthäus Markus Lukas Johannes	Apostelge-schichte	Römer 1. Korinther 2. Korinther Galater Epheser Philipper Kolosser 1. Thessalonicher 2. Thessalonicher 1. Timotheus 2. Timotheus Hebräer Titus Philemon	Jakobus 1. Petrus 2. Petrus 1. Johannes 2. Johannes 3. Johannes Judas	Offenbarung

2.3.3.2 Warum sie abgelehnt wurden

Geisler und Nix fassen die Gründe gegen den kanonischen Status dieser Bücher so zusammen:

> 1. Keines von ihnen fand mehr als eine vorübergehende oder rein örtliche Beachtung. 2. Die meisten hatten niemals mehr als einen halb-kanonischen Ruf, waren Anhänge an verschiedene Manuskripte oder auf Inhaltsverzeichnissen erwähnt. 3. Kein bedeutenderer Kanon und kein Kirchenkonzil rechnete sie unter die inspirierten Bücher des Neuen Testamentes. 4. Die begrenzte Akzeptanz, die die

meisten dieser Bücher fanden, geht auf die Tatsache zurück, dass sie sich selbst an Verweisstellen in kanonischen Büchern (z.B. Laodizeer in Bezug auf Kol 4,16) anschlossen oder wegen ihrer angeblichen apostolischen Verfasserschaft (z. B. Apostelgeschichte des Paulus). Nachdem diese Punkte geklärt waren, gab es kaum noch Zweifel darüber, dass diese Bücher nicht zum Kanon gehörten.[41]

2.4 Der Kanon des Alten Testamentes

2.4.1 Die Jamnia-Theorie

Eine Reihe von Gelehrten entwickelte die Theorie, dass ein Konzil von Rabbinern, die sich in Jamnia, in der Nähe von Jaffa, zusammenfanden, etwa 90 n. Chr. schließlich übereinkamen, welche Bücher in den hebräischen Kanon aufgenommen werden sollten und welche nicht. Das Problem bei dieser Theorie ist allerdings, dass die Versammlung von Jamnia diese Beschlüsse nicht zu einem Ende bringen konnte. Sie setzten den Kanon nicht fest, sondern »stellten lediglich in Frage, ob gewisse Bücher im Kanon bleiben sollten. Bücher, die das Konzil ablehnte, waren ursprünglich auch gar nicht im Kanon gewesen. Das vorrangige Anliegen war die Frage der Berechtigung, ob bestimmte Bücher weiterhin zum Kanon gehören sollten, nicht die Akzeptanz neuer Bücher«.[42]

Die Rabbiner diskutierten Fragen, die das Buch Ester betrafen, weiter die Sprüche Salomos, das Buch des Predigers Salomo, das Hohelied und Hesekiel.

> Es muss betont werden, dass zwar Fragen im Hinblick auf diese Bücher aufgeworfen wurden, dass aber kein Gedanke daran bestand, sie aus dem Kanon zu entfernen. Die Diskussionen von Jamnia hatten weniger zu tun »mit der Aufnahme gewisser Schriften in den Kanon als mit ihrem Recht, darin zu bleiben.«[43]

H. H. Rowley schreibt:

> Es ist in der Tat zweifelhaft, wie weit es korrekt ist, von dem Konzil von Jamnia zu sprechen. Wir wissen, dass es dort Diskussionen unter den Rabbinern gab, wir wissen aber nichts über formale oder bindende Entscheidungen, die getroffen worden wären. Es ist wahrscheinlich, dass die Diskussionen eher formlos waren, obwohl sie dazu beitrugen, die jüdische Tradition zu festigen und klarer herauszustellen.[44]

Tatsache ist aber, dass »keine menschliche Autorität und kein Konzil der Rabbiner jemals einem [alttestamentlichen] Buch Autorität verliehen hat«, erklärt der Bibelwissenschaftler David Ewert.

> Diese Bücher waren von Gott inspiriert und trugen den Stempel der Autorität von Anfang an. Durch ihren langen Gebrauch in der jüdischen Gemeinde war ihre Autorität anerkannt und im Laufe der Zeit wurden sie dann der Sammlung der kanonischen Bücher hinzugefügt.[45]

2.4.2 Der anerkannte Kanon

Die Hinweise unterstützen ganz klar die Theorie, dass der hebräische Kanon lange vor dem Ende des 1. Jh.s n. Chr. festgelegt war. Sehr wahrscheinlich geschah das schon im 4. Jh. v. Chr. und ganz gewiss nicht später als 150 v. Chr. Die wesentliche Begründung zu dieser Schlussfolgerung kommt von den Juden selbst, die vom 4. Jh. v. Chr. an davon überzeugt waren, dass »die Stimme Gottes aufgehört hatte, unmittelbar zu ihnen zu sprechen«.[46] Mit andern Worten: die Stimmen der Propheten waren zum Schweigen gebracht worden. Kein Wort von Gott mehr bedeutete: kein neues Wort von Gott. Ohne Propheten gibt es auch keine biblische Offenbarung.

Im Hinblick auf die Periode zwischen dem Alten und dem Neuen Testament (es liegen annähernd 400 Jahre zwischen dem Abschluss des Alten Testamentes und den Ereignissen des Neuen Testamentes) beobachtet Ewert:

> In 1. Makkabäer 14,41 lesen wir von Simon, der zum Führer und Priester bestellt wurde, »bis ein glaubwürdiger Prophet aufstehen würde«, und weiter vorn spricht er von der Sorge in Israel »wie sie noch nie da gewesen ist, seit bei ihnen keine Propheten mehr auftraten«. »Die Propheten sind eingeschlafen«, klagt der Schreiber des zweiten Buches Baruch (85,3). Von Büchern, die nach der Zeit der Propheten geschrieben worden waren, dachte man, dass sie nicht in den Bereich der Heiligen Schriften gehörten.[47]

Die letzten Bücher, die geschrieben und als kanonisch anerkannt wurden, waren Maleachi (etwa 450-430 v. Chr.) und die Chronik-Bücher (nicht später als 400 v. Chr. verfasst).[48] Diese Bücher erscheinen mit dem Rest der hebräischen kanonischen Bücher in der griechischen Übersetzung des Hebräischen Kanons, den man als Septuaginta (LXX) bezeichnet, die etwa um 250-150 v. Chr. verfasst wurde.[49]

F. F. Bruce bestätigt: »Die hebräische Bibel hat traditionsgemäß 24 Bücher, die in drei Gruppen angeordnet sind.«[50] Diese drei Gruppierungen sind: das Gesetz, die Propheten und die Schriften. Im Folgenden geben wir eine Gliederung des hebräischen Kanons wieder, wie sie sich in manchen Büchern wie z. B. den modernen Ausgaben des jüdischen Alten Testamentes findet (s. *The Holy Scriptures* nach dem Massoretischen Text und die *Biblia Hebraica*, Hrsg. Rudolph Kittel u. Paul Kahle).

Obwohl die christliche Kirche den gleichen alttestamentlichen Kanon besitzt, differiert die Zahl der Bücher, weil wir die Bücher Samuel, Könige, Chronika und Esra/Nehemia jeweils in zwei Bücher teilen und auch die »Kleinen Propheten« jeweils in einem eigenen Buch darstellen, statt sie in einem zusammenzufassen, wie es die Juden unter der Überschrift »Die Zwölf« tun. Die Kirche hat auch die Anordnung der Bücher verändert und eine thematische Zusammenstellung statt einer zeremoniellen Anordnung vorgenommen.[51]

Das Gesetz (Thora)	1.-5. Buch Mose
Die Propheten (Nebihim)	Josua, Richter, Samuel, Könige (frühe Propheten) Jesaja, Jeremia, Hesekiel, die Zwölf kleinen Propheten (spätere Propheten)
Die Schriften: (Kethubim oder Hagiographie)	Psalmen, Sprüche, Hiob (Poetische Bücher) Hohes Lied, Ruth, Klagelieder, Ester, Prediger Salomo (Fünf Rollen, Megilloth) Daniel, Esra, Nehemia, Chronik (Geschichtsbücher)

2.4.3 Das Zeugnis Jesu im Hinblick auf den alttestamentlichen Kanon

2.4.3.1 Lukas 24,44: Im Obergemach sagte Jesus seinen Jüngern: »Es muss alles erfüllt werden, was von mir geschrieben steht im Gesetz des Mose, in den Propheten und den Psalmen.« Mit diesen Worten »wies er auf die drei Abschnitte hin, in die die hebräische Bibel eingeteilt war – das Gesetz, die Propheten und die ›Schriften‹ (hier sind ›die Psalmen‹ genannt, wahrscheinlich weil das Buch der Psalmen das längste in dieser dritten Rubrik ist)«.[52]

2.4.3.2 Johannes 10,31-36; Lukas 24,44: Jesus stimmte nicht mit den mündlichen Traditionen der Pharisäer überein (Mk 7; Mt 15), aber mit ihrem Konzept des hebräischen Kanons.[53] »Da gibt es keinen Hinweis auf einen Disput zwischen ihm und den Juden, was die Kanonizität irgendeines alttestamentlichen Buches betrifft.«[54]

2.4.3.3 Lukas 11,51 (auch Matthäus 23,35): »Von Abels Blut an bis hin zum Blut des Secharja …« Mit diesen Worten bestätigt Jesus sein Zeugnis im Hinblick auf den alttestamentlichen Kanon. Abel war der erste Märtyrer, von dem in der Schrift berichtet ist (1.Mose 4,8) und Secharja der letzte, der in der hebräischen Anordnung des Alten Testamentes genannt wird, der gesteinigt wurde, während er dem Volk im Vorhof am Hause des Herrn weissagte (2.Chr 24,21). Das Buch Genesis war das erste Buch im hebräischen Kanon und die Chronik-Bücher die letzten. So sagte Jesus im Grunde: »Von Genesis bis Chronik« oder, nach unserer Anordnung: »Vom 1. Buch Mose bis zu Maleachi«, womit er die göttliche Autorität und Inspiration des ganzen hebräischen Kanon bestätigte.[55]

2.4.4 Die Zeugnisse außerbiblischer Schreiber

2.4.4.1 Prolog zum Buch Jesus Sirach

Möglicherweise findet sich der früheste Hinweis auf eine Dreiteilung des Alten Testamentes in der Vorrede zum Buch *Jesus Sirach* (um 130 v. Chr.). Im Prolog, der von einem Enkel des Verfassers geschrieben wurde, heißt es: »Vieles und Großes ist uns gegeben durch das Gesetz und die Propheten und die Schriften …«, womit die drei Teile des hebräischen Kanons angesprochen sind.[56]

2.4.4.2 Philo

Unmittelbar nach der Zeit Jesu Christi (etwa 40 n. Chr.) bezeugt Philo eine dreifältige Anordnung, indem er sich auf das Gesetz, die Propheten (oder Prophetien) und »Hymnen und andere Bücher bezieht, die das Wissen und die Frömmigkeit pflegen und vervollkommnen«.[57]

2.4.4.3 Josephus

Der jüdische Historiker Flavius Josephus (Ende des 1. Jh.s n. Chr.) sprach ebenfalls von einer Dreiteilung. Und im Hinblick auf die gesamten hebräischen Schriften schrieb er:

> Und wie sehr wir diese Bücher unserer eigenen Nation verehren, wird sichtbar an unserem Tun. Durch so manche Zeitalter hindurch ist noch niemand so kühn gewesen, den Schriften etwas hinzuzufügen oder etwas davon zu streichen oder irgendetwas daran zu ändern. Es ist für alle Juden von ihrer Geburt an ganz selbstverständlich diese Bücher so einzuschätzen, dass sie göttliche Lehren enthalten. Sie halten hartnäckig daran fest und sind, wenn es sich so ergibt, auch bereit, dafür zu sterben. Es ist nichts Ungewöhnliches, dass gefangene Juden häufig und in großen Zahlen Folter und alle möglichen Todesarten in Theatern erduldet haben und doch nicht gezwungen werden konnten, ein Wort gegen unsere Gesetze und die darin enthaltenen Berichte zu sagen.[58]

2.4.4.4 Der Talmud

Der Talmud ist eine antike »Sammlung rabbinischer Gebote, juristischer Entscheidungen und Kommentare, die sich auf die Gesetze Moses beziehen«, und der die mündliche Tradition des jüdischen Volkes bewahrt.[59] Eine Zusammenstellung des Talmud fand in Jerusalem ca. 350-425 v. Chr. statt. Eine andere, umfangreiche Sammlung geschah in Babylonien ca. 500 v. Chr. Jede von ihnen wurde unter dem Namen der jeweiligen Stadt bekannt. So gibt es z. B. den Jerusalemer Talmud und den Babylonischen Talmud.

1. *Tosefta Yadaim* 3,5 sagt: »Das Evangelium und die Bücher der Häretiker machen die Hände nicht unrein; die Bücher Ben Siras und sonstige Bücher, die seit seiner Zeit geschrieben wurden, sind nicht kanonisch.«[60] Der Hinweis auf ein Buch, das die Hände unrein machte, bedeutet, dass das Buch göttlich inspiriert und deshalb heilig war. Leute, die mit diesen Büchern umgingen, mussten ihre Hände waschen, nachdem sie die heiligen Seiten berührt hatten.

> Indem sie erklärten, dass diese Schriften die Hände unrein machten, schützten die Rabbiner sie vor sorgloser und unehrerbietiger Behandlung. Es lag auf der Hand, dass keiner achtlos damit umgehen würde, wenn er jedes Mal hinterher verpflichtet war, sich die Hände zu waschen.[61]

Ein Buch, das diese Folgen nicht mit sich brachte, war nicht von Gott inspiriert. Aus diesem Text geht hervor, dass nur die im hebräischen Kanon verzeichneten Bücher den Anspruch erheben konnten, Gottes Wort zu sein.

2. In *Seder Olam Rabba* 30 heißt es: »Bis dahin [gemeint ist das Kommen Alexanders des Großen und das Ende des Perserreiches] weissagten die Propheten durch den Heiligen Geist. Seitdem [gilt] ›neige dein Ohr und höre die Worte des Weisen‹.«[62]

3. Tos. Sotah 13,2: (*baraita in Bab. Yoma 9b, Bab. Sotah 48b und Bab. Sanhedrin 11a*): »Mit dem Tode Haggais, Sacharjas und Maleachis, den späteren Propheten, wich der Heilige Geist aus Israel.«[63]

2.4.4.5. Melito, Bischof von Sardes

Melito stellte die erste bekannte Liste alttestamentlicher Bücher aus christlichen Kreisen heraus auf (um 170 n. Chr.). Eusebius hielt seine Kommentare fest:

> Melito sagte, er habe diese glaubwürdige Liste auf einer Reise durch Syrien erhalten. In einem Brief an seinen Freund Anesimius sagt er: »Ihre Namen waren diese … fünf Bücher Moses: Genesis, Exodus, Numeri, Levitikus, Deuteronomium, [ferner] Jesus, Sohn des Nave, die Richter, Ruth, vier Bücher der Könige, zwei Bücher Chronik, die Psalmen Davids, die Sprüche Salomos (auch Weisheit genannt), Jesus Sirach, das Hohe Lied, das Buch Hiob. Von den Propheten: Jesaja, Jeremia, die Zwölf [kleinen Propheten] in einem Buch, Daniel, Hesekiel, Esra.«[64]

F. F. Bruce kommentiert:

> Es kann sein, dass Melito die Klagelieder mit Jeremia zusammenfasste und Nehemia mit Esra (obwohl es merkwürdig ist, Esra unter den Propheten zu finden). In diesem Fall enthält seine Liste alle Bücher des hebräischen Kanons (nach Art der Septuaginta angeordnet) mit Ausnahme von Ester. Ester mag in der Liste, die er von seinen Informanten in Syrien bezog, gefehlt haben.[65]

2.4.4.6 Mischna

Die Dreiteilung des gegenwärtigen jüdischen Textes (mit 11 Büchern in den Schriften) stammt aus der Mischna (Baba-Bathra-Traktat, 5. Jh. n. Chr.).[66]

2.4.5 Neutestamentliche Bezeugungen des Alten Testamentes als Heilige Schrift

Mt 21,42; 22,29; 26,54.56
Lk 24,27.44-47
Joh 5,39; 10,35
Apg 17,2.11; 18,28

Röm 1,2; 4,3; 9,17; 10,11; 11,2; 15,4; 16,26
1.Kor 15,3.4
Gal 3,8; 3,22; 4,30
1.Tim 5,18
2.Tim 3,16
2.Petr 1,20.21; 3,16

Die Aussage »Wie die *Schrift* sagt« (Joh 7,38) ist alles, was ein Text an einführenden Worten brauchte, um allgemein so verstanden zu werden, dass eine Geschichte oder ein Buch eindeutig Wort Gottes war, von den Propheten Gottes gesprochen.

2.4.6 Hebräische apokryphe Literatur

Der Begriff *Apokryphen* kommt von dem griechischen Wort *apokryphos* und bedeutet »versteckt oder verborgen«.

Im 4. Jh. nannte Hieronymus als erster diese Literatur *Apokryphen*. Sie bestehen aus den Büchern, die die Römisch-katholische Kirche dem AT angefügt hat. Die Protestanten lehnen sie als kanonische Schriften aber ab.

2.4.6.1 Warum gehören sie nicht zum Kanon?

Ungers Bible Dictionary bestätigt zwar, dass die Apokryphen einen gewissen Wert besitzen, nennt aber vier Gründe, warum sie nicht zum hebräischen Kanon gehören:

1. Sie wimmeln von historischen und geografischen Ungenauigkeiten und von Anachronismen.
2. Sie verbreiten Lehren, die falsch sind und pflegen Praktiken, die mit den inspirierten Schriften nicht übereinstimmen.
3. Sie greifen zu literarischen Mitteln und entfalten etwas so Künstliches im Hinblick auf Themen und Stil, wie es den inspirierten Schriften fremd ist.
4. Ihnen fehlt das kennzeichnende Element, das echten inspirierten Schriften ihren göttlichen Charakter verleiht: die prophetische Vollmacht und das dichterische und religiöse Empfinden.[67]

2.4.6.2 Eine Zusammenfassung der apokryphen Bücher

In seinem brillanten Führer *How We Got Our Bible* bietet Ralph Earle eine kurze Zusammenfassung von jedem apokryphen Buch an. Wegen der Qualität, der Genauigkeit und der Prägnanz möchte ich einen groben Umriss seiner Ausführungen hier wiedergeben, um dem Leser ein unmittelbares Gefühl für den Wert dieser, allerdings nicht-kanonischen, Bücher zu geben:

Erste Esra (etwa 150 v. Chr.) erzählt von der Rückkehr der Juden nach Palästina nach der babylonischen Gefangenschaft. Es übernimmt viel aus Chronika, Esra und Nehemia, aber der Verfasser fügte viel an legendärem Stoff hinzu.
Das Interessanteste ist die »Geschichte von den drei Leibwächtern«. Sie stritten

sich darüber, was wohl das Stärkste in der Welt sei. Einer sagte »Wein«, ein anderer »der König«, der dritte »Frauen und Wahrheit«. Diese drei Antworten legten sie dem König unter das Kopfkissen. Als er erwachte, forderte er die drei Männer auf, ihre Antworten zu verteidigen. Die einstimmige Entscheidung lautete: »Wahrheit ist etwas ganz Großes und bei weitem das Stärkste.« Da Serubbabel diese Antwort gegeben hatte, durfte er zur Belohnung den Tempel in Jerusalem wieder aufbauen.

Zweite Esdras/Die Vision Esras (100 n. Chr.) ist ein apokalyptisches Werk, das sieben Visionen enthält. Martin Luther war von diesen Visionen so verwirrt, dass er das Buch in die Elbe geworfen haben soll.

Tobias (Anfang des 2. Jh. v. Chr.) ist eine kurze Erzählung. Der Ausdrucksform nach stark pharisäisch, betont sie das Gesetz, reine Speisen, zeremonielle Reinigungen, Wohltätigkeit, Fasten und Gebet. Sie ist deutlich unbiblisch in ihrer Aussage, dass Almosengeben Sünde sühne.

Judit (um die Mitte des 2. Jh. v. Chr.) ist ebenfalls eine fiktive und pharisäisch geprägte Geschichte. Die Heldin dieser Erzählung ist Judit, eine schöne jüdische Witwe. Als ihre Stadt belagert wurde, nahm sie ihre Magd und reine jüdische Speise und ging in das Zelt des angreifenden Feldherrn. Er war von ihrer Schönheit so eingenommen, dass er ihr einen Platz in seinem Zelt zuwies. Glücklicherweise hatte er zuviel getrunken und musste nun seinen Rausch ausschlafen. Judit nahm sein Schwert und schlug ihm den Kopf ab. Dann verließ sie mit ihrer Magd das Lager und nahm dabei den Kopf in ihrem Proviantsack mit. Er wurde in einer nahen Stadt auf die Mauer gehängt, und die nun führerlos gewordene assyrische Armee wurde vernichtend geschlagen.

Stücke zu Ester (um 100 v. Chr.). Ester ist das einzige Buch im Alten Testament, in dem der Name Gottes nicht vorkommt. Uns wird gesagt, dass Ester und Mordechai fasteten, aber es wird nicht besonders erwähnt, dass sie auch beteten. Um den Mangel auszugleichen, stehen in diesen Stücken lange Gebete, die den beiden zugeschrieben werden, sowie ein paar Briefe, die angeblich von Artaxerxes stammen.

Die Weisheit Salomos (um 40 n. Chr.) wurde geschrieben, um die Juden vor dem Abfall in Skeptizismus, Materialismus und Götzendienst zu bewahren. Wie in den Sprüchen wird die Weisheit personifiziert. Es werden viele edle Gefühle und Ansichten in diesem Buch zum Ausdruck gebracht.

Jesus Sirach (oder Die Weisheit Sirachs, um 180 v. Chr.) zeigt ein hohes Niveau religiöser Weisheit, ähnlich dem des kanonischen Buches der Sprüche. Es enthält auch viele praktische Ratschläge. Z. B. heißt es zum Thema Tischreden (Kap. 32,11-12): »Mach es kurz und sage mit wenigen Worten viel; und mach es wie einer, der zwar Bescheid weiß, aber doch schweigt.« Und wiederum (Kap. 33,4): »Überlege zuvor, was du sagen willst, dann wird man dich anhören.«

In seinen Predigten zitiert John Wesley mehrmals aus Jesus Sirach. Das Buch wird in anglikanischen Kreisen noch viel benutzt.

Das Buch Baruch (um 100 n. Chr.) stellt sich selbst als von Baruch, dem Schreiber

Jeremias, im Jahr 582 v.Chr. verfasst vor. In Wirklichkeit unternimmt es vermutlich den Versuch, die Zerstörung Jerusalems im Jahr 70 n.Chr. zu interpretieren. Das Buch ruft die Juden auf, nicht wieder zu revoltieren, sondern dem Kaiser untertan zu sein. Trotzdem fand der Bar-Kochba-Aufstand gegen die römische Herrschaft schon bald darauf statt, nämlich 132-135 n.Chr. Das sechste Kapitel in Baruch enthält den sogenannten »Brief Jeremias« mit starken Warnungen vor dem Götzendienst – wahrscheinlich an Juden in Alexandria (Ägypten) gerichtet.

Unser Buch Daniel enthält 12 Kapitel. Im 1. Jh. v.Chr. wurde ein 13. Kapitel hinzugefügt: Die Geschichte von *Susanna* und Daniel. Sie war die schöne Frau eines führenden Juden in Babylon, in dessen Haus sich oft die jüdischen Ältesten und Richter einfanden. Zwei dieser Männer verliebten sich in sie und versuchten, sie zu verführen. Als sie um Hilfe schrie, sagten die beiden Ältesten, sie hätten sie in den Armen eines jungen Mannes gefunden. Sie wurde verhört. Da es zwei Zeugen gab, die in ihren Aussagen übereinstimmten, galt sie als überführt und wurde zum Tode verurteilt.

Doch ein junger Mann namens Daniel unterbrach das Verfahren und nahm die Zeugen ins Kreuzverhör. Er befragte jeden getrennt vom anderen, unter welchem Baum im Garten sie Susanna mit ihrem Liebhaber gefunden hätten. Als sie daraufhin unterschiedliche Antworten gaben, wurden sie mit dem Tode bestraft und Susanna war gerettet.

Vom Bel zu Babel und *Vom Drachen zu Babel* wurden um die gleiche Zeit auch noch angehängt und als 14. Kapitel des Buches Daniel bezeichnet. Die Hauptabsicht dieser Schrift war, die Torheit der Abgötterei deutlich zu machen. Sie enthält eigentlich zwei Geschichten.

In der ersten fragt König Kyrus Daniel, weshalb er den Bel nicht anbete, da dieser doch seine Größe beweise, indem er täglich viele Schafe samt einer Menge Mehl und Öl verzehre. Daraufhin streute Daniel Asche auf den Fußboden des Tempels, wo am Abend die Speisen hingestellt worden waren. Am Morgen nahm der König Daniel mit, um ihm zu demonstrieren, dass Bel während der Nacht alle Speisen verzehrt habe. Doch Daniel zeigte dem König in der Asche auf dem Boden die Fußspuren der Priester und ihrer Angehörigen, die durch einen geheimen Zugang unter dem Tisch hineingekommen waren. Die Priester wurden getötet und der Tempel (dieses Gottes) zerstört.

Die Geschichte von dem Drachen ist ebenso offensichtlich legendären Charakters. Zusammen mit Tobias, Judit und Susanna können diese Geschichten als reine jüdische Fiktion eingeordnet werden. Sie haben wenig oder gar keinen religiösen Wert.

Der Gesang der drei Männer im Feuerofen folgt in der Septuaginta und der Vulgata unmittelbar auf Daniel 3,23. In starker Anlehnung an Ps 148 ist er, wie Ps 136, antiphonal geschrieben, mit dem 32-fachen Refrain: »Lobt den Herrn, preist und rühmt ihn ewiglich!«

Das Gebet Manasses wurde zur Zeit der Makkabäer (2. Jh. v.Chr.) angeblich als Gebet Manasses, des bösen Königs von Juda, geschrieben. Der Anlass war offensichtlich die in 2. Chr 33,19 gemachte Aussage: »Und sein Gebet und wie der HERR ihn erhörte … siehe, das steht geschrieben in den Geschichten der Seher.« Da sich dieses Gebet nicht in der Bibel findet, musste ein Schriftgelehrter wohl diesem Mangel abhelfen!

1. Makkabäer (1. Jh. v. Chr.) ist vielleicht das wertvollste Buch der Apokryphen. Es beschreibt die Heldentaten der drei makkabäischen Brüder Judas, Jonatan und Simon. Zusammen mit Josephus ist es unsere wichtigste Quelle dieser kritischen und turbulenten Periode der jüdischen Geschichte.

2. Makkabäer (um dieselbe Zeit) ist keine Fortsetzung zu 1. Makkabäer, sondern ein paralleler Bericht, der nur die Siege des Judas Makkabäus behandelt. Im Allgemeinen wird er für legendärer gehalten als 1. Makkabäer.[68]

2.4.6.3 Historisches Zeugnis ihrer Ausschließung

Geisler und Nix führen zehn antike Zeugnisse an, die gegen die Anerkennung der Apokryphen stehen:

1. Philo, ein alexandrinischer jüdischer Philosoph (20 v. Chr. bis 40 n. Chr.) zitiert reichlich aus dem AT und bestätigt sogar die Dreiteilung. Doch niemals zitiert er aus den Apokryphen als inspirierten Schriften.
2. Josephus (30-100 n. Chr.), jüdischer Historiker, schließt die Apokryphen ausdrücklich aus, wenn er die Zahl der alttestamentlichen Bücher mit 22 angibt. Und auch er zitiert die Apokryphen nicht als Heilige Schrift.
3. Jesus und die neutestamentlichen Schreiber zitieren die Apokryphen nicht ein einziges Mal, obwohl es bei ihnen Hunderte von Zitaten und Verweisen aus und zu fast allen kanonischen Büchern des Alten Testamentes gibt.
4. Die jüdischen Gelehrten von Jamnia (90 v. Chr.) erkannten die Apokryphen nicht an.
5. Nahezu vier Jahrhunderte lang erkannte kein Kanon und kein Konzil der christlichen Kirche die Apokryphen als inspirierte Schriften an.
6. Viele der großen Väter der frühen Kirchen sprachen sich gegen die Apokryphen aus, z. B. Origenes, Cyrill von Jerusalem und Athanasius.
7. Hieronymus (340-420 n. Chr.), der große Gelehrte und Übersetzer der lateinischen Vulgata, lehnte die Apokryphen als Teil des Kanons ab. Er sagte, dass die Kirche sie als »Beispiel und Instruktion für Lebensführung und Sitten« stehen ließe, »aber nicht irgendwelche Lehren daraus ableite«. Er stritt sich bis über das Mittelmeer mit Augustinus über diesen Punkt. Zuerst weigerte sich Hieronymus sogar, die apokryphen Bücher überhaupt ins Lateinische zu übersetzen. Später aber übersetzte er einige von ihnen in aller Eile. Nach seinem Tode – und buchstäblich »über seine Leiche« wurden die apokryphen Bücher direkt aus der Vetus Latina (der altlateinischen Version) in seine Vulgata übertragen.
8. Viele römisch-katholische Gelehrte lehnten während der Reformationszeit die Apokryphen ab.
9. Luther und die Reformatoren lehnten die Kanonizität der Apokryphen ab.

10. Erst 1546 erhielten die apokryphen Bücher volle kanonische Anerkennung seitens der römisch-katholischen Kirche – in einer polemischen Aktion auf dem gegenreformatorischen Konzil zu Trient (1545-1563 n. Chr.).[69]

3 Schlussfolgerung

David Dockery, Kenneth Matthews und Robert Sloan kamen – nachdem sie ihr neustes Buch *Foundations for Biblical Interpretation* auf sein Beweismaterial hin noch einmal überprüft hatten – im Hinblick auf den biblischen Kanon zu dem Ergebnis:

> Kein Christ, der dem vorausblickenden Walten seines Gottes Vertrauen schenkt und über die Echtheit der Kanonizität seines Wortes informiert ist, sollte über die Zuverlässigkeit der Bibel, die wir heute besitzen, noch beunruhigt sein.[70]

4 Literaturangaben

1 F. F. Bruce, *The Books and the Parchments*, S. 176.
2 David Ewert, *From Ancient Tablets to Modern Translations*, S. 19f.
3 Stanley L. Greenslade, *Cambridge History of the Bible*, S. 30.
4 Harold J. Greenlee, *Introduction to New Testament Textual Criticism*, S. 19.
5 Ebd., S. 20.
6 F. F. Bruce, *The Books and the Parchments*, S. 11.
7 Harold J. Greenlee, *Introduction to New Testament Textual Criticism*, S. 21.
8 Norman L. Geisler/William E. Nix, *A General Introduction to the Bible*, S. 228.
9 Stanley L. Greenslade, *Cambridge History of the Bible*, S. 31.
10 F. F. Bruce, *The Books and the Parchments*, S. 13.
11 Bruce M. Metzger, *The Text of the New Testament*, S. 5.
12 Ebd., S. 9.
13 Norman L. Geisler/William E. Nix, *A General Introduction to the Bible*, S. 391.
14 Bruce M. Metzger, *The Text of the New Testament*, S. 9.
15 Bruce M. Metzger, *The Text of the New Testament*, S. 13.
16 Norman L. Geisler/William E. Nix, *A General Introduction to the Bible*, S. 339.
17 Ebd., S. 339.
18 Ebd., S. 339.
19 Ebd., S. 340.
20 Ebd., S. 339.
21 Ebd., S. 341.
22 F. F. Bruce, *The Books and the Parchments*, S. 95.
23 Ralph Earle, *How We Got Our Bible*, S. 31.
24 Norman L. Geisler/William E. Nix, *A General Introduction to the Bible*, S. 210.
25 Ebd., S. 221.
26 Ebd., S. 223-231.

[27] Ebd., S. 283.
[28] Ebd., S. 283.
[29] Ned B. Stonehouse, *The Authority of New Testament*, S. 117f.
[30] John Murray, *The Attestation of Scripture*, S. 18.
[31] Norman L. Geisler/William E. Nix, *A General Introduction to the Bible*, S. 277.
[32] Ebd., S. 278.
[33] Athanasius, *Letters*, No 39, zitiert nach Philip Schaff, S. 552.
[34] F. F. Bruce, *The Books and the Parchments*, S. 112.
[35] Justin Martyr, *The First Apology*, 1.67.
[36] Justin Martyr, *Dialogue with Trypho*, S. 49,103,105,107.
[37] F. F. Bruce, *The Books and the Parchments*, S. 109.
[38] Ignatius, *Epistle to the Trallians*, 3,3.
[39] F. F. Bruce, *The Books and the Parchments*, S. 113.
[40] Norman L. Geisler/William E. Nix, *A General Introduction to the Bible*, S. 297-316.
[41] Ebd., S. 317.
[42] David Ewert, *From Ancient Tablets to Modern Translations*, S. 71.
[43] Ebd., S. 72.
[44] H. H. Rowley, *The Growth of the Old Testament*, S. 170.
[45] David Ewert, *From Ancient Tablets to Modern Translations*, S. 72.
[46] Ebd., S. 69.
[47] Ebd., S. 69f.
[48] John F. Walvoord, *The Bible Knowledge Commentary Old Testament*, S. 589.1573.
[49] Norman L. Geisler/William E. Nix, *A General Introduction to the Bible*, S. 24, siehe ebenso David Ewert, *From Ancient Tablets to Modern Translations*, S. 104-108 und Erwin Würthwein, *The Text of the Old Testament*, S. 49-53.
[50] F. F. Bruce, *The Canon of Scripture*, S. 29.
[51] Norman L. Geisler/William E. Nix, *A General Introduction to the Bible*, S. 23.
[52] F. F. Bruce, *The Books and the Parchments*, S. 96.
[53] Ebd., S. 104.
[54] E. J. Young, *An Introduction to the Old Testament*, S. 62.
[55] F. F. Bruce, *The Books and the Parchments*, S. 96.
[56] E. J. Young, *An Introduction to the Old Testament*, S. 71.
[57] Norman L. Geisler/William E. Nix, *A General Introduction to the Bible*, S. 246.
[58] Flavius Josephus, *Flavius Josephus Against Apion*, S. 609.
[59] W. White Jr., *Talmud*, S. 589.
[60] Robert H. Pfeifer, *Introduction to the Old Testament*, S. 63.
[61] Roger Beckwith, *Old Testament Canon*, S. 280.
[62] Ebd., S. 370.
[63] Ebd., S. 370.

[64] Eusebius, *Ecclesiastical History*, IV. 26
[65] F. F. Bruce, *The Books and the Parchments*, S. 100.
[66] Norman L. Geisler/William E. Nix, *A General Introduction to the Bible*, S. 24.
[67] Merrill F. Unger, *The New Unger's Bible Dictionary*, S. 85.
[68] Ralph Earle, *How We Got Our Bible*, S. 37-41.
[69] Norman L. Geisler/William E. Nix, *A General Introduction to the Bible*, S. 272f.
[70] David S. Dockery, *Foundations for Biblical Interpretation*, S. 77.78.

03 Ist das Neue Testament historisch zuverlässig?

Kapitelübersicht

1 Einleitung: Überprüfung der Zuverlässigkeit der antiken Literatur

Wir begründen hier die historische Zuverlässigkeit der Schrift, nicht ihre Inspiration. Die historische Zuverlässigkeit der Bibel sollte mit denselben Kriterien geprüft werden, die bei allen anderen historischen Dokumenten auch angewandt werden.

C. Sanders stellt in *Introduction to Research in English Literary History* die drei grundlegenden Prinzipien der Historiografie auf und erklärt sie: 1. die bibliografische Prüfung, 2. die innere Zuverlässigkeit und 3. die äußere Zuverlässigkeit.[1] Dieses Kapitel wird den neutestamentlichen Teil der Bibel untersuchen, um zu sehen, wie gut es jedem Testkriterium standhält, und seine Zuverlässigkeit als korrekte Quelle der historischen Ereignisse, über die es berichtet, zu erweisen.

2 Die bibliografische Überprüfung der Zuverlässigkeit des Neuen Testamentes

Die bibliografische Prüfung ist eine Untersuchung der von einem Text angefertigten Abschriften. Da wir keine Urtexte mehr besitzen, fragen wir uns natürlich, wie zuverlässig die Abschriften sind, die wir von ihnen in Kopie haben, und zwar hinsichtlich der Anzahl der Manuskripte (Mss.) und der Zeitspanne der vorhandenen (heute noch existierenden) Kopien.[2]

2.1 Die Zahl der Manuskripte und ihre Nähe zum Original

F. E. Peters sagt, dass »allein auf der Basis der Textüberlieferung die Schriften, die das Neue Testament der Christen ausmachen, die am häufigsten kopierten und am weitesten verbreiteten Bücher der Antike sind«.[3] Daraus resultiert, dass die Glaubwürdigkeit des neutestamentlichen Textes durch eine große Anzahl von Manuskripten belegt wird. Wenn man allein die griechischen Kopien zählt, dann ist dieser Text in 5.656 teilweisen oder vollständigen Manuskripten bewahrt worden, die vom 2. bis zum 15. Jh. hindurch mit der Hand abgeschrieben wurden.[4]

Heute sind sogar mehr als 5.686 griechische Manuskripte des Neuen Testamentes bekannt. Wenn man dazu noch die über 10.000 lateinische Vulgata-Handschriften und wenigstens 9.300 andere frühe Versionen rechnet, dann haben wir heute rund 25.000 Manuskript-Kopien von Teilen des Neuen Testamentes. Kein anderes Dokument der Antike kommt auch nur annähernd an diese Zahlen und die Häufigkeit der Bezeugungen heran. Vergleichsweise steht an zweiter Stelle Homers *Ilias*, von der noch 643 Manuskripte vorhanden sind. Der erste vollständig erhaltene Text von Homer stammt aber erst aus dem 13. Jh.[5]

Das Folgende ist eine grobe Zusammenfassung der Zahlen von noch vorhandenen Handschriften des NTs:

Vorhandene griechische Manuskripte:

Unzial-Schriften	307
Minuskel-Schriften	2.860
Lektionare	2.410
Papyri	109
Gesamtzahl:	**5.686**

Manuskripte in anderen Sprachen:

Lateinische Vulgata	>10.000
Äthiopische Mss.	>2.000
Slawische Mss.	4.101
Armenische Mss.	2.587
Syrische Peschitta	>350
Bohairische Mss.	100
Arabische Mss.	75

Altlateinische Mss.	50
Angelsächsische Mss.	7
Gotische Mss.	6
Subachmimische Mss.	3
Altsyrische Mss.	2
Persische Mss.	2
Fränkische Mss.	1
Gesamtzahl:	**>19.284**
Summe aller Mss.:	**>24.970**[6]

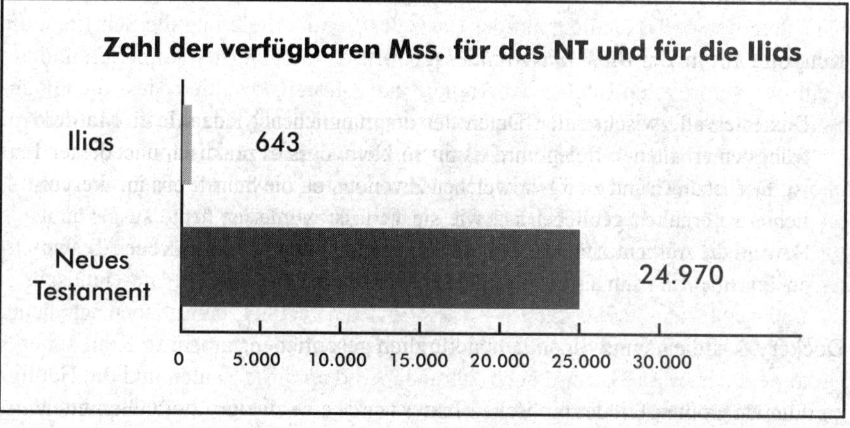

Die Bedeutung der reinen Zahlenvergleiche von Manuskriptabschriften kann eigentlich nicht hoch genug eingeschätzt werden. Wie es bei andern Dokumenten der antiken Literatur auch der Fall ist, kennt man heute keine existierenden Originalmanuskripte der Bibel mehr. Glücklicherweise macht es aber die Überfülle von Kopien möglich, das Original praktisch vollständig genau zu rekonstruieren.[7]

John Warwick Montgomery sagt:

> Dem sich ergebenden Text der neutestamentlichen Bücher skeptisch gegenüber zu stehen, wäre gleichbedeutend damit, die gesamte klassische Antike der Vergessenheit anheim zugeben, denn keine Dokumente der Antike sind bibliografisch so gut bezeugt wie das Neue Testament.[8]

Sir Frederic G. Kenyon, ehemaliger Direktor und Bibliotheksleiter des Britischen Museums und unbestrittene Autorität auf dem Gebiet der biblischen Handschriften, erklärt:

> … abgesehen von ihrer Anzahl unterscheiden sich die Manuskripte des Neuen Testamentes auch sonst von denen klassischer Autoren … In keinem andern Fall ist die Zeitspanne zwischen der Urschrift des Buches und dem Datum des frü-

> hesten vorliegenden Manuskriptes so kurz wie beim Neuen Testament. Die Bücher des Neuen Testamentes wurden im letzten Teil des ersten Jahrhunderts geschrieben; die frühesten vorliegenden Manuskripte (abgesehen von kleinen, unbedeutenden Fetzen) stammen aus dem vierten Jahrhundert – d. h. also 250 bis 300 Jahre später. Das mag als beträchtliches Intervall erscheinen, ist aber gering im Vergleich zu dem Zeitraum, der die meisten klassischen Autoren von ihren frühesten Manuskripten trennt. Wir glauben, dass wir im Wesentlichen einen genauen Text der sieben erhaltenen Stücke des Sophokles besitzen; doch das früheste substantielle Manuskript, worauf diese Annahme beruht, wurde erst 1.400 Jahre nach dem Tode des Dichters geschrieben.[9]

Kenyon fährt in *The Bible and Archaelogy* fort:

> Das Intervall zwischen den Daten der ursprünglichen Niederschrift und dem frühesten erhaltenen Beleg wird damit so klein, dass es praktisch unbedeutend ist. Der letzte Grund zu irgendwelchen Zweifeln, ob die Schrift uns im Wesentlichen so erhalten geblieben ist, wie sie verfasst wurde, ist heute ausgeräumt. Sowohl die Authentizität als auch die allgemeine Integrität der Bücher des Neuen Testamentes kann als endgültig feststehend betrachtet werden.[10]

Dockery, Matthews und Sloan haben kürzlich geschrieben:

> Für den größten Teil des biblischen Textes wurde eine einzige Lesart übermittelt. Das Ausmerzen von Schreibfehlern und absichtlichen Veränderungen lässt nur noch einen kleinen Prozentsatz des Textes übrig, zu dem es noch Fragen gibt.[11]

Sie schließen:

> Es muss gesagt werden, dass der Zeitraum zwischen der Urschrift und dem frühesten vorhandenen Manuskript beim NT viel geringer ist als bei irgendeinem anderen Werk der griechischen Literatur … Obwohl es gewisse Differenzen in vielen neutestamentlichen Manuskripten gibt, beruht doch keine einzige grundsätzliche christliche Lehre auf einer strittigen Lesart.[12]

F. J. A. Hort fügt zu Recht hinzu: »In der Vielfalt und Fülle der Belege, auf denen der Text des Neuen Testamentes beruht, steht er unter antiken Prosaschriften absolut und unerreichbar allein da.«[13]

J. Harold Greenlee sagt:

> Die Zahl der vorliegenden Mss. des Neuen Testamentes ist gemessen an anderen Werken der antiken Literatur überwältigend … die frühesten vorliegenden Mss. des Neuen Testamentes wurden in so viel größerer Nähe zur Abfassung des Originals geschrieben, als es bei fast allen anderen Werken der antiken Literatur der Fall ist.[14]

W. F. Albright informiert uns glaubwürdig:

> Kein anderes Werk der griechisch-römischen Antike ist durch Manuskriptüberlieferung so gut bezeugt wie das NT. Es gibt sehr viel mehr frühe Manuskripte des NTs als von irgendeinem klassischen Autor, und das älteste, vollständige Ms. bleibt in seiner Abfassung nur rund zwei Jahrhunderte von der Urschrift entfernt.[15]

Edward Glenny berichtet:

> Gott hat uns 5.656 Manuskripte gegeben, die alle Teile des griechischen Neuen Testamentes enthalten. Es ist das bei weitem am besten erhaltene Buch der Antike. Wir haben nicht nur eine große Anzahl von Manuskripten, sondern sie haben auch eine große Nähe zu den Urschriften, die sie repräsentieren. Einige Teilmanuskripte des NTs stammen aus dem 2. Jh. n. Chr. und viele sind innerhalb der ersten vier Jahrhunderte nach der Entstehung des Originals geschrieben worden. Diese Fakten sind umso erstaunlicher, wenn man sie mit der Erhaltung anderer antiker Literatur vergleicht.[16]

Lee Strobel nennt in einem erst kürzlich [1998] erschienen Buch die letzten Zahlen hinsichtlich griechischer Manuskripte folgendermaßen: »Papyri 99; Unzialen 306; Minuskeln 2.856 und Lektionare 2.403, was dann eine Gesamtsumme von 5.664 ergibt.«[17] Leichte Abweichungen in den Zahlen können vorkommen, je nachdem wie klein die Fragmente sein dürfen, die man noch als Manuskripte ansieht, aber die Riesenmenge an Belegstücken verleiht dem NT eine große historische Glaubwürdigkeit.

Michael Welte vom Institut für neutestamentliche Studien (Westfälische Wilhelms-Universität, Institut für Neutestamentliche Textforschung) in Münster hat die letzte Zählung der griechischem Mss. (vom August 1998) wie folgt angegeben: 109 Papyri, 307 Unzialen, 2.860 Minuskeln und 2.410 Lektionare – ergibt zusammen eine Summe von 5.686.

Glenny fährt fort, indem er vergleichsweise antike Dokumente heranzieht:

> Niemand stellt die Authentizität historischer Bücher der Antike in Frage, bloß weil wir das Original nicht besitzen. Und dabei haben wir viel weniger Manuskripte dieser Werke als uns vom NT vorliegen.[18]

F. F. Bruce stellt in *The New Testament Documents* den Vergleich zwischen dem Neuen Testament und anderen historischen Schriften des Altertums sehr anschaulich dar:

> Vielleicht können wir am besten ermessen, wie reich die handschriftliche Bezeugung des Neuen Testamentes ist, wenn wir das Textmaterial anderer alter, histo-

> rischer Werke damit vergleichen. Von Cäsars »Gallischem Krieg« (verfasst zwischen 58 und 50 v. Chr.) gibt es mehrere noch vorhandene Manuskripte, aber nur neun oder zehn sind gut, und das älteste wurde 900 Jahre nach Cäsars Lebzeiten geschrieben. Von den 142 Büchern der »Römischen Geschichte« des Livius (59 v. Chr. bis 17 n. Chr.) blieben nur 35 Bücher erhalten; diese sind uns aus nicht mehr als 20 Manuskripten bekannt, die von einiger Bedeutung sind, von denen aber nur eins (welches Fragmente der Bücher III-IV enthält) aus dem 4. Jh. stammt. Von den 14 Büchern der »Geschichte« des Tacitus (ungefähr um das Jahr 100 n. Chr.) sind nur vier vollständig und eins zur Hälfte übrig geblieben; von den 16 Büchern seiner »Annalen« blieben zehn völlig und zwei teilweise erhalten. Der Text der heute noch vorhandenen Teile seiner zwei großen Geschichtswerke stützt sich auf nur zwei Manuskripte, von denen das eine aus dem 9., das andere aus dem 11. Jh. stammt.
> Die erhalten gebliebenen Manuskripte seiner kleineren Werke (»Dialogus de Oratoribus«, »Agricola«, »Germania«) sind einzig durch einen Kodex aus dem 10. Jh. belegt. Die Geschichte des Thukydides (etwa 460-400 v. Chr.) ist uns aus acht Manuskripten und einigen Papyrusfragmenten bekannt. Das früheste Manuskript gehört in die Zeit um 900 n. Chr. und die Papyri entstammen dem urchristlichen Zeitalter. Dasselbe gilt für die »Geschichte« des Herodot (etwa 480-425 v. Chr.). Es würde jedoch kein Altphilologe auf den Gedanken kommen, die Authentizität von Herodot oder Thukydides anzuzweifeln, weil die frühesten brauchbaren Handschriften ihrer Werke mehr als 1.300 Jahre jünger sind als die Originale.[19]

Greenlee schreibt in *Introduction to New Testament Textual Criticism* über den zeitlichen Abstand zwischen dem Originalmanuskript (der Urschrift) und dem vorhandenen Manuskript (der ältesten erhaltenen Kopie):

> Die ältesten uns bekannten Mss. von den meisten griechischen klassischen Autoren werden auf eine Zeit von eintausend oder mehr Jahren nach dem Tode ihres Verfassers datiert. Das Zeitintervall für die lateinischen Autoren ist etwas kürzer und variiert bis zu einem Minimum von drei Jahrhunderten, wie es etwa bei Vergil der Fall ist. Beim NT jedoch wurden zwei der wichtigsten (erhaltenen) Mss. innerhalb von 300 Jahren nach Abschluss des NTs geschrieben, während einige fast vollständige Bücher des NTs wie auch umfassende Fragment-Mss. von vielen Teilen des NTs innerhalb eines Jahrhunderts nach der Urschrift datieren.[20]

Er fügt hinzu:

> Da die Gelehrten die Schriften der antiken Klassiker für allgemein glaubwürdig akzeptieren, obgleich die frühesten Mss. erst lange Zeit nach den Urschriften verfasst wurden, und die Zahl der vorhandenen Mss. in vielen Fällen so klein ist, wird deutlich, dass die Zuverlässigkeit des NT-Textes gleichfalls sichergestellt ist.[21]

Bruce Metzger schreibt in *The Text of the New Testament* überzeugend von dem Vergleich:

> Die Werke verschiedener antiker Autoren sind uns in der zahlenmäßig schwächsten vorstellbaren Überlieferungskette erhalten. So ist etwa die umfangreiche römische Geschichte des Velleius Paterculus in einer einzigen unvollständigen Handschrift überliefert, aus der die *editio princeps* gemacht wurde – und diese einzige Handschrift ging im 17. Jh. verloren, nachdem sie von Beatus Rhenanus in Amerbach abgeschrieben worden war. Selbst die Annalen des berühmten Historikers Tacitus sind, was die ersten sechs Bücher betrifft, nur in einer einzigen Handschrift aus dem 9. Jh. erhalten. Das einzige bekannte Manuskript des Briefes an Diognet, eine frühchristliche Schrift, die man gewöhnlich zu den Texten der apostolischen Väter zählt, ging in der Stadtbibliothek von Straßburg in einem Feuer unter. Im Gegensatz zu diesen Zahlen gerät der Textkritiker des NTs durch den Reichtum seines Materials geradezu in Verwirrung.[22]

F. F. Bruce schreibt: »Es gibt keine Sammlung antiker Literatur in der Welt, die sich einer so guten textlichen Bezeugung erfreut wie das Neue Testament.«[23]

Verglichen mit nahezu 5.700 griechischen Manuskripten des NTs zeigt das Schaubild den Mangel an Manuskripten bei einigen anderen antiken Dokumenten.[24]

Autor	Buch	Abfassungsdatum der Urschrift	früheste Kopien	Zeitspanne	Zahl der Kopien
Homer	Ilias	800 v. Chr.	ca. 400 v. Chr.	ca. 400 J.	643
Herodot	Geschichte	480-425 v. Chr.	ca. 900 n. Chr.	ca. 1.350 J.	8
Thukydides	Geschichte	460-400 v. Chr.	ca. 900 n. Chr.	ca. 1.300 J.	8
Platon		400 v. Chr.	ca. 900 n. Chr.	ca. 1.300 J.	7
Demosthenes		300 v. Chr.	ca. 1100 n. Chr.	ca. 1.400 J.	200
Cäsar	Gallischer Krieg	100-44 v. Chr.	ca. 900 n. Chr.	ca. 1.000 J.	10
Livius	Röm. Geschichte	59 v. Chr.-17 n. Chr.	teilw. 4. Jh./ meist. 10. Jh.	400 J./ 1.000 J.	1 teilw. 19
Tacitus	Annalen	100 n. Chr.	ca. 1100 n. Chr.	ca. 1.000 J.	20
Plinius d. J.	Naturgeschichte	61-113 n. Chr.	ca. 850 n. Chr.	750 J.	
	Neues Testament	50-100 n. Chr.	ca. 114 Fragmente ca. 200 Bücher 250 größte Teile des NTs 325 vollständige NT	50 J. 100 J. 150 J 225 J.	5366

Kein Wunder, dass Ravi Zacharias zu dem Schluss kommt:

> Klar ausgedrückt ist das NT eindeutig die am besten bezeugte antike Schrift, sowohl was die reinen Zahlen der Dokumente angeht als auch den Zeitraum zwischen den Ereignissen und dem Dokument, auch im Hinblick auf die Vielfalt der zur Verfügung stehenden Dokumente, die unterstützen oder widersprechen. Es gibt nichts an antiken Manuskripten und dem darin enthaltenen Beweismaterial, das sich mit solchem textlichen Reichtum und seiner Glaubwürdigkeit vergleichen ließe.[25]

2.2 Wichtige neutestamentliche Handschriften

Das Folgende ist eine Chronologie der wichtigsten Manuskriptentdeckungen. Für die zeitliche Einordnung seien einige hilfreiche Faktoren genannt, die das Alter eines Manuskripts bestimmen helfen:

1. Die benutzten Materialien
2. Buchstabengröße und -form
3. Interpunktion
4. Texteinteilungen
5. Ausschmückungen
6. Die Farbe der Tinte
7. Struktur und Farbe des Pergaments[26]

Das *John-Ryland*-Manuskript (130 n. Chr.) befindet sich in der John-Ryland-Bibliothek in Manchester (England) und ist das älteste Fragment des NTs:

> Wegen seines frühen Datums und des Fundortes (Ägypten) – in einiger Entfernung von der überlieferten Stätte der Abfassung (Kleinasien) – dürfte dieser Teil das Johannesevangeliums das traditionell angenommene Abfassungsdatum des Evangeliums (Ende d. 1. Jh. n. Chr.) bestätigen.[27]

Bruce Metzger spricht von überholter Kritik:

> Wäre dieses kleine Fragment in der Mitte des 19. Jh. bekannt gewesen, dann hätte die von dem brillanten Ferdinand Christian Baur inspirierte Tübinger Schule nicht behaupten können, das vierte Evangelium sei nicht vor dem Jahr 160 n. Chr. entstanden.[28]

Der *Bodmer-Papyrus* II (150-200 n. Chr.) wurde in den 50er und 60er Jahren von einem Händler in Ägypten gekauft und befindet sich heute in der Bodmer-Bibliothek für Weltliteratur. Er enthält den größten Teil des Johannesevangeliums. Die wichtigste Entdeckung neutestamentlicher Papyri seit dem Ankauf der Chester-Beatty-Manuskripte (s. u.) war die Anschaffung der Bodmer-Kollektion durch die Bibliothek für Weltliteratur in Culagny in der Nähe von Genf. P^{66}, da-

> tiert von etwa 200 n. Chr. oder noch früher, enthält 104 Blätter von Joh 1,1-6,11; 6,35b-14,26; außerdem Fragmente von 40 anderen Seiten, Joh 14-21. Der Text ist eine Mischung von alexandrinischen und westlichen Schriftarten, und dann gibt es über 20 Abänderungen zwischen den Linien, die allesamt zur westlichen Familie gehören.[29]

In seinem Artikel *Zur Datierung des Papyrus Bodmer II* (P^{66}), *Anzeiger der österreichischen Akademie der Wissenschaften* (phil.-hist. kl., 1960, Nr. 4, p. 12033), datiert Herbert Hunger, der Direktor der Papyrus-Sammlungen der Staatsbibliothek Wien, den Papyrus früher, nämlich Mitte bis erste Hälfte des 2. Jh.s; s. sein Artikel.[30]

> P^{72}, auch ein Teil der Sammlung, ist die früheste Abschrift vom Brief des Judas und der zwei Briefe des Petrus. P^{75}, ein weiteres frühes Manuskript, das Bodmer erworben hat, ist ein auf einem einzigen Papyrus zusammengefasster Kodex von Lukas und Johannes … die Herausgeber, Victor Martin und Rodolphe Kaser, datieren dieses Manuskript zwischen 175 und 225 n. Chr. Es ist also die früheste bekannte Kopie des Evangeliums nach Lukas und eine der frühesten des Evangeliums nach Johannes.[31]

Metzger beschreibt diese Handschrift deshalb als »die wichtigste Entdeckung neutestamentlicher Manuskripte seit dem Ankauf der Chester-Beatty-Papyri.«[32]

Die *Chester-Beatty-Papyri* (200 n. Chr.) wurden in den 30er Jahren des 20. Jh.s von einem Händler in Ägypten gekauft und befinden sich im Chester-Beatty-Museum in Dublin. Ein Teil ist im Besitz der Universität Michigan. Diese Sammlung enthält Papyrus-Kodices, von denen drei größere Teile das NT wiedergeben.[33]

In *The Bible and Modern Scholarship* schreibt Sir Frederic Kenyon:

> Das Netto-Ergebnis dieser Entdeckung – bei weitem die wichtigste seit der Entdeckung des Sinaiticus – ist in der Tat, dass damit die Kluft zwischen den frühen Manuskripten und den traditionellen Daten der neutestamentlichen Bücher so klein wird, dass sie praktisch für eine Diskussion über die Authentizität dieser Bücher unbedeutend ist. Kein anderes Buch der Antike hat solche frühen und reichen Bezeugungen seines Textes und kein vorurteilsfreier Gelehrter wird noch leugnen, dass der Text, den wir vorliegen haben, im Wesentlichen zuverlässig ist.[34]

Eine ausführliche Liste von Papyri ist im griechischen Neuen Testament von Nestle-Aland aufgeführt, das von den Vereinigten Bibel-Gesellschaften und der Deutschen Bibelgesellschaft in Stuttgart veröffentlicht wurde.

Diatessaron bedeutet »eine Harmonie von vier Teilen«. Das griechische *dia Tessaron* heißt wörtlich »durch vier«[35]. Dieses war eine Evangelienharmonie von Tatian (um 160 n. Chr. erfasst).

Eusebius schreibt in seiner *Ecclesiastical History* IV,29 (Loeb Ausgabe, 1,397): »Ihr erster Führer Tatian verfasste eine Art Kombination und Sammlung der Evangelien und nannte dieses Werk Diatessaron, das heute noch an verschiedenen Orten existiert.« Man glaubt, dass Tatian, ein assyrischer Christ, als erster eine Evangelienharmonie verfasst hat – aber nur ein kleiner Teil davon ist heute noch erhalten.[36]

Der *Codex Vaticanus* (325-350 n. Chr.) befindet sich in der Vatikanischen Bibliothek und enthält fast die gesamte Bibel. Nach 100 Jahren der Textkritik halten viele den Vaticanus für eins der glaubwürdigsten Manuskripte des neutestamentlichen Textes.

Der *Codex Sinaiticus* (350 n. Chr.) ist im Besitz des Britischen Museums. Dieses Manuskript, das fast das ganze NT und über die Hälfte des ATs enthält, wurde 1859 im Katharinenkloster auf dem Berg Sinai von Dr. Konstantin von Tischendorf entdeckt. Es wurde vom Kloster dem russischen Zaren geschenkt und am Weihnachtstag 1933 von der britischen Regierung und dem britischen Volk für 100.000 Pfund der Sowjetunion abgekauft.

Die Entdeckung dieses Manuskriptes ist eine faszinierende Geschichte. Bruce Metzger bezieht sich auf den interessanten Hintergrund, der zu dieser Entdeckung führte:

> Im Jahr 1844 unternahm Tischendorf – er war noch keine 30 Jahre alt und *Privatdozent* an der Universität Leipzig – eine ausgedehnte Reise durch den Nahen Osten. Er war auf der Suche nach Bibelmanuskripten. Bei einem Besuch des Katharinenklosters auf dem Berg Sinai sah er zufällig ein paar Pergamentblätter in einem Papierkorb. Der Korb war voll von solchen Blättern, die dazu bestimmt waren, in den Ofen des Klosters zu wandern. Eine nähere Untersuchung ergab, dass es sich um den Teil einer Abschrift der Septuaginta-Version des ATs handelte, fast ganz in einer griechischen Unzialschrift verfasst. Er rettete aus dem Abfallkorb nicht weniger als 43 solcher Blätter. Mehr zufällig merkte der Mönch an, dass zwei Körbe voll ähnlicher weggeworfener Blätter bereits verbrannt worden seien! Als man Tischendorf später andere Teile der gleichen Schrift (die den ganzen Propheten Jesaja und 1. und 2. Makkabäer enthielt) zeigte, warnte er die Mönche, dass solche Sachen zu wertvoll seien, um damit den Ofen zu heizen. Die 43 Blätter, die er behalten durfte, enthielten Teile von 1. Chronik, Jeremia, Nehemia und Esther. Nach seiner Rückkehr nach Europa brachte Tischendorf diese Handschriften in der Universitätsbibliothek Leipzig unter, wo sie sich noch heute befinden. 1846 veröffentlichte er ihren Inhalt und nannte sie den Kodex Frederico-Augustanus (zu Ehren des Königs Friedrich August von Sachsen, seines Landesherrn und Schutzpatrons).[37]
>
> Ein zweiter Besuch Tischendorfs in dem Kloster im Jahr 1853 förderte keine neuen Manuskripte zutage. Die Mönche waren wegen der Begeisterung für die Manuskripte, die er bei seinem ersten Besuch 1844 gezeigt hatte, ihm gegenüber misstrauisch geworden. Ein drittes Mal kam Tischendorf zum Sinaikloster im Jahr 1859, und zwar auf Anweisung des russischen Zaren Alexander II. Tischendorf übergab dem Aufseher des Klosters eine Ausgabe der Septuaginta, die er in Leipzig veröffentlicht hatte.
>
> Daraufhin bemerkte der Aufseher, dass er ebenfalls eine Kopie der Septuaginta besäße, und holte aus einem Schrank in seiner Zelle ein Manuskript, das in rotes

> Tuch eingeschlagen war. Da lag nun vor den Augen des erstaunten Gelehrten der Schatz, nach dem er so lange gesucht hatte. Er verbarg seine Gefühle und fragte nur beiläufig, ob er die Erlaubnis bekommen könne, an diesem Abend noch ein wenig in das Manuskript hineinzuschauen. Das wurde ihm gewährt und Tischendorf kehrte in seinen Schlafraum zurück. In der Freude, dieses Manuskript studieren zu können, blieb er die ganze Nacht auf. In seinem Tagebuch (das er nach Gewohnheit der Gelehrten in Latein verfasst hatte) erklärte er: *quippe dormire nefas videbatur* (»Ich würde es tatsächlich als Frevel empfinden, jetzt zu schlafen!«). Bald fand er heraus, dass das Dokument viel mehr enthielt, als er zu hoffen gewagt hatte: Nicht nur der größte Teil des Alten Testamentes war da, sondern auch das Neue Testament war vollständig vorhanden und in hervorragender Verfassung, dazu noch zwei frühe christliche Werke aus dem 2. Jh.: der Brief des Barnabas (vorher nur durch eine schlechte lateinische Übersetzung bekannt) und ein großer Teil vom Hirten des Hermas, bis dahin nur vom Titel her bekannt.[38]

Der *Codex Alexandrinus* (400 n.Chr.) befindet sich ebenfalls im Britischen Museum. Er soll nach der *Encyclopaedia Britannica* in Ägypten in Griechisch geschrieben worden sein und enthält fast die ganze Bibel.

Der *Codex Ephraemi* (5. Jh. n.Chr.) ist im Besitz der Bibliothèque Nationale in Paris. Die *Encyclopaedia Britannica* schreibt: »Sein Ursprung aus dem 5. Jh. und die Hinweise, die er liefert, machen ihn für den Text gewisser Teile des NTs bedeutungsvoll.«[39] Jedes Buch ist in diesem Manuskript enthalten, außer dem 2. Thessalonicherbrief und dem 2. Johannesbrief.

> Es ist ein Dokument aus dem 5. Jh., und zwar ein sogenanntes Palimpsest. (Ein Palimpsest ist ein Manuskript, in dem die Originalschrift gelöscht und dann überschrieben worden ist.) Mit Hilfe von Chemikalien und durch sorgfältiges Bemühen kann ein Gelehrter den Originaltext unter dem Überschriebenen noch lesen.[40]

Der *Codex Bezae* (um 450 n.Chr. oder später) befindet sich in der Bibliothek von Cambridge und enthält die Evangelien und die Apostelgeschichte, nicht nur in Griechisch, sondern auch in Lateinisch.

Der *Codex Washingtonensis* (oder Freericanus, um 450 n.Chr.) enthält die vier Evangelien.[41] Er gehört der Smithsonian Institution in Washington D.C.

Der *Codex Claromontanus* (6. Jh. n.Chr.) enthält die paulinischen Briefe. Es handelt sich um ein zweisprachiges Manuskript.

2.3 Die Genauigkeit der Manuskripte gestützt durch verschiedene Übersetzungen

Eine weitere starke Unterstützung für die textlichen Belege und ihre Genauigkeit sind die antiken Versionen. Für den größten Teil antiker Literatur galt: »Sie wurde selten in eine andere Sprache übersetzt.«[42]

Von Anfang an war das Christentum aber ein missionarischer Glaube.

Die ersten Versionen des NTs wurden von Missionaren angefertigt, um die Verkündigung des christlichen Glaubens unter Menschen zu unterstützen, deren Muttersprache Syrisch, Lateinisch oder Koptisch war.[43]

Syrische und lateinische Versionen des NTs entstanden um 150 n. Chr. Diese Versionen bringen uns sehr nahe an die Zeit der Abfassung des Originals heran. Es existieren mehr als 15.000 Kopien verschiedener Übersetzungen.

2.3.1 Syrische Übersetzungen

Die *altsyrische Version* enthält vier Evangelien. Die Abschrift stammt ungefähr aus dem 4. Jh. Dazu muss erklärt werden, dass »Syrisch die Bezeichnung für das von Christen gesprochene Aramäisch ist. Es ist in einer eigenen Variante des aramäischen Alphabets geschrieben.«[44] Theodor von Mopsuestia (5. Jh. n. Chr.) schrieb: »Es wurde in die Sprache der Syrer übersetzt.«[45]

Die *syrische Peschitta*. Die Grundbedeutung des Wortes ist »einfach«. Es war eine »Normalbibel«, geschrieben um 150-250 n. Chr. Davon gibt es heute noch über 350 Handschriften aus dem 5. Jh.[46]

Die *palästinensisch-syrische Version*. Die meisten Gelehrten datieren diese Übersetzung in die Zeit um 400-450 n. Chr. (5. Jh.).[47]

Die *philoxenische Version* (508 n. Chr.). Polykarp übersetzte ein neusyrisches NT für Philoxenus, den Bischof von Mabug.[48]

Die *harkleitisch-syrische Version* (616 n. Chr.) von Thomas von Harkel überarbeitet.

2.3.2 Lateinische Übersetzungen

Die *Altlateinische Version* (Vetus Latina). Es liegen Zeugnisse aus dem 4.-13. Jh. vor, dass im 3. Jh. eine »altlateinische Version in Nordafrika und Europa im Umlauf war«.

Die *Afrikanisch-altlateinische Version* (Codex Bobiensis; 400 n. Chr.). Metzger schreibt, dass »E. A. Löwe auf handschriftliche Markierungen hinweist, die von einem Papyrus aus dem 2. Jh. abgeschrieben worden sind.«[49]

Codex Corbeiensis (400-500 n. Chr.) enthält die vier Evangelien. Darüber hinaus existieren noch der *Codex Vercellensis* (360 n. Chr.) und *Codex Palatinus* (5. J. n. Chr.).

Die *Lateinische Vulgata* (d.h. »allgemeine« oder »Volksausgabe«). Hieronymus war der Sekretär von Damasus, dem Bischof von Rom. Hieronymus erfüllte die Bitte des Bischofs, eine neue lateinische Version zu schaffen (366-384 n. Chr.).[50]

2.3.3 Koptische (oder ägyptische) Übersetzungen

F. F. Bruce schreibt, dass die erste ägyptische Version wahrscheinlich im 3. oder 4. Jh. übersetzt wurde.[51]

Es gibt eine *Sahidische* (Anfang des 3. Jh.)[52], eine *Bohairische* (Der Herausgeber, Rodolphe Kasser, datiert sie um das 4. Jh.)[53] und eine *Mittelägyptische Version* (4. oder 5. Jh.).

2.3.4 Andere frühe Übersetzungen

Eine *Armenische Version* (5. Jh. n. Chr.). Sie scheint von einer griechischen Bibel, die aus Konstantinopel stammte, übersetzt worden zu sein, eine *Gotische Version* (4. Jh.), eine *Georgische Version* (5. Jh.), eine *Äthiopische Version* (6. Jh.) und eine *Nubische Version* (7. Jh.).

2.4 Die Genauigkeit der Manuskripte gestützt durch die Lektionare

Dieser Bereich ist bisher sehr vernachlässigt worden, und doch besteht die zweitgrößte Gruppe griechischer Manuskripte des NTs aus sogenannten Lektionaren.

Bruce Metzger stellt den Hintergrund der Lektionare dar:

> Gemäß dem Brauch in der Synagoge, wo beim Gottesdienst an jedem Sabbattag Stücke aus den fünf Büchern Mose und den Propheten gelesen wurden, übernahmen auch die Christen diese Gewohnheit und lasen beim Gottesdienst Passagen aus den neutestamentlichen Büchern vor. Bald wurde ein regelrechtes System von Lektionen aus den Evangelien und den Briefen entwickelt. Der Brauch entstand, diese Lektionen nach einer festen Ordnung für die Sonntage und andere heilige Tage des christlichen Jahresablaufs einzurichten.[54]

Metzger berichtet, dass 2.135 dieser Lektionare katalogisiert wurden, doch die Mehrzahl noch kritisch analysiert werden müsse. (Eine neuere Zählung spricht sogar – wie schon erwähnt – von 2.396 Lektionaren.)

J. Harold Greenlee sagt: »… die frühesten Lektionar-Fragmente stammen aus dem 6. Jh., während komplette Mss. vom 8. Jh. und später datieren.«[55]

Die Lektionare waren gewöhnlich eher konservativ und benutzten ältere Texte. Und gerade das macht sie für die Textkritik sehr wertvoll.[56] Es muss aber zugegeben werden, dass Lektionare im Hinblick auf die Festsetzung des neutestamentlichen Textes nur von zweitrangiger Bedeutung sind, und zwar aus mindestens drei Gründen:

> 1. Sie enthalten das ganze NT in vielen Wiederholungen, mit Ausnahme der Offenbarung und Teilen der Apostelgeschichte.
> 2. Als Ergebnis neuerer Forschungen auf dem Gebiet der Lektionare nimmt man an, dass diese eine durchaus bedeutendere Rolle im Festsetzen des echten Textes spielen. Die Schriftarten der Lektionare kommen aber vorwiegend aus dem Byzantinischen, aber bestimmte Gruppen tragen auch Merkmale alexandrinischer und cäsareanischer Textformen.
> 3. Lektionare haben auch das Verständnis besonderer Schriftstellen beeinflusst, z. B. Joh 7,53-8,11 und Mk 16,9-20.[57]

(Eine ausführliche Liste der Lektionare findet man im griechischen NT, das von den Vereinigten Bibelgesellschaften und von der Deutschen Bibelgesellschaft Stuttgart veröffentlicht wurde.)

2.5 Die Genauigkeit der Manuskripte gestützt durch die frühen Kirchenväter

Die Zitate der Schrift bei den Vätern sind nicht in erster Linie Bezeugungen des neutestamentlichen Textes, aber sie spielen zwei sehr wichtige Rollen zweiten Grades. Erstens geben sie eine überwältigende Unterstützung für die Existenz der 27 autorisierten Bücher des neutestamentlichen Kanons. Es stimmt zwar, dass ihre Zitate oft ungenau und zusammenhanglos sind, obwohl einige der Väter auch sehr genau zitieren, aber schließlich geben sie im Wesentlichen den Inhalt des Originaltextes wieder. Zweitens sind ihre Zitate so zahlreich und weitgestreut, dass – wenn keine Manuskripte des NTs vorliegen würden – man dieses allein aus den Schriften der frühen Väter wieder herstellen könnte.[58]

Kurz gesagt, Harold Greenlee hatte Recht, als er schrieb: »Diese Zitate sind so umfassend, dass das Neue Testament praktisch ohne Nutzung der Manuskripte aus ihnen rekonstruiert werden könnte.«[59]

Man vergleiche z. B. die zahlreichen Zitate in Burgons Index mit ein paar der frühen und bedeutenderen Schriftsteller im obigem Schaubild.[60]

Im Hinblick auf patristische Zitate aus dem NT sagt Bruce Metzger:

> Außer den Textbelegen aus den griechischen Manuskripten des NTs aus frühen Versionen stehen der Textkritik noch zahlreiche Schriftzitate einschließlich der Kommentare, der Predigten und anderer Abhandlungen zur Verfügung, die von den frühen Kirchenvätern geschrieben worden sind. Diese Zitate sind in der Tat so umfassend: wenn all unsere andern Quellen der Texte des NTs verloren gingen oder vernichtet würden, würden sie für die Rekonstruktion praktisch des ganzen Neuen Testaments allein genügen.[61]

Die *Encyclopaedia Britannica* schreibt:

> Wenn der Textgelehrte die Manuskripte und Versionen untersucht hat, sind damit die Belege für das NT noch immer nicht erschöpft. Die Schriften der frühchristlichen Väter weisen oft eine Textform auf, die sich von der Form in dem einen oder anderen Manuskript unterscheidet. In einigen Fällen stellen diese Schriften den einzigen Zugang zu Textüberlieferungen dar, die längst verschwunden sind; und darum gehört ihr Textzeugnis – besonders wenn es die Lesart aus anderen Quellen erhärtet – zu dem Belegmaterial, das die Textkritiker konsultieren müssen, ehe sie ihre Schlussfolgerungen ziehen.[62]

Sir David Dalrymple wunderte sich über das Übergewicht der Heiligen Schrift in den frühen Schriften der Kirchenväter, als jemand ihn fragte: »Angenommen, das Neue Testament wäre vernichtet worden und jede Abschrift am Ende des 3. Jh. verloren gegangen: hätte man es dann aus den Schriften der Väter des 2. und 3. Jh. wiederherstellen können?« Nach umfangreichen Nachforschungen kam Dalrymple zu dem Schluss:

> Schauen Sie sich jene Bücher an. Erinnern Sie sich noch an die Frage bezüglich des NTs und der Väter? Diese Frage erweckte meine Neugier, und da ich alle existierenden Werke der Väter aus dem 2. und 3. Jh. besitze, fing ich an nachzuforschen, und bis jetzt habe ich das gesamte NT gefunden, außer elf Versen.[63]

Joseph Angus gibt in *The Bible Handbook,* S.56, folgende Worte der Warnung bezüglich der frühen patristischen Schriften weiter:

1. Die Zitate werden manchmal ohne wörtliche Genauigkeit verwandt.
2. Einige der Verfasser waren anfällig für Schreibfehler oder bewusste Abänderungen.

Einige der wichtigsten frühen Zeugen für die neutestamentlichen Manuskripte unter den Kirchenvätern waren:

Klemens von Rom (95 n. Chr.). Origenes in *De Principiis*, Buch II, Kapitel 3, nennt ihn einen Apostelschüler.[64] Tertullian schreibt in seinem Buch *Against Heresies*, Kap. 23, dass er [Klemens] von Petrus ernannt worden sei. Irenäus von Lyon fährt in *Against Heresies*, Buch III, Kap. 3 fort, dass ihm »das Predigen der Apostel noch in den Ohren nachklänge und ihre Lehren stünden ihm noch vor Augen.« Er zitiert aus: Matthäus-, Markus- und Lukasevangelium, Apostelgeschichte, 1. Korintherbrief, Titusbrief, Hebräerbrief und 1. Petrusbrief.

Ignatius (70-110 n. Chr.) war Bischof von Antiochien und wurde zum Märtyrer. Er kannte die Apostel gut. Seine sieben Briefe enthalten Zitate von: Matthäus- und Johannesevangelium, Apostelgeschichte, Römerbrief, 1. Korintherbrief, Galater-, Epheser-, Philipper- und Kolosserbrief, 1. und 2. Thessalonicherbrief, 1. und 2. Timotheusbrief, Jakobusbrief und 1. Petrusbrief.

Polykarp (70-167), mit 86 Jahren als Märtyrer gestorben, war Bischof von Smyrna und ein Schüler des Apostels Johannes. Unter anderen, die aus dem Neuen Testament zitierten, befinden sich auch Barnabas (um 70 n. Chr.), Hermas (um 95 n. Chr.), Tatian (um 170 n. Chr.) und Irenäus (um 170 n. Chr.).

Außer drei Büchern stammen 2.400 Zitate von *Klemens von Alexandrien* (150-212 n. Chr.) aus dem ganzen NT.

Tertullian (160-220 n. Chr.) war möglicherweise Ältester in der Gemeinde in Karthago. Er zitiert das Neue Testament mehr als siebentausendmal. 3.800 Zitate stammen allein aus den Evangelien, *Hippolyt* (170-235 n. Chr.) gibt mehr als 1.300 Referenzen und Justin der Märtyrer (133 n. Chr.) bekämpft den Häretiker Markion vor allem mit Schriftzitaten.

Origenes (185-253 od. 254 n. Chr.), dieser lautstarke Schreiber, trug über 6.000 Werke zusammen. Er führt über 18.000 neutestamentliche Zitate an.[65]

Cyprian († 258 n. Chr.) war Bischof von Karthago. Er benutzte ca. 740 Zitate aus dem AT und 1.030 aus dem NT.

Geisler und Nix folgern mit Recht:

> Eine kurze Bestandsaufnahme an diesem Punkt zeigt, dass es vor der Zeit des Konzils zu Nizäa (325 n. Chr.) an die 32.000 Zitate aus dem NT gegeben hat. Diese 32.000 Zitate sind in keiner Weise erschöpfend und schließen nicht einmal die Autoren des 4. Jh. mit ein. Fügt man auch nur die Anzahl der Verweise von einem Verfasser wie Eusebius hinzu, der vor und während des nizänischen Konzils schrieb, so käme man damit auf eine Summe von über 36.000 Zitaten allein aus dem NT.[66]

Zu all den oben Genannten könnte man noch Augustinus, Amabius, Lactantius, Chrysostomus, Hieronymus, Gaius Romanus, Athanasius, Ambrosius von Mailand, Cyrill von Alexandrien, Ephraem von Syrien, Hilarius von Poitiers, Gregor von Nyssa u.a. hinzufügen.

Leo Jaganay schreibt über die patristischen Zitate des NTs:

> Von dem beträchtlichen Umfang unveröffentlichten Materials, das Dean Burgon bei seinem Tode hinterließ, ist besonders sein Index neutestamentlicher Zitate der alten Kirchenväter beachtenswert. Er besteht aus 16 dicken Bänden, die man im Britischen Museum findet und die 86.489 Zitate enthalten.[67]

Frühe patristische Zitate des Neuen Testaments

Schreiber	Evang.	Apg.	Paulusbriefe	allg. Briefe	Offenb.	Summe
Justin der Märtyrer	268	10	43	6	3 (266 Anspielungen)	330
Irenäus	1.038	194	499	23	65	1.819
Klemens von Alexandrien	1.107	44	1.127	207	11	2.496
Origenes	9.231	349	7.778	399	165	17.922
Tertullian	3.822	502	2.609	120	205	7.258
Hippolyt	734	42	387	27	188	1.378
Eusebius	3.258	211	1.592	88	27	5.176
Gesamtsumme	19.468	1.352	14.035	870	664	36.379

3 Innere Prüfung der Zuverlässigkeit des Neuen Testaments

3.1 Im Zweifel für den Angeklagten

Über diesen internen Test schreibt John Warwick Montgomery, dass Literaturkritiker immer noch den Ausspruch des Aristoteles befolgen: »Vorhandene Zweifel sind zugunsten des Dokumentes auszulegen und dürfen nicht vom Kritiker für sich beansprucht werden.«[68]

Deshalb »muss man die zu analysierenden Urkunden anhören und darf keine Fälschung oder Irrtümer voraussetzen, solange der Verfasser sich nicht durch Widersprüche oder bewusste Tatsachenverdrehungen disqualifiziert hat.«[69]

Horn bestärkt diese Aussage noch, indem er sagt:

> Denken Sie einen Augenblick darüber nach, was hinsichtlich einer »Schwierigkeit« nachgewiesen werden muss, um es in die Kategorie eines gültigen Arguments gegen eine Lehre einzuordnen. Ganz sicher ist da mehr erforderlich als nur das Auftauchen eines Widerspruchs. Erstens müssen wir sicher sein, dass wir die Stelle richtig verstanden haben – den Sinn, in dem Worte und Zahlen dort benutzt werden. Zweitens müssen wir sicher sein, dass wir das ganze verfügbare Wissen in dieser Sache besitzen. Drittens müssen wir sicher sein, dass sich durch den Fortschritt in der Textforschung, der Archäologie und auf anderen Wissensgebieten keine neuen Kenntnisse ergeben haben.
> Schwierigkeiten rechtfertigen noch keinen Widerspruch. Ungelöste Probleme sind nicht notwendigerweise Irrtümer. Damit möchte ich die Schwierigkeiten nicht herunterspielen, sondern sie nur in der richtigen Perspektive sehen. Schwierigkeiten sind dazu da, dass man sich mit ihnen befasst, und Probleme sollen uns dazu anregen, nach klarerer Erkenntnis zu suchen. Aber bis wir umfassende und letzte Erkenntnis in irgendeiner Sache haben, besteht kein Recht zu behaupten: »Hier ist ein nachweislicher Fehler, ein zweifelsfreier Einwand gegen eine unfehlbare Bibel.« Es ist allgemein bekannt, dass zahllose »Einwände« sich seit dem Beginn dieses Jahrhunderts in ein Nichts aufgelöst haben.[70]

3.2 Ist das Dokument frei von bekannten Widersprüchen?

Er war im ganzen Seminar bekannt als der Mann, der über 30 Sprachen beherrschte, die meisten von ihnen gehörten in alttestamentliche Zeiten und in die Welt des Mittleren Ostens. Dr. Gleason Archer, der über 30 Jahre lang auf wissenschaftlicher Ebene im Fachgebiet der Bibelkritik lehrte, gibt im folgenden eine bescheidene Beschreibung seiner Qualifikation, den Sinn schwieriger biblischer Texte zu erkennen:

> Als Student in Harvard war ich fasziniert von biblischer Apologetik und biblischen Glaubwürdigkeitsbeweisen. So bemühte ich mich, mir eine Kenntnis der Sprachen und Kulturen anzueignen, die eine Beziehung zur Bibelwissenschaft hatten. Da ich klassische Philologie im College als Hauptfach belegt hatte, hörte

> ich Vorlesungen in Latein und Griechisch, aber auch in Französisch und Deutsch. Am Seminar studierte ich dann speziell Hebräisch, Aramäisch und Arabisch, und in den Jahren nach dem Staatsexamen beschäftigte ich mich mit Syrisch und Akkadisch in einem Ausmaß, dass ich in jedem dieser Fächer wahlfreie Kurse unterrichten konnte. Früher, während der letzten beiden Oberstufen-Jahre hatte ich ein besonderes Interesse an ägyptischen Studien zur Zeit des Mittleren Königtums entwickelt, was noch gefördert wurde, als ich später auf diesem Gebiet Kurse erteilte. Am Orientalischen Institut in Chicago konnte ich noch ein Spezialstudium der historischen Berichte von der 18. Dynastie durchführen und studierte außerdem noch die koptische und sumerische Sprache. Kombiniert mit dieser Arbeit an alten Sprachen war ein vollständiger Kurs an der juristischen Fakultät. Danach wurde ich 1939 in Massachusetts am Gericht zugelassen. Das gab mir eine solide Grundlage im Hinblick auf rechtsgültige Beweisführung.

Dr. Archer bezeugt in seinem Vorspann zu seiner *Encyclopedia of Bible Difficulties* die innere Übereinstimmung der Bibel:

> Nachdem ich mich mit einer offensichtlichen Diskrepanz nach der anderen beschäftigt hatte und die angeblichen Widersprüche zwischen den biblischen Berichten und den argumentativen Hinweisen von Linguistik, Archäologie oder anderen Wissenschaften untersucht hatte, ist mein Vertrauen zur Glaubwürdigkeit der Schrift wiederholt gerechtfertigt und durch die Entdeckung gestärkt worden, dass fast jedes Problem in der Bibel, das von Menschen entdeckt worden ist – von der Antike an bis heute – auf eine vollständig befriedigende Weise durch den biblischen Text selbst gelöst werden konnte oder auch durch objektive archäologische Information. Die stichhaltigen Folgerungen, die man vielleicht von alten ägyptischen, sumerischen oder akkadischen Dokumenten ableitet, stimmen alle mit den biblischen Berichten überein. Und kein gründlich gebildeter evangelikaler Gelehrter hat etwas zu fürchten von feindlichen Argumenten oder den Herausforderungen humanistischer Rationalisten oder Verleumder jeder Couleur.

Er schließt mit folgenden Worten:

> Es gibt eine gute und ausreichende Antwort in der Schrift selbst, um jeden Angriff zu widerlegen, der jemals gegen sie erhoben worden ist. Doch das kann man nur von einem solchen Buch erwarten, wie es die Bibel selbst zu sein beansprucht: die Eingebung des unfehlbaren, irrtumsfreien Wortes des lebendigen Gottes.[71]

Theologiestudenten kommen oft in Schwierigkeiten, wenn sie in der Bibel auf Aussagen treffen, die andern Worten der Bibel zu widersprechen scheinen. Z. B. hatte sich einer meiner Mitarbeiter immer gewundert, warum das Matthäusevangelium und die Apostelgeschichte widersprüchliche Aussagen über den Tod des Judas machen. Matthäus berichtet, dass Judas starb, indem er sich selbst aufhängte. In der Apostelgeschichte heißt es aber, dass Judas kopfüber auf ein Feld stürzte »mitten entzweigeborsten, sodass alle seine Eingeweide hervorquollen«. Mein Freund war darüber bestürzt, wie beide Berichte wahr sein sollten. Er stellte die Theorie auf, dass Judas sich vielleicht an einem Felshang aufgehängt hatte, dass das Seil dann nachgegeben hatte und er kopfüber auf das darunter liegende Feld gefallen war. Das wäre die einzige Möglichkeit, dass jemand so auf ein Feld stürzen konnte und dass seine Eingeweide dabei ans Licht kämen. Und tatsächlich: einige Jahre später zeigte man meinem Freund auf einer Reise ins Heilige Land die Stelle, wo nach der Überlieferung Judas zu Tode gekommen war: ein Feld am Fuß einer Felswand außerhalb von Jerusalem.

Die Behauptungen von Irrtümern in der Bibel beruhen gewöhnlich darauf, dass man die Grundprinzipien der Interpretation antiker Literatur nicht kennt oder anerkennt. Die folgenden Prinzipien können unterscheiden helfen, ob sich ein echter Irrtum oder ein Widerspruch in der Literatur vorfindet – in diesem Fall in der Bibel:

Prinzip Nr. 1: Das Unerklärte ist nicht notwendigerweise auch unerklärlich. Kein theologisch geschulter Mensch würde behaupten, dass er in der Lage ist, alle Schwierigkeiten im Zusammenhang mit der Bibel voll aufklären zu können. Es ist aber ein Fehlschluss des Kritikers, deshalb anzunehmen, dass alles, was bisher nicht erklärt werden kann, auch in Zukunft verborgen bleiben muss. Wenn ein Wissenschaftler auf eine Anomalie in der Natur stößt, gibt er deswegen nicht alle weitere wissenschaftliche Untersuchung auf. Er benutzt vielmehr das Unverständliche als Motivation, um doch eine Erklärung zu finden.

Früher hatten Wissenschaftler z. B. keine Erklärung für Meteore, für Sonnen- oder Mondfinsternisse, Tornados, Hurrikane und Erdbeben. Bis vor kurzem wussten Wissenschaftler noch nicht einmal, wie Hummeln fliegen können. Doch keiner von ihnen hat das Handtuch geworfen und hat gerufen: »Widerspruch!« Alle diese mysteriösen Dinge haben ihre Geheimnisse der nicht nachlassenden Geduld der Wissenschaftler doch noch ausgeliefert.

Ähnlich sollte auch ein christlicher Theologe mit der gleichen Annahme herangehen, dass das, was bisher unerklärt ist, deshalb nicht auch unerklärbar ist. Man geht nicht davon aus, dass Diskrepanzen Widersprüchlichkeiten sind. Und wenn man Dingen begegnet, für die man keine Erklärung hat, forscht man eben weiter in dem Glauben, eines Tages auf eine befriedigende Erklärung zu stoßen. Wenn man das Gegenteil annehmen würde, würde man seine Forschungsarbeit aufgeben. Warum nach einer Antwort suchen, wenn man gar keine erwartet?

Wie sein wissenschaftlicher Gegner durch seine Ergebnisse ist auch der Bibelwissenschaftler in seinem Vertrauen und für seine redliche Forschungsarbeit belohnt worden. Bei vielen Schwierigkeiten, für die die Gelehrten einst keine Antworten hatten, haben anhaltende Bemühungen im Laufe der Zeit unter dem Einfluss von Geschichte, Archäologie, Linguistik und anderer Disziplinen einen Ertrag gebracht. Z. B. haben Kritiker einst angenommen, dass Mose die ersten fünf Bücher der Bibel nicht geschrieben haben konnte, weil man zu seiner Zeit noch gar nicht schreiben konnte. Heute wissen wir, dass man schon einige Jahrtausende vor Mose des Schreibens kundig war. So glaubten die Kritiker auch einst, der Bibel einen Irrtum beweisen zu können, wenn sie vom Volk der Hethiter sprach, da dieses den Historikern vollständig unbekannt war. Heute wissen die Historiker von seiner Existenz, da sich in der Türkei eine hethitische Bibliothek gefunden hat. Das lässt uns darauf vertrauen, dass auch andere Schwierigkeiten im Hinblick auf die Bibel, die bis jetzt nicht erklärt werden können, eine Erklärung finden wird. Wir sind nicht gezwungen, davon auszugehen, dass die Bibel wirkliche Irrtümer enthält.

> Wenn wir die Beispiele näher betrachten, die vorgebracht werden, um das zu belegen (z.B. angebliche Widersprüche in der Bibel), stellt sich heraus, dass es Fälle sind, in denen eine Harmonisierung zwar *schwierig*, aber nicht *unmöglich* ist. Und es ist wohl hinreichend klar, dass die *Unmöglichkeit* einer Harmonisierung von zwei x-beliebigen Aussagen über eine natürliche Annahme bewiesen werden muss, bevor sie als unvereinbar erklärt werden kann. Das ist ein anerkanntes Prinzip historischer Forschung, und es ist das einzig mögliche, vernünftige Prinzip, solange wir nicht bereit sind, zu erklären, dass die beiden Aussagen notwendigerweise alle Fakten der Sache enthalten und die Möglichkeit der harmonisierenden Annahme ausschließen.[72]

Prinzip Nr. 2: Irrige Interpretationen bedeuten nicht irrige Offenbarung. Menschliche Wesen sind endlich, und endliche Wesen machen Fehler. Darum gibt es Radiergummis für Bleistifte oder Tintenkiller für Füllfederhalter oder die »Delete-Taste« beim Computer. Solange unvollkommene menschliche Wesen existieren, wird es Miss-Interpretationen vom Wort Gottes geben und falsche Sichtweisen im Hinblick auf seine Welt. Man sollte nicht annehmen, dass mit einer augenblicklich vorherrschenden wissenschaftlichen Ansicht das letzte Wort in einer Sache gesprochen ist. In der Vergangenheit geltende wissenschaftliche Ansichten werden in der Gegenwart von Fachleuten oft als Irrtum dargestellt. Daher kann man Widersprüche zwischen verbreiteten wissenschaftlichen Stellungnahmen und weithin akzeptierten Interpretationen der Bibel erwarten. Doch diese Konflikte können nicht beweisen, dass es zwischen Gottes Welt und Gottes Wort echte Unvereinbarkeiten gibt.

Prinzip Nr. 3: Man muss den Kontext der Bibelstelle verstehen. Es ist vielleicht der häufigste Fehler, den Kritiker machen, dass sie einen Text aus seinem Zusammenhang herausreißen. Wie es im Sprichwort heißt: »Ein Text ohne Kontext ist eine Ausrede.« Man kann aus der Bibel alles beweisen, wenn man diese irrige Methode anwendet. Die Bibel sagt: »Es gibt keinen Gott« (Ps 14,1). Natürlich, aber der Kontext heißt: »Die Toren sprechen in ihrem Herzen: ›Es gibt keinen Gott‹.« Man mag behaupten, dass Jesus uns ermahnt hat, »widerstrebt dem Übel nicht« (Mt 5,39), aber der Kontext, der gegen Vergeltungsmaßnahmen und Rachegedanken gerichtet ist, und in dem er diese Aussage in Frage stellt, darf nicht ignoriert werden. Ähnlich verstehen viele die Aussage Jesu »Gib dem, der dich bittet« falsch. Sollte das etwa heißen, dass wir einem kleinen Kind ein Gewehr in die Hand drücken sollten, bloß weil es darum bittet? Oder Atomwaffen an Saddam Hussein liefern, weil er darum bittet? Die Bedeutung einer Stelle nicht im Licht des Kontextes zu sehen, ist vielleicht der Hauptirrtum derer, die in der Bibel Unstimmigkeiten entdecken.

Prinzip Nr. 4: Schwierige Stellen sollten im Licht von eindeutig klaren interpretiert werden. Einige Passagen in der Heiligen Schrift sind schwer zu verstehen. Manchmal hängt es mit einem dunklen Sinn zusammen. Manchmal scheint aber auch eine biblische Lehre einer anderen Stelle der Heiligen Schrift zu widersprechen. Z. B. scheint Jakobus zu sagen, dass die Erlösung durch Werke bewirkt wird (Jak 2,14-26), wogegen Paulus eindeutig lehrt, dass die Erlösung durch Gnade geschieht (Röm 4,5; Tit 3,5-7; Eph. 2,8-9). In diesem Fall sollte Jakobus *nicht* so ausgelegt werden, als ob er Paulus widerspräche. Paulus spricht nämlich von der Rechtfertigung vor *Gott* (die allein durch Glauben geschieht), während Jakobus sich auf die Rechtfertigung vor *Menschen* bezieht (die ja unsern Glauben nicht sehen können, sondern nur unsere Werke).

Ein anderes Beispiel finden wir in Phil 2,12, wo Paulus schreibt: »Schaffet, dass ihr selig werdet, mit Furcht und Zittern.« Oberflächlich betrachtet sieht das so aus, als ob Erlösung eine Frucht der Werke ist. Doch dem wird widersprochen durch eine Menge andere Schriftstellen, die ganz klar bestätigen: »Denn aus Gnade seid ihr selig geworden durch Glauben, und das nicht aus euch: Gottes Gabe ist es; nicht aus Werken, damit sich nicht jemand rühme« (Eph 2,8.9). Und »… der nicht mit Werken umgeht, glaubt aber an den, der die Gottlosen gerecht macht, dem wird sein Glaube gerechnet zur Gerechtigkeit« (Röm 4,5). Wenn diese schwierige Aussage vom »Schaffen unserer Erlösung« im Licht dieser klaren Stellen verstanden wird, dann wird erkennbar: was es auch immer bedeuten soll, es bedeutet auf keinen Fall, dass unsere Werke unsere ewige Erlösung bewirken. Was es heißt, wird im nächsten Vers schon klar. Wir sollen unsere Erlösung zur Auswirkung kommen lassen, weil Gottes Gnade sie in unsern Herzen schon bewirkt hat. In den Worten des Paulus heißt das: »… denn Gott ist's, der in euch wirkt beides, das Wollen und das Vollbringen, nach seinem Wohlgefallen« (Phil 2,13).

Prinzip Nr. 5: Begründe auf dunkle Stellen keine theologische Lehre. Einige Bibelstellen bereiten Schwierigkeiten, weil ihr Sinn dunkel ist. Meist kommt es daher, dass ein Schlüsselwort des Textes nur ein einziges Mal (oder nur selten) gebraucht ist, und deshalb ist es schwierig, zu erkennen, was der Autor eigentlich sagen wollte, solange man es nicht aus dem Kontext schließen kann. Z. B. enthält eine der bekanntesten Stellen der Heiligen Schrift ein Wort, das nirgendwo sonst in der gesamten griechischen Literatur bis zur Zeit des NTs auftaucht. Dieses Wort erscheint in Zusammenhang mit der Stelle, die ganz allgemein als »das Gebet des Herrn« bekannt ist (Mt 6,11). Gewöhnlich wird dort übersetzt: »Unser tägliches Brot gib uns heute.« Das fragliche Wort ist das mit »täglich« übersetzte *epiousion*. Experten der griechischen Sprache sind hier bis heute nicht zu übereinstimmenden Ansichten gekommen – weder im Hinblick auf den Ursprung des Wortes noch auf seine genaue Bedeutung. Verschiedene Kommentatoren versuchen, Verbindungen mit anderen, gut bekannten griechischen Worten herzustellen, und es hat viele Anregungen gegeben, die man als endgültige Bedeutung vorschlug. Unter diesen Vorschlägen finden sich auch folgende:

- Gib uns diesen Tag unser *ständiges Brot*
- Gib uns heute *unser übermaterielles* (oder übernatürliches, himmlisches) Brot
- Gib uns heute Brot für *unser Auskommen*
- Gib uns heute unser *tägliches Brot* (was wir für heute brauchen)

Jeder Vorschlag hat seine Vertreter, jeder macht im Kontext durchaus Sinn und jeder gründet sich auf die begrenzte Information, die zur Verfügung steht. Es scheint kein zwingender Grund vorzuliegen, sich von dem abzuwenden, was inzwischen allgemein als Übersetzung anerkannt worden ist. Doch dieses Beispiel soll dazu dienen, unser Anliegen deutlich zu machen. Manche Stellen der Heiligen Schrift sind einfach schwierig zu verstehen, weil die Bedeutung einiger Schlüsselworte unklar ist, weil sie nur einmal oder sehr selten erscheinen.

Ein anderes Mal können die Worte klar sein, aber ihre Bedeutung ist nicht offenkundig, weil wir nicht sicher sind, auf was sie sich beziehen. In 1. Kor 15,29 spricht Paulus von denen, die sich »für die Toten taufen lassen«. Denkt er an die Taufe lebender Stellvertreter und daran, die Erlösung von schon gestorbenen Gläubigen sicherzustellen, die nicht getauft waren (wie die Mormonen es etwa fordern)? Oder bezieht er sich auf andere, die in die Kirche hineingetauft werden, um die Reihen derer aufzufüllen, die schon verherrlicht sind? Oder denkt er an einen Gläubigen, der »für« (d.h. mit dem Blick auf) seinen eigenen Tod und sein Begrabensein mit Christus getauft wird? Oder meint er vielleicht noch etwas ganz anderes?

Wenn wir nicht sicher sind:

1. Wir sollten keine Lehre auf einer *dunklen Schriftstelle* aufbauen. Eine Faustregel der Bibelinterpretation heißt: »Die wesentlichen Dinge sind klar, und die klaren Aussagen sind die wesentlichen.« Das nennt man die Verständlichkeit (Klarheit) der Heiligen Schrift. Wenn etwas wichtig ist, wird es in der Bibel eindeutig gelehrt, und wahrscheinlich an mehr als nur einer Stelle.

2. Wenn eine vorliegende Stelle nicht klar ist, sollten wir niemals davon ausgehen, dass darin etwas ausgesagt ist, das einer anderen klaren Lehre der Heiligen Schrift widerspricht.

Prinzip Nr. 6: Die Bibel ist ein menschliches Buch mit menschlichen Merkmalen. Die Heilige Schrift behauptet, dass Gott menschliche Persönlichkeiten benutzte, um ewige Wahrheiten zu empfangen und weiterzugeben. Deshalb sollten Redewendungen (wenn Jesus z.B. Übertreibungen zur Veranschaulichung benutzte) nicht immer wörtlich genommen und dann gegen andere Schriftstellen ausgespielt werden.

Prinzip Nr. 7: Nur weil ein Bericht unvollständig ist, heißt das noch nicht, dass er auch falsch ist. Z.B. sprechen Mk 5,1-20 und Lk 8,26-39 von nur einem Besessenen, während in Mt 8,28-34 zwei genannt sind. Markus und Lukas, die vermutlich den gleichen ursprünglichen Bericht des Vorfalls benutzten, geben nur eine teilweise Schilderung, die sich auf den bekannteren der beiden Besessenen in diesem Ereignis bezieht. Die Berichte müssen sich deshalb nicht widersprechen, sondern ergänzen sich und ergeben eine vollständigere Information, wenn man sie zusammen nimmt.

Prinzip Nr. 8: Neutestamentliche Zitate aus dem AT müssen nicht immer exakt sein. Wie es auch heute der Fall ist, gibt es mehr als eine Übersetzung der heiligen Schriften. Die frühen Christen zitierten oft die Septuaginta (LXX; die griechische Übersetzung des Alten Testamentes), die den gleichen Text in leicht verändertem Wortlaut wiedergibt.

Prinzip Nr. 9: Die Bibel stimmt nicht notwendigerweise allem zu, was darin berichtet ist. Es ist ein Irrtum, davon auszugehen, dass die Bibel alles in ihr Enthaltene auch gutheißt. Sie gibt auch Lügen wieder – z. B. Satans (in 1.Mose 3,4; vgl. Joh 8,44) oder Rahabs Lüge (Jos 2,4-6). Die Bibel verzeiht diese Lügen nicht unbedingt, sondern sie berichtet auch von Lügen und Irrtümern sündiger Menschen genau und wahrhaftig. Die Wahrheit der Heiligen Schrift zeigt sich in dem, was die Bibel offenbart, nicht in jeder Einzelheit ihrer Berichte. Solange diese Unterscheidung nicht gemacht wird, kann jemand irrtümlicherweise zu dem Schluss kommen, dass die Bibel unmoralische Dinge verbreitet, wenn sie von Davids Sünde spricht (2.Sam. 11,2-4) oder dass sie die Polygamie fördert, wenn sie von Salomos vielen Frauen erzählt (1.Kön 11,3) oder dass sie mit der Aussage eines Narren »es gibt keinen Gott« (Ps 14,1) den Atheismus bestätigt.

Prinzip Nr. 10: Die Bibel benutzt die Sprache des Alltags und nicht unbedingt sachlich angemessene Ausdrücke. Nur weil ein Begriff in der Bibel nicht wissenschaftlich exakt ist, heißt das nicht unbedingt, dass er ungenau ist. Wissenschaftliche Fakten, wie z. B. die Entwicklung der Erde, mögen in den sprachlichen Wendungen jener Zeit ausgedrückt sein (s. »die Sonne läuft ihre Bahn«, Ps 19,6).

Prinzip Nr. 11: Die Bibel benutzt sowohl gerundete wie auch genaue Zahlenangaben. Runde Zahlen werden sowohl in der antiken wie auch in der modernen Literatur häufig benutzt. Diesem sprachlichen Brauch schließt sich die Bibel oft an.

Prinzip Nr. 12: Man muss darauf achten, wann die Bibel unterschiedliche literarische Kunstgriffe benutzt. Der Kontext entscheidet gewöhnlich darüber, ob ein Ausdruck wörtlich oder im übertragenen Sinn verstanden werden muss.

Prinzip Nr. 13: Ein Irrtum in einer Abschrift ist nicht gleichbedeutend mit einem Irrtum im Original. Wenn Theologen über die Unfehlbarkeit der Heiligen Schrift sprechen, beziehen sie sich auf die Originalschriften – die Urschriften – im Gegensatz zu den Abschriften.

Prinzip Nr. 14: Allgemeine Aussagen bedeuten nicht unbedingt auch allumfassende, allgemeingültige Versprechungen. Kritiker versteifen sich oft auf die Schlussfolgerung, dass uneingeschränkte Aussagen keine Ausnahme zulassen. Sie verbeißen sich an Versen, die generelle Wahrheiten aussagen, und dann weisen sie schadenfroh auf die offensichtlichen Ausnahmen hin. Dabei vergessen sie, dass solche Aussagen nur als Verallgemeinerungen gedacht sind.

Das Buch der Sprüche ist ein gutes Beispiel dafür. Die Aussagen in diesem Buch sind nach ihrer Natur nur allgemeine Unterweisungen, nicht aber umfassende Zusicherungen und Versprechen. Es sind Lebensregeln, aber solche, die auch Ausnahmen zulassen. Sprüche 16,7 ist z.B. eine solche Stelle. Sie bestätigt: »Wenn eines Menschen Wege dem Herrn wohlgefallen, so lässt er auch seine Feinde mit ihm Frieden machen.« Diese Aussage sollte ganz offensichtlich nicht als allgemeingeltende Wahrheit verstanden werden. Paulus »gefiel dem Herrn wohl«, aber seine Feinde steinigten ihn (Apg 14,19). »Jesus gefiel Gott wohl«, aber seine Feinde kreuzigten ihn! Trotzdem ist es eine allgemeine Wahrheit, dass ein Mensch, der so handelt, wie es Gott gefällt, häufig auch seine Feinde auf seine Seite zieht. Sehen wir uns doch nur an, wie Paulus zu Jesus gezogen wurde!

Prinzip Nr. 15: Spätere Offenbarung ersetzt frühere Offenbarung. Die Bibel liefert reichlich Anschauungsmaterial dafür, dass es eine fortschreitende Offenbarung gibt. Das heißt, Gott offenbart nicht alles auf einmal und er legt auch nicht immer die gleichen Bedingungen für alle Zeiten fest. Daher kommt es, dass einige seiner späteren Offenbarungen seine früheren Aussagen ersetzen. Bibelkritiker interpretieren eine solche *Veränderung* der Offenbarung aber als Irrtum.

Dass z.B. Eltern einem sehr kleinen Kind erlauben, mit den Fingern zu essen, nur um es später anzuleiten, einen Löffel zu benutzen, ist kein Widerspruch. Und die Eltern widersprechen sich auch dann nicht, wenn sie noch später darauf bestehen, dass das Kind eine Gabel benutzen soll statt des Löffels, um sein Gemüse zu essen. Das ist so etwas wie »fortschreitende Offenbarung«, wobei jede Anweisung in die besonderen Lebensumstände hineingehört.

Es gab eine Periode (unter dem mosaischen Gesetz), wo Gott den Befehl gab, dass für die Sünde der Menschen Tiere geopfert werden sollten. Doch seit Christus das vollkommene Opfer für Sünden gebracht hat (Hebr 10,11-14), besitzt dieses alttestamentliche Gebot keine Berechtigung mehr. Ähnlich war es auch, als Gott die Menschen schuf und ihnen gebot, nur Früchte und Kräuter zu essen (1.Mose 1,29). Später, als nach der Sintflut sich die Umstände geändert hatten, erlaubte Gott ihnen, auch Fleisch zu essen (1.Mose 9,3). Dieser Wandel vom Status des Menschen, der sich nur von Pflanzen ernährte zu dem eines Wesens, das sich von allen möglichen Geschöpfen ernährte, ist ein Beispiel solcher fortschreitenden Offenbarung und deshalb kein Widerspruch. Tatsächlich waren alle folgenden Offenbarungen einfach unterschiedliche Anweisungen für unterschiedliche Menschen zu unterschiedlichen Zeiten innerhalb von Gottes über allem stehenden Plan der Erlösung der Menschheit.

Ein Mensch, der die Bibel ernst nimmt, mag – statt die Differenzen hinwegzuerklären – Mark Twain zustimmen, der sagte, »dass ihn nicht der Teil der Bibel beunruhige, den er nicht verstünde, sondern derjenige, den er durchaus verstünde«.[73]

3.3 Haben die Schreiber ursprüngliche Quellen benutzt?

Die Verfasser des NTs schrieben als Augenzeugen oder mit Informationen aus erster Hand. In den Büchern des NTs sind darüber folgende Aussagen gemacht:

Lk 1,1-3: »Viele haben es schon unternommen, Bericht zu geben von den Geschichten die unter uns geschehen sind, wie die es uns überliefert haben, die es von

Anfang an selbst gesehen haben und Diener des Worts gewesen sind. So habe auch ich's für gut gehalten, nachdem ich alles von Anfang an sorgfältig erkundet habe, es für dich, hochgeehrter Theophilus, in guter Ordnung aufzuschreiben, damit du den sicheren Grund der Lehre erfährst, in der du unterrichtet bist.«

2.Petr 1,16: »Denn wir sind nicht ausgeklügelten Fabeln gefolgt, als wir euch kundgetan haben die Kraft und das Kommen unseres Herrn Jesus Christus; sondern wir haben seine Herrlichkeit selber gesehen.«

1.Joh 1,3: »… was wir gesehen und gehört haben, das verkündigen wir auch euch, damit auch ihr mit uns Gemeinschaft habt; und unsere Gemeinschaft ist mit dem Vater und mit seinem Sohn Jesus Christus.«

Apg 2,22: »Ihr Männer von Israel, hört diese Worte: Jesus von Nazareth, von Gott unter euch ausgewiesen durch Taten und Wunder und Zeichen, die Gott durch ihn in eurer Mitte tat, wie ihr auch selbst wisst …«

Joh 19,35: »Und der das gesehen hat, der hat es bezeugt, und sein Zeugnis ist wahr, und er weiß, dass er die Wahrheit sagt, damit auch ihr glaubt.«

Lk 3,1: »Im fünfzehnten Jahr der Herrschaft des Kaisers Tiberius, als Pontius Pilatus Statthalter in Judäa war und Herodes Landesfürst von Galiläa und sein Bruder Philippus Landesfürst von Ituräa und der Landschaft Trachonitis und Lysanias Landesfürst von Abilene …«

Apg 26,24-26: »Als er aber dies zu seiner Verteidigung sagte, sprach Festus mit lauter Stimme: Paulus, du bist von Sinnen! Das große Wissen macht dich wahnsinnig. Paulus aber sprach: ›Edler Festus, ich bin nicht von Sinnen, sondern ich rede wahre und vernünftige Worte! Der König, zu dem ich frei und offen rede, versteht sich auf diese Dinge. Denn ich bin gewiss, dass ihm nichts davon verborgen ist; denn dies ist nicht im Winkel geschehen.‹«

F. F. Bruce, der frühere Professor für Bibelkritik und Exegese an der Universität Manchester, sagt im Hinblick auf die neutestamentlichen Berichte und ihren Wert als erstrangige Quellen:

> Die frühesten Verkündiger des Evangeliums kannten den Wert … von Zeugnissen aus erster Hand und bezogen sich immer wieder darauf. »Wir sind Zeugen dieser Dinge« war ihre ständige und selbstsichere Behauptung. Und es kann auf keinen Fall so leicht gewesen sein, wie manche Autoren zu denken scheinen, in jenen frühen Jahren Worte und Taten Jesu einfach zu erfinden, wo so viele seiner Jünger dort lebten, die sich daran erinnern konnten, was geschehen war und was nicht.
>
> Und es waren nicht nur freundliche Augenzeugen, mit deren Aussagen die frühen Verkündiger zu rechnen hatten. Es gab andere, weniger wohlgesinnte, die ebenfalls mit den Hauptfakten vertraut waren, die mit dem Wirken und dem Tod Jesu zusammenhingen. Die Jünger konnten es sich nicht leisten, Unkorrektheiten zu riskieren (ganz abgesehen von absichtlichen Manipulationen des Textes), die sofort entdeckt worden wären von denjenigen, die das mit größter Freude besorgt hätten. Im Gegenteil, eines der Hauptmerkmale in der ursprünglichen,

apostolischen Verkündigung ist die bewusste Berufung auf das Wissen der Hörer. Sie sagten nicht nur: »Wir sind Zeugen dieser Dinge«, sondern fügten auch hinzu: »Wie ihr selbst wisst« (Apg 2,22). Hätte da nur die geringste Neigung bestanden, sich in einem wesentlichen Aspekt von den Tatsachen zu entfernen, wäre die mögliche Anwesenheit feindlich gesinnter Zeugen unter den Zuhörern ein weiteres Korrektiv gewesen.[74]

Es mag Leute geben, die sich auf den Standpunkt stellen: »Das ist doch nur das, was die Autoren erklären. Ein Pseudo-Autor, der ein Jahrhundert oder mehr nach dem Ablauf der Ereignisse darüber geschrieben hat, kann alles behaupten.«

Tatsache ist aber, dass die Bücher des NTs nicht ein Jahrhundert oder mehr nach den betreffenden Ereignissen geschrieben wurden, sondern noch zu Lebzeiten derer, die selbst daran beteiligt waren. Aus diesem Grunde muss das NT heute von Wissenschaftlern als kompetentes, wichtiges Quellendokument aus dem 1. Jh. angesehen werden.[75]

Die Zahlenangaben in der nachstehenden Übersicht stammen aus folgenden Quellen: Werner Georg Kümmels *Introduction to the New Testament*, übersetzt von Howard Clark Kee; Everett Harrisons *Introduction to the New Testament*, D. Edmonds Hieberts *Introduction to the New Testament* sowie Schriften und Vorträgen von T. W. Manson und F. C. Baur.

Konservative Datierung des NTs		
(*In einigen Fällen – z. B. beim Matthäus-Evangelium – sind die Zahlen heute revidiert und als nicht konservativ genug eingestuft*)		
Paulus-Briefe	50-66 n. Chr.	(Hiebert)
Matthäus	70-80 n. Chr.	(Harrison)
Markus	50-60 n. Chr. 58-65 n. Chr.	(Harnack) (T. W. Manson)
Lukas	frühe 60er n. Chr.	(Harrison)
Johannes	80-100 n. Chr.	(Harrison)

Liberale Datierung des NTs		
(*Hat sich in einigen Fällen als unmöglich herausgestellt – z. B. Joh.-Evangelium – in anderen von heutigen kompetenten Gelehrten kaum akzeptiert*)		
Paulus-Briefe	50-100 n. Chr.	(Kümmel)
Matthäus	80-100 n. Chr.	(Kümmel)
Markus	70 n. Chr.	(Kümmel)
Lukas	70-90 n. Chr.	(Kümmel)
Johannes	170 n. Chr. 90-100 n. Chr.	(Baur) (Kümmel)

William Foxwell Albright, weltweit einer der ersten Vertreter der biblischen Archäologie, sagte:

> Wir können bereits jetzt nachdrücklich sagen, dass es keine solide Basis mehr dafür gibt, irgendein Buch des NTs auf später als um 80 n. Chr zu datieren, das sind zwei volle Generationen vor der Zeit zwischen 130 und 150 n. Chr., die die radikaleren Kritiker des NTs von heute ihm einräumen.[76]

Er wiederholt diese Aussage in einem Interview für *Christianity Today*, am 18. Januar 1963: »Meiner Meinung nach wurde jedes einzelne Buch des NTs von einem getauften Juden zwischen den 40er und 80er Jahren des ersten Jahrhunderts n. Chr. geschrieben (sehr wahrscheinlich irgendwann zwischen 50 und 75 n. Chr.).«

Albright schließt: »Dank der Entdeckungen der Qumran-Dokumente steht fest, dass das NT tatsächlich das ist, was man früher von ihm glaubte: die Lehre Christi und seiner unmittelbaren Nachfolger aus der Zeit etwa zwischen 25 und 80 n. Chr.«[77]

Viele liberale Gelehrte sind gezwungen, frühere Daten für die Entstehung des NTs anzunehmen. Dr. John A. T. Robinson, selbst kein Konservativer, kommt zu einigen erstaunlichen Folgerungen in seinem bahnbrechenden Buch *Redating the New Testament*. Seine Untersuchung hat ihn zu der Überzeugung geführt, dass das ganze NT vor der Zerstörung Jerusalems im Jahr 70 n. Chr. geschrieben wurde.[78]

4 Äußere Prüfung der Zuverlässigkeit des Neuen Testamentes

»Gibt es außerbiblisches historisches Material, das die internen Zeugnisse durch die Dokumente selbst bestätigt oder ihnen widerspricht?«[79] In andern Worten: Welche Quellen gibt es noch – außer den Zeugnissen, die schon erwähnt wurden – die die Genauigkeit, die Glaubwürdigkeit, und die Authentizität des NTs erhärten?

4.1 Unterstützendes Zeugnis früher christlicher Schreiber außerhalb der Bibel

Eusebius führt in seiner *Ecclesiastical History* (III,39) Schriften von Papias, dem Bischof von Hierapolis (130 n. Chr.) an, in denen er Aussagen des Ältesten (des Apostels Johannes) wiedergibt:

> Der Älteste sagte gewöhnlich: »Markus, der der Ausleger des Petrus gewesen ist, hat genauestens alles niedergeschrieben, was er [Petrus] erwähnt hat, ob es Worte oder Taten Jesu waren – allerdings nicht geordnet. Er war ja weder ein Hörer noch ein Weggefährte des Herrn. Doch später war er, wie ich schon sagte, ein Begleiter des Petrus, der seine Lehren korrigierte, wenn es nötig war, aber nicht als ob er eine Zusammenstellung der Aussagen des Herrn angefertigt hätte. Daher machte Markus keine Fehler, wenn er einiges aufschrieb, was er [Petrus]

> erwähnt hatte. Er achtete aufmerksam darauf, nicht irgendetwas auszulassen, das er gehört hatte, und auch keine falsche Aussage weiterzugeben.«

Papias kommentiert auch im Hinblick auf das Matthäusevangelium: »Matthäus berichtet von der göttlichen Offenbarung (der Heiligen Schrift) in der hebräischen (d.h. aramäischen) Sprache.«

Irenäus, der Bischof von Lyon (180 n. Chr.), war ein Schüler Polykarps, des Bischofs von Smyrna. Dieser war im Alter von 86 Jahren 156 n. Chr. als Märtyrer hingerichtet worden (er selbst war ein Schüler des Apostels Johannes). Er (Irenäus) schrieb: »So fest ist der Grund, auf dem diese Evangelien ruhen, dass selbst die Häretiker sie noch bezeugen und, ausgehend von ihnen [den Dokumenten], sich bemühen, jeder seine besondere Lehre zu entwickeln.«[80]

Die vier Evangelien bekamen eine so unumstößliche Anerkennung in der christlichen Welt, dass Irenäus sich darauf beziehen kann als auf eine feste und anerkannte Tatsache, so offenkundig wie die vier Himmelsrichtungen auf dem Kompass:

> Denn wie es vier Himmelsrichtungen gibt in der Welt, in der wir leben, und vier allgemeine Windrichtungen, und wie die Kirche über die ganze Erde verstreut ist und das Evangelium die Säule und Basis der Kirche und der Atem des Lebens ist, so ist es auch ganz natürlich, dass es vier Pfeiler hat, die allesamt den Hauch der Unvergänglichkeit ausstrahlen und in den Menschen neues Leben entzünden. Von daher ist es offenkundig, dass das »Wort«, der Urheber aller Dinge, der über den Cherubinen thront und alle Dinge zusammenhält, die den Menschen offenbart worden sind, uns das Evangelium in vierfacher Form gegeben hat, das aber doch durch den einen Geist zusammengehalten wird.
>
> Matthäus verbreitete sein Evangelium unter den Hebräern (d. h. Juden) in ihrer eigenen Sprache. Petrus und Paulus predigten das Evangelium in Rom und gründeten dort die Gemeinde. Als sie nicht mehr da waren (d. h. nach ihrem Tod, der nach einer starken Überlieferung in die Zeit der neronischen Verfolgung 64 n. Chr. fällt) hielt Markus, der Schüler und Ausleger des Petrus, den Inhalt seiner Predigten schriftlich für uns fest. Lukas, der Nachfolger des Paulus, legte ebenfalls in einem Buch das Evangelium nieder, das er von seinem Lehrer gehört hatte. Und dann verfasste Johannes, der Jünger des Herrn, der an seiner Brust gelehnt hatte (nach Joh 13,25 und 21,20), sein eignes Evangelium, während er in Ephesus (Asien) lebte.[81]

Klemens von Rom (ca. 95 n. Chr.) benutzte die Heiligen Schriften als glaubwürdige und authentische Quellen.

Ignatius (70-110 n. Chr.), Bischof von Antiochien, wurde um seines Glaubens an Christus willen zum Märtyrer. Er kannte alle Apostel und war ein Schüler Polykarps, der wiederum ein Schüler des Apostels Johannes war.[82]

Elgin Moyer schreibt in *Who Was Who in Church History*:

> Ignatius selbst sagte: »Ich würde lieber für Christus sterben als die ganze Welt regieren. Überlasst mich den wilden Tieren, damit ich durch sie Gottes teilhaftig werde.« Es heißt, dass er tatsächlich im Kolosseum in Rom den wilden Tieren vorgeworfen wurde. Seine Briefe wurden auf der Reise von Antiochien nach Rom geschrieben.[83]

Ignatius verlieh den Schriften Ansehen durch die Art und Weise, wie er seinen Glauben auf die Zuverlässigkeit der Bibel gründete. Er besaß beträchtliches Material und Zeugnisse, die die Glaubwürdigkeit der Heiligen Schriften unterstützten.

Polykarp (70-156 n. Chr.) war ein Schüler des Johannes, der im Alter von 86 Jahren um seiner niemals nachlassenden Hingabe an Christus und die Heiligen Schriften das Martyrium erlitt. Sein Tod demonstrierte sein Vertrauen in die Zuverlässigkeit der Schrift.

> Um 155 n. Chr. als während der Regierung des Antonius Pius in Smyrna eine örtliche Verfolgung ausbrach und einige seiner Gemeindeglieder bereits gefoltert worden waren, wurde er als Führer der Gemeinde ergriffen und für das Märtyrertum bestimmt. Als man ihn fragte, ob er widerrufen und dadurch am Leben bleiben wolle, soll er gesagt haben: »Sechsundachtzig Jahre habe ich ihm gedient, und er hat mir nichts Böses getan. Wie kann ich von meinem König schlecht sprechen, der mich erlöst hat?« Er wurde auf dem Scheiterhaufen verbrannt und starb einen heldenhaften Tod für seinen Glauben.[84]

Polykarp hatte sicher sehr viele Kontakte, um die Wahrheit zu bezeugen.

Tatian (ca. 170 n. Chr.) ordnete die Schriften, um sie in der ersten »Evangelien-Harmonie«, dem Diatessaron, zusammenzufassen.

4.2 Frühe nicht-christliche Bestätigung der neutestamentlichen Geschichte

Negativ eingestellte Kritiker des NTs behaupten oder gehen davon aus, dass die neutestamentlichen Dokumente unzuverlässig sind, da sie von Jüngern Jesu oder von späteren Christen geschrieben wurden. Sie stellen fest, dass es keine Bestätigung für Jesus oder die neutestamentlichen Ereignisse in nichtchristlichen Quellen gibt. Aber das ist nicht nur eine falsche Behauptung, sondern Geisler bemerkt vielmehr dazu:

> Der Einwand, die Schriften seien parteiisch, schließt eine schwer wiegende aber falsche Folgerung ein, dass nämlich Zeugen nicht glaubwürdig sein können, wenn sie demjenigen nahe gestanden haben, über den sie Aussagen machen. Das ist eindeutig falsch. Überlebende des jüdischen Holocaust waren den Ereignissen sehr nahe gewesen, die sie später der Welt beschrieben. Gerade diese Tatsache versetzte sie aber in die beste Position, von dem zu berichten, was sich abgespielt hatte. Sie waren dort gewesen, und die Dinge waren ihnen begegnet. Das

gleiche gilt für eine Zeugenaussage vor Gericht von jemandem, der einen brutalen Angriff erlebt hat. Es gilt auch für die Überlebenden der Invasion in der Normandie im Zweiten Weltkrieg oder der »Tet-Offensive« während des Vietnamkrieges. Die neutestamentlichen Zeugen dürfen nicht disqualifiziert werden, weil sie den Ereignissen sehr nahe standen, über die sie berichten.

Geisler fügt hinzu:

Angenommen, es gäbe vier Augenzeugen für einen Mord. Dann wäre da auch noch ein Zeuge, der nach dem Geschehen am Tatort ankam und nur die Leiche des Opfers sah. Ein anderer hörte aus zweiter Hand einen Bericht von der Tat. In der Verhandlung behauptet der Verteidiger: »Außer den vier Augenzeugen ist die Beweisführung zu schwach, und die Anklagen sollten aus Mangel an Beweisen fallen gelassen werden.« Andere könnten denken, dass der Anwalt versuchen wollte, den Richter und die Jury von den stärksten Beweisen zu den schwächsten abzulenken. Und die Urteilsbegründung war eindeutig falsch. Da die neutestamentlichen Zeugen die einzigen Augenzeugen und Zeitgenossen Jesu waren, ist es irreführend, die Aufmerksamkeit auf nichtchristliche, säkulare Quellen zu lenken. Trotzdem ist es aufschlussreich, zu zeigen, welches bestätigende Material für Jesus außerhalb des Neuen Testamentes gefunden werden kann.[85]

Die nachfolgend angeführten Zeugnisse werden im einzelnen in meinem mit Bill Wilson geschriebenen Buch *He Walked Among Us* näher behandelt.[86]

4.2.1 Tacitus

Tacitus, ein Römer aus dem 1. Jh., gilt als einer der genausten Historiker der antiken Welt. Er verfasste u. a. einen Bericht über den großen Brand Roms, für den einige dem Kaiser Nero die Schuld gaben:

Infolgedessen schob Nero, um dem Bericht zu widersprechen, die Schuld weiter und verhängte die schlimmsten Torturen über eine Gruppe, die man wegen einiger Abscheulichkeiten hasste. Von der Masse des Volkes wurden sie Christen genannt. Christus, von dem der Name abgeleitet war, erlitt während der Regierung des Tiberius die strengste Strafe durch die Hand unseres Prokurators Pontius Pilatus. Ein äußerst schlimmer Aberglaube, der so im Augenblick blockiert worden war, brach dann wieder aus, und nicht nur in Judäa, wo die Quelle des Bösen zuerst sprudelte, sondern selbst in Rom, wo alle verborgenen und schändlichen Dinge aus allen Teilen der Welt ihren Mittelpunkt finden und populär werden.[87]

Der »verderbliche Aberglaube«, auf den sich Tacitus hier bezieht, ist aller Wahrscheinlichkeit nach die Auferstehung Jesu. Das gleiche gilt für einen der Hinweise des Suetonius.

4.2.2 Sueton

Sueton war der erste Schreiber des Kaisers Hadrian (der von 117-138 n. Chr. regierte). Er bestätigt den Bericht aus Apg 18,2, dass Claudius im Jahr 49 n. Chr. allen Juden (unter ihnen Priscilla und Aquila) befahl, Rom zu verlassen. Zwei Bemerkungen sind in unserem Zusammenhang von Bedeutung: »Da die Juden ständig Unruhe heraufbeschworen durch die Anstiftung des Christus, trieb er sie aus Rom aus.«[88]

Indem er von den Nachwirkungen des großen Brandes in Rom spricht, berichtet Sueton: »Die Christen wurden mit Strafen belegt – eine Volksgruppe, die einer Legende und verderblichem Aberglauben verfallen war.«[89]

Da Sueton über diese Ereignisse annähernd 75 Jahre nach dem Geschehen schrieb, konnte er nicht wissen, ob die Unruhen wirklich von einer Person namens Christus ausgelöst worden waren oder von jemand anders um seines Namens willen. Vermutlich bezieht er sich auf den Streit unter dem jüdischen Volk, wer Jesus war.

4.2.3 Josephus

Flavius Josephus (ca. 37-100 n. Chr.) war ein Pharisäer aus dem Priestergeschlecht und jüdischer Historiker, obwohl er unter römischer Herrschaft arbeitete und sich darum sorgte, die Römer nicht zu beleidigen. Außer seiner Autobiografie schrieb er zwei größere Werke, die *Jewish Wars* (77-78 n. Chr.) und die *Anitquities of the Jews* (ca. 94 n. Chr.). Darüber hinaus schrieb er noch ein kleineres apologetisches Werk *Against Apion*. Er macht viele Aussagen, die entweder allgemein oder in besonderen Einzelheiten den historischen Charakter sowohl des Alten wie des Neuen Testamentes bestätigen.

4.2.3.1 Bezeugung des Kanons

Josephus unterstützt die protestantische Sicht vom Kanon des ATs gegen die katholische Sichtweise, die auch die alttestamentlichen Apokryphen wertschätzt. Er stellt sogar eine Namensliste der Bücher auf, die identisch ist mit den 39 Büchern des protestantischen ATs. Er fasst die 39 Bücher in 22 zusammen, um eine Beziehung zu den Buchstaben des hebräischen Alphabets herzustellen.

> Wir haben nämlich nicht eine endlose Zahl von Büchern, die nicht harmonieren und sich gegenseitig widersprechen (wie es bei den Griechen ist), sondern nur zweiundzwanzig Bücher, die die Berichte der gesamten Vergangenheit enthalten. Und von diesen glaubt man zu Recht, dass sie göttlichen Ursprungs sind. Von ihnen gehören fünf zu Mose und enthalten seine Gesetze … Die Propheten, die nach Mose kamen, schrieben in dreizehn Büchern nieder, was zu ihren Zeiten geschah. Die übrigen vier Bücher enthalten an Gott gerichtete Loblieder und Vorschriften für den Lebenswandel der Menschen.[90]

Josephus' Bezugnahme auf den Propheten Daniel als einen Schreiber aus dem 6. Jh. v. Chr. bestätigt, worauf Geisler hinweist:

> … die übernatürliche Natur der erstaunlichen Vorhersagen Daniels über den Lauf der Geschichte nach seiner Zeit. Im Gegensatz zu dem späteren Talmud rechnet Josephus offensichtlich Daniel unter die Propheten, da er sich nicht bei den Büchern Moses oder im Bereich der Hymnen an Gott befindet, zu denen die Psalmen, die Sprüche, der Prediger und das Hohelied Salomos gehören. Das trägt dazu bei, eine frühe Datierung von Daniel zu bestätigen.[91]

4.2.3.2 Bezeugung des Neuen Testaments

1. Jakobus, der Bruder des Herrn

Josephus bezieht sich auf Jesus als den Bruder des Jakobus, der den Märtyrertod starb. Er nennt den Hohen Priester Ananias und schreibt:

> … Er versammelte den Sanhedrin der Richter und brachte den Bruder des Jesus – der Christus genannt wurde – dessen Name Jakobus war, und einige andere (oder einige seiner Gefährten) vor sie. Und als er eine Anklage gegen sie als Gesetzesbrecher erhoben hatte, ließ er sie steinigen.[92]

Diese Passage, geschrieben im Jahr 93 n. Chr., bestätigt die neutestamentlichen Berichte, dass Jesus eine reale Person des ersten Jahrhunderts war, da er von andern als der Christus identifiziert wurde, und dass er einen Bruder mit Namen Jakobus hatte, der den Märtyrertod von der Hand des Hohen Priesters Albinus – und seines Sanhedrins – erlitt.

2. Johannes der Täufer

Josephus bestätigt ebenfalls die Existenz und das Martyrium Johannes des Täufers, des Vorboten Jesu.[93] Wegen der Art und Weise, wie diese Passage geschrieben ist, gibt es keinen Anlass, hier christliche Interpolation (später eingeschobenen Text) zu vermuten.

> Einige der Juden dachten, dass die Zerstörung der Armee des Herodes von Gott kam und gerecht sei, als Strafe für das, was er dem Johannes (den man den Täufer nannte) angetan hatte. Herodes hatte ihn ermorden lassen, der doch ein guter Mensch war und den Juden befohlen hatte, sich im Tun des Guten zu üben und sowohl Gerechtigkeit gegen einander als auch Frömmigkeit gegenüber Gott an den Tag zu legen. Und darum sollten sie zu seiner Taufe kommen.[94]

Der Unterschied zwischen dem Bericht des Josephus von der Taufe Johannes des Täufers und dem Bericht des Evangeliums liegt darin, dass Josephus schreibt, dass die Taufe des Johannes nicht zur Vergebung der Sünde geschah, während die Bibel das doch aussagt (vgl. Mk 1,4), und dass Johannes aus politischen Gründen getötet wurde und nicht, weil er dem Herodes seine Ehe mit Herodias vorgeworfen hatte. Wie F. F. Bruce bemerkt, ist es auch gut möglich, dass Herodes glaubte, zwei Fliegen mit einer Klappe schlagen zu können, als er Johannes ins Gefängnis steckte. Im

Hinblick auf diese Diskrepanz bei der Frage nach der Bedeutung der Taufe des Johannes, sagt Bruce, dass die Aussagen der Evangelien wahrscheinlich aus »religionsgeschichtlicher« Sicht die richtigere sei, da diese Schriften älter als das Werk des Josephus seien und deshalb genauer. Das Wichtigste ist jedoch, dass die allgemeine Linie im Bericht des Josephus den Inhalt der Evangelien bestätigt.[95]

3. Jesus

In einem umstrittenen Text gibt Josephus eine kurze Beschreibung von Jesus und seinem Auftrag:

> Nun gab es um diese Zeit einen weisen Mann, Jesus – falls es legitim ist, ihn einen Mann zu nennen. Er verrichtete wunderbare Taten und war ein Lehrer der Menschen, die die Wahrheit mit Freude aufnahmen. Er zog viele Menschen an – Juden wie Heiden. Er war [der] Christus. Und als Pilatus, auf Drängen unserer führenden Männer, ihn zum Tode am Kreuz verurteilt hatte, vergaßen ihn diejenigen nicht, die ihn von Anfang an geliebt hatten. Er erschien ihnen am dritten Tag wieder lebendig, wie die Propheten Gottes es vorausgesagt hatten – und außerdem gab es noch zehntausend andere wunderbare Dinge, die ihn betrafen. Und das Volk der Christen, die Gruppe von Menschen, die nach ihm genannt wurden, sind bis zum heutigen Tag nicht ausgestorben.[96]

Diese Passage wurde von Eusebius (ca. 325 n. Chr.) in ihrer gegenwärtigen Form (*Ecclesiastical History* 1,11) zitiert, und die Manuskriptaussage unterstützt dies. Sie existiert in allen vorhandenen Abschriften dieses Textes. Doch weithin wird sie immer noch als Interpolation (späterer Einschub) angesehen, da es unwahrscheinlich ist, dass Josephus, ein Jude, Jesus als Messias bestätigte, der durch erfüllte Prophezeiungen, wunderhafte Taten und die Auferstehung von den Toten ausgewiesen worden sei. Selbst Origenes sagt, »dass Josephus nicht glaubt, dass Jesus der Messias sei, und dass er ihn auch nicht als solchen bezeichne« (*Contra Celsum*, 2.47; 2,13).[97]

F. F. Bruce schlägt vor, dass die Wendung »wenn wir ihn wirklich einen Mann nennen sollen« bedeuten kann, dass der Text authentisch ist, aber dass Josephus es ironisch gemeint habe und sich damit hier sarkastisch über den christlichen Glauben, dass Jesus der Sohn Gottes sei, geäußert habe.[98]

Andere Gelehrte schlugen vor, den Text dahingehend zu ergänzen, dass seine Authentizität gewahrt bliebe ohne die Folgerung, dass Josephus persönlich angenommen hätte, dass Christus der Messias sei.[99]

Es kann sein, dass ein arabischer Text aus dem 4. Jh. (der sich in einem arabischen Manuskript aus dem 10. Jh. befindet) die ursprüngliche Absicht widerspiegelt:

> Um diese Zeit gab es einen weisen Mann, Jesus genannt. Sein Auftreten war gut und [er] galt als tugendhaft. Viele Menschen unter den Juden und unter anderen Völkern wurden seine Anhänger. Pilatus verurteilte ihn zum Tod am Kreuz. Und

diejenigen, die seine Schüler geworden waren, brachen diese Beziehung nicht ab. Sie berichteten, dass er ihnen drei Tage nach seiner Kreuzigung erschienen und dass er lebendig wäre. Demnach war er vielleicht der Messias, dem die Propheten Wunder zugeschrieben hatten.[100]

Für weitere Studien zu Josephus:

F. F. Bruce, *The New Testament Documents: Are They Reliable?*
L. H. Feldman, *Studies on Philo and Josephus*
Josephus, *Against Apion*
Josephus, *Antiquities of the Jews*
Josephus, *Jewish Wars*
S. Pines, *An Arabic Version of the Testimonium Flavianum and Its Implications*
R. J. H. Shutt, *Studies on Josephus*
H. St. J. Thackeray, *Josephus the Man and the Historian*

4.2.4 Thallus

Thallus schrieb um 52 n. Chr. Keine seiner Schriften ist noch vorhanden, obwohl ein paar fragmentarische Zitate durch andere Schriftsteller bewahrt wurden. Einer diese Schreiber ist Julius Africanus, der etwa 221 n. Chr. in einer Diskussion über die Finsternis, die der Kreuzigung Jesu folgte, Thallus zitiert:

> Über der ganzen Erde lastete eine schreckliche Finsternis, die Felsen spalteten sich durch ein Erdbeben und viele Stätten in Judäa und andern Gebieten fielen in Schutt und Asche. Diese Finsternis nennt Thallus im dritten Buch seiner *Geschichte* – wie es mir erschien ohne Grund – eine Sonnenfinsternis.[101]

Africanus identifiziert die Dunkelheit, die Thallus als Sonnenfinsternis erklärt, mit der Finsternis bei der Kreuzigung, wie es in Lukas 23,44-45 beschrieben ist. Sein Grund, weshalb er nicht mit Thallus übereinstimmt, liegt darin, dass eine Sonnenfinsternis nicht zur Zeit des Vollmondes stattfinden kann, und in dem Bericht heißt es: »Es war zur Zeit des Oster-Vollmondes, als Jesus starb.«

4.2.5 Plinius der Jüngere

In der Antike hatten Regierungsbeamte oft Positionen inne, die ihnen Zutritt zu amtlichen Informationen gewährten, die der Öffentlichkeit nicht zugänglich waren. Plinius der Jüngere war ein römischer Schriftsteller und Verwaltungsbeamter. In einem Brief an den Kaiser Trajan um 112 n. Chr. beschreibt Plinius die Praktiken des frühchristlichen Gottesdienstes:

> Sie hatten die Gewohnheit, sich an einem bestimmten Tag, bevor es hell wurde, zu treffen. Dort sangen sie im Wechselgesang ein Loblied für Christus, wie für einen Gott. Und dann verpflichteten sie sich durch einen feierlichen Eid, nichts Böses zu tun, niemals in einen Betrug, einen Diebstahl oder einen Ehebruch ein-

> zuwilligen, niemals ihr Wort zu verfälschen oder Vertrauen zu brechen, wenn man sie dazu aufforderte. Danach trennten sie sich und kamen wieder zusammen, um gemeinsam zu essen – doch es waren gewöhnliche und reine Speisen.[102]

Dieser Hinweis liefert einen soliden Beleg dafür, dass Jesus Christus von einer sehr frühen Zeit an schon als Gott verehrt wurde, und zwar von Christen, die weiterhin die Praxis verfolgten, miteinander das Brot zu brechen, wie es in Apg 2,42 und 46 berichtet wird.

4.2.6 Kaiser Trajan

In Beantwortung des Briefes von Plinius gab Trajan folgende Richtlinien für die Bestrafung der Christen:

> Es soll keine Untersuchung stattfinden wegen dieser Leute. Wenn sie denunziert und als schuldig befunden werden, müssen sie bestraft werden, mit der Einschränkung jedoch: Wenn einer von ihnen leugnet, Christ zu sein und den Nachweis liefert (d.h. wenn er unsere Götter verehrt), soll er aufgrund der Reue begnadigt werden, auch wenn er sich vorher verdächtig gemacht hat.[103]

4.2.7 Talmud

Die Schriften des Talmud sind im Hinblick auf den historischen Jesus von höchstem Wert. Sie wurden zwischen 70 und 200 n. Chr., in der sogenannten *Tannaitischen Periode*, zusammengestellt. Der bedeutendste Text ist die Passage aus Sanhedrin 43a:

> Am Abend des Paschafestes wurde Jeschua gehängt. Vor der Hinrichtung erschien vierzig Tage lang ein Herold und rief: »Er wird gesteinigt werden, weil er Zauberei getrieben und Israel zum Abfall (von Gott) verleitet hat. Wenn jemand etwas zu seinen Gunsten aussagen kann, der möge vorkommen und für ihn bitten.« Doch da nichts zu seinen Gunsten vorgebracht wurde, wurde er am Abend des Passa-Festes aufgehängt![104]

Neutestamentliche Einzelheiten, bestätigt durch diese Passage, schließen die Tatsache und die Zeit der Kreuzigung ein, ebenso die Absicht der jüdischen Führer, Jesus umzubringen.

4.2.8 Lukian

Lukian von Samosata war ein griechischer Schriftsteller aus dem 2. Jh. Seine Werke enthalten sarkastische Bemerkungen über das Christentum:

> Die Christen verehren, wie ihr wisst, bis heute einen Mann – die hervorragende Persönlichkeit, die ihre neuartigen Bräuche einführte und deshalb gekreuzigt wurde … Seht, diese irregeleiteten Kreaturen haben erstens allgemein die Überzeugung, dass sie für alle Zeiten unsterblich sind, was die Verachtung des Todes

und die freiwillige Selbstaufopferung erklärt, die man unter ihnen so häufig findet. Und dann wurde ihnen von dem, der ihnen ursprünglich ihre Gesetze gab, eingetrichtert, dass sie vom Augenblick ihrer Bekehrung an alle Brüder seien und dass sie die Götter Griechenlands verleugnen und dafür den gekreuzigten Weisen anbeten und nach seinen Geboten leben sollten. Alles das tun sie ganz aus ihrem Glauben heraus mit dem Ergebnis, dass sie alle weltlichen Güter verachten bzw. sie nur noch als allgemeinen Besitz ansehen.[105]

Dr. Gary Habermas, ein führender Forscher und Schriftsteller zum Thema der historischen Ereignisse um Jesus, führt verschiedene belegte Tatsachen an, die aus diesem Text festgestellt werden können:

> Jesus wurde von Christen verehrt … Jesus führte in Palästina neue Lehren ein … Er wurde wegen dieser Lehren gekreuzigt … wie z. B., dass alle Gläubigen vom Augenblick ihrer Bekehrung an und nachdem die falschen Götter abgelehnt waren, Geschwister sind … Diese Lehren schlossen [auch] die Anbetung Jesu und das Leben nach seinen Geboten ein.[106]

Habermas fügt hinzu:

> Im Hinblick auf die Christen wird uns gesagt, dass sie Nachfolger Jesu sind, die glauben, dass sie selbst Unsterblichkeit besitzen … [Sie] nahmen Jesu Lehren im Glauben an und praktizierten ihren Glauben durch die Missachtung ihres materiellen Besitzes.[107]

Dr. Geisler schließt im Hinblick auf Lukian: »Obwohl er einer der lautstärksten Kritiker der Kirche ist, gibt uns Lukian doch einen der informativsten Berichte von Jesus und der frühen Christenheit außerhalb des Neuen Testaments.«[108]

4.2.9 Mara Bar-Serapion

Ein Syrer, Mara Bar-Serapion, schrieb an seinen Sohn Serapion irgendwann zwischen dem Ende des 1. und dem frühen 3. Jh. Der Brief enthält einen eindeutigen Bezug auf Jesus:

> Welchen Vorteil hatten die Athener davon, dass sie Sokrates dem Tode preisgaben? Hungersnot und Seuchen kamen über sie als Gericht über ihr Verbrechen. Welchen Gewinn hatten die Menschen von Samos davon, dass sie Pythagoras verbrannten? In einem Augenblick war ihr Land von Sand bedeckt. Welchen Vorteil hatten die Juden davon, dass sie ihren weisen König hinrichteten? Kurz darauf wurde ihr Königtum abgeschafft. Gott hat auf gerechte Art diese weisen Männer gerächt: die Athener starben an Hunger; die Bewohner von Samos wurden vom Meer überspült, die Juden wurden niedergemacht und aus ihrem Land getrieben – sie leben in der Zerstreuung. Doch Sokrates starb nicht endgültig. Er

lebt weiter in der Statue der Hera. Und der weise König starb auch nicht umsonst: er lebt weiter in den Lehren, die er erteilt hat.[109]

4.2.10 Das »Evangelium der Wahrheit«

Unmittelbar nach der Zeit Jesu kamen einige nichtchristliche Gruppen auf, die in loser Verbindung zur Urgemeinde standen. Eine der erfolgreicheren waren die Gnostiker. Das angeführte Buch aus dem 2. Jh. wurde möglicherweise von Valentinus geschrieben (135-160 n. Chr.). Es bestätigt an verschiedenen Stellen, dass Jesus eine historische Person war:

> Als sie ihn gesehen und gehört hatten, gewährte er ihnen, ihn zu schmecken und zu riechen und den geliebten Sohn zu berühren. Als er erschienen war und sie über den Vater belehrt hatte … Er kam in fleischlicher Erscheinung.[110]
> Jesus war geduldig im Akzeptieren von Leiden, weil er wusste, dass sein Tod Leben für viele bedeutet … Er war an einen Stamm genagelt; er machte am Kreuz den Auftrag seines Vaters sichtbar. … Er zog sich selbst in den Tod hinein durch sein Leben. Nachdem er sich selbst der vergänglichen Lumpen entledigt hatte, zog er die Unsterblichkeit an, die niemand je wieder von ihm nehmen kann.[111]

4.2.11 Die »Pilatusakten« (Acta Pilati)

Außer den vorhandenen nicht-christlichen Quellen für das Leben Jesu gibt es auch Dokumente, auf die zwar Hinweise vorhanden sind, aber sie selbst sind nicht gefunden worden. Obwohl es ein angeblich amtliches Dokument sein soll, ist die Schrift *Acta Pilati* nicht mehr auffindbar. Justin der Märtyrer nimmt aber um 150 n. Chr. darauf Bezug und Tertullian ebenfalls um 200 n. Chr. Justin schreibt:

> Und die Wendung »Sie durchbohrten meine Hände und Füße« bezog sich auf die Nägel, die am Kreuz in seine Hände und Füße getrieben worden waren. Und nachdem er gekreuzigt war, warfen sie das Los um seine Kleider; und die ihn gekreuzigt hatten, teilten sie unter sich auf. Und dass diese Dinge geschehen sind, kann man erfahren aus den »Acta« des Pontius Pilatus.[112]

Justin behauptet auch, dass die Wunder Jesu in diesem Dokument bestätigt werden.[113]

Zusammenfassung

Dr. Geisler fasst zusammen:

> Die vorrangige Quelle für das Leben Jesu sind die vier Evangelien. Doch es gibt beachtenswerte Berichte aus nichtchristlichen Quellen, die die Aussagen der Evangelien bestätigen und unterstützen. Sie stammen zum größten Teil aus griechischen, römischen, jüdischen und samaritanischen Quellen des 1. Jh.s.
> Kurz gesagt, informieren sie uns darüber, dass:

1. Jesus von Nazareth kam,
2. er ein weises und vorbildliches Leben führte,
3. er in Palästina unter Pontius Pilatus während der Regierung Kaiser Tiberias' am Passa-Fest gekreuzigt wurde – als »König der Juden«,
4. seine Jünger glaubten, dass er nach drei Tagen von den Toten auferweckt worden war,
5. seine Feinde anerkannten, dass er ungewöhnliche, große Taten vollbracht hatte, die sie »Zauberei« nannten.
6. Die kleine Gruppe seiner Anhänger vervielfachte sich sehr schnell und breitete sich selbst bis nach Rom aus.
7. seine Anhänger die Vielgötterei ablehnten, einen moralischen Lebenswandel führten und Christus als Gott verehrten. Diese Schilderung bestätigt das Bild von Christus, das in den Evangelien des Neuen Testamentes entfaltet wird.[114]

Dr. Habermas schließt, dass »antike außerbiblische Quellen eine überraschend große Menge an Einzelheiten sowohl vom Leben Jesu als auch vom Wesen des frühen Christentums darbieten.« Und er fügt noch einen Punkt hinzu, der von vielen übersehen wird: »Wir sollten uns über die ungewöhnliche Situation klar sein, dass wir uns einen ausführlichen Umriss der meisten Hauptfakten des Lebens Jesu nur aus ›säkularen‹ Quellen beschaffen können. Das ist wirklich von Bedeutung.«[115]

F. F. Bruce erklärt, dass es »überrascht, wie wenig Schriften vergleichsweise aus diesen Jahren von der Art erhalten geblieben sind, dass man auch nur entfernt erwarten konnte, dass sie Christus erwähnen. (Ich nehme hierbei die Briefe des Paulus und verschiedene andere neutestamentliche Schriften aus.)«[116]

Michael Wilkins und J. P. Moreland folgern, »dass, selbst wenn wir keine christlichen Schriften hätten, wir aus solchen nichtchristlichen Schriften wie denen des Josephus, dem *Talmud*, des Tacitus und von Plinius dem Jüngeren schließen könnten, dass 1. Jesus ein jüdischer Lehrer war, 2. viele Menschen glaubten, dass er Heilungen vollbrachte und Dämonen austrieb, 3. er von den jüdischen Führern abgelehnt wurde, 4. er unter Pontius Pilatus während der Regierung des Tiberius gekreuzigt wurde, 5. seine Anhänger, die trotz seines schändlichen Todes glaubten, dass er am Leben sei, sich in alle Welt zerstreuten, sodass eine große Anzahl von ihnen im Jahr 64 n. Chr. auch in Rom war und 6. Menschen aus allen Schichten des Volkes, aus den Städten und vom Lande – Männer und Frauen, Sklaven und Freie – am Anfang des 2. Jh.s ihn als Gott anbeteten.«[117]

Für weitere Studien

J. N. D. Anderson, *Christianity: The Witness of History*
F. F. Bruce, *The New Testament Documents: Are They Reliable?*
F. F. Bruce, *Jesus and Christian Origins Outside the New Testament*
Eusebius, *Ecclesiastical History*
Flavius Josephus, *Antiquities of the Jews*
Josh McDowell und Bill Wilson, *He Walked Among Us*

G. Habermas, *The Historical Jesus* (Kp. 9)
Lukian, *The Works of Lucian of Samosata*
Origenes, *Contra Celsus*
Pliny the Younger, *Letters*
A. Roberts und J. Donaldson (Hrsg.), *The Ante-Nicene Fathers*
Sueton, *Life of Claudius*
Sueton, *Life of Nero*
Tacitus, *Annals*

4.3 Die Steine werden schreien: Beweisführung durch die Archäologie

Die Archäologie, die unter den Naturwissenschaften noch relativ jung ist, hat aufsehenerregende und dramatische Bestätigungen im Hinblick auf die Genauigkeit der biblischen Aussagen geliefert. Es würde ganze Bücher füllen, die Funde alle zu beschreiben, die das Vertrauen in die historische Zuverlässigkeit der Bibel untermauert haben. Einige davon, die von bedeutenden Archäologen stammen, wie auch deren Meinung hinsichtlich der Konsequenzen daraus führen wir hier dennoch an.

Nelson Glueck, der bekannte jüdische Archäologe, schrieb: »Es kann grundsätzlich erklärt werden, dass noch nie eine archäologische Entdeckung eine biblische Aussage widerlegt hat.« Er fährt fort mit der Versicherung von den »fast unglaublich genauen historischen Aussagen der Bibel, und was besonders sichtbar wird, wenn sie durch archäologische Fakten bestärkt werden.«[118]

W. F. Albright fügt hinzu:

> Der übertriebene Skeptizismus gegenüber der Bibel, wie ihn bedeutende historische Schulen des 18. und 19. Jh.s gezeigt haben, und der mit einer gewissen Regelmäßigkeit immer wieder auftaucht, ist nach und nach in Misskredit gekommen. Eine Entdeckung nach der anderen hat in unzähligen Einzelheiten die Exaktheit der Bibel bewiesen und zunehmende Anerkennung ihres Wertes als historische Quelle erbracht.[119]

Später schreibt Albright: »Archäologische Entdeckungen der vorigen Generation in Ägypten, Syrien und Palästina haben weitgehend die Einzigartigkeit des frühen Christentums als historisches Phänomen begründet.«[120]

John Warwick Montgomery stellt ein typisches Problem vieler heutiger Gelehrter dar:

> Der Forscher Thomas Drobena vom [American] Institute [of Holy Land Studies] warnt: wenn Archäologie und Bibel in ihren Aussagen unvereinbar seien, sei es meistens eine Frage der Datierung. Diese aber sei das unsicherste Gebiet in der heutigen Archäologie und dasjenige, wo wissenschaftliche *A priori*-Entscheidungen und Zirkelschlüsse oft die solide empirische Analyse ersetzen.[121]

Merrill Unger sagt:

> Die Rolle, die die Archäologie in der Forschung zum Neuen Testament spielt (im Alten ist es ebenso), indem sie das wissenschaftliche Studium fördert, kritische Theorien ausgleicht, den historischen und kulturellen Hintergrund anschaulich werden lässt, aufklärt, ergänzt und glaubwürdig macht, wirft ein helles Licht auf die Zukunft der Bibelkritik.[122]

Millar Burrows von der Universität Yale sagt:

> Die Archäologie hat in vielen Fällen die Sicht der modernen Kritiker widerlegt. Sie hat an einer Reihe von Beispielen gezeigt, dass diese Sicht auf falschen Annahmen und unrealistischen, künstlichen Systemen von historischer Entwicklung beruht (AS 1938, S.182). Das ist ein realer Beitrag und sollte nicht heruntergespielt werden.[123]

F. F. Bruce bemerkt: »Wo man bei Lukas Ungenauigkeit vermutete und sich die Genauigkeit dann durch einige Inschriften herausstellte, da könnte man wohl mit Recht sagen, dass die Archäologie den neutestamentlichen Bericht bestätigt hat.«[124]

Er fügt hinzu:

> Zum größten Teil besteht der Dienst, den die Archäologie den Studien zum Neuen Testament geleistet hat, darin, dass sie den zeitgenössischen Hintergrund ausgeleuchtet hat, wodurch wir nun den Bericht mit besserem Verständnis und größerer Würdigung lesen können. Und dieser Hintergrund entstammt dem ersten Jahrhundert. Die Erzählungen des Neuen Testaments passen einfach nicht in das zweite Jahrhundert.[125]

William Albright meint dazu:

> Da das kritische Bibelstudium mehr und mehr von den reichen neuen Erkenntnissen im Hinblick auf den Nahen Osten in der Antike beeinflusst wird, werden wir eine zunehmende Wertschätzung der historischen Bedeutung von heute noch vernachlässigten oder verächtlich abgetanen Passagen und Einzelheiten des Alten und Neuen Testaments erleben.[126]

Burrows erhellt die Ursache von oft hochgespieltem Unglauben: »Der übersteigerte Skeptizismus vieler liberaler Theologen rührt nicht von einer sorgfältigen Einschätzung der verfügbaren Daten her, sondern von einer enormen Abneigung gegen alles Übernatürliche.«[127]

Dieser von Yale herkommende Archäologe fügt zu seiner obigen Bemerkung noch hinzu:

> Aufs Ganze gesehen hat die archäologische Forschung zweifelsfrei das Vertrauen in die Glaubwürdigkeit der biblischen Berichte gestärkt. Bei mehr als nur einem dieser Forscher wuchs der Respekt vor der Bibel nach der Erfahrung mit den Ausgrabungen in Palästina.[128]

Alles in allem haben die Beweismaterialien, die die Archäologie bis dahin zutage gefördert hat – besonders durch weitere und ältere Manuskripte biblischer Bücher – unser Vertrauen in die Sorgfalt und Korrektheit bestärkt, mit der die Texte uns durch die Jahrhunderte hindurch übermittelt wurden.[129]

Reisen eines skeptischen Archäologen

Sir William Ramsay wird als einer der größten Archäologen angesehen, die jemals lebten. Er studierte in Deutschland zur Zeit der historisch-kritischen Schule in der Mitte des 19. Jahrhunderts. Entsprechend glaubte er, dass die Apostelgeschichte ein Produkt aus der Mitte des zweiten Jahrhunderts sei. Von diesem Glauben war er fest überzeugt. Bei seiner Arbeit an einer topographischen Studie von Kleinasien war er gezwungen, sich die Schriften des Lukas genauer anzusehen. Das hatte zur Folge, dass er seine Überzeugung vollständig korrigieren musste, und zwar aufgrund des überwältigenden Materials, das seine eigene Untersuchung zutage gefördert hatte. Er äußerte dazu: »Ich kann wirklich sagen, dass ich diese Untersuchung ohne jedes Vorurteil zugunsten der Schlussfolgerung begonnen habe, die ich nun vor meinem Leser rechtfertigen möchte. Im Gegenteil – ich begann mit einer diesbezüglichen Abneigung. Die Tübinger Schule mit ihrer genialen und offensichtlich lückenlosen Theorie hatte mich vollständig überzeugt. Es lag damals nicht in der Richtung meines Weges, dieses Thema genauer zu untersuchen, doch kürzlich kam ich in Berührung mit der Apostelgeschichte als einer maßgeblichen Quelle für Topografie, Altertümer und Gesellschaft von Kleinasien. Mir wurde allmählich klar, dass die Erzählung in verschiedenen Einzelheiten eine erstaunliche Realität bewies. Tatsächlich war es nun so: begonnen hatte ich mit der festen Vorstellung, dass der Text im Wesentlichen eine Schöpfung des zweiten Jahrhunderts war. Und niemals kam mir die Idee, dass seine Hinweise in den Verhältnissen des ersten Jahrhunderts glaubwürdig sein könnten. Doch allmählich erschien er mir als ein nützlicher Bundesgenosse, wo es um dunkle und schwierige Untersuchungen ging.«[130]

4.3.1 Neutestamentliche Beispiele

4.3.1.1 Die erstaunliche Genauigkeit des Lukas

Die Zuverlässigkeit des Lukas als Historiker steht außer Zweifel. Unger sagt, dass die Archäologie die Evangelien-Berichte als authentisch ausgewiesen habe, besonders die des Lukas. Mit Ungers eigenen Worten:

> Im Hinblick auf die Apostelgeschichte wird nun in wissenschaftlichen Kreisen allgemein anerkannt: dass sie ein Werk des Lukas ist, dass sie aus dem ersten Jahrhundert stammt, und dass sich darin die Bemühungen eines sorgfältigen Historikers zeigen, der grundsätzlich in seinem Gebrauch von Quellen genau war.[131]

Im Hinblick auf die Fähigkeiten des Lukas als Historiker kam Sir William Ramsay nach 30 Jahren seiner Forschungsarbeit zu dem Ergebnis: »Lukas ist ein Historiker von Rang. Es ist nicht nur so, dass die von ihm berichteten Tatsachen glaubwürdig sind …, sondern dieser Autor sollte mit den größten Historikern auf eine Stufe gestellt werden.«[132]

Ramsay fügt hinzu: »Die Geschichte des Lukas ist im Hinblick auf ihre Glaubwürdigkeit unübertroffen.«[133]

Ramsay hatte überzeugend und endgültig gewisse Möglichkeiten ausgeschlossen. Im Licht der archäologischen Beweisführung spiegelt das NT die Verhältnisse in der zweiten Hälfte des 1. Jh. n. Chr. wider und nicht die Umstände einer späteren Zeit. Historisch gesehen ist es von größter Wichtigkeit, dass das so nachdrücklich festgestellt wurde. In allen Angelegenheiten äußerer Fakten zeigt sich der Autor der Apostelgeschichte als so sorgfältig und genau, wie nur ein Zeitgenosse sein kann.

Es gab eine Zeit, in der man einräumte, dass Lukas in der Schilderung der Ereignisse um die Geburt Jesu herum »voll daneben getroffen hätte« (Lk 2,1-3). Kritiker behaupteten, dass es damals keine Volkszählung gegeben hätte und dass Quirinius damals nicht Landpfleger von Syrien gewesen sei, und dass es nicht stimme, dass jeder in seine Geburtsstadt hätte zurückkehren müssen.[134]

Als Erstes bewiesen archäologische Entdeckungen, dass die Römer eine regelmäßig Feststellung aller Steuerpflichtigen einhielten und dass auch alle 14 Jahre eine Volkszählung stattfand. Diese Maßnahme begann tatsächlich unter Augustus, und die erste wurde entweder 23-22 v. Chr. oder 9-8 v. Chr. durchgeführt. Die spätere wäre dann diejenige, auf die sich Lukas bezieht.

Zweitens gibt es Beweise dafür, dass Quirinius um 7 v. Chr. Statthalter von Syrien war. Diese Annahme gründet sich auf eine Inschrift, die in Antiochien gefunden wurde und die Quirinius diesen Posten zuschreibt. Als Ergebnis dieses Fundes nimmt man heute an, dass er zweimal diese Position inne hatte, einmal 7 v. Chr. und das andere Mal 6 n. Chr. (das Datum, das Josephus angibt).[135]

Und schließlich – im Hinblick auf die Meldepflicht der Steuerpflichtigen – fand man in Ägypten einen Papyrus, der Anweisungen für die Durchführung einer Volkszählung enthält. Dort heißt es:

> Wegen der bevorstehenden Volkszählung ist es notwendig, dass alle diejenigen,

> die aus irgendeinem Grunde zur Zeit nicht zu Hause leben, sich sofort auf den Weg machen, in ihren eigenen Regierungsbezirk zurückzukehren, sodass die Familien in der Aufstellung vollständig registriert werden können, und dass die besteuerten Länder diejenigen festhalten, die zu ihnen gehören.[136]

Dr. Geisler fasst das Problem und seine Lösung in der Übersetzung des griechischen Textes zusammen:

> Verschiedene Probleme hängen mit der Aussage zusammen, dass Augustus während der Regierung sowohl des Quirinius als auch des Herodes eine Volkszählung im ganzen Reich durchführte. Erstens gibt es keinen Bericht von einer solchen Zählung, doch heute wissen wir, dass solche regelmäßig in Ägypten, Gallien und Kyrene stattfanden. Es kann durchaus sein, dass Lukas sagen wollte, dass im ganzen Reich zu verschiedenen Zeiten solche Volkszählungen durchgeführt wurden und dass Augustus damit anfing. Das Präsens, das Lukas benutzt, könnte stark darauf hinweisen, dass ein wiederholtes Ereignis damit gemeint war. Nun ist es aber so, dass Quirinius eine Volkszählung durchführte, aber im Jahr 6 n. Chr. – zu spät, um mit der Geburt Jesu in Zusammenhang gebracht zu werden. Und Herodes starb, bevor Quirinius Statthalter wurde.
>
> War Lukas verwirrt? Nein, tatsächlich erwähnt er später in Apg 5,37 auch die spätere Volkszählung des Quirinius. Es ist wahrscheinlicher, dass Lukas diese Zählung aus der Zeit des Herodes von der bekannteren des Quirinius unterschied: »Diese Zählung fand statt, bevor Quirinius Statthalter von Syrien war.« Es gibt verschiedene neutestamentliche Parallelen zu dieser Übersetzung.[137]

Archäologen glaubten zuerst auch, dass die Aussage des Lukas falsch sei, dass Lystra und Derbe in Lykaonien lägen, aber Ikonium nicht (Apg 14,6). Sie gründeten ihre Meinung auf Schriften von römischen Autoren wie z. B. Cicero, der sagte, dass Ikonium in Lykaonien läge. Aus diesem Grunde sagten die Archäologen, dass die Apostelgeschichte unglaubwürdig sei. Jedoch fand Sir William Ramsay 1910 ein Denkmal, das deutlich machte, dass Ikonium eine phrygische Stadt war. Spätere Entdeckungen bestätigten dies.[138]

Zu anderen historischen Bezugnahmen des Lukas gehört die auf Lysanias, den Tetrarchen von Abilene, der in Syrien und Palästina regierte (Lk 3,1). Das war zu Beginn vom Wirken Johannes des Täufers im Jahr 27 n. Chr. Der einzige Lysanias, der in der antiken Geschichte bekannt war, war einer, der 36 v. Chr. umgebracht wurde. Doch hat man eine Inschrift bei Abila in der Nähe von Damaskus gefunden, wo von dem »Freigelassenen von Lysanias dem Tetrarchen« die Rede ist. Diese Inschrift ist zwischen 14 und 29 n. Chr datiert.[139]

In seinem von Korinth aus geschriebenen Brief an die Römer erwähnt Paulus den Stadtverwalter Erastus (Röm 16,23). Während der Ausgrabungen von Korinth im Jahr 1929 fand man ein Pflaster mit der Inschrift: »ERASTUS PRO:AED:S:P: STRAVIT« (»Erastus, Kurator öffentlicher Gebäude, ließ dieses Pflaster auf seine eigenen Kosten legen.«). Nach Bruce existierte dieses Pflaster aller Wahrscheinlichkeit nach im 1. Jh. n. Chr., und der Spender und der Mann, den Paulus erwähnt, waren vermutlich ein und dieselbe Person.[140]

Ebenfalls wurde in Korinth eine fragmentarische Inschrift gefunden. Man glaubt, dass ursprünglich darauf gestanden hat: »Synagoge der Hebräer«. Es ist denkbar, dass das über dem Tor der Synagoge stand, wo Paulus mit den Juden diskutierte (vgl. Apg 18,4-7). Eine andere korinthische Inschrift erwähnt den städtischen »Fleischmarkt«, auf den sich Paulus in 1.Kor 10,25 bezieht.

Auf diese Weise wurden durch viele archäologische Funde die meisten der antiken Städte, die in der Apostelgeschichte erwähnt sind, identifiziert. Die Reisen des Paulus können nun als Ergebnis dieser Funde genau nachverfolgt werden.[141]

Geisler legt dar: »Insgesamt nennt Lukas irrtumsfrei zweiunddreißig Länder, vierundfünfzig Städte und neun Inseln.«[142]

Lukas schreibt über den Aufruhr in Ephesus und spricht von einer Bürgerversammlung (»Ecclesia«) im Theater (Apg 19,23-29). Tatsache ist, dass diese dort zustande kam. Eine Inschrift spricht von silbernen Statuen der Artemis (»Diana«), die im »Theater während einer Vollversammlung der *Ecclesia*« aufgestellt werden sollten. Als das Theater ausgegraben wurde, stellte sich heraus, dass es Platz für 25.000 Menschen bot.[143]

Lukas berichtet auch, dass in Jerusalem ein Aufruhr ausbrach, weil Paulus einen Heiden mit in den Tempel genommen hätte (Apg 21,28). Man hat Inschriften gefunden, in denen es heißt – auf Griechisch und auf Lateinisch –: »Kein Fremder darf innerhalb der Mauer sein, die den Tempel und seine Anlage umgibt. Jeder, den man dabei findet, dass er diese Vorschrift übertritt, ist selbst für seinen darauf folgenden Tod verantwortlich.« Und wieder stellt sich heraus, dass Lukas recht hatte![144]

Ebenso bezweifelt wurde bei Lukas der Gebrauch gewisser Wörter. Lukas nennt Philippi einen »Teil« oder einen »Distrikt« von Mazedonien. Er benutzt das griechische Wort *meris*, das mit »Teil« oder »Distrikt« übersetzt werden kann. F. J. A. Hort glaubt, dass Lukas sich dabei geirrt hat. Er sagt, dass *meris* einen Anteil bedeutet, nicht aber einen Bezirk, und begründet damit seinen Widerspruch. Archäologische Ausgrabungen jedoch haben gezeigt, dass gerade dieses Wort *meris* benutzt wurde, um die Teile eines Bezirkes zu beschreiben. Und damit hat die Archäologie erneut die Genauigkeit der Erzählung des Lukas belegt.[145]

Man sagt dem Lukas noch andere falsche Ausdrucksweisen nach. Es sei nicht korrekt gewesen, die führenden Männer in Philippi als *Prätoren* zu bezeichnen. Den »Gelehrten« zufolge, hätte ein *Duumvir* (»Zwei-Männer-Rat«) die Stadt regiert. Doch auch hier behielt Lukas Recht. Funde haben gezeigt, dass der Titel *Prätor* tatsächlich beim Magistrat einer römischen Kolonie gebräuchlich war.[146] Auch seine Entscheidung, das Wort *Prokonsul* als Titel für Gallio zu verwenden (Apg 18,12), ist durchaus korrekt, wie die Inschrift in Delphi beweist, in der es u.a. heißt: »Wie Lucius Junius Gallio, mein Freund und Prokonsul von Achaja …«[147]

Die Inschrift von Delphi (52 n. Chr.) gibt uns eine feste Zeitspanne an, in der Paulus seine Missionsarbeit in Korinth getan hat, nämlich ein und ein halbes Jahr.

Wir wissen durch andere Quellen belegt, dass Gallio am ersten Juli seinen Dienst begann, dass seine Zeit als Prokonsul nur ein Jahr dauerte, und dass dieses Jahr über die Zeit hinausging, in der Paulus in Korinth wirkte.[148]

Lukas gibt Publius, Oberhaupt von Malta, den Titel »der erste Mann [der angesehenste Mann] der Insel« (Apg 28,7). Es sind Inschriften ausgegraben worden, die ihn auch den »ersten Mann« der Insel nennen.[149]

Ein weiteres Beispiel ist sein Gebrauch von *politarch*, um die bürgerlichen Autoritäten von Thessalonich zu bezeichnen (vgl. »die Oberen«, Apg 17,6). Da sich die Bezeichnung *politarch* in der klassischen Literatur nicht findet, nahm man auch hier an, dass Lukas etwas Falsches in seinen Text gebracht habe. Jedoch sind über 19 Inschriften gefunden worden, die diesen Titel benutzen. Interessanterweise beziehen sich allein fünf davon auf Thessalonich.[150] Eine dieser Inschriften wurde in einem römischen Bogen in Thessalonich entdeckt, und dabei fanden sich auch die Namen von sechs Politarchen der Stadt.[151]

Colin Hemer, ein bekannter Historiker der Antike, hat zahlreiche archäologische und historische Bestätigungen im Hinblick auf die Genauigkeit des Lukas in einem Katalog zusammengestellt, und zwar in seinem Buch *The Book of Acts in the Setting of Hellenistic History*. Nachstehend finden Sie hier eine teilweise Zusammenfassung seines umfangreichen und sehr ausführlichen Berichts:

- Spezielle Einzelheiten, die weithin nicht bekannt waren, außer einem zeitgenössischen Forscher wie Lukas, der auf seinen Reisen weit herumkam. Zu diesen Details gehörten Titel von Beamten, Beschreibung von Armee-Einheiten und Informationen über die Hauptverkehrswege
- Von Archäologen festgestellte Einzelheiten sind zwar genau zu erkennen, können aber keine absolut exakte Angabe über eine Zeitspanne machen. Einige Aussagen dieser Art können nur von einem Schreiber gemacht worden sein, der diese Gegenden auch besucht hat
- Die Übereinstimmung von Daten bekannter Könige und Gouverneure mit den Zeitangaben des Erzählers
- Tatsachen, die genau den Angaben des Paulus oder seiner unmittelbaren Zeitgenossen in der Gemeinde entsprachen, aber nicht früher und nicht später passierten
- »Unbeabsichtigtes Übereinstimmen« zwischen der Apostelgeschichte und den paulinischen Briefen
- Innere Stimmigkeit innerhalb der Apostelgeschichte
- Lässig hingeworfene geografische Bezüge, die die Vertrautheit mit der allgemeinen Situation voraussetzen
- Differenzen in der Formulierung innerhalb der Apostelgeschichte geben einen Hinweis auf die unterschiedlichen Quellen, die er benutzte
- Besonderheiten in der Auswahl von Einzelheiten, wie z. B. in der Theologie, die im Kontext dessen, was man vom Gemeindeleben im ersten Jahrhundert weiß, erklärbar sind

- Stoffe und Themen, deren Unmittelbarkeit nahe legt, dass der Autor eher eine kürzlich gemachte Erfahrung berichtet und nicht einen Text bearbeitet oder veröffentlicht, der zu einer viel früheren Zeit geschrieben wurde
- Kulturelle oder sprachliche Einzelheiten, von denen man heute weiß, dass sie eine Besonderheit in der Atmosphäre des ersten Jahrhunderts darstellten.[152]

Der Historiker A. N. Sherwin-White stimmt dem zu:

> Im Hinblick auf die Apostelgeschichte gibt es eine überwältigende Bestätigung der Historizität … Jeder Versuch, diese grundsätzliche Gegebenheit abzulehnen, erscheint absurd. Historiker haben das schon lange als erwiesen angesehen.[153]

Es ist deshalb kein Wunder, dass E. M. Blaiklock, Professor für Altphilologie an der Universität Auckland, zu dem Ergebnis kommt: »Lukas ist ein großartiger Historiker, der zu Recht auf eine Stufe mit den großen Autoren der Griechen gestellt werden kann.«[154]

4.3.1.2 »Früheste Berichte von Christen«

Im Jahr 1945 wurden zwei Ossuarien (Behälter für Totengebeine) in der Nähe von Jerusalem gefunden. Diese Ossuarien ließen Kratzinschriften erkennen, von denen ihr Entdecker, Eleazar L. Sukenik, behauptet, dass es die »frühesten Zeugnisse der Christenheit« seien. Diese Behälter fand man in einem Grab, das vor 50 n. Chr. benutzt worden war. Da stand zu lesen: *Iesous iou* und *Iesous aloth*. Dabei waren vier Kreuze zu sehen. Es kann sein, dass das erste eine Bitte zu Jesus um Hilfe ist und das zweite eine Bitte um Auferstehung der Person, deren Gebeine in dem Ossuarium aufgehoben waren.[155]

4.3.1.3 Das Pflaster

Jahrhundertelang hatte man auch keine Informationen über den Hof gehabt, wo Jesus von Pilatus verhört worden war (mit Namen *Gabbata* oder »das Pflaster«, vgl. Joh 19,13).

William Albright zeigt in seinem Buch *The Archaeology of Palestine*, dass es sich dabei um den Hof der Festung Antonia handelte, des Hauptquartiers des römischen Militärs in Jerusalem. Dieser wurde zugeschüttet, als die Stadt zur Zeit Hadrians neu aufgebaut wurde, und wurde daher erst vor kurzem wieder entdeckt.[156]

4.3.1.4 Der Teich von Betesda

Dieser Teich ist eine andere Stelle, die nirgendwo außer im Neuen Testament erwähnt ist. Er kann nun »mit großer Wahrscheinlichkeit im Nord-Ost-Viertel der Stadt im 1. Jh. n. Chr. angenommen werden (die Gegend heißt Be(th)zaa oder ›Neuer Platz‹). Man hat dort bei Ausgrabungen in der Nähe der St.-Anna-Kirche im Jahr 1888 Spuren eines Teiches entdeckt.«[157]

4.3.1.5 Das Evangelium des Johannes

Die Archäologie hat auch die Evangelien-Berichte als authentisch erwiesen, einschließlich des von Johannes. Dr. William Foxwell Albright, der 17 Jahre lang führendes Mitglied und Direktor des Amerikanischen Instituts für Orientforschung in Jerusalem war, macht die beeindruckende Aussage: »Die Schriftrollen vom Toten Meer (Qumran) sind ein wichtiger neuer Hinweis auf das relative Alter des Johannesevangeliums.«[158]

Er fährt fort:

> Die Berührungspunkte auf dem Gebiet der Ausdrucksweise, des Symbolismus und begrifflicher Vorstellungen zwischen der Essener-Literatur und dem Johannes-Evangelium sind besonders häufig, obwohl es auch viel Ähnlichkeiten zwischen ihr und fast allen andern neutestamentlichen Schreibern gibt.[159]

4.3.1.6 Das Dekret von Nazareth

Dr. Geisler erklärt im Zusammenhang damit:

> Im Jahr 1878 wurde in Nazareth eine Steinplatte gefunden, auf der ein Dekret des Kaisers Claudius (41-54 n. Chr.) eingeritzt war: Gräber sollten nicht zerstört und Leichen nicht exhumiert oder verlegt werden. Diese Art von Erlassen ist nicht ungewöhnlich, aber die überraschende Sache dabei ist, dass es hier heißt: »... der Übeltäter [soll] zu schwerer Strafe verurteilt werden, wegen Schändung von [einer] Grabstätte.«[160]
> Andere Bekanntmachungen warnten vor einer Geldstrafe – doch auf Grabschändung sollte Todesstrafe stehen? Eine mögliche Erklärung ist, dass Claudius – während er die Aufstände aus dem Jahr 49 n. Chr. untersuchte – von der christlichen Lehre der Auferstehung und vom leeren Grab Jesu gehört hatte, beschloss, kein solches Gerücht wieder hochkommen zu lassen. Das würde im Licht des jüdischen Arguments Sinn machen, dass die Leiche Jesu gestohlen worden wäre (Mt 28,11-15). Es ist ein frühes Zeugnis für den starken und anhaltenden Glauben, dass Jesus von den Toten auferstanden war.[161]

4.3.1.7 Johanan – Opfer einer Kreuzigung

Dr. Geisler erklärt auch die Wichtigkeit des folgenden archäologischen Fundes:

> Im Jahr 1968 wurde in Jerusalem ein antiker Friedhof ausgegraben, auf dem sich etwa fünfunddreißig Leichen befunden hatten. Man stellte fest, dass die meisten von ihnen eines gewaltsamen Todes gestorben waren, und zwar im jüdischen Aufstand gegen die Römer im Jahr 70 n. Chr. Einer von diesen war ein Mann namens Johanan Ben Ha'galgol. Er war etwa 24 bis 28 Jahre alt, hatte einen gespaltenen Gaumen, und ein Nagel von 17 cm war ihm durch beide Füße getrieben worden. Die Füße waren nach außen gedreht, sodass es möglich war, den eckigen Nagel durch die Ferse, unmittelbar innerhalb der Achillessehne durch-

zuschlagen. Das bog die Beine ebenfalls nach außen, so dass sie am Kreuz nicht mehr zur Unterstützung gebraucht werden konnten. Der Nagel war durch einen Keil von Akazienholz gegangen, dann durch die Fersen und danach in einen Balken aus Olivenholz eingedrungen. Man fand auch Anzeichen dafür, dass ähnliche Spitzen zwischen die beiden Knochen eines jeden Unterarms getrieben worden waren. Das war die Ursache dafür, dass die oberen Knochen glatt gescheuert worden waren, wenn das Opfer sich immer wieder etwas hob und wieder nach unten sank, um atmen zu können (das Atmen ist bei erhobenen Armen erschwert). Die Opfer einer Kreuzigung mussten den Versuch machen, durch dieses Sich-Hochziehen die Brustmuskeln zu lockern. Wenn sie dazu zu schwach wurden, starben sie den Erstickungstod.

Johanans Beine waren durch einen Schlag gebrochen worden, was dem römischen Brauch bei einer *Kreuzigung* entsprach (Joh 19,31-32). Alle diese Einzelheiten bestätigen die neutestamentliche Beschreibung einer Kreuzigung.[162]

4.3.1.8 Die »Pilatus-Inschrift«

Im Jahr 1961 entdeckte ein italienischer Archäologe, Antonio Frova, in Cäsarea Maritima eine Inschrift auf einer Steinplatte, die zur Zeit der Entdeckung als ein Teil von Stufen benutzt wurde, die ins Theater von Cäsarea hineinführten. Die lateinische Inschrift hatte vier Zeilen, drei davon waren teilweise entzifferbar. Grob übersetzt lauteten sie so: »Tiberius – Pontius Pilatus – Präfekt von Judäa«.

Dieser beschriebene Stein war vermutlich anfangs im Fundament eines »Tiberiums« (eines Tempels, in dem der Kaiser Tiberius angebetet wurde) und später dann an der Stelle verwandt worden, wo man ihn dann entdeckt hatte. Die Inschrift belegt den Titel »Präfekt« für Pontius Pilatus, zumindest für eine gewisse Zeit während seiner Regierung. Tacitus und Josephus sprechen später von ihm als vom »Prokurator«. Das NT nennt ihn »Statthalter« (Mt 27,2), ein Ausdruck, der beide Titel in sich vereint. Diese Inschrift ist der einzige archäologische Beweis für Namen und Titel von Pilatus.[163]

4.3.1.9 Die »Erastus-Inschrift«

Auf einer Kalksteinplatte, die irgendwo in der Nähe des Theaters in Korinth im Pflaster gefunden wurde, entdeckte man eine lateinische Inschrift, deren Übersetzung lautet: »Erastus legte dieses Pflaster auf seine Kosten als Dank für sein Amt als Ädil« (hoher römischer Beamter, der als Aufseher in öffentlichen Gebäuden tätig war). In Röm 16,23 erwähnt Paulus (geschrieben von Korinth) einen Erastus und bezeichnet ihn als einen städtischen Beamten. Möglicherweise handelt es sich um ein und dieselbe Person.[164]

4.3.1.10 Neutestamentliche Münzen

Drei Münzen, die im griechischen NT erwähnt werden, sind mit ziemlicher Sicherheit identifiziert worden:

1. Die »Steuermünze« (Mt 22,17-21; Mk 12,13-17; Lk 20,20-26). Das griechische Wort für die Münze, die man Jesus an dieser Stelle zeigte, ist »Denar«, eine kleine Silbermünze, die auf einer Seite das Bild des Kaisers trug. Ihr Wert entsprach dem durchschnittlichen Tagelohn eines Arbeiters in Palästina.
2. Die »dreißig Silberlinge« (Mt 26,14-15). Das waren vermutlich 30 Silber-Schekel. Ursprünglich war ein Schekel eine Gewichtseinheit, die ungefähr zwei Fünfteln einer Unze entsprach. Später wurde daraus eine Silbermünze von etwa dem gleichen Gewicht.
3. Das »Scherflein der Witwe« (Mk 12,41-44; Lk 21,1-4). Die in Frage kommende Stelle lautet: »zwei sehr kleine Kupfermünzen, die nur den Bruchteil eines Pfennigs wert waren.« Die ersten Worte übersetzen das griechische *lepta*, womit die kleinste griechische Kupfermünze gemeint ist. An der zweiten Stelle steht das lateinische Wort *quadrans*, das die kleinste römische Kupfermünze bezeichnet. Wenn man den genauen geldlichen Wert dieser Münzen kennt, gibt das der Bedeutung des Gleichnisses ein umso größeres Gewicht.[165]

Dieser Abschnitt kann in Bezug auf die Heilige Schrift ungefähr mit den Worten Sir Walter Scotts zusammengefasst werden:

> *In diesem ehrwürdigen Text liegt das Wunder aller Wunder. Glücklich die Menschen, denen Gott die Gnade gewährt hat, zu lesen, zu fürchten, zu hoffen, zu beten, den Riegel zu öffnen, den Weg zu erzwingen. Und besser wären die nie geboren, die lesen, um zu zweifeln, oder lesen, um zu verachten.*[166]

5 Schlussfolgerung

Nachdem ich zuerst selbst versucht habe, die Historizität und die Stichhaltigkeit der Heiligen Schrift zu erschüttern, bin ich zu dem Ergebnis gekommen, dass sie in Wirklichkeit glaubwürdig ist. Wenn jemand die Bibel als historisch unzuverlässig ablehnt, muss er das nahezu mit der gesamten antiken Literatur auch tun.

Ein Problem, dem ich ständig begegne, ist aber das Bestreben vieler, an die Bibel einen andern Maßstab oder ein anderes Kriterium anzuwenden als auf die säkulare Literatur. Man muss aber den gleichen Standard bei beiden gelten lassen, ob die Untersuchungen sich nun auf religiöse oder säkulare Literatur beziehen.

Nachdem ich das getan habe, glaube ich, dass wir die Bibel in Händen halten und sagen können: »Sie ist glaubwürdig und historisch zuverlässig.«

Für weiter gehende Studien

W. F. Albright, Retrospect and Prospect in New Testament Archaeology, in E. J. Vardaman, Hg., *The Teacher's Yoke*
F. F. Bruce, *The New Testament Documents: Are They Reliable?*
N. Glueck, *Rivers in the Desert*
G. R. Habermas, *The Verdict of History*

C. J. Hemer, *The Book of Acts in the Setting of Hellenistic History*, C. H. Gempf, Hg.
J. McRay, *Archaeology and the New Testament*
W. M. Ramsay, *St. Paul the Traveler and the Roman Citizen*
J. A.T. Robinson, *Redating the New Testament*
A. N. Sherwin-White, *Roman Society and Roman Law in the New Testament*
C. A. Wilson, *Rocks, Relics and Biblical Reliability*
E. Yamauchi, *The Stones and the Scriptures*

6 Literaturangaben

1 C. Sanders, *Introduction to Research in English Literary History*, S. 143ff.
2 John W. Montgomery, *History and Christianity*, S. 26.
3 F. E. Peters, *The Harvest of Hellenism*, S. 50.
4 Norman L. Geisler/William E. Nix, *A General Introduction to the Bible*, S. 385.
5 Charles Leach, *Our Bible*, S. 145.
6 Informationen für die vorstehenden Übersichten stammen aus folgenden Quellen: Michael Welte vom Institut für Neutestamentliche Studien in Münster, Kurt Aland *Journal of Biblical Literature*, Bd. 87,1968; Kurt Aland, *Kurzgefaßte Liste der Griechischen Handschriften des Neuen Testaments,* W. De Gruyter, 1963; Kurt Aland, »Neve Nevtestamentliche Papyri III«, *New Testament Studies*, July 1976; Bruce Metzger *The Early Versions of the New Testament*, Clarendon Press, 1977; *New Testament Manuscript Studies*, (Hrsg. Merrill M. Parvis und Allen Wikgren), The University of Chicago Press, 1950; Eroll F. Rhode, *An Annotated List of Armenian New Testament Manuscripts,* Tokyo, Ikeburo, 1959; *The Bible and Modern Scholarship*, (ed.) J. Phillip Hyatt, Abingdon Press, 1965.
7 Norman L. Geisler/William E. Nix, *A General Introduction to the Bible*, S. 386.
8 John W. Montgomery, *History and Christianity*, S. 29.
9 Frederic G. Kenyon, *Handbook to the Textual Criticism of the New Testament*, S. 4.
10 Frederic G. Kenyon, *The Bible and Archaeology*, S. 288.
11 David S. Dockery, *Foundations for Biblical Interpretation*, S. 176.
12 Ebd., S. 182.
13 Fenton J. A. Hort, *The New Testament in the Original Greek*, S. 561.
14 J. Harold Greenlee, *Introduction to New Testament Textual Criticism*, S. 15.
15 W. F. Albright, *The Archaeology of Palestine*, S. 238.
16 W. Edward Glenny, *The Preservation of Scripture* zitiert nach *The Bible Version Debate*, S. 95; s. Kurt Aland, *The Text of the New Testament*, S. 72-84. Eine der jüngsten Tabellen der NT-Manuskripte findet sich in: Kurt und Barbara Alands (Hrsg.), *Kurzgefaßte Liste der griechischen Handschriften des Neuen Testaments.*
17 Lee Strobel, *The Case for Christ*, S. 62f.
18 W. Edward Glenny, *The Preservation of Scripture* zitiert nach *The Bible Version Debate*, S. 96.
19 F. F. Bruce, *The New Testament Documents*, S. 16f.

[20] Harold J. Greenlee, *Introduction to New Testament Textual Criticism*, S. 16.
[21] Ebd., S. 16.
[22] Bruce M. Metzger, *The Text of the New Testament*, S. 34.
[23] F. F. Bruce, *The Books and the Parchments*, S. 178.
[24] Norman L. Geisler/William E. Nix, *A General Introduction to the Bible*, S. 408.
[25] Ravi Zacharias, *Can Man Live Without God?*, S. 162.
[26] Norman L. Geisler/William E. Nix, *A General Introduction to the Bible*, S. 242-246.
[27] Ebd., S. 268.
[28] Bruce M. Metzger, *The Text of the New Testament*, S. 39.
[29] Norman L. Geisler/William E. Nix, *A General Introduction to the Bible*, S. 390.
[30] Bruce M. Metzger, *The Text of the New Testament*, S. 39f.
[31] Ebd., S. 41.
[32] Ebd., S. 39f.
[33] F. F. Bruce, *The Books and the Parchments*, S. 182.
[34] Frederic G. Kenyon, *The Bible and Modern Scholarship*, S. 20.
[35] F. F. Bruce, *The Books and the Parchments*, S. 195.
[36] Norman L. Geisler/William E. Nix, *A General Introduction to the Bible*, S. 318f.
[37] Bruce M. Metzger, *The Text of the New Testament*, S. 43.
[38] Ebd., S. 44.
[39] Encyclopedia Britannica, Bd. 3, S. 579; F. F. Bruce, *The Books and the Parchments*, S. 183.
[40] Philip W. Comfort, *The Origin of the Bible*, S. 181.
[41] J. Harold Greenlee, *Introduction to New Testament Textual Criticism*, S. 39.
[42] Ebd., S. 45.
[43] Bruce M. Metzger, *The Text of the New Testament*, S. 67.
[44] F. F. Bruce, *The Books and the Parchments*, S. 193.
[45] Ebd., S. 193.
[46] Norman L. Geisler/William E. Nix, *A General Introduction to the Bible*, S. 317.
[47] Bruce M. Metzger, *The Text of the New Testament*, S. 68-71.
[48] J. Harold Greenlee, *Introduction to New Testament Textual Criticism*, S. 49.
[49] Bruce M. Metzger, *The Text of the New Testament*, S. 72-74.
[50] F. F. Bruce, *The Books and the Parchments*, S. 201.
[51] Ebd., S. 214.
[52] Bruce M. Metzger, *The Text of the New Testament*, S. 79f.
[53] J. Harold Greenlee, *Introduction to New Testament Textual Criticism*, S. 50.
[54] Bruce M. Metzger, *The Text of the New Testament*, S. 30.
[55] J. Harold Greenlee, *Introduction to New Testament Textual Criticism*, S. 45.
[56] Bruce M. Metzger, *The Text of the New Testament*, S. 31.
[57] Norman L. Geisler/William E. Nix, *A General Introduction to the Bible*, S. 418.

[58] Ebd., S. 430.
[59] J. Harold Greenlee, *Introduction to New Testament Textual Criticism*, S. 54.
[60] Norman L. Geisler/William E. Nix, *A General Introduction to the Bible*, S. 431.
[61] Bruce M. Metzger, *The Text of the New Testament*, S. 86.
[62] *Encyclopedia Britannica*, Bd. 3, S. 579.
[63] David Dalrymple zitiert nach Charles Leach, *Our Bible.* How we got it. S. 35f.
[64] J. Anderson, *The Bible, the Word of God*, S. 28.
[65] Norman L. Geisler/William E. Nix, *A General Introduction to the Bible*, S. 353.
[66] Ebd., S. 353f.
[67] Leo Jaganay, *An Introduction to the Textual Criticism of the NT*, S. 48.
[68] John W. Montgomery, *Evangelicals and Archaeology*, S. 29.
[69] Ebd., S. 29.
[70] Robert M. Horn, *The Book That Speaks for Itself*, S. 86f.
[71] Gleason L. Archer, *Encyclopedia of Bible Difficulties*, S. 12.
[72] Norman L. Geisler, *Decide for Yourself*, S. 52.
[73] Norman L. Geisler/Thomas A. Howe, *When Critics Ask*, S. 15-26.
[74] F. F. Bruce, *The New Testament Documents*, S. 33.44ff.
[75] John W. Montgomery, *History and Christianity*, S. 34f.
[76] W. F. Albright, *Recent Discoveries in Bible Lands*, S. 136.
[77] W. F. Albright, *From the Stone Age to Christianity*, S. 23.
[78] John A. T. Robinson, *Redating the New Testament*, o.S.
[79] John W. Montgomery, *History and Christianity*, S. 31.
[80] Irenäus, *Against Heresies*, III, o.S.
[81] Ebd.
[82] Thomas Liplady, *The Influence of the Bible*, S. 209.
[83] Elgin Moyer, *Who Was Who in Church History*, S. 209.
[84] Ebd., S. 337.
[85] Norman L. Geisler, *Baker Encyclopedia of Christian Apologetics*, S. 381.
[86] Josh McDowell/Bill Wilson, *He Walked Among Us*. (s. Bibliografie)
[87] Tacitus, *Annals*, 15.44 zitiert nach *Great Books of the Western World.*
[88] Suetonius, *The Twelve Caesars*, 25,4.
[89] Ebd., 16.
[90] Flavius Josephus, *Against Apion*, 1.8.
[91] Norman L. Geisler, *Baker Encyclopedia of Christian Apologetics*, S. 254.
[92] Flavius Josephus, *The Antiquities of the Jews*, XX., 9.1.
[93] Ebd., XVIII., 5.2.
[94] Ebd.
[95] F. F. Bruce, *The New Testament Documents*, S. 107.
[96] Flavius Josephus, *The Antiquities of the Jews*, XVIII., 3.3.
[97] F. F. Bruce, *The New Testament Documents*, S. 108.
[98] Ebd., S. 109.
[99] Ebd., S. 110f.

[100] Diese Passage findet sich in dem arabischen Manuskript unter dem Titel: Kitab Al-Unwan Al-Mukallal Bi-Fadail Al-Hikma Al-Mutawwaj Bi-Anwa Al-Falsafa Al-Manduh Bi-Haqaq Al-Marifa.

[101] Julius Africanus, *Chronography*, 18.1, zitiert nach A. Roberts/J. Donaldson, *Ante-Nicene Fathers*.

[102] Pliny the Younger, *Letters*, X.96.

[103] Ebd., X.97.

[104] Babylonischer Talmud, *Sanhedrin 43a*.

[105] Lukian, *The Death of Pelegrine*, 11-13.

[106] Gary R. Habermas, *The Historical Jesus*, S. 206f.

[107] Ebd., S. 207.

[108] Norman L. Geisler, *Baker Encyclopedia of Christian Apologetics*, S. 383.

[109] British Museum, altsyr. Ms., add.14,658; zitiert nach Gary R. Habermas, *The Historical Jesus*, S. 200.

[110] James M. Robinson, *The Nag Hamadi Library*, 30,27-33; 31,4-6.

[111] Ebd., 20,11-14.25-34.

[112] Justin Martyr, *The First Apology*, Kap. 35.

[113] Ebd., Kap. 48.

[114] Norman L. Geisler, *Baker Encyclopedia of Christian Apologetics*, S. 384f.

[115] Gary R. Habermas, *The Historical Jesus*, S. 224.

[116] F. F. Bruce, *Jesus and Christian Origins*, S. 17.

[117] Michael J. Wilkins/J. P. Moreland, *Jesus Under Fire*, S. 222.

[118] Nelson Glueck, *Rivers in the Desert: History of Negev*, S. 31.

[119] W. F. Albright, *The Archaeology of Palestine*, S. 127f.

[120] Ebd., S. 248.

[121] John W. Montgomery, *Evangelicals and Archaeology*, S. 47f.

[122] Merrill F. Unger, *Archaeology and the Old Testament*, S. 25f.

[123] Millar Burrows, *What Mean These Stones?*, S. 291.

[124] F. F. Bruce, *Archaeological Confirmation of the New Testament* zitiert nach Carl Henry, *Revelation and the Bible*, S. 331.

[125] Ebd., S 331.

[126] W. F. Albright, *From the Stone Age to Christianity*, S. 81.

[127] Millar Burrows zitiert nach Howard Vos, *Can I Trust the Bible*, S. 176.

[128] Millar Burrows, *What Mean These Stones?*, S. 1.

[129] Ebd., S. 42.

[130] Edward M. Blaiklock, *Layman's Answer: An Examination of the New Theology*, S. 36, zitiert nach W. M. Ramsays Buch: *St. Paul the Traveller and the Roman Citizen*, o.S.

[131] Merrill F. Unger, *Archaeology and the New Testament*, S. 24.

[132] W. M. Ramsay, *The Bearing of Recent Discovery on the Trustworthiness of the New Testament*, S. 222.

[133] W. M. Ramsay, *St. Paul the Traveller and the Roman Citizen*, S. 81.

[134] John Elder, *Prophets, Idols and Diggers*, S. 159f; Joseph P. Free, *Archaeology and Bible History*, S. 285.

[135] Ebd., S. 160.
[136] Ebd., S. 159f.; Joseph P. Free, *Archaeology and Bible History*, S. 285.
[137] Norman L. Geisler, *Baker Encyclopedia of Christian Apologetics*, S. 46f.
[138] Joseph P. Free, *Archaeology and Bible History*, S. 317.
[139] F. F. Bruce, *Archaeological Confirmation of the New Testament* zitiert nach Carl Henry, *Revelation and the Bible*, S. 321.
[140] F. F. Bruce, *The New Testament Documents*, S. 95; Howard Vos, *Can I Trust the Bible*, S. 185.
[141] F. F. Bruce, *The New Testament Documents*, S. 95; W. F. Albright, *Recent Discoveries in Bible Lands*, S. 118.
[142] Norman L. Geisler, *Baker Encyclopedia of Christian Apologetics*, S. 47.
[143] F. F. Bruce, *Archaeological Confirmation of the New Testament* zitiert nach Carl Henry, *Revelation and the Bible*, S. 326.
[144] Ebd.
[145] Joseph P. Free, *Archaeology and Bible History*, S. 320.
[146] Ebd., S. 321.
[147] Howard Vos, *Can I Trust the Bible*, S. 180.
[148] F. F. Bruce, *Archaeological Confirmation of the New Testament* zitiert nach Carl Henry, *Revelation and the Bible*, S. 324.
[149] Ebd., S. 325.
[150] Ebd., S. 325.
[151] Ebd., S. 360.
[152] Colin J. Hemer, *The Book of Acts in the Setting of Hellenistic History*, S. 104-107.
[153] A. N. Sherwin-White, *Roman Society and Roman Law in the New Testament*, S. 189.
[154] Edward M. Blaiklock, *The Acts of the Apostles*, S. 89.
[155] F. F. Bruce, *Archaeological Confirmation of the New Testament* zitiert nach Carl Henry, *Revelation and the Bible*, S. 327f.
[156] W. F. Albright, *The Archaeology of Palestine*, S. 141.
[157] F. F. Bruce, *Archaeological Confirmation of the New Testament* zitiert nach Carl Henry, *Revelation and the Bible*, S. 329.
[158] W. F. Albright, *The Archaeology of Palestine*, S. 249.
[159] Ebd, S. 249.
[160] Colin J. Hemer, *The Book of Acts in the Setting of Hellenistic History*, S. 155 zitiert nach Norman L. Geisler, *Baker Encyclopedia of Christian Apologetics*, S. 48.
[161] Norman L. Geisler, *Baker Encyclopedia of Christian Apologetics*, S. 48.
[162] Ebd, S. 48.
[163] David S. Dockery, *Foundations for Biblical Interpretation*, S. 360.
[164] Ebd., S. 361.
[165] Ebd., S. 362.
[166] Walter Scott, *Monastery*, S. 140.

04 Ist das Alte Testament historisch glaubwürdig?

Kapitelübersicht

1 Die Glaubwürdigkeit der alttestamentlichen Manuskripte

Dieses Kapitel zielt auf die historische Glaubwürdigkeit des Alten Testaments. Vieles von den Zeugnissen unterscheidet sich von dem des Neuen Testaments. In den beiden Kapiteln 3 und 4 geht es um die historische Glaubwürdigkeit der Bibel, nicht aber um die Frage ihrer Inspiration. Mit ihr werden wir uns erst im zweiten Teil dieses Buches näher beschäftigen.

Das Alte Testament hat sich in mindestens dreierlei Weise als glaubwürdig erwiesen: 1. durch die Textüberlieferung (die Genauigkeit auf dem Weg des Kopierens durch die ganze Geschichte hindurch), 2. durch die Bestätigung des ATs durch harte Fakten, die von der Archäologie entdeckt wurden und 3. durch Entdeckungen von Dokumenten, die ebenfalls durch die Archäologie erfolgten.

1.1 Textliche Überlieferung: Wie genau war der Prozess des Abschreibens?

Teilweise hat die Entdeckung der historischen Glaubwürdigkeit des Alten Testaments mit der Überprüfung der Textüberlieferung (das ist der Weg von der Original-Handschrift bis hin zu den gedruckten Abschriften von heute) zu tun. Wie es auch bei anderer antiker Literatur der Fall ist, haben wir die Urschriften heute natürlich nicht mehr. Doch die Genauigkeit der hebräischen Schreiber, die die Abschriften anfertigten, ist erstaunlich, wenn man diese mit anderer Literatur aus der Vorzeit vergleicht.

Gleason Archer sagt dazu:

> Es muss ganz klar festgehalten werden, dass sich in dieser Hinsicht [Textüberlieferung] das Alte Testament von allen anderen vor-christlichen literarischen Werken unterscheidet – so weit wir von diesen überhaupt Kenntnis haben. Es muss zwar gesagt werden, dass wir nicht allzu viele unterschiedliche heidnische Manuskripte besitzen, die aus so weit voneinander entfernten Zeitaltern stammen wie die des Alten Testaments. Aber wo wir solche haben, wie z. B. bei dem ägyptischen Buch von den Toten, sind die Abweichungen sehr viel größer und ernsthafterer Natur. Ganz erstaunliche Unterschiede erscheinen z. B. zwischen Kapitel 15, enthalten in dem Papyrus von Ani (geschrieben in der 18. Dynastie) und dem Turin-Papyrus (aus der 26. Dynastie oder noch später). Ganze Absätze sind eingefügt oder weggelassen, und der Sinn in korrespondierenden Textreihen ist in manchen Fällen ganz unterschiedlich. Abgesehen von der göttlichen Überwachung in der Textüberlieferung der hebräischen Manuskripte z. B., gibt es keinen besonderen Grund, warum das gleiche Phänomen der Divergenz und Veränderung nicht auch zwischen den Manuskripten hier in Erscheinung treten sollte, die ja im Abstand von Jahrhunderten angefertigt wurden. Ein Beispiel dazu: Obwohl die beiden Abschriften des Jesaja, die in der Höhle Nr. 1 von Qumran am Toten Meer 1947 gefunden wurden, noch tausend Jahre älter waren als das bis dahin bekannte älteste Manuskript (980 n. Chr.), stellte sich heraus, dass sie in mehr als 95 Prozent des Textes Wort für Wort identisch waren mit unserer heutigen hebräischen Bibel. Die 5 Prozent Abweichungen bestanden hauptsächlich aus offensichtlichen Schreibfehlern und Variationen in der Schreibweise. Sie berührten die geoffenbarte Botschaft in keiner Weise.[1]

Robert Dick Wilsons brillante Beobachtungen verfolgen die Zuverlässigkeit und Glaubwürdigkeit der Heiligen Schriften zurück bis in die kulturelle Umgebung des alttestamentlichen Israels:

> Die hebräischen Heiligen Schriften enthalten die Namen von 26 oder noch mehr fremden Königen, deren Namen man auch auf zeitgenössischen Dokumenten dieser Zeit gefunden hat. Die meisten der Namen standen auch auf den Denkmälern dieser Männer und auf Dokumenten aus der Zeit, in der sie regierten, und zwar in genau der gleichen Schreibweise, wie sie auch die Dokumente des Alten

Testamentes zeigen. Die veränderte Schreibweise an anderen Stellen ist in Einklang mit den Gesetzen der phonetischen Veränderung, die um die Zeit üblich war, in der die hebräischen Dokumente behaupten geschrieben zu sein. Im Fall von zwei oder drei Namen gibt es Buchstaben oder Schreibweisen, die bis jetzt nicht mit Sicherheit erklärt werden können. Aber selbst in diesen wenigen Fällen kann man nicht nachweisen, dass die Schreibweise im hebräischen Text falsch ist. Im Gegenteil, die Namen vieler Könige von Juda und Israel zeigen in assyrischen zeitgenössischen Dokumenten die gleiche Schreibweise, wie wir sie im heutigen hebräischen Text vorfinden.
In 144 Fällen von Transkription vom Ägyptischen, Assyrischen, Babylonischen und Moabitischen in die hebräische Sprache und in 40 Fällen von einer gegenteiligen Aktivität, d. h. zusammen in 184 Fällen, zeigt das Beweismaterial, dass für 2.300 bis zu 3.900 Jahre der Text der hebräischen Bibel selbst in der Namensschreibweise mit äußerster Korrektheit übertragen worden ist. Dass die ursprünglichen Schreiber sie mit solcher Übereinstimmung nach korrekten philologischen Prinzipien geschrieben haben, ist ein wunderbarer Beweis ihrer unwahrscheinlichen Sorgfalt und ihres Wissens. Und dass der hebräische Text über Abschriften durch so viele Jahrhunderte übermittelt werden konnte, ist ein Phänomen, das in der Literaturgeschichte einmalig ist.[2]

Professor Wilson fährt fort:

Weder die Kritiker noch die Verteidiger des biblischen Textes können auch nur einen Augenblick annehmen, dass die genaue Übertragung oder korrekte Überlieferung von Namen eine leichte oder übliche Angelegenheit sei. Und da einige meiner Leser vielleicht keine Erfahrung mit solchen Untersuchungen haben, sollte man die Namen von ägyptischen Königen einmal in Betracht ziehen, die sich bei Mąnetho und auf ägyptischen Denkmälern finden. Mąnetho war Oberpriester der Göttertempel in Ägypten in der Zeit der beiden ersten Ptolemäer, d. h. ca. 280 v. Chr. (Ptolemäus II. = Ptolemäus Philadelphus). Er schrieb ein Werk über die Dynastien der ägyptischen Könige, von dem Fragmente bei Josephus, Eusebius und anderen erhalten sind. Von den Königen der 31 Dynastien gibt er 40 Namen an, die zu 22 der Dynastien gehören. Davon erscheinen 49 auf Denkmälern in einer Form, bei der man möglicherweise jeden Konsonanten von Mąnethos Schrift erkennen kann, 28 weitere sind vielleicht teilweise zu entziffern. Bei den übrigen 63 ist auch nicht eine einzige Silbe erkennbar. Wenn es wahr ist, dass Mąnetho selbst diese Listen von den ursprünglichen Dokumenten abschrieb – und die Tatsache, dass er in 49 Fällen im Wesentlichen genau war, erhärtet die Vermutung, dass er diese Abschriften selbst gemacht hat – dann müssen die Hunderte von Abweichungen und Veränderungen in den 50 oder mehr nicht identifizierbaren Namen entweder an seiner fehlerhaften Abschrift oder an Fehlern derer liegen, die den Text übertragen haben.[3]

Wilson fügt hinzu, dass es da etwa 40 dieser Könige gibt, die zwischen 2.000 und 400 v. Chr. lebten. Jeder von ihnen erscheint in chronologischer Ordnung: »Mit Bezug auf die Könige desselben Landes und mit Bezug auf die Könige anderer Länder … ist kein stärkerer Beweis für die grundsätzliche Genauigkeit der alttestamentlichen Berichte denkbar als diese Liste der Könige.« In einer Fußnote berechnet er die Wahrscheinlichkeit dieser Genauigkeit, falls sie zufällig sein sollte: »Mathematisch gibt es dafür die Chance von 750.000.000.000.000.000.000.000.«[4] Aufgrund dieser Beweislage schließt er:

> Der Nachweis, dass die Abschriften der Originaldokumente im Wesentlichen über mehr als 2.000 Jahre korrekt weitergegeben wurden, kann nicht geleugnet werden. Und dieser Vorgang ist nicht nur möglich, sondern, wie wir gezeigt haben, belegt durch entsprechende babylonische Dokumente, die noch vorhanden sind. Von diesen besitzen wir Originaltexte und Abschriften, die Tausende von Jahren voneinander entfernt liegen, und eine Menge von Papyri, die zeigen – wenn man sie mit unsern modernen Ausgaben der antiken Literatur vergleicht –, dass innerhalb von mehr als 2.000 Jahren nur kleine Veränderungen des Textes stattgefunden haben. Und das besonders durch wissenschaftliche und beweisbare Genauigkeit, mit der die korrekte Schreibweise der Königsnamen und der zahlreichen fremden Ausdrücke, die in den hebräischen Text eingebettet sind, uns überliefert wurden.[5]

F. F. Bruce sagt, dass »der Konsonantentext [die Schreibweise ohne Vokalzeichen] der hebräischen Bibel, den die Massoreten herausgegeben haben, mit bemerkenswerter Treue über einen Zeitraum von fast tausend Jahren bis auf ihre Zeit weitergegeben worden ist.«[6]

William Green schließt, dass »man gut und gerne feststellen könnte, dass kein anderes Werk der Antike so korrekt übermittelt worden sei.«[7]

Bezüglich der Genauigkeit der Überlieferung des hebräischen Textes sagt Atkinson, der Unterbibliothekar der Universitätsbibliothek von Cambridge war: »… es grenzt ans Wunderbare.«

Hunderte von Jahren haben jüdische Rabbiner die Überlieferung des hebräischen Textes mit äußerster Sorgfalt überwacht. Dieses Kapitel beleuchtet das Ergebnis ihres Tuns.

1.1.1 Der Umfang der Manuskripte

Obwohl sich das Alte Testament nicht der gleichen Zahl an Handschriften rühmen kann wie das Neue, ist die Zahl der Manuskripte (Mss.), die heute noch verfügbar sind, doch beträchtlich. Man nimmt verschiedene Gründe für den Mangel an frühen hebräischen Handschriften an. Der erste und einleuchtendste ergibt sich vom Alter und der Vergänglichkeit her. Zwei- oder dreitausend Jahre sind im Hinblick auf die Lebensdauer alter Dokumente eine lange Zeit. Trotzdem gibt es einige Hinweise, die den Schluss zulassen, dass sie von sehr guter Qualität sind. Doch zuerst ist es wichtig, die Menge der verfügbaren Manuskripte festzustellen. Es gibt heute verschiedene bedeutende Sammlungen hebräischer Handschriften. Die erste, von Benjamin Kennicott (1776-1780) zusammengestellte und durch die Universität Oxford veröffentlichte Sammlung, zählte 615 Mauskripte des ATs. Später veröffentlichte Giovanni de Rossi (1784-1788) eine Liste mit 731 Handschriften. Die wichtigsten Manuskript-Entdeckungen in modernen Zeiten sind die Geniza-Manuskripte von Kairo (90er Jahre des 19. Jh.s) und die Schriftrollen vom Toten Meer (ab 1947). Auf dem Dachboden der Synagoge von Kairo wurde eine *Geniza*, ein Lagerraum für alte Handschriften entdeckt. 200.000 Manuskripte und Fragmente[8], von denen einige Zehntausende zu biblischen Texten gehören, wurden dort gefunden.[9]

> Gegen Ende des 19. Jh. wurden in einer alten Synagoge in Kairo viele Fragmente aus dem 6.-8. Jh. gefunden. Diese ägyptische Synagoge war bis zum Jahr 882 n. Chr. die St.-Michaels-Kirche gewesen. Die Fragmente fand man in einer *Geniza*, einem Lagerraum, wo verdorbene oder fehlerhafte Manuskripte zwischengelagert wurden, bis sie angemessen beseitigt werden konnten. Diese Geniza war offensichtlich bis zu ihrer Entdeckung vor kurzem verschlossen und dadurch vergessen worden. In dem kleinen Raum waren ca. 200.000 Fragmente enthalten, einschließlich biblischer Texte in Hebräisch und Aramäisch. Die biblischen Fragmente stammen aus dem 5. Jh.[10]

Von den Geniza-Fragmenten aus Kairo befindet sich etwa die Hälfte jetzt in der Universität Cambridge. Der Rest ist über alle Welt zerstreut. Der Bevollmächtigte für diese Fragmente, Paul Kahle, hat mehr als 120 seltene Manuskripte identifiziert, die von der »babylonischen« Gruppe der massoretischen Schriftgelehrten angefertigt worden waren.

Die größte Sammlung hebräischer alttestamentlicher Handschriften auf der ganzen Welt ist die »Zweite Firkowitsch-Sammlung« in Leningrad. Sie enthält 1.582 Einzelheiten aus Bibel und Massora auf Pergament (725 auf Papyrus) und 1.200 weitere hebräische Manuskript-Fragmente in der »Antonin-Sammlung«.[11] Kahle behauptet auch, dass diese Manuskripte und Fragmente der Antonin-Sammlung alle aus der Geniza in Kairo stammen.[12] In der Firkowitsch-Sammlung finden sich 14 Mss. des hebräischen ATs aus den Jahren 929 n. Chr. und 1121 n. Chr., die sicher aus der Geniza in Kairo kommen.

Die Geniza-Manuskripte sind über die ganze Welt verstreut. Einige der besseren befinden sich in den USA, in der »Enelow Memorial Collection« am Jewish Theological Seminary in New York.[13]

Der Katalog des Britischen Museums führt 161 Handschriften des hebräischen ATs auf. An der Universität Oxford nennt die Bodleian Library in ihrem Katalog 146 Mss. des ATs, darüber hinaus eine große Zahl von Fragmenten.[14] Goshen-Gottstein schätzt, dass in den USA allein Zehntausende von semitischen Manuskript-Fragmenten zu finden sind, von denen etwa 5% zu biblischen Texten gehören – mehr als 500 Manuskripte also.[15]

Die meisten bedeutenden hebräischen Handschriften des ATs stammen aus der Zeit zwischen dem 3. Jh. v. Chr. und dem 14. Jh. n. Chr. Von diesen wiederum sind die bemerkenswertesten die Schriftrollen vom Toten Meer, die in die Zeit vom 3. Jh. v. Chr. bis zum 1. Jh. n. Chr. gehören. Sie umfassen ein vollständiges alttestamentliches Buch (Jesaja) und Tausende von Fragmenten, die zusammengesetzt jedes Buch des AT – außer dem Buch Ester – beinhalten[16] (s. auch den Abschnitt »Die Schriftrollen vom Toten Meer« in diesem Kapitel).

Die Handschriften vom Toten Meer sind von ganz hoher Bedeutung, weil sie die Genauigkeit anderer Manuskripte bestätigen, die aus viel späterer Zeit stammen. Zum Beispiel war der *Kairo-Codex* (895 n. Chr.) das früheste massoretische Manuskript vor der Entdeckung der Rollen von Qumran. Er befindet sich heute im Britischen Museum. Er wird auch *Codex Cairensis* genannt und wurde von der massoretisch geschulten Familie Moses Ben Ascher hergestellt. Er enthält die späteren und die frühen Propheten. Der Rest des ATs fehlt aber.[17]

Der Codex der Propheten von Leningrad (916 n. Chr.) enthält die Bücher Jesaja, Jeremia, Hesekiel und die zwölf kleinen Propheten.

Das früheste vollständige Manuskript des ATs ist der *Codex Babylonicus Petropalitanus* (1008 n. Chr.), der sich in Leningrad befindet. Er wurde angefertigt nach einem korrigierten Text des Rabbi Aaron Ben Moses Ben Ascher vor 1.000 n. Chr.[18]

Der *Aleppo Codex* (>900 n. Chr.) ist eine außergewöhnlich wertvolle Handschrift. Man hielt sie früher für verloren, aber im Jahr 1958 wurde sie entdeckt. Bei den Kämpfen in Israel im Jahr 1947 wurde sie teilweise zerstört. Der Aleppo Codex war das älteste komplette massoretische Manuskript des ganzen ATs.

Der *British Museum Codex* (950 n. Chr.) enthält Teile der Genesis bis zum Deuteronomium.

Der *Reuchlin Codex der Propheten* (1105 n. Chr.) wurde von dem Massoreten Ben Naftali angefertigt. Damit stellt sich die Frage der Glaubwürdigkeit der Übertragung des biblischen Textes. Es gibt zahlreiche Arten von Fehlern in Handschriften, welche die Textkritiker in den frühen Manuskripten des ATs entdecken mögen. (Davon wird in einem späteren Abschnitt dieses Kapitels noch die Rede sein.) Sind diese so ernsthafter Natur, dass sie die Botschaft selbst in Frage stellen oder es unmöglich machen, die wahre Bedeutung zu vermitteln? Wenn das zutrifft, dann ist Gottes Plan zunichte gemacht worden. Er konnte seine Offenbarung den Menschen nicht so vermitteln, dass spätere Generationen sie wirklich richtig verstehen konnten. Wenn er nicht einen beherrschenden Einfluss auf die Schreiber ausgeübt hätte, die die maßgeblichen und anerkannten Abschriften der Heiligen Schriften anfertigten, dann hätten sie die Botschaft verfälscht und verdorben. Wenn aber die Botschaft verfälscht wurde, dann war der ganze Plan, eine geschriebene Offenbarung zu vermitteln, umsonst. Denn das wäre dann nur noch eine Mischung von Wahrheit und Irrtum gewesen, notwendigerweise dem menschlichen Urteilsspruch unterworfen (statt dass die Bibel das Urteil über die Menschen spricht).

1.1.2 Die Geschichte des alttestamentlichen Textes

Rabbi Akiba, der im 2. Jh. den Wunsch hatte, einen genauen Text anzufertigen, wird die Aussage zugeschrieben: »… die exakte Übertragung des Textes [nach der Weise der Masoreten] ist ein bewahrender Zaun für die Thora.«[19] Im Judaismus waren Schriftgelehrte in Folge angewiesen, die biblischen Texte zu vereinheitlichen und zu bewahren, indem sie alle möglichen Fehler, die sich eingeschlichen hatten, ausmerzten:

- Die *Sopherim* (mit der hebräischen Bedeutung »Schreiber«) waren zwischen dem 5. und 3. Jh. v. Chr. jüdische Gelehrte und Wächter über den Text.
- Die *Zugoth* (partnerschaftlich arbeitende Textwissenschaftler) hatten die Anweisung für diese Aufgabe im 2. und 1. Jh. v. Chr. übernommen.
- Die *Tannaim* (»Wiederholende« oder »Lehrer«) waren aktiv bis 200 n. Chr. Außer im Zusammenhang mit dem Bewahren des alttestamentlichen Textes begegnet man der Arbeit der Tannaim im *Midrasch* (»Textauslegung«), in der *Tosefta* (»Zufügung«; Ergänzungswerk zur Mischna) und im *Talmud* (»Instruktion«; Gesetzessammlung). Der Talmud besteht aus der *Mischna* (»Wiederholungen«) und der *Gemara* (»Was gelernt werden soll«, den Erläuterungen zur Mischna). Der Talmud wurde nach und nach zwischen 100 und 500 n. Chr. zusammengestellt. Es war nur natürlich, dass die Tannaim die hebräische Bibel bewahren würden, da ihre Arbeit mit der Sammlung jahrhundertelanger rabbinischer Lehre auf der Grundlage biblischen Textes zu tun hatte.
- Die *Talmudisten* (100-500 n. Chr.)

Geisler und Nix erklären die zweite »Schreiber«-Tradition, die sich von etwa 400 v. Chr. bis fast 1000 n. Chr. hinzog, näher:

> Nach der ersten Periode der alttestamentlichen Schriften-Überlieferung, der Periode der Sopherim (ca. 400 v. Chr. bis 200 n. Chr.), begann eine zweite Periode, die talmudische (ca. 100 bis ca. 500 n. Chr.) und darauf folgte die besser bekannte der massoretischen Tradition (ca. 500 bis ca. 950 n. Chr.). Esra arbeitete mit der ersten dieser Gruppen. Sie wurden bis nach der Zeit von Christus als Wächter der Bibel angesehen. Zwischen 100 und 500 n. Chr. kam der Talmud (Instruktion, Lehre) als Verkörperung des hebräischen bürgerlichen und religiösen Rechtes auf der Grundlage der Thora auf. Der Talmud repräsentiert im Wesentlichen die Meinungen und Entscheidungen jüdischer Lehrer von etwa 300 v. Chr. bis 500 n. Chr., und er besteht aus zwei Hauptteilen: der Mischna und der Gemara.[20]

Während dieser Periode verbrachte man einen großen Teil seiner Zeit mit dem Katalogisieren des hebräischen bürgerlichen und religiösen Rechts. Die Talmudisten hatten ein sehr kompliziertes System, die Schriftrollen der Synagogen zu übertragen.

Samuel Davidson beschreibt einige der Vorschriften der Talmudisten in Bezug auf die Heiligen Schriften. Zu diesen sehr genauen Regeln gehörten folgende (ich benutze hier die Zählung, die Norman L. Geisler eingeführt hat):

> 1. Eine Synagogen-Schriftrolle musste auf der Haut »reiner« Tiere geschrieben sein, 2. musste sie für den besonderen Gebrauch in der Synagoge durch einen Juden angefertigt sein, 3. musste sie mit Sehnen von »reinen« Tieren zusammengebunden sein, 4. musste jede Haut [jedes Pergament] eine bestimmte Zahl von Textspalten enthalten – gleichbleibend durch den gesamten Kodex, 5. durfte die Länge jeder Spalte nicht weniger als 48 und nicht mehr als 60 Zeilen betragen, und die Breite musste 30 Buchstaben enthalten, 6. musste die ganze Abschrift sich in einer Linie befinden; wenn auch nur drei Worte außerhalb der Reihe geschrieben wurden, war die ganze Sache wertlos, 7. musste die Tinte schwarz – weder rot noch grün noch von irgendeiner anderen Farbe – und nach einem besonderen Rezept zubereitet sein, 8. musste eine authentische Abschrift vorliegen, von dem der Schreiber, der den Text übertrug, nicht im Allergeringsten abweichen durfte, 9. kein Wort und kein Buchstabe, nicht einmal ein Jota [der kleinste hebräische Buchstabe], durfte aus dem Gedächtnis geschrieben werden, wenn der Schreiber es nicht zuerst auf dem ihm vorliegenden Kodex gesehen hatte. …, 10. musste zwischen jedem Konsonanten und dem nächsten ein Spalt von Haares- oder Fadenbreite liegen, 11. musste zwischen jeder Parasche [Kapitel aus der Thora, das am Sabbat vorgelesen wurde] und der nächsten ein Raum von der Breite von neun Konsonanten frei bleiben, 12. sollten zwischen jedem Buch und dem nächsten drei Zeilen Freiraum sein, 13. musste das fünfte Buch Mose genau mit einer Zeile abschließen, bei den übrigen war dies nicht nötig, 14. außer all diesen Vorschriften musste der Schreiber in der vollen jüdischen Kleidung dasitzen, 15. seinen ganzen Körper gewaschen haben, 16. durfte er den Namen Gottes nicht mit einer Feder zu schreiben beginnen, die vor kurzem erst in Tinte getaucht worden war, und 17. selbst wenn ein König ihn ansprach, während er den Namen Gottes schrieb, durfte er nicht darauf reagieren.[21]

Davidson fügt hinzu: »… die Rollen, in denen diese Regeln nicht beachtet wurden, sind dazu verurteilt, im Boden vergraben oder verbrannt zu werden. Oder aber sie stehen für Schulen unter einem Bann und dürfen nicht zum Lesen verwendet werden.«

Die Talmudisten waren so überzeugt davon, dass sie nach Beendigung ihrer Abschrift des Manuskripts ein exaktes Duplikat in Händen hatten, dass sie der neuen Abschrift die gleiche Autorität verliehen.

Frederic Kenyon äußert sich in seinem Buch *Our Bible and the Ancient Manuscripts* über das Thema der Sorge um die Beschädigung alter Abschriften noch weiter gehend:

> Die gleiche extreme Sorgfalt, die man bei der Übertragung von Manuskripten anwandte, ist auch der Grund vom Verschwinden der früheren Manuskripte. Wenn ein Manuskript mit der Exaktheit abgeschrieben worden war, wie sie im

> Talmud beschrieben ist, und dann ordnungsgemäß überprüft worden war, dann wurde es als authentisch akzeptiert und als jeder anderen Abschrift gleichwertig angesehen. Wenn alle gleich genau waren, *spielte das Alter eines Manuskripts keine vorrangige Rolle*. Im Gegenteil, das Alter war eher ein Nachteil, da ein Manuskript im Laufe der Zeit unleserlich oder beschädigt werden konnte. Eine beschädigte oder unvollständige Abschrift wurde als ungeeignet für den Gebrauch verurteilt.
>
> An jeder Synagoge gab es eine »Geniza« (einen Schrank oder Raum für »Gerümpel«), in dem beschädigte Manuskripte abgelegt wurden. Aus diesen »Vorräten« sind einige der ältesten Manuskripte, die wir heute vorliegen haben, erst in jüngster Zeit entdeckt worden. So kam es, dass es jüdische Gewohnheit war – weit entfernt davon, die älteren Manuskripte als wertvoller anzusehen – die neueren Abschriften als am vollständigsten und unbeschädigt vorzuziehen. Die älteren Abschriften, einmal in die »Geniza« abgeschoben, verdarben natürlich nach und nach, entweder durch Vernachlässigung oder weil sie mit Absicht verbrannt wurden, weil die »Geniza« irgendwann überquoll.
>
> Das Fehlen sehr alter Abschriften der hebräischen Bibel muss uns deshalb nicht überraschen oder beunruhigen. Wenn wir zu den bereits aufgezählten Ursachen noch die wiederholten Verfolgungszeiten (wobei viel Eigentum zerstört wurde), denen die Juden unterworfen waren, dazurechnen, dann erklärt es das Verschwinden der alten Texte hinreichend, und die noch verbliebenen dürfen als die Bewahrer dessen akzeptiert werden, was sie allein vorgeben zu bewahren – nämlich den massoretischen Text.[22]

»Die Ehrerbietung für die Heiligen Schriften und die Aufmerksamkeit hinsichtlich der Reinheit des heiligen Textes kam nicht erst nach dem Fall von Jerusalem auf.«[23]

Die *Massoreten* waren die jüdischen Gelehrten, die zwischen 500 und 950 n. Chr. dem Text des ATs seine endgültige Form verliehen. Die Zerstörung des Tempels im Jahr 70 n. Chr. zusammen mit der Vertreibung der Juden aus ihrem Land wurde zu einem mächtigen Anstoß: 1. zur Standardisierung des Konsonantentextes und 2. zur Standardisierung der Interpunktion und dem Gebrauch von Vokalen, um das korrekte Aussprechen und die Betonung beim Vorlesen zu bewahren. Man nannte sie Massoreten, weil sie die mündliche Tradition (*Massora*) im Hinblick auf die richtigen Vokale und die richtige Betonung und die Zahl der selten vorkommenden Wörter mit ungewöhnlicher Schreibweise schriftlich festhielten. Sie empfingen den konsonantischen Text der Sopherim [ohne Interpunktion] und fügten die Vokale als Punkte ein, sodass jedes Wort seine exakte Aussprache und grammatische Form erhielt. Sie ließen sich sogar auf eine behutsame Textkritik ein. Wo sie vermuteten, dass das vom konsonantischen Text angezeigte Wort falsch war, korrigierten sie es in einer geradezu naiv-unbefangenen Weise. Sie ließen die vorgefundenen Konsonanten unverändert stehen, wie sie sie von den Sopherim erhalten hatten. Doch dann fügten sie die »Vokal-Punktierung« ein, die zu dem neuen Wort gehörte, mit dem sie das alte ersetzen wollten. Und die Konsonanten, die zu dem neuen Wort gehörten, setzen sie in sehr kleinen Buchstaben an den Rand.[24]

Es gab zwei bedeutende Schulen oder Zentren massoretischer Aktivität – jede weithin unabhängig von der anderen – die babylonische Schule und die palästinische. Die berühmtesten Massoreten waren die jüdischen Gelehrten, die in Tiberias in Galiläa lebten: Moses Ben Ascher (mit seinem Sohn Aaron) und Moses Ben Naftali – im späten 9. und 10. Jh. n. Chr. Der »Ben Ascher«-Text ist heute der hebräische Standard-Text und am besten durch den Codex Leningradensis B 19^{A} (L) und den Aleppo-Codex (A) repräsentiert.

Die *Massoreten* (von *Massora* = Überlieferung abgeleitet) akzeptierten die mühsame Aufgabe, die Texte herauszugeben und zu standardisieren. Ihre Zentrale war in Tiberias. Der Text, den sie bearbeiteten und bewahrten, heißt deshalb der »Massoretische«-Text (MT). Dieser Text, der so entstand, enthält Vokal-Punkte, um eine richtige Aussprache zu gewährleisten. Der MT ist heute der hebräische Standardtext.

> Die Massoreten waren sehr gut ausgebildet und behandelten den Text mit größter Ehrfurcht. Sie entwickelten ein kompliziertes System von Schutzvorrichtungen gegen Versehen und Fehler beim Abschreiben. Sie zählten z. B., wie viel mal ein Buchstabe aus dem Alphabet in jedem Buch erschien. Dann stellten sie den mittleren Buchstaben aus dem Pentateuch und den mittleren Buchstaben aus der ganzen hebräischen Bibel fest und führten noch weitere ähnliche Berechnungen durch. »Alles, was zählbar war, wurde anscheinend gezählt«, sagt Wheeler Robinson, und sie schufen Gedächtnishilfen, durch die man sich an die verschiedenen Endsummen leicht wieder erinnern konnte.[25]

Die Schreiber konnten feststellen, wenn nur ein Konsonant, sagen wir aus dem ganzen Buch Jesaja oder aus der ganzen hebräischen Bibel, ausgelassen worden war. Sie hatten derart viele Schutzvorrichtungen eingebaut, dass sie am Ende sicher waren, eine absolut korrekte Abschrift zu besitzen.

Sir Frederic Kenyon sagt dazu:

> Abgesehen davon, dass sie eine Menge an Auslegungen, an Tradition oder Mutmaßungen aufzeichneten, unternahmen die Massoreten auch eine ganze Anzahl von Berechnungen, die im üblichen Bereich der Textkritik nicht zu finden sind. Sie zählten die Verse, die Wörter und die Buchstaben eines jeden Buches. Sie berechneten das mittlere Wort und den mittleren Buchstaben von jedem Buch. Sie nummerierten Verse, die alle Buchstaben des Alphabets enthielten, oder eine ganz bestimmte Zahl davon. Diese Trivialitäten, wie wir sie zu Recht nennen würden, hatten aber den Effekt, dass die genaueste Aufmerksamkeit auf die korrekte Übertragung des Textes gewährleistet war. Und sie sind nichts als eine exzessive Manifestation des Respekts für die Heiligen Schriften, der für sich allein genommen nur Lob und Anerkennung verdient. Die Massoreten waren tatsächlich ängstlich darum besorgt, dass nicht ein Jota oder Tüpfelchen, nicht

der kleinste Buchstabe oder der kleinste Teil eines Buchstabens des Gesetzes vergehen oder verloren sein sollte.[26]

Ein Faktor, der sich in der gesamten Diskussion über das Beweismaterial aus den hebräischen Manuskripten hindurchzieht, ist die jüdische Ehrfurcht gegenüber den Heiligen Schriften. Was die jüdischen Schriften angeht, so war es nicht nur die Genauigkeit der Schreiber, die für das Ergebnis garantierten. Es war vielmehr ihre fast abergläubische Verehrung für die Bibel selbst. Nach dem Talmud gab es nicht nur genaue Vorschriften für die Art von Häuten, die benutzt wurden, und die Größe der Spalten, sondern die Schreiber waren sogar verpflichtet, ein religiöses Ritual zu vollziehen, bevor sie den Namen Gottes schrieben. Vorschriften regelten den Gebrauch von zu benutzender Tinte und die Abstände zwischen Wörtern. Und sie verboten, irgendetwas aus dem Gedächtnis zu schreiben. Die Zeilen – und sogar die Buchstaben – wurden systematisch gezählt. Wenn man in einem Manuskript nur einen einzigen Fehler fand, wurde es ausrangiert und vernichtet. Dieser Formalismus bei den Schreibern war – wenigstens teilweise – verantwortlich für die extreme Sorgfalt, die beim Abschreiben an den Tag gelegt wurde. Das war auch der Grund für die verhältnismäßig geringe Anzahl von Handschriften (weil die Regeln die Vernichtung fehlerhafter Abschriften verlangten).[27]

Flavius Josephus, ein jüdischer Historiker aus dem 1. Jh., sagt:

> Wir haben unsere Ehrfurcht vor unsern eigenen Heiligen Schriften praktisch bewiesen. Denn obwohl so lange Zeitspannen inzwischen vergangen sind, hat niemand es gewagt, weder etwas hinzuzufügen noch etwas wegzulassen oder eine Silbe zu ändern. Es ist ein Instinkt, den jeder Jude von Geburt an in sich hat, diese Schriften als von Gott gegeben anzusehen, sich daran zu halten und, wenn es sein muss, fröhlich dafür zu sterben. Immer wieder hat man in der Vergangenheit Gefangene gesehen, die eher Folter und Tod in jeder Form in den Theatern erduldeten, als ein einziges Wort gegen das Gesetz und die damit zusammenhängenden Dokumente zu sagen.[28]

Josephus fährt fort, indem er zwischen der hebräischen Achtung vor den Heiligen Schriften und dem Verhältnis der Griechen zu ihrer Literatur Vergleiche anstellt:

> Welcher Grieche würde aus einem solchen Grund soviel auf sich nehmen? Selbst wenn er die Gesamtheit der Schriften seiner Nation vor der Zerstörung bewahren könnte, würde er nicht das kleinste persönliche Unrecht deswegen erdulden. Für die Griechen sind es mehr Geschichten, die der Fantasie der Autoren entsprungen sind. Und in dieser Einschätzung selbst der älteren Historiker haben sie durchaus Recht, wenn sie sehen, dass einige ihrer Zeitgenossen es wagten, Ereignisse zu beschreiben, bei denen sie nicht dabei waren und wo sie sich keine Mühe machen, Informationen von denen einzuholen, die die Tatsachen kennen.[29]

Doch noch warteten die frühesten vorliegenden massoretischen Manuskripte, die von etwa 1000 n. Chr. und späterer Zeit stammen, auf die Bestätigung ihrer Korrektheit. Diese Bestätigung kam mit einer erstaunlichen Entdeckung in Israel – an der Küste des Toten Meeres.

1.1.3 Die Schriftrollen vom Toten Meer

Wenn man irgendeinen Gelehrten aus dem Bereich Biblischer Theologie vor der Entdeckung dieser Schriftrollen gefragt hätte, welchen Traum er von einer Entdeckung hätte, die die Glaubwürdigkeit des ATs in großem Maß bestätigen würde, dann hätte die Antwort wohl gelautet: »Ältere Bezeugungen für das Originalmanuskript des Alten Testaments.« Die große Frage, die im Raum hing, wurde zuerst von Sir Frederic Kenyon gestellt:

> Repräsentiert dieser hebräische Text, den wir den Massoretischen nennen und von dem wir gezeigt haben, dass er von einem Text aus der Zeit etwa um 100 n. Chr. abgeschrieben wurde, zuverlässig den hebräischen Text, wie er ursprünglich von den Schreibern der alttestamentlichen Bücher aufgezeichnet wurde?[30]

Vor der Entdeckung der Schriftrollen vom Toten Meer gingen die Überlegungen nur in die eine Richtung: »Wie genau sind die Abschriften, die wir heute haben, verglichen mit den Abschriften aus dem ersten Jahrhundert und früher?« Die erste vollständige Abschrift des ATs stammt aus dem 10. Jh. Daher die Frage: »Wenn der Text über so lange Zeit immer wieder abgeschrieben wurde – können wir ihn für glaubwürdig halten?« Die Schriftrollen vom Toten Meer lieferten eine erstaunliche Antwort.

1.1.3.1 Was verbirgt sich hinter den Schriftrollen vom Toten Meer?

Die Schriftrollen vom Toten Meer bestehen aus etwa 40.000 beschriebenen Fragmenten. Aus diesen wurden mehr als 500 Bücher rekonstruiert. Außerdem wurden viele außerbiblische Bücher und Fragmente entdeckt, die Licht auf die religiöse Gemeinschaft fallen lassen, die zwischen dem 2. und dem 1. Jh. v. Chr. an der Küste des Toten Meeres in Qumran existierte. Schriften wie die »Damaskus-Schrift«, eine »Regel der Gemeinschaft« und die »Sektenregel« helfen uns, die Intention des täglichen Lebens in Qumran zu verstehen. In den verschiedenen Höhlen fanden sich auch sehr hilfreiche Kommentare der Heiligen Schriften. Doch die wichtigsten Dokumente vom Toten Meer sind die Abschriften alttestamentlicher Texte, die aus einer Zeit von mehr als einem Jahrhundert *vor* der Geburt Christi stammen.

1.1.3.2 Wie wurden die Schriftrollen gefunden?

Ralph Earle beantwortet dies kurz und knapp durch seinen Bericht, der Gottes vorausschauende Vorsehung deutlich macht:

Die Geschichte dieser Entdeckung ist eine der faszinierendsten Erzählungen der heutigen Zeit. Im Februar oder März 1947 suchte ein Hirtenjunge eines Beduinenstammes namens Muhammad nach einer verlorenen Ziege. Er warf einen Stein in eine Felsenhöhle an der Westseite des Toten Meeres, etwa 14 km südlich von Jericho. Zu seiner Überraschung hörte er das Geräusch von klirrenden Tongefäßen. Als er dem nachging, bot sich ihm ein erstaunlicher Anblick. Auf dem Boden der Höhle befanden sich einige große Tonkrüge, die in Leinen eingeschlagene Lederrollen enthielten. Da die Krüge sorgfältig verschlossen waren, hatten die Rollen in hervorragender Verfassung nahezu 1.900 Jahre überlebt. (Sie waren nachweislich im Jahr 68 n. Chr. dort untergebracht worden.)
Fünf der Rollen aus Höhle I, wie sie nun bezeichnet wird, kaufte der Erzbischof des Syrisch-Orthodoxen Klosters in Jerusalem. Inzwischen wurden drei weitere Rollen von Professor Sukenik von der dortigen Hebräischen Universität erworben.
Als die Schriftrollen zuerst auftauchten, schenkte man ihnen in der Öffentlichkeit keine Beachtung. Im November 1947 schrieb Professor Sukenik, zwei Tage nachdem er drei Rollen und zwei der Tonkrüge aus der Höhle gekauft hatte, in sein Tagebuch: »Vielleicht ist dies einer der größten Funde, die je in Palästina gemacht wurden, ein Fund, auf den wir niemals gehofft hatten.« Doch diese bedeutungsschweren Worte wurden damals nicht veröffentlicht.
Glücklicherweise rief der Erzbischof, der kein Hebräisch konnte, im Februar 1948 die Amerikanische Schule für Orientforschung in Jerusalem an und erzählte von den Rollen. Durch eine günstige Fügung war der amtierende Direktor der Schule gerade ein junger Gelehrter namens John Trever, noch dazu ein hervorragender Amateur-Fotograf. In mühsamer, engagierter Arbeit fotografierte er jede Spalte der großen Jesaja-Rolle, die ca. 8 m lang und 25 cm hoch ist. Er entwickelte die Platten selbst und sandte ein paar Abzüge mit Luftpost an Dr. W. F. Albright von der John Hopkins University, der weithin als Leiter der amerikanischen Bibelarchäologen anerkannt war. Umgehend antwortete Albright per Luftpost: »Meine herzlichsten Glückwünsche zur größten Manuskriptentdeckung der Moderne! ... Welch ein absolut unglaublicher Fund! Und es kann in der ganzen Welt glücklicherweise nicht den geringsten Zweifel über die Echtheit des Manuskripts geben.« Er datierte es auf etwa 100 v. Chr.[31]

1.1.3.3 Der Wert der Schriftrollen

Das älteste vollständige hebräische Manuskript, das wir vor den Schriftrollen vom Toten Meer besaßen, stammte aus dem Jahr 900 n. Chr. und später. Wie konnten wir im Hinblick auf seine korrekte Überlieferung aus der Zeit des 1. Jh. vor der Geburt Christi sicher sein? Dank den Ergebnissen der Archäologie und den Funden von Qumran wissen wir es jetzt. Eine dieser Rollen aus den Höhlen vom Toten Meer war eine vollständige Handschrift des hebräischen Textes des Jesaja-Buches. Von Paläographen [Kennern alter Handschriften] wird sie zeitlich um 125 v. Chr. eingeordnet. Diese Handschrift ist also über 1.000 Jahre älter als irgendeine, die wir vorher zur Verfügung hatten.

Die Bedeutung dieser Entdeckung hängt mit der bis ins Einzelne gehenden, fast lückenlosen Übereinstimmung der Jesaja-Rollen (125 v. Chr.) mit dem massoretischen Jesaja-Text von 916 n. Chr., d. h. 1.000 Jahre später, zusammen. Sie demonstriert die außergewöhnliche Genauigkeit der Abschreiber der Heiligen Schriften über eine Periode von über 1.000 Jahren.

> Von den 166 *Worten* in Jesaja 53 stehen nur siebzehn *Buchstaben* in Frage. Zehn davon gehen aufs Konto einer bestimmten Schreibweise und ändern nichts am Sinn der Stelle. Vier weitere Buchstaben betreffen kleinere stilistische Veränderungen wie durch Konjunktionen. Die verbleibenden drei Buchstaben enthalten das Wort »Licht«, das in Vers 11 zugefügt ist und berühren die Bedeutung der Stelle auch nicht sehr. Außerdem ist das Wort durch die Septuaginta und die IQ Is (eine der Jesaja-Rollen aus den Höhlen am Toten Meer) bestätigt. Also gibt es in dem einen Kapitel mit 166 Worten nur ein einziges Wort (drei Buchstaben), das nach tausend Jahren der Überlieferung fraglich ist – und dieses Wort verändert die Bedeutung der Stelle nicht wesentlich.[32]

Gleason Archer sagt, dass die Jesaja-Handschriften der Kommunität von Qumran »sich in mehr als 95 Prozent mit unserer hebräischen Standard-Bibel als Wort für Wort identisch erwiesen haben. Die 5 Prozent Abweichungen bestehen hauptsächlich aus Schreibfehlern und Variationen in der Schreibweise.«[33]

Millar Burrows kommt zu dem Schluss: »Es ist ein Wunder, dass durch tausend Jahre hindurch der Text so wenig Veränderungen erlebte. Wie ich in meinem ersten Artikel über diese Schriftrollen schon sagte: ›Ihre Hauptbedeutung liegt darin, dass sie die Treue der Überlieferung des Massoretischen Textes bestätigen.‹«[34]

1.1.3.4 Was enthalten die Schriftrollen?

Es ist unmöglich, hier die über 800 Manuskripte näher ins Auge zu fassen, die sich in diesen Rollen darstellen. Das folgende ist eine beispielhafte Aufstellung der Texte, die in den letzten 40 Jahren untersucht wurden, einschließlich der meisten älteren Werke, auf denen die Rollen basierten, und der kürzlich veröffentlichten Texte aus Höhle 4. Diese Texte kann man in einzelne Kategorien einteilen: biblische Texte, biblische Kommentare, Texte von Schreibern, fälschlich zugeschriebene Texte, apokalyptische Texte und mystische oder ritualistische Texte.[35]

Die Entdeckungen der *Schriftrollen vom Toten Meer:* Höhle 1 wurde von einem arabischen Hirtenjungen entdeckt. Dabei fand er sieben mehr oder weniger vollständige Rollen und einige Fragmente:

Jesaja A (1Qis[a]): Die Jesaja-Rolle aus dem St.-Markus-Kloster ist eine volkstümliche Handschrift mit zahlreichen Korrekturen über den Zeilen oder am Rand. Sie ist die älteste bekannte Abschrift irgendeines vollständigen Buches der Bibel.

Jesaja B (1Qis[b]): Der Jesaja-Text der Hebräischen Universität ist unvollständig, aber noch näher am Massoretischen Text als Jesaja A.

Andere Fragmente aus Höhle 1: Diese Höhle förderte auch Fragmente aus den

Büchern Genesis, Levitikus, Deuteronomium, Richter, Samuel, Jesaja, Hesekiel, den Psalmen und einigen außerbiblischen Werken zutage, einschließlich Henoch, Reden des Mose (vorher unbekannt), Jubiläenbuch, Buch Noah, Testament des Levi, Buch Tobias und die Weisheit Salomos. Ein interessantes Fragment von Daniel, das Dan 2,4 enthält (wo die Sprache vom Hebräischen ins Aramäische wechselt), stammt auch aus dieser Höhle, dazu auch fragmentarische Kommentare der Psalmen, von den Propheten Micha und Zefanja.

Höhle 2: Höhle 2 wurde zuerst von Beduinen entdeckt und von ihnen ausgeraubt. Freigelegt wurde sie im Jahr 1952. Fragmente von über 100 Handschriften wurden gefunden, einschließlich zwei von 2. Mose, eine von 3. Mose, vier von 4. Mose, zwei oder drei von 5. Mose, je eine von Jeremia, Hiob und den Psalmen und zwei von Rut.

Höhle 4: Die »Rebhuhn«-Höhle oder Höhle 4 wurde im September 1952, nachdem sie von Beduinen durchwühlt worden war, untersucht und erwies sich als die ertragreichste von allen. Buchstäblich Tausende von Fragmenten wurden von den Beduinen zurückgekauft oder von Archäologen im Schmutz und Geröll auf dem Boden der Höhle gefunden. Diese Stückchen und Fetzen stammen von Hunderten von Handschriften, von denen etwa 400 identifiziert werden konnten. Sie umfassen 100 Abschriften biblischer Bücher – alle alttestamentlichen Bücher außer dem Buch Ester.

Ein Fragment von Samuel aus Höhle 4 (4QSam^{b}) hält man für das älteste bekannte Stück eines biblischen hebräischen Textes. Es wird ins 3. Jh. v. Chr. zurückdatiert. Man fand auch einige Fragmente von Psalmen-Kommentaren, von Jesaja und Nahum. Man glaubt, dass die Sammlung aus Höhle 4 den Gesamtbereich der Bibliothek von Qumran repräsentiert. Und nach der relativen Zahl der Bücher, die man hier fand, schienen sie das 5. Buch Mose, Jesaja, die Psalmen, die kleinen Propheten und Jeremia in der angegebenen Reihenfolge bevorzugt zu haben. In einem Fragment, das Passagen aus Daniel 7,28 und 8,1 enthält, wechselt auch die Sprache vom Aramäischen ins Hebräische.

Höhlen 7-10: Diese Höhlen, die 1955 untersucht wurden, förderten keine bedeutenden alttestamentlichen Manuskripte zutage. Allerdings fand man in Höhle 7 einige umstrittene Fragmente, die von Jose O'Callahan als Stücke aus dem NT identifiziert wurden. Wenn das stimmt, dann wären das die ältesten neutestamentlichen Handschriften aus der Zeit von 50 oder 60 n. Chr.

Höhle 11: Diese wurde Anfang 1956 ausgegraben. Man fand darin eine gut erhaltene Abschrift des 36. Psalms und des apokryphen Psalms 151, der bis dahin nur aus griechischen Texten bekannt war. Eine sehr gut erhaltene Handschrift mit Teilen von 3. Mose, einige große Stücke einer Apokalypse von Jerusalem und ein aramäischer Targum (eine Auslegung) von Hiob wurden entdeckt.

Verschiedene neuere Studien der Schriftrollen vom Toten Meer ergaben detaillierte Beschreibungen und Bestandslisten. Gleason L. Archer jr. hielt sie in einem Anhang zu seinem Buch *A Survey of Old Testament Introduction* fest.

Qumran-Manuskripte von Büchern des Alten Testaments

Kanonische Einteilung (nach der hebräischen Bibel)	Alttestamentliches Buch nach der Ordnung der hebräischen Bibel	Zahl der Qumran-Mss. (? = mögliches Fragment)
Pentateuch (Thora)	Genesis	18+3?
	Exodus	18
	Levitikus	17
	Numeri	12
	Deuteronomium	31+3?
Propheten (Nevi'im)	Josua	2
	Richter	3
Frühe Propheten	1. u. 2.Samuel	4
	1. u. 2.Könige	3
Spätere Propheten	Jesaja	22
	Jeremia	6
	Hesekiel	7
	»Die Zwölf« (Kleine Propheten)	10+1?
Schriften	Psalmen	39+2?
	Sprüche	2
	Hiob	4
Die fünf Rollen	Hohelied	4
	Rut	4
	Klagelieder	4
	Prediger	3
	Ester	0
	Daniel	8+1?
	Esra/Nehemia	1
	1. u. 2.Chronik	1
Insgesamt		223 (233)

Murabba'at Entdeckungen. Ermutigt durch die rentablen Entdeckungen bei Qumran, setzten die Beduinen ihre Suche fort und fanden südöstlich von Bethlehem weitere Höhlen, die Manuskripte und Dokumente aus der Zeit des zweiten jüdischen Aufstandes (132-135 v. Chr.) enthielten. Die systematische Erforschung und Ausgrabung dieser Höhlen begann im Januar 1952. Die später datierten Handschriften halfen das Alter der Rollen vom Toten Meer festzulegen. Aus diesen Höhlen kam auch ein weiteres Manuskript der Kleinen Propheten: die letzte Hälfte von Joel bis zu Haggai, das mit großer Übereinstimmung den Massoretischen Text bestätigte. Hier fand man auch den ältesten bekannten semitischen Papyrus (ein Palimpsest), der zum zweiten Mal in der alten hebräischen Schrift beschrieben war (datiert aus dem 7./8. Jh. v. Chr.; siehe Barthelemy).

Die Bedeutung der Dokumente von Qumran für die Textkritik wird von folgenden Perspektiven alttestamentlicher Gelehrter her sichtbar:

Zuerst und vor allem führen die Schriftrollen vom Toten Meer den Textkritiker in eine Zeit zurück, die etwa 1.000 Jahre früher liegt als die, auf die die bisher bekannten hebräischen Handschriften hinwiesen. Vor den Entdeckungen von Qumran wurden die frühesten vollständigen Abschriften alttestamentlicher Bücher auf das frühe 10. Jh. n. Chr. datiert. Die früheste vollständige Abschrift des ganzen ATs stammte erst aus dem frühen 11. Jh. n. Chr. Die Handschriften vom Toten Meer sind also ein viel früheres Zeugnis für den Text des ATs als irgendein bis dahin bekanntes Manuskript.[36]

Vor der Entdeckung dieser Schriftrollen von Qumran wurden die ältesten vorhandenen Manuskripte auf annähernd 900 n. Chr. datiert. Einige der Handschriften vom Toten Meer, die auch Abschriften von Jesaja, Habakuk und anderen einschließen, gehen bis 125 v. Chr. zurück, d. h., sie sind 1.000 Jahre älter als die vorher verfügbaren. Das wichtigste Ergebnis war, dass es keinen wesentlichen Unterschied zwischen den Rollen von Qumran und dem massoretischen hebräischen Text gab. Das bestätigte die Zuverlässigkeit unseres gegenwärtigen hebräischen Textes.[37]

Zusammen mit dem vorhandenen Material werden sie [die Rollen vom Toten Meer] sehr viel dazu beitragen, die Grenzen des Wissens auf den Gebieten der Geschichte, der Religion und der Heiligen Schriften auszuweiten.[38]

Es kann keinen Zweifel geben, dass die Schriftrollen [vom Toten Meer] eine neue Ära im Hinblick auf die Bibelwissenschaft heraufgeführt haben, in der vieles, das schon bekannt war, bestätigt werden wird, und vieles, was als Tatsache akzeptiert war, revidiert werden muss. Nicht zuletzt werden sie eine Bewegung zur gültigen Rekonstruktion eines echten vorchristlichen alttestamentlichen Textes bewirken, wodurch das alte Wort Gottes verständlicher für seine modernen Leser wird.[39]

> Als Ergebnis sollten wir den Massoreten für ihre peinlich genaue Sorgfalt, mit der sie beharrlich den konsonantischen Text der Sopherim, der ihnen anvertraut worden war, bewahrten, das höchste Lob zollen. Sie schenkten, zusammen mit den Sopherim selbst, einer korrekten Bewahrung der hebräischen Schriften die größte Aufmerksamkeit, die jemals alter Literatur – ob säkularer oder religiöser – in der Geschichte menschlicher Zivilisation gewidmet worden ist. So gewissenhaft waren sie in der Verwaltung des heiligen Textes, dass sie nicht wagten, selbst die augenfälligsten Ungereimtheiten zu korrigieren, soweit es die Konsonanten betraf, sondern ihre *Vorlage* genau so hinterließen, wie sie ihnen übergeben worden war. Durch ihre große Überlieferungstreue besitzen wir heute eine Form des hebräischen Textes, der in allen wesentlichen Passagen die Handschriften wiedergibt, die man in den Tagen Jesu und seiner Apostel als autoritativ ansah, wenn nicht sogar schon ein Jahrhundert früher. Und das führt – im Licht der Qumran-Manuskripte – zu einer autoritativen Revision des alttestamentlichen Textes zurück, der auf der Basis der zuverlässigsten Manuskripte aufgezeichnet war, die man zum Vergleich aus früheren Jahrhunderten zur Verfügung hatte. Das bringt uns in

allem Wesentlichen sehr nahe an die Verfasser der Urschriften heran und rüstet uns mit einem authentischen Bericht der Offenbarung Gottes aus. Wie W. F. Albright sagte: »Wir dürfen sicher sein, dass der konsonantische Text der hebräischen Bibel, wenn er auch nicht unfehlbar ist, so doch mit einer solchen Zuverlässigkeit überliefert worden ist, wie sie vielleicht ohne Parallele in aller andern Literatur des Nahen Ostens ist.«[40]

1.1.4 Hinweise aus nicht-hebräischen Manuskripten

Die verschiedenen alten Übersetzungen (Versionen genannt) des ATs verschaffen dem Textkritiker wertvolle Bezeugungen des Textes. Die Septuaginta (LXX) z. B. bewahrt eine Textüberlieferung aus dem 3. Jh. v. Chr. Und die samaritanische Pentateuch-Überlieferung dürfte aus dem 5. Jh. v. Chr. stammen. Diese und der Massoretische Text (MT) stellen die drei alttestamentlichen Textüberlieferungen dar, die kritisch gewertet eine überwältigende Unterstützung für die Integrität des alttestamentlichen Textes bilden. Das Zeugnis des Samaritanischen Pentateuchs und besonders das der LXX mit ihren Revisionen und Rezensionen sind eine gewichtige Bestätigung der textlichen Integrität.

1.1.4.1 Die Septuaginta (LXX)

Wie die Juden ihre heimische hebräische Sprache für das Aramäische des Nahen Ostens aufgaben, so gaben sie in hellenistischen Zentren wie z. B. Alexandrien auch dieses später wieder zugunsten des Griechischen auf. Während der Feldzüge Alexanders des Großen erfuhren die Juden beträchtliche Gunstbezeugungen. Alexander hegte als Folge ihrer Haltung ihm gegenüber bei der Belagerung von Tyrus (332 v. Chr.) gewisse Sympathien für sie. Es heißt sogar, er hätte eine Reise nach Jerusalem unternommen, um ihrem Gott zu huldigen. Wenn er neue Länder eroberte, baute er neue Städte, die häufig auch jüdische Einwohner beherbergten, und wiederholt nannte er sie Alexandria.

Da die Juden aus ihrem Heimatland ausgewandert und zerstreut worden waren, brauchte man die Heiligen Schriften in der gemeinsamen Sprache jener Zeit. Der Name *Septuaginta* (er bedeutet soviel wie »siebzig« und wird gewöhnlich mit den römischen Zahlen LXX abgekürzt) wurde der griechischen Übersetzung der hebräischen Heiligen Schriften während der Regierung des Königs Ptolemäus Philadelphus von Ägypten gegeben (285-246 v. Chr.).

F. F. Bruce gibt eine interessante Interpretation zum Ursprung des Namens für diese Übersetzung. In Bezug auf einen Brief, der angeblich um 250 v. Chr. (realistischer vermutlich kurze Zeit vor 100 v. Chr.) von Aristeas, einem Hofbeamten des Königs Ptolemäus geschrieben wurde, und zwar an seinen Bruder Philokrates, äußert sich Bruce:

> Ptolemäus war berühmt als Schutzpatron der Literatur. Unter ihm wurde die große Bibliothek in Alexandrien – 900 Jahre lang eines der Welt-Kulturwunder – eröffnet. Der Brief beschreibt, wie Demetrius von Phalerum – angeblich der Bibliothekar des Königs – dessen Interesse am jüdischen Gesetz geweckt und

> ihm geraten habe, eine Delegation zu dem Hohen Priester Eleasar nach Jerusalem zu senden. Der Hohepriester wählte von jedem der zwölf Stämme Israels sechs Älteste als Übersetzer aus und schickte sie nach Alexandrien. Er gab ihnen ein besonders schönes und genaues Pergament von der Thora mit. Die Ältesten wurden königlich bewirtet und bewiesen ihre Klugheit beim Debattieren. Dann bezogen sie eine Wohnung in einem Haus auf der Insel Pharos (der Insel, die durch ihren Leuchtturm berühmt ist), wo sie in zweiundsiebzig Tagen ihre Aufgabe vollendeten, den Pentateuch ins Griechische zu übersetzen. Sie präsentierten als Ergebnis von Beratungen und Vergleichen eine einmütige Version.[41]

Das griechische AT der Septuaginta unterscheidet sich vom hebräischen Kanon sowohl in der Qualität der Übersetzung als auch in ihrem Inhalt und ihrer Anordnung. Zu den 22 Büchern des hebräischen ATs enthält die LXX eine Anzahl von Büchern, die niemals zum hebräischen Kanon gehörten. Offensichtlich waren diese Bücher in der Griechisch sprechenden Welt in Umlauf, doch zum Kanon gehörten sie nicht. Die Qualität der Übersetzung in der LXX spiegelt diese Situation wider und lässt folgende Beobachtungen zu: 1. Die LXX variiert in ihrer Qualität, von sklavisch-buchstäblicher Übertragung der Thora bis hin zu freien Übertragungen der Schriften (der dritten Abteilung der hebräischen Heiligen Schriften).[42] Adams bemerkt, dass der Text von Hiob in der Originalfassung der LXX tatsächlich ein Sechstel kürzer ist als das hebräische Gegenstück. Es gibt auch große Abweichungen bei Josua, 1. Samuel, 1. Könige, in den Sprüchen, bei Ester und Jeremia wie auch in kleinerem Umfang in anderen Büchern. Die Sache mit diesen Abweichungen ist eine der Hauptschwierigkeiten der Septuaginta. 2. Die LXX wurde nicht mit der gleichen Absicht geschrieben wie der hebräische Text, sondern sollte eher für die Gottesdienste in den Synagogen als für theologische oder tradierende Zwecke gebraucht werden. 3. Die LXX war das Produkt eines Pionier-Unternehmens im Hinblick auf die Übertragung der alttestamentlichen Schriften und ist ein glänzendes Beispiel eines solchen Bemühens. 4. Die LXX war im Allgemeinen loyal im Hinblick auf die Lesarten des hebräischen Originaltextes, obwohl einige behauptet haben, die Übersetzer hätten sich nicht immer als gute hebräische Gelehrte erwiesen.

Im Hinblick auf die LXX bemerkt Paul Enns:

> … als Übersetzung ist sie zwar holprig, aber hilfreich, weil sie auf einem hebräischen Text basiert, der tausend Jahre älter ist als die uns zur Verfügung stehenden hebräischen Manuskripte. Und mehr noch, die neutestamentlichen Schreiber zitieren manchmal aus der Septuaginta. Das verschafft uns weitere Einsicht bezüglich des alttestamentlichen Textes.[43]

»Was den Einfluss der LXX angeht, so zeigt jede Seite dieses Lexikons [*A Greek-English Lexicon of the New Testament and Other Early Christian Literature* (Bauer, Arndt und Gingrich)], dass es alle anderen Einflüsse auf unsere Literatur [1. Jh. n. Chr.] überwiegt.«[44]

Die Septuaginta (LXX), die griechische Übersetzung des ATs, wurde ab ca. 250 v. Chr. verfasst und kommt an Bedeutung dem Massoretischen Text (MT) sehr nahe. In neutestamentlichen Zeiten wurde sie weithin benutzt, was man daran ablesen kann, dass die Mehrheit der 250 alttestamentlichen Zitate im NT aus dieser Version stammen. Wo die LXX von dem MT abweicht, nehmen manche Gelehrte an, dass die Übersetzer der LXX sich Freiheiten bei der Arbeit herausnahmen. Wir wissen heute aus den Funden bei Qumran, dass viele dieser Differenzen ihren Grund darin haben, dass die Übersetzer einer anderen hebräischen Text-Tradition folgten, die wir zu der »Proto-Septuaginta-Familie« rechnen.[45]

Die LXX, die dem MT (916 n. Chr.), den wir zur Zeit besitzen, sehr nahe steht, hilft die Glaubwürdigkeit seiner Überlieferung durch 1.300 Jahre zu erhärten.

Die Septuaginta und die Bibelzitate in den apokryphen Büchern von Jesus Sirach, dem Jubiläenbuch und anderen beweist, dass der hebräische Text von heute im Wesentlichen der gleiche ist wie der von ca. 300 v. Chr.

Geisler und Nix machen vier wichtige Aussagen zur LXX:

> [1] Sie überbrückte die religiöse Kluft zwischen den Hebräisch- und den Griechisch sprechenden Volksgruppen; da sie den Bedürfnissen der alexandrinischen Juden entgegenkam, [2] überwand sie die historische Kluft zwischen dem hebräischen Alten Testament der Juden und den Griechisch sprechenden Christen, die sie in ihrem Neuen Testament benutzten, [3] schuf sie ein Beispiel für Missionare, um die Heilige Schrift in verschiedene Sprachen und Dialekte zu übersetzen, und [4] überbrückte sie die Kluft, die in der Textkritik bestand, durch ihre grundsätzliche Übereinstimmung mit dem hebräischen alttestamentlichen Text.[46]

F. F. Bruce nennt zwei Gründe, warum die Juden ihr Interesse an der Septuaginta verloren:

> 1. Vom 1. Jh. n. Chr. an nahmen die Christen sie als ihre Version des Alten Testaments an und benutzten sie unbedenklich in der Verkündigung und Verteidigung ihres christlichen Glaubens.[47]
> 2. Etwa um 100 n. Chr. wurde ein revidierter Standardtext der hebräischen Bibel durch jüdische Gelehrte herausgegeben.[48]

Was als eine volkstümliche jüdische Übersetzung des ATs begann, hatte am Ende viel von seiner Anziehungskraft für das jüdische Volk verloren.

1.1.4.2 Die Hexapla

Die *Hexapla* (Bedeutung: »sechsfältig«; sechssprachige Bibelausgabe) wurde im 2. Jh. von Origenes verfasst und ist unlösbar mit der LXX verbunden.

Die Hexapla, die Schriften von Josephus und Philo sowie die Damaskus-Schrift (Literatur aus der Gemeinschaft von Qumran), »bezeugen die Existenz eines Textes, der dem massoretischen von 40 bis 100 n. Chr. sehr ähnlich ist.«[49]

> Die Hexapla des Origenes (ca. 240-250 n. Chr.). Die Arbeit an der Übersetzung des Alten Testaments führte zu vier griechischen Text-Überlieferungen des dritten Jahrhunderts: der Septuaginta und den Versionen des Aquila, des Theodotion und des Symmachus. Diese verworrene Situation war der Anlass für den ersten wirklich anstehenden Versuch einer Textkritik, der Hexapla (»sechsfältig«) durch Origenes von Alexandrien (185-254 n. Chr.). Wegen der vielen Abweichungen zwischen den vorliegenden Manuskripten der LXX, den Unterschieden zwischen dem hebräischen Text und der LXX sowie den Versuchen, die griechischen Übersetzungen des ATs zu revidieren, scheint Origenes einen bestimmten Weg eingeschlagen zu haben, um der christlichen Welt einen befriedigenden Text des ATs zu verschaffen. Sein Werk war eher eine Rezension als eine eigene Ausgabe, da er die korrumpierten Texte korrigierte und versuchte, den griechischen Text mit dem hebräischen in Einklang zu bringen. Daher war sein zweifaches Ziel, die Überlegenheit der verschiedenen revidierten Texte des ATs über die verfälschte LXX darzustellen und eine Vergleichsmöglichkeit des korrekten hebräischen Textes mit den Abweichungen der LXX zu geben. Damit schloss er sich dem Standpunkt an, dass das hebräische AT eine Art von »irrtumsfreier Übermittlung« von Gottes offenbarter Wahrheit an die Menschen sei …
>
> Die Hexapla war in sechs parallelen Spalten angeordnet. Jede Spalte enthielt das AT in der originalhebräischen oder einer besonderen Übersetzung, sodass das Manuskript viel zu unhandlich wurde, als dass es in der Antike gefragt gewesen wäre. Die sechs Textspalten waren folgendermaßen arrangiert: Spalte 1: das hebräische Original, Spalte 2: das hebräische Original in griechische Buchstaben transkribiert, Spalte 3: die buchstäbliche Übersetzung des Aquila, Spalte 4: die idiomatische Revision [nach Ausdruck und Redewendung] des Symmachus, Spalte 5: die eigene Revision der LXX durch Origenes und Spalte 6: die griechische Revision von Theodotion.[50]

Obwohl diese Aufgabe von enormer Bedeutung war, ist es gut, wenn der moderne Textkritiker den Unterschied zwischen seinen eigenen Zielsetzungen und denen des Origenes im Auge behält, wie Kenyon es kurz und knapp zum Ausdruck brachte:

> Für den Zweck des Origenes, der eine griechische Version herausbringen wollte, die so nahe wie möglich am hebräischen Text, wie er damals festgelegt war, bleiben sollte, genügte sein Tun. Doch für uns, die wir die Originalfassung der Septuaginta entdecken wollen … als Beweis für das, was der hebräische Text darstellte, bevor der massoretische Text herauskam, war die Sache äußerst unglücklich verlaufen, weil eine natürliche Neigung bestand, sein Manuskript ohne die kritischen Anmerkungen einfach zu kopieren. Und daher erscheinen seine Zusätze, die er von Theodotion übernahm, als Bestandteil der echten und ursprünglichen Septuaginta.[51]

Diese bedauerliche Situation war gegeben, und »der transkribierte Septuaginta-Text ohne die unterscheidenden Anmerkungen führten zur Verbreitung eines verfälschten griechischen alttestamentlichen Textes, statt dass eine Septuaginta-Version herausgekommen wäre, die in Einklang mit dem damaligen hebräischen Text gewesen wäre.«[52]

F. F. Bruce schreibt: »Wenn die *Hexapla* des Origenes ganz erhalten geblieben wäre, wäre sie ein unbezahlbarer Schatz.«[53]

1.1.4.3 Der Samaritanische Pentateuch

Die Samaritaner trennten sich wahrscheinlich im 5. oder 4. Jh. v. Chr. nach langen, bitteren religiösen und kulturellen Streitigkeiten von den Juden. Man nimmt an, dass die Samaritaner zur Zeit der Spaltung die Heiligen Schriften mit sich nahmen, so wie sie damals existierten, und dass sie dann ihren eigenen revidierten Text des Pentateuch anfertigten. Der Samaritanische Pentateuch (SP) ist keine Übersetzung im strengen Sinne, sondern eher ein Manuskriptteil des hebräischen Textes selbst. Er enthält die fünf Bücher Mose und ist in einem althebräischen Schriftstil aufgezeichnet. Einige der älteren biblischen Manuskripte von Qumran weisen ebenfalls diese Schrift auf, da sie im 2. Jh. v. Chr. während des Makkabäer-Aufstandes gegen die Griechen wieder neu zur Geltung gekommen war. Der Textkritiker Frank M. Cross jr. glaubt, dass der SP wahrscheinlich etwa aus der makkabäischen Zeit stammt.

Eine Form des Samaritanischen Pentateuch scheint den Kirchenvätern Eusebius von Cäsarea (ca. 265-339 n. Chr.) und Hieronymus (ca. 345 - ca. 419 n. Chr.) bekannt gewesen zu sein. Bis zum Jahr 1616 war er für westliche Gelehrte nicht zugänglich, bis dann Pietro della Valle ein Manuskript des SP in Damaskus entdeckte. Eine Welle der Erregung brandete unter Bibelwissenschaftlern auf. Man sah den Text als dem MT überlegen an, bis Wilhelm Gesenius 1815 feststellte, dass er für die Textkritik praktisch wertlos war. In neuerer Zeit wird der Wert des Samaritanischen Pentateuch durch Gelehrte wie A. Geiger, P. Kahle und F. G. Kenyon wieder neu betont.

Wir besitzen kein Manuskript des SP aus einer früheren Zeit als dem 11. Jh. Die samaritanische Glaubensgemeinschaft behauptet, dass eine der Schriftrollen von Abischa geschrieben wurde, dem Urenkel des Mose, und zwar im 13. Jahr nach der Eroberung Kanaans. Doch die Belege dafür sind so zweifelhaft, dass man diese Behauptung gut und gerne abtun kann. Die älteste vorliegende Version des Samaritanischen Pentateuch trägt einen Vermerk über ihren Verkauf in den Jahren 1149-1150 n. Chr., aber die Handschrift selbst ist viel älter. Ein Manuskript wurde im Jahr 1204 abgeschrieben. Ein anderes – datiert 1211-1212 – befindet sich jetzt in der John-Rylands-Bibliothek in Manchester. Und noch eines, datiert auf ca. 1232, ist heute in der New York Public Library.

Es gibt im Samaritanischen Pentateuch etwa 6.000 Abweichungen vom Massoretischen Text, die meisten gelten aber als belanglos. In etwa 1.900 Fällen stimmt der samaritanische Text gegen den Massoretischen Text mit der Septuaginta überein. Einige der Abweichungen sind von den Samaritanern absichtlich eingefügt, um ihre eigenen religiösen Traditionen und ihre Denk- und Ausdrucksweise zu bewahren. Der MT dagegen hält jüdische Sprechweise und jüdische Traditionen fest.

Interessant ist, dass der Samaritanische Pentateuch in einer älteren hebräischen Schrift aufgezeichnet ist, als die massoretische Bibel und die jüdisch-hebräische Literatur im Allgemeinen sie aufweisen. Irgendwann um 200 v. Chr. wurde diese ältere »paläo-hebräische« Schrift unter den Juden durch die aramäischen oder »viereckigen« Schriftzeichen ersetzt. Einige der älteren biblischen Manuskripte von Qumran weisen aber auch noch die alte Schrift auf. Die althebräische Schrift ähnelt ganz allgemein im Charakter derjenigen, die man auf dem »Moabitischen Stein«, der »Siloah-Inschrift« und den »Briefen von Lachisch« fand. Doch die Schrift der Samaritaner ist eher noch eine ornamentale Weiterentwicklung davon.[54]

Paul Enns sagt vom Samaritanischen Pentateuch, dass er »…ein wertvolles Zeugnis vom Text des ATs ist«[55]. Dieser Text enthält den Pentateuch und dient dazu, Lesarten zu bestimmen. F. F. Bruce sagt, dass »die Abweichungen zwischen Samaritanischem Pentateuch und der massoretischen Ausgabe (916 n. Chr.) im Vergleich zu den Übereinstimmungen dieser Bücher völlig bedeutungslos sind.«[56]

Sir Frederic Kenyon ergänzt, wenn die LXX und der Samaritanische Pentateuch entgegen dem Massoretischen Text übereinstimmen, »dann repräsentieren sie die ursprüngliche Lesart«, doch wenn die LXX und der MT sich widersprechen, ist es möglich, dass das eine Mal der eine und das andere Mal der andere Recht hat. Doch in jedem Fall ist die Differenz eine Sache der Interpretation und nicht des Textes.

1.1.5 Andere Bezeugungen des alttestamentlichen Textes

1.1.5.1 Aramäische Targume

Die Targume (T, Abschriften) erscheinen in geschriebener Form um etwa 500 n. Chr.

Die Grundbedeutung des Wortes Targum ist »Auslegung«. T sind paraphrasierende Umschreibungen des ATs in aramäischer Sprache. Die Ursprünge der Targume sind durch Geisler und Nix gut erklärt worden:

> Es gibt Beweise dafür, dass die Schriftgelehrten schon zur Zeit von Esra (Neh 8,1-8) mündliche Auslegungen der hebräischen Heiligen Schriften in den aramäischen Dialekt vornahmen. Diese Wendungen waren streng genommen keine Übersetzungen, aber sie waren tatsächlich eine Hilfe für das Verständnis der alten Sprachformen der Thora … die Notwendigkeit einer solchen Hilfe ergab sich, weil das Hebräische dem gewöhnlichen Volk als gesprochene Sprache immer weniger vertraut war. Am Ende des letzten Jh.s v. Chr. war dieser allmähliche Prozess so weit fortgeschritten, dass nahezu jedes Buch des Alten Testaments seine mündliche Umschreibung oder Auslegung besaß (Targum).
>
> Während der ersten Jahrhunderte n. Chr. wurden diese Targume dann aufgeschrieben, und ein offizieller Text wurde zum überlieferten Wissen, da der hebräische Kanon, der Text und die Auslegung sich vor den gelehrten Rabbinern von Jamnia (ca. 90 n. Chr.) weitgehend gefestigt hatten und bevor die Juden im Jahr 135 n. Chr. aus Palästina gänzlich vertrieben wurden. Die frühesten Targu-

me wurden offensichtlich während des 2. Jh.s n. Chr. in palästinischem Aramäisch geschrieben. Jedoch gibt es auch schon Hinweise auf aramäische Targume aus der vorchristlichen Zeit.[57]

Geisler und Nix gehen bei einigen wichtigen Targumen mehr ins Detail:

> Während des 3. Jh. n. Chr. erschien in Babylon ein aramäisches Targum auf der Grundlage der Thora … Traditionsgemäß wird es Onkelos zugeschrieben. Ein anderes babylonisch-aramäisches Targum begleitet die Propheten (die frühen und die späteren) und wurde als das Targum des Jonathan Ben Ussiel bekannt. Es stammt aus dem 4. Jh. n. Chr. und überliefert den Text freier und mit mehr Umschreibungen. Beide Targume werden in den Synagogen gelesen. … Weil die »Schriften« in den Synagogen nicht gelesen wurden, gab es keinen Grund, für sie offizielle Targume anzufertigen, obwohl von einzelnen inoffizielle Abschriften benutzt wurden. In der Mitte des 7. Jh.s n. Chr. tauchte ein Targum des Pentateuchs auf, das man das Pseudo-Jonathan-Targum nannte. … Auch das Jerusalem-Targum erschien etwa um 700 n. Chr., ist aber nur noch in Fragmenten erhalten.[58]

Nachdem die Juden in die Gefangenschaft geführt worden waren, trat die chaldäische Sprache an die Stelle des Hebräischen. Aus diesem Grunde brauchten die Juden die Heiligen Schriften in der gängigen Sprache.

F. F. Bruce vermittelt uns noch mehr interessantes Hintergrundmaterial im Hinblick auf die Targume:

> Die Praxis, die öffentlichen Schriftlesungen in den Synagogen durch mündliche Auslegungen in der aramäischen Mundart zu begleiten, kam in den letzten Jahrhunderten v. Chr. auf. Da das Hebräische der breiten Masse des Volkes als gesprochene Sprache immer weniger geläufig war, brauchten sie notwendigerweise eine Auslegung der Texte der Heiligen Schriften in einer ihnen bekannten Sprache – falls sie verstehen sollten, was gelesen wurde. Der offiziell Beauftragte, der diese mündliche Auslegung geben sollte, wurde Meturgeman (Übersetzer oder Ausleger) genannt und die Auslegung selbst nannte man Targum.
>
> Der Meturgeman … durfte die Auslegung nicht aus einer Schriftrolle lesen, da die versammelte Gemeinde irrtümlich hätte denken können, dass er aus den heiligen Original-Schriften läse. Zweifellos mit Rücksicht auf die Genauigkeit wurde weiterhin festgelegt, dass nicht mehr als ein Vers des Pentateuch und nicht mehr als drei Verse aus den Propheten auf einmal übersetzt werden durften.
>
> Nach einer gewissen Zeit wurden diese Targume dann schriftlich festgehalten.[59]

J. Anderson beobachtet in *The Bible, the Word of God*: »Der große Nutzen der früheren Targume besteht darin, dass sie die Echtheit des hebräischen Textes bestätigen, indem sie beweisen, dass es der gleiche Text zu der Zeit war, in der die Targume entstanden, wie wir ihn heute vorliegen haben.«[60]

Geisler und Nix schließen, dass zwar »keines dieser Targume für die Textkritik wichtig ist, aber sie haben alle eine Bedeutung für das Studium der Hermeneutik, da sie die Art und Weise erkennen lassen, wie die Heiligen Schriften von den Rabbinern ausgelegt wurden.«[61]

1.1.5.2 Die Mischna

Die *Mischna* (Wiederholung, Erklärung, Lehre) wurde um 200 n. Chr. vollendet und war eine Auswahl all der mündlichen Gesetze und Vorschriften seit der Zeit des Mose. Man sah sie als das »zweite Gesetz« an, wobei die Thora das erste darstellte. Dieses Werk wurde in Hebräisch geschrieben, und es umfasst sowohl Traditionen als auch Erklärungen des mündlichen Gesetzes.[62]

Die Zitate aus den Heiligen Schriften sind dem Massoretischen Text sehr ähnlich und bezeugen dessen Glaubwürdigkeit.

1.1.5.3 Die Gemara

Die *Gemara* (vervollständigen, durchführen, lernen) wurde eher in Aramäisch als in Hebräisch geschrieben und war im Grunde ein erweiterter Kommentar zur Mischna. Sie wurde in zwei verschiedenen Traditionen überliefert: die palästinische Gemara (ca. 200 n. Chr.) und die größere und anerkanntere babylonische Gemara (ca. 500 n. Chr.).[63]

Diese Kommentare (in Aramäisch geschrieben), die um die Mischna herum entstanden, tragen zur Glaubwürdigkeit des Massoretischen Textes bei.

Die Mischna und die palästinische Gemara machen den palästinischen Talmud aus. Die Mischna und die babylonische Gemara bilden den babylonischen Talmud.

Mischna + palästinische Gemara = Palästinischer Talmud
Mischna + babylonische Gemara = Babylonischer Talmud

1.1.5.4 Midrasch

Der Midrasch (100 v. Chr. bis 300 n. Chr.) entstand aus den auf die Lehre bezogenen Studien des alttestamentlichen Textes. Die Zitate im Midrasch sind grundsätzlich massoretisch.

Der Midrasch (Textstudien, Textauslegung) war eigentlich eine formale, auf Lehre und Predigt bezogene Darstellung der hebräischen Schriften, die in Hebräisch und Aramäisch geschrieben war. Midraschim wurden zwischen 100 v. Chr. und 300 n. Chr. in Materialsammlungen zusammengefasst. Innerhalb des Midraschs gibt es zwei Hauptteile: die *Halacha* (Weg) – nur eine Erweiterung der Thora – und die *Haggada* (Erzählung, Belehrung) – Kommentare zum ganzen AT Diese Midraschim unterschieden sich von den Targumen darin, dass die Ersteren tatsächlich Kommentare waren, während die Letzteren nur Auslegungen und Umschreibungen darstellten. Die Midraschim enthalten einige der frühesten erhaltenen Synagogen-Predigten über das AT, einschließlich von Sprüchen und Gleichnissen.[64]

1.1.5.5 Andere wichtige Entdeckungen

Die *Nash-Papyri*. Unter den frühesten alttestamentlichen hebräischen Manuskripten gibt es eine beschädigte Abschrift des Schemas (aus 5.Mose 6,4-9) und zwei Fragmente des Dekalogs (2.Mose 20,2-17; 5.Mose 5,6-21). Die Nash-Papyri werden zeitlich zwischen dem 2. Jh. v. Chr. und dem 1. Jh. n. Chr. eingeordnet.

Codex Cairensis. Ein Kodex ist ein Manuskript in Buchform mit Seiteneinteilung. Aufgrund eines Kolophons (einer Inschrift am Ende des Buches) wurde der Codex Cairensis (C) im Jahr 895 n. Chr. geschrieben und mit Vokalen gekennzeichnet, und zwar von Moses Ben Ascher in Tiberias/Palästina. Er enthält die frühen Propheten (Josua, Richter, 1. u. 2. Samuel, 1. u. 2. Könige) und die späteren Propheten (Jesaja, Jeremia, Hesekiel und die kleinen Propheten).

Kodex von Aleppo. Der Kodex von Aleppo (A) wurde von Schelomo Ben Buja'a geschrieben,[65] aber nach einer Kolophon-Anmerkung war er von Moses Ben Ascher (ca. 930 n. Chr.) punktiert (d. h. die Vokal-Punktation war hinzugefügt). Es ist ein Modell-Kodex, obwohl er lange Zeit nicht abgeschrieben werden durfte und es sogar hieß, dass er vernichtet worden sei.[66] Er wurde von Syrien nach Israel geschmuggelt. Inzwischen ist er fotografiert worden und bildet die Basis für die *New Hebrew Bible*, die von der Hebräischen Universität veröffentlicht worden ist.[67] Das bedeutet ein fundiertes Ansehen für den Ben-Ascher-Text.

Codex Leningradensis. Nach einem Kolophon wurde der Kodex Leningradensis (L) in Alt-Kairo von Samuel Ben Jakob 1008 n. Chr. abgeschrieben, und zwar von einem (heute verloren gegangenen) Manuskript des Aaron Ben Moses Ben Ascher (ca. 1000 n. Chr.).[68] Er stellt eine der ältesten Handschriften der vollständigen hebräischen Bibel dar.

Der *Babylonische Kodex der späteren Propheten*. Der Babylonische Kodex (V^P) wird manchmal auch als der »Leningrader Kodex der Propheten«[69] oder als der »Petersburger Prophetenkodex« bezeichnet.[70] Er enthält Jesaja, Jeremia und die 12 kleinen Propheten. Er wird auf 916 n. Chr. datiert, aber seine Hauptbedeutung liegt eher darin, dass man durch ihn die zugefügte Punktation der babylonischen Schule der masoretischen Schreiber wiederentdeckte. Ins Jahr 1105 n. Chr. eingeordnet wurde der Reuchlin-Kodex, der sich jetzt in Karlsruhe befindet. Wie das Manuskript des Britischen Museums (ca. 1150 n. Chr.), enthält er eine Rezension von Ben Naftali, einem tiberianischen Massoreten. Auch diese sind von großem Wert gewesen, um die Zuverlässigkeit des Ben-Ascher-Textes zu bestätigen.[71]

Erfurter Kodizes. Die Erfurter Kodizes (E1, E2, E3) befinden sich in der Universitätsbibliothek in Tübingen. Sie repräsentieren mehr oder weniger (mehr in E3) den Text und die Interpunktion der Ben-Naftali-Tradition. E1 ist ein Manuskript aus dem 14. Jh., E2 stammt wahrscheinlich aus dem 13. Jh. und E3, das älteste, wird vor 1100 n. Chr. datiert.[72]

1.2 Zusammenfassung

1.2.1 Regeln für die Textkritik

Die nachstehende Liste wurde von Gelehrten angefertigt, um sichere Kriterien zu haben, nach denen man bestimmen kann, welche Lesart die korrekte oder die ursprüngliche ist. Sieben davon führen wir hier an.

1 Eine ältere Lesart ist immer vorzuziehen, da sie dem Original näher ist.
2 Die schwierigere Lesart ist vorzuziehen, da die Schreiber eher geneigt waren, solche zu glätten.
3 Die kürzere Lesart ist vorzuziehen, da die Schreiber eher geneigt waren, neuen Stoff einzufügen, als Teile des heiligen Textes wegzulassen.
4 Die Lesart, die andere Varianten am besten erklärt, ist vorzuziehen.
5 Die Lesart, die aus dem weitesten geographischen Bereich bestätigt wird, ist vorzuziehen, da solche Manuskripte oder Versionen weniger leicht einander beeinflusst haben.
6 Die Lesart, die dem gewöhnlichen Stil des Autors am meisten ähnelt, ist vorzuziehen.
7 Die Lesart, die kein lehrmäßiges Vorurteil widerspiegelt, ist vorzuziehen.[73]

1.2.2 Vergleich von doppelten Passagen

Eine andere Möglichkeit der Beweisführung für die Qualität der alttestamentlichen Manuskripte ergibt sich beim Vergleich der doppelten Passagen im Massoretischen Text selbst. Verschiedene Psalmen kommen zweimal vor (z.B. 14 und 53); ein großer Teil von Jesaja 36-39 findet sich auch in 2. Könige 18-20; Jesaja 2,24 stimmt fast genau mit Micha 4,1-3 überein; Jeremia 52 ist eine Wiederholung von 2. Könige 25; große Teile der Chronik-Bücher finden sich bei Samuel und bei den Königen. Eine Überprüfung dieser Stellen zeigt nicht nur eine grundsätzliche Übereinstimmung des Textes, sondern in einigen Fällen sogar eine nahezu wörtliche Identität. Daher kann man schließen, dass die alttestamentlichen Texte keinen radikalen Revisionen unterzogen wurden, selbst wenn man davon ausgeht, dass diese Parallelstellen aus gleichen Quellen stammten.

1.2.3 Unterstützung durch die Archäologie

Ein wesentlicher Beweis für die Genauigkeit des alttestamentlichen Textes kommt von der Archäologie. Zahlreiche Entdeckungen haben die historische Zuverlässigkeit der biblischen Dokumente bestätigt, selbst bis zu dem gelegentlichen Gebrauch veralteter Namen fremder Könige. Von diesen archäologischen Bestätigungen für die Glaubwürdigkeit der Heiligen Schrift wird in zahlreichen Büchern berichtet. Der Archäologe Nelson Glueck erklärt:

> Es kann kategorisch gesagt werden, dass keine archäologische Entdeckung jemals einem biblischen Bericht widersprochen hat. Übersichten von archäologischen Funden bestätigen in klaren Umrissen oder auch in exakten Details die historischen Aussagen der Bibel.[74]

Ausführlichere Informationen zu dieser Thematik finden sich auch unter Abschnitt

2 (»Archäologische und historische Bestätigung des Alten Testaments«) in diesem Kapitel.

1.2.4 Die Septuaginta und der Massoretische Text

Die Septuaginta (LXX) war die Bibel von Jesus und den Aposteln. Die meisten neutestamentlichen Zitate kommen direkt von ihr, selbst wenn sie sich vom Massoretischen Text unterscheiden. Aufs Ganze gesehen stimmt die LXX im Wesentlichen mit dem Massoretischen Text überein und ist eine Bestätigung der Zuverlässigkeit des Hebräischen Textes aus dem 10. Jh.

Wenn kein anderes Beweismaterial zur Verfügung stünde, könnte die Frage der Glaubwürdigkeit des Massoretischen Textes auch so zu den Akten gelegt werden, sofern man sich auf die Textvergleiche und die Kenntnis des außergewöhnlichen jüdischen Systems der Abfassung von Abschriften bezieht. Doch mit der Entdeckung der Schriftrollen vom Toten Meer, die im Jahr 1947 begann, gibt es eine nahezu überwältigende Erhärtung der Zuverlässigkeit des überlieferten hebräischen Textes der Massoreten. Kritiker dieses Textes behaupten, dass es nur wenige und spätere Handschriften seien. Doch die frühen Manuskript-Fragmente gestatten eine Überprüfung nahezu des gesamten ATs. Diese Beweisstücke datieren aus einer Zeit, die etwa 1.000 Jahre vor der Abfassung des großen massoretischen Manuskripts aus dem 10. Jh. liegt. Vor den Entdeckungen in der Geniza von Kairo, und in den Höhlen am Toten Meer war der Nash-Papyrus (ein Fragment der zehn Gebote und des Schemas, Deut. 6,4-9), der aus der Zeit zwischen 150 und 100 v. Chr. stammt, der einzige bekannte Fetzen eines hebräischen Textes aus der vorchristlichen Ära.

1.2.5 Die Übereinstimmung mit dem Samaritanischen Pentateuch

Trotz vieler kleinerer Varianten zwischen dem Samaritanischen Pentateuch und dem hebräischen Text des ATs gibt es eine grundsätzliche Übereinstimmung bei ihnen. Wie schon früher bemerkt, beruhen 6.000 Abweichungen vom Massoretischen Text meist auf anderer Rechtschreibung und kulturbedingter anderer Ausdrucksweise in der Wortwahl. 1.900 Abweichungen stimmen mit der LXX überein (z. B. beim Alter, das für die Patriarchen in 1.Mose 5 und 11 angegeben wird). Manche der Varianten des Samaritanischen Pentateuchs sind sektiererisch, wie z. B. der Befehl, den Tempel auf dem Berg Garizim statt in Jerusalem (z. B. nach 2.Mose 20,17) zu bauen. Es muss aber bedacht werden, dass die meisten Handschriften des Samaritanischen Pentateuchs aus späterer Zeit stammen (13. oder 14. Jh.) und keine aus der Zeit vor dem 10. Jh. kommt.[75] Doch der Samaritanische Pentateuch bestätigt immer noch den allgemein gültigen Text, von dem er sich viele Jahrhunderte früher abgespalten hatte.

1.2.6 Gegenprobe mit den Schriftrollen vom Toten Meer

Mit der Entdeckung dieser Handschriften wurden die hebräischen Handschriften von den Fachleuten nun 1.000 Jahre früher eingestuft als die älteste massoretische Textkopie/Handschrift. Dadurch kamen sie in die Lage, die Zuverlässigkeit des hebräischen Textes zu überprüfen. In mehr als 95 Prozent fanden sie eine Wort-für-Wort-Übereinstimmung, und bei den 5 restlichen Prozent bestanden die Abweichungen allein aus Schreibfehlern und Veränderungen in der Schreibweise. Die Jesaja-Rolle (1QIs a) von Qumran veranlasste die Übersetzer der englischsprachigen Revised-Standard-Übersetzung dazu, nur 13 Änderungen vom MT her durchzuführen. Acht davon kannte man schon von alten Übersetzungen, und nur wenige waren überhaupt von Bedeutung.[76] Von den 166 hebräischen Worten in Jesaja 53 unterschieden sich nur 17 hebräische Buchstaben in der Jesaja-B-Rolle vom MT. Zehn davon waren eine Sache der Schreibweise, vier gehörten zu stilistischen Veränderungen und die anderen drei bilden das Wort für »Licht« (in Vers 11 zugefügt), wodurch die Bedeutung nicht wesentlich berührt wird.[77] Außerdem findet sich das Wort auch im gleichen Vers in der LXX und in der Jesaja-A-Rolle.

1.2.7 Schlussfolgerung

Die Tausende von hebräischen Manuskripten mit ihrer Bestätigung durch die Septuaginta und den Samaritanischen Pentateuch und die zahlreichen anderen Querverweise von außerhalb und innerhalb des Textes verschaffen eine überwältigende Bestätigung für die Glaubwürdigkeit des alttestamentlichen Textes. Daher erscheint es angemessen, mit der Aussage Kenyons zu schließen:

> Ein Christ kann die ganze Bibel in seine Hand nehmen und ohne Furcht und Zögern sagen, dass es das wahre Wort Gottes ist, das ohne wesentlichen Verlust von Generation zu Generation die Jahrhunderte hindurch weitergegeben worden ist.[78]

Da der alttestamentliche Text in bedeutsamer Weise auf das NT bezogen ist, bestätigt seine Zuverlässigkeit auch indirekt den christlichen Glauben. Das gilt nicht nur für die Begründung der Angaben, wo übernatürliche Voraussagen im Hinblick auf den Messias gemacht werden, sondern auch für die Unterstützung der Historizität des ATs, die Jesus und die neutestamentlichen Schreiber bestätigten.[79]

Empfohlene Quellen zum weiteren Studium:

Allegro, I. M. *The Treasure of the Copper Scroll*, 2. überarbeitete Ausgabe
Archer, G. L. Jr. *A Survey of Old Testament*, Einleitung, Anhang 4
Barthelemy, D. and J. T. Milik *Ten Years of Discovery in the Judean Wilderness*
Cass, T. S. *Secrets from the Caves*
Elliger, K. and W. Rudolph, Hg. *Biblia Hebraica* (»Biblia Hebraica Stuttgartensia«)
Geisler, N. L. »Bible Manuscripts« *In Wycliffe Bible Encyclopedia*
Geisler, N. L. and W. E. Nix. *General Introduction to the Bible*
Glueck, N. *Rivers in the Desert: A History of the Negev*
Goshen-Gottstein, M. »Biblical Manuscripts in the United States.« *Textus* 3 (1962)
Harris, R. L. *Inspiration and Canonicity*
Kahle, P. E. *The Cairo Geniza*

Kenyon, F. G. *Our Bible and the Ancient Manuscripts*
Kittel, R. and P. Kahle, Hg. *Biblia Hebraica*, 7th ed. (BHK)
Mansoor, M. *The Dead Sea Scrolls*
Trever, J. C. »The Discovery of the Scrolls«. *Biblical Archaeologist* 11 (September 1948)
Vermes, G. *The Dead Sea Scrolls in English*
Würthwein, E. *The Text of the Old Testament: An Introduction to the Biblia Hebraica*

2 Archäologische und historische Bestätigung des Alten Testaments

2.1 Einführung und Definition von Archäologie

Die Disziplin der Archäologie hat erst in jüngster Zeit unter den Naturwissenschaften eine größere Bedeutung gewonnen. Doch hat sie auf manchen Gebieten bedeutende Beiträge geleistet, einschließlich auf dem der Bibelkritik und der Frage nach der Glaubwürdigkeit des biblischen Textes.

Das Wort Archäologie ist aus zwei griechischen Wörtern zusammengesetzt: aus *archaios* mit der Bedeutung alt oder altertümlich und *logos*, was das Wort, die Abhandlung oder die Studie bezeichnet. Eine wörtliche Definition wäre also »das Studium des Altertums«. Webster definiert sie so: »Das wissenschaftliche Studium von Überresten (Fossilien, Relikten, Werkzeugen oder Geräten aus primitiven oder vorgeschichtlichen Kulturen und Denkmälern) aus der Vergangenheit menschlichen Lebens und seiner Aktivitäten.«[80] So ist es also die Aufgabe der Archäologie, das aufzugreifen und zu untersuchen, was von einer Gesellschaft übrig geblieben ist, und zu rekonstruieren, was die Artefakte uns erzählen.

Die Archäologie unterscheidet sich von den meisten modernen Wissenschaften vor allem dadurch, wie sie versucht, eine These zu beweisen. Die Grundvoraussetzung eines Experimentes in der modernen Wissenschaft heißt: wenn es wiederholbar ist, dann muss es wahr sein. Die Archäologie andererseits kann ihre Ergebnisse unmöglich wiederholen. Sie kann nur Annahmen – nicht feste Schlüsse – hinsichtlich ihrer Funde weitergeben, solange nicht eine andere, von außen kommende Bestätigung durch einen Text oder ein anderes Zeugnis dazukommt. Und aus diesem Grunde nimmt die biblische Archäologie eine besondere Stellung ein.

Im 19. und 20 Jh. erlebte die Bibel schwere Angriffe vonseiten der Bibelkritik. Man versuchte, die Grundlagen der Historizität der Bibel zu zerstören, indem man zeigte, dass die Bibel Irrtümer enthielt und den »Fakten« der Archäologie angepasst werden musste. Doch heute hat sich das Blatt gewendet. Der reformierte jüdische Gelehrte Nelson Glueck stellte fest: »Es muss betont werden, dass bei all diesem Tun keine archäologische Entdeckung jemals einer einzigen, richtig verstandenen biblischen Aussage widersprochen hat.«[81] Man beachte, dass diese Aussage von einem jüdischen Gelehrten gemacht wurde. Er ist kein Christ, und doch erkennt er, dass die Archäologie die Bibel bestätigt.

Soweit es dieses Buch betrifft, ist die archäologische Bestätigung in Beweise durch Gegenstände und Beweise durch Dokumente aufgeteilt. In dem ersten Bereich geht es darum, dass Artefakte einer früheren Gesellschaft unmittelbar ein biblisches Ereignis bezeugen. Dokumentarische Beweise bestehen meist in außerbiblischen Texten (geschriebenen Dokumenten), die die Geschichte des ATs direkt oder indirekt bestätigen. Beide Arten von Beweisführung sind aber archäologischer Natur.

2.2 Ein Wort der Warnung

Obwohl die Archäologie der Bibel niemals widersprochen hat, ist andererseits ein Wort der Warnung angebracht. Allzu oft bekommen wir zu hören: »Die Archäologie beweist die Bibel.« Das kann die Archäologie gar nicht, wenn damit gemeint ist, dass »sie beweist, dass die Bibel von Gott inspiriert und geoffenbart worden ist.« Aber wenn damit gemeint ist, dass »beweisen« heißt, einige biblische Ereignisse oder Passagen als historisch zu belegen, dann stimmt das durchaus. Ich glaube, dass die Archäologie einen Beitrag zur Bibelkritik leistet – nicht, wenn es um die Frage der Inspiration oder Offenbarung selbst geht, aber indem sie die historische Korrektheit und Glaubwürdigkeit der berichteten Ereignisse bestätigt. Angenommen, die Steinplatten, auf denen die zehn Gebote geschrieben waren, sind gefunden worden. Die Archäologie könnte bestätigen, dass es da Steinplatten gäbe, dass zehn Gebote darauf geschrieben ständen und dass sie aus der Zeit des Moses stammten. Sie könnte aber nicht beweisen, dass Gott diese Platten dem Mose gegeben habe. Millar Burrows schreibt, dass die Archäologie »uns eine Menge über die Topographie einer militärischen Schlacht erzählen kann, dass sie aber nichts über das Wesen Gottes zu sagen vermag«[82].

Es gibt eine Begrenzung für die Archäologie, und das ist der Mangel an reichlichem Material. Edwin Yamauchi schreibt:

> Altertumsforscher, die archäologische Beweise anführen, sind sich oft nicht klar darüber, wie wenig uns davon wirklich zur Verfügung steht. Es wäre nicht übertrieben, wenn man sagen würde, dass das, was wir haben, nur ein Bruchteil eines zweiten Bruchteils eines dritten Bruchteils eines vierten Bruchteils eines fünften Bruchteils möglicher Beweise ist.[83]

Joseph Free spricht in *Archaeology and Bible History* die Frage von Archäologie und ihrer Beziehung zur Bibel an.

> Wir weisen darauf hin, dass zahlreiche Passagen der Bibel, an denen die Kommentatoren lange herumgerätselt haben, in ihrer Bedeutung ohne weiteres erschlossen wurden, als neues Licht aus archäologischen Entdeckungen auf sie fiel. Mit andern Worten: die Archäologie erhellt den Text der Heiligen Schrift und leistet so einen wertvollen Beitrag zur biblischen Auslegung und Interpretation. Außerdem hat die Archäologie zahllose Passagen bestätigt, die von Kritikern als unhistorisch oder bekannten Tatsachen widersprechend abgelehnt worden waren.[84]

Man muss sich auch darüber klar sein, dass die Archäologie die »radikalen Kritiker« nicht vollständig widerlegt hat. Diese Kritiker gehen von bestimmten Voraussetzungen aus, die es ihnen unmöglich machen, einen objektiven Standort einzunehmen. Burrows sagt sehr klar zu diesem Punkt:

> Es stimmt einfach nicht, dass alle Theorien der Kritiker durch archäologische Entdeckungen über den Haufen geworfen worden sind. Und es stimmt noch viel weniger, dass die fundamentalen Einstellungen und Methoden der modernen wissenschaftlichen Kritik widerlegt worden sind.[85]

Jedoch werden wir in diesem Kapitel sehen, dass die Archäologie gezeigt hat, dass viele Überzeugungen der radikalen Kritiker haltlos sind. Sie hat in Frage gestellt, was oft als »gesicherte Ergebnisse der historischen Bibelkritik« gelehrt worden ist. So ist es wichtig, wenn man sich mit der Archäologie befasst, nicht nur nach Fakten zu suchen, sondern auch die Voraussetzungen derer unter die Lupe zu nehmen, die die Fakten vorbringen.

Z.B. gibt Albright im Hinblick auf den Beweis für die umfassende Herrschaft Salomos, die von den radikalen Kritikern in Frage gestellt worden ist, einen Kommentar: »Wieder einmal stellen wir fest, dass die radikale Kritik des letzten halben Jahrhunderts drastisch korrigiert werden muss.«[86]

Es gibt Leute, die unbegründeterweise behaupten, dass Supra-Naturalisten[87] und Naturalisten[88] niemals im Hinblick auf die Ergebnisse der Archäologie zur Übereinstimmung kommen könnten, da sie sich in zwei völlig unterschiedlichen Lagern befinden. Das würde heißen, dass man archäologische Funde je nach dem eigenen Standort interpretieren kann.

Joseph Free antwortet auf diese Behauptung in *Archaelogy and Higher Criticism* sehr überzeugend:

> Nach dieser Ansicht bedeutet eine gegebene archäologische Entdeckung für einen Supranaturalisten irgendetwas Bestimmtes und für einen Naturalisten etwas ganz anderes. Und daher hat die Archäologie nur einen nebensächlichen Einfluss auf dem Gebiet der Apologetik.
>
> Tatsächlich ist das nicht alles, was zu dieser Sache zu sagen ist. Um das zu illustrieren: im 19. Jh. konnten die Bibelkritiker mit gutem Grund darauf hinweisen, dass es niemals einen Sargon [Sargon II., König von Assyrien] gegeben hat, dass die Hethiter entweder nicht existierten oder eine unbedeutende Rolle spielten, dass die Patriarchen-Berichte einen späten Hintergrund hatten, dass der siebenarmige Leuchter in der Stiftshütte eine spätere Erfindung war, dass das Davidische Reich nicht so groß war, wie in der Bibel beschrieben, dass Belsazar nicht existierte und dass ein Heer von anderen angenommenen Irrtümern und Unmöglichkeiten im biblischen Bericht zu finden sei.
>
> Archäologische Entdeckungen förderten im Gegenteil zutage, dass Sargon existierte und in einer palastartigen Wohnung etwa 20 km nördlich von Ninive lebte,

dass die Hethiter nicht nur existierten, sondern ein bedeutendes Volk waren, dass der Hintergrund der Patriarchen durchaus in die von der Bibel angegebene Zeit passt, dass die Idee eines siebenarmigen Leuchters bereits im frühen Eisenzeitalter vorhanden war, dass eine im Bericht vom Reich Davids genannte bedeutende Stadt weit im Norden liegt, dass Belsazar existierte und über Babylon regierte, und dass eine Menge als Irrtümer und Widersprüche bezeichneter Angaben eben durchaus keine Irrtümer waren.
Es stimmt natürlich, dass in bestimmten Randgebieten die Theologie, die jemand vertritt, im Hinblick auf die Interpretation einer gegebenen Tatsache oder einer besonderen archäologischen Entdeckung eine Rolle spielt. Aber im Großen und Ganzen und auch in einer Menge kleiner Details bleiben Tatsachen eben Tatsachen, ob sie nun ein Supra-Naturalist oder ein Naturalist entdeckt. Der Autor kennt keinen Naturalisten, der immer noch behauptet, dass Sargon nie existiert habe, dass es kein Volk der Hethiter gegeben habe oder dass Belsazar eine Legende sei. Es gibt viele Punkte, an denen sich alle ehrlichen Gelehrten einig sind, unabhängig von ihrer Theologie. Es gibt aber auch gewisse Bereiche, in denen die Liberalen das Beweismaterial – ob archäologisches oder anderes – nicht genügend in Betracht gezogen haben. Das gilt, wie wir glauben, auf dem Gebiet der Quellentheorie und in der Frage der Verfasserschaft, der Daten und der Integrität der biblischen Bücher.[89]

2.3 Interpretation archäologischer Daten

Die folgenden drei Punkte zeigen hilfreiche Richtlinien auf, wenn es um die Überprüfung archäologischer Angaben im Hinblick auf das Christentum geht. Erstens: Die Bedeutung kann nur vom Kontext abgeleitet werden. Archäologische Evidenz ist abhängig vom Kontext in Bezug auf Datum, Ort, Material und Stil. Wie man es versteht, hängt von den Voraussetzungen ab, von denen der Interpret ausgeht. Nicht alle Ausleger des Beweismaterials stehen dem Christentum freundlich gegenüber. Man muss sich vergewissern, dass einer von sachlich korrekten Voraussetzungen herkommt, bevor er die Angaben interpretiert.

Zweitens: Die Archäologie ist eine besondere Wissenschaft. Physiker und Chemiker können alle Arten von Experimenten machen, um den Prozess, den sie untersuchen wollen, zu wiederholen und ihn dann immer wieder neu zu beobachten. Die Archäologen können das nicht. Sie haben nur das Beweismaterial, das aus der damaligen Zeit übrig geblieben ist, in der eine bestimmte Zivilisation lebendig war. Sie untersuchen vergangene »Einmaligkeiten«, nicht gegenwärtige »Regelmäßigkeiten«. Da sie die Gesellschaften, die sie untersuchen wollen, nicht wieder auferstehen lassen oder neu erschaffen können, können ihre Schlüsse nicht in der gleichen Weise überprüft werden, wie das bei andern Wissenschaften der Fall ist. Die Archäologie versucht, plausible und wahrscheinliche Erklärungen für das Beweismaterial, das ihr vorliegt, zu finden. Sie kann auch keine Gesetze aufstellen, wie die Physik es kann. Aus diesem Grunde sind ihre Schlussfolgerungen einer möglichen Revision unterworfen. Die beste Interpretation ist diejenige, die das gesamte Beweismaterial am besten erklärt.

Drittens: Das archäologische Beweismaterial ist fragmentarisch. Es umfasst nur einen kleinen Teil dessen, was sich wirklich einmal abgespielt hat. Daher kann die Entdeckung weiteren Beweismaterials das Bild beträchtlich verändern. Das gilt besonders da, wo Schlüsse schweigend gezogen wurden, d.h. auf der Basis von fehlendem Beweismaterial. Viele kritische Ansichten die Bibel betreffend sind durch archäologische Entdeckungen über den Haufen geworfen worden. Z.B. glaubte man lange an einen Irrtum der Bibel, wenn sie von Hethitern sprach (1.Mose 23,10). Doch seit der Entdeckung der hethitischen Bibliothek in der Türkei (1906) ist das nicht länger der Fall.[90]

2.4 Wesentliche Gründe für das rapide Anwachsen des Interesses an der Archäologie

Warum hat die Archäologie in den letzten Jahren so viel mehr an Beachtung gefunden als früher? William Albright nennt vier Faktoren für den ständigen Fortschritt auf dem Gebiet der Archäologie:

1. Ein schnelles Anwachsen der Zahl ernsthafter archäologischer Expeditionen aus vielen verschiedenen Ländern, einschließlich Japans. Gleichzeitig mit der Arbeit in den zu untersuchenden Gebieten wuchs die Zahl von Museumsräumen und Publikationen. So gibt es nicht nur mehr Ausgrabungen, sondern auch mehr Artikel darüber.

2. Eine Verbesserung der archäologischen Methoden, die ans Phänomenale grenzen. Das gilt sowohl für die Analyse von übereinander liegenden Schichten von Ablagerungen aus verschiedenen Zeitaltern (Stratigraphie) als auch für die Klassifikation und relative Zeitbestimmung von Funden (Typologie).

3. Gebrauch unzähliger neuer Techniken, die von den Naturwissenschaften übernommen wurden, unter anderem die Radium-Karbon-Methode (Karbon-Isotop-14-Methode) zur Zeitbestimmung.

4. Entzifferung und Interpretation der Flut von neuen Inschriften und Texten in vielen Handschriften und Sprachen, manche davon bis vor wenigen Jahrzehnten völlig unbekannt. Die Anwendung von fundierter Sprachwissenschaft und philologischen Methoden bei gut erhaltenen Keilschrift-Tafeln und ägyptischen Priesterschriften auf Papyri macht es möglich, diese in kurzer Zeit korrekt zu veröffentlichen. Ein neues Manuskript lässt sich schnell entziffern, wenn es ein paar gute Schlüssel oder ausreichendes Material gibt, das ein Entschlüsseln ermöglicht. Die Zahl der Keilschrift-Tafeln aus drei Jahrtausenden, die im westlichen Asien und in Ägypten unter dem Schutt von Ablagerungen gut erhalten geblieben sind, scheint praktisch unbegrenzt, und neue Methoden des Brennens und der Reproduktion haben Verluste auf ein erstaunlich geringes Maß reduziert.

»Mit der Hilfe der Stratigraphie, wissenschaftlicher Analyse und Untersuchungen im Museum kann die Archäologie heute das tägliche Leben antiker Völker mit bemerkenswerter Vollständigkeit rekonstruieren.«[91]

2.5 »Die Steine schreien«: Beispiele archäologischer Bestätigung für die alttestamentlichen Berichte

Die Archäologie steigert unser Wissen vom ökonomischen, kulturellen, sozialen und politischen Hintergrund biblischer Passagen. Sie trägt auch zum Verständnis der Religionen anderer Völker bei, die um Israel herum lebten.

2.5.1 Sodom und Gomorra

Die Zerstörung von Sodom und Gomorra hielt man so lange für unhistorisch, bis Beweise offenbarten, dass alle fünf Städte, die in der Bibel erwähnt werden, tatsächlich damals Handelszentren in jenem Gebiet waren und geografisch wirklich da lagen, wo sie nach der Beschreibung der Bibel gewesen sein sollten. Der biblische Bericht über ihren Untergang scheint nicht weniger korrekt zu sein. Es gibt Hinweise auf Erdbeben und darauf, dass verschiedene Schichten der Erde zerrissen und hoch in die Luft geschleudert wurden. Es gibt auch eine Menge Schwefel dort, und in einer genaueren Beschreibung heißt es, dass Schwefel auf diese Städte herabregnete, die Gott abgelehnt hatten. Es gibt Hinweise dafür, dass Schichten von Sedimentgestein unter großer Hitze zusammengepresst wurden. Der Beweis eines solchen Feuers wurde auf dem Gipfel des Dschebel Usdum (Berg von Sodom) gefunden. Das ist ein ständiger Hinweis auf die große Feuersbrunst, die in fernster Vergangenheit stattfand. Möglicherweise hatte sich ein Öllager unter dem Toten Meer entzündet und war explodiert. Eine solche Erklärung mindert in keiner Weise das Wunderbare an dem Ereignis, denn Gott kontrolliert ja auch die Kräfte der Natur. Das zeitliche Zusammentreffen im Kontext von Warnungen und Besuchen von Engeln offenbart den wunderbaren Gesamtcharakter des Geschehens.[92]

2.5.2 Jericho

Während der Ausgrabungen von Jericho (1930-1936) fand Garstang etwas so Überraschendes, dass er und zwei andere Mitglieder des Teams ein Statement mit der Beschreibung ihres Fundes verfassten und unterzeichneten. In Bezug darauf sagt Garstang:

> Zur Hauptsache ist zu sagen, dass keine Zweifel bleiben, dass die Mauern so vollständig nach außen fielen, dass Belagerer hätten ohne weiteres hochklettern und über sie in die Stadt eindringen können. Warum ist das so ungewöhnlich? Weil die Mauern einer Stadt normalerweise immer nach innen fallen. Und doch lesen wir in Josua 6,20: »… fiel die Mauer um, und das Volk stieg zur Stadt hinauf, ein jeder stracks vor sich hin. So eroberten sie die Stadt.« Aus irgendeinem Grund fielen die Mauern nach außen.[93]

Bryant Wood, Autor für die Zeitschrift *Biblical Archaelogy Review*, fügt eine Liste der Gemeinsamkeiten zwischen archäologischer Beweisführung und biblischer Erzählung an:

1. Die Stadt war stark befestigt (Jos 2,5.7.15; 6,5.20)
2. Der Angriff geschah kurz nach der Erntezeit im Frühjahr (Jos 2,1; 3,15)
3. Die Bewohner hatten keine Gelegenheit, mit ihren Lebensmittelvorräten zu fliehen (Jos 6,1)
4. Die Belagerung war kurz (Jos 6,15)
5. Die Mauern waren eingeebnet, möglicherweise durch ein Erdbeben (Jos 6,20)
6. Die Stadt wurde nicht geplündert (Jos 6,17.18)
7. Die Stadt wurde verbrannt (Jos 6,24)[94]

2.5.3 Saul, David und Salomo

Saul wurde der erste König in Israel, und seine Festung in Gibea ist ausgegraben worden. Als einer der bemerkenswertesten Funde stellte sich heraus, dass die Schleuder eine der gebräuchlichsten Waffen jener Tage war. Das bezieht sich nicht nur auf Davids Sieg über Goliat, sondern auch auf den Hinweis aus Richter 20,16, dass es 700 Schleuderer gab, die »schleuderten alle einen Stein haargenau, ohne zu fehlen«.

Nach Sauls Tod, so sagt uns Samuel, wurden seine Waffen in den Tempel der Astarte (einer kanaanitischen Fruchtbarkeitsgöttin) nach Bet-Schean gebracht, während in 1. Chr 10 berichtet wird, dass sein Kopf an das Haus des Dagon, des Getreidegottes der Philister, geheftet wurde. Das hat man als einen Irrtum angesehen, weil man es für unwahrscheinlich hielt, dass feindliche Völker zu gleicher Zeit an den gleichen Plätzen Tempel hätten. Ausgrabungen haben jedoch offenkundig gemacht, dass an dieser Stelle zwei Tempel gestanden haben, die nur durch eine Eingangshalle getrennt waren: einer für Dagon, der andere für Astarte. Es scheint also, als ob die Philister die kanaanitische Göttin auch »adoptiert« hatten.

Eine der Haupttaten in der Regierungszeit Davids war die Einnahme von Jerusalem. An den biblischen Berichten war problematisch, dass die Israeliten angeblich durch einen unterirdischen Gang, der zum Teich Siloah führte, in die Stadt eingedrungen waren. Es wurde jedoch angenommen, dass sich der Teich damals *außerhalb* der Stadtmauern befunden hätte. Dagegen machten Ausgrabungen in den 60er Jahren deutlich, dass die Mauer sich tatsächlich weit über den Teich hinaus erstreckt hatte.

Für die Zeit Salomos gibt es nicht weniger an Bestätigung. Der Platz, an dem der salomonische Tempel gestanden hat, kann leider nicht ausgegraben werden, da das in der unmittelbaren Nähe des heiligsten Ortes der Muslime – dem Felsendom – liegt. Was jedoch von Tempeln der Philister bekannt ist, die zur Zeit Salomos gebaut wurden, passt vom Entwurf, der Ausschmückung und dem Material gut in die biblische Beschreibung. Das einzige Beweisstück vom Tempel selbst ist ein kleines Ornament, ein Granatapfel, der am Ende eines Stabes sitzt und die Inschrift trägt: »Zum Tempel Jahwes gehörig.« Man sah es zuerst 1979 in einem Geschäft in Jerusalem; 1984 wurde es als echt identifiziert und 1988 vom Israelischen Museum angekauft.

Die Ausgrabungen von Geser im Jahr 1969 gingen quer durch eine massive Aschenschicht, die den größten Teile der Erde bedeckte. Als man die Asche durchsiebte, kamen Stücke von hebräischen, ägyptischen und von Philistern stammenden Artefakten hervor. Offensichtlich gab es alle drei Kulturen dort zu gleicher Zeit. Das gab den Forschern große Rätsel auf, bis sie erkannten, dass die Bibel genau das bestätigt, was sie gefunden hatten. »Denn der Pharao, der König von Ägypten, war heraufgezogen und hatte Geser eingenommen und mit Feuer verbrannt und die Kanaaniter erschlagen, die in der Stadt wohnten, und hatte seiner Tochter, Salomos Frau, den Ort zum Geschenk gegeben« (1. Kön 9,16).[95]

Ein Artikel von Alan Millard in der Zeitschrift *Biblical Archaeology Review* aus dem Jahr 1989 mit dem Titel »Does the Bible exaggerate King Salomon's Wealth?« (»Übertreibt die Bibel den Reichtum des Königs Salomo?«) besagt:

> Die den biblischen Text lesen und sich ein subjektives Urteil über seine Glaubwürdigkeit bilden, kommen oft zu dem Schluss – und das ist verständlich –, dass die Beschreibungen vom Gold Salomos große Übertreibungen sind. Die Menge an Gold, die die Bibel dem König Salomo zuschreibt, ist einfach unglaublich, mehr noch: unvorstellbar.
> Wir haben nicht bewiesen, dass die biblischen Einzelheiten in Bezug auf das Gold Salomos korrekt berichtet sind. Aber auch wenn wir den biblischen Text beiseite lassen, haben wir doch durch andere antike Texte und archäologische Entdeckungen gezeigt, dass die biblische Erzählung in Übereinstimmung ist mit dem, was in der antiken Welt Brauch war. Soweit wir es feststellen können, gilt das nicht nur für die Verwendung von Gold, sondern auch für den Bericht bezüglich der Mengen. Das demonstriert nicht, dass die Angaben korrekt sind, zeigt aber, dass ihre Zuverlässigkeit möglich ist.[96]

2.5.4 David

Der Archäologe S. H. Horn gibt ein hervorragendes Beispiel dafür, wie archäologische Beweise beim Bibelstudium helfen können:

> Archäologische Forschungen haben ein interessantes Licht auf Davids Einnahme von Jerusalem geworfen. Die biblischen Berichte über dieses Ereignis sind (2. Sam 5,6-8 und 1. Chr 11,6) ohne die Hilfe archäologischer Hinweise eher dunkel. Nehmen wir z. B. 2. Sam 5,8, wo es heißt: »Da sprach David an diesem Tage: ›Wer die Jebusiter schlägt und durch den Schacht hinaufsteigt und die Lahmen und Blinden erschlägt, die David verhasst sind, der soll Hauptmann und Oberster sein …‹« Nimmt man dazu 1. Chr 11,6, so heißt es da: »Wer die Jebusiter zuerst schlägt, der soll Hauptmann und Oberster sein. Da stieg Joab, der Sohn der Zeruja, zuerst hinauf und wurde Hauptmann.«
> Vor einigen Jahren sah ich ein Gemälde von der Einnahme Jerusalems, auf dem der Künstler einen Mann dargestellt hatte, der an einem metallenen Fallrohr hinaufklettert, das an der Außenseite der Stadtmauer verlief. Das Bild erschien absurd, weil antike Stadtmauern weder Dachrinnen noch Fallrohre hatten, obwohl es in den Mauern Löcher gab, um das Wasser abzuleiten. Nachdem die

Situation durch archäologische Entdeckungen an dieser Stelle aufgehellt worden war, wurde in einer englischen Übersetzung (Revised Standard Version) die Stelle folgendermaßen abgeändert: »Und David sagte an jenem Tag: Wer auch immer die Jebusiter schlagen wird, lasst ihn am Wasserschacht hinaufklettern, um die Lahmen und die Blinden zu ergreifen, welchen die Seele Davids feind ist. Und Joab, der Sohn der Zeruja, stieg als erster hinauf und ward Hauptmann.« Was war das für ein »Wasserschacht«, an dem Joab hochkletterte?

Jerusalem war in jenen Tagen eine kleine Stadt, die auf einem Vorsprung des Hügels lag, auf dem später die große Stadt erbaut wurde. Ihre Lage bedeutete eine natürliche Machtposition, weil sie an drei Seiten von tiefen Tälern umgeben war. Aus diesem Grunde hatten die Jebusiter prahlerisch erklärt, dass selbst Lahme und Blinde die Stadt gegen einen starken feindlichen Angriff halten könnten. Doch die Wasserversorgung der Stadt war nicht besonders günstig. Die Bevölkerung hing vollständig von einer Quelle ab, die sich außerhalb der Stadt am östlichen Abhang des Hügels befand.

Damit sie nun Wasser haben konnten, ohne jedes Mal zur Quelle hinuntergehen zu müssen, hatten die Jebusiter ein umfangreiches System von Schächten durch den Felsen konstruiert. Zuerst hatten sie einen horizontalen Tunnel gegraben, an der Quelle beginnend bis unterhalb vom Zentrum der Stadt. Nachdem sie ca. 270 m gegraben hatten, stießen sie auf eine natürliche Höhle. Von der Höhle schlugen sie einen senkrechten Schacht etwa 135 m in die Höhe und vom Ende dieses Schachtes einen allmählich ansteigenden Tunnel ca. 400 m lang mit einer Treppe am Ende, die nun an der Oberfläche ihrer Stadt erschien. Damit hatten sie Wasser 330 m über dem Niveau der Quelle. Die Quelle wurde von außen so verborgen, dass kein Feind sie entdecken konnte. Die Jebusiterfrauen stiegen durch den oberen Tunnel herunter und ließen ihre Wasserschläuche hinunter bis in die Höhle. Dorthin gelangte das Wasser auf natürlichem Weg durch den horizontalen Tunnel, der an der Quelle angeschlossen war.

Doch eine Frage blieb noch unbeantwortet. Die Ausgrabungen von R. A. S. Macalister und J. G. Duncan vor etwa vierzig Jahren hatten eine Mauer und einen Turm freigelegt, die man dem Ursprung nach den Jebusitern und damit der davidischen Zeit zuschrieb. Dieser Mauertrakt verlief am Rand des Hügels von Ofel, westlich vom Tunneleingang. Auf diese Weise blieb der Tunneleingang außerhalb der schützenden Stadtmauer und den Angriffen und Behinderungen durch Feinde ausgesetzt. Warum war das Tunnelende nicht nach innen verlegt worden? Dieses Rätsel wurde jetzt durch die kürzlich erfolgten Ausgrabungen von Kathleen Kenyon auf dem Ofel gelöst. Sie stellte fest, dass Macalister und Duncan die Mauer und den Turm, die sie entdeckt hatten, zeitlich falsch eingeordnet hatten. Sie stammten in Wirklichkeit aus der hellenistischen Periode. Die echte jebusitische Mauer förderte die Archäologie etwas weiter unterhalb an diesem Hang zutage – östlich des Tunneleingangs. Damit befand sich der Eingang im sicheren Bereich des alten Stadtgebietes.

David, der in Bethlehem, 9 km südlich von Jerusalem geboren war … gab das

Versprechen, dass der erste Mann, der durch den Wasserschacht in die Stadt eindränge, sein Hauptmann sein sollte. Joab, der bereits Führer der Armee war, wollte diesen Posten nicht verlieren und führte den Angriff selbst an. Die Israeliten kamen offensichtlich durch den Tunnel, kletterten den Schacht empor und waren in der Stadt, bevor einem der belagerten Einwohner ein Gedanke an einen solchen kühnen Plan überhaupt gekommen war.[97]

Auch Avaraham Biram spricht von einer neuen Entdeckung im Jahr 1994:

Es ist eine bemerkenswerte Inschrift, die sich auf beide bezieht [das Haus Davids] und auf den [König von Israel]. Dies ist das erste Mal, dass der Name Davids auf irgendeiner antiken Inschrift außerhalb der Bibel gefunden wurde. Dass die Inschrift sich nicht einfach auf einen [David] bezieht, sondern auf das »Haus David«, die Dynastie des großen israelitischen Königs, ist noch bemerkenswerter … dies dürfte der älteste außerbiblische Hinweis auf Israel in semitischen Schriften sein. Wenn diese Inschrift etwas beweist, dann, dass Israel und Juda, im Gegensatz zu den Behauptungen einiger Gelehrter, die die Bibel abwerten möchten, zu jener Zeit bedeutende Königreiche darstellten.[98]

2.5.5 Zusammenfassung und Schlussfolgerungen

Henry M. Morris sagt:

Natürlich gibt es noch Probleme im Hinblick auf die vollständige Harmonisierung des archäologischen Materials mit der Bibel. Diese sind aber nicht so ernster Natur, dass man nicht damit rechnen könnte, sie in absehbarer Zeit durch weitere Untersuchungen zu lösen. Es ist jedoch von enormer Bedeutung, dass angesichts der riesigen Menge von erhärtendem Material hinsichtlich der biblischen Geschichte aus diesen Perioden es heute keinen einzigen unumstrittenen archäologischen Fund gibt, der ein Beweis dafür wäre, dass sich die Bibel in einem Punkt geirrt habe.[99]

Norman L. Geisler ergänzt:

In jeder Periode der alttestamentlichen Geschichte finden wir von der Archäologie her gutes Beweismaterial dafür, dass die Bibel die Wahrheit sagt. In vielen Beispielen ist es sogar so, dass die Bibel aus erster Hand das Wissen von den Zeiten und Bräuchen widerspiegelt, die sie beschreibt. Während viele die Zuverlässigkeit der Bibel bezweifelten, haben die Zeit und fortgesetzte Forschungen konsequent gezeigt, dass das Wort Gottes besser informiert ist als seine Kritiker.

Tatsächlich ist es so: Während Tausende von Funden aus der Antike in großen Umrissen und oft auch im Detail das biblische Bild bestätigen, hat kein unbestrittener Fund jemals der Bibel widersprochen.[100]

Henry Morris fügt hinzu:

> Das große Alter der biblischen Geschichten im Vergleich zu dem anderer Schriften, verbunden mit den Vorurteilen des Evolutionismus im 19. Jahrhundert, ließ viele Gelehrte darauf bestehen, dass die biblischen Geschichten in großen Teilen nur legendären Charakter besäßen. Solange außer den Kopien alter Handschriften für die Bewertung der alten Geschichten nichts zur Verfügung stand, mochten solche Theorien überzeugend klingen. Heute jedoch ist es nicht mehr möglich, die grundsätzliche Historizität der Bibel, wenigstens bis in die Zeit Abrahams zurück, abzulehnen, und zwar wegen der bemerkenswerten Entdeckungen der Archäologie.[101]

2.6 Dokumentarische Bestätigung der alttestamentlichen Berichte

2.6.1 Die Zuverlässigkeit der alttestamentlichen Geschichte

Wir haben nicht nur genaue Abschriften des ATs, sondern auch der Inhalt der Manuskripte ist historisch zuverlässig.

William Albright, dessen Ruf als einer der größten Archäologen bekannt ist, sagt: »Es kann keinen Zweifel geben, dass die Archäologie die grundsätzliche Historizität der alttestamentlichen Überlieferung bestätigt hat.«[102]

Professor H. H. Rowley behauptet, dass es nicht daran liegt, »dass die Gelehrten von heute mit mehr konservativen Voraussetzungen an die Sache herangehen als ihre Vorgänger, dass sie wesentlich mehr Achtung bezüglich der Geschichte der Patriarchen haben, als es früher allgemein der Fall war, sondern weil die Beweislage das rechtfertigt.«[103]

Merrill Unger fasst es so zusammen:

> Die alttestamentliche Archäologie hat ganze Völker wieder neu entdeckt, wichtige Persönlichkeiten wieder aufleben lassen und in erstaunlicher Weise Lücken in der Geschichte ausgefüllt und dabei unermesslich viel zum Wissen über biblische Hintergründe beigetragen.[104]

Sir Frederic Kenyon sagt:

> Es ist daher berechtigt zu sagen, dass im Hinblick auf den Teil des Alten Testaments, gegen den die zersetzende Kritik der letzten Hälfte des 19. Jahrhunderts hauptsächlich gerichtet war, das Beweismaterial der Archäologie seine Autorität wieder herstellen und ebenso seinen Wert wieder steigern musste, indem es nun durch eine bessere Kenntnis seines Hintergrundes und seiner Umgebung verständlicher wiedergegeben wird. Die Archäologie hat ihr letztes Wort noch nicht gesprochen. Aber die Ergebnisse haben jetzt schon eine Bestätigung dessen gebracht, was der Glaube vermutete, dass die Bibel von vermehrter Kenntnis nur gewinnen kann.[105]

Die Archäologie hat eine Fülle von Beweismaterial hervorgebracht, um die Korrektheit unseres Massoretischen Textes zu erhärten. Bernard Ramm schreibt vom »Jeremia-Siegel«:

> Die Archäologie hat uns auch Beweismaterial für die grundsätzliche Genauigkeit unseres Massoretischen Textes geliefert. Das »Jeremia-Siegel«, das gebraucht wurde, um die Erdharz-Siegel auf Weinkrüge zu stempeln, und das aus dem ersten oder zweiten Jahrhundert n. Chr. stammt, findet in Jer 48,11 Erwähnung und das in Übereinstimmung mit dem Massoretischen Text. Dieses Siegel »… bezeugt die Genauigkeit, mit der der Text zwischen der Zeit, in der es hergestellt wurde, und der Zeit, in der die Manuskripte geschrieben wurden, überliefert wurde.« Weiterhin bestätigen der *Roberts-Papyrus*, der aus dem 2. Jh. v. Chr. stammt und der *Nash-Papyrus*, von Albright vor 100 v. Chr. datiert, unsern Massoretischen Text.[106]

William Albright versichert:

> Wir können beruhigt sein, dass der konsonantische Text der hebräischen Bibel, obwohl er nicht fehlerlos ist, doch mit einer Genauigkeit erhalten worden ist, für die es in irgendwelcher anderen nahöstlichen Literatur keine Parallele gibt. … Nein, die Flut von Licht, die heute durch die Literatur von Ugarit auf die biblische hebräische Dichtung aller Zeiten fällt, garantiert das relative Alter ihres Ursprungs ebenso wie die erstaunliche Genauigkeit ihrer Überlieferung.[107]

Der Archäologe Albright schreibt bezüglich der Genauigkeit der Schriften als Ergebnis der Archäologie:

> Die Inhalte unseres Pentateuchs sind im Allgemeinen sehr viel älter als das Datum, an dem sie endlich veröffentlicht wurden. Neue Entdeckungen bestätigen weiterhin die historische Korrektheit oder das literarische Alter von einem ihrer Details nach dem anderen. … Es ist demnach reine Haarspalterei, den grundsätzlich mosaischen Charakter der Pentateuch-Überlieferung leugnen zu wollen.[108]

Albright kommentiert auch das, was die Kritiker gewöhnlich sagen:

> Bis vor kurzem war es unter den Bibelwissenschaftlern Mode, die Patriarchengeschichten aus dem 1. Buch Mose als Erfindungen israelitischer Autoren des geteilten Königreichs anzusehen oder als Berichte, die in den Jahrhunderten, die der Besetzung ihres Landes folgten, von fantasiebegabten Schwärmern an den israelitischen Lagerfeuern erzählt wurden. Bedeutende Namen unter den Fachgelehrten können aufgezählt werden, die jede Einzelheit von 1.Mose 11-50 als späte Erfindung darstellen oder wenigstens als Rückspiegelung von Ereignissen und Umständen unter der Monarchie in eine ferne Vergangenheit hinein, über die nichts, wie man sagte, den Schreibern späterer Zeit wirklich bekannt gewesen sei.[109]

Jetzt hat sich das alles geändert, sagt Albright:

> Archäologische Entdeckungen seit 1925 haben das bewirkt. Abgesehen von ein paar Dickschädeln unter älteren Gelehrten gibt es kaum noch einen einzelnen Historiker im Bereich der Bibelwissenschaften, der nicht von der rapiden Anhäufung von Daten, die die grundsätzliche Historizität der Patriarchen-Tradition bestätigen, beeindruckt ist. Nach der Überlieferung von 1. Mose waren die Vorfahren der Israeliten in den letzten Jahrhunderten des zweiten Jahrtausends v. Chr. und in den ersten Jahrhunderten des ersten Jahrtausends v. Chr. eng mit den halbnomadischen Völkern von Transjordanien, Syrien, dem Euphrat-Becken und Nordarabien verwandt.[110]

Millar Burrows fährt fort:

> Um die Situation klar zu sehen, müssen wir zwei Arten von Bestätigung unterscheiden: die allgemeine und die spezielle. Die generelle Bestätigung ist eine Sache der Verträglichkeit ohne bestimmte Erhärtungen an besonderen Punkten. Vieles, was schon als Erklärung und Veranschaulichung diskutiert worden ist, kann ebenso als generelle Bestätigung angesehen werden. Das Bild passt in den Rahmen. Die Melodie und die Begleitung sind harmonisch. Die Macht solcher Beweisführung ist kumulativ. Je mehr wir entdecken, dass Einzelheiten im Bild der Vergangenheit, das die Bibel uns darbietet – wenn auch nicht unmittelbar bezeugt –, mit dem, was wir von der Archäologie wissen, kompatibel sind, desto stärker ist unser Eindruck von der generellen Authentizität. Reine Legende oder Erfindung würde sich unvermeidlich selbst durch Anachronismen und Unvereinbarkeiten ad absurdum führen.[111]

Professor Raymond A. Bowman von der Universität Chicago sagt, dass die Archäologie dazu hilft, ein Gleichgewicht zwischen der Bibel und kritischen Hypothesen herzustellen: »Die Bestätigung der biblischen Erzählungen an den meisten Punkten hat zu einem neuen Respekt vor der biblischen Überlieferung geführt und zu einer mehr konservativen Vorstellung von der biblischen Geschichte.«[112]

Albright sagt in »Archaeology Confronts Biblical Criticism« (»Archäologie im Gegensatz zur Bibelkritik«), dass »archäologische Daten und solche aus Inschriften die Historizität von zahllosen Passagen und Aussagen des Alten Testaments außer Frage gestellt haben.«[113]

Die Archäologie beweist zwar nicht, dass die Bibel Gottes Wort ist. Alles, was sie tun kann, ist, die grundsätzliche Historizität oder Authentizität einer Erzählung zu bestätigen. Sie kann zeigen, dass ein bestimmtes Ereignis in die Zeit hineinpasst, aus der es angeblich stammt.

G. E. Wright schreibt:

> Wir werden wahrscheinlich niemals beweisen können, dass Abram wirklich exis-

> tierte, … aber was wir beweisen können, ist, dass sein Leben und seine Zeit, wie es sich in den Geschichten über ihn widerspiegelt, vollkommen in die Zeit des frühen zweiten Jahrtausends hineinpasst, aber nicht mehr in irgendeine spätere Periode.[114]

Millar Burrows von Yale erkennt den Wert der Archäologie hinsichtlich der Bestätigung der Authentizität der Heiligen Schriften ausdrücklich an:

> Die Bibel wird immer wieder von archäologischem Beweismaterial unterstützt. Aufs Ganze gesehen, kann es keine Frage geben, dass die Ergebnisse der Ausgrabungen die Achtung der Gelehrten vor der Bibel als einer Sammlung historischer Dokumente gesteigert haben. Die Bestätigung gilt sowohl generell als auch im speziellen Bereich. Die Tatsache, dass die biblischen Berichte so häufig durch archäologische Angaben erklärt oder illustriert werden können, zeigt, dass sie in den historischen Rahmen passen, wie es nur ein echtes Erzeugnis des antiken Lebens tun kann. Zusätzlich zu dieser generellen Authentizität finden wir jedoch die Berichte wiederholt auch an speziellen Punkten bestätigt. Namen von Orten und Personen tauchen an der richtigen Stelle und in der richtigen Periode auf.[115]

Joseph Free bemerkt, dass, als er einmal das Buch Genesis durchblätterte, ihm dabei bewusst wurde, dass jedes der 50 Kapitel durch archäologische Entdeckungen entweder erhellt oder bestätigt worden ist – das Gleiche würde für die meisten der übrigen Kapitel der Bibel, sowohl des ATs als auch des NTs gelten.[116]

2.6.2 Die Schöpfung

Die Anfangskapitel von 1. Mose (1-11) sind typisch für das, was man in der Bibel als mythologische Erklärungen angesehen hat. Sie sollen von früheren Versionen der Berichte stammen, die man im Nahen Osten aus der Vorzeit gefunden hat. Doch bei dieser Sichtweise ist man entschlossen, nur die Ähnlichkeiten zwischen dem Buch Genesis und den Schöpfungsepen in anderen frühen Kulturen ins Auge zu fassen. Wenn wir davon ausgehen können, dass die menschliche Rasse von einer einzigen Familie abstammt und das allgemeine Wissen davon voraussetzen, dann muss man geradezu damit rechnen, dass sich ein Nachhall des historischen Berichtes auch anderswo findet. Die Unterschiede zwischen diesen Berichten sind aber doch wesentlich. Die babylonischen und sumerischen Berichte beschreiben die Schöpfung als Ergebnis eines Konflikts zwischen endlichen Göttern. Als ein Gott eine Niederlage erlitt und in zwei Hälften gespalten wurde, floss aus einem Auge der Euphrat und aus dem andern der Tigris. Die Menschen wurden demnach aus dem Blut eines bösen Gottes gemacht, das mit Lehm vermischt wurde. Diese Erzählungen zeigen die Art von Verzerrung und Ausschmückung, die man erwarten sollte, wenn ein historischer Bericht mythologisiert wird.

Weniger zu erwarten ist, dass die literarische Entfaltung sich von dieser Mythologie zur schlichten Eleganz von 1. Mose 1 weiterentwickelt haben soll. Die allgemeine Annahme, dass der hebräische Bericht eine bereinigte und vereinfachte Version der babylonischen Legende darstellt, ist deshalb irreführend. In der Frühzeit des Nahen Ostens ist die Regel, dass einfache Berichte oder Traditionen zu erweiterten Legenden führen (durch Zusätze und Ausschmückungen), aber nicht umgekehrt. So wird die Ansicht belegt, dass 1. Mose nicht ein Mythos war, der zur Geschichte umfunktioniert wurde. Vielmehr wurden die außerbiblischen Berichte in Mythen verwandelt.[117]

2.6.2.1 »Tell Mardikh«: Die Entdeckung von Ebla

Einer der größten archäologischen Funde dieses Jahrhunderts umfasst die Entdeckung von Ebla. Im Jahr 1964 begann der Archäologie-Professor Paolo Matthiae von der Universität Rom mit der systematischen Ausgrabung einer bis dahin unbekannten Stadt. Dank der Entschlossenheit und dem Weitblick von Matthiae wurde 1974 und 1975 ein großer königlicher Palast gefunden, der über 15.000 Tafeln und Fragmente enthielt. Der Inschriftenforscher Giovanni Pettinato hatte eng mit Matthiae zusammengearbeitet, um einiges von der paläographischen Bedeutung des Fundes zu bestimmen. Gegenwärtig ist nur ein Bruchteil der Tafeln übersetzt worden. Es besteht heute aber kein Zweifel mehr daran, dass von diesem antiken Platz aus die einst berühmte Stadt Ebla den Nahen Osten regierte – als Mittelpunkt eines großen Imperiums. Ebla liegt in der Nähe der heutigen Stadt Aleppo in Nordsyrien.

Die Blütezeit von Ebla war in der Hauptsache im 3. Jhtsd. v. Chr. (zeitgleich mit der Zeit der Patriarchen). Obwohl die Ebla-Texte bis jetzt biblische Personen oder Ereignisse nicht besonders erwähnen (wenn es auch manche Debatte über diese Frage gibt), so gewähren sie doch eine Fülle von Hintergrundmaterial und von Ortsnamen, um die biblischen Erzählungen dadurch besser einschätzen zu können. Die Bedeutung von Ebla für die syrische Geschichte ist schon sehr beeindruckend, für biblische Studien ist sie direkt phänomenal. Doch bisher ist nur die Spitze des Eisbergs sichtbar geworden. Obwohl es lange gedauert hat, bis diese Dinge offenbar wurden, haben wir hier doch einiges an Bestätigung für die biblischen Berichte aufgelistet.

1. Biblische Städte

In Bezug auf die Identifikation biblischer Städte in den Ebla-Archiven bemerkt Kitchen:

> Auf den Ebla-Tafeln erscheinen nicht wenige Städte von biblischem Interesse. In den meisten Fällen ist das die früheste bekannt gewordene Erwähnung dieser Städte in geschriebenen Berichten. Nützlicher noch ist möglicherweise die Erwähnung von bekannten palästinensischen Ortsnamen wie Hazor, Meggido, Jerusalem, Lachisch, Dor, Gaza, Aschterot (Karnajim) usw. Von verschiedenen dieser Plätze weiß man aus archäologischen Funden, dass es im 3. Jhtsd. v. Chr. bewohnte Städte waren (frühes Bronze-Zeitalter III-IV), und diese Tafeln bestätigen ihre frühe Bedeutung – möglicherweise als Stadtstaaten. Schließlich erscheint auch selbst Kanaan als geographische Bezeichnung aus dem späteren 3. Jhtsd. v. Chr. Und das, soweit es uns bekannt ist, bevor irgendeine andere von außen kommende zeitlich bestimmte Erwähnung erfolgte. Es wird interessant sein, zu erfahren, was in den Ebla-Texten von Kanaan weiter berichtet ist.[118]

2. Biblische Namen

> Der wichtigste Beitrag der Ebla-Entdeckungen im Hinblick auf diese und andere Namen ist 1. die nochmalige Betonung, dass dieses Namen von *wirklichen* menschlichen Individuen sind (nicht von Göttern oder ausschließlich – wenn überhaupt – von Stämmen oder Legenden-Gestalten) und 2. die Feststellung des enormen Alters von Namen dieser Art, und von diesen Namen im Besonderen.[119]

Dr. Giovanni Pettinato weist bei den Ebla-Texten klare Variationen von hebräischen Namen wie Israel, Ismael und Micha nach.[120]

3. Altorientalische Tributzahlungen

Manche glauben, dass die Tributzahlungen, die Salomo auf der Höhe seiner Macht (nach biblischem Bericht) empfing, einer fantasievollen Übertreibung entsprungen sind. Doch die Funde von Ebla erlauben eine andere Interpretation der Angaben.

> Das Herrschaftsgebiet von Ebla muss auf der Höhe seiner Macht ein enormes Einkommen gehabt haben. Allein von einem besiegten König von Mari wurde bei einer Gelegenheit ein Tribut von 11.000 Pfund Silber und 880 Pfund Gold gefordert. Diese *zehn Tonnen* Silber und mehr als *eine drittel Tonne* von Gold war keineswegs die Beute als solche. Es war nur eine »erfreuliche Extrasache«, soweit man es den »Schatzhaus-Berichten« von Ebla entnehmen kann. In einem solchen ökonomischen Kontext verlieren die 666 Zentner (etwa 20 Tonnen) Gold als Salomos Grundeinkommen von seinem gesamten Reich etwa 15 Jahrhunderte später (1.Kön 10,14; 2.Chr 9,13) den Beigeschmack von Übertreibung und wirken eher prosaisch angesichts dieses Bildes von enormem Reichtum größerer Königreiche der antiken Welt zur Zeit der in der Bibel berichteten Ereignisse.
>
> Die gerade angestellten Vergleiche beweisen *nicht*, dass Salomo tatsächlich die 666 Talente Gold erhielt oder dass sein Königreich genau so organisiert war, wie es in den Büchern der Könige beschrieben ist. Aber sie zeigen 1. klar an, dass die alttestamentlichen Angaben im Kontext der damaligen Welt untersucht werden müssen und *nicht* isoliert beurteilt werden dürfen, und 2., dass das *Ausmaß* der Aktivität, die in den alttestamentlichen Schriften geschildert wird, weder unmöglich noch auch nur unwahrscheinlich ist, wenn man es an entsprechenden außerbiblischen Maßstäben misst.[121]

4. Religiöse Praktiken

Die Ebla-Texte machen offenbar, dass viele der alttestamentlichen religiösen Praktiken nicht aus so viel jüngerer Zeit stammen, wie einige der Kritiker unter den Bibelwissenschaftlern angenommen haben.

> In den Bereichen wie z. B. Priester, Kult und Opfer untermauern die Berichte

> von Ebla für Syrien/Palästina nur, was wir von Ägypten, Mesopotamien und Anatolien aus dem 3., 2. und 1. Jhtsd. v. Chr. bereits wissen und aus den nordsyrischen Berichten von Qatna und Ugarit für das 2. Jhtsd. v. Chr. ebenfalls: nämlich, dass gut organisierte Tempelkulte, Opfer, reiche Rituale usw., ein *ständiges* Merkmal des frühen religiösen Lebens im Nahen Osten in *allen* Perioden gewesen sind – von prähistorischen Zeiten bis zu den gräko-romanischen. Sie haben nichts mit unbegründeten Theorien des 19. Jh.s n. Chr. zu tun, für die solche Ausdrucksweisen religiösen Lebens nur ein Kennzeichen einer späten Entwicklung sein können – praktisch für die Hebräer bis nach dem babylonischen Exil verboten – und das soll *allein* von allen Völkern des Nahen Ostens für Israel gelten? Es gibt einfach keinen plausiblen Grund für die merkwürdige Vorstellung, dass die einfachen Riten der Stiftshütte zur Zeit des Mose (vgl. 3. Mose) oder des salomonischen Tempels – beide gut 1.000 Jahre später als die Rituale, die in einem halben Dutzend Tempel von Ebla praktiziert wurden – die leere Erfindung idealistischer Schreiber aus dem 5. Jh. v. Chr. sein sollten.[122]

Giovanni Pettinato kommentiert hinsichtlich der Quelle der Besonderheiten, auf die sich Kitchen bezieht:

> Wenn wir uns den religiösen Kulten zuwenden, so stellen wir fest, dass es Tempel von Dagon, Astarte, Kemosch und Rasap gibt – alle in den Texten von Ebla bezeugt. Unter den Opfern sind aufgeführt: Brot, Getränke und sogar Tiere. Zwei Tafeln fallen besonders auf, TM75, G1.974 und TM75 sowie G2.238, weil sie davon berichten, dass verschiedene Tiere unterschiedlichen Göttern in einem einzigen Monat geopfert wurden, und zwar von allen Mitgliedern der königlichen Familie. Z. B. »11 Schafe für den Gott Adad von N.N. als Opfer.«, »12 Schafe für den Gott Dagon von N.N. als Opfer« oder: »10 Schafe für Rasap, den Gott der Stadt Edani von N.N. als Opfer.«
> Zu den interessantesten Aspekten des Götterkultes in Ebla gehören die verschiedenen Kategorien von Priestern und Priesterinnen, einschließlich von zwei Klassen von Propheten, den *mahhu* und den *nabiutum*. Die zweite Gruppe hat ein natürliches Gegenüber im AT Um das biblische Phänomen zu erklären, haben sich die Gelehrten bisher auf Mari als Hintergrund berufen. In der Zukunft wird auch Ebla ihre Aufmerksamkeit fesseln.[123]

5. Hebräische Wörter

K. A. Kitchen sagt zu bibelkritischen Aussagen vieler liberaler Gelehrter:

> Vor siebzig oder hundert Jahren waren solche weiten Einblicke und Perspektiven nicht möglich. Und indem man den rein theoretischen Rekonstruktionen der Bücher und der Geschichte des ATs folgte (besonders von deutschen Alttestamentlern), wurden viele hebräische Wörter tatsächlich als »späteren Datums« bezeichnet – 600 v. Chr. und noch später. Mit dieser einfachen Methode konnte

> man rein philosophischen Vorurteilen das äußere Erscheinungsbild einer »wissenschaftlichen« Rekonstruktion verleihen – und das bis heute.[124]

Als Antwort darauf fährt er fort:

> Doch die immense Steigerung unserer Kenntnisse der frühen sprachlichen Entwicklung und ihrer Geschichte, die man im alttestamentlichen Hebräisch fand, könnte eine Änderung auf diesem Gebiet herbeiführen. Wenn ein bestimmtes Wort in Ebla 2.300 v. Chr. benutzt wurde und in Ugarit 1.300 v. Chr., dann kann man es *nie und nimmer* als eine »spätere Ausdrucksweise« (600 v. Chr.) oder als einen Aramäismus einordnen – zu einer Zeit, wo es das normale Aramäisch noch gar nicht gab. Stattdessen gilt dieses Wort nun als *frühes* Wort, ein Stück aus dem angestammten Erbe des biblischen Hebräisch. Positiver ausgedrückt, kann die wachsende Zahl von Kontexten, die man für seltenere Wörter bekommt, eine nützliche Bestätigung oder Korrektur unseres Verständnisses ihrer Bedeutung sein.[125]

Bezugnehmend auf besondere Wörter sagt Kitchen:

> Wenn man z. B. Forschungen hinsichtlich der städtischen Beamten in Ebla anstellt, findet man, dass der Ausdruck für diese Gruppe von »Führern« *nāś'ê* hieß. Es ist das gleiche Wort wie *nāśī'*, ein Begriff aus dem biblischen Hebräisch, der in Israel für Stammesführer benutzt wurde (z. B. 4.Mose 1,16.44 usw.). Außerdem wurde der Ausdruck auch auf säkulare Fürsten wie Salomo angewandt (1.Kön 11,34). Die traditionelle Bibelkritik erklärt dieses Wort für »späteren Ursprungs«, ein charakteristisches Kennzeichen des hypothetischen »Priester-Kodex«.
> Das Wort *ketem* (= Gold) ist im Hebräischen ein seltenes und poetisch gebrauchtes Synonym für *ṣāhāb*, und wird gewöhnlich ebenfalls als »spätes« Wort abgetan. Dieses zeitlich falsche Einordnen hatte seinen Grund darin, dass es im 12. Jh. v. Chr. als Lehnwort vom Kanaanitischen ins Ägyptische gewandert war und nun – mehr als 1.000 Jahre früher – als *kutim* im Paläo-Kanaanitischen von Ebla, 2.300 v. Chr., wieder auftritt.[126]

Er fährt fort:

> Das hebräische Wort *tehôm* (= »tief«) war kein babylonisches Lehnwort, da es nicht nur im Ugaritischen als *thmt* (13. Jh. v. Chr.) bezeugt ist, sondern auch schon tausend Jahre früher in Ebla (*tiâmtu*). Dieser Ausdruck ist ein allgemein semitischer.
> Als Beispiel eines seltenen Wortes, das sowohl in seinem Vorkommen als auch in seiner Bedeutung bestätigt worden ist, könnte man das Hebräische *'ărešet* (= »wünschen«, »begehren«) nennen, das nur einmal in der Bibel vorkommt – in Ps 21,3. Abgesehen davon, dass das Wort im Ugaritischen im 13. Jh. v. Chr. auf-

> taucht, erscheint es nun ein Jahrtausend früher in Ebla als *irisatum* (Eblaitisch oder Altakkadisch) in den sumerisch/eblaitischen Wörterverzeichnis-Tafeln. Endlich geht das als »spät« bezeichnete Wort hādāś/hiddeś (= »neu sein«, »erneuern«) ebenfalls über das Ugaritische (hadath) auf das eblaitische hedashu zurück. Und so könnte man fortsetzen.[127]

Kitchen schließt:

> Diese Informationen sind klar oder sollten es wenigstens sein. Gegenüber zweitausend Jahren der Geschichte und der Entwicklung west-semitischer Dialekte sollte die gesamte bisher eingenommene Position des zeitlichen Einordnens von Wortschatz und Gebrauch im biblischen Hebräisch nochmals vollständig überprüft werden. Es scheint wahr zu sein, dass das frühe Westsemitische im dritten und zweiten Jahrtausend v. Chr. ganz allgemein einen reichen Wortschatz besaß, dessen Erbe die späteren Dialekte wie das Kanaanitische, das Hebräische, das Phönizische, das Arabische usw. waren – allerdings in unterschiedlichem Maße. Wörter, die im alltäglichen Gebrauch verblieben, klangen in einer dieser Sprachen nur in hochtrabender Poesie nach oder in einer andern Sprachgruppe nur in traditionellen Ausdrücken. Auf diese Weise kam es, dass nicht wenige der angeblich »späten« Wörter oder der »Aramaismen« im Hebräischen (speziell in der Dichtung) nichts weiter sind als frühe westsemitische Wörter, die im Hebräischen weniger gebraucht wurden, im Aramäischen aber lebendiger blieben.[128]

2.6.3 Die Sintflut des Noah

Was die Schöpfungsberichte angeht, so ist die Erzählung von der großen Flut im Buch Genesis realistischer und weniger mythologisch gefärbt als die anderen Berichte, was ihre Authentizität unterstützt. Die oberflächlichen Ähnlichkeiten mit anderen Berichten weisen auf einen historischen Kern von Ereignissen hin, der alle diese Berichte entstehen ließ, nicht aber auf literarische Abhängigkeit von Mose. Die Namen wechseln dabei. Noah wird von den Sumerern Ziusudra und von den Babyloniern Utnapishtim genannt. In der Ur-Erzählung bleiben jedoch die wichtigsten Bestandteile gleich. Da heißt es nur: einem Mann wird gesagt, dass er ein Schiff in bestimmten Dimensionen bauen soll, weil Gott (Götter) die Welt überfluten wird (werden). Er tut es, übersteht den Sturm und bringt ein Opfer, als er das Boot wieder verlassen kann. Die Gottheit (die Götter) antwortet (antworten) darauf mit Reue über die Zerstörung des Lebens und schließen einen Bund mit den Menschen. Diese Kern-Ereignisse weisen auf eine historische Grundlage des Berichtes hin.

Ähnliche Flut-Erzählungen gibt es auf der ganzen Welt. Sie finden sich bei den Griechen, den Hindus, den Chinesen, den Mexikanern, den Algonkin-Indianern und auf Hawaii. Eine Aufzählung sumerischer Könige benutzt die große Flut als historischen Bezugspunkt. Nachdem acht Könige genannt werden, die ungewöhnlich lange lebten (Zehntausende von Jahren), wird die Liste von folgendem Satz unterbrochen: »[Dann] breitete sich die Flut über [die Erde] aus, und als eine Königswürde [wieder] vom Himmel auf die Erde herabkam, war die Königsherrschaft [zuerst] in Kisch.«

Es gibt deshalb gute Gründe zu glauben, dass das Buch Genesis die Originalgeschichte widerspiegelt. Die andern Versionen enthalten Ausschmückungen, die auf Verfälschungen hinweisen. Nur in 1. Mose sind das Jahr der großen Flut angegeben und ebenso chronologische Angaben, die sich auf Noahs Leben beziehen. Tatsächlich liest sich der Bericht in Genesis wie ein Tagebuch oder wie das Logbuch eines Schiffes. Das würfelförmige babylonische Schiff hätte keinen Menschen retten können. Die tobenden Wassermassen hätten es beständig hin- und hergeworfen. Die biblische Arche dagegen war rechteckig gebaut – lang, breit und niedrig – sodass sie den Wellen standhalten konnte. Die Dauer der Regenfälle in den heidnischen Berichten (sieben Tage) reicht nicht aus, um die Verwüstungen zu veranlassen, die dort beschrieben werden. Das Wasser musste über 5.000 m hoch steigen, und man muss wohl davon ausgehen, dass dazu ein längerer Regen erforderlich war. Die babylonische Vorstellung, dass das gesamte Wasser in einem einzigen Tag wieder absinken konnte, ist ebenfalls absurd.

Ein anderer entscheidender Unterschied zwischen dem Bericht im Buch Genesis und den andern Versionen besteht darin, dass in diesen Berichten dem Helden Unsterblichkeit zugeschrieben und er hoch verehrt wird. Die Bibel dagegen spricht in ihrem Bericht von Noahs Sünde. Nur eine Version, die der Wahrheit verpflichtet ist, würde dieses realistische Eingeständnis machen.

2.6.4 Der Turmbau zu Babel

Heute gibt es beachtliche Beweise dafür, dass die Welt tatsächlich einmal nur eine einzige Sprache besaß. Die sumerische Literatur spielt darauf verschiedentlich an. Linguisten empfinden diese Theorie ebenfalls als hilfreich, wenn sie Sprachen klassifizieren. Doch was ist mit dem Turm zu Babel und der damit im Zusammenhang stehenden Sprachenverwirrung (1.Mose 11) zu halten? Die Archäologie hat entdeckt, dass Ur-Nammu, von 2.044-2.007 v. Chr. der König von Ur, angeblich als einen Akt der Verehrung des Mondgottes Nanna den Befehl empfing, ein großes Zikkurat, einen babylonischen Tempelturm, zu bauen. Eine *Gedenktafel*, etwa 1,5 m breit und 3 m hoch, offenbart etwas von den Aktivitäten Ur-Nammus. Auf einem Feld sieht man ihn mit einem Mörtelkorb, um den Bau des großen Turmes zu beginnen. Auf diese Weise zeigt er seine Loyalität den Göttern gegenüber, indem er als einfacher Arbeiter seinen Platz einnimmt. Eine andere Tontafel besagt, dass die Errichtung des Turmes die Götter beleidigte und dass sie deshalb alles umwarfen, was die Menschen gebaut hatten, sie in alle Winde zerstreuten und ihre Sprache unverständlich werden ließen. Das klingt bemerkenswert ähnlich wie der biblische Bericht.

Nach der Heiligen Schrift heißt es: »Es hatte aber die ganze Welt einerlei Sprache und einerlei Rede« (1.Mose 11,1), bevor der Turm zu Babel gebaut wurde. Danach und nach seiner Zerstörung verwirrte der HERR daselbst die Sprache der ganzen Welt (1.Mose 11,9). Viele moderne Philologen bestätigen die Wahrscheinlichkeit solch eines Ursprungs der Weltsprachen. Alfredo Trombetti sagt, dass er die gemeinsame Quelle *aller* Sprachen verfolgen und beweisen könne. Auch Max Mueller bezeugt den gemeinsamen Ursprung. Und Otto Jespersen geht so weit, dass er sagt, dass die Sprache unmittelbar von Gott den ersten Menschen gegeben war.[129]

2.6.5 Die Patriarchen

Während die Erzählungen vom Leben Abrahams, Isaaks und Jakobs nicht die gleiche Art von Schwierigkeiten bieten wie die ersten Kapitel der Genesis, wurden sie doch lange Zeit als Legenden betrachtet, weil sie in das, was man von dieser Periode wusste, nicht zu passen schienen. Als aber mehr davon bekannt wurde, bestätigte das die Berichte in zunehmendem Maß. Gesetzbücher aus der Zeit Abrahams machen deutlich, warum der Patriarch zögerte, Hagar aus seinem Lager zu vertreiben. Er war gesetzlich verpflichtet, sie zu unterstützen. Erst als ein höherer Befehl von Gott kam, fand sich Abraham bereit, sie zu verstoßen.

Die Texte von Mari offenbaren Namen wie Abarama (Abraham), Yaqub-'el und Ben-Jamini. Obwohl diese Namen sich nicht auf das biblische Volk Israel beziehen, wird doch deutlich, dass sie in Gebrauch waren. Die Texte unterstützen auch den Bericht von einem Krieg in 1. Mose 14, wo fünf Könige gegen vier Könige kämpften. Die Namen dieser Könige scheinen zu den bedeutenden Völkern jener Zeit zu passen. Zum Beispiel erwähnt 1. Mose 14,1 einen Amoriterkönig Arjoch. Die Dokumente von Mari überliefern den Königsnamen Ariukku. Alle diese Hinweise führen zu dem Schluss, dass das Quellenmaterial zum 1. Buch Mose zuerst aus Berichten von jemand stammt, der zu Zeiten Abrahams lebte.[130]

In einer anderen Studie von Kitchen bringt dieser Beispiele archäologischer Faktoren, die die Einordnung der Patriarchen zeitlich in das mittlere Bronzezeitalter nahe legen.[131]

> Die biblischen Angaben entsprechen objektiven Fakten aus der antiken Welt in einer bestürzenden, fast unheimlichen Weise und erhärten so die allgemeine Zuverlässigkeit der biblischen Geschichte.[132]
> Eine bedeutende Einzelheit betrifft den Preis eines Sklaven in Silber-Schekel. Aus antiken Quellen des Nahen Ostens kennen wir den Preis für Sklaven für die Zeit von etwa 2.000 Jahren, nämlich von 2.400 v. Chr. bis 400 v. Chr., ziemlich genau … Diese Angaben gewähren eine solide Beweisgrundlage, die wir mit den Zahlen der Bibel vergleichen können, wo der Preis für Sklaven bei verschiedenen Gelegenheiten erwähnt ist (1.Mose 37,28; 2.Mose 21,32; 2.Kön 15,20). … In jedem Fall entspricht der in der Bibel genannte Preis für einen Sklaven den allgemeinen Verhältnissen, zu denen der Bericht zeitlich gehört.[133]

Nun, wie auch immer, es besteht eine beruhigende, ansteigende Evidenz, dass der grundlegende, innewohnende Abriss – von den Patriarchen über den Exodus zum Eingang der Israeliten in Kanaan, die einheitliche Königszeit und dann die geteilten Reiche von Israel und Juda sowie das Exil und die Rückkehr daraus – im Wesentlichen solide dargestellt sind.[134]

2.6.5.1 Die Genealogie Abrahams

Wir können feststellen, dass der Stammbaum Abrahams tatsächlich einen historischen Hintergrund hat. Allerdings scheint in Frage zu stehen, ob diese Namen immer eine einzelne Persönlichkeit repräsentieren oder uralte Städtenamen bedeuten, obwohl die Städte damals auch oft die Namen ihrer Gründer trugen. Sicher ist im Hinblick auf Abraham, dass er selbst eine einzelne Person war und dass er wirklich existierte. Wir hören von Burrows: »Alles weist darauf hin, dass wir es hier mit einer historischen Persönlichkeit zu tun haben. Wie schon gesagt, ist er zwar in keiner bekannten archäologischen Quelle genannt, aber sein Name erscheint in Babylon als Name einer Person in genau der Periode, zu der er gehörte.«[135]

Es sind früher Versuche gemacht worden, die Angaben über Abraham auf das 15. oder 14. Jh. v. Chr. zu verlegen – eine Zeit, die viel zu spät für ihn wäre. Aber Albright weist darauf hin, dass wir, aufgrund der oben erwähnten Daten und anderer Beweisstücke, »eine Menge an Personen- und Ortsnamen haben, von denen fast alle gegen ein solches unverantwortliches Verkürzen von überlieferten Angaben sprechen.«[136]

2.6.5.2 Die Genealogie Esaus

Im Stammbaum Esaus werden Horiter erwähnt (1.Mose 36,20). Es gab eine Zeit, in der man annahm, dass diese Leute – wegen der Ähnlichkeit zwischen dem Wort Horiter und dem hebräischen Wort für Höhle (= hōr) – »Höhlenbewohner« waren. Jetzt haben jedoch archäologische Funde bewiesen, dass sie in Wirklichkeit eine berühmte Kriegergruppe waren, die zur Zeit der Patriarchen im Nahen Osten lebte.[137]

2.6.5.3 Isaak: Die Geschichte mit dem Segensspruch (1. Mose 27)

Joseph Free meint, dass es völlig unverständlich zu sein scheint, dass Isaak seinen mündlichen Segen nicht zurücknahm, als er Jakobs Täuschung entdeckte. Jedoch aus den Nuzi-Tafeln wissen wir, dass solch eine mündliche Erklärung vollkommen legal und bindend war. Er konnte den mündlichen Segen gar nicht zurücknehmen. Auf einer dieser Tafeln wird ein Gerichtsverfahren erwähnt, in das eine Frau verwickelt war. Sie sollte einen bestimmten Mann heiraten, dessen neidischer Bruder das aber anfocht. Der Mann gewann das Verfahren, weil sein Vater ihm mündlich diese Frau versprochen hatte. Mündliche Abmachungen hatten damals ein sehr viel schwereres Gewicht als heute. Die Texte von Nuzi kamen aus einer ähnlichen Kultur wie die im 1. Buch Mose.[138]

G. Ernest Wright erklärt diesen schwer wiegenden Vorfall:

> Mündliche Segnungen oder letztwillige Verfügungen auf dem Sterbebett wurden sowohl in Nuzi als auch in der patriarchalischen Gesellschaft als gültig anerkannt. Solche Segenssprüche waren sehr ernste Angelegenheiten und unwiderruflich. Wir erinnern uns daran, dass Isaak bereit war, sein Wort zu halten, obwohl sein Segen von Jakob unter falschen Voraussetzungen erschlichen worden

war. »Da entsetzte sich Isaak über die Maßen sehr und sprach: Wer? Wo ist denn der Jäger, der ein Wildbret gejagt und mir aufgetragen hat? Ich habe von allem gegessen … Er wird auch gesegnet bleiben« (1.Mose 27,33).[139]

Auch Cyrus Gordon kommentiert den oben genannten Bericht aus Nuzi und nennt drei Punkte: »Diese Texte stimmen mit den biblischen Segenssprüchen wie denen der Patriarchen überein: 1. Es geht um einen mündlich zum Ausdruck gebrachten Willen, 2. hat er rechtliche Gültigkeit und 3. gilt er einem Sohn von seinem sterbenden Vater.«[140]

Auf diese Weise ist ein helleres Licht auf eine Kultur gefallen, die wir bestenfalls nur unzulänglich kennen.

2.6.5.4 Jakob

1. Der Handel um Esaus Erstgeburtsrecht

Gordon informiert uns weiter über diese Episode in 1. Mose 25: »Wenige Ereignisse im Familienleben kommen uns seltsamer vor als Esaus Verkauf seines Erstgeburtsrechtes an seinen Zwillingsbruder Jakob. Man hat festgestellt, dass eine der Tafeln von Nuzi … ein ähnliches Ereignis schildert.«[141]

Die Tafel, auf die sich Gordon bezieht, wird von Wright erklärt:

> Für den Verkauf des Erstgeburtsrechts durch Esau gibt es eine Parallele auf einer der Nuzi-Tafeln, wo ein Bruder ein Wäldchen, das er geerbt hatte, für drei Schafe verkauft! Das scheint ein ebenso ungleicher Handel gewesen zu sein wie der von Esau: »Esau sprach zu Jakob: Lass mich essen das rote Gericht, denn ich bin müde. … Aber Jakob sprach: Verkaufe mir heute deine Erstgeburt! Und Esau sprach zu Jakob: Siehe, ich muss doch sterben; was soll mir da die Erstgeburt? Jakob sprach: So schwöre mir zuvor! Und er schwur ihm und verkaufte so Jakob seine Erstgeburt. Da gab ihm Jakob Brot und das Linsengericht, und er aß und trank und stand auf und ging davon (1.Mose 25,30-34).[142]

Free erklärt weiter:

> Auf einer der Tafeln von Nuzi gibt es einen Bericht von einem Mann namens Tupkitilla, der sein Erbrecht bezüglich eines Wäldchens an seinen Bruder Kurpazah übertrug – im Tausch gegen drei Schafe. Esau benutzte einen ähnlichen Kniff, indem er sein Erbrecht eintauschte, um das begehrte Gericht zu bekommen.[143]

S. H. Horn kommt in seinem Artikel »Recent Illumination of the Old Testament« in der Zeitschrift *Christianity Today* zu einer anschaulichen Schlussfolgerung: »Esau verkaufte seine Rechte für Essen im Topf, während Tupkitilla seins für Essen verkaufte, das noch auf den Hufen stand.«[144]

2. Die Episode mit Jakob und Laban (1. Mose 29)

Cyrus Gordon behauptet, dass wir selbst 1. Mose 29 durch Erzählungen verstehen können, die wir auf den Tafeln von Nuzi finden:

> Laban stimmt zu, dem Jakob eine Tochter zur Ehe zu geben, als er ihn in seinen Haushalt aufnimmt: »Es ist besser, ich gebe sie dir als einem andern; bleib bei mir!«.(1.Mose 29,19). Unsere These, dass Jakobs Aufnahme in Labans Haushalt Wullus Adoption nahe kommt [eine Person, die auf den Tafeln erwähnt ist], ist abgeleitet aus anderen bemerkenswerten Ähnlichkeiten der Geschichte mit dem Dokument von Nuzi.[145]

3. Die Geschichte von den gestohlenen Hausgötzen (1. Mose 31)

Dieser Vorfall wurde durch weitere Entdeckungen von Nuzi erklärt. Der folgende Artikel aus J. P. Frees Zeitschrift *Archaeology and the Bible* liefert eine gute Erklärung nicht nur zu diesem Ereignis, sondern auch zum Hintergrund der Tafeln von Nuzi insgesamt:

> Im Jahr 1925 wurden über 1.000 Tontafeln bei der Ausgrabung eines mesopotamischen Ortes gefunden, der heute als Jorgan Tepe bekannt ist. Nachfolgende Arbeiten förderten weitere 3.000 Tafeln zutage und ließen erkennen, dass es sich bei der antiken Stätte um die Stadt Nuzi handelte. Die Tafeln, die um 1.500 v. Chr. beschrieben worden waren, erhellen den Hintergrund der biblischen Patriarchen Abraham, Isaak und Jakob. Ein einzelner Vorfall wird zitiert: Als Jakob und Rahel das Haus Labans verließen, stahl Rahel Labans Hausgötter oder die »teraphim«. Als Laban den Diebstahl entdeckte, verfolgte er seine Tochter und seinen Schwiegersohn sieben Tagereisen weit und holte sie schließlich ein (1.Mose 31,19-23). Kommentatoren haben sich lange Zeit gewundert, warum er solche Mühsal auf sich nahm, um die Götzen wiederzubekommen, die er sich doch leicht an seinem Wohnort hätte wiederbeschaffen können. Die Tafeln von Nuzi berichten aber von einem Fall, wo ein Schwiegersohn die Hausgötter besaß und damit das Recht auf den Besitz seines Schwiegervaters beanspruchen konnte. Das würde Labans Sorge erklären. Diese und andere Beweisstücke von den Tafeln von Nuzi ordnen den Hintergrund der Patriarchenberichte in die frühe Periode ein, in der die Patriarchen lebten, und stehen der kritischen Schau entgegen, wonach diese Berichte erst 1.000 Jahre nach dieser Zeit geschrieben worden wären.[146]

Dank der Archäologie beginnen wir die tatsächlichen Umstände vieler biblischer Aussagen besser zu verstehen.

2.6.5.5 Josef

1. In die Sklaverei verkauft

K. A. Kitchen sagt in seinem Buch *Ancient Orient and Old Testament*, dass 1. Mose 37,28 genau den Preis angibt, der damals für einen Sklaven gezahlt wurde:

Die zwanzig Schekel in Silber, die für Josef laut Genesis 37,28 gezahlt wurden, entsprechen genau dem durchschnittlichen Preis für einen Sklaven um 18. Jh. v. Chr. herum. Vorher waren die Sklaven billiger (durchschnittlich zehn bis fünfzehn Schekel) und später wurden sie ständig teurer. Das ist ein weiteres kleines Detail, das in die angegebene Periode der Kulturgeschichte hineinpasst.[147]

2. Der Zug nach Ägypten

Die Möglichkeit von Jakobs Reise nach Ägypten ist von manchen in Frage gestellt worden. Millar Burrows weist auf Folgendes hin:

> Berichte über einen Zug nach Ägypten in Zeiten des Hungers (1.Mose 12,10: 42,1.2) bringen ägyptische Hinweise auf Asiaten in Erinnerung, die aus diesem Grund nach Ägypten kamen. Ein Bild auftauchender Semiten kann man vielleicht an einer Grabmauer bei Beni Hasan erkennen, die aus einer Zeit stammt, die nicht weit von der Abrahams entfernt ist.[148]

Howard Vos weist z. B. in *Genesis and Archaeology* auf die Gegenwart der Hyksos in Ägypten hin:

> Doch wir haben noch viel mehr als die bildhafte Darstellung auf dem Grab von Knumhotep, um das frühe Einsickern von Fremden in Ägypten zu belegen. Es gibt viele Anzeichen dafür, dass die Hyksos um 1.900 v. Chr. begannen, ins Niltal einzudringen. Andere Gruppen kamen um 1.730 und überwältigten die einheimischen ägyptischen Herrscher. Wenn wir also ein frühes Datum für den Zug der Hebräer nach Ägypten annehmen, dann wären sie während der Periode der Hyksos-Eindringung gekommen – als offensichtlich viele Fremde auftauchten. Nehmen wir ein Datum von etwa 1.700 oder 1.650 v. Chr. an, dann wären die Hyksos damals in Ägypten an der Macht gewesen und hätten andere Fremde vermutlich auch aufgenommen.[149]

Vos zieht weiterhin vier Verbindungslinien zwischen den Stämmen der Hyksos und der Bibel. 1. Die Ägypter sahen die Hyksos und die Hebräer als unterschiedliche Gruppen an. 2. Es ist möglich, dass der aufkommende ägyptische König, der Josefs Volk feindlich gesinnt war (2.Mose 1,8), nationalistisch eingestellt war. Solche Bestrebungen waren für keinerlei Fremde günstig. 3. Die Hyksos führten Pferde in Ägypten ein. 4. Nach der Austreibung der Hyksos befand sich ein großer Teil des Landes in den Händen des Monarchen. Das passt in die Zeit der Hungersnot, die Josef voraussagte und durch die die Krone dann eine wesentliche Stärkung erfuhr.[150]

3. Josefs Aufstieg

Das Folgende ist eine Zusammenfassung von Howard Vos im Hinblick auf seine Diskussion von Josefs wirklich einzigartigem Aufstieg. Sie findet sich in seinem Werk *Genesis and Archaeology*:

> Dass Josef vom Sklaven zum Premierminister von Ägypten aufgestiegen sein sollte, hat bei manchen Kritikern ein Runzeln der Augenbrauen hervorgerufen. Doch wir haben einige archäologische Berichte davon, dass ähnliche Dinge im Land am Nil passiert sind.
> Ein Kanaaniter, Meri-Ra, wurde Waffenträger für den Pharao. Ein anderer Kanaaniter, Ben-Mat-Ana, gelangte in die hohe Position eines Deuters und Auslegers. Und ein Semit, Yanhamu oder Jauhamu, wurde Stellvertreter von Amenhotep III. mit der Vollmacht über die Getreidespeicher im Nildelta. Das war eine verantwortungsvolle Position, die der des Josefs in der Zeit vor und während der Hungersnot ähnelt.
> Als der Pharao den Josef zu seinem Premierminister ernannte, gab er ihm einen Ring und eine goldene Kette oder ein Halsband, was normalerweise zur Beförderung und Amtseinführung ägyptischer Beamten gehörte.[151]

E. Campbell kommentiert die Amorna-Periode und diskutiert die Parallele zu Josefs Aufstieg noch weitergehend:

> Eine Gestalt in der Rib-Adda-Berichterstattung stellt ein interessantes Bindeglied zwischen den Fürsten der Städte in Palästina zum Süden hin und der Bibel dar. Es ist Yanhamu, den Rib-Adda an einer Stelle als *musallil* des Königs bezeichnet. Der Begriff meint aller Wahrscheinlichkeit nach den Fächerträger des Königs, ein sehr ehrenwertes Amt, das einem zukam, der dem König sehr nahe stand und der vermutlich an Beratungen über Staatsgeschäfte teilnahm. Yanhamu hatte infolgedessen eine sehr bedeutende Stellung in ägyptischen Staatsdiensten inne. Sein Name erscheint im Schriftwechsel von Fürsten in ganz Palästina/Syrien. Am Anfang der Rib-Adda-Zeit scheint Yanhamu für die Einteilung aus dem ägyptischen Brotkorb [Getreidevorrat] – Yarimuta genannt – verantwortlich gewesen zu sein. Wir haben bereits gesehen, dass Rib-Adda offensichtlich ständig seines Dienstes bedurfte.
> Yanhamu ist ein semitischer Name. Dies legt natürlich weiter die Parallele zu den Josefsgeschichten der Genesis nahe, abgesehen von der Tatsache, dass beide mit der Nahrungsversorgung für Fremde zu tun hatten. »Yanhamu« bietet eine hervorragende Bestätigung des echt ägyptischen Hintergrundes der Josefs-Erzählungen. Das heißt natürlich nicht, dass diese beiden Männer identisch sind oder dass sie zur gleichen Zeit aufgetreten sind. Tatsächlich würde Josef aus einer Reihe von Gründen besser in die vorhergehende Periode passen, obwohl die Hinweise bis jetzt irgendeine auch nur annähernde Gewissheit ausschließen. Es ist klar, dass Semiten in Ägypten auch in hohe Stellen aufsteigen konnten. Sie wurden vielleicht sogar vorgezogen, wenn die einheimische Führerschaft zu mächtig wurde oder zu stark in verwandtschaftlichen Bindungen steckte.[152]

Was Semiten betrifft, die in der ägyptischen Regierung in machtvolle Positionen kamen, sagt Kitchen mit Bezugnahme auf verschiedene antike Papyri:

> Asiatische Sklaven in Ägypten, die zu den Haushalten von Hofbeamten gehörten, sind im mittleren ägyptischen Königtum (ca. 1.850-1.700 v. Chr.) wohl bekannt. Semiten konnten in sehr hohe Positionen gelangen, (vor der Hyksos-Periode selbst auf den Thron) wie z. B. der Kanzler Hur. Josefs Aufstieg fiel sehr wahrscheinlich in die Zeit der späten dreizehnten und frühen fünfzehnten Dynastie. Die Rolle von Träumen ist natürlich zu allen Zeiten sehr bekannt gewesen. Aus Ägypten besitzen wir ein Traumdeuter-Textbuch in einer Abschrift von ca. 1.300 v. Chr., dessen Original einige Jahrhunderte früher entstanden war. Solche Werke kannte man im ersten Jahrtausend v. Chr. auch in Assyrien.[153]

4. Josefs Grab

John Elder schreibt in *Prophets, Idols and Diggers*:

> In den letzten Versen des Genesis-Buches wird berichtet, wie Josef seine Angehörigen beschwor, seine Gebeine mit nach Kanaan zurückzunehmen, wenn Gott sie jemals wieder in die alte Heimat bringen würde. Und in Josua 24,32 wird erzählt, wie seine Gebeine tatsächlich nach Palästina gebracht und in Sichem begraben wurden. Jahrhundertelang gab es dort ein Grab, das als das Grab Josefs verehrt wurde. Vor einigen Jahre wurde das Grab geöffnet. Es enthielt eine Leiche, die nach ägyptischem Brauch mumifiziert worden war. Und in dem Grab fand sich außerdem neben anderen Dingen ein Schwert, wie es von ägyptischen Hofbeamten getragen wurde.[154]

2.6.5.6 Die Patriarchen – abschließender archäologischer Befund

Die Entdeckungen von Nuzi haben in der Erhellung verschiedener Abschnitte dieser Geschichten eine zentrale Rolle gespielt. S. H. Horn führt sechs Bereiche an, auf die diese Texte einen Einfluss ausübten:

> Andere Texte [von Nuzi] zeigen, dass eine Braut gewöhnlich vom Vater für seinen Sohn ausgesucht wurde, wie die Patriarchen es auch taten, dass ein Mann seinem Schwiegervater eine Brautgabe zahlen oder für ihn arbeiten musste, wenn er den »Brautpreis« nicht aufbringen konnte, wie der arme Jakob es tun musste, dass der mündlich ausgedrückte Wille des Vaters nicht mehr abgeändert werden konnte, nachdem er einmal verkündigt worden war – wie in Isaaks Weigerung, den über Jakob ausgesprochenen Segen zurückzunehmen, obwohl er durch eine Täuschung empfangen worden war, dass eine Braut gewöhnlich von ihrem Vater ein Sklavenmädchen als persönliche Magd mitbekam – wie Lea und Rahel, als sie mit Jakob verheiratet wurden; dass ein Dieb von Kultgegenständen oder eines Götzen mit dem Tode bestraft wurde – weshalb Jakob der Todesstrafe für denjenigen zustimmte, bei dem die gestohlenen Hausgötzen seines Schwiegervaters gefunden würden und dass die merkwürdige Beziehung zwischen Juda und seiner Schwiegertochter Tamar durch die Gesetze der alten Assyrer und Hethiter anschaulich gemacht wird.[155]

Die Archäologie hat tatsächlich einen großen Einfluss auf unser Wissen von den Hintergründen biblischer Berichte ausgeübt.

2.6.6 Die assyrische Invasion

Vieles von den Assyrern erfuhr man, als 26.000 Tafeln im Palast von Assurbanipal, dem Sohn von Asarhaddon gefunden wurden, der im Jahr 722 v. Chr. die Bewohner des Nordreichs in die Gefangenschaft führte. Diese Tafeln erzählen von den vielen Eroberungen der Assyrer und berichten von den Gräueln und schweren Strafen, die ihren Gegnern widerfuhren.

Verschiedene dieser Berichte bestätigen die Korrektheit der biblischen Aussagen. Jede Bezugnahme des ATs auf einen assyrischen König hat sich als stichhaltig erwiesen. Z. B. war Sargon lange Zeit unbekannt – als aber sein Palast gefunden und ausgegraben worden war, fand man ein Wandgemälde, mit der Darstellung der in Jesaja 20 erwähnten Schlacht. Auch der schwarze Obelisk von Salmanassar erweitert unser Wissen von biblischen Gestalten, indem er Jehu zeigt (oder seinen Botschafter), wie er sein Knie vor dem König von Assyrien beugt.

Zu den interessantesten Funden gehört der Bericht Sanheribs über die Belagerung von Jerusalem. Tausende seiner Männer starben und der Rest wurde zerstreut, als er versuchte, die Stadt einzunehmen, und, wie Jesaja es vorhergesagt hatte, unfähig war, sie zu erobern. Da er mit seinem großen Sieg hier nicht prahlen konnte, fand er einen Weg, sich in ein gutes Licht zu rücken, ohne seine Niederlage zuzugeben:

> Was Hiskia, den Juden angeht, so hat er sich meinem Joch nicht unterworfen. Ich habe 46 von seinen starken Städten, von Mauern umgebene Festungen und zahllose kleine Dörfer in der Nähe belagert. Ich habe 200.150 Menschen, Junge und Alte, Männer und Frauen, Pferde, Maultiere, Esel, Kamele, ungezähltes großes und kleines Vieh als Beute daraus vertrieben. Ihn selbst habe ich zum Gefangenen gemacht. Wie ein Vogel im Käfig sitzt er in seiner königlichen Residenz in Jerusalem.[156]

2.6.7 Die Babylonische Gefangenschaft

Verschiedene Aspekte der alttestamentlichen Geschichte, die sich auf die Babylonische Gefangenschaft beziehen, haben auch ihre Bestätigung gefunden. Man hat in den berühmten hängenden Gärten von Babylon Berichte davon entdeckt, dass Jojachin und seine fünf Söhne monatlich eine Zuteilung erhielten, einen Platz zum Wohnen angewiesen bekamen und gut behandelt wurden (2.Kön 25,27-30). Der Name Belsazars verursachte Probleme, nicht nur, weil er nirgends erwähnt wurde, sondern weil in der Aufstellung der babylonischen Könige auch kein Raum für ihn offen blieb. Doch Nabonid hinterließ einen Bericht, dass er seinen Sohn Belsazar (Dan 5) bestimmte, einige Jahre während seiner Abwesenheit die Regierungsgeschäfte zu übernehmen. Daher war Nabonid immer noch König, aber Belsazar regierte in der Hauptstadt. Und noch etwas: Das Edikt des Kyros, wie es bei Esra erwähnt wird, schien in das Bild der Prophezeiungen Jesajas allzu gut zu passen, um auch realistisch zu sein, bis man einen Siegelzylinder fand, der dieses Dekret in allen wichtigen Einzelheiten bestätigte.[157]

2.6.8 Die Briefe von Lachisch

2.6.8.1 Der Hintergrund dieses Fundes

William Albright schreibt darüber in seinem Artikel »The Bible After Twenty Years of Archaeology« (*Religion in Life*):

> Wir erwähnen die neuen Dokumente aus dem 6. und 5. Jh. v. Chr., die seit 1935 ans Licht gekommen sind. Der verstorbene J. L. Starkey entdeckte die Ostraka von Lachisch, die hauptsächlich aus Briefen bestanden, die mit Tinte auf Tonscherben geschrieben waren. Zusammen mit verschiedenen weiteren Scherben, die 1938 gefunden wurden, bilden sie eine einzigartige Sammlung hebräischer Prosaliteratur aus der Zeit des Jeremia. Weiteres Licht fällt auf die Zeit des Exils von den Zuteilungslisten Nebukadnezars her, die von Deutschen in Babylon gefunden und teilweise von E. F. Weidner 1939 veröffentlicht worden waren … Aus einer etwas späteren Zeit, aber von entscheidendem Wert für unser Verständnis der jüdischen Geschichte und Literatur aus der Zeit von Esra und Nehemia sind ständige weitere Funde und Veröffentlichungen von Papyri und Scherben aus Ägypten. Vier große Gruppen dieses Materials sind bereits bekannt geworden und die vollständige Veröffentlichung wird die Menge solcher Dokumente, die vor zwanzig Jahren zur Verfügung standen, auf mehr als das Doppelte erhöhen.[158]

R. S. Haupert schrieb ein Gutachten zu diesen Funden: »Lachisch – Grenzfestung von Juda.« Er beschäftigt sich mit der Verfasserschaft und dem Hintergrund dieser Briefe:

> Die meisten der am besten erhaltenen Briefe sind von einem gewissen Hoschajuhu geschrieben worden (ein gutbiblischer Name: vgl. Neh 12,32; Jer 42,1; 43,2). Offensichtlich war er ein untergeordneter Offizier, der an einem Außenposten oder einem Beobachtungsposten nicht weit von Lachisch stationiert war. Gerichtet war der Brief an Jausch, den Oberbefehlshaber von Lachisch. Dass die Briefe alle in einem Zeitraum von wenigen Tagen oder Wochen verfasst wurden, zeigt sich daran, dass die Tonscherben, auf die sie geschrieben waren, von Krügen der gleichen Form und aus der gleichen Zeit stammten. Fünf dieser Scherben passten tatsächlich zusammen wie Bruchstücke eines und desselben Gefäßes. Die Tatsache, dass alle diese Briefe bis auf zwei auf dem Boden der Wachstube gefunden wurden, legt die natürliche Vermutung nahe, dass sie dort von Jausch selbst deponiert worden waren, nachdem er sie von Hoschajuhu empfangen hatte.[159]

2.6.8.2 Datierung und historische Einordnung

Albright schrieb einen speziellen Artikel zu diesem Fund: »The Oldest Hebrew Letters: Lachish Ostraca« im *Bulletin of the American Schools of Oriental Research*, in dem er sich mit dem Umfeld dieser Briefe befasst:

> Im Verlauf dieser Skizze wird es dem aufmerksamen Leser zunehmend klar werden, dass die Sprache der Lachisch-Dokumente ein perfektes klassisches Hebräisch ist. Die Abweichungen vom biblischen Sprachgebrauch sind viel seltener und unbedeutender als von Torczner angenommen.
> In diesen Briefen finden wir uns unverkennbar in der Zeit Jeremias wieder, mit den sozialen und politischen Umständen, die vollkommen in das Bild hineinpassen, das in dem Buch gezeichnet ist, das seinen Namen trägt. Die Briefe von Lachisch stehen in ihrer Bedeutung zwischen den Ostraka von Samarien und den »Elephantine«-Papyri als epigraphische Denkmäler der biblisch-hebräischen Geschichte.[160]

G. E, Wright datiert in »The Present State of Biblical Archaeology« (»Der gegenwärtige Stand der biblischen Archäologie«) die Briefe von ihrem Inhalt her:

> Auf dem Brief Nr. XX stehen die Worte »das neunte Jahr«, d. h. von Zedekia. Das ist das gleiche Jahr, in dem Nebukadnezar kam und mit der Unterwerfung Judas begann: »... im neunten Jahr ... im zehnten Monat« (2.Kön 25,1; das war etwa im Januar 588 v. Chr.; die Belagerung von Jerusalem dauerte bis Juli 587 v. Chr., 2.Kön 25,2.3).[161]

Millar Burrows stimmt in *What Mean These Stones* mit Wright überein:

> Bei Lachisch sind die Hinweise auf zwei Zerstörungen gefunden worden, die nicht weit voneinander entfernt stattfanden. Zweifellos müssen sie den Invasionen Nebukadnezars von 597 und 587 v. Chr. zugeordnet werden. Die heute berühmt gewordenen Briefe von Lachisch wurden in den Trümmern der zweiten dieser Katastrophen gefunden.[162]

Albright fasst die Frage der Datierung dieser Funde zusammen:

> Starkey hat eine nützliche Skizze der Entdeckung angefertigt. Diese erklärt die archäologische Situation, in der die Ostraka gefunden wurden und bestimmt ihr Datum auf die Zeit unmittelbar vor der endgültigen Zerstörung von Lachisch am Ende der Regierungszeit Zedekias. Die Fakten liegen so klar auf der Hand, dass Torczner seine Einwände gegen diese Datierung aufgegeben hat, welche inzwischen von allen Fachleuten akzeptiert ist.[163]

2.6.8.3 Der alttestamentliche Hintergrund

In Jeremia 34,6.7 kann man folgendes lesen:

> Der Prophet Jeremia redete alle diese Worte zu Zedekia, dem König von Juda in Jerusalem, während das Heer des babylonischen Königs wider Jerusalem und alle übrigen Städte Judas stritt, nämlich wider Lachisch und Aseka; denn diese allein waren von allen befestigten Städten Judas noch übrig geblieben.

Israel hatte sich vergeblich gegen Nebukadnezar aufgelehnt. Juda war sich bei diesem Aufstand nicht einig. Jeremia predigte Unterwerfung, während die jüdischen Führer nur von Widerstand reden konnten. Und Widerstand leisteten sie, obwohl sie von dem Heer Nebukadnezars vernichtend geschlagen wurden. In den letzten Tagen des Aufstands wurden die verbliebenen Spuren der hebräischen Unabhängigkeit durch zwei Außenposten verkörpert: Lachisch und Aseka, etwa 55 km südwestlich von Jerusalem. Von Lachisch kam eine Reihe von Briefen, die ein deutliches Bild von der Situation zeichneten. Diese Beschreibungen haben viel zu unserer Kenntnis vom Hintergrund des Alten Testamentes beigetragen. Die Entdeckung wurde unter dem Namen »Briefe (oder Ostraka) von Lachisch« bekannt.

2.6.8.4 Der Inhalt der Briefe und das Siegel Gedaljas

Aus praktischen Gründen wurden diese Briefe alle mit einer Nummer versehen. Haupert gibt einen Überblick über die Briefe II bis VI:

> Durch diese ganze Reihe von Briefen hindurch verteidigt sich Hosaja ständig gegenüber seinem Vorgesetzten, obwohl die Anklagen gegen ihn nicht immer klar sind. Es liegt nahe zu denken, dass er der Partei Jeremias mit Sympathie gegenüberstand, die für die Unterwerfung unter die Babylonier war, statt für den Aufstand gegen sie. Allerdings gibt es keine Gewissheit darüber.[164]

Dann spricht er einige von diesen Briefen an:

1. Brief Nr. I

> Brief I … obwohl er nur eine Liste von Namen enthält, ist doch von eindrücklicher Bedeutung, da drei der neun Namen im Alten Testament nur in der Zeit des Jeremia auftauchen: Gemarja, Jaasanja und Nerija. Ein vierter Name ist Jeremia, der allerdings nicht im Alten Testament auf den Propheten Jeremia beschränkt ist und sich nicht unbedingt auf ihn beziehen muss. Ein fünfter Name – ähnlich nicht beschränkt auf diese Periode, ist Mattanja, den Bibelwissenschaftler als den Namen des Königs Zedekia vor seiner Thronbesteigung identifizieren zu können glauben.[165]

2. Brief Nr. III

Haupert fährt fort:

> Im Brief Nr. III berichtet Hosaja an Joash, dass eine königliche Gesandtschaft auf dem Weg nach Ägypten ist und dass ein Teil dieser Gruppe zu seinem Außenposten (oder nach Lachisch) wegen Verpflegung – eine Anspielung, die direkt auf die Intrigen der pro-ägyptischen Partei unter Zedekia hinweist, geschickt wurde. Von ungewöhnlichem Interesse ist der Hinweis auf »den Propheten« im gleichen Brief. Einige Schreiber haben sehr selbstsicher diesen Propheten mit Jeremia gleichgesetzt. Das ist zwar durchaus möglich, aber nicht sicher. Und wir sollten vorsichtig sein, mit der »Beweisführung« und nicht übers Ziel hinauszuschießen.[166]

3. Brief Nr. IV

J. P. Free spricht in *Archaeology and Bible History* von Brief Nr. IV – einem oft erwähnten: »Aus den Tagen Jeremias, als die babylonische Armee eine Stadt nach der andern in Juda eroberte (etwa 589-586 v. Chr.), wird uns in der Bibel gesagt, dass bis dahin die beiden Städte Lachisch und Aseka noch nicht gefallen waren (Jer 34,7).«

> Eine verblüffende Bestätigung dafür, dass diese beiden Städte zu denen gehörten, die noch standhielten, ist durch die Lachisch-Briefe gegeben. Brief Nr. IV, geschrieben von einem Truppenoffizier auf einem militärischen Vorposten an seinen vorgesetzten Offizier in Lachisch, besagt: »Wir warten auf Signale von Lachisch in Bezug auf alle Hinweise, die mein Gott gegeben hat, da wir Aseka nicht sehen können.« Dieser Brief macht nicht nur deutlich, wie Nebukadnezar sein Netz immer enger um das Land Juda zusammenzog, sondern beweist auch die enge Beziehung zwischen Lachisch und Aseka, die im Buch Jeremia ähnlich miteinander verbunden sind.[167]

Haupert sieht es aus einer anderen Perspektive heraus:

> Der Schlusssatz von Brief Nr. IV gestattet einen tiefen Blick in die letzten Tage des Königreichs Juda. Hosaja schließt: »Untersucht die Sache, und (mein Vorgesetzter) weiß, dass wir auf die Feuersignale von Lachisch warten, nach all den Hinweisen, die mein Oberkommandierender gegeben hat, denn wir können Aseka nicht sehen.« Diese Aussage ruft unmittelbar die Stelle in Jer 34,7 ins Bewusstsein.[168]

Wright fügt seine Ansicht zu dieser Stelle – nämlich Aseka nicht zu sehen – hinzu:

> Wenn Hosaja sagt, dass er »Aseka nicht sehen kann«, könnte er damit meinen, dass diese zweite Stadt bereits gefallen ist und keine Signale mehr senden kann. Wie dem auch sei, wir erfahren hier, dass Juda ein Signalsystem kannte – vermutlich durch Feuer oder Rauch – und die Stimmung des Briefes spiegelt die Sorge und das Durcheinander eines belagerten Landes wider. Man nimmt den Herbst 589 v. Chr. (oder 588) für die Datierung des größten Teils dieser Briefe an.[169]

4. Brief Nr. VI

Joseph Free weist auf die Verbindung zwischen Brief Nr. VI und den Schriften des Jeremia hin:

> J. L. Starkey fand (1935) eine Stelle mit 18 Tonscherben, die als Inschriften verschiedene militärische Botschaften aufwiesen, die von einem Truppenoffizier an seinen Vorgesetzten gerichtet waren, der in Lachisch stationiert war. W. F. Albright hat darauf aufmerksam gemacht [»A Brief History of Judah from the Days of Jo-

siah to Alexander the Great«, *Biblical Archaeologist*, Bd. 9, Nr. 1, Februar 1946, S.4], dass in einem dieser Briefe (Nr. VI) der Offizier der Truppen beklagt, dass die königlichen Beamten (śārîm) einen Rundbrief erlassen haben, der »die Hände [des Volkes] lähmt«, um die Wirkung des übertriebenen Optimismus der Höflinge zu beschreiben, während diese – nach Jer 38,4 – genau denselben Ausdruck gebraucht hatten, um die realistische Prophezeiung Jeremias im Hinblick auf den bevorstehenden Fall Jerusalems abzutun. Diese königlichen Beamten wurden für schuldig erachtet an dem Geschehen, das sie Jeremia anlasten wollten.[170]

5. Das Siegel des Gedaljas

John Elder spricht noch von einem anderen Fund, der der biblischen Geschichte von Lachisch weiteres Gewicht verleiht:

> Die nahe gelegene befestigte Stadt Lachisch ergibt einen klaren Beweis dafür, dass sie zweimal innerhalb einer kurzen Periode niedergebrannt wurde, zeitlich zusammenfallend mit den beiden Eroberungen von Jerusalem. In Lachisch wurde der Abdruck eines Ton-Siegels gefunden. Seine Rückseite weist noch die Fasern des Papyrus auf, an dem es geklebt hatte. Es heißt darauf: »Eigentum des Gedaljas, der Herr des Hauses ist.« Diesem besonderen Mann begegnen wir in 2.Kön 25,22, wo uns gesagt wird: »Über das Volk aber, das im Lande Juda blieb, das Nebukadnezar, der König von Babel, übrig gelassen hatte, setzte er Gedalja …«[171]

2.6.8.5 Bedeutung der Funde von Lachisch und die Schlussfolgerung

Haupert schließt:

> Die wirkliche Bedeutung der Briefe von Lachisch kann kaum überschätzt werden. Keine archäologische Entdeckung hat bis heute (vor dem Fund der Schriftrollen vom Toten Meer) einen direkteren Bezug zum Alten Testament gehabt. Die Verfasser dieser Briefe (es war mehr als einer) schrieben brillant in klassischem Hebräisch. Wir haben hier praktisch ein neues Stück alttestamentlicher Literatur vor uns – eine Ergänzung zum Buch Jeremia.[172]

Die Archäologie beweist die Bibel nicht. Sie beweist auch nicht zweifelsfrei alle Aspekte des jüdischen Exils. Sie stellt aber denjenigen, der die traditionelle Sicht bewahren möchte, auf eine ebenbürtige Grundlage mit den Skeptikern. Man muss sich nicht länger veranlasst sehen, »wissenschaftlichen« Ergebnissen wie denen von Torrey zu glauben.

Free zieht folgende einfache Schlussfolgerung aus seiner Studie zu dem Thema: »Alles in allem zeigen die archäologischen Entdeckungen Punkt für Punkt, dass der biblische Bericht bestätigt wird und als glaubwürdig anzusehen ist. Und diese Bestätigung ist nicht begrenzt auf ein paar allgemeine Beispiele.«[173]

Hinweis: Zur weiteren Information auf diesem Gebiet nenne ich Free oder noch besser Albright. Diese beiden haben ausführlich darüber gearbeitet, wie in diesem Abschnitt des Buches bereits deutlich wurde:

Free, Joseph P.: *Archaeology and Bible History*, und eine Artikel-Serie in *Bibliotheca Sacra* 1956-57.

Albright, William Foxwell: *Archaeology of Palestine and the Bible*, »King Jehoiachin in Exile« in *Biblical Archaeologist*; und »The Bible After Twenty Years of Archaeology« in *Religion in Life*.

3 Neutestamentliche Bestätigung des Alten Testamentes

Weitere Bestätigung für das AT findet sich vom Neuen Testament her. Es gibt zahlreiche Aussagen von Jesus selbst, weiter von den Aposteln und verschiedenen anderen biblischen Gestalten des NTs, die die Zuverlässigkeit der alttestamentlichen Erzählungen erhärten.

3.1 Die Bestätigung durch Jesus

Das NT berichtet, dass Jesus davon überzeugt war, dass die Thora auf Mose zurückging:

> Markus 7,10; 10,3-5; 12,26
> Lukas 5,14; 16,29-31; 24,27.44
> Johannes 7,19,23

Besonders in Joh 5,45-47 bezeugt Jesus eindeutig seinen Glauben daran, dass Mose die Thora geschrieben hat:

> Denkt nicht, dass ich euch bei dem Vater anklagen werde. Es ist einer, der euch anklagt: Mose, auf den ihr eure Hoffnung gesetzt habt. Denn wenn ihr Mose glauben würdet, so würdet ihr auch mir glauben; denn von mir hat er geschrieben. Wenn ihr aber seinen Schriften nicht glaubt, wie werdet ihr meinen Worten glauben?

Eissfeldt sagt: »Der Name, der im Neuen Testament eindeutig mit Bezug auf den gesamten Pentateuch genannt ist – die Bücher Moses – muss ganz sicher so verstanden werden, als dass Mose den Pentateuch zusammengetragen hat.«[174]

3.2 Die Bestätigung durch die biblischen Schreiber

Auch die Verfasser der neutestamentlichen Bücher waren der Meinung, dass die Thora oder »Das Gesetz« von Mose herkam:

> Die Apostel glaubten es: »Meister, Mose hat uns vorgeschrieben …« (Mk 12,19)
> Johannes war sicher: »Denn das Gesetz wurde durch Mose gegeben …« (Joh 1,17)

Paulus spricht von einer Stelle im Pentateuch: »Mose schreibt nämlich die Gerechtigkeit …« (Röm 10,5)

Andere Stellen bestätigen es inhaltlich:

Lukas 2,22; 20,28
Johannes 1,45; 8,5; 9,29
Apostelgeschichte 3,22: 6,14; 13,38; 15,1.21; 26,22; 28,23
1 Korinther 9,9
2 Korinther 3,15
Hebräer 9,19
Offenbarung 15,3

Geisler und Nix haben eine hilfreiche Liste von neutestamentlichen Verweisstellen auf das AT aufgestellt (siehe unten).

Es ist meine tiefe Überzeugung, dass ich nach Überprüfung dieses Beweismaterials eine Bibel (AT und NT) in der Hand halten und sicher sein kann, dass ich das glaubwürdige Wort Gottes besitze.

Alttestamentliches Ereignis	**Bezugnahme im NT**
1. Schöpfung der Welt (1. Mose 1)	Joh 1,3; Kol 1,16
2. Schöpfung von Adam und Eva (1. Mose 1-2)	1.Tim 2,13.14
3. Ehe von Adam und Eva (1. Mose 1-2)	1.Tim 2,13
4. Verführung der Frau (1. Mose 3)	1.Tim 2,14
5. Ungehorsam und Sünde Adams (1. Mose 3)	Röm 5,12; 1.Kor 15,21-22
6. Opfer von Abel und Kain (1. Mose 4)	Hebr 11,4
7. Mord Abels durch Kain (1. Mose 4)	1.Joh 3,12
8. Geburt des Set (1. Mose 4)	Lk 3,38
9. Entrückung des Henoch (1. Mose 5)	Hebr 11,5
10. Ehe vor der Sintflut (1. Mose 6)	Lk 17,27
11. Sintflut u. Vernichtung der Menschen (1. Mose7)	Mt 24,39
12. Rettung des Noah u. seiner Familie (1. Mose 8-9)	2.Petr 2,5
13. Stammbaum Sems (1. Mose 10)	Lk 3,35.36
14. Geburt Abrahams (1. Mose 12-13)	Lk 3,34
15. Berufung Abrahams (1. Mose 12-13)	Hebr 11,8
16. Der Zehnte für Melchisedek (1. Mose 14)	Hebr 7,1-3
17. Rechtfertigung Abrahams (1. Mose 15)	Röm 4,3
18. Ismael (1. Mose 16)	Gal 4,21-24
19. Verheißung Isaaks (1. Mose 17)	Hebr 11,18

20. Lot und Sodom (1. Mose 18-19)	Lk 17,29
21 .Geburt des Isaak (1. Mose 21)	Apg 7,8
22. Opferung Isaaks (1. Mose 22)	Hebr 11,17
23. Der brennende Busch (Ex. 3,6)	Lk 20,37
24. Der Zug durchs Rote Meer (Ex. 14,22)	1.Kor 10,1.2
25. Wasser und Manna (Ex. 16,4; 17,6)	1.Kor 10, 3-5
26. Erhöhte Schlange in der Wüste (Num. 21,9)	Joh 3,14
27. Fall Jerichos (Jos 6)	Hebr 11,30
28. Wunder des Elia (1.Kön 17,1; 18,1)	Jak 5,17
29. Jona und der große Fisch (Jona 2)	Mt 12,40
30. Daniels 3 Freunde im Feuerofen (Dan 3)	Hebr 11,34
31. Daniel in der Löwengrube (Dan 6)	Hebr 11,33
32. Der Mord an Secharja (2.Chr 24,20-22)	Mt 23,35

4 Literaturangaben

[1] Gleason L. Archer, *A Survey of Old Testament Introduction*, S. 23ff.
[2] Robert D. Wilson, *A Scientific Investigation of the Old Testament*, S. 64.71.
[3] Ebd., S. 71f.
[4] Ebd., S. 74f.
[5] Ebd., S. 85.
[6] F. F. Bruce, *The Books and the Parchments*, S. 178.
[7] William H. Green, *General Introduction to the Old Testament*, S. 81.
[8] Paul E. Kahle, *The Cairo Geniza*, S. 13; Ernst Würthwein, *The Text of the Old Testament*, S. 25.
[9] Moshe Goshen-Gottstein, *Biblical Manuscripts in the U.S.*, S. 35.
[10] David S. Dockery, *Foundations for Biblical Interpretation*, S. 162f.
[11] Ernst Würthwein, *The Text of the Old Testament*, S. 23.
[12] Paul E. Kahle, *The Cairo Geniza*, S. 7.
[13] Moshe Goshen-Gottstein, *Biblical Manuscripts in the U.S.*, S. 44f.
[14] Paul E. Kahle, *The Cairo Geniza*, S. 5.
[15] Moshe Goshen-Gottstein, *Biblical Manuscripts in the U.S.*, S. 30.
[16] Norman L. Geisler, *Baker's Encyclopedia of Christian Apologetics*, S. 549.
[17] F. F. Bruce, *The Books and the Parchments*, S. 115f.
[18] Norman L. Geisler, *A General Introduction to the Bible*, S. 250.
[19] R. K. Harrison, *Introduction to the Old Testament*, S. 211.
[20] Norman L. Geisler, *A General Introduction to the Bible*, S. 306.
[21] Samuel Davidson, *The Hebrew Text of the Old Testament*, S. 89.
[22] Frederic G. Kenyon, *Our Bible and the Ancient Manuscripts*, S. 43.
[23] William H. Green, *General Introduction to the Old Testament*, S. 173.

[24] Gleason L. Archer, *A Survey of Old Testament Introduction*, S. 63.
[25] F. F. Bruce, *The Books and the Parchments*, S. 117.
[26] Frederic G. Kenyon, *Our Bible and the Ancient Manuscripts*, S. 38.
[27] Norman L. Geisler, *Baker's Encyclopedia of Christian Apologetics*, S. 552.
[28] Flavius Josephus, *Flavius Josephus Against Apion*, zitiert nach *Josephus' Complete Works*, S. 179,180.
[29] Ebd., S. 181.
[30] Frederic G. Kenyon, *Our Bible and the Ancient Manuscripts*, S. 47.
[31] Ralph Earle, *How We Got Our Bible*, S. 48f.
[32] Millar Burrows, *TDSS*, 304.
[33] Gleason L. Archer, *A Survey of Old Testament Introduction*, S. 19.
[34] Millar Burrows, *TDSS*, 304.
[35] Randall Price, *Secrets of the Death Sea Scrolls*, S. 86.
[36] Ellis R. Brotzman, *Old Testament Textual Criticism*, S. 94f.
[37] Paul Enns, *The Moody Handbook of Theology*, S. 173.
[38] R. K. Harrison, *The Archaeology of the Old Testament*, S. 115.
[39] Ebd., S. 115.
[40] Gleason L. Archer, *A Survey of Old Testament Introduction*, S. 65.
[41] F. F. Bruce, *The Books and the Parchments*, S. 146.147.
[42] Frederic G. Kenyon, *The Text of the Greek Bible*, 3. Ausgabe, S. 16-19.
[43] Paul Enns, *The Moody Handbook of Theology*, S. 174.
[44] Walter Bauer, W. F. Arndt, F. W. Gingrich, *A Greek-English Lexicon of the New Testament*, S. xxi.
[45] Edwin M. Yamauchi, *The Stones and the Scriptures*, S. 130.131.
[46] Norman L. Geisler, *A General Introduction to the Bible*, S. 308.
[47] F. F. Bruce, *The Books and the Parchments*, S. 150.
[48] Ebd., S. 151.
[49] John Skilton, »The Transmission of the Scriptures« in *The Infallible Word*, S. 148.
[50] Norman L. Geisler, *A General Introduction to the Bible*, S. 507f.
[51] Frederic G. Kenyon, *Our Bible and the Ancient Manuscripts*, S. 59.
[52] Norman L. Geisler, *A General Introduction to the Bible*, S. 509.
[53] F. F. Bruce, *The Books and the Parchments*, S. 155.
[54] Ebd., S. 120.
[55] Paul Enns, *The Moody Handbook of Theology*, S. 174.
[56] F. F. Bruce, *The Books and the Parchments*, S. 122.
[57] Norman L. Geisler, *A General Introduction to the Bible*, S. 304.305.
[58] Ebd., S. 304.305.
[59] F. F. Bruce, *The Books and the Parchments*, S. 133.
[60] J. Anderson, *The Bible, the Word of God*, S. 17.
[61] Norman L. Geisler, *A General Introduction to the Bible*, S. 305.
[62] Ebd., S. 502.
[63] Ebd., S. 502.

[64] Ebd., S. 306.
[65] Frederic G. Kenyon, *Our Bible and the Ancient Manuscripts*, S. 84.
[66] Ernst Würthwein, *The Text of the Old Testament*, S. 25.
[67] Moshe Goshen-Gottstein, *Biblical Manuscripts in the U.S.*, S. 13.
[68] Paul E. Kahle, *The Cairo Geniza*, S. 110.
[69] Frederic G. Kenyon, *Our Bible and the Ancient Manuscripts*, S. 85.
[70] Ernst Würthwein, *The Text of the Old Testament*, S. 26.
[71] Frederic G. Kenyon, *Our Bible and the Ancient Manuscripts*, S. 36.
[72] Ernst Würthwein, *The Text of the Old Testament*, S. 26.
[73] Ebd., S. 80f.
[74] Nelson Glueck, *Rivers in the Desert: History of Negev*, S. 31.
[75] Gleason L. Archer, *A Survey of Old Testament Introduction*, S. 44.
[76] Millar Burrows, *What Mean These Stones?*, S. 30-59.
[77] R. Laird Harris, *Inspiration and Canonicity of the Bible*, S. 124.
[78] Frederic G. Kenyon, *Our Bible and the Ancient Manuscripts*, S. 23.
[79] Norman L. Geisler, *Baker's Encyclopedia of Christian Apologetics*, S. 552f.
[80] *Merriam Webster's Collegiate Dictionary*, 10.Aufl., o.S.
[81] Nelson Glueck, zitiert nach John W. Montgomery, *Christianity for the Tough Minded*, S. 6.
[82] Millar Burrows, *What Mean These Stones?*, S. 290.
[83] Edwin Yamauchi, *Stones, Scripts, and Scholars*, S. 9.
[84] Joseph P. Free, *Archaeology and Bible History*, S. 1.
[85] Millar Burrows, *What Mean These Stones?*, S. 292.
[86] William F. Albright, *New Light on the Early History of Phoenician Colonization*, S. 22.
[87] Vertreter einer Weltanschauung, die die Wirklichkeit nicht allein durch Naturgesetze, sondern auch durch das Wirken übernatürlicher Kräfte und Personen zu erklären versuchen.
[88] Vertreter einer Weltanschauung, die göttliche Offenbarung und alles Übernatürliche generell zurückweist und alle Phänomene mit Naturgesetzen zu erklären versuchen.
[89] Joseph P. Free, *Archaeology and Higher Criticism*, S. 30.31.
[90] Norman L. Geisler, *Baker's Encyclopedia of Christian Apologetics*, S. 48.49.
[91] William F. Albright, *Archaeological Discoveries and the Scriptures*, S. 3.
[92] Norman L. Geisler, *Baker's Encyclopedia of Christian Apologetics*, S. 50.51.
[93] John Garstang, *The Foundation of Bible History: Joshua, Judges*, S. 146.
[94] Bryant G. Wood, *Did the Israelites Conquer Jericho?*, S. 44-59.
[95] Norman L. Geisler, *Baker's Encyclopedia of Christian Apologetics*, S. 51.52.
[96] Allan Millard, *Did the Bible Exaggerate King Solomon's Wealth?*, S. 20.
[97] Siegfried A. Horn, *Recent Illumination of the Old Testament*, S. 15.16.
[98] Avraham Biram, »House of David«, *Biblical Archaeology Review*, S. 26.
[99] Henry M. Morris, *The Bible and Modern Science*, S. 95.
[100] Norman L. Geisler, *Baker's Encyclopedia of Christian Apologetics*, S. 52.

[101] Henry M. Morris, *Many Infallible Proofs*, S. 300.
[102] William F. Albright, *Archaeology and the Religion of Israel*, S. 176.
[103] H. H. Rowley, zitiert nach Donald F. Wiseman, »Archaeological Confirmation of the Old Testament«, in Carl Henry, *Revelation and the Bible*, S. 305.
[104] Merrill Unger, *Archaeology and the Old Testament*, S. 15.
[105] Frederic G. Kenyon, *The Bible and Archaeology*, S. 279.
[106] Bernard Ramm, *Can I Trust My Old Testament?*, S. 8ff.
[107] William F. Albright, *Old Testament and the Archaeology of the Ancient East*, zitiert nach H. H. Rowley, *The Old Testament and Modern Study*, S. 25.
[108] C. H. Dodd, *More New Testament Studies*, S. 224.
[109] William F. Albright, *The Biblical Period from Abraham to Ezra*, S. 1.2.
[110] Ebd., S. 1.2.
[111] Millar Burrows, *What Mean These Stones?*, S. 278.
[112] Raymond Bowman, *Old Testament Research Between the Great Wars*, zitiert nach Harold R. Willoughby, *The Study of the Bible Today and Tomorrow*, S. 30.
[113] William F. Albright, *Archaeology Confronts Biblical Criticism*, S. 181.
[114] G. E. Wright, *Biblical Archaeology*, S. 40.
[115] Millar Burrows, *How Archaeology Helps the Student of the Bible*, S. 6.
[116] Joseph P. Free, *Archaeology and the Bible*, S. 340.
[117] Norman L. Geisler, *Baker's Encyclopedia of Christian Apologetics*, S. 48.49.
[118] Kenneth A. Kitchen, *The Bible in Its World*, S. 53.54.
[119] Ebd., S. 53.
[120] Giovanni Pettinato, *The Royal Archives of Tell-Mardikh-Ebla*, S. 50.
[121] Kenneth A. Kitchen, *The Bible in Its World*, S. 51.52.
[122] Ebd, S. 54.
[123] Giovanni Pettinato, *The Royal Archives of Tell-Mardikh-Ebla*, S. 49.
[124] Kenneth A. Kitchen, *The Bible in Its World*, S. 50.
[125] Ebd., S. 50.
[126] Ebd., S. 50.
[127] Ebd., S. 50.51.
[128] Ebd., S. 51.
[129] Joseph P. Free, *Archaeology and Bible History*, S. 47.
[130] Norman L. Geisler, *Baker Encyclopedia of Christian Apologetics*, S. 50.
[131] Kenneth A. Kitchen, *The Patriarchal Age: Myth or History?*, S. 48-95.
[132] Ebd., S. 48.
[133] Ebd., S. 52.
[134] Ebd., S. 94.
[135] Millar Burrows, *What Mean These Stones?*, S. 258.259.
[136] John Garstang, *The Foundation of Bible History: Joshua, Judges*, S. 9.
[137] Joseph P. Free, *Archaeology and Bible History*, S. 72.
[138] Joseph P. Free, *Archaeology and Liberalism*, S. 322.323.
[139] G. E. Wright, *The Present State of Biblical Archaeology*, zitiert nach Harold R. Willoughby, *The Study of the Bible Today and Tomorrow*, S. 43.

140 Cyrus H. Gordon, *Biblical Customs and the Nuzu Tablets*, S. 8.
141 Ebd., S. 3.5.
142 G. E. Wright, *The Present State of Biblical Archaeology*, zitiert nach Harold R. Willoughby, *The Study of the Bible Today and Tomorrow*, S. 43.
143 Joseph P. Free, *Archaeology and Bible History*, S. 68.69.
144 Siegfried H. Horn, »Recent Illumination of the Old Testament«, in *Christianity Today*, S. 14.15.
145 Cyrus H. Gordon, *Biblical Customs and the Nuzu Tablets*, S. 6.
146 Joseph P. Free, *Archaeology and the Bible*, S. 20.
147 Kenneth A. Kitchen, *The Ancient Orient and the Old Testament*, S. 52f.
148 Millar Burrows, *What Mean These Stones?*, S. 266.267.
149 Howard Vos, *Genesis and Archaeology*, S. 102.
150 Ebd., S. 104.
151 Ebd., S. 106.
152 E. Campbell, zitiert nach Millar Burrows, *What Mean These Stones?*, S. 16.17.
153 Kenneth A. Kitchen, *The Bible in Its World*, S. 74.
154 John Elder, *Prophets, Idols, and Diggers*, S. 54.
155 Siegfried H. Horn, »Recent Illumination of the Old Testament«, in *Christianity Today*, S. 14.
156 J. B. Pritchard, *Ancient Near East Texts*, zitiert nach Norman L. Geisler, *Baker Encyclopedia of Christian Apologetics*, S. 52.
157 Norman L. Geisler, *Baker's Encyclopedia of Christian Apologetics*, S. 52.
158 William F. Albright, *The Bible after Twenty Years of Archaeology*, S. 539.
159 R. S. Haupert, *Lachish – Frontier Fortress of Judah*, S. 30.31.
160 William F. Albright, *The Oldest Hebrew Letters*, S. 17.
161 G. E. Wright, *The Present State of Biblical Archaeology*, zitiert nach Harold R. Willoughby, *The Study of the Bible Today and Tomorrow*, S. 179.
162 Millar Burrows, *What Mean These Stones?*, S. 107.
163 William F. Albright, *The Oldest Hebrew Letters*, S. 11.12.
164 R. S. Haupert, *Lachish – Frontier Fortress of Judah*, S. 31.
165 Ebd., S. 31.
166 Ebd., S. 32.
167 Joseph P. Free, *Archaeology and Bible History*, S. 223.
168 R. S. Haupert, *Lachish – Frontier Fortress of Judah*, S. 32.
169 G. E. Wright, *The Present State of Biblical Archaeology*, zitiert nach Harold R. Willoughby, *The Study of the Bible Today and Tomorrow*, S. 179.
170 Joseph P. Free, *Archaeology and Bible History*, S. 222.
171 John Elder, *Prophets, Idols, and Diggers*, S. 108.109.
172 R. S. Haupert, *Lachish – Frontier Fortress of Judah*, S. 32.
173 Joseph P. Free, *Archaeology and the Historical Accuracy of Scripture*, S. 225.
174 Otto Eissfeldt, *The Old Testament – An Introduction*, S. 158.

Zweiter Teil

Die Beweise für Jesus

05 Jesus – eine historische Gestalt

Kapitelübersicht

1 Einführung

In seinem Essay »Warum ich kein Christ bin« behauptet der Philosoph Bertrand Russell: »Historisch ist es äußerst zweifelhaft, ob Christus überhaupt jemals gelebt hat, und wenn doch, dann wissen wir nichts über ihn.«[1]

Man würde heute wohl kaum noch viele fachkundige Menschen finden, die mit der radikalen Aussage Russells übereinstimmen würden. Viele Menschen stellen Fragen nach Jesus Christus. Manche bezweifeln, dass das, was die Bibel von ihm berichtet, wahr ist. Doch der Kreis derer, die behaupten, dass er nie gelebt habe oder dass wir, wenn das doch der Fall gewesen sei, nichts von ihm wissen könnten, ist äußerst klein. Selbst der amerikanische Revolutionär Thomas Payne, der das Christentum zutiefst verachtete, stellte die Historizität des Jesus von Nazareth nicht in Frage.

Während Payne glaubte, dass die biblischen Aussagen über die Göttlichkeit Jesu mythologischer Natur seien, hielt er aber doch daran fest, dass er tatsächlich gelebt habe. Er sagte:

> Er [Christus] war ein liebenswerter Mensch mit einer sehr hohen Ethik. Die Moral, die er predigte und praktizierte, war von äußerst wohlwollender Art. Es gab zwar ähnliche ethische Systeme, die z. B. viele Jahre früher von Konfuzius und einigen griechischen Philosophen verkündigt worden waren oder seitdem von den Quäkern und vielen anderen moralisch hoch stehenden Menschen, jedoch wurde sie von deren keinem übertroffen.[2]

Allerdings bin ich auch hin und wieder einigen Leuten begegnet, die, wie Russell, dabei stehen bleiben, die historische Existenz Jesu zu leugnen. Eine dieser Gelegenheiten ergab sich während einer Debatte, die vom Studentenrat einer Universität im Mittleren Westen initiiert worden war. Mein Gegenüber, eine Kandidatin der Progressiven Labor Party (Marxistin) für den Kongress in New York, sagte in ihren Eingangsbemerkungen: »Die Historiker von heute haben Jesus als historische Gestalt weithin abgetan.« Ich konnte meinen Ohren kaum trauen. Aber ich war froh, dass sie das gesagt hatte, bevor sie mir die Gelegenheit gab, 2.500 Studenten zu demonstrieren, dass sie im Geschichtsunterricht nicht aufgepasst bzw. keine Hausaufgaben gemacht hatte. Andernfalls hätte sie entdeckt, was F. F. Bruce, Rylands Professor für Bibelkritik und Exegese an der Universität Manchester, gesagt hat:

> Manche Schriftsteller mögen mit der Vorstellung eines »Christus-Mythos« spielen, doch dabei lassen sie die Basis historischer Evidenz außer Acht. Die Historizität Christi ist für einen vorurteilsfreien Historiker so unangefochten wie die von Julius Cäsar. Es sind nicht die Historiker, die die Theorie vom »Christus-Mythos« verbreiten.[3]

Otto Betz hat Recht, wenn er sagt: »Kein ernsthafter Gelehrter hat es riskiert zu behaupten, dass Jesus keine historische Gestalt gewesen sei.«[4]

Die Historizität Jesu ist nicht nur eine Frage des forschenden Interesses für einen Christen, sondern der christliche Glaube gründet sich überhaupt auf Geschichtlichkeit. Der Neutestamentler Donald Hagner bemerkt deshalb zu Recht:

> Das wahre Christentum, der christliche Glaube, der sich auf die neutestamentlichen Dokumente stützt, hängt absolut mit der Geschichte zusammen. Im Kern neutestamentlichen Glaubens steht der Satz: ›Gott war in Christo und versöhnte die Welt mit sich selber‹ (2. Kor 5,19). Die Menschwerdung, der Tod und die Auferstehung Jesu Christi als reales Geschehen in Raum und Zeit, d. h. als historische Realitäten, sind der unverzichtbare Grund christlichen Glaubens. Meinem Verständnis nach wird das Christentum am besten definiert als die Feststellung des Handelns Gottes in der Geschichte, seiner anbetenden Würdigung und unserer Teilhabe daran. Die neutestamentlichen Schriften betonen, dass das Tun Gottes seinen Höhepunkt in Jesus Christus gefunden hat.[5]

Dieses Kapitel enthält Beweismaterial aus christlichen und säkularen Quellen und von jüdischen Bezugnahmen auf die Geschichtlichkeit des Lebens Jesu.

2 Säkulare Autoritäten für die Historizität Jesu

Mit *säkular* meine ich »heidnisch« – nicht christlich, nicht jüdisch und gewöhnlich dem Christentum gegenüber eher ablehnend eingestellt. Viele antike Autoren erwähnen Jesus und die Bewegung, die er ins Leben gerufen hat. Die Tatsache, dass sie im Allgemeinen dem Christentum mit Ablehnung begegneten, macht sie als

Zeugen besonders wertvoll, weil sie nichts dadurch gewinnen, wenn sie die Historizität der Ereignisse um einen religiösen Führer und seine Anhänger herum bestätigen, obwohl sie diese ganze Sache doch eher geringschätzig betrachten.

2.1 Cornelius Tacitus

Nach Habermas war Cornelius Tacitus (ca. 55-120 n. Chr.) ein römischer Historiker, der während der Regierungszeit von mehr als einem halben Dutzend römischer Kaiser lebte. Er wurde der »größte Historiker« des alten Rom genannt und wird unter Gelehrten wegen seiner moralischen »Integrität und der in seinem Wesen verankerten Güte« allgemein anerkannt.[6] Seine bekanntesten Werke sind die *Annalen* und die *Historien*. »Die *Annalen* gehören zu der Periode vom Tode des Augustus (14 n. Chr.) bis zum Tod Neros im Jahr 68 n.Chr. Die Historien beginnen nach dem Tod Neros und reichen bis zum Tod Domitians im Jahr 96 n. Chr.«[7]

Als Tacitus über die Regierungszeit Neros berichtete, machte er auch Anspielungen auf den Tod Jesu und die Existenz von Christen in Rom. Dass er Christus »Chrestus« nannte, entsprach einem weit verbreiteten Schreibfehler unter heidnischen Autoren:

> Doch kein menschlicher Glaube, noch alle Wohltaten, die der Fürst ausstreute, noch die Opfer, die den Göttern zur Sühne dargebracht wurden, befreiten Nero von dem Gerücht, dass man ihn für verantwortlich hielt, den Brand Roms selbst angeordnet zu haben. Um dieses Gerücht zu unterdrücken, schob er fälschlicherweise die Schuld auf Menschen, die allgemein »Christen« genannt wurden. Er bestrafte sie streng und ließ sie schwerster Folter unterziehen. Diese Christen waren verhasst wegen ihrer ungeheuerlichen Verhaltensweisen. Christus, auf den ihr Name zurückging, wurde von Pontius Pilatus hingerichtet, der während der Regierung des Tiberius Prokurator von Judäa war. Doch der schlimme Aberglaube, der eine Weile unterdrückt worden war, brach aufs Neue aus – nicht nur in Judäa, wo das Unheil seinen Ausgang genommen hatte, sondern auch in der Stadt Rom.[8]

Norman Anderson sieht eine mögliche Anspielung auf die Auferstehung Jesu in diesem Bericht:

> Es ist sehr gut möglich, dass er mit diesem Zusatz: »Ein äußerst gefährlicher Aberglaube, der für einen Augenblick an Boden verloren hatte, brach wieder aus« ein indirektes und unbewusstes Zeugnis für die Überzeugung der frühen Kirche erbrachte, dass nämlich der gekreuzigte Christus aus dem Grab auferstanden war.[9]

F. F. Bruce wirft ein anderes interessantes Streiflicht auf diese Passage des Tacitus:

> Pilatus wird in keinem einzigen säkularen Dokument erwähnt, das uns überliefert worden ist. Und man kann es als eine Ironie der Geschichte ansehen, dass

sich der einzige erhaltene Hinweis auf ihn bei einem säkularen Autor im Zusammenhang mit der Todesstrafe findet, die er über Jesus verhängt hatte. An diesem Punkt trifft sich Tacitus mit dem alten christlichen Glaubensbekenntnis: »gelitten unter Pontius Pilatus«.[10]

Markus Bockmühl, der in Cambridge gelehrt hat, stellt fest, dass die Anmerkungen des Tacitus uns das Zeugnis eines führenden römischen Historikers jener Zeit darbieten:

> … eine unabhängige Bestätigung, dass Jesus gelebt hat und in Judäa während der Regierung des Tiberius und zur Zeit, als Pontius Pilatus Prokurator dort war [genau genommen immer noch Präfekt, von 26-36 n. Chr.], in aller Form hingerichtet wurde. Das mag unbedeutend klingen, aber es ist tatsächlich erstaunlich nützlich in der Bewertung von zwei verschiedenen Theorien, die ab und zu immer noch auftauchen: erstens, dass Jesus von Nazareth niemals gelebt hat und zweitens, dass er nicht durch eine ordnungsgemäß von den Römern verhängte Todesstrafe ums Leben kam.[11]

2.2 Lukian von Samosata

Er war ein griechischer Satiriker aus der zweiten Hälfte des zweiten Jahrhunderts, der verächtlich über Christus und die Christen spottete, wobei er niemals davon ausging oder damit argumentierte, dass sie unrealistisch wären. Lukian sagte:

> Die Christen beten bis heute einen Mann an – diese außergewöhnliche Persönlichkeit, die ihre neuen Bräuche einführte und deshalb gekreuzigt wurde – … Ihr seht, diese irregeleiteten Kreaturen haben grundsätzlich die allgemeine Überzeugung, dass sie für alle Zeiten unsterblich sind. Daher erklärt sich ihre Verachtung des Todes und ihre freiwillige Selbstverleugnung, die unter ihnen so verbreitet ist. Und dann wurde ihnen von ihrem ursprünglichen Gesetzgeber eingetrichtert, dass sie alle vom Augenblick ihrer Bekehrung an alle Brüder sind. Sie leugnen die Götter Griechenlands und beten den gekreuzigten Weisen an und leben nach seinen Geboten. Alles das tun sie rein auf der Ebene des Glaubens mit dem Ergebnis, dass sie gleichzeitig alle weltlichen Güter verachten und sie lediglich als gemeinsamen Besitz ansehen.[12]

2.3 Sueton

Suetonius, ein anderer römischer Historiker und Gerichtsbeamter unter Hadrian – gleichzeitig war er auch der Chronist des kaiserlichen Hauses – sagt in seiner Schrift *Leben des Claudius* 25.4: »Da die Juden ständig auf Anstiften eines Chrestus [eine andere Schreibweise für Christus] Unruhen verursachten, vertrieb er [Claudius] sie aus Rom.« Lukas bezieht sich Apg 18,2 auf dieses Ereignis, dass im Jahr 49 n. Chr. stattfand.

In einem anderen Werk schreibt Suetonius über das Feuer, das im Jahr 64 n. Chr.

unter Kaiser Nero in Rom wütete. Er berichtet, dass »Nero Strafen über die Christen verhängte – eine Gruppe von Menschen, die sich einem neuen und schädlichen Aberglauben verschrieben hatten.«[13]

Wenn man davon ausgeht, dass Jesus in den frühen dreißiger Jahren gekreuzigt worden war, lässt Sueton – der gewiss kein Freund des christlichen Glaubens war, weniger als zwanzig Jahre später dessen Anhänger in der Hauptstadt des Reiches auftreten und berichtet, dass sie für ihre Überzeugung, dass nämlich Jesus Christus wirklich gelebt habe, gestorben und wieder auferstanden sei, gelitten hätten und in den Tod gegangen seien.

2.4 Plinius der Jüngere

Als Gouverneur von Bithynien in Kleinasien (112 n.Chr.) schrieb Plinius an den Kaiser Trajan und bat um Rat, wie er die Christen behandeln sollte. Er erklärte, dass er Männer und Frauen, Jungen und Mädchen getötet hätte. Es seien so viele, die umgebracht worden seien, dass er überlege, ob er weiterhin alle, die als Anhänger dieses Glaubens entdeckt würden, mit dem Tode bestrafen solle oder nur noch bestimmte einzelne Leute. Er erklärte weiterhin, dass er die Christen veranlasst hätte, sich vor dem Standbild Trajans zu verneigen und sagt dann noch, dass er sie dazu gebracht hätte, »Christus zu verfluchen, wozu ein echter Christ niemals bewegt werden kann«. Im gleichen Brief schreibt er über die Leute, die einem Verhör unterzogen worden seien:

> Sie versicherten jedoch, dass ihre ganze Schuld oder ihr alleiniger Irrtum darin bestünde, dass sie die Gewohnheit hätten, sich an einem bestimmten Tag vor Anbruch der Dämmerung zu treffen und im Wechselgesang Loblieder zu Ehren von Christus als ihrem Gott anzustimmen und sich mit einem feierlichen Eid zu verpflichten, nichts Böses zu tun, niemals in einen Betrug, einen Diebstahl oder Ehebruch einzuwilligen, ihr Wort nicht zu brechen und Vertrauen nicht zu enttäuschen, wenn man es von ihnen verlangte.[14]

2.5 Thallus

Einer der ersten säkularen Autoren, der Christus erwähnt, ist Thallus. Etwa um 52 n. Chr. schrieb Thallus »eine Geschichte des östlichen Mittelmeerraumes vom Trojanischen Krieg angefangen bis zu seiner eigenen Zeit.«[15] Leider existieren seine Schriften heute nur noch in Fragmenten, die man den Zitaten anderer Schriftsteller entnehmen kann. Einer dieser anderen Autoren ist z. B. Julius Africanus, ein Christ, der sein Werk um das Jahr 221 n. Chr. verfasste. Eine sehr interessante Passage bezieht sich auf eine Bemerkung, die Thallus über die Finsternis macht, die sich an jenem späten Nachmittag über das Land ausbreitete, als Jesus am Kreuz starb. Africanus berichtet:

> Thallus erklärt im dritten Buch seiner Geschichte die Dunkelheit als eine Sonnenfinsternis – was mir unbegründet erscheint (unbegründet deswegen, weil eine

solche nicht zur Zeit des Vollmondes stattfinden kann. Und es war ja doch die übliche Pascha-Vollmondzeit, als Christus starb).[16]

Dieser Hinweis zeigt, dass der Bericht des Evangeliums von der Finsternis, die während der Kreuzigung Jesu über das Land hereinbrach, durchaus bekannt war und von Nichtchristen eine natürliche Erklärung verlangte. Thallus hatte keine Zweifel daran, dass Jesus gekreuzigt worden war und dass ein ungewöhnliches Naturereignis stattgefunden hatte, das eine Erklärung erforderte. Was ihn beschäftigte, war vielmehr die Aufgabe, eine andere Interpretation dafür zu finden. Die Tatsache als solche wurde aber nicht in Frage gestellt.[17]

2.6 Phlegon

Ein anderer säkularer Autor war Phlegon. Er schrieb eine Geschichte unter der Bezeichnung *Chroniken*. Während dieses Werk verloren ging, bewahrte Julius Africanus ein kleines Fragment davon in seinen Schriften. Wie Thallus bestätigt Phlegon, dass bei der Kreuzigung Jesu eine Finsternis über das Land hereinbrach, die auch er als eine Sonnenfinsternis erklärt: »Während der Zeit des Kaisers Tiberius gab es eine Sonnenfinsternis bei Vollmond.«[18]

Außer von Africanus wird Phlegons Hinweis auf dieses Ereignis auch noch bei Origenes, einem christlichen Apologeten aus dem dritten Jahrhundert, erwähnt (*Contra Celsum*, 2.14,33,59) und ebenfalls von Philopon, einem Schreiber aus dem 6. Jh. (*De. opif. mund.* II 21).[19]

2.7 Mara Bar-Serapion

Kurz nach 70 n.Chr. schrieb Mara Bar-Serapion, ein Syrer und wahrscheinlich stoischer Philosoph, einen Brief aus dem Gefängnis an seinen Sohn. Er ermutigte ihn, weiterhin nach Weisheit zu fragen. In seinem Brief verglich er Jesus mit den Philosophen Sokrates und Pythagoras. Er schrieb:

> Welchen Vorteil hatten die Athener davon, dass sie Sokrates zum Tode verurteilten? Hunger und Seuchen kamen über sie als Strafe für ihr Verbrechen. Welchen Vorteil hatten die Männer von Samos davon, dass sie Pythagoras verbrannten. In einem Augenblick wurde ihr Land von Sand zugedeckt. Was hatten die Juden davon, dass sie ihren weisen König umbrachten? Ganz kurze Zeit darauf wurde ihr Königtum abgeschafft. Gott rächte diese drei Weisen: die Athener starben Hungers; die Bewohner von Samos wurden vom Meer überwältigt und die Juden aus ihrem Land vertrieben, nachdem es zerstört worden war. Danach lebten sie in vollständiger Zerstreuung. Doch Sokrates starb nicht umsonst. Er lebt fort in den Lehren des Plato; auch Pythagoras starb nicht umsonst, er lebt fort in der Statue der Hera. Und auch der weise König der Juden starb nicht umsonst; er lebt weiter in der Lehre, die er verkündet hat.[20]

Dieser Vater war ganz gewiss kein Christ, da er Jesus auf eine Stufe mit Sokrates und Pythagoras stellt. Jesus lebt für ihn eher in seinen Lehren als durch seine Auferstehung weiter. Und an anderer Stelle merkt man, dass er einem Polytheismus anhängt. Wie dem auch sei, seine Hinweise auf Christus lassen jedoch erkennen, dass er durchaus nicht in Frage stellt, dass Jesus gelebt hat.

3 Jüdische Hinweise auf die Historizität Jesu

Die Gelehrten haben viele glaubwürdige Hinweise auf Jesus gefunden, allerdings auch unzuverlässige oder solche, von denen man früher dachte, sie bezögen sich auf Jesus, in Wirklichkeit war das aber nicht der Fall.[21] Ich habe einige der wichtigeren glaubwürdigen Hinweise ausgewählt, um sie hier näher zu betrachten. Man findet weitere Zitate in Kapitel 3 meines Buches *He Walked Among Us: Evidence for the Historical Jesus*.

Ähnlich den säkularen Hinweisen zeigen diejenigen, die man in alten jüdischen Quellen findet, eher eine ablehnende Haltung gegenüber dem Begründer des christlichen Glaubens, seinen Anhängern und ihrem Glaubensgut. Aus diesem Grunde ist das Zeugnis dieser Quellen von den Ereignissen, die das Leben Jesu betreffen, ein wertvoller Beweis für die Historizität dieser Ereignisse.

3.1 Die Kreuzigung

Im Babylonischen Talmud lesen wir:

> Es ist gelehrt worden: Am Abend des Pascha-Festes hängten sie Yeshu auf. Und vor ihm trat ein Verkündiger auf – vierzig Tage lag (und sagte): »Er wird gesteinigt werden, weil er Zauberei praktiziert hat und Israel abspenstig gemacht und in die Irre geleitet hat. Jeder, der etwas zu seinen Gunsten auszusagen hat, möge kommen und für ihn bitten.« Aber da sie nichts fanden, was ihn entlastet hätte, hängten sie ihn am Abend des Pascha-Festes auf.[22]

Eine andere Version des Textes sagt »Yeshu, der Nazarener«. »Yeshu« wird in der griechischen, englischen (und deutschen) Sprache mit »Jesus« übersetzt, und der Hinweis auf ihn als den Nazarener lässt die Verknüpfung mit Jesus Christus noch glaubhafter erscheinen.

Außerdem ist das Wort »aufgehängt« eine andere Bezeichnung für Kreuzigung (vgl. Lk 23,39, Gal 3,13). Der jüdische Gelehrte Joseph Klausner schreibt:

> Der Talmud spricht von Aufhängen an Stelle von Kreuzigung, da diese schreckliche Form der Todesstrafe den jüdischen Gelehrten nur von römischen Gerichtsverfahren her bekannt war. Im jüdischen Rechtswesen gab es das nicht. Selbst der Apostel Paulus erklärt [Gal 3,13] die Stelle ›verflucht ist, wer am Holz hängt‹ [5. Mose 21,23] als auf Jesus bezogen.[23]

Auch der Hinweis, dass diese Kreuzigung »am Abend des Passa-Festes« stattfand, stimmt mit Joh 19,14 überein (die Wendung findet sich ebenfalls in b.Sanh. 67a; y. Sanh.7,16).

Daher beweist dieser Text eindeutig die Historizität des Lebens Jesu und seines Todes. Er bestätigt auch, dass die jüdischen Führer an seiner Verurteilung beteiligt waren, versucht aber, ihr Tun zu rechtfertigen. Indirekt bezeugt der Text sogar die Wunder Jesu (s. auch b.Sanh. 107b; t. Sabb. 11,15; b. Sabb. 104b; b. Sota 47a), versucht sie aber zugleich als das Werk eines Zauberers oder Magiers zu erklären, was auch von den Schreibern der Evangelien (Mk 3,22 und Mt 9,34; 12,24) erwähnt wird.[24]

Diesen jüdischen Textzeugen scheint sich ein Kommentar von Ammora Ulla vom Ende des dritten Jahrhunderts anzuschließen, in dem es heißt:

Würde man glauben, dass eine Verteidigung für ihn ernsthaft gesucht worden ist? Er war ein Betrüger und der über alles Barmherzige sagt: »Du sollst ihn nicht schonen noch ihn verbergen.« Mit Jesus war das eine andere Sache, da er dem Königreich nahe stand.

Diese Wendung – »dem Königreich nahe stehen« – kann sich entweder auf den Stammbaum Jesu beziehen, da er ein Nachkomme von Israels König David war, oder es bezieht sich auf das Händewaschen des Pilatus, bevor er Jesus der Geißelung und Kreuzigung auslieferte.

3.2 Jesus und seine Jünger

In einer späteren Talmud-Version gibt es bezüglich der Kreuzigung Jesu eine Stelle, die behauptet: »Jesus hatte fünf Jünger – Mattai, Nakkai, Netzer, Buni und Todah« (b.Sanh. 107b). Während Mattai ein Hinweis auf Matthäus sein mag, ist niemand davon überzeugt, dass die andern Namen eine Identifikation mit einem in den Evangelien-Berichten genannten Jünger bringen könnten. Die Behauptung, dass Jesus fünf Jünger gehabt habe, »könnte auch dadurch erklärt werden, dass anderen Lehrern im Talmud, z. B. Yohanan ben Zakkai und Akiba, ebenfalls fünf Jünger oder Schüler zugeschrieben wurden.«[25] Auf jeden Fall ist eines sicher: Dieser Text lässt deutlich werden, dass die jüdische Tradition es als Tatsache akzeptierte, dass der Rabbi Jesus Anhänger hatte.

3.3 Jungfrauengeburt?

Im Talmud werden die Titel »Ben Pandera« (oder »Ben Pantere«) und »Jeshu ben Pandera« für Jesus gebraucht. Viele Gelehrte sind der Ansicht, dass *pandera* ein Wortspiel darstellt, eine Verzerrung des griechischen Wortes für Jungfrau, was dort *parthenon* heißt. Der jüdische Gelehrte Joseph Klausner sagt:

> Die Juden hörten beständig die Christen [von denen die Mehrzahl von Kindheit an Griechisch sprachen] Jesus mit dem Namen »Sohn der Jungfrau« bezeichnen … und so nannten sie ihn spöttisch *Ben ha-Pantera*, d. h. »Sohn des Leoparden«.[26]

An einer anderen Stelle des Babylonischen Talmud heißt es: »R. Shimon ben Azzai sagt [in Bezug auf Jesus]: ›Ich fand eine Stammbuchaufzeichnung in Jerusalem, in der berichtet war: Ein solcher ist ein Bastard einer Ehebrecherin.‹«[27] In einer weiteren Passage finden wir: »Seine Mutter war Mirjam, die andern Frauen die Frisuren herrichtete. Es heißt … ›diese lief ihrem Mann fort.‹« (b. Sabb. 104b). An wieder einer anderen Stelle wird uns gesagt, dass Maria, »die von Fürsten und Landvögten abstammte, mit Zimmerleuten Hurerei trieb« (b. Sanh. 106a). Diese Stelle ist natürlich ein Versuch, das christliche Bekenntnis von der Jungfrauengeburt Jesu anders zu erklären (s. auch b.Sabb. 104b).

»Fürsten und Landvögte« kann sich auf einige Namen beziehen, die Lukas in dem Stammbaum Jesu nennt. Einige der Kirchenväter bezeichneten auf diese Art und Weise die Vorfahren Marias bis zum König David (s. »Jesus … war dem Königreich nahe« in b. Sanh. 43a). Die Anspielung auf »Zimmerleute« ist ein offensichtlicher Hinweis auf Josef (s. auch b. Sabb. 104b).

Die Beweisführung läuft dann meist so ab: Wenn Josef nicht der Vater Jesu war, dann war Maria von einem andern Mann schwanger. Infolgedessen ist sie eine Ehebrecherin, und Jesus war ein außereheliches Kind. Das Neue Testament berichtet, dass die Schriftgelehrten und Pharisäer indirekt Jesus so einordneten (Joh 8,41b).

Obwohl das Neue Testament bestätigt, dass dies eine grundlose Verurteilung ist, macht sie doch deutlich, dass die christliche Darstellung der wunderbaren Geburt Jesu schon eine frühe Behauptung der Gemeinde war, die eine Reaktion herausforderte. Und achten wir darauf: es ging nicht darum, die Geburt Jesu generell zu leugnen, sondern es stand nur eine andere Interpretation seiner Empfängnis zur Debatte. Wie Klausner feststellt:

> Gegenwärtige Ausgaben der *Mischna* fügen hinzu: »Um die Worte R. Yehoshuas« zu unterstützen [der in der gleichen *Mischna* sagt: Was ist ein Bastard? Jeder, dessen Eltern dem Tode verfallen waren durch Beth Din.], dass hier auf Jesus Bezug genommen wird, scheint außer Frage zu stehen.[28]

3.4. Das Zeugnis des Josephus

»Joseph ben Mattathias (geb. 37/38 n.Chr.; gest. nach 100 n.Chr.)«, so schreibt Professor John P. Meier, »war abwechselnd ein jüdischer Aristokrat, ein religiöser Politiker, ein nicht allzu eifriger Anführer der Rebellen in Galiläa während des ersten jüdischen Aufstandes gegen Rom (66-73 n.Chr.) und ebenso ein trickreicher Überläufer, ein jüdischer Historiker in den Diensten des Kaisers Flavius und vermutlich auch ein Pharisäer. Nachdem er von Vespasian im Jahr 67 gefangen genommen worden war, diente er den Römern während der restlichen Zeit des Aufruhrs als Vermittler und Übersetzer. Nach Rom gebracht, schrieb er dort zwei große Werke: die *Geschichte des jüdischen Krieges* (in den frühen 70ern) und das wesentlich längere Werk *Jüdische Altertümer* (das er etwa 93-94 n.Chr. beendete)«[29].

Flavius Josephus gehörte im Lauf der Zeit zum inneren Kreis um den Kaiser.

Tatsächlich wurde ihm ja auch der Name des Kaisers, »Flavius«, als sein römischer Name beigelegt. Josephus ist sein jüdischer Name.

In *Jüdische Altertümer* gibt es eine Passage, die unter den Gelehrten zu hitzigen Debatten Anlass gegeben hat. Dort heißt es:

> Nun war da zu jener Zeit Jesus, ein weiser Mann – *falls es rechtmäßig ist, ihn einen Mann zu nennen* – denn er vollbrachte wundersame Taten und war ein Lehrer solcher Menschen, die die Wahrheit mit Freude annahmen. Er zog viele Juden an sich, aber auch viele Heiden. *Er war der Christus*, und als Pilatus, auf Drängen unserer führenden Leute ihn zum Tode am Kreuz verurteilt hatte, zeigte es sich, dass seine ersten Anhänger ihn nicht vergaßen. *Am dritten Tag erschien er ihnen nämlich lebendig wieder. So hatten es die göttlichen Propheten vorausgesagt, und außerdem noch Tausende von andern wunderbaren Dingen, die ihn betrafen.* Und die Bewegung der Christen, die nach ihm so genannt wurden, ist auch bis zu diesem Tag nicht ausgelöscht worden.[30]

Ich möchte mich nicht ins Für und Wider der verschiedenen Positionen hinsichtlich dieser Stelle bei Josephus vertiefen. Sie ist bekannt geworden als das »Testimonium«. Zur weiteren Beschäftigung damit empfehle ich mein Buch *He Walked Among Us* (S. 37-45). Stattdessen möchte ich hier nur sagen, dass diese Passage viel Aufsehen erregt hat, weil Josephus als nicht christlicher Jude Aussagen über Jesus macht, die ein orthodoxer Jude nicht nachvollziehen kann – z. B. bezieht er sich auf Jesus als den Christus (Messias) und behauptet, dass er von den Toten auferstand, wie die jüdischen Propheten es vorausgesagt hatten.

Nachdem ich das für mich als Beweismaterial eingestuft habe, stimme ich denjenigen Gelehrten zu, die es so sehen: während einige christliche Einschübe – vor allem die oben kursiv gedruckten – dem Text zugefügt wurden, aber eindeutig nicht dazugehören, enthält das Testimonium doch eine ganze Menge an Wahrheiten, die Josephus ohne weiteres bestätigen konnte. Meier stellt dazu fest:

> Man lese das Testimonium ohne die hervorgehobenen Passagen und man wird erkennen, dass der Gedankenfluss sehr klar ist. Josephus bezeichnet Jesus mit dem Oberbegriff ›weiser Mann‹ [*sophos aner*, vielleicht das hebräische *khakham*]. Und dann entfaltet Josephus diesen Oberbegriff [weiser Mann] und nennt seine Hauptkomponenten innerhalb der griechisch-römischen Welt: Wunder tun und wirksam belehren. Diese doppelte Darstellung dessen, was Weisheit ist, gewann Jesus eine große Anhängerschaft unter Juden und Heiden, und vermutlich – obwohl es dafür keinen ausdrücklichen Grund gibt – ist es sein großer Erfolg, der die führenden Männer der Juden veranlasste, Jesus vor Pilatus anzuklagen. Trotz des schändlichen Todes Jesu am Kreuz wurden seine früheren Anhänger ihm nicht untreu, und so ist die Bewegung der Christen bis heute nicht ausgestorben. [Diese Übertragung ist ganz offenkundig viel besser ohne die Bezugnahme auf die Auferstehung in der weggelassenen Passage.][31]

Viele Abschnitte später, nach diesem Testimonium, bezieht sich Josephus auf Jakobus als den Bruder Jesu. In den *Altertümern* XX,9.1 beschreibt er die Aktionen des Hohen Priesters Ananus:

> Aber der jüngere Ananus, der, wie wir schon sagten, die Hohepriesterwürde empfangen hatte, besaß eine kühne Veranlagung und war ungewöhnlich wagemutig. Er gehörte zur Partei der Sadduzäer, die von allen Juden am kritischsten waren, wie wir bereits zeigten. Da Ananus eine solche Neigung besaß, glaubte er nun eine gute Gelegenheit für sich zu sehen, da Festus tot war und Albinus noch unterwegs: So versammelte er einen Gerichtshof und stellte Jakobus, den Bruder Jesu, der auch Christus genannt wurde, vor dieses Gericht. Zusammen mit einigen anderen hatte er sie als Gesetzesbrecher angeklagt und lieferte sie dem Tod durch Steinigung aus.[32]

Louis Feldman, Professor für alte Sprachen an der Yeshiva Universität und Übersetzer für die Loeb-Ausgabe der *Jüdischen Altertümer* sagt: »Es gibt nur wenige, die die Echtheit dieser Stelle bezweifeln.«[33] Die dabei vorkommende Bezugnahme auf Jesus als den »sogenannten Christus« erscheint sinnlos, wenn Josephus nicht schon vorher in seinen *Altertümern* eine längere Diskussion über Jesus geführt hätte. Das ist ein anderer Beweis dafür, dass die frühere und ausführlichere Behandlung des Themas in den *Altertümern* echt ist, mit Ausnahme der offensichtlichen christlichen Interpolationen.

So bezeugt selbst der große jüdische Historiker des ersten Jahrhunderts, der nur wenig mehr als ein halbes Jahrhundert nach dem Leben und der Kreuzigung Jesu seine Werke schrieb, die Wahrheit, dass Jesus nämlich nicht eine Erfindung kirchlicher Einbildungskraft war, sondern ein reale geschichtliche Gestalt.

4 Christliche Quellen für die Historizität Jesu

4.1 Vor-neutestamentliche Glaubensbekenntnisse

Die frühen Christen bezahlten ihre Aussagen, dass Jesus lebte, starb und auferstand und vielen nach seiner Auferstehung erschienen war, oft mit ihrem Leben oder schwerer Verfolgung. Diese frühen Christen hatten nichts zu gewinnen, aber alles zu verlieren um ihres Zeugnisses willen, dass diese Ereignisse tatsächlich stattgefunden hatten. Aus diesem Grunde sind ihre Berichte von größter Bedeutung als historische Quellen. Auf den Seiten des Neuen Testamentes haben Bibelwissenschaftler entdeckt, was sie zumindest teilweise für Glaubensbekenntnisse der frühen Christen halten, die formuliert und mündlich weitergegeben wurden, bevor sie dann in den Büchern des Neuen Testaments niedergeschrieben wurden. Der Apologet Gary Habermas erklärt:

> Diese Zeugnisse bewahren einige der frühesten Berichte, die Jesus betreffen, aus der Zeit von etwa 30-50 n.Chr. Daher enthalten sie in gewissem Sinn vor-neutestamentliches Material und sind unsere frühesten Quellen bezüglich des Lebens Jesu.[34]

In seinem Buch *The Verdict of History* weist Habermas auf verschiedene dieser Glaubenszeugnisse, die im Neuen Testament verankert sind, hin:

> Lk 24,34: »Der Herr ist wahrhaftig auferstanden und dem Simon erschienen!«
> Bezugnehmend auf Joachim Jeremias und sein Essay »Ostern: Die früheste Überlieferung und die früheste Interpretation« schreibt Habermas:
> Jeremias ist der Meinung, dass die kurze Erwähnung des Lukas bezüglich der Auferstehung Jesu und seiner Begegnung mit Simon (Lk 24,34) älteren Datums ist als 1. Kor 15,4, womit ein extrem frühes Zeugnis für diese Erscheinung [nach der Auferstehung] gegeben wäre.[35]
> Röm 1,3.4: »… über seinen Sohn, der hervorgegangen ist aus dem Samen Davids nach dem Fleisch und erwiesen ist als Sohn Gottes in Kraft nach dem Geist der Heiligkeit durch die Auferstehung aus den Toten, Jesus Christus, unsern Herrn.«

Habermas sagt:

> Dass Röm 1,3.4 ein altes vorpaulinisches Glaubensbekenntnis ist, wird erkennbar an dem Parallelismus der Satzteile, der besonders in dem Gegensatz von Jesus als dem Sohn Davids und dem Sohn Gottes hervortritt. Der gleiche Jesus, der in Raum und Zeit geboren wurde, wurde auch von den Toten auferweckt. Dieses Glaubensbekenntnis bringt zum Ausdruck, dass Jesus als der Sohn Gottes, als Christus [oder Messias] und Herr anerkannt und als solcher durch die Auferstehung von den Toten auch gerechtfertigt wurde. [Oskar] Cullmann fügt hinzu, dass die Erlösung und endliche Erhöhung in diesem bedeutsamen Glaubensbekenntnis ebenfalls eingeschlossen waren. Solch eine umfassende Aussage, einschließlich der drei christologischen Haupttitel und einiger der Handlungen Jesu offenbaren nicht nur eine der frühesten Formulierungen des Wesens Christi, sondern vermitteln auch ein apologetisches Motiv in Bezug auf die Theologie der Rechtfertigung, die durch die Auferstehung Jesu gegeben war (s. Apg 2,22ff.).[36]
> Röm 4,24.25: »… sondern auch um unsertwillen, denen es angerechnet werden soll, wenn wir an den glauben, der unsern Herrn Jesus aus den Toten auferweckt hat, ihn, der um unserer Übertretungen willen dahingegeben und zu unserer Rechtfertigung auferweckt worden ist.«
> Selbst der Bibelkritiker Rudolf Bultmann glaubt, dass diese Aussage »… offensichtlich vor Paulus existierte und ihm als Teil der frühesten apostolischen christlichen Tradition überliefert wurde«[37].
> Röm 10,9.10: »Denn wenn du mit deinem Mund Jesus als den Herrn bekennst und in deinem Herzen glaubst, dass Gott ihn aus den Toten auferweckt hat, so wirst du gerettet. Denn mit dem Herzen glaubt man, um gerecht zu werden, und mit dem Mund bekennt man, um gerettet zu werden.«
> In der frühen Kirche wurde dieses Bekenntnis wahrscheinlich von den gläubig

Gewordenen bei ihrer Taufe gesprochen. Das Bekenntnis verbindet den Glauben an die historische Wirklichkeit der Auferstehung Jesu mit dem Akt des ihn als Herrn und Erlöser Anerkennens.[38]

1.Kor 11,23-26: »Denn ich habe von dem Herrn empfangen, was ich auch euch überliefert habe, nämlich dass der Herr Jesus in der Nacht, als er verraten wurde, Brot nahm, dankte, es brach und sprach: ›Nehmt und esst! Das ist mein Leib, der für euch gebrochen wird, dies tut zu meinem Gedächtnis!‹ Desgleichen auch den Kelch, nach dem Mahl, indem er sprach: ›Dieser Kelch ist der neue Bund in meinem Blut; dies tut, so oft ihr ihn trinkt, zu meinem Gedächtnis! Denn so oft ihr dieses Brot esst und diesen Kelch trinkt, verkündigt ihr den Tod des Herrn, bis er kommt.‹«

Habermas sagt:

Der Bericht des Paulus in 1. Kor 11,23ff. stellt eine feste Tradition dar, die vermutlich auf einer materiellen Unabhängigkeit von den Quellen der synoptischen Evangelien beruhte. Jeremias bemerkt, dass die Worte »empfangen« und »überliefert« keine für Paulus typischen Ausdrücke, sondern eher rabbinische Fachbegriffe für das Weitergeben einer Tradition sind. Außerdem gibt es noch andere nicht-paulinische Wendungen wie »als er verraten wurde«, »dankte« und »mein Leib« (11,23.24), die weitere Anhaltspunkte für die frühe Datierung dieses Berichts darstellen. Tatsächlich behauptet Jeremias, dass (dieser) sein Text in frühester Zeit formuliert worden war – in jedem Fall vor Paulus … dass es eine vor-paulinische Wendung sei und Paulus selbst darauf hinweist, dass die Kette der Tradition ungebrochen auf Jesus selbst zurückführt.[39]

1.Kor 15,3-5: »Denn ich habe euch zu allererst das überliefert, was ich auch empfangen habe, nämlich, dass Christus für unsere Sünden gestorben ist, nach den Schriften, und dass er begraben worden ist und dass er auferstanden ist am dritten Tag, nach den Schriften, und dass er dem Kephas erschienen ist, danach den Zwölfen.«

Der Bibelwissenschaftler Ralph Martin zitiert verschiedene »auffallende Merkmale«, die diese Passage als ein Glaubensbekenntnis erkennen lassen, das älter ist als die Schriften des Paulus:

Das vierfache »Dass« [in den Versen 3,4,5] leitet jeden Teil des Glaubensbekenntnisses ein. Der Wortschatz ist ungewöhnlich und enthält einige seltene Begriffe und Ausdrücke, die Paulus niemals wieder verwandt hat. Das Vorwort zu diesem Abschnitt informiert uns darüber, dass Paulus das, was in seinen nächsten Sätzen folgt, als Teil der Instruktion, die ihm offensichtlich seit den ersten Tagen seiner Jüngerschaft bekannt war, »empfangen« hat – und zwar möglicherweise durch seine Kontakte mit den Gemeinden in Jerusalem und Antiochien und Damaskus. Und nun übermittelt er im Gegenzug [hier wird der gleiche Ausdruck gebraucht wie in 1. Kor 11,23] an die Gemeinde in Korinth, was er selbst als heilige Tradition empfangen hat. Die Sache mit dem angenommenen Hintergrund dieser Stelle und ihrem vorpaulinischen Ursprung in einem Glaubensbekenntnis wird durch Vers 11 dieses Kapitels bestätigt, wo Paulus bemerkt, dass das, was er gesagt hat, die allgemeine Verkündigung der Apostel war: »Ob es nun aber ich sei oder jene, so verkündigen wir, und so habt ihr geglaubt.« Es gibt gewisse Anzeichen im Text selbst, dass 1. Kor 15,3ff. die griechische Übersetzung eines Stückes in aramäischer Sprache ist. Am deutlichsten wird das, weil der Name des Petrus in seiner semitischen Form mit Kephas wiedergegeben ist und weil es einen doppelten Bezug zu den Schriften des Alten Testaments gibt. Professor Jeremias argumentiert mit einiger Überzeugungskraft, dass diese Verse in einem jüdisch-christlichen *Milieu* entstanden sind. Und noch jüngeren Datums ist eine Aussage eines skandinavischen Gelehrten, der sich der Erkenntnis beugte, dass dieses Stück eines christlichen Glaubensbekenntnisses aus der frühesten palästinensischen Gemeinde stammt. »Es stellt«, so sagt er, »einen Logos dar [d.h. eine Glaubensaussage], der vom Apostelkonzil in Jerusalem festgelegt wurde.« Wenn das Argument zutrifft, ist es klar, dass diese Passage aus den allerfrühesten Tagen der Gemeinde herrührt und, wie E. Meyer es ausdrückt, »das älteste Dokument einer existierenden christlichen Gemeinde ist.« Es geht zurück auf die Lehre der hebräischen Christengemeinde zur Zeit kurz nach dem Tode Jesu und mag durchaus die Frucht der Belehrung nach der Auferstehung und der sich ergebenden Reflexion sein, die wir in Lk 24, 25-27 und 44-47 finden.[40]

Phil 2,6-11: »… der, als er in der Gestalt Gottes war, es nicht wie einen Raub festhielt, Gott gleich zu sein; sondern er entäußerte sich selbst, nahm die Gestalt eines Knechtes an und wurde wie die Menschen; und in seiner äußeren Erscheinung als ein Mensch erfunden, erniedrigte er sich selbst und wurde gehorsam bis zum Tod, ja bis zum Tod am Kreuz. Darum hat ihn Gott auch über alle Maßen erhöht und ihm einen Namen verliehen, der über alle Namen ist, damit in dem Namen Jesus sich alle Knie derer beugen, die im Himmel und auf Erden und unter der Erde sind, und alle Zungen bekennen, dass Jesus Christus der Herr ist, zur Ehre Gottes, des Vaters.«

Es ist klar, dass dieses vor-neutestamentliche Glaubensbekenntnis das früheste Zeugnis vom Glauben der Gemeinde ist, dass Jesus, der sündlose Gott-Mensch, tatsächlich lebte, starb, von den Toten auferstand und zum Himmel aufstieg, um alle zu erretten, die ihn als Herrn anerkennen und in Wahrheit glauben würden, dass Gott ihn auferweckt hatte.

Theologen haben diesen Text als ein vorpaulinisches Loblied identifiziert, das den Glauben an einen realen Jesus bekundet, der sowohl Gott als auch Mensch war.[41]

1.Tim 3,16: »Und anerkannt groß ist das Geheimnis der Gottseligkeit: Gott ist geoffenbart worden im Fleisch, gerechtfertigt im Geist, gesehen von den Engeln, verkündigt unter den Heiden, geglaubt in der Welt, aufgenommen in die Herrlichkeit.«

Das ist ein anderer christologischer Hymnus, der den Schriften des Paulus vorausging und wahrscheinlich im Gottesdienst gesungen wurde.[42]

1.Tim 6,13: »... Christus Jesus, der vor Pontius Pilatus das gute Bekenntnis abgelegt hat ...«

Nach Habermas ist diese Stelle »ebenfalls eine frühe Tradition und vielleicht sogar ein Teil eines ausführlicheren mündlichen christlichen Glaubensbekenntnisses.« Er bemerkt auch, dass der Gelehrte Vernon Neufeld »... darauf hinweist, dass das Zeugnis Jesu wahrscheinlich seine bestätigende Antwort auf die Frage des Pilatus war, ob er der König der Juden sei« (s. Mk 15,2).[43]

2.Tim 2,8: »Halte im Gedächtnis Jesus Christus, aus dem Samen Davids, der aus den Toten auferstanden ist nach meinem Evangelium.«

Hier wird die Geburt Jesu in der geradlinigen Abstammung von David seiner Auferstehung von den Toten gegenübergestellt. Damit zeigt sich erneut das Interesse der ersten Christen, Jesus mit der Geschichte in Verbindung zu bringen.[44]

1.Petr 3,18: »Denn auch Christus hat einmal für unsere Sünden gelitten, der Gerechte für die Ungerechten, damit er uns zu Gott führte; und wurde getötet nach dem Fleisch, aber lebendig gemacht durch den Geist.«

Diese alte Tradition verbindet den historischen Tod Jesu am Kreuz als des sündlosen Messias mit der historischen Auferstehung von den Toten als dem Mittel, durch das Sünder zu Gott kommen können.[45]

1.Joh 4,2: »Jesus Christus ist in das Fleisch gekommen.«

Das ist eine prägnante, klare vor-johanneische Bestätigung dafür, dass Jesus eine historische Gestalt aus Fleisch und Blut war.[46]

Bezugnehmend auf diese antiken Bekenntnisse bemerkt Habermas, dass darin mindestens siebzehn historische Aussagen über Jesus enthalten sind – von seiner Geburt an bis zu seiner Himmelfahrt und Erhöhung:

Obwohl diese frühen Glaubensbekenntnisse sich auf theologische Elemente der Christologie beziehen, so stellen sie gleichzeitig auch frühe Berichte von Ereignissen aus dem Leben Jesu dar. Es wird uns gesagt, dass 1. Jesus wirklich in Fleisch und Blut geboren wurde (Phil 2,6; 1. Tim 3,16; 1. Joh 4,2), dass er 2. aus dem Haus und dem Geschlecht des David kam (Röm 1,3.4; 2. Tim 2,8), dass wir 3. darin eine Andeutung auf seine Taufe finden (Röm 10,9) und 4., dass sein Wort gepredigt wurde, was 5. das Ergebnis hatte, dass Menschen dieser Botschaft Glauben schenkten (1. Tim 3,16).

Abgesehen von diesen Fakten, die sich auf sein Leben bezogen, werden wir 6. weiterhin darüber informiert, dass Jesus ein Festmahl besuchte und 7., dass das am Abend stattfand, als er verraten wurde. 8. dankte er Gott vor dem Essen für das Mahl. 9. teilte er Brot und Wein aus, von dem er 10. erklärte, dass sie das nahe bevorstehende Versöhnungsopfer für Sünden darstellten (1. Kor 11, 23 ff.). 11. stand Jesus vor Pilatus und sprach ein Bekenntnis aus, das sich 12. sehr wahrscheinlich auf seine Identität als König der Juden bezog (1. Tim 6,13). 13. starb er danach für die Sünden der Menschheit (1. Petr 3,18; Röm 4,25; 1. Tim 2,6). 14. traf ihn trotz seines gerechten Lebens der Gerichtstod (1. Petr 3,18). 15. wurde er nach seinem Tod auferweckt (Lk 24,34: 2. Tim 2,8) und 16. wurde erklärt, dass dieses Ereignis die Person und die Botschaft Jesu glaubwürdig machte (Röm 1,3.4; 10,9.10). 17. stieg Jesus nach seiner Auferstehung zum Himmel auf, wurde dort erhöht und verherrlicht (1. Tim 3,16; Phil 2,6ff.).[47]

Es ist klar, dass diese vor-neutestamentlichen Glaubensbekenntnisse die frühesten Zeugnisse für die Überzeugung der Urgemeinde darstellen, dass Jesus, der sündlose Gott-Mensch, tatsächlich lebte, starb, von den Toten auferstand und zum Himmel aufstieg – und dass alles zur Errettung eines jeden Menschen, der ihn als Herrn anerkannte und aufrichtig glaubte, dass Gott ihn auferweckt hatte, dient. Außerdem, wie oben schon erwähnt, kann man wenigstens einige dieser Glaubensbekenntnisse bis zu den tatsächlichen Worten Jesu und dem Zeugnis der Apostel selbst zurückverfolgen. So stammen sie nicht nur aus einer sehr frühen Zeit, sondern basieren auch auf Augenzeugenaussagen aus dem irdischen Leben Jesu.

4.2 Die neutestamentlichen Dokumente

Die siebenundzwanzig Bücher des Neuen Testaments behaupten, belegen und erwähnen sehr oft die Historizität Jesu. Da ich bereits dargelegt habe, dass diese Bücher historisch glaubwürdig sind, können wir feststellen, dass ihr Zeugnis von Jesus einen klaren, unwiderlegbaren Beweis dafür bietet, dass er wirklich lebte und tatsächlich heute noch lebt.

Kein Wunder, dass der Historiker und Rechtsgelehrte John Montgomery unmissverständlich sagt, dass der Historiker heute »erstmalig wissen kann, dass die neutestamentlichen Dokumente verlässlich sind und ein korrektes Bild von Ihm [Jesus] zeichnen. Und er weiß auch, dass dieses Bild nicht durch Wunschdenken, philosophische Prämissen oder literarische Manöver wegrationalisiert werden kann.«[48]

4.3 Nach-apostolische Autoren

Nach den Aposteln findet sich die nächste umfassende christliche Quelle, die die Historizität Jesus belegt, in den Schriften derjenigen, die in den Fußspuren der Apostel gingen. Einige von ihnen gehörten zu den Führern der Gemeinde, andere waren Lehrer oder Apologeten. Sie alle glaubten, dass Jesus der ins Fleisch gekommene Sohn Gottes war, wie ihn die heiligen Schriften offenbarten und die Apostel lehrten.

Anschließend folgt nun eine Reihe von Beispielen aus ihren Schriften, in denen die wichtigsten Hinweise auf die Historizität zu finden sind.

4.3.1 Klemens von Rom

Klemens war bis zum Ende des ersten Jahrhunderts Bischof der Gemeinde von Rom. Er schrieb einen sogenannten *Korintherbrief*, um in der Gemeinde von Korinth eine Diskussion zwischen den Führern der Gemeinde und den Laienmitgliedern in Gang zu bringen. Darin sagt er:

> Die Apostel empfingen das Evangelium für uns von dem Herrn Jesus Christus; Jesus Christus war von Gott gesandt worden. So kommt Christus von Gott und die Apostel von Christus her. Beide kamen also nach dem Willen Gottes in der bestimmten Reihenfolge. Da sie nun eine Berufung erhalten hatten und durch die Auferstehung unseres Herrn Jesus Christus dessen völlig gewiss geworden und durch den Heiligen Geist im Wort Gottes bestätigt worden waren, gingen sie daran, die frohe Botschaft vom Kommen des Reiches Gottes weiter zu verbreiten. Sie predigten überall im Land und in den Städten und ernannten ihre »Erstlingsfrucht« – wenn sie sie mit Hilfe des Heiligen Geistes einer Prüfung unterzogen hatten – zu Bischöfen und Diakonen unter denen, die glauben würden.[49]

Unter anderem bestätigt diese Stelle, dass die Botschaft des Evangeliums vom historischen Jesus herkam, der von Gott gesandt worden war, und dass diese Botschaft durch seine tatsächliche Auferstehung von den Toten beglaubigt wurde.

4.3.2 Ignatius

Auf seinem Weg zur Hinrichtung in Rom schrieb Ignatius, der Bischof von Antiochien, sieben Briefe – sechs an verschiedene Gemeinden und einen an seinen Freund Polykarp. Darin macht Ignatius drei Hinweise auf den historischen Jesus, die besonders bezeichnend und charakteristisch unter seinen anderen Aussagen sind:

> Jesus Christus, der aus dem Geschlecht Davids kam und ein Sohn Marias war, der wahrhaftig als Mensch geboren wurde, aß und trank, wirklich unter Pontius Pilatus gelitten hat und wahrhaftig gekreuzigt wurde und starb unter den Augen derer im Himmel und derer auf Erden und derer unter der Erde, ja der vielmehr wirklich von den Toten auferstand, den sein Vater auferweckt hat, der in gleicher Weise auch uns auferwecken wird, die wir an ihn glauben.[50]
>
> Er kommt wahrhaftig nach dem Fleisch aus dem Hause Davids, ist aber Sohn Gottes durch göttlichen Willen und göttliche Kraft, wahrhaftig von einer Jungfrau geboren und von Johannes getauft, damit alles Gesetz an ihm erfüllt würde, wahrhaftig um unseretwillen unter Pontius Pilatus und dem Vierfürsten Herodes ans Kreuz angenagelt (die Frucht dieses Tuns sind wir – das heißt, durch den Segen seines Leidens), damit hat er für alle Zeiten ein Zeichen aufgerichtet durch seine Auferstehung.[51]
>
> Ihr könnt völlig überzeugt sein hinsichtlich der Geburt, des Leidens und der Auferstehung, die zur Zeit stattfand, als Pontius Pilatus Gouverneur war; diese Dinge sind wirklich und wahrhaftig geschehen durch Jesus Christus, der unsere Hoffnung ist.[52]

Ignatius, den die christliche Tradition als einen Schüler von Petrus, Paulus und Johannes bezeichnet, war offensichtlich davon überzeugt, dass Jesus wirklich gelebt hatte, und dass er all das war, was die Apostel von ihm sagten.[53]

4.3.3 Quadratus

Quadratus, einer der frühesten Apologeten war ein Schüler der Apostel und Bischof der Gemeinde von Athen. Der Kirchenhistoriker Eusebius hat die einzigen Zeilen, die uns von seiner Verteidigung vor dem römischen Kaiser Hadrian (ca. 125 n.Chr.) überliefert sind, bewahrt:

> Die Taten unseres Erlösers sind euch immer gegenwärtig, denn sie waren wirkliche Wunder; die Geheilten, die vom Tode Auferweckten, die nicht nur im Augenblick des Geschehens sichtbar waren, sondern auch weiterhin. Sie lebten noch lange danach, nicht nur, solange unser Herr auf der Erde weilte. Einige von ihnen haben sogar bis in unsere Zeit hinein gelebt.[54]

Habermas bemerkt, dass Quadratus die tatsächliche Existenz Jesu durch die Historizität seiner Wunder bestätigt:

> 1. Die Tatsache der Wunder Jesu konnte von Leuten, die daran interessiert waren, nachgeprüft werden, da sie in der Öffentlichkeit geschehen waren. Hinsichtlich der Verschiedenartigkeit der Wunder: 2. Einige waren geheilt worden und 3. andere waren von den Toten auferweckt worden. 4. Es gab Augenzeugen dieser Wunder zu der Zeit, als sie geschahen. 5. Viele dieser Geheilten oder von den Toten Auferstandenen waren noch am Leben, als Jesus die Erde verließ und von manchen wird gesagt, dass sie noch lebten zur Zeit des Quadratus.[55]

4.3.4 Der Barnabasbrief

Der Verfasser dieses Briefes ist unbekannt. Der Name Barnabas taucht im Brief nicht auf und die Gelehrten lehnen es ab, dass die neutestamentliche Gestalt, die dort Barnabas genannt ist, den Brief verfasst haben könnte. »Die Zeitangaben für die Abfassung des Briefes differieren sehr stark«, bemerkt Habermas, »oft vom späten ersten Jahrhundert bis zur Mitte des zweiten Jahrhunderts. Eine von vielen angenommene Datierung ist 130-138 n.Chr.«[56] Dieser Brief bestätigt viele der Ereignisse, die in den bereits zitierten Quellen als Fakten angeführt werden. Im 5. Abschnitt dieses Briefes lesen wir:

> Er selbst litt, damit er zerstören könnte [die Werke des Teufels] und die Auferstehung von den Toten verkündigen. Darum musste er ins Fleisch kommen, damit er die Verheißung, die den Vätern gegeben worden war, einlösen könnte, und indem er die neuen Menschen für sich bereiten könnte und damit während seines Erdenlebens darlegen könnte, dass er aufgrund der Auferstehung selbst Gericht üben wird. Und mehr noch, er predigte und lehrte in Israel und vollbrachte so viele Zeichen und Wunder. Er liebte das Volk [Israel] über alle Maßen. Und als er seine eigenen Apostel wählte, die seine Botschaft verkündigen sollten – die in jeder Hinsicht auch Sünder waren – da sollte deutlich werden, dass er nicht gekommen war, um die Gerechten zu sich zu

rufen, sondern die Sünder. Und dann offenbarte er sich als den Sohn Gottes.[57]

In Abschnitt 7 sagt der Schreiber des Briefes: »Und weiterhin gaben sie ihm, nachdem er gekreuzigt war, Essig und Galle zu trinken.«[58]

4.3.5 Aristides

Aristides war ein christlicher Apologet und Philosoph im Athen des zweiten Jahrhunderts. Sein Werk war verloren gegangen bis gegen Ende des neunzehnten Jahrhunderts, als man die Schriften in drei verschiedenen Versionen fand – armenisch, syrisch und griechisch. Er richtete seine Verteidigung der christlichen Lehre an den römischen Kaiser Antonius Pius, der zwischen 138 und 161 n. Chr. regierte. In einem Teil dieser Abhandlung beschreibt Aristides Christus wie folgt:

> … der Sohn des höchsten Gottes, offenbart durch den Heiligen Geist, herabgekommen vom Himmel, geboren von einer hebräischen Jungfrau. Seine menschliche Gestalt erhielt er von der Jungfrau, und er offenbarte sich selbst in der menschlichen Natur als der Sohn Gottes. In seiner Güte, mit der er die Frohe Botschaft brachte, gewann er die ganze Welt durch sein lebenspendendes Predigen … er erwählte zwölf Apostel und lehrte die ganze Welt durch seine vermittelnde, erhellende Wahrheit. Und er wurde gekreuzigt, mit Nägeln durchbohrt von den Juden; und er stand von den Toten wieder auf und stieg zum Himmel auf. Er sandte die Apostel in alle Welt und lehrte alle [Völker] durch göttliche Wunder voller Weisheit. Ihr Predigen trägt Früchte bis auf diesen Tag und ruft die ganze Welt ins Licht.[59]

4.3.6 Justin der Märtyrer

»Die Gelehrten sind sich darüber einig, dass Justinus (der Märtyrer) einer der größten frühen christlichen Apologeten ist.«[60] Er wurde um 100 n. Chr. geboren und um seines Glaubens willen um 167 n. Chr. gegeißelt und enthauptet. Er war ein gebildeter Mann und wohl bewandert in den führenden philosophischen Strömungen seiner Zeit, einschließlich der Lehren der Stoa, des Aristoteles, des Pythagoras und Platons.[61]

Nach seiner Bekehrung zu Christus (ca. 132 n. Chr.) »… wurde Justin Lehrer für christliche Philosophie in seiner eigenen Privatschule in Rom. Da er ja kein Theologe, sondern Laie war, betrieb er diese Schule vermutlich in seinem eigenen Haus. Er scheint auch ziemlich ausgiebig im römischen Reich herumgereist zu sein, wobei er seine Zeit mit Lehren und Evangelisieren verbrachte«[62].

In seinen vielen Schriften baut er seine Argumente für den Glauben auf den Schriften des Neuen Testamentes und seiner eigenen unabhängigen Bestätigung vieler Ereignisse auf, von denen dort berichtet wird. Nachfolgend eine Auswahl aus seinen Schriften, die die Genauigkeit der Berichte über Jesus Christus darlegen:

Nun gibt es ein Dorf im Lande der Juden, fünfunddreißig Stadien von Jerusalem entfernt, in dem Jesus Christus geboren wurde. Man kann das von den Listen der Steuerschätzung nachweisen, die unter *Cyrenius* stattfand, euerem ersten Prokurator in Judäa.[63]
Denn um die Zeit seiner Geburt kamen Magier aus Arabien und beteten ihn an. Zuerst kamen sie zu Herodes, der damals in euerm Land regierte.[64]
Als sie ihn kreuzigten, trieben sie Nägel durch seine Hände und Füße. Und die ihn gekreuzigt hatten, teilten seine Kleider unter sich, indem sie das Los darum warfen.[65]
Als er gekreuzigt war, verließen ihn alle seine Anhänger, indem sie ihn verleugneten. Danach, als er von den Toten auferstanden und ihnen erschienen war und als er sie gelehrt hatte, die prophetischen Schriften zu lesen, in denen alle diese Dinge vorhergesagt waren, und als sie ihn zum Himmel hatten auffahren sehen und ihm geglaubt und die Kraft von dort durch ihn auf sie gekommen war, gingen sie zu allen Völkern hinaus und belehrten sie über alle diese Ereignisse. Sie wurden Apostel genannt.[66]
Christus sagte unter euch [d.h. zu den Juden], dass er das Zeichen des Propheten Jona geben würde, um euch zu ermahnen, eure bösen Taten zu bereuen – wenigstens, nachdem er von den Toten auferstanden war … aber ihr habt nicht nur nicht bereut, nachdem ihr erfuhrt, dass er von den Toten auferstanden war, sondern, wie ich vorher schon sagte, ihr habt ausgewählte und theologisch gebildete Männer in alle Welt hinaus geschickt, die verkünden sollten, dass eine ungöttliche und gesetzlose Häresie von Jesus her entstanden sei, einem galiläischen Betrüger, den ihr kreuzigtet, aber dessen Anhänger ihn bei Nacht aus dem Grab stahlen, in das man ihn nach der Abnahme vom Kreuz gelegt hatte. Und nun täusche man die Menschheit, indem die Jünger behaupteten, dass er von den Toten auferstanden und zum Himmel aufgefahren sei.[67]

4.3.7 Hegesipp

»Hieronymus … sagt, dass Hegesipp ziemlich nahe an der Zeit der Apostel gelebt hat. Eusebius zieht den Schluss, dass Hegesipp ein Jude war und dass sein Werk 5 Bücher von ›Memoiren‹ umfasst.«[68] Bloß einige Fragmente dieser Memoiren haben im Werk des Eusebius überlebt. Was sie aussagen, ist, dass Hegesipp ausgiebig im Lande herumreiste »und entschlossen war, festzustellen, ob die wirkliche Geschichte [von Jesus] von den Aposteln über ihre Nachfolger überliefert worden war.« Er kam zu dem Ergebnis, dass das wirklich so geschehen war, selbst in der Gemeinde in Korinth, wo es allerlei Schwierigkeiten gab. Eusebius zitiert Hegesipp:

Die Korinthergemeinde beharrte in der wahren Lehre, bis Primus Bischof wurde. Ich traf mit ihnen zusammen auf meiner Reise nach Rom und verbrachte einige Tage mit den Korinthern, in denen wir durch die reine Lehre erfrischt wurden. Bei meiner Ankunft in Rom erforschte ich die bischöfliche Nachfolge bis hinunter auf Anicetus, dessen Diakon Eleutherus war. Auf Anicetus folgte Soter und

> auf ihn Eleutherus. In jeder Bischofslinie und in jeder Stadt stimmten die Dinge überein mit der Predigt vom Gesetz, von den Propheten und vom Herrn.[69]

Die wesentlichen Tatsachen über Jesus und sein Leben wurden von den Aposteln weitergegeben und sorgfältig bewahrt und in den Gemeinden von Generation zu Generation und von einem Ort zum andern treu überliefert. Das Ergebnis lautet:

> Die frühen Schreiber christlicher Schriften bestätigten durch ihr Leben und ihre Worte, dass die historischen Einzelheiten aus dem Leben Jesu, wie sie in den Berichten der Evangelien dargestellt werden, korrekt und glaubwürdig wiedergegeben sind.[70]

5 Weitere historische Quellen

Es gibt noch weitere Quellen, die von Christus und dem christlichen Glauben handeln. Die folgenden Angaben beziehen sich auf einige säkulare Quellen, die zu weiterem Studium anregen.

5.1 Trajan

(s. Plinius der Jüngere in seinen *Briefen* 10,97) Trajan war römischer Kaiser. An dieser Stelle geht es um einen Brief des Kaisers an Plinius, in dem er ihn anweist, solche Christen nicht zu bestrafen, die von den Römern gezwungen worden seien, ihren Glauben zu widerrufen. Er sagt, dass anonyme Anzeigen die Christen betreffend von den römischen Behörden nicht angenommen werden sollten.

5.2 Macrobius

(*Saturnalia*, Buch 2, Kp. 4.) Pascal erwähnt in seinen *Pensées* dieses Zitat vom Kaiser Augustus als eine Bestätigung des Kindermords von Bethlehem.

5.3 Hadrian

(Justin, der Märtyrer, *Erste Apologie* Kp. 68,69.) Justinus zitiert den Brief des römischen Kaisers Hadrian an Minucius Fundanus, den Prokonsul von Kleinasien. Der Brief handelt von heidnischen Anklagen gegen die Christen.

5.4 Antonius Pius

(Justin, der Märtyrer, *Erste Apologie*, Kp. 70.) Justinus (oder einer seiner Schüler) zitiert den Brief des römischen Kaisers Antonius an die Generalversammlung von Kleinasien. Der Brief besagt in der Hauptsache, dass die Behörden in Kleinasien sich allzu sehr über die Christen in ihrer Provinz aufregen und dass sich nichts an den Anweisungen des Antonius im Hinblick auf die Behandlung der Christen dort ändern soll.

5.5 Marc Aurel

(Justinus der Märtyrer, *Erste Apologie*, Kp. 71.) Dieser Brief des römischen Kaisers an den Senat wurde dem Manuskript von einem der Schüler des Justin zugefügt. Der Kaiser beschreibt Christen bei Kampfhandlungen in der römischen Armee.

5.6 Juvenal

(*Saturae*, 1, Zeilen 147-157.) Juvenal, ein altrömischer Satiriker, deutet in einer verschleierten Erwähnung die Folterungen von Christen unter Nero in Rom an.

5.7 Seneca

(*Epistulae morales*, Brief 14, »Über die Gründe, sich von der Welt zurückzuziehen« [aus dem Engl.] § 2.) Seneca, römischer Philosoph, beschreibt wie Juvenal die Grausamkeiten, mit denen Nero den Christen begegnet.

5.8 Hierokles

(Eusebius, *Abhandlungen*, Kp. 2.) Dieses Zitat von Eusebius enthält etwas von dem Text des verlorenen Buches von Hierokles, »Philalethes oder Liebhaber der Wahrheit«. In diesem Zitat verdammt Hierokles Petrus und Paulus als Zauberer.

5.9 Weitere Quellen

In der Diskussion über Christus als historische Persönlichkeit wurde eine der bedeutendsten Materialsammlungen 1923 in Cambridge von C. R. Haines unter dem Titel *Heidnische Kontakte mit dem Christentum in den ersten anderthalb Jahrhunderten* veröffentlicht. Der Untertitel lautet: »Alle Hinweise auf das Christentum, die in heidnischen Schriften während jener Periode veröffentlicht wurden.«

6 Schlussfolgerung

Howard Clark Kee, emeritierter Professor der Universität Boston, zieht aus den Quellen außerhalb des Neuen Testaments folgende Schlussfolgerung:

> Das Ergebnis der Prüfung der Quellen von außerhalb des Neuen Testamentes, die direkt oder indirekt unser Wissen von Jesus beeinflussen, ist, dass sie seine historische Existenz bestätigen, seine ungewöhnliche Macht, die ehrfürchtige Hingabe seiner Anhänger, die Fortdauer der Existenz dieser Bewegung nach seinem Tod durch die Hand des römischen Gouverneurs von Jerusalem und das Eindringen des Christentums in die oberen Gesellschaftsschichten in Rom während des späten ersten Jahrhunderts.[71]

Kee fügt hinzu:

> Trotz der Art und Weise, wie die Überlieferung von Jesus stattgefunden hat, besitzen wir eine klare und bemerkenswert dichte Reihe von Beweismaterialien über diese Gestalt, deren Leben, Lehre und Tod einen solch fortdauernden und tief greifenden Einfluss auf die Geschichte der Menschheit gehabt hat.[72]

In der 1974er-Ausgabe der *Encyclopaedia Britannica* benutzt der Mitarbeiter, der über Jesus schreibt, 20.000 Worte, um ihn zu beschreiben – dazu brauchte er mehr Raum, als für Aristoteles, Cicero, Alexander, Julius Caesar, Buddha, Konfuzius, Mohammed oder Napoleon Bonaparte reserviert worden war. Hinsichtlich des Zeugnisses so vieler unabhängiger säkularer Berichte über Jesus von Nazareth kommt der Autor wiederholt zu dem Schluss:

> »Diese unabhängigen Aussagen beweisen, dass in der Antike selbst die Gegner des Christentums die Historizität Jesu niemals bezweifelt haben, die erstmalig und auf unadäquate Weise durch verschiedene Autoren am Ende des 18., während des 19. und zu Beginn des 20. Jahrhunderts in Frage gestellt wurde.[73]

Denen gegenüber, die die historische Existenz Jesu leugnen wollen, bemerkt der bekannte britische Neutestamentler I. Howard Marshall:

> Es ist unmöglich, das Entstehen der christlichen Gemeinde oder die Schriften der Evangelien und den Strom der Überlieferung, der dahinter fließt, zu erklären, ohne die Tatsache zu akzeptieren, dass der Gründer dieser Bewegung [des christlichen Glaubens] tatsächlich existierte.[74]

Obwohl die säkularen Quellen nicht so viel an Details vermitteln wie das Neue Testament, geben sie doch eine Bestätigung für einige grundlegende Tatsachen des biblischen Jesus-Bildes. Robert Stein, ein Professor für Neues Testament, sagt deshalb:

> 1. Jesus war in Wirklichkeit eine historische Gestalt. Das hört sich vielleicht naiv an, wenn man es noch einmal betont. Aber im Laufe der Zeit hat es immer wieder Leute gegeben, die geleugnet haben, dass Jesus jemals gelebt hat. Die nichtbiblischen Quellen räumen mit diesem Unsinn auf. 2. Jesus lebte in Palästina im ersten Jahrhundert unserer Zeitrechnung. 3. Die jüdischen Führer waren am Tode Jesu beteiligt. 4. Jesus wurde von den Römern zur Zeit, als Pontius Pilatus Gouverneur dort war, gekreuzigt. 5. Das Tun Jesu war begleitet von Wundern bzw. magischem Handeln.[75]

R. T. France schreibt: »Nichtchristliches Material beweist daher die Tatsache der Existenz Jesu, seine offenkundige Anhängerschaft, seine Hinrichtung und das ungefähre Datum.«[76]

Edwin Yamauchi, Professor für Geschichte an der Universität Miami, erklärt, dass wir viel mehr und historisch gesehen bessere Dokumentation für Jesus haben als für irgendeinen anderen Religionsstifter (z. B. Zarathustra, Buddha oder Mohammed). Im Hinblick auf die säkularen Quellen, die Christus bezeugen, kommt Yamauchi zu dem Ergebnis:

> Auch wenn wir die christlichen Schriften des Neuen Testamentes nicht hätten, könnten wir doch aus säkularen Quellen wie Josephus, dem Talmud, Tacitus und Plinius d. J. folgendes schließen: 1. Jesus war ein jüdischer Lehrer, 2. viele Menschen glaubten, dass er Wunderheilungen vollbrachte und Dämonen austrieb, 3. von den jüdischen Führern wurde er abgelehnt, 4. unter Pontius Pilatus – während der Regierungszeit des Kaisers Tiberius – gekreuzigt, 5. trotz seines schändlichen Todes verbreiteten sich seine Anhänger, die glaubten, dass er immer noch lebte, über die ganze damalige Welt, sodass ums Jahr 64 n.Chr. eine große Anzahl von ihnen in Rom lebte, und 6. Menschen aus allen Schichten, aus den Städten und auf dem Lande – Männer und Frauen, Sklaven und Freie – beteten ihn zu Beginn des zweiten Jahrhunderts als ihren Gott an.[77]

Das beeindruckende und von Kraft erfüllte Leben Jesu als einer historischen Gestalt hatte einen dramatischen Einfluss auf die weitere Geschichte. Der bekannte Historiker von der Universität Yale, Jaroslav Pelikan, schreibt:

> Unabhängig von dem, was jemand persönlich von ihm denkt oder glaubt, ist Jesus Christus die beherrschende Gestalt in der Geschichte der westlichen Kultur für nahezu zwanzig Jahrhunderte. Wenn es möglich wäre, mit einem Supermagneten aus dieser geschichtlichen Periode jedes Stückchen Metall, das auch nur eine Spur seines Namens trägt herauszuziehen – wie viel würde dann noch übrig bleiben?[78]

Sein Einfluss auf den Verlauf der Geschichte ist ohne jede Parallele. Ein Journalist vom *Newsweek*-Magazin schreibt:

> Gemessen an jedem säkularen Maßstab ist Jesus die beherrschende Gestalt der westlichen Kultur. Wie die Zeitrechnung selbst, so hat vieles von dem, was wir heute als westliche Gedanken, Neuerungen und Wertvorstellungen ansehen, seine Quelle oder seinen geistigen Ursprung in der Religion, in der man Gott im Namen Jesu anbetet. Kunst und Wissenschaft, Individuum und Gesellschaft, Politik und Wirtschaft, Ehe und Familie, Recht und Unrecht, Leib und Seele – all diese Bereiche wurden durch christlichen Einfluss berührt und oft radikal verwandelt.[79]

Aufgrund seiner Untersuchungen des historischen Beweismaterials für die Existenz Christi sagt Gary Habermas:

> Es gibt überraschend wenig Gelehrte, die behauptet haben, dass Jesus niemals existierte oder die versuchten, nahezu alles in Zweifel zu ziehen, was sein Leben und sein Wirken betrifft. Wo man sich darum bemühte, begegnete man empörtem Protest aus der Welt der Wissenschaftler. Wir stellten bereits fest, dass diese Versuche nahezu jedes Mal von frühen Augenzeugenberichten durch Paulus und andere zurückgewiesen wurden, ebenso durch die frühe Datierung der Evangelien.[80]

Das Beweismaterial ist schlüssig. Jesus lebte tatsächlich auf dieser Erde und vollbrachte mächtige Taten, die selbst von gegnerischen, nicht christlichen Quellen bestätigt werden. Die Leute, die an der Historizität Jesu zweifeln, irren sich ganz einfach.

7 Literaturangaben

[1] Bertrand Russell, *Why I Am Not a Christian*, S. 16.

[2] Thomas Payne, *Collected Writings*, S. 9.

[3] F. F. Bruce, *The New Testament Documents: Are They Reliable?* 1972, S. 119.

[4] Otto Betz, *What Do We Know About Jesus?,* S. 9.

[5] Donald A. Hagner, »The New Testament, History, and the Historical-Critical Method« in Daniel Alan Black und David S. Dockery (Hrsg.), *New Testament Criticism and Interpretation*, S. 73f.

[6] Gary R. Habermas, *The Verdict of History*, S. 87.

[7] Ebd., S. 87.

[8] Tacitus, *The Annals* XV, 44.

[9] Norman Anderson, *Jesus Christ. The Witness of History*, S. 20.

[10] F. F. Bruce, *Jesus and Christian Origins Outside the New Testament*, S. 23.

[11] Markus Bockmühl, *This Jesus: Martyr, Lord, Messiah*, S. 10f.

[12] Lucien, »The Death of Pelegrine«. *The Works of Lucian of Samosata*, S. 11-13.

[13] Suetonius, *The Twelve Caesars*, 26.2.

[14] Pliny the Younger, *Letters* X, 96.

[15] Gary R. Habermas, *The Verdict of History*, S. 93.

[16] Africanus, *Chronography* 18,1.

[17] F. F. Bruce, *The New Testament Documents: Are They Reliable?* 1972, S. 113.

[18] Africanus, *Chronography*, 18,1.

[19] Josh McDowell and Bill Wilson, *He Walked Among Us*, S. 36.

[20] F. F. Bruce, *The New Testament Documents: Are They Reliable?* 1972, S. 114.

[21] Josh McDowell and Bill Wilson, *He Walked Among Us*, S. 55-70.

[22] Babylonischer Talmud, *Sanhedrin* 43a; vgl. t. Sanh. 10,11; y. Sanh. 7,12; *Targum Esther* 7,9.

[23] Joseph Klausner, *Jesus of Nazareth*, S. 28.

[24] Ebd., S. 23.

[25] Josh McDowell and Bill Wilson, *He Walked Among Us*, S. 65.

[26] Joseph Klausner, *Jesus of Nazareth*, S. 23.

[27] Babylonischer Talmud, b. Yebamoth 49a; m. Yebam. 4,13.

[28] Joseph Klausner, *Jesus of Nazareth*, S. 35.

[29] John P. Meier, »The Testimonium: Evidence for Jesus Outside the Bible.« *Bible Review*, S. 20.22.

[30] Flavius Josephus, *Jewish Antiquities*. XVIII, 33, kursive Betonung durch den Autor.

[31] John P. Meier, »The Testimonium: Evidence for Jesus Outside the Bible.« *Bible Review*, S. 23.

[32] F. F. Bruce, *The New Testament Documents: Are They Reliable?* 1972, S. 107.
[33] Flavius Josephus, *Jewish Antiquities. Loeb Classical Library*, 496.
[34] Gary R. Habermas, *The Verdict of History*, S. 119.
[35] Ebd., S. 122.
[36] Ebd., S. 123.
[37] Rudolf Bultmann, *Theology of the New Testament*, S. 82.
[38] Gary R. Habermas, *The Verdict of History*, S. 123; Martin, *WEC*, S. 108; Martin, *DPHL*, S. 192.
[39] Gary R. Habermas, *The Verdict of History*, S. 121.
[40] Martin, *WEC*, S. 57-59.
[41] Gary R. Habermas, *The Verdict of History*, S. 120; Martin, *WEC*, S. 49f.
[42] Martin, *WEC*, S. 48f.
[43] Gary R. Habermas, *The Verdict of History*, S. 122.
[44] Ebd., S. 120.
[45] Ebd., S. 122.
[46] Ebd., S. 120.
[47] Ebd., S. 121, 123f.
[48] John W. Montgomery, *History and Christianity*, S. 40.
[49] St. Clement, *Epistle to the Corinthians. Ante-Nicene Christian Library,* Kp. 42.
[50] Ignatius, *Epistle to the Trallians. Ante-Nicene Christian Library*, Kp. 9.
[51] Ignatius, *Epistle to the Smyrneans,* Kp. 1.
[52] Ignatius, *Epistle to the Magnesians,* Kp. 11.
[53] Josh McDowell and Bill Wilson, *He Walked Among Us*, S. 79.
[54] Eusebius, *Ecclesiastical History*, IV:III.
[55] Gary R. Habermas, *The Verdict of History*, S. 144.
[56] Ebd., S. 145.
[57] Josh McDowell and Bill Wilson, *He Walked Among Us*, S. 82f.
[58] Ebd., S. 83.
[59] G. L. Carey, »Aristides«. *The New International Dictionary of the Christian Church*, S. 68.
[60] L. Russ Bush, *Classical Readings in Christian Apologetics*, S. 1.
[61] G. L. Carey, »Justin Martyr«. *The New International Dictionary of the Christian Church*, S. 558.
[62] L. Russ Bush, *Classical Readings in Christian Apologetics*, S. 3.
[63] Justin Martyr, *The First Apology*, Kp. 34.
[64] Justin, *Dialogue with Trypho*, Kp. 77.
[65] Justin, *Dialogue with Trypho*, Kp. 97.
[66] Justin, *The First Apology,* Kp. 50.
[67] Justin, *Dialogue with Trypho*, Kp. 108.
[68] Williams, *NIDCC*, S. 457.
[69] Eusebius, *Ecclesiastical History.* 9, 22.2.
[70] Josh McDowell and Bill Wilson, *He Walked Among Us*, S. 87.
[71] Howard Clark Kee, *What Can We Know about Jesus?* S. 19.

[72] Ebd., S. 114.
[73] *Encyclopaedia Britannica,* »Jesus Christ«, S. 145.
[74] I. Howard Marshall, *I Believe in the Historical Jesus*, S. 24.
[75] Robert H. Stein, *Jesus the Messiah*, S. 49.
[76] R. T. France, »Life and Teaching of Christ«. *New Bible Dictionary*, S. 564.
[77] Edwin Yamauchi, *Jesus Under Fire*, S. 221f.
[78] Jaroslav Pelikan, *Jesus Through the Centuries*, S. 1.
[79] Kenneth L. Woodward, »2000 Years of Jesus«. *Newsweek*, S. 54.
[80] Gary R. Habermas, *The Historical Jesus*, S. 46.

06 Wenn Jesus nicht Gott war, dann verdient er einen »Oscar«

Kapitelübersicht

1 Sein direkter Anspruch auf Göttlichkeit

1.1 Einführung: Wer ist Jesus?

Der Bestseller-Autor Tim LaHaye schreibt:

> Fast jeder, der von Jesus gehört hat, hat sich eine Meinung über ihn gebildet. Damit muss man rechnen, denn er ist nicht nur die bekannteste Gestalt der Weltgeschichte, sondern auch die am meisten umstrittene.[1]

Philip Yancey pflichtet dem bei, indem er sagt:

> Es kommt mir so vor, als ob all die verzerrten Theorien über Jesus, die seit dem Tag seines Todes spontan aufgekommen sind, nur das große Risiko bestätigen,

das Gott auf sich nahm, als er sich selbst auf den Prüfstand begab – ein Risiko, das er offensichtlich begrüßte. Prüft mich, macht einen Test. Ihr sollt selbst entscheiden.[2]

Die Verfasser der Heiligen Schrift laden uns ein, diesen Jesus selbst unter die Lupe zu nehmen und für uns selbst seine Bedeutung herauszufinden. Doch allein aufgrund seiner Lehre können wir diese Untersuchung nicht durchführen. Zuerst und vor allem müssen wir seine Identität feststellen.

> »Ganz offensichtlich ist die Frage ›*Wer* ist Christus‹ genauso wichtig wie die, was er tat.«[3]

Die Herausforderung, die das neutestamentliche Zeugnis von Jesus jeder neuen Generation wieder auferlegt, ist weniger die Frage: »Was hat er gelehrt?« als vielmehr: »Wer ist er? Und welche Bedeutung hat er für uns?«[4]

Wer ist Christus also? Was für eine Art von Persönlichkeit finden wir da? Aus dem Munde eines jeden anderen würden die Behauptungen Jesu als Beweis einer maßlosen Selbstgefälligkeit erscheinen, da Jesus unmissverständlich erklärt, dass die ganze Welt sich um ihn dreht und dass das Schicksal aller Menschen davon abhängig ist, ob sie ihn nun annehmen oder ablehnen.[5]

Jesus passt ganz gewiss nicht in die Schablone anderer religiöser Führer. Thomas Schultz schreibt zum Beispiel:

> Keine einzige *anerkannte* religiöse Persönlichkeit – weder Moses noch Paulus, Buddha, Mohammed, Konfuzius usw. hat jemals von sich behauptet, Gott selbst zu sein – mit Ausnahme von Jesus Christus. Er ist der einzige Religionsstifter, der stets behauptet hat, Gott zu sein, und die einzige Persönlichkeit, die einen großen Teil der Welt auch davon überzeugt hat, dass er es ist.[6]

Wie konnte aber ein »Mensch« andere davon überzeugen, dass er Gott war? Zunächst hören wir von F. J. Meldau:

> Seine Lehren hatten etwas Grundlegendes, Endgültiges – sie gingen weit hinaus über die von Mose und den Propheten. Er fügte niemals nachträgliche Bemerkungen oder Korrekturen hinzu. Er nahm nichts zurück und änderte nichts ab. Er sprach keine Vermutungen oder bloße Annahmen aus, sondern redete völlig gewiss. Das alles steht so im völligen Gegensatz zu menschlichen Lehrern und Lehren.[7]

Weiterhin das Zeugnis Fosters:

> Doch der Grund, der alle anderen an Gewicht übertrifft und der auch unmittelbar zu der schimpflichen Hinrichtung des Lehrers aus Galiläa führte, war der un-

glaubliche Anspruch, dass er, eines einfachen Zimmermanns Sohn unter den Holzsplittern und dem Sägemehl der Werkstatt seines Vaters, tatsächlich »Gott im Fleisch« war![8]

Man könnte sagen: »Natürlich wird Jesus in der Bibel so dargestellt, weil sie von seinen Anhängern geschrieben wurde, die ihm damit ein bleibendes Denkmal setzen wollten.« Mit dem Abtun der ganzen Bibel hat man allerdings das Beweismaterial aus historischen Berichten, die Jesus, seine Werke und seine Lehren erwähnen, noch nicht aus dem Weg geräumt. William Robinson sagt dazu:

> Wenn man mit historischer Objektivität an diese Frage herangeht, stellt sich heraus, dass selbst die säkulare Geschichte bestätigt, dass Jesus auf dieser Erde lebte und dass er als Gott verehrt wurde. Er gründete eine Kirche, die ihn neunzehnhundert Jahre lang anbetete. Er veränderte den Lauf der Weltgeschichte.[9]

Schauen wir uns zuerst einmal an, was Jesus selbst während seines Verhörs vor einem menschlichen Gerichtshof über sich aussagt und bezeugt hat.

1.2 Das Verhör

> Er aber schwieg und antwortete nichts. Wieder fragte ihn der Hohepriester und sagte zu ihm: »Bist du der Christus, der Sohn des Hochgelobten?« Jesus aber sprach: »Ich bin's. Und ihr werdet den Sohn des Menschen sitzen sehen zur Rechten der Macht und kommen mit den Wolken des Himmels!« Da zerriss der Hohepriester seine Kleider und sagte: »Was brauchen wir weitere Zeugen? Ihr habt die Lästerung gehört. Was meint ihr?« Und sie urteilten alle, dass er des Todes schuldig sei. (Mk 14,61-64)

Judge Gaynor, einer der hervorragendsten Juristen vom New Yorker Gerichtshof, erklärt in seinem Artikel über das Verhör Jesu, dass Gotteslästerung der Anklagepunkt gegen Jesus vor dem Hohen Rat war:

> Es geht ganz klar aus jedem der Evangelienberichte hervor, dass das angebliche Verbrechen, weswegen Jesus verhört und für schuldig erklärt wurde, in Gotteslästerung bestand … Jesus hatte behauptet, übernatürliche Kräfte zu besitzen, was für einen Menschen Gotteslästerung bedeutete [s. Joh 10,33].

Richter Gaynor bezieht sich auf diesen Punkt, dass »Jesus sich selbst zum Gott gemacht hatte« und nicht darauf, was er über den Tempel gesagt hatte.[10]

Im Hinblick auf die Fragen der Pharisäer sagt A. T. Robertson:

> Jesus nimmt die Herausforderung an und gibt zu, dass er den Anspruch auf alle drei Titel stellt: der Messias, der Menschensohn, der Sohn Gottes. »Du sagst es«

> (*Hymeis legete*) ist nur ein griechisches Idiom für »Ja« [vgl. »Ich bin's« in Mk 14,62 mit »Du hast gesagt« in Mt 26,64].[11]

Wegen dieser Antwort Jesu zerriss der Hohepriester sein Gewand. h. B. Swete erklärt die Bedeutung dieser Antwort:

> Das Gesetz verbot dem Hohen Priester, sein Gewand bei privaten Streitigkeiten zu zerreißen [3. Mose 10,6; 21,10], doch wenn er als Richter in Aktion trat, war er durch die Sitte verpflichtet, auf diese Weise seine Abscheu über jede Gotteslästerung, die in seiner Gegenwart geäußert wurde, zum Ausdruck zu bringen. Die Erleichterung des in Verlegenheit geratenen Richters ist offenkundig. Wenn kein glaubwürdiger Beweis dagegen aufzutreiben war, erübrigte sich die Notwendigkeit dafür jetzt. Der Gefangene hatte sich selbst belastet.[12]

Wir erkennen dadurch, dass dies kein gewöhnliches Verhör war. Der Rechtsanwalt Irwin Linton macht das besonders deutlich, wenn er sagt:

> Einzigartig unter Verhören mit kriminellem Hintergrund ist dieses, in dem es nicht um Taten, sondern um die Identität des Angeklagten geht. Das Verbrechen, das man Christus vorwarf, das Bekenntnis oder Zeugnis, vielmehr der Akt, den er in Gegenwart des Gerichtshofes vollzog, dessentwegen er verurteilt wurde, die Befragung durch den römischen Gouverneur und die Inschrift und Proklamation auf seinem Kreuz zur Zeit der Hinrichtung – all das bezieht sich auf die eine einzige Frage der Identität und Würde Christi. »Was denkt ihr von Christus? Wessen Sohn ist er?«[13]

Am gleichen Punkt macht der einst kritische Frank Morison deutlich, dass »Jesus von Nazareth nicht aufgrund der gegen ihn vorgebrachten Anklagen zum Tode verurteilt wurde, sondern wegen eines Eingeständnisses, das man von ihm unter Eid erpresst hatte.«[14]

Hilarin Felder sagt dazu: »Diese Untersuchung im Hinblick auf das Verhör Jesu sollte genügen, um uns die unerschütterliche Überzeugung zu geben, dass der Erlöser seine wahrhaftige Göttlichkeit vor seinen Richtern bekannte.«[15]

Simon Greenleaf, ein früherer Professor für Rechtswissenschaften in Harvard und ein bekannter Rechtsanwalt, sagte im Hinblick auf das Verhör Jesu:

> Es ist nicht leicht zu erkennen, auf welcher Grundlage sein Verhalten vor irgendeinem Gericht hätte verteidigt werden können, wenn nicht auf der seines übernatürlichen Wesens. Kein Anwalt könnte sich seine Verteidigung auf einer anderen Basis vorstellen.[16]

Obwohl die Antworten Jesu an seine Richter bei jedem der Synoptiker in einer andern Form erscheinen, ist doch erkennbar, wie Morison sagt, dass sie alle der Meinung sind:

> Diese Antworten sind in Wirklichkeit identisch. Die Formulierung »Du sagst es« oder »Du sagst, dass ich es bin«, was in modernen Ohren eher ausweichend klingt, haben für das zeitgenössische jüdische Denken keinen solchen Beigeschmack. »Du sagst es« war die traditionelle Form, in der ein gebildeter Jude auf eine Frage von schwer wiegender oder bedrückender Bedeutung antwortete. Die Höflichkeit verbot ein direktes »Ja« oder »Nein«.[17]

Um sicher zu sein, dass Jesus diese Folgerungen aus seinen Antworten beabsichtigte, analysiert C. G. Montefiore die Aussage, die seinem Bekenntnis zur Göttlichkeit folgte:

> Die beiden Ausdrücke »Menschensohn« [häufig aus seinem Munde] und »zur rechten Hand der Kraft« … [ein spezieller hebräischer Ausdruck für Göttlichkeit] zeigen, dass die Antwort vollkommen in Einklang ist mit dem Geist Jesu und seiner Redeweise.[18]

Ähnlich schreibt Craig Blomberg, ein bekannter Neutestamentler und Schriftsteller:

> Jesus mag seine Frager mit dieser Art der Formulierung vielleicht anklagen. Aber damit hört er noch nicht auf. Er fährt fort: »Und ihr werdet den Sohn des Menschen sitzen sehen zur Rechten der Macht und kommen mit den Wolken des Himmels« [Mk 14,62b]. Diese Antwort kombiniert Anspielungen auf Dan 7,13 und Ps 110,1. In diesem Kontext bedeutet »Sohn des Menschen« sehr viel mehr als nur ein menschliches Wesen. Jesus beschreibt sich selbst als »einen wie einen Menschensohn, kommend mit den Wolken des Himmels«, der »gelangte bis zu dem Hochbetagten und wurde vor ihn gebracht«. Und ihm wurde Gewalt, Ehre und königliche Würde verliehen, dass ihm alle Völker dienen sollten … seine Gewalt ist eine ewige Gewalt … und sein Königtum wird nie untergehen [Dan 7,13.14]. Dieser Anspruch, weit mehr als nur ein Sterblicher zu sein, war es vermutlich, der den Schuldspruch der Gotteslästerung beim jüdischen Hohen Rat hervorrief.[19]

F. F. Bruce von der Universität Manchester schreibt:

> Dabei ist inbegriffen, wenn nicht ausdrücklich gesagt, dass in Daniels Vision dieses Wesen inthronisiert wurde … [Jesus] verband diese beiden Schriftstellen, als der Hohepriester Israels ihn aufforderte, seine Identität zu erklären.[20]

Es ist vollkommen klar, dass dies das Zeugnis war, das Jesus über sich selbst abzugeben wünschte. Wir sehen auch, dass die Juden seine Antwort als einen Anspruch auf seine Göttlichkeit verstanden haben müssen. Es gibt zwei Alternativen, mit denen man sich befassen muss: 1. dass seine Behauptung bloße Blasphemie war oder 2. dass er tatsächlich Gott war. Seine Richter waren gezwungen, in dieser Frage klar zu entscheiden – so klar, dass sie ihn kreuzigten und ihn dann verspotteten: »Er hat auf Gott vertraut … denn er hat ja gesagt: ›Ich bin Gottes Sohn.‹«[21]

Damit sehen wir, dass Jesus um dessentwillen gekreuzigt wurde, was er wirklich war, nämlich der Sohn Gottes. Eine genauere Betrachtung seines Zeugnisses erhärtet das noch. Es bestätigte, dass er der Sohn des Hochgelobten war. Er war derjenige, der sitzen würde zur Rechten der Kraft. Er war der Menschensohn, der kommen würde mit den Wolken des Himmels.

William Childs Robinson zieht die Schlussfolgerung daraus, dass »jede dieser drei Bestätigungen eindeutig messianische Züge trägt. Ihr zunehmend messianischer Eindruck ist ›unglaublich bedeutsam‹«.[22]

Herschel Hobbs kommentiert:

> Der Hohe Rat verstand alle drei Punkte. Sie fassten diese in einer einzigen Frage zusammen: »Dann bist du also der Sohn Gottes ?« Die Frage forderte zu einer bestätigenden Antwort heraus. Es war im Grunde genommen eine erklärte Aussage von ihrer Seite. So antwortete Jesus einfach nur: »Du sagst es, dass ich es bin.« Damit ließ er sie seine Identität bestätigen, bevor sie ihn formal für des Todes schuldig erklärten. Es war von seiner Seite aus ein kluger Schritt. Er würde nicht nur sterben, weil er sich selbst zu seiner Göttlichkeit bekannt hatte, sondern sie hatten dieser Aussage ebenfalls zugestimmt.
>
> Sie waren der Ansicht, dass nun kein weiteres Zeugnis nötig sei. Sie hatten ihn selbst ja gehört. So verurteilten sie ihn »durch seine eigenen Worte«. Doch er verurteilte sie auch durch ihre Worte. Sie konnten nicht sagen, dass sie den Sohn Gottes nicht des Todes für schuldig befunden hätten.[23]

Robert Anderson schreibt wiederum:

> Doch kein bestätigender Beweis ist überzeugender als der von feindlichen Zeugen, und die Tatsache, dass Jesus Göttlichkeit beanspruchte, ist unanfechtbar durch das Handeln seiner Feinde festgestellt. Wir müssen dabei bedenken, dass die Juden nicht unwissende Wilde waren, sondern ein hoch kultiviertes und religiös stark interessiertes Volk. Und gerade dieser Anklagepunkt war es, wodurch sein Tod ohne eine einzige »Nein«-Stimme vom Hohen Rat verfügt wurde. Dieses war der große Nationalrat, der sich aus den bedeutendsten ihrer religiösen Führer zusammensetzte, einschließlich solcher Männer wie Gamaliel und seines großen Schülers, Saulus von Tarsus.[24]

Hilarin Felder wirft mehr Licht auf das Urteil, das die Pharisäer tatsächlich über sich selbst gefällt hatten:

> Aber da sie den Erlöser aufgrund seines eigenen Bekenntnisses als Gotteslästerer verurteilen, beweisen die Richter offiziell und unter Eid, dass Jesus nicht nur bekannte, dass er der Messias-König des Gottesreiches und ins Fleisch gekom-

mene Sohn Gottes sei, sondern dass er auch der göttliche Messias und wirkliche Sohn Gottes sei und dass er um dieses Bekenntnisses willen zum Tode verurteilt worden war.[25]

Als Ergebnis unserer Studie können wir also mit Sicherheit schließen, dass Jesus für sich auf eine Art und Weise Göttlichkeit beanspruchte, dass alle seine Ankläger es erkennen konnten. Dieser Anspruch wurde von den religiösen Führern als Gotteslästerung angesehen und war nach hebräischem Recht und Brauch mit der Todesstrafe zu ahnden. Sie kreuzigten Jesus, »weil er sich selbst zu Gottes Sohn gemacht hatte« (Joh 19,7).[26]

1.3 Andere Behauptungen

1.3.1 Gleichheit mit dem Vater

Bei vielen Gelegenheiten behauptete Jesus, mit dem Vater eins zu sein.

1.3.1.1 Johannes 10,25-33

»Jesus antwortete ihnen … ›Ich und der Vater sind eins.‹ Da hoben die Juden wiederum Steine auf, um ihn zu steinigen. Jesus antwortete ihnen: ›Viele gute Werke habe ich euch gezeigt von meinem Vater; um welches dieser Werke willen wollt ihr mich steinigen?‹ Die Juden antworteten ihm und sprachen: ›Nicht wegen eines guten Werkes wollen wir dich steinigen, sondern wegen Gotteslästerung, und zwar, weil du, der du ein Mensch bist, dich selbst zu Gott machst!‹«

In diesem Bericht verstehen die Juden die Worte Jesu eindeutig als den Anspruch, selbst Gott zu sein. Ihre Antwort zeigt, wie bei dem Verhör, dass sie sehr genau verstanden, was er meinte. Eine interessante und verstärkende Folgerung ergibt sich, wenn man den griechischem Wortlaut untersucht. A. T. Robertson weist darauf hin: »Eins (*hen*). Neutrum, nicht Maskulinum (*heis*). Nicht *eine* Person (s. heis in Gal 3,28), sondern eins dem Wesen oder der Natur nach.«[27]

Der Bibelkommentator J. Carl Laney pflichtet dem bei, indem er sagt:

Das Wort »eins« (*hen*) ist Neutrum und spricht von einem Kern, einem Wesen, nicht von einer Person … Der Vater und der Sohn teilen eine Gleichheit göttlichen Wesens, bleiben aber doch zwei getrennte Personen innerhalb der Göttlichkeit.[28]

Robertson sagt weiter: »Diese scharfe Aussage ist der Gipfel der Behauptungen Christi im Hinblick auf das Verhältnis zwischen dem Vater und ihm selbst [dem Sohn]. Sie reizte die Pharisäer zu unbeherrschter Wut.«[29]

Es ist klar, dass dann im Denken derer, die das hörten, kein Zweifel mehr bestand, dass Jesus ihnen gegenüber behauptet hatte, dass er Gott war. Deshalb:

Die Juden konnten die Worte Jesu nur als Blasphemie ansehen, und deshalb

> wollten sie das Urteil in ihre eigenen Hände nehmen. In ihrem Gesetz war verankert, dass Gotteslästerung mit Steinigung bestraft werden musste [3.Mose 24,16]. Doch diese Männer ließen dem üblichen Gerichtsverfahren nicht seinen Lauf. Sie bereiteten keine Anklageschrift vor, so dass der Gerichtshof die erforderliche Maßnahme ergreifen konnte. In ihrer Wut machten sie sich daran, Richter und Henker in einem zu sein. Das »wieder« bezieht sich wohl zurück auf den vorhergehenden Versuch einer Steinigung [Joh 8,59].[30]

Der Versuch, Jesus wegen Gotteslästerung zu steinigen, zeigt, dass sie seine Lehre sehr genau verstanden hatten. Und er zeigt auch, dass sie sich immer noch damit beschäftigten, ob sein Anspruch auf Göttlichkeit zu Recht bestand oder nicht!

1.3.1.2 Johannes 5,17.18

> »Jesus aber antwortete ihnen: ›Mein Vater wirkt bis jetzt, und ich wirke auch.‹ Darum suchten die Juden nun noch mehr, ihn zu töten, weil er nicht nur den Sabbat brach, sondern auch Gott seinen eigenen Vater nannte, womit er sich selbst Gott gleich machte.«

Der anerkannte Bibelwissenschaftler Merrill C. Tenney erklärt dazu:

> Die Juden waren ärgerlich, weil Jesus den Sabbat brach, aber sie wurden geradezu wütend, als er so anmaßend wurde zu behaupten, mit dem Vater auf einer Stufe zu stehen. Dieser Anspruch Jesu erweiterte den Bruch zwischen ihm und seinen Kritikern, weil sie verstanden, dass er damit seine Göttlichkeit aussagte. Seine Erklärung zeigt, dass er nicht sagte, dass er mit dem Vater als eine Person gleich sei, sondern er behauptete nur sein Einssein mit dem Vater in einer Beziehung, die man als Sohnschaft bezeichnen konnte.[31]

Eine Begriffsstudie von A. T. Robertson in *Word Pictures of the New Testament* vermittelt einige interessante Einsichten:

> Jesus sagt sehr bezeichnend »mein Vater« (*ho pater mou*), nicht »unser Vater«, ein Anspruch auf eine besondere Beziehung zum Vater. Wirkt sogar bis jetzt (*heos arti ergazetai*) … Jesus stellt sich selbst auf die gleiche Stufe mit dem Handeln Gottes und rechtfertigt auf diese Weise sein Heilen am Sabbat.[32]

Es ist auch bemerkenswert, dass die Juden Gott nicht mit »mein Vater« anredeten. »Wenn sie es taten, dann fügten sie die nähere Bestimmung hinzu ›im Himmel‹. Das tat Jesus jedoch nicht. Es lag ein Anspruch darin, den die Juden nicht missverstehen konnten, wenn er Gott mit ›mein Vater‹ anredete.«[33] Dieser Anspruch bezog sich auf ein einzigartiges Verhältnis zu Gott als seinem Vater. Wie der Sohn eines menschlichen Vaters zutiefst Mensch sein musste, so musste Gottes Sohn zutiefst Gott sein. Alles, was der Vater war, war auch der Sohn.

Jesus schließt also mit ein, dass, wenn Gott wirkt, er, der Sohn, auch wirkt.[34] Und wieder verstanden die Juden, dass er damit sagte, dass er Gottes Sohn sei. Um dieser Aussage willen hassten die Juden ihn sehr. Obwohl sie vor allem suchten, ihn unter Druck zu setzen, wuchs doch auch allmählich der Wunsch, ihn zu töten.[35]

1.3.2 »Ich bin's«

»Jesus sprach zu ihnen: ›Wahrlich, wahrlich, ich sage euch: ehe Abraham war, bin ich!‹« (Joh 8,58)

Ein Kommentator erklärt diese Stelle gut, indem er sagt:

> Er sagte zu ihnen »wahrlich, wahrlich, ich sage euch …« Eingeleitet mit einem doppelten »Amen« – dem stärksten Eid – beansprucht unser Herr den unaussprechlichen Namen göttlicher Wesenheit. Die Juden erkennen, was er gemeint hat, sind entsetzt und versuchen, ihn zu steinigen.[36]

Wie haben die Juden diese Aussage aufgenommen? Henry Alford sagt dazu: »Jede vorurteilsfreie Exegese dieser Worte musste in ihnen eine Behauptung der grundlegenden Präexistenz Christi erkennen.«[37]

Marvin Vincent schreibt in *Word Studies of the New Testament*, dass die Aussage Jesu »die Formel für ein *absolutes*, zeitloses ›Ich bin's‹ (*eimi*) ist«.[38]

Wenn wir uns alttestamentliche Hinweise ansehen, entdecken wir, dass das »Ich bin« sich auf den Namen Gottes selbst – »Jahwe« – bezieht (in manchen Bibeln mit HERR übersetzt). A. G. Campbell zieht für uns diese Folgerung daraus:

> Von solchen alttestamentlichen Hinweisen her wie 2.Mose 3,14; 5.Mose 32,39 und Jes 43,11 ist es klar, dass es kein neuer Gedanke ist, den Jesus hier vorbringt. Die Juden waren durchaus bekannt mit der Vorstellung, dass der »Jehova« des Alten Testamentes der ewig lebende Eine ist. Was für die Juden neu ist, ist allein die Identifikation Jesu mit dieser Bezeichnung.[39]

Von der Reaktion der ihn umgebenden Juden her haben wir den Beweis dafür, dass sie diesen Hinweis als Anspruch auf absolute Göttlichkeit verstanden. Ihre Sicht der Dinge drängte sie dazu, das mosaische Gesetz zu erfüllen und Jesus wegen Gotteslästerung zu steinigen (3.Mose 24,13-16). Peter Lewis bemerkt: »In einer einzigen Aussage ist die höchste Wahrheit über den höchsten ›Menschen‹ bekannt gemacht worden – seine Präexistenz, seine absolute Existenz.«[40]

Campbell erklärt diesen Punkt für Nicht-Juden:

> Dass wir den Ausdruck »Ich bin« (*eimi*) verstehen müssen als Absicht, die volle Göttlichkeit Christi festzustellen, wird deutlich durch die Tatsache, dass Jesus keinen Versuch einer Erklärung macht. Er unternimmt nichts, um die Juden da-

von zu überzeugen, dass sie ihn missverstanden haben, sondern er wiederholt vielmehr diese Aussage mehrmals bei verschiedenen Gelegenheiten.[41]

Mit einem Wort, wie der bekannte Bibelwissenschaftler Raymond Brown im Hinblick auf diese Stelle schreibt: »Es gibt keinen klareren Hinweis auf Göttlichkeit in der gesamten Evangelien-Überlieferung.«[42]

1.3.3 Jesus gebührt die gleiche Ehre wie Gott

»Damit alle den Sohn ehren, wie sie den Vater ehren. Wer den Sohn nicht ehrt, der ehrt den Vater nicht, der ihn gesandt hat. Wahrlich, wahrlich, ich sage euch: Wer mein Wort hört und dem glaubt, der mich gesandt hat, der hat ewiges Leben und kommt nicht ins Gericht, sondern er ist vom Tod zum Leben hindurchgedrungen.« (Joh 5,23.24)

Im letzten Teil dieses Verses äußert Jesus eine Warnung an diejenigen, die ihn der Gotteslästerung anklagen. Er sagt ihnen, dass sie, wenn sie ihm Beleidigungen ins Gesicht schleudern, tatsächlich Gott beleidigen und dass Gott empört ist über die Art, wie sie mit ihm umgehen.[43]

Wir sehen auch, dass Jesus für sich das Recht beansprucht, als Gott angebetet zu werden. Und daraus folgt, wie schon zuvor gesagt, dass das Missachten Jesu gleichbedeutend mit der Missachtung Gottes ist.[44]

1.3.4 »Mich kennen«

»Da sprachen sie zu ihm: ›Wo ist dein Vater?‹ Jesus antwortete: ›Ihr kennt weder mich noch meinen Vater. Wenn ihr mich kennen würdet, so würdet ihr auch meinen Vater kennen.‹« (Joh 8,19)

Jesus behauptet, dass ihn kennen und sehen gleichbedeutend ist mit dem Kennen und Sehen des Vaters. Jesus ist die vollkommenste und umfassendste Offenbarung des Vaters, weil er vom Wesen des Vaters ist und zu ihm in Beziehung steht als sein Sohn.

1.3.5 »Glaubt an mich«

»Euer Herz erschrecke nicht! Glaubt an Gott und glaubt an mich!« (Joh 14,1)

Merrill Tenney erklärt:

> Er wurde zum Tode verurteilt, dem Tod, der alle Menschen einmal einholt. Trotzdem hatte er die Kühnheit zu fordern, dass sie ihn zum Objekt ihres Glaubens machten. Er machte sich selbst zum Schlüssel ihrer Schicksalsfrage und erklärte eindeutig, dass ihre Zukunft von seinem Werk abhinge. Er versprach, für sie einen Ort zu bereiten und wiederzukommen, um sie zu sich zu holen.[45]

1.3.6 »Wer mich gesehen hat ...«

»Philippus spricht zu ihm: ›Herr, zeige uns den Vater, so genügt es uns!‹ Jesus spricht zu ihm: ›So lange Zeit bin ich bei euch, und du hast mich noch nicht erkannt, Philippus? Wer mich gesehen hat, der hat den Vater gesehen. Wie kannst du da sagen: Zeige uns den Vater?‹« (Joh 14,8.9)

1.3.7 »Ich sage euch ...«

(Mt 5,20.22.26.28.32.34.44)

In diesen Schriftstellen lehrt und spricht Jesus in seinem eigenen Namen. Indem er das tut, leitet er die Autorität seiner Worte direkt vom Himmel ab. Statt die Propheten zu wiederholen mit den Worten »So sagt der Herr«, heißt es bei ihm: »Ich aber sage euch.«

Karl Scheffrahn und Henry Kreyssler weisen auf Folgendes hin:

> Er zögerte niemals und verteidigte sich auch nicht. Er hatte es nicht nötig, zu widersprechen, etwas zurückzunehmen oder zu revidieren, was er gesagt hatte. Er sprach unmissverständliche Worte Gottes (Joh 3,34). Er sagte: »Himmel und Erde werden vergehen, aber meine Worte werden nicht vergehen« (Mk 13,31).[46]

1.4 Als Gott angebetet

1.4.1 Anbetung gebührt Gott allein

1.4.1.1 Zur Huldigung vor jemandem niederfallen ist der größte Akt der Anbetung und Verehrung, den man Gott erweisen kann (Joh 4,20-22; Apg 8,27).

1.4.1.2 Die Menschen müssen Gott im Geist und in der Wahrheit anbeten (Joh 4,24).

1.4.1.3 »Du sollst den Herrn, deinen Gott, anbeten und ihm allein dienen« (Mt 4,10; Lk 4,8).

1.4.2 Jesus erhielt göttliche Verehrung und akzeptierte sie

1.4.2.1 »Und siehe, ein Aussätziger kam, fiel anbetend vor ihm nieder ...« (Mt 8,2).

1.4.2.2 Der Blindgeborene – als er geheilt war – fiel vor ihm nieder und betete ihn an (s. Joh 9,35-39).

1.4.2.3 Die Jünger beteten ihn an und sagten: »Wahrhaftig, du bist Gottes Sohn« (Mt 14,33).

1.4.2.4 »Dann spricht er zu Thomas: Reiche deinen Finger her und sieh meine Hände, und reiche deine Hand her und lege sie in meine Seite, und sei nicht ungläubig, sondern gläubig. Und Thomas antwortete und sprach zu ihm: Mein Herr und mein Gott! Jesus spricht zu ihm: Thomas, du glaubst, weil du mich gesehen hast; glückselig sind, die nicht sehen und doch glauben!« (Joh 20,27-29).

1.4.3 Jesus im Vergleich mit anderen

1.4.3.1 Der Hauptmann Kornelius fiel Petrus zu Füßen und »betete ihn an«, und

Petrus tadelte ihn deswegen und sagte: »Steh auf! Ich bin auch nur ein Mensch« (Apg 10,25.26).
1.4.3.2 Johannes fiel in der Geschichte der Offenbarung dem Engel zu Füßen und »betete ihn an«, doch der Engel sagte zu ihm, dass er ein »Mitknecht« sei und dass Johannes »Gott anbeten« sollte (Offb 19,10).
1.4.3.3 Wie wir sehen, befahl Jesus seine Anbetung als Gott und akzeptierte sie. Diese Tatsache ließ Thiessen formulieren: »Wenn er ein Betrüger ist oder sich selbst täuscht und in jedem Fall nicht Gott ist, dann ist er nicht rechtschaffen (Christus si non Deus, non bonus).«[47]

Ein bekannter Theologe und Lehrer an der Universität Oxford, Alister McGrath, sagt dazu:

> Innerhalb des jüdischen Umfeldes, in dem sich die ersten Christen bewegten, war es nur Gott und er allein, der angebetet werden musste und durfte. Paulus warnte die Christen in Rom, dass es dort die ständige Gefahr gebe, dass Menschen Geschöpfe anbeteten, wo sie doch nur ihren Schöpfer anbeten sollten (Röm 1,23). Jedoch verehrte die frühe christliche Gemeinde Christus als Gott – eine Praxis, die sich eindeutig schon im Neuen Testament widerspiegelt.[48]

1.5 Was andere sagten

1.5.1 Der Apostel Paulus

1. Römerbrief 9,5:

> »… ihnen [das jüdische Volk] gehören auch die Väter an, und von ihnen stammt dem Fleisch nach der Christus, der über alle ist, hochgelobter Gott, in Ewigkeit. Amen!«

Der große Theologe und Bibelwissenschaftler Charles Hodge von der Universität Princeton kommentiert dies so:

> Paulus … erklärt, dass Christus, der, wie er gerade gesagt hat, nach seiner menschlichen Natur oder als Mann, von den Israeliten abstammt, in anderer Hinsicht der höchste Gott ist, oder Gott über alle und hochgelobt in Ewigkeit … Diese Passage zeigt daher, dass Christus Gott im höchsten Sinne des Wortes ist.[49]

Dr. Murray Harris, ein bekannter Neutestamentler, kam, nachdem er diese Stelle ausführlich im griechischen Originaltext diskutiert hatte, zu dem Ergebnis:

> Was der Apostel am Ende von Röm 9,1-5 bestätigt, ist dieses: Im Gegensatz zu der Schmach der Ablehnung, die ihm von den meisten seiner israelitischen Landsleute widerfuhr, ist der Messias, Jesus Christus, tatsächlich über das ganze Universum erhöht – das belebte und das unbelebte – einschließlich über die Juden, die ihn ablehnten, weil er Gott von Natur her ist, ewiger Gegenstand der Anbetung.[50]

2. Philipper 2,6-11:

»… der, als er in der Gestalt Gottes war, es nicht wie einen Raub festhielt, Gott gleich zu sein; sondern sich selbst entäußerte, die Gestalt eines Knechtes annahm und wie die Menschen wurde; und in seiner äußeren Erscheinung als ein Mensch erfunden, erniedrigte er sich selbst und wurde gehorsam bis zum Tod, ja bis zum Tod am Kreuz. Darum hat ihn Gott auch über alle Maßen erhöht und ihm einen Namen verliehen, der über alle Namen ist, damit in dem Namen Jesus sich alle Knie derer beugen, die im Himmel und auf Erden und unter der Erde sind, und alle Zungen bekennen, dass Jesus Christus der Herr ist, zur Ehre Gottes, des Vaters.«

Die Verse 6-8 beschreiben den erhöhten Christus mit seinen zwei Naturen: die Natur Gottes (2,6) und die Natur des Knechtes (2,7). Diese Passage stellt Jesus als »wahren Gott« und »wahren Menschen« dar. Peter Toon schreibt:

> Der Gegensatz zwischen himmlischer und irdischer Existenz legt nahe, dass *morphe* [sowohl in Vers 6 als auch in Vers 7 benutzt und mit »Gestalt« oder »Wesen« Gottes und eines Knechtes oder Sklaven übersetzt werden kann] auf eine Teilhabe an Gott hinweist, die völlig real ist, gerade wie die Teilhabe am menschlichen Leben und an der Geschichte für Jesus real waren.[51]

Die Verse 9-11 vergleichen Christus mit Gott. F. F. Bruce sagt dazu:

> Der Hymnus klingt an Jes 52,13 an … und auch an Jes 45,23, wo der eine wahre Gott bei sich selbst schwört: »Mir soll sich beugen jedes Knie und schwören jede Zunge.« Doch in dem Christus-Hymnus ist es der gleiche Gott, der verfügt, dass jedes Knie sich im Namen Jesu beugen soll und jede Zunge bekennen soll, dass Christus der Herr ist … Manchmal wird darüber diskutiert, ob »der Name über alle Namen« im Christus-Hymnus »Jesus« ist oder »Herr«. Beides ist denkbar, weil durch göttlichen Erlass der Name »Jesus« fortan die gleiche Bedeutung hat wie »Herr« im höchsten Sinn, den dieser Name überhaupt nur haben kann – den Sinn des hebräischen Jahwe.[52]

So zeigt Philipper 2, 6-11 auf zweierlei Weise die Göttlichkeit Christi: durch seine doppelte Natur und durch das Gleichsetzen mit dem exklusiven Namen Gottes im Alten Testament – »HERR« oder »Jahwe«.

3. Kolosser 1,15-17:

»Er ist das Ebenbild des unsichtbaren Gottes, der Erstgeborene, der über alle Schöpfung ist. Denn in ihm ist alles erschaffen worden, was im Himmel und auf Erden ist, das Sichtbare und das Unsichtbare, seien es Throne oder Herrschaften oder Fürstentümer oder Gewalten: alles ist durch ihn und für ihn geschaffen; und er ist vor allem, und es besteht alles in ihm.«

In Vers 15 wird Christus als das »Abbild des unsichtbaren Gottes« bezeichnet. Peter Lewis bemerkt: »Was er abbildet, das muss er selbst besitzen; er spiegelt Gottes wirkliches Wesen genauestens wider, denn er teilt dieses Sein. Als Abbild Gottes ist Jesus Christus Gottes Entsprechung in der Welt der Menschen (Joh 14,9).«[53]

F. F. Bruce fügt hinzu: »Die Worte, die er sprach, die Werke, die er tat, das Leben, das er führte, die Person, die er war – all das enthüllte den unsichtbaren Vater. Er ist, nach den Worten des Paulus, das sichtbare ›Bild des unsichtbaren Gottes‹.«[54]

Der Ausdruck »Erstgeborener über aller Schöpfung« bedeutet, dass er als der ewige Sohn der Erbe aller Dinge ist.[55] Das wird für uns ebenfalls sichtbar an der Tatsache, dass er der Schöpfer aller Dinge ist (V. 16.17). Wer könnte Jesus anders sein als Gott?

4. Kolosser 2,9:

»Denn in ihm wohnt die ganze Fülle der Gottheit leibhaftig.«

Diese einfache Aussage zeigt uns, wer Jesus ist und warum er für uns von Bedeutung ist. Carl F. H. Henry kommentiert:

> Der Glaube, der dem christlichen Bekenntnis seinen einzigartigen Charakter verleiht – dass nämlich in Jesus Christus »die ganze Fülle der Gottheit leibhaftig wohnt« (Kol 2,9), ist ein integraler und maßgeblicher Aspekt der neutestamentlichen Lehre. Er wird durch die Apostel, die Zeitgenossen Jesu waren, bestätigt und ständig wiederholt.[56]

5. Titus 2,13:

»… während wir warten auf die glückselige Hoffnung und die Erscheinung der Herrlichkeit unseres großen Gottes und Retters Jesus Christus.«

In unserer Übersetzung spricht der Vers hier wie von zwei Personen: Gott und Jesus Christus. In der griechischen Formulierung wird deutlich, dass beide Titel [»großen Gottes« und »Retters«] sich nur auf eine Person beziehen: Jesus Christus.[57]

1.5.2 Johannes der Täufer

1. Lukas 3,22:

»… und der Heilige Geist in leiblicher Gestalt wie eine Taube auf ihn herabgestiegen und eine Stimme aus dem Himmel ertönte, die sprach: Du bist mein geliebter Sohn, an dir habe ich Wohlgefallen!«

2. Johannes 1,29.34:

»Siehe, das Lamm Gottes, das die Sünde der Welt hinwegnimmt … Und ich habe es gesehen und bezeuge, dass dieser der Sohn Gottes ist.«

1.5.3 Der Apostel Petrus

1. Matthäus 16,15-17:

»Da spricht er zu ihnen: Ihr aber, für wen haltet ihr mich? Da antwortete Simon Petrus und sprach: Du bist der Christus, der Sohn des Lebendigen Gottes. Und Jesus antwortete und sprach zu ihm: Glückselig bist du, Simon, Jonas Sohn; denn Fleisch und Blut hat dir das nicht geoffenbart, sondern mein Vater im Himmel.«

Im Hinblick auf diese Aussage schreiben Scheffrahn und Kreyssler:

> Anstatt ihn zu tadeln wegen seiner ungestümen Art (wie Jesus es immer tat, wenn er auf Irrtümer stieß), segnete Jesus den Petrus für dieses Glaubensbekenntnis. Während seiner ganzen Wirksamkeit akzeptierte Jesus Gebete und Anbetung als rechtmäßig an ihn gerichtet.[58]

2. Apostelgeschichte 2,36:

»So soll nun das ganze Haus Israel mit Gewissheit erkennen, dass Gott ihn sowohl zum Herrn als auch zum Christus gemacht hat, eben diesen Jesus, den ihr gekreuzigt habt.«

3. 2. Petrusbrief 1,1:

»Simon Petrus, Knecht und Apostel Jesu Christi, an die, welche den gleichen kostbaren Glauben wie wir empfangen haben an die Gerechtigkeit unseres Gottes und Retters Jesus Christus.«

Murray Harris kommt nach Untersuchung der Stelle im griechischen Text zu dem Ergebnis: »Der Schluss scheint unausweichlich, dass in 2. Petr 1,1 der Titel [unser Gott und Retter] … auf Jesus Christus selbst bezogen ist.«[59]

1.5.4 Der Apostel Thomas

Der »Zweifler« gibt folgendes Zeugnis, welches sich in Joh 20,28 findet: »Und Thomas antwortete und sprach zu ihm: Mein Herr und mein Gott.«

John Stott erläutert in *Basic Christianity* den Ausruf des Thomas:

> Am Sonntag nach Ostern war der ungläubige Thomas mit den andern Jüngern in dem oberen Raum zusammen, als Jesus erschien. Er forderte Thomas auf, seine Wunden mit den Händen zu berühren, und Thomas, überwältigt von dem Wunder, schrie auf: »Mein Herr und mein Gott!« [Joh 20,26-29]. Jesus akzeptiert diese Bezeichnung. Er tadelt Thomas wegen seines Unglaubens, aber nicht für die Äußerung der Anbetung.[60]

Wie schon erwähnt, wiesen Menschen oder Engel, wenn sie angebetet wurden, dies sofort zurück und forderten stattdessen die Anbetung Gottes (Apg. 10,25.26; Offb.

19,10). Jesus akzeptierte nicht nur diese Form der Anbetung von Thomas, sondern ermutigte ihn noch in seiner Glaubensaussage.

1.5.5 Der Verfasser des Hebräerbriefes

1. Hebr 1,3:

»… dieser ist die Ausstrahlung seiner Herrlichkeit und der Ausdruck seines Wesens und trägt alle Dinge durch das Wort seiner Kraft …«

F. F. Bruce kommentiert zu »Ausdruck seines Wesens«:

> Gerade wie Bild und Inschrift einer Münze genau dem Entwurf auf dem Prägestempel entsprechen, so trägt der Sohn Gottes »den Stempel seines Wesens«. Das griechische Wort *Charakter*, das nur hier im Neuen Testament vorkommt, bringt diese Wahrheit noch deutlicher zum Ausdruck als eikon, das sonst benutzt wird, um Christus als das »Ebenbild« Gottes zu bezeichnen [2.Kor 4,4; Kol 1,15] … Was Gott wesensmäßig ist, wird in Christus offenkundig.[61]

2. Hebr 1,8:

»… aber von dem Sohn [sagt er]: Dein Thron, o Gott, währt von Ewigkeit zu Ewigkeit. Das Zepter deines Reichs ist ein Zepter des Rechts.«

Thomas Schultz schreibt:

> Der Vokativ bei … »dein Thron, o Gott« ist hier dem Nominativ vorgezogen, wo es übersetzt werden würde »Gott ist dein Thron« oder »dein Thron ist Gott«. Und wieder ergibt sich der Beweis: Jesus Christus wird in der Schrift Gott genannt.[62]

1.5.6 Der Apostel Johannes

1. Joh 1,1.14:

»Im Anfang war das Wort, und das Wort war bei Gott, und das Wort war Gott … Und das Wort wurde Fleisch und wohnte unter uns; und wir sahen seine Herrlichkeit, eine Herrlichkeit als des Eingeborenen vom Vater, voller Gnade und Wahrheit.«

Der Lehrer und angesehene Theologe R. C. Sproul kommentiert Joh 1,1 in Bezug auf das »Wort« (griech. *logos*):

> An dieser bemerkenswerten Stelle ist *Logos* sowohl von Gott unterschieden [»war bei Gott«] als auch mit Gott identifiziert [»war Gott«]. Dieses Paradox hatte großen Einfluss auf die Entwicklung der Trinitätslehre, wobei der *Logos* als zweite Person der Trinität angesehen wird. Er unterscheidet sich in der Person vom Vater, aber ist im Wesen eins mit dem Vater.[63]

J. Carl Laney bemerkt ebenfalls, dass Joh 1 »die ewige Existenz (V. 1a), die personelle Unterschiedenheit (V. 1b), und die göttliche Natur des Logos (Wort) (V. 1c) bestätigt.«[64] Der Gelehrte und Grammatiker für Griechisch Dr. Daniel B. Wallace erklärt hinsichtlich der Bedeutung der griechischen Konstruktion hier: »Die Konstruktion, die der Evangelist wählte, um diesen Gedanken auszudrücken, war die prägnanteste Art, auf die er sagen konnte, dass das ›Wort‹ Gott war und doch vom Vater unterschieden ist.«[65]

2. 1. Joh 5,20:

»Wir wissen aber, dass der Sohn Gottes gekommen ist und uns Verständnis gegeben hat, damit wir den Wahrhaftigen erkennen. Und wir sind in dem Wahrhaftigen, in seinem Sohn Jesus Christus. Dieser ist der wahrhaftige Gott und das ewige Leben.«

Und wieder ist es Johannes, der ein Augenzeuge Jesu ist, der nicht zögert, ihn auch »Gott« zu nennen.

1.6 Zusammenfassung: Jesus ist Gott

William Biederwolf zieht aus dem Beweismaterial einen sehr treffenden Vergleich:

> Ein Mensch, der in der Lage ist, das Neue Testament zu lesen und nicht sieht, dass Christus den Anspruch erhebt, mehr als ein Mensch zu sein, der kann auch am hellen Nachmittag auf einen wolkenlosen Himmel schauen und die Sonne nicht sehen.[66]

Der »geliebte Apostel« Johannes kommt zu dem Ergebnis:

> Noch viele andere Zeichen tat Jesus nun vor seinen Jüngern, die in diesem Buch nicht geschrieben sind. Diese aber sind geschrieben, damit ihr glaubt, dass Jesus der Christus, der Sohn Gottes ist, und damit ihr durch den Glauben Leben habt in seinem Namen (Joh 20,30.31).

2 Sein indirekter Anspruch auf Göttlichkeit

Jesus macht aber auch in vielen Fällen seine Göttlichkeit indirekt durch Worte und Taten bekannt. Anschließend sind viele dieser Hinweise aufgeführt und dazu ein paar wenige direkte Ansprüche seiner Göttlichkeit.

Einige der Aussagen erfordern weitere Erklärungen, wie sie weiter unten gegeben wurden.

Jesus ist Jahwe		
Jahwe	wechselseitiger Titel oder Aktivität	Jesus
Jes 40,28	Schöpfer	Joh 1,3
Jes 45,22; 43,11	Erlöser	Joh 4,42
1.Sam 2,6	Totenauferwecker	Joh 5,21
Joel 4,12	Richter	Joh 5,27
Jes 60,19-20	Licht	Joh 8,12
2.Mose 3,14	Ich bin	Joh 8,58
Ps 23,1	Hirte	Joh 10,1
Jes 42,8; Jes.48,11	Herrlichkeit Gottes	Joh 17,1
Jes 41,4; 44,6	der Erste und der Letzte	Offb 1,17; 2,8
Hosea 13,14	Erlöser	Offb 5,9
Jes 62,5;Hosea 2,18	Bräutigam	Offb 21,2
Ps 18,3	Fels	1.Kor 10,4
Jer 31,34	Sündenvergeber	Mk 2,7.10
Ps 148,2	angebetet von den Engeln	Hebr 1,6
AT allgemein	Adressat von Gebeten	Apg 7,59
Ps 148,5	Erschaffer von Engeln	Kol 1,16
Jes 45,23	anerkannt als Herr	Phil 2,11

2.1 Er vergab Sünden

»Als aber Jesus ihren Glauben sah, sprach er zu dem Gelähmten: Sohn, deine Sünden sind dir vergeben! Es saßen aber dort etliche von den Schriftgelehrten, die dachten in ihren Herzen: Was redet dieser solche Lästerung? Wer kann Sünden vergeben als nur Gott allein?« (Mk 2,5-7)

Für das jüdische, im göttlichen Gesetz geschulte Verständnis war der Gedanke, dass ein Mensch Sünden gegen Gott vergeben könne, unvorstellbar. Vergebung ist ganz allein Gottes Vorrecht. John Stott, der bekannte Bibelwissenschaftler und Theologe, schreibt dazu: »Wir können das Unrecht vergeben, das andere uns tun; doch Sünden, die wir Gott gegenüber begehen, kann nur er allein vergeben.«[67]

Manche mögen fragen, ob Jesus wirklich die göttliche Autorität besaß, Sünden zu vergeben. Jesus wusste, dass seine Zuhörer an dieser Stelle Zweifel hatten, aus diesem Grunde gab er ihnen einen Beweis seiner Autorität:

> Was ist leichter, zu dem Gelähmten zu sagen: Dir sind die Sünden vergeben, oder zu sagen: Steh auf und nimm dein Bett und geh umher? Damit ihr aber wisst, dass der Sohn des Menschen Vollmacht hat, auf Erden Sünden zu vergeben – sprach er zu dem Gelähmten: Ich sage dir, steh auf und nimm dein Bett und geh heim! Und er stand sogleich auf, nahm sein Bett und ging vor aller Augen hinaus, sodass sie alle staunten, Gott priesen und sprachen: So etwas haben wir noch nie gesehen (Mk 2,9-12).

Bei diesem Ereignis fragt Jesus, was leichter sein würde, zu sagen: »Dir sind deine Sünden vergeben« oder zu sagen: »Steh auf und geh!« Nach dem Wycliff-Kommentar ist das »eine Frage, die man nicht beantworten kann. Beide Aussagen sind gleich leicht zu äußern. Doch das zu sagen und es auch zu verwirklichen, erfordert göttliche Macht. Ein Hochstapler, der Entdeckung vermeiden möchte, würde natürlich das erste leichter finden. Jesus heilte anschließend die Krankheit, damit die Menschen *erkennen* sollten, dass er die *Autorität* besaß, auch mit ihrer Ursache fertig zu werden.«[68]

Bei diesem Anlass wurde er von den Pharisäern und Schriftgelehrten wegen Gotteslästerung angeklagt. »Das Urteil der Schriftgelehrten und Pharisäer … verdammte ihn, weil er sich das Vorrecht Gottes angemaßt hatte.«[69]

C. E. Jefferson sagt: »Er vergab Sünden. Er sprach mit Autorität. Selbst die schlimmsten Sünder – wenn sie Buße taten und ihm zu Füßen fielen – empfingen von ihm die von Autorität getragene Zusicherung der Vergebung.«[70]

Lewis Sperry Chafer weist darauf hin:

> Dass keiner auf dieser Erde weder die Autorität noch das Recht hat, Sünden zu vergeben. Keiner kann Sünden vergeben außer dem Einen, gegen den alle gesündigt haben. Als Christus Sünden vergab, wie er es ja zweifelsohne tat, übte er kein menschliches Vorrecht aus. Da keiner Sünden vergeben kann außer Gott, liegt auf der Hand, dass Christus, da er es tat, Gott ist. Und wenn er Gott ist, ist er es von Ewigkeit her.[71]

2.2 Jesus behauptete, das »Leben« zu sein

In Joh 14,6 sagt Jesus: »Ich bin der Weg, die Wahrheit und das Leben.« Merrill Tenney hat diese Aussage näher ins Licht gerückt und formuliert:

> Er sagte nicht, er wüsste den Weg, die Wahrheit und das Leben. Und er sagte auch nicht, dass er diese lehren wolle. Er machte sich nicht zum Vertreter eines neuen Systems. Er erklärte, dass er selbst der letzte Schlüssel zu allen Rätseln sei.[72]

2.3 In ihm ist Leben

»Und darin besteht das Zeugnis, dass Gott uns ewiges Leben gegeben hat, und dieses Leben ist in seinem Sohn. Wer den Sohn hat, der hat das Leben; wer den Sohn Gottes nicht hat, der hat das Leben nicht« (1.Joh 5,11.12).

Von diesem Leben spricht John Stott, wenn er schreibt:

> Er verglich die Abhängigkeit seiner Nachfolger von ihm mit der Art, wie der Weinstock seine Reben ernährt. Er sagte, dass Gott ihm die Autorität über alles Fleisch gegeben habe, damit er Leben geben sollte den vielen, die Gott ihm zugeführt hatte.[73]

2.4 Jesus hat Autorität

Aus dem Alten Testament geht eindeutig hervor, dass Gott der Richter über die ganze Schöpfung ist (1.Mose 18,25; Ps 50,4-6; 96,13). Doch im Neuen Testament wird die Autorität, zu richten, vom Vater auf den Sohn übertragen: »Und er [Gott] hat ihm [Jesus] Vollmacht gegeben, auch Gericht zu halten, weil er [Jesus] der Sohn des Menschen ist« (Joh, 5,27).

Indem er behauptet, dass er die Welt richten wird, wird Jesus selbst die Toten auferwecken. Er wird die Nationen vor sich versammeln, er wird auf dem Thron der Herrlichkeit sitzen und die Welt richten. Aufgrund seines Gerichts werden manche den Himmel ererben – andere die Hölle. John Stott sagt:

> Und es ist nicht nur so, dass Jesus der Richter ist, sondern das Kriterium des Gerichts wird in ihrer Haltung ihm gegenüber bestehen, wie sie sich in der Art und Weise zeigt, wie sie »die Brüder« behandeln oder auf sein Wort reagieren …. Man kann die Größe dieses Anspruchs kaum überschätzen. Stellen wir uns einen Geistlichen vor, der seine Zuhörer heute in diesen Begriffen ansprechen würde: Hört aufmerksam auf meine Worte. Euer ewiges Schicksal hängt davon ab. Ich werde am Ende der Weltzeit zurückkehren und euch richten, und euer Schicksal wird dem entsprechen, wie ihr mir gehorcht habt. Ein solcher Prediger würde der Aufmerksamkeit der Polizei nicht allzu lange verborgen bleiben oder einem Psychiater in die Hände fallen.[74]

3 Titel der Göttlichkeit

3.1 JHWH – HERR

Viele englische Übersetzungen der Bibel geben den Namen Gottes mit »Herr« oder »Jehova« wieder. Das Wort besteht in der hebräischen Sprache aus den vier Konsonanten: J H W H. Die wörtliche Übersetzung davon lautet *Jahwe*.

3.1.1 Den Juden heilig

Herbert F. Stevenson schreibt:

> Die genaue Bedeutung des Namens ist dunkel. Im Hebräischen war er ursprünglich aus den vier Konsonanten zusammengesetzt: JHWH – Theologen bekannt als das »Tetragrammaton«– dem die Vokale von *Adonai* später zugefügt wurden [außer wenn der Name mit *Adonai* verbunden ist: dann werden die Vokale von

> *Elohim* benutzt]. Die Juden betrachteten jedoch den Namen als zu heilig, als dass sie ihn aussprechen durften. In den öffentlichen Schriftlesungen ersetzten sie ihn durch *Adonai* – Jahwe war tatsächlich für sie »der unaussprechbare Name«.[75]

Dr. Peter Toon, der bekannte Autor und Theologe, schreibt: »Als dieser Name mit immer mehr Ehrfurcht behandelt wurde, sprachen die Juden ihn in der späteren alttestamentlichen Periode gar nicht mehr aus.«[76]

L. S. Chafer bemerkt:

> Die Vermeidung des tatsächlichen Aussprechens dieses Namens kann man als bloßen Aberglauben ansehen. Doch eindeutig war es auch ein Versuch, Ehrfurcht zu bezeugen, wie irrig er auch immer sein mochte. Und zweifellos diente diese Praxis mit all ihren verwirrenden Ergebnissen doch dazu, auf alle einen tiefen Eindruck vom unbeschreiblichen Wesens Gottes zu machen.[77]

Die *Jewish Encyclopedia* (Hg. von Isidore Singer, Funk and Wagnalls, Bd. 1, 1904) zeigt, dass die Übersetzung von JHWH durch das Wort »HERR« bis zur Septuaginta zurückverfolgt werden kann. »Im Hinblick auf die Aussprache von der »Schem ha Metorash«, ist der Unterscheidungsname JHWH dort keine authentische Information. Beginnend in der hellenistischen Periode war der Name nur für den Gebrauch im Tempel reserviert: »Vom Midrasch Sifre bis 4.Mose 6,27 und der Mischna Tamid VII,2 und Sotah VII,6 scheint es so, als ob den Priestern das Aussprechen des Namens nur bei der Segnung erlaubt gewesen sei. Bei allen andern Gelegenheiten waren sie verpflichtet, den Anrufungsnamen Namen »Adonai« (*kinnuy*) zu benutzen.

Die *Jüdische Enzyklopädie* zitiert weiter die jüdischen Historiker Philo und Josephus:

Philo: »Die vier Buchstaben dürfen nur von heiligen Männern erwähnt oder gehört werden, deren Ohren und Zungen durch Weisheit gereinigt sind, und von niemand anderem an irgendeinem Ort – wo auch immer.«[78]

Josephus: »Moses flehte Gott an, ihm Kenntnis von seinem Namen zu geben und wie er auszusprechen sei, sodass er ihn bei den heiligen Handlungen anrufen könne. Darauf teilte Gott ihm seinen Namen mit, der bis heute den Menschen unbekannt ist. Und es wäre für mich Sünde, ihn zu erwähnen.«[79]

3.1.2 Die Bedeutung des Namens

> Neuerliche Untersuchungen zeigen, dass man JHWH in 2.Mose 3,14 als eine Form des Verbs *haya* (= sein) sehen muss. In diesem Licht erscheint es angemessen, zwei mögliche Bedeutungen in diesem Namen zu erkennen. Zuerst und vor allem geht aus 2. Mose 3,14 und 15 hervor, dass JHWH als Name die eindeutige Gewissheit des Handelns Gottes ausdrückt, seines Helfens und seiner sich mitteilenden Gegenwart. Der »Ich bin« will immer mit seinem Bundesvolk sein. Der, der heute ist, wird auch in Zukunft sein. Zweitens und aufgrund der Erklärungen von 5.Mose

4,39; 1.Kön 8,60 und Jes 45,21.22 ist JHWH der »Eine« und die einzige Gottheit, die sowohl über der Schöpfung steht als auch in ihr zu finden ist. Alle anderen Götter sind nur Geschöpfe oder Projektionen menschlicher Vorstellungen.[80]

3.1.3 Christus spricht von sich selbst als Jahwe

Scotchmer wird von W. C. Robinson zitiert: »Die Identifikation unseres Herrn Jesus Christus mit dem ›HERRN‹ des Alten Testamente resultiert aus seiner ausdrücklichen Lehre von seiner Göttlichkeit.«[81]

Kreyssler und Scheffrahn schreiben:

> Er berief sich auf den Bund JHWHs oder Jehovas. Im 8. Kapitel des Johannesevangeliums finden wir: »… wenn ihr nicht glaubt, *dass ich es bin*, so werdet ihr in euren Sünden sterben« (V. 24). »Wenn ihr den Sohn des Menschen erhöht haben werdet [am Kreuz], dann werdet ihr erkennen, dass *ich es bin*…« (V. 28). »Wahrlich, wahrlich, ich sage euch: ehe Abraham war, *bin ich*« (V. 58). Sein Gebrauch von *Ich bin* in Verbindung mit 2.Mose 3,14, wo Gott sich selbst dem Mose offenbart: *Ich bin, der ich bin*. Und er sprach: »Also sollst du zu den Kindern Israel sagen: *Ich bin* der hat mich zu euch gesandt.« Daher lautet der Name Gottes im Hebräischen JHWH oder *Ich bin*.[82]

In Mt 13,14.15 identifiziert sich Christus selbst mit dem »HERR« (Adonai) des Alten Testamentes (Jes 6,9-10).[83]

Clark Pinnock sagt in *Set Forth Your Case*: »Seine Lehren stehen auf gleicher Stufe mit den großen ›Ich bin‹-Aussagen, die nach Struktur und Inhalt göttliche Ansprüche sind (2.Mose 3,14; Joh 4,26; 6,35; 8,12; 10,9; 11,25).«[84]

Joh 12,41 beschreibt Christus als den einen, der vom Propheten in Jes 6,1 gesehen wurde. William C. Robinson sagt:

> Auch Jesaja schreibt vom Vorläufer von Jahwe: »… bereitet den Weg des HERRN« (Jes 40,3). Christus billigt die Aussage der Samaritaner, die sagten: »Wir haben … erkannt, dass dieser wahrhaftig der Retter der Welt, der Christus ist!« (Joh 4,42). Vom Alten Testament her kann das nur die Bezeichnung für den Jahwe-Gott sein. In Hosea 13,4 steht: »Ich aber bin der HERR, dein Gott … und außer mir kennst du keinen Gott, und es gibt keinen Retter als mich allein.«[85]

3.2 Sohn Gottes

Der bekannte Theologe und Bibelwissenschaftler Charles Ryrie schreibt hinsichtlich des Titels »Sohn Gottes«:

> Was bedeutet er? Obwohl die Wendung »Sohn des« bedeuten kann: »Nachkomme von«, so hat sie doch auch die Bedeutung: »nach der Ordnung von«. So bedeutet zum Beispiel im Alten Testament »Söhne der Propheten« die Ordnung der Propheten (1.Kön 20,35), und »Söhne der Sänger« bedeutet die Ordnung der

Sänger (Neh 12,28). Die Bezeichnung »Sohn Gottes« bedeutet, wenn sie auf unsern Herrn angewandt ist, die Ordnung Gottes und ist eine starke und klare Behauptung der vollen Göttlichkeit.[86]

H. F. Stevenson kommentiert:

Dass es wahr ist, dass der Ausdruck »Söhne der Götter« für Menschen (Hosea 2,1) und im Alten Testament auch für Engel gebraucht wird (1.Mose 6,2; Hiob 1,6; 38,7). Doch im Neuen Testament wird der Titel »Sohn Gottes« für und durch unsern Herrn in einer ganz anderen Weise gebraucht. In jedem Beispiel schließt der Ausdruck ein, dass er der eine, einzig gezeugte Sohn ist, ganz und gar gleichwertig, ewig lebend mit dem Vater.[87]

Die wiederholt gebrauchte Bezeichnung »Sohn« im Nebeneinander zu »dem Vater« erklärt Jesu ausdrücklichen Anspruch auf die Gleichheit mit dem Vater und formuliert die Wahrheit der Trinität (Mt 23,9.10; Mk 13,32; Joh 3,35; 5,19-27; 6,27; 10,33-38; 14,13).

In Cäsarea Philippi beglückwünscht Jesus den Petrus, dass er ihn als den Sohn Gottes erkannt hat: »Da antwortete Simon Petrus und sprach: Du bist der Christus, der Sohn des lebendigen Gottes! Und Jesus antwortete und sprach zu ihm: Glückselig bist du, Simon, Jonas Sohn; denn Fleisch und Blut hat dir das nicht geoffenbart, sondern mein Vater im Himmel« (Mt 16,16.17).

Felder schreibt im Hinblick auf die Auffassung Jesu, dass Gott sein Vater sei:

So oft Jesus von seiner Beziehung zu seinem Vater spricht, benutzt er beständig und ohne Ausnahme den Ausdruck »mein Vater«. Und so oft er die Aufmerksamkeit seiner Jünger auf ihr kindliches Verhältnis zu Gott lenkt, findet sich immer die gleiche bestimmte Definition »euer Vater«. Er stellt sich niemals mit den Jüngern und den Menschen überhaupt so sehr auf eine Stufe, dass er sagen würde: »unser Vater«.

Felder fährt fort:

Selbst bei solchen Gelegenheiten, wo Jesus sich mit den Jüngern vor Gott vereinigt und wo man daher mit Sicherheit erwarten würde, dass er die kollektive Sprachform »unser Vater« benutzen würde, steht dort im Gegenteil »mein Vater«: »Ich werde von jetzt an von diesem Gewächs des Weinstocks nicht mehr trinken bis zu jenem Tag, da ich es neu mit *euch* trinken werde im Reich *meines Vaters*« (Mt 26,29). »Und siehe, ich sende auf *euch* die Verheißung *meines Vaters*« (Lk 24,49). »Kommt her, ihr Gesegneten *meines Vaters*, und erbt das Reich, das *euch* bereitet ist seit Grundlegung der Welt!« (Mt 25,34). So und ähnlich unterscheidet Jesus unmissverständlich zwischen seiner göttlichen Sohnschaft und der der Jünger und der Menschen im Allgemeinen.[88]

3.3 Menschensohn

Jesus benutzt den Titel Menschensohn auf drei verschiedene Weisen:

- Sein irdisches Wirken betreffend: Mt 8,20; 9,6; 11,19; 16,13; Lk 19,10; 22,48
- Wenn er sein Leiden vorhersagt: Mt 12,40; 17,9.22; 20,18
- In seinen Lehren bezüglich seiner Wiederkunft: Mt 13,41; 24,27.30; 25,31; Lk 18,8; 21,36

Stevenson misst dem Titel »Menschensohn« eine besondere Bedeutung bei:

> … weil es die Bezeichnung war, die unser Herr gewöhnlich für sich selbst benutzte. Niemand sonst außer ihm hat im Neuen Testament diesen Ausdruck benutzt – außer wenn man in Fragen seine eigenen Aussagen zitierte (Joh 12,34) und im Fall des Stephanus, der im Augenblick seines Sterbens als Märtyrer in den verzückten Ruf ausbrach: »Siehe, ich sehe den Himmel offen und den Sohn des Menschen zur Rechten Gottes stehen!« (Apg 7,56). Es ist eindeutig ein messianischer Titel, und die Juden erkannten ihn auch als solchen (Joh 12,34).[89]

Kreyssler und Scheffrahn schreiben: »Jesus glaubte ganz klar, dass er selbst die Erfüllung der alttestamentlichen Prophezeiungen auf den Messias hin sei. Wenn er von sich sprach, benutzte er beständig den Titel ›Menschensohn‹ aus der Vision Daniels [Dan 7,13.14].«[90]

In Mk 14,61-64 wendet Jesus Dan 7,13 auf sich an und daneben Ps 110,1 als etwas, das vor ihren Augen geschehen würde. C. G. Montefiore weist darauf hin: »Wenn Jesus diese Worte sagt, können wir kaum annehmen, dass er zwischen sich als dem Menschensohn und sich als dem Messias unterscheidet. Der Menschensohn musste der Messias sein, und beides musste er selbst sein.«[91]

3.4 Abba – Vater

Michael Green schreibt in seinem Buch *Runaway World*, dass Christus

> … versicherte, dass er ein Verhältnis zu Gott habe, das noch niemals jemand vorher für sich beansprucht habe. Dies wird deutlich in dem aramäischen Wort *Abba*, das er so gern gebrauchte, vor allem im Gebet. Keiner hat vor ihm in der gesamten Geschichte Israels Gott so angeredet … Natürlich waren die Juden gewohnt, zu Gott als zu ihrem Vater zu beten. Aber das Wort, das sie benutzten, hieß *Abhinu*, eine Anrede, die vor allem für eine Bitte zu Gott um Gnade und Vergebung verwandt wurde. In der Art und Weise, wie Jesus den Vater anredet, findet sich nichts von einer Bitte um Gnade – *Abba*. Es ist der gebräuchlichste Ausdruck für vertrauteste Intimität. Darum unterschied er zwischen seiner eigenen Beziehung zu Gott als Vater und der anderer Menschen.[92]

Es ist interessant, dass selbst David mit seiner Nähe zum Vater nicht zu Gott als Vater spricht, sondern sagte »wie ein Vater … so der HERR« (Ps 103,13). Im Gegensatz dazu benutzte Jesus das Wort »Vater« im Gebet sehr oft.

> Die Pharisäer erkannten natürlich diese Andeutungen und klagten ihn der Gotteslästerung an (Joh 5,18) … »weil er … auch Gott seinen eigenen Vater nannte, womit er sich selbst Gott gleich machte«. Und wenn er nicht wirklich mit Gott gleich war, waren diese Worte gewiss eine Gotteslästerung.[93]

4 Literaturangaben

1 Tim LaHaye, *Jesus Who Is He?*, S. 59.
2 Philip Yancey, *The Jesus I Never Knew*, S. 21.
3 Irwin H. Linton, *The Sanhedrin Verdict*, S. 11.
4 Alister E. McGrath, *Understanding Jesus*, S. 16.
5 Robert H. Stein, *The Method and Message of Jesus Teachings*, S. 118.
6 Thomas Schultz, *The Doctrine of the Person of Christ*, S. 209.
7 Fred John Meldau, *Proofs of the Deity of Christ from the Gospels*, S. 5.
8 Robert Anderson, *The Lord from Heaven*, S. 49.
9 William Childs Robinson, *Our Lord*, S. 29.
10 Charles Edmund Deland, *The Mis-Trials of Jesus*, S. 118f.
11 Archibald Thomas Robertson, *Word Pictures in the New Testament*, S. 277.
12 Henry Barclay Swete, *The Gospel According to St. Mark*, S. 339.
13 Irwin H. Linton, *The Sanhedrin Verdict*, S. ,7.
14 Frank Morison, *Who Moved the Stone?*, S. 25.
15 Hilarin Felder, *Christ and the Critics*, S. 299f.
16 Simon Greenleaf, *The Testimony of the Evangelists*, S. 562.
17 Frank Morison, *Who Moved the Stone?*, S. 26.
18 C. G. Montefiore, *The Synoptic Gospels*, S. 360.
19 Craig Blomberg, *Jesus and the Gospels*, S. 341ff.
20 F. F. Bruce, *The Real Jesus: Who Is He?*, S. 64f.
21 Herbert F. Stevenson, *Titles of the Triune God*, S. 125.
22 William Childs Robinson, *Who Say Ye That I Am*, S. 65.
23 Herschel Hobbs, *An Exposition of the Gospel of Luke*, S. 322.
24 Robert Anderson, *The Lord from Heaven*, S. 5.
25 Hilarin Felder, *Christ and the Critics, Vol. 1*, S. 306.
26 Paul E. Little, *Know Why You Believe*, S. 45.
27 Archibald Thomas Robertson, *Word Pictures in the New Testament*, S. 186.
28 J. Carl Laney, *John*, in *Moody Gospel Commentary*, S. 195f.
29 Archibald Thomas Robertson, *Word Pictures in the New Testament*, S. 187.
30 F. F. Bruce, *New International Commentary on the New Testament*, S. 524.
31 Merrill C. Tenney, *The Gospel According to John*, S. 64.
32 Archibald Thomas Robertson, *Word Pictures in the New Testament*, S. 82f.

[33] Leon Morris, *The Gospel According to John*, S. 309.
[34] Charles E. Pfeiffer, *The Wycliffe Bible Commentary*, S. 1083.
[35] R. C. H. Lenski, *The Interpretation of St. John's Gospel*, S. 375.
[36] Frederick C. Spurr, *Jesus Is God*, S. 54.
[37] Henry Alford, *The Greek Testament*, S. 801f.
[38] Marvin R. Vincent, *Word Studies in the New Testament*, Bd. 2, S. 181.
[39] A. Glen Campbell, *The Greek Terminology for the Deity of Christ*, S. 12.
[40] Peter Lewis, *The Glory of Christ*, S. 92.
[41] A. Glen Campbell, *The Greek Terminology for the Deity of Christ*, S. 12f.
[42] Raymond E. Brown, *The Gospel According to John*, S. 367.
[43] F. Godet, *Commentary on the Gospel of St. John*, Bd. 2, S. 174.
[44] Archibald Thomas Robertson, *Word Pictures in the New Testament*, S. 86.
[45] Merrill C. Tenney, *John: The Gospel of Belief*, S. 213.
[46] Karl Scheffrahn, *Jesus of Nazareth*, S. 11.
[47] Henry Clarence Thiessen, *Introduction to the New Testament*, S. 65.
[48] Alister E. McGrath, *Christian Theology*, S. 280.
[49] Charles Hodge, *A Commentary on Romans*, S. 300.302.
[50] Murray J. Harris, *Jesus as God*, S. 172.
[51] Peter Toon, *Our Triune God*, S. 168.
[52] F. F. Bruce, *The Real Jesus: Who Is He?*, S. 202.
[53] Peter Lewis, *The Glory of Christ*, S. 259f.
[54] F. F. Bruce, *The Real Jesus: Who Is He?*, S. 158.
[55] Charles C. Ryrie, *The Ryrie Study Bible*, S. 1831.
[56] Carl F. H. Henry, *The Identity of Jesus of Nazareth*, S. 53.
[57] Murray J. Harris, *Jesus as God*, S. 173-185.
[58] Karl Scheffrahn, *Jesus of Nazareth*, S. 10.
[59] Murray J. Harris, *Jesus as God*, S. 238.
[60] John R. W. Stott, *Basic Christianity*, S. 28.
[61] F. F. Bruce, *The Epistle to the Hebrews*, S. 48.
[62] Thomas Schultz, *The Doctrine of the Person of Christ*, S. 180.
[63] R. C. Sproul, *Essential Truths of the Christian Faith*, S. 105.
[64] Carl J. Laney, *John, Moody Gospel Commentary,* S. 37f.
[65] Daniel B. Wallace, *Greek Grammar Beyond the Basics*, S. 269.
[66] Frank Mead, *The Encylopedia of Religious Quotations*, S. 50.
[67] John R. W. Stott, *Basic Christianity*, S. 29.
[68] Charles E. Pfeiffer, *The Wycliffe Bible Commentary*, S. 944.
[69] Ebd., S. 943.
[70] Charles Edward Jefferson, *The Character of Jesus*, S. 330.
[71] Lewis Sperry Chafer, *Systematic Theology*, Bd. 5, S. 21.
[72] Merrill C. Tenney, *John: The Gospel of Belief,* S. 215.
[73] John R. W. Stott, *Basic Christianity*, S. 29.
[74] Ebd., S. 31f.
[75] Herbert F. Stevenson, *Titles of the Triune God*, S. 20.

[76] Peter Toon, *Our Triune God*, S. 96.
[77] Lewis Sperry Chafer, *Systematic Theology*, Bd. 1, S. 264.
[78] Judaeus Philo, *The Works of Philo*, III, S. 41.
[79] Flavius Josephus, *Jewish Antiquities*, Buch II 12, Par. 4.
[80] Peter Toon, *Our Triune God*, S. 97.
[81] William Childs Robinson, *Who Say Ye That I Am*, S. 118.
[82] Karl Scheffrahn, *Jesus of Nazareth*, S. 11.
[83] Fred John Meldau, *Proofs of the Deity of Christ from the Gospels*, S. 15.
[84] Clark Pinnock, *Set Forth Your Case*, S. 60.
[85] William Childs Robinson, *Who Say Ye That I Am*, S. 117f.
[86] Charles C. Ryrie, *Basic Theology*, S. 248.
[87] Herbert F. Stevenson, *Titles of the Triune God*, S. 123.
[88] Hilarin Felder, *Christ and the Critics*, S. 268f.
[89] Herbert F. Stevenson, *Titles of the Triune God*, S. 120.
[90] Karl Scheffrahn, *Jesus of Nazareth*, S. 9f.
[91] C. G. Montefiore, *The Synoptic Gospels*, S. 361.
[92] Michael Green, *Runaway World*, S. 99f.
[93] Herbert F. Stevenson, *Titles of the Triune God*, S. 97.

07 Das »Trilemma« – Gott, Lügner oder Geistesgestörter?

Kapitelübersicht

1 Wer ist Jesus von Nazareth?

Durch die gesamte Geschichte hindurch haben die Menschen eine Menge verschiedener Antworten darauf gegeben. Was auch immer ihre Antwort war, keiner kann der Tatsache entgehen, dass Jesus wirklich gelebt hat und dass sein Leben die menschliche Geschichte für immer radikal veränderte. Der weltbekannte Historiker Jaroslav Pelikan macht das deutlich, indem er sagt:

> Unabhängig davon, was irgendjemand persönlich von ihm denkt oder glaubt – Jesus von Nazareth ist die beherrschende Gestalt in der Geschichte der westlichen Kultur über fast zwanzig Jahrhunderte gewesen. Wenn es möglich wäre, mit einer Art von Supermagnet aus dieser geschichtlichen Periode jedes Stückchen Metall herauszuziehen, das mindestens eine Spur des Namens Jesus trägt, wieviel würde übrigbleiben? Von seinem Geburtstag her datieren die meisten Menschen ihren Kalender, in seinem Namen fluchen und beten Millionen von Menschen.[1]

Wie viel Einfluss hat Jesus gehabt? In ihrem Buch *What If Jesus Had Never Been Born?* versuchen D. James Kennedy und Jerry Newcombe diese Frage zu beantworten – wenigstens teilweise. Sie beginnen mit der Voraussetzung, dass die Kirche – der Leib Christi – sein vorrangiges Vermächtnis an die Welt ist. Dann untersuchen sie, was sich in der Geschichte ereignet hat, das den Einfluss der Kirche sichtbar macht. Hier folgen einige der »Highlights«, die sie zitieren:

- Krankenhäuser, die hauptsächlich im Mittelalter entstanden

- Universitäten, die ebenfalls im Mittelalter eingerichtet wurden. Außerdem wurden die größten Universitäten der Welt meist von Christen für christliche Zwecke gegründet.
- literarische Bildung und die Erziehung der breiten Massen
- parlamentarische Regierungen, wie man sie vor allem aus der Geschichte Nordamerikas kennt
- Trennung der politischen Gewalten
- bürgerliche Freiheiten
- Abschaffung der Sklaverei, sowohl in der Antike als auch in moderner Zeit
- moderne Wissenschaft
- Entdeckung der Neuen Welt durch Kolumbus
- Wohltätigkeits- und Fürsorgeeinrichtungen, Samariterdienste
- höhere Rechts-Standards
- höheren Lebensstandard für die breiten Massen
- hohe Achtung vor dem menschlichen Leben
- Zivilisierung vieler Barbaren und primitiven Kulturen
- Kodifizierung und Verschriftlichung vieler Sprachen in der Welt
- umfassende Entwicklung von Kunst und Musik, die Inspiration der größten Kunstwerke
- zahllose veränderte Leben mit Schuld gegenüber der Gesellschaft zu gewinnbringenden Aktivposten – aufgrund des Evangeliums
- ewige Rettung unzähliger Seelen.[2]

Jeder, der sich mit Kirchengeschichte befasst hat, weiß, dass die Kirche ihren Anteil an Führern und Fehlentwicklungen gehabt hat, die die hohen Ideale, die Jesus eingeführt hatte, missachteten und seinem Namen Schande bereiteten. Oft waren es Glieder der einen oder anderen Gruppierung innerhalb des anerkannten Christentums, die eine Politik oder Praktiken propagierten, die vollkommen im Widerspruch zur Liebe Christi standen. Die Verfolgungen einer christlichen Gemeinde durch eine andere steht als ein trauriges Beispiel dafür. Und häufig hinkte die Kirche hinterher, wenn manche aus der säkularen Szene notwendige Veränderungen in Gang setzen wollten. Die Bürgerrechte für Afroamerikaner sind ein solches Beispiel, obwohl man dazu sagen muss, dass der christliche Glaube eine der vorrangigsten Motivationen der ganz Großen war, der Helden der Rassenfreiheit wie Abraham Lincoln oder Martin Luther King jr.

Unterm Strich sind es dann die Nachfolger Jesu, die das große Opfer auf sich genommen haben, andere aus dem Schmutz des Lebens zu ziehen. Jesus von Nazareth hat das Leben für nahezu zwei Jahrtausende verändert, und in diesem Prozess hat er die Entwicklung und das Ergebnis der menschlichen Geschichte mitgeschrieben.

Im neunzehnten Jahrhundert forderte Charles Bradlaugh, ein prominenter Atheist, einen Christen dazu heraus, mit ihm die Glaubwürdigkeit der Behauptungen

des christlichen Glaubens zu diskutieren. Der Christ, Hugh Price Hughes, war ein sehr aktiver »Seelengewinner«, der unter den Armen in den Slums von London arbeitete. Hughes sagte Bradlaugh, dass er unter einer Bedingung dieser Diskussion zustimmen würde:
Ich schlage vor, dass jeder von uns einige konkrete Beweise der Glaubwürdigkeit seines Glaubens in Gestalt von Männern und Frauen mitbringt, die aus einem Leben der Sünde und Schande durch den Einfluss unserer Lehren erlöst worden sind. Ich werde hundert dieser Menschen mitbringen und ich verlange von Ihnen, das gleiche zu tun. Hughes sagte später, wenn Bradlaugh die hundert Personen nicht zusammenbekommen könnte, dürften es auch 50 sein, und wenn das nicht möglich wäre, dann zwanzig. Schließlich ging er in seiner Forderung bis auf einen Einzigen zurück. Alles, was Bradlaugh zu tun hatte, war, einen einzigen Menschen aufzutreiben, dessen Leben durch den Atheismus gebessert worden war – und dann würde Hughes, der hundert Menschen mitbringen würde, die durch Christus ein besseres Leben gefunden hatten, mit ihm über die Glaubwürdigkeit ihrer beider Überzeugungen debattieren! Bradlaugh nahm seine Anfrage zurück![3]

Wenn wir uns die Grundtatsachen des Lebens Jesu näher ansehen, dann ist der ungeheure Einfluss, den er gehabt hat, nahezu unglaublich. Ein Autor des 19. Jahrhunderts schreibt darüber:

> Geboren war er [Jesus] in einem unbedeutenden Dorf, als Kind einer Landfrau. Er wuchs in einem anderen Dorf auf und arbeitete bis zu seinem dreißigsten Lebensjahr in einer Zimmermannswerkstatt. Dann brachte er drei Jahre als Wanderprediger zu. Niemals hat er ein Buch geschrieben. Niemals unterhielt er einen offiziellen Arbeitsraum, ein Büro. Er hatte niemals eine eigene Familie oder ein Zuhause. Er ging nicht zum College. Er besuchte niemals eine große Stadt. Er kam auf seinen Wanderungen niemals 300 km von dem Ort weg, an dem er geboren war. Er tat nichts von dem, was normalerweise zu menschlicher Größe gehört. Er hatte keine Empfehlung, keine Beglaubigung, keinen Ausweis als sich selbst.
>
> Er war erst dreiunddreißig Jahre alt, als sich die öffentliche Meinung gegen ihn wandte. Seine Freunde verließen ihn. Einer von ihnen verleugnete ihn. Er wurde seinen Feinden ausgeliefert und ließ den Hohn eines Verhörs über sich ergehen. Zwischen zwei Verbrechern wurde er an ein Kreuz genagelt.
>
> Während er starb, würfelten seine Henker um seine Kleider, den einzigen Besitz, den er auf der Welt hatte. Als er tot war, legte man ihn in ein geliehenes Grab, das ein mitleidiger Freund zur Verfügung stellte. Neunzehn Jahrhunderte gingen vorüber, und heute noch ist er die zentrale Gestalt der Menschheit.
>
> Alle Armeen, die jemals marschierten, alle Flotten, die jemals segelten, alle Parlamente, die je aufgestellt wurden, alle Könige, die jemals regierten haben, zusammengenommen haben das Leben der Menschen auf dieser Erde nicht so tief berührt wie dieses einzige und einsame Leben.[4]

Was glaubte Jesus nun von sich selbst? Wie sahen ihn die andern an? Wer war diese einsame Gestalt? Wer ist dieser Jesus von Nazareth?

Jesus hielt es für von grundsätzlicher Bedeutung, was andere von ihm dachten. Das war eine Frage, die keine Neutralität erlaubte oder wo er sich mit weniger als aufrichtiger Einschätzung der Beweise zufrieden geben konnte. C. S. Lewis, Professor für englische Literatur an der Universität Cambridge und früherer Agnostiker, hielt diese Wahrheit in seinem Buch *Mere Christianity* fest. Nachdem er einiges an Beweismaterial hinsichtlich der Identität Jesu näher untersucht hatte, schreibt Lewis:

> Ich versuche hier zu verhindern, dass noch jemand so dummes Zeug erzählt, wie man es oft von Menschen hören kann, wenn sie über Jesus reden: »Ich bin bereit, Jesus als großen moralischen Lehrer zu akzeptieren, doch seinen Anspruch, Gott zu sein, lehne ich ab.« Das ist das eine, was wir nicht sagen dürfen. Ein Mann, der nur ein Mensch war und dann solche Dinge sagte wie Jesus, wäre kein großer moralischer Lehrer. Er wäre entweder ein Geistesgestörter – wie einer, der behauptete, ein »verlorenes Ei« zu sein – oder er wäre der Teufel selbst. Man muss sich entscheiden. Entweder war dieser Mann der Sohn Gottes und ist es noch, oder er war ein Verrückter oder noch Schlimmeres. Man kann ihm den Mund stopfen, weil er ein Narr ist, man kann ihn anspucken und ihn als Dämon umbringen. Oder aber man kann ihm zu Füßen fallen und ihn Herr und Gott nennen. Aber lasst uns bitte nicht mit diesem herablassenden Unsinn kommen, dass er ein großer menschlicher Lehrer wäre. Diese Möglichkeit hat er uns nicht offen gelassen. Das wollte er auch nicht.[5]

F. J. A. Hort weist darauf hin: Was wir auch immer von Jesus denken, wir können seine Identität nicht von dem trennen, was er sagte:

> Seine Worte waren so sehr ein Teil und Äußerungen von ihm selbst, dass sie als bloße losgelöste wahre Aussagen, die er als göttliches Orakel oder als Prophet von sich gegeben hätte, gar keine Bedeutung haben. Wenn man ihn als Ursprung [wenn auch nicht als letzten] jeder Aussage wegnimmt, zerfällt sie in Stücke.[6]

Kenneth Scott Latourette, der verstorbene große christliche Historiker an der Universität Yale, bestätigt Horts Beobachtung, wenn er sagt:

> Es ist nicht seine Lehre, die Jesus so bemerkenswert macht, obwohl diese schon ausreichen würde, um ihn besonders auszuzeichnen. Es ist vielmehr eine Kombination seiner Lehren mit ihm selbst. Man kann beides nicht voneinander trennen.[7]

Etwas später fügt er noch hinzu:

> Es muss jedem nachdenklichen Leser der Evangelien klar sein, dass Jesus sich selbst und seine Botschaft als untrennbar ansah. Er war ein großer Lehrer, aber

er war noch mehr. Seine Lehren vom Reich Gottes, vom Verhalten der Menschen und von Gott waren wichtig, aber von seinem Standpunkt aus konnten sie nicht von ihm getrennt werden, ohne verfälscht zu werden.[8]

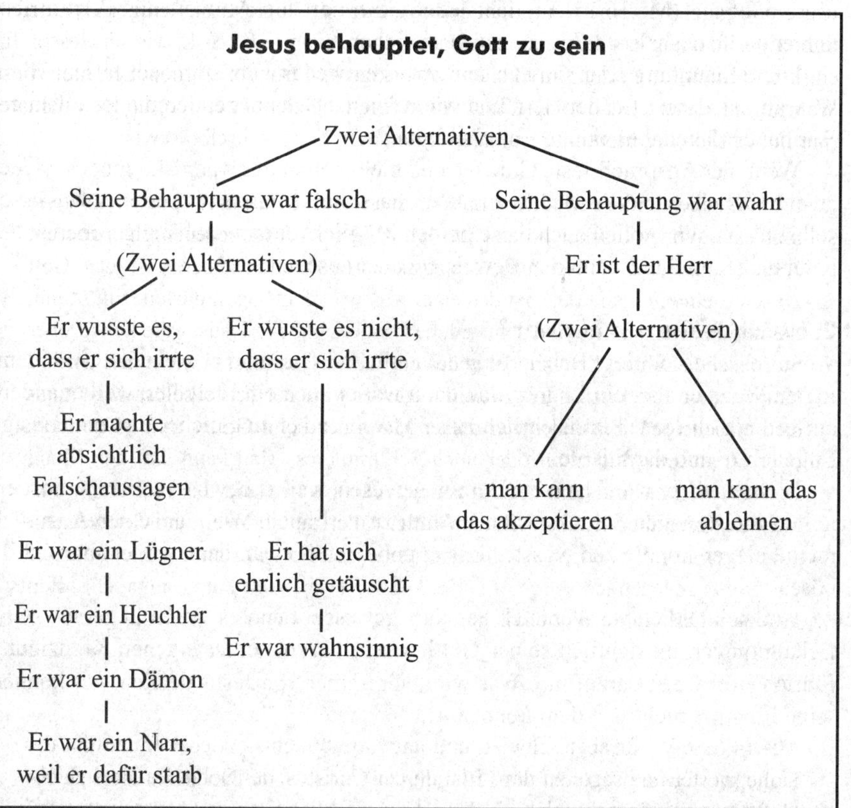

2 Drei Alternativen

Manche Menschen glauben, dass Jesus Gott ist, weil sie glauben, dass die Bibel von Gott eingeben ist, und weil sie lehrt, dass Jesus Gott ist, muss er es auch sein. Ich glaube zwar auch, dass die Bibel ganz von Gott inspiriertes Wort ist, aber ich denke nicht, dass man diesen Glauben haben muss, um zu dem Schluss zu kommen, dass Jesus auch Gott ist. Und zwar aus folgendem Grund:

Wir haben bereits gesehen, dass die neutestamentlichen Bücher historisch genau und glaubwürdig sind. Deshalb kann man Jesus nicht als bloße Legende abtun. Die Evangelien bewahren einen zuverlässigen Bericht der Dinge, die er tat, der Orte, die er aufsuchte und der Worte, die er sprach. Und Jesus behauptete ausdrücklich, dass er Gott war (siehe unten und in Kp. 6). So muss jeder für sich die Frage beantworten: Ist sein Anspruch auf Göttlichkeit berechtigt oder nicht? Diese Frage verdient aber ernsthafteste Beachtung.

Im ersten Jahrhundert, als die Menschen eine Menge Antworten im Hinblick auf die Identität Jesu gaben, fragte Jesus seine Jünger: »Ihr aber, für wen haltet ihr mich?«, worauf Petrus dann antwortete: »Du bist der Christus, der Sohn des lebendigen Gottes« (Mt 16,15f.). Nicht jeder akzeptiert die Antwort des Petrus, aber keiner sollte deshalb der Frage Jesu ausweichen.

Die Behauptung Jesu, Gott zu sein, muss entweder wahr sein oder falsch. Wenn sie wahr ist, dann ist er der Herr, und wir können das nur akzeptieren oder ablehnen. Wir haben dabei aber »keine Entschuldigung«.

Wenn der Anspruch Jesu, Gott zu sein, nicht berechtigt war, dann gibt es wieder zwei Möglichkeiten: Entweder wusste er, dass dieser falsch war, oder er wusste es selbst nicht. Wir wollen auch diese beiden Möglichkeiten unabhängig voneinander untersuchen und uns dann den Beweis genauer ansehen.

2.1 War Jesus ein Lügner?

Wenn Jesus, als er diese Behauptung aufstellte, wusste, dass er nicht Gott war, dann log er. Wenn er aber ein Lügner war, dann war er auch ein Heuchler, weil er andere aufforderte, um jeden Preis ehrlich zu sein, während er zu gleicher Zeit eine riesige Lüge lehrte und darin lebte.

Mehr noch, er wäre dann ein Dämon gewesen, weil er bewusst andere aufforderte, um ihres ewigen Schicksals willen ihm zu vertrauen. Wenn er seinen Anspruch nicht belegen konnte und wusste, dass er unberechtigt war, dann war er abgrundtief böse.

Und schließlich wäre er auch ein Narr gewesen, denn es waren ja gerade seine Behauptungen hinsichtlich seiner Göttlichkeit, die zu seiner eigenen Kreuzigung führten.

> Mk 14,61-64: »Er aber schwieg und antwortete nichts. Wieder fragte ihn der Hohepriester und sagte zu ihm: Bist du der Christus, der Sohn des Hochgelobten? Jesus aber sprach: Ich bin's. Und ihr werdet den SOHN DES MENSCHEN SITZEN SEHEN ZUR RECHTEN DER MACHT UND KOMMEN MIT DEN WOLKEN DES HIMMELS. Da zerriss der Hohepriester seine Kleider und sagte: Was brauchen wir weitere Zeugen? Ihr habt die Lästerung gehört. Was meint ihr? Und sie urteilten alle, dass er des Todes schuldig sei.«
> Joh 19,7: »Die Juden antworteten ihm: Wir haben ein Gesetz, und nach unserm Gesetz muss er sterben, weil er sich selbst zu Gottes Sohn *gemacht hat*.«

Wenn Jesus ein Lügner war, ein Betrüger, und deshalb ein böser und dummer Mensch, wie können wir dann die Tatsache erklären, dass er uns die tiefgründigsten ethischen Anweisungen und das beeindruckendste moralische Beispiel hinterließ, das uns jemals von irgendjemandem übermittelt wurde? Konnte ein Betrüger, ein Hochstapler von monströsem Format – solche selbstlosen ethischen Wahrheiten verkünden und ein solch moralisch beispielhaftes Leben führen, wie er es tat? Allein die Vorstellung ist schon absurd.

John Stuart Mill, der Philosoph, Skeptiker und ein erklärter Gegner des Christentums gab zu, dass Jesus ein erstklassiger Ethiker war, der unsere Aufmerksamkeit und Nachahmung in höchstem Maße verdient. Mill sagt:

> Im Hinblick auf das Leben und die Aussagen Jesu trägt alles den Stempel der persönlichen Originalität, verknüpft mit tiefgründiger Einsicht in die großartigsten menschlichen Begabungen, deren wir uns rühmen können. Wenn dieser hervorragende Genius kombiniert ist mit den Qualitäten des wohl größten moralischen Reformers und Märtyrers seines Auftrages, der jemals auf der Erde lebte, dann ist es nicht abwegig, wenn dieser Mann als der ideale Vertreter und Führer der Menschlichkeit dargestellt wird. Und selbst heute würde es nicht leicht sein – selbst für einen Ungläubigen – eine bessere Übersetzung aller Tugendregeln vom Abstrakten ins Konkrete zu finden, als sich darum zu bemühen, so zu leben, dass Christus unserm Leben zustimmen würde.[9]

Durch die ganze Geschichte hindurch hat Jesus Christus die Herzen und Gedanken von Millionen Menschen gewonnen, die versuchten, ihr Leben nach seinen Maßstäben zu ordnen. Selbst William Lecky, einer der bekanntesten Historiker Großbritanniens und erklärter Gegner des organisierten Christentums, stellt das in seiner *History of European Morals from Augustus to Charlemagne* fest:

> Es war dem Christentum vorbehalten, der Welt eine ideale Gestalt vor Augen zu stellen, die durch alle Veränderungen von achtzehn Jahrhunderten die Herzen der Menschen mit leidenschaftlicher Liebe erfüllt hat. Diese Gestalt hat sich in der Lage gezeigt, alle Zeitalter, Nationen, Temperamente und Umstände zu beeinflussen, stellte nicht nur den höchsten Tugendmaßstab dar, sondern verlieh auch den stärksten Ansporn, ihn zu praktizieren … Der schlichte Bericht von [Jesus in] diesen drei kurzen Jahren des aktiven Wirkens hat mehr dazu beigetragen, die Menschheit zu erneuern und weniger hart sein zu lassen, als alle die Abhandlungen der Philosophen und alle Ermahnungen von Moralisten.[10]

Als der Kirchenhistoriker Philip Schaff den Beweis für die Göttlichkeit Jesu untersuchte – vor allem im Licht dessen, was Jesus lehrte und wie er lebte –, war Schaff über die Absurdität der Erklärungen perplex, mit denen man den logischen Folgerungen dieses Beweismaterials ausweichen wollte. Schaff sagte:

> Dieses Zeugnis – wenn es nicht wahr ist – muss regelrechte Gotteslästerung oder Verrücktheit sein. Die frühere Hypothese kann keinen Augenblick standhalten vor der moralischen Reinheit und Würde Jesu, die sich in jedem seiner Worte und jeder Tat offenbart und die allgemein anerkannt werden. Selbsttäuschung in einer so bedeutsamen Sache und mit einem Intellekt, der in jeder Hinsicht so klar und intakt ist, steht ebenfalls außer Frage. Wie könnte er ein Schwärmer oder ein Geistesgestörter sein, der niemals sein geistiges Gleichgewicht verlor, der alle

> Schwierigkeiten und Verfolgungen so gelassen überstand, wie die Sonne über den Wolken weiter scheint, der immer die weiseste Antwort auf alle verfänglichen Fragen gab, der ruhig und bewusst seinen Tod am Kreuz vorhersagte, seine Auferstehung am dritten Tag, das Ausgießen des Heiligen Geistes, die Gründung seiner Gemeinde, die Zerstörung Jerusalems – Vorhersagen, die sich alle buchstäblich erfüllten? Ein Charakter, der so ursprünglich, so vollständig, so uneingeschränkt beständig, so vollkommen, so menschlich und doch so hoch über aller menschlichen Größe war, kann weder auf Betrug noch auf Einbildung basieren. Der Dichter – wie man so schön sagt – würde in diesem Fall größer sein als der Held. Es würde noch mehr als einen Jesus brauchen, um einen Jesus zu erfinden.[11]

In seinem Werk *The Person of Christ* nimmt Schaff die Theorie, dass Jesus ein Betrüger gewesen wäre, noch einmal auf und greift sie überzeugend an:

> Die Hypothese vom Betrüger erweist sich im Hinblick auf die Moral wie auch auf den gesunden Menschenverstand als so absurd, dass ihre bloße Aussage ihr Verdammungsurteil schon in sich trägt … [K]ein Gelehrter von Anstand und Selbstachtung würde es wagen, sie öffentlich zu behaupten. Wie, im Namen von Logik, gesundem Verstand und Erfahrung, könnte ein Betrüger – das heißt ein heuchlerischer, selbstsüchtiger, verdorbener Mann – vom Anfang seines Lebens bis zum Ende den reinsten, edelsten Charakter, der in der ganzen Geschichte bekannt ist, mit dem vollkommensten Eindruck von Wahrheit und Realität erfunden haben und durchgehend beibehalten haben? Wie hätte er sich einen Plan noch nie da gewesener Wohltätigkeit, moralischer Größe und umfassender Großartigkeit ausdenken und erfolgreich verwirklichen und dann noch sein eigenes Leben dafür opfern können, angesichts der Vorurteile seines Volkes und seiner Zeit?[12]

Die Antwort lautet natürlich, dass das niemals möglich gewesen wäre! Jemand, der lebte, wie Jesus lebte, der lehrte, wie Jesus lehrte, und starb, wie Jesus starb, konnte kein Lügner sein.

Welche anderen Alternativen gibt es aber noch?

2.2 War Jesus ein Geistesgestörter?

Wenn es unvorstellbar ist, dass Jesus ein Lügner war – könnte er gedacht haben, er wäre Gott, hätte sich dabei aber geirrt? Schließlich ist es möglich, aufrichtig und doch im Irrtum zu sein.

Doch wir müssen uns an folgendes erinnern: wenn jemand dachte, er sei Gott – besonders in einer Kultur, die streng monotheistisch war – und dann noch andern sagte, dass ihr ewiges Schicksal davon abhing, ob sie an ihn glaubten, dann war das kein leichter Abstecher in das Reich der Fantasie, sondern es waren die Gedanken eines Geistesgestörten im vollen Sinn des Wortes. War Jesus Christus eine solche

Person? Der christliche Philosoph Peter Kreeft stellt diese Möglichkeit dar und zeigt dann, warum wir sie nur ablehnen können:

> Ein Maßstab für Geistesverwirrtheit ist die Größe der Kluft zwischen dem, was man denkt, dass man ist, und dem, was man wirklich ist. Wenn ich denke, dass ich der größte Philosoph Amerikas bin, dann bin ich nur ein arroganter Narr; wenn ich denke, dass ich Napoleon bin, bin ich wahrscheinlich schon über eine bestimmte Grenze hinaus; wenn ich aber denke, dass ich ein Schmetterling bin, dann habe ich die sonnigen Gestade der Zurechnungsfähigkeit längst verlassen. Doch wenn ich denke, dass ich Gott bin, bin ich noch viel kränker, weil die Kluft zwischen irgendetwas Endlichem und dem unendlichen Gott viel größer ist als die Kluft zwischen zwei endlichen Dingen, selbst wenn es ein Mann und ein Schmetterling ist.
>
> Also dann, warum [war Jesus kein] Lügner oder Wahnsinniger? … nahezu keiner, der die Evangelien gelesen hat, kann ehrlichen Herzens und ernsthaft diese Möglichkeit in Betracht ziehen. Die Klugheit, die Umsicht, die menschliche Weisheit, die Anziehung Jesu, die in den Evangelien mit unausweichlicher Kraft für jeden auftaucht, wenn er nicht total verhärtet und mit Vorurteilen belastet ist … Vergleichen wir Jesus doch mit Lügnern … oder mit Wahnsinnigen wie den sterbenden Nietzsche. Jesus besaß im Überfluss genau die drei Qualitäten, die Lügnern und Geistesgestörten am auffallendsten fehlen: 1. praktische Weisheit, seine Fähigkeit, im menschlichen Herzen zu lesen. 2. seine tiefe und gewinnende Liebe, sein leidenschaftliches Mitleid, seine Fähigkeit, Menschen anzuziehen und ihnen das Gefühl zu verleihen, zu Hause zu sein und Vergebung zu haben, seine Autorität, die »nicht war wie die der Schriftgelehrten«. 3. seine Fähigkeit, Erstaunen zu wecken, seine Unberechenbarkeit, seine Kreativität. Lügner und Geistesgestörte sind so schwerfällig und berechenbar! Keiner der sowohl die Evangelien als auch die Menschen kennt, kann ernsthaft die Möglichkeit in Erwägung ziehen, dass Jesus ein Lügner oder ein Verrückter war, ein schlechter Mensch.[13]

Selbst Napoleon Bonaparte äußerte sich dazu:

> Ich kenne die Menschen. Und ich sage Ihnen, dass Jesus Christus kein Mensch ist. Oberflächliche Geister sehen eine Ähnlichkeit zwischen Christus und den Gründern von Imperien und den Göttern andrer Religionen. Diese Ähnlichkeit existiert nicht. Zwischen dem Christentum und jeder anderen Religion ist ein unendlicher Abstand … Alles an Christus erstaunt mich. Sein Geist erfüllt mich mit tiefer Ehrfurcht. Sein Wille verwirrt mich. Zwischen ihm und irgendjemandem sonst in dieser Welt gibt es keine Vergleichsmöglichkeit. Er ist wirklich eine einzigartige Erscheinung. Seine Ideen und Ansichten, die Wahrheit, die er verkündet, seine Art und Weise zu überzeugen, lassen sich nicht erklären durch irgendeine menschliche Organisation oder durch die Natur der Dinge … je mehr

ich mich mit dem allem befasse, je sorgfältiger ich prüfe – alles ist mir zu hoch. Alles bleibt bedeutungsvoll, von einer Größe, die einen überwältigt. Seine Religion verrät eine Intelligenz, die weit über den menschlichen Bereich hinausgeht … Man findet absolut nirgends als bei ihm allein das Beispiel eines solchen Lebens oder eine Nachahmung davon … Ich suche vergeblich in der Geschichte eine Entsprechung zu Jesus Christus oder irgendetwas, das dem Evangelium nahe käme. Weder die Geschichte, noch die Geisteswissenschaften, noch die Zeitalter, noch die Natur bieten mir irgendetwas, das mich in die Lage versetzte, das Christentum damit zu vergleichen oder es zu erklären. Hier ist alles außergewöhnlich.[14]

William Channing, obwohl Unitarier und Humanist des neunzehnten Jahrhunderts, lehnte auch er die Theorie der Geistesgestörtheit als eine vollkommen unbefriedigende Erklärung der Identität Jesu ab:

Der Vorwurf eines extravaganten, sich selbst täuschenden Fanatismus ist das letzte, das man Jesus anhängen kann. Wo können wir Spuren davon in seiner Geschichte entdecken? Werden sie sichtbar in der ruhigen Autorität seiner Richtlinien? In dem milden, praktischen und wohltätigen Geist seiner Religion? In der ungezwungenen Schlichtheit der Sprache, mit der er seine hohen geistigen Kräfte und die umfassenden Wahrheiten der Religion entfaltet? Oder in dem guten Empfinden, der Kenntnis der menschlichen Natur, die er immer an den Tag legt, in der Wertschätzung und der Behandlung der verschiedenen Schichten der Menschen, mit denen er zu tun hatte? Entdecken wir diesen Fanatismus darin, dass er – während er behauptete, in der zukünftigen Welt Macht zu haben und das Denken der Menschen immer auf den Himmel richtete – niemals seiner eigenen Einbildung frönte. Auch die Einbildung seiner Jünger regte er nicht an, indem er anschauliche Bilder zeichnete oder irgendwelche genauen Beschreibungen jenes unsichtbaren Reiches gab. Die Wahrheit ist vielmehr, dass er sich durch nichts mehr als durch Gelassenheit und Selbstbeherrschung auszeichnete. Dieser Zug durchdringt alle seine anderen Vorzüge. Wie ausgeglichen war seine Frömmigkeit! Man zeige mir, wenn man kann, einen einzigen heftigen leidenschaftlichen Ausbruch seiner religiösen Gefühle. Atmet das Vaterunser einen fieberhaften Enthusiasmus? … Auch seine Wohltätigkeit, obwohl einzigartig, ernsthaft und tiefgründig, war ruhig und gelassen. Niemals verlor er in seinem Mitleid mit anderen die Beherrschung. Niemals ließ er sich in ungeduldige und voreilige Unternehmungen eines leidenschaftlichen Philanthropen hineinhetzen. Doch er tat Gutes mit der Ruhe und Beständigkeit, die die Vorsehung Gottes kennzeichnen.[15]

Philip Schaff, der bekannte Historiker schrieb:

Ist ein solcher Intellekt – klar wie der Himmel, erfrischend wie die Luft im Gebirge, scharf und durchdringend wie ein Schwert, durch und durch gesund und voller Energie, immer bereit und immer selbstbeherrscht – anfällig für eine radikale und äußerst ernste Täuschung hinsichtlich seines eigenen Charakters und seines Auftrages? Eine absurde Vorstellung![16]

Die Wahrheit ist, dass Jesus nicht nur selbst geistig gesund war, sondern die Ratschläge, die er gab, vermitteln uns sogar das prägnanteste und genaueste Rezept für den Frieden von Geist und Herz. Ich schätze die Art, wie der Psychiater J. T. Fisher es darstellt:

> Wenn Sie die Summe aller maßgeblichen Artikel zusammenfassen sollten, die jemals von den qualifiziertesten Psychologen und Psychiatern über das Thema geistiger Hygiene geschrieben wurden – wenn Sie diese kombinieren und verbessern und überflüssiges Wortgeklingel ausschneiden sollten – wenn sie das Wesentliche herausholen und die Nebensächlichkeiten weglassen sollten und wenn Sie diese unverfälschten Stücke reiner wissenschaftlicher Kenntnis durch die begabtesten lebenden Dichter prägnant ausgedrückt haben sollten, dann hätten Sie eine unhandliche und unvollständige Zusammenfassung der Bergpredigt in der Hand. Und auch dann würde der Vergleich noch hinken. Fast zweitausend Jahre lang hatte die christliche Welt die vollständige Antwort auf die Fragen ihres ruhelosen und fruchtlosen Sehnens in der Hand. Hier … liegt die Anleitung für erfolgreiches menschliches Leben in Optimismus, geistiger Gesundheit und Zufriedenheit.[17]

Kein Geistesgestörter könnte die Quelle solcher scharfsinnigen und wirkungsvollen psychologischen Einsichten sein. C. S. Lewis hat Recht. Keine andere Erklärung als die christliche reicht hier aus:

> Die historische Schwierigkeit, für das Leben, die Aussagen und den Einfluss Jesu irgendeine Erklärung zu geben, ist schwer. Die christliche Erklärung ist dabei noch die leichteste. Die Diskrepanz zwischen der Tiefe, Zurechnungsfähigkeit und (lassen Sie mich hinzufügen) *Scharfsinnigkeit* seiner moralischen Lehre und der ständigen wuchernden Anmaßung, die hinter seiner theologischen Lehre liegen musste, wenn er nicht wirklich Gott war, ist niemals befriedigend überwunden worden. Daher entstehen aus der Verwirrung der Forschenden die nicht christlichen Hypothesen eine nach der anderen.[18]

2.3 Jesus ist Gott!

Wenn Jesus von Nazareth weder ein Lügner noch ein Geistesgestörter war, dann muss er Gott sein.

- »Du bist der Christus, der Sohn des lebendigen Gottes«, verkündete Petrus (Mt 16,16).
- »Ja, Herr, ich glaube, dass du der Christus bist, der Sohn Gottes, der in die

Welt kommen soll«, bekannte Martha von Bethanien, die Schwester des Lazarus (Joh 11,27).
- »Mein Herr und mein Gott!«, rief Thomas aus, nachdem er den Auferstandenen vor sich gesehen hatte (Joh 20,28).
- »Anfang des Evangeliums von Jesus Christus, dem Sohn Gottes«, schrieb Markus, als Eröffnung des neutestamentlichen Buches, das seinen Namen trägt (Mk 1,1).
- »… dieser [Jesus] ist die Ausstrahlung seiner [Gottes] Herrlichkeit und der Ausdruck seines Wesens und trägt alle Dinge durch das Wort seiner Kraft«, sagt der Autor des Hebräerbriefes (Hebr 1,3).

Andere selbst ernannte Götter und Erlöser sind auf der Bühne der Geschichte gekommen und gegangen, doch Jesus ist immer noch da und steht mit seiner ganzen Persönlichkeit über ihnen allen. Der moderne Historiker Arnold J. Toynbee hat Seite um Seite die Leistungen der sogenannten »Erlöser unserer Gesellschaft« untersucht – die versucht haben, einiges an sozialem Elend oder kultureller Zerfallserscheinungen zu vermeiden, indem sie die Vergangenheit zitierten oder die Menschen auf die Zukunft hinwiesen oder einen Krieg führten oder über Frieden verhandelten oder behaupteten, weise zu sein oder Göttlichkeit beanspruchten. Nachdem er sich mit solchen Gestalten auf über achtzig Seiten in seinem umfangreichen sechsbändigen Werk *Study of History* beschäftigt hat, kommt Toynbee schließlich zu Jesus Christus und findet, dass es nichts Vergleichbares gibt:

> Als wir mit unseren Untersuchungen begannen, befanden wir uns mitten in einer riesigen, dahinziehenden Schar. Doch nachdem wir auf unserm Weg vorwärts kamen, fiel einer nach dem andern bei dem Wettbewerb im Rennen um den Erlösertitel aus. Zuerst versagten die, die eine Lösung mit dem Schwert bringen wollten, als Nächste die Altertumsforscher, danach die Futuristen, dann die Philosophen, bis zuletzt keine menschlichen Bewerber im Rennen mehr übrig waren. Am Ende war unser buntes Heer von Möchtegern-Erlösern – menschlichen und göttlichen – zusammengeschrumpft auf eine einzelne Gruppe, in der es nur noch Götter gab. Und nun ging es darum, die Ausdauer dieser letzten, noch übrig gebliebenen Bewerber zu testen, ungeachtet ihrer angeblich übermenschlichen Kraft. Angesichts des endgültigen Urteils des Todes wagten nur noch wenige – selbst dieser angeblichen Erlöser-Götter – ihren Anspruch für den Test zur Verfügung zu stellen, indem sie in den eisigen Fluss hineintauchten. Und als wir nun dastanden und unsern starren Blick fest auf das ferne Ufer richteten, erhob sich eine einsame Gestalt aus der Flut und füllte plötzlich den ganzen Horizont aus. Da war der Erlöser: »Und das Wohlgefallen des Herrn soll in seiner Hand wachsen, und er wird sehen, worum sich seine Seele gemüht hat und wird zufrieden sein.«[19]

Dass Sie eine Entscheidung darüber treffen, wer Jesus Christus ist, muss nicht eine sinnlose intellektuelle Übung sein. Sie können ihn nicht einfach als einen großen moralischen Lehrer auf dem Bücherregal abstellen. Das ist keine gültige Möglichkeit. Er ist entweder ein Lügner, ein Geistesgestörter oder Gott selbst. Sie müssen sich entscheiden. Der Apostel Johannes schreibt: »Diese aber sind geschrieben, damit ihr glaubt, dass Jesus der Christus, der Sohn Gottes ist« und – was noch wichtiger ist – »damit ihr durch den Glauben Leben habt in seinem Namen« (Joh 20,31).

Das Beweismaterial deutet auf Jesus als Gott hin. Manche Leute lehnen allerdings diese klaren Belege für seinen Anspruch ab, weil sie die ethischen Konsequenzen nicht ziehen wollen. Es gehört moralische Aufrichtigkeit dazu, wenn man die obige Entscheidung über Jesus treffen will, ob er Betrüger, Geistesgestörter oder Herr und Gott war und ist.

1. Wie hat man im ersten Jahrhundert Lügner behandelt? Siehe den Text von Beelzebub in den Evangelien. So ging man mit Betrügern und Verrückten um.

2. Welche Hinweise finden sich dafür? Siehe Craig S. Keener, *The IVP Bible Background Commentary: New Testament*, (InterVarsity. 1993) und den anderen Band von Everett Ferguson, *Backgrounds of Christianity*.

3 Literaturangaben

[1] Jaroslav Pelikan, *Jesus Through the Centuries*, S. 1.
[2] D. James Kennedy/Jerry Newcombe, *What If Jesus Had Never Been Born?*, S. 3f.
[3] Ebd., S. 189.
[4] Ebd., S. 7f.
[5] C. S. Lewis, *Mere Christianity*, 1952, S. 40f.
[6] F. J. A. Hort, *Way, Truth and the Life*, S. 207.
[7] Kenneth Scott Latourette, *A History of Christianity*, S. 44.
[8] Ebd., S. 48.
[9] Vernon C. Grounds, *The Reason for Our Hope*, S 34.
[10] William E. H. Lecky, *History of European Morals from Augustine to Charlemagne*, S. 8; Vernon C. Grounds, *The Reason for Our Hope*, S. 34.
[11] Philip Schaff, *History of the Christian Church*, S. 109.
[12] Philip Schaff, *The Person of Christ*, S. 94f.
[13] Peter Kreeft, *Fundamentals of the Faith*, S. 60f.
[14] Vernon C. Grounds, *The Reason for Our Hope*, S 37.
[15] Philip Schaff, *The Person of Christ*, S. 98f.
[16] Ebd., S. 97f.
[17] J. T. Fisher/L. S. Hawley, *A Few Buttons Missing*, S. 273.
[18] C. S. Lewis, *Miracles: A Preliminary Study*, S. 113.
[19] Arnold Toynbee, *Study of History*, Bd. 6, S. 278.

08 Alttestamentliche Prophezeiungen sind in Jesus Christus erfüllt

Kapitelübersicht

Das ganze Neue Testament hindurch berufen sich die Apostel auf die beiden Bereiche des Lebens Jesu, um den Anspruch auf sein Messias-Sein zu begründen. Einer war die Auferstehung und der andere die Erfüllung der messianischen Prophetie. Das Alte Testament, das über einen Zeitraum von tausend Jahren geschrieben wurde, enthält nahezu dreihundert Bezugnahmen auf den kommenden Messias. Diese alle wurden in Jesus Christus erfüllt und stellen eine solide Bestätigung seiner Beglaubigung als Messias dar.

1 Einführung

1.1 Die Absicht der messianischen Prophetie

1.1.1 Gott ist der eine wahre Gott

Seine Kenntnis ist nie zu Ende und sein Wort wird niemals gebrochen.

> »Gott ist nicht ein Mensch, dass er lüge, noch ein Menschenkind, dass ihn etwas gereue. Sollte er etwas sagen und nicht tun? Sollte er etwas reden und nicht halten?« (4.Mose 23,19)

1.1.2 Alle Dinge sind dem Willen Gottes unterworfen

> »Gedenket der Anfänge von Ewigkeit her, dass ich Gott bin und keiner sonst, ein Gott, dem keiner zu vergleichen ist. Ich verkündige von Anfang an den Ausgang und von alters her, was noch nicht geschehen ist. Ich sage: Mein Ratschluss soll zustande kommen, und alles, was mir gefällt, will ich tun« (Jes 46, 9-10).

1.1.3 Der Messias wird absolut bekannt sein, aufgrund seiner Beglaubigungen

> »Das Frühere habe ich vorlängst verkündigt; aus meinem Munde ist es hervorgegangen, und ich habe es kundgetan. Plötzlich habe ich es ausgeführt, und es ist eingetroffen. … so habe ich es dir damals angekündigt; ehe es geschah, habe ich es dir zu wissen gegeben, dass du nicht sagen könntest: Mein Götze hat es gemacht, und mein geschnitztes oder gegossenes Bild hat es befohlen« (Jes 48,3.5).
>
> »… das er zuvor durch seine Propheten in den Heiligen Schriften verheißen hat, über seinen Sohn, der hervorgegangen ist aus dem Samen Davids nach dem Geist und erwiesen ist als Sohn Gottes in Kraft nach dem Geist der Heiligkeit durch die Auferstehung aus den Toten« (Röm 1,2-4).

1.2 Die Berufung auf die messianische Prophetie

1.2.1 Jesus

> »Ihr sollt nicht meinen, dass ich gekommen bin, um das Gesetz oder die Propheten aufzulösen. Ich bin nicht gekommen, um aufzulösen, sondern um zu erfüllen.« (Mt 5,17)

»Und er begann bei Mose und bei allen Propheten und legte ihnen in alle Schriften aus, was sich auf ihn bezieht.« (Lk 24,27)

»Er aber sagte ihnen: Das sind die Worte, die ich zu euch geredet habe, als ich noch bei euch war, dass alles erfüllt werden müsse, was im Gesetz Moses und in den Propheten und den Psalmen von mir geschrieben steht.« (Lk 24,44)

»Ihr erforscht die Schriften, weil ihr meint, in ihnen das ewige Leben zu haben; und sie sind es, die von mir Zeugnis geben. Und doch wollt ihr nicht zu mir kommen, um das ewige Leben zu empfangen. Denn wenn ihr Mose glauben würdet, so würdet ihr auch mir glauben; denn von mir hat er geschrieben. Wenn ihr aber seinen Schriften nicht glaubt, wie werdet ihr meinen Worten glauben?« (Joh 5,39.40.46.47)

»… und es wird an ihnen die Weissagung des Jesaja erfüllt, welche lautet: ›Mit den Ohren werdet ihr hören und nicht verstehen, und mit den Augen werdet ihr sehen und nicht erkennen.‹« (Mt 13,14 über Gleichnisreden)

»Denn dieser ist's, von dem geschrieben steht: ›Siehe ich sende meinen Boten vor deinem Angesicht her, der deinen Weg vor dir bereiten soll.‹« (Mt 11,10 über Johannes den Täufer)

»Jesus spricht zu ihnen: Habt ihr noch nie gelesen in den Schriften: ›Der Stein, den die Bauleute verworfen haben, der ist zum Eckstein geworden?‹« (Mt 21,42)

»Das alles aber ist geschehen, damit die Schriften der Propheten erfüllt würden.« (Mt 26,56)

»Und dann wird man den Sohn des Menschen in den Wolken kommen sehen mit großer Kraft und Herrlichkeit.« (Mk 13,26; vgl. Dan 7,13.14)

»Und er rollte die Buchrolle zusammen und gab sie dem Diener wieder und setzte sich, und aller Augen in der Synagoge waren auf ihn gerichtet. Er aber fing an zu sagen: Heute ist diese Schrift erfüllt vor euren Ohren.« (Lk 4,20.21)

»Denn ich sage euch: Auch dies muss noch an mir erfüllt werden, was geschrieben steht: ›Und er ist unter die Gesetzlosen gerechnet worden.‹ Denn was von mir geschrieben steht, das geht in Erfüllung.« (Lk 22,37)

»Doch dies geschieht, damit das Wort erfüllt wird, das in ihrem Gesetz geschrieben steht: ›Sie hassen mich ohne Ursache.‹« (Joh 15,25)

1.2.2 Neutestamentliche Schreiber berufen sich auf in Jesus erfüllte Prophetien

»Gott aber hat das, was er durch den Mund aller Propheten zuvor verkündigte, dass nämlich der Christus leiden müsse, auf diese Weise erfüllt.« (Apg 3,18)

»Von diesem legen alle Propheten Zeugnis ab, dass jeder, der an ihn glaubt, durch seinen Namen Vergebung der Sünden empfängt.« (Apg 10,43)

»Und nachdem sie alles vollendet hatten, was von ihm geschrieben steht, nahmen sie ihn vom Holz herab und legten ihn in ein Grab.« (Apg 13,29)

»Paulus aber ging nach seiner Gewohnheit zu ihnen hinein und redete an drei Sabbaten mit ihnen aufgrund der Schriften, indem er erläuterte und darlegte, dass Christus leiden und aus den Toten auferstehen musste, und sprach: Dieser Jesus, den ich euch verkündige, ist der Christus.« (Apg 17,2.3)

»Denn ich habe euch zu allererst das überliefert, was ich auch empfangen habe, nämlich dass Christus für unsere Sünden gestorben ist nach den Schriften, und dass er begraben worden ist und dass er auferstanden ist am dritten Tag, nach den Schriften.« (1.Kor 15,3.4)

»... das er zuvor durch seine Propheten in heiligen Schriften verheißen hat.« (Röm 1,2)

»... so lasst auch ihr euch nun als lebendige Steine aufbauen, als ein geistliches Haus, als ein heiliges Priestertum, um geistliche Opfer darzubringen, die Gott angenehm sind durch Jesus Christus. Darum steht auch in der Schrift: ›Siehe, ich lege in Zion einen auserwählten, kostbaren Eckstein, und wer an ihn glaubt, soll nicht zuschanden werden.‹« (1.Petr 2,5.6)

»Und er rief alle Hohepriester und Schriftgelehrten des Volkes zusammen und erfragte von ihnen, wo der Christus geboren werden sollte. Sie aber sagten ihm: In Bethlehem in Judäa, denn so steht es geschrieben durch den Propheten: ›Und du, Bethlehem im Lande Juda, bist keineswegs die geringste unter den Fürsten Judas; denn aus dir wird ein Herrscher hervorgehen, der mein Volk Israel weiden soll.‹« (Mt 2,4-6)

1.2.3 Im Werk und in der Person Christi findet sich die Erfüllung der levitischen Feste

Das Fest (3. Mose 23)	**Die Erfüllung in Christus**
Passa (April)	Tod Christi (1. Kor 5,7)
ungesäuerte Brote (April)	heiliger Wandel (1. Kor 5,8)
Erstlingsfrüchte (April)	Auferstehung (1. Kor 15,23)
Pfingsten (Juni)	Ausgießung des Geistes (Apg 1,5;2,4)
Posaunenblasen zum Neumond-Sabbat (September)	Israels Sammlung (Mt 24,31)
Versöhnungsfest (September)	Reinigung durch Christus (Röm 11,26)
Laubhüttenfest (September)	Ruhe und Wiedervereinigung mit Christus (Sach 14,16-18)[1]

1.3 Die Bedeutung vorhersagender Prophetie

1.3.1 Schlussfolgerungen, dass es einen göttlichen Intellekt hinter dem Alten und Neuen Testament gibt

1.3.1.1 Die Annahme der Existenz Gottes

1.3.1.2 Die Beglaubigung der Göttlichkeit Jesu

1.3.1.3 Die Demonstration der Inspiration der Bibel

2 Die Breite vorhersagender Prophetie

Das Alte Testament enthält über dreihundert Hinweise auf den Messias, die in Jesus erfüllt worden sind.

2.1 Ein Einwand

Die Prophetien wurden erst zur Zeit Jesu oder erst danach geschrieben und erfüllten sich damit selbst.

2.2 Eine Antwort

Wenn Vertreter dieser Ansicht sich nicht damit begnügen, dass 450 v. Chr. als historisches Datum für die Vollendung des AT feststeht (und all die Vorhersagen im Hinblick auf Christus, die es enthält), dann möge man noch das Folgende in Betracht ziehen: die Septuaginta – die griechische Übersetzung der hebräischen Heiligen Schriften – wurde unter der Regierung von Ptolemäus Philadelphus (285-246 v. Chr.) in die Wege geleitet. Es ist wohl klar: wenn es eine griechische Übersetzung aus der Zeit um 250 v. Chr. gibt, dann musste man schon den hebräischen Text besitzen, von dem sie abgeschrieben war. Das dürfte genügen, um deutlich zu machen, dass *mindestens* eine zeitliche Spanne von 250 Jahren zwischen dem schriftlichen Niederlegen der Prophetien und ihrer Erfüllung durch die Person Jesu lag.

3 Zeugnisse von Jesus als Messias durch erfüllte Prophetie

3.1 Weissagungen im Hinblick auf seine Geburt

1. Geboren von einer Frau

Verheißung:
»Und ich will Feindschaft setzen zwischen dir und dem Weibe, zwischen deinem Samen und ihrem Samen; derselbe soll dir den Kopf zertreten, und du wirst ihn in die Ferse stechen.« (1.Mose 3,15)

Erfüllung:
»Als aber die Zeit erfüllt war, sandte Gott seinen Sohn, geboren von einer Frau und unter das Gesetz getan.« (Gal 4,4; s. auch Mt 1,20)

Jüdische Quellen: *Targum Onkelos* zu 1. Mose 3,15:

> »Und ich will Feindschaft setzen zwischen dir und dem Weibe, zwischen deinem Sohn und ihrem Sohn. Er wird dich erinnern daran, was du (am) vom Anfang an mit ihm getan hast, und du wirst ihm am Ende gehorchen.«[2]

Der *Targum Pseudo Jonathanon* formuliert diesbezüglich:

> Und ich will Feindschaft setzen zwischen dir und dem Weibe und zwischen dem Samen deines Nachkommens und dem Samen ihres Nachkommens; und es wird

> sein, wenn die Nachkommen der Frau das Gesetz vernehmen, werden sie sich gegen dich wenden und dich am Kopf packen; doch wenn sie die Gebote des Gesetzes verlassen, wirst du dich gegen sie wenden und wirst sie an der Ferse verwunden. Doch es wird für sie eine Erlösung geben, denn für dich wird keiner eintreten, und in der Zukunft wird die Ferse heilen, in den Tagen des Königs, des Messias.[3]

David L. Cooper macht eine interessante Beobachtung:

> In 1. Mose 3,15 finden wir die erste Vorhersage, die sich auf den Retter der Welt bezieht, hier »Same der Frau genannt«. Im ursprünglichen Spruch Gottes sagt dieser den immerwährenden Konflikt zwischen »dem Samen des Weibes« und dem »Samen der Schlange« voraus, in dem schließlich der Erstere gewinnt. Diese schlichte Verheißung weist auf einen Streit zwischen dem Messias Israels, dem Retter der Welt auf der einen Seite, und dem Satan, dem Feind der menschlichen Seele auf der anderen Seite hin. Sie sagt den vollständigen Endsieg des Messias voraus. Manche Kommentatoren glauben, dass sich ein Anklang an diese Verheißung in Evas Verständnis findet, wie es in 1. Mose 4,1 wiedergegeben ist – die Aussage Evas, als Kain, ihr erster Sohn geboren ist. »Ich habe einen Mann bekommen, (der Jahwe gleich ist) mit der Hilfe des Herrn.« Sie hatte die schlichte Verheißung richtig verstanden, aber interpretierte sie falsch, als schon in ihrem Sohn Kain erfüllt. Es ist klar, dass Eva glaubte, dass das Kind der Verheißung Gott selbst sein würde. Manche alte jüdische Kommentatoren schoben das Wort »Engel« an dieser Stelle ein und sagten dann, dass Eva meinte, dass ihr Sohn »der Engel Jahwes« sei. Es gibt aber keinen Grund zu dieser Annahme.[4]

In einer anderen Übersetzung (*The New American Standard Bible*) ist 1. Mose 4,1 so wiedergegeben: »Sie sagte: Ich habe mit *der Hilfe* des Herrn ein männliches Kind bekommen.«

2. Geboren von einer Jungfrau

Verheißung:	**Erfüllung:**
»Darum wird euch der HERR selbst ein Zeichen geben: Siehe eine Jungfrau hat empfangen und wird Mutter eines Sohnes, den wird sie Immanuel nennen.« (Jes 7,14)	»… erwies es sich, dass sie schwanger war vom Heiligen Geist … Josef aber erkannte sie nicht, bis sie ihren ersten Sohn gebar, und er gab ihm den Namen Jesus.« (Mt 1,18.24.25; s. auch Lk 1,26-35)

Im Hebräischen ist das Wort »Jungfrau« durch zwei Wörter bezeichnet: 1. *bethula*: Die genaue Bedeutung meint ein jungfräuliches Mädchen (1.Mose 24,16; 3.Mose 21,13; 5.Mose 22,14.23.28; Ri 11,37; 1.Kön 1,2). Auch Joel 1,8 ist nach Unger keine Ausnahme, weil es hier um den Verlust einer Verlobten, nicht einer verheirateten Frau geht.

2. *almah* (verschleiert): Eine junge Frau im heiratsfähigen Alter. Dieses Wort ist in Jesaja 7,14 gebraucht:

> Der Heilige Geist benutzte durch Jesaja nicht *bethula*, weil die beiden Vorstellungen von Jungfräulichkeit und ehefähigem Alter in einem Wort verknüpft werden mussten, um die unmittelbare historische Situation und den prophetischen Aspekt des von einer Jungfrau geborenen Messias zu treffen.[5]

»Jungfrau« wird im Griechischen durch das Wort »parthenos« wiedergegeben: eine Jungfrau, ein heiratsfähiges Mädchen oder eine junge verheiratete Frau, eine reine Jungfrau (Mt 1,23; 25,1.7.11; Lk 1,27; Apg 21,9; 1.Kor 7,25.28.33; 2.Kor 11,2).[6]

Als die Übersetzer der Septuaginta Jesaja 7,14 ins Griechische übersetzten, benutzten sie das griechische Wort *parthenos*. Für sie bedeutete Jesaja 7,14, dass der Messias von einer Jungfrau geboren werden würde.

3. Sohn Gottes

Verheißung:
»Ich will erzählen von dem Ratschluss des HERRN; er hat zu mir gesagt: Du bist mein Sohn, heute habe ich dich gezeugt.« (Ps 2,7; s. auch 1.Chr 17,11-14; 2.Sam 7,12-16)

Erfüllung:
»Und siehe, eine Stimme kam vom Himmel, die sprach: Dies ist mein geliebter Sohn, an dem ich Wohlgefallen habe.« (Mt 3,17; s. auch Mt 16,16; Mk 9,7; Lk 9,35; 22,70; Apg 13,30-33; Joh 1,34.49)

In Mk 3,11 erkennen die Dämonen ihn als den Sohn Gottes und in Mt 26,63 erkennt selbst der Hohe Priester ihn.

E. W. Hengstenberg schreibt: »Es ist eine unbezweifelte Tatsache und selbst von den früheren Gegnern der Bezugnahme auf Christus einstimmig zugegeben, dass dieser Psalm (Ps 2) von den alten Juden allgemein als Vorhersage des Messias angesehen worden ist.«[7]

> Mit der Fleischwerdung kam der Erstgeborene in die Welt (Hebr 1,6). Aber erst und allein durch seine Auferstehung wurde seine Göttlichkeit als des einzigen Sohnes vom Vater offenkundig und von Gott öffentlich bestätigt. »… über seinen Sohn, der hervorgegangen ist aus dem Samen Davids nach dem Fleisch«, wurde er dann »erwiesen als Sohn Gottes in Kraft nach dem Geist der Heiligkeit durch die Auferstehung aus den Toten« (Röm 1,3.4).[8]

4. Same Abrahams

Verheißung:
»…und in deinem Samen sollen alle Völker auf Erden gesegnet werden, weil du meiner Stimme gehorcht hast.« (1.Mose 22,18; s. auch 1.Mose 12,2.3)

Erfüllung:
»Geschlechtsregister Jesu Christi, des Sohnes Davids, des Sohnes Abrahams.« (Mt 1,1) »Nun aber sind die Verheißungen dem Abraham und seinem Samen

zugesprochen worden. Es heißt nicht: und ›den Samen‹ als von vielen, sondern als von einem: und ›deinem Samen‹, und dieser ist Christus.« (Gal 3,16)

Die Wichtigkeit dieses Ereignisses in 1. Mose 22,18 wird deutlich, wenn wir erkennen, dass dies das einzige Mal ist, wo Gott in seiner Beziehung zu den Patriarchen bei sich selbst schwört.

Matthew Henry sagt im Hinblick auf 1. Mose 22,18:

> In deinem Samen soll eine besondere Person von dir abstammen (er spricht nämlich nicht von vielen, sondern von einem, wie die Apostel bemerken, Gal 3,16), sollen alle Völker auf Erden gesegnet werden oder sich selbst segnen, wie es heißt (Jes 65,16).[9]

5. Sohn Isaaks

Verheißung:	**Erfüllung:**
»Aber Gott sprach zu Abraham: … in Isaak soll dir ein Same berufen werden.« (1. Mose 21,12)	»Jesus … ein Sohn des Isaak.« (Lk 3,23.34; s. auch Mt 1,2)

Abraham hatte zwei Söhne: Isaak und Ismael. Gott scheidet aber die eine Hälfte des Stammbaums aus.

6. Sohn Jakobs

Verheißung:	**Erfüllung:**
»Ich sehe ihn, aber jetzt noch nicht; ich schaue ihn, aber noch nicht in der Nähe. Ein Stern tritt aus Jakob hervor, und ein Zepter kommt aus Israel. Er schlägt Moab auf beide Seiten und alle Kinder Set aufs Haupt.« (4. Mose 24,17; s. auch 1. Mose 35,10-12)	»Jesus, … der Sohn Jakobs.« (Lk 3,23,34; s. auch Mt 1,2 und Lk 1,11)

Jüdische Quellen: Im *Targum Jonathan* heißt es zu 1. Mose 35,11.12:

> Und der Herr sagte zu ihm: »Ich bin El Schaddai, breite dich aus und vermehre dich; ein heiliges Volk und eine Gemeinde von Propheten und Priestern soll von deinen Söhnen herkommen, die du gezeugt hast, und zwei Könige sollen noch von dir kommen. Und das Land, das ich Abraham und Isaak gegeben habe, will ich dir geben und deinen Söhnen nach dir will ich es geben.«[10]

Ebenso heißt es im *Targum Onkelos* zu 4. Mose 24,17: »Ich sehe ihn, doch noch nicht; ich schaue ihn, aber nicht in der Nähe. Wenn ein König aus Jakob aufkommen und der ›Meshiha‹ von Israel gesalbt werden wird.«[11]

In den oben genannten *Targumim* können wir sehen, dass die Juden diesen Stellen messianische Bedeutung gaben. Ähnlich misst der *Midrasch Bamidbar Rabbah* dem Text eine messianische Deutung bei. Paul Heinisch berichtet:

> … zur Zeit Hadrians (132 n. Chr.) erhoben sich die Juden gegen das römische Joch. Sie nannten ihren Führer Barkochba, »Sohn der Sterne«. Sie glaubten nämlich, dass Bileams Orakel vom Stern aus Jakob damals erfüllt war und dass durch ihn Gott die Römer völlig vernichten würde.[12]

Hengstenberg weist in seiner *Christologie des Alten Testamentes* ebenfalls darauf hin:

> Dass in diesem Führer die Juden von frühesten Zeiten an den Messias gesehen haben, entweder exklusiv oder grundsätzlich, mit einem zweiten Bezug auf David. Entweder wurde die exklusive Beziehung zum Messias beibehalten, oder es war tatsächlich möglich, sich schon unmittelbar auf David zu beziehen; doch dann wurden er und seine vorübergehenden Siege als typisch für Christus und seine geistlichen Triumphe angesehen, die (nach dieser Auffassung) der Prophet besonders im Blick gehabt hatte.[13]

Isaak hatte zwei Söhne: Jakob und Esau. Jetzt scheidet Gott auch die eine Hälfte vom Stammbaum Isaaks aus.

7. Der Stamm Juda

Verheißung:

»Es wird das Zepter nicht von Juda weichen, noch der Herrscherstab von seinen Füßen, bis dass der Schilo [Friedensbringer] kommt und ihm die Völkerschaften unterworfen sind.« (1.Mose 49,10; s. auch Mi 5,2)

Erfüllung:

»Jesus, … der Sohn Judas.« (Lk 3,23,33; s. auch Mt 1,2; Hebr 7,14)

Jüdische Quellen: Im *Targum Jonathan* heißt es zu 1. Mose 49,10:

> Das Königtum soll nicht weichen, noch die Herrscher vom Hause Jehuda [Juda], noch Engel, die seinem Samen das Gesetz lehren, bis zu der Zeit, wo der König, der Messias kommen wird, der jüngste seiner Söhne. Und um seinetwillen werden die Völker zusammenkommen. Wie wunderbar ist der König, und der Messias wird aufsteigen aus dem Hause Juda.[14]

Und *Targum Pseudo Jonathanon* sagt von 1. Mose 49,11: »Wie edel ist der König, der Messias, der aus dem Hause Juda kommen wird.«[15]

Jakob hatte zwölf Söhne, aus denen sich die zwölf Stämme des hebräischen Volkes entwickelten. Jetzt scheidet Gott elf Zwölftel der Stämme Israels aus. Joseph hatte keinen Stamm, der seinen Namen trug, aber seine zwei Söhne, Ephraim und Manasse, wurden Stammväter von zwei eigenen Stämmen.

8. Familienstammbaum von Jesse

Verheißung:	**Erfüllung:**
»Und es wird ein Spross aus dem Stumpfe Isais hervorgehen und ein Schoß aus seinen Wurzeln hervorbrechen.« (Jes 11,1; s. auch Jes 1,10)	»Jesus …, der Sohn von Jesse.« (Lk 3,23.32; s. auch Mt 1,6)

Jüdische Quellen: Der *Targum Jesaja* sagt:

> Und ein König soll hervorgehen vom Sohn Jesses, und ein Gesalbter [oder Messias] vom Sohn seines Sohnes aufwachsen. Und auf ihm soll ein Geist ruhen, der vom HERRN kommt, der Geist der Weisheit und des Verständnisses, der Geist des Rates und der Kraft, der Geist der Kenntnis und Furcht des HERRN.«[16]

Delitzsch kommentiert:

> Aus dem Stumpfe Jesses, d.h. aus dem Überbleibsel der erwählten königlichen Familie, die von ihrem Ursprung zur Bedeutungslosigkeit hinabgesunken war, soll ein Zweig hervorbrechen (*choter*), der verheißt, den Platz des Stammes und der Krone zu ersetzen. Und tief unten, in den von Erde bedeckten Wurzeln und sich nur wenig über sie erhebend, da zeigt sich ein »Netzer«, d. h. ein frischer grüner Trieb (von »natzer« – »scheinen«, »blühen«). Im historischen Bericht von der Erfüllung ist selbst der Klang der prophetischen Worte wahrgenommen: der »Netzer«, zuerst so bescheiden und unbedeutend, war ein armer, verachteter Nazarener (Mt 2,23).[17]

9. Das Haus David

Verheißung:	**Erfüllung:**
»Siehe, es kommen die Tage, spricht der HERR, da ich dem David einen rechtschaffenen Spross erwecken werde; der wird als König regieren und weislich handeln und wird Recht und Gerechtigkeit schaffen auf Erden.« (Jer 23,5)	»Jesus … der Sohn Davids …« (Lk 3,23.31; s. auch Mt 1,1; 9,27; 15,22; 20,30.31; 21,9.15; 22,41-46; Mk 9,10; 10,47.48; Lk 18,38.39; Apg. 13,22.23; Offb 22,16)

Jüdische Quellen: Die Bezugnahme auf den Messias als »Sohn Davids« findet sich über den ganzen Talmud verstreut. Driver sagt von 2.Sam 17,11:

> Hier kommt Nathan zum Hauptthema seiner Prophetie – der Verheißung, die nicht David selbst betrifft, sondern seine Nachwelt, und der Erklärung, dass es nicht David ist, der ein Haus für Jahwe bauen wird, sondern Jahwe es ist, der ein Haus (d.h. eine Familie) für David bauen wird.[18]

Jacob Minkin gibt in seinem Buch *The World of Moses Maimonides* die Ansicht dieses erfahrenen jüdischen Gelehrten wieder:

> Unter Absehen von den mystischen Spekulationen bezüglich des Messias, seines Ursprungs, seines Wirkens und der bewundernswerten übermenschlichen Kräfte, die ihm zugeschrieben werden, besteht Maimonides darauf, dass er, der Messias, als sterbliches menschliches Wesen betrachtet werden muss, das sich von seinen Mitmenschen nur darin unterscheidet, dass er größer, weiser und strahlender sein wird als sie. Er muss ein Nachkomme aus dem Hause Davids sein und, wie er, sich mit dem Studium der Thora und der Einhaltung ihrer Gebote befassen.[19]

»Siehe, die Tage kommen« ist ein allgemein gebräuchlicher Ausdruck im Hinblick auf den Eintritt in das messianische Zeitalter (s. Jer 31,27-34).[20]

Jesse (Isai) hatte wenigstens acht Söhne (s. 1.Sam 16,10.11). Und dann scheidet Gott alle Söhne Jesses aus, mit Ausnahme von einem: David.

10. Geboren in Bethlehem

Verheißung:	Erfüllung:
»Und du, Bethlehem Ephrata, du bist zwar klein, um unter den Hauptorten Judas zu sein; aber aus dir soll mir hervorgehen, der Herrscher über Israel werden soll, dessen Ursprung von Anfang, von Ewigkeit her gewesen ist.« (Micha 5,1)	»Jesus wurde in Bethlehem in Juda geboren.« (Mt 2,1; s. auch Mt 2,4; Lk 2,4-7; Joh 7,42)

In Mt 2,6 geben die Schriftgelehrten dem König Herodes mit großer Sicherheit die Auskunft, dass der Christus in Bethlehem geboren werden sollte. Es war unter den Juden wohl bekannt, dass der Christus von Bethlehem kommen würde (s. Joh 7,42). Und es passt nur allzu gut ins Bild, dass Bethlehem – was übersetzt »Brothaus« heißt – der Geburtsort des einen sein sollte, der das »Brot des Lebens« ist.[21]

Gott scheidet jetzt alle andern Städte der Welt aus, mit Ausnahme dieser einen, wo der Eintritt seines Sohnes in diese Welt stattfinden sollte.

11. Mit Gaben beschenkt

Verheißung:	Erfüllung:
»Die Könige von Tarsis und von den Inseln werden Gaben bringen, die Könige von Saba und Scheba werden Tri-	»… da kamen Weise aus dem Morgenland nach Jerusalem … Und sie fielen nieder, beteten es an, taten ihre Schätze

but entrichten.« (Ps 72,10; s. auch Jes 60,6)

auf und brachten ihm Gaben.« (Mt 2,1.11)

Die historische Auslegung dieser Stelle zielt auf Salomon hin: Der messianische Bezug erweitert allerdings die Aussage in Vers 12-15 (Ps 72).

Die Einwohner von Scheba und Saba lebten in Arabien.[22] Matthew Henry sagt über Mt 2, Vers 1 und 11, dass die Weisen »Männer aus dem Osten gewesen seien, die für ihr Wahrsagen (Jes 2,6) bekannt waren. Arabien wird das Land des Ostens genannt (1.Mose 25,6) und die Araber ›Männer des Ostens‹ (Ri 6,3). Die Geschenke, die sie mitbrachten, waren Erzeugnisse ihres Landes.«[23]

12. Herodes tötet Kinder

Verheißung:

»So spricht der HERR: Eine Stimme wird auf der Höhe vernommen, bitterliches Klagen und Weinen: Rahel beweint ihre Söhne und will sich wegen ihrer Söhne nicht trösten lassen; denn sie sind nicht mehr.« (Jer 31,15)

Erfüllung:

»Als sich nun Herodes von den Weisen betrogen sah, wurde er sehr zornig, sandte hin und ließ alle Knaben töten, die in Bethlehem und in seinem ganzen Gebiet waren, von zwei Jahren und darunter, nach der Zeit, die er von den Weisen genau erforscht hatte.« (Mt 2,16)

Von der Zerstreuung und Vernichtung Israels wird in Jer 31,17 und 18 gesprochen. Was hat aber der Kindermord des Herodes in Bethlehem mit der Deportation zu tun? Irrte sich Matthäus, als er die Prophetie des Jeremia in den Scheußlichkeiten des Herodes als erfüllt ansah (Mt 2,17.18) oder den Mord der Unschuldigen als Sinnbild für die Zerstörung Israels oder Judas sah? Laetsch sagt:

> Nein, ganz bestimmt nicht. Der ganze Kontext von Kapitel 31, beginnend mit 30,20 bis zu Kapitel 33,26 hat messianischen Charakter. Die vier Kapitel sprechen vom Herannahen der Erlösung des Herrn, vom Kommen des Messias, der das Königreich Davids in der Form eines neuen Bundes wieder aufrichten wird, dessen Grundlage die Vergebung der Sünden sein würde (Kp. 31,31-34), ein Königreich, in dem alle Müden und Traurigen getröstet werden sollten (V. 12-14.25). Als ein Beispiel für diesen Trost nennt der HERR den Trost für die Mütter, die um Christi willen einen großen Verlust erlitten hatten – den grausamen Mord ihrer unmündigen Söhne.[24]

3.2 Weissagungen im Hinblick auf seine Natur

13. Seine Präexistenz

Verheißung:

»Und du, Bethlehem, du bist zwar klein, um unter den Hauptorten Judas zu sein; aber aus dir soll mir hervorgehen, der Herrscher über Israel werden soll, des-

Erfüllung:

»... und er ist vor allem [oder: hat vor allem existiert], und alles besteht in ihm.« Kol 1,17 (s. auch Joh 17,5.24; Offb. 1,1.2; 1,17; 2,8; 22,13)

sen Ursprung von Anfang, von Ewigkeit her gewesen ist.« (Micha 5,1)

Jüdische Quellen: Im *Targum Jesaja* heißt es:

> Der Prophet sagt dem Hause David: Ein Kind ist uns geboren, ein Sohn ist uns gegeben; und er hat das Gesetz auf sich genommen, um es zu erfüllen, und sein Name ist von alters her »Wunderbarer Rat, Mächtiger Gott, Ewiglebender, der Gesalbte (oder Messias), in dessen Tagen sich der Friede auf uns ausbreiten wird.« (Jes. 9,6)[25]

Ferner heißt es dort weiter: »So sagt der HERR, der König Israels, und sein Erlöser, der Herr der Heerscharen; Ich bin Er, ich bin Er, der von alters her ist; ja, die Ewigkeit ist mein, und außer mir ist kein Gott.« (Jes 44,6)[26]

Hengstenberg sagt zu Micha 5,1: »Die Existenz des Messias – vor seiner historischen Geburt in Bethlehem – wird erklärt; und dann wird hier seine Ewigkeit im Gegensatz zu aller Zeit erwähnt.«[27]

14. Er wird HERR genannt werden

Verheißung:
»Der HERR sprach zu meinem Herrn: Setze dich zu meiner Rechten, bis ich deine Feinde hinlege als Schemel deiner Füße.« (Ps 110,1; s. auch Jer 23,6)

Erfüllung:
»Denn euch ist heute ein Retter geboren, welcher ist Christus, der Herr, in der Stadt Davids.« (Lk 2,11)

»Er spricht zu ihnen: Wie nennt ihn denn David im Geist Herr, indem er spricht: ›Der HERR hat zu meinem Herrn gesagt: Setze dich zu meiner Rechten, bis ich deine Feinde hinlege als Schemel deiner Füße?‹ Wenn also David ihn Herr nennt, wie ist er dann sein Sohn?« (Mt 22,43-45)

Jüdische Quellen: Der *Midrasch Tehellim*, Kommentar zu den Psalmen (um 200-250 n. Chr.), sagt von Psalm 21,1: »Gott nennt den König Messias mit seinem eigenen Namen. Doch was ist sein Name? Antwort: Jehova ist ein Mann des Krieges.« (2.Mose 15,3)[28]

Echa Rabbathi, 200-500 n. Chr. (Klagelieder im großen Kommentar vom Pentateuch und fünf Schriftrollen), sagt über Klagelieder 1,16: »Was ist der Name des Messias? R. Abba ben Cahana [200-300 n. Chr.] hat gesagt: Jehova ist sein Name, und das ist belegt durch: Das ist sein Name.« (Jer 23,6)[29]

> Der HERR hat gesagt zu meinem Herrn. »Jehova sagte zu Adonai« oder »meinem

Herrn« – d.h. der Herr Davids, nicht nur als Person, sondern als Repräsentant Israels, buchstäblich und geistlich. Das ist, weil er ihn als Herrn Israels und der Gemeinde anspricht, wie Christus es in den drei Evangelien zitiert. »David nennt ihn Herr«, nicht »Seinen Herrn«.[30]

15. Sein Name wird Immanuel sein (»Gott mit uns«)

Verheißung:

»Darum wird euch der HERR selbst ein Zeichen geben: Siehe, die Jungfrau hat empfangen und wird Mutter eines Sohnes, den sie Immanuel nennen wird.« (Jes 7,14)

Erfüllung:

»Siehe, die Jungfrau wird schwanger werden und einen Sohn gebären; und man wird ihm den Namen Immanuel geben, das heißt übersetzt: ›Gott mit uns‹.« (Mt 1,23; s. auch Lk 7,16)

Jüdische Quellen: Der *Targum Jesaja* sagt über Jesaja 7,14: »Darum wird der HERR selbst euch ein Zeichen geben. Siehe, ein junges Mädchen wird ein Kind haben und einen Sohn gebären und wird seinen Namen Immanuel nennen.«[31]

Delitzsch bemerkt zu Jesaja 9,6:

> Es gibt keinen Grund, warum wir das »El« in diesem Namen des Messias in einem andern Sinn verstehen sollten als in »Immanu-El«. Ganz davon abgesehen, dass »El« bei Jesaja immer der Name Gottes ist und dass der Prophet sich ständig des Gegensatzes zwischen »El« und »Adam« aufs Tiefste bewusst war, wie Kapitel 31,3 zeigt (s. auch Hosea 11,9).[32]

16. Er wird ein Prophet sein

Verheißung:

»Ich will ihnen einen Propheten, wie du bist, aus ihren Brüdern erwecken und meine Worte in seinen Mund geben; der soll zu ihnen reden alles, was ich ihm gebieten werde.« (5.Mose 18,18)

Erfüllung:

»Die Menge aber sagte: Das ist Jesus, der Prophet von Nazareth in Galiläa.« (Mt 21,11; s. auch Lk 7,16; Joh 4,19; 6,14; 7,40)

Jüdische Quellen: Der jüdische Gelehrte Maimonides prangert einen angeblichen Messias an, indem er schreibt:

> Der Messias wird ein sehr großer Prophet sein, größer als alle anderen Propheten mit Ausnahme von Mose, unserm Lehrer … Seine Stellung wird höher und ehrenwerter sein als die der Propheten – Mose allein ausgenommen. Der Schöpfer – gesegnet sei er – wird ihn ausstatten mit Merkmalen, die er dem Mose nicht verliehen hat, denn im Hinblick auf ihn heißt es: »Und sein Wohlgefallen wird er haben an der Furcht des HERRN; er wird nicht nach dem Augenschein richten, noch nach dem Hörensagen strafen.« (Jes 11,3)[33]

Christus verglichen mit Mose:

1. Er wurde in seiner Kindheit vor einem gewaltsamen Tode bewahrt.
2. Er war bereit, der Befreier seines Volkes zu werden (2.Mose 3,10).
3. Er wirkte als Mittler zwischen Jahwe und Israel (2.Mose 19,16; 20,18).
4. Er trat fürbittend für sündige Menschen ein (2.Mose 32,7-14,33; 4.Mose 14,11-20).

»Herr, ich sehe, dass du ein Prophet bist.« (Joh 4,19)

Kligerman sagt:

> Der Gebrauch des Ausdrucks »Prophet« zeigt bei den Juden zur Zeit Jesu nicht nur an, dass sie erwarteten, dass der Messias in Übereinstimmung mit der Verheißung in 5. Mose 18 ein Prophet sein würde, sondern auch, dass jemand, der diese Wunder tat, tatsächlich der verheißene Prophet war.[34]

»Denn das Gesetz wurde durch Mose gegeben; die Gnade und Wahrheit ist durch Jesus Christus geworden.« (Joh 1,17)

17. Priester

Verheißung:

»Der HERR hat geschworen und wird es nicht bereuen: ›Du bist ein Priester in Ewigkeit nach der Weise Melchisedeks.« (Ps 110,4)

Erfüllung:

»Daher, ihr heiligen Brüder, die ihr Anteil habt an der himmlischen Berufung, betrachtet den Apostel und Hohen Priester unseres Bekenntnisses, Christus Jesus …« (Hebr 3,1)

»So hat auch der Christus sich nicht selbst die Würde beigelegt, ein Hohepriester zu werden, sondern der, welcher zu ihm sprach: Du bist mein Sohn; heute habe ich dich gezeugt. Wie er auch an anderer Stelle spricht: Du bist ein Priester in Ewigkeit nach der Ordnung Melchisedeks.« (Hebr 5,5.6)

Der endliche Sieg der Anhänger des Messias über die Welt und den Satan ist … sicher. Auf dem aaronitischen Priestertum liegt nicht der Eid Gottes wie auf unserm Priester nach der Weise Melchisedeks, »der es nicht aufgrund des Gesetzes eines fleischlichen Gebotes geworden ist, sondern aufgrund der Kraft unauflöslichen Lebens.« »Nach der Ordnung Melchisedeks« ist in Hebr 7,15 mit »von gleicher Art« erklärt. Der Bundesschwur von Seiten des Vaters gegenüber dem Sohn soll seinen

Anhängern Trost vermitteln. Usias Strafe für das An-sich-Reißen der priesterlichen Funktionen zeigt, dass David nicht der Priesterkönig sein kann, der hier beschrieben ist (2.Chr 26,16-21). Der außergewöhnliche Eid Gottes zeigt, dass die Königs- und Priesterwürde hier etwas nirgendwo Vergleichbares ist. David starb, aber dieser Priester nach der Ordnung Melchisedeks lebt ewig. Sacharja 6,9-15, besonders Vers 13, beschreibt den Messias ähnlich: »… er … wird auf seinem Thron sitzen und herrschen und wird Priester sein auf seinem Thron.«[35]

18. Richter

Verheißung:

»Denn der HERR ist unser Richter, der HERR ist unser Gesetzgeber, der HERR ist unser König; er wird uns retten.« (Jes 33,22)

Erfüllung:

»Ich kann nichts von mir selbst aus tun. Wie ich höre, so richte ich; und mein Gericht ist recht, denn ich suche nicht meinen Willen, sondern den Willen des Vaters, der mich gesandt hat.« (Joh 5,30; s. auch 2.Tim 4,1)

Jüdische Quellen: *Targum Jesaja* zu Jes 33,22:

> Denn der HERR ist unser Richter, der uns durch seine Macht aus Ägypten gebracht hat; der HERR ist unser Lehrer, der uns Anweisungen gab aus seinem Gesetz vom Sinai; der HERR ist unser König, er wird uns retten und eine gerechte Rache für uns üben an den Armeen des Gog.[36]
> Richter … Gesetzgeber … König – vollkommene Ideale einer Theokratie, die allein unter dem Messias verwirklicht werden soll: die richterlichen, die gesetzgebenden und die exekutiven Funktionen, von ihm als König in Person ausgeübt (Jes 11,4; 32,1; Jak 4,12).[37]

19. König

Verheißung:

»Ich habe meinen König eingesetzt auf Zion, meinem heiligen Berge.« (Ps 2,6; s. auch Jer 23,5; Sach 9,9)

Erfüllung:

»Und sie befestigten über seinem Haupt die Inschrift seiner Schuld: Dies ist Jesus, der König der Juden.« (Mt 27,37; s. auch Mt 21,5; Joh 18,33-38)

20. Besondere Salbung mit dem Heiligen Geist

Verheißung:

»… auf demselben wird ruhen der Geist des HERRN, der Geist der Weisheit und des Verstandes, der Geist des Rats und der Stärke, der Geist der Erkenntnis und der Furcht des HERRN.« (Jes 11,2; s. auch Ps 45,7; Jes 42,1; 61;1.2)

Erfüllung:

»Und als Jesus getauft war, stieg er sogleich aus dem Wasser; und siehe, da tat sich ihm der Himmel auf, und er sah den Geist Gottes wie eine Taube herabsteigen und auf ihn kommen. Und siehe, eine Stimme kam vom Himmel, die sprach:

Dies ist mein geliebter Sohn, an dem ich Wohlgefallen habe.« (Mt 3,16.17; s. auch Mt 12,17-21; Mk 1,10.11; Lk 4,15-21.43; Joh 1,32)

Jüdische Quellen: *Targum Jesaja* zu Jesaja 11,1-4:

»Und ein König soll hervorkommen aus den Söhnen Jesses, und ein Gesalbter (oder Messias) von den Söhnen seiner Söhne wird aufwachsen. Und ein Geist vom HERRN wird auf ihm ruhen, der Geist der Weisheit und des Verstandes, der Geist des Rats und der Stärke, der Geist der Erkenntnis und der Furcht des Herrn; und der Herr wird diese Ehrfurcht in ihm erwecken; und er wird nicht urteilen nach dem, was seine Augen sehen, noch strafen nach dem, was seine Ohren hören. Er wird die Armen mit Gerechtigkeit richten und den Bedürftigen ein unparteiisches Urteil sprechen.«[38]

Im *Babylonischen Talmud* heißt es im *Sanhedrin II* dazu:

Der Messias – wie es geschrieben steht ... Und der Geist des HERRN wird auf ihm ruhen, der Geist der Weisheit und des Verstandes, der Geist des Rats und der Stärke, der Geist der Erkenntnis der Furcht des HERRN. Und er wird ihm ein schneller Verstehen schaffen [wa-hariho] in der Furcht des HERRN. R. Alexander sagte: Das zeigt, dass er mit guten Taten und Leiden [beladen] ist wie eine Mühle.[39]

21. Sein Eifer für Gott

Verheißung:
»... denn der Eifer um dein Haus hat mich gefressen, und die Schmähungen derer, die dich schmähen, sind auf mich gefallen.« (Ps 69,10)

Erfüllung:
»Und er machte eine Geißel aus Stricken und trieb sie alle zum Tempel hinaus ... und sprach: ... Schafft das weg von hier! Macht nicht das Haus meines Vaters zu einem Kaufhaus.« (Joh 2,15.16)

A.R. Fausset schreibt diesbezüglich:

... denn der Eifer um dein Haus hat mich gefressen – verzehrt mich wie eine Flamme mit seiner starken Intensität (Ps 119,139). Die Erweiterung von »um deinetwillen« (Ps 69,8; vgl. Joh 2,17) als Beispiel für den Eifer des Messias um die Ehre des Hauses Gottes. Und die Schmähungen derer, die dich schmähen, sind auf mich gefallen – als Folge meines glühenden Eifers für deine Ehre fallen die Schmähungen, die auf dich zielten, auf mich.[40]

3.3 Weissagungen im Hinblick auf sein Wirken

22. Ein Bote als Vorläufer

Verheißung:

»Eine Stimme ruft: In der Wüste bereitet den Weg des HERRN, ebnet auf dem Gefilde eine Bahn unserm Gott.« (Jes 40,3; s. auch Mal 3,1)

Erfüllung:

»In jenen Tagen aber erscheint Johannes der Täufer und verkündigt in der Wüste von Judäa und spricht: Tut Buße, denn das Reich der Himmel ist nahe herbeigekommen!« (Mt 3,1.2; s. auch Mt 3,3; 11,10; Joh 1,23; Lk 1,17)

Jüdische Quellen: *Targum Jesaja* zu Jesaja 40,3: »Eine Stimme ruft: Bereitet einen Weg in der Wüste vor dem Volk des HERRN, macht eben die Pfade in der Wüste vor der Gemeinde unseres Gottes.«[41]

23. Der Beginn seines Wirkens sollte in Galiläa sein

Verheißung:

»Doch bleibt nicht im Dunkel das Land, das bedrängt ist. Wie er in der ersten Zeit das Land Sebulon und das Land Naftali gering machte, so wird er in der Folgezeit zu Ehren bringen den Weg am Meere, jenseits des Jordans, das Galiläa der Heiden.« (Jes 8,23)

Erfüllung:

»Als aber Jesus hörte, dass Johannes gefangengesetzt worden war, zog er weg nach Galiläa. Und er verließ Nazareth, kam und ließ sich in Kapernaum nieder, das am See liegt, im Gebiet von Sebulon und Naftali. Von da an begann Jesus zu verkündigen und zu sprechen: Tut Buße, denn das Reich der Himmel ist nahe herbeigekommen!« (Mt 4,12.13.17)

24. Wirken von Wundern

Verheißung:

»Alsdann werden der Blinden Augen aufgetan und der Tauben Ohren geöffnet werden; alsdann wird der Lahme hüpfen wie ein Hirsch und der Stummen Zunge lobsingen.« (Jes 35,5.6; s. auch Jes 32,3.4)

Erfüllung:

»Und Jesus durchzog alle Städte und Dörfer, lehrte in ihren Synagogen, verkündigte das Evangelium von dem Reich und heilte jede Krankheit und jedes Gebrechen im Volk.« (Mt 9,35; s. auch Mt 9,32.33; 11,4-6; Mk 7,33-35; Joh 5,5-9; 9,6-11; 11,43.44.47)

25. Lehrer von Gleichnissen

Verheißung:

»Ich will meinen Mund zu einem Spruch öffnen, will Rätsel vortragen aus alter Zeit.« (Ps 78,2)

Erfüllung:

»Dies alles redete Jesus in Gleichnissen zu der Volksmenge, und ohne Gleichnisse redete er nicht zu ihnen.« (Mt 13,34)

26. Er sollte in den Tempel gehen

Verheißung:

»… und plötzlich wird kommen zu seinem Tempel der HERR, den ihr sucht.« (Mal 3,1)

Erfüllung:

»Und Jesus ging in den Tempel Gottes hinein und trieb alle hinaus, die im Tempel verkauften und kauften.« (Mt 21,12; s. auch Joh 1,14; 2,19-21)

27. Er sollte auf einem Esel in Jerusalem einreiten

Verheißung:

»Frohlocke sehr, du Tochter Zion, jauchze, du Tochter Jerusalem! Siehe, dein König kommt zu dir, ein Gerechter und ein Retter ist er, demütig und reitet auf einem Esel, auf dem Füllen der Eselin.« (Sach 9,9)

Erfüllung:

»Und sie brachten es zu Jesus und warfen ihre Kleider auf das Füllen und setzten Jesus darauf. Als er aber weiterzog, breiteten sie ihre Kleider aus auf dem Weg. Als er sich schon dem Abhang des Ölbergs näherte …« (Lk 19,35-37; s. auch Mt 21,6-11)

28. »Stein des Anstoßes« für die Juden

Verheißung:

»Der Stein, den die Bauleute verworfen haben, ist zum Eckstein geworden.« (Ps 118,22; s. auch Jes 8,14; 28.1)

Erfüllung:

»Für euch nun, die ihr glaubt, ist er kostbar; für die Ungläubigen aber gilt: ›Der Stein, den die Bauleute verworfen haben, gerade der ist zum Eckstein geworden.‹« (1.Petr 2,7; s. auch Röm, 9,32.33)

Jüdische Quellen: *Targum Jesaja* zu Jesaja 8,13-15. Dort heißt es:

> Der Herr der Heerscharen, ihn sollt ihr heilig nennen. Und vor ihm sollt ihr Ehrfurcht haben und ihn eure Stärke nennen. Und wenn ihr nicht hören wollt, soll sein »Memra« unter euch sein zur Rache und als ein Stein des Anstoßes und als ein Fels des Ärgernisses für die beiden Häuser der Fürsten Israels, zum Losbrechen und Stolpern, weil das Haus Israel vom Haus Juda getrennt wurde, das in Jerusalem wohnt. Und viele werden dagegen stolpern und fallen und werden zerbrochen werden und in der Schlinge stecken bleiben und gefangen werden.[42]

29. Licht der Heiden

Verheißung:

»Und die Nationen werden zu deinem Lichte wallen und Könige zu dem Glanz, der über dir erstrahlt.« (Jes 60,3; s. auch Jes 49,6)

Erfüllung:

»Denn so hat uns der Herr geboten: ›Ich habe dich zum Licht der Heiden gesetzt, dass du zum Heil seiest bis an das Ende der Erde.‹ Als die Heiden das hörten, wurden sie froh und priesen das Wort des Herrn.« (Apg 13,47.48; s. auch 26,23; 28,28)

3.4 Weissagungen im Hinblick auf die Ereignisse nach seinem Begräbnis

30. Auferstehung

Verheißung:
»... denn du wirst meine Seele nicht dem Totenreich überlassen und wirst nicht zugeben, dass dein Heiliger die Verwesung sehe.« (Ps 16,10)

Erfüllung:
»... dass seine Seele nicht im Totenreich gelassen worden ist und auch sein Fleisch die Verwesung nicht gesehen hat.« (Apg 2,31; s. auch Mt 28,6; Mk 16,6; Lk 24,46; Apg 13,33)

Jüdische Quellen: Friedländer sagt: »Ibn Ezra ergreift häufig die Gelegenheit, um seinen Glauben an die Auferstehung von den Toten zu erklären.«[43]

> Der *Sanhedrin II, Babylonischer Talmud* sagt Folgendes:
> Mischna: Ganz Israel hat Anteil an der zukünftigen Welt, denn es steht geschrieben: »Dein Volk ist gerecht; sie werden das Land für immer erben, der Zweig, den ich gepflanzt habe, das Werk meiner Hände, damit ich verherrlicht werde.« Doch jene haben keinen Anteil daran: Wer behauptet, dass die Auferstehung keine biblische Lehre ist, dass die Thora nicht von Gott geoffenbart wurde.[44]

31. Himmelfahrt

Verheißung:
»Du bist zur Höhe emporgestiegen.« (Ps 68,18)

Erfüllung:
»Und als er dies gesagt hatte, wurde er vor ihren Augen emporgehoben, und eine Wolke nahm ihn auf vor ihren Augen weg.« (Apg 1,9)

32. Sitzend zur rechten Hand Gottes

Verheißung:
»Der HERR sprach zu meinem Herrn: Setze dich zu meiner Rechten, bis ich deine Feinde hinlege als Schemel deiner Füße.« (Ps 110,1)

Erfüllung:
»... er hat sich, nachdem er die Reinigung von unsern Sünden durch sich selbst vollbracht hat, zur Rechten der Majestät in der Höhe gesetzt.« (Hebr 1,3; s. auch Mk 16,19; Apg 2,34.35)

3.5 Weissagungen, die an einem Tag erfüllt wurden

Die folgenden 29 Prophezeiungen aus dem Alten Testament, die vom Verrat, dem Verhör, der Niederlage und dem Begräbnis unseres Herrn Jesus Christus handeln, wurden zu verschiedenen Zeiten von vielen verschiedenen Stimmen während der fünfhundert Jahre zwischen 1.000-500 v. Chr. laut. Doch sie alle wurden buchstäblich in Jesus während eines Zeitraums von nur 24 Stunden erfüllt.

33. Verraten von einem Freund

Verheißung:
»Auch mein Freund, dem ich vertraute, der mein Brot aß, hat die Ferse wider mich erhoben.« (Ps 41,10; s. auch Ps 55,12-14)

Erfüllung:
»… Judas Iskariot, der ihn auch verriet.« (Mt 10,4; s. auch Mt 26,49.50; Joh 13,21)

Psalm 41,10: »›Der Mann des Friedens‹, der mich mit dem Kuss des Friedens grüßte, wie Judas tat.« (Mt 26,49; vergleiche Jeremia 20,10)[45]

34. Verkauft für dreißig Silberstücke

Verheißung:
»Da sprach ich zu ihnen: Wenn es euch gefällig ist, so gebt mir meinen Lohn; wo aber nicht, so lasst es bleiben! Da wogen sie mir meinen Lohn dar, dreißig Silberlinge.« (Sach 11,12)

Erfüllung:
»Was wollt ihr mir geben, wenn ich ihn euch verrate? Und sie setzten ihm dreißig Silberlinge fest.« (Mt 26,15; s. auch Mt 27,3)

35. Geld, ins Haus Gottes geworfen

Verheißung:
»Da nahm ich die dreißig Silberlinge und warf sie ins Haus des HERRN für den Töpfer.« (Sach 11,13)

Erfüllung:
»Da warf er die Silberlinge im Tempel hin und machte sich davon.« (Mt 27,5)

36. Der Preis für den Töpferacker

Verheißung:
»Da nahm ich die dreißig Silberlinge und warf sie ins Haus des HERRN für den Töpfer.« (Sach 11,13)

Erfüllung:
»Nachdem sie aber Rat gehalten hatten, kauften sie dafür den Acker des Töpfers als Begräbnisstätte für die Fremdlinge.« (Mt 27,7)

In den vorhergehenden vier Prophetien finden wir sowohl verheißene als auch erfüllte Aussagen:

1. Verrat
2. Durch einen Freund
3. Für dreißig Stücke (nicht neunundzwanzig)
4. Silber (nicht Gold)
5. Hingeworfen (nicht niedergelegt)
6. Im Hause des HERRN
7. Geld, um den Töpferacker zu kaufen

37. Verlassen von seinen Anhängern

Verheißung:
»… schlage den Hirten, so werden die Schafe sich zerstreuen.« (Sach 13,7)

Erfüllung:
»Da verließen ihn alle und flohen.« (Mk 14,50; s. auch Mt 26,31; Mk 14,27)

Laetsch schreibt in Bezug auf Sacharja 13,7:

> … eine klare Vorhersage des Anstoßes ist, den die Jünger nahmen, als Christus gefangen genommen worden war. So interpretiert Christus selbst diese Worte (Mt 26,31; Mk 14,27). Sie wurden erfüllt (s. Mt 26,56; Mk 14,50ff.). Doch der Herr würde seine Schafe nicht verlassen. Gott selbst, handelnd in der und durch die Person des ihm Ebenbürtigen (Joh 5,19f.30) wird seine Hand aufheben (Gr. N.) um sich den Kleinen zuzuwenden (Gr. N.), seinen verzagten, erschrockenen Jüngern (Lk 24,4f.11.17ff.37; Joh 20,2.11ff.19.26). Diese Schwächlinge und Deserteure wurden dann die mutigen, unbesiegbaren Boten des messianischen Königreichs.[46]

38. Angeklagt durch falsche Zeugen

Verheißung:
»Es treten freche Zeugen auf, die mich über Dinge zur Rede stellen, von denen ich nichts weiß.« (Ps 35,11)

Erfüllung:
»Aber die Hohen Priester und die Ältesten und der ganze Hohe Rat suchten ein falsches Zeugnis gegen Jesus, um ihn zu töten. Aber sie fanden keines; und obgleich viele falsche Zeugen herzukamen, fanden sie doch keines.« (Mt 26,59.60)

39. Stumm vor seinen Anklägern

Verheißung:
»Da er misshandelt ward, beugte er sich und tat seinen Mund nicht auf.« (Jes 53,7)

Erfüllung:
»Und als er von den Hohen Priestern und Ältesten verklagt wurde, antwortete er nichts.« (Mt 27,12)

40. Verwundet und geschlagen

Verheißung:
»… aber er wurde durchbohrt um unserer Übertretung willen, zerschlagen wegen unserer Missetat; die Strafe, uns zum Frieden, lag auf ihm, und durch seine Wunden sind wir geheilt.« (Jes 53,5; s. auch Sach 13,6)

Erfüllung:
»Da gab er ihnen den Barrabas frei; Jesus aber ließ er geißeln und übergab ihn zur Kreuzigung.« (Mt 27,26)

»Eine körperliche Verletzung – nicht nur geistiger Kummer; *mecholal*, von *chalal* = buchstäblich durchbohrt; genau entsprechend dem Messias, dessen Hände, Füße und Seite durchbohrt wurden (Ps 22,16).«[47]

»Aber von der Krone auf seinem Kopf, der mit Dornen gekrönt war, bis zu den Sohlen seiner Füße, die ans Kreuz genagelt waren, sah man nur Wunden und Quetschungen.«[48]

41. Zerschlagen und angespuckt

Verheißung:

»Meinen Rücken bot ich denen dar, die mich schlugen, und meine Wangen denen, die mich rauften; mein Angesicht verbarg ich nicht vor Schmach und Speichel.« (Jes 50,6; s. auch Mi 5,1)

Erfüllung:

»Da spuckten sie ihm ins Angesicht und schlugen ihn mit Fäusten.« (Mt 26,67; s. auch Lk 22,63)

Jüdische Quellen: *Targum Jesaja* zu Jesaja 50,6: »Ich bot meinen Rücken denen, die mich schlugen, und meine Wangen denen, die mich rauften; ich verbarg mein Angesicht nicht vor Demütigung und Speichel.«[49]

Henry sagt:

> In diesem Gehorsam fand er sich damit ab, 1. gegeißelt zu werden … 2. geschlagen zu werden … 3. angespuckt zu werden … Alles dieses nahm Christus für uns auf sich, und zwar freiwillig, um uns davon zu überzeugen, dass er bereit war, uns zu retten.[50]

42. Verspottet

Verheißung:

»Alle, die mich sehen, spotten meiner; sie sperren das Maul auf und schütteln den Kopf; er klage es dem HERRN, der möge ihn befreien; der soll ihn retten, er gefällt ihm ja!« (Ps 22,8.9)

Erfüllung:

»… und flochten eine Krone aus Dornen, setzten sie auf sein Haupt, gaben ihm ein Rohr in die rechte Hand und beugten vor ihm die Knie, verspotteten ihn und sprachen: Sei gegrüßt, König der Juden!« (Mt 27,29; s. auch Mt 27,41-43)

43. Zusammengebrochen unterm Kreuz

Verheißung:

»Meine Knie wanken vom Fasten, mein Fleisch ist gänzlich abgemagert, und ich bin ihnen zum Gespött geworden; wer mich sieht, schüttelt den Kopf.« (Ps 109,24.25)

Erfüllung:

»Und er trug sein Kreuz selbst und ging hinaus zur sogenannten Schädelstätte, die auf Hebräisch Golgatha heißt.« (Joh 19,17)

»Und als sie ihn hinführten, ergriffen sie einen gewissen Simon von Kyrene, der vom Feld kam und legten ihm das Kreuz auf, damit er es Jesus nachtrage.« (Lk 23,26; s. auch Mt 27,31.32)

Offensichtlich war Jesus so schwach, dass seine Knie unter dem Gewicht des schweren Kreuzes nachgaben, so dass sie es einem anderen auflegen mussten.

44. Hände und Füße durchbohrt

Verheißung:

»Sie haben meine Hände und meine Füße durchgraben.« (Ps 22,17; s. auch Sach 12,10)

Erfüllung:

»Und als sie an den Ort kamen, den man Schädelstätte nennt, kreuzigten sie dort ihn …« (Lk 23.33; s. auch Joh 20,25)

Jesus wurde in der bei den Römern üblichen Weise gekreuzigt: Die Hände und Füße wurden mit starken, stumpfen Bolzen durchbohrt, die den Körper an das Holzkreuz oder den Pfahl hefteten.

45. Gekreuzigt mit Verbrechern

Verheißung:

»Dafür, dass er seine Seele dem Tode preisgegeben hat und sich unter die Übeltäter zählen ließ.« (Jes 53,12)

Erfüllung:

»Dann wurden mit ihm zwei Räuber gekreuzigt, einer zur Rechten, der andere zur Linken.« (Mt 27,38; s. auch Mk 15,27.28)

Blinzler sagt:

> Eine Kreuzigung war im jüdischen Strafgesetz unbekannt. Das Aufhängen an einem Galgen, das vom jüdischen Gesetz für Götzendiener und Gotteslästerer vorgesehen war, die vorher gesteinigt worden waren, war keine Todesstrafe, sondern eine zusätzliche Strafmaßnahme, nachdem der Tod bereits eingetreten war, um die hingerichtete Person zu kennzeichnen als jemanden, der von Gott verflucht war – in Übereinstimmung mit 5.Mose 21,23 (LXX): »Denn der ist von Gott verflucht, der am Holz hängt …« Die Juden wenden dieses Wort auch auf jemanden an, der gekreuzigt worden ist. Wenn eine Kreuzigung schon in den Augen der heidnischen Welt die schmachvollste und entwürdigendste Todesstrafe war, dann betrachteten die Juden zur Zeit Jesu auf jeden Fall einen Menschen, der auf diese Weise hingerichtet worden war, als ganz und gar von Gott verflucht.[51]

Die *Encyclopedia Americana* erklärt:

> Die Geschichte der Kreuzigung als Mittel der Strafe für ein Verbrechen muss als Teil des römischen Rechtswesens gesehen werden … die Hebräer z. B. übernah-

men oder akzeptierten sie nur unter römischem Zwang. In ihrem eigenen System – bevor Palästina römisch besetzt wurde – verhängten sie die Todesstrafe allein durch Steinigung.[52]

»Im Jahr 63 v. Chr. erkämpften sich die Legionen des Pompejus den Weg in die jüdische Hauptstadt. Palästina wurde zur römischen Provinz, obwohl nominell eine jüdische Marionetten-Dynastie überlebte.«[53]

Auf diese Weise wurde die Todesstrafe, wie in Jesaja 53 und Ps 22 beschrieben, im jüdischen System nicht praktiziert, bis Hunderte von Jahren nachdem die zitierten Aussagen niedergeschrieben worden waren.

46. Er wurde zum Fürsprecher für die, die ihn quälten

Verheißung:	**Erfüllung:**
»… und die Sünden vieler getragen und für die Übeltäter gebetet hat.« (Jes 53,12)	»Vater, vergib ihnen, denn sie wissen nicht, was sie tun!« (Lk 23,34)

»Dieses Amt begann am Kreuz (Lk 23,34) und findet nun im Himmel seine Fortsetzung (Hebr 9,24; 1.Joh 2,1).«[54]

47. Abgelehnt von seinem eigenen Volk

Verheißung:	**Erfüllung:**
»Verachtet war er und verlassen von den Menschen, ein Mann der Schmerzen und mit Krankheit vertraut; wie einer, vor dem man das Angesicht verbirgt, so verachtet war er, und wir achteten seiner nicht.« (Jes 53,3; s. auch Ps 69,8; 118,22)	»Denn auch seine Brüder glaubten nicht an ihn. Glaubt auch einer von den Obersten oder Pharisäern an ihn?« (Joh 7,5.48; s. auch Mt 21,42.43; Joh 1,11)

»Dieses war erfüllt in Christus, dessen Brüder nicht an ihn glaubten (Joh 7,5), der in sein Eigentum kam, und die Seinen nahmen ihn nicht auf (Joh 1,11), und der verlassen wurde von seinen Jüngern, mit denen er umgegangen war wie mit Brüdern.«[55]

Beachte: Eine weitere Bestätigung für die vorhersagende Prophezeiung in Jesaja 53 ist, dass es für jüdische Ausleger vor der Zeit Jesu feststand, dass Jesaja hier vom jüdischen Messias sprach (s. S. R. Driver u.a. *The Fifty-Third Chapter of Jesaja According to Jewish Interpreters*: »Das 53. Kapitel von Jesaja im Hinblick auf die jüdische Auslegung«). Erst nachdem die frühen Christen mit Nachdruck dazu übergingen, den Text apologetisch zu benutzen, wurde er in der rabbinischen Lehre zur Aussage vom leidenden jüdischen Volk. Diese Sicht ist aber unglaubwürdig im Kontext der gewöhnlichen Bezugnahme des Jesaja-Textes auf das jüdische Volk in der ersten Person Plural (»unser« oder »wir«), während er sich auf den Messias immer in der dritten Person Singular bezieht, wie in Jesaja 53 (»er« und »sein« und »ihm«).[56]

48. Ohne Ursache gehasst

Verheißung:
»Die mich ohne Ursache hassen, sind mehr als die Haare auf meinem Haupt.« (Ps 69,5; s. auch Jes 49,7)

Erfüllung:
»… doch dies geschieht, damit das Wort erfüllt wird, das in ihrem Gesetz geschrieben steht: ›Sie hassen mich ohne Ursache.‹« (Joh 15,25)

49. Freunde standen von fern

Verheißung:
»Meine Lieben und Freunde stehen abseits wegen meiner Plage, und meine Nächsten halten sich fern.« (Ps 38,12)

Erfüllung:
»Es standen aber alle, die ihn kannten, weit entfernt, auch die Frauen, die ihm von Galiläa her nachgefolgt waren; und sie sahen dies.« (Lk 23,49; s. auch Mt 27,55.56; Mk 15,40)

Eben zu dem Zeitpunkt, wo meine Not es erfordert hätte, dass sie näher und zuverlässiger bei mir gestanden hätten denn je, fürchteten sie sich vor der Gefahr, in die sie geraten würden, wenn sie offensichtlich an mir Anteil nahmen. Während die Feinde ganz nahe sind, sind die Freunde weit weg. So war es beim Messias (Mt 26,56; 27,55; Lk 23,49; Joh 16,32).[57]

50. Die Menschen schüttelten mit dem Kopf

Verheißung:
»… und ich bin ihnen zum Gespött geworden; wer mich sieht, schüttelt den Kopf.« (Ps 109,25; s. auch Ps 22,8)

Erfüllung:
»Aber die Vorübergehenden lästerten ihn und schüttelten den Kopf.« (Mt 27,39)

»Eine Geste, die anzeigt, dass es keine Hoffnung für den Leidenden gibt, den sie verächtlich anschauen.« (Hiob 16,4; Ps 44,15)[58]

»Als ob es ganz und gar aus mit mir gewesen wäre, und ich und meine Sache unausweichlich verloren.« (Ps 22,8a; Mt 27,39)[59]

51. Angestarrt

Verheißung:
»Ich kann alle meine Gebeine zählen; sie schauen her und sehen mich schadenfroh an.« (Ps 22,18)

Erfüllung:
»Und das Volk stand da und sah zu.« (Lk 23,35)

52. Die Kleider geteilt und das Los geworfen

Verheißung:
»Sie teilten meine Kleider unter sich und warfen das Los um mein Gewand.« (Ps 22,19)

Erfüllung:
»Als nun die Kriegsknechte Jesus gekreuzigt hatten, nahmen sie seine Kleider und machten vier Teile, für jeden Kriegs-

knecht einen Teil, und dazu das Untergewand. Das Obergewand aber war ohne Naht, von oben bis unten in einem Stück gewoben. Da sprachen sie: Lasst uns das nicht zertrennen, sondern darum losen, wem es gehören soll!« (Joh 19,23.24)

Die alttestamentliche Aussage in Ps 22 scheint zunächst widersprüchlich zu sein, bis wir uns den Bericht von der Szene am Kreuz ansehen. Die Kleider wurden unter den Soldaten aufgeteilt, aber das Untergewand fiel durch das Los einem von ihnen zu.

53. Durst leiden

Verheißung:
»Und sie gaben mir … Essig zu trinken in meinem Durst.« (Ps 69,22)

Erfüllung:
»Nach diesem … spricht er: Mich dürstet!« (Joh 19,28)

54. Galle und Essig wurden ihm angeboten

Verheißung:
»Sie taten Galle in meine Speise und tränkten mich mit Essig in meinem Durst.« (Ps 69,22)

Erfüllung:
»… gaben sie ihm Essig mit Galle vermischt zu trinken; und als er es gekostet hatte, wollte er nicht trinken.« (Mt 27,34; s. auch Joh 19,28.29)

A.R. Fausset schreibt:

> Sein bitteres Leiden mochte vielleicht selbst seine Feinde, die es verursacht hatten, milder stimmen. Doch statt Herzstärkungsmittel gaben sie ihm Galle und Essig. Essig wurde dem Erlöser am Kreuz zweimal angeboten – zuerst Essig mit Galle vermischt (Mt 27,34) und Myrrhe (Mk 15,23); doch als er es gekostet hatte, wollte er es nicht trinken. Er wollte seine Leiden nicht in einem Zustand von Betäubung durchmachen, was die Auswirkung von Myrrhe gewesen wäre. Wenn man Verbrechern so etwas verabreichte, war es eine freundliche Geste. Dem gerechten Träger aller Sünde gegenüber war es eine Beleidigung. Außerdem: um die Schrift zu erfüllen, rief er »mich dürstet« und sie gaben ihm dann Essig zu trinken (Joh 19,28; Mt 27,48).[60]

55. Der Schrei der Verlassenheit

Verheißung:
»Mein Gott, mein Gott, warum hast du mich verlassen?« (Ps 22,2)

Erfüllung:
»Und um die neunte Stunde rief Jesus mit lauter Stimme: Eli, Eli, lama asabtani, das heißt: Mein Gott, mein Gott, warum hast du mich verlassen?« (Mt 27,46)

Die ausdrucksstarke Wiederholung des Schreies »mein Gott«, »mein Gott« schließt ein, dass der Leidende sich fest an diese Wahrheit klammerte, dass Gott immer noch sein Gott war trotz alles scheinbaren Widerspruchs. Das war sein Gegenmittel gegen die Verzweiflung und die Bitte, dass Gott jetzt als sein Retter auf den Plan treten möge.[61]

Dieser Schrei wendete die Aufmerksamkeit der Menschen zurück zu Psalm 22. Christus zitierte den zweiten Vers des Psalms und dieser ist deshalb eine klare Weissagung auf die Kreuzigung hin.

56. Auslieferung an Gott

Verheißung:	Erfüllung:
»In deine Hände befehle ich meinen Geist.« (Ps 31,6)	»Und Jesus rief mit lauter Stimme und sprach: Vater, in deine Hände befehle ich meinen Geist!« (Lk 23,46)

57. Gebeine nicht gebrochen

Verheißung:	Erfüllung:
»Er bewahrt ihm alle seine Gebeine, dass nicht eines von ihnen zerbrochen wird.« (Ps 34,21)	»Als sie aber zu Jesus kamen und sahen, dass er schon gestorben war, zerschlugen sie ihm die Beine nicht.« (Joh 19,33)

Obwohl nicht in der Heiligen Schrift gesagt, gibt es zwei andere Weissagungen bezüglich seiner Gebeine, die zweifellos genauesten erfüllt wurden:

1. »… und alle meine Gebeine sind ausgerenkt« (Ps 22,15). Das Ausrenken der Knochen, während ein Mensch an Händen und Füßen am Kreuz hing, konnte sehr leicht geschehen, besonders wenn wir sehen, dass der Körper ans Kreuz genagelt wurde, während dieses auf dem Boden lag.

2. »Ich kann alle meine Gebeine zählen; sie schauen her und sehen mich schadenfroh an« (Ps 22,18). Alle seine Gebeine waren leicht zu sehen, während man ihn am Kreuz hängen ließ. Die Streckung des Körpers während der Kreuzigung ließ die Gebeine mehr in den Vordergrund treten als sonst.

58. Das gebrochene Herz

Verheißung:	Erfüllung:
»Mein Herz ist geworden wie Wachs, zerschmolzen in meinem Innern.« (Ps 22,15b)	»… sondern einer der Kriegsknechte durchbohrte seine Seite mit einem Speer, und sogleich floss Blut und Wasser heraus.« (Joh 19,34)

Das Blut und das Wasser, die aus seiner durchbohrten Seite herausflossen, waren der Beweis dafür, dass das Herz buchstäblich gebrochen war.

59. Seine Seite durchbohrt

Verheißung:
»… sie werden auf mich sehen, den sie durchstochen haben.« (Sach 12,10)

Erfüllung:
»… aber einer der Kriegsknechte durchbohrte seine Seite mit einem Speer.« (Joh 19,34)

Theodore Laetsch schreibt:

> Eine bemerkenswerte Aussage ist noch zugefügt. Der Gott Jahwe spricht von sich selbst so, als ob er von Menschen durchbohrt sei, die auf ihn schauen und um ihn trauern. Durchbohren mit Schwert oder Speer kommt neun Mal vor (4.Mose 25,8; Ri 9,54; 1.Sam 31,4; 1.Chr 10,4; Jes 13,15; Jer 37,10, »verwundet«; 51,4; Sach 12,10; 13,3). Einmal erscheint es als durchbohrt von nagendem Hunger, was schmerzlicher beschrieben wird, als vom Schwert durchbohrt zu sein (Klgl 4,9).[62]

60. Finsternis über dem Land

Verheißung:
»Und es soll geschehen an jenem Tage, spricht Gott, der HERR, da will ich die Sonne am Mittag untergehen lassen und über die Erde Finsternis bringen am lichten Tage.« (Amos 8,9)

Erfüllung:
»Aber von der sechsten Stunde an kam eine Finsternis über das ganze Land bis zur neunten Stunde.« (Mt 27,45)

Weil die Juden von Sonnenaufgang bis Sonnenuntergang zwölf Stunden rechnen, könnte die sechste Stunde etwa um Mittag gewesen sein und die neunte Stunde um drei Uhr nachmittags.

61. Begraben im Grab eines reichen Mannes

Verheißung:
»Und man gab ihm bei Gottlosen sein Grab und bei einem Reichen seine Gruft.« (Jes 53,9)

Erfüllung:
»… kam ein reicher Mann von Arimathäa namens Josef … und bat um den Leib Jesu … Und Joseph nahm den Leib, wickelte ihn in reine Leinwand und legte ihn in sein neues Grab.« (Mt 27,57-60)

4 Die Bestätigung Jesu als Messias durch erfüllte Prophetien

4.1 Einwand: Die in Jesus erfüllten Verheißungen waren von ihm bewusst so in die Wege geleitet worden

In *The Passover Plot* behauptet der radikale neutestamentliche Gelehrte H. J. Schonfield, dass Jesus nur ein harmloser angeblicher Messias war, der stillschweigend duldete, dass er die Weissagungen »erfüllte«, um seine Behauptungen zu beweisen.[63]

Erstens widersprach das dem aufrichtigen Charakter von Jesus, wie schon oben erwähnt. Damit geht man davon aus, dass er einer der größten Betrüger aller Zeiten war. Das setzt wiederum voraus, dass er nicht einmal ein guter Mensch war, ganz zu schweigen von der vollkommenen Person, als den das Evangelium ihn darstellt. Es gibt aber verschiedene Linien der Beweisführung, die zusammengenommen eindeutig demonstrieren, dass das eine vollständig unglaubwürdige These ist.

Zweitens ist es ausgeschlossen, dass Jesus viele Ereignisse, die zur Erfüllung der alttestamentlichen Prophezeiungen im Hinblick auf den Messias nötig waren, hätte beeinflussen können. Er hatte z. B. keine Möglichkeit, seinen Geburtsort zu bestimmen (Mi 5,2), auch nicht, dass er von einer Jungfrau geboren werden würde (Jes 7,14), auch nicht den Zeitpunkt seines Todes (Dan 9,26), von welchem Geschlecht mit welchem Stammbaum er kommen würde (1.Mose 49,10; 2.Sam 7,12) oder andere Fakten seines Lebens, die mit der Prophetie in Zusammenhang standen.

Drittens hätte es schon übernatürlicher Kräfte bedurft, wenn Jesus die Ereignisse und die Menschen in seinem Leben so hätte manipulieren können, dass sie ganz genau so in Erscheinung getreten wären, wie es zur Erfüllung der Weissagungen nötig gewesen wäre, einschließlich seines Vorläufers Johannes des Täufers (Mt 3), der Reaktionen seiner Verkläger (Mt 27,12), der Soldaten, die um seine Kleider würfelten (Joh 19,23.24) und wie sie mit einem Speer in seine Seite stachen (Joh 19,34).

Tatsächlich gibt selbst Schonfield zu, dass die Sache mit dem Komplott nicht mehr stimmte, als die Römer tatsächlich Jesus in die Seite stachen. Tatsache ist, dass jemand, der all diese Macht besessen hätte, schon ein Gott sein musste – dies ist aber gerade das, was die These vom Passa-Komplott zu widerlegen sucht. Kurz gesagt, gehört schon ein größeres Wunder dazu, dieser These zu glauben als diese prophetischen Aussagen als übernatürlichen Ursprungs anzusehen.[64]

Eine Beurteilung: Die obigen Einwände könnten solange einleuchtend sein, bis wir erkennen, dass viele der Vorhersagen in Bezug auf den Messias völlig außerhalb der Beeinflussungsmöglichkeit durch Jesus selbst lagen:

1. Geburtsort (Mi 5,2)
2. Zeit der Geburt (Dan 9,25; 1.Mose 49,10)
3. Umstände der Geburt (Jes 7,14)
4. Verrat
5. Art des Todes (Ps 22,17)
6. Reaktionen der Menschen (spotten, spucken, starren usw.)
7. Durchbohren
8. Grablegung

4.2 Einwand: Die Erfüllung der Prophezeiungen in Jesus war zufälliger Art

»Einige solcher erfüllter Vorhersagen konnte man auch beim Tode Kennedys, Luther Kings, Nassers und anderer großer Persönlichkeiten feststellen«, sagen kritische Stimmen.

Eine Antwort: Ja, möglicherweise findet man eine oder zwei erfüllte Vorhersagen auch im Leben anderer Männer, aber keinesfalls 61 wichtige Aussagen! Jahrelang bot die Christian Victory Publishing Company von Denver eine Belohnung von $1.000 an, falls man außer Jesus noch jemanden finden würde – noch lebend oder schon gestorben –, der in seinem Leben auch nur die Hälfte solcher Weissagungen, wie sie bezüglich des Messias gemacht wurden, erfüllen würde (wie sie von Fred Meldau in *Messias in Both Testaments* aufgelistet sind). Es gibt gewiss eine Menge Leute an den Universitäten, die dieses Geld hätten auch gebrauchen können.

H. Harold Hartzler von der American Scientific Affiliation (Goshen College) schreibt im Vorwort zu Peter Stoners Buch:

> Das Manuskript für *Science Speaks* wurde sorgfältig von einem Komitee von Mitgliedern der American Scientific Affiliation und von dem geschäftsführenden Rat der gleichen Gruppe überprüft und generell als zuverlässig und auch genau hinsichtlich des dargebotenen wissenschaftlichen Materials angesehen. Die einbezogene mathematische Analyse basiert auf den Prinzipien der Wahrscheinlichkeit, die durchaus in Ordnung sind, und Professor Stoner hat diese Prinzipien in angemessener und überzeugender Weise angewandt.[65]

Die folgenden Wahrscheinlichkeitsberechnungen sind aus Stoners *Science Speaks* entnommen, um zu zeigen, dass der Zufall durch die Wissenschaft von der Wahrscheinlichkeit ausgeschlossen ist. Stoner sagt das, indem er die moderne Wahrscheinlichkeitsrechnung auf acht Prophezeiungen anwendet (1.- Nr. 10; 2. - Nr. 22; 3.- Nr. 27; 4.- Nr. 33 u. 44; 5.- Nr. 34; 6.- Nr. 35 u. 36; 7.- Nr. 39; 8.- Nr. 44 u. 45 [gekreuzigt]).

> Wir stellen fest, dass die Chance, dass ein Mensch bis heute gelebt haben könnte, der alle acht Vorhersagen erfüllt hätte gleich 1 zu 10^{17} ist. Das würde bedeuten: 1 zu einer Zahl mit 17 Nullen nach der 1. Um das anschaulich zu machen, illustriert Stoner es mit der Vorstellung, dass wir 10^{17} Silberstücke nehmen und sie auf die Fläche von Texas legen. Sie würden dann das ganze Land sechzig Zentimeter hoch bedecken. Nun kennzeichnen Sie doch einmal einen einzigen dieser Dollars und mischen sie ihn unter die ganze Menge im Staat. Schicken Sie dann einen Mann mit verbundenen Augen mit dem Auftrag los, dass er fahren und laufen kann, so weit er will, dass er aber einen Silberdollar finden und sagen muss, dass es der richtige ist. Welche Chance hätte er dazu? Genau die gleiche Chance hätten die Propheten gehabt, wenn sie diese acht Vorhersagen aufgeschrieben und sich irgendein Mensch – von damals bis heute – gefunden hätte, durch den sie verwirklicht worden wären – vorausgesetzt, die Propheten hätten alles nur aus ihrem eigenen Denken und ihrer Weisheit geschrieben.
> Nun sind also diese Weissagungen entweder von Gott inspiriert gewesen oder die Propheten haben einfach geschrieben, was ihnen in den Kopf kam. In dem Fall wäre ihre Chance 10^{17} gewesen, dass ihre Voraussagen für einen x-beliebi-

gen Mann eingetroffen wären. Doch in Christus haben sie sich alle bewahrheitet. Das bedeutet, dass die Erfüllung dieser acht Weissagungen allein der Beweis dafür ist, dass Gott die Schriften dieser Propheten mit einer solchen Genauigkeit inspiriert hat, dass man sie mit einer Chance von 10^{17} absolut setzen kann.[66]

Stoner untersucht insgesamt 48 Prophezeiungen und berichtet:

> Wir kommen zu dem Ergebnis, dass die Chance, dass alle 48 Voraussagen auf einen einzelnen Menschen zutreffen könnten, bei 10^{157} liegen. Das ist wahrhaftig eine riesengroße Zahl und es bleibt nur eine extrem winzige Chance. Wir wollen versuchen, sie zu veranschaulichen. Der Silber-Dollar, den wir schon angeführt haben, ist für diesen Zweck zu groß. Wir benötigen einen kleineren Gegenstand. Ein Elektron ist das kleinste, das wir kennen. Es ist so klein, dass man 2,5 mal 10^{15} davon aneinander legen müsste, um eine einzige Linie hintereinander zustande zu bringen, die einen Zoll lang wäre. Wenn wir dann die Elektronen auf dieser Linie zählen wollten, und pro Minute 250 abzählen könnten, – auch wenn wir Tag und Nacht zählen würden, dann würde es 19 Millionen Jahre dauern, nur diese einen Zoll lange Elektronenreihe zu zählen. Wenn wir einen Würfel mit den Seitenlängen von einem Zoll mit diesen Elektronen füllten und zu zählen begännen, bräuchten wir – bei 250 pro Minute – 19.000.000 mal 19.000.000 mal 19.000.000 Jahre, d.h. 6,9 mal 10^{21} Jahre.
> Mit dieser Einführung wenden wir uns jetzt wieder unserer Chance von 1 zu 10^{157} zu. Vorausgesetzt wir nehmen diese Zahl von Elektronen, markieren ein einzelnes, mischen es unter die ganze Menge und lassen dann einen Mann mit verbundenen Augen darin das richtige finden. Welche Chance hätte er? Welchen Berg würde diese Anhäufung von Elektronen ausmachen? Es wäre unvorstellbar.[67]

Ebenso groß wäre die Chance, einen x-beliebigen Menschen zu finden, auf den alle 48 Vorhersagen zutreffen würden.

4.3 Einwand: Prophetien wie die in der Bibel sind auch schon von übersinnlich veranlagten Personen gemacht worden

Zeitgenössische Kritiker biblischer Prophetie führen Vorhersagen medial veranlagter Menschen als gleichwertig mit der Heiligen Schrift an. Doch es gibt noch einen anderen riesigen Unterschied zwischen jedem übersinnlich veranlagten Menschen und den irrtumsfreien Propheten der Bibel (s. *Miracle and Magic*).

Ein Test für die Glaubwürdigkeit eines Propheten war schon immer, ob seine Vorhersagen sich auch erfüllten oder nicht (5.Mose 18,22). Wenn das nicht zutraf, wurde der Prophet gesteinigt (18,20) – eine Praxis, die zweifellos diejenigen abschreckte, die sich nicht absolut sicher waren, dass ihre Botschaft von Gott kam. Unter Hunderten von Weissagungen biblischer Propheten ist nicht ein einziger Fall bekannt, wo sie sich geirrt hätten.

Eine Studie in Bezug auf die Vorhersagen übersinnlich veranlagter Menschen im Jahr 1975 und ihre weitere Beobachtung bis 1981 ergab, dass von 72 Prophezeiungen nur sechs in etwa eingetroffen sind. Zwei davon waren ziemlich vage und zwei andere überraschten kaum: die USA und die Sowjetunion würden führende Mächte bleiben und es würde keinen Weltkrieg mehr geben. *The People's Almanac* führte 1976 eine Studie über Vorhersagen von 25 »Spitzen-Wahrsagern« durch. Das Ergebnis sah wie folgt aus: Von den insgesamt 72 Prophezeiungen waren 66 (92%) total falsch.[68] Eine Genauigkeitsquote von etwa 8% ließ sich leicht durch Zufall und allgemeine Kenntnis der Umstände erklären. 1993 übersahen die Wahrsager jedes größere unerwartete Ereignis, einschließlich des Rücktritts von Michael Jordan, der Überschwemmungen im Mittleren Westen und des Friedensvertrages zwischen Israel und der PLO. Zu ihren falschen Prophezeiungen gehörte auch, dass die Königin von England in ein Kloster gehen würde und dass Kathy Lee Gifford Jay Leno als Gastgeber der *Tonight Show* ersetzen würde.[69]

Ähnlich waren auch die hochgerühmten »Vorhersagen« von Nostradamus nicht allzu erstaunlich. Entgegen dem weit verbreiteten Glauben sagte er weder den Ort noch das Jahr des großen kalifornischen Erdbebens voraus. Viele von seinen berühmten »Weissagungen«, wie z. B. das Emporkommen Hitlers, blieben sehr unbestimmt. Wie andere Hellseher auch täuschte er sich oft und war damit nach biblischen Maßstäben ein falscher Prophet.[70]

4.4 Die Zeit der Ankunft des Messias

4.4.1 Das Wegnehmen des Zepters

»Es wird das Zepter nicht von Juda weichen, noch der Herrscherstab von seinen Füßen, bis dass der Schilo [Herrscher, Friedensbringer] kommt und ihm die Völkerschaften unterworfen sind« (1.Mose 49,10).

Das Wort, das am besten mit »Zepter« übersetzt wird, meint an dieser Stelle ein »Stammes-Wahrzeichen«. Jeder der zwölf Stämme Israels hatte seinen eigenen besonderen »Hirtenstab«, auf dem der jeweilige Name eingeritzt war. Demnach sollte der »Führungsstab« oder die Stammes-Identität nicht von Juda genommen werden, bevor der Schilo kam. Jahrhundertelang haben jüdische und christliche Kommentatoren das Wort »Schilo« als einen Namen des Messias angesehen.

Wir erinnern uns daran, dass Juda seine nationale Souveränität während der siebzigjährigen Periode der babylonischen Gefangenschaft verlor. Jedoch verlor es während dieser Zeit niemals sein »Stammes-Wahrzeichen« oder seine nationale Identität. Sie hatten immer noch ihre eigenen Gesetzgeber oder Richter selbst in der Gefangenschaft (s. Esra 1,5.8).

Also würden nach dieser Schriftstelle und den zeitgenössischen jüdischen Aussagen bald nach der Ankunft des Messias zwei Zeichen sichtbar werden:

1. würde Juda das Zepter oder die Identität verlieren.
2. würde ihnen die richterliche Gewalt genommen werden.

Das erste sichtbare Zeichen der beginnenden Wegnahme des Zepters von Juda tauchte auf, als Herodes der Große, der kein jüdisches Blut hatte, die Makkabäerfürsten ablöste, die zum Stamme Levi gehörten und die letzten jüdischen Könige waren, die in Jerusalem regierten.[71]

Le Mann überschreibt das zweite Kapitel in seinem Buch *Jesus before the Sanhedrin*: »The legal power of the Sanhedrin is restricted twentythree years before the trial of Christ.« Diese Beschränkung schloss den Verlust der Macht ein, die Todesstrafe zu vollziehen.

Das geschah nach der Absetzung von Archelaus, dem Sohn und Nachfolger des Herodes im Jahr 11 oder 7 n. Chr.[72] Die Prokuratoren, die im Namen von Augustus das Land verwalteten, nahmen dem Sanhedrin die oberste Gewalt weg, so dass sie selbst das *jus gladii* ausüben konnten – d.h. das unumschränkte Recht, über Leben und Tod zu entscheiden. Alle vom römischen Imperium unterworfenen Völker verloren das Recht, Strafen für Kapitalverbrechen zu verhängen. Tacitus schreibt dazu: »Die Römer behielten sich das ›Recht des Schwertes‹ vor und übersahen alles andere.«

Der Sanhedrin jedoch behielt auch gewisse Rechte:

1. den Ausschluss aus der Synagoge (Joh 9,22)
2. Gefängnisstrafen (Apg 5,17.18)
3. körperliche Züchtigung (Apg 16,22)

Der Talmud selbst bestätigt, dass »etwas mehr als vierzig Jahre vor der Zerstörung des Tempels den Juden das Recht, die Todesstrafe zu verhängen, abgenommen wurde.«[73] Doch scheint es kaum möglich, dass das *jus gladii* bis zu der Zeit in jüdischen Händen geblieben war. Wahrscheinlich hatten sie es schon zur Zeit des Coponius (7 n. Chr.) verloren.[74]

Rabbi Rachmond sagt:

> Als die Mitglieder des Sanhedrin sich der Tatsache gegenübersahen, dass ihnen das Recht der Entscheidung über Leben und Tod genommen war, erfasste sie eine generelle Bestürzung. Sie streuten sich Asche aufs Haupt, zogen Säcke an und riefen: »Wehe uns, denn das Zepter ist von Juda gewichen, und der Messias ist noch nicht gekommen!«[75]
>
> Als die richterliche Gewalt ihm genommen war, hörte der Sanhedrin auf zu existieren. Ja, das Zepter war von Juda gewichen und es hatte seine königliche oder gesetzliche Macht verloren. Und die Juden wussten es selbst! »Weh uns, denn das Zepter ist von Juda genommen, und der Messias ist noch nicht da!«[76]
>
> Josephus, der Augenzeuge dieses dekadenten Prozesses war, schreibt:
>
> Nach dem Tod des Prokurators Festus, als Albinus dabei war, seine Nachfolge anzutreten, sah es der Hohepriester Ananus als günstige Gelegenheit an, den Sanhedrin zu versammeln. Dabei veranlasste er Jakobus, den Bruder Jesus, der auch Christus genannt wurde, und verschiedene andere vor dem hastig zusam-

> mengerufenen Rat zu erscheinen und verhängte über sie die Todesstrafe durch Steinigung. Alle klugen Männer und solche, die das Gesetz streng beachteten, die sich zu Jerusalem aufhielten, brachten ihre Missbilligung dieses Aktes zum Ausdruck. … Einige suchten sogar Albinus selbst auf, der nach Alexandria abgereist war, um ihm diesen Rechtsbruch vor Augen zu führen und ihn darüber zu informieren, dass Ananus gesetzwidrig gehandelt hätte, als er den Sanhedrin ohne die römische Genehmigung zusammengerufen hätte.[77]

Die Juden ihrerseits erfanden – um das Gesicht zu wahren – verschiedene Gründe, um die Todesstrafe abzuschaffen. Zum Beispiel sagt der Talmud:

> Die Mitglieder des Sanhedrin haben festgestellt, dass die Zahl der Mörder in Israel in einem solchen Maß zugenommen hat, dass es unmöglich ist, sie alle zum Tode zu verurteilen. Deshalb haben sie bei sich beschlossen [und gesagt:] »Es wird von Vorteil sein, wenn wir unsern gewöhnlichen Versammlungsort mit einem anderen vertauschen, so dass wir das Ausüben der Todesstrafe vermeiden.«[78]

Dazu sagt Maimonides in *Const. Sanhedrin*, Kapitel 14:

> Dass vierzig Jahre vor der Zerstörung des zweiten Tempels Strafen für Verbrechen in Israel aufhörten, obwohl der Tempel noch stand. Daran war die Tatsache schuld, dass die Mitglieder des Sanhedrin die »Halle der behauenen Steine« verlassen hatten und ihre Sitzungen nicht mehr dort abhielten.[79]

Lightfoot fügt in seinem *Evangelium Matthaei, horae hebraicae*, S. 275.276, Cambridge, 1658, hinzu:

> … die Mitglieder des Sanhedrins … hatten den Beschluss gefasst, keine Todesstrafen mehr zu verhängen, solange Israel unter römischer Herrschaft war und das Leben der Kinder Israel von ihnen bedroht war. Einen Sohn Abrahams zum Tode zu verurteilen, zu einer Zeit, wo Juda von allen Seiten bedrängt war und unter dem Marschtritt der römischen Legionen zitterte, – wäre das nicht eine Beleidigung des Blutes der alten Patriarchen? Ist nicht der geringste Israelit – allein durch die Tatsache der Abstammung von Abraham – den Heiden überlegen? Lasst uns deshalb die »Halle der behauenen Steine« verlassen, außerhalb deren keiner zum Tode verurteilt werden kann. Und lasst uns im Protest durch unsern freiwilligen Auszug und durch das Schweigen des Rechtswesens zeigen, dass Rom, obwohl es die Welt regiert, doch niemals Herrin über das Leben oder die Gesetze von Juda ist.[80]

Der Talmud sagt: »Da der Sanhedrin bei Kapitalverbrechen keine richterliche Gewalt mehr hat, haben diese Regeln keinen weiteren praktischen Nutzen. Sie können nur in den Tagen des Messias wirksam werden.«[81]

Nachdem die richterliche Gewalt weggefallen war, hörte der Sanhedrin auf zu existieren. Ja, das Zepter war von Juda genommen und es hatte seine königliche und juristische Macht verloren. Und die Juden wussten das selbst. »Weh uns, denn das Zepter ist von Juda genommen und der Messias ist noch nicht erschienen!«[82] Sie erkannten keineswegs, dass der Messias ein junger Nazarener war, der mitten unter ihnen wandelte.

4.4.2 Die Zerstörung des Tempels

»… und plötzlich wird kommen zu seinem Tempel der HERR, den ihr suchet …« (Mal 3,1).

Dieser Vers sagt, zusammen mit vier anderen (Ps 118,26; Dan 9,26; Hag 2,7-9; Sach 11,13), aus, dass der Messias kommt, während der Tempel in Jerusalem noch steht. Das ist von großer Bedeutung, wenn wir daran denken, dass er im Jahr 70 n. Chr. zerstört und seitdem *niemals* wieder aufgebaut wurde.

»Und nach den zweiundsechzig Wochen wird der Gesalbte ausgerottet werden, sodass keiner mehr sein wird; die Stadt aber samt dem Heiligtum wird das Volk eines zukünftigen Fürsten verderben …« (Dan 9,26).

Das ist eine beachtenswerte Aussage. Chronologisch heißt das:

1. Der Messais kommt (vorausgesetzt).
2. Er wird ausgerottet (er stirbt).
3. Die Stadt (Jerusalem) und das Heiligtum (des Tempels) werden zerstört.

Der Tempel und die Stadt wurden durch Titus und seine Armee im Jahr 70 n. Chr. zerstört. Daher ist der Messias entweder schon gekommen oder die Prophezeiung war falsch.

4.4.3 Bis heute erfüllt

In Daniel 9,24-27 finden wir eine Prophezeiung, die sich in drei besonderen Abschnitten auf den Messias bezieht. Sie schließt siebzig mal sieben Perioden (Jahre) oder 490 Jahre ein. Der erste Abschnitt besagt, dass am Ende der neunundsechzigsten »Jahrwoche« der Messias nach Jerusalem kommen würde. (Die sieben und die zweiundsechzig »Jahrwochen« werden verstanden als 69 Sieben-Jahres-Perioden im Gegensatz zu den »siebzig Jahren« aus Dan 9,2 im Textkontext.) Der Ausgangspunkt der neunundsechzig Wochen multipliziert mit sieben Jahren ergibt genau 483 Jahre und bezieht sich auf den Erlass, Jerusalem wieder aufzubauen und herzustellen, wie wir es in Vers 25 lesen.

Der zweite Abschnitt besagt, dass der Messias nach seinem Kommen ausgerottet werden wird (sprachliches Idiom für seinen Tod). Dann wird ein zukünftiger Fürst Jerusalem und den Tempel zerstören und die siebzig mal sieben »Jahrwochen« vollenden – 490 Jahre mit einer letzten Sieben-Jahres-Periode.

All das oben Geschilderte findet nach Daniel 9,24-26 nach den neunundsechzig »Jahrwochen« statt. Doch Daniel 9,24 erwähnt siebzig »Jahrwochen« (70 = 7+62+1), nicht nur neunundsechzig. Die letzte »Jahrwoche« wird in Dan 9,27 beschrieben.

Viele Bibelausleger glauben, dass Vers 27 von einer anderen Person und einer ganz anderen Zeit redet als Vers 26. Selbst wenn sich der Schreiber auf den Fürsten bezieht, so kann damit ein anderer gemeint sein, der erst später in der Geschichte auftauchen wird (Dopplungen bei prophetischen Aussagen sind nichts Ungewöhnliches. Ein Hinweis kann sich z. B. sowohl auf den König David selbst als auch später ebenso auf Christus beziehen). Dafür gäbe es in ihrem Handeln durchaus einen Hinweis: Der Fürst in Vers 27 setzt die jüdischen gottesdienstlichen Praktiken im Tempel außer Kraft. Doch der Fürst von Vers 26 hat gerade schon den Tempel zerstört. So kommt der Fürst von Vers 27 wahrscheinlich erst dann, wenn der Tempel wieder aufgebaut ist, was noch geschehen muss. Einerlei wie man die siebzigste »Jahrwoche« – die letzten sieben Jahre der Weissagung – auch immer interpretiert, die beiden ersten Abschnitte der Prophetie können immer noch historisch nachgeprüft werden. Zum Weiterstudium bezüglich der Prophezeiungen im Buch Daniel siehe das Buch *Chronological Aspects of the Life of Christ* von Harald Hoehner.[83]

4.4.3.1 Der Text von Daniel 9,24-27

»Siebzig Wochen sind über dein Volk und deine heilige Stadt verordnet, um der Übertretung ein Ende und das Maß der Sünde voll zu machen, um die Missetat zu sühnen und die ewige Gerechtigkeit zu bringen, um Gesicht und Prophezeiung zu versiegeln und das Hochheilige zu salben.

So wisse und verstehe, dass vom Erlass des Befehls zum Wiederaufbau Jerusalems bis auf den Gesalbten, einen Fürsten, sieben Wochen vergehen, und zweiundsechzig Wochen werden die Straßen und Gräben wieder aufgebaut sein, wenn auch in bedrängter Zeit.

Und nach den zweiundsechzig Wochen wird der Gesalbte ausgerottet werden, sodass keiner mehr sein wird; die Stadt aber samt dem Heiligtum wird das Volk eines zukünftigen Fürsten verderben, und sie geht unter in der Überschwemmung, und der Krieg, der bestimmt ist zu ihrer Zerstörung, dauert bis ans Ende.

Und man wird vielen den Bund eine Woche lang schwer machen und mitten in der Woche Schlacht- und Speisopfer aufhören lassen, und auf der Zinne werden Gräuel des Verwüsters aufgestellt, bis dass sich die bestimmte Vertilgung über die Verwüstung ergossen hat.«

4.4.3.2 Interpretation der Weissagung

1. Die Hauptzüge dieser Prophezeiung

(Aus dem Vorlesungsmaterial von Dr. James Rosscup, Talbot Theological Seminary, Kalifornien, entnommen.)

Was Daniels Volk, nämlich Israel, und Daniels Stadt, nämlich Jerusalem, betrifft (Dan 9, 24), werden zwei Fürsten erwähnt:

1. der Messias (V. 25)
2. ein Fürst, der noch kommen wird (V. 26)
   Zeitabschnitt von siebzig (»Jahr«-)Wochen (V. 24)

1. als eine Einheit (V. 24)
2. als Abschnitt von drei Perioden: sieben Wochen, zweiundsechzig Wochen und eine Woche (V. 25.27)

- genauere Angaben über die siebzig Wochen (V. 25)
- Der Messias erscheint am Ende der neunundsechzigsten Woche (V. 25).
- Zerstörung der Stadt und des Heiligtums durch Leute des Fürsten, der noch kommen soll (V. 26)
- Bund zwischen Israel und dem kommenden Fürsten am Beginn der letzten Woche (V. 27). Mitte der Woche wird der Bund gebrochen (V. 27).
- Am Ende der siebzig Wochen wird Israel ewige Gerechtigkeit besitzen (V. 24).

2. Das Zeitmaß, das durch siebzig Wochen angedeutet ist

Jüdisches Wochenmaß:

1. Das hebräische Wort für »Woche« ist schabua, was wörtlich »sieben« bedeutet. (Wir sollten jedes andere Wochenkonzept beiseite lassen, wenn es um das Maß geht, das der Engel Gabriel hier andeutet.) Im Hebräischen bedeutet die Vorstellung von siebzig Wochen einfach »siebzig Sieben«.
2. Den Juden war eine »sieben« sowohl im Zusammenhang mit Tagen als auch mit Jahren durchaus bekannt. »In mancher Hinsicht war sie sogar noch wichtiger.«[84]
3. Durch 3.Mose 25,2-4 wird das oben Gesagte sehr anschaulich. 3.Mose 25,8 zeigt, dass es ein vielfaches von »Jahrwochen« gab.

Erinnern wir uns doch daran, was vorher gesagt wurde, nämlich dass es verschiedene Gründe dafür gibt, zu glauben, dass die im Buch Daniel erwähnten siebzig Wochen auch siebzig mal »sieben« Jahre sein können:

1. Daniel dachte schon früher in diesem Kapitel in Begriffen von Jahren und den Vielfachen von »Sieben« (Dan 9,1.2).
2. wusste er, dass die babylonische Gefangenschaft ihre Ursache in der Verletzung des Sabbatjahres gehabt hatte, und da sie siebzig Jahre in dieser Gefangenschaft waren, wurde das Sabbatjahr ganz offensichtlich 490 Jahre lang verletzt (3.Mose 26,32-35; 2.Chr 36,21 und Dan 9,24).
3. Der Kontext ist durchgehend vorhanden und macht Sinn, wenn wir die siebzig Wochen auch als Jahre ansehen und
4. findet sich *Schabua* auch in Daniel 10,2.3. Der Zusammenhang erfordert es, an Wochen von sieben Tagen zu denken. Wörtlich heißt es »drei Sieben von Tagen«. Wenn Daniel in 9,24-27 Tage gemeint hätte, warum finden wir dort dann nicht die gleiche Ausdrucksform wie in Kapitel 10 auch? Offensichtlich sind in Kapitel 9 doch Jahre gemeint.

3. Die Länge eines prophetischen Jahres

Das Kalenderjahr, das in der Heiligen Schrift benutzt wird, muss aus der Schrift selbst definiert werden:

1. Historisch: Vergleiche 1.Mose 7,11 mit 1.Mose 8,4 und beide mit 1.Mose 7,24 und 1.Mose 8,3.
2. Prophetisch: Viele Schriftstellen beziehen sich unter verschiedenen Begriffen auf die große Trübsal, aber alle haben den gemeinsamen Nenner eines 360-Tage-Jahres.

- Dan 9,27: »… mitten in der siebzigsten Woche« (offensichtlich nach 3 ½ Jahren)
- Dan 7,25: »eine Zeit und zwei Zeiten und eine halbe Zeit« (buchstäblich 3 ½ Zeiten)
- Offb 13,4-7: »zweiundvierzig Monate« (3 ½ Jahre)
- Offb 12,13.14: »eine Zeit und zwei Zeiten und eine halbe Zeit«
- Offb 12,6: »eintausendzweihundertundsechzig Tage (3 ½ Jahre)«

4. Beginn der siebzig Wochen

Es gibt verschiedene Anweisungen oder Erlasse in der Geschichte Israels, von denen man angenommen hat, dass sie der *Terminus a quo* (der Anfang) der siebzig Wochen sein könnten. Das sind folgende:

1. Der Erlass von Kyrus, 539 v. Chr. (Esra 1,1-4).
2. Der Erlass des Darius, 519 v. Chr. (Esra 5,3-7).
3. Der Erlass des Artaxerxes an Esra, 457 v. Chr. (Esra 7,11-16).
4. Der Erlass des Artaxerxes für Nehemia, 444 v. Chr. (Neh 2,1-8).[85]

Der einzige jedoch, der genau in das Datum zu passen scheint, ist der vierte, der Erlass des Artaxerxes für Nehemia.

J. D. Wilson kommentiert hinsichtlich des Ausgangspunktes für diese Weissagung:

> Das … Dekret bezieht sich auf Neh 2. Es war im 20. Jahr des Artaxerxes. Die Worte des Dekretes sind nicht überliefert, aber das Thema seines Inhaltes lässt sich leicht bestimmen. Nehemia hört von dem verkommenen Zustand Jerusalems. Er ist tief bekümmert. Der König fragt nach dem Grund seiner Trauer. Nehemia antwortet: »… die Stadt, wo meine Väter begraben sind, liegt wüst, und ihre Tore sind mit Feuer verbrannt.« Der König bittet ihn, einen Wunsch zu äußern. Nehemia reagiert prompt und bittet um eine Anweisung des Königs: »Sende mich nach Juda, zu der Stadt …, dass ich sie wieder aufbaue.« Und wie wir lesen können, wurde er auch gesandt und baute Jerusalem wieder auf.
>
> Dieses Dekret ist also der »Befehl, Jerusalem wiederherzustellen und aufzubau-

> en.« Es gibt keinen anderen Erlass, der die Erlaubnis zum Wiederaufbau der Stadt gäbe. Dieser autorisiert ihn dazu, und im Buch Nehemia erfahren wir, wie das Werk durchgeführt wurde. Die Erfordernisse ihrer verschiedenen Theorien veranlasste manche dazu, andere Erlasse für den *Terminus a quo* ihrer Berechnung anzusehen. Doch es ist nicht einzusehen, wie man das zweifelsfrei tun konnte. Dieser Erlass von Neh 2 ist der Befehl, Jerusalem wiederherzustellen und aufzubauen. Kein anderes Dekret gibt dazu die Erlaubnis. Alle anderen Erlasse beziehen sich allein auf den Tempel und seinen Aufbau.[86]

Dieses Dekret wurde im Jahr 444 v. Chr. erteilt und basiert auf folgenden Daten:

1. »Im Monat Nisan, im zwanzigsten Jahr des Königs Artaxerxes« (Neh 2,1).
2. Die Thronbesteigung von Artaxerxes war im Jahr 465 v. Chr.
3. Es ist kein genaues Datum angegeben. Nach jüdischem Brauch versteht man die Angabe als den ersten Tag des Monats, was bedeuten würde »1. Nisan 444 v. Chr.
4. Der 5. März im Jahr 444 v. Chr. würde dem dann von unserm Kalender her entsprechen.

5. Das Ende der ersten sieben Jahrwochen

1. Neunundvierzig Jahrwochen brauchte es, um die Stadt wiederherzustellen (V. 25).
2. Der Schluss der hebräischen Weissagung und des alttestamentlichen Kanons in Maleachi ist bemerkenswert und wird 49 Jahre nach 444 v. Chr. datiert.

Wenn das Buch Daniel Recht hat, dann beträgt die Zeit von der Anweisung, Jerusalem wiederherzustellen und aufzubauen (1. Nisan 444 v. Chr.) bis zum Kommen des Messias nach Jerusalem 483 Jahre (neunundsechzig mal sieben). Jedes Jahr entspräche dem jüdischen prophetischen Jahr von 360 Tagen (insgesamt 173.880 Tage).

Das letzte Ereignis der neunundsechzig Jahrwochen ist die Darstellung Christi vor Israel als Messias, wie es in Sach 9,9 vorhergesagt ist. Harold Hoehner, der diese Weissagung im Buch Daniel und die damit in Zusammenhang stehenden Daten gründlich untersucht hat, kommt letztlich zu folgenden Datum als Ergebnis für dieses vorhergesagte Ereignis:

> Multipliziert man die neunundsechzig Wochen mit sieben Jahren für jede Woche und 360 Tagen, so erhält man die Summe von 173.880 Tagen. Die Differenz zwischen 444 v. Chr. und 33 n. Chr. beträgt dann 476 Sonnenjahre. Multipliziert man 476 mit 365.24219879 oder mit 365 Tagen, 5 Stunden, 48 Minuten und 45.975 Sekunden (es gibt 365 ¼ Tage in einem Jahr), kommt man zu 173.855 Tagen, 6 Stunden, 52 Minuten und 44 Sekunden oder zu 173.855 Tagen. Dann

bleiben nur noch 25 Tage, die für die Zeit zwischen 444 v. Chr. und 33 n. Chr. angerechnet werden müssen. Wenn man 25 Tage zum 5. März (von 444 v. Chr.) hinzurechnet, kommt man zum 30. März (von 33 n. Chr.), welches der 10. Tag des Nisan im Jahr 33 n. Chr. war. Das ist der Tag des triumphalen Einzugs von Jesus in Jerusalem.[87]

6. Der Intervall zwischen der neunundsechzigsten und der siebzigsten Jahrwoche

Nach dem Ablauf der neunundsechzigsten Woche und vor dem Beginn der siebzigsten Woche mussten noch zwei Ereignisse geschehen:

1. das »Ausrotten« des Messias (Dan 9,26). Christus wurde am 3. April im Jahr 33 n. Chr. gekreuzigt, am Freitag nach seinem triumphalen Einzug in Jerusalem.
2. die Zerstörung Jerusalems und des Tempels (Dan 9,26).

Wilson diskutiert diesen Teil der Prophezeiung:

> Danach sandte der römische Fürst (Titus) eine Armee, die die Stadt und den Tempel von Jerusalem völlig zerstörte. Diese Zerstörung war tatsächlich eine totale. Der Tempel wurde nicht nur entweiht, wie es bei Antiochus Epiphanes geschehen war – er wurde völlig zerstört. Seitdem hat es in Jerusalem keinen Aufstand mehr gegeben. Das jüdische Ritual war am Ende. Es ist niemals mehr eingerichtet worden, und das wird auch nie mehr möglich sein. Seit Jerusalem fiel, gibt es keine Priesterschaft mehr, denn alle Söhne Aarons waren ermordet worden. Es können von Priestern keine Opfer mehr gebracht werden und es gibt keine Versöhnung durch den Hohen Priester mehr, denn in dieser schrecklichen Katastrophe ging der Alte Bund unter. Seine Kraft und seine Gültigkeit waren zu Ende, als das Lamm Gottes auf Golgatha geopfert worden war. Doch vierzig Jahre lang blieb die äußere Schale noch erhalten. Durch die Zerstörung Jerusalems zerbrach sie dann im Jahr 70 n. Chr.[88]

4.4.3.3 Zusammenfassung

Daniel machte hinsichtlich des Messias in seiner Weissagung von den sieben Jahrwochen sehr genaue Aussagen. Selbst wenn das Datum der Abfassung des Buches mit 165 v. Chr. stimmt, fanden all diese Ereignisse erst wenigstens zweihundert Jahre später statt.

Sie schließen ein:

1. das Kommen des Messias
2. der Tod des Messias
3. die Zerstörung Jerusalems und des Tempels.

Zeit-Skala

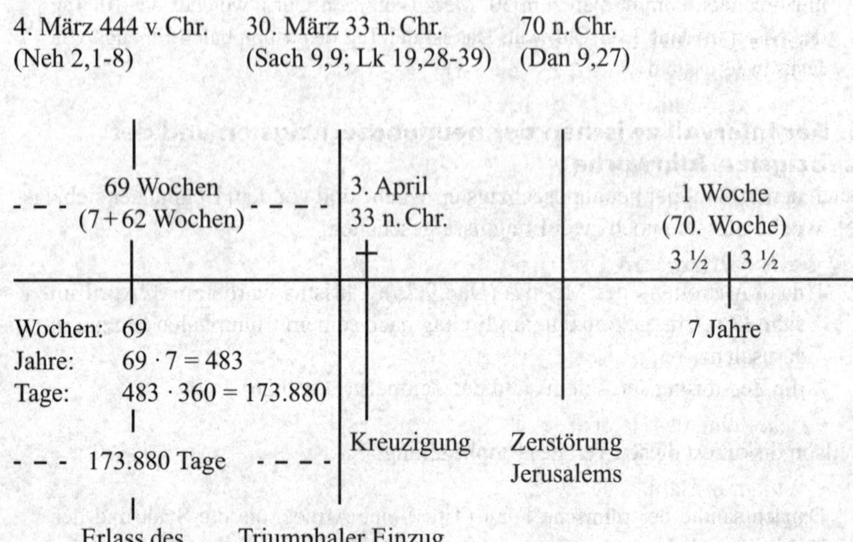

Der dritte Teil der Prophezeiung, der die siebzigste Jahrwoche betrifft, steht noch aus.

5 Zusammenfassung alttestamentlicher Weissagungen, die buchstäblich in Christus erfüllt sind

Floyd Hamilton schreibt in *The Basis of Christian Faith*: »Der Kanon Liddon bürgt für die Aussage, dass es im AT 332 klare Weissagungen gibt, die in Christus buchstäblich erfüllt wurden.«[89] J. Barton Payne führt in seiner *Encyclopedia of Biblical Prophecy* eine Liste von 191 auf.[90]

5.1 Sein erstes Kommen

- Die Tatsache: 1.Mose 3,15; 5.Mose 18,15; Ps 89,20; Jes 9,5f.; 28,16; 32,1; 35,4; 42,6; 49,1; 55,4; Hes 34,23f.; Dan 2,44; Mi 4,1f.; Sach 3,8
- Die Zeit: 1.Mose 49,10; 4.Mose 24,17; Dan 9,24; Mal 3,1
- Seine Göttlichkeit: Ps 2,7.11; 45,6.7.11; 72,8; 89, 27f.; 102, 25-28; 110,1; Jes 9,6; 25,9; 40,10; Jer 23,5f.; Mi 5,2; Mal 3,1
- Menschliche Abstammung: 1.Mose 12,3; 18,18; 21,12; 22,18; 26,4; 28,14; 49,10; 2.Sam 7,14; Ps 18,5-7.51; 22,23.24; 89,4; 132,11; Jes 11,1; Jer 23,5; 33,15

5.2 Sein Vorläufer

- Jes 40,3; Mal 3,1; 3,23

5.3 Seine Geburt und frühen Jahre

- Die Tatsache: 1.Mose 3,15; Jes 7,14; Jer 31,31
- Der Ort: 4.Mose 24,17.19; Mi 5,1
- Anbetung der Weisen: Ps 72,10.15; Jes 60,3.6
- Flucht nach Ägypten: Hos 11,1
- Mord an Unschuldigen: Jer 31,15

5.4 Sein Auftrag und Wirken

- Auftrag: 1.Mose 12,3; 49,10; 4.Mose 24,19; 5.Mose
- 18,18f.; Ps 21,2; Jes 59,20; Jer 33,16
- Priester wie Melchisedek: Ps 110,4
- Prophet wie Moses: 5.Mose 18,15
- Bekehrung der Heiden: Jes 11,10; 5.Mose 32,43; Ps
- 18,50; 19,5; 117,1; Jes 42,1; 45,23; 49,6; Hos 2,1; Joel 3,1
- Wirken in Galiläa: Jes 9,1.2
- Wunder: Jes 35,5.6; 42,7; 53,4
- Geistliche Gnade: Ps 45,8; Jes 11,2; 42,1; 53,9; 61,1f.
- Predigen: Ps 2,7; 78,2, Jes 2,3; 61,1; Mi 4,2
- Reinigung des Tempels: Ps 69,10

5.5 Sein Leiden

- Ablehnung durch Juden und Heiden: Ps 2,1; 22,12; 41,6; 56,6; 69,9; 118,22f.; Jes 6,9f.; 8,14; 29,13; 53,1; 65,2
- Verfolgung: Ps 22,7; 35,7.12; 56,6; 71,20; 109,2; Jes 49,7; 53,3
- Triumphaler Einzug in Jerusalem: Ps 8,3; 118,26.27; Sach 9,9
- Verraten von den Freunden: Ps 41,10; 55,13f.; Sach 13,6
- Verraten für dreißig Silberstücke: Sach 11,12
- Tod des Verräters: Ps 55,16.24; 109,18
- Kauf des Töpferackers: Sach 11,13
- Flucht der Jünger: Sach 13,7
- Falsche Anklagen: Ps 2,1.2; 27,12; 35,11; 109,2
- Stumm gegenüber Anklagen: Ps 38,14; Jes 53,7
- Spott: Ps 22,7f.16; 109,25
- Beleidigungen, Schläge, Anspucken, Geißeln: Ps 35,15.21; Jes 50,6
- Geduldig im Leiden: Jes 53,7-9
- Kreuzigung: Ps 22,15.18
- Galle und Essig angeboten: Ps 69,22
- Gebet für die Feinde: Ps 109,4
- Schreie am Kreuz: Ps 22,2; 31,6
- Tod in der Blüte des Lebens: Ps 89,46; 109,24f.

- Tod mit Verbrechern: Jes 53,9.12
- Tod bezeugt durch gewaltige Naturereignisse: Amos 5,20; Sach 14,4-6
- Losen um die Kleider: Ps 22,19
- Gebeine nicht gebrochen: Ps 34,21
- Durchbohrt: Ps 22,17
- Freiwilliger Tod: Ps 40,7-9
- Stellvertretendes Leiden: Jes 53,4-6.12; Dan 9,26
- Begraben mit den Reichen: Jes 53,9

5.6 Seine Auferstehung

- Ps 2,8; 16,8-10; 30,4; 41,11; 118,17f.

5.7 Seine Himmelfahrt

- Ps 16,11; 24,7; 68,19; 110,1; 118,19

5.8 Sein zweites Kommen

- Ps 50,3-6; Jes 9,5f.; 66,18; Dan 7,13f.; Sach 12,10; 14,4-8
- Universale Herrschaft und ewiges Reich: 1.Chr 17,11-14; Ps 2,6-8; 8,6; 45,7; 110,1-3; Jes 9,7; Dan 7,14

6 Literaturangaben

1 J. W. Ethridge, *The Targums of Onkelos and Jonathan Ben Ussiel on the Pentateuch*, S. 41.
2 John Bowker, *The Targums and Rabbinic Literature*, S. 122.
3 David L. Cooper, *God and Messiah*, S. 8f.
4 Merrill T. Unger, *Unger's Bible Dictionary*, S. 1159.
5 Ebd., S. 1159.
6 E. W. Hengstenberg, *Christology of the Old Testament*, S. 43.
7 A. R. Fausset, *Commentary Critical, Experimental and Practical*, S. 107.
8 Matthew Henry, *Matthew Henry's Commentary of the Whole Bible*, S. 82.
9 J. W. Ethridge, *The Targums of Onkelos and Jonathan Ben Ussiel on the Pentateuch*, S. 279.
10 Ebd., S. 309.
11 Paul Heinisch, *Christ in Prophecy*, S. 44f.
12 E. W. Hengstenberg, *Christology of the Old Testament*, S. 34.
13 J. W. Ethridge, *The Targums of Onkelos and Jonathan Ben Ussiel on the Pentateuch*, S. 331.
14 John Bowker, *The Targums and Rabbinic Literature*, S. 278.
15 J. F. Stenning, *The Targum of Isaiah*, S. 40.
16 Franz Delitzsch, *Biblical Commentary on the Prophesies of Isaiah*, S. 281f.
17 S. R. Driver, *Notes on the Hebrew Text*, S. 275.

[18] Jacob S. Minkin, *The World of Moses Maimonides*, S. 63.
[19] Theodore Laetsch, *Bible Commentary Jeremiah*, S. 189.
[22] Matthew Henry, *Matthew Henry's Commentary of the Whole Bible*, S. 1414.
[21] Seder Nezikin, *The Babylonian Talmud*, S. 941.1006.
[22] Matthew Henry, *Matthew Henry's Commentary of the Whole Bible*, S. 16.
[23] Theodore Laetsch, *Bible Commentary: Jeremiah*, S. 250.
[24] J. F. Stenning, *The Targum of Isaiah*, S. 32.
[25] Ebd., S. 148.
[26] E. W. Hengstenberg, *Christology of the Old Testament*, S. 573.
[27] Theodore Laetsch, *Bible Commentary: Jeremiah*, S. 193.
[28] Ebd., S. 193.
[29] A. R. Fausset, *Commentary Critical, Experimental and Practical*, S. 346.
[30] J. F. Stenning, *The Targum of Isaiah*, S. 24.
[31] Franz Delitzsch, *Biblical Commentary on the Prophecies of Isaiah*, S. 252.
[32] A. Cohen, *The Teaching of Maimonides*, S. 221.
[33] Aaron Judah Kligerman, *Messianic Prophecy in the Old Testament*, S. 22f.
[34] A. R. Fausset, *Commentary Critical, Experimental and Practical*, S. 347.
[35] J. F. Stenning, *The Targum of Isaiah*, S. 110.
[36] A. R. Fausset, *Commentary Critical, Experimental and Practical*, S. 666.
[37] J. F. Stenning, *The Targum of Isaiah*, S. 40.
[38] Seder Nezikin, *The Babylonian Talmud*, S. 626f.
[39] A. R. Fausset, *Commentary Critical, Experimental and Practical*, S. 245.
[40] J. F. Stenning, *The Targum of Isaiah*, S. 130.
[41] Ebd., S. 28.
[42] M. Friedländer, *Essays of the Writings of Abraham*, S. 100.
[43] Seder Nezikin, *The Babylonian Talmud*, S. 601.
[44] A. R. Fausset, *Commentary Critical, Experimental and Practical*, S. 191.
[45] Theodore Laetsch, *Bible Commentary: Minor Prophets*, S. 491f.
[46] A. R. Fausset, *Commentary Critical, Experimental and Practical*, S. 730.
[47] Matthew Henry, *Matthew Henry's Commentary of the Whole Bible*, S. 826.
[48] J. F. Stenning, *The Targum of Isaiah*, S. 170.
[49] Matthew Henry, *Matthew Henry's Commentary of the Whole Bible*, S. 816.
[50] Josef Blinzler, *The Trial of Jesus*, S. 247f.
[51] *Encyclopedia Americana*, Band 8, S. 253.
[52] Joseph D. Wilson, *Did Daniel Write Daniel?*, S. 262.
[53] A. R. Fausset, *Commentary Critical, Experimental and Practical*, S. 733.
[54] Matthew Henry, *Matthew Henry's Commentary of the Whole Bible*, S. 292.
[55] Norman L. Geisler, *Baker Encyclopedia of Christian Apologetics*, S. 612.
[56] A. R. Fausset, *Commentary Critical, Experimental and Practical*, S. 184.
[57] J. W. Ethridge, *The Targums of Onkelos and Jonathan Ben Ussiel on the Pentateuch*, S. 148.
[58] Ebd., S. 345.
[59] A. R. Fausset, *Commentary Critical, Experimental and Practical*, S. 246.

[60] Ebd., S. 148.
[61] Theodore Laetsch, *Bible Commentary: Minor Prophets*, S. 483.
[62] H. J. Schonfield, *History of Jesus*, S. 35-38.
[63] Norman L. Geisler, *Baker Encyclopedia of Christian Apologetics*, S. 585.
[64] H. Harold Hartzler, »Forword«, zitiert in Peter W. Stoner, *Science Speaks*, o.S.
[65] Peter W. Stoner, *Science Speaks*, S. 100-107.
[66] Ebd., S. 109f.
[67] Andre Kole/Al Janssen, *Miracles or Magic?*, S. 69.
[68] *Charlotte Observer* 12/30/1993.
[69] Norman L. Geisler, *Baker Encyclopedia of Christian Apologetics*, S. 615.
[70] »Jerusalemer Talmud«, Sanhedrin, folio 97,verso; s. auch 2. Buch der Makkabäer.
[71] Flavius Josephus, *Jewish Antiquities*, Buch 17, Kp. 13,1-5.
[72] *Jerusalemer Talmud,* »Sanhedrin«, fol. 24, recto.
[73] *Essai sur l'histoire et la géographie de la Palestine, d'après les Talmuds et la geographie de la Palestine, d'après les Talmuds et les autres sources Rabbinique*, S. 90.
[74] M. M. Le Mann, *Jesus Before the Sanhedrin*, S. 28-30.
[75] *Jerusalemer Talmud.*
[76] Flavius Josephus, *Jewish Antiquities*, Buch 20, Kp. 9, Abschn.1.
[77] *Babylonischer Talmud, Aboda Zarah*, oder *Of Idolatry*, fol. 8, recto, zitiert nach Seder Nezikin, *The Babylonian Talmud.*
[78] M. M. Le Mann, *Jesus Before the Sanhedrin*, S. 30-33.
[79] Lightfoot, *Evangelium Matthaei, horae hebraicae*, zitiert in M. M. Le Mann, *Jesus Before the Sanhedrin*, S. 33f.38.
[80] *Babylonischer Talmud, Sanhedrin*, Kap. 4, fol. 51b zitiert nach Seder Nezikin, *The Babylonian Talmud*, S. 346.
[81] *Babylonischer Talmud, Sanhedrin*, Kap 4, fol.37, recto, zitiert nach Seder Nezikin, *The Babylonian Talmud.*
[82] Harold W. Hoehner, *Chronological Aspects of the Life of Christ*, S. 17.
[83] Alva J. McClain, *Daniel's Prophecy of the Seventy Weeks*, S. 13.
[84] Harold W. Hoehner, *Chronological Aspects of the Life of Christ*, S. 131.
[85] Joseph D. Wilson, *Did Daniel Write Daniel?*, S. 141f.
[86] Harold W. Hoehner, *Chronological Aspects of the Life of Christ*, S. 138.
[87] Joseph D. Wilson, *Did Daniel Write Daniel?*, S. 148f.
[88] Floyd. E. Hamilton, *The Basis of Christian Faith*, S. 160.
[89] J. Barton Payne, *Encyclopedia of Biblical Prophecy*, S. 665-670.

09 Die Auferstehung – Erfindung oder Geschichte?

Kapitelübersicht

1 Einführung

Nachdem ich mich mehr als 700 Stunden ausführlich mit diesem Thema befasst und seine Grundlage eingehend untersucht habe, bin ich zu dem Ergebnis gekommen, dass die Auferstehung Jesu Christi entweder eine der *schlimmsten, teuflischsten und herzlosesten Erfindungen ist, die jemals einem menschlichen Hirn entsprungen sind*, oder aber sie ist die großartigste Tatsache der Geschichte.

Jesus kann drei glaubwürdige Zeugnisse für sich geltend machen: 1. den Einfluss, den sein Leben durch seine Wunder und seine Lehren auf die Geschichte gehabt hat. 2. erfüllte Prophetie in seinem Leben. 3. seine Auferstehung. Die Auferstehung Jesu Christi und das Christentum stehen und fallen miteinander. Ein Student der Universität von Uruguay sagte einmal zu mir: »Herr Professor McDowell, warum können Sie das Christentum nicht widerlegen?« Ich antwortete: »Aus einem ganz einfachen Grund: Ich bin nicht in der Lage, ein bestimmtes Ereignis aus der Geschichte wegzuerklären – die Auferstehung Jesu.«

Die Auferstehung, wie sie bei Matthäus in Kapitel 28,1-11 berichtet ist (s. auch Mk 16; Lk 24; Joh 20 und 21):

Nach dem Sabbat aber, als der erste Tag der Woche anbrach, kamen Maria Magdalena und die andere Maria, um das Grab zu besehen.

Und siehe, es geschah ein großes Erdbeben, denn ein Engel des Herrn stieg vom Himmel herab, trat herzu, wälzte den Stein von dem Eingang hinweg und setzte sich darauf.

Sein Aussehen war wie der Blitz und sein Gewand weiß wie Schnee. Vor seinem furchtbaren Anblick aber erbebten die Wächter und wurden wie tot.

Der Engel aber wandte sich zu den Frauen und sprach: Fürchtet euch nicht! Ich weiß wohl, dass ihr Jesus, den Gekreuzigten, sucht.

Er ist nicht hier, denn er ist auferstanden, wie er gesagt hat. Kommt her, seht den Ort, wo der Herr gelegen hat! Und geht schnell hin und sagt seinen Jüngern, dass er von den Toten auferstanden ist. Und siehe, er geht euch voran nach Galiläa; dort werdet ihr ihn sehen. Siehe, ich habe es euch gesagt!

Und sie gingen schnell zum Grab hinaus mit Furcht und großer Freude und liefen, um es seinen Jüngern zu verkünden.

Und als sie gingen, um es seinen Jüngern zu verkünden, siehe, da begegnete ihnen Jesus und sprach: Seid gegrüßt! Sie aber traten herzu und umfassten seine Füße und beteten ihn an.

Da sprach Jesus zu ihnen: Fürchtet euch nicht! Geht hin, verkündet meinen Brüdern, dass sie nach Galiläa gehen sollen; dort werden sie mich sehen!

Während sie aber hingingen, siehe, da kamen etliche von der Wache in die Stadt und verkündeten den Hohen Priestern alles, was geschehen war.

2 Die Wichtigkeit der leiblichen Auferstehung Christi

Da Jesus selbst auf die leibliche Natur seines Auferstehungsleibes hinwies als Beleg dafür, dass er von den Toten auferstanden sei, und da das den Beweis seiner Behauptung einschloss, dass er der ins Fleisch gekommene Gott war, untergräbt die Behauptung der Kritiker, dass sein Leib nur ein geistiger, nicht-materieller gewesen sei, auch die Göttlichkeit Jesu. Das leere Grab allein beweist die Auferstehung Jesu nicht mehr, als der fehlende Leichnam in einem Leichenschauhaus eine Auferstehung beweist. Die Wahrheit des christlichen Glaubens basiert auf der *leiblichen* Auferstehung Christi. Dr. Norman Geisler sagt:

Wenn Christus nicht im gleichen natürlichen Leib auferstand, der ins Grab gelegt wurde, dann verliert die Auferstehung ihren Wert als offensichtliche Bestätigung seiner Behauptung Gott zu sein (Joh 8,58; 10,30). Die Auferstehung kann den Anspruch Jesu, Gott zu sein, nicht bestätigen, solange er nicht in dem gleichen Leib auferstand, in dem er gekreuzigt worden war. Das war ein wirklicher, physischer Leib gewesen. Wenn er nicht in einem materiellen Leib auferstand, ließ sich seine Auferstehung nicht nachweisen. Sie hätte ihren historisch überzeugenden Wert verloren.[1]

3 Die Bedeutung der Auferstehung

Alle größeren Weltreligionen bis auf vier basieren nur auf philosophischen Voraussetzungen. Von den vieren, die sich von einer Persönlichkeit statt von einem philosophischen System herleiten, beansprucht allein das Christentum ein leeres Grab für seinen Begründer. Abraham, der Vater des Judentums, starb um 1.900 v. Chr. – doch niemals hat jemand daran gedacht, ihm eine Auferstehung zuzuschreiben.

Wilbur M. Smith sagt in *Therefore Stand*:

> Die ursprünglichen Berichte von Buddha haben ihm niemals so etwas wie eine Auferstehung nachgesagt. Tatsächlich können wir in den frühesten Berichten von seinem Tod, nämlich dem *Mahaparinibbana Sutta*, lesen, dass, als er starb, es »mit jenem völligen Weggehen, bei dem nichts, was auch immer, zurückbleibt« war.[2]

Professor Childers sagt:

> Es gibt keine Spur in den *Pali*-Schriften oder -Kommentaren (oder soweit ich weiß in irgendeinem »Pali«-Buch) von Sakya Muni, dass er nach seinem Tode noch existiert habe oder seinen Anhängern erschienen sei. Mohammed starb am 8. Juni 632 n. Chr. im Alter von einundsechzig Jahren in Medina, wo sein Grab jedes Jahr von Tausenden frommer Mohammedaner besucht wird. All die Millionen von Juden, Buddhisten und Mohammedanern sind sich einig darin, dass ihre Gründer niemals mehr aus dem Staub der Erde wieder auferstanden sind.[3]

William Lane Craig schreibt:

> Ohne den Glauben an die Auferstehung hätte der christliche Glaube sich niemals entwickeln können. Die Jünger wären als niedergeschlagene und besiegte Männer zurückgeblieben. Selbst wenn sie sich weiterhin an Jesus als ihren geliebten Lehrer erinnert hätten, hätte doch seine Kreuzigung für immer alle Hoffnungen, dass er der Messias sei, zum Schweigen gebracht. Das Kreuz wäre das traurige und schändliche Ende seiner Laufbahn gewesen. Der Ursprung des Christentums hängt deshalb am Glauben der ersten Anhänger, dass Jesus von den Toten auferstanden war.[4]

Theodosius Harnack sagt: »Wo man im Hinblick auf die Tatsache der Auferstehung steht, ist in meinen Augen keine Frage der christlichen Theologie mehr. Für mich steht und fällt das Christentum mit der Auferstehung.«[5]

William Milligan sagt: »Wenn wir über die Tatsache der Auferstehung unseres Herrn sprechen, mag das weiter dazu führen, dass die Tatsache, wenn sie stimmt, alle anderen Tatsachen seiner Geschichte in Harmonie bringt.«[6]

Wilbur M. Smith schließt:

> Wenn unser Herr häufig mit großer Bestimmtheit und mit Details sagte, dass er, wenn er hinaufginge nach Jerusalem, getötet werde, aber am dritten Tag wieder aus dem Grab auferstehen würde, und seine Vorhersagen sich erfüllten, dann ist es mir immer so vorgekommen, dass auch alles andere, was unser Herr jemals sagte, wahr gewesen sein muss.[7]

Weiter gibt es noch eine Aussage von W. J. Sparrow-Simpson:

> Wenn gefragt wird, wieso die Auferstehung Christi ein Beweis seiner Gottessohnschaft sei, könnte man erstens antworten: weil er aus eigener Kraft auferstand. Er hatte die Macht, sein Leben hinzugeben, und er hatte die Macht, es wieder zu nehmen (Joh 10,18). Das ist durchaus nicht unvereinbar mit der Tatsache, die an so vielen anderen Stellen gelehrt wird, dass er durch die Macht des Vaters auferweckt wurde, weil das, was der Vater tut, der Sohn ebenfalls tut. Die Schöpfung und alle anderen äußeren Werke werden ohne Unterschied dem Vater, dem Sohn und dem Heiligen Geist zugeschrieben. Aber zweitens: Als Christus öffentlich erklärt hatte, dass er der Sohn Gottes sei, war sein Auferwecktwerden von den Toten das Siegel Gottes auf die Wahrheit dieser Erklärung. Wenn er unter der Macht des Todes geblieben wäre, hätte Gott seinen Anspruch, sein Sohn zu sein, nicht anerkannt. Doch als er ihn von den Toten auferweckte, erklärte er diese Aussage öffentlich für gültig. Er sagte damit: »Du bist mein Sohn, heute habe ich es somit verkündigt.«[8]

Auch die Predigt des Petrus an Pfingsten ist nach W. M. Smith darauf gegründet:

> Die Auferstehung ist nicht nur ihr Hauptthema, sondern wenn man diese Lehre ausklammern würde, wäre keine Lehre mehr darin vorhanden. Die Auferstehung wird darin vertreten als 1. die Erklärung für den Tod Jesu, 2. prophetisch vorausgesehen als messianische Erfahrung, 3. apostolisch bezeugt, 4. die Ursache für die Ausgießung des Heiligen Geistes und so Auslöser für ein religiöses Phänomen, das sonst unerklärlich bliebe, und 5. als Beglaubigung der messianischen und königlichen Position Jesu von Nazareth. So hängen alle Argumente und Schlussfolgerungen ganz allein an der Auferstehung. Ohne sie könnte die messianische und königliche Position Jesu nicht überzeugend festgestellt werden. Ohne sie würde die Ausgießung des Heiligen Geistes ein unerklärbares Mysteri-

> um bleiben. Ohne sie wäre die Substanz des apostolischen Zeugnisses nicht mehr da. Alles, was dann noch übrig wäre, wäre der messianische Hinweis in Psalm 16, und das nur als eine zukünftige Erfahrung bezüglich eines Messias, der bis jetzt noch nicht erschienen ist. Die göttliche Anerkennung Jesu als durch seine Werke beglaubigt wäre auch da, aber offensichtlich als eine Bestätigung, die sich nur auf sein Leben erstreckte – ein Leben, das endete wie das irgendeines anderen Propheten, den das Volk nicht länger ertragen wollte. So aber gründet sich die Predigt der ersten Christen auf die Stellung Jesu, die durch seine Auferstehung definiert ist.[9]

Selbst Adolf Harnack, der den kirchlichen Glauben an die Auferstehung ablehnt, gibt zu:

> Der feste Glaube der Jünger an Jesus hatte seine Wurzeln in der Überzeugung, dass er nicht im Tode geblieben ist, sondern von Gott auferweckt wurde. Dass Christus auferstanden war, war aufgrund dessen, was sie mit ihm erlebt hatten – sicher erst, nachdem sie ihn gesehen hatten – ebenso sicher wie die Tatsache seines Todes, und wurde zum Hauptbestandteil ihrer Predigt von ihm.[10]

H. P. Liddon sagt: »Der Glaube an die Auferstehung ist der Schlussstein im Bogen des christlichen Glaubens. Und wenn man ihn wegnimmt, muss unvermeidlich alles zusammenstürzen.«[11]

Douglas Groothuis erklärt:

> Das Neue Testament hallt wider und glänzt von der Realität der Auferstehung Jesu. Die Evangelien berichten die Lehre Jesu, dass er verraten, getötet werde und wieder auferstehen musste. Dann bezeugen sie alle, dass das Grab leer war und dass er den Jüngern erschienen ist, wie er vorher gesagt hatte. Das Buch der Apostelgeschichte gibt die Predigt von der Auferstehung Christ als zentrale Tatsache wieder. Die verschiedenen neutestamentlichen Briefe und das Buch der Offenbarung würden sich in ein unbedeutendes Etwas auflösen ohne einen auferstandenen Jesus. Die Auferstehung ist bezeugt durch vier einzelne Evangelien, die Geschichte der frühen Kirche (Apg), durch die Briefe des Paulus, Petrus, Johannes, Jakobus, Judas und den Brief an die Hebräer. Da gibt es eine ganze Reihe von glaubwürdigen Zeugen. Da die neutestamentlichen Bücher ganz beachtliche Merkmale historischer Glaubwürdigkeit aufweisen, … ist das eine gute Grundlage dafür, die Auferstehung als objektive Tatsache anzunehmen.[12]

Die Auferstehung Christi ist immer das unbedingt gültige zentrale Dogma der Kirche gewesen. Wilbur Smith sagt dazu:

> Vom ersten Tag ihres von Gott geschenkten Lebens an hat die christliche Kirche einheitlich ihren Glauben an die Auferstehung Jesu bezeugt. Wir können das

> eine der großen, fundamentalen Lehren und Überzeugungen der Kirche nennen. Sie durchdringt das Neue Testament dergestalt, dass, wenn man jede Stelle, in der sich ein Hinweis auf die Auferstehung findet, herausnehmen würde, dann eine Sammlung von Schriften übrig bliebe, die so verstümmelt wären, dass der Rest nicht mehr verständlich wäre. Die Auferstehung war zutiefst im Leben der frühen Christen verwurzelt. Diese Tatsache wird an ihren Gräbern und an den Wandzeichnungen, die man in den Katakomben fand, sichtbar. Sie durchdrang auch bis ins Innerste die christliche Hymnologie. Sie wurde zu einem der wichtigsten Themen der großen apologetischen Schriften der ersten vier Jahrhunderte: Sie war beständiges Thema im Hintergrund der Predigten der vor- und nachnizänischen Periode. Sie wurde gleichzeitig ins Glaubensbekenntnis der Gemeinde aufgenommen und ist auch Bestandteil unseres heutigen Apostolischen Glaubensbekenntnisses. Sie findet sich in allen nachfolgenden großen Glaubensbekenntnissen.
>
> Alle Beweise des Neuen Testaments zeigen, dass die Verpflichtung der »Guten Nachricht« oder des Evangeliums nicht hieß: »Folgt diesem Lehrer und tut euer Bestes«, sondern »Jesus und die Auferstehung«. Man kann sie nicht aus dem Christentum ausklammern, ohne sein Wesen radikal zu verändern und seine Identität zu zerstören.[13]

Professor Milligan sagt: »Es erscheint so, dass von den ersten Anfängen ihrer Geschichte die christliche Kirche nicht nur an die Auferstehung ihres Herrn glaubte, sondern dass ihr Glaube an diesem Punkt mit ihrer ganzen Existenz unauflöslich verknüpft war.«[14]

W. Robertson Nicoll zitiert Pressensé, der sagt: »Das leere Grab Christi ist die Wiege der Kirche gewesen.«[15]

W. J. Sparrow-Simpson sagt:

> Wenn die Auferstehung keine historische Tatsache ist, bleibt die Macht des Todes weiterhin ungebrochen und damit auch die Auswirkungen der Sünde. Und die Bedeutung des Todes Christi bliebe weiterhin unbestätigt und demzufolge sind gläubige Menschen immer noch in ihren Sünden, genau so wie sie es waren, bevor sie vom Namen Jesu etwas gehört hatten.[16]

R. M'Cheyne Edgar hat in seinem Werk *The Gospel of a Risen Saviour* gesagt:

> Hier ist der Lehrer einer Religion, der ganz gelassen bekennt, dass er alle seine Behauptungen auf seine Fähigkeit gründet, – nachdem er getötet sein würde – aus dem Grab wieder aufzustehen. Wir können mit Sicherheit davon ausgehen, dass weder vorher noch nachher jemals eine solche Voraussage gemacht worden ist. Zu glauben, dass ein solch ungewöhnlicher Test von mystisch *geprägten* Gelehrten, die sich mit Weissagungen befasst hatten, erfunden worden und so in die Erzählungen der Evangelien eingefügt worden sei, verlangt doch allzu viel

an Leichtgläubigkeit von uns. Derjenige, der in der Lage war, alles andere auf seine Fähigkeit, aus dem Grab wieder aufzustehen, zu begründen, steht vor uns als der Erste aller Lehrer, einer, der strahlt im Glanz seines sich selbst bezeugenden Lebens![17]

William Lane Craig weist darauf hin, was die Auferstehung für die Jünger bedeutete:

Es ist schwer, sich auszumalen, welch eine verheerende Wirkung die Kreuzigung auf die Jünger gehabt haben muss. Sie hatten keinen Gedanken an einen sterbenden, noch viel weniger einen auferstehenden Messias, denn der Messias würde doch ewig regieren (s. Joh 12,34). Ohne den vorhergehenden Glauben an die Auferstehung würde der Glaube an Jesus als den Messias im Licht des Todes nicht möglich sein. Die Auferstehung verwandelte die Katastrophe in einen Sieg. Weil Gott Jesus von den Toten auferweckte, konnte er schließlich als Messias proklamiert werden (Apg 2,32.36). Ähnlich galt für die Bedeutung des Kreuzes – es war seine Auferstehung, die es möglich machte, dass Jesu schändlicher Tod mit der Erlösung in Verbindung gebracht und von daher gedeutet werden konnte. Ohne sie hätte der Tod Jesu nur Demütigung und Von-Gott-verflucht-Sein bedeutet. Doch im Licht der Auferstehung konnte man erkennen, dass sie das Ereignis war, das Sündenvergebung möglich machte. Ohne die Auferstehung hätte das Christentum keine Überlebenschance gehabt. Selbst wenn die Jünger weiterhin die Erinnerung an ihren geliebten Lehrer gepflegt hätten, hätten sie ihn nicht als ihren Messias ansehen können, noch viel weniger als Gott.[18]

Die folgende Aussage findet sich im *Dictionary of the Apostolic Church*:

D. F. Strauss, z. B., der schärfste und skrupelloseste ihrer [der Kirche] Kritiker im Hinblick auf die Auferstehung erkennt an, dass sie Prüfstein nicht nur des Lebens Jesu, sondern des gesamten Christentums ist, dass sie »die ganze Christenheit zutiefst berührt« und dass sie »für die christliche Gesamtschau entscheidend ist« (*New Life of Jesus*, Engl. tr., 2 Bd., London 1865, I 41,397). Wenn das verschwindet, dann verschwindet damit alles Wichtige und Wesentliche aus dem Christentum. Wenn es bleibt, dann bleibt alles andere. Und darum ist durch die Jahrhunderte hindurch, von Celsus angefangen, die Auferstehung das Sturmzentrum der Angriffe auf den christlichen Glauben.[19]

»Christus selbst«, so sagt B. B. Warfield, »hat bewusst seinen ganzen Anspruch auf den Glauben der Menschen auf seine Auferstehung begründet. Als er um ein Zeichen gebeten wurde, wies er auf dieses Zeichen als seine einzige und ausreichende Beglaubigung hin.«[20]

Ernest Kevan sagt von dem berühmten Schweizer Theologen Friedrich Godet: »In seinen *Vorträgen zur Verteidigung des christlichen Glaubens* [1883, S. 41] spricht [er] von der Wichtigkeit der Auferstehung Christi und weist darauf hin, dass es ein Wunder war und dass dies das Einzige war, auf das sich Christus als Beglaubigung seines Anspruchs und seiner Autorität bezog.«[21]

Michael Green bringt es gut auf den Punkt:

> Das Christentum hält die Auferstehung nicht für ein Dogma unter vielen Glaubensgrundsätzen. Ohne den Glauben an die Auferstehung *gäbe es überhaupt kein Christentum*. Die christliche Gemeinde wäre niemals ins Leben gerufen worden. Die Bewegung um Jesus wäre mit seiner Kreuzigung wie eine Seifenblase verpufft. Das Christentum steht und fällt mit der Wahrheit der Auferstehung. Sie widerlegen heißt das Christentum abschaffen.
>
> Der christliche Glaube ist eine historische Religion. Er behauptet, dass Gott das Risiko auf sich genommen hat, sich selbst auf die menschliche Geschichte einzulassen. Und die Tatsachen bieten sich zu einem äußersten Härtetest dar. Sie werden jeder kritischen Untersuchung standhalten.[22]

John Locke, der berühmte britische Philosoph, sagte hinsichtlich der Auferstehung Christi:

> Die Auferstehung unseres Erlösers … ist wahrhaftig von großer Wichtigkeit für das Christentum, so groß, dass die Frage, ob er der Messias ist oder nicht, damit steht und fällt. Auf diese Weise sind die beiden wichtigen Artikel untrennbar miteinander verknüpft und machen in Wirklichkeit nur eine einzige Wahrheit aus. Seit dieser Zeit gilt: glaubt man an den einen, so glaubt man auch an den anderen. Leugnet man den einen, kann man den anderen auch nicht glauben.[23]

Der Kirchenhistoriker Philip Schaff kommt zu dem Schluss: »Die Auferstehung Christi ist die ausdrückliche Testfrage, von der die Wahrheit oder die Unwahrheit der christlichen Religion abhängt. Die Auferstehung ist entweder das größte Wunder oder die größte Täuschung der Geschichte.«[24]

Wilbur M. Smith, der bekannte Gelehrte und Lehrer, sagt:

> Keine Waffe ist jemals geschmiedet worden … noch wird jemals geschmiedet werden, um das rationale Vertrauen in die historischen Berichte dieses Epoche machenden und vorhergesagten Ereignisses zu zerstören. Die Auferstehung Christi ist die starke Festung des christlichen Glaubens. Das ist die Lehre, die im ersten Jahrhundert die Welt auf den Kopf stellte, die das Christentum weit über das Judentum und die heidnischen Religionen der damaligen Welt der Mittelmeerländer hinaus erhob. Wenn man das wegnimmt, dann muss auch alles andere, was wichtig und einzigartig im Evangelium von Jesus Christus ist, verschwinden: »Ist aber Christus nicht auferstanden, so ist euer Glaube nichtig« (1.Kor 15,17).[25]

Peter Kreeft und Ronald K. Tacelli beschreiben den unglaublichen Einfluss der Auferstehung:

Die Auferstehung ist von entscheidend praktischer Bedeutung, da sie unsere Rettung erst vollkommen macht. Jesus kam, um uns von unseren Sünden und ihrer Konsequenz, dem Tod, zu erlösen (Röm 6,23). Die Auferstehung unterscheidet Jesus also ganz scharf von allen andern Religionsstiftern. Die Gebeine von Abraham und Mohammed und Buddha und Konfuzius und Lao-tse und Zarathustra liegen immer noch in der Erde. Das Grab Jesu aber ist leer.
Die existenziellen Konsequenzen der Auferstehung sind unvergleichbar. Es ist der konkrete, tatsächliche, erfahrbare Beweis dafür, dass das Leben eine Hoffnung und einen Sinn hat. »Die Liebe ist stärker als der Tod.« Güte und Macht sind letztlich Verbündete, nicht Feinde. Das Leben steht am Ende als Gewinner da. Gott ist gerade da, wo wir sind, zu uns gekommen und hat unsern letzten Feind besiegt. Wir sind nicht kosmische Waisen, zu denen unsere moderne säkulare Weltsicht uns machen will. Und diese existenziellen Konsequenzen der Auferstehung kann man sehen, wenn man die Haltung der Jünger vorher und nachher vergleicht. Vorher liefen sie weg, verleugneten ihren Meister und hockten in Angst und Verwirrung hinter verschlossenen Türen zusammen. Danach wurden sie von verschreckten Kaninchen in zuversichtliche Heilige, weltverändernde Missionare, mutige Märtyrer und von Freude erfüllte, wandernde Boten Christi verwandelt.[26]

4 Die Behauptungen Christi, dass er von den Toten auferweckt werden würde

4.1 Die Bedeutung der Behauptungen

Wilbur M. Smith erklärt:

> Es war dies der gleiche Jesus, der Christus, der unter vielen anderen bemerkenswerten Dingen etwas sagte und wiederholte, was jeden anderen entweder als aufgeblasenen, geltungsbedürftigen oder gefährlich aus der Balance geratenen Menschen verdammt hätte. Dass Jesus sagte, dass er nach Jerusalem hinaufginge, um zu sterben, ist nicht so bemerkenswert, obwohl alle die Details, die er von seinem Tod Wochen und Monate vorher ansagte, zusammengenommen schon ein prophetisches Phänomen darstellten. Aber als er sagte, dass er selbst *am dritten Tag nach seiner Kreuzigung von den Toten wieder auferstehen würde*, sagte er etwas, das nur ein Narr zu äußern wagen würde, falls er noch weiter die Hingabe irgendwelcher Anhänger erwartete – außer wenn er sicher war, dass er wirklich auferstehen würde. Kein Religionsstifter der Welt – soweit sie Menschen bekannt sind – hat jemals gewagt, so etwas zu sagen![27]

Christus sagte seine Auferstehung in einer unmissverständlichen und sehr direkten Weise voraus. Während die Jünger das einfach nicht verstehen konnten, nahmen die jüdischen Theologen seine Erklärungen sehr ernst.

Im Hinblick auf diesen Punkt macht J. N. D. Anderson folgende Bemerkung:

Es ist noch nicht lange her, da gab es in England einen jungen Rechtsanwalt. Er hieß Frank Morison. Er glaubte nicht an Jesus Christus. Jahrelang hatte er bei sich selbst beschlossen, eines Tages ein Buch zu schreiben, um die Auferstehung endgültig und für immer zu widerlegen. Schließlich hatte er die Zeit dazu. Er war ein ehrlicher Mann und unternahm die notwendigen Studien zur Vorarbeit.
Am Ende [nachdem er Christ geworden war] schrieb er ein Buch, das man als Paperback kaufen kann: *Who Moved the Stone?* Er war vom kritischsten Punkt an die neutestamentlichen Dokumente herangegangen und war »inter alia« zu dem Ergebnis gekommen, dass man das Verhör und die Überzeugung Jesu nur auf der Basis erklären kann, dass er selbst seinen Tod und seine Auferstehung vorhergesagt hatte.[28]

Smith sagt weiterhin:

Wenn einer von uns irgendeiner Gruppe von Freunden sagen würde, dass wir zu einem bestimmten Zeitpunkt auf den Tod zugingen – entweder auf einen gewaltsamen oder einen natürlichen –, dass wir aber drei Tage nach dem Tod wieder auferstehen würden, dann würde man uns wahrscheinlich behutsam an der Hand nehmen und uns in einer Einrichtung so lange einsperren, bis unser Verstand wieder klar und intakt wäre. Das wäre auch durchaus in Ordnung, denn nur ein Geistesgestörter würde sich in der Gesellschaft bewegen und sagen, dass er am dritten Tag nach seinem Tod wieder auferstehen würde. Das könnte nur ein Verrückter sagen, außer wenn er wüsste, dass das wirklich geschehen würde. Und niemand in der Welt hat das jemals von sich sagen können außer dem einen: Christus, dem Sohn Gottes.[29]

Bernard Ramm bemerkt weiter:

Wenn man die Berichte der Evangelien als historisch einwandfrei ansieht, dann kann es keinen Zweifel daran geben, dass Christus selbst seinen Tod und seine Auferstehung voraussah und seinen Jüngern völlig klar davon Mitteilung machte … die Schreiber der Evangelien gaben ganz ungezwungen zu, dass solche Vorhersagen durchaus nicht in ihren Kopf hineinpassten, bis die Auferstehung schließlich eine Tatsache war (Joh 20,9). Doch aus dem Mund unseres Herrn haben wir den Beweis, dass er drei Tage nach seinem Tod wieder zurückkommen würde. Er sagte ihnen, dass er gewaltsam zu Tode gebracht würde – die Ursache wäre Hass – und am dritten Tag danach wieder auferstehen würde. All das traf dann auch ein.[30]

John R.W. Stott schreibt:

Jesus selbst sagte seinen Tod niemals voraus, ohne hinzuzufügen, dass er wieder auferstehen würde. Und diese kommende Auferstehung beschrieb er als ein

»Zeichen«. Paulus schreibt am Anfang seines Briefes an die Römer, dass Jesus »erwiesen war als Sohn Gottes in Kraft … durch die Auferstehung aus den Toten«. Und die erste Predigt der Apostel, von der in der Apostelgeschichte berichtet ist, erklärt wiederholt, dass Gott durch die Auferstehung die Strafe, die auf den Menschen liegt, weggenommen und seinen Sohn bestätigt habe.[31]

Jesu vorhersagende Hinweise auf die Auferstehung:

Mt 12,38-40; 16,21; 17,9; 17,22f.; 20,18f.; 26,32; 27,63
Mk 8,31-9,1; 9,10; 9,31; 10,32-34; 14,28.58
Lk 9,22
Joh 2,18-22; 12,34; Kap. 14-16.

4.2 Der Anspruch Jesu

Jesus hat nicht nur seine Auferstehung vorausgesagt, sondern er betonte auch, dass seine Auferstehung von den Toten das »Zeichen« sein würde, das seine Behauptung, dass er der Messias sei, beglaubigen würde (Mt 12; Joh 2).

Mt 16,21: »Von da an begann Jesus seinen Jüngern zu zeigen, dass er nach Jerusalem gehen und viel leiden müsse von den Ältesten, Hohen Priestern und Schriftgelehrten und getötet werden und am dritten Tag auferstehen müsse.«

Mt 17,9: »Und als sie den Berg hinabgingen, gebot ihnen Jesus und sprach: Sagt niemand von dem Gesicht, bis der Menschensohn von den Toten auferstanden ist!«

Mt 17,22.23: »Als sie nun ihren Weg durch Galiläa nahmen, sprach Jesus zu ihnen: Der Sohn des Menschen wird in die Hände der Menschen ausgeliefert werden, und sie werden ihn töten, und am dritten Tag wird er auferstehen. Und sie wurden sehr betrübt.«

Mt 20,18: »Siehe, wir ziehen hinauf nach Jerusalem, und der Sohn des Menschen wird den Hohen Priestern und Schriftgelehrten ausgeliefert werden, und sie werden ihn zum Tode verurteilen und werden ihn den Heiden ausliefern, damit diese ihn verspotten und geißeln und kreuzigen; und am dritten Tag wird er auferstehen.«

Mt 26,32: »Aber nachdem ich auferstanden bin, will ich euch nach Galiläa vorangehen.«

Mk 9,10: »Und sie behielten das Wort bei sich und besprachen sich untereinander, was das Auferstehen aus den Toten bedeute.«

Lk 9,22-27: »Der Sohn des Menschen muss viel leiden und verworfen werden von den Ältesten und Hohen Priestern und Schriftgelehrten und getötet werden und am dritten Tag auferstehen. Er sprach aber zu allen: Wenn jemand mir nachkommen will, so verleugne er sich selbst und nehme sein Kreuz auf sich täglich und folge mir nach. Denn wer seine Seele retten will, der wird sie verlieren; wer aber seine Seele verliert um meinetwillen, der wird sie retten. Denn was hilft es einem Menschen, wenn er die ganze Welt gewinnt, aber sich selbst verliert oder schädigt? Denn wer sich meiner und meiner Worte schämt, dessen wird sich auch der Sohn des Menschen schämen, wenn er kommen wird in seiner Herrlichkeit, und der des Vaters und der heiligen Engel. Ich sage euch aber in Wahrheit: Es sind etliche unter denen, die hier stehen, welche den Tod nicht schmecken werden, bis sie das Reich Gottes sehen.«

Joh 2,18-22: »Da antworteten die Juden und sprachen zu ihm: Was für ein Zeichen zeigst du uns, dass du dies tun darfst? Jesus antwortete und sprach zu ihnen: Brecht diesen Tempel ab und in drei Tagen will ich ihn aufrichten! Da sprachen die Juden: In sechsundvierzig Jahren ist dieser Tempel erbaut worden, und du willst ihn in drei Tagen aufrichten? Er aber redete von dem Tempel seines Leibes. Als er nun aus den Toten auferstanden war, dachten seine Jünger daran, dass er ihnen dies gesagt hatte, und sie glaubten der Schrift und dem Wort, das Jesus gesprochen hatte.«

5 Der historische Zugang

5.1 Die Auferstehung Christi als ein Raum-Zeit-Ereignis in der Geschichte

Die Auferstehung Christi ist ein geschichtliches Ereignis, in dem Gott in einer bestimmten, abgegrenzten Raum-Zeit-Dimension gehandelt hat. Dazu sagt Wilbur Smith:

> Die *Bedeutung* der Auferstehung ist eine theologische Angelegenheit, aber das Faktum der Auferstehung ist eine historische Sache. Die Natur des Auferstehungsleibes Jesu mag ein Mysterium sein, aber die Tatsache, dass sein Körper aus dem Grab verschwand, lässt sich nur aufgrund historischer Beweise beurteilen. Der Ort ist geographisch genau angegeben. Der Mann, dem das Grab gehörte, lebte in der ersten Hälfte des ersten Jahrhunderts. Das Grab war in einen Felsen in der Nähe von Jerusalem gehauen und nicht zusammengesetzt aus ein paar mythologischen Schleiern oder einer Staubwolke, sondern aus geologisch handfestem Material. Die Wächter vor dem Grab waren keine Luftgebilde, die vom Olymp herabgeschwebt waren. Der Sanhedrin bestand aus einer Männerversammlung, die häufig in Jerusalem zusammenkam. Wie eine große Menge an Literatur uns bezeugt, war dieser Jesus eine lebendige Person, ein Mann unter Männern, was auch immer er sonst noch war, und die Jünger, die hinausgingen, um den auferstandenen Herrn zu verkünden, waren Männer unter Männern, die aßen und tranken, schliefen, litten, arbeiteten, starben. Welches Dogma sollte dahinter stecken? Dieses ist eine historische Frage.[32]

Ignatius, der Bischof von Antiochien (ca. 50-115 n. Chr.), war ein geborener Syrer und ein Schüler des Apostels Johannes. Man sagt von ihm, er sei im Kolosseum in Rom den wilden Tieren vorgeworfen worden. Seine Briefe wurden auf der Reise von Antiochien zu seinem Märtyrertum geschrieben.[33]

Zu einer Zeit, wo er zweifellos sehr nüchtern war, sagt er von Christus:

> Er wurde gekreuzigt und starb unter Pontius Pilatus. Er wurde wirklich, nicht nur dem Schein nach, gekreuzigt und starb, während Wesen im Himmel und auf der Erde und unter der Erde zuschauten.

> Nach drei Tagen stand er wieder auf aus dem Grab … Am Rüsttag [dem Tag der Vorbereitung auf den Sabbat] wurde er von Pilatus um die dritte Stunde verurteilt – der Vater ließ es geschehen –, um die sechste Stunde wurde er gekreuzigt, um die neunte Stunde gab er den Geist auf und noch vor Sonnenuntergang wurde er begraben.
> Während des Sabbats blieb er unter der Erde in dem Grab, in das ihn Josef von Arimathäa gelegt hatte.
> Er wurde im Leib einer Frau in der gewöhnlichen Zeit ausgetragen, ebenso wie wir, und wurde wirklich geboren, wie wir auch. Er wurde mit Milch ernährt und aß und trank später wie wir die übliche Speise. Und als er dreißig Jahre lang unter Menschen gelebt hatte, wurde er von Johannes getauft – wirklich und nicht im Geist. Und als er drei Jahre lang das Evangelium verkündigt und Zeichen und Wunder getan hatte, wurde er, der doch selbst der Richter war, von den Juden – fälschlicherweise so bezeichnet – und von dem Statthalter Pilatus verurteilt. Er wurde gegeißelt, geschlagen und angespuckt. Er trug eine Dornenkrone und ein Purpurgewand. Er wurde verurteilt und wirklich gekreuzigt – nicht zum Schein, nicht in irgendeiner Einbildung. Es war keine Täuschung. Er starb wirklich und wurde begraben und stand von den Toten wieder auf.[34]

Der hervorragende Historiker Alfred Edersheim spricht von der besonderen Zeit des Todes und der Auferstehung Christi:

> Der kurze Frühlingstag neigte sich dem beginnenden Sabbat-Abend zu. Im Allgemeinen verlangte das Gesetz, dass die Leiche eines Verbrechers nicht unbegraben über Nacht hängen bleiben durfte. Vielleicht hätten die Juden sich unter gewöhnlichen Umständen nicht so bewusst an Pilatus gewandt, wie sie es taten, um die Leiden derer, die am Kreuz hingen, abzukürzen, da der Vollzug dieser Todesstrafe oft nicht nur vier Stunden dauerte, sondern sich über Tage hinzog, bis der Tod endlich eintrat. Doch hier lag ein besonderer Fall vor. Der bevorstehende Sabbat war ein besonderer Festtag – es war sowohl Sabbat als auch der zweite Passa-Tag, der in jeder Hinsicht als ebenso heilig angesehen wurde wie der erste – ja, sogar noch mehr, da die so genannte Webe-Garbe dann dem Herrn dargebracht wurde.[35]

Wie Wilbur Smith es formuliert: »Wir können es ganz einfach sagen, dass wir mehr von den Einzelheiten der Stunden unmittelbar vor und während des tatsächlichen Todes Jesu in Jerusalem und in der Nähe der Stadt wissen, als wir über den Tod irgendeines anderen Mannes aus der ganzen antiken Welt wissen.«[36]

> Justin der Märtyrer (ca. 100-165 n. Chr.), Philosoph, Märtyrer, Apologet … ein eifriger Wahrheitssucher, klopfte hintereinander an die Türen des Stoizismus, des aristotelischen Denkens, des pythagoreischen Denkens und des Platonismus, hasste allerdings die Welt Epikurs … dieser eifrige Platonanhänger wurde ein

gläubiger Christ. Er sagte: »Allein diese Philosophie erkannte ich als sicher und gewinnbringend.«[37]

Tatsächlich kam Justinus, der Märtyrer, zu der Erkenntnis: Während die philosophischen Systeme der Welt intellektuelle Angebote machten, verkündete allein das Christentum, dass Gott selbst in Raum und Zeit durch Jesus Christus eingegriffen habe. In einer sehr unkomplizierten Weise erklärte er nun: »Christus wurde vor hundertfünfzig Jahren unter Cyrenius geboren und infolgedessen in der Zeit des Pontius Pilatus.«[38]

Tertullian von Karthago (ca. 160-220 n. Chr.) schrieb:

> Doch die Juden waren so aufgebracht über seine Lehre, durch die ihre Führer und Obersten von der Wahrheit überführt wurden, vor allem weil sich so viele auf seine Seite stellten, dass sie ihn zuletzt vor Pontius Pilatus brachten, der zu dieser Zeit Gouverneur von Syrien war. Sie machten einen solchen Aufruhr, dass sie ihn damit erpressten, Jesus zur Kreuzigung zu überantworten.[39]

Über die Himmelfahrt Christi berichtet er:

> Es ist eine Sache, die weit sicherer ist als die Behauptungen eures Prokulus im Hinblick auf Romulus [Prokulus war ein römischer Senator, der erklärte, dass Romulus ihm nach seinem Tode erschienen sei]. All diese Dinge tat Pilatus mit Christus und dann … tatsächlich nach seiner eigenen Überzeugung ein Christ, sandte er die Botschaft Jesu zu dem damals regierenden Kaiser Tiberius. Die Cäsaren selbst würden an Christus geglaubt haben, wenn sie nicht für weltliche Dinge nötig gewesen wären, oder wenn Christen hätten Kaiser sein können. Die Anhänger Jesu breiteten sich über die ganze Welt aus, wie ihr göttlicher Meister ihnen geboten hatte. Und nachdem sie selbst viel an Verfolgung durch die Juden erduldet hatten, säten sie mit willigem Herzen und mit unerschütterlichem Glauben an die Wahrheit die Saat des Blutes in Rom. Neros grausames Schwert brachte sie dazu.[40]

Josephus, ein jüdischer Historiker, schrieb am Ende des ersten Jahrhunderts nach Christi in seinem Buch *Jüdische Altertümer* eine faszinierende Stelle:

> Nun war da um diese Zeit Jesus, ein weiser Mann, wenn es erlaubt ist, ihn als »Mann« zu bezeichnen. Er vollbrachte nämlich wunderbare Werke, ein Lehrer derjenigen, die die Wahrheit mit Freude aufnahmen. Er zog viele Juden an sich und auch viele Griechen. Dieser Mann war der Christus. Und als Pilatus ihn aufgrund der Anklage unserer führenden Männer zum Tode am Kreuz verurteilt hatte, verließen ihn diejenigen doch nicht, die ihn von Anfang an geliebt hatten. Er erschien am dritten Tag wieder lebendig vor ihnen. Die Propheten Gottes hatten dieses und andere wunderbare Dinge von ihm vorhergesagt. Und bis heute ist die Gruppe der Christen, die nach ihm genannt sind, nicht ausgestorben.[41]

Es sind Versuche gemacht worden, um zu zeigen, dass Josephus das nicht geschrieben haben könne. »Diese Passage wurde jedoch«, so schreibt Michael Green in *Man Alive*, »durch Eusebius in dem Text von Josephus im vierten Jahrhundert angeführt.« Außerdem wird sie in der neuesten ›Loeb-Ausgabe‹ seiner Werke ständig wiederholt. Und es ist umso bemerkenswerter, dass Josephus, der weit davon entfernt war, dem Christentum mit Sympathie gegenüberzustehen, ein Jude war, der mit seinen Schriften den Römern gefallen wollte. Diese Geschichte war dazu nicht im mindesten angetan. Er hätte sie wohl kaum erwähnt, wenn sie nicht der Wahrheit entsprochen hätte.[42]

Leaney sagt im Hinblick auf den historischen Hintergrund des Glaubens der frühen Kirche:

> Das Neue Testament selbst erlaubt absolut kein Ausweichen von folgender Sicht der Dinge: Jesus wurde gekreuzigt und begraben. Seine Anhänger waren äußerst niedergeschlagen. Kurze Zeit später waren sie plötzlich in Hochstimmung und zeigten eine solche Sicherheit, dass sie in einem überzeugten Glaubensleben bis zum Märtyrertum durchgetragen wurden. Wenn wir sie aufgrund von Schriften, die in irgendeiner Weise auf sie zurückgehen, fragen, was diese Veränderung bewirkt habe, so heißt die Antwort nicht: »die allmähliche Überzeugung, dass wir durch den Tod ins Abseits geraten waren, dass aber der Gekreuzigte und Begrabene lebendig war«, sondern: »Jesus, der tot war, erschien einigen von uns nach seinem Tod lebendig, und der Rest von uns glaubte ihrem Zeugnis.« Es ist vielleicht bemerkenswert, dass diese Aussage eine historische Aussage ist, ebenso wie die historische Aussage: »Der Herr ist wahrhaftig auferstanden«, die viele Menschen – Männer und Frauen – zum Glauben geführt hat.[43]

Bernard Ramm spricht von der Beweisführung der neutestamentlichen Erzählungen und schreibt dazu: »In der Apostelgeschichte berichtet uns Lukas, dass Jesus selbst sich durch viele irrtumsfreie Nachweise als der Lebendige zeigte (*en pollois tekmeriois*), ein Ausdruck, der der stärksten Art gerichtlicher Beweisführung entspricht.«[44]

Clark Pinnock sagt ebenfalls:

> Die Sicherheit der Apostel war auf ihre Erfahrungen im Bereich von Tatsachen begründet. Jesus hatte sich ihnen »durch viele irrtumsfreie Beweise« als der Lebendige gezeigt (Apg 1,3). Der Ausdruck, den Lukas gebraucht, ist tekmerion, was einen Nachweis bedeutet, den man vorzeigen kann. Die Jünger kamen zu ihrem Osterglauben durch unausweichliche erfahrungsmäßige Beweise, die für sie zugänglich waren und auch uns durch ihr uns überliefertes schriftliches Zeugnis zugänglich sind. Für uns, die wir in einer Zeit leben, wo man nach Beweisen für die Aussagen der christlichen Lehre sucht, ist es wichtig, diese Anfragen mit angemessenen historischen Feststellungen zu beantworten. Die Auferstehung vollzog sich innerhalb des Bereichs historischer Tatsachen und bietet

eine hervorragende Motivation für einen Menschen, sich Christus als einem Erlöser anzuvertrauen.[45]

Ernest Kevan entfaltet die beweisende Qualität dieser Zeugnisse:

> Die *Apostelgeschichte* wurde von Lukas etwa zwischen 63 n. Chr. und der Zerstörung Jerusalems im Jahr 70 n. Chr. geschrieben. Im Vorwort zu seinem Evangelium erklärt er, dass er seine Informationen von Augenzeugen bezogen hat, und das, so kann man daraus schließen, war auch der Weg, auf dem er seine »Apostelgeschichte« geschrieben hat. Wie an seiner Schilderung zu erkennen ist, war Lukas selbst – man sieht es an dem Pronomen »wir« – ein Teilnehmer an einigen der Ereignisse, die er berichtet. Er befand sich mitten in der Szenerie der frühen Predigten und war an dem großen Geschehen der ersten Tage beteiligt. Lukas ist daher Zeitgenosse und Zeuge »aus erster Hand« … es ist unmöglich anzunehmen, dass die frühe Kirche ihre eigene Geschichte nicht kannte. Und gerade die Tatsache, dass die Gemeinde dieses Buch akzeptierte, ist ein Beweis für seine korrekte Darstellung.[46]

Kevan zitiert einen bekannten christlichen Gelehrten und weist darauf hin: »Die Kirche ist zu heilig, als dass Verderbtheit darin Wurzeln schlagen konnte, und sie ist zu realistisch, um einen Mythos zu begründen.«[47]

»Für die Begründung einer behaupteten historischen Tatsache gibt es keine wertvolleren Dokumente zur Beweisführung als zeitgenössische Briefe.«[48]

Professor Kevan sagt von den Briefen des Neuen Testamentes:

> Es gibt einen zweifelsfreien Beweis für die zeitgenössischen Briefe des Apostels Paulus. Diese Briefe besitzen historische Beweiskraft von höchster Qualität. Die Briefe, die an die *Galater*, die *Korinther* und die *Römer* adressiert sind und über deren Authentizität und Datum der Abfassung kaum Zweifel bestehen, gehören in die Zeit der Missionsreisen des Paulus und mögen in die Periode von 55-58 n. Chr. einzuordnen sein. Das bringt den Beweis für die Auferstehung Christi noch näher an das Ereignis selbst heran: der zeitliche Abstand beträgt nur die kurze Spanne von etwa 25 Jahren. Da Paulus selbst sagt, dass das Thema seines Briefes das gleiche ist, über das er bereits gesprochen hat, als er bei ihnen war, führt das den Nachweis auf eine noch frühere Zeit zurück.[49]

Bernard Ramm sagt:

> Selbst das flüchtigste Lesen der Evangelien offenbart die Tatsache, dass diese sich mit Tod und Auferstehung Christi in weit größerem Maß befassen als mit andern Bereichen seines Lebens und Wirkens. Die Einzelheiten seiner Auferstehung dürfen nicht künstlich von seiner Leidensgeschichte abgetrennt werden.[50]

Christus ist viele Male nach seiner Auferstehung leiblich erschienen. Dieses Erscheinen vollzog sich zu besonderen Zeiten im Leben besonderer Personen und war außerdem auch beschränkt auf bestimmte Orte.

Wolfhart Pannenberg, »Professor für systematische Theologie an der Universität München, studierte unter Barth und Jaspers und war vorrangig an Fragen des Verhältnisses zwischen Glaube und Geschichte interessiert. Mit einer kleinen Gruppe dynamischer Theologen kämpfte er in Heidelberg um eine Theologie, die es als ihre Hauptaufgabe sah, die historischen Daten der Ursprünge des christlichen Glaubens genau zu untersuchen.«[51] Dieser hervorragende Gelehrte sagt: »Ob die Auferstehung Jesu stattfand, ist eine historische Frage, und die Historizität an diesem Punkt ist unausweichlich. Und daher muss diese Frage auf der Ebene historischer Argumente entschieden werden.«[52]

Der neutestamentliche Gelehrte C. H. Dodd schreibt: »Die Auferstehung ist und bleibt ein Ereignis der Geschichte.«[53]

J. N. D. Anderson zitiert Professor C. F. D. Moule von Cambridge und erklärt:

> Von Anfang an war die Überzeugung, dass Jesus von den Toten auferstanden sei, der Punkt, mit dem ihre Existenz stand oder fiel. Es gab keine anderes Motiv, das bei ihnen zählte, das eine Erklärung geben konnte … An keinem Punkt des Neuen Testamentes gibt es einen Hinweis darauf, dass die Christen für eine ursprünglich philosophische Idee oder ein ursprünglich ethisches Konzept eingetreten wären … das einzige sie wirklich unterscheidende Merkmal, für das die Christen eintraten, war ihre Erklärung, dass Christus nach Gottes Plan von den Toten auferstanden sei. Und daraus ergab sich für sie die Konsequenz, dass sie Christus in einem einzigartigen Sinn als Gottes Sohn und als repräsentativen Menschen einschätzten, mit dem sich daraus ergebenden Konzept der Versöhnung.[54]

J. Sparrow-Simpson sagt:

> Die Auferstehung Christi ist die *Grundlage des apostolischen Christentums*, und das sowohl aus dogmatischen Gründen als auch von den Beweisen her … Das Bewusstsein seiner Anhänger vom grundlegenden Charakter dieser Tatsache zeigt sich an der Position, die sie in ihrem Zeugnis einnimmt. Ein Apostel wird eingesetzt, um ein Zeuge der Auferstehung zu sein (Apg 1,22). Der Inhalt der christliche Lehre des Paulus wird in Athen mit »Jesus und die Auferstehung« (Apg 17,18) bezeichnet. Die frühen Abschnitte der Apostelgeschichte wiederholen ständig die Aussage: »Diesen Jesus hat Gott auferweckt, davon sind wir alle Zeugen.«[55]

Als eine historische Tatsache war es die Auferstehung Jesu Christi, die Männer dazu befähigte, an seine öffentliche Erhöhung über alle Menschen zu glauben. Es ist nicht eine reine Frage des moralischen Einflusses seines Wesens, seines Vorbildes und seiner Lehre. Es ist vielmehr so, dass ihre gegenwärtige Hingabe an ihn als ihren Erlöser durch diesen Glauben hervorgerufen wurde und ohne diesen Glauben nicht gerechtfertigt werden kann. Es ist tatsächlich so. Diejenigen, die seine Auferstehung beständig leugnen, leugnen in der Regel auch seine Göttlichkeit und sein Erlösungswerk in jedem Sinn, die Paulus anerkannt haben würde.[56]

5.2 Das Zeugnis der Geschichte und des Gesetzes

Wenn ein Ereignis in der Geschichte stattfand und es genug Menschen gibt, die noch leben und Augenzeugen davon waren oder sogar an dem Ereignis selbst teilgenommen haben, und wenn diese Informationen dann veröffentlicht werden, dann ist man in der Lage, die Gültigkeit eines solchen Ereignisses nachzuprüfen (Beweis durch Umstände).

William Lyon Phelps, über vierzig Jahre lang anerkannter Professor für englische Literatur an der Universität Yale und Autor von ca. zwanzig Bänden literarischer Studien und bekannter Redner seiner Universität, sagte:

> In der ganzen Geschichte von Jesus Christus ist das wichtigste Ereignis die Auferstehung. Der christliche Glaube hängt davon ab. Es ist Mut machend zu wissen, dass sie ausdrücklich von allen vier Evangelisten und auch von Paulus berichtet wird. Die Namen derer, die ihn nach seinem Sieg über den Tod sahen, sind festgehalten. Und man kann sagen, dass der historische Beweis für die Auferstehung stärker ist als der für irgendein anderes Wunder, von dem irgendwo berichtet wird. Denn wie Paulus sagt: wenn Christus nicht von den Toten auferstanden ist, dann ist unser Predigen vergeblich, dann ist auch euer Glaube vergeblich.[57]

Ambrose Fleming, emeritierter Professor für Elektrotechnik an der Universität London, war Ehrenmitglied am St. Johns College in Cambridge, Empfänger der Faraday-Medaille von 1928 und einer der hervorragendsten englischen Wissenschaftler. Er sagt im Hinblick auf die neutestamentlichen Dokumente:

> Wir müssen diesen Beweis von Experten im Hinblick auf Alter und Authentizität dieser Schriften so akzeptieren, wie wir die Fakten der Astronomie von den Ergebnissen der Astronomen her akzeptieren, die sich nicht gegenseitig widersprechen. Daher können wir uns selbst fragen, ob es wahrscheinlich ist, dass solch ein Buch, das Ereignisse beschreibt, die ca. dreißig oder vierzig Jahre vorher passierten, akzeptiert und verehrt worden wäre, wenn die Berichte ungewöhnlicher Ereignisse darin falsch oder mythischen Charakters gewesen wären. Das ist unmöglich, denn die Erinnerung aller älteren Personen hinsichtlich der Ereignisse, die dreißig oder vierzig Jahre zurückliegen, ist durchaus klar.
>
> Keiner könnte heute eine Biografie der Königin Viktoria herausgeben, die vor einunddreißig Jahren starb, die voller unwahrer Anekdoten wäre. Denen würde sofort widersprochen werden. Sie würden ganz sicher nicht allgemein anerkannt und als Wahrheit weitergegeben werden. Daher ist es äußerst unwahrscheinlich,

> dass der Auferstehungsbericht von Markus, der im Wesentlichen mit dem der anderen Evangelien übereinstimmt, reine Erfindung ist. Diese mystische Theorie muss aufgegeben werden, da sie einer genauen Prüfung nicht standhält.[58]

Ambrose Fleming erklärt, dass es nichts in den Evangelien gibt, das einen Wissenschaftler veranlassen könnte, Probleme mit den Wundern zu haben, die darin enthalten sind, und schließt mit einer Forderung nach intellektueller Redlichkeit. Er behauptet:

> [Wenn solch eine] Studie mit dem durchgeführt würde, was hervorragende Juristen als ›guten Willen‹ bezeichnen, dann würde daraus eine tiefe Sicherheit erwachsen, dass die christliche Kirche nicht auf Erfindungen gegründet oder durch Täuschungen genährt wurde, oder, wie Petrus es nennt, durch ›klug ausgedachte Fabeln‹, sondern dass sie auf historischen, tatsächlichen Ereignissen beruht, die, wie merkwürdig sie auch sein mögen, wahrhaftig die größten Ereignisse sind, die jemals in der Weltgeschichte passierten.[59]

In seinem Buch *Who Moved the Stone?*, das zum Bestseller wurde, erzählt der Jurist Frank Morison:

> … wie er in einer rationalistischen Umgebung aufwuchs und zu der Überzeugung gekommen war, dass die Auferstehung nichts weiter als ein Märchen mit Happyend sei, durch das die einzigartige Geschichte Jesu nur verdorben würde. Aus dem Grunde beschloss er, einen Bericht über die letzten tragischen Tage Jesu zu schreiben, bei dem das Schreckliche des Verbrechens und das Heldentum Jesu voll durchscheinen sollten. Natürlich würde er jeden Verdacht des Wunderhaften vermeiden und die Auferstehung völlig weglassen. Doch als er dahin kam, die Tatsachen sorgfältig zu untersuchen, musste er seine Ansicht ändern. Er schrieb ein Buch in entgegengesetztem Sinn. Sein erstes Kapitel trägt den bezeichnenden Titel: »Das Buch, das nicht geschrieben werden sollte.« Und der Rest dieses Bandes besteht aus einer der scharfsinnigsten und anziehendsten Bewertungen, die ich jemals gelesen habe.[60]

Der bekannte Gelehrte Edwin Gordon Selwyn sagt: »Die Tatsache, dass Christus am dritten Tag von den Toten auferstand, und zwar nach Leib und Seele – diese Tatsache scheint so sicher zu sein, wie historische Evidenz sie nur machen kann.«[61]

Thomas Arnold – wie von Wilbur M. Smith zitiert – war vierzehn Jahre lang der bekannte Rugby-Direktor, Autor des berühmten dreibändigen Werks *History of Rome*, für den Lehrstuhl für Moderne Geschichte in Oxford bestimmt und mit Sicherheit ein Mann, der sehr vertraut war mit dem Wert, den Beweise beim Bestimmen historischer Fakten haben. Dieser große Gelehrte sagte:

> Das Beweismaterial vom Leben und Tod und der Auferstehung unseres Herrn

> dürfte sich als zufriedenstellend erweisen – und oft genug war es das auch. Nach den allgemeinen Regeln, nach denen gute Beweise von schlechten unterschieden werden, gehört es zu den guten. Tausende und Zehntausende haben es Stück um Stück untersucht, so sorgfältig wie ein Richter in einem äußerst wichtigen Fall das Material sichtet. Ich selbst habe das viele Male getan, nicht um andere zu überzeugen, sondern um mich selbst zufriedenzustellen. Jahrelang war ich gewohnt, die Geschichten aus anderen Zeiten zu untersuchen und das Beweismaterial von denen, die darüber geschrieben haben, zu prüfen und einzuschätzen. Ich kenne kein einziges Ereignis in der Geschichte der Menschheit, das durch bessere und vollständigere Beweise jeder Art für das Verständnis eines objektiven Forschers belegt wäre, als das große Zeichen, das Gott uns gegeben hat, indem Christus starb und wieder von den Toten auferstand.[62]

Simon Greenleaf (1783-1853) war der berühmte Royal Professor of Law an der Harvard University und Nachfolger von Richter Joseph Story als der Dänische Professor für Rechtswissenschaften an der gleichen Universität 1846 starb.

H. W. H. Knott sagt von dieser großen Autorität der Rechtswissenschaft: »Den Bemühungen von Story und Greenleaf ist der Aufstieg der juristischen Schule von Harvard zu ihrer hervorragenden Position unter den rechtswissenschaftlichen Schulen der Vereinigten Staaten zu verdanken.«[63]

Greenleaf schrieb ein berühmtes Werk mit dem Titel *A Treatise on the Law of Evidence*, das »immer noch als das größte einzelne autoritative Werk über Beweisführung in der gesamten Literatur juristischen Vorgehens angesehen wird.«[64]

1846 schrieb er – als er noch Professor für Rechtswissenschaften in Harvard war – einen Band mit dem Titel: *An Examination of the Testimony of the Four Evangelists by the Rules of Evidence Administered in the Courts of Justice*. In diesem klassischen Werk untersucht der Autor den Wert des Zeugnisses der Apostel zur Auferstehung Christi. Das Folgende sind die Ergebnisse der kritischen Beobachtungen dieses brillanten Juristen:

> Die großen Wahrheiten, die die Apostel erklärten, waren, dass Christus von den Toten auferstanden war und dass nur durch das Bereuen der Sünde und den Glauben an ihn Menschen auf Erlösung hoffen konnten. Diese Lehre verkündeten sie einstimmig und überall laut, nicht nur unter den größten Entmutigungen, sondern auch angesichts der schrecklichsten Irrtümer, die dem Denken der Menschen zugemutet werden können. Ihr Meister war erst kurz vorher durch das Urteil eines öffentlichen Tribunals als Verbrecher umgekommen. Seine Religion versuchte, die Religionen der ganzen Welt über den Haufen zu werfen. Die Gesetze aller Länder standen gegen die Lehren seiner Jünger. Die Interessen und Leidenschaften aller bedeutenden Regenten und großen Leute in der Welt waren gegen ihn gerichtet. Die Mode der Welt stimmte nicht mit ihm und seinem Leben überein. Wenn sie diesen neuen Glauben verkündeten – selbst wenn es in der zurückhaltendsten und friedlichsten Weise geschah, konnten sie nichts anderes erwarten

> als Verachtung, Gegnerschaft, Beschimpfungen, bittere Verfolgungen, Prügel, Gefängnisstrafen, Quälereien und einen grausamen Tod. Trotzdem propagierten sie diesen Glauben eifrig. Als fröhliche Minderheit ertrugen sie unerschrocken all die Nöte. Als einer nach dem andern auf elende Weise zu Tode kam, verfolgten die Überlebenden ihr Werk nur weiterhin mit wachsender Energie und Entschlossenheit. Die Annalen über die Führung von Kriegen zeigen kaum ein Beispiel von gleicher heroischer Beständigkeit, Geduld und nie eingeschüchtertem Mut. Sie hatten jedes nur mögliche Motiv, die Grundlage ihres Glauben sorgfältig zu überprüfen – und auch die Beweise der großen Tatsachen und Wahrheiten, die sie behaupteten. Und diese Motive wurden ihrer Aufmerksamkeit mit äußerst schmerzlicher und schrecklicher Häufigkeit immer wieder vor Augen geführt.
>
> Von daher gesehen war es unmöglich, dass sie auf der Behauptung der Wahrheiten, die sie erzählten, beharrt hätten, wenn Jesus nicht tatsächlich von den Toten auferstanden wäre, und wenn sie diese Tatsache nicht ebenso sicher gekannt hätten, wie sie jede andere Tatsache kannten. Wenn es moralisch möglich gewesen wäre, dass sie in dieser Sache getäuscht worden wären, dann hätte doch jedes menschliche Motiv sie dahin geführt, diesen Irrtum aufzudecken und einzugestehen. Auf einer so großen Täuschung zu bestehen, nachdem sie ihnen bewusst geworden wäre, hätte nicht nur bedeutet, ein Leben lang allem Bösen ausgesetzt zu sein, das Menschen einem von außen zufügen können, sondern auch den stechenden Schmerz innerer und bewusster Schuld zu erdulden – ohne Hoffnung auf zukünftigen Frieden, ohne das Zeugnis eines guten Gewissens, ohne Ehre und Wertschätzung unter Menschen erwarten zu können, ohne Hoffnung auf Glück in diesem Leben oder in der zukünftigen Welt.
>
> Eine solche Haltung der Apostel wäre außerdem völlig unvereinbar gewesen mit der Tatsache, dass sie ja nur die Konstitution unserer gewöhnlichen menschlichen Natur besaßen. Doch ihr Leben zeigt, dass sie Männer wie alle anderen unseres Geschlechtes waren, von den gleichen Motiven bewegt, von den gleichen Hoffnungen angeregt, von den gleichen Freuden erfüllt, den gleichen Sorgen unterworfen, von den gleichen Befürchtungen angefallen und den gleichen Leidenschaften, Versuchungen und Unsicherheiten ausgesetzt wie wir auch. Und ihre Schriften verraten sie als Männer von sehr klarem Denkvermögen. Wenn ihr Zeugnis also nicht wahr gewesen wäre, hätte es kein mögliches Motiv für seine Erfindung gegeben.[65]

John Locke war wahrscheinlich der größte Philosoph seines Jahrhunderts. In seinem Werk *A Second Vindication of the Reasonableness of Christianity, Works* schreibt dieser britische Gelehrte:

> Es gibt einige Angaben in der Geschichte unseres Erlösers, die ebenso auch für den Messias gelten können, dass es das gleiche war, an Jesus von Nazareth zu glauben wie ihn für den Messias zu halten. Und diese Aussagen drückten dies

auch aus. Die bedeutendste dieser Aussagen ist seine Auferstehung von den Toten. Das dürfte der stärkste und sichtbarste Beweis dafür sein, dass er der Messias ist. Es ist kein Wunder, dass dieser Glaube an seine Auferstehung weiterhin dazu beitrug, dass man ihn für den Messias hielt. Die Behauptung seiner Auferstehung war gleichbedeutend damit, ihn zum Messias zu erklären.[66]

Brooke Foss Westcott (1825-1901), ein englischer Gelehrter, der 1870 zum königlichen Professor in Cambridge berufen wurde, sagte:

Es ist tatsächlich so: wenn man all das Beweismaterial zusammennimmt, ist es nicht zuviel gesagt, dass kein historisches Ereignis besser oder ausführlicher belegt ist als die Auferstehung Christi. Nichts außer einer Voreingenommenheit, dass sie nicht wahr sein könnte, ließ die Idee von mangelnden Beweisen hochkommen.[67]

Clifford Herschel Moore, Professor an der Harvard Universität, sagt zu Recht:

Das Christentum kennt seinen Erlöser und Retter nicht als irgendeinen Gott, dessen Geschichte in einem mythischen Glauben befangen war, mit groben, primitiven oder sogar anstößigen Elementen … Jesus war eine historische Gestalt, nicht ein mythisches Wesen. Kein fremder oder verdorbener Mythos drängte sich dem gläubigen Christen auf. Sein Glaube war gegründet auf positive, historische und akzeptable Fakten.[68]

Benjamin Warfield von Princeton bringt dies auch in seinem Artikel »The Resurrection of Christ an Historical Fact, Evinced by Eye-Witnesses« (»Die Auferstehung Christi als ein von Augenzeugen bewiesenes historisches Faktum«) zum Ausdruck:

Die Fleischwerdung eines ewigen Gottes ist notwendigerweise ein Dogma. Kein menschliches Auge konnte seine Herablassung in menschliches Dasein bezeugen, keine Zunge sie als Fakt dartun, und doch – wenn sie keine Tatsache ist, ist unser Glaube vergeblich, dann sind wir noch in unsern Sünden. Andrerseits ist die Auferstehung Christi eine Tatsache, ein äußeres Ereignis innerhalb des Bereichs menschlicher Erkenntnisfähigkeit, zu bestätigen durch andere Zeugnisse. Und trotzdem beruht auf beiden die Hauptlehre unseres Glaubenssystems, an ihm hängen alle anderen Lehren.[69]

Wilbur Smith führt einen hervorragenden Gelehrten dieses Jahrhundert an:

Einer der größten Physiologen unserer Generation ist Dr. A. C. Ivy vom Fachbereich Chemische Wissenschaften der Universität Illinois (Chicago Campus). Er war Chef des Fachbereichs Physiologie in Chicago in den berufsspezifischen

> Colleges von 1946-1953. Als Präsident der Amerikanischen Physiologischen Gesellschaft von 1939-1949 und Autor vieler wissenschaftlicher Veröffentlichungen fand er gute Worte: »Ich glaube an die leibliche Auferstehung von Jesus Christus. Wie Sie sagen, ist das eine persönliche Angelegenheit. Aber ich schäme mich nicht, die Welt wissen zu lassen, was ich glaube und dass ich auch als Intellektueller meinen Glauben vertreten kann. … Ich kann diesen Glauben nicht beweisen, wie ich gewisse wissenschaftliche Fakten in meiner Bibliothek beweisen kann, die vor hundert Jahren noch als fast ebenso mysteriös angesehen wurden wie die Auferstehung Christi. Auf der Basis der historischen Beweisführung der heutigen biologischen Kenntnisse, kann der Wissenschaftler, der der Philosophie der Wissenschaft treu ist, die leibliche Auferstehung Jesu Christi anzweifeln, er kann sie aber nicht leugnen. Wenn er das tun wollte, müsste er beweisen können, dass sie *nicht geschehen ist.* Ich kann nur sagen, dass die heutige biologische Wissenschaft einen Körper, der tot war und drei Tage im Grab gelegen hat, nicht wieder zum Leben erwecken kann. Die Auferstehung Jesu Christi zu leugnen auf einer Basis dessen, was die Biologie heute weiß, bedeutet eine unwissenschaftliche Haltung einzunehmen – nach meiner Philosophie echter wissenschaftlicher Einstellung.[70]

Armand Nicholi vom Medizinischen Fachbereich in Harvard spricht von J. N. D. Anderson als »einem Gelehrten von internationalem Ruf, der ganz besonders qualifiziert ist, das Thema der Beweisführung zu behandeln. Er ist eine der führenden Autoritäten im Hinblick auf das islamische Gesetz. … Er ist Dekan der juristischen Fakultät an der Universität in London, Vorsitzender der Abteilung Orientalisches Gesetz im Fachbereich Orientalische und Afrikanische Studien und Direktor des Instituts für fortgeschrittene juristische Studien an der Universität London.«[71]

Dieser hervorragende britische Gelehrte, der heute das Gebiet des internationalen Rechts beeinflusst, sagt: »Die Beweisführung für die historische Basis des christlichen Glaubens, für die grundlegende Glaubwürdigkeit der neutestamentlichen Zeugen im Hinblick auf die Person und Lehre Christi, für die Tatsache und Bedeutung seines Versöhnungstodes und für die Historizität des leeren Grabes und die apostolische Bezeugung der Auferstehung – das alles ergibt eine angemessene Begründung für das Wagnis des Glaubens.«[72]

> Zwei begabte junge Männer, Gilbert West und Lord Lyttleton, gingen nach Oxford. Sie waren Freunde von Dr. Johnson und Alexander Pope und in der Gesellschaft bekannt. Sie waren dazu ausersehen, die Basis christlichen Glaubens anzugreifen. Lyttleton machte sich daran, zu beweisen, dass Saulus von Tarsus sich niemals zum Christentum bekehrt hätte, und West wollte demonstrieren, dass Jesus nicht aus dem Grab auferstanden wäre.
>
> Einige Zeit später trafen sie sich, um ihre Ergebnisse auszutauschen. Beide fühlten sich etwas verlegen. Sie waren unabhängig voneinander zu ähnlichen und unangenehmen Schlussfolgerungen gekommen. Lyttleton entdeckte, als er die

Berichte untersuchte, dass Saulus von Tarsus durch seine Bekehrung zum christlichen Glauben tatsächlich ein radikal neuer Mensch geworden war. Und West kam zu dem Ergebnis, dass alles Beweismaterial eindeutig auf die Tatsache hinwies, dass Jesus wirklich von den Toten auferstanden sei. In einer großen Bibliothek kann man das Buch eventuell heute noch finden. Es trägt den Titel: *Observations on the History and Evidences of the Resurrection of Jesus Christ* und wurde 1747 veröffentlicht. Auf dem Deckblatt ließ er als Schlagwort die Stelle aus dem Buch Jesus Sirach, Kapitel 11, Vers 7 drucken, die ein moderner Agnostiker vielleicht auch heute noch mit Profit übernehmen könnte: »Urteile nicht, bevor du die Wahrheit nicht geprüft hast.«[73]

Das Beweismaterial weist eindeutig auf die Tatsache hin, dass Jesus am dritten Tage auferstand. Das war das Ergebnis, zu dem ein früherer Ober-Richter von England, Lord Darling, kam. Bei einem privaten Dinner kam das Gespräch auf die Wahrheit des Christentums, und besonders zu einem bestimmten Buch, das sich mit der Auferstehung befasste. Während er seine Fingerspitzen zusammenlegte, eine richterliche Haltung annahm und mit ruhiger Betonung sprach, die besonders eindrucksvoll wirkte, sagte er: »Wir als Christen sind aufgefordert, ein großes Maß an Vertrauen aufzubringen – was z. B. die Lehren und die Wunder Jesu angeht. Wenn wir das alles nur mit unserm Vertrauen erfassen sollten, würde ich z. B. Skeptiker bleiben. Der Haken bei dem Problem, ob Jesus das war oder nicht war, was er selbst behauptete zu sein, hängt ganz sicher von der Wahrheit oder Unwahrheit der Auferstehung ab. An diesem wichtigsten Punkt müssen wir nicht nur Glauben aufbringen. In seiner Eigenschaft als ›lebendige Wahrheit‹ existiert an diesem Punkt ein so überwältigendes Beweismaterial – positives und negatives, tatsächliches und von den Umständen geprägtes, dass kein weises Geschworenengericht der Welt daran vorbeikäme, das Urteil zu fällen, dass die Auferstehungsgeschichte wahr ist.«[74]

5.3 Das Zeugnis der frühen Kirchenväter

W. J. Sparrow-Simpson sagt:

> Neben der Christologie ist unzweifelhaft die Lehre von der Auferstehung diejenige, die den ersten Platz in der frühen christlichen Literatur einnimmt. Das nachapostolische Zeitalter gibt schon viele Hinweise, aber das zweite Jahrhundert liefert Abhandlungen, die ausschließlich dem Thema gewidmet sind, wie z. B. die des Athenagoras und das Werk, das Justin, dem Märtyrer, zugeschrieben wird.[75]

Bernard Ramm kommentiert dazu:

> In beiden – der Kirchengeschichte und der Glaubensgeschichte – wird die Auferstehung von den frühesten Zeiten an bestätigt. Im *Korintherbrief* des Klemens von Rom (95 n. Chr.), dem frühesten Dokument der Kirchengeschichte, wird sie

> bereits bestätigt und das kontinuierlich durch die gesamte Periode der Kirchenväter. Das Thema Auferstehung erscheint in allen Formen des apostolischen Glaubensbekenntnisses und wurde niemals in Frage gestellt.[76]

Sparrow-Simpson sagt:

> Die wesentliche Substanz im Evangelium des Ignatius (ca. 5-115 n. Chr.) ist Jesus Christus, und die christliche Religion besteht »im Glauben an ihn und in der Liebe zu ihm, in seiner Passion und Auferstehung«. Er verpflichtet Christen dazu, »voll überzeugt zu sein von Geburt, Passion und Auferstehung«. Jesus Christus wird beschrieben als »unsere Hoffnung durch die Auferstehung«. Die Auferstehung Jesu ist das Versprechen, dass auch wir auferstehen werden.[77]

Sparrow-Simpson fügt hinzu:

> In dem Brief des Polykarp an die Philipper (um 110 n. Chr.) spricht der Schreiber von unserm Herrn Jesus Christus, »dass er erduldet habe bis zum Tod für unsere Sünden, den Gott erhöht habe, nachdem er von den Schmerzen des Todes frei geworden sei«. Er sagt, dass »Gott unsern Herrn Jesus Christus von den Toten erweckt habe und ihm Herrlichkeit und einen Thron zu seiner Rechten gegeben habe, dem dann alle Dinge im Himmel und auf Erden unterworfen wurden.« Der erhöhte Jesus »kommt als Richter der Lebenden und der Toten«. Und »er, der ihn von den Toten auferweckt hat, wird auch uns auferwecken, wenn wir seinen Willen tun und in seinen Geboten wandeln.«
> Für Polykarp ist der erhöhte Jesus »der ewige Hohepriester«. Und das letzte Gebet des heiligen Bischofs vor seinem Märtyrertum war, dass er »teilhaben möchte mit der Zahl der Märtyrer am Leidensbecher Christi zur Auferstehung von Leib und Seele zum ewigen Leben in der Unversehrtheit des Heiligen Geistes.«[78]

Professor Sparrow-Simpson sagt von der Abhandlung Justin, des Märtyrers, über die Auferstehung (ca. 100-165 n. Chr.):

> Sie befasst sich mit der kennzeichnenden christlichen Lehre. Zeitgenössische Gegenpositionen zu diesem Glauben behaupteten, dass die Auferstehung unmöglich war; unerwünscht, da das Fleisch die Ursache der Sünde ist; unverständlich, da im Überleben existierender Organe kein Sinn liegen kann. Sie behaupteten weiterhin, dass die Auferstehung Christi nur auf einer physischen Erscheinung beruhte, aber keine physische Realität war. Zu diesen Einwänden und Schwierigkeiten (antwortete) Justin …[79]

Elgin Moyer erwähnt in *Who Was Who in Church History* einen anderen Kirchenvater, Quintus Septimius Florens Tertullian (ca. 160-220 n. Chr.):

> Ein lateinischer Kirchenvater und Apologet, der in Karthago geboren war … eine gründliche Erziehung bereitete ihn dazu vor, sowohl Griechisch wie Lateinisch zu schreiben, sowohl über Politik, juristische Praxis als auch über gerichtliche Beredsamkeit sich zu äußern. Dreißig oder vierzig Jahre führte er ein ausschweifendes Leben. Um das Jahr 190 erfasste er mit einer tiefen Überzeugung das Christentum. Den Rest seines Lebens widmete er in großer Treue der Verteidigung des christlichen Glaubens gegenüber Heiden, Juden und Häretikern. Er war ein starker Kämpfer für den Glauben.[80]

Bernard Ramm schließt:

> Unglaube muss alle Zeugnisse der Väter verleugnen … Er muss annehmen, dass alle diese Männer entweder die Motivation oder die historischen Maßstäbe nicht besaßen, die Auferstehung Christi wirklich einer Untersuchung zu unterziehen. Die Väter – so sehen es die Orthodoxe Kirche, die Römisch-katholische Kirche und die Anglikanische Kirche – sind autoritativ oder nahezu autoritativ, respektiert von den Reformatoren und von allen Theologen geschätzt, aber in der Kirchengeschichte werden sie *durch Unglauben abgeschrieben*. Im Hinblick auf Angaben zu apostolischer oder den Aposteln nahe stehender Theologie sieht man sie als glaubwürdig an, aber im Hinblick auf Tatsachen wird ihnen nicht das kleinste Stück an Beweiskraft zugebilligt. Daran kommt man aber nicht vorbei, oder der Unglaube bleibt in seiner Beweisführung stecken.[81]

6 Die Szenerie der Auferstehung

6.1 Die Situation vor der Auferstehung

»Da nun Pilatus die Menge befriedigen wollte, gab er ihnen den Barabbas frei und übergab Jesus, nachdem er ihn hatte auspeitschen lassen, damit er gekreuzigt werde. Da führten ihn die Kriegsknechte hinein in den Hof, das ist das Prätorium; und sie riefen die ganze Schar zusammen, legten ihm einen Purpurmantel um, flochten eine Dornenkrone und setzten sie ihm auf. Und sie fingen an, ihn zu begrüßen: Sei gegrüßt, König der Juden! Und sie schlugen sein Haupt mit einem Rohr, spuckten ihn an, beugten die Knie und fielen vor ihm nieder. Und nachdem sie ihn verspottet hatten, zogen sie ihm den Purpurmantel aus und legten ihm seine eigenen Kleider an. Und sie führten ihn hinaus, um ihn zu kreuzigen.« (Mk 15,15-20)

6.1.1 Jesus war tot

Das Auspeitschen eines Opfers vor der Kreuzigung wird von John Mattingly beschrieben:

> Der verurteilte Verbrecher wurde gewöhnlich zuerst gewaltsam seiner Kleider beraubt und dann im Gerichtshof an einen Pfosten oder einen Pfeiler gebunden. Anschließend wurde der schreckliche und grausame Akt des Geißelns durch die

> Liktoren oder Auspeitscher vollzogen. Obwohl die Hebräer die Zahl der Schläge bei einem solchen Akt durch Gesetz auf vierzig beschränkten, gab es diese Begrenzung bei den Römern nicht. Das Opfer war auf die Gnade der Auspeitscher angewiesen.[82]

Das brutale Instrument, was dabei benutzt wurde, nannte man »Flagrum« (Peitsche). Dazu kommentiert Mattingly: »Es liegt auf der Hand, dass diese langen, niederknallenden Stücke von Knochen und Metall menschliches Fleisch schwer zerfetzen würden.«[83]

Bischof Eusebius von Caesarea, der Kirchenhistoriker des dritten Jahrhunderts, sagte (im *Brief an die Gemeinde in Smyrna*) im Hinblick auf die römischen Geißelungen, die mit denen vorgenommen wurden, die hingerichtet werden sollten: »Die Adern der Opfer wurden bloßgelegt, und … die Muskeln, Sehnen und Eingeweide waren sichtbar.«[84]

Mattingly zitiert John Peter Lange und sagt von den Leiden Christi:

> Es wird vermutet, dass (sein) Ausgepeitschtwerden das normale Maß an Härte noch übertraf. Obwohl das üblicherweise von Liktoren ausgeführt wurde, schließt Lange, dass Pilatus – da er keine Liktoren zur Verfügung hatte – Soldaten dafür benutzte. Daher kann man annehmen – allein vom Charakter dieser gemeinen, niederträchtigen Personen her – dass sie die Brutalität der Liktoren noch übertrafen.[85]

Nach dem Erdulden der stärksten Formen physischer Bestrafung, musste Christus den langen Weg bis zur Stätte der Kreuzigung – Golgatha – noch über sich ergehen lassen. Von dieser Stufe des Leidens Christi sagt derselbe Autor:

> 1. Selbst die Vorbereitung für diesen Weg muss schon akute Agonie verursacht haben. In Mt 27,31 lesen wir: »Und nachdem sie ihn verspottet hatten, zogen sie ihm den Mantel aus und legten ihm seine Kleider an. Und sie führten ihn hin, um ihn zu kreuzigen.« Das rohe Abstreifen des königlichen Spottgewandes und Anziehen seiner eigenen Kleider verursachte zweifellos durch die Berührung mit der durch die Geißelung zerschnittenen und zerschundenen Haut große Qualen.
> 2. Und die Wendung: »Und sie brachten ihn auf den Platz Golgatha« (Mk 15,22a) zeigt außerdem an, dass Christus, unfähig in eigener Kraft zu gehen, buchstäblich zum Platz der Hinrichtung gebracht oder getragen werden musste. Auf diese Weise gingen die abscheulichen und schrecklichen Quälereien vor der Kreuzigung zu Ende und der eigentliche Akt der Kreuzigung begann.[86]

Von der Kreuzigung selbst sagt er:

> Es kann nicht überbetont werden, dass die Leiden am Kreuz extrem stark und schwer waren. Die Scheußlichkeit dieser Tortur wurde vom berühmtesten Red-

> ner Roms, Marcus Tullius Cicero, anerkannt und beschrieben. Er sagte: »Selbst das bloße Wort – Kreuz – sollte nicht nur den Lippen römischer Bürger fernbleiben, sondern auch ihren Gedanken, ihren Augen, ihren Ohren (Marcus Tullius Cicero, *Pro Rabirio*, V,16).[87]

Michael Green berichtet von den körperlichen Leiden Jesu:

> Nach einer schlaflosen Nacht, in der er nichts zu essen gehabt hatte, den Spott von zwei Verhören über sich ergehen lassen musste und sein Rücken von der grausamen römischen »neunschwänzigen Katze« zerfetzt war, wurde er zur Hinrichtung durch den Tod am Kreuz geführt. Das war ein ungeheuer qualvoller Tod, bei dem jeder Nerv im Körper vor Schmerz aufschrie.[88]

Frederick Farrar gibt auch eine anschauliche Beschreibung des Todes durch Kreuzigung:

> Ein Tod durch Kreuzigung scheint tatsächlich alle Qualen einzuschließen, die ein Tod an Schrecklichem und Entsetzlichem haben kann – Schwindel, Krämpfe, Durst, Hunger, Schlaflosigkeit, Fieberträume, Starrkrampf, Scham, öffentliches Bloßgestelltwerden, langandauernde Qualen, Schrecken vor dem, was noch kommt, Absterben unverbundener wunder Stellen – all das gesteigert bis zu dem Punkt, wo ein Mensch es überhaupt noch ertragen kann, doch alles abgestoppt kurz vor dem Punkt, an dem der Leidende in die Erlösung der Bewusstlosigkeit gefallen wäre.
> Die unnatürliche Stellung machte jede Bewegung qualvoll. Die verletzten Venen und geschundenen Sehnen zuckten vor unaufhörlicher Pein; die Wunden, entzündet durch das Offenbleiben, gerieten allmählich in Brand; die Arterien – besonders im Kopf- und Magenbereich, schwollen an und wurden vom Blutandrang unter Druck gesetzt. Und während alle Art von Elend immer mehr zunahm, kam noch ein brennender und rasender Durst dazu. Und all diese physischen Komplikationen verursachten eine innere Erregung und Angst, die die Aussicht auf den Tod selbst – den Tod, den unbekannten Feind, dessen Herannahen den Menschen normalerweise schaudern lässt – zu einer köstlichen und wunderbaren Erlösung werden ließ.[89]

»Und sie brachten ihn auf den Platz Golgatha, das heißt übersetzt Schädelstätte. Und sie gaben ihm Myrrhenwein zu trinken, aber er nahm ihn nicht. Und nachdem sie ihn gekreuzigt hatten, teilten sie seine Kleider und warfen das Los darüber, was ein jeder bekommen sollte. Es war aber die dritte Stunde, als sie ihn kreuzigten. Und die Inschrift, die seine Schuld anzeigte, war darüber geschrieben: Der König der Juden. Und mit ihm kreuzigten sie zwei Räuber, einen zur Rechten und einen zur Linken. Und die Vorübergehenden lästerten ihn, schüttelten den Kopf und sprachen: Ha, der du den Tempel zerstörst und in drei Tagen aufbaust, rette dich selbst und steige vom Kreuz herab! Gleicherweise spotteten aber auch die Hohen Priester untereinander samt den Schriftgelehrten und sprachen: Andere hat er gerettet, sich selbst kann er nicht retten! Der Christus, der König Israels, steige nun vom Kreuz herab, damit wir sehen und glauben! Auch die, welche mit ihm gekreuzigt wurden, schmähten ihn.

Als aber die sechste Stunde anbrach, kam eine Finsternis über das ganze Land bis zur neunten Stunde. Und um die neunte Stunde rief Jesus mit lauter Stimme und sprach: Eli, Eli, lama asabtani? Das heißt übersetzt: Mein Gott, mein Gott, warum hast du mich verlassen? Und etliche der Umstehenden, die es hörten, sprachen: Siehe, er ruft den Elia! Einer aber lief und füllte einen Schwamm mit Essig und steckte ihn auf ein Rohr, gab ihm zu trinken und sprach: Halt! Lasst uns sehen, ob Elia kommt, um ihn herabzunehmen! Jesus aber stieß einen lauten Schrei aus und verschied. Und der Vorhang im Tempel riss von oben bis unten entzwei. Als aber der Hauptmann, der ihm gegenüberstand, sah, dass er so schrie und verschied, sprach er: Wahrhaftig, dieser Mensch war Gottes Sohn! (Mk 15,22-27.29-39)

E. H. Day erklärt:

> Es ist Markus, der betont, dass Pilatus sich wunderte, als er hörte, dass Christus schon tot war. Und nachdem er den erwähnten Hauptmann persönlich befragt hatte, gab er die Erlaubnis zur Abnahme des Leichnams vom Kreuz. Die römischen Soldaten waren mit den Zeichen vom Nachweis des Todes oder mit dem Anblick des Todes nach einer Kreuzigung durchaus vertraut.[90]

Michael Green weist darauf hin, dass Kreuzigungen »in Palästina nichts Ungewöhnliches« waren.[91]

Pilatus verlangte die sichere Bestätigung vom Tode Jesu. Dazu bemerkt Green: »Vier der Leute, die die Hinrichtung vollzogen hatten, kamen, um ihn zu untersuchen, bevor ein Freund, Josef von Arimathäa, die Erlaubnis erhielt, den Leichnam zur Beerdigung zu holen.«[92]

Green sagt über diese vier Leute, die gewohnt waren, mit dem Tod umzugehen: »Sie wussten, wann einer tot war, wenn sie ihn sahen – und ihr vorgesetzter Offizier hatte den Todesschrei des Verurteilten selbst gehört und den Tod vor dem Statthalter Pilatus bestätigt.«[93]

John R. W. Stott schreibt: »Pilatus war tatsächlich überrascht, dass Jesus schon tot war, doch die Versicherung des Hauptmanns reichte aus, um ihn zu überzeugen. Und so gab er Josef von Arimathäa die Erlaubnis, den Leichnam vom Kreuz abzunehmen.«[94]

Day stellt fest, dass »der Bericht im Matthäus-Evangelium vom Bewachen des Grabes ein klarer Beweis dafür ist, dass die Juden ihrerseits glaubten, dass Jesus tot war.«[95]

Er weist weiter darauf hin, dass »keiner von denen, die mit der Abnahme des Leichnams und seiner Grablegung befasst waren, irgendeinen Verdacht [hatte], dass noch Leben in ihm sei.«[96]

Professor Day spricht auch über das Buch *The Physical Cause of the Death of Christ* und sagt, dass sein Autor, James Thompson

> demonstriert, dass der Tod Christi nicht durch physische Erschöpfung oder durch die Schmerzen der Kreuzigung, sondern durch die geistige Qual, die ihm das Herz gebrochen hätte, erfolgt sei. Seine geistige und körperliche Kraft im Prozess der Auflösung beweist zweifellos, dass sein Tod nicht das Ergebnis von Erschöpfung war. Der Speer des Soldaten war das Mittel, um der Welt klarzumachen, dass er an gebrochenem Herzen gestorben war.[97]

Ein Artikel im *Journal of the American Medical Association* schloss aus den Evangelienberichten, dass Jesus ganz sicher gestorben war, bevor er vom Kreuz abgenommen wurde:

> Das Gewicht historischer und medizinischer Beweise zeigt eindeutig, dass Jesus tot war, bevor ihm die Wunde in seiner Seite beigebracht wurde und die traditionelle Sicht unterstützte, dass der Speer, der ihm zwischen die Rippen gestoßen wurde, wahrscheinlich nicht nur den rechten Lungenflügel, sondern auch den Herzbeutel und das Herz durchbohrt und damit seinen Tod sichergestellt habe. Demnach sind Interpretationen, die auf der Annahme basieren, dass Jesus nicht am Kreuz starb, unvereinbar mit modernem medizinischem Wissen.[98]

Samuel Houghton M.D., der große Physiologe von der Universität Dublin, äußert seine Sicht über die physische Ursache des Todes Christi wie folgt:

> Als der Soldat mit seinem Speer die Seite Christi durchbohrte, war er schon tot. Und die Flut von Blut und Wasser, die hervorkam, war entweder ein Naturphänomen, das durch natürliche Ursachen erklärbar war, oder es war ein Wunder. Dass Johannes dachte, dass es, wenn nicht ein Wunder, dann doch zumindest ungewöhnlich sei, geht klar aus seinem Kommentar hervor, den er dazu gibt und von der einfühlenden Art, in der er feierlich erklärt, wie genau er davon erzählt habe.
>
> Wiederholte Beobachtungen und Experimente an Menschen und Tieren haben mich zu folgendem Ergebnis geführt: Wenn die linke Seite nach dem Tod ungehindert mit einem großen Messer durchbohrt wird, vergleichbar in der Größe mit einem römischen Speer, dann könnten drei verschiedene Fälle eintreten: 1. Nichts würde aus der Wunde fließen außer vielleicht ein paar Blutstropfen. 2. Ein reicher Schwall von reinem Blut kommt hervor. 3. Ein Wasserschwall, dem ein paar Blutstropfen folgen, kommt aus der Wunde.
>
> Von diesen drei Beobachtungen trifft die erste normalerweise zu. Die zweite kommt vor, wenn der Tod durch Ertrinken oder durch Strychnin erfolgt, und kann demonstriert werden, wenn man ein Tier mit diesem Gift tötet. Sie kann nachgewiesen werden als natürlicher Fall bei einer gekreuzigten Person. Und die

> dritte wird in Fällen von Tod durch Rippenfellentzündung, Herzbeutelentzündung und gebrochenem Herzen gefunden. Mit den vorhergehenden Fällen sind die meisten Anatomen, die sich mit diesem Thema befasst haben, vertraut. Doch die beiden folgenden Fälle, obwohl nach physiologischen Prinzipien erklärbar, sind in den Büchern nirgendwo erwähnt (außer bei dem Apostel Johannes). Ich selbst bin ihnen auch noch nicht begegnet. Die 4. Möglichkeit: Ein reichlicher Strom von Wasser, dem viel Blut folgt, kommt aus der Wunde heraus. Oder 5. Möglichkeit: Eine Menge Blut, dem ebenso viel Wasser folgt, strömt aus der Wunde.
> Der Tod durch Kreuzigung verursacht eine Ansammlung von Blut in der Lunge, ähnlich wie bei einem Tod durch Ertrinken oder durch Strychnin. Die vierte Version würde bei einem Gekreuzigten auftauchen, der kurz vor der Kreuzigung noch einen Erguss durch Rippenfellentzündung gehabt hätte. Und die fünfte Möglichkeit könnte sich ergeben, wenn der gekreuzigte Mensch am Kreuz an gebrochenem Herzen gestorben wäre. Die Geschichte der Tage, die der Kreuzigung unsers Herrn vorangingen, schließen zwangsläufig die Annahme von Rippenfellentzündung aus, die auch nicht in Frage kommt, wenn zuerst Blut und später Wasser aus der Wunde kommt. Es bleibt also keine andere Vermutung übrig, um das Phänomen zu erklären, das im Evangelium berichtet wird, außer *der Kombination von Kreuzigung und gebrochenem Herzen*. Dass ein gebrochenes Herz die Ursache des Todes Christi war, wird fachkundig durch Dr. William Stroud behauptet, und dass dieser Bruch des Herzen tatsächlich geschah, glaube ich fest.[99]

Der Apostel Johannes gibt eine genaue Beschreibung dessen, was er auf Golgatha beobachtet hat. Houghton schließt daraus:

> Die Wichtigkeit dieser Beobachtung liegt auf der Hand. Sie [zeigt], dass die Erzählung von Johannes 21 niemals erfunden sein kann, dass die berichteten Fakten von einem Augenzeugen gesehen worden sein müssen und dass der Augenzeuge so erstaunt war, dass er das Phänomen offensichtlich für ein Wunder hielt.[100]

Michael Green schreibt über den Tod Jesu:

> Uns wird mit der Autorität eines Augenzeugen berichtet, dass »Blut und Wasser« aus der durchbohrten Seite Jesu kamen (Joh 19,34.35). Der Augenzeuge legte offensichtlich großen Wert auf diese Beobachtung. Wenn Jesus noch am Leben gewesen wäre, als der Speer in seine Seite eindrang, wäre ein starker Strahl Blut mit jedem Herzschlag herausgesprudelt. Stattdessen sieht der Beobachter zähflüssiges dunkelrotes Blut austreten, unterschieden und getrennt von dem begleitenden wässrigen Serum. Das ist ein Beweis von massiver Gerinnung des Blutes in den Hauptadern und ist einwandfrei ein starker medizinischer Beweis des

eingetretenen Todes. Es ist umso beeindruckender, als der Evangelist unmöglich wissen konnte, welche Bedeutung das für einen Pathologen hatte. Das »Blut und Wasser« von dem Speerstich ist ein eindeutiger Beweis dafür, dass Jesus tot war.[101]

Samuel Chandler sagt: »Alle Evangelisten stimmen darin überein, dass Josef sich den Leichnam Jesu von Pilatus erbeten hat. Dieser erfüllte seinen Wunsch, nachdem er von dem Hauptmann, der ihn am Kreuz bewachte, erfahren hatte, dass Jesus schon tot war.«[102]

Chandler erklärt dann:

Die bemerkenswerten Umstände, wie der tote Körper von Josef und Nikodemus nach der jüdischen Bestattungsweise in Spezereien eingepackt wurde, stellen einen vollkommenen Beweis dafür dar, dass Jesus wirklich tot war und man ihn auch für tot hielt. Wenn irgendwelche Spuren von Leben noch in ihm gewesen wären, als man ihn vom Kreuz abnahm, dann hätte die Schärfe von Myrrhe und Aloe, ihr starker bitterer Geruch – sie waren in Leinen um seinen Körper herum gewickelt worden, mit einem zusätzlichen Tuch über Kopf und Gesicht, wie es zur jüdischen Bestattung gehörte – diese Spuren vollständig ausgelöscht.[103]

Professor Albert Roper sagt dazu: »Jesus wurde von römischen Soldaten gekreuzigt, und zwar nach römischem Gesetz, das die Soldaten bis zur letzten Stufe pflichtgemäß anwandten.«[104]

Zusammenfassend können wir der Aussage zustimmen, die der Apostel Johannes hinsichtlich seiner Beobachtungen beim Tode Jesu machte, als er sein Zeugnis von dem Ereignis für gültig erklärte: »Und der das gesehen hat, der hat es bezeugt, und sein Zeugnis ist wahr, und er weiß, dass er die Wahrheit sagt, damit ihr glaubt« (Joh 19,35).

6.1.2 Das Grab Jesu

Wilbur M. Smith stellt fest, dass »das Wort für *Grab* oder *Grabstätte* zweiunddreißigmal in diesen vier Evangelienberichten von der Auferstehung auftaucht.«[105]

Das Grab des Josef von Arimathäa am Ostermorgen war tatsächlich ein Gegenstand großen Interesses für die Schreiber der Evangelien.

Hinsichtlich der Beerdigung, die man Christus zuteil werden ließ, stellt W. H. Sparrow-Simpson Folgendes fest:

Die römische Praxis ging dahin, die Opfer einer Kreuzigung am Pfahl als Beute für Vögel und wilde Tiere hängen zu lassen. Doch wer wollte behaupten, dass es da keine Ausnahmen gegeben hätte? Josephus führt [*Autobiografie* Kap. 75; *Jüdischer Krieg* IV, v.2] den Kaiser Titus an, der drei gekreuzigte Menschen vom Kreuz abnehmen ließ, die noch am Leben waren. Wer will behaupten, dass das nicht historisch war, weil die Regel anders aussah? Jüdische Praxis war zweifel-

> los die Bestattung der Verurteilten. Das entsprach dem jüdischen Gesetz. Doch Josephus versichert, dass die Juden manchmal dieses Gesetz selbst brachen. Im »Jüdischen Krieg« schreibt er: »Sie gingen so weit in ihrer Pietätlosigkeit, dass sie die Leichen ohne Beerdigung einfach liegen ließen, obwohl die Juden normalerweise so viel Sorgfalt auf die Bestattung von Menschen verwandten, dass sie auch solche, die verurteilt und gekreuzigt worden waren, vom Galgen abnahmen und, noch bevor die Sonne unterging, bestatteten.«
> Loisy ist der Meinung, dass Verwandte die Erlaubnis erhalten mochten, einen Verurteilten in ein Grab zu legen. Jedoch es war kein Verwandter, der sie für den Leichnam Jesu erhielt, auch keiner der Zwölf. Die drei gekreuzigten Männer, für die Josephus die kaiserliche Autorität anführt, um sie vom Kreuz abzunehmen, waren keine Verwandten. Es waren nur Freunde. Er erinnert sich an sie als »seine früheren Bekannten«. Gegen die Sache mit der Anfrage des Josephus können Einwände erhoben werden, noch mehr dagegen, ob sie gewährt wurde. Doch keiner bezweifelt die Fakten. Sie werden immer wieder als feststehend zitiert. Warum sollte nicht Josef von Arimathäa eine ähnliche Bitte an Pilatus gerichtet haben?[106]

Henry Latham gibt in *The Risen Master* die folgende Information bezüglich des Begräbnisses Jesu. Er zitiert:

> … die Beschreibung der Grabstätte unsers Herrn, als sie angeblich durch die Kaiserin Helena neu entdeckt worden war. Der Bericht stammt von Eusebius von Caesarea – dem Kirchenvater. Er ist seinem Werk *Theophania* entnommen, das erst in diesem Jahrhundert wieder aufgefunden worden ist und von dem eine Übersetzung durch Dr. Lee in Cambridge 1843 veröffentlicht wurde.
> Das Grab selbst war eine Höhle, die offensichtlich ausgehauen war; eine Höhle, die heute in den Felsen hineingeschnitten ist, und in dem noch kein anderer Leichnam gelegen hat. Dafür war es notwendig, was an sich schon ein Wunder war, dass es nur für diesen einen Leichnam bestimmt war. Es erstaunt, gerade diesen Felsen zu sehen, der hoch aufgerichtet und einsam auf flachem Land steht und nur eine einzige Höhle birgt. Wenn viele dort gewesen wären, dann wäre das Wunder dessen, der den Tod überwand, unbekannt geblieben.[107]

Guignebert stellt in seinem Werk *Jesus* auf Seite 500 die folgende äußerst unbegründete Behauptung auf:

> Die Wahrheit ist, dass wir nicht wissen und aller Wahrscheinlichkeit nach die Jünger auch nicht wussten, wo der Leichnam von Jesus hingeworfen worden war, nachdem man ihn vom Kreuz abgenommen hatte – wahrscheinlich von denjenigen, die ihn hingerichtet hatten. Es ist wahrscheinlicher, dass man ihn in die »Grube« für getötete Verbrecher geworfen hat, als dass er in ein neues *Grab* gelegt wurde.[108]

»Als es nun Abend geworden war, kam ein reicher Mann von Arimathäa namens Josef, der auch ein Jünger Jesu geworden war. Der ging zu Pilatus und bat um den Leib Jesu. Da befahl Pilatus, dass ihm der Leib gegeben werde.« (Mt 27,57.58)

»Und als es schon Abend geworden war – es war nämlich der Rüsttag, das ist der Tag vor dem Sabbat –, da kam Josef von Arimathäa, ein angesehner Ratsherr, der selbst auch auf das Reich Gottes wartete; der wagte es, ging zu Pilatus hinein und bat um den Leib Jesu. Pilatus aber wunderte sich, dass er schon gestorben sein sollte, und er rief den Hauptmann und fragte ihn, ob er schon lange gestorben sei. Und als er es von dem Hauptmann erfahren hatte, gab er dem Josef den Leib.« (Mk 15,42-25)

»Und siehe, ein Mann namens Josef aus Arimathäa, einer Stadt der Juden, der ein Ratsherr war, ein guter und gerechter Mann, der ihrem Rat und Tun nicht zugestimmt hatte, der auch selbst auf das Reich Gottes wartete, dieser ging zu Pilatus und bat um den Leib Jesu …« (Lk 23,50-52)

»Danach bat Josef von Arimathäa – der ein Jünger Jesu war, jedoch heimlich, aus Furcht vor den Juden –, den Pilatus, dass er den Leib Jesu abnehmen dürfe. Und Pilatus erlaubte es. Da kam er und nahm den Leib Jesu herab.« (Joh 19,38)

Professor Guignebert macht seine Behauptungen ohne jedes unterstützendes Beweismaterial für seinen Anspruch.

Er übersieht total das Zeugnis zu diesen Ereignissen, wie es uns in der säkularen und christlichen Literatur der ersten drei Jahrhunderte überliefert wurde.

Er ignoriert vollständig die vollkommen aufrichtigen, unkomplizierten Berichte der Evangelien.

Warum sind die folgenden Berichte überhaupt gegeben, wenn der Leichnam Christi nicht tatsächlich von Josef von Arimathäa geholt wurde. Die Berichte sprechen für sich selbst. Der Leichnam Christi war alles andere als in die Grube der Hingerichteten geworfen worden.

Und was ist ebenso mit den Berichten über die Vorbereitungen zur Bestattung? Warum gibt es diese Berichte, wenn die Vorbereitungen gar nicht stattgefunden haben?

Was ist mit den Frauen, die zusahen, während Josef von Arimathäa und Nikodemus den Leichnam Jesu vorbereiteten und in das Grab legten?

Sie waren nachgefolgt und »sie sahen sich das Grab an« (Lk 23,55) und »sie saßen dem Grab gegenüber« (Mt 27,61), und »sie sahen, wo er hingelegt wurde« (Mk 15,47). Diese Frauen wussten ganz sicher, dass dort ein Grab war. Die Berichte stellen diesen Punkt sehr klar heraus.

Wie kann man die Beobachtungen, die berichtet sind, ignorieren, die das Grab selbst betreffen?

»Und Josef nahm den Leib … und legte ihn in sein neues Grab« (Mt 27,59.60), »das in einen Felsen gehauen war« (Mk 15,46), »worin noch niemand gelegen hatte« (Lk 23,53), »an dem Ort, wo Jesus gekreuzigt worden war … in dem Garten« (Joh 19,41).

Henry Alford, der Griechisch-Gelehrte, stellt hinsichtlich des Beweismaterials, das wir in den Berichten der Evangelien finden, fest:

> Matthäus allein erzählt, dass es das *eigene* Grab des Josef war, Johannes, dass es *in einem Garten* war und an dem Platz, *wo er gekreuzigt worden war*. Alle außer Markus bemerken, dass es ein neues Grab war. Johannes erwähnt nicht, dass es *Josef gehörte*.[109]

Von Josef von Arimathäa schreibt er: »Sein Grund, den Leichnam dort zu bestatten, war, dass *es in der Nähe war*. und die Vorbereitungen verlangten notwendigerweise Eile.«[110]

Von Alfords Kommentaren kann man schließen, dass das Beweismaterial »das wir hinsichtlich der Grabstätte von den hier gemachten Angaben bestimmen können, 1. besagt, dass es sich nicht um eine natürliche Höhle handelte, sondern um ein *kunstvoll in den Felsen gehauene Höhlung*. Und 2. war diese Höhle nicht *in die Tiefe hinein gegraben*, wie ein Grab bei uns angelegt ist, sondern *horizontal*, oder *doch fast so*, in die Vorderseite des Felsens.«[111]

Warum baten die Juden den Pilatus, eine Wache am Grab Christi aufzustellen, falls es keine solche Grabstätte gab?

»Am anderen Tag nun, der auf den Rüsttag folgt, versammelten sich die Hohen Priester und die Pharisäer bei Pilatus und sprachen: Herr, wir erinnern uns, dass dieser Verführer sprach, als er noch lebte: Nach drei Tagen werde ich auferstehen. So befiehl nun, dass das Grab sicher bewacht werde bis zum dritten Tag, damit nicht etwa seine Jünger in der Nacht kommen, ihn stehlen und zum Volk sagen: Er ist aus den Toten auferstanden! und der letzte Betrug schlimmer wird als der erste. Pilatus aber sprach zu ihnen: Ihr sollt eine Wache haben! Geht hin und bewacht es, so gut ihr könnt! Da gingen sie hin, versiegelten den Stein und bewachten das Grab mit der Wache.« (Mt 27,62-66)

Tatsächlich, die Wahrheit der Angelegenheit liegt auf der Hand, wie Major es so klar sagt: »Wäre die Leiche Christi bloß in ein Massengrab geworfen worden und unbewacht geblieben, dann hätte es keinen einleuchtenden Grund für die Sorge seiner Feinde gegeben, die Nachricht zu verbreiten, dass die Leiche gestohlen worden sei.«[112]

Was sollen wir über den Besuch der Frauen am Grab nach dem Sabbat denken?

»Nach dem Sabbat aber, als der erste Tag der Woche anbrach, kamen Maria Magdalena und die andere Maria, um das Grab zu sehen.« (Mt 28,1)

»Und sehr früh am ersten Tag der Woche, als die Sonne aufging, kamen sie zu dem Grab.« (Mk 16,2)

»Am ersten Tag der Woche aber kamen sie am frühen Morgen zum Grab und brachten die wohlriechenden Gewürze, die sie bereitet hatten, und noch etliche mit ihnen.« (Lk 24,1)

»Und am ersten Tag der Woche kommt Maria Magdalena früh, als es noch finster war, zum Grab und sieht, dass der Stein von dem Grab hinweggenommen war.« (Joh 20,1)

Wenn Jesus nicht tatsächlich in Josefs Grab gelegt worden wäre, würden die Berichte von einem solchen Besuch nicht in den Erzählungen der Evangelien auftauchen.

Was müssen wir von dem Besuch des Petrus und des Johannes am Gab denken, nachdem sie den Bericht der Frauen gehört hatten?

»Petrus aber stand auf und lief zum Grab, bückte sich und sah nur die leinenen Tücher daliegen; und er ging nach Hause, voll Staunen über das, was geschehen war.« (Lk 24,12)

»Nun gingen Petrus und der andere Jünger hinaus und begaben sich zu dem Grab. Die beiden liefen aber miteinander, und der andere Jünger lief voraus, schneller als Petrus, und kam zuerst zum Grab, beugte sich hinein und sah die leinenen Tücher daliegen; ging jedoch nicht hinein. Da kommt Simon Petrus, der ihm folgte, und geht in das Grab hinein und sieht die Tücher daliegen und das Schweißtuch, das um sein Haupt gebunden war, nicht bei den Tüchern liegen, sondern für sich zusammengewickelt an einem besonderen Ort. Darauf ging auch der andere Jünger hinein, der zuerst zum Grab gekommen war, und sah und glaubte.« (Joh 20,3-8)

Das Beweismaterial dieser Erzählungen wird ähnlich ignoriert.

Wilbur M. Smith macht folgende Aussage bezüglich der Hypothese von Guignebert:

> Er leugnet die Tatsache, welche die vier Evangelien ganz klar herausstellen, dass nämlich der Leichnam Jesu ins Grab von Josef von Arimathäa gelegt worden war. Dazu bringt er allerdings keine Beweise bei, um einen Widerspruch zu belegen, sondern macht nur eine Aussage, die in seiner eigenen Vorstellung entstanden ist. Allerdings könnte man sagen, dass diese Aussage bezüglich des Leichnams Jesu auch nicht nur aus seiner Vorstellungswelt stammt, sondern aus seinem philosophisch – nicht historisch – bestimmten Vorurteil.[113]

Das Beweismaterial spricht ganz klar für sich selbst, aber Professor Guignebert weigert sich, dieses Material anzuerkennen, weil es sich nicht mit seinem Weltbild vereinbaren lässt, in der Wunder unmöglich sind. Der französische Professor zieht seine Schlüsse trotz anderer Belege, aber nicht aufgrund dieses Materials.

Smith sagt von dieser Theorie: »Wir lehnen sie ab, weil sie ohne jede historische Begründung steht und weil sie deshalb keine weitere Beachtung verdient, wenn man sich dagegen die vier *historischen* Dokumente ansieht, die wir in den Evangelien vor uns haben.«[114]

6.1.3 Die Bestattung Jesu

Wilbur Smith schreibt hinsichtlich der Berichte über die Bestattung Jesu in der Grabstätte des Josef von Arimathäa:

> Wir wissen mehr über die Grablegung des Herrn Jesus, als wir von Bestattungen irgendeiner anderen Gestalt der antiken Geschichte wissen. Wir wissen unendlich mehr davon als von den Begräbnissen irgendwelcher alttestamentlicher Personen, eines babylonischen Königs, eines Pharao von Ägypten, eines griechischen Philosophen oder eines siegreichen Cäsars. Wir wissen, wer seinen Leich-

nam vom Kreuz nahm, wir wissen etwas davon, dass dieser in Spezereien und Bestattungstücher eingewickelt war. Wir wissen exakt, in welches Grab er gelegt wurde und den Namen des Mannes, dem diese Grab gehörte – nämlich Josef aus einer Stadt, bekannt als Arimathäa. Wir wissen sogar, wo dieses Grab sich befunden hat: in einem Garten in der Nähe der Stelle, wo er gekreuzigt worden war – außerhalb der Stadtmauern. Wir haben vier Berichte von dieser Grablegung unseres Herrn, alle in erstaunlicher Übereinstimmung: den Bericht des Matthäus, eines Jüngers Jesu, der dabei war, als Jesus gekreuzigt wurde; den Bericht des Markus, von dem einige sagen, dass er innerhalb der ersten zehn Jahre nach der Himmelfahrt Jesu geschrieben worden sei; den Bericht des Lukas, eines Reisegefährten des Apostels Paulus, der gleichzeitig ein großer Historiker war; und den Bericht des Johannes, der als Letzter das Kreuz verließ und zusammen mit Petrus der erste der Zwölf war, der am Ostermorgen das leere Grab sah.[115]

Der Historiker Alfred Edersheim schildert folgende Details der Bestattungsbräuche der Juden:

> Nicht nur die Reichen, sondern auch die bescheidener Lebenden hatten eigene Gräber, die vermutlich lange bevor sie gebraucht wurden, schon erworben und vorbereitet wurden. Sie wurden als privater und persönlicher Besitz angesehen und vererbt. In solche Höhlen oder in den Fels gehauene Gräber wurden die Toten gelegt, nachdem man sie mit mancherlei würzigen Duftstoffen einbalsamiert hatte – mit Myrte, Aloe und in späterer Zeit auch mit Ysop, Rosenöl und Rosenwasser. Die Leichen wurden angezogen und, in späterer Zeit, wenn möglich in das abgetragene Gewand eingewickelt, in dem ursprünglich eine Thora-Rolle gesteckt hatte. Die »Gräber« waren entweder in den Fels gehauen oder es waren natürliche Höhlen oder auch große gemauerte Grüfte, mit Nischen an den Seiten.[116]

Von dem Begräbnis Christi schreibt Edersheim:

> Der bevorstehende heilige Sabbat und die deswegen nötige Eile mögen bei dem Vorschlag Josefs bestimmend mitgewirkt haben, den Leichnam Jesu in sein eigenes, neues, in den Felsen gehauenes Grab zu legen, in dem noch keiner bis dahin gelegen hatte … Das Kreuz wurde umgelegt und auf dem Boden ausgestreckt, die schrecklichen Nägel herausgezogen und die Stricke gelockert. Josef, zusammen mit den anderen, die ihm halfen, »wickelte« den heiligen Leichnam in »reines Leinen« und brachte ihn sofort in das Felsengrab in dem nahe gelegenen Garten. Solch ein Felsengrab oder Höhle (*Mearhta*) hatte Nischen (*Kukhin*), wo die Toten niedergelegt wurden. Man muss daran denken, dass am Eingang zu einem solchen »Grab« – und innerhalb des Felsens – eine Art »Vorhof« war, etwa 3 m^2 groß, wo gewöhnlich die Bahre abgestellt wurde und die Träger sich versammelten, um dem Toten die letzten Dienste zu erweisen.[117]

Edersheim erwähnt als Nächstes:

> … jener andere vom Hohen Rat, Nikodemus … kam nun und brachte eine Rolle von Myrrhe und Aloe mit, in der wohlriechenden Mischung, die unter den Juden bekannt war zur Vorbereitung einer Salbung oder Bestattung. Es war im Vorraum des Grabes, wo die eilige Einbalsamierung – wenn man es so nennen will – stattfand.[118]

Zur Zeit Jesu war es üblich, große Mengen an Duftstoffen zum Einbalsamieren der Toten zu verwenden, vor allem bei solchen, die man sehr hoch schätzte.

Michael Green erzählt das Folgende hinsichtlich der Bestattungsvorbereitungen, die man dem Leichnam Jesu angedeihen ließ:

> Der Tote wurde auf ein steinernes Gesims gelegt, eng in Tuchstücke und Streifen gewickelt und mit den Spezereien bedeckt. Im Johannes-Evangelium wird uns berichtet, dass etwa 70 Pfund dafür verwandt wurden, und das war wohl ausreichend. Josef war ein reicher Mann und zweifellos daran interessiert, seine Feigheit zu Lebzeiten Jesu wieder gutzumachen, indem er ihm ein vornehmes Begräbnis verschaffte. Für diesen Betrag, obwohl er wirklich groß war, gibt es eine Menge von Parallelen. Rabbi Gamaliel, ein Zeitgenosse Jesu, wurde mit achtzig Pfund von solchen Duftstoffen begraben, als er starb.[119]

Flavius Josephus, der jüdische Historiker des ersten Jahrhunderts, erwähnt die Bestattung des Aristobul, der, »noch keine achtzehn Jahre alt, ermordet wurde, und die Hohepriesterwürde nur ein einziges Jahr innegehabt hatte«[120].

Bei dieser Bestattung trug Herodes »Sorge, (dass es) außerordentlich prächtig zuging, indem man großartige Vorbereitungen für eine Grabstätte traf, in die seine [Aristobuls] Leiche hineingelegt werden sollte, und indem man eine große Menge an Spezereien bereitstellte und viele Ornamente mit ihm zusammen begrub«[121].

James Hastings sagt im Hinblick auf die Grabtücher Folgendes: »Ganz früher, zur Zeit des Chrysostomus (im 4. Jh. n. Chr.), wurde auf die Tatsache aufmerksam gemacht, dass Myrrhe eine Droge war, die so stark am Körper klebte, dass die Grabtücher nicht so leicht wieder weggenommen werden konnten.«[122]

Merrill Tenney gibt zu den Grabtüchern folgenden Kommentar:

> Wenn man eine Leiche für eine Bestattung nach jüdischem Brauch vorbereitete, wurde sie gewöhnlich gewaschen und gerade gelegt und dann mit Leinenstreifen von den Achseln bis zu den Fußknöcheln eng umwickelt. Aromatische Spezereien, oft von klebriger Konsistenz, wurden zwischen die Bandagen und in die Falten eingebracht. Sie dienten teilweise als erhaltendes Mittel und teilweise als Bindemittel, um die umhüllenden Tücher zu einer soliden Schicht zusammenzukleben. Der Ausdruck »gebunden« bei Johannes (gr. *edesan*) stimmt vollkom-

men mit der Sprache des Lukas, Kap. 23,53, überein, wo der Schreiber sagt, dass der Leichnam … in Leinen … eingewickelt war. Eines Morgens, am ersten Tag der Woche, war der Leichnam verschwunden, doch die Grabtücher waren noch da.[123]

George B. Eager sagt in *The International Standard Bible Encyclopedia* zu der Grablegung Christi:

> Es geschah in strikter Übereinstimmung mit solchen Bräuchen und den Vorbereitungen, wie es das mosaische Gesetz vorsah (5.Mose 21,23): [»Sein Leichnam soll nicht über Nacht an dem Holze bleiben, sondern du sollst ihn an demselben Tage begraben. Denn ein Gehängter ist von Gott verflucht, und du sollst dein Land nicht verunreinigen, das der Herr, dein Gott, dir zum Erbe gibt.«] (s. Gal 3,13: »Christus hat uns losgekauft von dem Fluch des Gesetzes, indem er ein Fluch für uns wurde; denn es steht geschrieben: ›VERFLUCHT IST JEDER, DER AM KREUZ HÄNGT.‹«) Und ebenso stand es im Einklang mit den Impulsen wahrer Menschlichkeit, dass Josef von Arimathäa zu Pilatus ging und um den Leichnam Jesu bat, um ihn noch am Tag der Kreuzigung zu bestatten (Mt 27,58ff.).[124]

Eager sagt weiter:

> Missionare und Einheimische aus Syrien sagen, dass es heute noch Brauch ist, den Leichnam zu waschen (s. Joh 12,7; 19,39; Mk 16,1; Lk 24,1), Hände und Füße in Grabbinden zu wickeln – gewöhnlich aus Leinen – (Joh 19,40) und sein Gesicht zu bedecken oder mit einem Handtuch oder Taschentuch zu umwickeln. (Joh 11,44). Es ist immer noch üblich, in die Umhüllungen des Körpers aromatische Spezereien und andere Mittel hineinzugeben, um die Auflösung zu verzögern … uns wird … gesagt, dass bei der Bestattung Jesu Nikodemus etwa »hundert Pfund einer Mischung von Myrrhe und Aloe« brachte und dass sie »den Leichnam Jesu nahmen und ihn in Leinen wickelten mit den Spezereien, wie es jüdischer Brauch bei der Bestattung der Toten war«; und dass Maria Magdalena und die beiden anderen Frauen Salben und Gewürze zu dem gleichen Zweck brachten (Mk 16,1; Lk 23,56).[125]

William Lane Craig sagt über die sorgfältige Erhaltung der Gräber jüdischer heiliger Männer:

> Zur Zeit Jesu gab es ein außergewöhnliches Interesse an den Gräbern jüdischer Märtyrer und heiliger Männer. Diese wurden gewissenhaft gepflegt und in Ehren gehalten. Das legt nahe, dass das Grab Jesu ebenso beachtet werden würde. Die Jünger hatten keine Ahnung von einer Auferstehung vor der allgemeinen Auferstehung am Ende der Welt. Und sie hätten es deshalb niemals zugelassen, die

> Grabstätte ihres Lehrers unbeachtet zu lassen. Dies Interesse lässt auch das Verweilen der Frauen bei der Grablegung einleuchtend erscheinen, die die Vorgänge beobachteten, und die die Absicht hatten, den Leichnam Jesu mit Salben und wohlriechenden Ölen zu behandeln.[126]

Craig kommentiert hinsichtlich der Beziehung zwischen der Bestattung und dem leeren Grab weiter:

> Wenn der Bericht von der Grablegung grundsätzlich zuverlässig ist, dann liegt die Folgerung, dass das Grab Jesu leer vorgefunden wurde, auf der Hand. Und wenn die Geschichte seiner Bestattung fundamental korrekt ist, dann war der Ort der Bestattung Jesu Juden und Christen in gleicher Weise bekannt. Doch wenn es da ein Grab gegeben hätte, in dem der Leichnam Jesu lag, hätte ein Auferstehungsglauben nicht überleben können. Die Jünger konnten nicht an die Auferstehung Jesu geglaubt haben. Selbst wenn sie es getan hätten, hätte doch kaum jemand ihrer Verkündigung geglaubt. Und ihre jüdischen Gegner hätten die ganze Sache lächerlich machen können, vielleicht sogar dadurch, dass sie den Leichnam öffentlich zur Schau gestellt hätten, wie die mittelalterliche jüdische Polemik es behauptet. (*Toledot Yeshu*) … Niemand kann die Historizität der Grablegungsgeschichte bestätigen, und gleichzeitig plausibel die Historizität des leeren Grabes leugnen.[127]

6.1.4 Der Stein vor dem Grab

Im Hinblick auf das, was die Öffnung zum Grab Jesu verschloss, sagt A. B. Bruce: »Die Juden nannten den Stein *golel*.«[128]

H. W. Holloman sagt, indem er G. M. Mackie zitiert: »Die Öffnung zu der zentralen Kammer war durch eine große und schwere Felsplatte bewacht, die man entlang einer Rinne vorne vor dem Eingang zum Grab leicht rollen konnte, wenn man in der Mitte etwas schob.«[129]

T. J. Thorburn erwähnt, dass dieser Stein »als Schutz gegen Menschen und wilde Tiere« benutzt wurde. Er stellt weiterhin fest: »Dieser Stein wird von den Talmudisten häufig genannt. Nach Maimonides wurde auch ein Machwerk *ex lingo, alia materia* benutzt.«

Zu der enormen Größe eines solchen Steins sagt Dr. Thorburn: »Gewöhnlich sind mehrere Männer nötig, um ihn zu bewegen.« Da derjenige, den man vor den Eingang zum Grab Jesu gewälzt hatte, auch gegen mögliche Diebe schützen sollte, war er vermutlich noch größer als normalerweise.[130]

Tatsächlich bemerkt Thorburn auch im Hinblick auf das riesige Gewicht des Steines:

> Eine Glosse im Codex Bezae [eine in Klammern geschriebene Wendung innerhalb des Textes von Mk 16,4, die man in einem Manuskript aus dem 4. Jh. gefunden hat (Codex Bezae in der Cambridge Bibliothek)] fügt hinzu: ›Und als er

> dort hineingelegt worden war, ließ er (Josef) einen Stein vor den Eingang des Grabes bringen, den zwanzig Männer nicht wegrollen konnten.‹«

Die Bedeutung dieser Beobachtung von Dr. Thorburn wird deutlich, wenn man in Betracht zieht, welche Regeln beim Abschreiben von Manuskripten galten. Es war für einen Abschreiber Brauch, dass er, wenn er seine eigene Interpretation betonte, dies in einer Randglosse tun musste und nicht innerhalb des Textes einfügen durfte. Man könnte daraus schließen, dass der Einschub in dem Text von einem Manuskript abgeschrieben worden war, das der Zeit Christi noch näher gewesen war, vielleicht aus dem ersten Jahrhundert stammte. Die Randglosse konnte dann von einem Augenzeugen berichtet worden sein, der beeindruckt gewesen war von dem riesigen Stein, den man vor Jesu Grab gewälzt hatte. Auch Gilbert West aus Oxford betont die Wichtigkeit dieser Glosse aus dem Codex Bezae auf den Seiten 37 und 38 seines Werkes *Observation on the History and Evidence of the Resurrection of Jesus Christ*[131]

Samuel Chandler sagt:

> Die Zeugen stimmen hier alle überein, dass die Frauen, als sie zum Grab kamen, *den Stein weggerollt vorfanden*. Die Frauen hätten es auf keinen Fall gekonnt, der Stein war viel zu groß, als dass sie ihn hätten bewegen können.[132]

Alfred Edersheim, der jüdische Christ, der eine besonders gute Quelle für den historischen Hintergrund des Neuen Testamentes darstellt, erzählt Folgendes über die Grablegung Jesu:

> Und so legten sie ihn in die Nische des neuen, in einen Felsen gehauenen Grabes. Und als sie hinausgingen, rollten sie, wie es Brauch war, einen »großen Stein« – den *Golel* – vor den Eingang des Grabes, um ihn zu verschließen. Wahrscheinlich lehnten sie, wie es Brauch war, einen kleineren Stein, einen so genannter *Dopheg* noch zur Unterstützung dagegen. An der Stelle, an der sich die beiden berührten, brachten die jüdischen Führer wohl am nächsten Tag, obwohl es Sabbat war, ein Siegel an, so dass der leichteste Versuch einer Veränderung offenbar geworden wäre.[133]

Frank Morison erklärt zu dem Besuch der Maria und ihrer Freundinnen am Grab Jesu am frühen Sonntagmorgen:

> Die Frage, wie sie den Stein vom Eingang des Grabes wegbekommen sollten, muss notwendigerweise ein beträchtliches Problem für die Frauen gewesen sein. Wenigstens zwei von ihnen hatten der Bestattung beigewohnt und wussten ungefähr, wie die Dinge standen. Der Stein, von dem sie wussten, dass er groß und sehr schwer war, stellte die große Schwierigkeit für sie dar. Wenn wir daher im frühesten Bericht, nämlich dem Evangelium des Markus, die Worte finden: »Wer

> wälzt uns den Stein von des Grabes Tür?«, dann können wir kaum umhin zu erkennen, dass die Beschäftigung der Frauen mit dieser Überlegung nicht nur eine psychologische Angelegenheit war, sondern ein ganz entscheidend historisches Element in ihrer Situation bis zu dem Augenblick, wo sie am Grab ankamen.[134]

Morison nennt den Stein am Eingang zum Grabe Jesu:

> … den einen stillen und unfehlbaren Zeugen in der ganzen Episode – und es gibt bestimmte Fakten im Hinblick auf diesen Stein, die eine sorgfältige Untersuchung erfordern.
> Beginnen wir mit der Größe und seiner vermutlichen Beschaffenheit … Zweifellos war er sehr groß und infolgedessen auch sehr schwer. Diese Tatsache wird von allen Schreibern erklärt oder gefolgert, die sich darauf beziehen. Markus sagt, dass er »äußerst groß« war. Matthäus spricht von »einem großen Stein«. Petrus sagt »denn der Stein war sehr groß«. Weiteres Zeugnis zu diesem Punkt ergibt sich aus der Angst der Frauen, wie sie damit fertig werden sollten. Wenn der Stein nicht außergewöhnlich schwer war, hätten die vereinten Kräfte der drei Frauen wohl genügt, um ihn zu bewegen. Wir haben damit einen sehr bestimmten Eindruck davon, dass der Stein in jedem Fall zu schwer war, als dass die Frauen ihn ohne fremde Hilfe wegwälzen konnten.[135]

6.1.5 Das Siegel am Grab

In Mt 27,66 heißt es: »Da gingen sie hin, versiegelten den Stein und bewachten das Grab mit der Wache.«

A. T. Robertson sagt, dass die Methode des Siegelns am Grab Jesu folgende war:

> Wahrscheinlich geschah es mit einem Strick, den man quer über den Stein spannte und an jedem Ende versiegelte, ähnlich wie in Dan 6,18 [»Und man brachte einen Stein und legte ihn auf die Öffnung des Zwingers; und der König versah ihn mit seinem Siegel(ring) und mit dem Siegel seiner Gewaltigen, damit in der Sache Daniels nichts geändert werde.«] Die Versiegelung wurde dann in Gegenwart der römischen Wache, die man dort mit dem Befehl beließ, dieses Zeichen römischer Autorität und Macht zu schützen, vorgenommen. Sie taten ihr Bestes, um Diebe fern zu halten und die Auferstehung zu verhindern (Bruce). Doch sie übertrafen sich selbst und lieferten eine zusätzliche Bezeugung der Tatsache des leeren Grabes und der Auferstehung Jesu (Plummer).[136]

A. B. Bruce bemerkte, dass »die partizipiale Formulierung [Versiegeln des Steines] ein Einschub ist, der auf eine zusätzliche Vorsichtsmaßnahme hindeutet, wobei der Stein mit einer darüber gespannten Schnur gesiegelt wurde, die an jedem Ende am Grab befestigt war. Die ehrenwerten Männer taten ihr Bestes, um einen Diebstahl zu verhindern – und gleichzeitig auch die Auferstehung!«[137]

Henry Sumner Maine, Mitglied des Obersten Gerichtshofes von Indien, früherer außerordentlicher Professor der Rechtswissenschaften und des Bürgerlichen Gesetzes am Middle Temple, außerdem Königlicher Professor für Bürgerliches Recht an der Universität Cambridge, spricht diesbezüglich von der rechtmäßigen Autorität, die zum römischen Siegel gehörte. Er weist darauf hin, dass dieses tatsächlich »als eine Art von Beglaubigung angesehen wurde«.[138]

Auf dem Gebiet der Rechtswissenschaften fährt Maine wie folgt fort:

> Wir mögen beobachten, dass die Siegel »der Wille Roms« und andere wichtige Dokumente nicht nur als Hinweis für die Gegenwart dienten oder als Beglaubigung für den Unterzeichner, sondern dass sie auch buchstäbliche Verschlüsse waren, die aufgebrochen werden mussten, bevor ein Schriftstück inspiziert werden konnte.[139]

Hinsichtlich der Sicherung des Grabes Jesu sollte das römische Siegel, das darauf angebracht war, jeden Versuch einer Grabschändung verhindern. Jeder, der versuchen würde, den Stein vom Eingang des Grabes zu entfernen, würde das Siegel aufbrechen und so die Verfolgung durch das römische Gesetz auf sich ziehen.

Henry Alford sagt dazu: »Das Versiegeln geschah mit einem Strick, der am Eingang des Grabes über den Stein gespannt war und an jedem Ende mit einer Art Siegellack am Felsen befestigt war.«[140]

Marvin Vincent kommentiert das ebenfalls:

> Der Gedanke war der, dass sie den Stein in Gegenwart der Wächter versiegeln und diese dann zur Bewachung dort lassen wollten. Die Versiegelung bestand darin, dass sie eine Schnur über den Stein spannten und diese dann an jedem Ende mit einer Art Siegellack am Felsen festmachten. Oder wenn der Stein am Eingang des Grabes mit einem Balken vom Kreuz abgestützt war, dann wurde dieser durch ein Siegel mit dem Felsen verbunden.[141]

D. D. Whedon sagt:

> Der Eingang vom Grab konnte nicht geöffnet werden, ohne das Siegel zu zerbrechen. Das aber war ein Vergehen gegen den Inhaber des Siegels. Die Wache sollte einen Betrug der Jünger verhindern und das Siegel sollte ein geheimes Einverständnis der Wache mit den Jüngern unmöglich machen. So heißt es in Dan 6,18: »Und man brachte einen Stein und legte ihn auf die Öffnung des Zwingers, und der König versah ihn mit seinem Siegel und mit dem Siegel seiner Gewaltigen.«[142]

Johannes Chrysostomus, im 4. Jh. Erzbischof von Konstantinopel, berichtet von folgenden Beobachtungen hinsichtlich der Sicherheitsmaßnahmen am Grab Jesu:

> Ihr seht auf jeden Fall, dass diese Worte Zeugnis geben für alle Menschen von diesem Geschehen. »Wir erinnern uns«, so waren die Worte, »dass dieser Betrüger sagte, als er noch lebte« (jetzt war er also tot): »Nach drei Tagen will ich wieder auferstehen.« »Befiehl deshalb, dass das Grab versiegelt wird« (er war also begraben), »damit nicht seine Jünger kommen und ihn wegstehlen.« Wenn das Grab versiegelt wird, kann es keine unlautere Sache dabei geben. Auf diese Weise ist der Beweis seiner Auferstehung durch das, was ihr vorgeschlagen habt, unwiderleglich geworden. Denn weil das Grab versiegelt war, konnte es keine betrügerische Handlung geben. Aber wenn es dabei nicht unehrlich zugegangen ist und das Grab tatsächlich leer war, dann steht es ja fest, dass er auferstanden ist, klar und unwiderlegbar. Seht ihr, wie sie sogar gegen ihren Willen für den Beweis der Wahrheit gekämpft haben?[143]

»Am andern Tag nun, der auf den Rüsttag folgt, versammelten sich die Hohen Priester und die Pharisäer bei Pilatus und sprachen: ›Herr, wir erinnern uns, dass dieser Verführer sprach, als er noch lebte: Nach drei Tagen werde ich auferstehen. So befiehl nun, dass das Grab sicher bewacht werde bis zum dritten Tag, damit nicht etwa seine Jünger in der Nacht kommen, ihn zu stehlen und zum Volk sagen: Er ist aus den Toten auferstanden! und der letzte Betrug schlimmer wird als der erste.‹ Pilatus aber sprach zu ihnen: ›Ihr sollt eine Wache haben! Geht hin und bewacht es, so gut ihr könnt!‹ Da gingen sie hin, versiegelten den Stein und bewachten das Grab mit der Wache.« (Mt 27,62-66)

6.1.6 Die Wache am Grab

6.1.6.1 Die Tatsache der Wache

In einem Kommentar zu dieser Stelle macht Albert Roper in *Did Jesus Rise from the Dead?* folgende Bemerkungen:

> Angeführt von Hannas und Kaiphas, ihren Hohen Priestern, suchte eine Abordnung der jüdischen Führer Pilatus auf und bat ihn, dass das Grab, in das Jesus gelegt worden war, versiegelt würde und dass eine römische Wache dabei stationiert werden sollte. Als ihr Motiv für diese Bitte gaben sie ihre Furcht an, dass die Freunde Jesu heimlich bei Nacht kommen und seine Leiche stehlen könnten, um vorzutäuschen, dass eine Auferstehung stattgefunden habe.
>
> Auf diese Bitte antwortete Pilatus nachgiebig: »Ihr sollt eine Wache haben! Geht hin und bewacht es, so gut ihr könnt!« Da gingen sie hin, begleitet von einer Truppe römischer Soldaten – zwischen zehn und dreißig Mann stark –, die unter ihrer Führung das Grab des Josef von Arimathäa mit den römischen Reichs-Siegeln versahen, wobei sie den offiziellen Stempel des Prokurators selbst in den Siegellack eindrückten. Es galt als großes Verbrechen, dieses auch nur zu entstellen. So bereiteten die eifrigen Feinde Jesu unbeabsichtigt im Voraus ein nicht zu lösendes Problem für ihre spätere Erklärung der Auferstehung vor – eine Erklärung, die die wahre Natur des Ereignisses nicht erklärte und es auch nicht konnte.[144]

Professor Roper sagt weiter:

> Zum Anführer der Wache war ein Hauptmann von Pilatus bestimmt, vermutlich einer, zu dem er volles Vertrauen hatte, dessen Name als »Petronius« überliefert worden ist. Man kann daher mit gutem Grund annehmen, dass diese Vertreter des römischen Kaisers ihre Pflicht, ein Grab zu bewachen, genau so streng und zuverlässig ausübten, wie sie eine Kreuzigung durchgeführt hatten. Sie hatten nicht das kleinste eigene Interesse an dem Auftrag, zu dem sie abgeordnet worden waren. Ihre einzige Zielsetzung und Verpflichtung bestand darin, ihre Schuldigkeit als Soldaten des römischen Reiches, dem sie Treue gelobt hatten, strikt zu tun. Das römische Siegel, das am Stein vor dem Grab Josefs angebracht war, war für sie wesentlich heiliger als alle Philosophie Israels oder dessen alte Glaubensbekenntnisse. Soldaten, die kaltblütig genug waren, dass sie um den Mantel eines sterbenden Opfers würfelten, sind keine Männer, die sich von ängstlichen Galiläern hinters Licht führen lassen oder die ihre römischen Hälse dadurch in Gefahr bringen, dass sie auf ihrem Wachtposten einschlafen.[145]

6.1.6.2 Die Identität der Wache

Im Hinblick auf die Wendung in Mt 27,65 (»Ihr sollt eine Wache haben«) hat es manche Diskussionen gegeben. Die Frage ist, ob dieser Ausdruck eine »Tempelpolizei« meint oder eine »römische Wache«.

Henry Alford sagt dazu, man könne diese Wendung »1. entweder als Indikativ ›*ihr habt*‹ übersetzen – aber dann tauche die Frage auf: ›*Welche Wache* hatten sie denn?‹ Und wenn sie eine hatten, warum gingen sie dann zu Pilatus? Vielleicht ist daran zu denken, dass es während des Festes einiges an Sonderkommandos gab, über die sie verfügten – aber nirgendwo taucht eine Erwähnung einer solchen Praxis auf … oder 2. müsste die Wendung als Imperativ verstanden werden … und dann wäre der Sinn: *Nehmt einen Trupp Männer als Wache mit.*«[146]

E. Le Camus schreibt:

> Manche denken, dass Pilatus hier Tempeldiener meint, die den Hohen Priestern zur Verfügung standen und die sie vielleicht bevorzugt zur Bewachung des Grabes anstellen wollten. Es würde leichter sein, diese der Unlauterkeit zu bezichtigen, als römische Soldaten zu der Erklärung zu veranlassen, dass sie eingeschlafen wären, wenn sie hätten wachen sollen. Jedenfalls, das Wort … [*koustodia*], das aus dem Lateinischen entliehen ist, weist auf eine *römische* Wache hin, und die Erwähnung des Statthalters … (Mt 28,14) bestärkt diese Deutung noch.[147]

Der bekannte Gelehrte für Griechisch A. T. Robertson sagt, »dass die Wendung ›Nehmt eine Wache‹ (*echete koustodian*) ein Imperativ im Präsens ist und sich auf eine Wache von römischen Soldaten bezieht, nicht nur einfach von Tempeldienern«[148].

Robertson sagt weiter, dass »der lateinische Ausdruck *koustodia* in einem der Oxyrhynchus Papyri aus dem Jahr 22 n. Chr. vorkommt«[149].

T. J. Thorburn bemerkt:

> Generell wird angenommen, dass Matthäus es so verstanden wissen wollte, dass die Wache aus römischen Soldaten bestand … Allerdings hatten die Priester eine jüdische Tempelwache, der von den *Römern* aber vermutlich nicht erlaubt wurde, irgendwelchen Pflichten außerhalb dieses Bezirks nachzukommen. Die Antwort des Pilatus, die man als »Nehmt eine Wache« oder »*Ihr habt eine Wache*« (das wäre eine höfliche Form der Ablehnung, wenn es um römische Soldaten ging) lesen kann, kann in beiden Richtungen verstanden werden. Wenn es eine jüdische Wache war, würde das die Tatsache erklären, dass Pilatus die Unachtsamkeit übersah. Vers 14 scheint jedoch dieser Auffassung zu widersprechen: »Und wenn dies vor den Statthalter kommt, so wollen wir ihn besänftigen und machen, dass ihr ohne Sorgen sein könnt.«[150]

A. B. Bruce sagt, dass die Wendung »Ihr habt« »wahrscheinlich ein Imperativ und kein Indikativ ist – ›Habt eure Wache‹, die bereitwillige Zustimmung eines Mannes, der der Meinung ist, dass keine besondere Notwendigkeit dafür besteht, dass er aber keinen Einwand erhebt, um ihrem Wunsch in einer belanglosen Sache entgegenzukommen.«[151]

Arndt und Gingrich zitieren im *A Greek-English Lexicon of the New Testament* die folgenden Quellen, in denen das Wort für Wache – *koustodia* – erwähnt wird:

> POxy. 294,20 [22 ad]; PRyl. 189,2; BGU 341,3; s. Hahn 233,6; 234,7 w.lit. Lat. loanw., custodia, auch in rabb.[152]

Sie definieren den Begriff als »*eine Wache aus Soldaten*« (Mt 27,66; 28,11), … »*Nehmt eine Wache*« (Mt 27,65).[153]

Harold Smith gibt in *A Dictionary of Christ and the Gospels* die folgenden Informationen im Hinblick auf die römische Wache:

> WACHE – 1. RV Übersetzung von koustodia (Lat. *custodia*), Mt 27,65.66; 28,11, AV »wachen«; von den Hohen Priestern und Pharisäern von Pilatus erhalten, um das Grab zu bewachen. Die Notwendigkeit der Erlaubnis von Pilatus und das Risiko einer Bestrafung durch ihn (Mt 28,14) zeigen, dass diese Wache existiert haben muss, und zwar nicht als jüdische Tempeldiener, sondern als Soldaten der römischen Besatzungstruppen in Jerusalem. Möglicherweise, obwohl nicht wahrscheinlich, waren es die gleichen Soldaten, die das Kreuz bewacht hatten. … »Ihr habt« ist wahrscheinlich ein Imperativ – »Nehmt eine Wache«.[154]

Lewis und Short geben das Folgende in ihrem lateinischen Wörterbuch an: »*Custodia*, ae. f., ein *bewachen, wachen, achten auf, sorgen für*, Schutz. 1. Gebrauch im Plural und in der Militärsprache, *Personen, die als Wächter dienen, beobachten, Wachtposten.*«[155]

Der Kontext von Mt 27 und 28 scheint die Ansicht zu erhärten, dass es eine »römische Wache« war, durch die das Grab Jesu gesichert werden sollte. Wenn Pilatus ihnen gesagt hätte, dass sie die »Tempelwache« benutzen sollten, nur um sie loszuwerden, dann wären die Wächter nur dem Hohen Priester verantwortlich gewesen und nicht dem Pilatus. Wenn Pilatus ihnen aber eine römische Wache zur Verfügung stellte, um das Grab zu schützen, dann waren die Wächter dem Pilatus verantwortlich und nicht dem Hohen Priester. Der Schlüssel liegt also in den Versen 11 und 14 von Kapitel 28.

Vers 11 spricht davon, dass die Wächter kamen und den Hohen Priestern Bericht erstatteten. Auf den ersten Blick kann das den Eindruck erwecken, als ob sie ihnen verantwortlich gewesen wären. Doch wenn einige der Wächter dem Pilatus Meldung gemacht hätten, wären sie augenblicklich zum Tode verurteilt worden, wie es im Weiteren erklärt wird. Vers 14 bestätigt diese Sicht, dass es sich um römische Soldaten handelte, die dem Pilatus unmittelbar verantwortlich waren.

»Und wenn dies vor den Statthalter kommt, so wollen wir ihn besänftigen und machen, dass ihr ohne Sorge sein könnt« (Mt 28,14). Wenn sie zur Tempelwache gehört hätten, dann hätten sie keine Sorge gehabt, dass Pilatus davon hören könnte. Es gibt keine Anhaltspunkte dafür, dass er irgendwelche gerichtliche Zuständigkeit über sie besaß. Der Schreiber des Evangeliums empfindet, was geschehen ist: Es war eine »römische Wache«, der Pilatus Instruktionen gegeben hatte, das Grab zu sichern, um die jüdische Hierarchie zu besänftigen und den Frieden mit ihnen zu wahren. Die Hohen Priester hatten vorsichtshalber um eine »römische Wache« ersucht: »So befiehl nun, dass das Grab sicher bewacht werde …« (Mt 27,64).

Wenn die Hohen Priester ihre Tempelpolizei an dem Grab hätten postieren wollen, dann hätten sie die Anweisung des Statthalters dazu nicht gebraucht. Nach dem, was dann geschah, kamen die römischen Soldaten Schutz suchend zu den Hohen Priestern. Sie wussten, dass diese Einfluss auf Pilatus hatten und sie vor der Hinrichtung bewahren konnten.

6.1.6.3 Die militärische Disziplin der Römer

George Currie sagt:

> Auf Verlassen des Postens stand nach dem Gesetz die Todesstrafe (Dion. Hal, *Antiq. Rom.* VIII.79). Die berühmteste Abhandlung über die Strenge der Disziplin in den militärischen Lagern und Befestigungen ist die von Polybius VI. 37.38, aus der hervorgeht, dass die Furcht vor Strafen eine fehlerfreie Einhaltung der Pflichten zur Folge hatte, vor allem, wenn es um Nachtwachen ging. Das Ansehen des Autors verleiht diesen Aussagen besonderes Gewicht, zumal er etwas beschrieb, das er mit eigenen Augen beobachtet hatte. Seine Aussagen sind außerdem von anderen ganz allgemein bestätigt worden.[156]

Currie schreibt, indem er Polybius zitiert: »›Spießrutenlaufen‹ [sica] durch eine Knüppel-Straße galt als Strafe für eine unzuverlässige Nachtwache, Stehlen, falsche Zeugenaussage und Selbstverstümmelung. Todesstrafe wegen Fahnenflucht aus Feigheit ist auch erwähnt.«[157]

Currie sagt weiter:

> Vegetius spricht von täglicher Beachtung einer strengen Disziplin durch den Präfekten der Legion (*Military Institutes* 11,9). Und Vegetius behauptet mit Bestimmtheit (*Military Institutes* 1,21), dass die alten Römer [zur Zeit Christi] eine wesentlich strengere Disziplin übten als diejenigen in seinen Tagen.[158]

Currie sagt, als er sich mit den Kommentaren des Vegetius zur römischen Armee beschäftigt:

> Das System, das er beschreibt, verhängte die schwersten Strafen. Die klassische war ein Trompetensignal, das eine Hinrichtung ankündigte (11,22). Die Beachtung des täglichen Einhaltens der Disziplin war Sache des Befehlshabers der Legion (11,9).[159]

Currie weist auch auf Folgendes hin:

> Bei den verschiedenen Verfassern von [Justinians] »Auswahl« 49,16 sind achtzehn Vergehen von Soldaten erwähnt, die mit dem Tode bestraft wurden. Dazu gehören: ein Kundschafter, der beim Feind blieb (-3.4); Fahnenflucht (-3.11; -5.1-3); Waffenverlieren oder -wegwerfen (-3.13); Ungehorsam in Kriegszeiten (-3.15); über die Mauer oder den Wall gehen (-3.17); eine Meuterei anzetteln (-3.19); Weigerung, einen Offizier zu schützen oder Verlassen seines Postens (-3.22); einen einberufenen Mann vor dem Wehrdienst verbergen (-4.2), Mord (-4.5) Angriff auf einen Vorgesetzten oder Beleidigung eines Generals (-6.1); eine Flucht anführen, wenn das Beispiel Einfluss auf andere hat (-6.6); Pläne an den Feind verraten (-6.4; -7); einen Kameraden mit dem Schwert verletzen (-6.6); Selbstverstümmelung oder versuchter Selbstmord ohne begründete Entschuldigung (-6.7); Verlassen der Nachtwache (-10,1); den Stab des Hauptmanns zerbrechen oder ihn bei einer Strafe schlagen (-13.4); Flucht aus dem Wachhaus (-13.5); und Friedensstörung (-16.1).[160]

Currie dokumentiert die folgenden Beispiele aus den Annalen der römischen Militärgeschichte, die typische disziplinarische Maßnahmen widerspiegeln, welche in der römischen Armee üblich waren:

> In 418 Fahnenträger, der in der Schlacht nicht vorangeht: eigenhändig vom General getötet. In 390 auf Posten eingeschlafen: von der Klippe des Kapitols herabgestürzt [Dig.49.16.3.6; -10.1]. In 252 Unachtsamkeit: geprügelt und Rangverlust. In 218 Nachlässigkeit: bestraft. In 195 Zurückbleiben in der Schlacht: Prügel mit der Waffe; … Die erwähnten Strafen belegen die Strenge, die man ihnen nachsagt.[161]

Currie berichtet weiter: »Da in 40 von 102 Fällen, bei denen Bestrafung erwähnt wird, die Todesstrafe verhängt wurde, wird deutlich, dass die Strafen in der römischen Armee wesentlich schwerer waren als in modernen Armeen.« Currie spricht von der römischen Armee als »einem Instrument zur Eroberung und Beherrschung« und schreibt im Hinblick auf die strenge Disziplin: »Valerius Maximus … bezieht sich auf scharfe Einhaltung der Lagerdisziplin und der militärischen Regeln (11.8 Einl.; 11.9 Einl.) [als vorrangigsten Grund für] die ausgedehnten Eroberungen und die Macht Roms.«[162]

T. G. Tucker gibt die folgende anschauliche Beschreibung der Bewaffnung, die ein römischer Soldart tragen musste:

> In seiner rechten Hand trug er den berühmten römischen Langspieß. Das ist eine starke Waffe, über 2 m lang, mit einer Eisenspitze, die in einem hölzernen Schaft befestigt war. Der Soldat konnte ihn entweder wie ein Bajonett handhaben oder wie einen Speer schleudern und dann im Nahkampf mit seinem Schwert kämpfen. Auf dem linken Arm trug er einen großen Schild, der verschiedene Formen haben konnte. Eine gebräuchliche Form war ein seitlich nach innen gebogener Schild, der dem Teil eines Zylinders ähnelte, etwa 1,20 m lang und 80 cm breit. Ein anderer war sechsseitig in Form eines Rhombus, doch mit abgerundeten Ecken. Manchmal war ein Schild auch oval. Er bestand aus Weidengeflecht oder Holz, das mit Leder überzogen war. Ein metallenes Wappen oder Symbol war darauf angebracht, besonders häufig die Form eines Blitzes. Der Schild wurde nicht nur in der Hand gehalten, sondern auch an einem Gürtel über die rechte Schulter getragen. Um mit dem Schild nicht »ins Gehege« zu kommen, hing das Schwert, das mehr eine Stoß- als eine Schlagwaffe war und nahezu 1 m lang war, an der rechten Seite an einem Gurt, der über die linke Schulter lief. Diese ganze Anordnung mag uns ungeschickt erscheinen, aber man muss daran denken, dass das Schwert nicht zum Einsatz kam, bis die rechte Hand den Langspieß los war, und dann konnte die Waffe, bevor sie gezogen wurde, leicht an dem Gurt auf die linke Seite geschwungen werden. Auf der linken Seite trug der Soldat außerdem noch einen Dolch im Gürtel.[163]

6.1.6.4 Was war eine römische Wache?

William Smith gibt uns in dem *Dictionary of Greek and Roman Antiquities* einige Informationen über die Zahl der Männer, die zu einer römischen Wache gehörten. Nach Dr. Smith bestand der Manipel (eine Unterabteilung der römischen Legion) aus 120 oder 60 Mann »vorbehalten … für den Tribun, dem sie speziell unterstellt waren … zwei Wachen … jede zu vier Mann, die Wache hielten, eine vor dem Zelt und einige dahinter bei den Pferden. Wir können feststellen, dass vier die normale Zahl an Männern einer römischen Wache betrug … von diesen war einer ständiger Posten, während die andern ein gewisses Maß an Ruhe genossen, allerdings in der Bereitschaft, beim ersten Alarmzeichen aufzuspringen.«[164]

Harold Smith sagt:

> Eine Wache bestand gewöhnlich aus vier Männern (Polybius 6,33), von denen jeder abwechselnd Wache halten musste, während die andern sich neben ihm in Ruhestellung befanden, aber beim kleinsten Alarmsignal aufsprangen. Doch in diesem Fall könnten es auch mehr Männer gewesen sein.[165]

Professor Whedon sagt von einer Wache: »Wahrscheinlich handelt es sich um eine Wache von vier Soldaten. Das war sicher die Zahl, die die Kreuzigung bewachte (Joh 19,23).«[166]

6.1.6.5 Was war die Tempelwache?

Der jüdische Historiker Alfred Edersheim gibt uns speziell im Hinblick auf die Tempelwache folgende Information:

> Nachts wurden Wachen an vierundzwanzig Stellen um die Tore und die Höfe herum aufgestellt. Von diesen besetzten die Leviten allein einundzwanzig. Die andern wurden im inneren Bereich gemeinsam von den Priestern und Leviten gestellt. Jede Wache bestand aus zehn Männern, so dass alle zweihundertvierzig Leviten und dreißig Priester jede Nacht Dienst taten. Tagsüber war die Tempelwache frei, aber nicht während der Nacht, die die Römer in vier, die Juden aber genau genommen nur in drei Wach-Perioden einteilten. Die vierte war in Wirklichkeit die »Morgenwache«.[167]

Die Mischna, die jüdische Sammlung der mündlichen Gesetzesüberlieferung, sagt Folgendes bezüglich der Tempelwache aus:

> Die Priester hielten an drei Stellen im Tempel Wache: bei der »Kammer des Abtinas«, bei der »Kammer der Flamme« und bei der »Kammer der Feuerstelle«. Die Leviten wachten an einundzwanzig Plätzen: fünf an fünf Toren des Tempelberges, vier an seinen vier inneren Ecken, fünf an fünf Toren des Tempelhofes, vier an den vier äußeren Ecken, eine an der Stelle der Opferungen und eine an dem Raum, wo der Vorhang hing, und dann noch eine hinter dem Platz, wo der Gnadenstuhl stand.[168]

P. Henderson Aitken berichtet:

> Die Pflicht des »Aufsehers des Tempelberges« bestand darin, dass er im Tempel Ordnung hielt, während der Nacht die einzelnen Wachstationen kontrollierte und prüfte, ob die Wachen pflichtgemäß auf ihrem Posten und nicht eingeschlafen waren. Er und seine unmittelbaren Untergebenen waren wahrscheinlich mit den »Obersten«, die in Esra (9,2) und bei Nehemia erwähnt sind, gemeint.[169]

6.1.6.6 Die militärische Disziplin der Tempelwache

Alfred Edersheim beschreibt die strenge Disziplin, unter der die Tempelwache stand:

Während der Nacht machte der »Anführer« seine Runden. Wenn er sich näherte, mussten die Wachen aufspringen und ihn auf besondere Weise grüßen. Jeder Wächter, der schlafend auf Posten angetroffen wurde, erhielt eine Prügelstrafe oder seine Kleider wurden verbrannt – eine Strafe, von der wir wissen, dass sie tatsächlich angewandt wurde. Daher die Ermahnung an uns, die wir hier auch auf »Tempelwache« stehen: »Selig ist, wer wacht und seine Kleider bewahrt ...« (Offb 16,15).[170]

Die Mischna schildert die Behandlung, die einer erfuhr, den man auf Wache schlafend angetroffen hatte:

> Der Offizier des Tempelberges ging gewöhnlich zu jeder Wach-Periode mit angezündeten Fackeln rund, und wenn einer nicht aufstand und sagte: »O Offizier des Tempelberges, Friede sei mit dir!« und es stellte sich heraus, dass er eingeschlafen war, schlug er ihn mit seinem Stab und hatte das Recht, seine Kleidung zu verbrennen. Und dann hieß es: »Was ist das für ein Lärm im Hof des Tempels?« »Der Lärm kommt von einem Leviten, der geschlagen wird und dessen Kleider verbrannt werden, weil er während seiner Wache eingeschlafen ist.« Rabbi Eliezer ben Jacob sagte: »Sie fanden einst den Bruder meiner Mutter schlafend und verbrannten seine Kleider.«[171]

Die *Jewish Encyclopedia* kommentiert bezüglich der »heiligen Räume innerhalb [des Tempels]«, dass diejenigen, die dort Wache hielten »nicht die Erlaubnis hatten, sich niederzusetzen, noch viel weniger, zu schlafen. Der Anführer der Wache prüfte nach, ob jeder Mann wach war, züchtigte einen Priester, wenn er ihn schlafend auf seinem Posten fand und bestrafte ihn manchmal damit, dass er ihm das Hemd auf dem Leib verbrannte, als Warnung für andere.«[172]

6.1.6.7 Schlussfolgerungen

E. Le Camus sagt in Bezug auf die strengen Sicherheitsmaßnahmen am Grabe Jesu: »Noch nie hat man sich um einen Kriminellen nach seiner Hinrichtung soviel gekümmert. Und vor allem: noch nie hatte ein Gekreuzigter die Ehre, von einem Trupp von Soldaten bewacht zu werden.«[173]

G. W. Clark schließt daraus: »So war nun alles getan, was menschliche Politik und Klugheit tun konnte, um die Auferstehung zu verhindern, die ausgerechnet durch diese Vorsichtsmaßnahmen unmittelbar angezeigt und bekannt wurde.«[174]

6.1.7 Das Fortlaufen der Jünger

In seinem Evangelium zeigt uns Matthäus die Feigheit der Jünger (Mt 26,56). Jesus war im Garten Gethsemane verhaftet worden und »da verließen ihn alle Jünger und flohen«.

Markus schreibt in seinem Bericht: »Da verließen ihn alle und flohen« (Mk 14,50). George Hanson bemerkt: »Sie waren von Natur aus weder tapfer noch weitherzig. In der feigsten Art – als ihr Meister verhaftet wurde – verließen ihn alle und flohen und überließen ihn seinem Schicksal.«[175]

Albert Roper spricht von Simon Petrus, »der sich unter dem Spott einer Magd im Hof des Hohenpriesters duckte und mit einem Fluch auf den Lippen leugnete, ›diesen Mann, von dem du redest‹ zu kennen«[176].

Er erklärt, dass »Furcht, verzweifelte Angst um seine eigene persönliche Sicherheit Petrus dahin brachte, dass er den Mann plötzlich ablehnte, den er doch heiß liebte. Furcht, feige Furcht ließ ihn so erbärmlich gegenüber dem einen handeln, der ihn von den Netzen weggerufen hatte, damit er ein Menschenfischer würde.«[177]

Im Hinblick auf den Charakter der Jünger sagt Roper:

> Sie sind Galiläer, die meisten Fischer, alle mehr oder weniger der Städte oder des städtischen Lebens ungewohnt. Einer nach dem anderen waren sie zu Anhängern des jungen Lehrers aus Nazareth geworden und hatten sich seiner Lebensweise angeschlossen. Sie waren ihm fröhlich und ehrfürchtig gefolgt, bis die Stunde der Krise kam. Als er am Rande des Gartens Gethsemane verhaftet wurde, fielen sie alle von ihm ab, erschreckt von den Fackeln und dem Lärm und den rasselnden Säbeln. [Die Jünger] versteckten sich in ihren Unterkünften und man hörte nichts mehr von ihnen, bis ihnen am Morgen des dritten Tages von Maria Magdalena die aufregende Nachricht überbracht wurde. Danach hatten zwei – und nur zwei von ihnen – die Kühnheit, noch etwas zu wagen und selbst festzustellen, ob die Neuigkeit, die Maria ihnen überbracht hatte, der Wahrheit entsprach oder – wie sie selbst eher glaubten – »leeres Geschwätz« war. Das ganze Verhalten der Jünger verrät schrecklichste Angst und einen tief verwurzelten Selbsterhaltungstrieb.[178]

Der jüdische Rabbi *Pinchas Lapide* sagt über die Verwandlung der Jünger:

> Diese erschreckte, verängstigte Schar der Apostel, die gerade dabei waren, alles wegzuwerfen, um in Verzweiflung nach Galiläa zu fliehen – wenn diese Bauern, Hirten und Fischer, die ihren Meister verrieten und verleugneten und ihn dann elend im Stich ließen, plötzlich über Nacht in eine selbstbewusste Truppe von Missionaren verwandelt wurden, die von der Erlösung überzeugt und in der Lage waren, nach Ostern viel erfolgreicher zu wirken, als sie es vor Ostern taten, dann kann keine Vision oder Halluzination eine solche revolutionäre Umwandlung erklären. Um eine Sekte oder eine Schule oder eine Regel zu begründen, würde vielleicht eine einzelne Vision genügt haben, aber nicht zur Begründung einer Weltreligion, die dank des Osterglaubens das gesamte Abendland erobern konnte.[179]

Douglas Groothuis sagt zu der Reaktion der Jünger auf den auferstandenen Christus:

> Der auferstandene Jesus lockte den Glauben aus seinem zweifelnden Jünger Thomas heraus, als er ihm erschien und sagte: »Reiche deinen Finger her und sieh meine Hände, und reiche deine Hand her und lege sie in meine Seite, und sei

> nicht ungläubig, sondern gläubig« (Joh 20,27). Da rief Thomas aus: »Mein Herr und mein Gott!« (V. 28). Jesus war als der ins Fleisch gekommene Gott demonstriert worden, gekreuzigt, wie es mit Christus geschehen sollte, aber jetzt von den Toten als der Herr auferstanden.[180]

Alfred Edersheim fragt: »Welche Gedanken hinsichtlich des Todes Christi mögen Josef von Arimathäa erfüllt haben oder Nikodemus oder die anderen Jünger oder die Apostel und die frommen Frauen?«[181]

Auf diese Frage antwortet er:

> Sie glaubten, dass er tot sei, und sie erwarteten nicht, dass er von den Toten wieder auferstehen würde – wenigstens nicht in dem von uns angenommenen Sinn. Dafür gibt es reichlich Beweise vom Augenblick seines Todes an – in den Bestattungsspezereien, die Nikodemus brachte, in denen, die die Frauen vorbereiteten (beides waren verwesungshemmende Mittel), in der Sorge der Frauen am leeren Grab, in ihrer Annahme, dass jemand die Leiche weggeholt hatte, in der Bestürzung und dem Verhalten der Apostel, im Zweifel so vieler und natürlich in der Aussage: »Denn bis jetzt hatten sie die Schrift noch nicht verstanden, dass er von den Toten wieder auferstehen musste.«[182]

J. P. Moreland sagt zum Zeugnis der Frauen:

> Im Judentum des ersten Jahrhunderts war das Zeugnis einer Frau praktisch wertlos. Eine Frau durfte auch bei Gericht nicht Zeuge sein, außer bei ganz seltenen Gelegenheiten. Kein Mensch hätte eine Geschichte erfunden und hätte dabei Frauen die ersten Zeugen des leeren Grabes sein lassen. Die Gegenwart von Frauen versetzte in Verlegenheit. Wahrscheinlich ist das der Grund, weshalb Frauen in 1.Kor 15 und den Reden in der Apostelgeschichte nicht erwähnt sind, da diese Ansprachen evangelistischer Natur sind. Es gab keinen Anlass, in eine evangelistische Botschaft eine nebensächliche Einzelheit hineinzunehmen, die die Hörer stolpern und die Hauptsache überhören lassen würde. Die Tatsache ist in den Evangelien festgehalten, weil diese Berichte beschreiben wollen, was tatsächlich passiert ist. Es gibt keine andere Erklärung für die Nennung dieser Begebenheit.[183]

Moreland schreibt über die Wahrscheinlichkeit, dass die Jünger das Christentum erfunden haben:

> Einmal hatten die Jünger nichts zu gewinnen, wenn sie logen und eine neue Religion zu begründen versuchten. Sie mussten mit Not, Spott, Feindschaft und dem Märtyrertod rechnen. Angesichts dieser Dinge hätten sie niemals an ihrer unerschütterlichen Motivation festhalten können, wenn sie innerlich wussten, dass ihre Predigt auf Lügen basierte. Die Jünger waren keine Narren und Paulus war ein nüchtern denkender Intellektueller ersten Ranges. Es hätte in den drei

> oder vier Jahrzehnten seines Wirkens mehr als eine Gelegenheit gegeben, die Dinge noch einmal zu überdenken und der Lüge abzuschwören. Die Religion hatte zwar auch einen Lohn für sie, aber solcher Lohn beruht auf dem aufrichtigen Glauben, dass das, für das sie lebten, auch Wahrheit war.[184]

John Ankerberg und John Whedon sagen zu dem, was die Geburt der christlichen Kirche bewirkte:

> Hätte die christliche Kirche als Ergebnis von dem, was nach der Kreuzigung Jesu und seinem Tod eine Gruppe mutloser, verängstigter, zweifelnder Jünger darstellte, jemals zum Leben erstehen können? Da gab es keine Chance.
> Nur die Auferstehung Jesu von den Toten konnte die Jünger dazu motivieren, ihr Leben einzusetzen, um von Christus zu predigen und die christliche Gemeinde, die der Herr gegründet hatte, zu betreuen. Es kann kaum hoch genug eingeschätzt werden, wie verheerend die Kreuzigung sich auf die Jünger auswirkte. Sie hatten alles für Jesus geopfert, einschließlich ihres Berufs, ihres Zuhauses und ihrer Familien (Mt 19,27). Alles, was für sie von Wert gewesen war, hatten sie unmittelbar an Jesus festgemacht: all ihre Hoffnungen, ihr ganzes Leben, alles. Aber nun war er tot, öffentlich als Verbrecher abgestempelt.
> Sie waren niedergeschlagen und deprimiert bei ihrer Schlussfolgerung, dass Christus nicht ihr erwarteter Messias war (Lk 24,21). Es ist kaum anzunehmen, dass sie in solch einer Verfassung hoffnungsvollen Visionen und Halluzinationen zum Opfer gefallen waren. Es waren keine Männer mehr, die an irgendetwas glauben konnten. Gerade die Tatsache, dass Jesus sie wegen ihres Unglaubens tadelt, beweist, dass Thomas nicht der einzige dickköpfige Skeptiker war. Zu irgendeinem Zeitpunkt tadelte Jesus alle elf Apostel wegen ihres Unglaubens an seine Auferstehung (Mt 28,17; Lk 24,25-27.38.41; Joh 20,24-27). Das beweist, dass sie schließlich gegen ihren eigenen Willen überzeugt wurden.
> Wie die Evangelien zeigen, wiesen sie den ersten Bericht von der Auferstehung Jesu zurück. Erst als Jesus ihnen wiederholt erschien, mit ihnen sprach und ihnen Mut machte, ihn zu berühren, zu sehen, dass er einen physischen Leib hatte, als er ihnen die Wunden in seinen Händen und in seiner Seite zeigte, da wurden sie überzeugt (Joh 20,20.27). Wenn sie mit einer Auferstehung *gerechnet hätten*, dann hätten sie darauf gewartet. Das taten sie aber nicht, *und* es bedurfte einer Menge an Überzeugungskraft, als es schließlich dazu kam (Apg 1,3).[185]

6.2 Die Situation nach der Auferstehung

6.2.1 Das leere Grab

Winfried Corduan schreibt hinsichtlich der Gewissheit des leeren Grabes:

> Wenn je ein Faktum der antiken Geschichte als unbestreitbar angesehen werden kann, dann ist es das leere Grab. Vom Ostersonntag an muss ein Grab dagewesen sein – ganz klar als das Grab Jesu bekannt – das seine Leiche nicht mehr enthielt.

> Soviel ist außer Diskussion: Die christliche Lehre verkündete von Anfang an einen lebenden, auferstandenen Erlöser. Die jüdischen religiösen Führer widersprachen dieser Lehre heftig und stellten sich darauf ein, sie auf jede ihnen mögliche Art zu unterdrücken. Das wäre ihnen leicht gefallen, wenn sie mögliche neue Anhänger dieser Lehre zu einem kurzen Gang zum Grab hätten einladen können, um ihnen dort die Leiche vorzuzeigen. Das wäre das Ende für die Verkündigung der christlichen Botschaft gewesen. Die Tatsache, dass sich eine Gemeinde um den auferstandenen Christus herum bildete, zeigt, dass es da ein leeres Grab gegeben haben muss.[186]

William Lane Craig sagt zu der Bedeutung des leeren Grabes:

> Das leere Grab ist eine *condicio sine qua non* der Auferstehung. Die Ansicht, dass Jesus mit einem neuen Leib von den Toten auferstand, während sein alter im Grab liegen blieb, ist eine moderne Auffassung. Die jüdische Mentalität würde niemals eine Aufteilung in zwei Körper akzeptiert haben. Selbst wenn die Jünger versäumt hätten, das leere Grab zu inspizieren, hätten die jüdischen Behörden das niemals übersehen. Wenn daher die Jünger die Auferstehung in Jerusalem zu verkündigen begannen und Menschen darauf eingingen und die religiösen Führer hilflos daneben standen, muss das Grab leer gewesen sein. Die schlichte Tatsache, dass die christliche Gemeinde, gegründet auf den Glauben an die Auferstehung Jesu, ins Leben gerufen wurde und in eben der Stadt, wo er hingerichtet und begraben worden war, zum Blühen kam, ist ein starker Beweis für die Historizität des leeren Grabes.[187]

W. J. Sparrow-Simpson weist darauf hin, dass das leere Grab allein die Jünger nicht zum Glauben veranlassen konnte. Von Johannes heißt es: »er sah und glaubte« (Joh 20,8). Allerdings war das vermutlich der Fall, weil er sich erinnerte, dass Christus seine Auferstehung vorausgesagt hatte. Und weder Maria Magdalena noch die Frauen, noch selbst Petrus glaubten wegen des leeren Grabes.[188]

Es war das Erscheinen Christi nach der Auferstehung, was seinen Anhängern die Gewissheit gab, dass er tatsächlich von den Toten auferstanden war. Das leere Grab stand als historisches Faktum fest und bestätigte die Erscheinungen als nichts weniger als den Jesus von Nazareth, der von den Toten in »Fleisch und Blut« auferstanden war.[189]

J. D. Anderson, Jurist und Professor für Orientalisches Recht an der Universität London, fragt:

> Haben Sie bemerkt, dass die Hinweise auf das leere Grab alle in den Evangelien vorkommen, die geschrieben wurden, um der christlichen Gemeinde die Tatsachen zu vermitteln, die sie wissen wollten? In den öffentlichen Predigten vor Ungläubigen, wie sie in der Apostelgeschichte beschrieben werden, liegt eine ganz starke Betonung auf der Tatsache der Auferstehung, aber es findet sich kein

einziger Hinweis auf das leere Grab. Und warum? Für mich gibt es da nur eine einzige Antwort: Das leere Grab war überhaupt kein Streitpunkt mehr. Jedermann, ob Freund oder Feind, wusste, dass es leer war. Die einzige Frage, die eine Beschäftigung mit ihr wert war, hieß: »Warum war es leer und was beweist das?«[190]

In einer anderen Schrift sagt Anderson:

Das leere Grab steht wie ein Felsblock als wesentliches Element für den Beweis der Auferstehung da. Anzunehmen, dass es tatsächlich gar nicht leer war, wie manche es getan haben, ist in meinen Augen lächerlich. Es ist eine historische Tatsache, dass die Apostel von Anfang an in dem ihnen feindlich gesinnten Jerusalem viele Anhänger ihres Glaubens fanden, als sie die frohe Nachricht von der Auferstehung Christi aus dem Grab verkündeten. Und das geschah unmittelbar, nachdem sie von dort gekommen waren. Jeder ihrer Zuhörer konnte in kürzester Frist zum Grab gehen und sich selbst davon überzeugen. Wäre es in dem Fall begreiflich, dass die Apostel einen solchen Zulauf gehabt hätten, wenn der Leichnam von dem, den sie als auferstandenen Herrn verkündeten, die ganze Zeit sich allmählich zersetzend in Josefs Grab gelegen hätte? Würde die Menge der Priester und vieler dickköpfiger Pharisäer von der Verkündigung einer Auferstehung beeindruckt gewesen sein, die in Wirklichkeit gar nicht stattgefunden hatte, sondern nur ein Zeichen eines geistigen Überlebens war, das in den irreführenden Worten eines buchstäblichen Auferstehens aus dem Grab zum Ausdruck kam?[191]

Paul Althaus, zitiert von Wolfhart Pannenberg, sagt:

In Jerusalem, dem Ort der Hinrichtung und Grablegung Jesu, wurde nicht lange nach seinem Tode verkündet, dass er auferweckt worden sei. Diese Situation *verlangt*, dass innerhalb des Kreises der ersten Gemeinde einer ein zuverlässiges Zeugnis für die Tatsache besaß, dass das Grab leer vorgefunden worden war. »Das Kerygma [Proklamation] der Auferstehung hätte sich in Jerusalem nicht einen einzigen Tag, nicht eine Stunde behaupten können, wenn das leere Grab nicht inzwischen als Faktum für alle festgestanden hätte, die sich darum Gedanken machten.«[192]

E. H. Day kommentiert:

Wenn jemand behauptet, dass das Grab in Wirklichkeit nicht leer gewesen sei, hat er es mit einigen Schwierigkeiten zu tun. Z. B. muss er sich mit dem schnellen Anwachsen der sehr bestimmten Überlieferung, die nie ernsthaft in Frage gestellt wurde, beschäftigen, dem Problem der ausführlichen Art der Berichte, in denen diese Überlieferung enthalten ist, dem Problem, dass die Juden nichts unternahmen, um zu beweisen, dass die Auferstehung nicht stattgefunden hatte, indem sie die Leiche Christi hervorgeholt hätten oder eine behördliche Untersuchung des Grabes in die Wege geleitet hätten, was doch in ihrem eigenen größten Interesse gelegen hätte.[193]

Der englische Jurist Frank Morison kommentiert:

> In all den Fragmenten und Nachklängen dieser weit weg liegenden Auseinandersetzung, die bis zu uns weitergegeben wurde, wird uns nirgendwo gesagt, dass irgendeine dafür verantwortliche Person behauptete, dass der Leichnam Jesu noch im Grab gewesen sei. Man gibt nur Gründe dafür an, warum er nicht mehr im Grab war. Durch alle antiken Dokumente hindurch findet sich die hartnäckige Annahme, dass das Grab Christi leer war. Können wir diesen sich häufenden und sich wechselseitig gemeinsam bestätigenden Beweisen ausweichen? Persönlich denke ich, dass das nicht geht. Der Ablauf der »Zufälligkeiten« spricht zu stark dagegen.[194]

Michael Green zitiert eine frühe säkulare Quelle, die das leere Grab Jesu bezeugt:

> [Dieser Hinweis] wird die »Nazareth-Inschrift« genannt, nach der Stadt, wo sie gefunden wurde. Es handelt sich um einen kaiserlichen Erlass, der entweder aus der Regierungszeit des Tiberius (14-37 n. Chr.) oder aus der des Claudius (41-54 n. Chr.) stammt. Es ist eine Schmähschrift, bekräftigt durch schwere Sanktionen gegen Grabschändung! Es sieht ganz so aus, als ob die Nachrichten vom leeren Grab in einer entstellten Form bis nach Rom vorgedrungen wären (Pilatus hätte dann Bericht erstatten müssen und er würde vermutlich gesagt haben, dass das Grab geöffnet und durchwühlt worden sei). Dieser Erlass scheint eine kaiserliche Reaktion auf so etwas zu sein.[195]

Green schließt: »Es gibt gar keinen Zweifel daran, dass das Grab Jesu am ersten Ostermorgen tatsächlich leer war.«[196]

Matthäus 28,11-15 berichtet vom Versuch der jüdischen Führer, die römische Wache zu der Aussage zu bestechen, dass die Jünger den Leichnam Jesu gestohlen hätten. *The Dictionary of the Apostolic Church* gibt den Kommentar:

> Dieses betrügerische Geschäft vollzieht sich unter Zustimmung der Feinde des Christentums zum leeren Grab – ein Zugeständnis, das ausreicht, um zu zeigen, dass die Tatsache des leeren Grabes »zu bekannt war, um geleugnet zu werden«.[197]

J. P. Moreland schließt:

> Alles in allem: Das Fehlen einer ausdrücklichen Erwähnung des leeren Grabes in den Reden der Apostelgeschichte wird am besten erklärt, wenn man bedenkt, dass die Tatsache als solche überhaupt nicht zur Diskussion stand und dass es somit kein

Thema war. Die Debatte ging in der Hauptsache darum, warum es leer war, nicht ob es leer war … Für die ersten christlichen Prediger bestand keinerlei Notwendigkeit, aus dem leeren Grab eine große Streitfrage zu machen. Die Tatsache war allgemein bekannt und konnte leicht nachgeprüft werden, falls das nötig war.[198]

W. J. Sparrow-Simpson schreibt:

Das leere Grab ist von Gegnern ebenso wie von den Jüngern bestätigt. Die Erzählung der Wache macht den Versuch, die Tatsache als eine betrügerische Transaktion hinzustellen (Mt 28,11-15). »Doch diese jüdische Anklage gegen die Jünger sieht als gegeben an, dass das Grab leer war. Was fehlte, war nur eine Erklärung dafür.« … diese Anerkennung der Juden, dass das Grab leer war, zieht sich durch alle folgenden jüdischen Kommentare zu diesem Punkt.[199]

Sparrow-Simpson bestätigt diesen Punkt noch durch ein Beispiel, das er zitiert:

In der jüdischen antichristlichen Propaganda zirkulierte eine Version über das leere Grab aus dem 12. Jahrhundert. In der Geschichte heißt es, dass die Königin davon gehörte habe, dass die Ältesten Jesus getötet und ihn begraben hätten, dass er aber wieder auferstanden sei. Dann hätte sie angeordnet, dass sie ihr in drei Tagen den Leichnam Jesu herbeibringen sollten oder ihr Leben verlieren würden. Dann sprach Judas: »Kommt und ich will euch den Mann zeigen, den ihr sucht; denn ich war es, der den Vaterlosen aus dem Grabe nahm. Ich fürchtete, dass seine Jünger ihn wegstehlen würden, und ich habe ihn in meinem Garten verborgen und einen Wasserlauf über die Stelle geleitet.«, und dann berichtet die Erzählung, wie die Leiche hervorgeholt wurde.[200]

Er folgert: »Es ist unnötig zu sagen, dass diese gewagte Behauptung der tatsächlichen Herbeibringung der Leiche eine mittelalterliche Erfindung ist, aber es ist eine Behauptung, die als Tatsache ernst genommen werden musste, wenn man das leere Grab zugab und doch die Auferstehung leugnete.«[201]

Ernest Kevan zitiert als Beweis, was er als »unbestreitbare Tatsache des leeren Grabes beschreibt. Das Grab war leer und die Feinde Christi waren nicht in der Lage, es zu leugnen.«[202]

Kevan besteht darauf:

Die Tatsache des leeren Grabes versetzte allen Hypothesen, die gegen das christliche Zeugnis aufgestellt wurden, einen tödlichen Schlag. Das ist der Stein, über den alle trügerischen Theorien stolpern, und deswegen überrascht es nicht, zu entdecken, dass der Hinweis auf das leere Grab tunlichst bei vielen der Gegenargumentationen, die vorgebracht werden, vermieden wird.[203]

W. J. Sparrow-Simpson zitiert Julius Wellhausen, den berühmten deutschen Gelehrten, der durch seine scharfe Kritik am Alten Testament bekannt ist, und gibt sein Zeugnis hinsichtlich der Auferstehung Christi weiter: »Es wird zugegeben, dass mit der Auferstehung auch der Leichnam Jesu aus dem Grab verschwunden war, und es wird unmöglich sein, dafür natürliche Gründe anzugeben.«[204]

Warum wurde das Grab Jesu nicht zu einer Stätte der Verehrung? J. N. D. Anderson erklärt:

> Es ist auch von Bedeutung, dass in den Tagen der frühen Kirche niemand jemals den Vorschlag gemacht hat, das Grab zu einer Stätte der Verehrung oder zum Wallfahrtsort zu machen – soweit es bis heute bekannt geworden ist. Selbst wenn überzeugte Christen durch ihre Gewissheit, dass ihr Meister von den Toten auferstanden war, davon Abstand genommen hätten, das Grab zu besuchen – was wäre aber mit all den anderen gewesen, die seine Lehren gehört und vielleicht auch von den Wundern seiner heilenden Berührung gewusst hätten, ohne sich der christlichen Gemeinde anzuschließen? Auch sie wussten, wie es scheint, dass seine Leiche nicht mehr da war und mussten zu dem Ergebnis gekommen sein, dass ein Besuch des Grabes sinnlos war.[205]

Frank Morison macht in seinem Buch *Who Moved the Stone?* eine interessante Beobachtung:

> Beachten wir doch einmal die unscheinbare, aber hochbedeutsame Tatsache, dass es keine Spur in der Apostelgeschichte oder den missionarischen Briefen oder in irgendeinem apokryphen Dokument von einem unbestrittenen frühen Datum davon gibt, dass irgendjemand zum Grab Jesu Christi gegangen und dort seine Verehrung erwiesen hätte. Es ist eine bemerkenswerte Sache – dieses absolute Stillschweigen hinsichtlich des heiligsten Platzes im Gedächtnis der Christen. Würde keine Frau, für die die Gestalt des Meisters doch heilige Erinnerung war, wünschen, ein paar Augenblicke an diesem heiligen Ort zu verbringen? Würden Petrus und Johannes und Andreas niemals ein Empfinden für den heiligen Ort aufbringen, der die sterblichen Überreste ihres großen Meisters barg? Würde selbst Paulus, als er seiner früheren Arroganz und Selbstsicherheit abschwor, nicht eine einsame Reise dorthin gemacht und heiße Tränen der Reue vergossen haben, weil er seinen Namen verleugnet hatte? Wenn diese Menschen tatsächlich gewusst hätten, dass der Herr dort begraben war, dann wäre ein solches Verhalten sehr, sehr merkwürdig gewesen.
>
> Für einen Kritiker der Auferstehung erzeugt dieses ungewöhnliche Schweigen der Antike hinsichtlich der späteren Ereignisse am Grabe Jesu ein Gefühl tiefer Unruhe und Besorgnis – da bin ich sicher.[206]

6.2.2 Die Grabtücher

In der folgenden Erzählung zeigt Johannes die Bedeutung der Grabtücher als Beweis für die Auferstehung:

> Nun gingen Petrus und der andere Jünger hinaus und begaben sich zu dem Grab. Die beiden liefen aber miteinander, und der andere Jünger lief voraus, schneller als Petrus, und kam zuerst zum Grab, beugte sich hinein und sah die leinenen Tücher daliegen, ging jedoch nicht hinein. Da kommt Simon Petrus, der ihm folgte, und geht in das Grab und sieht die Tücher daliegen und das Schweißtuch, das um sein Haupt gebunden war, nicht bei den Tüchern liegen, sondern für sich zusammengewickelt an einem besonderen Ort. Darauf ging auch der andere Jünger hinein, der zuerst zum Grab gekommen war, und sah und glaubte. Denn sie verstanden die Schrift noch nicht, dass er aus den Toten auferstehen müsse (Joh 20,3-9).

J. N. D. Anderson kommentiert die Erzählung des Johannes und sagt vom leeren Grab:

> Es scheint, als ob das Grab nicht wirklich leer gewesen wäre. Erinnern Sie sich an den Bericht im Johannesevangelium, wie Maria Magdalena lief und Petrus und Johannes rief und wie die beiden jungen Männern zum Grab liefen. Johannes, der Jüngere, lief schneller als Petrus und kam als erster zum Grab. Er beugte sich nieder, »lugte verstohlen« (ich glaube, dass das die wörtliche Bedeutung des griechischen Ausdrucks ist) hinein und sah die leinenen Tücher und das Schweißtuch, das um sein Haupt gebunden war. Und dann kam Simon Petrus und, charakteristisch für ihn, stolperte geradewegs hinein, gefolgt von Johannes. Und sie sahen die leinenen Tücher und das Schweißtuch, das nicht bei den Tüchern lag, sondern für sich zusammengewickelt an einem besonderen Ort. Das Griechische scheint dort zu sagen, dass die leinenen Tücher lagen, nicht über das Grab verstreut waren, sondern dort, wo der Leichnam gelegen hatte, und dass es da einen Zwischenraum gab, wo der Hals Christi gelegen hatte – und dass das Schweißtuch, das um seinen Kopf gebunden war, nicht bei den leinenen Tüchern lag, sondern für sich zusammengewickelt an einem besonderen Ort – dazu glaube ich, dass es bedeutet: »immer noch zusammengebunden«, als ob der Gestorbene es sich einfach selbst abgestreift hätte. Uns wird gesagt, dass Johannes, als er das sah, weiter kein Zeugnis eines Menschen oder Engels mehr brauchte; er sah und glaubte, und sein Zeugnis ist uns überliefert worden.[207]

E. H. Day sagt von dem Bericht des Johannes:

> Er ist durchweg charakterisiert durch die persönlichen Züge und trägt alle Kennzeichen des Beweises nicht nur eines Augenzeugen, sondern auch eines sorgfältigen Beobachters … Das Laufen der Jünger, die Reihenfolge ihrer Ankunft am Grab und ihr Eintreten, die Tatsache, dass Johannes sich zuerst herunterbeugte und durch den niederen Eingang die leinenen Tücher liegen sah, während der mutigere Petrus als Erster hineinging. Das treffende Wort, … [*theorei*], das für die genaue Beobachtung der Grabtücher durch Petrus (vielleicht ist sogar eine

> Prüfung mit eingeschlossen) gebraucht wird, die Beschreibung der Lage dieser leinenen Tücher und des Schweißtuchs – keine sehr ausführliche Beschreibung, aber äußerst sorgfältig in der Wahl der Worte; dann das Eintreten des Johannes ins Grab und sein Glaube, der wach wurde, als er die Grabtücher sah – das alles kann nichts anderes sein als die Beschreibung eines Menschen, der das tatsächlich sah, in dessen Erinnerung die Szene immer noch tief eingeprägt ist, für den der Anblick des leeren Grabes und die zurückgelassenen Grabtücher ein entscheidender Punkt in seinem Glauben und seinem Leben waren.[208]

Latham schreibt von dem Schweißtuch, das Jesu Haupt bedeckt hatte:

> Die Worte: »… sieht … das Schweißtuch nicht bei den leinenen Tüchern liegen« sagen mir etwas; … sie sagen mir ganz nebenbei, dass die leinenen Tücher alle an einer Stelle lagen. Wenn sie alle, wie ich vermute, auf dem niederen Teil des Gesimsrandes lagen, dann ist der Ausdruck vollständig klar. Wenn sie aber hier und da verstreut herumlagen, als ob sie hastig zur Seite geworfen worden wären, dann wäre kein Sinn in den Worten, dass das Schweißtuch »nicht bei den leinenen Tüchern« gelegen hätte, weil damit ja gar kein bestimmter Platz bezeichnet gewesen wäre. Wir stehen hier wieder vor dem Wort »gelegt«, wo es nicht unbedingt nötig gewesen wäre. Das Schweißtuch lag nicht flach da, wie die leinenen Tücher, und Johannes stellt den Unterschied auch fest.[209]

Der Autor fährt fort: »Das Schweißtuch, das rund um die Stirn gebunden war, war auf der erhöhten Steinplatte liegen geblieben. Dort wurde es gefunden ›für sich zusammengewickelt an einem besonderen Ort‹.«[210]

Latham sagt, »dass die Wendung ›zusammengewickelt‹ unklar ist, da das zusammengewickelte Schweißtuch vermutlich einen Ring bildete wie ein gelöster Turban ohne das Mittelstück«[211].

Er schließt:

> Dort liegen die Tücher – sie fallen ein bisschen zusammen, sind aber immer noch Falte um Falte zusammengelegt, und kein Körnchen der Spezereien ist abgefallen. Das Schweißtuch liegt ebenfalls auf der niederen Stufe, die als »Kopfkissen« für das Haupt der Leiche dient. Es ist wie eine Art Perücke zusammengewickelt. Die Stille der Szene macht den Eindruck, als ob damit etwas ausgesagt werden sollte. Sie sprach zu denen, die sie sahen, und sie spricht zu mir, wenn ich sie vor mein inneres Auge heraufbeschwöre – wobei das Morgenlicht durch den offenen Eingang hereindringt.
>
> Was es mir sagt, möchte ich in die Worte fassen: »All das, was Jesus von Nazareth gelitten hat, ist vorüber und vorbei. Wir – die Grabtücher und die Spezereien und das Schweißtuch – sie gehören zur Erde und bleiben da.«[212]

Exkurs: Was ist mit dem Grabtuch von Turin?

Das Grabtuch von Turin ist ein Stück Leinen von etwa 1 mal 5 Meter Größe (*Biblical Archaeological Review*, [1986]: 26) und wird in Turin aufbewahrt. Es findet sich ein doppeltes Abbild eines Menschen auf dem Material – Vorder- und Rückseite eines Körpers und jeweils am Ende der Kopf – und es wird behauptet, dass es sich bei dem Tuch um das Grabtuch Jesu handle.

Man weiß von der Existenz dieses Tuches seit 1354, doch viele glauben, dass es wesentlich älter ist. 1978 wurde das Tuch einer gründlichen wissenschaftlichen Untersuchung unterzogen. Kein Zeichen von Malerei oder Farbstoff war zu entdecken. Die Abbildung schien dreidimensional zu sein und erschien nur an der Oberfläche des Stoffstückes.

Doch im Jahr 1988 machten drei unabhängige Laboratorien einen Karbon-Bestimmungstest der Fäden. Sie kamen alle zu dem Ergebnis, dass das Tuch aus dem späten Mittelalter stammt. Verteidiger des Tuches wandten ein, dass die Proben zu fragmentarisch waren und dass sie von einem verunreinigten Stück des Tuches herkamen, das im Mittelalter einem Kirchenbrand ausgesetzt gewesen war.

Ist dieses Grabtuch denn nun authentisch? Diese Frage bleibt heiß umstritten. Die das bejahen, betonen seine einzigartigen Merkmale. Die Gegner weisen auf den Mangel an historischen Beweisen hin und dass die wissenschaftlichen Ergebnisse dagegen sprechen.[213]

6.2.3 Das Siegel

A. T. Robertson kommentiert: »Das Versiegeln wurde in Gegenwart der römischen Wache vorgenommen, die dort stationiert worden war, um dieses Zeichen römischer Autorität und Macht zu schützen.«[214]

D. D. Whedon sagt: »Das Grab konnte daher nicht geöffnet werden, ohne das Siegel zu brechen. Das aber war eine Verletzung der Autorität des Inhabers dieses Siegels.«[215]

Das Siegel wurde zerstört, wenn der Stein weggerollt wurde. Die Person oder die Personen, die sich eines solchen Vergehens schuldig machten, mussten sich vor dem Statthalter der Provinz und seinen Vertretern verantworten. Zur Zeit der Auferstehung Christi fürchtete man sich allgemein vor einer solchen Verletzung des römischen Siegels.

6.2.4 Die römische Wache

Das Verständnis davon, was es mit diesen Wachen auf sich hatte, macht die Erzählung von Matthäus 28 sehr eindrucksvoll deutlich. Die Erscheinungen, die mit der Auferstehung Jesu zusammentrafen, waren beängstigend genug, um auch raue Soldaten »wie tot umfallen zu lassen« (Mt 28,4).

> Und siehe, es geschah ein großes Erdeben, denn ein Engel des Herrn stieg vom Himmel herab, trat herzu, wälzte den Stein von dem Eingang hinweg und setzte sich darauf. Sein Aussehen war wie der Blitz und sein Gewand weiß wie der Schnee. Vor

> seinem furchtbaren Anblick aber erbebten die Wächter und wurden wie tot. Während sie aber hingingen, siehe, da kamen etliche von der Wache in die Stadt und verkündeten den Hohen Priestern alles, was geschehen war. Diese versammelten sich samt den Ältesten, und nachdem sie Rat gehalten hatten, gaben sie den Kriegsknechten Geld genug und sprachen: »Sagt, seine Jünger sind bei Nacht gekommen und haben ihn gestohlen, während wir schliefen. Und wenn dies vor den Statthalter kommt, so wollen wir ihn besänftigen und machen, dass ihr ohne Sorge sein könnt.« Sie aber nahmen das Geld und taten, wie sie belehrt worden waren. Und so wurde dieses Wort unter den Juden verbreitet bis zum heutigen Tag (Mt 28,2-4; 11-15).

Albert Roper beschreibt die Wache so:

> Sie hatten nicht das leiseste Interesse an der Aufgabe, die ihnen befohlen worden war. Ihre einzige Intention und Verantwortung bestand darin, ihre Pflicht als Soldaten des römischen Reiches, dem sie Treue geschworen hatten, streng zu erfüllen. Das römische Siegel, das auf dem Stein vor dem Grabe Josefs angebracht war, war für sie viel heiliger als alle Philosophie Israels oder ihres alten Glaubensbekenntnisses. [Sie waren] … kaltblütig genug, um über den *Mantel* eines sterbenden Opfers zu würfeln.[216]

T. G. Tucker beschreibt bis ins Einzelne die Waffen und die Ausrüstung, die ein Hauptmann damals trug. Das Bild, das er entwirft, ähnelt fast einer menschlichen Kampfmaschine.[217]

Thomas Thorburn erzählt uns, dass die Wächter, die dort stationiert waren, in einer schweren Notlage waren. Nachdem der Stein weggerollt und das Siegel gebrochen war, standen sie so gut wie vor dem Kriegsgericht. Er schreibt: »Die Soldaten konnten nicht vorgeben, dass sie eingeschlafen wären, da sie sehr genau wussten, dass auf Einschlafen auf Posten die Todesstrafe stand – die jedes Mal auch rigoros vollstreckt wurde.«[218]

Er fährt fort:

> Hier hatten die Soldaten praktisch keine andere Alternative, als dem Ansehen der Priester zu vertrauen. Die Leiche (das nehmen wir an) war *verschwunden*, und ihre *Nachlässigkeit* würde in jedem Fall (unter gewöhnlichen Umständen) mit dem Tode bestraft werden (vgl. Apg 12,19).[219]

6.2.5 Jesus war lebendig, wie seine Erscheinungen demonstrierten

6.2.5.1 Wichtigkeit der Erscheinungen

C. S. Lewis schreibt im Hinblick auf die Bedeutung der Erscheinungen Christi nach der Auferstehung:

Das erste Faktum in der Geschichte des Christentums besteht in einer Anzahl von Leuten, die sagen, dass sie die Auferstehung gesehen haben. Wenn sie gestorben wären, ohne dass sie andere zu dem Glauben an diese »Botschaft« geführt hätten, dann wäre kein Evangelium jemals geschrieben worden.[220]

J. P. Moreland sagt zu den Berichten von den Erscheinungen Jesu:

Schließlich sind die Erscheinungen des Auferstandenen mit äußerster Zurückhaltung berichtet worden. Wenn man sie mit den Berichten aus den apokryphen Evangelien (vom zweiten Jahrhundert an) vergleicht, besteht da ein verblüffender Unterschied. In den Apokryphen werden detaillierte Beschreibungen gegeben, wie die Auferstehung stattgefunden hat. Grobe Fälschungen an Einzelheiten sind einfach hinzugefügt worden. Z. B. berichtet das Petrus-Evangelium (Mitte des 2. Jh.), dass nach Jesus ein Kreuz aus dem Grab herausgekommen sei und dass Jesus so groß gewesen sei, dass er bis über die Wolken hinausgereicht hätte.[221]

William Lane Craig sagt über die tatsächliche Natur der Erscheinungen:

Da die Apostel die Wächter über die Überlieferung von Jesus waren und die christliche Gemeinde anführten, wäre es schwierig gewesen, bei ihren Lebzeiten erfundene Erscheinungsgeschichten populär zu machen, die mit den eigenen Erfahrungen der Apostel nicht im Einklang gestanden hätten. Diskrepanzen in zweitrangigen Einzelheiten konnten durchaus bestehen, und die Theologie der Evangelisten konnte die Überlieferungen beeinflussen, aber die Grundlagen dieser Überlieferungen selbst konnten niemals legendärer Natur sein. Die in der Substanz unhistorischen Berichte von Jesus kamen erst im zweiten Jahrhundert nach Christus auf, und selbst dann wurden sie allgemein von der christlichen Kirche abgelehnt.[222]

J. N. D. Anderson schreibt über das Zeugnis von den Erscheinungen:

Die drastischste Weise, den Beweis dafür einfach abzutun, ist zu sagen, dass diese Geschichten nur erfunden wurden, dass es, schlicht gesagt, reine Lügen seien. Doch soviel ich weiß, nimmt kein einziger Bibelkritiker von heute diese Position ein. Es wäre auch schlechterdings unmöglich, sie zu vertreten. Denken wir nur an die Zahl von Zeugen – über 500. Denken wir auch an den Charakter dieser Zeugen. Männer und Frauen, die der Welt die höchste ethische Lehre vermittelten, die jemals bekannt wurde, und die selbst nach dem Zeugnis ihrer Feinde danach auch lebten. Denken wir auch an die psychologische Absurdität, wenn wir uns eine kleine Gruppe besiegter Feiglinge vorstellen, die an einem Tag im Oberstock eines Hauses zusammenhockten, und die ein paar Tage später umgewandelt waren in eine Schar, die keine Verfolgung zum Schweigen bringen konnte. Und dann sollten sie den Versuch machen, diesen dramatischen Wandel einer so wenig überzeugenden Sache wie einer miserablen Lüge zuzuschreiben, die man der Welt andrehen konnte! Das macht einfach keinen Sinn.[223]

John Warwick Montgomery kommentiert:

> Achten wir darauf, dass die Jünger, als sie die Auferstehung Jesus proklamierten, das als Augenzeugen taten und dass das geschah, während noch andere Menschen lebten, die mit den Ereignissen in Berührung gekommen waren, von denen sie sprachen. Im Jahr 56 n. Chr. schrieb Paulus, dass über 500 Personen den auferstandenen Jesus gesehen hätten und dass die meisten von ihnen noch am Leben seien (1. Kor 15,6ff.). Es geht über die Grenzen der Glaubwürdigkeit hinaus, dass die frühen Christen eine solche Geschichte erfunden haben könnten und sie dann unter Menschen gepredigt hätten, die sie leicht hätten widerlegen können, einfach indem sie den Leichnam Jesu hervorgeholt hätten.[224]

Bernard Ramm schreibt:

> Wenn es keine Auferstehung gegeben hätte, dann müssten radikale Kritiker zugeben, dass Paulus die Apostel mit der Aussage betrogen hätte, dass Christus ihm tatsächlich erschienen sei. Und sie hätten umgekehrt Paulus ebenfalls im Hinblick darauf getäuscht, dass der Auferstandene ihnen erschienen sei. Wie schwierig ist es, den Beweis der Briefe an diesem Punkt anzufechten, wo sie eine solche starke Einschätzung, »authentisch zu sein« besitzen![225]

Jesus erscheint im Leben einzelner Menschen

- Der Maria Magdalena: Mk 16,9; Joh 20,14
- Frauen, die vom Grab zurückkommen: Mt 28,9.10
- Dem Petrus später am Tag: Lk 24,34; 1. Kor 15,5
- Den Emmaus-Jüngern: Lk 24,13-33
- Den Aposteln ohne Thomas: Lk 24,36-43; Joh 20,19-24
- Den Aposteln mit Thomas dabei: Joh 20, 26-29
- Den Sieben am See Tiberias: Joh 21,1-23
- Einer Menge von über 500 Gläubigen auf einem Berg in Galiläa: 1. Kor 15,6
- Dem Jakobus: 1. Kor 15,7
- Den Elfen: Mt 28,16-20; Mk 16,14-20; Lk 24,33-52; Apg 1,3-12
- Bei der Himmelfahrt: Apg 1,3-12
- Dem Paulus: Apg 9,3-6; 1. Kor 15,8
- Dem Stephanus: Apg 7,55
- Dem Paulus im Tempel: Apg 22,17-21; 23,11
- Dem Johannes auf Patmos: Offb 1,10-19

J. P. Moreland sagt vom Auferstehungsleib Jesu:

> Erstens stimmen die Schreiber der Evangelien und Paulus darin überein, dass Jesus in leiblicher Gestalt erschienen ist. Es sollte klar sein, dass Jesus jetzt einen

geistlichen Leib hatte, der nicht in allem der gleiche war wie sein irdischer Leib. Aber Jesus hatte doch einen geistlichen *Leib*, und weder Paulus noch die Schreiber der Evangelien verstanden das so, als ob es sich nur um ein rein geistiges Wesen gehandelt hätte, das man auch nur im Geist wahrnehmen konnte. Dieser Leib konnte gesehen und angefasst werden und hatte durchaus einen Zusammenhang mit dem Leib, der ins Grab gelegt worden war. Der auferstandene Christus konnte essen (s. Lk 24,41-43).[226]

William Lane Craig sagt zur Natur des Auferstehungsleibes:

> Aber während es wahr ist, dass Paulus lehrt, dass unsere Auferstehungsleiber nach dem Leib Christi gestaltet sein sollen und dass sie geistlich sein sollen, folgt daraus nicht, dass sie keine physische Körperlichkeit besitzen werden. Eine solche Interpretation fände in einer Exegese der Lehren des Paulus keine Unterstützung. Wenn jemand bei *soma pneumatikon* (»geistlicher Leib«) an einen Leib dächte, den man nicht berühren kann, der keine sichtbaren Formen oder keine Materie besitzt, dann könnte man nicht behaupten, dass Paulus uns gelehrt hat, dass wir jene gleiche Art von Auferstehungsleib haben sollen. Neutestamentliche Kommentatoren stimmen darin überein, dass *pneumatikos* »geistlich« im Sinne der Orientierung, der Ausrichtung, nicht der Substanz (s. 1. Kor 2,15; 10,4) bedeutet. Die Transformation des irdischen Leibes zu einem *soma pneumatikon* befreit uns daher nicht von der Stofflichkeit, aber von der Sterblichkeit.
>
> Ein *soma* (»Leib«), der dimensionslos und unberührbar wäre, wäre für die Apostel ein Widerspruch in sich gewesen. Der Auferstehungsleib wird ein unsterblicher, starker, herrlicher, vom Geist dirigierter Leib sein, angemessen dem Innewohnen einer erneuerten Schöpfung. Alle Kommentatoren sind sich darin einig, dass Paulus nicht die Unsterblichkeit der Seele allein lehrte. Aber seine Versicherung der Auferstehung des Leibes wird nichtssagend und nicht wahrnehmbar durch eine solche Lehre, solange sie nicht bedeutet: berührbare, physische Auferstehung. Der exegetische Beweis unterstützt daher nicht eine unterschiedliche Aussage zwischen Paulus und den Evangelisten im Hinblick auf die Natur des Auferstehungsleibes.[227]

6.2.6 Die Gegner Christi können die Auferstehung nicht widerlegen

6.2.6.1 Sie schwiegen still

In Apostelgeschichte 2 erzählt Lukas von der Pfingstpredigt des Petrus. Gegenüber dieser kühnen Proklamation der Auferstehung Christi erhoben die Juden keine Einwände. Warum wohl? Weil der Beweis des leeren Grabes für jedermann nachprüfbar war, wenn sie es denn wünschten.

In Apg 25 sehen wir Paulus im Gefängnis von Caesarea. Festus »setzte sich auf den Richterstuhl und ließ Paulus vorführen. Und als dieser erschien, stellten sich die

Juden, die von Jerusalem herabgekommen waren, ringsherum auf und brachten viele und schwere Anklagen gegen Paulus vor, die sie nicht beweisen konnten« (Apg 25,6f.). Was war es eigentlich an der Botschaft des Paulus, das die Juden so ärgerte? Welchen Punkt klammerten sie bei ihren Anklagen total aus? Festus erklärt den Fall dem König Agrippa und beschreibt die zentrale Frage so: »[sie betraf] einen verstorbenen Jesus, von dem Paulus behauptete, er lebe« (Apg 25,19). Die Juden hatten keine Erklärung für das leere Grab.

Sie starteten alle möglichen persönlichen Angriffe gegen Paulus, vermieden aber den sachlichen Beweis des leeren Grabes. Sie beschränkten sich auf subjektive Namensnennung und vermieden es, die Stille des leeren Grabes zur Diskussion zu stellen.

Das Schweigen der Juden spricht lauter als die Stimme der Christen oder, wie A. M. Fairbairn bemerkt: »Das Schweigen der Juden ist ebenso bedeutungsvoll wie die Rede der Christen.«[228]

Professor Day sagt:

> Der einfache Gegenbeweis, die wirksame Herausforderung der Tatsache der Auferstehung, hätte der christlichen Bewegung den Todesstoß versetzt. Und sie hatten jede Gelegenheit dazu, wenn es den Tatsachen entsprochen hätte.[229]

J. N. D. Anderson zitiert Wolfhart Pannenberg, der sagt:

> Die frühe jüdische Polemik gegen die christliche Botschaft von der Auferstehung Jesu – von der sich Spuren bereits in den Evangelien finden – bietet nicht den geringsten Grund zu der Annahme, dass das Grab Jesu unberührt geblieben wäre. Die jüdische Polemik hätte jedes Interesse daran gehabt, einen solchen Bericht zu bewahren. Dagegen teilen sie mit den Gegnern des Christentums die Überzeugung, dass Jesu Grab wirklich leer war. Es versteht sich von selbst, diese Tatsache entsprechend zu erklären.[230]

Die Gemeinde war auf die Auferstehung begründet worden, und sie zu widerlegen hätte die gesamte christliche Bewegung vernichtet. Stattdessen wurden die Christen das ganze erste Jahrhundert hindurch um ihres Glaubens willen bedroht, geschlagen, gegeißelt und getötet. Es wäre wesentlich einfacher gewesen, sie zum Schweigen zu bringen, indem man den Leichnam Jesu wieder hervorgeholt hätte. Doch das geschah niemals.

John R. W. Stott hat es so treffend gesagt, dass das Schweigen der Feinde Christi »ein ebenso beredsamer Beweis der Auferstehung ist wie die Schriften der Apostel selbst«[231].

6.2.6.2 Sie spotteten

1. In Athen

Als Paulus zu den Athenern über Christus sprach, fanden sie keine Antwort auf seine Aussagen: »Als sie aber von Auferstehung der Toten hörten, spotteten die einen …« (Apg 17,32). Sie lachten nur darüber, weil es für sie unbegreiflich war, wie ein Mann von den Toten auferstehen konnte. Sie machten nicht mal einen Versuch, ihre Position zu verteidigen. Im Grunde war ihre Haltung: »Verwirre mich nicht mit Tatsachen, meine Meinung steht schon fest.«

Warum begegnete Paulus einem solchen Unglauben in Griechenland und nicht in Jerusalem? Weil nämlich in Jerusalem die Tatsache des leeren Grabes unbestritten war. (Die Menschen hätten es eben da nachprüfen können.) In Athen war man so weit von dieser Beweismöglichkeit entfernt, dass das leere Grab gar nicht allgemein bekannt war. Die Zuhörer des Paulus hatten sich nicht selbst über die Geschichte informiert. Und bevor sie sich in mühsame Nachforschungen hineinbegaben, genügte es ihnen, sich in Unwissenheit zu gefallen. Man kann ihre Einstellung am besten als intellektuellen Selbstmord bezeichnen.

2. Vor Agrippa und Festus in Cäsarea

Paulus sagte dem Agrippa und allen am Hofe Anwesenden, dass Christus »leiden müsse und dass er als der Erstling aus der Auferstehung der Toten dem Volk und auch den Heiden Licht verkündigen werde« (Apg 26,23). Und während Paulus das zu seiner Verteidigung sagte, rief Festus mit lauter Stimme:

> Paulus, du bist von Sinnen! Das viele Studieren bringt dich um deinen Verstand! Aber Paulus sagte: Hochedler Festus, ich bin nicht von Sinnen, sondern ich rede wahre und wohlüberlegte Worte! Denn der König versteht diese Dinge sehr wohl! An ihn richte ich meine freimütige Rede. Denn ich bin überzeugt, dass ihm nichts davon unbekannt ist; denn dies ist nicht im Verborgenen geschehen! Glaubst du den Propheten, König Agrippa? Ich weiß, dass du glaubst. Dann sagte Agrippa zu Paulus: Es fehlt nicht viel, und du überredest mich, dass ich ein Christ werde! (Apg 26,24-28).

Und wieder trifft Paulus, gerade wie in Athen, auf Unglauben. Seine Botschaft war die, dass Christus von den Toten auferstanden war (Apg 26,25). Und wieder wurde bei der Antwort kein Gegenbeweis angetreten. Von Festus kam nur eitler Spott. Die Verteidigung des Paulus geschah mit wahren und wohl überlegten Worten (d. h. sie spielte sich auf der Ebene von Wahrheit und Vernunft ab) (Apg 26,25).

Paulus betonte, dass das, was er sagte, sich im Bereich des Erfahrbaren vollzogen hatte: »Denn dies ist nicht im Verborgenen geschehen« (Apg 26,26). Er forderte Agrippa und Festus mit einem möglichen Nachweis heraus, aber Festus lachte darüber ebenso wie die Athener. Dieser Vorfall ereignete sich in Cäsarea, wo das leere Grab keine allgemein bekannte Tatsache war. Eine Reise nach Jerusalem hätte sie aber betätigt.

6.3 Eine feststehende historische Tatsache

Das leere Grab, das stille Zeugnis der Auferstehung Christi, ist niemals widerlegt worden. Weder die Römer noch die Juden konnten den Leichnam Jesu vorzeigen oder erklären, wo er hingekommen war. Trotzdem lehnten sie jeden Glauben an die Auferstehung ab. Männer und Frauen tun das heute noch – nicht weil nicht genug an Beweismaterial zur Verfügung stünde, sondern trotzdem.

E. H. Day schreibt:

> Das leere Grab ist für das Christentum immer ein wichtiges Zeugnis für die Begründung des christlichen Glaubens gewesen. Christen haben es nie bezweifelt, dass es am dritten Tag tatsächlich leer aufgefunden worden war. Die Berichte der Evangelien betonen das übereinstimmend. Sie [die Beweislast] … ruht nicht auf denen, die an der Tradition festhalten, sondern auf denen, die entweder leugnen, dass das Grab leer vorgefunden wurde oder die Abwesenheit der Leiche durch irgendwelche rationalistische Theorien erklären.[232]

Smith zitiert James Denney:

> Das leere Grab ist nicht das Produkt eines naiven apologetischen Geistes, der nicht zufrieden ist mit dem Beweismaterial für die Auferstehung, das darin liegt, dass der Herr seinen Anhängern erschienen ist und sie in ein neues, sieghaftes Leben versetzt hat … es ist ein ursprünglicher, unabhängiger und nicht provozierter Teil des apostolischen Zeugnisses.[233]

6.4 Eine feststehende psychologische Tatsache

6.4.1 Das umgewandelte Leben der Jünger

John R. W. Stott sagt: »Vielleicht ist die Verwandlung der Jünger Jesu der größte aller Beweise für die Auferstehung.«[234]

Simon Greenleaf, ein Rechtsanwalt von Harvard, sagt von den Jüngern:

> Es war daher unmöglich, dass sie auf dem Bestätigen der Wahrheit, die sie verkündet hatten, beharrt hätten, wenn Jesus nicht tatsächlich von den Toten auferstanden gewesen wäre und wenn sie das nicht genau so sicher gewusst hätten, wie sie jede andere Tatsache ernst nahmen.
> Die Annalen der militärischen Kriegführung weisen kaum ein solches Beispiel von gleicher heroischer Beständigkeit, Geduld und unerschütterlichem Mut auf. Sie hatten jedes nur mögliche Motiv, sich die Grundlagen ihres Glaubens und die Beweise für die Tatsachen und Wahrheiten, die sie behaupteten, sehr sorgfältig anzusehen.[235]

Paul Little fragt:

> Sind diese Männer, die halfen, die moralische Struktur der Gesellschaft zu verwandeln, vollendete Lügner oder irregeführte Geistesgestörte? Diese Alternativen wären schwerer zu glauben als die Tatsache der Auferstehung. Und es gibt

nicht das geringste Anzeichen dafür, das diese Sicht unterstützen würde.[236] Schauen wir uns doch nur das veränderte Leben des Jakobus an, des Bruders von Jesus. Vor der Auferstehung verachtete er alles, wofür sein Bruder einstand. Er glaubte, die Behauptungen Christi seien offenkundige Anmaßung und würden nur dazu dienen, den Ruf der Familie zu schädigen. Nach der Auferstehung aber fand man Jakobus mit den andern Jüngern das Evangelium von ihrem Herrn verkündigen. Sein Brief beschreibt sehr gut die neue Beziehung, die er zu Christus hat. Er nennt sich selbst einen »Sklaven Gottes und des Herrn Jesus Christus« (Jak 1,1). Die einzige Erklärung für diese Veränderung in seinem Leben ist die, die uns auch Paulus gibt: »Danach erschien er [Jesus] dem Jakobus …« (1.Kor 15,7).

George Matheson sagt:

> Der Skeptizismus des Thomas wird sichtbar in dem Glauben, dass der Tod Jesu auch das Ende seines Reiches bedeuten würde. »Lasst uns gehen, dass wir mit ihm sterben.« Der Mann, der diese Worte sprach, hatte zu diesem Zeitpunkt keine Hoffnung auf die Auferstehung. Kein Mensch würde den Gedanken hegen, mit einem anderen zu sterben, wenn er damit rechnete, ihn in einigen Stunden wiederzusehen. Thomas hatte in diesem Augenblick alle intellektuelle Hoffnung aufgegeben. Er sah keine Chance mehr für Jesus. Er glaubte nicht an seine physische Kraft. Er war zu dem Ergebnis gekommen, dass die Kräfte der äußeren Welt zu stark für ihn waren, ihn zerschmettern würden.[237]

Jesus begegnete dem Thomas aber auch ganz persönlich. Das Ergebnis wird im Johannes-Evangelium berichtet, wo Thomas ausruft: »Mein Herr und mein Gott!« (Joh 20.28). Thomas machte eine radikale Kehrtwendung, nachdem er seinen aus dem Grab auferstandenen Herrn gesehen hatte. Er ging daraufhin den Weg, der ihn zum Märtyrertod führte.

6.4.2 Verwandeltes Leben durch fast zwei Jahrtausende der Geschichte hindurch

Wie Jesus Christus das Leben seiner Jünger verwandelt hatte, so wurde auch das Leben von Männern und Frauen in den vergangenen 1.900 Jahren umgeformt. Weitere Beispiele im Hinblick auf das Zeugnis verwandelten Lebens siehe Kapitel 12: »Die Einzigartigkeit der christlichen Erfahrung.«

6.4.3 Die Feststellung des Tatbestandes

Das feststehende psychologische Faktum des veränderten Lebens ist demnach eine gültige Grundlage für den Glauben an die Auferstehung. Es ist ein subjektiver Nachweis, der die objektive Tatsache bezeugt, dass Jesus Christus am dritten Tag auferstand. Nur ein auferstandener Christus konnte eine solche umwandelnde Kraft im Leben eines Menschen haben.

6.5 Eine feststehende soziologische Tatsache

6.5.1 Eine Institution: die christliche Kirche

6.5.1.1 Eine Grundlage für die Entwicklung der Kirche war die Predigt von der Auferstehung Christi.

Apg 1,21.22: »So muss nun von den Männern, die mit uns gegangen sind die ganze Zeit über, in welcher der Herr Jesus unter uns ein- und ausging, von der Taufe des Johannes an bis zu dem Tag, da er von uns hinweg aufgenommen wurde – einer von diesen muss mit uns Zeuge seiner Auferstehung werden.«

Apg 2,23.24: »… diesen, der nach Gottes festgesetztem Ratschluss und Vorsehung dahingegeben worden war, habt ihr genommen und durch die Hände der Gesetzlosen ans Kreuz geheftet und getötet. Ihn hat Gott auferweckt, indem er die Wehen des Todes auflöste, weil es ja unmöglich war, dass er von ihm festgehalten würde.«

Apg 2,31.32: »… hat er vorausschauend von der Auferstehung des Christus geredet, dass seine Seele nicht im Totenreich gelassen worden ist und auch sein Fleisch die Verwesung nicht gesehen hat. Diesen Jesus hat Gott auferweckt; dafür sind wir alle Zeugen.«

Apg 3,14.15: »Ihr habt den Heiligen und Gerechten verleugnet und verlangt, dass euch ein Mörder geschenkt werde, den Fürsten des Lebens aber habt ihr getötet! Ihn hat Gott aus den Toten auferweckt; dafür sind wir Zeugen.«

Apg 3,26: »Gott hat, als er seinen Sohn Jesus auftreten ließ, ihn zuerst zu euch gesandt, um euch zu segnen, indem ein jeder von euch sich von seiner Bosheit bekehrt.«

Apg 4,10: »… so sei euch allen und dem ganzen Volk Israel kundgetan, dass durch den Namen Jesu Christi, des Nazareners, den ihr gekreuzigt habt, den Gott auferweckt hat aus den Toten, dass dieser durch ihn gesund vor euch steht.«

Apg 5,30: »Der Gott unserer Väter hat Jesus auferweckt, den ihr umgebracht habt, indem ihr ihn ans Holz gehängt habt.«

Apg 10,39-41: »Und wir sind Zeugen alles dessen, was er im Land der Juden und in Jerusalem getan hat. Ihn haben sie getötet, indem sie ihn ans Holz hängten. Diesen hat Gott auferweckt am dritten Tag und hat ihn offenbar werden lassen, nicht dem ganzen Volk, sondern uns, den von Gott vorher erwählten Zeugen, die wir mit ihm gegessen und getrunken haben nach seiner Auferstehung aus den Toten.«

Apg 13,29-39: »Und nachdem sie alles vollendet hatten, was von ihm geschrieben steht, nahmen sie ihn vom Holz herab und legten ihn in ein Grab. Gott aber hat ihn aus den Toten auferweckt. Und er ist mehrere Tage hindurch denen erschienen, die mit ihm aus Galiläa nach Jerusalem hinaufgezogen waren, welche seine Zeugen sind vor dem Volk.

Und wir verkündigen euch das Evangelium, dass Gott die den Vätern zuteil gewordene Verheißung erfüllt hat an uns, ihren Kindern, indem er Jesus auferweckte, wie auch im zweiten Psalm geschrieben steht: ›Du bist mein Sohn, heute habe ich dich gezeugt.‹

Dass er ihn aber aus den Toten auferweckte, so dass er nicht mehr zur Verwesung zurückkehren sollte, hat er so ausgesprochen: ›Ich will euch die zuverlässigen, heiligen Gnadengüter Davids geben.‹ Darum spricht er auch an einer anderen Stelle: ›Du wirst nicht zulassen, dass dein Heiliger die Verwesung sieht.‹

Denn David ist entschlafen, nachdem er seinem Geschlecht nach dem Willen Gottes gedient hat; und er ist zu seinen Vätern versammelt worden und hat die Verwesung gesehen. Der aber, den Gott auferweckte, hat die Verwesung nicht gesehen. So sei euch nun kund, ihr Männer und Brüder, dass euch durch diesen Vergebung der Sünden verkündigt wird; und von allem, wovon ihr durch das Gesetz Moses nicht gerechtfertigt werden konntet, wird durch diesen jeder gerechtfertigt, der glaubt.«

Apg 17,30.31: »Nun hat zwar Gott über die Zeiten der Unwissenheit hinweggesehen, jetzt aber gebietet er allen Menschen, überall Buße zu tun, weil er einen Tag festgesetzt hat, an dem er den Erdkreis in Gerechtigkeit richten wird durch einen Mann, den er dazu bestimmt hat und den er für alle beglaubigte, indem er ihn aus den Toten auferweckt hat.«

Apg 26,22.23: »Aber da mir Hilfe von Gott zuteil wurde, so stehe ich fest bis auf diesen Tag und lege Zeugnis ab vor Kleinen und Großen und lehre nichts anderes, als was die Propheten und Mose gesagt haben, dass es geschehen werde: nämlich, dass der Christus leiden müsse und dass er als der Erstling aus der Auferstehung der Toten Licht verkündigen werde dem Volk und auch den Heiden.«

Am Tag der Kreuzigung waren sie von Trauer erfüllt – am ersten Tag der Woche aber mit Freude. Am Tag der Kreuzigung waren sie hoffnungslos – am ersten Tag der Woche glühte ihr Herz von Gewissheit und Hoffnung. Als die Nachricht von der Auferstehung sie zuerst erreichte, waren sie ungläubig und schwer zu überzeugen. Doch nachdem sie einmal der Sache sicher waren, haben sie nie mehr gezweifelt. Was konnte den erstaunlichen Wandel in diesen Männern in so kurzer Zeit verursacht haben? Das bloße Entfernen des Leichnams aus dem Grab hätte niemals ihr Denken und ihr Wesen geändert. Drei Tage sind auch nicht genug, um eine Legende aufkommen zu lassen, die sie derartig bewegt hätte. Zur Entstehung und Entwicklung einer Legende gehört Zeit. Es geht hier vielmehr um einen psychologischen Tatbestand, der nach einer vollständigen Erklärung verlangt.

Denken wir über die Wesensart der Zeugen nach – Männer und Frauen, die der Welt die höchsten ethischen Wertmaßstäbe vermittelten, die jemals bekannt wurden, und die selbst, nach dem Zeugnis ihrer Feinde, danach auch wirklich lebten. Denken wir doch nur an das psychologisch gesehen Absurde, dass eine kleine Gruppe niedergeschlagener Feiglinge, die im Oberstock eines Hauses zusammenkauerten, ein paar Tage später verwandelt waren in eine Gruppe von Menschen, die keine Verfolgung mehr zum Schweigen bringen konnte – und dagegen setzte man den Versuch, diesen dramatischen Wandel lediglich einem elenden erfundenen Machwerk zuzuschreiben, die diese Männer der Welt anbieten wollten. Das macht einfach keinen Sinn.[238]

6.5.1.2 Die Gemeinde ist eine historische Tatsache.

Die Erklärung für ihre Existenz ist ihr Glaube an die Auferstehung. Während der frühen Jahre litt diese Institution sehr unter der Verfolgung durch die Juden und die Römer. Einzelne ertrugen Folter und Tod um ihres Herrn willen, nur weil sie daran festhielten, dass er vom Grab auferstanden war.

Wilbur Smith weist darauf hin, dass selbst der Rationalist Dr. Guignebert gezwungen ist, das Folgende zuzugeben:

> Es gäbe kein Christentum, wenn der Glaube an die Auferstehung nicht festgehalten und systematisch in der christlichen Lehre erfasst worden wäre … die gesamte Heilslehre und die wesentlichen Bestandteile der christlichen Verkündigung beruhen auf dem Glauben an die Auferstehung. Auf der ersten Seite einer Aufstellung christlicher Dogmen sollte als Motto die Erklärung des Paulus stehen: »Und wenn Christus nicht auferstanden ist, dann ist unsere Predigt umsonst und auch euer Glaube ist umsonst.« Aus streng historischer Sicht ist der Glaube an die Auferstehung kaum weniger bedeutsam … Durch diese Überzeugung wurde der Glaube an Jesus und seinen Auftrag das grundlegende Element einer neuen Religion, die nach ihrer Trennung vom Judentum zu dessen Gegner wurde und die Welt zu erobern begann.[239]

Paul Little weist darauf hin, dass die christliche Gemeinde, die um das Jahr 32 n. Chr. gegründet wurde, nicht einfach »nur so« entstand, sondern dass es dafür einen bestimmten Anlass gab. Von den Christen in Antiochien hieß es in den frühen Tagen der Gemeinde, dass sie die Welt auf den Kopf stellten (Apg 17,6). Die Ursache dieses Einflusses war die Auferstehung.[240]

H. D. A. Major, der Rektor von Ripon Hall, Oxford, sagt (zitiert bei Smith):

> Wenn die Kreuzigung Jesu das Letzte gewesen wäre, was seine Jünger mit ihm erlebten, ist kaum ein Grund zu erkennen, warum die christliche Kirche überhaupt hätte entstehen sollen. Sie wurde gegründet auf der Basis des Glaubens an Jesus als den Messias. Ein gekreuzigter Messias war kein Messias. Er wurde von den Juden abgelehnt und war von Gott verflucht. Es war seine Auferstehung, wie Paulus in Röm 1,4 erklärt, die ihn als den Sohn Gottes in Kraft verkündete und auswies.[241]

Kenneth S. Latourette (zitiert bei Straton) sagt:

> Es war die Überzeugung von der Auferstehung Jesu, die seine Anhänger aus ihrer Verzweiflung herausriss, in die sein Tod sie gestürzt hatte und die zum Fortbestehen der Bewegung führte, die er begonnen hatte. Wenn sie nicht den festen Glauben gehabt hätten, dass der Gekreuzigte von den Toten auferstanden war und dass sie ihn gesehen und mit ihm gesprochen hatten, wäre der Tod Jesu und er selbst wahrscheinlich nahezu vergessen worden.[242]

6.5.2 Das Phänomen des christlichen Sonntags

Für die Juden war der ursprüngliche Tag der Ruhe und Anbetung der Samstag, weil es hieß, dass Gott am siebten Tag ruhte, nachdem er seine Schöpfung beendet hatte. So stand es in ihren heiligen Gesetzen. Der Sabbat ist eine der Hauptsäulen des Judaismus. Das Halten des Sabbats wurde im Leben eines Juden extrem hoch geachtet. Die Christen trafen sich zur Anbetung am ersten Tag der jüdischen Woche, um die Auferstehung Jesu zu feiern. Diese Christen setzten sich tatsächlich damit durch, dass sie diesen uralten und theologisch untermauerten Tag der Ruhe und Anbetung auf den Sonntag verlegten. Man muss aber bedenken, dass SIE SELBST JUDEN WAREN! Wenn man in Rechnung zieht, was geschehen konnte, falls sie sich irrten, so muss festgestellt werden, dass dies wahrscheinlich eine der schwerwiegendsten Entscheidungen war, die eine Religionsgemeinschaft jemals fällte. Und wie sollte man den Wechsel von der Anbetung am Sabbat auf den Sonntag ohne die Auferstehung erklären?[243]

J. N. D. Anderson beobachtet, dass die Mehrheit der ersten Christen aus jüdischem Hintergrund kamen und fanatische Anhänger ihres Sabbat-Gebotes gewesen waren. Es gehörte schon etwas extrem Bedeutungsvolles dazu, diese Gewohnheit zu verändern. Es war die Auferstehung, die dies bewirkte![244]

6.5.3 Das Phänomen der christlichen Sakramente

6.5.3.1 Die Kommunion

(s. Apg 2,46; Joh 6; Mt 26,26-30; Mk 14,22-25; Lk 22,19f.; 1.Kor 11,23.24)
Das Abendmahl stellt eine Erinnerung an den Tod des Herrn dar, aber wir lesen in der Apostelgeschichte, dass es eine Zeit der Freude war. Wenn es nun keine Auferstehung gegeben hätte, wie hätte da Freude herrschen können? Die Erinnerung an das Mahl, das unmittelbar zum Verrat und zur Kreuzigung Jesu, ihres Herrn, führte, wäre eine unerträgliche Qual gewesen. Was verwandelte weltweit die Ängste des Abendmahles in die Gemeinschaft der Freude?

Michael Green kommentiert:

> Sie *begegneten* IHM in diesem Sakrament. Er war nicht tot und verwest, sondern auferstanden und lebendig. Und sie feierten seinen Tod im Bewusstsein seiner Gegenwart als Auferstandener bis zu der ersehnten Wiederkehr am Ende der Tage (1. Kor 11,26). Wir besitzen ein kurzes Abendmahlsgebet von der ersten christlichen Gemeinde, die ursprünglich Aramäisch sprach (1. Kor 16,22 und Didache 10). Hier ist es: *Maranata!*, was bedeutet: »Unser Herr, komm!« Wie das die Haltung der ersten Christen sein konnte, wenn sie sich trafen, um miteinander das Abendmahl des Herrn zu feiern, wäre völlig unerklärlich, wenn er nicht tatsächlich am dritten Tag nach dem Tod auferstanden wäre.[245]

6.5.3.2 Die Taufe

(s. Kol 2,12; Röm 6,1-6)
Die Christen hatten eine Aufnahme-Zeremonie – die Taufe. An diesem Punkt wag-

ten sie erneut den Schritt weg vom Judentum. Die Juden hielten an der Beschneidung fest, während die Christen dem Befehl ihres Herrn gehorchten und zur Taufe übergingen. Der Mensch wurde dazu aufgerufen, seine Sünden zu bereuen, an den auferstandenen Herrn zu glauben und sich taufen zu lassen.

Was symbolisiert die Taufe? Darüber gibt es wenig Zweifel. Paulus erklärt, dass in der Taufe der Gläubige mit Christus in seinem Tod und seiner Auferstehung vereinigt ist. Wenn er in das Wasser hineinsteigt, stirbt er seiner alten, sündigen Natur, und er kommt aus dem Wasser heraus, um ein neues Auferstehungsleben mit Christus zu teilen. Nichts im Christentum ist älter als die Sakramente, und doch sind sie mit dem Tod und dem Auferstehen Jesu unmittelbar verknüpft. Wo soll man die Bedeutung der christlichen Taufe festmachen, wenn die Auferstehung niemals stattgefunden hat?

6.5.4 Das historische Phänomen der Kirche

Die Institution der Kirche ist demnach ein Phänomen, das nur durch die Auferstehung Jesu zu erklären ist. Die Sakramente, die von der Christenheit bewahrt werden, dienen auch als ständiger Hinweis auf den Ursprung der Kirche.

Hinsichtlich der ersten Gläubigen, die Zeugen der Auferstehung Christi waren, kommentiert L. L. Morris:

> Sie waren Juden, und Juden sind hartnäckig im Festhalten an ihren religiösen Bräuchen. Doch diese Männer hielten den »Tag des Herrn«, eine wöchentliche Erinnerung an die Auferstehung, statt des Sabbat-Tages. An diesem Tag des Herrn feierten sie das Heilige Abendmahl, das nicht eine Gedächtnisfeier für einen toten Christus war, sondern ein dankbares Erinnern an die Segnungen, die ein lebendiger und triumphierender Herr ihnen hatte zuteil werden lassen. Das andere Sakrament, die Taufe, war ein Gedenken daran, dass glaubende Menschen mit Christus begraben und mit ihm auferstanden waren (Kol 2,12). Die Auferstehung verlieh allem, was sie taten, seine Bedeutung.[246]

7 Unangemessene Theorien von der Auferstehung

Winfried Corduan kommentiert die vielfachen Theorien von der Auferstehung:

> Erklärungen, die im Hinblick auf das, was am leeren Grab geschehen war, nicht mit Wundern rechnen, sehen sich einer schwierigen Alternative gegenüber: entweder müssen sie das Beweismaterial umschreiben, damit es zu ihrer Einstellung passt, oder sie müssen die Tatsache akzeptieren, dass sie selbst mit dem gegenwärtig vorhandenen Beweismaterial nicht im Einklang stehen. Die einzige Hypothese, die damit zusammenpasst ist die, dass Jesus tatsächlich auferstanden ist. Konnte der Mann, der seinen Tod und seine Auferstehung vorhersagte, die exakte Erfüllung seiner Prophezeiung bewerkstelligen, wenn er nicht Gott war?[247]

Auf den nächsten Seiten sind einige der bekanntesten Theorien aufgeführt, die aufgetaucht sind, um die Auferstehung wegzuerklären. Jede einzelne dieser Theorien wird der Reihe nach mit den entsprechenden Gegenargumenten betrachtet. Der britische Rechtsanwalt J. N. D. Anderson ist sich der Bedeutung einer guten Beweisführung in der Beurteilung der Glaubwürdigkeit eines Falles durchaus bewusst. Hinsichtlich des Zeugnisses, das die Geschichte uns zur Auferstehung liefert, schreibt er:

> Ein Punkt, der besondere Beachtung verdient, ist der, dass das Beweismaterial als Ganzes betrachtet werden muss. Es ist vergleichsweise leicht, eine Erklärung für den einen oder anderen der verschiedenen Fäden zu finden, die zusammengenommen dieses Zeugnis ausmachen. Aber solche Erklärungen sind wertlos, solange sie mit den andern Strängen der Überlieferung nicht zusammenpassen. Eine gewisse Anzahl der verschiedenen Theorien, von denen jede auf einen Teil des Beweismaterials anwendbar sein könnte, die aber nicht in einen sinnvollen Zusammenhang zu bringen sind, kann aber keine Alternative darstellen zu der einen Interpretation, die das Ganze erfasst.[248]

Von dieser Ausgangsposition werden die folgenden Theorien betrachtet.

7.1 Die Theorie von der Ohnmacht

7.1.1 Die Theorie

Bei dieser Theorie vertritt man die Meinung, dass Christus niemals tatsächlich am Kreuz gestorben ist, sondern nur *ohnmächtig* geworden war. Als er in das Grab des Josef von Arimathäa gelegt wurde, war er in Wirklichkeit noch lebendig. Nach einigen Stunden hatte die kühle Luft des Grabes ihn wieder zu Bewusstsein gebracht, und so erhob er sich und verschwand.

J. N. D. Anderson sagt von dieser Theorie, dass sie zuerst durch einen Mann namens Venturini – vor einer Reihe von Jahrhunderten – aufgebracht wurde. In leicht veränderter Version wurde sie in den letzten Jahren durch eine Gruppe unorthodoxer Muslime, Ahmadiya genannt, wiederbelebt, die ihren Standort gewöhnlich an einem Platz namens »Qadian« bezogen, und die ihr englisches Hauptquartier in Putney, einem Stadtteil Londons haben.

> Ihre Erklärung verläuft etwa so: Christus wurde tatsächlich ans Kreuz genagelt. Er litt schrecklich durch Schock, Blutverlust und Schmerz und verlor dann das Bewusstsein. Doch er starb nicht wirklich. Die medizinischen Kenntnisse waren um diese Zeit noch nicht sehr entwickelt, und die Apostel dachten, er sei tatsächlich tot. Uns wird gesagt, dass Pilatus überrascht war, dass Jesus schon tot war. Diese Theorie behauptet nun, dass er in einem Zustand der Bewusstlosigkeit vom Kreuz abgenommen wurde, und zwar von denen, die irrtümlich glaubten, dass er tot sei, und dass man ihn dann ins Grab legte. Die kühle Ruhe des Grabes hätte ihn soweit wiederbelebt, dass er schließlich aus dem Grab hätte heraus-

kommen können. Seine unwissenden Jünger hätten eben nicht glauben können, dass das eine reine Wiederbelebung gewesen wäre. Sie bestanden darauf, dass er von den Toten auferstanden sei.[249]

Professor Ernest P. Kevan sagt zu dieser Theorie, dass für das Wiedererwachen auch die »belebende Wirkung der Spezereien verantwortlich sei, mit denen er einbalsamiert worden war.«[250]

7.1.2 Die Einwände

Anderson kommt zu der Schlussfolgerung: »Diese Theorie hält den Forschungsergebnissen nicht stand.«[251]

W. J. Sparrow-Simpson sagt, dass diese Auffassung »jetzt veraltet ist«.[252]

Ich denke, dass die folgenden Punkte zeigen werden, warum diese Männer zu solchen Schlussfolgerungen kamen:

7.1.2.1 Christus starb am Kreuz – nach der Aussage der Soldaten, des Josef von Arimathäa und des Nikodemus.

Paul Little schreibt in Bezug auf die »Ohnmachts-Theorie«:

Es ist bezeichnend, dass aus der Antike keine einzige derartige Auffassung unter all den heftigen Angriffen, die gegen das Christentum stattgefunden haben, überliefert worden ist. Alle frühen Berichte betonen nachdrücklich *den Tod* Jesu.[253]

T. J. Thorburn zählt auf, was Christus in den Händen des Pilatus gelitten hat:

Der Gebetskampf im Garten, die Verhaftung um Mitternacht, die brutale Behandlung im hohepriesterlichen Palast und dem Prätorium des Pilatus, die erschöpfenden Wege zwischen Pilatus und Herodes, die schreckliche römische Geißelung, der Weg nach Golgatha, auf dem er durch übermächtige Anspannung niederstürzte, die quälende Tortur der Kreuzigung und der Durst und das Fieber, die damit verbunden waren.[254]

Thornburn bemerkt weiter:

Es ist schwierig, sich vorzustellen, dass selbst der kräftigste Mann, nachdem er all das durchgemacht hat, nicht dem Tode erlegen gewesen wäre. Und weiter: Es wird berichtet, dass die Opfer einer Kreuzigung sich selten noch einmal erholten, selbst unter den günstigsten Bedingungen.[255]

Er schließt:

Wir können die unwiderlegbaren Einwände gegen diese Theorie nicht besser zum Ausdruck bringen als in … [diesen] … Worten …: »Dann«, sagt Keim, »ist dies das allerunmöglichste Ding von allem. Der arme, schwache Jesus, der sich nur mit Mühe selbst aufrecht hielt, soll sich verborgen und sich verstellt haben und schließlich gestorben sein – dieser Jesus – der Gegenstand des Glaubens, der begeisterten Emotionen, der Triumph seiner Anhänger, ein auferstandener Sieger und Sohn Gottes! Hier wird die Theorie tatsächlich schäbig, absurd, wert, nur noch abgelehnt zu werden.«[256]

J. N. D. Anderson sagt zu der Hypothese, dass Jesus nicht gestorben sei:

Nun, … sie ist genial, hält aber einer Untersuchung nicht stand. Um damit zu beginnen: Es wurden Schritte unternommen – so scheint es – um ganz sicher zu gehen, dass Jesus tot war. Das ist ganz klar die Bedeutung des Speerstichs in seine Seite. Doch wir wollen um der Diskussion willen einmal annehmen, dass er wirklich nicht ganz tot gewesen wäre. Glaubt wirklich jemand, dass ein Mensch, der stundenlang ohne medizinische Versorgung in Palästina in einem Felsengrab gelegen hat – und das an Ostern, wo die Nächte noch kalt sind – sich so weit erholt haben könnte, dass er statt des unvermeidlichen Erlöschens seines nur noch flackernden Lebensflämmchens zu Folgendem fähig gewesen wäre: sich von vielen Metern Leinentüchern zu befreien, die noch dazu mit Pfunden von Spezereien und Salben präpariert worden waren, dann den Stein wegzurollen, den drei Frauen nicht bewegen konnten und dann noch meilenweit auf schwer verletzten Füßen zu gehen?[257]

John R. W. Stott fragt:

Sollen wir glauben, dass nach den Härten und Schmerzen des Verhörs, der Verspottung, des Geißelns und der Kreuzigung er sechsunddreißig Stunden in einem Steingrab überleben konnte, ohne Wärme oder Nahrung oder medizinische Versorgung? Dass er dann wirklich in der Lage war, die übermenschliche Leistung zu vollbringen, den Felsblock zu verschieben, der den Eingang des Grabes verschloss, und das alles, ohne die römischen Wachen aufzustören? Und dann, wie hätte er – schwach und krank und hungrig – seinen Jüngern in einer Weise erscheinen können, dass sie den Eindruck gewannen, dass er den Tod besiegt hatte? Dass er weiterhin behaupten konnte, er sei gestorben und auferstanden, sie in alle Welt senden und ihnen versprechen konnte, dass er bei ihnen sein würde bis ans Ende der Welt? Dass er irgendwo in der Verborgenheit leben konnte – vierzig Tage lang – und gelegentlich überraschend erschien und schließlich ohne Erklärung endgültig verschwand? Eine solche Leichtgläubigkeit ist unglaublicher als der Unglaube des Thomas.[258]

Jesus hatte vor seiner Kreuzigung schon sehr viel gelitten, sowohl körperlich als auch seelisch. Er hatte in Gethsemane seinen Tod im Voraus durchkämpft. Er hatte die Pein einer römischen Geißelung erlebt, die tiefe Wunden auf dem Rücken des Opfers hinterließ und die nahezu der Todesstrafe gleichkommt. Dann hatten

> sie seine Hände und Füße mit Nägeln durchbohrt. Der kleine Rest an Kraft, der ihm vielleicht noch geblieben war, mochte in den sechs Stunden schrecklichen Leidens dahingeschwunden sein. Von Durst verzehrt und vollständig erschöpft, hatte er endlich seine Seele in jenem letzten Schrei ausgehaucht, von dem die Schreiber der Evangelien berichten. Und dann durchbohrte ein römischer Soldat sein Herz mit einem Speer. Ohne Essen oder Trinken, ohne Versorgung seiner Wunden oder irgendeiner Linderung seiner Leiden hatte er einen ganzen Tag und zwei Nächte in der Höhle verbracht, in die man ihn gelegt hatte. Und doch – am Morgen des dritten Tages erscheint er wieder – aktiv und strahlend![259]

Über moderne Rationalisten, die die Auferstehung Christi leugnen, schreibt E. Le Camus:

> Sie sagen: »Wenn er auferstanden ist, dann war er nicht tot. Oder: Wenn er starb, dann ist er nicht auferstanden.«
> Zwei Tatsachen – die eine so sicher wie die andere – werfen Licht auf das Dilemma. Die erste heißt, dass Jesus am Freitagabend tot war. Und die zweite ist die, dass er am Sonntag und den darauf folgenden Tagen äußerst lebendig erschien. Dass er am Freitagabend tot war, hat niemand bezweifelt, weder im Sanhedrin noch im Prätorium, noch auf Golgatha. Pilatus allein war erstaunt, dass er so schnell den Geist aufgegeben hatte, aber sein Erstaunen rief nur ein neues Zeugnis hervor, das die Behauptung derer bestätigte, die um seinen Leichnam baten. Von daher steht fest: Freunde und Feinde waren sich, als sie den Gekreuzigten sahen, klar darüber, dass er tot war. Um es endgültig zu beweisen, stieß ihm der Hauptmann seine Lanze in die Seite. Durch den Körper ging kein Zucken mehr. Aus der Wunde trat ein Gemisch aus Wasser und Blut hervor, was eine schnelle Zersetzung der Lebenssäfte offenbarte. Blutungen, so sagt man, sind im Zustand der Ohnmacht schlimm. Hier spielte es keine Rolle mehr, weil er schon tot war. Die Umstände bewiesen, dass Jesus einige Augenblicke vorher sein Leben beendet hatte. Und es kam den intelligentesten seiner Feinde, den Hohen Priestern kein Zweifel an der Realität seines Todes in den Sinn. Alles, was sie befürchteten, war Betrug auf Seiten der Jünger, die vielleicht den Leichnam wegholen würden – aber nicht in Bezug auf Jesus, von dem sie das Ende gesehen hatten. Er wurde vom Kreuz abgenommen und wie er kein Zeichen von Leben geäußert hatte, als der Speer des Soldaten ihn traf, so lag er auch jetzt still und kalt in den liebenden Armen derer, die ihn aufhoben, ihn wegtrugen, ihn einbalsamierten und einhüllten und ihn dann in das Grab legten, nachdem sie ihn mit den Beweisen ihrer Trauer und Liebe bedeckt hatten. Können wir uns eine vollständigere Bewusstlosigkeit als diese vorstellen oder eine, die zeitlich so genau in den Ablauf hineingepasst hätte? Wir wollen hinzufügen, dass dies tatsächlich ein höchst zufälliges Ende eines Lebens war, das in seiner Heiligkeit so großartig und so fruchtbar in seinem Einfluss gewesen war. Das wäre wohl ein unmöglicher Zufall! Es wäre ein noch größeres Wunder als die Auferstehung selbst![260]

7.1.2.2 Die Jünger empfingen Jesus nicht, als ob er nur aus einer Ohnmacht erwacht wäre.

Der Skeptiker David Friedrich Strauß – der selbst ganz sicher nicht an die Auferstehung glaubte, fällte ein Todesurteil über die Vorstellung, dass Jesus aus einer Ohnmacht wieder aufgewacht wäre:

> Es ist unmöglich, dass ein Mensch, der halbtot aus einem Grab gestohlen worden war und nur noch krank und schwach herumkroch, sich nach medizinischer Behandlung sehnte, Bandagen, Stärkung und Nachsicht brauchte und schließlich seinen Leiden erlegen war, den Jüngern einen solchen Eindruck vermitteln konnte, dass er der Überwinder des Todes und des Grabes war, der Fürst des Lebens – eine Vorstellung, die ihrem zukünftigen Wirken zugrunde lag. Solch eine Wiederbelebung hätte den Eindruck nur abschwächen können, den er im Leben und im Tod gemacht hatte, hätte höchstens eine elegische Stimmung hervorrufen können, aber keinesfalls ihren Kummer in Begeisterung oder ihre Verehrung in Anbetung verwandeln können.[261]

William Milligan beschreibt die Erscheinungen Jesu vor seinen Jüngern und sagt: »Er machte nicht den Eindruck, als ob er aus einem Krankenzimmer käme, sondern von Gesundheit und Kraft und geschäftiger Vorbereitung für ein großes Werk.« Milligan fährt fort: »Mutlosigkeit hatte der Hoffnung Raum gemacht, Verzweiflung dem Triumph, statt Erschöpfung aller Energie gab es nun anhaltende und lebhafte Anstrengungen.«[262]

Er fährt fort:

> Als die ersten Ängste der Jünger zerstreut waren, erfasste sie Freude, Kühnheit und Begeisterung. Wir stellen keine Empfindungen des Mitleids, des Mitgefühls mit dem Leiden, des Wunsches zu helfen fest, das durch eine Person hervorgerufen worden wäre, die durch Müdigkeit und Todeskampf bewusstlos geworden war, und die dann von Freitagnachmittag bis Sonntagmorgen in Bewusstlosigkeit verharrt hätte und sich jetzt lediglich in den ersten Augenblicken der Erholung befand.[263]

E. H. Day sagt:

> In den Erzählungen von den verschiedenen Erscheinungen des auferstandenen Christus gibt es keinerlei Anzeichen einer solchen physischen Schwäche, die unvermeidlich gewesen wären, wenn Christus von einem Scheintod wieder aufgewacht wäre. Die Jünger sahen tatsächlich ihren auferstandenen Meister, nicht einen Menschen, der gegen alle Erwartungen sich von einem akuten Leiden erholt hatte, sondern einen, der der Herr des Lebens und der Überwinder des Todes war und der nicht mehr durch physische Begrenzungen, wie sie ihn in den Tagen seines irdischen Wirkens gekannt hatten, eingeschränkt war.[264]

7.1.2.3 Diejenigen, die der »Ohnmachts-Theorie« anhängen, müssen auch feststellen, dass Jesus, als er wieder erwacht war, solche Wunder wie das Abwerfen der Grabtücher vollbringen konnte, die doch eng um seinen Körper herumgewickelt waren, und herauszukommen, ohne das alles in Unordnung zu bringen.

Merrill C. Tenney erklärt die Sache mit den Grabtüchern folgendermaßen:

> Wenn eine Leiche nach jüdischem Brauch für die Beerdigung vorbereitet wurde, wurde sie gewöhnlich gewaschen und gerade gelegt und dann von den Achseln bis zu den Fußknöcheln eng mit etwa dreißig Zentimeter breiten Leinenstreifen umwickelt. Aromatische Gewürze und Salben, oft von klebriger Konsistenz, wurden zwischen die Falten gepackt. Sie dienten teilweise als Mittel zur Konservierung und teilweise als Klebstoff, um die Leinenstreifen in eine solide Verpackung zu bringen … der Ausdruck »gebunden« (gr. *edesan*), den Johannes hier benutzt, steht in vollkommener Übereinstimmung mit Lukas Lk 23,53, wo der Schreiber sagt, dass der Körper in Leinen »eingewickelt« war.
>
> Am Morgen des ersten Tages der Woche war der Leichnam Jesu verschwunden, doch die Grabtücher lagen noch dort …
>
> Die Binden waren da, wo der Kopf gelegen hatte, von den andern in der Entfernung der Achselhöhlen zum Hals getrennt. Die Form des Körpers war noch zu erkennen, aber Fleisch und Knochen waren verschwunden. … Wie war die Leiche aus den Umwicklungen herausgekommen, da sie so eng gebunden waren, dass ein einfaches Abstreifen nicht möglich war?[265]

7.1.2.4 »Die an dieser Theorie festhalten«, so schreibt James Rosscup, »müssen sagen, dass Christus, in seiner geschwächten Kondition in der Lage war, den Stein vom Eingang des Grabes wegzurollen – eine Anstrengung, von der Historiker sagen, dass mehrere Männer dazu benötigt würden. Dann musste er aus dem Grab, ohne die Soldaten zu wecken (zugunsten der Verteidiger der Theorie nehmen wir einmal an, dass sie am Schlafen waren, was sicherlich nicht der Fall war) herausgekommen sein. Und schließlich ging er über sie hinweg und floh.«[266]

E. H. Day kommentiert zu diesem Punkt:

> Die physischen Unwahrscheinlichkeiten der Annahme sind überwältigend. Selbst wenn wir den Bericht der Bewachung des Grabes ablehnen würden (indem wir uns dem Diktat einer Kritik unterwerfen, die darin einen nicht in ihr Konzept passenden Vorfall sieht), bleibt die Schwierigkeit der Annahme, dass einer, der sich gerade von einer Bewusstlosigkeit erholt hat, den Stein vom Eingang des Grabes weggerollt haben konnte, »denn er war sehr groß«.[267]

Es ist völlig absurd, anzunehmen, dass Jesus die römischen Wächter hätte überwältigen können, selbst wenn er die Sache mit dem Stein geschafft hätte. Männer wie diese, die dort Wache hielten, hätten wohl kaum Probleme mit einem gehabt, »der sich halbtot aus dem Grab gestohlen hatte«, wie Strauss Jesus beschreibt. Außerdem gab es für Einschlafen auf Posten die Todesstrafe, so dass die Wächter mit Sicherheit hellwach waren.

7.1.2.5 Wenn Jesus kaum von einer Bewusstlosigkeit erwacht war, wäre der lange Weg »zu einem Dorf mit Namen Emmaus, das etwa zehn Kilometer von Jerusalem entfernt war« (Lk 24,13), für ihn nicht möglich gewesen.

Professor Day stellt fest: »Ein langer Marsch, nachdem er seinen Jüngern in Jerusalem erschienen war, war für einen Menschen, der gerade aus einer durch Wunden und Erschöpfung verursachten Ohnmacht erwacht war, undenkbar.«[268]

E. F. Kevan gibt folgenden Kommentar zu diesem Punkt:

> Auf seinen Füßen, die zwei Tage vorher total durchbohrt worden waren, ging er ohne Schwierigkeiten die ca. zehn Kilometer zwischen Emmaus und Jerusalem. Er ist so aktiv, dass er während der Mahlzeit plötzlich aus den Augen seiner Mitwanderer verschwindet. Und als sie dann in die Hauptstadt zurückkehren, um den Aposteln die gute Nachricht zu bringen, finden sie ihn dort wieder. Er hatte sie überholt. Mit der gleichen Schnelligkeit, die alle seine Bewegungen auszeichnet, zeigt er sich plötzlich in dem Raum, in dem seine Jünger versammelt sind. Ist dies das Auftreten eines Mannes, der gerade halbtot vom Kreuz abgenommen wurde und der im Zustand völliger Erschöpfung in ein Grab gelegt worden war? Nein![269]

7.1.2.6 Wenn Jesus wirklich von einer todesähnlichen Ohnmacht erwacht wäre, hätte er das seinen Jüngern erklärt. Andernfalls wäre er ein Lügner und Betrüger gewesen, der seinen Anhängern erlaubte, eine Auferstehung zu proklamieren, die in Wirklichkeit ein Auferstehungsmärchen gewesen wäre.

E. Le Camus schreibt:

> Wir müssen außerdem sagen, wenn Jesus nur ohnmächtig gewesen wäre, hätte er nicht, ohne sich selbst untreu zu werden, zulassen können, dass irgendjemand glauben konnte, dass er tot gewesen sei. Anstatt sich selbst als *den Auferstandenen* zu präsentieren, hätte er nur angeben können, dass er durch günstige Umstände *am Leben geblieben wäre*. Tatsächlich begegnen wir hier, wie überall in den Evangelien, dem unüberwindlichen Dilemma: Entweder war Jesus der Einzigartige, der Mann Gottes oder er ist der größte Verbrecher der Menschheit. Wenn er von sich sagte, dass er aus den Toten auferstanden sei, obwohl es nicht der Wahrheit entsprach, ist er ein Lügner und man muss ihm die geringste Aufrichtigkeit absprechen.[270]

Paul Little kommentiert, dass solch eine Theorie uns glauben machen will, dass »Christus selbst in schamlose Lügen verstrickt gewesen ist. Seine Jünger glaubten und predigten, dass er tot war und wieder lebendig wurde. Jesus tat nichts, um diesen Glauben zu zerstören, er ermutigte sie vielmehr dazu.«[271]

Der Neutestamentler John Knox wird von Straton mit folgenden Worten zitiert: »Es ging nicht um die Tatsache, dass ein Mensch von den Toten wiedergekommen war, sondern dass ein ganz bestimmter Mann das erlebt hatte, der die christliche Bewegung ins Leben rief. Die tiefere Ursache war die Person Jesu in ihrem Anspruch.«[272]

Jesus hätte sich an einer Lüge, dass er aus dem Grab auferstanden wäre, niemals beteiligt. Eine solche Behauptung muss uneingeschränkt zurückgewiesen werden, wenn man seinen tadellosen Charakter einer Prüfung unterzieht.

7.1.2.7 Wenn Christus damals nicht gestorben ist, wann ist er dann gestorben und unter welchen Umständen?

E. H. Day behauptet:

> Wenn die »Ohnmachts-Theorie« akzeptiert wird, muss man die gesamten Erzählungen bezüglich der Himmelfahrt aus den Evangelien und der Apostelgeschichte streichen. Und das plötzliche Verschwinden bei den Erscheinungen Christi muss man durch die Annahme erklären, dass er sich völlig von ihnen zurückzog, um in absoluter Abgeschiedenheit zu leben und zu sterben, wobei er sie mit einer Menge falscher Vermutungen im Hinblick auf seine Person und ihren Auftrag für die Welt zurückließ.[273]

William Milligan schreibt, falls Christus am Kreuz nur ohnmächtig gewesen wäre und später wieder zu sich gekommen sei:

> Er hätte sich dann an einen einsamen Ort zurückgezogen haben müssen, der selbst seinen engsten Jüngern unbekannt gewesen wäre. Während seine Gemeinde um ihn herum wuchs, die alte Welt in ihren Grundfesten erschütterte und überall, mitten unter vielen Schwierigkeiten eine neue Ordnung aller Dinge einführte – während diese Gemeinde von Kontroversen hin- und hergerissen wurde, von Versuchungen umgeben war, Verhören ausgesetzt, innerhalb kurzer Zeit in Umstände geriet, die sie von seiner Hilfe absolut abhängig machten – wäre er abwesend von ihr gewesen und hätte den Rest seiner Tage – ob es nun viele oder wenige waren – in unwürdiger Einsamkeit verbracht. Und schließlich musste er ja gestorben sein, niemand kann sagen wo oder wann oder wie! Da findet sich kein Lichtstrahl, um die Dunkelheit zu erhellen. Und die frühen Christen, die doch angeblich so viele Legenden erfunden haben, können uns keine einzige anbieten, um uns aus diesem Dilemma zu helfen.[274]

7.1.3 Die Schlussfolgerung

Mit George Hanson können wir von der »Ohnmachts-Theorie« nur ehrlichen Herzens feststellen: »Es ist kaum zu glauben, dass dies die bevorzugte Erklärung des Rationalismus im 18. Jahrhundert war.« Das Beweismaterial spricht so sehr gegen diese Hypothese, dass sie mittlerweile als veraltet gilt.[275]

7.2 Die Theorie vom Diebstahl

7.2.1 Die Theorie

Bei dieser Ansicht glaubt man, dass die Jünger während der Nacht kamen und die Leiche aus dem Grab holten.

7.2.1.1 Matthäus berichtet das Folgende als vorherrschende Meinung seiner Zeit, um die Auferstehung Christi wegzuerklären:

> Während sie aber hingingen, siehe, da kamen etliche von der Wache in die Stadt und verkündigten den Hohen Priestern alles, was geschehen war. Diese versammelten sich samt den Ältesten, und nachdem sie Rat gehalten hatten, gaben sie den Kriegsknechten Geld genug und sprachen: »Sagt, seine Jünger sind bei Nacht gekommen und haben ihn gestohlen, während wir schliefen. Und wenn dies vor den Statthalter kommt, so wollen wir ihn besänftigen und machen, dass ihr ohne Sorge sein könnt.« Sie aber nahmen das Geld und taten, wie sie belehrt worden waren. Und so wurde dieses Wort unter den Juden verbreitet bis zum heutigen Tag. (Mt 28,11-15)

7.2.1.2 Dass die »Diebstahl-Theorie«, wie bei Matthäus berichtet, unter den Juden eine Zeit lang verbreitet war, ersieht man aus den Schriften Justins, Tertullians und anderer.

Professor Thorburn bemerkt dazu:

> In Justins *Dialog mit Trypho* (108), sprechen die Juden von »einem Jesus, einem galiläischen Betrüger, den wir gekreuzigt haben. Aber seine Jünger stahlen ihn bei Nacht aus dem Grab, in das man ihn gelegt hatte, nachdem er vom Kreuz abgenommen worden war. Und jetzt betrügen sie die Menschen, indem sie sagen, er sei von den Toten auferstanden und zum Himmel aufgefahren.«
>
> Auch Tertullian sagt in seiner *Apologie* (21): »Das Grab wurde leer vorgefunden bis auf die Grabtücher des dort Bestatteten. Aber trotzdem erklärten die jüdischen Führer, die sowohl an der Verbreitung einer Lüge als auch daran sehr interessiert waren, die Leute fernzuhalten, die ihnen religiös unterstellt waren, der Leichnam Christi sei von seinen Anhängern gestohlen worden.« Und weiter sagt er mit feinem Spott: »Das ist derjenige, den seine Jünger heimlich stahlen, damit gesagt werden konnte, dass er auferstanden sei oder dass der Gärtner ihn weggenommen hätte, damit sein Salat nicht von der Menge der Besucher zertrampelt würde!« [*De Spectaca*].
>
> Diese Aussage finden wir wiederholt auch in jüdischer Literatur aus dem Mittelalter [Jewish Book in Eisenmenger, i. pp. 189 ff. u.a.] Reimarus wiederholt die gleiche Geschichte: »Die Jünger Jesu«, so sagt er, »entwendeten den Leichnam Jesu vierundzwanzig Stunden bevor er begraben wurde und spielten am Bestattungsort die Komödie des leeren Grabes und verschoben die öffentliche Ankündigung der Auferstehung auf den fünften Tag, als der Verfall der Leiche vollständig eingetreten war.«

> Auf die Aussagen und Argumente dieser sehr alten Theorie hatte bereits Origenes ausführlich geantwortet [*Contra Celsus*].[276]

7.2.1.3 Johannes Chrysostomus von Antiochien (347-407 n. Chr.) sagte von der »Diebstahl-Theorie«:

> Tatsächlich bestätigt genau dies die Auferstehung, ich meine, das, was sie sagen, dass nämlich die Jünger ihn gestohlen hätten. Das ist die Sprache von Männern, die zugeben, dass die Leiche nicht mehr da war. Wenn sie also einräumen, dass die Leiche nicht da war, der angebliche Diebstahl sich aber als nicht zutreffend und unglaubwürdig erweist, da sie ja das Grab bewachen und versiegeln ließen und die Jünger in großer Furcht verharrten, dann erscheint eben dadurch der Beweis der Auferstehung unanfechtbar.[277]

7.2.2 Die Einwände

7.2.2.1 Das leere Grab muss irgendwie erklärt werden. E. F. Kevan sagt, das leere Grab sei zwar nicht notwendigerweise ein Beweis für die Auferstehung, mache aber zwei verschiedene Alternativen offenbar: »Entweder war das Grab durch einen göttlichen Akt leer oder durch einen menschlichen.« Beide Versionen müssten sachlich betrachtet werden und diejenige, die den höchsten Wahrscheinlichkeitsgrad an Wahrheit besäße, müsse akzeptiert werden.[278]

Kevan fährt fort:

> Es zeigt sich aber gar keine Schwierigkeit, wenn zwischen diesen beiden Alternativen entschieden werden muss. Die Feinde Jesu hatten kein Motiv, um die Leiche zu entfernen; die Freunde Jesu aber hatten keine Kraft, um so etwas zu unternehmen. Und für die Behörden war es nur von Vorteil, wenn der Leichnam da blieb, wo er war. Die Auffassung, dass die Jünger die Leiche gestohlen hatten, entbehrt jeder realistischen Grundlage. Es muss also eine göttliche Kraft gewesen sein, die den Leichnam des Erlösers aus dem Grab hervorgeholt hat.[279]

Le Camus sagt es so:

> Wenn Jesus, der am Freitag in das Grab gelegt worden war, am Sonntag nicht mehr da war, wurde er entweder weggeholt oder kam aus eigener Kraft aus dem Grab. Es gibt keine andere Möglichkeit. Wurde er weggeholt? Von wem? Von Freunden oder Feinden? Die Letzteren hatten ein Kommando von Soldaten dort stationiert, die ihn bewachen sollten. Von daher hatten sie nicht die Absicht, ihn verschwinden zu lassen. Auch ihre Klugheit hätte ihnen nicht dazu geraten. Das hätte dem Aufkommen von Auferstehungsgeschichten ja nur noch gedient, die die Jünger vielleicht erfinden würden. Das Klügste war für sie, ihn zu bewachen, um den Gegenbeweis antreten zu können. Auf diese Weise hätten sie allen vorgespielten Behauptungen, die laut werden konnten, antworten können: »Hier ist der Leichnam, er ist nicht auferstanden.«

> Und was seine Freunde angeht, so hatten sie weder die Absicht noch die Kraft, ihn wegzuholen.[280]

Wilbur M. Smith schreibt: »Die Soldaten wussten nicht, wie sie das leere Grab erklären sollten. Man sagte ihnen, was sie beim Sanhedrin berichten sollten und bestach sie, damit sie voll Furcht, dieses schnell zusammengebraute Märchen wiederholten.«[281]

A. B. Bruce kommentiert:

> Das Gerücht, das ausgestreut werden sollte, geht davon aus, dass es da eine Tatsache gab, die erklärt werden musste – das Verschwinden des Leichnams. Und dabei ist impliziert, dass die Aussage, die verbreitet werden sollte, falsch war, was die Soldaten auch wussten.[282]

7.2.2.2 Dass die Jünger den Leichnam Christi stahlen, ist keine sinnvolle Erklärung für das leere Grab.

Das Zeugnis der Wächter wurde nicht in Frage gestellt. Matthäus berichtet, dass »etliche von der Wache in die Stadt kamen und den Hohen Priestern alles verkündeten, was geschehen war« (Mt 28,11).

R. C. H. Lenski bemerkt, dass die Botschaft von der Auferstehung Jesu den Hohen Priestern durch ihre eigenen Zeugen gebracht wurde, »die Soldaten, die sie selbst als Wache aufgestellt hatten, die unanfechtbarsten Zeugen, die es nur geben konnte.« Das Zeugnis der Wächter wurde als ganz und gar wahrhaftig angesehen. Sie wussten, dass diese keinen Grund hatten, zu lügen.[283]

Wilbur M. Smith schreibt:

> Es muss vor allem festgestellt werden, dass die jüdischen Führer den Bericht der Wächter niemals anzweifelten. Sie gingen nicht selbst hinaus, um zu sehen, ob das Grab leer war, weil sie ganz genau wussten, dass es so war. Die Wachen wären mit einer solchen Geschichte niemals zu ihnen zurückgekommen, wenn sie nicht tatsächliche, unbezweifelbare Vorfälle zu berichten gehabt hätten, soweit sie selbst in der Lage waren, es zu begreifen. Die Geschichte, die die jüdischen Führer ihnen dann servierten, um sie beim Statthalter anzubringen, sollte nur erklären, wie es dazu kam, dass das Grab leer war.[284]

Albert Roper spricht von Hannas und Kaiphas und sagt: »Ihre heuchlerische Erklärung in Bezug auf das Verschwindens des Leichnams Jesu aus dem Grab offenbart die Falschheit ihrer Behauptung, warum sollten sie sonst versuchen, die Soldaten bei ihrer dienstlichen Meldung zu bestechen?«[285]

Die Juden stimmten der Tatsache des leeren Grabes schweigend zu, indem sie die Glaubwürdigkeit der Aussage der Soldaten nicht in Frage stellten. Ihr schnell zusammengebrautes Märchen, dass die Jünger den Leichnam Jesu stahlen, ist nur eine lahme Rechtfertigung, die sie in Ermanglung einer besseren hervorbrachten.

Es waren viele Vorsichtsmaßnahmen getroffen worden, um das Grab vor Dieben zu schützen. Für die Jünger wären das unüberwindlichen Hindernisse gewesen, wenn sie irgendeinen Plan gehabt hätten, das Grab zu öffnen.

Albert Roper sagt:

> Wir wollen fair sein. Wir stehen einer Erklärung gegenüber, die für den normalen menschlichen Verstand keine Erklärung ist und nicht sein kann – eine Lösung, die nichts löst. Wenn der Hohepriester Pilatus veranlasste, anzuordnen, »dass das Grab bis zum dritten Tag sicher bewacht werde«, dann rechtfertigt dieser Tatsachenbericht die Schlussfolgerung, dass das Grab tatsächlich abgesichert war, soweit das nur möglich war. Wenn wir diesen Bericht bedenken, kommen wir unausweichlich zu dem Ergebnis, dass die Maßnahmen, die verhindern sollten, dass die Freunde Jesu seinen Leichnam stahlen, jetzt den unwiderlegbaren Beweis liefern, dass sie es nicht konnten und nicht taten.[286]

Johannes Chrysostomus spricht von den Frauen, die früh am Sonntagmorgen zu Jesu Grab kamen. Er schreibt: »Sie waren der Ansicht, dass kein Mensch ihn weggeholt haben könnte, wo doch so viele Soldaten dabeisaßen, außer wenn er selbst auferstanden wäre.«[287]

Die Niedergeschlagenheit und Feigheit der Jünger ist ein schlagendes Argument dafür, dass sie nicht plötzlich so tapfer und wagemutig geworden waren, in Anwesenheit der Soldaten am Grab die Leiche zu stehlen. Sie waren durchaus nicht in der Stimmung, so etwas auch nur zu versuchen.

Wilbur M. Smith sagt: »Die Jünger, die geflohen waren, als Jesus verhört wurde, hatten weder den Mut noch die physische Kraft, um gegen die Soldaten vorzugehen.«[288]

Smith fährt fort:

> Diese Jünger waren nicht in der Verfassung, hinauszugehen und römischen Soldaten zu begegnen, die ganze Wache zu überwältigen und den Leichnam aus dem Grab zu holen. Ich bin der Meinung, wenn sie es versucht hätten, wären sie dabei umgekommen. Aber ganz sicher war ihnen nicht danach zumute, es auch nur zu versuchen. Am Donnerstagabend der Woche hatte Petrus sich noch als ein solcher Feigling erwiesen, als eine Magd ihn im Hof vom Palast des Hohen Priesters ansprach und ihn anklagte, zu dem verdammten Nazarener zu gehören. Da hatte er, um seine eigene Haut zu retten, den Herrn verleugnet und dabei sich selbst verflucht und geschworen. Was hätte passiert sein können, um Petrus innerhalb weniger Stunden aus einem solchen Feigling in einen Mann zu verwandeln, der auf römische Soldaten losging?[289]

In Bezug auf die »Diebstahl-Theorie« schreibt Fallow in seiner Enzyklopädie:

> Es ist wahrscheinlich, dass sie [die Jünger] es niemals getan hätten, und nahezu sicher, dass sie es gar nicht tun konnten [das Grab Jesu öffnen].

> Wie hätten sie es anstellen können, den Leichnam herauszuholen. Schwache und verzagte Kreaturen, die flohen, als sie sahen, dass er [Jesus] verhaftet wurde. Selbst Petrus, sonst der Mutigste, zitterte vor der Stimme einer Magd und leugnete dreimal, dass er »Ihn« kannte. Würden Menschen seiner charakterlichen Verfassung es wagen, der Autorität des Statthalters Widerstand zu leisten? Würden sie es gewagt haben, sich gegen den Beschluss des Hohen Rates aufzulehnen, eine Wache dort zu stationieren, und hätten sie bewaffneten und wachsamen Soldaten ausweichen können oder sie überwältigen? Wenn Jesus nicht wieder auferstanden wäre (Ich rede nach dem Sprachgebrauch von Ungläubigen!), hätte er seine Jünger mit falschen Hoffnungen auf seine Auferstehung getäuscht. Wie wäre es möglich gewesen, dass die Jünger den Betrüger nicht entlarvt hätten? Hätten sie ihr Leben aufs Spiel gesetzt, indem sie eine so gefährliche Sache unternommen hätten um eines Mannes willen, der ihre Leichtgläubigkeit so grausam missbraucht hätte? Aber selbst wenn wir zugestehen müssten, dass sie den Plan gefasst hatten, den Leichnam wegzuholen, wie hätten sie es bewerkstelligen sollen?[290]

A. Roper schreibt:

> Da ist keiner in der kleinen Gruppe der Jünger, der es gewagt hätte, das versiegelte Grab aufzubrechen, selbst wenn es nicht von römischen Soldaten bewacht gewesen wäre. Der Gedanke, dass einer von ihnen so etwas angesichts der Sicherheitsmaßnahmen, die man angewandt hatte, geschafft hätte, ist völlig absurd.[291]

Wenn die Soldaten geschlafen hätten, wie konnten sie dann sagen, die Jünger hätten die Leiche gestohlen?

Der folgende Kommentar zu der »Diebstahl-Theorie« erscheint in *Fallows Encyclopedia*:

> Augustin sagt: »Ob sie nun schliefen oder wachten – wenn sie wach waren, warum hätten sie dulden sollen, dass der Leichnam weggeholt wurde? Wenn sie schliefen, wie konnten sie dann wissen, dass die Jünger ihn gestohlen hatten? Wie können sie es dann wagen zu sagen, er sei gestohlen worden?«[292]

A. B. Bruce sagt in Bezug auf die römische Wache:

> Sie waren sich vollkommen der Tatsache bewusst, dass sie nicht auf ihrem Posten eingeschlafen waren und dass kein Dieb da gewesen war. Die Lüge, für die sie von den Priestern soviel Geld bekamen, war selbstmörderisch. Die eine Hälfte der Aussage widerlegte die andere. Schlafende Wächter konnten gar nicht wissen, was geschehen war.[293]

David Brown bemerkt:

> Wenn noch etwas nötig gewesen wäre, um den Beweis der Auferstehung Christi zu vervollständigen, dann wäre es die Dummheit dieser Erklärung gewesen, wozu die Wachen bestochen worden waren. Dass eine ganze Gruppe von Wächtern auf ihrem Posten einschlief, war äußerst unwahrscheinlich. Dass es in einem Fall wie diesem geschehen war, wo auf Seiten der Behörden derartige Befürchtungen vorlagen, dass das Grab geschändet werden könnte, war im äußersten Maß unwahrscheinlich.[294]

Paul Little sagt von der Theorie, die die Juden da ausgeheckt hatten:

> Sie gaben den Soldaten Geld und veranlassten sie zu sagen, dass die Jünger bei Nacht gekommen seien, während sie schliefen, und den Leichnam gestohlen hätten. Diese Geschichte ist so offensichtlich unwahr, dass Matthäus sich nicht einmal die Mühe machte, etwas dagegen zu sagen. Was würde ein Richter sagen, dem Sie erzählten, dass, während Sie geschlafen hätten, ihr Nachbar ins Haus gekommen sei und Ihren Fernseher gestohlen habe? Wer weiß, was passiert, während er schläft? An jedem Gerichtshof würden solche Zeugenaussagen nur Gelächter ernten.[295]

Die Soldaten würden niemals auf ihrem Posten eingeschlafen sein – das hätte nämlich sofortige Bestrafung mit dem Tod durch ihren vorgesetzten Offizier zur Folge gehabt.

A. B. Bruce schreibt:

> Die übliche Strafe für Einschlafen auf Posten war der Tod. Konnten Soldaten durch Geld dazu gebracht werden, dieses Risiko einzugehen? Tatsächlich hätten sie vielleicht das Geld genommen und wären lachend über die großzügigen Spender zu ihrem General gegangen und hätten ihm die Wahrheit gesagt. Konnten die Priester etwas anderes erwarten? Wenn nicht, wie konnten sie diesen Vorschlag im Ernst machen? Die Geschichte hat ihre Schwierigkeiten.[296]

Edward Gordon Selwyn (von Wilbur Smith zitiert) kommentiert die Möglichkeit, dass die Soldaten eingeschlafen sein könnten:

> Dass alle ohne Ausnahme eingeschlafen sein sollten, wo sie aus einem so ungewöhnlichen Anlass dort stationiert worden waren, damit nämlich der Leichnam nicht gestohlen würde … ist einfach nicht glaubhaft, besonders wenn man bedenkt, dass diese Wachen der schwersten Strafe der Welt entgegensahen. Ein römischer Wächter war dem Tode verfallen, wenn er auf Posten einschlief. Doch diese Wachen wurden nicht hingerichtet. Und sie wurden auch nicht als vor dem Gesetz für schuldig befunden, so aufgebracht und verärgert sie gewesen sein müssen durch das Misslingen ihres Planes, die Leiche zu sichern. … Dass die jüdischen Führer das nicht glaubten, was sie den Soldaten eingeimpft hatten und

wozu sie sie bestochen hatten, liegt auf der Hand. Wenn sie es geglaubt hätten, warum wurden die Jünger dann nicht sofort verhaftet und verhört? Eine solche Handlung, die den Jüngern da angelastet wurde, bedeutete einen ernsthaften Verstoß gegen die Obrigkeit. Warum zwang man sie nicht, den Leichnam herauszugeben? Oder, wenn sie nicht in der Lage waren, sich gegenüber der Anklage zu rechtfertigen, warum wurden sie nicht bestraft für ihr Vergehen? … Nirgendwo gibt es eine Andeutung dafür, dass die Führer auch nur den Versuch machten, die Anklage zu erhärten.[297]

William Paley, der englische Theologe und Philosoph, schreibt:

Ich denke, es ist von Dr. Townsend (»Discussion upon the Resurrection«, S. 126) richtig beobachtet, dass die Geschichte von den Wächtern die Tatsache in geheimem Einverständnis bewusst verdunkeln sollte: – »Seine Jünger kamen bei Nacht und stahlen ihn, während wir schliefen.« Männer in ihrer Lage würden ihre Nachlässigkeit nicht so offen zugegeben haben, ohne dass sie vorher Deckung und Straffreiheit zugesichert erhalten hätten.[298]

Der Stein vor dem Grab war extrem groß. Selbst wenn die Soldaten eingeschlafen wären und die Jünger versucht hätten, den Leichnam zu stehlen, hätte der Lärm, der durch die Bewegung eines solchen Felsbrockens verursacht worden wäre, sie ganz sicher aufgeweckt.

Wilbur Smith sagt: »Ganz bestimmt wären diese Soldaten wach geworden, wenn ein solch schwerer Stein weggerollt und die Leiche herausgeholt worden wäre.«[299]

David Brown schreibt:

Aber – selbst wenn man davon ausgehen könnte, dass so viele Jünger zum Grab gekommen wären, dass sie in der Lage gewesen wären, das Siegel zu brechen, den Stein wegzurollen und den Leichnam wegzuschaffen – dass die Wächter tief genug und lange genug geschlafen hätten, um all diese langwierigen und geräuschvollen Arbeiten in ihrer unmittelbaren Nähe zuzulassen, ohne dabei aufzuwachen, das wäre wohl völlig unmöglich gewesen.[300]

Die Grabtücher stellen ein schweigendes Zeugnis für die Unmöglichkeit eines Diebstahls dar.

Merrill Tenney bemerkt:

Keine Grabräuber hätten die Grabtücher wieder in die ursprüngliche Form zusammengewickelt, dazu hätten sie gar keine Zeit gehabt. Sie hätten die Tücher irgendwohin geworfen und wären mit dem Leichnam geflüchtet. Die Angst vor Entdeckung hätte sie so hastig wie möglich vorgehen lassen.[301]

Albert Roper sagt:

Eine solche Ordnungsliebe passt nicht zu Grabschändung und Leichenraub. Man riskiert genug, wenn man einen solchen Auftrag übernimmt. Und wenn sich überhaupt jemand gefunden hätte, hätte er mit Sicherheit nicht so viel Ordnungssinn und solchen Zeitaufwand, so viel Ruhe gezeigt. Es passt keinesfalls zu ähnlichen verbrecherischen Handlungen, dass die Täter derartige Sorgfalt darauf verwenden, einen Ort, den sie geplündert oder beschädigt haben, so peinlich sauber und ordentlich zu hinterlassen. Im Gegenteil, Unordnung und Durcheinander sind die Kennzeichen schleichender Besucher. Solche Taten – das liegt in der Natur der Dinge – werden nicht in Ruhe ausgeführt. Verbrechen erfordern Hast, bei der Ordnung keine Rolle spielt. Die ausgesprochene Ordentlichkeit des Grabes, die Johannes bezeugt, macht die Absurdität der Anklage deutlich, dass der Leichnam Jesu von den Jünger gestohlen worden wäre.[302]

Gregor von Nyssa schrieb vor fünfzehnhundert Jahren, »dass die Anordnung der Tücher im Grab, das Schweißtuch, das um das Haupt unseres Erlösers gebunden war und nicht bei den leinenen Tüchern lag, sondern sich an einem besonderen Ort zusammengewickelt befand, nicht von Angst und Hast von Dieben zeugt und deshalb die Geschichte von der gestohlenen Leiche widerlegt«[303].

Johannes Chrysostomus, ebenfalls ein Autor aus dem 4. Jahrhundert, schreibt ähnlich:

Und was bedeuten auch die Tücher, die mit Myrrhe vollgesteckt waren. Petrus sah sie dort liegen. Wenn der Diebstahl beabsichtigt war, hätten sie die Leiche nicht nackt gestohlen, nicht nur, um sie nicht zu entehren, sondern auch, um keine Zeit mit Abstreifen zu verlieren und denen, die dort Wache hielten, Gelegenheit zu geben, wach zu werden und sie zu fangen. Vor allem, wenn es Myrrhe war, eine Droge, die so am Körper klebt und in den Tüchern hängt, weshalb es nicht leicht war, die Tücher von der Leiche abzunehmen. Wer das trotzdem versuchte, brauchte viel Zeit dazu, so dass allein von daher die Geschichte von dem Diebstahl unmöglich wahr sein kann.

Und – kannten sie nicht die Wut der Juden? Und dass sie ihren Ärger an ihnen auslassen würden? Und was hätte es ihnen überhaupt nützen sollen, wenn er wirklich nicht auferstanden war?[304]

Professor Simon Greenleaf, der bekannte Jurist von Harvard, sagt:

Die Grabtücher, die ordentlich an ihrem Platz lagen und das Schweißtuch, das sich zusammengefaltet an einem besonderen Ort befand, machen es offenbar, dass die Grabstätte nicht durchwühlt noch die Leiche von gewaltsamen Händen weggeholt worden war. Die Tücher und die Spezereien wären für Diebe von viel größerem Wert gewesen als eine nackte Leiche. Jedenfalls hätten sie sich ganz bestimmt nicht die Mühe gemacht, sie ordentlich zusammenzulegen. Die gleichen Umstände machen auch deutlich, dass der Leichnam nicht von Freunden weggeholt worden war. Sie hätten die Grabtücher nicht liegen lassen. All diese Beobachtungen ließen in Johannes den Glauben keimen, dass Jesus von den Toten auferstanden war.[305]

Henry Latham, der eine gute Beschreibung der Grabtücher gibt, stellt fest, dass sie auf einem Fleck lagen, und macht weitere Bemerkungen zu den hundert Pfund Spezerei:

> Die Gewürze waren trocken. Die erwähnte Menge ist sehr groß, und wenn die Tücher auseinander gewickelt worden wären, wäre Myrrhe und Aloe in ziemlichen Mengen zerbröckelt und auf die Steinplatte oder den Boden gefallen. Petrus, der aus dem Innern des Grabes dem Johannes sehr detailliert eine Beschreibung von dem gab, was er erblickte, würde das sicher nicht übersehen haben. Mr. Beard sagt von den Spezereien, dass sie die Grabtücher zusammengehalten hätten, aber er geht an dem entscheidenden Punkt vorbei: Wenn die Tücher auseinandergefaltet worden wären, wären die Gewürze herausgefallen und sichtbar geworden. Dass darüber nichts gesagt ist, lässt vermuten, dass sie zwischen den Tüchern verblieben waren, wo sie ursprünglich hineingesteckt worden waren, und daher konnte man sie nicht sehen.[306]

Die Jünger hatten den Leichnam Christi nicht weggeholt.

Wilbur Smith sagt dazu:

> Die Jünger hatten absolut keinen Grund, den Leichnam wegzuholen, nachdem er so ehrenhaft bestattet worden war. Mehr, als für den Leichnam ihres Herrn getan worden war, konnten sie nicht tun. Josef von Arimathäa hatte ihnen niemals gesagt, dass die Leiche von ihrem ersten Bestattungsort weggeholt werden sollte. Und niemand sonst dachte an so etwas. Und daher: Wenn sie so etwas unternommen hätten, dann wäre es nicht zur Ehre des Herrn geschehen und auch nicht zu ihrem eigenen Schutz, sondern nur mit der Absicht, andere zu täuschen. In andern Worten: es wäre nur darum gegangen, den Menschen in Palästina eine Lüge im Hinblick auf Jesus aufzutischen. Was diese Jünger, die dem Herrn drei Jahre lang gefolgt waren, auch immer sein mochten – Lügner waren sie nicht, mit Ausnahme von Judas, und der war schon tot. Sie waren nicht solche gemeinen Männer, die sich mit Betrug abgaben. Es ist unvorstellbar, dass diese Elf, nachdem sie den heiligen Sohn Gottes auf seinen Wegen begleitet hatten, der selbst alle Täuschung verurteilte und immer die Wahrheit auf den Schild erhob – nachdem sie ihn ein Evangelium von einer höheren Gerechtigkeit hatten predigen hören, wie es ihnen vorher noch nirgendwo in der Welt begegnet war –, dass diese elf Jünger plötzlich bei einer solch niederträchtigen Verschwörung mitgemacht hätten.[307]

Die Jünger hatten die Wahrheit der Auferstehung bis jetzt noch nicht begriffen und so würden sie nicht versucht haben, »sie wahr werden zu lassen« (s. Lk 24).

Wie John F. Whitworth bemerkt:

> Sie schienen es nicht zu verstehen, dass er am dritten Tag auferstehen sollte. Sie waren offensichtlich überrascht, als sie entdeckten, dass er auferstanden war. Diese Umstände negieren die Vorstellung, dass sie auch nur darüber nachgedacht hätten, den Leichnam zu stehlen, um den Eindruck zu erwecken, dass er auferstanden sei.[308]

A. B. Bruce schreibt:

> Die Jünger, selbst wenn sie ohne Gewissensskrupel eines solchen Diebstahls fähig gewesen wären, waren nicht in der geistigen oder seelischen Verfassung, an so etwas zu denken oder es zu versuchen. Für solch eine riskante Aktion war ihnen kein Mut mehr übrig geblieben. Der Kummer lag wie Blei auf ihren Herzen und ließ sie fast so leblos erscheinen wie die Leiche, die sie gestohlen haben sollten. Sie hatten außerdem gar kein Motiv, das sie zu dem Diebstahl hätte veranlassen können. Den Leichnam stehlen, um den Glauben an eine Auferstehung zu verkünden? Welches Interesse hätten sie an einem Glauben haben sollen, den sie selbst nicht teilten? »Bis dahin hatten sie die Schrift noch nicht verstanden, dass er von den Toten auferstehen musste« … Und sie erinnerten sich auch nicht an irgendetwas, das ihr Meister zu diesem Thema gesagt hatte, bevor er von ihnen ging.[309]

»Die Jünger waren aufrichtige Leute«, sagt James Rosscup, »und hätten den Menschen niemals eine Lüge aufgetischt. Sie verbrachten den Rest ihres Lebens damit, die Botschaft von der Auferstehung zu verkünden. Die früheren Feiglinge waren in mutige Männer verwandelt worden. Sie waren bereit, Verhaftungen, Gefängnis, Prügel und einen schrecklichen Tod auf sich zu nehmen, und keiner von ihnen verleugnete dabei jemals seinen Herrn oder widerrief seinen Glauben an die Auferstehung Christi.«[310]

Paul Little bemerkt zur »Diebstahl-Theorie«:

> Und weiter werden wir mit einer psychologischen und ethischen Unmöglichkeit konfrontiert. Die Leiche Christi zu stehlen wäre für den Charakter der Jüngern und im Hinblick auf alles, was wir von ihnen wissen, etwas total Fremdes gewesen. Es hätte bedeutet, dass sie Verbreiter einer bewussten Lüge wurden, die zur Irreführung und schließlich zum Tode von Tausenden von Menschen geführt hätte. Und es wäre auch völlig unverständlich – selbst wenn einige der Jünger ein Komplott geschmiedet und diesen Diebstahl durchgeführt hätten – dass sie dann den anderen nichts davon gesagt hätten.[311]

J. N. D. Anderson sagt zu der Vorstellung, dass die Jünger den Leichnam Christi gestohlen hätten:

> Das würde allem total widersprechen, was wir von ihnen wissen: ihren ethischen Prinzipien, ihrer Haltung im Leben, der Ausdauer im Leiden und in der Verfolgung. Und es würde auch nicht im Geringsten ihre dramatische Veränderung erklären, dass nämlich niedergeschlagene und entmutigte Männer, die vor den Tatsachen flohen, zu Zeugen wurden, die keine Gegnerschaft mehr mundtot machen konnte.[312]

Kevan schreibt zur »Diebstahl-Theorie«:

> Hier kommen selbst die Gegner des christlichen Glaubens seiner Sicht zu Hilfe. Der Skeptiker David Strauss (1808-1874) lehnt die Hypothese eines Betrugs der Jünger als moralisch unmöglich ab. Er sagt: »Der Historiker muss anerkennen, dass die Jünger fest daran glaubten, dass Jesus auferstanden war« (*Leben Jesu*, 1864, S. 289).[313]

Wilbur Smith sagt:

> Selbst viele orthodoxe jüdische Gelehrte weisen heute diese Geschichte zurück, einschließlich Klausner selbst, der nichts damit zu tun haben will und der zugibt, dass die Jünger viel zu ehrenhaft gesonnen waren, um einen solchen Betrug wie diesen auszuüben (*Jesus of Nazareth: His Life, Times and Teaching*, New York. 1925, S. 414).[314]

War es ein »gestohlener Leichnam«, der Petrus die Kühnheit zu seinem Widerspruch in Apostelgeschichte 4,8 gab?

> »Da sprach Petrus, vom Heiligen Geist erfüllt, zu ihnen: Ihr Obersten des Volkes und ihr Ältesten von Israel, wenn wir heute wegen der Wohltat an einem kranken Menschen verhört werden, durch wen er geheilt worden ist, so sei euch allen und dem ganzen Volk Israel kundgetan, dass durch den Namen Jesu Christi, des Nazareners, den ihr gekreuzigt habt, den Gott auferweckt hat aus den Toten, dass dieser durch Ihn gesund vor euch steht. Das ist der Stein, der von euch, den Bauleuten, verworfen wurde, der zum Eckstein geworden ist. Und es ist in keinem anderen das Heil; denn es ist kein andrer Name unter dem Himmel den Menschen gegeben, in dem wir gerettet werden sollen!« (Apg 4,8-12)

Wilbur Smith erklärt:

> Die Kraft Gottes kam an dem Pfingsttag so auf Petrus herab, dass an dem einen Tag, der zum großen Teil von einer Predigt über die Wahrheit der Auferstehung Christi erfüllt war, dreitausend Seelen für den Herrn gewonnen wurden. Eins ist auf jeden Fall wahr: *Petrus predigte zumindest das, was er selbst glaubte*: dass Gott Christus von den Toten auferweckt hatte. Man kann nicht mit einer solchen

> Kraft bewusst Lügen predigen. Die Jünger fuhren damit fort, die Auferstehung zu verkündigen, bis die ganze Welt durch den Glauben an diese herrliche Wahrheit auf dem Kopf stand. Nein, die Jünger haben den Leichnam unsers Herrn nicht gestohlen und konnten es auch gar nicht.[315]

Alle Jünger, mit Ausnahme von Johannes, starben den Märtyrertod. Sie wurden verfolgt, weil sie hartnäckig an ihrem Glauben und ihren Aussagen festhielten.

Paul Little schreibt: »Menschen sterben für das, was sie *für wahr halten*, auch wenn es tatsächlich vielleicht nicht stimmt. Aber sie sterben nicht für etwas, von dem sie *wissen*, dass es eine Lüge ist.«[316]

Wenn die Jünger den Leichnam Jesu gestohlen hätten, hätten sie gewusst, dass ihre Verkündigung der Auferstehung falsch war. Sie jedoch »bezogen sich beständig auf die Auferstehung als Basis ihrer Lehre, ihrer Verkündigung, ihres Lebens und – bezeichnenderweise – ihres Sterbens.« Die Theorie, dass sie den Leichnam Jesu stahlen, ist äußerst absurd![317]

Ich stimme mit John R. W. Stott überein: Die Theorie, dass die Jünger den Leichnam Christi stahlen, »klingt einfach nicht wahr. Sie ist so unglaubwürdig, dass sie praktisch eine Unmöglichkeit darstellt. Wenn etwas aus den Evangelien und der Apostelgeschichte klar hervorgeht, dann, dass die Jünger aufrichtig waren. Sie mögen getäuscht worden sein, wenn man so will, aber sie selbst waren keine Betrüger. Heuchler und Märtyrer sind nicht aus dem gleichen Stoff gemacht.«[318]

7.2.2.3 Die Theorie, dass die Juden, die Römer oder Josef von Arimathäa die Leiche Jesu entfernten, wäre eine bessere Erklärung für das leere Grab als ein Diebstahl der Jünger. Haben die Juden den Leichnam weggenommen?

J. N. D. Anderson bemerkt dazu:

> Innerhalb von sieben kurzen Wochen [nach der Auferstehung Christi] – wenn man den Berichten überhaupt Glauben schenken will, und ich sehe keinen einleuchtenden Grund für christliche Schreiber, warum sie diese kaum zu begreifende Zeitspanne von sieben Wochen erfunden haben sollten – innerhalb von sieben kurzen Wochen war die Stimmung in Jerusalem vom Predigen der Auferstehung her am Siedepunkt angekommen. Die Apostel verkündigten sie hin und her in der ganzen Stadt. Die Hohen Priester waren in höchstem Maß wütend darüber. Sie erklärten, die Apostel versuchten, das Blut dieses Menschen über sie zu bringen. Sie waren angeklagt, den Herrn der Herrlichkeit gekreuzigt zu haben. Und sie stellten sich darauf ein, diese gefährliche Ketzerei schon im Keim gründlich zu ersticken.[319]

Wenn die Juden einen amtlichen Befehl gegeben hätten, den Leichnam wegzuholen, warum erklärten sie dann nicht, als die Apostel in Jerusalem die Auferstehung predigten: »Stopp! Wir haben ihn weggeholt – Christus ist nicht aus dem Grab auferstanden.«?

Und wenn ein solcher Widerspruch nicht gefruchtet hätte, warum erklärten sie dann nicht genau, wo die Leiche zu finden war?

Wenn auch das versagt hätte, warum holten sie die Leiche nicht herbei, luden sie auf einen Wagen und rollten sie ins Zentrum von Jerusalem? Eine solche Aktion hätte die christliche Bewegung zerstört – nicht im Anfangsstadium, sondern im tiefsten Innern! Endgültig!

William Paley, der englische Theologe und Philosoph, schreibt:

> Es ist ganz klar, wenn die Leiche hätte gefunden werden können, hätten die Juden das veranlasst. Es wäre die kürzeste und vollständigste Widerlegung der ganzen Geschichte gewesen. Denn ungeachtet ihrer Vorsichtsmaßnahmen, trotz aller Vorbereitungen und Vorwarnungen: wenn die Geschichte der Auferstehung Christi laut wurde (wie es sofort geschah), wenn sie von den Jüngern öffentlich bekannt wurde und Inhalt und Grundlage ihres Predigens in seinem Namen bildete und dann auch Anhänger für diese Religion gewann, dann hatten die Juden einfach die Leiche nicht, um sie vorzuführen.[320]

John Whitworth schreibt zum Schweigen der Juden zu dem Verbleib des Leichnams Jesu:

> Während diese Geschichte [vom Diebstahl] später allgemein unter den Juden verbreitet wurde, ist sie doch, wie Dr. Gilmore feststellt, »nicht einmal bei den Verhören der Apostel angesprochen worden, die sehr bald in Jerusalem wegen ihrer kühnen und offenen Verkündigung von der Auferstehung ihres Meisters stattfanden.« Obwohl die Apostel vor dieses Gericht zitiert worden waren, das das Gerücht von dem Diebstahl in Umlauf gesetzt hatte, wurden sie doch in keiner Weise dafür zur Verantwortung gezogen. Nicht ein Flüstern kam dem Sanhedrin zu diesem Thema über die Lippen. Die Geschichte wurde auch bald als unhaltbar und absurd fallen gelassen.[321]

Haben die Römer die Leiche weggeholt? Es wäre für den Statthalter von Vorteil gewesen, wenn der Leichnam im Grab geblieben wäre. Das Hauptinteresse von Pilatus lief darauf hinaus, die Dinge friedlich »über die Bühne gehen« zu lassen. Den Leichnam wegzuholen hätte unerwünschte Aufregung sowohl bei Juden als bei den Anhängern Jesu bewirkt.

J. N. D. Anderson sagt von Pilatus: »Er … war verärgert über diese fremde Lehre. Wenn er die Leiche weggeholt hätte, wäre es unglaubhaft, dass er die Hohen Priester nicht informiert hätte, wo sie doch schon so erregt waren.«[322]

Pilatus wollte vor allem Frieden.

Hat Josef von Arimathäa den Leichnam weggeholt? Josef war insgeheim ein Anhänger Jesu, und als solcher hätte er nichts Derartiges unternommen, ohne vorher die anderen Jünger zu fragen. Und wenn er wirklich doch aktiv geworden wäre, ohne den Rest zu fragen, hätte er mit Sicherheit hinterher die andern von seinem Tun informiert, als die Botschaft von der Auferstehung überall verbreitet wurde.

7.2.3 Die Schlussfolgerung

Alles in allem sprechen die Tatsachen sehr deutlich gegen die Theorie, dass der Leichnam Christi weggeholt wurde.

Oder wie es George Hanson treffend formuliert:

> Der schlichte Glaube eines Christen, der mit der Auferstehung rechnet, ist nichts gegen die Leichtgläubigkeit des Skeptikers, der die wildesten und unwahrscheinlichsten Abenteuergeschichten eher akzeptiert, als sich dem klaren Zeugnis von Beweismaterial auf historischer Basis anzuschließen. *Der Glaube mag seine großen Schwierigkeiten haben, doch die Absurditäten des Unglaubens sind bei weitem größer.*[323]

Es gibt nur zwei Erklärungen für das leere Grab

Menschenwerk	Gotteswerk
durch Feinde entfernt - kein Motiv	die logistische Erklärung
durch Freunde entfernt - keine Kraft	

7.3 Die Theorie von der Halluzination

7.3.1 Die Theorie

Alle Auftritte Christi nach seiner Auferstehung waren nur angenommene Erscheinungen. Was wirklich passierte war dies: Die Menschen hatten Halluzinationen.

7.3.2 Die Einwände

7.3.2.1 Waren die Erscheinungen Christi von so großer Bedeutung?

C. S. Lewis schreibt:

> In den ersten Tagen der Christenheit war ein ›Apostel‹ in erster Linie und vor allem ein Mann, der von sich sagte, ein Augenzeuge der Auferstehung zu sein. Nur ein paar Tage nach der Kreuzigung, als zwei Kandidaten genannt wurden, um die leere Stelle auszufüllen, die durch den Verrat des Judas entstanden war, galt als Voraussetzung, dass sie Jesus vor und nach seiner Auferstehung persönlich gekannt haben mussten und Beweise für die Auferstehung aus erster Hand besaßen, um sie an die Welt weiterzugeben (Apg 1,22). Einige Tage später erhob Petrus in seiner ersten christlichen Predigt den gleichen Anspruch: »Diesen Jesus hat Gott auferweckt; dafür sind wir (wir Christen) alle Zeugen« (Apg 2,32).

Im ersten *Brief an die Korinther* stellt Paulus seinen Anspruch auf sein »Apostelsein« auf die gleiche Grundlage: »Bin ich kein Apostel? Habe ich nicht den Herrn Jesus gesehen?«[324]

7.3.2.2 Würde es eine Rolle spielen, wenn die Erscheinungen Christi nach seiner Auferstehung bloße Visionen gewesen wären?

Nach der Definition von Lewis wäre, wenn die Sicht zuträfe, dass alle Erscheinungen Christi nur Halluzinationen gewesen wären, der Wert des apostolischen Amtes gleich null.

Wenn das wahr wäre, bedeutete es nach Gresham Machens Worten, »dass die christliche Kirche auf die pathologische Erfahrung gewisser Personen des ersten Jahrhunderts unserer Zeitrechnung gegründet wäre. Es bedeutete, dass, falls Petrus und die anderen einem guten Neurologen begegnet wären, den sie hätten konsultieren können, niemals eine christliche Kirche entstanden wäre.«[325]

J. N. D. Anderson spricht von »der Glaubwürdigkeit der apostolischen Zeugen« und sagt, dass diese »mit der Stichhaltigkeit ihrer Aussagen steht und fällt«[326].

7.3.2.3 Was ist eine Vision?
Wilbur Smith sagt:

> Die befriedigendste *Definition* von »Vision« habe ich bei Weiss gefunden: »Die wissenschaftliche Bedeutung dieses Begriffs ist, dass es sich um einen augenscheinlichen Akt des Sehens handelt, für den kein entsprechendes äußeres Objekt vorhanden ist. Der Sehnerv ist nicht durch äußere Lichtwellen oder Schwingungen des Äthers getroffen worden, sondern ist nur durch eine rein innerliche physiologische Ursache angeregt worden. Gleichzeitig wird der Sinneseindruck vom Sehvermögen des Betreffenden, der die Vision erlebt, so aufgenommen, als ob es sich um etwas vollkommen Objektives handelte. Er glaubt fest daran, dass das Objekt seiner Vision sich tatsächlich vor ihm befindet.«[327]

7.3.2.4 Waren die Erscheinungen Christi nach seiner Auferstehung Visionen?

Bloße Visionen waren es nicht, die die Jünger erlebten. Das Zeugnis des Neuen Testamentes widerspricht einer solchen Hypothese total.

Hillyer Straton sagt: »Menschen, die Halluzinationen haben, werden niemals moralische Helden. Die Wirkung der Auferstehung Jesu im Hinblick auf verändertes Leben hielt an, und die meisten der frühen Zeugen gingen für das Verkündigen dieser Wahrheit in den Tod.«[328]

7.3.2.5 Die Theorie von einer Halluzination ist nicht glaubhaft. Weil es bestimmten Gesetzen und Prinzipien widerspricht, von denen Psychiater sagen, dass Visionen damit in Einklang sein müssen, ist diese Theorie nicht sehr glaubhaft.

1. Generell kann man sagen, dass nur eine bestimmte Sorte von Menschen überhaupt Halluzinationen hat.[329]

Es sind diejenigen, die man als »überempfindlich«, äußerst fantasiebegabt und sehr nervös beschreibt.

Die Erscheinungen, die es von Christus gab, waren aber nicht auf Personen von einer bestimmten psychologischen Struktur beschränkt.

John R. W. Stott sagt:

> Es gab unterschiedliche Stimmungen … Maria Magdalena weinte … Die Frauen waren ängstlich und erstaunt … Petrus war voller Reue … und Thomas voller Zweifel … Die beiden Jünger, die nach Emmaus gingen, waren von den Ereignissen der Woche abgelenkt … und die Jünger in Galiläa vom Fischen. Es ist unmöglich, die Offenbarungen des Herrn als Halluzinationen von verwirrten Geistern abzutun.[330]

2. Halluzinationen sind im Unterbewusstsein eines Individuums an seine speziellen Erfahrungen der Vergangenheit gebunden.[331]

Es sind Menschen, die sehr individualistisch und subjektiv veranlagt sind.

Heinrich Klürer zitiert in *Psychopathology of Perception* einen berühmten Neurobiologen:

> [Raoul] Morgue kommt in seiner fundamentalen Abhandlung über die Neurobiologie der Halluzinationen in der Zusammenfassung zu dem Ergebnis, dass Schwankungen und Unbeständigkeit die häufigsten ständigen Merkmale von Halluzinationen und den auf sie bezogenen Phänomenen darstellen. Für ihn ist die Halluzination kein statisches Phänomen, sondern im Wesentlichen ein dynamischer Prozess, dessen Instabilität genau die Instabilität der Faktoren und Bedingungen widerspiegelt, die zu ihrem Ursprung gehören.[332]

Es ist daher extrem unwahrscheinlich, dass zwei Personen zu gleicher Zeit die gleiche Halluzination haben sollten.

Die Erscheinungen Christi wurden von vielen Menschen gesehen.

Thomas J. Thorburn erklärt:

> Es ist absolut unvorstellbar, dass so viele (sagen wir, die 500 genannten) Personen mit einem durchschnittlich gesunden Menschenverstand und Temperament in unterschiedlicher Zahl, zu allen möglichen Zeiten und in den verschiedensten Situationen alle Arten von Sinneseindrücken erleben sollten – visuelle, auditive, den Berührungssinn betreffende – und dass all diese mannigfaltigen Erfahrungen nur auf subjektiven Halluzinationen beruhen sollten. Wir halten das für unglaubhaft. Wenn diese Theorie auf irgendein anderes als ein »übernatürliches« Ereignis in der Geschichte angewandt würde, würde sie umgehend als lächerlich unzureichende Erklärung abgetan werden.[333]

Wilbur Smith zitiert Theodor Christlieb:

Wir leugnen nicht, dass die Wissenschaft uns von Fällen berichten kann, wo ganze Versammlungen auf einmal Visionen gehabt haben. Aber wo dies der Fall war, war es immer begleitet von einer *krankhaften seelischen Erregung* und auch von einer krankhaften körperlichen Verfassung, vor allem bei nervösen Gefühlsbewegungen. Aber selbst wenn einer oder mehrere der Jünger sich in einem solchen krankhaften Zustand befunden hätten, wäre es in keinem Fall zu rechtfertigen, davon auszugehen, dass alle Jünger in dieser Verfassung gewesen wären. Sie waren ganz sicher Männer von sehr großen Unterschieden in Temperament und Konstitution. Und trotzdem soll einer nach dem anderen in diesen krankhaften Zustand verfallen sein? Nicht nur die aufgeregten Frauen, sondern auch Petrus, dieser starke und harte Fischer, der sicher so weit von Nervosität entfernt war wie nur irgendeiner? Und dann Jakobus, die Beiden auf ihrem Weg nach Emmaus und so weiter bis zu dem nüchternen, zweifelnden Thomas und alle elf auf einmal und dann *mehr als 500 Brüder alle zusammen*? Alle diese sollen plötzlich einer solchen Selbsttäuschung verfallen sein, und das wohlgemerkt zu den unterschiedlichsten Zeiten und an den unterschiedlichsten Orten und bei den unterschiedlichsten Gelegenheiten (morgens am Grab, bei einer Unterhaltung auf dem Wege, im vertrauten Kreis von Freunden, bei der Arbeit auf dem See), wo ihre Gedanken ganz sicher sehr unterschiedliche Wege gingen und ihre innere Bereitschaft für Visionen äußerst ungleich vorhanden war? Und konnten sie alle miteinander sich einig geworden sein, diese Visionen der Welt als körperliche Erscheinungen des auferstandenen Christus zu verkünden? Oder wenn sie es taten, konnte es reine Selbsttäuschung und absichtlicher Betrug sein? Ganz sicher hätte der eine oder andere von ihnen hinterher sich ernsthaft selbst gefragt, ob die Erscheinung, die er gesehen hatte, Wirklichkeit gewesen war. Schleiermacher sagt sehr zu Recht: »Wer immer davon ausgeht, dass die Jünger sich selbst täuschten und innere Vorgänge für äußere ansahen, zeiht sie einer solchen geistigen Schwachheit, dass ihr ganzes Zeugnis im Hinblick auf Christus damit unglaubwürdig werden würde. Und es sähe so aus, als ob Christus selbst, als er sich solche Zeugen erwählte, nicht wusste, was im Menschen war. Oder wenn er selbst gewollt und bestimmt hätte, dass sie solche inneren Erscheinungen irrtümlich für äußere ansahen, wäre er selbst der Urheber des Irrtums gewesen. Und alle moralischen Vorstellungen wären in Verwirrung geraten, falls dies mit seiner hohen Würde vereinbar gewesen wäre.«[334]

3. Nach zwei bekannten Psychiatern, L. E. Hinsie und J. Shatsky, ist eine Illusion »eine irrtümliche Wahrnehmung, eine falsche Reaktion auf eine Sinnesregung … Doch weckt in einem normalen Menschen dieser falsche Eindruck den Wunsch, dieses Empfinden öfter nachzuprüfen oder dass andere Eindrücke ihn korrigieren und ihn dahin gehend beruhigen möchten, dass es sich um eine bloße Illusion handelt.«[335]

Die Erscheinungen Christi konnten niemals irrtümliche Wahrnehmungen gewesen sein:

Wilbur Smith schreibt zu den Beobachtungen des Lukas. Er schildert ihn als einen Mann, »der die wissenschaftliche Betrachtung aller Themen, mit denen er sich beschäftigte, gewohnt war. Lukas sagt am Anfang seines zweiten Buches, der Apostelgeschichte, dass unser Herr sich selbst nach seinem Leiden lebendig zeigte ›durch viele sichere Kennzeichen‹, oder wörtlicher genommen, ›durch viele Beweise‹.«[336]

Smith fährt fort:

> Genau die Art von Beweis, worauf die moderne Wissenschaft und sogar die Psychologen bestehen, um die Realität eines zu betrachtenden Gegenstandes festzustellen, wird uns in den Evangelien hinsichtlich der Auferstehung des Herrn Jesus dargeboten, nämlich: was mit menschlichen Augen gesehen, mit menschlichen Händen berührt und mit menschlichen Ohren gehört wird, ist real. Das ist es, was wir empirischen Beweis nennen.[337]

W. J. Sparrow-Simpson schreibt:

> Die Erscheinungen des auferstandenen Meisters dürfen aufgrund der menschlichen Sinne, die davon angesprochen wurden, analysiert werden, ob es nun um Sehen, Hören oder Berühren ging. Die verschiedenen Phänomene können praktisch unter diesen Bereichen zusammengefasst werden.[338]

Sparrow-Simpson fährt fort:

> Nehmen wir zuerst die Sinneswahrnehmung des Sehens. Es liegt nahe, damit anzufangen, da es die ursprünglichste Form ist, die Aufmerksamkeit zu gewinnen. Das wird in den Evangelien auf verschiedene Weise beschrieben: »Jesus begegnete ihnen« (Mt 28,9); »Sie sahen ihn« (Mt 28,17); »Sie erkannten ihn« (Lk 24,31); »Sie … meinten, einen Geist zu sehen« (Lk 24,37); »Seht an meinen Händen und meinen Füßen, dass ich es bin! Rührt mich an und schaut, denn ein Geist hat nicht Fleisch und Knochen, wie ihr seht, dass ich habe. Und indem er das sagte, zeigte er ihnen die Hände und die Füße« (Lk 24,39.40). Ähnlich heißt es beim vierten Evangelisten: »… dass sie den Herrn gesehen … haben« (Joh 20,18); »… zeigte er ihnen seine Hände und seine Seite« (Joh 20,20); »… als sie den Herrn sahen« (Joh 20,20); »Wenn ich nicht an seinen Händen die Nägelmale sehe« (Joh 20,25); »…weil du mich gesehen hast« (Joh 20,29); »Aber keiner der Jünger wagte ihn zu fragen: Wer bist du? Denn sie wussten, dass es der Herr war« (Joh 21,12); »… indem er ihnen während vierzig Tagen erschien« (Apg 1,3). Der auferstandene Herr bezieht sich bei diesen Erscheinungen auf die Merkmale seiner Wunden, die er durch sein Leiden davongetragen hat: Lukas erwähnt Hände und Füße (Lk 24,29-40), Matthäus erwähnt weder die einen noch die andern und Johannes nennt Hände und die Seite (Joh 20,20-25,27).[339]
> Die Erscheinungen des auferstandenen Christus werden im Zusammenhang mit

> der Möglichkeit des Berührens berichtet, … in dieser Hinsicht sind die bei weitem nachdrücklichsten Worte, die bei Lukas geschrieben stehen: »Rührt mich an und schaut, denn ein Geist hat nicht Fleisch und Knochen, wie ihr seht, dass ich habe« (Lk 24,39). »Da reichten sie ihm ein Stück gebratenen Fisch. Und er nahm es und aß vor ihnen« (Lk 24,42.43).[340]

Thomas Thorburn schreibt: »Der angeblich ›halluzinatorischen‹ Vision am Grab liegt im Bericht des Markus eine *auditive* Erfahrung zugrunde: Der Engel sagt den Frauen, dass sie hingehen und seinen Jüngern die Sache verkündigen sollen (Mk 16,5-7).«

Thorburn fährt fort: »Ähnlich ist es bei Matthäus (der weitgehend aus der gleichen Quelle wie Markus geschöpft hat). Die Frauen sehen und hören Jesus, und sie berühren ihn auch (Mt 28,9-10).«[341]

4. Halluzinationen sind gewöhnlich im Hinblick auf die Frage beschränkt, wann und wo sie sich ereignen.[342]

Halluzinationen werden meist erlebt: an Orten mit einer nostalgischen Atmosphäre oder zu einer Zeit, die die betreffende Person in Erinnerungen schwelgen lässt.

Die Zeiten der Erscheinungen Christi und ihre Orte führten die Zeugen nicht gerade zu Halluzinationen. Und es wurden auch nicht durch vertraute Umgebungen Fantasien im Hinblick auf bestimmte Ereignisse geweckt.

John R. W. Stott bemerkt, dass »äußerlich begünstigende Umstände durchaus fehlten.«[343]

Stott fährt fort:

> Wenn die Erscheinungen alle an ein oder zwei bevorzugten Plätzen stattgefunden hätten, die durch die Erinnerungen an Jesus besonders geheiligt gewesen wären, und wenn ihre Stimmung auf Erwartung ausgerichtet gewesen wäre, dann wäre unser Verdacht vielleicht geweckt worden.[344]

Stott fasst zusammen:

> Wenn wir nur den Bericht von der Erscheinung Jesu in jenem Oberstock des Hauses [wo sich die Jünger versammelten] hätten, könnten uns Zweifel und Fragen kommen. Wenn die Elf an diesem besonderen Ort zusammengekommen wären, wo Jesus mit ihnen einige der letzten Stunden seines irdischen Daseins verbracht hatte, und sie hätten seinen Platz dort freigehalten und ergingen sich in sentimentalen Gedanken an die herrlichen Tage der Vergangenheit, erinnerten sich an sein Versprechen, wiederzukommen – vielleicht hätten sie dann begonnen zu überlegen, ob er kommen würde und zu hoffen, dass es so sein möchte, bis die gespannte Erwartung schließlich in seine plötzliche Erscheinung übergegangen wäre – dann hätten wir tatsächlich Grund zu der Befürchtung, dass sie das Opfer eines grausamen Wahns geworden wären.[345]

W. Robertson Nicoll – zitiert von Kevan – sagt: »Wir müssen daran denken, dass die Jünger Christus nicht nur sahen, sondern dass sie auch mit ihm redeten, dass diese Gespräche in den unterschiedlichsten Umgebungen stattfanden und dass es viele Zeugen dafür gab.«[346]

James Orr zieht den Zeitfaktor in Betracht und bemerkt, dass die Erscheinungen »nicht flüchtige Blicke auf Christus waren, sondern längere Unterhaltungen mit ihm.«[347]

Wir sollten die weite Spanne der verschiedenen Zeiten und Orte im Auge behalten: Die Erscheinung bei den Frauen am Grab früh morgens (Mt 28,9.10), die Erscheinung auf der Straße nach Emmaus am Nachmittag (Lk 24,13-33), eine Reihe von persönlichen Gesprächen bei hellem Tageslicht (Lk 24,15; 1.Kor 15,7), frühmorgens am See (Joh 21,1-14) und auf einem Berg in Galiläa von 500 Gläubigen (1.Kor 15,6).

Es gibt tatsächlich eine wohl bewusste Vielfalt der Erscheinungen Christi nach Zeit und Ort, dass sie der Hypothese, es seien bloße Visionen gewesen, spottet.

5. Halluzinationen setzen eine hoffnungsfrohe Erwartung bei den Menschen voraus, so dass ihre Wünsche zum Vater ihrer Gedanken werden können.[348]

Die folgenden Prinzipien sind charakteristisch für Halluzinationen: William Milligan bemerkt, dass das Subjekt der Vision durch »den Glauben an die Vorstellung, die darin ausgedrückt ist und durch erregte Erwartung, dass diese Vorstellung irgendwie realisiert werden wird, gekennzeichnet sein muss«[349].

Um eine Erfahrung wie diese zu machen, muss jemand so intensiv zu glauben wünschen, dass er irgendetwas projiziert, das tatsächlich nicht da ist, und damit das seiner Vorstellung Wirklichkeit verleiht.«[350]

E. H. Day bemerkt: »Das Schauen von Visionen, die subjektive Wahrnehmung außergewöhnlicher Phänomene durch eine große Zahl von Personen zu gleicher Zeit, macht eine gewisse Menge an ›psychologischer Vorbereitung‹ notwendig, die sich über eine entschieden längere Periode hinziehen würde.«[351]

Paul Little schreibt: »Eine Mutter, die ihren Sohn im Krieg verloren hat, erinnert sich z. B. daran, dass er gewöhnlich jeden Nachmittag um 17.30 Uhr von der Arbeit nach Hause kam. Nun sitzt sie jeden Nachmittag in ihrem Schaukelstuhl grübelnd und nachdenkend. Und schließlich hat sie den Eindruck, dass er durch die Tür hereinkommt und sich mit ihr unterhält. An diesem Punkt hat sie den Bezug zur Realität verloren.«[352]

Im Falle der Erscheinungen Christi nach seiner Auferstehung mussten seine Anhänger gegen ihren Willen daran glauben.

W. J. Sparrow-Simpson schreibt: »Das Phänomen legt daher nahe, dass diese Erscheinungen der geistigen Beachtung eher aufgezwungen wurden, als dass sie von innen gekommen wären.«[353]

Alfred Edersheim sagt, dass »solche Visionen eine vorhergehende Erwartung des Ereignisses voraussetzen. Und wie wir wissen, war bei den Jüngern das Gegenteil der Fall.«[354]

E. H. Day schreibt in Erwiderung der Halluzinations-Theorie: »Wir können die Langsamkeit erkennen, mit der die Jünger zu einer Überzeugung fanden, zu der nur die unerbittliche Logik der Tatsachen sie führte.«[355]

Bezüglich der fehlenden »psychologischen Vorbereitung« bemerkt Day:

> Die erste Erscheinung des Herrn begegnete den verschiedenen Jünger in unterschiedlicher geistiger Verfassung, aber von Erwartung, Vorahnung oder von einem Darauf-vorbereitet-Sein, ihn zu sehen, war nichts festzustellen … Ihrer aller Glaube war durch die Katastrophe des schändlichen Todes, eines Todes, der das Wort des jüdischen Gesetzes so deutlich auf den Plan rief: »Ein Gehängter ist von Gott verflucht« (5.Mose 21,23), erschüttert worden. Die Theorie von subjektiven Visionen könnte einleuchten, wenn unter den Jüngern die Weigerung zu spüren gewesen wäre, das Schlimmste zu glauben. Doch ihre Hoffnungen waren so weit zerschlagen worden, dass sie sich nur sehr langsam davon erholten.[356]

Paul Little erklärt, dass die allgemeine Verfassung der Anhänger Christi nicht so war, wie man es bei Opfern von Halluzinationen findet:

> Maria kam am ersten Ostersonntagmorgen zum Grab und trug die Salben und Gewürze in der Hand. Warum? Um den toten Körper ihres geliebten Herrn einzubalsamieren. Sie erwartete ganz offensichtlich nicht, ihn von den Toten auferstanden zu finden. Tatsächlich verwechselte sie ihn ja beim ersten Anblick mit dem Gärtner! Und als der Herr schließlich seinen Jüngern erschien, waren sie erschrocken und glaubten, einen Geist zu sehen![357]

Alfred Edersheim erklärt dazu:

> Solch eine Erzählung, wie sie Lukas berichtet, scheint geradezu dazu geeignet zu sein, die Theorie von den Visionen unmöglich erscheinen zu lassen. Uns wird ausdrücklich gesagt, dass die Erscheinung des auferstandenen Christus weit davon entfernt war, ihren Erwartungen zu entsprechen, dass sie sie erschreckte und dass sie sie für etwas Gespenstisches angesehen hatten, worauf Christus sie des Gegenteils versicherte und sie bat, ihn zu berühren, denn »ein Geist hat nicht Fleisch und Blut, wie ihr seht, dass ich habe«[358].

Und weiter sagt Edersheim: »Reuss bemerkt treffend, wenn dieses fundamentale Dogma der Kirche auf einer Erfindung beruht hätte, hätte man darauf geachtet, dass die Berichte davon strikteste und buchstäbliche Übereinstimmung gezeigt hätten.«[359]

C. S. Lewis sagt:

> Jede Halluzinations-Theorie scheitert an der Tatsache (und wenn es eine Erfindung wäre, dann wäre es die merkwürdigste, die jemals im Geist eines Menschen entstanden ist), dass, bei drei völlig voneinander getrennten Gelegenheiten, bei

dieser »Halluzination« Jesus nicht sofort erkannt wurde (Lk 24,13-31; Joh 20,15; 21,4). Selbst wenn man einräumt, dass Gott eine von ihm bewirkte Halluzination gesandt hätte, um Wahrheiten zu lehren, die bereits weithin auch ohne diese geglaubt wurden und auf andere Weise leichter zu lehren gewesen wären und hierdurch eher verdunkelt worden wären – könnten wir nicht wenigstens hoffen, dass er dann die Halluzination auch »richtig hingekriegt« hätte? Ist er, der alle Gesichter geschaffen hat, so ein Stümper, dass er nicht eine erkennbare Ähnlichkeit mit dem Mann, der er doch selbst war, zustande gebracht hätte?[360]

Thorburn schreibt über die Offenbarung Jesu seinen Jüngern gegenüber:

> Wenn es eine rein subjektive Vorstellung gewesen wäre, die eine ähnliche Reihe von gleich unrealen Auffassungen in andern geweckt hätte, dann hätte uns die Überlieferung ganz sicher einen sehr ausführlichen Bericht davon zukommen lassen.[361]

6. Halluzinationen neigen gewöhnlich dazu, über einen längeren Zeitraum mit bemerkenswerter Regelmäßigkeit aufzutreten.[362]

Entweder treten sie immer häufiger auf, bis ein bestimmter Krisenpunkt erreicht ist, oder die Häufigkeit nimmt ab, bis sie ganz verschwinden. Achten wir auf die folgenden Beobachtungen hinsichtlich der Erscheinungen Christi:

C. S. Lewis schreibt: »Alle Berichte legen nahe, dass die Erscheinungen des Auferstandenen aufhörten. Einige beschreiben ein abruptes Ende sechs Wochen nach seinem Tod. … ein Phantom kann verschwinden, eine objektive Person muss irgendwohin gehen – es muss etwas damit passieren.«[363]

Er kommt zu dem Schluss:

> Wenn es wirklich eine Vision war, dann war es die einer äußerst systematischen Täuschung und die verlogenste Vision, die je berichtet wurde. Doch wenn es eine reale Erscheinung war, dann geschah hinterher etwas mit der Person, nachdem sie nicht mehr erschien. Man kann die Himmelfahrt nicht ausstreichen, ohne irgendetwas an ihre Stelle zu rücken.[364]

Hastings *Dictionary of the Apostolic Church* sagt, dass »die Theorie mit der Tatsache nicht zu vereinbaren ist, dass die ›Visionen‹ so plötzlich zu Ende waren. Nach den vierzig Tagen ist von keiner Erscheinung des auferstandenen Herrn mehr berichtet, außer von der, die Paulus erlebte, wo aber auch Person und Umstände außergewöhnlich waren. So äußert sich eine bloße Einbildung nicht. Wie Keim sagt: ›Die Geister, die Menschen wachrufen, sind nicht so schnell wieder beruhigt.‹«[365]

Kevan fragt:

> Wenn die Visionen vom auferstandenen Erlöser Halluzinationen waren, warum haben sie dann so schnell wieder aufgehört? Warum hat nach der Himmelfahrt

einer nicht andere gefunden, die immer noch die begehrten Visionen hatten? Nach dem Gesetz der Entwicklung, so sagt Dr. Mullins, »müssten Halluzinationen chronisch werden, nachdem 500 Personen in diese Strömung hineingeraten sind. Doch nun wird die Halluzination von einem entschiedenen und um sich greifenden evangelistischen Programm abgelöst.«[366]

7.3.3 Welche Schlussfolgerungen können wir ziehen?

Winfried Corduan fasst die Halluzinations-Theorie so zusammen:

> Das Problem bei dieser Theorie ist, dass im Fall der Erscheinungen [Jesu] nach der Auferstehung alles, was wir von Halluzinationen wissen, nicht zutrifft. Die Erscheinungen folgten nicht der Art und Weise, die man immer in Verbindung mit Halluzinationen findet, da diese sich sonst im sehr privaten Bereich ereignen und in einem Zustand extremer emotionaler Instabilität, in der Halluzinationen als eine Art Wunscherfüllung funktionieren. Was sich nach der Auferstehung abspielte, war etwas ganz anderes. Die Jünger hatten keine Probleme damit, das Weggehen Christi zu akzeptieren. Sie beschlossen, wieder fischen zu gehen. Die Erscheinungen traten überraschend auf, während die Jünger sich schon auf andere Dinge eingestellt hatten. Und was am wichtigsten ist: die Erscheinungen geschahen vor Gruppen von Menschen, wobei jeder von ihnen das Gleiche sah. So funktioniert eine Halluzination im Allgemeinen nicht. Man kann einfach nicht davon ausgehen, dass es sich bei den Erscheinungen des Auferstandenen um Halluzinationen handelte.[367]

John R. W. Stott schreibt:

> Die Jünger waren nicht leichtgläubig, sondern eher vorsichtig, skeptisch und »trägen Herzens zu glauben«. Sie waren nicht anfällig für Halluzinationen. Und merkwürdige Visionen hätten sie auch nicht befriedigt. Ihr Glaube war auf die harten Tatsachen nachprüfbarer Erfahrung gegründet.[368]

»Halluzinationen«, so schreibt T. J. Thorburn, »regen Menschen niemals dazu an, großartige Werke zu vollbringen und dabei ein Leben härtester und ausdauerndster Selbstverleugnung zu führen und sogar zu leiden. Mit einem Wort … wir sind gezwungen, Dr. Sanday zuzustimmen, der sagt: ›Kein Gespenst, keine Sinnestäuschung hat jemals die Welt verändert.‹«[369]

7.4 Die Theorie des falschen Grabes

7.4.1 Die Theorie

Professor Kirsopp Lake schreibt dazu:

> Man könnte bei der Frage tatsächlich Zweifel anmelden, ob die Frauen wirklich ganz sicher sein konnten, dass das Grab, das sie aufsuchten, dasjenige war, in das

sie Josef von Arimathäa den Leichnam des Herrn hatten bestatten sehen. Die Umgebung von Jerusalem ist voll von Felsengräbern, und es war sicher nicht leicht ohne genaue Kennzeichen, das eine vom andern zu unterscheiden … Und es ist sehr zu bezweifeln, ob sie bei der Bestattung sehr nahe am Grab gewesen waren … Eher ist anzunehmen, dass sie aus einer gewissen Entfernung zugeschaut haben und dass Josef von Arimathäa für sie eher ein Vertreter der Juden als ein Jünger Jesu war. Wenn das so zutrifft, dann hatten sie nicht allzu viel an Voraussetzungen, zwischen dem einen und dem anderen der Felsengräber zu unterscheiden. Daher muss die Möglichkeit, dass sie zum falschen Grab kamen, in Betracht gezogen werden. Und das ist eine wichtige Sache, weil es die natürliche Erklärung dafür liefert, dass, während sie das Grab geschlossen gesehen hatten, sie es jetzt offen fanden. Wenn es auch nicht das Gleiche war, so schienen die Umstände doch alle gut zusammen zu passen. Die Frauen kamen am frühen Morgen zu einem Grab, von dem sie dachten, es sei dasjenige, in das der Herr bestattet worden sei – wie sie ja gesehen hatten. Sie erwarteten, ein geschlossenes Grab zu finden, aber sie fanden ein offenes. Und ein junger Mann … vermutlich ihr Bote, versuchte ihnen zu sagen, dass sie sich im Ort geirrt hätten. »Er ist nicht hier«, sagte er, »seht den Platz, wo sie ihn hingelegt haben«, und wahrscheinlich zeigte er zum nächsten Grab. Doch die Frauen waren sehr über die Entdeckung ihres Auftrages erschrocken und flohen.[370]

7.4.2 Die Einwände

Der Besuch der Frauen am leeren Grab am Sonntagmorgen ist eines der am besten bezeugten Ereignisse in den Erzählungen des Neuen Testamentes. Auch Kirsopp Lakes Theorie setzt die Historizität des Geschehens voraus.

Frank Morison kommentiert:

> Die Geschichte vom Abenteuer der Frauen steht im frühesten authentischen Dokument, das wir besitzen, nämlich im Markusevangelium. Bei Matthäus und Lukas wird es wiederholt und, soweit es Maria Magdalena angeht, wird es von Johannes bestätigt. Es steht in dem apokryphen Evangelium des Petrus und, vielleicht noch bezeichnender, auch in dem sehr alten und unabhängigen Fragment, das bei Lukas in Kapitel 24, Vers 13-35 bewahrt ist, dem Weg nach Emmaus.[371]

Lake akzeptiert den Besuch der Frauen als historisch, liegt aber falsch in seinen Spekulationen im Hinblick auf das, was am Grab geschah.

7.4.2.1 Diese Frauen hatten sorgfältig beobachtet, wo der Leichnam von Jesus weniger als 72 Stunden zuvor bestattet worden war: »Es waren aber dort Maria Magdalena und die andere Maria, die saßen dem Grab gegenüber« (Mt 27,61).

»Maria Magdalena aber und Maria, die Mutter des Joses, sahen, wo er hingelegt wurde« (Mk 15,47).

»Es folgten aber auch die Frauen nach, die mit ihm aus Galiläa gekommen waren, und sahen sich das Grab an und wie sein Leib hineingelegt wurde« (Lk 23,55).

Glauben Sie, dass Sie oder ich oder diese Frauen oder irgendeine andere vernünftige Person so schnell den Platz vergessen würde, wo ein geliebter Mensch zur Ruhe bestattet worden wäre – nur zweiundsiebzig Stunden zuvor?

7.4.2.2 Die Frauen berichteten den Jüngern, was sie erlebt hatten, und später fanden Petrus und Johannes dann auch das Grab leer.

> Da läuft sie und kommt zu Simon Petrus und zu dem andern Jünger, den Jesus lieb hatte, und spricht zu ihnen: »Sie haben den Herrn aus dem Grab genommen, und wir wissen nicht, wo sie ihn hingelegt haben!« Nun gingen Petrus und der andere Jünger hinaus und begaben sich zu dem Grab. Die beiden liefen aber miteinander, und der andere Jünger lief voraus, schneller als Petrus, und kam zuerst zum Grab, beugte sich hinein und sah die leinenen Tücher daliegen, ging jedoch nicht hinein. Da kommt Simon Petrus, der ihm folgte, und geht in das Grab hinein und sieht die Tücher daliegen und das Schweißtuch, das um sein Haupt gebunden war, nicht bei den Tüchern liegen, sondern für sich zusammengewickelt an einem besonderen Ort. Darauf ging auch der andere Jünger hinein, der zuerst zum Grab gekommen war, und sah und glaubte (Joh 20,2-8).

Kann man behaupten, dass Petrus und Johannes ebenfalls zum falschen Grab gingen?

Paul Little bemerkt: »Es ist unvorstellbar, dass Petrus und Johannes dem gleichen Irrtum erlegen wären.«[372]

7.4.2.3 Außerdem sagte ein Engel, der dort auf einem Stein saß: »Kommt her, seht den Ort, wo der Herr gelegen hat!« (Mt 28,6). Sollen wir glauben, dass auch der Engel sich geirrt hat?

Wilbur Smith sagt:

> Jemand hat vorgeschlagen – in dem Versuch, die Theorie mit dem verwechselten Grab glaubhaft zu machen, dass die Worte des Engels in Wirklichkeit bedeuteten: »Ihr seid am falschen Platz, kommt hierher und seht, wo der Leichnam des Herrn gelegen hat.«
>
> In neunzehnhundert Jahren, in denen man das Neue Testament intensiv studierte, war es unserm modernen, hoch entwickelten Zeitalter vorbehalten, so etwas in den Berichten der Evangelien herauszufinden. Kein glaubwürdiger Kommentar von einem einzigen Evangelium hat eine solch dumme Interpretation wie diese unternommen.[373]

7.4.2.4 Wenn die Frauen zum falschen Grab gegangen wären (einem leer stehenden), dann hätte der Sanhedrin sich zu dem richtigen begeben und den Leichnam

Jesu hervorholen können (falls Jesus nicht auferstanden war). Das hätte die Jünger für immer zum Schweigen gebracht!

Die Hohen Priester und die anderen Gegner Christi wären ganz bestimmt zum richtigen Grab gegangen!

7.4.2.5 Selbst wenn die Frauen, die Jünger, die Römer und auch die Juden alle miteinander das falsche Grab aufgesucht hätten, ist eines sicher, worauf Paul Little hinweist: »Ganz bestimmt hätte Josef von Arimathäa, der Eigentümer des Grabes, das Problem gelöst.«[374]

7.4.2.6 Im Bericht des Markus heißt es vollständig:

> Und sie gingen in das Grab hinein und sahen einen Jüngling zur Rechten sitzen, bekleidet mit einem langen, weißen Gewand; und sie erschraken. Er aber spricht zu ihnen: Erschreckt nicht! Ihr sucht Jesus, den Nazarener, den Gekreuzigten; er ist auferstanden, er ist nicht hier; seht den Ort, wo sie ihn hingelegt haben! (Mk 16,5.6)

Professor Lakes Zitat von Mk 16,6 ist unvollständig. Er zitiert nur einen Teil von dem, was der junge Mann sagte und ignoriert die eigentliche Schlüsselaussage des Berichtes. Die Wendung »Er ist auferstanden« ist in seinem Zitat auffälligerweise weggelassen. Beachten wir den folgenden Vergleich:

> Lakes Version: »Er ist nicht hier, seht den Ort, wo sie ihn hingelegt haben.«
>
> Tatsächliche Version: »Er ist auferstanden; er ist nicht hier, seht hier ist der Ort, wo sie ihn hingelegt haben.«

J. N. D. Anderson sagt von der falschen Zitation Lakes: »[Dafür] kann ich keine wissenschaftliche Rechtfertigung erkennen, welche es auch immer sei.«[375]

Wenn der Text aber korrekt zitiert wird, hält die Theorie Lakes nicht stand!

7.4.2.7 Anderson weist noch auf ein anderes Problem für diejenigen hin, die mit Lake übereinstimmen:

> Als die Frauen zu den Jüngern zurückkamen, wären diese in dem Fall entweder zum Grab gegangen, um sich zu vergewissern, dass der Bericht der Frauen der Wahrheit entsprach, oder sie hätten sofort damit begonnen, die Auferstehung zu verkünden.[376]

Diese Predigt aber begann erst sieben Wochen später.

Anderson schreibt weiter:

> Ich sehe für christliche Schreiber kein mögliches Motiv, diese Spanne von sie-

ben Wochen zu erfinden. So sollen wir also glauben, dass die Frauen den Aposteln diese Geschichte gar nicht sofort erzählt haben. Warum nicht? Weil die Jünger angeblich nach Galiläa weggelaufen waren.[377]

Zu diesem Punkt sagt Frank Morison:

> Dass die Abhängigkeit der Frauen von den Männern die Theorie von Professor Lake an ihrem empfindlichsten Punkt in Verlegenheit bringt … Professor Lake ist gezwungen, die Frauen bis zum Sonntagmorgen in Jerusalem sein zu lassen, weil er fest davon überzeugt ist, dass sie wirklich zum Grab gingen. Er ist aber ebenfalls gezwungen, die Jünger vor Sonnenaufgang am Sonntag aus Jerusalem herauszuhaben, weil er daran festhält, dass die Frauen Schweigen bewahrten. Und schließlich, um dies mit der Tatsache zu verbinden, dass sie die Geschichte erst später erzählten – mit all ihren unvermeidlichen und logischen Ergebnissen daraus – hält er es für nötig, die Frauen für einige Wochen in Jerusalem zu belassen, während die Jünger in ihre Häuser zurückkehrten, dort bestimmte Erfahrungen machten und dann erst in die Hauptstadt zurückkehrten.[378]

7.4.2.8 John R. W. Stott erwähnt die Haltung der Frauen. Sie waren nicht blind und in Tränen aufgelöst, sondern hatten für ihren morgendlichen Besuch einen ganz praktischen Grund.

Er schreibt:

> Sie hatten Spezereien gekauft und waren auf dem Weg, die Einbalsamierung des Leichnams ihres Herrn zu vollenden, da das Herannahen des Sabbats zwei Tage vorher nur ein hastiges Handeln ermöglicht hatte. Diese frommen und eifrigen Frauen gehörten nicht zu denen, die sich leicht täuschen ließen oder die eine Aufgabe fallen ließen, um deretwillen sie gekommen waren.[379]

7.4.2.9 Es war kein öffentlicher Friedhof, sondern ein privates Grabgrundstück. Kein anderes Grab gab es da, das sie zu einem solchen Irrtum verleitet hätte.

Wilbur Smith kommentiert diesen Punkt:

> Die ganze Vorstellung ist derart fantastisch, dass Professor A. E. J. Rawlinson – kein Konservativer – in seinem epochalen Kommentar zum Markusevangelium sich gezwungen sieht, zu Lakes Vorstellung zu sagen: »Dass die Frauen irrtümlicherweise zum falschen Grab gingen und dass der Versuch eines Zuschauers, sie zum richtigen Grab zu dirigieren, falsch verstanden wurde, das ist eine Rationalisierung, die dem Geist der Erzählung völlig fremd ist.«[380]

7.4.2.10. Merrill Tenney schreibt: »Lake vergisst zu erklären, warum sich der ›junge Mann‹ (Mk 16,5) zu dieser frühen Stunde sowohl in einem öffentlichen Friedhof als auch in einem privaten Garten aufhielt.«[381]

Er fragt weiter: »Welches glaubwürdige Motiv sollte einen Fremden hierher gezogen haben? Und wenn es kein Fremder war, sondern einer der Jünger, warum sollte seine Gegenwart die Frauen erschreckt haben?«[382]

Tenney kommentiert weiterhin, dass »der Bericht des Markus, auf den sich Lake bezieht, aussagt, dass dieser junge Mann innen im Grab gesessen hätte (V.5), so dass er kaum annehmen konnte, dass sie am falschen Platz wären … aber dass Jesus nicht mehr da war. Sie konnten noch sehen, wo er gelegen hatte, aber der Leichnam war verschwunden.«[383]

7.4.2.11 Einige identifizieren den jungen Mann als einen Gärtner. Frank Morison jedoch sagt dazu:

> Diese Theorie hat, trotz ihrer scheinbaren Rationalität, eine besondere Schwäche. Wenn es so dunkel gewesen wäre, dass die Frauen zufällig zum falschen Grab gingen, dann war es äußerst unwahrscheinlich, dass der Gärtner dort schon bei der Arbeit war. Wenn es aber spät und hell genug war, dann ist es unwahrscheinlich, dass die Frauen sich geirrt haben sollten. Die Theorie beruht nur auf der Verknüpfung von zwei sehr zweifelhaften Eventualitäten. Das ist aber nur ein Teil der Unwahrscheinlichkeit und intellektuellen Schwierigkeit, die sich im Zusammenhang mit dieser Theorie ergibt.[384]

Wenn z. B. der »junge Mann« wirklich der Gärtner gewesen wäre, warum nahmen die Priester sein Zeugnis nicht als Beweis dafür, dass der Leichnam Christi noch im Grab war?[385]

Er war aber nicht der Gärtner, sondern ein Engel vom Himmel (Mt 28,1-10). Jeder wusste, dass das Grab Christi leer war – die wirkliche Frage war: Wie kam es dazu?

7.4.3 Die Schlussfolgerung

Was sollen wir von der Theorie von Professor Lake halten, dass die Menschen zum falschen Grab gingen?

George Hanson sagt:

> Wenn ich irgendwelche Zweifel an der Auferstehung hätte, würde das Buch von Professor Lake mir das heilsamste Gegenmittel für meine Skepsis bieten. Nachdem ich es gelesen habe, bin ich mehr denn je der Meinung, die De Wette in seinem »Historical Criticism of the Evangelical History« (auf Seite 229) so zum Ausdruck bringt: »Die Tatsache der Auferstehung kann nicht bezweifelt werden, obwohl ein gewisses Dunkel, das nicht erhellt werden kann, auf dem Weg und der Art und Weise liegt.«[386]

Wilbur Smith zitiert das Urteil eines britischen Gelehrten, Professor Morse:

> Ihre Theorie, dass die Frauen das falsche Grab aufsuchten, beruht nicht auf ir-

gendwelchem Beweismaterial, sondern auf dem Nichtglauben an die Möglichkeit, dass das Grab unseres Herrn auf übernatürliche Weise leer geworden ist.[387]

8 Zusammenfassung: Er ist auferstanden – er ist wahrhaftig auferstanden!

John Warwick Montgomery schreibt:

> Die frühesten Berichte, die wir vom Leben und Wirken Jesu besitzen, geben einen überwältigenden Eindruck davon, dass er umherging und nicht so sehr nur »Gutes tat«, sondern sich selbst zum entschiedenen Ärgernis machte.
> Die Parallele zu Sokrates in dieser Hinsicht ist stark: Beide Männer brachten ihre Zeitgenossen in einem solchen Maße gegen sich auf, dass sie schließlich getötet wurden. Doch während Sokrates in der dekadenten Athener Gesellschaft den Quertreiber spielte, indem er seine Zuhörer aufforderte, »sich selbst kennen zu lernen« – unterzieht euer unkontrolliertes Leben einer Prüfung – befremdete Jesus seine Zeitgenossen, indem er sie beständig zwang, ihre persönliche Haltung ihm gegenüber zu überdenken. »Wer sagen die Leute, dass ich sei?« … »Wer sagt ihr, dass ich sei?«, »Was denkt ihr über Christus?« oder »Wessen Sohn ist er?« Das waren die Fragen, die Jesus stellte.[388]

Christus hat es sehr deutlich gemacht, wer er war. Er sagte dem Thomas: »Ich bin der Weg und die Wahrheit und das Leben; niemand kommt zum Vater als nur durch mich« (Joh 14,6).

Der Apostel Paulus sagte, dass Christus »erwiesen ist als Sohn Gottes in Kraft nach dem Geist der Heiligkeit durch die Auferstehung aus den Toten« (Röm 1,4).

Simon Greenleaf, der bekannte Professor für Rechtswissenschaften von der Universität Harvard, sagt:

> Alles, was das Christentum von den Menschen fordert … ist, dass sie mit sich selbst im Einklang sind; dass sie seine Beweise so akzeptieren, wie sie den Beweis von anderen Dingen hinnehmen und dass sie seine Gestalten und Zeugen so anhören und beurteilen, wie sie mit ihren Mitmenschen umgehen, wenn sie vor menschlichen Gerichten menschliche Affären und Aktionen bezeugen. Lasst die Zeugen sich selbst gegenübergestellt werden, einer dem anderen, und mit den Tatsachen der Umgebung und der Umstände. Und lasst ihr Zeugnis wie vor einem Gerichtshof gründlich untersucht werden – ein Gegner kann es einem rigorosen Kreuzverhör unterziehen. Das Ergebnis, damit kann man zuversichtlich rechnen, wird eine unbezweifelbare Überzeugung von der darin enthaltenen Integrität, ihrer Kraft und Wahrheit sein.[389]

Oder wie G. B. Hardy es sagte: »Dies ist der vollständige Bericht: Das Grab des

Konfuzius: Es ist belegt! Das Grab Buddhas: Es ist belegt! Das Grab Mohammeds: Es ist belegt! Das Grab Jesu: Es ist leer!«[390]

Das Urteil ist gefällt. Die Entscheidung ist klar. Das Beweismaterial spricht für sich selbst. Es sagt überaus deutlich: **Christus ist wahrhaftig auferstanden!**

9 Literaturangaben

1 Norman L. Geisler, *The Battle for the Resurrection*, S. 36.

2 Wilbur M. Smith, *Therefore Stand*, S. 385.

3 Childers zitiert bei Wilbur M. Smith, *Therefore Stand*, S. 385.

4 William Lane Craig, *Knowing the Truth about the Resurrection*, S. 116f.

5 Theodosius Harnack zitiert bei W. M. Smith, *Therefore Stand*, S. 437.

6 William Milligan, *The Resurrection of Our Lord*, S. 71.

7 Wilbur M. Smith, *Therefore Stand*, S. 419.

8 W. J. Sparrow-Simpson, *The Resurrection and the Christian Faith*, S. 287f.

9 Wilbur M. Smith, *Therefore Stand*, S. 230.

10 Adolf Harnack, *History of Dogma* zitiert in E. H. Day, *On the Evidence for the Resurrection*, S. 3.

11 H. P. Liddon zitiert bei Wilbur M. Smith, *Therefore Stand*, S. 577.

12 Douglas Groothuis, *Jesus and the Age of Controversy*, S. 273.

13 Wilbur M. Smith, *Therefore Stand*, S. 369f.

14 William Milligan, *The Resurrection of Our Lord*, S. 170.

15 Wilbur M. Smith, *Therefore Stand*, S. 580.

16 W. J. Sparrow-Simpson zitiert in James Hastings, *A Dictionary of Christ and the Gospels*, S. 514.

17 R. M'Cheyne Edgar, *The Gospel of a Risen Saviour*, zitiert bei Wilbur M. Smith, *Therefore Stand*, S. 364.

18 William Lane Craig, *Did Jesus Rise from the Dead?*, zitiert bei Michael J. Wilkins, *Jesus Under Fire*, S. 159.

19 James Hastings, *Dictionary of the Apostolic Church*, S. 330.

20 Benjamin B. Warfield, zitiert bei J. N. D. Anderson, *Christianity: The Witness of History*, S. 103.

21 Ernest F. Kevan, *The Resurrection of Christ*, S. 3.

22 Michael Green, *Man Alive*, S. 61

23 Wilbur M. Smith, *Therefore Stand*, S. 423.

24 Philip Schaff, *History Christian Church*, S. 173.

25 Wilbur M. Smith, *Scientists and the Resurrection*, S. 22.

26 Peter Kreeft u. Ronald K. Tacelli, *Handbook of Christian Apologetics*, S. 177.

27 Wilbur M. Smith, *A Great Certainty in This Hour of World Crises*, S. 10f.

28 J. N. D. Anderson, *The Resurrection of Jesus Christ*, S. 9.

29 Wilbur M. Smith, *Therefore Stand*, S. 364.

30 Bernard Ramm, *Protestant Christian Evidences*, S. 191.

31 John R. W. Stott, *Basic Christianity*, S. 47.

[32] Wilbur M. Smith, *Therefore Stand*, S. 386.
[33] Elgin S. Moyer, *Who Was Who in Church History*, S. 209.
[34] Ignatius, *Epistle to the Trallians*, zitiert bei A. Roberts/J. Donaldson, *Ante-Nicene Christian Library*, S. 199-203.
[35] Alfred Edersheim, *The Life and Times of Jesus the Messiah*, S. 612f.
[36] Wilbur M. Smith, *Therefore Stand*, S. 360.
[37] Elgin S. Moyer, *Who Was Who in Church History*, S. 27.
[38] Justin Martyr, *Apology*, zitiert in A. Roberts/J. Donaldson, *Ante-Nicene Christian Library*, S. 46.
[39] Tertullian, *Writings of Quintus Sept. Flor. Tertullian*, zitiert bei A. Roberts/J. Donaldson, *Ante-Nicene Christian Library*, S. 94.
[40] Ebd., S. 95.
[41] Flavius Josephus, *Jewish Antiquities*, 18.3.3.
[42] Michael Green, *Man Alive*, S. 35f.
[43] Leaney, zitiert bei Anthony Hanson, *Vindications: Essays on the Historical Basis of Christianity,* S. 108.
[44] Bernard Ramm. *Protestant Christian Evidences*, S. 192.
[45] Clark Pinnock, zitiert bei J. N. D. Anderson, *A Dialogue on Christ's Resurrection*, S. 11.
[46] Ernest F. Kevan, *The Resurrection of Christ*, S. 4f.
[47] Ebd., S. 4f.
[48] Ebd., S. 6.
[49] Ebd., S. 6.
[50] Bernard Ramm, *Protestant Christian Evidences*, S. 191f.
[51] J. N. D. Anderson, *A Dialogue on Christ's Resurrection*, S. 9.
[52] Ebd., S. 10.
[53] Hillyer H. Straton, *I Believe: Our Lord's Resurrection*, S.3.
[54] J. N. D. Anderson, *Christianity: The Witness of History*, S. 100f.
[55] Ebd., S. 32.
[56] W. J. Sparrow-Simpson, zitiert in James Hastings, *A Dictionary of Christ and the Gospels*, S. 513f.
[57] William Lyon Phelps, zitiert in Wilbur M. Smith, *A Great Certainty in This Hour of World Crises*, S. 18.
[58] Ambrose Fleming, zitiert in Wilbur M. Smith, *Therefore Stand*, S. 427f.
[59] Ebd., S. 427f.
[60] Frank Morison, *Who Moved the Stone?*, zitiert in Michael Green, *Man Alive*, S. 54f.
[61] Edwin Gordon Selwyn, zitiert bei Wilbur M. Smith, *A Great Certainty in This Hour of World Crises*, S. 14.
[62] Thomas Arnold, zitiert bei Smith, *Therefore Stand*, S. 425f.
[63] H. W. H. Knott, zitiert bei Wilbur M. Smith, *Therefore Stand*, S. 423.
[64] Wilbur M. Smith, *Therefore Stand*, S. 423.
[65] Simon Greenleaf, *The Testimony of Evangelists*, S. 28-30.

66 John Locke, *A Second Vindication of the Reasonableness of Christianity*, zitiert bei Wilbur M. Smith, *Therefore Stand*, S. 422f.

67 Brooke Foss Westcott, zitiert bei Paul Little, *Know Why You Believe*, S. 70.

68 Clifford Herschel Moore, zitiert bei Wilbur M. Smith, *A Great Certainty in This Hour of World Crises*, S. 48.

69 Benjamin Warfield, »The Resurrection of Christ an Historical Fact«, zitiert bei Wilbur M. Smith, *Therefore Stand*, S. 361f.

70 A. C. Ivy, zitiert bei Wilbur M. Smith, *Scientists and the Resurrection*, S. 6.22.

71 Armand Nicholi, zitiert in J. N. D. Anderson. *The Resurrection of Jesus Christ*, S. 4.

72 J. N. D. Anderson, *Christianity: The Witness of History*, S. 106.

73 Michael Green, *Man Alive*, S. 55f.

74 Ebd., S. 53f.

75 W. J. Sparrow-Simpson, *The Resurrection and the Christian Faith*, S. 339.

76 Bernard Ramm. *Protestant Christian Evidences*, S. 192.

77 W. J. Sparrow-Simpson, *The Resurrection and the Christian Faith*, S. 339.

78 Ebd., S. 341.

79 Ebd., S. 342.

80 Elgin S. Moyer, *Who Was Who in Church History*, S. 401.

81 Bernard Ramm. *Protestant Christian Evidences*, S. 206.

82 John P. Mattingly, *Crucifixion: Its Origin and Application to Christ*, S. 21.

83 Ebd., S. 21.

84 Ebd., S. 73.

85 Ebd., S. 33.

86 Ebd., S. 35f.

87 Ebd., S. 26.

88 Michael Green, *Man Alive*, S. 32.

89 Frederick W. Farrar, *The Life of Christ*, S. 440.

90 E. H. Day, *On the Evidence for the Resurrection*, S. 46ff.

91 Michael Green, *Man Alive*, S. 32.

92 Ebd., S. 32.

93 Ebd., S. 32f.

94 John R. W. Stott, *Basic Christianity*, S. 49.

95 E. H. Day, *On the Evidence for the Resurrection*, S. 46ff.

96 Ebd., S. 46ff.

97 Ebd., S. 48f.

98 William Edwards, *On the Physical Death of Jesus Christ*, S. 1463.

99 Samuel Houghton, zitiert in Frederick Charles Cook, *Commentary of the Holy Bible*, S. 349-50.

100 Ebd., S. 349-50.

101 Michael Green, *Man Alive*, S. 33.

102 Samuel Chandler, *Witnesses of the Resurrection of Jesus Christ*, S. 62f.

103 Ebd., S. 62f.

[104] Albert Roper, *Did Jesus Rise from the Dead?*, S. 33.
[105] Wilbur M. Smith, *The Indisputable Fact of the Empty Tomb*, S. 38.
[106] W. J. Sparrow-Simpson, *The Resurrection and the Christian Faith*, S. 21f.
[107] Henry Latham, *The Risen Master*, S. 87f.
[108] Guignebert, *Jesus*, zitiert bei Wilbur M. Smith, *Therefore Stand*, S. 372.
[109] Henry Alford, *The Greek Testament With a Critical Revised Text*, S. 298f.
[110] Ebd., S. 298f.
[111] Ebd., S. 298f.
[112] Major, zitiert bei Wilbur M. Smith, *Therefore Stand*, S. 578.
[113] Wilbur M. Smith, *Therefore Stand*, S. 372.
[114] Ebd., S. 372.
[115] Ebd., S. 370f.
[116] Alfred Edersheim, *The Life and Times of Jesus the Messiah*, S. 318f.
[117] Ebd., S. 617.
[118] Ebd., S. 617.
[119] Michael Green, *Man Alive*, S. 33.
[120] Flavius Josephus, *Jewish Antiquities*, XV,III,3.
[121] Josephus, *Jewish Antiquities*, XVII,VIII,3.
[122] Johannes Chrysostomus, *Homilies* 85, zitiert bei James Hastings, *A Dictionary of Christ and the Gospels*, S. 507.
[123] Merrill C. Tenney, *The Reality of the Resurrection*, S. 117.
[124] George B. Eager, zitiert in James Orr, *The International Standard Bible Encyclopedia*, S. 529.
[125] Ebd., S. 529.
[126] William Lane Craig, *Did Jesus Rise from the Dead?*, zitiert bei Michael J. Wilkins, *Jesus Under Fire*, S. 148f.
[127] Ebd., S. 146f.
[128] A. B. Bruce, *The Expositor's Greek New Testament*, S. 334.
[129] Henry W. Holloman, *An Exposition of the Post-Resurrection Appearances*, S. 38.
[130] Thomas James Thorburn, *The Resurrection Narratives and Modern Criticism*, S. 97f.
[131] Ebd., S. 1f.
[132] Samuel Chandler, *Witnesses of the Resurrection of Jesus Christ*, S. 33.
[133] Alfred Edersheim, *The Life and Times of Jesus the Messiah*, S. 618.
[134] Frank Morison, *Who Moved the Stone?*, S. 76.
[135] Ebd., S. 147.
[136] Archibald Thomas Robertson, *Word Pictures in the New Testament*, S. 239.
[137] A. B. Bruce, *The Expositor's Greek New Testament*, S. 335.
[138] Henry Sumner Maine, zitiert bei C. S. Lewis, *Miracles*, S. 203.
[139] Henry Sumner Maine, *Ancient Law*, S. 203f.
[140] Henry Alford, *The Greek Testament With a Critical Revised Text*, S. 301.
[141] Marvin R. Vincent, *Word Studies in the New Testament*, S. 147.

142 D. D. Whedon, *Commentary of the Gospels Matthew-Mark*, S. 343.

143 Johannes Chrysostomus, *Homilies on the Gospel of Saint Matthew*, zitiert bei Philip Schaff, *A Selected Library of the Nicene and Post-Nicene Fathers*, S. 525.

144 Albert Roper, *Did Jesus Rise from the Dead?*, S. 23f.

145 Ebd., S. 33.

146 Henry Alford, *The Greek Testament With a Critical Revised Text*, S. 301.

147 E. Le Camus, *The Life of Christ*, S. 392.

148 Archibald Thomas Robertson, *Word Pictures in the New Testament*, S. 239.

149 Ebd., S. 239.

150 Thomas James Thorburn, *The Resurrection Narratives and Modern Criticism*, S. 179-182.

151 A. B. Bruce, *The Expositor's Greek New Testament*, S. 335.

152 William F. Arndt/F. Wilbur Gingrich, *A Greek-English Lexicon of the NT*, S. 448.

153 Ebd., S. 448.

154 Harold Smith, zitiert in James Hastings, *A Dictionary of Christ and the Gospels*, S. 694.

155 Charlton T. Lewis/Charles Short, *Latin Dictionary*, S. 504f.

156 George Currie, *The Military Discipline of the Romans*, S. 41ff.

157 Ebd., S. 43f.

158 Ebd., S. 43f.

159 Ebd., S. 49f.

160 Ebd., S. 49f.

161 Ebd., S. 33.

162 Ebd., S. 33.38.43f.

163 T. G. Tucker, *Life in the Roman World*, S. 342ff.

164 William Smith, *Dictionary of Greek and Roman Antiquities*, S. 250f.

165 Harold Smith, zitiert in James Hastings, *A Dictionary of Christ and the Gospels*, S. 694.

166 D. D. Whedon, *Commentary of the Gospels Matthew-Mark*, S. 343.

167 Alfred Edersheim, *The Temple: Its Ministry and Services*, S. 147ff.

168 *The Mischna,* Middoth, 1.1.

169 P. Henderson Aitken, zitiert in James Hastings, *A Dictionary of Christ and the Gospels*, S. 271.

170 Alfred Edersheim, *The Temple: Its Ministry and Services*, S. 147ff.

171 *The Mischna,* Middoth, 1.2.

172 *The Jewish Encyclopedia*, Mid. K. I., S. 81.

173 E. Le Camus, *The Life of Christ*, S. 396f.

174 G. W. Clark, *The Gospel of Matthew*, zur Stelle Mt 27,35.

175 George Hanson, *The Resurrection and the Life*, S. 24ff.

176 Albert Roper, *Did Jesus Rise from the Dead?*, S. 50.

177 Ebd., S. 52

[178] Ebd., S. 34-35.
[179] Pinchas Lapide, *The Resurrection of Jesus*, S. 125.
[180] Douglas Groothuis, *Jesus in an Age of Controversy*, S. 256.
[181] Alfred Edersheim, *The Life and Times of Jesus the Messiah*, S. 623.
[182] Ebd., S. 623.
[183] J. P. Moreland, *Scaling the Secular City*, S. 168.
[184] Ebd., S. 171f.
[185] John Ankerberg/John Weldon, *Ready with an Answer*, S. 82.
[186] Winfried Corduan, *No Doubt About It*, S. 222.
[187] William Lane Craig, *Did Jesus Rise from the Dead?*, zitiert bei Michael J. Wilkins, *Jesus Under Fire*, S. 151f.
[188] W. J. Sparrow-Simpson, zitiert in James Hastings, *A Dictionary of Christ and the Gospels*, S. 506.
[189] Ebd., S. 506.
[190] J. N. D. Anderson. *The Resurrection of Jesus Christ*, S. 4-9.
[191] J. N. D. Anderson, *Christianity: The Witness of History*, S. 95f.
[192] Paul Althaus, zitiert bei Wolfhart Pannenberg, *Jesus – God and Man*, S. 100.
[193] Alfred Edersheim, *The Life and Times of Jesus the Messiah*, S. 25f.
[194] Frank Morison, *Who Moved the Stone?*, S. 115.
[195] Michael Green, *Man Alive*, S. 36.
[196] Ebd., S. 36.
[197] James Hastings, *Dictionary of the Apostolic Church*, S. 340.
[198] J. P. Moreland, *Scaling the Secular City*, S. 163.
[199] W. J. Sparrow-Simpson, zitiert in James Hastings, *A Dictionary of Christ and the Gospels*, S. 507f.
[200] Ebd., S. 507f.
[201] Ebd., S. 507f.
[202] Ernest F. Kevan, *The Resurrection of Christ*, S. 14.
[203] Ebd., S. 14.
[204] Sparrow-Simpson, zitiert in James Hastings, *A Dictionary of Christ and the Gospels*, S. 508.
[205] J. N. D. Anderson, *Christianity: The Witness of History*, S. 97.
[206] Frank Morison, *Who Moved the Stone?*, S. 37.
[207] J. N. D. Anderson. *The Resurrection of Jesus Christ*, S. 7f.
[208] E. H. Day, *On the Evidence for the Resurrection*, S. 16f.
[209] Henry Latham, *The Risen Master*, S. 44.
[210] Ebd., S. 36.
[211] Ebd., S. 36.
[212] Ebd., S. 11.
[213] Norman L. Geisler, *Baker Encyclopedia of Christian Apologetics*, S. 706.
[214] Archibald Thomas Robertson, *Word Pictures in the New Testament*, S. 239.
[215] D. D. Whedon, *Commentary of the Gospels Matthew-Mark*, S. 343.
[216] Albert Roper, *Did Jesus Rise from the Dead?*, S. 33.

217 T. G. Tucker, *Life in the Roman World*, S. 342ff.

218 Thomas James Thorburn, *The Resurrection Narratives and Modern Criticism*, S. 179-182.

219 Ebd., S. 179ff.

220 C. S. Lewis, *Miracles*, S. 149.

221 J. P. Moreland, *Scaling the Secular City*, S. 175.

222 William Lane Craig, *Did Jesus Rise from the Dead?*, zitiert bei Michael J. Wilkins, *Jesus Under Fire*, S. 155.

223 J. N. D. Anderson. *The Resurrection of Jesus Christ*, S. 5f.

224 John Warwick Montgomery, *History and Christianity*, S. 78.

225 Bernard Ramm. *Protestant Christian Evidences*, S. 203.

226 J. P. Moreland, *Scaling the Secular City*, S. 82.

227 William Lane Craig, *Did Jesus Rise from the Dead?*, zitiert bei Michael J. Wilkins, *Jesus Under Fire*, S. 157.

228 A. M. Fairbairn, *Studies in the Life of Christ*, S. 357.

229 E. H. Day, *On the Evidence for the Resurrection*, S. 33ff.

230 Wolfhart Pannenberg, zitiert bei J. N. D. Anderson, *Christianity: The Witness of History*, S. 96.

231 John R. W. Stott, *Basic Christianity*, S. 51.

232 E. H. Day, *On the Evidence for the Resurrection*, S. 25.

233 James Denney, zitiert bei Wilbur M. Smith, *Therefore Stand*, S. 374.

234 John R. W. Stott, *Basic Christianity*, S. 58f.

235 Simon Greenleaf, *The Testimony of Evangelists*, S. 29.

236 Paul Little, *Know Why You Believe*, S. 63.

237 George Matheson, *The Representative Men of the New Testament*, S. 140.

238 J. N. D. Anderson. *The Resurrection of Jesus Christ*, S. 5f.

239 Wilbur M. Smith, *A Great Certainty in This Hour of World Crises*, S. 20f.

240 Paul Little, *Know Why You Believe*, S. 62.

241 H. D. A. Major, zitiert bei Wilbur M. Smith, *Therefore Stand*, S. 368.

242 Kenneth S. Latourette, zitiert bei Hillyer H. Straton, *I Believe: Our Lord's Resurrection*, S. 3.

243 Michael Green, *Man Alive*, S. 51.

244 J. N. D. Anderson, *The Resurrection of Jesus Christ*, S. 9.

245 Michael Green, *Man Alive*, S. 53.

246 L. L. Morris, zitiert in J. D. Douglas, *The New Bible Dictionary*, S. 1088.

247 Winfried Corduan, *No Doubt About It,* S. 227.

248 J. N. D. Anderson, *A Dialogue on Christ's Resurrection*, S. 105.

249 J. N. D. Anderson, *Christianity: The Witness of History*, S. 7.

250 Ernest F. Kevan, *The Resurrection of Christ*, S. 9.

251 J. N. D. Anderson, *A Dialogue on Christ's Resurrection* , S. 95.

252 Samuel Fallow, *The Popular and Critical Bible Encyclopedia and Scriptural Dictionary*, S. 510.

253 Paul Little, *Know Why You Believe*, S. 65.

254 Thomas James Thorburn, *The Resurrection Narratives and Modern Criticism*, S. 183ff.
255 Ebd., S. 183ff.
256 Ebd., S. 183ff.
257 J. N. D. Anderson. *The Resurrection of Jesus Christ*, S. 7.
258 John R. W. Stott, *Basic Christianity*, S. 48f.
259 Frederic Godet, zitiert nach Ernest F. Kevan, *The Resurrection of Christ*, ohne Seitenangabe.
260 E. Le Camus, *The Life of Christ*, S. 485f.
261 David Friedrich Strauss, *The Life of Jesus for the People*, S. 412.
262 William Milligan, *The Resurrection of Our Lord*, S. 76f.
263 Ebd., S. 76f.
264 E. H. Day, *On the Evidence for the Resurrection*, S. 49f.
265 Merrill C. Tenney, zitiert in Wilbur M. Smith, *Therefore Stand*, S. 116f.
266 James Rosscup, *Class Notes*, S. 3.
267 E. H. Day, *On the Evidence for the Resurrection*, S. 48f.
268 Ebd., S. 48f.
269 Ernest F. Kevan, *The Resurrection of Christ*, S. 9f.
270 E. Le Camus, *The Life of Christ*, S. 485f.
271 Paul Little, *Know Why You Believe*, S. 66.
272 John Knox, zitiert in Hillyer H. Straton, *I Believe: Our Lord's Resurrection*, S. 3.
273 E. H. Day, *On the Evidence for the Resurrection*, S. 50.
274 William Milligan, *The Resurrection of Our Lord*, S. 79.
275 George Hanson, *The Resurrection and the Life*, S. 19.
276 Thomas James Thorburn, *The Resurrection Narratives and Modern Criticism*, S. 191f.
277 Johannes Chrysostomus, zitiert in G. W. Clark, *The Gospel of Matthew*, S. 531.
278 Ernest F. Kevan, *The Resurrection of Christ*, S. 14.
279 Ebd., S. 14.
280 E. Le Camus, *The Life of Christ*, S. 482.
281 Wilbur M. Smith, *A Great Certainty in This Hour of World Crises*, S. 22f.
282 A. B. Bruce, *The Expositor's Greek New Testament*, S. 337f.
283 R. C. H. Lenski, *The Interpretation of Saint Matthew's Gospel*, S. 1161f.
284 Wilbur M. Smith, *Therefore Stand*, S. 375f.
285 Albert Roper, *Did Jesus Rise from the Dead?*, S. 37.
286 Ebd., S. 34.
287 Johannes Chrysostomus, *Homilies on the Gospel of Saint Matthew*, zitiert bei Philip Schaff, *A Select Library of the Nicene and Post-Nicene Fathers*, S. 527.
288 Wilbur M. Smith, *A Great Certainty in This Hour of World Crises*, S. 22f.
289 Wilbur M. Smith, *Therefore Stand*, S. 376f.
290 Samuel Fallow, *The Popular and Critical Bible Encyclopedia and Scriptural Dictionary*, S. 1452.
291 Albert Roper, *Did Jesus Rise from the Dead?*, S. 37.

[292] Samuel Fallow, *The Popular and Critical Bible Encyclopedia and Scriptural Dictionary*, S. 1452.
[293] A. B. Bruce, *The Expositor's Greek New Testament*, S. 337f.
[294] Robert A. Jamieson, *A Commentary, Critical, Experimental and Practical*, S. 133.
[295] Paul Little, *Know Why You Believe*, S. 63f.
[296] A. B. Bruce, *The Expositor's Greek New Testament*, S. 337f.
[297] Edward Gordon Selwyn, zitiert in Smith, *Therefore Stand*, 578f.
[298] William Paley, *A View of the Evidences of Christianity*, S. 196.
[299] Wilbur M. Smith, *A Great Certainty in This Hour of World Crises*, S. 22f.
[300] Robert A. Jamieson, *A Commentary, Critical, Experimental and Practical*, S. 133.
[301] Merrill C. Tenney, *The Reality of the Resurrection*, S. 119.
[302] Albert Roper, *Did Jesus Rise from the Dead?*, S. 35ff.
[303] Gregor von Nyssa, John F. Whitworth, *Legal and Historical Proof of the Resurrection of the Dead*, S. 64f.
[304] Johannes Chrysostomus, *Homilies on the Gospel of Saint Matthew*, zitiert bei Philip Schaff, *A Select Library of the Nicene and Post-Nicene Fathers*, S. 530f.
[305] Simon Greenleaf, *The Testimony of Evangelists*, S. 542.
[306] Henry Latham, *The Risen Master*, S. 9.
[307] Wilbur M. Smith, *Therefore Stand*, S. 377.
[308] John F. Whitworth, *Legal and Historical Proof of the Resurrection of the Dead*, S. 64.
[309] A. B. Bruce, *The Expositor's Greek New Testament*, S. 494.
[310] James Rosscup, *Class Notes*, S. 4.
[311] Paul Little, *Know Why You Believe*, S. 63f.
[312] J. N. D. Anderson, *Christianity: The Witness of History*, S. 92.
[313] Ernest F. Kevan, *The Resurrection of Christ*, S. 9.
[314] Wilbur M. Smith, *A Great Certainty in This Hour of World Crises*, S. 22f.
[315] Wilbur M. Smith, *Therefore Stand*, S. 377f.
[316] Paul Little, *Know Why You Believe*, S. 173.
[317] Charlton T. Lewis und Charles Short, *Latin Dictionary*, S. 62ff.
[318] John R. W. Stott, *Basic Christianity*, S. 50.
[319] J. N. D. Anderson. *The Resurrection of Jesus Christ*, S. 6.
[320] William Paley, *A View of the Evidences of Christianity*, S. 196ff.
[321] John F. Whitworth, *Legal and Historical Proof of the Resurrection of the Dead*, S. 66.
[322] J. N. D. Anderson. *The Resurrection of Jesus Christ*, S. 6.
[323] George Hanson, *The Resurrection and the Life*, S. 24.
[324] C. S. Lewis, *Miracles*, S. 148.
[325] Ernest F. Kevan, *The Resurrection of Christ*, S. 10f.
[326] J. N. D. Anderson, *A Dialogue on Christ's Resurrection*, S. 100.
[327] Wilbur M. Smith, *Therefore Stand*, S. 581.
[328] Hillyer H. Straton, *I Believe: Our Lord's Resurrection*, S. 4.
[329] J. N. D. Anderson. *The Resurrection of Jesus Christ*, S. 4-9; Paul Little, *Know*

Why You Believe, S. 67ff.; Paul William Peru, *Outline of Psychiatric Case-Study*, S. 97ff.

330 John R. W. Stott, *Basic Christianity*, S. 57.

331 J. N. D. Anderson. *The Resurrection of Jesus Christ*, S. 4-9; Paul Little, *Know Why You Believe*, 67ff.; Paul William Peru, *Outline of Psychiatric Case-Study*, S. 97ff.

332 Heinrich Klürer, zitiert in Paul H. Hoch, *Psychopathology of Perception*, S. 18.

333 Thomas James Thorburn, *The Resurrection Narratives and Modern Criticism*, S. 158f.

334 Theodor Christlieb, zitiert bei Wilbur M. Smith, *Therefore Stand*, S. 396f.

335 L. E. Hinsie/J. Shatsky, *Psychiatric Dictionary*, S. 280.

336 Wilbur M. Smith, *Therefore Stand*, S. 400.

337 Ebd., S. 389f.

338 W. J. Sparrow-Simpson, *The Resurrection and the Christian Faith*, S. 83.

339 Ebd., S. 183f.

340 Ebd., S. 92f.

341 Thomas James Thorburn, *The Resurrection Narratives and Modern Criticism*, S. 133.

342 J. N. D. Anderson. *The Resurrection of Jesus Christ*, S. 4-9; Paul Little, *Know Why You Believe*, S. 67ff.; Paul William Peru, *Outline of Psychiatric Case-Study*, S. 97ff.

343 John R. W. Stott, *Basic Christianity*, S. 57.

344 Ebd., S. 57.

345 Ebd., S. 57.

346 W. Robertson Nicoll, zitiert bei Ernest F. Kevan, *The Resurrection of Christ*, S. 10.

347 James Orr, *The Resurrection of Jesus,* zitiert bei Ramm, *Protestant Christian Evidences,* S. 86.

348 J. N. D. Anderson. *The Resurrection of Jesus Christ*, S. 4-9; Paul Little, *Know Why You Believe*, S. 67ff.; Paul William Peru, *Outline of Psychiatric Case-Study*, S. 97ff.

349 William Milligan, *The Resurrection of Our Lord*, S. 93ff.

350 Paul Little, *Know Why You Believe*, S. 68.

351 E. H. Day, *On the Evidence for the Resurrection*, S. 51ff.

352 Paul Little, *Know Why You Believe*, S. 68.

353 W. J. Sparrow-Simpson, *The Resurrection and the Christian Faith*, S. 88.

354 Alfred Edersheim, *The Life and Times of Jesus the Messiah*, S. 626.

355 E. H. Day, *On the Evidence for the Resurrection*, S. 53f.

356 Alfred Edersheim, *The Life and Times of Jesus the Messiah*, S. 53f.

357 Paul Little, *Know Why You Believe*, S. 68f.

358 Alfred Edersheim, *The Life and Times of Jesus the Messiah*, S. 628.

359 Ebd., S. 628.

360 C. S. Lewis, *Miracles*, S. 153.

[361] Thomas James Thorburn, *The Resurrection: Narratives and Modern Criticism*, S. 29ff.

[362] J. N. D. Anderson. *The Resurrection of Jesus Christ*, S. 4-9; Paul Little, *Know Why You Believe*, S. 67-69; Paul William Peru, *Outline of Psychiatric Case-Study*, S. 97ff.

[363] C. S. Lewis, *Miracles*, S. 153f.

[364] Ebd., S. 154.

[365] James Hastings, *A Dictionary of the Apostolic Church*, S. 360.

[366] Ernest F. Kevan, *The Resurrection of Christ*, S. 11.

[367] Winfried Corduan, *No Doubt About It: The Case for Christianity*, S. 221.

[368] John R. W. Stott, *Basic Christianity*, S. 57.

[369] Thomas James Thorburn, *The Resurrection: Narratives and Modern Criticism*, S. 136.

[370] Kirsopp Lake, *The Historical Evidence for the Resurrection of Jesus Christus*, S. 250ff.

[371] Frank Morison, *Who Moved the Stone?*, S. 98.

[372] Paul Little, *Know Why You Believe*, S. 65.

[373] Wilbur M. Smith, *Therefore Stand*, S. 381f.

[374] Paul Little, *Know Why You Believe*, S. 65.

[375] J. N. D. Anderson. *The Resurrection of Jesus Christ*, S. 7.

[376] Ebd., S. 7.

[377] Ebd., S. 7.

[378] Frank Morison, *Who Moved the Stone?*, S. 10.

[379] John R. W. Stott, *Basic Christianity*, S. 48.

[380] Wilbur M. Smith, *Therefore Stand*, S. 382.

[381] Merrill C. Tenney, *The Reality of the Resurrection*, S. 115f.

[382] Ebd., S. 115f.

[383] Ebd., S. 115f.

[384] Frank Morison, *Who Moved the Stone?*, S. 97.

[385] Ebd., S. 101f.

[386] George Hanson, *The Resurrection and the Life*, S. 8.

[387] Wilbur M. Smith, *Therefore Stand*, S. 382.

[388] John Warwick Montgomery, *History and Christianity*, S 12.

[389] Simon Greenleaf, *The Testimony of Evangelists*, S. 46.

[390] G. B. Hardy, *Countdown*, o. S.

10 Bestätigung der Göttlichkeit – der große Anspruch

Kapitelübersicht

1 Einführung

»Wenn Gott Mensch würde, wie würde das aussehen?« Oder *»Besaß Jesus die Merkmale eines Gottes?«*

Um diese Fragen beantworten zu können, wird es hilfreich sein, dass wir uns zuerst mit einer anderen Frage auseinander setzen, nämlich: *»Warum wurde Gott überhaupt Mensch?«*

Ein Grund war sicher, dass er wirksamer mit uns kommunizieren wollte. Stellen Sie sich vor, dass Sie einen Farmer beobachten, der sein Feld pflügt. Sie bemerken, dass bei der nächsten Runde, die der Farmer zieht, ein Ameisenhaufen mit untergepflügt werden würde. Da sie Ameisen lieben, laufen sie zu dem Hügel hin, um die kleinen Bewohner zu warnen. Zuerst rufen Sie ihnen zu, welche Gefahr ihnen droht, doch diese setzen ihre Arbeit unbekümmert fort. Dann versuchen Sie es mit vielen anderen Formen der Kommunikation, doch nichts scheint zu den gefährdeten Ameisen durchzudringen. Bald wird Ihnen klar, dass der einzige Weg, sie wirklich zu erreichen, darin besteht, eine von ihnen zu werden.

Durch die gesamte menschliche Geschichte hindurch hat Gott es mit zahllosen Mitteln der Kommunikation versucht, die Menschheit mit seiner Botschaft zu erreichen. Schließlich sandte er seinen Sohn in diese Welt. Die Anfangsverse des Hebräerbriefes lauten: »Nachdem Gott in den vergangenen Zeiten vielfältig und auf vielerlei Weise zu den Vätern geredet hat durch die Propheten, hat er in diesen letzten Tagen zu uns geredet durch den Sohn« (Hebr 1,1.2). Der Apostel Johannes schreibt in seinem Evangelium: »Und das Wort wurde Fleisch und wohnte unter uns; und wir sahen seine Herrlichkeit als des Eingeborenen vom Vater, voller Gnade und Wahrheit … Niemand hat Gott je gesehen; der eingeborene Sohn, der im Schoß des Vaters ist, der hat Aufschluss (über ihn) gegeben« (Joh 1,14.18).

Die Propheten gaben uns Gottes Wort. Aber Jesus ist selbst das Wort Gottes in menschlicher Gestalt und offenbart uns deshalb Gott in Person, nicht nur durch verbale Äußerungen. Er vermittelte uns Gott selbst in einer Form, die wir berühren, hören und sehen konnten. Jesus brachte uns Gott auf unserer Ebene nahe und erhob uns in diesem Prozess zu sich selbst.

Gott wollte nicht nur mit uns kommunizieren, er wünschte sich auch, uns zu demonstrieren, wie sehr er uns liebte. »Denn so sehr hat Gott die Welt geliebt, dass er seinen eingeborenen Sohn gab, damit jeder, der an ihn glaubt, nicht verloren geht, sondern ewiges Leben hat. Denn Gott hat seinen Sohn nicht in die Welt gesandt, dass er die Welt richte, sondern damit die Welt durch ihn gerettet werde« (Joh 3,16.17). Der Apostel Johannes wiederholt diese Worte Jesu in einem seiner Briefe:

»Darin ist die Liebe Gottes zu uns geoffenbart worden, dass Gott seinen eingeborenen Sohn in die Welt gesandt hat, damit wir durch ihn leben sollen. Darin besteht die Liebe – nicht dass wir Gott geliebt haben, sondern dass er uns geliebt hat und seinen Sohn gesandt als Sühnopfer für unsere Sünden« (1.Joh 4,9f.).

In seinem Buch *The Jesus I Never Knew* greift Philip Yancey diese Vorstellung in bemerkenswerter Weise auf:

> [Die] Juden verbanden mit der Anbetung Furcht … Gott erschien in überraschender Weise als Baby in einer Krippe. Was könnte weniger furchteinflößend sein als ein Neugeborenes, dessen Glieder in Windeln gewickelt eng am Körper anliegen? Gott fand in Jesus einen Weg, eine Beziehung zu Menschen aufzubauen, die keine Furcht einschloss. Ich lernte etwas Entscheidendes über Inkarnation (Fleischwerdung), als ich ein Meerwasser-Aquarium unterhielt.
> Jedes Mal, wenn mein Schatten über den Wasserbehälter fiel, tauchten (die Fische) Schutz suchend in die nächste Muschel. Sie ließen nur ein einziges »Gefühl« erkennen: Angst. Obwohl ich den Deckel öffnete und in regelmäßigen Abständen dreimal am Tag Futter hineinfallen ließ, nahmen sie mein Näherkommen immer als böse Absicht, die für sie bedrohlich war. Ich war nicht in der Lage, sie von meiner wahren Intention zu überzeugen …
> Um ihre Wahrnehmung zu verändern – soviel wurde mir klar – würde eine Art Inkarnation nötig sein. Ich müsste zu einem Fisch werden und zu ihnen in einer Sprache »reden«, die sie verstanden.
> Ein Mensch, der zu einem Fisch wird, ist noch nichts im Vergleich mit Gott, der zu einem menschlichen Baby wird. Und doch ist es genau das, was nach den Evangelien in Bethlehem passierte. Der Gott, der alles geschaffen hatte, nahm innerhalb dieser Materie Gestalt an, als ob ein Künstler sich in einen einzigen Fleck auf seinem Gemälde verwandeln oder ein Dramatiker in eine Gestalt innerhalb seines eigenen Schauspiels schlüpfen würde. Gott schrieb eine Erzählung auf die Seiten unserer wirklichen Geschichte und benutzte dabei nur ganz reale Charaktere. Das Wort wurde Fleisch.[1]

Aber wie sollten die Menschen wissen, dass jemand, der behauptete, er sei Gott, wirklich Gott war? Ein Weg dazu öffnet sich über erfüllte Prophetie. Gott konnte zu den Menschen in ihrer Sprache reden, in ihre Gedanken hinein sprechen und ihnen sagen, wonach sie Ausschau halten sollten – und das lange bevor er wirklich Mensch wurde. Als es dann so weit war und er diese Vorhersagen Wirklichkeit werden ließ, musste die Welt wissen, dass er es war, der zu ihnen sprach. Das ist genau das, was Gott tat.

Der Prophet Jesaja hatte vorhergesagt, dass der Messias-Gott kommen würde (Jes 9,5-6; vgl. Ps 72,3-4; 110,1). Die Bibel spricht viele Male von seinem Auftrag: »Damit erfüllt würde« (s. Mt 2,15.17.23; 13,14).

Wenn Gott also in die menschliche Geschichte eintrat und unter uns als Mensch wandelte, welche Spuren seiner Gegenwart würden wir erwarten, von ihm zu finden? Wie würden wir wissen können, dass er wirklich in menschlicher Gestalt hier gewesen wäre? Ich denke, dass wir mindestens acht Kennzeichen seiner historischen Gegenwart entdecken würden:

Wenn Gott ein Mensch wurde, würden wir von ihm erwarten:

- dass er einen einmaligen Weg zu seinem Eintritt in die Geschichte wählen würde
- dass er ohne Sünde sein würde
- dass er seine übernatürliche Gegenwart in Form von übernatürlichen Handlungen – d. h. Wundern – offenbaren würde
- dass er ein vollkommeneres Leben führen würde, als irgendein Mensch es jemals tat
- dass er die größten Worte sprechen würde, die man jemals hörte
- dass er einen dauernden und allgemeinen Einfluss haben würde
- dass er den geistlichen Hunger der Menschheit stillen würde
- dass er den immer gegenwärtigen und am meisten gefürchteten Feind überwinden würde – den Tod?

Ich behaupte, dass wir nur im Leben von Jesus Christus alle acht dieser Merkmale deutlich dargestellt finden. Er gab uns keinen Anlass zu bezweifeln, dass er der Mensch gewordene Gott ist. Es wird völlig klar, dass er diesen acht Erwartungen an die Gegenwart Gottes in der menschlichen Geschichte auch entspricht.

2 Ein einzigartiger Eintritt in die menschliche Geschichte

Mohammed, Konfuzius, Buddha und alle anderen menschlichen Wesen wurden auf natürlichem Weg empfangen: Menschlicher männlicher Same und die Eizelle einer menschlichen Frau verschmolzen dabei. So war es aber nicht bei Christus. Seine Mutter empfing ihn, als sie noch Jungfrau war. Er hatte keinen natürlichen Vater. Die Jungfrauenempfängnis und -geburt ist einzigartig in der menschlichen Geschichte.

2.1 Das biblische Zeugnis für die Jungfrauengeburt

Das wesentliche biblische Zeugnis hinsichtlich der Jungfrauengeburt steht in den Evangelien von Matthäus und Lukas. Das Alte Testament jedoch sagte die ungewöhnliche Empfängnis des Messias schon Hunderte von Jahren vorher voraus – lange bevor Matthäus und Lukas ihre Evangelien schrieben. Das Konzept der Jungfrauengeburt musste übereinstimmen mit der im Alten Testament vorausgesagten Art und Weise, wie der Messias in die Welt eintreten sollte. Der Schlüsseltext im Alten Testament ist dabei Jesaja 7,14. Es mag aber auch eine Anspielung auf die Jungfrauengeburt in 1. Mose 3,15 geben.

2.1.1 Genesis 3,15

Die erste Prophezeiung im Hinblick auf das erste Auftreten Jesu hier auf der Erde finden wir bereits in 1. Mose 3,15. Hier verspricht Gott, dass der Same der Frau den Kopf der Schlange zertreten würde.

Der alttestamentliche Theologe Claus Westermann sagt dazu:

> Von der Zeit des Irenäus an hat die christliche Tradition die Stelle als eine prophetische Aussage auf Christus (und Maria) hin verstanden. Der »Same der Frau« bezieht sich auf einen einzelnen Abkömmling, der den Kopf der Schlage zertreten würde, deren Same ebenfalls ein einzelnes Individuum in der Person des bösen (Satan) ist, der in einen tödlichen Kampf mit dem »Samen der Frau« verstrickt ist, und der am Ende unterliegt. Diese Erklärung läuft durch die ganze Geschichte der Exegese von Irenäus an über die katholische und evangelische Überlieferungsgeschichte hindurch.[2]

John Walvoord, ein in Amerika lange Zeit führender evangelischer Bibelwissenschaftler und Theologe, stimmt dem zu. In seinem Buch *Jesus Christ Our Lord* sagt er:

> Der Bezug auf den Samen der Frau ist eine prophetische Aussage im Hinblick auf die Geburt des Sohnes Gottes. Das ist der Sinn des Geschlechtsregisters bei Lukas (s. Gal 4,4). Der kommende Erlöser sollte der Same der Frau sein – menschlich gesehen. Und doch haben wir in der Tatsache, dass er nicht »Same des Mannes« genannt wird, eine vorlaufende Andeutung auf die Jungfrauengeburt (Jes 7,14; Mt 1,21.22). Dem Adam wurde es sehr klar gesagt, dass seine Hoffnung auf dieses zukünftige Kind der Frau beruhen sollte, dass durch dieses Kind die Erlösung von Gott her kommen sollte.[3]

Karlheinz Rabast, ein lutherischer Pfarrer aus Deutschland, schreibt Mitte des zwanzigsten Jahrhunderts und stimmt ebenfalls der traditionellen Sicht von 1. Mose 3,15 zu: »Der Same der Frau … hat seine letzte und tiefste Bedeutung darin, dass sich die Stelle auf die Jungfrau Maria und ihren Samen, d. h. Christus, bezieht.«[4]

Edward Young, ein hervorragender Alttestamentler, sagt:

> Dass da eine Bezugnahme auf Christus vorliegt, kann jedoch nicht abgelehnt werden. Trotzdem ist es auch wahr, dass der Weg, auf dem der Mensch den Satan besiegen wird, der ist, dass da von einer Frau einer geboren werden wird, nämlich Jesus Christus, der den Sieg erhalten wird. Es ist der Same der Frau, wie er im Erlöser Gestalt gewonnen hat, der den entscheidenden Schlag ausführen wird.[5]

Die endgültige Erfüllung von 1. Mose 3,15 findet sich im Kommen des Messias, Jesus Christus, der tatsächlich empfangen war vom »Samen der Frau«, von der Jungfrau Maria – nicht vom Samen eines Mannes.

2.1.2 Jesaja 7,14

Eine klarere Prophezeiung steht in Jesaja 7,14: »Darum wird euch der Herr selbst ein Zeichen geben: Siehe, die Jungfrau hat empfangen und wird Mutter eines Sohnes, den sie Immanuel nennen wird.«

Zwei Schlüsselfragen führen weit in die Interpretation dieser Stelle hinein. Die erste heißt: Was ist die Bedeutung von *'almah*, des hebräischen Wortes, das mit »Jungfrau« hier übersetzt ist? Und die zweite Frage lautet: Auf wen bezieht sich »die Jungfrau«?

2.1.2.1 Was bedeutet *'Almah*?

Die Bedeutung eines Wortes wird am besten an seinem Kontext erkannt. Z. B. das Wort *trunk* im Englischen bedeutet einerseits den Kofferraum im hinteren Teil eines Autos, wenn es z. B. um den Satzinhalt geht: »Sie stellte ihre Koffer in den ›trunk‹ ihres viertürigen Sedan.« Andererseits kann »trunk« aber auch Rüssel bedeuten, wenn es z.B. heißt: »Der Elefant streckte seinen ›trunk‹ über den Zaun und holte sich aus einer Kinderhand Erdnüsse.« Ähnlich müssen wir uns auch den Textzusammenhang ansehen, um zu wissen, was *'almah* an einer bestimmten Stelle bedeutet.

Im Alten Testament wird *'almah* siebenmal im Zusammenhang mit einer jungen Frau benutzt (1. Mose 24,43; 2. Mose 2,8; Ps 68,26; Spr 30,19; Hld 1,3; 6,8; Jes 7,14). Edward Hindson sagt dazu: »Obwohl es stimmt, dass *'almah* nicht das übliche Wort für Jungfrau ist, so bezeichnet seine Anwendung doch immer eine Jungfrau.« Außerdem »beim biblischen Gebrauch von *'almah* ist eindeutig niemals eine verheiratete Frau gemeint, sondern immer eine unverheiratete.«[6] Das gilt von den Bibelstellen, in denen das Wort vorkommt.

1. 'Almah in 1.Mose 24,43

Nachdem Elieser bei Nahor angekommen ist, betet er, so steht es in 1. Mose 24, zu Gott und bittet um seine Hilfe, damit er die richtige Frau für den Sohn Abrahams findet. Vers 16 beschreibt Rebekka als eine junge Frau, »die sehr schön anzusehen war, eine Jungfrau [*betulah*]; und kein Mann hatte sie erkannt«. Später bezieht sich Elieser auf sie als »Jungfrau« [*'almah*] (V. 43).

2. 'Almah in 2.Mose 2,8

Bezugnehmend auf diese Stelle schreibt Richard Niessen:

> 2. Mose 2 schildert den Vorfall, als das Kind Mose von der Tochter des Pharao aus dem Nil gerettet wird. Moses Schwester, Mirjam, stand in der Nähe. Sie hatte das Kind bewacht, lief nun zu der Tochter des Pharaos und schlug ihr vor, eine hebräische Frau zu suchen (ihre Mutter), die das Kind stillen konnte. »Die Tochter des Pharao sprach zu ihr: Geh hin! Die Jungfrau [*'almah*] ging hin und rief die Mutter des Kindes« (2. Mose 2,8).
>
> Die Art und Weise, wie Mirjam in Kapitel 2 Vers 4 vorgestellt wird, lässt vermu-

> ten, dass sie nicht viel älter als Mose war. Das wird auch dadurch bestätigt, dass sie zu jener Zeit noch im Haus ihrer Mutter lebte.
> Von dieser Stelle scheint es so, als ob jedes Element biologischer Jungfräulichkeit in dem Begriff [*'almah*] mit der gleichzeitigen Nebenbedeutung des geringen Alters zusammengefasst wäre. Mirjam war ein Teenager, die auch noch eine Jungfrau war.[7]

Albert Myers stimmt dem zu und sagt, dass Moses Schwester Mirjam »ganz unzweifelhaft eine Jungfrau war (2. Mose 2,8).«[8]

3. 'Almah in Psalm 68,26

In dieser Passage sind »die Jungfrauen [*'almah*], die Tamburine schlagen«, Teil einer Prozession, die den göttlichen König »ins Heiligtum« begleitet. In seinem Kommentar zu diesem Text sagt Niessen, dass die Jungfrauen ganz sicher keine Prostituierten oder unreine Frauen waren, sondern bescheidene, keusche Dienerinnen Gottes. Demnach waren es Jungfrauen.

Außerdem war es semitischer Brauch, dass unverheiratete Frauen ganz allgemein an Brautzügen und anderen festlichen Gelegenheiten teilnahmen. Von daher kann man schließen, dass die jungen Frauen, die an dieser Prozession dabei waren. Jungfrauen waren.[9]

4. 'Almah in Sprüche 30,19

Der Schreiber dieser Stelle erwähnt vier Dinge, die ihm »zu wunderbar« sind: »… des Adlers Weg am Himmel, der Schlange Weg auf einem Felsen, des Schiffes Weg mitten im Meer und des Mannes Weg bei einer *'almah.*« In Vers 20 stellt er die unmoralische Frau dem tugendhaften Mädchen gegenüber.[10]

Hindson gibt eine Auslegung von Sprüche 30,19 und weist auf Folgendes hin:

> Die Nebeneinanderstellung der nächsten Verse macht den Gegensatz zwischen der natürlichen Segnung eines tugendhaften Mädchens und der bösen Haltung einer ehebrecherischen Frau deutlich. Von daher sollte das Bild, das hier gebraucht ist, sich auf eine Jungfrau beziehen.[11]

Niessen versteht diese Stelle ähnlich:

> Was hier beschrieben ist, ist Werbung und Zuneigung in der jungen Liebe zwischen einem jungen Mann und seiner Freundin. Da die Stelle sich nicht besonders zu der Jungfräulichkeit des Mädchens äußert, kann man sie wohl voraussetzen.[12]

5. 'Almah in Hohelied 1,3

In diesem poetischen Abschnitt des Liebesliedes Salomos sagt die Braut von ihrem Bräutigam: »Lieblich duften deine Salben; dein Name ist wie ausgegossenes Öl;

darum haben dich Jungfrauen [*'almah*] lieb.« »Der Name eines Menschen«, so erklärt Jack Deere, »repräsentiert seinen Charakter oder seinen Ruf (s. 2. Sam 7,9). Wenn Salomos Name so mit duftendem Öl verglichen wird, bedeutet es, dass sein Charakter, sein Wesen anziehend wirkt und der Geliebten gefällt. Aus diesem Grunde sagt sie, dass sich viele zu ihm hingezogen fühlen.«[13] Die andern Frauen, die den Geliebten attraktiv finden, sind »keine verheirateten Frauen, sondern Jungfrauen, die sich einen Ehemann wünschten, aber ihn nicht gewinnen konnten. Das Wort (*'almah*) impliziert hier die Vorstellung von Jungfräulichkeit«.[14]

6. 'Almah in Hohelied 6,8

Diese Stelle erwähnt drei Kategorien von Frauen, die zum Hof des Königs gehörten: Königinnen, Nebenfrauen und Mädchen [*'almah*]. Niessen bemerkt dazu:

> Königinnen waren ganz offensichtlich verheiratet und die Nebenfrauen lebten in einem Status wie in den eheähnlichen Beziehungen von heute … die [Mädchen] befinden sich offenbar im Gegensatz zu diesen beiden Frauen-Gruppen, und als solche waren sie wohl unverheiratet. Sie gehörten zur Bedienung der Königin und waren dazu bestimmt, eventuell vom König als »Ehe«-Frauen ausgewählt zu werden. Daher war es selbstverständlich, dass sie Jungfrauen waren. Das wird durch die Ereignisse im Buch Ester (Ester 2) bestätigt. König Xerxes hatte eine große Zahl von Jungfrauen zusammenkommen lassen, um sich eine neue Königin auszusuchen (2,12.13). Reinheit war so wesentlich, dass die Frauen ein ganzes Jahr lang einen Prozess der zeremoniellen Reinigung unterworfen wurden, bevor sie in den Raum des Königs gehen konnten. Ihre biologische Jungfräulichkeit stand überhaupt nicht in Frage; sie wurde vorausgesetzt.[15]

7. 'Almah in Jesaja 7,14

R. Dick Wilson hat sich mit dem Gebrauch von *'almah* in der hebräischen Heiligen Schrift beschäftigt und kommt zu zwei Schlussfolgerungen:

> Erstens, dass *'almah*, so weit es bekannt ist, niemals eine junge verheiratete Frau bezeichnet. Und zweitens – da nach Gewohnheitsrecht und -brauch jede *'almah* eine Jungfrau ist und tugendhaft, bis es bewiesen wird, dass sie es nicht ist – dass wir das Recht haben anzunehmen, dass Rebekka und die *'almah* aus Jes 7,14 und all die andern *'almahs* Jungfrauen waren, so lange nicht das Gegenteil bewiesen wird.[16]

Der Gelehrte J. Gresham Machen kommt in *The Virgin Birth of Christ* zu dem gleichen Schluss:

> Es gibt keine einzige Stelle unter den sieben vorkommenden von »'almah« im Alten Testament, wo das Wort eindeutig im Hinblick auf eine Frau gebraucht wird, die keine Jungfrau war. Es soll freimütig zugegeben werden, dass »'almah« nicht ausdrücklich Jungfräulichkeit bezeichnet, wie es »bethulah« tut. Es ist eher

eine junge Frau im heiratsfähigen Alter damit gemeint. Auf der andern Seite kann man wohl bezweifeln – vom Gebrauch her – ob es ein übliches Wort war, das für eine Frau angewandt wurde, die nicht tatsächlich Jungfrau war.[17]

Willis J. Beecher teilt in seinem klassischen Essay »The Prophecy of the Virgin Mother« diese Einschätzung:

> Das hebräische Lexikon sagt uns, dass das Wort *'almah*, hier [d. h. Jes 7,14] mit Jungfrau übersetzt, eine junge Frau bezeichnen kann, ob sie nun Jungfrau ist oder nicht. Soweit es um etymologische Ableitungen geht, ist das zweifellos der Fall. Doch im biblischen Gebrauch bezeichnet es in jedem Fall, wo die Bedeutung klar bestimmt werden kann, eine Jungfrau.[18]

In andern Worten, da *'almah* im Kontext anderer biblischer Stellen, wo der Begriff erscheint, Jungfräulichkeit impliziert, sollte angenommen werden, und dass *'almah* in Jes 7,14 ebenfalls Jungfräulichkeit bedeutet. Der Kontext dieser Stelle vermittelt eine zusätzliche Bestätigung dafür, dass die *'almah* aus den prophetischen Aussagen eine Jungfrau sein muss.

Die historische Situation

Die Ankündigung der Jungfrauengeburt erfolgte zu einer Zeit der Erschütterungen in der Geschichte Judas. Nach Jesaja 7,1 begab es sich, »dass Rezin, der König von Syrien, mit Pekach, dem Sohne Remaljas, dem König von Israel, hinaufzog zum Krieg wider Jerusalem; er konnte es aber nicht erobern.« Ahas, der zu der Zeit der König von Juda war, geriet in Panik und überlegte ernsthaft, um militärische Hilfe aus Assyrien zu bitten, um die angreifenden Armeen aufzuhalten und zu besiegen. Das Problem bei dieser Möglichkeit war aber, wie Niessen zeigt, dass »Assyrien eine selbstsüchtige Macht darstellte, die auf Eroberungen aus war. Und das Bündnis mit ihnen konnte nur um den Preis der Abhängigkeit Judas erkauft werden. Es würde dann nicht mehr lange gedauert haben, bis Jahwe aus seinem eigenen Tempel hinausgefegt worden wäre und die Götter Assyriens seinen Platz eingenommen hätten.«

Niessen fährt fort:

> Jesaja traf Ahas, um ihm zu versichern, dass Gott Jerusalem befreien würde, und um ihn vor der katastrophalen Verstrickung mit Assyrien zu warnen. Jesajas Botschaft war eine zweifache: 1. Die beiden eindringenden Könige waren nicht mehr als »rauchende Feuerbrandstummel« – die schwelenden Enden einer erlöschenden Fackel – und deshalb brauchte man sie nicht zu fürchten (7,3-9). 2. Als Beweis dafür, dass Jesaja kein falscher Prophet war und dass Gott tatsächlich die Macht hatte, Jerusalem zu befreien, sollte Ahas um ein bestätigendes Zeichen bitten – irgendetwas, das er in der Tiefe unten oder droben in der Höhe empfangen könnte (7,10.11) – doch er lehnte es ab (7,12).
>
> Ahas wusste, dass Jesaja ihn damit in ein Dilemma gebracht hatte. Wenn er das

Zeichen annahm, dann würde ihn seine eigene Ehre und die öffentliche Meinung daran hindern, die Assyrer um Hilfe zu bitten, wozu er eigentlich schon entschlossen war … Ahas lehnte das Zeichen aus politischen Erwägungen heraus und wegen seines ungläubigen Herzens ab … Jesaja tadelte Ahas und fuhr mit seiner Botschaft fort: »Darum wird euch [Plural] der HERR selbst ein Zeichen geben: Siehe, eine [wörtlich »die«] *'almah* hat empfangen und wird Mutter eines Sohnes, den sie Immanuel nennen wird« (7,14).[19]

Die Natur des Zeichens

In diesem Kontext muss man das Zeichen als äußerst ungewöhnliches Ereignis verstehen, als etwas, was nur Gott tun konnte, als ein Wunder. John Martin bemerkt dazu, dass dieses Zeichen »ein beglaubigendes Wunder sein sollte, das Gottes Wort bestätigen würde.«[20] A. Barnes stimmt damit überein und sagt, dass das Zeichen in diesem Kontext »ein Wunder zur Bezeugung einer göttlichen Verheißung oder einer göttlichen Botschaft darstellt«[21].

Da Ahas es ablehnte, Gott um ein Zeichen zu bitten, entscheidet Gott selbst, was es für ein Zeichen sein wird. Man kann natürlich damit rechnen: wenn Gott selbst mit seinem eigenen Zeichen auf den Plan tritt, dann würde es etwas Wunderbares sein. Der Text rechtfertigt eine Aussage von J. A. Alexander, wenn er darlegt, dass »es sehr unwahrscheinlich ist, dass nach einem solchen Angebot [von Gott an Ahas] das verliehene Zeichen [Gottes endgültiges] nur etwas ganz Alltägliches sein würde oder höchstens die Anwendung eines symbolischen Namens. Diese Vermutung wird noch bestärkt durch die Feierlichkeit, mit der der Prophet von der angekündigten Geburt spricht – nicht wie von einem gewöhnlichen und natürlichen Ereignis, sondern von etwas, das sein eigenes Erstaunen erregt, als er es in prophetischer Schau sieht.«[22]

Hindson sagt:

Es ist auch wichtig, zu bemerken, dass das Zeichen [das Gott selbst vorschlägt] sich an »euch« (Plural) richtet und offensichtlich nicht an Ahas allein, der das erste Angebot ausgeschlagen hatte. In Vers 13 hatte Jesaja gesagt: »Höre doch, Haus David, ist es euch nicht genug …« und es ist klar, dass der Plural »ihr« in Vers 14 mit dem vorhergehenden »euch« in Vers 13 in Zusammenhang steht. Da der Kontext uns sagt, dass das Haus David es ist, um das es in der bevorstehenden Invasion geht, scheint es angemessen zu sein, den Plural »euch« als das »Haus David« zu interpretieren, das dann der Empfänger des Zeichens wäre.[23]

Eine Frau, die auf natürlichem Wege schwanger wird, kann unmöglich den Kriterien für ein übernatürliches Zeichen entsprechen. Der große protestantische Reformator Johannes Calvin trifft die Sache im Kern, wenn er sagt:

Was hätte der Prophet Wunderbares gesagt, wenn er von einer jungen Frau gesprochen hätte, die durch eine geschlechtliche Beziehung zu einem Mann schwanger geworden wäre? Es wäre ganz sicher absurd gewesen, das als ein

> Zeichen oder ein Wunder zu betrachten. Nehmen wir an, es bezeichnet eine junge Frau, die auf natürlichem Wege schwanger werden sollte. Jeder kann erkennen, dass es für einen Propheten dumm und verächtlich gewesen wäre, nachdem er angekündigt hatte, dass er von etwas Merkwürdigem und Ungewöhnlichem sprechen würde, dann zu sagen: »Eine junge Frau wird schwanger werden.« Von daher ist es eindeutig klar, dass er von einer Jungfrau spricht, die schwanger werden soll, und das nicht auf natürlichem Weg, sondern durch die gnädige Einwirkung des Heiligen Geistes.[24]

Eine nähere Untersuchung einiger Schlüsselwörter in Jesaja 7,14 bestätigt die Bemerkung Calvins. Das hebräische Wort h-r-h, das Jes 7,14 mit »empfangen« übersetzt ist, ist »weder ein Verb noch ein Partizip, sondern ein Adjektiv Femininum verbunden mit einem aktiven Partizip und besagt, dass die Szene aus der Sicht des Propheten Gegenwart ist.[25] Das bedeutet, dass der Gebrauch von Wort und Zeit ähnlich ist wie in der Szene mit Hagar und dem Engel des Herrn, wo viele Jahrhunderte früher der Engel in der Wüste der Hagar sagt: »Siehe, du hast empfangen und wirst einen Sohn gebären« (1. Mose 16,11). Kurz gesagt, Jesaja 7,14 würde besser übersetzt: »Siehe, die Jungfrau ist schwanger und wird einen Sohn gebären.« Edward Hindson kommentiert:

> Es ist vollkommen klar, dass die Zeit, die hier bei dem Verb (h-r-h) angegeben ist, als Gegenwart genommen werden muss. Die Frage der Zeitbestimmung, die hierher gehört, ist äußerst wichtig für die Interpretation der Stelle. Wenn das Wort *'almah* Jungfrau bedeutet, und wenn diese *'almah* bereits schwanger ist und einen Sohn gebären soll, dann ist das Mädchen immer noch eine Jungfrau, auch wenn sie Mutter ist. Achten wir auf den Widerspruch, falls sich diese Stelle nicht auf die einzige Jungfrauengeburt in der Geschichte, die von Jesus Christus, bezieht. Die Jungfrau ist schwanger! Wie kann sie immer noch Jungfrau sein und zu gleicher Zeit schwanger? Die Folgerung ist, dass dieses Kind auf wundersame Weise geboren werden soll, ohne Vater, und dass die Mutter trotz der Schwangerschaft immer noch als Jungfrau angesehen wird. Das Wort *'almah* (Jungfrau) impliziert einen gegenwärtigen Stand der Jungfräulichkeit, ebenso wie das Wort h-r-h einen gegenwärtigen Status der Schwangerschaft impliziert. Wenn die verbale Bestimmung in der Zukunft stände, gäbe es keine Sicherheit dafür, dass die Jungfrau, die (in der Zukunft) einen Sohn gebären wird, immer noch Jungfrau ist und nicht Frau. Wenn aber eine »Jungfrau« »schwanger ist« und offensichtlich sowohl Jungfrau als auch Mutter ist, dann können wir der Schlussfolgerung nicht ausweichen, dass dies das Bild einer Jungfrauengeburt darstellt.[26]

Niessen schließt:

> Das Zeichen in Jesaja 7,14 war daher etwas, das über einen natürlichen Prozess

hinausging. Es war keine bedeutungslose Zurschaustellung, sondern ein Zeichen das der Gelegenheit angemessen war und relevant für den Fortbestand der davidischen Linie, die vom Erlöschen bedroht war. Das stärkste Zeichen, das Gott in dieser Situation geben konnte, war eine wahrhaftige biologische Unmöglichkeit – die wunderbare Empfängnis eines Sohnes durch eine Frau, die im biologischen Sinne des Wortes eine Jungfrau war.[27]

Weitere Hinweise durch Übersetzungen

Das griechische Wort für Jungfrau ist *parthenos*, das lateinische Wort lautet *virgo* und ein häufig benutztes hebräisches Wort ist betfl-h (obwohl aus dem jeweiligen Kontext entschieden werden muss, ob *betfl-h* tatsächlich »Jungfrau« bedeutet oder nicht). R. Dick Wilson bemerkt dazu:

> Die Septuaginta-Version [LXX] von Jes 7,14, verfasst um 200 v.Chr., die Zitatstelle in Mt 1,23 aus dem ersten Jahrhundert n.Chr., die altsyrische Peschitta aus dem zweiten Jahrhundert n.Chr. und die lateinische Vulgata des Hieronymus von etwa 400 n.Chr. – sie alle übersetzen *'almah* mit *parthenos* (virgin) oder geben deren Äquivalente mit *bethulah* und *virgo* wieder … Da die LXX-Version im Fall von Jesaja 200 Jahre v.Chr. entstand, kann man davon ausgehen, dass ihre Wiedergabe von *'almah* mit *parthenos* in Jes 7,14 ihrer Meinung nach eine gerechtfertigte Übersetzung war. Soweit wir irgendwelche Beweise besitzen, ist das in Mt 1,23 angeführte Zitat von Jes 7,14 durch die jüdische Interpretation so als rechtmäßig anerkannt worden bis zu der Zeit, als das Evangelium des Matthäus geschrieben wurde.[28]

Oder wie Henry Morris sagt:

> Die Gelehrten, die das Alte Testament in die griechische Septuaginta-Version übersetzten, benutzten das griechische Standardwort für »Jungfrau«, als sie Jesaja 7,14 übersetzten. Das tat auch Matthäus, als er dieses prophetische Wort zitierte (Mt 1,23) und es in der jungfräulichen Geburt Christi als erfüllt ansah.[29]

B. Witherington III. stimmt dem zu und sagt:

> Wahrscheinlich ist es korrekt, zu sagen, dass, wenn *'almah* normalerweise nicht den Beiklang der Jungfräulichkeit hätte, es schwierig wäre, wenn nicht gar unmöglich, zu erkennen, warum die Übersetzer der Septuaginta *parthenos* als griechisches Äquivalent benutzt hätten.[30]

Der Beweis, die Sicht unterstützend, dass die *'almah* in Jesajas Weissagung eine junge jungfräuliche Frau ist, ist daher bestimmt und schlüssig. Kein anderes Verständnis wird dem Wort oder seinem literarischen, sozialen und historischen Kontext gerecht.

2.1.2.2 Wer ist nun diese 'Almah?

Da wir zu dem Ergebnis gekommen sind, dass die *'almah* aus Jesaja 7,14 eine junge, »jungfräuliche« Frau im heiratsfähigen Alter ist, die auf übernatürlichem Wege schwanger wird, können wir mit Sicherheit schließen, dass die einzige Frau in der Geschichte, auf die diese Kriterien passen, die Jungfrau Maria ist, die Mutter Jesu Christi. Hindson hat Recht:

> Nur Maria, die Mutter Jesu, hat die Eigenschaften, die diese Weissagung zur Erfüllung bringen konnten. Die Jungfrau ist nicht die Ehefrau des Propheten [d.h. des Jesaja] noch des Ahas oder des Hiskias, noch eines unbekannten Zuschauers. Sie ist die einzige jungfräuliche Mutter, von der die Geschichte oder die Heilige Schrift jemals berichtet hat.[31]

Einige Bibelwissenschaftler haben diese Schlussfolgerung bestritten, indem sie behaupteten, die Weissagung des Jesaja »sollte ein Zeichen Gottes für den König Ahas sein, das die bevorstehende Eroberung des Nord- und Südreichs durch den König von Assyrien ankündigen sollte. Da die Geburt dieses Kindes ein Zeichen für Ahas sein sollte, ist der Schluss nur logisch, dass diese Geburt zur Lebens- und Regierungszeit des Ahas stattfand. Das würde daher eine sofortige, teilweise Erfüllung der Weissagung von Jes 7,14 erforderlich machen.«[32]

Für einige scheint diese Sicht durchaus begründet zu sein, aber ich denke, dass sie an einigen Schlüsselpunkten nicht haltbar ist.

1. Um diese Position erfolgreich zu vertreten, muss man ein Verständnis von *'almah* annehmen, das es nicht erlaubt, an der Jungfräulichkeit in Jes 7,14 festzuhalten. Andernfalls würden die Verfechter dieses Standpunkts vor der Unmöglichkeit stehen: *zwei* Jungfrauengeburten in der Geschichte vorzufinden – eine während der Zeit des Ahas, die andere in der Identifikation mit Maria, der Mutter Jesu. Doch wir haben bereits die Fülle von Beweisen dafür gesehen, dass die entgegengesetzte Folgerung eher stimmig ist: Die Beweise zeigen ganz klar, dass *'almah* in der Prophetie des Jesaja eine junge, jungfräuliche Frau im heiratsfähigen Alter meint, nicht einfach eine junge Frau. Jesajas *'almah* ist eindeutig eine Jungfrau, die schwanger ist.

2. Die Theorie der sofortigen Erfüllung nimmt den Gebrauch der Zeiten bei Jes 7,14 nicht ernst genug. Der unterstützt nämlich die Schlussfolgerung, dass die *'almah* zu gleicher Zeit Jungfrau und schwanger ist.

3. Die Natur des Zeichens in Jes 7,14 ist übernatürlich, nicht natürlich. Eine Frau, die durch den natürlichen Verkehr mit einem Mann ein Kind empfangen würde, wäre nicht in der Lage, Gottes Wort zu beglaubigen. Dazu ist ein Wunder erforderlich, und eine Jungfrauengeburt ist dieses Wunder.

4. Innerhalb des weiteren Kontextes von Jes 6-12 sollte das Immanuel-Kind, das aus dem Schoß einer Jungfrau kommen würde, ein Gott-Mensch sein, nicht einfach nur ein Mensch (s. Jes 9,5.6; 11,1-16). Keine andere Person in der Geschichte entsprach dem außer Jesus von Nazareth.

Und schließlich: die prophetische Äußerung in Jes 7,14 richtet sich an Ahas als das augenblickliche Haupt des davidischen Königsgeschlechts und an die davidischen Könige, die ihm folgen würden. Teilweise sollte die Weissagung dem Ahas und seinen Nachkommen demonstrieren, dass das davidische Königsgeschlecht sie überleben würde. Das lässt eine Erfüllung in weiter Sicht eher wahrscheinlich sein als eine Naherfüllung. Der Bibelwissenschaftler Charles Feinberg betont das:

> Ahas und seine Höflinge fürchteten sich vor dem Auslöschen der Dynastie Davids und der Absetzung des Königs durch einen syrischen Bewerber um den Thron. Jedoch: je mehr Zeit verging, bis diese Weissagung für das Haus Davids in Erfüllung ging, desto länger würde diese Dynastie ja Bestand haben, um die Realisierung dieser Prophetie zu bezeugen. Alexander sagt es so: »… Die Gewissheit, dass Christus in Juda aus einer königlichen Familie geboren werden sollte, konnte ein Zeichen für Ahas sein, dass das Königtum in seinen Tagen nicht untergehen würde. Und die Entfernung dieses Zeichens war in diesem Fall so groß, dass es nicht absurd oder unangemessen erschien, denn je weiter es weg war, desto stärker war die Verheißung des Fortbestehens von Juda, was ja garantiert war.« Daher ist der Schluss unausweichlich, dass … »es keinen Grund gibt, grammatisch, historisch oder logisch, den Hauptpunkt zu bezweifeln, dass die Kirche zu allen Zeiten Recht hatte, wenn sie diese Stelle als Zeichen und ausdrückliche Vorhersage der wunderbaren Empfängnis und Geburt Jesu Christi angesehen hat.«[33]

Wir können daher feststellen, dass die Lehre von der jungfräulichen Geburt Jesu Christi, wie sie im Neuen Testament dargelegt wird, in Einklang mit den Lehren und messianischen Weissagungen des Alten Testamentes ist.

2.1.3 Die Evangelien von Matthäus und Lukas

Die beiden ersten Kapitel der Evangelien von Matthäus und Lukas beziehen sich auf die wunderbare jungfräuliche Empfängnis und Geburt Jesu. Der Bericht des Matthäus von diesem Ereignis betont Josef als den vor dem Gesetz geltenden Vater Jesu. Der Bericht des Lukas konzentriert sich mehr auf Maria, die Mutter Jesu. Der Theologe James Buswell nimmt an, dass ein Grund für die unterschiedlichen Schwerpunkte der ist, dass die Berichte vielleicht auf verschiedenen Quellen basieren. Matthäus könnte seine Informationen von Josef bezogen haben und Lukas seine Einzelheiten von Maria:

> Der Bericht von der Jungfrauengeburt findet sich im ersten und im dritten Evangelium. Die Erzählung des Matthäus (Mt 1,18-25) ist vom Standpunkt des Josef aus erfolgt, des Ehemannes der Maria … Orr nimmt an, dass der Bericht des Matthäus über Geburt und Kindheit Jesu sehr gut unmittelbar von einem persönlichen Zeugnis des Josef gegenüber Matthäus stammen könnte.
>
> Der Bericht des Lukas (Lk 1,26-38; 2,1-7) ist andererseits vom Standpunkt der

> Maria aus betrachtet … Es kann sein, dass sie eine der Augenzeugen ist (Lk 1,2), auf die er sich als seine Quellen bezieht.[34]

Witherington III. schließt daraus:

> Man darf weder den jüdischen Beigeschmack der beiden Geburtserzählungen noch die Fähigkeit der Evangelisten unterschätzen, ihr Quellenmaterial in bewegende und bedeutungsvolle Darstellungen der Guten Nachricht von Jesus einzukleiden. Die Form der Darstellungen unterscheidet sich stark, auch wenn sie viele gleiche Elemente benutzen. Das demonstriert von selbst, dass das erste und das dritte Evangelium keine starren Vermittler ihrer Quellen waren, sondern kreative Gestalter ihres Materials, die ihre Quellen dazu benutzten, um ihre eigenen theologischen Schwerpunkte zu beleuchten und dieses Material erfolgreich in den größeren Rahmen ihres jeweiligen Evangeliums einzufügen.[35]

Abgesehen von den verschiedenen Schwerpunkten enthalten die Evangelien von Matthäus und Lukas bemerkenswerte Ähnlichkeiten, die zeigen, dass sie in den wesentlichen Einzelheiten der jungfräulichen Empfängnis und Geburt harmonieren. In seinem Buch *The Virgin Birth of Christ* zählt James Orr zwölf Punkte der Übereinstimmung zwischen den Berichten der beiden Evangelien auf:

- Jesus wurde in den letzten Tagen des Herodes geboren (Mt 2,1.13; Lk 1,5)
- Er war empfangen vom Heiligen Geist (Mt 1,18.20; Lk 1,35)
- Seine Mutter war eine Jungfrau (Mt 1,18.20.23; Lk 1,27.34)
- Sie war mit Josef verlobt (Mt 1,18; Lk 1,27; 2,5)
- Josef kam aus dem Hause und dem Geschlecht Davids (Mt 1,16.20; Lk 1,27; 2,4)
- Jesus wurde in Bethlehem geboren (Mt 2,1; Lk 2,4.6)
- Nach göttlicher Weisung wurde er Jesus genannt (Mt 1,21; Lk 1,31)
- Er wurde zum Erlöser erklärt (Mt 1,21; Lk 2,11)
- Josef wusste im Voraus über Marias Situation und deren Ursache Bescheid (Mt 1,18-20; Lk 2,5)
- Trotzdem nahm er Maria zu sich als seine Frau und übernahm volle väterliche Verantwortung für ihr Kind (Mt 1,20.24.25; Lk 2,5ff.)
- Die Ankündigung und die Geburt selbst waren von Offenbarungen und Visionen begleitet (Mt 1,20 u.a.; Lk 1,26.27 u.a.)
- Nach der Geburt Jesu wohnten Josef und Maria in Nazareth (Mt 2,23; Lk 2,39)[36]

Wenn etwas wahr sein soll, dann müssen diejenigen, die ein genaues Zeugnis von Ereignissen haben, auch darin übereinstimmen. In Bezug auf die Berichte von Matthäus und Lukas sagt Orr, dass, obwohl sie von verschiedenen Standorten aus berichten und vielleicht von verschiedenen Quellen herkommen, sie doch in wesentlichen Tatsachen übereinstimmen, einschließlich der allerwichtigsten, nämlich: »dass Jesus vom Heiligen Geist empfangen, von Maria, einer Jungfrau, geboren wurde, die mit Josef verlobt war, mit voller Kenntnis seinerseits von der Situation.«[37]

Das Beweismaterial lässt stark vermuten, dass die Geburtserzählungen von Matthäus und Lukas auf Zeugnissen aus erster Hand basieren und von den eigenen Familienmitgliedern Jesu stammen. Daraus lässt sich weiterhin der Schluss ableiten, dass die Empfängnis und Geburt Jesu tatsächlich die Erfüllung der alten prophetischen Aussage des Jesaja war. Wie Matthäus schrieb: »Dies alles aber ist geschehen, damit erfüllt würde, was von dem Herrn durch den Propheten gesagt wurde, der spricht: ›Siehe, die Jungfrau wird schwanger werden und einen Sohn gebären; und man wird ihm den Namen Immanuel geben, das heißt übersetzt: ›Gott mit uns.‹« (Mt 1,22.23).

Während viele Gelehrte das Markus-Evangelium für das älteste halten, das geschrieben wurde, ist es aufschlussreich, auf die Worte von Irenäus, um 180 n. Chr. Bischof von Lyon, zu achten. Dieser war ein Schüler Polykarps, eines Jüngers des Apostels Johannes. Irenäus vermittelt uns den Hintergrund der Abfassung der vier Evangelienberichte und bestätigt die Tatsache, dass das Matthäusevangelium als erstes einen Bericht von der Jungfrauengeburt enthält und auch als erstes von allen Evangelien geschrieben wurde:

> Matthäus veröffentlichte sein Evangelium unter den Hebräern [d. h. Juden] in ihrer eigenen Sprache, während Petrus und Paulus die Gute Nachricht in Rom predigten und dort auch eine Gemeinde gründeten. Nach ihrem Weggehen [d. h. nach ihrem Tod, den eine starke Überlieferung in der Zeit der Verfolgung durch Nero im Jahr 64 n. Chr. ansetzt] überlieferte uns Markus, der Schüler und Ausleger des Petrus, in seinen Schriften die wesentliche Substanz der Predigten des Petrus. Lukas, der Nachfolger des Paulus, legte in einem Buch das Evangelium, das sein Lehrer gepredigt hatte, nieder. Und dann verfasste Johannes, der Jünger Jesu, der auch an seiner Brust lehnte [das ist ein Bezug auf Joh 13,25 und 21,20], während er in Ephesus lebte, ein eigenes Evangelium.[38]

Matthäus, der frühere Zöllner, ein Mann, der gewohnt war, genaue Berichte zu geben, war vermutlich inzwischen schon in seinen sechziger Jahren und fühlte sich gedrängt, fast am Ende seines Lebens von allem, was er über das Leben Jesu gesammelt und niedergeschrieben hatte, einen ordentlichen Bericht zu hinterlassen. Er beginnt seine Erzählung mit einer Aufzählung der Vorfahren Jesu und einem bis ins Einzelne gehenden Bericht von der wunderbaren Empfängnis im Schoß einer Jungfrau:

> Die Geburt Jesu Christi aber geschah auf diese Weise: Als nämlich seine Mutter Maria mit Josef verlobt war, noch ehe sie zusammengekommen waren, erwies es sich, dass sie vom Heiligen Geist schwanger geworden war. Aber Josef, ihr Mann, der gerecht war und sie doch nicht der öffentlichen Schande preisgeben wollte, gedachte sie heimlich zu entlassen.

Während er aber dies im Sinn hatte, siehe, da erschien ihm ein Engel des Herrn im Traum, der sprach: Josef, Sohn Davids, scheue dich nicht, Maria, deine Frau, zu dir zu nehmen; denn was in ihr gezeugt ist, das ist vom Heiligen Geist. Sie wird aber einen Sohn gebären, und du sollst ihm den Namen Jesus geben, denn er wird sein Volk retten von ihren Sünden. Dies alles aber ist geschehen, damit erfüllt würde, was von dem Herrn durch den Propheten gesagt wurde, der spricht: »Siehe, die Jungfrau wird schwanger werden und einen Sohn gebären; und man wird ihm den Namen Jesus geben, das heißt übersetzt: ›Gott mit uns‹.«
Als nun Josef vom Schlaf erwachte, tat er, wie ihm der Engel des Herrn befohlen hatte, und er nahm seine Frau zu sich; und er erkannte sie nicht, bis sie ihren erstgeborenen Sohn geboren hatte; und er gab ihm den Namen Jesus (Mt 1,18-25).

2.1.3.1 Antworten auf Einwände

Einige Kritiker haben die historische Genauigkeit der Geburtserzählungen bei Matthäus und Lukas bestritten. Sie glaubten, sachliche Fehler oder unlösbare Widersprüche darin gefunden zu haben. Die am häufigsten zitierten Einwände beziehen sich auf die Geschlechtsregister der beiden Evangelien und die Erwähnung des Quirinius und die einer gewissen Volkszählung bei Lukas (Lk 2,2; u. Kap. 3).

Hinsichtlich der widersprüchlichen Geschlechtsregister berichtet Matthäus vom »Geschlechtsregister Jesu Christi, … des Sohnes Davids« (Mt 1,1) und Lukas stellt eine andere Genealogie Jesu vor, »als (wie wir annehmen) Sohn Josefs« (Lk 3,23). James Montgomery Boice erklärt das Problem gut:

> Das Geschlechtsregister des Matthäus beginnt mit Abraham und verläuft weiter durch die Geschichte bis zu Christus. Es verfolgt die Nachkommen Abrahams durch vierzehn Generationen bis zur babylonischen Gefangenschaft, dann die späteren Nachkommen durch vierzehn Generationen bis zu Jakob, dem Vater von Josef, dem Mann der Maria, von der Jesus geboren ist, der der Christus genannt ist. Lukas geht rückwärts. Er beginnt mit Josef und geht zurück über David bis zu Abraham – und dann sogar noch über Abraham hinaus bis zu Adam, der, wie er sagt, der Sohn Gottes war. Zwei Abschnitte der Aufzählung von Lukas machen keine Probleme. Der letzte Abschnitt – von Abraham bis zu Adam – kommt bei Matthäus nicht vor. Daher gibt es keine Vergleichsmöglichkeit. Sein zweiter Abschnitt – von David bis zu Abraham – bildet auch keine Schwierigkeit, da er mit der Aufzählung des Matthäus übereinstimmt.
> Das Problem entsteht beim ersten Abschnitt des Lukas. Für Lukas führt die Linie der Abstammung zurück zu David über Nathan, einen von Davids Söhnen, während Matthäus offensichtlich die gleiche Linie über Salomon, einen anderen Sohn Davids verlaufen lässt. Infolgedessen sind in diesem Abschnitt der Geschlechtsregister alle Namen unterschiedlich. Die Tatsache, dass das zwei unterschiedliche Linien sind, bildet kein Problem. Wir können verstehen, wie zwei verschiedene Söhne Davids zwei verschiedene Familienstammbäume ins Leben riefen. Die Schwierigkeit besteht darin, dass sowohl Matthäus als auch Lukas

> Josef als Nachkomme ihrer unterschiedlichen Stammbäume erklären. Lukas sagt, dass er der Sohn von Eli war (3,23), Matthäus sagt, dass Josef der Sohn Jakobs war (1,16) und beides kann offensichtlich nicht wahr sein.[39]

Bibelwissenschaftler haben eine große Anzahl von Lösungsvorschlägen gegeben.

1. Adoption kontra leibliche Abstammung

Der älteste Lösungsvorschlag zu diesem Problem stammt von Africanus und wurde durch den antiken Kirchenhistoriker Eusebius bis auf uns weiter tradiert. Der Neutestamentler I. Howard Marshall sagt von dieser Theorie:

> Africanus (Eusebius, Kirchengeschichte 1,7) benutzte die beiden Vorstellungen von Adoption oder physischer Abstammung und entwickelte den Vorschlag einer Leviratsehe, um die beiden Geschlechtsregister in Einklang zu bringen. Nach Informationen, die er von Jakobus, dem Bruder Jesu, empfangen zu haben behauptete, erklärte Africanus, dass Mattan (Mt 1,15) eine gewisse Estha heiratete, mit der er einen Sohn Jakob hatte. Als Mattan starb, heiratete seine Witwe Melchi (Lk 3,24) und beide hatten einen Sohn Eli (Lk 3,23; es ist zu beachten, dass Africanus offensichtlich nichts von Levi und Matthat wusste, die in der Liste von Lukas zwischen Melchi und Eli kommen). Der zweite dieser beiden Halbbrüder, Eli, heiratete, starb aber ohne Nachkommen. Sein Halbbruder Jakob nahm seine Frau in einer Leviratsehe, so dass sein physischer Sohn, Josef, als der rechtmäßige Sohn Elis angesehen wurde.[40]

Der Brauch der Leviratsehe wird in der Heiligen Schrift (5. Mose 25,5.6; 1. Mose 38,8-10; und im Buch Rut) beschrieben. Dazu erklärt der Bibelausleger Walter Liefeld:

> Die Witwe eines kinderlosen Mannes konnte seinen Bruder heiraten, sodass ein Kind aus der zweiten Ehe rechtmäßig als Kind des Verstorbenen gelten konnte, um seinen Namen fortzusetzen. In einem Geschlechtsregister konnte ein solches Kind sowohl unter dem Namen seines natürlichen Vaters als auch unter dem Namen seines gesetzlichen Vaters aufgeführt werden. Bei Lukas ist Josef als ein Sohn Elis genannt, bei Matthäus als Sohn Jakobs. Nach der Theorie der Leviratsehe konnten Eli und Jakob Halbbrüder sein, die zwar die gleiche Mutter, aber Väter mit verschiedenen Namen besaßen. Vielleicht starb Eli und Jakob heiratete seine Witwe.[41]

Marshall behauptet, dass diese Theorie »nicht unmöglich …, aber eher unwahrscheinlich ist, vor allem, wenn wir den sonstigen Text von Lukas akzeptieren.«[42]

2. Vater kontra Großvater

Eine andere Theorie, die von R. P. Nettelhorst stammt, besagt, »dass das Geschlechtsregister bei Lukas von Josefs Vater und das bei Matthäus von Josefs mütterlichem Großvater« abgeleitet ist. Nettelhorst fügt hinzu:

> Dass Matthäus die Mutter Josefs in dem Geschlechtsregister nicht erwähnt hat, ist nichts Besonderes, da es ganz offensichtlich ist, dass Matthäus eine ganze Reihe von Leuten in seinem Geschlechtsregister weggelassen hat. Zum Beispiel heißt es da in Matthäus 1,8: »Joram, der Vater von Usia.« Doch wenn man diese Aussage mit 1.Chronik 3,10-12 vergleicht, wird deutlich, dass drei Leute bei der Aufzählung des Matthäus ausgelassen sind: Ahasja, Joasch und Amazja. Matthäus hat Namen ausgelassen, um die Symmetrie im Aufbau zu erreichen, die er sich wünschte: »Auf diese Weise waren es vierzehn Generationen von Abraham bis David, vierzehn von David bis zum babylonischen Exil und vierzehn vom Exil bis auf Christus.« (Mt 1,17)
>
> Daher ist es nicht unbegründet, anzunehmen, dass Matthäus den Namen der Mutter Josefs weggelassen hat, sodass sein Aufbau stimmte. Außerdem nennt seine Aufzählung vier Frauen – Tamar, Rahab, Ruth und Bathseba – eine Tatsache, die ebenfalls die Vorstellung nahe legt, dass es sich um einen weiblichen Stammbaum handelt.[43]

Während einesteils diese Sicht richtig sein könnte, scheint es aber merkwürdig, dass Matthäus vier Frauen in seinem Geschlechtsregister nennt und den Namen der Frau auslässt, die vermutlich ins Zentrum dieser Aufzählung gehört. Wenn er einen Namen um der Symmetrie willen weglassen wollte, warum dann einen der wichtigsten von allen, den von Josefs Mutter?

3. Josef kontra Josef

J. Gresham Machen brachte eine Lösung ins Blickfeld, die von Lord A. Hervey vorgeschlagen wurde, eine »Theorie, die in moderner Zeit [die] meiste Unterstützung gewonnen hat.«[44]

Wie Boice es zusammenfasst, behauptet Machen, dass die Geschlechtsregister bei Matthäus und Lukas »tatsächlich beide von Josef stammen, dass aber Matthäus das wiedergibt, was Machen die ›legalen Nachkommen‹ Davids nennt, d. h. die Linie, die tatsächlich auf dem Thron saß oder darauf gesessen hätte, falls sie weiterbestanden hätte, und dass Lukas die tatsächliche ›väterliche‹ Linie nennt, aus der Josef hervorging«[45].

Dieser Vorschlag hat einiges für sich, aber, wie Marshall sagt, die »Lösung baut auf einer Vermutung auf, und niemand kann wissen, ob diese Vermutungen der Wirklichkeit entsprechen.«[46]

Witherington stimmt zu: »Leider gibt es keinen Weg, diese Theorie zu beweisen oder zu widerlegen.«[47]

4. Josef kontra Maria

Vielleicht ist die beste Lösung eine der ältesten. Witherington bemerkt dazu:

> Mindestens seit der Zeit des Annius von Viterbo im Jahr 1490 n. Chr. entspricht es der Überlieferung, davon auszugehen, dass das Geschlechtsregister des Matthäus den Stammbaum Jesu über Josef verfolgte (seine offizielle Abstammung), während die Aufzählung des Lukas den Stammbaum über Maria (seine natürliche Abstammung) ableitete. (Diese Lösung) liegt von der Tatsache her nahe, dass die Geburtserzählung des Matthäus mehr die Rolle des Josef als die der Maria im Auge hat, während Lukas die Maria mehr zur zentralen Gestalt des Geschehens macht. Das stimmt auch mit der antiken Vermutung überein, dass Josef letztlich die Quelle vom größten Teil der Geburtserzählungen des Matthäus ist, während Maria die Quelle für das meiste Material des Lukas darstellt.[48]

Geisler und Howe übernehmen diese Position als ihre Lösung für die Unterschiede zwischen den beiden Geschlechtsregistern. Ihre Äußerungen zu dieser Position und ihre Begründung für deren Akzeptanz fügen noch einige wichtige Punkte zu den Bemerkungen Witheringtons hinzu:

> [Die Geschlechtsregister bei Matthäus und Lukas] sind zwei verschiedene Abstammungslinien, eine führt über seinen [Jesu] *gesetzlichen* Vater, Josef, und die andere über seine *tatsächliche* Mutter, Maria. Matthäus gibt die *offizielle* Linie wieder, da er das Geschlechtsregister Jesu an das jüdische Denken bezüglich der jüdischen Messiashoffnungen adressiert, welches erfordert, dass der Messias aus dem Samen Abrahams und aus dem Hause Davids kommen muss (s. Mt 1,1).
> Lukas hat eine breitere griechische Hörerschaft im Blickfeld und richtet sich nach ihrem Interesse an Jesus als dem vollkommenen Menschen (wonach im griechischen Denken gefragt wurde). Daher führt er die Abstammung Jesu auf den ersten Menschen zurück, auf Adam (Lk 3,38).
> Dass Matthäus die väterliche Linie der Abstammung Jesu wiedergibt und Lukas die mütterliche wird weiterhin durch verschiedene Fakten nahe gelegt. Erstens, während beide Linien von Christus zu David zurückführen, so doch jeweils durch einen anderen Sohn Davids. Matthäus geht über Josef (den *gesetzlichen Vater*) zu König *Salomo*, dem Sohn Davids, wodurch Christus rechtmäßiger Erbe des Thrones Davids ist (s. 2. Sam 7,12ff.). Die Absicht des Lukas dagegen ist es, Christus als wirklichen Menschen zu zeigen. So führt bei ihm die Linie zu Davids Sohn *Nathan*, und zwar über seine *tatsächliche Mutter*, Maria, durch die er mit Recht beanspruchen kann, ganz und gar Mensch zu sein, der Erlöser der Menschheit.
> Weiterhin sagt Lukas nicht, dass er das Geschlechtsregister Jesu über Josef vermittelt. Vielmehr bemerkt er, dass Jesus, »wie man meinte« (Lk 3,23), der Sohn Josefs war, während er tatsächlich der Sohn Marias war. Dass Lukas das Geschlechtsregister über Maria ableitet, passt auch zu seinem Interesse als Arzt an

> der Mutter und der Geburt und mit der Betonung der Frauen in seinem Evangelium, dass das »Evangelium für Frauen« genannt wurde.
> Und schließlich, dass die beiden Geschlechtsregister einige Namen gemeinsam haben (wie Schealtiel und Serubbabel, Mt 1,12; s. Lk 3,27) beweist nicht, dass es das gleiche Geschlechtsregister ist, und zwar aus zwei Gründen: Erstens sind es keine seltenen Namen. Und zweitens wiederholt selbst die gleiche Genealogie (die des Lukas) die Namen Josef und Juda (3,26.30).[49]

Der Bibelwissenschaftler Gleason Archer akzeptiert diese Lösung ebenfalls und fügt noch einige ergänzende Argumente dazu:

> Mt 1,1-16 gibt das Geschlechtsregister Jesu über Josef wieder, der selbst ein Nachkomme König Davids war. Als Josefs adoptierter Sohn wurde Jesus sein rechtmäßiger Erbe, sofern es zu einer entsprechenden Situation kam. Beachten wir sorgfältig den Wortlaut von Vers 16: »Jakob zeugte den Josef, den Mann der Maria, von welcher Jesus geboren ist, der Christus genannt wird.« Das steht im Gegensatz zu der folgenden Formulierung in den vorhergehenden Versen im Hinblick auf die Reihenfolge der Vorfahren Josefs: »Abraham zeugte [*egennesen*] den Isaak; Isaak zeugte den Jakob etc. Von Josef wird nicht gesagt, dass er Jesus zeugte; vielmehr wird er als ›der Ehemann Marias‹ genannt, von der (Genitiv femininum) Jesus geboren wurde.«
> Lukas 3,23 scheint andererseits das Geschlechtsregister von Maria selbst zu nennen und läuft den ganzen Weg zurück, noch vor die Zeit Abrahams, bis zu Adam und zum Beginn der Menschheit. Das scheint durch den Wortlaut von Vers 23 impliziert zu sein: »Jesus … war (wie man meinte) ein Sohn Josefs.« Dieses »wie man meinte« zeigt an, dass Jesus biologisch gesehen nicht wirklich der Sohn Josefs war, auch wenn es im Allgemeinen von der Öffentlichkeit so angenommen wurde. Außerdem lenkt es die Aufmerksamkeit auf die Mutter, Maria, die notwendigerweise der einzige menschliche Elternteil war, über den Jesus von einer Reihe von Vorfahren abstammen konnte. Ihr Geschlechtsregister ist daher entsprechend aufgeführt und beginnt mit Eli, der tatsächlich der Schwiegervater Josefs war, im Gegensatz zu Josefs eigenem Vater, Jakob (Mt 1,16). Marias Stammbaum kam von Nathan her, einem Sohn der Bathseba (oder »Bathshuba« nach 1.Chr 3,5), der Frau Davids. Daher stammte Jesus natürlicherweise über Nathan von David ab und gesetzlich über Salomo.[50]

Weiteres Beweismaterial für diese Sicht kommt von dem Bibelaussteller Donald Grey Barnhouse:

> Es gibt zwei Geschlechtsregister. Die Linien laufen von Abraham bis zu David parallel, doch dann kommt Matthäus bis auf Jesus über den Sohn Davids, Salomo, während Lukas bis auf Jesus über Nathan kommt, ebenfalls einen Sohn Davids. In andern Worten: Die beiden Stammbäume sind die Linien von zwei

Brüdern und die Kinder waren Vettern. Wenn ich sage, dass die Aufzählung des Lukas die Linie der Jungfrau Maria ist und die Aufstellung des Matthäus die des Josef, dann folge ich nicht nur der hartnäckigen Tradition der irdischen Kirche, wie Dr. James Orr sagt, sondern ich lege die einzige Erklärung dar, die den Tatsachen entspricht. Der springende Punkt bei dem Unterschied ist, dass Salomos Linie die königliche war und die des Nathan die gesetzliche …

Doch der stärkste Beweis für all das liegt bei einem der Namen im Bericht des Matthäus: dem Namen Jechonja. Das ist der Name, der den Grund liefert für die Einbeziehung des Stammbaums vom Stiefvater Jesu. Er beweist, dass Josef nicht der Vater Jesu sein konnte oder, wenn er es war, Jesus nicht der Messias sein konnte. Der Gebrauch dieses Namens schließt den Beweis ein, dass Jesus der Sohn der Maria, aber nicht der Sohn Josefs ist. Jechonja war von Gott mit einem Fluch belegt worden, der den Thron von ihm und seinen Nachkommen wegnahm.

»So spricht der Herr«, lesen wir bei Jeremia. »Schreibet diesen Mann ein als einen Verlassenen, als einen Menschen, dem es sein Leben lang nicht gelingen wird; ja, es soll keinem seiner Nachkommen gelingen, auf den Thron Davids zu kommen und wiederum über Juda zu herrschen!« Keiner der sieben Söhne (1. Chr 3,17.18) dieses Mannes hat jemals auf dem Thron gesessen. Kein leiblicher Sohn dieses Mannes konnte um dieses Fluches willen König gewesen sein. Wenn Jesus der Sohn Josefs gewesen wäre, hätte auch er unter dem Fluch gestanden und hätte niemals der Messias sein können.

Auf der anderen Seite war die Linie Nathans keine königliche. Ein Sohn Elis hätte der Tatsache gegenübergestanden, dass es eine königliche Linie gab, die jeden Anspruch, der von der Linie des Nathan hergekommen wäre, bestritten hätte. Wie wurde dieses Dilemma gelöst? Das geschah auf eine so simple Weise, dass es die Agnostiker, die die Bibel am liebsten in Stücke reißen würden, in äußerste Verwirrung stürzt. Die Antwort lautet: Aus dem Stammbaum, auf dem kein Fluch lag, kamen Eli und seine Tochter, die Jungfrau Maria und ihr Sohn Jesus Christus. Er ist daher berechtigt durch die Linie des Nathan und führt diese zum Ende. Die Linie, auf der ein Fluch lag, brachte Josef hervor und führte die salomonische Linie auch zu einem Ende, da Josefs andere Kinder jetzt einen älteren Bruder hatten, der, ganz legal, durch Adoption der königliche Erbe ist. Wie wurde der Titel in jedem Fall frei? Ein Fluch auf der einen Linie und fehlendes regierendes Königtum in der anderen Linie.

Doch als der Heilige Geist den Herrn Jesus im Leib der Jungfrau ohne einen menschlichen Vater zeugte, wurde das Kind aus dem Samen Davids nach dem Fleisch geboren. Und als Josef Maria heiratete und das ungeborene Kind unter seine schützende Fürsorge nahm und ihm den Titel gab, der durch seinen Vorfahren Salomo auf ihn gekommen war, da wurde der Herr Jesus der legale Messias, der Messias aus königlichem Geschlecht, der Messias, der nicht unter dem Fluch stand, der wahre Messias, der einzig mögliche Messias. Die Stammbäume sind ans Ende gekommen. Jeder Mann, der nun noch in die Welt kommt und behauptet, die Voraussetzungen zu erfüllen, wird ein Lügner sein und ein Kind des Teufels.[51]

Liefeld schließt:

> Wir haben nicht einen Mangel an Möglichkeiten, sondern eine Überfülle. Fehlende Gewissheit aufgrund unvollständiger Informationen muss nicht bedeuten, dass das eine oder andere Geschlechtsregister einen Irrtum enthält.[52]

Vielleicht haben wir jetzt noch nicht genug an Informationen, um mit Sicherheit die Differenzen zwischen dem Geschlechtsregister des Matthäus und dem des Lukas aufzulösen, aber es gibt genug an Information, um zu wissen, dass diese Differenzen nicht unlösbar sind. Daher stellen sie keinen echten Widerspruch zum biblischen Bericht von der jungfräulichen Geburt Jesu dar.

2.1.4 Das Zeugnis des Markus, des Johannes und des Paulus

Kritiker behaupten oft, da es im Neuen Testament außer bei Matthäus und Lukas keinen Hinweis auf die Jungfrauengeburt gäbe, sei die Doktrin für die Botschaft der neutestamentlichen Gemeinde nicht lebenswichtig gewesen. Ich glaube, dass diese Kritiker kurzsichtig sind und dass es auch sonstwo im Neuen Testament noch Bezüge auf die jungfräuliche Geburt gibt. Aber zuerst müssen noch einige logische Fehler in diesen Argumenten offen gelegt werden.

William Childs Robinson, emeritierter Professor für Theologiegeschichte am Theologischen Seminar Columbia, weist darauf hin, dass das, »was bei Matthäus und Lukas ausdrücklich genannt ist, bei Paulus und Johannes stillschweigend mit inbegriffen ist«[53].

Robert Gromacki schreibt:

> Es ist nicht haltbar, im Hinblick auf eine Lehre vom Schweigen auf Unglauben oder auf Nichtwissen zu schließen. Die Apostel haben nicht über alles berichtet, was sie lehrten oder wussten (s. Joh 20,30). Tatsächlich kann das so genannte Argument des Schweigens zum Bumerang für die Liberalen werden. Da Paulus überhaupt keinen menschlichen Vater von Jesus erwähnt, heißt das, dass er glaubte, Jesus habe keinen menschlichen Vater gehabt? Die meisten werten Schweigen als Zustimmung. Wenn Paulus und die anderen nicht an die Jungfrauengeburt geglaubt hätten, hätten sie dann nicht die frühen Geburtsberichte korrigiert? Das Argument »Schweigen« kann man in zweierlei Weise benutzen. Niemals sollte eine Zustimmung oder eine Ablehnung auf diesem Argument beruhen.[54]

Clement Rogers schrieb:

> Während es stimmt, dass er [der Bericht von der jungfräulichen Geburt] am Anfang des ersten und des dritten Evangeliums erscheint, fehlt er bei Markus, oder aber, wie es oft gesagt wird, »Markus wusste nichts davon«, obwohl sein Evangelium das erste war, das geschrieben wurde, und die beiden anderen es als

Quelle benutzten. Das Evangelium des Markus – dafür gibt es gute Belege – war ein Bericht von dem, was er von Petrus bei seinen Predigten gehört hatte. Er war dessen »Ausleger«. Er legt das dar, was Petrus beim Predigen in der Öffentlichkeit nützlich oder notwendig fand – gerade wie Paulus auf dem Areopag in Athen oder in Jerusalem, Antiochien und Rom predigte.

Nun liegt auf der Hand, dass die Frage der Geburt unseres Herrn bei solchen Gelegenheiten kein Diskussionsthema war, besonders, solange seine Mutter noch am Leben und vielleicht den Zuhörern persönlich bekannt war. Der Hauptschwerpunkt war die Lehre, die Christus gebracht hatte, die Zeichen, die er getan hatte und vor allem – wie daraus ersichtlich ist, welchen Raum sie einnimmt – ging es um seine Passion.[55]

Auf der anderen Seite sagt Millard Erickson:

Es gibt tatsächlich im Markus-Evangelium einen einzelnen Punkt, den manche als Hinweis darauf sehen, dass der Verfasser von der Jungfrauengeburt gewusst hat. Er steht in Kapitel 6, Vers 3. In der Parallelstelle berichtet Matthäus, dass die Leute von Nazareth fragten: »Ist das nicht der Sohn des Zimmermanns?« (Mt 13,55), und bei Lukas heißt es: »Ist das nicht Josefs Sohn?« (Lk 4,22). Im Bericht des Markus aber heißt es: »Ist das nicht der Zimmermann, der Sohn der Maria und Bruder des Jakobus und Joses und Judas und Simon, und sind nicht seine Schwestern hier bei uns?« Es ist, als ob Markus sich Mühe gibt, zu vermeiden, Jesus als den Sohn Josefs zu bezeichnen. Im Gegensatz zu den Lesern des Matthäus und des Lukas, denen im Anfangskapitel des jeweiligen Evangeliums die Sache mit der Jungfrauengeburt bereits nahe gebracht worden war, hatten die Leser des Markusevangeliums keinen Zugang dazu. Daher wählte er seine Worte sehr sorgfältig, um keinen falschen Eindruck zu erwecken. Der springende Punkt für uns ist, dass das Markusevangelium keinerlei Anhaltspunkte dafür bietet, dass Josef der Vater Jesu war. Obwohl Markus also nichts über die Jungfrauengeburt sagt, widerspricht er ihr auch nicht.[56]

Tatsächlich glaube ich, dass der Apostel Johannes sich auf eine wundersame Geburt Jesu bezieht, wenn er den Ausdruck der *eingeborene* Sohn in Joh 3,16 benutzt. Der Bibelausleger John R. Rice vertritt diesen Standpunkt:

Jesus nennt sich selbst wiederholt »Gottes eingeborenen Sohn«. Nun ist der Ausdruck »gezeugt« ein Wort aus der menschlichen Genealogie, ein Begriff, der sich auf den männlichen Anteil an der Fortpflanzung bzw. dem Erzeugen eines Kindes bezieht. Das gehört also zur natürlichen Geburt. Jesus besteht darauf, dass er nicht von Josef, sondern von Gott gezeugt war. Das gleiche Wort, *monogenes,* wird sechsmal im Neuen Testament von Jesus als dem eingeborenen Sohn Gottes benutzt, und zweimal gebraucht es Jesus von sich selbst! Achten wir darauf, dass Jesus nicht behauptet, dass er einer unter vielen ist, der von Gott gezeugt wurde.

> Vielmehr sagt er, dass er der Einzige ist, der auf diese Weise gezeugt und geboren wurde. Er ist der *eingeborene* Sohn Gottes. Keiner war außer ihm jemals von einer Jungfrau geboren worden. In einem übertragenen, geistlichen Sinn könnte man sagen, dass Christen »gezeugt sind … wiedergeboren zu einer lebendigen Hoffnung« (1. Petr 1,3). Aber in dem Sinn, in dem Jesus von Gott gezeugt war, ist es niemand außer ihm jemals gewesen. Ganz eindeutig behauptet Jesus, dass er physisch von Gott gezeugt war und nicht von einem menschlichen Vater.[57]

Das Geschlechtsregister beim Apostel Johannes ist mit den Worten: »Am Anfang« wesentlich aus der Perspektive göttlicher Ewigkeit geschrieben und beschäftigt sich daher nicht mit der Jungfrauengeburt: »Im Anfang war das Wort … und das Wort wurde Fleisch« (Joh 1,1.14).

Ähnliches gilt im Hinblick auf Paulus: »Paulus kannte Lukas recht gut. Lange Zeit war er sein Reisebegleiter. Er war auch mit ihm zusammen in Rom. Lukas ist unsere Hauptquelle für die Geschichte von der Geburt unseres Herrn. Paulus muss sie gekannt haben. Und es ist nur natürlich, dass er mit diesem Wissen im Hintergrund so von unserm Herrn gesprochen hat, wie er es tat, wenn er sagt: ›Gott hat seinen Sohn gesandt, geboren von einer Frau‹«[58] und nicht von einem Mann.

Ist es nicht interessant, wie viele Menschen jedes Jahr Weihnachten feiern, ohne sich der Einzigartigkeit dieses Ereignisses voll bewusst zu sein: ein Kind geboren von einer Frau, die noch Jungfrau war! Nicht einmal die Boulevardpresse hätte sich so etwas ausdenken können.

2.2 Außerbiblische Hinweise für die Jungfrauengeburt

2.2.1 Die Zeit

Eine besondere Beachtung hinsichtlich der Evangelien-Berichte verdient die Zeit, in der sie geschrieben wurden. Aufgrund der frühen Datierung dieser Schriften konnte einfach nicht genug Zeit dafür vorhanden gewesen sein, dass Legenden rund um die Geburt Jesu entstanden wären. Das beweist die Lehre von der Jungfrauengeburt in der frühen Kirche. In Bezug auf diese Tatsache erheben sich zwei Fragen: Wie hätte diese Sichtweise so schnell aufkommen können, wenn sie nicht auf Tatsachen beruht hätte? Und wenn die Evangelien nicht historisch glaubwürdig waren, wie hätten sie zu einem so frühen Zeitpunkt derart allgemeine Akzeptanz erfahren können?

In Bezug auf den Glauben der Urgemeinde an die Jungfrauengeburt schreibt Gresham Machen:

> Selbst … wenn sich im Neuen Testament kein Wort zu diesem Thema fände, würde das Zeugnis aus dem zweiten Jahrhundert doch zeigen, dass der Glaube an die Jungfrauengeburt mindestens schon vor dem Ende des ersten Jahrhunderts entstanden sein musste.[59]

Das Apostolische Glaubensbekenntnis war eine der ersten Glaubensaussagen in der frühen Kirche. In Bezug auf die Jungfrauengeburt heißt es da, dass Jesus »empfangen war vom Heiligen Geist, geboren von der Jungfrau Maria.« Zu diesem allgemein anerkannten Glaubensbekenntnis der Kirche schreibt Erickson:

> Die Form [des Apostolischen Glaubensbekenntnisses], die wir heute benutzen, wurde im 5. oder 6. Jahrhundert in Gallien geschaffen, doch seine Wurzeln gehen viel weiter zurück. Es basiert in Wirklichkeit auf einem alten römischen Tauf-Bekenntnis. Die Jungfrauengeburt ist sowohl in der früheren als auch in der späteren Form vorhanden. Kurz nach der Mitte des zweiten Jahrhunderts war die frühe Form bereits in Gebrauch, nicht nur in Rom, sondern auch durch Tertullian in Nordafrika und durch Irenäus in Gallien und Kleinasien. Die Tatsache, dass die Lehre von der Jungfrauengeburt in einem frühen Bekenntnis der bedeutenden Kirche von Rom bereits vorhanden ist, ist äußerst bemerkenswert, besonders weil in solch ein Glaubensbekenntnis nicht jede neue Lehre aufgenommen worden wäre.[60]

In der frühen Kirche gab es einige, die die Jungfrauengeburt ablehnten. Manche dieser Häretiker gehörten zu einer jüdisch-christlichen Sekte, Ebioniten genannt. Während ein paar dieser Ebioniten die Jungfrauengeburt akzeptierten, lehnten andere sie ab. Unter denen, die sie ablehnten, waren diejenigen, die Einwände gegen die Auslegung der Gemeinde von Jes 7,14 hatten, wo es heißt, dass die Jungfrau einen Sohn gebären wird. Sie waren der Ansicht, dass dieser Vers mit »eine junge Frau« übersetzt werden müsste.[61]

Aber mit Ausnahme dieser Ebioniten und einer Handvoll anderer hielt die übrige Kirche an der Jungfrauengeburt Christi fest und überlieferte sie weiter als Teil der rechtmäßigen Lehre.

James Orr schreibt:

> Außer den Ebioniten … und ein paar gnostischen Sekten sind aus den frühen Zeiten keine Christen bekannt, die die Geburt Jesu durch die Jungfrau Maria nicht als Bestandteil ihres Glaubensbekenntnisses akzeptiert hätten. … Wir haben reichlich Beweise dafür, *dass diese Auffassung einen Teil des allgemeinen Glaubens der Kirche darstellte*.[62]

Aristides spricht über die frühe Kirche und sagt:

> Alles, was wir von den Dogmen Anfang des zweiten Jahrhunderts wissen, stimmt mit dem Glauben überein, dass in dieser Periode die Jungfräulichkeit der Maria Teil des formulierten christlichen Glaubens war.[63]

2.2.2 Das Zeugnis der frühen Kirchenväter

Von großer Bedeutung in der Geschichte des frühen kirchlichen Glaubens an die Jungfrauengeburt ist das Zeugnis der frühen Kirchenväter. Im Jahr 110 n. Chr. schrieb Ignatius, der Bischof von Antiochia in Syrien, in seinem *Brief an die Ephe-*

ser: »Denn unser Gott Jesus Christus war … empfangen im Leib der Maria … durch den Heiligen Geist.«[64]

Er schrieb auch: »Und nun die Jungfräulichkeit der Maria, und Er, der von ihr geboren war … sind die Mysterien, von denen am meisten auf der ganzen Welt gesprochen wird, aber im Geheimnis Gottes geschehen sind.«[65] Ignatius empfing diese Information von seinem Lehrer, dem Apostel Johannes.

Erickson weist darauf hin, dass Ignatius dabei gegen eine Gruppe der sogenannten »Doketisten« stritt. Diese leugneten die wirkliche menschliche Natur Jesu und dass er Geburt und Leiden erleben konnte. Für sie war Jesus nur göttlich, aber nicht menschlich. Ignatius forderte diese Ketzerei heraus, indem er eine »Zusammenfassung der Haupttatsachen bezüglich Christus« herausgab. Unter diesen Tatsachen war »ein Hinweis auf die Jungfräulichkeit der Maria als eins der ›Mysterien, das überall verkündigt werden müsste‹«.

Erickson sagt dazu:

> Verschiedene Beobachtungen machen diesen Hinweis noch eindrucksvoller: 1. Da Ignatius gegen die Doketisten schrieb, war der Ausdruck »geboren von einer Frau« (wie in Gal 4,4) mehr seiner Intention entsprechend als »geboren von einer Jungfrau«. 2. Das schrieb nicht irgendein Anfänger, sondern der Bischof der Mutterkirche der heidnischen Christenheit. 3. Es wurde nicht später als 117 n.Chr. geschrieben. Wie J. Gresham Machen beobachtet hat: »Wenn wir feststellen, dass er [Ignatius] die Jungfrauengeburt bezeugt – und das nicht als eine Neuigkeit, sondern als eine Selbstverständlichkeit, als eine der anerkannten Tatsache in Bezug auf Christus, dann wird deutlich, dass der Glaube an die Jungfrauengeburt schon lange vor dem Ende des ersten Jahrhunderts weit verbreitet gewesen sein muss.«[66]

Clement F. Rogers schreibt ferner:

> Es gibt weitere Anhaltspunkte dafür, dass dieser Glaube zur Zeit des Ignatius nichts Neues war. Wir wissen nämlich, dass der Glaube der Christen an die Jungfrauengeburt von außen angegriffen wurde. Cerinth z.B. war Zeitgenosse und Gegner des Apostels Johannes. Man sagte, dass der Evangelist, als er ihm in einem öffentlichen Bad begegnete, gerufen haben soll: »Lasst uns fliehen, damit das Bad nicht einstürzt, da Cerinthus, der Feind der Wahrheit hier ist.« Er [Cerinthus] lehrte, so sagt uns Irenäus, dass unser Herr wie andere Menschen auch durch Josef und Maria zur Welt gekommen ist.[67]

Ein anderer nachapostolischer Schreiber, Aristides, sprach im Jahr 125 n.Chr. von der Jungfrauengeburt:

> Er selbst ist der Sohn Gottes in der Höhe, der durch den Heiligen Geist offenbart worden ist, vom Himmel herunterkam, von einer hebräischen Jungfrau geboren wurde und von ihr her Fleisch und Blut annahm … Er ist es, der nach dem

Fleisch aus dem Volk der Hebräer geboren ist, durch die Gottesgebärerin und Jungfrau Miriam.[68]

Justin der Märtyrer gibt im Jahr 150 n.Chr. umfangreiche Hinweise auf die Auffassung von der wundersamen Geburt Jesu.

Unser Lehrer Jesus Christus, der Eingeborene Gottes, des Vaters, wurde nicht geboren als Ergebnis einer sexuellen Beziehung … die Kraft Gottes kam herab und überschattete die Jungfrau und ließ sie empfangen, obwohl sie noch eine Jungfrau war … Durch Gottes Kraft wurde er von einer Jungfrau empfangen … nach dem Willen Gottes ist Jesus Christus, sein Sohn, von der Jungfrau Maria geboren worden.[69]

Der erste große, Lateinisch sprechende Christ war der bekehrte Jurist Tertullian. Er berichtet uns, dass es zu seiner Zeit (ca. 200 n.Chr.) nicht nur ein fest umrissenes christliches Glaubenbekenntnis gab, in dem alle Gemeinden übereinstimmten, sondern er sagt auch, dass der Fachausdruck dafür *Tessera* hieß. Solche Fachausdrücke entwickeln sich aber nur für Dinge, die für längere Zeit so eingeführt wurden. Er zitiert dieses Glaubensbekenntnis viermal. Es umfasst die Wörter: »*ex virgine Maria*« (aus der Jungfrau Maria).[70]

2.2.3 Die frühen jüdischen Zeugnisse

Wie man erwarten kann, gibt es auch negative Argumente bezüglich der Jungfrauengeburt. Sie wurden hauptsächlich von einige Juden aufgebracht. Unsere Absicht ist es, hier zu zeigen, dass es schon in den allerersten Tagen von außerhalb der Gemeinde gegensätzliche Standpunkte zur Geburt Jesu gab. Und wenn diese Auffassungen auftreten konnten, musste die Gemeinde die wunderbare Geburt Christi lehrmäßig vertreten haben.

Ethelbert Stauffer sagt, dass »in einem Stammbaum aus der Zeit vor 70 n. Chr. Jesus als ›der Bastard einer verheirateten Frau‹ aufgeführt ist. Offensichtlich war der Evangelist Matthäus mit solchen Geschlechtsregistern vertraut und kämpfte dagegen an. Später nannten irgendwelche Rabbiner Jesus ganz offen den Sohn einer Ehebrecherin. Sie behaupteten auch, dass sie den Namen des ›unbekannten Vaters‹ ganz genau kennten, nämlich ›Panthera‹. In alten rabbinischen Texten werden häufig ›Jesus ben Panthera‹ und die aus verschiedenen Quellen schöpfenden Platoniker erwähnt. Celsus um 160 n.Chr., erzählt alle Arten von Klatschgeschichten über Maria und diesen Legionär Panthera.«[71]

In der *Toldoth Jeschu*, einer fiktiven Erzählung über Christus aus dem 5. Jahrhundert (oder später), wird gelehrt, dass Jesus einen »illegalen Ursprung durch die Verbindung seiner Mutter mit einem Soldat namens Panthera gehabt hätte«.[72]

Der jüdische Skeptiker Hugh Schonfield schreibt: R. Shimon ben Azzai sagte: »Ich fand eine Rolle mit einem Geschlechtsregister in Jerusalem, in der stand geschrieben: ›So und so, Bastard-Sohn einer Ehebrecherin.‹«[73]

Rabbi Shimon lebte am Ende des ersten und Anfang des zweiten Jahrhunderts n.Chr. Nach Schonfield muss es diese Rolle schon zur Zeit der Zerstörung Jerusalems im Jahr 70 n.Chr. gegeben haben. In den älteren jüdischen Berichten wird der Name Jesu mit der Wendung »so und so« wiedergeben. Schonfield sagt dann weiter: »Es gab keine Einwände [gegen die Schriftrolle], bis mit dem christlichen Originalgeschlechtsregister behauptet wurde, dass die Geburt Jesu nicht auf derart natürlichem Wege erfolgt sei.«[74]

Nach der Bezugnahme von Rabbi Shimon sagt Schonfield, dass der Vorwurf, Jesus sei »der Bastard einer Ehebrecherin, auf ein sehr frühes Datum zurückgeht«[75].

Origenes (ca. 185 - ca. 254 n.Chr.) schreibt in *Contra Celsus*:

> Wir wollen jedoch zurückkehren zu den Worten, die den Juden in den Mund gelegt wurden, wo die Mutter Jesu beschrieben wird, als ob sie von dem Zimmermann, mit dem sie verlobt war, fortgeschickt worden wäre, da sie des Ehebruchs überführt worden sei und ein Kind mit einem gewissen Soldaten namens Panthera hätte. Lasst uns überlegen, ob diejenigen, die die Legende vom Ehebruch der Jungfrau und Pantheras und dem Umstand, dass der Zimmermann sie weggeschickt hätte, erfunden haben, nicht blind waren, als sie das alles ausbrüteten, um der wunderbaren Empfängnis durch den Heiligen Geist etwas entgegenzusetzen und sie loszuwerden. Wegen des äußerst wunderbaren Charakters konnten sie die Geschichte auch noch auf andere Weise fälschen, ohne – wie es nun geschah – unbeabsichtigt zuzugeben, dass Jesus nicht in einer normalen Ehe geboren war. Es war unvermeidlich, dass diejenigen, die die wundersame Geburt Jesu nicht akzeptieren wollten, allerlei Lügen erfinden würden. Doch die Tatsache, dass sie das nicht überzeugend taten, sondern als Teil der Geschichte servierten, dass die Jungfrau Jesus nicht von Josef empfangen hatte, das macht die Lüge offensichtlich für Leute, die erfundene Geschichten durchschauen können und sie aufdecken. Ist es vorstellbar, dass ein Mann, der so große Dinge für die Menschheit und für das ganze Universum wagte, nicht eine wunderbare Geburt gehabt hätte, sondern eine in höchstem Maß ungesetzliche und schändliche? … Es ist daher wahrscheinlich, dass diese Seele, die ein nützlicheres Leben auf der Erde führte als viele Menschen (um nicht so zu erscheinen, als ob ich Fragen herausfordern wollte, indem ich »alle« Menschen sage), einen Leib brauchte, der sich nicht nur von allen menschlichen Körpern unterschied, sondern auch allen andern überlegen war.[76]

Diese Kontroverse wird auch in den Evangelien sichtbar: »Ist dieser nicht der Zimmermann, der Sohn der Maria, der Bruder von Jakobus und Joses und Judas und Simon? Und sind nicht seine Schwestern hier bei uns? Und sie nahmen Anstoß an ihm.« (Mk 6,3). »Dieser Bericht«, so schreibt Ethelbert Stauffer, »der nur bei Markus erscheint, wird der Situation vollkommen gerecht. Die Juden hatten strenge Regeln im Hinblick auf die Namensgebung. Ein Jude wurde nach seinem Vater genannt (z.B.

Jochanan ben Zakkai), auch dann, wenn sein Vater vor seiner Geburt gestorben war. Nach seiner Mutter wurde er nur genannt, wenn der Vater unbekannt war.«[77]

Und weiter:

> In den *Logia* erfahren wir, dass Jesus als »Fresser und Säufer« gescholten wurde. Dafür muss es ja irgendeinen Grund gegeben haben. Es passt zu alldem, was wir von der Haltung Jesu wissen und von der Reaktion der Pharisäer darauf. Unter palästinensischen Juden wurde diese spezielle Beleidigung einer Person entgegengeschleudert, die aus einer illegitimen Verbindung entstanden war und dann durch ihren Lebenswandel und ihre religiöse Haltung den Makel ihrer Geburt verriet. Das war der Sinn, in dem die Pharisäer und ihre Anhänger die Wendung gegen Jesus gebrauchten. Ihre Meinung war: »Er ist ein Bastard.«[78]

Die frühen jüdischen Anspielungen auf die vermutete illegitime Abkunft Christi (vor 70 n. Chr.) zeigen, dass es Zweifel im Hinblick auf seine Eltern gab. Das ist ein Beweis dafür, dass die allererste Gemeinde, höchstens vierzig Jahre nach seinem Tod, eine ungewöhnliche Lehre bezüglich seiner Geburt verbreitet haben muss – nämlich, dass er von einer Jungfrau geboren wurde.

2.2.4 Der Koran

Im Koran finden wir Jesus gewöhnlich als Isaibn Maryam – Jesus, der Sohn der Maria – dargestellt. Stauffer schreibt:

> Abdullahal-Baidawi, der klassische Ausleger des Koran, bemerkt mit vollem Verständnis für die semitische Praxis der Nomenklatur: Der Name der Mutter wird getragen, wenn der Vater unbekannt ist. Doch Name und Erklärung sind hier in einem durchaus positiven Sinn angewandt. Im Islam wird Jesus als Sohn der Jungfrau Maria angesehen, gezeugt von dem schöpferischen Wort Gottes.[79]

Der Koran bezieht sich ausdrücklich auf Jesu jungfräuliche Empfängnis durch Maria (V. 20) Nach dieser Stelle antwortete Maria, als es ihr angekündigt wurde, dass sie einen Sohn gebären sollte: »Wie kann das sein, ich bin eine Jungfrau und kein sterblicher Mann hat mich jemals berührt.« Der Bericht fährt fort, indem es heißt: »Es ist leicht für mich (den Herrn).« Dann »blies er seinen Geist auf sie«[80].

2.3 Zusammenfassung – verschiedene Autoren

Auf der Grundlage allen verfügbaren Beweismaterials ist es wichtig zu sehen, was einige säkulare Autoren über den ungewöhnlichen Eintritt Jesu in die menschliche Geschichte sagen.

W. H. Griffith Thomas schreibt: »Die Hauptunterstützung für die Lehre [von der Jungfrauengeburt] ist die Notwendigkeit, sie im Licht der Einzigartigkeit des Lebens Jesu zu sehen.«[81]

Henry Morris sagt:

> Es passt alles zusammen, dass der Eine, der so viele Wunder in seinem Leben vollbrachte, der sich selbst am Kreuz als Sühneopfer für die Sünden der Menschen opferte, der dann leiblich von den Toten auferstand und alle seine Behauptungen damit rechtfertigte, ein solch einzigartiges Leben auch mit einem einzigartigen Eintritt in diese Welt begonnen hat … Wenn er wahrhaftig unser Erlöser ist, muss er sehr viel mehr sein als nur ein Mensch, obwohl er auch wahrhaftig der »Sohn des Menschen« ist. Um für unsere Sünden zu sterben, musste er selbst von jeder Sünde völlig frei sein. Und um in der Praxis sündlos zu sein, musste er zuerst in seiner Natur sündlos sein. Er konnte nicht eine menschliche Natur geerbt haben, die unter dem Fluch und den Ketten der Sünde lag, wie es sonst gewesen wäre und wie es für alle Söhne von Menschen zutrifft. Seine Geburt musste etwas Wunderbares sein. Der »Same der Frau« wurde eingepflanzt in den Leib der Jungfrau, als der Engel sprach: »Der Heilige Geist wird über dich kommen und die Kraft des Höchsten wird dich überschatten. Darum wird auch das Heilige, das geboren wird, Gottes Sohn genannt werden.« (Lk 1,35) … Die Jungfrauengeburt ist nicht nur wahr, weil es so in der Bibel klar gelehrt wird, sondern weil es die einzige Weise einer Geburt ist, die mit dem Wesen und dem Auftrag Jesu Christi in Einklang steht und auch mit Gottes großem Plan zur Erlösung einer verlorenen Welt … Zu sagen, dass ein solches Wunder unmöglich ist, bedeutet, die Existenz Gottes zu leugnen oder zu bestreiten, dass er Herr über seine Schöpfung ist.[82]

In einer Zusammenfassung des Beweismaterials hinsichtlich der Geburt Jesu sagt J. Gresham Machen: »Wir haben eine gute Basis dafür, an der Begründung festzuhalten, warum die christliche Kirche daran glaubt, dass Jesus ohne menschlichen Vater geboren ist: einfach weil es eine Tatsache ist.«[83]

Clement Rogers schließt: »Alles vorhandene Beweismaterial bestätigt die wundersame Geburt Christi.«[84]

Jesus Christus ist in der Tat auf eine einzigartige Weise in diese Welt gekommen.

3 Wenn Gott Mensch wurde, dann würden wir erwarten, dass er ohne Sünde war

3.1 Wie Jesus sich selbst sah

Jesus fragte einmal eine vor ihm stehende, ihm feindlich gesinnte Menge: »Wer unter euch kann mich einer Sünde beschuldigen?« (Joh 8,46). Er bekam keine Antwort. Als er sie aufforderte, ihn anzuklagen, blieb er stehen, setzte sich ihrer Prüfung aus und wurde für unschuldig befunden. Er konnte es sich leisten, zu einer solchen öffentlichen Prüfung zu ermutigen, weil er ohne Sünde war.

Er sagte auch: »… der Vater lässt mich nicht allein, denn ich tue allezeit, was ihm gefällt« (Joh 8,29). Jesus lebte ganz offensichtlich in ungebrochener Gemeinschaft mit Gott.

Die selbstbewusste Reinheit Christi ist erstaunlich. Sie ist der Erfahrung anderer Menschen, die an Gott glauben, völlig unähnlich. Jeder Christ weiß das: Je näher er

Gott kommt, desto mehr wird er sich seiner Sünde bewusst. Und genau das traf auf Christus nicht zu. Jesus lebt in größerer Nähe zu Gott als irgendjemand sonst, und trotzdem war er frei von jeglicher Sünde.

Auf dieser gedanklichen Linie erfahren wir auch von seinen Versuchungsgeschichten (Lk 4), doch niemals von einer Sünde. Wir hören nie, dass er etwas Falsches bekannte oder für sich selbst um Vergebung bat, obwohl er seine Jünger aufforderte, das zu tun. Es scheint so, dass er keinerlei Schuldgefühl kannte, wovon normalerweise eine sündige Natur begleitet ist, die doch in allen übrigen Gliedern der menschlichen Rasse wohnt.

> »Die beste Begründung für unsern Glauben an die Sündlosigkeit Jesu«, so schreibt C. E. Jefferson, »ist die Tatsache, dass er seinen engsten Freunden erlaubt, in dieser Weise von ihm zu denken. In all seinen Reden findet sich keine Spur von Bedauern oder Bedenken, von Sorge vor Unzulänglichkeit oder das leichteste Zeichen von Reue. Er lehrte andere, sich als Sünder zu sehen, er behauptete geradeheraus, dass das menschliche Herz böse sei. Er sagte seinen Anhängern, dass jedes Mal, wenn sie beteten, sie auch um Vergebung bitten sollten. Aber er sprach oder handelte niemals so, als ob er selbst das geringste Bewusstsein davon besäße, etwas anders getan zu haben, als was Gott gefiel.«[85]

In Bezug darauf sagt Philip Schaff:

> Es ist eine unbestreitbare Tatsache, dass Christus von seinem Auftrag und seiner eindeutigen Haltung und seiner betonten Hingabe her sich von Sünde und Schuld völlig frei wusste. Die einzige rationale Erklärung dafür ist, dass er tatsächlich kein Sünder war.[86]

Ein anderes Zeugnis stammt von A. E. Garvie:

> Wenn da irgendeine geheime Sünde in ihm gewesen wäre oder auch nur eine Erinnerung an vergangene Sünden, dann wäre dadurch eine solche moralische Gleichgültigkeit offenbar geworden, dass sie in unvereinbarem Gegensatz zu seinem ethischen Anliegen gestanden hätte, das seine Lehre zeigte.[87]

C. E. Jefferson fügt hinzu: »Es findet sich nichts im Bewusstsein Jesu, das darauf hinweist, dass er an irgendeiner Stelle schuldig war.«[88]

Die Persönlichkeit Jesu verrät seine Gedanken und seinen Glauben. John Stott sagt deshalb: »Es ist also klar, dass Jesus sich selbst für sündlos hielt, wie er auch in sich selbst den Messias und den Sohn Gottes sah.«[89]

Der berühmte Historiker Kenneth Scott Latourette bezeugt:

> Eine andere Eigenschaft, die oft bemerkt wurde, war das Fehlen jeglichen Gefühls bei Jesus, eine Sünde oder etwas grundsätzlich Unlauteres getan zu haben

> … Es ist von großer Bedeutung, dass in einem Menschen, der moralisch so sensibel war wie Jesus, und der seine Anhänger lehrte, um die Vergebung ihrer Sünden zu bitten, nicht das geringste Anzeichen dafür zu finden war, dass er selbst Vergebung nötig gehabt hätte oder um Vergebung hätte bitten müssen, weder die Menschen um ihn herum noch Gott.[90]

3.2 Das Zeugnis seiner Freunde

Durch die ganze Bibel hindurch wird Inkonsequenz bei allen erwähnten Personen offenbar. Keiner der großen jüdischen Helden wird ohne Makel geschildert, nicht einmal David, der größte König Israels oder Moses, der große Befreier der Hebräer. Und selbst im Neuen Testament wird fast in jedem Buch vom Versagen der Apostel berichtet. Aber nirgendwo finden wir die Erwähnung einer einzigen Sünde im Leben Jesu. Das ist umso bemerkenswerter, wenn wir uns klarmachen, dass Jesus den größten Teil des Tages während seines dreieinhalbjährigen Wirkens seine Jünger um sich hatte. Wenn wir es in Betracht ziehen, dass seine Jünger während dieser Zeit in engem Kontakt mit ihm lebten und dass ihr jüdischer Hintergrund das Sündigsein der Menschheit und die Bedürftigkeit nach dem Erlösungswerk Gottes betonte, dann ist es noch unglaublicher, dass sie keine einzige Sünde bei ihrem Meister entdeckten. Mit Sicherheit würden sie, während sie mit ihm gingen und ihm dienten, den kleinsten Missgriff, das winzigste Vergehen bemerkt haben. Aber ihr Zeugnis lautet, dass nichts dergleichen geschah.

Auch im engsten Kontakt mit ihm entdeckten sie niemals die Sünden bei ihm, die sie in sich selbst fanden. Sie zerrten andern an den Nerven, sie murrten und stritten, doch diese Dinge sahen sie niemals bei Jesus. Wegen ihres strenggläubigen jüdischen Hintergrundes wäre es sie sehr schwer angekommen zu sagen, dass Jesus völlig sündlos gewesen sei, wenn er es nicht wirklich war.

Die engsten Gefährten Jesu, Petrus und Johannes, bezeugen, dass er ohne Sünde war:

- 1.Petr 1,19: » …, sondern mit dem kostbaren Blut des Christus, als eines fehlerlosen und unbefleckten Lammes.«
- 1.Petr 2,22: »Er, der keine Sünde getan hat, und in seinem Mund ist auch kein Betrug gefunden worden.«
- 1.Joh 3,5: »Und ihr wisst, dass er erschienen ist, um unsere Sünden wegzunehmen; und in ihm ist keine Sünde.«

Johannes geht so weit zu sagen: wer erklärt, selbst ohne Sünde zu sein, ist ein Lügner und macht Gott zum Lügner. Er bezeugt aber die sündlose Natur Jesu, wenn er sagt, dass in Christus »keine Sünde ist« (1.Joh 3,5).

Selbst diejenigen, die für den Tod Jesu verantwortlich waren, bestätigten seine Unschuld und seine Frömmigkeit. Nachdem Judas Jesus verraten hatte, erkannte er die Gerechtigkeit des Herrn und ihn überkam tiefe Reue. Er bekannte: »Ich habe gesündigt, dass ich unschuldiges Blut verraten habe.« (Mt 27,3.4).

Der Apostel Paulus bezeugte ebenfalls das sündlose Leben Jesu, indem er sagte:

»Denn er hat den, der von keiner Sünde wusste, für uns zur Sünde gemacht, damit wir in ihm die Gerechtigkeit Gottes würden.« (2.Kor 5,21). Murray Harris kommentiert diese Stelle und schreibt dazu:

> Es scheint so, als ob Paulus die Absicht hatte, mehr zu sagen, als dass Christus zum Sündopfer gemacht wurde und doch weniger, als dass Christus Sünder geworden wäre. Die Identifikation des sündlosen Christus mit der Sünde der Sünder war so vollkommen, einschließlich der schrecklichen Schuld und ihrer furchtbaren Konsequenz der Trennung von Gott, dass Paulus im Tiefsten sagen konnte: »Gott machte ihn … zur Sünde für uns.«
> Die Erklärung des Paulus zur Sündlosigkeit Christi kann man mit den Aussagen des Petrus (1. Petr 2,22, wo er Jes 53,9 zitiert), des Johannes (1. Joh 3,5) und des Schreibers des Hebräerbriefes (Hebr 4,15; 7,26) vergleichen. Gerade so, wie die »Gerechtigkeit Gottes« uns nicht zu eigen ist, so entsprach es dem Wesen Jesu nicht im geringsten, mit der Sünde identifiziert zu werden. Er kannte die Sünde in keiner Weise, wie es durch eine sündige Haltung oder eine sündige Tat hätte geschehen können.[91]

Der Schreiber des Hebräerbriefes lässt seine Stimme in diesem Chor mit erschallen, wenn er sagt: »Denn wir haben nicht einen Hohen Priester [Jesus Christus], der kein Mitleid haben könnte mit unsern Schwachheiten, sondern einen, der in allem versucht worden ist in ähnlicher Weise (wie wir), doch ohne Sünde.« (Hebr 4,15). Der Neutestamentler Philip Hughes stellt die Bedeutung und die Konsequenzen dieser Stelle mit besonderer Klarheit und Kraft heraus:

> Die Versuchung selbst ist neutral: versucht zu werden zeigt weder Tugend noch Sündhaftigkeit an. Die genaue Nebenbedeutung von Versuchung ist »Prüfung« oder »Erprobung«, und die Tugend zeigt sich erst im Widerstand und in der Überwindung der Versuchung, während die Sünde im Nachgeben und in der Kapitulation offenbar wird. Die Erfahrung unseres Hohen Priesters im Hinblick auf Versuchung entspricht in jeder Hinsicht unserer eigenen. Von der ersten bis zur letzten Stunde wurde er auf die Probe gestellt, ob es nun um die Verlockung zur Sorge um sich selbst, um öffentliche Anerkennung oder um Machtsucht ging, als der Satan ihn in der Wüste angriff (Mt 4,1ff.). Oder aber bei der Versuchung im Garten Gethsemane lieber einen Rückzieher zu machen, statt dieses schreckliche Martyrium zu erdulden, das vor ihm lag (Mt 26,38ff.). Oder durch den Hohn, den man ihm selbst dann noch entgegenschleuderte, als er im Todeskampf am Kreuz hing: »Wenn du Gottes Sohn bist, so steige vom Kreuz herab!« (Mt 27,40ff). Sein ganzes Leben auf dieser Erde war eine einzige Versuchung und Prüfung. Deshalb sprach er, als Golgatha bevorstand, von dem inneren Kreis seiner Jünger als von solchen, die in seinen Versuchungen mit ihm ausgeharrt hatten (Lk 22,28). Durch seine Versuchungen wurde er nicht nur zum Sieg geführt, sondern auf diese Weise gewann er auch das tiefste Mitgefühl für unsere

Schwachheiten. Gleichzeitig demonstrierte er damit, dass unsere menschliche Gebrechlichkeit die Gelegenheit für das Sichtbarwerden der Kraft Gottes und für den Triumph seiner Gnade ist. (2. Kor 12,9f.).

Dass unser Hoher Priester nicht nur die schweren Versuchungen überstand, durch die er hindurch musste, sondern dass er tatsächlich als vollkommener Sieger über jede einzelne hervorging, wird durch den Zusatz an dieser Stelle *doch ohne Sünde* deutlich. Die Konsequenzen aus dieser Eigenschaft sind äußerst bedeutsam. Erstens hätte Jesus, wenn er der Versuchung nachgegeben und in Sünde gefallen wäre, für sich selbst Versöhnung nötig gehabt und hätte damit auf gleicher Ebene mit den Hohen Priestern des Alten Testamentes gestanden, für die zuerst ein Opfer dargebracht werden musste, zur Sühnung ihrer eigenen Sünden (Hebr 7,27). Und er wäre nicht kompetenter gewesen als sie, eine ewige Erlösung für andere zu schaffen. Und zweitens: Er, der durch die Opferung seiner selbst sowohl das Opfer als auch der Opfernde sein sollte, wäre, befleckt durch Sünde, untauglich gewesen, als Gottes Lamm ohne Flecken und Makel zu dienen und hätte damit sein Opfer unannehmbar gemacht (s. Joh 1,29; 1. Petr 1,19; Eph 5,2).[92]

3.3 Das Zeugnis seiner Gegner

Einer der Männer, die mit Jesus gekreuzigt worden waren, bezeugt ebenfalls seine Sündlosigkeit. Bei Lukas 23,41 heißt es, dass einer der Verbrecher den andern mit den Worten: »… dieser aber hat nichts Unrechtes getan« tadelt.

Pilatus befand Jesus ebenfalls für unschuldig. Nachdem er ihn befragt und sich die falschen Anklagen gegen ihn angehört hatte, sagte er zu den religiösen Führern und der übrigen Menge: »… ihr habt diesen Menschen zu mir gebracht, als mache er das Volk abtrünnig; und siehe, als ich ihn vor euch verhörte, habe ich an diesem Menschen keine Schuld gefunden, deren ihr ihn anklagt« (Lk 23,14). Und selbst als die aufgebrachte Menge laut nach dem Tode Jesu schrie, fragte Pilatus ungläubig: »Was hat dieser denn Böses getan? Ich habe keine des Todes würdige Schuld an ihm gefunden.« (Lk 23,22).

Der römische Hauptmann, der nahe am Kreuz Jesu stand, rief aus: »Wahrlich, dieser Mensch war gerecht!« (Lk 23,47)

Die Feinde Jesu brachten häufig Anklagen gegen ihn vor in dem Versuch, ihn von einer Schuld zu überführen. Doch darin hatten sie niemals Erfolg (Mk 14,55.56). Markus erzählt uns von vieren solcher Vorwürfe (Mk 2,1-3,6).

Erstens klagten seine Feinde ihn der Gotteslästerung an, weil er einem Menschen seine Sünden vergeben hatte. Wenn Jesus aber göttlichen Ursprungs war, besaß er die Autorität und die Macht, Vergebung zu gewähren.

Zweitens waren sie entsetzt, weil Jesus sich mit »Unreinen« abgab – mit Sündern, Säufern, Prostituierten und Ähnlichen. Viele der religiösen Führer waren der Ansicht, »gerechte« Menschen sollten den Kontakt mit solchen bösen Menschen meiden. Jesus beantwortete diese Anklage, indem er sich als Arzt bezeichnete, der gekommen war, um Sünder zu heilen (Mk 2,17).

Drittens war Jesus angeklagt, eine verwässerte Form des Judaismus zu praktizieren, weil er und seine Jünger nicht fasteten wie die Pharisäer. Jesus antwortete darauf, solange er bei seinen Jüngern sei, wäre das Fasten nicht nötig. Doch wenn er einmal nicht mehr da sei, dann würden sie das Fasten praktizieren.

Und schließlich versuchten sie noch, Schuld bei ihm zu finden, weil er ihre Traditionen im Hinblick auf das Arbeitsverbot am Sabbat nicht einhielt. Er heilte nämlich am Sabbat Menschen und erlaubte seinen Jüngern, an diesem heiligen Tag Ähren auszuraufen. Jesus dagegen verteidigte sein Handeln, indem er auf die Irreführung in den Traditionen seiner Kritiker hinwies. Jesus unterwarf sich eindeutig dem Gebot Gottes. Auf der anderen Seite, weil er auch der »Herr des Sabbats« war, entschloss er sich, menschliche Traditionen zu brechen, die in Wahrheit die tatsächliche Interpretation und Absicht der göttlichen Gebote untergruben.

3.3.1 Die Einschätzung von historischer Seite

Das sündlose Leben Jesu hat Männer und Frauen zwei Jahrtausende hindurch angezogen. Es hat der kritischen Prüfung standgehalten und die Geister und Herzen der Menschen aller Schichten und aus den verschiedensten religiösen Traditionen gewonnen. Z. B. wird Jesus in der Weltreligion des Islam durchaus als sündlos angesehen. Nach dem Koran (Maria, V. 19) kam der Engel Gabriel zu Maria und sagte ihr, dass ihr Sohn Jesus »ohne Schuld« sein würde, d. h. frei von aller Sünde.

Der Kirchenhistoriker Philip Schaff versichert uns, dass in Bezug auf Christus gelte: »Hier ist der Heilige der Heiligen der Menschheit.«[93]

»Niemals hat ein harmloseres Wesen auf dieser Erde gelebt. Er hat niemanden verletzt, er hat niemanden übervorteilt. Er sprach niemals ein Wort, das nicht angemessen gewesen wäre. Er willigte niemals in eine unrechte Handlung ein.«[94]

> Der erste Eindruck, den wir vom Leben Jesu gewinnen, ist der vollständiger Unschuld und Sündlosigkeit inmitten einer sündigen Welt. Er, und er allein, trug das Kennzeichen fleckenloser Kindheit ungetrübt durch seine Jugendzeit und sein Mannesalter. Daher sind das Lamm und die Taube die ihm angemessenen Symbole.[95]
>
> Mit einem Wort ist es eine absolute Vollkommenheit, die seinen Charakter weit über alle anderen Menschen erhebt und ihn zur Ausnahme einer allgemein geltenden Regel macht, ein moralisches Wunder innerhalb der Geschichte.[96]

»Er ist die lebendige Gestaltwerdung der idealen Maßstäbe von Tugend und Heiligkeit und das höchste Beispiel für alles, was in der Sicht Gottes und der Menschen rein und gut und edel ist.«[97]

> Das war Jesus von Nazareth, ein wahrer Mensch nach Leib, Seele und Geist, und doch unterschieden von allen anderen Menschen; ein einzigartiger Charakter und ein Original von der zarten Kindheit an bis zum reifen Mannesalter, in ungebrochener Gemeinschaft mit Gott lebend, überfließend von Liebe zu den Menschen, frei von Sünde und Irrtum, unschuldig und heilig, den edelsten Zielen

> geweiht, alle Tugenden in vollendeter Harmonie lehrend und praktizierend, das reinste Leben mit dem großzügigsten Tod besiegelnd und von jeher und immer anerkannt als das einzige vollkommene Modell von Güte und Heiligkeit.[98]

John Stott fügt hinzu:

> Diese äußerste Missachtung des Ichs im Dienst für Gott und Menschen ist das, was die Bibel Liebe nennt. In der Liebe ist kein Eigeninteresse. Das Wesen der Liebe ist Selbstaufopferung. Auch der schlimmste Mensch weist gelegentlich einen Strahl solchen Edelmuts auf, aber das Leben Jesu strahlte ihn mit niemals verblassendem Glühen aus. Jesus war sündlos, weil er selbstlos war. Solche Selbstlosigkeit ist Liebe. Und Gott ist Liebe.[99]

Der Theologe Wilbur Smith sagt:

> Das hervorragende Merkmal Jesu in seinem irdischen Leben war dasjenige, bei dem wir alle anerkennen müssen, dass wir da versagen, und das gleichzeitig doch alle Menschen als das großartigste ansehen, das ein Mensch besitzen kann, nämlich *absolute* Güte oder, um es anders auszudrücken, absolute Reinheit, echte *Heiligkeit* und, im Falle Jesu, nichts weniger als Sündlosigkeit.[100]

Ein sündloses Leben zu führen war keine leichte Aufgabe, aber Jesus tat es. Wilbur Smith bemerkt dazu:

> Fünfzehn Millionen Minuten des Lebens auf dieser Erde, inmitten eines bösen und verdorbenen Geschlechtes – jeder Gedanke, jede Tat, jeder Plan, jedes Werk, privat und öffentlich, von der Zeit an, wo er als Baby die Augen öffnete, bis er am Kreuz starb, fanden alle Gottes Zustimmung. Nicht ein einziges Mal musste unser Herr eine Sünde bekennen, weil er niemals eine begangen hatte.[101]

Zu der berühmtesten und am meisten anerkannten Predigt Jesu bemerkt Thomas Wright scharfsinnig: »Die Bergpredigt ist die Biografie Jesu. Jede Silbe davon hatte er in seinen Taten schon niedergeschrieben. Die Predigt übersetzte sein Leben nur noch in Sprache.«[102]

Bernard Ramm sagt: »Jesus führte das vollkommenste Leben der Frömmigkeit und persönlichen Heiligkeit unter dem einzigen Gesichtspunkt, dass er der ins Fleisch gekommenen Gott war.«[103]

Das ist wichtig, denn, wie Henry Morris sagt:

> Wenn Gott selbst, verkörpert in seinem einzigen Sohn, den Maßstäben seiner eigenen Heiligkeit nicht genügen konnte, dann wäre es äußerst sinnlos, irgendwo anders im Universum nach Sinn und Erlösung zu suchen.[104]

Doch Griffith Thomas hat Recht, wenn er sagt, dass wir in Jesus die vollkommene Erfüllung der göttlichen Maßstäbe finden:

> Es gibt kein einziges Beispiel, wo der leichteste Schatten zwischen ihm und seinem himmlischen Vater gefallen wäre. Er war ohne Sünde … wenn sein eigenes Leben nicht sündlos gewesen wäre, liegt auf der Hand, dass Christus nicht der Erlöser der Menschheit von ihren Sünden hätte sein können.[105]

Bei Philip Schaff können wir lesen:

> Je besser und heiliger ein Mensch ist, desto mehr fühlt er sich der Gnade bedürftig und erkennt, wie weit er hinter seinen eigenen Maßstäben für Güte und Verdienst bleibt. Aber Jesus, der doch die gleiche Natur hatte wie wir und versucht wurde gleich wie wir, gab niemals einer Versuchung nach. Niemals hatte er Grund, einen Gedanken, ein Wort oder eine Tat zu bedauern. Niemals brauchte er Begnadigung oder eine Umkehr oder eine Reform. Niemals fiel er aus der Harmonie mit seinem himmlischen Vater heraus. Sein ganzes Leben war ein Akt der Selbsthingabe für die Herrlichkeit Gottes und das ewige Wohlergehen seiner Mitmenschen.[106]

William Ellery Channing sagt: »Ich weiß von keinem wirklich beständigen Guten, außer der moralischen Vollkommenheit, die aus Jesus Christus herausstrahlt.«[107]

Das ist der widerhallende Schlussakkord der Geschichte über das Leben des Gott-Menschen Jesus Christus.

3.3.2 Zeugnisse von einigen der bekanntesten Skeptiker

Der französische Deist Jean-Jacques Rousseau sagte:

> Wenn Plato seinen imaginären gerechten Menschen beschreibt, beladen mit allen Strafen für Schuld und doch die höchsten Belohungen für seine Tugend verdienend, dann beschreibt er genau das Wesen Jesu Christi.[108]

Der berühmte Philosoph und Erzieher John Stuart Mill fragt:

> Aber wer unter seinen Jüngern oder deren Anhängern war in der Lage die Worte, die Jesus zugeschrieben werden, zu erfinden oder sich das Leben und den Charakter vorzustellen, wie er uns in den Evangelien geoffenbart wird?[109]

Die erwartete Antwort heißt natürlich »keiner«. Der Jesus der Evangelien aber ist der Jesus der Geschichte.

»Jesus ist der vollkommenste aller Menschen, die jemals gelebt haben«, ruft Ralph Waldo Emerson aus.[110]

Der Historiker William Lecky sagt: »Er [Jesus] … war nicht nur das größte Beispiel aller Tugend, sondern der stärkste Antrieb, sie zu praktizieren.«[111]

Wilbur Smith schreibt:

> Selbst David Strauss, der erbittertste Gegner aller übernatürlichen Elemente in den Evangelien, dessen Werk mehr dazu beitrug, den Glauben an Christus zu zerstören als irgendwelche anderen modernen Schriften – selbst Strauss mit seiner herabsetzenden, brillanten, brutalen Kritik und seinen grundsätzlichen Leugnungen von allem, was ans Wunderbare grenzte, war am Ende seines Lebens gezwungen zu bekennen, dass in Jesus moralische Vollkommenheit zu finden ist. »Dieser Christus … ist *historisch*, nicht mystisch. Er ist ein Individuum, kein Symbol … Er bleibt das höchste Vorbild alles Religiösen innerhalb der Reichweite unseres Denkens. Und es gibt keine vollkommene Frömmigkeit ohne seine Gegenwart im Herzen des Menschen.[112]

Bernard Ramm schreibt zum Schluss: »Sündlose Vollkommenheit und vollkommene Sündlosigkeit ist das, was wir von einem ins Fleisch gekommenen Gott erwarten. Und das finden wir in Jesus Christus. Die Hypothese und die Tatsachen stimmen überein.«[113]

4 Wenn Gott Mensch wurde, dann würden wir erwarten, dass er seine übernatürliche Gegenwart in Form von übernatürlichen Taten – d.h. Wundern – offenkundig machen würde

4.1 Das Zeugnis der Heiligen Schrift

Jesus sagte: »Geht und sagt Johannes die Dinge, die ihr gesehen und gehört habt: die Blinden sehen, die Lahmen gehen, die Aussätzigen werden rein, die Tauben hören, die Toten stehen auf und den Armen wird das Evangelium gepredigt« (Lk 7,22). Die Wunder Jesu demonstrierten eine Vielfalt von Macht: Macht über die Natur, über Krankheit und Dämonen, Macht über die Schöpfung und Macht über den Tod. Was er sonst noch tat, erfüllte die Weissagungen der Heiligen Schrift und wies ihn als den Messias aus, der in den hebräischen Schriften vorhergesagt war.

Unter den vielen übernatürlichen Taten, die er vollbrachte, waren folgende:

Wunder der physischen Heilung

- ein Aussätziger (Mt 8,2-4; Mk 1,40-44; Lk 5,12-14)
- ein Gelähmter (Mt 9,1-8; Mk 2,1-12; Lk 5,17-26)
- die Schwiegermutter des Petrus (Mt 8,14-17; Mk 1,29-31; Lk 4,38-41)
- der Sohn eines königlichen Beamten (Joh 4,46-53)
- eine 38-jährige Krankheit (Joh 5,1-9)
- eine verdorrte Hand (Mt 12,9-13; Mk 3,1-6; Lk 6,6-11)
- Taubheit und Stummheit (Mk 7,31-37)
- Blindheit in Betsaida (Mk 8,22-26)

- Blindheit in Jerusalem (Joh 9)
- Blindheit des Bartimäus (Mk 10,46-52)
- die zehn Aussätzigen (Lk 17,11-19)
- das verletztes Ohr des Malchus (Lk 22,47-51)
- der Blutfluss (Mt 9,20-22; Mk 5,25-34; Lk 8,43-48)
- ein Wassersüchtiger (Lk 14,2)

Wunder im Bereich der Natur

- in Kana Wasser in Wein verwandelt (Joh 2,1-11)
- Stillung des Sturms (Mt 8,23-27; Mk 4,35-41; Lk 8,22-25)
- übernatürlicher Fischfang (Lk 5,1-11; Joh 21,6)
- 5000 Menschen durch Brotvermehrung gespeist (Mt 14,15-21; Mk 6,34-44; Lk 9,11-17; Joh 6,1-14)
- 4000 Menschen durch Brotvermehrung gespeist (Mt 15,32-39; Mk 8,1-9)
- Gehen auf dem Wasser (Mt 14,22.23; Mk 6,45-52; Joh 6,19)
- Geld aus einem Fisch (Mt 17,24-27)
- Unfruchtbarer Feigenbaum (Mt 21,18-22; Mk 11,12-14.20)

Wunder der Totenauferweckung

- die Tochter des Jairus (Mt 9,18-26; Mk 5,22-24.35-43; Lk 8,41-56)
- der Sohn der Witwe (Lk 7,11-15)
- Lazarus von Bethanien (Joh 11,1-45)[114]

4.2 Kommentare zu seinen Wundern

Paul Little erklärt ganz einfach: »Christus demonstrierte hier eine Macht über natürliche Kräfte, die nur ein Gott besitzen konnte, der Schöpfer dieser Kräfte.«[115]

Philip Schaff sagt, dass die Wunder Christi »in scharfem Gegensatz zu den vorgetäuschten Werken von Betrügern und den nutzlosen und absurden Wundern, die sich in apokryphischen Fiktionen finden, standen. Sie wurden ohne jede Zurschaustellung ausgeführt, mit einer solchen Einfachheit und Leichtigkeit, wie nur er es konnte.«[116]

Indem er diesen Gedanken weiterführt, berichtet Griffith Thomas:

> Es ist bemerkenswert, dass eins der Worte, die häufig im Zusammenhang mit diesen Wundern in den Evangelien benutzt wurden, der ganz gewöhnliche Begriff »Werke« (erga) ist. Werke waren das natürliche und notwendige Ergebnis seines Lebens. »In Aktion« fand das seinen Ausdruck, was er war.[117]

Thomas fügt noch hinzu:

> Fragen beantworten sich einfach von selbst, vorausgesetzt wir haben es mit einer übernatürlichen Person zu tun: Stimmten übernatürliche Taten mit dem Leben Jesu überein? Die Art der Werke passte zu ihm, ihre Wohltätigkeit, die Beherr-

schung, mit der sie ausgeführt wurden, der vergleichsweise unbedeutende Stellenwert, den sie in seinem Wirken einnahmen und die ständige Betonung, die er der geistlichen Verwandtschaft beimaß als oberster Priorität – dieses alles ist gänzlich deckungsgleich mit dem Offenbarwerden und dem Wirken einer so wundersamen und übermenschlichen Person, wie Jesus es war.[118]

Philip Schaff stimmt dem mit seiner Bewertung zu: »Alle seine Wunder sind nur natürliche Manifestationen seiner Person, und daher sind sie mit der gleichen Leichtigkeit ausgeführt worden, mit der wir unsere gewöhnliche Alltagsarbeit tun.«[119]

> Seine Wunder waren, ohne Ausnahme, von den reinsten Motiven her geschehen und zielten auf die Herrlichkeit Gottes und auf das Wohl der Menschen hin. Sie sind Wunder der Liebe und Barmherzigkeit, voller Weisheit und Bedeutung und in Harmonie mit seinem Wesen und Auftrag.[120]

F. H. Chase sagt:

> Das Motiv und der Bereich der Wunder Jesu, von denen in den Evangelien berichtet wird, sind immer die gleichen. Die Erzählungen sind über die gesamten Evangelien verstreut. Doch wenn man sie im Verhältnis zueinander betrachtet, entdecken wir eine unbeabsichtigte Einheit. Zusammen decken sie das gesamte Gebiet des Wirkens Jesu als unseres Erlösers ab, wobei sie jedes Element im vielschichtigen Wesen des Menschen erneuern und Frieden in die Schöpfungsordnung zurückbringen. Sie werden in den Evangelien nicht deshalb dargestellt, um vor allem seine Würde und Macht zu erhöhen. Wenn sie das Ergebnis frommer Fantasie gewesen wären, die bestrebt gewesen wäre, durch imponierende Geschichten seine Größe und Herrlichkeit zu illustrieren, dann wäre es moralisch unmöglich gewesen, diese durchgehende und unauffällige Einheit zu bewahren.[121]

»Die Wunder«, so schreibt A. E. Garvie, »harmonieren mit dem Charakter und dem Bewusstsein Jesu. Sie sind keine äußeren Bestätigungen, sondern innere Bestandteile der Offenbarung der Liebe, der Barmherzigkeit und der Gnade des himmlischen Vaters, die uns in ihm, dem geliebten Sohn Gottes und mitleidigen Bruder der Menschen, geschenkt werden.«[122]

Thomas schließt: »Für uns heute ist die Person Christi das große Wunder und die Linie des wahrhaftigen Denkens verläuft eher von Christus zu den Wundern als von den Wundern zu Christus.«[123]

Selbst der Islam erkennt die Fähigkeit Jesu, Wunder zu tun, an. Der Koran bezieht sich (Tafel V, 110) darauf. Die Stelle spricht davon, dass Jesus Blinde und Aussätzige heilte und von den Toten auferweckte.

4.3 Frühe jüdische Zeugnisse

Ethelbert Stauffer schreibt in *Jesus und seine Geschichte:* »Wir finden viele Bezugnahmen auf die Wunder Jesu in jüdischen Gesetzesbüchern und Geschichten. Um 95 n.Chr. spricht Rabbi Eliezer ben Hyrcanus von Lydda von Jesu magischen Kräften.«[124]

»Um die gleiche Zeit (95-110 n.Chr.) begegnen wir der rituellen Anprangerung: ›Jesus praktizierte Magie und führte Israel in die Irre.‹ (Sanhedrin 43a).«[125]

> »Um 110 n.Chr. hören wir von einer Kontroverse unter palästinensischen Juden wegen der Frage, ob es erlaubt sei, im Namen Jesu zu heilen … Wunderheilungen im Namen Jesu setzen voraus, dass er selbst solche Wunder vollbrachte.«[126]

Wir haben auch ein umfassendes Zeugnis von Julian, dem Apostaten, römischer Kaiser von 361-363 n.Chr., der einer der begabtesten Gegner des Christentums in der Antike war. In seinem Werk gegen den christlichen Glauben sagt er:

> Jesus … ist nun etwa dreihundert Jahre lang gefeiert worden. Dabei hat er in seinem Leben nichts getan, das des Rühmens wert wäre, außer dass einige es für eine große Sache halten, dass er in den Dörfern Betsaida und Bethanien Lahme und Blinde heilte und Dämonen austrieb.[127]

Julian schreibt so unbeabsichtigt Christus die Macht zu, Wunder zu tun.

4.4 Was Kritiker zum Schweigen bringen sollte

Bernard Ramm schreibt:

> Wenn Wunder mit den Sinnen aufgenommen werden können, dann können sie auch bezeugt werden. Und wenn sie in angemessener Weise bezeugt werden, dann hat dieses Zeugnis den gleichen Glaubwürdigkeitswert wie die Erfahrungen von Augenzeugen dieser Ereignisse.[128]

Das gilt ganz sicher auch von den Wundern Jesu, da sie vor den Augen der Öffentlichkeit geschahen und es daher jedem möglich war, sie zu untersuchen und nachzuprüfen, einschließlich den Skeptikern.

Sehen wir uns z. B. den biblischen Bericht von der Auferweckung des Lazarus von den Toten an. Bernard Ramm bemerkt dazu:

> Wenn die Auferweckung des Lazarus tatsächlich von Johannes gesehen und wahrheitsgemäß bezeugt wurde, während er bei vollem Verstand und Erinnerungsvermögen war, dann hat das an Beweiswert ebenso viel, wie wenn wir selbst dabei gewesen wären.[129]

Es ist auch von Bedeutung, dass die Feinde Christi das Wunder der Auferweckung des Lazarus nicht leugneten, stattdessen aber versuchten, Jesus umzubringen, bevor »alle Welt« an ihn glaubte. (Joh 11,48)

Auf diese Weise bezeugten die Zeitgenossen Jesu, einschließlich seiner Feinde, dass er in der Lage war, Wunder zu tun.

Seine Feinde schrieben das allerdings der Macht Satans zu, während seine Freunde der Ansicht waren, dass seine Macht von Gott gekommen wäre (Mt 12,24). In Beantwortung der Anklage, dass seine Wunder wirkende Kraft dämonischen Ursprungs sei, sagte Jesus:

> Jedes Reich, das mit sich selbst uneins ist, wird verwüstet, und keine Stadt, kein Haus, das mit sich selbst uneins ist, kann bestehen. Wenn nun der Satan den Satan austreibt, so ist er mit sich selbst uneins. Wie kann dann sein Reich bestehen? (Mt 12,25.26).

Auf der Grundlage des zur Verfügung stehenden Beweismaterials und der Zeugnisse, wird klar, dass die Wunder in den Evangelien nicht in Frage gestellt werden, nur weil heidnische Wundererzählungen überspannt erscheinen und eindeutig abergläubische Züge aufweisen. Die Tatsache, dass es Wunder gibt, die nur vorgetäuscht sind, ist kein Beweis dafür, dass sie alle betrügerischen Charakter haben.

Und wir können die Wunder Jesu auch nicht ablehnen und trotzdem den Anschein eines christlichen Glaubens bewahren. C. S. Lewis sagt darüber:

> Alles Wesentliche im Hinduismus würde ungeschmälert stehen bleiben, wenn man das Wunderbare weglassen würde. Und nahezu das Gleiche gilt für den Islam. Doch im Hinblick auf den christlichen Glauben ist das unmöglich. Er ist selbst die Geschichte eines einzigen großen Wunders. Ein naturalistisches Christentum entbehrt allem spezifisch Christlichen.[130]

Im Christentum sind Wunder kein Anhängsel, das man einfach weglassen kann, ohne etwas Wichtiges zu verlieren. Bernard Ramm hat Recht, wenn er sagt:

> In nichtchristlichen Religionen glaubt man an Wunder, weil man bereits an die Religion glaubt. Im biblischen Glauben sind die Wunder ein Teil der Begründung der wahren Religion. Diese Unterscheidung ist von enormer Bedeutung. Israel wurde erst ins Dasein gerufen durch eine Kette von Wundern. Das Gesetz wurde ihm gegeben inmitten des Geschehens übernatürlicher Ereignisse. Und viele der Propheten wurden als von Gott geschickt erkannt, weil sie die Macht hatten, Wunder zu tun. Jesus kam nicht nur als Prediger, sondern auch als Wundertäter. Und auch die Apostel wirkten von Zeit zu Zeit Wunder. Wunder haben an jedem Punkt die Religion glaubwürdig gemacht.[131]

Deshalb müssen wir, wie John A. Broadus bemerkt, »die Evangelien nehmen, wie sie dastehen … und wenn Jesus von Nazareth keine übernatürlichen Werke vollbrachte, dann hätte er häufig die Unwahrheit gesagt.«[132]

A. E. Garvie stimmt dem zu, indem er sagt:

> Ein Christus, der Gottes Sohn wäre und der Erlöser der Menschheit sein wollte und dann keine Wunder getan hätte, würde weniger verständlich und glaubwürdig sein als der Jesus, den uns die Berichte der Evangelien beständig vor Augen malen.[133]

Jesus war ein Wundertäter, weil die Kraft Gottes in ihm, als dem eingeborenen Sohn Gottes, wohnte.

5 Wenn Gott Mensch wurde, dann würden wir erwarten, dass er ein vollkommeneres Leben führte als irgendein Mensch, der je gelebt hat

5.1 Was seine Freunde sagen

»Jesus war in jeder Hinsicht wahrer Mensch und gleichzeitig mehr als ein Mensch.«[134]

A. M. Fairbairn schreibt in *Philosophy of the Christian Religion*:

> Jesus war, mit einem Wort gesagt, der in Menschlichkeit und unter den Bedingungen der Zeit geoffenbarte Gott. Nun ist das an sich schon eine ungewöhnliche Vorstellung, und sie wird noch ungewöhnlicher durch die wunderbare Weise, in der sie in eine persönliche Geschichte hineinverflochten wurde. Nie hat es eine höher reichende Idee gegeben.[135]

»Sein Leben war heilig. Sein Wort war wahrhaftig. Sein ganzes Wesen war die Verkörperung der Wahrheit. Es hat niemals einen wirklicheren und echteren Menschen gegeben als Jesus von Nazareth.«[136]

Hausrath zitiert von Frank Ballard und sagt: »Es gibt kein edleres Leben, von dem man je gehört hat, das mit so wenig Irdischem, Vergänglichem, örtlich Beschränktem belastet wäre. Nichts kann mit so hohen und allgemein gültigen Zielen in Zusammenhang gebracht werden.«[137]

John Young fragt in *Christ of History*:

> Wie ist es geschehen, dass unter allen Menschen er allein zur geistlichen Vollkommenheit gelangt ist? Was Gott zu einer Zeit und in einem Fall auf der Erde für Frömmigkeit und Tugend getan hat, das hätte er sicherlich zu anderen Zeiten und in anderen Fällen auch tun können. Wenn Jesus nur Mensch gewesen wäre, hätte Gott in späteren Zeiten viele solcher lebendigen Beispiele einer geheiligten Menschlichkeit, wie Jesus war, erwecken können, um die Welt zu verbessern, zu belehren und ihre Entwicklung zu beschleunigen. Das tat er aber nicht.[138]

Carnegie Simpson schrieb:

Instinktiv klassifizieren wir ihn nicht wie andere. Wenn man seinen Namen auf einer Liste sieht, die mit Konfuzius beginnt und mit Goethe endet, dann haben wir das Empfinden, dass es weniger ein Verstoß gegen konventionelles Denken als gegen den Anstand ist. Jesus gehört nicht in die Gruppe der Großen dieser Welt. Man kann, wenn man will, über Alexander den Großen oder über Karl den Großen oder über Napoleon den Großen sprechen … Mit Jesus ist das etwas anderes. Er ist nicht der »Große«. Er ist der Einzigartige. Er ist einfach Jesus. Dazu ist nichts hinzuzufügen. Er steht außerhalb unserer Analyse. Er bringt unsere Regeln der menschlichen Natur durcheinander. Er zwingt unsere Kritik, sich selbst zu überspringen. Er treibt unsern Geist zur Ehrfurcht. Es gibt eine Aussage von Charles Lamb: »Wenn Shakespeare in den Raum kommen würde, in dem wir uns gerade befinden, sollten wir alle aufstehen, um ihm zu begegnen. Doch wenn diese Person [gemeint ist Jesus] hereinkäme, sollten wir alle niederfallen und versuchen, ihm den Saum seines Gewandes zu küssen.«[139]

Griffith Thomas sagt:

Er [Jesus] repräsentiert eine bestimmte göttliche Intervention zum Wohle der Menschen, zu einem ganz bestimmten Zeitpunkt in der Geschichte der Welt. Und auf dem Boden dieses großen Wunders der Person Christi beziehen wir unsere Position.[140] Er schließt alle guten Elemente, die andere Menschen kennzeichnen, in sich ein, und es ist nicht zuviel gesagt, dass da nichts fehlt, von dem Menschen denken, dass es wünschenswert sein könnte im menschlichen Charakter.[141]

Philip Schaff stellt fest:

Sein Eifer artete niemals in Leidenschaftlichkeit aus, noch seine Beständigkeit in Hartnäckigkeit, noch sein Wohlwollen in Schwäche, noch seine Behutsamkeit in Sentimentalität. Seine nicht aufs Weltliche gerichtete Einstellung war frei von Gleichgültigkeit und mangelndem sozialen Interesse, seine Würde frei von Stolz und Vorurteil. Seine Sensibilität war frei von übermäßiger Vertraulichkeit, seine Selbstverleugnung frei von mürrischem Wesen, seine Mäßigkeit frei von Strenge. Er verband kindliche Unschuld mit männlicher Kraft, verband Hingabe an Gott mit unermüdlichem Interesse am Wohlergehen des Menschen, zarte Liebe zum Sünder mit kompromisslosem Ernst gegenüber der Sünde, befehlende Würde mit gewinnender Demut, furchtlosen Mut mit weiser Vorsicht, unnachgiebige Festigkeit mit liebenswürdiger Freundlichkeit.[142]

Klausner, ein jüdischer Gelehrter, sagt: »Jesus war der jüdischste aller Juden. Er war selbst jüdischer als Hillel.«[143]

»Es wird allgemein anerkannt, … dass Christus das reinste und umfassendste ethische System lehrte, eins, das die moralischen Regeln und Maximen der weisesten Männer der Antike weit in den Schatten stellt.«[144]

Joseph Parker schreibt in *Ecce Deus*: »Nur Christus konnte einen Christ erfinden.«[145]

Johann Gottfried Herder erklärt: »Jesus Christus ist im edelsten und vollkommensten Sinn das verwirklichte Ideal der Menschheit.«[146]

G. A. Ross geht so weit, dass er sagt:

> Haben wir jemals an die besondere Position, die Jesus im Hinblick auf die Ideale der Geschlechter einnahm, gedacht? Niemand hat jemals gewagt, Jesus in einem gemeinen Sinn geschlechtslos zu nennen. Charakterlich stand er darüber, und sozusagen mitten zwischen den Geschlechtern. Seine umfassende Menschlichkeit war eine wahre Fundgrube von Idealen, die wir mit beiden Geschlechtern in Verbindung bringen. Keine Frau hat jemals mehr Schwierigkeiten gehabt als Männer, in Jesus das verwirklichte Ideal zu finden. Was auch immer in Männern an Kraft, an Recht und Weisheit zu finden ist, was auch immer in Frauen an Sensibilität, Reinheit und Einsicht sein mag, in Christus ist das ohne die Begrenzungen, die unter uns die Entfaltung gegensätzlicher Tugenden in einer Person hindern, vorhanden.[147]

W. R. Gregg bestätigt, dass »Jesus eine der begabten Persönlichkeiten war, die man selten trifft, jedenfalls niemals in gleicher Vollkommenheit. Die Reinheit und absolute Harmonie seiner geistigen und moralischen Elemente verliehen eine Klarheit der Vision, die sich fast zur Ebene der Prophetie erhebt.«[148]

Napoleon Bonaparte hat gesagt:

> Ich kenne die Menschen und ich sage euch, dass Jesus Christus nicht nur ein Mensch ist. Zwischen ihm und jeder anderen Person auf dieser Welt gibt es keine Vergleichsmöglichkeit. Alexander, Cäsar, Karl der Große und ich haben Reiche geschaffen. Doch auf was gründeten wir sie? Auf Macht. Jesus Christus gründete sein Reich auf Liebe. Und zur Stunde würden Millionen Menschen für ihn sterben.[149]
>
> Theodore Parker, ein berühmter Unitarier, bekennt, dass »Christus in sich die umfassendsten Grundsätze und göttlichsten Praktiken vereinigt, wodurch er die Träume der Propheten und Weisen weit übertrifft, dass er aufwuchs frei von allen Vorurteilen, was Alter, Nation oder Glaubensgemeinschaft betraf, und eine Lehre verbreitete, schön wie das Licht, großartig wie der Himmel und so wahrhaftig wie Gott. Achtzehn Jahrhunderte sind vorbeigegangen, seit die Sonne der Menschlichkeit in Jesus so hoch aufging. Welcher Mensch, welche Religion ging je über seine Gedanken hinaus, erfasste seine Methode und übertrug sie so vollkommen auf das Leben?«[150]

Der Einfluss Jesu war dergestalt, dass die meisten Menschen, die mit ihm konfrontiert wurden, nur noch für oder gegen ihn sein konnten. Obwohl manche gleichgültig erscheinen mögen, ist das kein logischer Standpunkt.

Im Koran (Al-Imran, V. 45) wird auf Jesus Bezug genommen als auf »den Größten von allen in dieser und der zukünftigen Welt«.

Pascal fragt: »Wer hat die Evangelisten, die Eigenschaften einer vollkommen heldenhaften Seele kennen, gelehrt, sodass sie sie so meisterhaft in Jesus Christus darstellen konnten?«[151]

Frank Ballard zitiert Channing in *The Miracles of Unbelief* und sagt: »Ich wüsste nicht, was man noch sagen könnte, um die Verwunderung, die Ehrfurcht und die Liebe noch zu erhöhen, die Jesus gebühren.«[152]

»Jesus Christus als der Gott-Mensch ist die größte *Persönlichkeit*, die jemals lebte«, schrieb Bernard Ramm, »und deshalb ist sein persönlicher Einfluss der größte, den ein Mensch jemals gehabt hat.«[153]

Vielleicht fasst Phillips Brooks alle diese Gedanken am knappsten zusammen: »Jesus Christus – die Herablassung des Göttlichen und die Erhöhung des Menschlichen.«[154]

5.2 Was seine Gegner sagen

Der Historiker Philip Schaff zitiert: »Goethe, einen überlegenen Genius von sehr anders geartetem Charakter, doch in gleicher Weise erhaben über den Verdacht, für die Religion Partei zu ergreifen, warf in den letzten Jahren seines Lebens einen Blick auf das weite Feld der Geschichte. Er fand sich gezwungen zu bekennen: ›Wenn jemals das Göttliche auf dieser Erde erschien, dann war es in der Person Jesu Christi‹« und »der menschliche Geist – einerlei wie weit er auf jedem anderen Gebiet vorgedrungen ist – wird niemals die Höhe und die moralische Kultur der christlichen Lehre übersteigen, wie sie die Evangelien offenbaren.«[155]

»Ich halte die Evangelien für durch und durch echt, da von ihnen ein großartiger Glanz widergespiegelt wird, der von der Person Jesu Christi ausgeht, und eine Göttlichkeit, wie sie niemals auf dieser Erde offenbar geworden ist.«[156]

H. G. Wells, der bekannte Historiker, schrieb ein faszinierendes Zeugnis über Jesus Christus:

> Er war zu groß für seine Jünger. Und angesichts dessen, was er offen sagte – ist es da ein Wunder, dass alle Reichen und Erfolgreichen erschrocken waren über soviel merkwürdige Dinge, dass ihre Welt bei seinen Lehren ins Wanken geriet? Vielleicht verstanden ihn die Priester und die Regierenden und die Reichen besser als seine Anhänger. Er zog alle kleinen privaten Vorbehalte, die sie sich gegenüber sozialen Verpflichtungen gemacht hatten, hervor und stellte sie ins Licht eines allgemeinverbindlichen religiösen Lebens. Er war wie ein Furcht erregender moralischer Jäger, der die Menschheit aus ihrem gemütlichen »Fuchsbau« herausholte, in dem sie bis jetzt gelebt hatte. Im weißen Glanz seines Königreichs sollte kein Reichtum, kein Privileg, kein Stolz und kein Vorurteil, kein sachliches Motiv und keine Belohnung die entscheidende Rolle spielen – außer der Liebe. Ist es da ein Wunder, dass die Menschen geblendet und verwirrt wur-

> den und gegen ihn aufschrien? Selbst seine Jünger entsetzten sich, als er ihnen das Licht nicht ersparte. Ist es ein Wunder, dass den Priestern klar wurde, dass es zwischen diesem Mann und ihnen selbst keine andere Wahl gab, als dass er oder die Priesterschaft untergehen würde? Ist es ein Wunder, dass die römischen Soldaten, konfrontiert mit und erstaunt über etwas, das so ihr Fassungsvermögen und die Bedrohung durch ihre Strafen überstieg, ihre Zuflucht in wildem Gelächter suchten, ihn mit einer Dornenkrone krönten und in ein Purpurgewand kleideten und so einen Spott-König aus ihm machten? Ihn ernst zu nehmen, hätte den Beginn eines ganz anderen und erschreckenden Lebens bedeutet – hätte bedeutet, Gewohnheiten aufzugeben, Instinkte und Impulse zu beherrschen, um ein zweifelhaftes Glück auszuprobieren. Ist es ein Wunder, dass bis heute dieser Galiläer zu groß ist für unsere kleinen Herzen?[157]

Als Wells einmal gefragt wurde, welche Person den anhaltendsten Eindruck auf die Geschichte gemacht hätte, antwortete er: Wenn man die Größe einer Gestalt nach historischen Maßstäben messen wollte, würde »bei diesem Test Jesus Christus den ersten Platz einnehmen.«[158]

»Welche Überraschungen wir auch in Zukunft noch erleben mögen, über Jesus wird nie jemand hinauskommen«, stellt Ernest Renan fest.[159]

Thomas Carlyle bezieht sich auf Jesus als »unser göttlichstes Symbol. Höher ist das menschliche Denken noch nie gekommen. Ein Sinnbild eines immerwährenden, unveränderlichen Charakters, dessen Bedeutung immer erfordern wird, von neuem geprüft und von neuem offenbart zu werden.«[160]

Rousseau fragt:

> Kann diese Persönlichkeit, auf deren Geschichte sich die Evangelien beziehen, ein Mensch sein? Welche Frische, welche Reinheit in seinem Verhalten! Welche bewegende Güte in seinen Anweisungen! Welche Größe in seinen Maximen! Welche profunde Weisheit in seinen Diskussionen! Welche Geistesgegenwart, welche Genialität in seinen Antworten! Ja. Wenn das Leben und der Tod des Sokrates dem Leben und Tod eines Philosophen entsprachen, dann sind Leben und Tod Jesu Christi Leben und Tod eines Gottes.[161]

6 Wenn Gott Mensch wurde, dann würde er ganz sicher die größten Worte gesagt haben, die jemals gesprochen wurden

6.1 Was das Neue Testament dazu sagt

Jesus sagte von seinen eigenen Worten: »Himmel und Erde werden vergehen, aber meine Worte werden nicht vergehen.« (Lk 21,33)

Es galt allgemein, dass die Menge, die ihn hörte »betroffen war über seine Lehre.« (Lk 4,32). Selbst die Diener der Hohen Priester und Schriftgelehrten riefen aus: »Nie hat ein Mensch so geredet wie dieser Mensch!« (Joh 7,46).

6.2 Die größten Worte

Sholem Ash schrieb:

> Jesus Christus ist die überragendste Persönlichkeit aller Zeiten … Kein anderer Lehrer – Jude, Christ, Buddhist oder Mohammedaner – ist *immer noch* ein Lehrer, dessen Lehre ein solcher Wegweiser für unsere heutige Welt ist. Unsere Lehrer mögen grundsätzliche Dinge für einen Orientalen, einen Araber oder einen Menschen der westlichen Welt verkünden. Aber jede Tat und jedes Wort Jesu hat einen Wert für alle Menschen. Er wurde das Licht der Welt. Warum sollte ich, ein Jude, nicht stolz darauf sein?[162]

G. J. Romanes schreibt:

> Wenn wir bedenken, welche große Zahl von Aussprüchen von Jesus berichtet werden – oder ihm wenigstens zugeschrieben werden –, dann ist das so bemerkenswert, dass es in Wahrheit keinen Grund gibt, warum irgendwelche seiner Worte jemals vergehen sollten in dem Sinn, dass sie veralten sollten … Stellen wir Jesus Christus in dieser Hinsicht andern Denkern der gleichen Zeit gegenüber. Selbst Plato, der zeitlich gesehen über vier Jahrhunderte vor Christus lebte und ihm in Bezug auf philosophische Gedanken weit voraus war, kann mit Christus nicht verglichen werden. Lesen wir die *Dialoge* und sehen, wie riesengroß der Gegensatz zu den Evangelien im Hinblick auf Irrtümer aller Art ist, bis zur Absurdität führend, was die Begründung angeht, und bis zu Aussagen, die im moralischen Sinn schockierend sind. Und doch gilt das als die höchste Ebene menschlicher Vernunft auf dem Gebiet der Spiritualität, die nicht durch angebliche Offenbarung unterstützt wird.[163]

Joseph Parker sagt: »Wenn wir die Lehren von Plato, Sokrates oder Aristoteles lesen, empfinden wir den besonderen Unterschied zwischen ihren Worten und denen von Christus – es ist der Unterschied zwischen Forschung und Offenbarung.«[164]

»Zweitausend Jahre lang war er [Jesus] das Licht der Welt, und seine Worte sind bis heute nicht vergangen.«[165]

F. J. A. Hort sagt:

> Seine [Jesu] Worte waren so sehr Teil und Ausdruck seiner Persönlichkeit, dass sie keine Bedeutung haben als abstrakte Aussagen der Wahrheit, die er als göttliches Orakel oder als Prophet äußerte. Wenn man ihn selbst weglässt als primäres (wenn auch nicht letztes) Subjekt jeder Aussage, dann fällt alles in Bruchstücken auseinander.[166]

Doch die Worte und Taten Jesu sind beeindruckend ganzheitlich, und wir vertrauen diesen Aussagen, die wir für authentisch halten als Offenbarung seiner Person. Wenn Jesus das Personalpronomen »ich« benutzt (»Aber ich sage dir«, »Amen, ich sage euch«), dann steht er hinter jedem Wort mit seiner persönlichen Treue und Absicht. Wenn seine Worte und Taten messianischen Charakter haben, dann, weil er das so will. Er denkt auch über sich selbst in messianischen Begriffen.[167]

»Die Worte Christi sind um seiner Person willen von immerwährendem Wert. Sie haben Bestand, weil er Bestand hat.«[168]

In den Worten von Bernard Ramm gesagt:

> Statistisch gesprochen sind die Evangelien die bedeutendste Literatur, die jemals geschrieben wurde. Sie sind von mehr Menschen gelesen worden, von mehr Autoren zitiert worden, in mehr Sprachen übersetzt und mehr künstlerisch dargestellt worden (bildnerisch oder musikalisch) als irgendein anderes Buch oder Bücher, die von irgendeinem Menschen in irgendeinem Jahrhundert in irgendeinem Land geschrieben wurden. Doch die Worte Christi sind nicht deshalb groß, weil sie aufgrund der statistischen Zahlen allen andern Worten überlegen sind, sondern sie werden mehr gelesen, zitiert, geliebt, geglaubt und übersetzt, weil sie die größten Worte sind, die je gesprochen wurden. Und worin besteht ihre Größe? Sie liegt in der reinen, hellen geistlichen Art und Weise, wie sie mit den größten Problemen, die das Herz des Menschen bewegen, umgehen – klar, bestimmt und *autoritativ*. – Es geht um die Fragen: »Wer ist Gott?«, »Liebt er mich?«, »Was muss ich tun, um ihm zu gefallen?«, »Was sagt er zu meiner Sünde?«, »Wie kann ich Vergebung empfangen?«, »Wohin gehe ich, wenn ich sterbe?«, »Wie muss ich mit andern umgehen?« Worte irgendeines anderen Menschen besitzen niemals die Wirkung der Worte Jesu, weil kein anderer Mensch diese fundamentalen menschlichen Fragen beantworten kann wie er. Es ist die Art von Worten und Antworten, die wir von Gott selbst erwarten würden, und wir, die wir an die Göttlichkeit Jesu glauben, haben kein Problem damit, diese Worte als aus seinem Munde kommend anzunehmen.[169]

> Niemals schien der, der dort sprach, so schrecklich allein dazustehen, als zu dem Zeitpunkt, wo er diese majestätische Äußerung tat. Und niemals schien es unwahrscheinlicher, dass sie erfüllt werden sollte. Doch wenn wir einen Blick über die Jahrhunderte hinweg werfen, sehen wir, wie sie verwirklicht wurden. Seine Worte fanden Eingang in die Gesetze, es wurden Lehren daraus formuliert, Sprichwörter, Trostworte – doch *niemals* gingen sie unter. Welcher menschliche Lehrer hat jemals gewagt, für seine Worte ewige Dauer zu beanspruchen?[170]

»Systeme menschlicher Weisheit kommen und gehen, König- und Kaiserreiche steigen auf und fallen wieder, doch in alle Zukunft hinein wird Christus ›der Weg, die Wahrheit und das Leben‹ bleiben.«[171]

Die Lehren Christi sind vollkommen in jedem einzelnen Punkt, von den gedanklichen Regeln bis zur Kontrolle des Willens. In diesem Licht weist Griffith Thomas darauf hin, dass die Botschaft Christi »unerschöpflich« ist. Jede Generation findet sie wieder neu und aufregend.[172]

Mark Hopkins bestätigt: »Keine Revolution, die je in der Gesellschaft stattgefunden hat, kann verglichen werden mit dem, was die Worte Christi ausgelöst haben.«[173]

W. S. Peake stimmt dem zu:

> Manchmal kann man hören: »Alles, was Jesus gesagt hat, haben vor ihm schon andere gesagt.« Gesetzt den Fall, dass es stimmt, was dann? Originalität kann ein Verdienst sein, muss es aber nicht. Wenn eine Wahrheit schon einmal geäußert worden ist, dann liegt der Verdienst eben darin, dass man sie wiederholt und sie aufs Neue und vollständiger anwendet. Es müssen aber noch andere Dinge bedacht werden. Wir besitzen keinen anderen Lehrer, der so vollständig das Triviale, das Weltliche, das Falsche aus seinem System ausgeklammert hat, keinen, der nur das Ewige und das Allgemeine ausgewählt hat und beides in einer Lehre verbunden hat, in der all die großen Wahrheiten ihren entsprechenden Platz fanden. Diese Vergleiche zwischen der Lehre anderer mit der von Christus sind von dieser und jener Seite zusammengestellt worden. Wie kommt es, dass keiner dieser Lehrer uns eine Parallele zu den Lehren Christi darbietet? Aufs Ganze gesehen deshalb, weil jeder von ihnen uns solche Wahrheiten, wie sie Jesus zum Ausdruck bringt, mit einer Menge von Trivialem und Absurdem vermischt anbietet. Wie kam es, dass ein Zimmermann, ohne besondere Ausbildung und ohne Kenntnisse in griechischer Kultur und Wissenschaft, geboren in einem Volk, dessen große Lehrer engherzige, mürrische, intolerante, pedantische Legalisten waren – dass er der größte religiöse Lehrer war, den die Welt jemals kennen gelernt hatte, dessen Überlegenheit ihn zur wichtigsten Gestalt in der Weltgeschichte machte?[174]

Griffith Thomas schließt:

> Obwohl ohne formale rabbinische Erziehung zeigte er keinerlei Schüchternheit oder Befangenheit, kein Zögern gegenüber dem, was er als Wahrheit erkannte. Ohne einen Gedanken an sich selbst oder seine Zuhörer, sprach er bei jeder Gelegenheit furchtlos und deutlich, ohne auf die Konsequenzen für sich selbst zu achten und nur interessiert an der Wahrheit und dem Ausrichten der Botschaft seines Vaters. Die Kraft seiner Lehre wurde zutiefst empfunden. »… er redete mit Vollmacht« (Lk 4,32). Die geistliche Kraft seiner Persönlichkeit zeigte sich in seinen Äußerungen und schlug seine Hörer in Bann. Und daher brauchen wir nicht überrascht zu sein, von dem einzigartigen Eindruck zu lesen, den er hinterließ. »Nie hat ein Mensch so geredet wie dieser Mensch« (Joh 7,46). Die Einfachheit und der Charme, verbunden mit Tiefe und Direktheit, die umfassende Gültigkeit und Wahrheit seiner Lehre brachten eine tiefe Wirkung bei seinen Hörern hervor. Das alles weckte die Überzeugung, dass sie sich einem Lehrer gegenüber sahen, wie man ihn unter Menschen noch niemals vorher gefunden hatte. Und daher brauchen wir nicht überrascht zu sein, dass der verhältnismäßig große Anteil an Belehrung in den Evangelien und der Eindruck, den der Lehrer

selbst offensichtlich hinterlassen hat, sich so ausgewirkt haben, dass viele Jahre später der große Heidenapostel noch einmal daran erinnern sollte: »… eingedenk der Worte des Herrn Jesus …« (Apg 20,35). Der gleiche Eindruck entstand seit den Tagen Christi und seiner unmittelbaren Nachfolger in jedem Zeitalter wieder. Und in voller Beachtung seiner Persönlichkeit als Substanz des Christentums muss notwendigerweise seiner Lehre große Aufmerksamkeit geschenkt werden.[175]

7 Wenn Gott Mensch wurde, dann würden wir erwarten, dass er einen bleibenden und allgemeinen Einfluss hinterlassen hätte

Es steht fest, dass die Persönlichkeit Jesu Christi einen solchen Eindruck auf die Menschheit gemacht hat, dass er selbst nach zweitausend Jahren nicht erloschen ist. Jeden Tag machen Menschen umwälzende Erfahrungen mit Jesus.

Der große Historiker Kenneth Scott Latourette sagte:

> Im Lauf der Jahrhunderte hat sich dieser Einfluss so vermehrt, dass, gemessen an der Auswirkung auf die Geschichte, *Jesus das einflussreichste Leben geführt hat*, das dieser Planet je gesehen hat. Und dieser Einfluss scheint noch zu wachsen.[176]

Philip Schaff fügt hinzu:

> Dieser Jesus von Nazareth besiegte ohne Geld und ohne Waffen mehr Millionen als Alexander, Cäsar, Mohammed und Napoleon. Ohne Wissenschaft und Ausbildung warf er mehr Licht auf menschliche und göttliche Dinge, als alle Philosophen und Gelehrte zusammen. Ohne die Redegewandtheit, die man auf Schulen lernt, sprach er Worte des Lebens, wie sie niemals vorher oder nachher gesprochen wurden und erzielte Wirkungen, die weit über die anderer Redner oder Dichter hinausgingen. Ohne dass er selbst eine einzige Zeile geschrieben hätte, setzte er mehr Schreibwerkzeuge in Bewegung, lieferte mehr Themen für Predigten, Reden, Diskussionen, wissenschaftliche Bände, Kunstwerke und Loblieder als eine ganze Armee großer Männer aus Antike und Moderne.[177]

»Der Einfluss Jesu auf die Menschheit ist heute noch so stark, als ob er unter uns wohnte.«[178]

> Das Wirken Jesu dauerte nur drei Jahre – und doch ist in diesen drei Jahren die tiefste Bedeutung der Geschichte der christlichen Religion zusammengefasst enthalten. Kein großes Leben verlief so schnell, so ruhig, so demütig, so fern von Lärm und Tumult der Welt. Und kein großes Leben erregte nach seinem Ende ein solches allgemeines und dauerndes Interesse.[179]

Griffith Thomas schreibt:

> Er sagte seinen Jüngern, dass sie nach seinem Weggehen noch größere Werke tun würden, als er sie getan hatte. Und die Jahrhunderte, in denen das Christentum sich entfaltete, haben die Wahrheit dieser Aussage bestätigt. Größere Werke sind geschehen – und werden getan. Jesus Christus bewirkt Dinge, die noch wunderbarer sind als alle, die er tat, als er noch auf dieser Erde weilte: Er erlöst Seelen, verändert Leben, wandelt Charaktere um, stellt Ideale heraus, regt Menschenfreundlichkeit an und bewirkt das Beste, das Wahrhaftigste und Höchste für das menschliche Leben und den Fortschritt … wir beanspruchen daher zu Recht die Aufmerksamkeit für den Einfluss Christi die Jahrhunderte hindurch. Er ist der größte, der unmittelbarste und selbstverständlichste Beweis dafür, dass Christentum Christus bedeutet und dass Christus dafür steht. Es ist unmöglich, die Frage allein als eine historische zu betrachten. Sie berührt das Leben auch heute an jedem Punkt.[180]

William Lecky, der berühmte Skeptiker, sagt in *History of European Morals from Augustus to Charlemagne*:

> Der Platonist ermahnt die Menschen dazu, Gott zu imitieren, der Stoiker, der Vernunft zu folgen, der Christ: zur Liebe Christi. Die späten Stoiker vereinigten ihre Vorstellungen von Vorzüglichkeit häufig in einem idealen Weisen. Epiktet drängte seine Schüler sogar dazu, einen Mann von überragender Vorzüglichkeit vor sich sitzen zu lassen, um sich ständig sein Bild aus der Nähe einzuprägen. Das Höchste, zu dem sich ein stoisches Ideal entfalten konnte, war ein Modell zur Nachahmung. Die Bewunderung, die es erregte, vertiefte sich niemals zur Zuneigung. Es war dem Christentum vorbehalten, der Welt einen idealen Charakter vorzustellen, der durch alle Veränderungen von achtzehn Jahrhunderten hindurch die Herzen der Menschen mit leidenschaftlicher Liebe erfüllt hat, der sich selbst als in der Lage erwiesen hat, in allen Zeitaltern und unter allen Nationen, gegenüber allen Temperamenten und Bedingungen seine Wirkung zu entfalten. Er war nicht nur das höchste Vorbild aller Tugend, sondern auch der stärkste Ansporn zu ihrer Umsetzung in die Tat. Er hat einen so tief gehenden Einfluss ausgeübt, dass man tatsächlich sagen kann, dass der einfache Bericht von den drei kurzen Jahren seines aktiven Lebens mehr dazu beigetragen hat, die Menschheit zu erneuern und zu besänftigen, als alle Abhandlungen von Philosophen und alle Ermahnungen von Moralisten. Das war tatsächlich der Quellgrund von allem, was das Beste und Reinste im christlichen Leben ist. Unter all den Sünden und Mängeln, mitten unter all den »Pfaffenlisten« und der Verfolgung und dem Fanatismus, die die Kirche verunstaltet haben, hat sie nach dem Charakter und dem Beispiel ihres Gründers ein dauerhaftes Prinzip der Erneuerung bewahrt.[181]

»Er stellt den größten Einfluss in der Welt von heute dar«, ruft Griffith Thomas aus.

»Es ist, wie jemand gesagt hat, ein fünftes Evangelium geschrieben worden – das Werk Jesu Christi in den Herzen und im Leben von Menschen und Völkern.«[182]

Napoleon sagte:

> Christus alleine hat es geschafft, den Geist der Menschen so zum Unsichtbaren zu erheben, dass er unsensibel wird für die Grenzen von Raum und Zeit. Über die Kluft von achtzehnhundert Jahren stellt Jesus Christus eine Forderung auf, die vor allen anderen schwer zu erfüllen ist. Er bittet um etwas, das eine Philosophie vielleicht oft vergeblich bei ihren Freunden sucht oder ein Vater bei seinen Kindern oder eine Braut bei ihrem Bräutigam oder ein Mann bei seinem Bruder – er bittet um das menschliche Herz. Er will es ganz für sich in Besitz nehmen. Er verlangt es bedingungslos – und unverzüglich wird seine Forderung gewährt. Die eigenen Kräfte und Möglichkeiten werden zum Teil des Reiches Christi. Alle, die ihn aufrichtig lieben, erleben diese übernatürliche Liebe zu ihm. Dieses Phänomen ist unerklärlich, es ist ganz und gar jenseits des Bereichs menschlicher kreativer Kräfte. Die Zeit, der große Zerstörer, kann seine Kraft weder aushöhlen noch seiner Reichweite eine Grenze setzen.[183]

Und noch einmal Napoleon:

> Die Natur der Existenz Christi ist mysteriös, das gebe ich zu. Aber dieses Mysterium begegnet den Bedürfnissen der Menschen – lehnen wir es ab, dann ist die Welt ein unbegreifliches Rätsel; glauben wir es, dann ist die Geschichte des Menschengeschlechts befriedigend erklärt.[184]

Man kann nicht »umhin zu sehen …, dass seit den Tagen Christi, trotz aller gedanklichen Fortschritte, nicht ein einziges neues ethisches Ideal in der Welt aufgetaucht ist.«[185] R. G. Gruenler sagt:

> Das Kerygma der Gemeinde ist die Proklamation, dass Jesus von allgemeiner Relevanz ist. Wo und wann er auch immer proklamiert wird, werden die Menschen mit seiner Konkretheit und seiner Menschlichkeit konfrontiert und in die Gegenwart Gottes gebracht.[186]

> Andere Religionen haben ihre ethischen Ideale von Pflicht, Möglichkeit und selbst von Liebe, doch nirgendwo sind sie denjenigen Christi nahe gekommen, weder in der Realität noch in ihrem Anziehungsvermögen oder ihrer Kraft. Die Botschaft Christi ist bemerkenswert um ihrer allgemeinen Anpassung willen. Ihre Wirkung ist universal. Sie begegnet allen Menschen vom Erwachsenen bis zum Kind. Sie wirkt zu allen Zeiten und nicht nur zu der Zeit, in der sie zuerst verbreitet wurde. Und der Grund dafür ist, dass sie eine dreifache ethische Haltung gegenüber Gott und Menschen betont, die eine allgemeine Wirkung erzielt, wie es sonst nichts tut oder tun könnte. Christus ruft zur Buße, zum Vertrauen und zur Liebe.[187]

»Das Wunderbarste und Erstaunlichste im neunzehnten Jahrhundert unserer Geschichte ist die Macht, die sein Leben über die Mitglieder der christlichen Kirche hat.«[188]

> Es stimmt, dass es andere Religionen mit Millionen von Anhängern gibt, aber es stimmt auch, dass die Existenz und die Entwicklung der Kirche in der Geschichte einzigartig dasteht, ganz zu schweigen von der Tatsache, dass das Christentum die gründlichsten Denker des Menschengeschlechts angezogen hat und dass es keineswegs durch die immer fortschreitende Flut menschlichen Wissens aufgehalten worden ist.[189]

A. M. Fairbairn hat gesagt:

> Die bemerkenswerteste Tatsache in der Geschichte der christlichen Religion ist die ununterbrochene und allgegenwärtige Aktivität der Person Jesu. Er ist die fortdauernde und wirkende Tatsache in ihrer Ausbreitung und ihrem Fortschritt gewesen. Unter allen ihren Erscheinungsformen und zu allen Zeiten und durch alle ihre Spaltungen hindurch, ist das eine Prinzip von Realität und Einheit immer die Hingabe an ihn gewesen und bis heute geblieben.[190]

George Bancroft erklärt entschieden: »Ich finde den Namen Christi ganz oben auf jeder Seite der modernen Geschichte geschrieben.«[191]

Selbst nach fast zwei Jahrtausenden war David Strauß gezwungen zuzugeben: »Er [Jesus] bleibt das größte Modell der Religion innerhalb der Reichweite unserer Gedanken. Und keine vollkommene Frömmigkeit ist möglich ohne seine Gegenwart im Herzen.«[192]

William E. Channing sagt es so:

> Die Weisen und Helden der Geschichte entschwinden uns mehr und mehr, und die Geschichte fasst den Bericht von ihren Taten auf immer engerem Raum zusammen. Doch über den Namen und die Taten und die Worte Jesu Christi hat die Zeit keine Macht.[193]

Von Ernest Renan besitzen wir folgende zwei Zitate: »Jesus war der größte religiöse Genius, der jemals lebte. Seine Schönheit ist ewig, und seine Herrschaft wird niemals enden, und nichts kann mit ihm verglichen werden.« Und: »Alle Geschichte ist unbegreiflich ohne Christus.«[194]

»Dass ein galiläischer Zimmermann so behaupten konnte, dass er das Licht der Welt sei, und nach so vielen Jahrhunderten noch so anerkannt ist, lässt sich am besten aufgrund seiner Göttlichkeit erklären«, schließt Bernard Ramm.[195]

In einem Artikel des *Life-Magazine* schrieb George Buttrick:

> Jesus gab der Geschichte einen neuen Anfang. In jedem Land ist er zu Hause; überall denken Menschen, dass sein Anblick das Beste darstellt, was sie sich

> vorstellen können und wie der Anblick Gottes ist. Sein Geburtstag wird rund um die ganze Welt gefeiert. Sein Todestag lässt Galgen gegen jeden städtischen Horizont stehen.[196]

Das berühmte Essay »One Solitary Life« bringt Folgendes zum Ausdruck:

> Wir sehen hier einen Mann, der in einem unbedeutenden Dorf geboren wurde, das Kind einer Frau vom Lande. Er wuchs in einem anderen Dorf auf und arbeitete in einer Zimmermannswerkstatt bis zu seinem dreißigsten Jahr. Dann wurde er für drei Jahre zum Wanderprediger. Er besaß niemals ein Zuhause. Er schrieb niemals ein Buch. Er unterhielt niemals so etwas wie ein Geschäft oder ein Büro. Er hatte niemals eine eigene Familie. Er ging niemals zu einem College und setzte seinen Fuß nie in eine Großstadt. Seine Wanderungen führten ihn nie mehr als zweihundert Meilen von seinem Geburtsort weg. Er tat niemals etwas, das normalerweise zur Größe eines Menschen führt. Er hatte kein Beglaubigungsmaterial außer sich selbst … Als er noch ein junger Mann war, wandte sich die öffentliche Meinung schon gegen ihn. Seine Freunde verließen ihn. Einer von ihnen verleugnete ihn. Er wurde seinen Feinden in die Hände gespielt. Er wurde dem Spott eines Verhörs ausgeliefert. Zwischen zwei Verbrechern wurde er an ein Kreuz genagelt. Während er mit dem Tode rang, würfelten seine Henker um das einzige Stück, das er auf der Erde besaß – seinen Mantel. Als er tot war, wurde er vom Kreuz abgenommen und aufgrund der Barmherzigkeit eines Freundes in ein geliehenes Grab gelegt.
>
> Neunzehn lange Jahrhunderte sind gekommen und gegangen, und bis heute steht er im Zentrum der Menschheit und ist Antrieb des Fortschritts. Ich übertreibe nicht, wenn ich sage, dass alle Armeen, die je marschiert sind, alle Flotten, die je aufgestellt wurden, alle Parlamente, die je gebildet wurden und alle Könige, die je regierten, alle zusammen genommen das Leben der Menschen auf dieser Erde nicht so mächtig beeinflusst haben wie dieses einzige Leben. (unbekannter Verfasser)

In »The Incomparable Christ«, einem anderen anschaulichen Essay, lesen wir:

> Vor mehr als neunzehnhundert Jahren wurde ein Mann unter Umständen, die allen Naturgesetzen widersprachen, geboren. Dieser Mann lebte in Armut und wurde im Verborgenen aufgezogen. Er machte keine weiten Reisen. Nur einmal kam er über die Grenzen des Landes, in dem er lebte, hinaus, und das war in der Kindheit, wo er ins Exil fliehen musste.
>
> Er besaß weder Reichtum noch Einfluss. Seine Verwandten waren unauffällig und weder ausgebildet noch hatten sie eine formale Erziehung. Als Baby brachte er einen König zum Erschrecken. In seiner Kindheit stellte er Gelehrte vor Rätsel. Als Mann beherrschte er die Naturgesetze, ging auf den Wellen wie auf Pflastersteinen und beruhigte das aufgewühlte Meer. Er heilte die Menge ohne Medizin und forderte keinen Lohn für seinen Dienst.

Er schrieb niemals ein Buch, und doch könnten alle Bibliotheken des Landes die Bücher nicht fassen, die über ihn geschrieben worden sind. Niemals komponierte er ein Lied, und doch lieferte er den Titel für mehr Lieder als alle Liedermacher der Welt.

Er gründete niemals ein College, aber alle Schulen zusammen können sich nicht rühmen, so viele Studenten zu haben wie er.

Er stellte niemals eine Armee auf und zog keinen einzigen Soldaten ein, noch feuerte er einen einzigen Schuss aus einem Gewehr. Und doch hatte kein Führer mehr Freiwillige, die unter seinem Befehl mehr Rebellen veranlassten, die Waffen zu strecken und sich auszuliefern – ohne einen einzigen Schuss.

Er übte niemals psychologische Praktiken aus, und doch heilte er mehr »zerbrochene Herzen« als alle Ärzte nah und fern. Einst werden die Räder der Wirtschaft aufhören sich zu drehen und die Massen werden ihren Weg zu Anbetungsversammlungen nehmen, um ihm Huldigung und Achtung zu erweisen.

Die Namen der großen Staatsmänner der Vergangenheit tauchten auf und verschwanden wieder. Wissenschaftler, Philosophen und Theologen der Vergangenheit kamen und gingen. Doch der Name dieses Mannes ist überall bekannt. Obwohl in der Zeitspanne von seiner Kreuzigung an bis zu den Menschen dieser Generation neunzehnhundert Jahre liegen, lebt er immer noch. Herodes konnte ihn nicht vernichten und das Grab konnte ihn nicht halten. Er steht über dem höchsten Gipfel himmlischer Herrlichkeit, von Gott verkündigt, von den Engeln anerkannt, von den Heiligen verehrt und von den Teufeln gefürchtet – als der lebendige, persönliche Christus, unser Herr und Erlöser. (unbekannter Verfasser)

8 Wenn Gott Mensch wurde, dann würden wir erwarten, dass er den geistlichen Hunger der Menschheit stillen würde

Otto Rauck sagt in *Beyond Psychology*, dass »der Mensch in Kontakt mit etwas sein muss, das größer ist als er selbst.«

Die meisten Religionen sind ein deutliches Zeichen für diese Bedürftigkeit der Menschen. Die Pyramiden von Mexiko und die Schreine in Indien sind Beispiele dieser geistlichen Suche der Menschheit.

Mark Twain sagt von der menschlichen Leere: »Von der Wiege bis zum Grab unternimmt ein Mensch keine einzige Tat, die ein erstes und vorrangigstes Ziel hat außer einem – sich den Seelenfrieden zu sichern, geistlichen Trost für sich selbst zu gewinnen.«

Der Historiker Fischer sagte: »Es ist ein Schrei in der menschlichen Seele, auf den in der ganzen Welt keine Antwort laut wird.«

Thomas von Aquin ruft aus: »Der immerwährende Durst der Seele [zielt] auf Glück, doch es ist ein Durst, der nur von Gott gestillt werden kann.«

Doch Tausende und Millionen Menschen von heute – wie zu allen Zeiten – bezeugen die Macht und die Herrlichkeit des Christentums im Hinblick auf die

> Überwindung ihrer Sünde und des Bösen. Das sind Tatsachen, die einer Prüfung standhalten und ihre eigenen Schlussfolgerungen zulassen, für alle, die bereit sind, daraus zu lernen.[197]

Bernard Ramm sagt:

> Die Begegnung mit Christus allein gibt dem Menschen eine Erfahrung, die seinem Wesen als freier Geist angemessen ist … Alles, was weniger ist als Gott, befriedigt den Durst, den Hunger, die Ruhelosigkeit, die Frustration und die Unvollkommenheit im Menschen nicht.[198]

Von Philip Schaff lesen wir: »Er [Jesus] erhob sich über die Vorurteile von Parteien und Sekten, über den Aberglauben seiner Zeit und seines Volkes. Er sprach das nackte Herz des Menschen an und berührte sein Gewissen im Tiefsten.«[199]

George Schweitzer sagt in einem persönlichen Zeugnis in *Ten Scientists Look at Life*:

> Der Mensch hat seine Welt in bemerkenswerter Weise verändert, doch er war nicht in der Lage, sich selbst zu verändern. Da das ein grundlegend geistliches Problem ist, und da der Mensch von Natur aus zum Bösen neigt (wie die Geschichte bestätigt), gibt es nur einen einzigen Weg, wie der Mensch verändert werden könnte, nämlich durch Gott. Nur wenn ein Mensch sich Jesus Christus ausliefert und sich der Führung des Heiligen Geistes überlässt, kann er verändert werden. Nur in dieser wunderbaren Verwandlung ruht Hoffnung für die unter atomarer Bedrohung lebende und radioaktiv verseuchte Welt und ihre Bewohner.[200]

»Glückselig sind, die nach der Gerechtigkeit hungern und dürsten, denn sie sollen satt werden.« (Mt 5,6)

»Wenn jemand dürstet, der komme zu mir und trinke!« (Joh 7,37)

»Wer aber von dem Wasser trinkt, das ich ihm geben werde, den wird in Ewigkeit nicht dürsten …« (Joh 4,14)

»Frieden hinterlasse ich euch; meinen Frieden gebe ich euch. Nicht wie die Welt gibt, gebe ich euch; euer Herz erschrecke nicht und verzage nicht.« (Joh 14,27)

»Ich bin das Brot des Lebens. Wer zu mir kommt, den wird nicht hungern, und wer an mich glaubt, den wird niemals dürsten.« (Joh 6,35)

»Kommt her zu mir alle, die ihr mühselig und beladen seid, so will ich euch erquicken!« (Mt 11,28)

»Ich bin gekommen, damit sie das Leben haben und es im Überfluss haben.« (Joh 10,10)

Der Direktor für wissenschaftliche Beziehungen an den Abbott-Laboratorien, E. J. Matson, sagte:

> Einerlei, wie aufreibend, wie ermüdend mein Leben als Wissenschaftler, als

> Geschäftsmann, Bürger, Ehegatte und Vater ist, ich muss nur zu diesem Zentrum zurückkehren, um Jesus Christus zu begegnen, wo er sowohl seine erhaltende Kraft als auch seine rettende Macht demonstriert.[201]

Ein Student der Universität von Pittsburgh sagt:

> Was ich auch in der Vergangenheit an Freuden und an Glück erlebt habe – all das zusammengenommen kann sich nicht vergleichen mit der besonderen Freude und dem Frieden, den Jesus Christus mir geschenkt hat, seit er in mein Leben eingetreten ist, um es zu führen und zu regieren.[202]

Von R. L. Mixter, Professor für Zoologie am Wheaton College, stammt die Aussage:

> Wenn ein Wissenschaftler den Überzeugungen seines Berufsstandes folgt, glaubt er das, was er tut, aufgrund der Beweise, die er finden kann. Ich wurde Christ, weil ich in mir selbst ein Bedürfnis entdeckte, das nur durch Jesus Christus befriedigt werden konnte. Ich brauchte Vergebung, und er gewährte sie mir. Ich brauchte Begleitung, und er war mein Freund. Ich brauchte Ermutigung, und er beschaffte sie mir.[203]

Paul H. Johnson sagt:

> Gott hat ein ganz besonderes inneres Vakuum in uns geschaffen – ein Vakuum, das wie Gott gestaltet ist. Nichts füllt dieses Vakuum aus, außer Gott selbst. Sie können Geld, Häuser, Reichtum, Macht, Berühmtheit oder was Sie wollen, in dieses Vakuum hineinstopfen – das alles füllt es nicht aus. Nur Gott allein füllt es, passt hinein und befriedigt das Bedürfnis.[204]

Walter Hearn vom Ohio State College sagt: »Oft werde ich von einer Art philosophischer Suche erfasst … wissend, dass Christus für mich das Leben selbst bedeutet. Es ist aber eine neue Art von Leben, das ›Leben im Überfluss‹, das er versprach.«[205]

Ein Experte für Werbung und Öffentlichkeitsarbeit, Frank Allnutt, berichtet:

> Dann bat ich Jesus, in mein Leben zu kommen und dort zu wohnen. Zum ersten Mal im Leben erfuhr ich vollkommenen Frieden. Das Leben der Leere, das ich bis dahin gekannt hatte, war verschwunden, und ich habe mich seitdem niemals wieder allein gefühlt.[206]

J. C. Martin, ein früherer »Baseball-Catcher« der ersten Liga, sagt: »Ich habe Glück und Erfüllung im Hinblick auf alles, was ich mir wünschte, in Jesus Christus gefunden.«[207]

9 Wenn Gott Mensch wurde, dann erwarten wir von ihm, dass er den immer gegenwärtigen und am meisten gefürchteten Feind der Menschheit überwinden würde – den Tod

9.1 Sein Tod

Jesus war nicht gezwungen, sein Leben aufzugeben. Wie in Mt 26,53.54 deutlich wird, hatte er die Macht, zu tun, was immer ihm gefiel. Joh 10,18 bestätigt das: »Niemand nimmt es [das Leben] von mir, sondern ich lasse es von mir aus. Ich habe Macht, es zu lassen, und habe Macht, es wieder zu nehmen. Diesen Auftrag habe ich von meinem Vater empfangen.« Wir sehen, dass Christus freiwillig für die Sünden aller Menschen starb.

> W. H. Griffith Thomas bestätigt, dass der Tod Jesu »kein Selbstmord war, denn er sagte nicht: ›Ich lege mein Leben selbst nieder.‹ Der Tod war ganz und gar freiwillig. Wir müssen leiden, Er musste nicht leiden. Ein Wort von ihm hätte sein Leben retten können. Und es war auch kein zufälliger Tod, denn der offenbare Grund dafür war vorhergesehen, vorhergesagt und vorbereitet auf die verschiedenste Weise. Und wiederum war es auch kein Tod eines Verbrechers, denn es wurden keine zwei Zeugen gefunden, die in ihrem Zeugnis übereingestimmt hätten im Hinblick auf die Anklage gegen ihn. Pilatus erklärte, dass er keine Schuld an ihm fände, und auch Herodes brachte nichts gegen ihn vor. Daher war es keine gewöhnliche Hinrichtung.«[208]

Auf eine andere wichtige Tatsache im Zusammenhang mit seinem Tod weist W. C. Robinson hin:

> Kein Mann in der gesamten Geschichte hatte jemals die Macht, seinen Geist aus freien Stücken wegzugeben, wie es unser Herr Jesus tat. (Lk 23,46) … Lukas und Johannes benutzen Worte, die nur in der Bedeutung übersetzt werden können, dass Jesus auf wunderbare Weise … seinen Geist in die Hände Gottes übergab, als er den vollen Preis für die Sünde bezahlt hatte. Auf Golgatha hat sich am Karfreitag ein Wunder vollzogen, so wie sich am Ostermorgen im Grabgarten ein Wunder vollzog.[209]

9.2 Seine Grablegung

»Als es nun Abend geworden war, kam ein reicher Mann von Arimathäa namens Josef, der auch ein Jünger Jesu geworden war. Dieser ging zu Pilatus und bat um den Leib Jesu. Da befahl Pilatus, dass ihm der Leib gegeben werde.« (Mt 27,57.58).

»Es kam aber auch Nikodemus, der zuvor bei Nacht zu Jesus gekommen war, und brachte eine Mischung von Myrrhe und Aloe, etwa hundert Pfund.« (Joh 19,39).

»Da kaufte dieser Leinwand und nahm ihn herab, wickelte ihn in die Leinwand und legte ihn in ein Grab, das in einen Felsen gehauen war, und wälzte einen Stein vor den Eingang des Grabes. Maria Magdalena aber und Maria, die Mutter des Joses, sahen, wo er hingelegt wurde.« (Mk 15,46.47).

»Dann kehrten sie zurück und bereiteten wohlriechende Gewürze und Salben. Am Sabbat aber ruhten sie nach dem Gesetz.« (Lk 23,56).

»Da gingen sie hin und versiegelten den Stein und bewachten das Grab mit der Wache.« (Mt 27,66)

9.3 Seine Auferstehung

B. F. Westcott schreibt:

> Tatsächlich ist es so: Wenn man alles Beweismaterial zusammennimmt, ist es nicht zuviel zu sagen, dass es kein historisches Ereignis gibt, das besser oder mannigfaltiger bezeugt wäre als die Auferstehung Christi. Nichts außer einer vorhergehenden Annahme, dass es falsch sein musste, konnte die Vorstellung nahe legen, dass es da einen Mangel an Beweisen gäbe.[210]

Bei Henry Morris lesen wir: »Die Tatsache seiner Auferstehung ist das wichtigste Ereignis allen Geschehens und ist dementsprechend eins der sichersten Fakten in der gesamten Geschichte.«[211]

Jesus hat nicht nur seinen Tod vorhergesagt, sondern auch seine leibliche Auferstehung. Er sagte: »Brecht diesen Tempel ab, und in drei Tagen will ich ihn aufrichten!« (Joh 2,19). An dieser Stelle bezieht sich der Ausdruck »Tempel« auf seinen Leib.

Und wieder schreibt Morris:

> Er allein – unter allen Menschen, die jemals lebten – überwand den Tod selbst. Nach allen Regeln der Beweisführung kann seine leibliche Auferstehung aus dem Grab als die bestbezeugte Tatsache aller Geschichte angesehen werden. »Ich bin die Auferstehung und das Leben«, sagte er, »weil ich lebe, sollt auch ihr leben.« (Joh 11,25; 14,19).[212]
>
> Die Auferstehung Christi ist *das Siegel für unsere Auferstehung*. Die Heilung kranker Menschen ist keine Rechtfertigung für einen Glauben, dass Christus jeden von uns heute auch heilen wird, noch garantiert uns die Auferstehung des Lazarus unsere Unsterblichkeit. Es ist die Auferstehung Christi als *Erstlingsfrucht*, die allein das Grab öffnet – in Vorwegnahme – für den Gläubigen und zum ewigen Leben. Weil er auferstand, werden wir auch auferstehen (Röm 8,11).[213]

Nach der Auferstehung Jesu waren die Apostel in der Lage, durch seine Macht ebenfalls Tote aufzuwecken (Apg 9,40.41). Auf diese Weise gab er anderen Leben nach seinem Tod.

Das Beweismaterial zeigt, dass Jesus lebt (Hebr 13,8) und dass »dieser Jesus, der von euch weg in den Himmel aufgenommen worden ist, wird in derselben Weise wiederkommen, wie ihr ihn habt in den Himmel auffahren sehen«. (Apg 1,11)

»Aber Jesus, Christus, der ewige Sohn Gottes und der der Welt versprochene Erlöser, hat den Tod überwunden.«[214]

10 Literaturangaben

[1] Philip Yancey, *The Jesus I Never Knew*, S. 37ff.

[2] Claus Westermann, *Genesis 1-11: A Commentary*, S. 260.

[3] John Walvoord, *Jesus Christ Our Lord*, S. 57.

[4] Karlheinz Rabast, wie zitiert bei Edward J. Young, *Genesis 3. A Devotional and Expository Study*, S. 120.

[5] Ebd., S. 120.

[6] Edward E. Hindson, »Isaiah's Immanual«, *Grace Journal,* 10. Fall, 1969, S. 7.

[7] Richard Niessen, »The Virginity of the ʻalmah in Isaiah 7:14«, *Bibliotheca Sacra* April-June 1972, S. 137.

[8] Albert E. Myers, »The Use of ʻAlmah in the Old Testament«, *The Lutheran Quarterly* 7 (1955), S. 139.

[9] Richard Niessen, »The Virginity of the ʻalmah in Isaiah 7:14«, *Bibliotheca Sacra* April-June 1972, S. 138.

[10] Edward E. Hindson, »Isaiah's Immanual«, *Grace Journal,* 10. Fall, 1969, S. 7.

[11] Ebd., S. 7.

[12] Richard Niessen, »The Virginity of the ʻalmah in Isaiah 7:14«, *Bibliotheca Sacra* April-June 1972, S. 140.

[13] Jack S. Deere, *Song of Songs*, *The Bible Knowledge Commentary: Old Testament*, S. 1011f.

[14] Richard Niessen, »The Virginity of the ʻalmah in Isaiah 7:14«, *Bibliotheca Sacra* April-June 1972, S. 140f.

[15] Ebd., S. 141.

[16] R. Dick Wilson, »The Meaning of ʻAlmah in Isaiah VII.14«, *Princeton Theological Review* 24 (1926), S. 316.

[17] J. Gresham Machen, *The Virgin Birth of Christ*, S. 288.

[18] Willis J. Beecher, *The Prophecy of the Virgin Mother*, S. 179f.

[19] Richard Niessen, »The Virginity of the ʻalmah in Isaiah 7:14«, *Bibliotheca Sacra* April-June 1972, S. 142f.

[20] John A. Martin, *Isaiah, The Bible Knowledge Commentary: Old Testament*, S. 1047.

[21] A. Barnes, wie zitiert in Charles Lee Feinberg, »The Virgin Birth in the Old Testament and Isaiah 7:14«, *Bibliotheca Sacra* July 1968, S. 253.

[22] Charles Lee Feinberg, »The Virgin Birth in the Old Testament and Isaiah 7:14«, *Bibliotheca Sacra* July 1968, S. 254.

[23] Edward E. Hindson, »Isaiah's Immanual«, *Grace Journal,* 10. Fall, 1969, S. 6.

[24] Johannes Calvin, *Commentary on the Book of the Prophet Isaiah*, S. 248.

[25] Edward E. Hindson, »Isaiah's Immanual«, *Grace Journal,* 10. Fall, 1969, S. 8.

[26] Ebd., S. 8.

[27] Richard Niessen, »The Virginity of the ‘almah in Isaiah 7:14«, *Bibliotheca Sacra* April-June 1972, S. 144.

[28] R. Dick Wilson, »The Meaning of ‘Almah in Isaiah VII.14«, *Princeton Theological Review* 24 (1926), S. 310-15.

[29] Henry M. Morris, *The Bible Has the Answer*, S. 36.

[30] B. Witherington III., »The Birth of Jesus«, *Dictionary of Jesus and the Gospels,* S. 64.

[31] Ebd., S. 9.

[32] Walter Mueller, *A Virgin Shall Conceive*, S. 205f.

[33] Charles Lee Feinberg, »The Virgin Birth in the Old Testament and Isaiah 7:14«, *Bibliotheca Sacra* July 1968, S. 258.

[34] James Oliver Buswell, *A Systematic Theology of the Christian Religion*, Bd. 2, S. 41.

[35] B. Witherington III., »The Birth of Jesus«, *Dictionary of Jesus and the Gospels*, S. 63.

[36] James Orr, *The Virgin Birth of Christ*, S. 36f.

[37] Ebd., S. 35.

[38] Irenäus, *Against the Heresies*, 3.1.1.

[39] James Montgomery Boice, *The Christ of Christmas*, S. 40f.

[40] I. Howard Marshall, *The Gospel of Luke*, S. 158.

[41] Walter L. Liefeld, *Luke*, S. 861.

[42] I. Howard Marshall, *The Gospel of Luke*, S. 158.

[43] R. P. Nettelhorst, *The Genealogy of Jesus*, S.171f.

[44] I. Howard Marshall, *The Gospel of Luke*, S. 158.

[45] James Montgomery Boice, *The Christ of Christmas*, S. 41.

[46] I. Howard Marshall, *The Gospel of Luke*, S. 159.

[47] B. Witherington III, »The Birth of Jesus«, *Dictionary of Jesus and the Gospels*, S. 65.

[48] Ebd., S. 65.

[49] Norman L. Geisler, *When Critics Ask*, S. 385f.

[50] Gleason L. Archer, *Encyclopedia of Bible Difficulties*, S. 316.

[51] Donald Grey Barnhouse, *Man's Ruin*, S. 45ff.

[52] Walter L. Liefeld, *Luke,* S. 861f.

[53] William Childs Robinson, *Who Say Ye That I Am?*, o. S.

[54] Robert Glenn Gromacki, *The Virgin Birth*, S. 183.

[55] Clement F. Rogers, *The Case for Miracles*, S. 99ff.

[56] Millard J. Erickson, *Christian Theology*, Bd. 2, S. 750f.

[57] John R. Rice, *Is Jesus God?*, S. 22f.

[58] Clement F. Rogers, *The Case for Miracles*, S. 101.

[59] J. Gresham Machen, *The Virgin Birth of Christ*, S. 44.

[60] Millard J. Erickson, *Christian Theology*, Bd. 2, S. 747.

[61] Clement F. Rogers, *The Case for Miracles*, S. 105.

[62] James Orr, *The Virgin Birth of Christ*, S. 138.
[63] Aristides, *The Apology of Aristides*, S. 25.
[64] Ignatius, »Epistle to the Ephesians«, *Genuine Epistles of the Apostolical Fathers*, 18,2.
[65] H. G. Wells, *Outline of History*, S. 19:1.
[66] Millard J. Erickson, *Christian Theology*, Bd. 2, S. 747f.
[67] Clement F. Rogers, *The Case for Miracles*, S. 105.
[68] Aristides, *The Apology of Aristides*, S. 32.
[69] Justin Martyr, *Apology*, 1,21-33; *Dialogue with Trypho the Jew*.
[70] Clement F. Rogers, *The Case for Miracles*, S. 103.
[71] Ethelbert Stauffer, *Jesus and His Story*, S. 17.
[72] James Orr, *The Virgin Birth of Christ*, S. 146.
[73] Philip Schaff, *History of the Christian Church*, S. 139.
[74] Hugh J. Schonfield, *According to the Hebrews*, S. 139.140.
[75] Ebd., S. 140.
[76] Origenes, *Contra Celsus*, 1,32-33.
[77] Hugh J. Schonfield, *According to the Hebrews*, S. 16.
[78] Ebd., S. 16.
[79] Ebd., S. 17f.
[80] Hubert S. Box, *Miracles and Critics*, S. 6.
[81] W. H. Griffith Thomas, *Christianity Is Christ*, S. 125.
[82] Henry M. Morris, *The Bible Has the Answer*, S. 38.
[83] J. Gresham Machen, *The Virgin Birth of Christ*, S. 269.
[84] Clement F. Rogers, *The Case for Miracles*, S. 115.
[85] Charles Edward Jefferson, *The Character of Jesus*, S. 225.
[86] Philip Schaff, *The Person of Christ*, S. 40.
[87] A. E. Garvie, *Handbook of Christian Apologetics*, S. 97.
[88] Charles Edward Jefferson, *The Character of Jesus*, S. 328.
[89] John R. W. Stott, *Basic Christianity*, S. 39.
[90] Kenneth Scott Latourette, *A History of Christianity*, S. 47.
[91] Murray J. Harris, *2 Corinthians*, Bd. 10, S. 354.
[92] Philip E. Hughes, *A Commentary on the Epistle to the Hebrews*, S. 172f.
[93] Philip Schaff, *History of the Christian Church*, S. 107.
[94] Philip Schaff, *The Person of Christ*, S. 36f.
[95] Ebd., S. 35.
[96] Philip Schaff, *History of the Christian Church*, S. 107.
[97] Philip Schaff, *The Person of Christ*, S. 44.
[98] Ebd., S. 73.
[99] John R. W. Stott, *Basic Christianity*, S. 44f.
[100] Wilbur M. Smith, *Have You Considered Him?*, S. 7.
[101] Ebd., S. 8-9.
[102] Thomas Wright in Frank Mead, *Encyclopedia of Religious Quotations*, S. 60.
[103] Bernard Ramm, *Protestant Christian Evidence*, S. 169.

[104] Henry M. Morris, *The Bible Has the Answer*, S. 34.
[105] W. H. Griffith Thomas, *Christianity Is Christ*, S. 17.
[106] Philip Schaff, *History of the Christian Church*, S. 107.
[107] William Ellery Channing, zitiert nach Frank Mead, *Encyclopedia of Religious Quotations*, S. 51.
[108] Jean-Jacques Rousseau, zitiert nach Philip Schaff, *The Person of Christ*, S. 134.
[109] Philip Schaff, *The Person of Christ*, S. 145.
[110] Ralph Waldo Emerson, zitiert nach Frank Mead, *Encyclopedia of Religious Quotations*, S. 52.
[111] William E. H. Lecky, *History of European Morals from Augustus to Charlemagne*, S. 8.
[112] David Friedrich Strauß, zitiert nach Wilbur M. Smith, *Have You Considered Him?*, S. 11.
[113] Bernard Ramm, *Protestant Christian Evidence*, S. 169.
[114] John R. W. Stott, *Basic Christianity*, S. 500.
[115] Paul Little, *Know Why You Believe*, S. 56.
[116] Philip Schaff, *History of the Christian Church*, S. 105.
[117] W. H. Griffith Thomas, *Christianity Is Christ*, S. 50.
[118] Ebd., S. 54.
[119] Philip Schaff, *The Person of Christ*, S. 76f.
[120] Ebd., S. 91.
[121] F. H. Chase, zitiert nach John R. Rice, *Is Jesus God?*, S. 404.
[122] A. E. Garvie, zitiert nach John R. Rice, *Is Jesus God?*, S. 51-52.
[123] W. H. Griffith Thomas, *Christianity Is Christ*, S. 49.
[124] Ethelbert Stauffer, *Jesus and His Story*, S. 9.
[125] Ebd., S. 10.
[126] Ebd., S. 10.
[127] Philip Schaff, *The Person of Christ*, S. 133.
[128] Bernard Ramm, *Protestant Christian Evidence*, S. 140.
[129] Ebd., S. 140f.
[130] C. S. Lewis, *Miracles*, S. 83.
[131] Bernard Ramm, *Protestant Christian Evidence*, S. 142f.
[132] John A. Broadus, *Jesus of Nazareth*, S. 72.
[133] A. E. Garvie, *Handbook of Christian Apologetics*, S. 73.
[134] Martin J. Scott, *Jesus as Men Saw Him*, S. 27.
[135] A. M. Fairbairn, *Philosophy of the Christian Religion*, S. 326.
[136] W. H. Griffith Thomas, *Christianity Is Christ*, S. 11.
[137] Hausrath zitiert nach Frank Ballard, *The Miracles of Unbelief*, S. 252.
[138] John Young, *Christ of History*, S. 243.
[139] Carnegie Simpson, zitiert nach John W. R. Stott, *Basic Christianity*, S. 36.
[140] W. H. Griffith Thomas, *Christianity Is Christ*, S. 53.
[141] Ebd., S. 11.

[142] Philip Schaff, *The Person of Christ*, S. 63.
[143] Joseph Klausner, *Yeschua Hanostri*, S. 1249.
[144] Philip Schaff, *The Person of Christ*, S. 44.
[145] Joseph Parker, zitiert nach J. C. Martin, *Converted Catcher*, S. 57.
[146] Johann Gottfried Herder, zitiert in Frank Mead, *Encyclopedia of Religious Quotations*, S. 53.
[147] G. A. J. Ross, *The Universality of Jesus*, S. 23.
[148] W. R. Gregg, zitiert nach Frank Ballard, *The Miracles of Unbelief*, S. 152.
[149] Napoleon, zitiert nach Frank Mead, *Encyclopedia of Religious Quotations*, S. 56.
[150] Theodore Parker, zitiert nach Frank Ballard, *The Miracles of Unbelief*, S. 252.
[151] Pascal, zitiert nach Richard Wolff, *The Son of Man, Is Jesus Christ Unique?*, S. 29.
[152] Channing, zitiert nach Frank Ballard, *The Miracles of Unbelief*, S. 252.
[153] Ramm, zitiert nach Frank Ballard, *The Miracles of Unbelief*, S. 173.
[154] Phillips Brooks, zitiert nach Frank Mead, *Encyclopedia of Religious Quotations*, S. 56.
[155] Philip Schaff, *History of the Christian Church*, S. 110.
[156] Frank Ballard, *The Miracles of Unbelief*, S. 251.
[157] H. G. Wells, *Outline of History*, S. 535f.
[158] H. G. Wells, zitiert nach Bernard Ramm, *Protestant Christian Evidence*, S. 163.
[159] Ernest Renan, zitiert nach G. A. J. Ross, *The Universality of Jesus*, S. 146.
[160] Thomas Carlyle, zitiert nach Philip Schaff, *The Person of Christ*, S. 139.
[161] Rousseau, zitiert nach Frank Ballard, *The Miracles of Unbelief*, S. 251.
[162] Sholem Ash, zitiert nach Frank Mead, *Encyclopedia of Religious Quotations*, S. 49.
[163] G. J. Romanes, zitiert nach G. A. J. Ross, *The Universality of Jesus*, S. 157.
[164] Joseph Parker, zitiert nach Frank Mead, *Encyclopedia of Religious Quotations*, S. 57.
[165] Henry M. Morris, *The Bible Has the Answer*, S. 28.
[166] F. J. A. Hort, *Way, Truth and the Life*, S. 207.
[167] Royce Gordon Gruenler, *Jesus, Persons and the Kingdom of God*, S. 97.
[168] W. H. Griffith Thomas, *Christianity Is Christ*, S. 44.
[169] Bernard Ramm, *Protestant Christian Evidence*, S. 170f.
[170] G. F. Maclean, *Cambridge Bible for Schools*, S. 149.
[171] Philip Schaff, *History of the Christian Church*, S. 111.
[172] W. H. Griffith Thomas, *Christianity Is Christ*, S. 36.
[173] Mark Hopkins, zitiert nach Frank Mead, *Encyclopedia of Religious Quotations*, S. 53.
[174] W. S. Peake, *Christianity, Its Nature and Its Truths*, S. 226-27.
[175] W. H. Griffith Thomas, *Christianity Is Christ*, S. 32.
[176] Kenneth Scott Latourette, *American Historical Review* 54, 1949, S. 272.

177 Philip Schaff, *The Person of Christ*, S. 33.
178 Martin J. Scott, *Jesus as Men Saw Him*, S. 29.
179 Philip Schaff, *History of the Christian Church*, S. 103.
180 W. H. Griffith Thomas, *Christianity Is Christ*, S. 121.
181 William E. H. Lecky, *History of European Morals from Augustus to Charlemagne*, S. 8.
182 W. H. Griffith Thomas, *Christianity Is Christ*, S. 117.
183 Napoleon, zitiert nach Frank Ballard, *The Miracles of Unbelief*, S. 265.
184 Napoleon, zitiert nach Frank Mead, *Encyclopedia of Religious Quotations*, S. 56.
185 A. M. Hunter, *The Work and Words of Jesus*, S. 35.
186 R. G. Gruenler, zitiert nach F. J. A. Hort, *Way, Truth and the Life*, S. 25.
187 W. H. Griffith Thomas, *Christianity Is Christ*, S. 35.
188 Ebd., S. 104.
189 Ebd., S. 103.
190 A. M. Fairbairn, *Christ in Modern Theology*, S. 380.
191 George Bancroft, zitiert nach Frank Mead, *Encyclopedia of Religious Quotations*, S. 50.
192 David Friedrich Strauß, zitiert nach Philip Schaff, *The Person of Christ*, S. 142.
193 William E. Channing, zitiert nach Frank Mead, *Encyclopedia of Religious Quotations*, S. 51.
194 Ernest Renan, zitiert nach Frank Mead, *Encyclopedia of Religious Quotations*, S. 57.
195 Bernard Ramm, *Protestant Christian Evidence*, S. 177.
196 George Buttrick, zitiert nach Frank Mead, *Encyclopedia of Religious Quotations*, S. 51.
197 W. H. Griffith Thomas, *Christianity Is Christ*, S. 119.
198 Bernard Ramm, *Protestant Christian Evidence*, S. 215.
199 Philip Schaff, *History of the Christian Church*, S. 104f.
200 George Schweitzer, *Ten Scientists Look at Life*, o. S.
201 E. J. Matson, zitiert nach George Schweitzer, *Ten Scientists Look at Life*, o. S.
202 Rose Marie Ordonez, *I Was Blind But Now I See*, o. S.
203 R. L. Mixter, zitiert nach George Schweitzer, *Ten Scientists Look at Life*, o. S.
204 Paul H. Johnson, *Master Plan*, o. S.
205 Walter Hearn, zitiert nach George Schweitzer, *Ten Scientists Look at Life*, o. S.
206 Frank Allnutt, *Contact 30:5*, S. 22.
207 J. C. Martin, *Converted Catcher*, o. S.
208 W. H. Griffith Thomas, *Christianity Is Christ*, S. 61.
209 W. C. Robinson, *What Say Ye That I Am?*,S. 85f.
210 B. F. Westcott, *Gospel of the Resurrection*, S. 4ff.
211 Henry M. Morris, *The Bible Has the Answer*, S. 46.
212 Ebd., S. 28.
213 Bernard Ramm, *Protestant Christian Evidence*, S. 185f.
214 Henry M. Morris, *The Bible Has the Answer*, S. 46.

Dritter Teil

Die Indizien für und gegen das Christentum

11 Ist die Bibel von Gott?

Kapitelübersicht

Der dritte Teil dieses Buches ist so gestaltet, dass er sowohl Kritiker der Bibel als auch diejenigen, die sich an ihre Inspiration und Autorität halten, ansprechen soll. Deshalb ist es nötig, diesen Teil des Beweises mit einer Diskussion zu beginnen, die aufzeigt, welche Gründe es sind, die die Kritiker dazu bewogen, die unfehlbare Kommunikation eines perfekten Gottes zu der gefallenen Menschheit auszuschließen.

Im ersten Teil dieses Buches präsentierte ich Beweise, die zu der Schlussfolgerung führen, dass die Bibel historisch genau, ja bemerkenswert genau ist. Diese Tatsache, dass die Bibel historisch zuverlässig ist, bedeutet nicht unbedingt, dass sie auch von Gott inspiriert oder eingegeben wurde. Vor einer solchen voreiligen Schlussfolgerung warnte ich damals bereits. Auch die Boxergebnisse auf der heutigen Sportseite sind historisch genau, aber das bedeutet nicht, dass sie auch von Gott inspiriert wurden. Auf der anderen Seite behauptet die Bibel aber von sich selbst, Gottes Wort zu sein.

1 Was die Bibel für sich in Anspruch nimmt

An vielen Stellen behauptet die Bibel, »Gottes Wort« zu sein. Aber was bedeutet das genau? Und wenn sie tatsächlich Gottes Wort ist, wie bitte hat Gott es der Menschheit mitgeteilt?

Paulus schreibt uns, dass »alle Schrift von Gott gehaucht ist und nützlich zur Lehre, zur Zurechtweisung, zur Korrektur und zur Erziehung in der Gerechtigkeit« (2.Tim 3,16). Dieser Abschnitt ist der Schlüsseltext für die so genannte Inspirationslehre. Das griechische Wort *theopneustos* wird normalerweise mit »eingegeben« oder »inspiriert« übersetzt. Mit anderen Worten heißt das nichts anderes, als dass die Bibel von Gott stammt. Der Ausdruck bedeutet einfach »Gott-gehaucht«. Die Bibel ist also durch den Atem Gottes entstanden.

Die Inspiration der Bibel kann man also als den geheimnisvollen Prozess definieren, durch welchen Gott mittels menschlicher Schreiber gearbeitet hat, deren individuelle Persönlichkeit und Stil er gebraucht hat, um göttliche, autoritative und unfehlbare Dokumente herzustellen.[1]

Es ist wichtig, darauf zu achten, wie wir das Wort »Inspiration« gebrauchen. Dieses Wort ist nämlich zugleich auch Teil unserer Alltagssprache. Wir sagen: »Der Künstler war inspiriert« oder »die Musik war zweifellos inspiriert«. Dies ist aber ein sehr allgemeiner Gebrauch dieses Ausdrucks und er wird heute allein so verstanden, dass jemand etwas gut gemacht oder etwas von sehr großem Wert geschaffen hat. Aber wenn wir diesen Begriff auf die Bibel anwenden, hat er doch eine etwas andere Bedeutung. Die Bibel war nicht auf die gleiche Art und Weise inspiriert, wie vielleicht ein Sänger oder ein Künstler inspiriert sein können. Die Bibel wurde von Gott »gehaucht«. Sie behauptet, Gottes eigenes Wort selbst zu sein, denn es kam aus seinem eigenen Mund.

1.1 Das Alte Testament und sein Anspruch auf Inspiration

Viele Bücher des Alten Testaments behaupten, dass sie von Gott stammen. Schon immer ist dieser Teil der Bibel als »Gottes Wort« betrachtet worden. Das Alte Testament kann auf viele verschiedene Arten unterteilt werden. Im Neuen Testament begegnen wir einer zweifachen (Mt 5,17; 7,12) und auch einer dreifachen Einteilung (Lk 24,44). In diesem Abschnitt werden wir die zweifache Einteilung des Alten Testaments – das Gesetz und die Propheten – in Bezug auf ihren Anspruch auf Inspiration untersuchen. Wir werden aber auch die Teile besprechen, die keinen spezifischen Anspruch auf Inspiration geltend machen.

1.1.1 Die Inspiration des Gesetzes

Auf die ersten fünf Bücher des Alten Testaments wird oft als »das Gesetz«, »die Thora« – was das hebräische Wort für Gesetz ist – oder »der Pentateuch« – die Bücher Genesis, Exodus, Levitikus, Numeri und Deuteronomium werden traditionell als von Mose stammend bezeichnet – hingewiesen.

Die Bücher Exodus (2.Mose 32,16), Levitikus (3.Mose 1,1) und Deuteronomium (5.Mose 31,24-26) erheben alle expliziten Anspruch auf Inspiration. Allein Genesis erhebt keinen solchen direkten Anspruch. Wie auch immer, auch 1. Mose wurde als ein Teil der »Mose-Bücher« (siehe 2.Chr 35,12; Neh 13,1) betrachtet und auf Grund dieser Verbindung erhielt es die gleiche göttliche Autorität. Wenn ein Buch wahr ist, dann sind alle wahr. Oder mit anderen Worten gesagt: Ein Anspruch von oder für ein Buch in diesem autorisierten Teil ist ein Anspruch für alle Bücher, da sie unter ein und dem gleichen Titel vereint wurden: das Buch oder Gesetz des Mose.

> Durch das gesamte Alte Testament zieht sich eine ununterbrochene Linie hindurch, dass das Gesetz des Mose den Menschen als das Gesetz Gottes auferlegt wurde. Moses Stimme wurde als die Stimme Gottes angesehen und Josua begann sein Amt als Moses Nachfolger mit der Aussage: »Dieses Gesetzesbuch soll nicht von eurem Munde weichen …, dass ihr euch an alles haltet, wie es darin geschrieben steht« (Jos 1,8). Gott hat die Israeliten getestet, um zu sehen, »ob sie den Geboten Gottes gehorsam sein würden, welche er ihren Vätern durch die Hand Moses befohlen hat« (Ri 3,4). »Dann sagte Samuel zum Volk: ›Es ist der HERR, der Mose und Aaron herausgehoben hat vom Volk, um eure Väter aus Ägypten herauszuführen … [Aber] sie vergaßen den HERRN, ihren Gott‹« (1.Sam 12,6+9). In Josias Tagen »fand der Priester Hilkija das Buch des Gesetzes des HERRN, das durch Mose gegeben war« (2.Chr 34,14). Während Daniel im Exil war, erkannte er Moses Gesetz als Gottes Wort an und sagte: »Der Fluch und der Schwur, die im Gesetz des Mose, des Diener Gottes, geschrieben stehen, sind über uns gekommen, weil wir gegen ihn gesündigt haben. Und er hat die Worte, die er gegen uns gesprochen hat, gehalten« (Dan 9,11+12). Sogar in der Zeit nach dem Exil kam die Erweckung unter Nehemia resultierend aus dem Gehorsam gegenüber dem Gesetz des Mose (siehe Esra 6,18; Neh 13,1).[2]

1.1.2 Die Inspiration der Propheten

Der zweite Teil des Alten Testaments wird allgemein »die Propheten« genannt. Dies kann durchaus heikel sein, denn einige denken bei Propheten eher an die Bücher von Jesaja und Jeremia und ähnliche, aber der Teil des Alten Testaments, der uns manchmal unter dem Namen »die Propheten« bekannt ist, weist nicht allein auf die Propheten hin, die prophetisch geschrieben haben, sondern auch auf das gesamte Alte Testament, ausgenommen den ersten fünf Büchern, die ja als »das Gesetz« bezeichnet werden.

Einige Verweise in späteren Propheten bzw. prophetischen Schriften enthüllen eine hohe Achtung vor den Äußerungen der früheren Propheten. Gott sprach zu Daniel durch Jeremias Schriften (vgl. Dan 9,2 mit Jer 25,11). Ebenso erkannte auch Esra die göttliche Autorität der Schriften Jeremias (Esra 1,1) sowie die von Haggai und Sacharja (Esra 5,1) an. Einen der wichtigsten Abschnitte in dieser Hinsicht finden wir in einem der letzten Bücher des Alten Testaments, im Buch des Propheten

Sacharja. Er schreibt von »dem Gesetz und den Worten, welche der Herr Zebaoth durch seinen Geist durch die früheren Propheten gesendet hat« (Sach 7,12). Nehemia schreibt in einem ähnlichen Abschnitt in einem der letzten historischen Bücher des Alten Testaments: »Viele Jahre hattest du [Gott] Geduld mit ihnen und sagtest gegen sie aus durch deinen Geist in deinen Propheten« (Neh 9,30). Diese Beispiele bestätigen die hohe Achtung, welche die späteren Propheten über die Schriften ihrer Vorgänger hatten. Sie erkannten sie als die Worte Gottes an, die durch den Geist Gottes zum Nutzen des Volkes Israel gegeben worden waren. Hier und in anderen Teilen des Alten Testaments findet man auch die charakteristische prophetische Einleitung »so spricht der HERR« und ähnliche Ausdrückc Hunderte Mal.[3]

Beispielsweise verkündet der Prophet Jesaja: »Höret, o ihr Himmel, und höre, o Erde! Denn der HERR hat gesprochen« (Jes 1,2). Der Prophet Jeremia verkündete: »Das Wort des HERR kam zu mir und sprach …« (Jer 1,11). »Das Wort des HERRN kam zu Hesekiel« (Hes 1,3). Man findet ähnliche Ausdrücke auch in den zwölf »kleinen« Propheten (siehe Hos 1,1-2; Joel 1,1).

> Die Bücher der Propheten, die später als »Schriften« zusammengefasst wurden, sind ganz automatisch in den Anspruch, den die Propheten für sich erhoben, mit eingeschlossen, da sie zu ihnen gehörten. Soagr das Buch der Psalmen (ein Teil der »Schriften«), das Jesus wegen seiner messianischen Bedeutung (Lk 24,44) besonders herausstellte, gehörte zum Gesetz und den Propheten, von denen Jesus sagte, dass sie »die Schriften« bildeten (Lk 24,47). Josephus ordnete Daniel (später in den »Schriften«) dem Abschnitt der Propheten, der zu seiner Zeit gültig war, zu (Against Apion, 1.8). Was auch immer für alternative (oder spätere) Arrangements der alttestamentlichen Bücher in drei Teile es gegeben haben mag, ist dennoch deutlich, dass das frühere Arrangement aus einer Unterteilung in das Gesetz und die Propheten (die die Bücher enthielten, die später als die »Schriften« bekannt wurden) bestand von spät-alttestamentlicher Zeit über die Zeitspanne zwischen Altem und Neuem Testament bis in die neutestamentliche Zeit.[4]

Die Propheten waren nicht nur Gottes Stimme in dem, was sie *sagten*, sondern auch in dem, was sie *schrieben*. Gott befahl Mose: »Schreibe diese Worte« (2.Mose 34,27). Der HERR befahl Jeremia: »Nimm dir eine neue Rolle und schreibe auf sie all die Dinge, die auch auf der ersten Rolle standen« (Jer 36,28). Jesaja bezeugt, dass der HERR ihm gesagt hat: »Nimm eine große Rolle und schreib darauf« (Jes 8,1). Und wiederum sagte Gott zu ihm: »Nun geh, schreibe es vor ihnen auf eine Tafel und schreibe es auf eine Rolle, dass es vorhanden sein wird für zukünftige Zeiten, für immer und ewig« (Jes 30,8). Ein ähnlicher Befehl wurde auch Habakuk erteilt: »Schreibe die Vision auf und schreibe es deutlich auf Tafeln, dass, wer vorübergeht, es lesen wird« (Hab 2,2).

1.1.3 Sind alle Bücher des Alten Testaments inspiriert?

Die Mehrheit der Bücher des Alten Testaments (etwa achtzehn von vierundzwanzig) erhebt den expliziten Anspruch darauf, Gottes Wort an uns Menschen zu sein. Aber was die Herkunft angeht, geben manche nicht eine solch klare Erklärung ab. Einige Gründe dafür möchte ich hier angegeben:

1.1.3.1 Sie sind alle Bestandteil eines definierten Teils

Jedes Buch wird als Bestandteil eines Teils – entweder des Gesetzes oder der Propheten – betrachtet, in dem schon ein klarer und unbestrittener Anspruch auf Inspiration erhoben wird. Dieser Anspruch erstreckt sich über jedes Buch in diesem Teil. Die Folge daraus ist, dass nicht jedes Buch für sich selbst den Anspruch erheben muss, denn der Anspruch wurde schon für das Buch dadurch erhoben, weil es Teil eines größeren Ganzen mit diesem Anspruch ist. Bestätigt wird diese Position durch die Tatsache, dass spätere biblische Bücher auch auf den gesamten autorisierten Teil Bezug nehmen.

1.1.3.2 Das Wesen der historischen und poetischen Bücher

Die historischen und poetischen Bücher sind die einzigen, die keine direkte Aussage über ihre göttliche Herkunft machen. Alle belehrenden Bücher behaupten immer wieder: »So spricht der HERR.« Der Grund, warum die historischen und poetischen Bücher dies nicht tun, liegt ganz einfach daran, dass sie in erster Linie darstellen, »was Gott gezeigt hat« (historisch), und weniger das, »was Gott gesagt hat« (Gesetz und Propheten). Trotzdem ist das implizite belehrende »So spricht der HERR« auch in den historischen und poetischen Büchern enthalten. Geschichte ist nämlich, was Gott in konkreten Ereignissen im Leben des Volkes gesagt hat, Poesie dagegen ist dasjenige, was Gott im Herzen und Bestreben von Individuen im Volk mitgeteilt hat. Beides ist aber ebenso von Gott gesprochen wie die expliziten Aufzeichnungen, die er durch das Gesetz und die anderen belehrenden Schriften schon gesprochen hat.

1.1.3.3 Die Schreiber der Bücher waren von Gott anerkannte Männer

Salomo, dem nach jüdischer Tradition das Hohelied, die Sprüche und das Buch Prediger zugeschrieben werden, hatte von Gott Weisheit bekommen (1.Kön 5,9). Weiterhin erfüllte er die Qualifikationen eines Propheten, wie sie in 4. Mose 12,6 stehen: einer, zu dem Gott in Visionen oder Träumen sprach (siehe 1.Kön 11,9). Fast die Hälfte der Psalmen werden David als Schreiber zugeschrieben. Und obwohl die Psalmen selbst keinen direkten Anspruch auf göttliche Inspiration erheben, ist Davids Zeugnis seines eigenen Dienstes in 2.Samuel 23,2 niedergeschrieben: »Der Geist des HERRN sprach zu mir und sein Wort war auf meiner Zunge.« Jeremia, der traditionelle Autor von 1. und 2. Könige hat viele prophetische Beglaubigungen (siehe Jer 1,4+17). Die Chroniken und die Bücher Esra und Nehemia werden dem Priester Esra zugeschrieben, der mit voller Autorität eines Propheten das Gesetz Moses auslegte und die gesellschaftlichen und religiösen Reformen darauf gründete (siehe Jer 1,10+13). Entweder sprechen also die Bücher des Alten Testaments für sich selbst oder die Männer, von denen angenommen wird, sie geschrieben zu haben, beanspruchen fast ohne Ausnahme, dass dies die autoritativen Worte Gottes sind.[5]

1.2 Das Neue Testament und sein Anspruch auf Inspiration

Auch das Neue Testament behauptet, das »Wort Gottes« zu sein. In der Zeit, in der es geschrieben wurde, wussten die Menschen, die sich zum Volk Gottes zählten, dass die Schriften etwas Besonderes waren.

Christus ist wörtlich der Schlüssel zur Inspiration und der Autorisierung der Heiligen Schrift. Er war es, der die Inspiration des hebräischen Kanons des Alten Testaments bestätigte, und er war es auch, der versprach, dass der Heilige Geist die Apostel »in alle Wahrheiten« führen soll und dessen Erfüllung das Neue Testament darstellt.[6]

Wenn wir daran denken, wie hoch geschätzt die alttestamentlichen Propheten waren und mit welch einer göttlichen Autorität diese Bücher betrachtet wurden, dann gründet sich der Anspruch der Autorität und Inspiration des Neuen Testaments auf den des Alten Testaments. Bestätigt wird dies in Hebräer 1,1-2: »Gott, der zu vielerlei Zeiten und in vielerlei Weisen zu den Vätern durch die Propheten in der Vergangenheit gesprochen hat, hat in diesen letzten Tagen durch seinen Sohn zu uns gesprochen« und die Botschaft lautete: »… war zuerst vom Herrn gesprochen und dann von uns bestätigt worden, die es gehört haben« (Hebr 2,3). Mit anderen Worten ist die Botschaft, die Christus uns durch seine Jünger gegeben hat, heute genauso Gottes Stimme wie die Botschaft, die Gott in der Vergangenheit den Propheten gab.

Nach Epheser 2,20 ist die Kirche »auf das Fundament der Apostel und Propheten erbaut«. Das Wort »Apostel« sollte allerdings hier nicht auf die zwölf Apostel beschränkt werden. Paulus war auch ein Apostel (Gal 1,1; 2.Kor 12) wie auch Barnabas (Apg 14,14). Ebenso schrieb Jakobus mit göttlicher Autorität (Jak 1,1), und es gab auch andere mit der Gabe der Prophetie (zum Beispiel Agabus in Apg 11,28). Die Gabe eines Apostels oder eines Propheten qualifizierte einen dazu, eine Offenbarung zu haben (siehe Eph 2,20), und einige Schreiber des Neuen Testaments werden auch als »Propheten« (zum Beispiel Markus, Lukas, Jakobus und Judas) qualifiziert.

Apostelgeschichte 2,42 schreibt, dass die Gläubigen »unerschütterlich fortfuhren in der Lehre der Apostel und der Gemeinschaft.« Die Autorität der apostolischen Lehre ist also nicht nur auf Grund der Gleichheit mit den Propheten anerkannt, sondern wegen ihrer Bedeutung für die Kirche. Was die Apostel lehrten, ist das autoritative Fundament der Kirche. Deshalb ist das Neue Testament auch das autoritative Fundament der Kirche.[8]

Auf die Schriften des Paulus weist Petrus als »Schrift« hin (2.Petr 3,16), und 1. Timotheus 5,18 zitiert Lukas 10,7 und 5. Mose 25,4 und verwendet dabei den Ausdruck »denn die Schrift sagt«. Wenn die Schriften des Lukas, der ja kein Apostel war, als die Schrift zitiert werden und wenn Petrus, der nebenbei von Paulus getadelt wird (Gal 2,11), die Bücher des Paulus als die Schrift bezeichnet, dann folgt daraus, dass das gesamte Neue Testament als die Schrift betrachtet werden muss. Es wäre dadurch in der Aussage »alle Schrift ist von Gott eingegeben« (2.Tim 3,16) mit enthalten.

»Glaubt nicht, dass ich gekommen bin, um das Gesetz und die Propheten aufzuheben; ich bin nicht gekommen, um aufzuheben, sondern um zu erfüllen. Wahrlich, ich sage euch: Himmel und Erde werden vergehen, aber der kleinste Buchstabe oder Strichlein vom Gesetz wird nicht vergehen, bis alles sich ereignet hat.« Mt 5,17.18

»Aber der Helfer, der Heilige Geist, den der Vater in meinem Namen senden wird, wird euch alle Dinge lehren und alles in eure Erinnerung bringen, was ich zu euch gesagt habe.« Joh 14,26

1.3 Ist Gottes Wort unfehlbar?

Die Bibel erhebt den Anspruch, dass sie von Gott inspiriert ist. Und wenn sie von Gott eingegeben ist, dann müssen wir logischerweise davon ausgehen, dass sie auch ohne Fehler oder unfehlbar ist. Die Worte »inspiriert« und »unfehlbar« sind normalerweise miteinander verbunden. Um Unfehlbarkeit zu verstehen, sollten wir folgende Dinge berücksichtigen: den Charakter Gottes und was Unfehlbarkeit bedeutet und was nicht.

1.3.1 Der Charakter Gottes

Ein richtiges Verständnis der Inspiration der Bibel muss ihre Unfehlbarkeit mit einschließen. Die Bibel ist Gottes Wort und Gott kann sich nicht irren (Hebr 6,18; Tit 1,2). Die Unfehlbarkeit der Heiligen Schrift in Frage zu stellen bedeutet, entweder an der Aufrichtigkeit Gottes selbst oder an der Übereinstimmung der Bibel mit seinem Reden zu zweifeln.

Der Charakter Gottes fordert Unfehlbarkeit. Wenn jede Äußerung in der Bibel von Gott ist und Gott der Gott der Wahrheit ist, wie die Bibel ihn vorstellt, dann muss auch die Bibel vollkommen wahrheitsgetreu sein oder unfehlbar. Jesus sagt über Gottes Äußerungen: »Dein Wort ist die Wahrheit« (Joh 17,17). Der Psalmist schrieb: »Dein Wort ist nichts als Wahrheit« (Ps 119,160). Salomo erklärt: »Jedes Wort von Gott ist rein« (Spr 30,5). Paulus schreibt dem Titus: »Gott … kann nicht lügen« (Tit 1,2). Der Autor des Hebräerbriefs erklärt: »Es ist unmöglich für Gott zu lügen« (Hebr 6,18). In der endgültigen Analyse stellen wir also fest, dass ein Angriff auf die Unfehlbarkeit der Bibel zugleich ein Angriff auf den Charakter Gottes darstellt. Jeder echte Christ wird sich deshalb mit Paulus vereinen und sagen: »Gott ist wahrhaftig, aber alle Menschen sind Lügner« (Röm 3,4).

1.3.2 Was Unfehlbarkeit meint

Unfehlbarkeit heißt, dass wenn alle Fakten bekannt sind, die Heiligen Schriften in ihren originalen Autografen und mit der richtigen Interpretation zeigen werden, dass sie in allem, was sie äußern – ob dies nun mit der Lehre, der Moral oder mit der sozialen oder physischen Lebenswirklichkeit zu tun hat –, vollkommen wahr sind.

Das Entscheidende ist also, dass die Bibel von Gott gehaucht ist. Er gebrauchte Menschen, um das aufzuschreiben, was er aufschreiben lassen wollte. Er befreite sie von Fehlern, aber zur gleichen Zeit gebrauchte er ihre einzigartigen Persönlichkeiten und Stile, um auch genau das zu vermitteln, was er selbst wollte.

Petrus schreibt uns, dass »heilige Männer Gottes so sprachen, wie sie vom Heiligen Geist getrieben wurden« (2.Petr 1,21). Die Idee, die dabei vermittelt wird, ist, dass so, wie der Wind die Segel eines Bootes füllt, so erfüllte auch Gottes Atem die Schreiber der Bibel. Das Endresultat war also genau das, was Gott beabsichtigte.

1.3.2.1 Gott gebrauchte eine Vielzahl von Ausdrucksmöglichkeiten

Unfehlbarkeit heißt nicht, dass jedes Wort in der Bibel genau das gleiche ist. Aber weil Gott schöpferisch ist (er ist der Schöpfer der Welt), ist es nur die gleiche Sache auf andere Art und Weise, auf unterschiedliche Sichtweise und zu verschiedenen Zeiten. Inspiration schließt nicht die Ausdrucksvielfalt aus. Die vier Evangelien schreiben die gleiche Geschichte auf verschiedene Arten und Weisen zu unterschiedlichen Personen. Sie zitieren manchmal sogar alle das Gleiche, was Christus gesagt hat, aber sie benutzen dabei unterschiedliche Worte.

Vergleiche zum Beispiel diesbezüglich das berühmte Bekenntnis des Petrus bei Cäsarea Philippi: Matthäus schreibt: »Du bist der Christus, der Sohn des lebendigen Gottes« (Mt 16,16). Markus schreibt nur: »Du bist der Christus« (Mk 8,29). Lukas dagegen schreibt: »Du bist der Christus Gottes« (Lk 9,20).

Sogar der Dekalog ist in einer Mehrzahl von Arten festgehalten worden: »Von Gottes Fingern geschrieben« (5.Mose 9,10) ist beim zweiten Mal, an dem Gott ihn gibt, anders formuliert (vgl. 2.Mose 20,8-11 mit 5.Mose 5,12-15). Zum Beispiel führt 2. Mose die Schöpfung als Grund an, warum Israel am Sabbat ruhen sollte, während 5. Mose die Erlösung zum Anlass gibt.[7]

Wenn solche wichtigen Äußerungen wie das Christusbekenntnis des Petrus und die Inschrift am Kreuz (siehe Mt 27,37; Mk 15,26; Lk 23,38 und Joh 19,19) und solche dauerhaften und besonderen Gesetze wie die »Zehn Gebote« auf unterschiedliche Arten umschrieben werden können, dann sollte es kein Problem für uns sein, das Konzept der Unfehlbarkeit gegenüber der Ausdrucksvielfalt auch auf andere Teile der Schrift auszudehnen.

1.3.2.2 Gott gebraucht verschiedene Persönlichkeiten und Stile

Die Inspiration kann Gottes Gebrauch unterschiedlicher Persönlichkeiten – mit ihren eigenen literarischen Stilen und charakterlichen Eigenheiten – mit einschließen, um seine Worte aufzuzeichnen. Man braucht nur einmal den kraftvollen Stil eines Jesaja mit dem traurigen Ton eines Jeremia im Alten Testament zu vergleichen. Im Neuen Testament zeichnet sich Lukas mit einem offenkundigen medizinischen Interesse aus, während Jakobus eher ausgeprägt praktisch ist. Paulus ist in erster Linie theologisch und apologetisch, während Johannes sehr einfach schreibt. Gott hat durch eine Vielfalt von menschlichen Persönlichkeiten sich mitgeteilt und jeder hat seine einzigartige literarische Charakteristik hinterlassen.

Die traditionellen biblischen Autoren schließen einen Gesetzgeber (Mose), einen General (Josua), Propheten (Samuel, Jesaja u.a.), Könige (David und Salomo), einen Musiker (Asaph), einen Hirten (Amos), einen Prinz und Staatsmann (Daniel), einen Priester (Esra), einen Zöllner (Matthäus), einen Arzt (Lukas), einen Gelehrten

(Paulus) und einige Fischer (Petrus und Johannes) mit ein. Gott gebrauchte eine Vielfalt von Berufen und Situationen, die von den biblischen Schreibern repräsentiert werden, und er gebrauchte ihre einzigartigen persönlichen Interessen und Charakterzüge, um seine zeitlose Wahrheit zu offenbaren.

1.3.2.3 Gott gebraucht manchmal auch außerbiblische Quellen

Die Lehre der Inspiration schließt den Gebrauch von menschlichen Dokumenten als eine Quelle der göttlichen Wahrheit zweifelsohne nicht aus. Ein solcher Gebrauch ist gerade das, was die Bibel selbst für sich beansprucht. Lukas betrieb Forschungen und er benutzte als Grundlage für sein Evangelium schriftliche Quellen seiner Zeit (siehe Lukas 1,1-4). Der Schreiber des Buches Josua gebrauchte »das Buch des Redlichen« für das berühmte Zitat über die stillstehende Sonne (Jos 10,13).[9] Der Apostel Paulus zitiert in seiner berühmten Rede auf dem Areopag ungehindert einen heidnischen Dichter (Apg 17,28) und Judas benutzt ein nicht autorisiertes Sprichwort über die Prophetie des Henoch (V. 14).

Der Gedanke vom Gebrauch von außerbiblischen Quellen sollte uns nicht unvereinbar mit der Lehre von der Inspiration der Bibel erscheinen, denn wir sollten uns daran erinnern, dass letztlich »jede Wahrheit Gottes Wahrheit ist«. Dem Gott, der befohlen hat, »Licht soll aus der Dunkelheit hervorscheinen« (2.Kor 4,6), dem ist es gewiss nicht unmöglich, Wahrheit durch den Mund eines heidnischen Propheten (4.Mose 22,5-6+24,17), eines unbedeutenden Hohen Priesters (Joh 11,50) oder sogar durch einen sturen Esel (4.Mose 22,28) auszusprechen.

1.3.3 Was Unfehlbarkeit nicht meint

1.3.3.1 Keine strikte Grammatik

Unfehlbarkeit ist im Sinne von Wahrheit definiert, und Wahrheit ist eine Eigenschaft von Worten, die in Sätzen organisiert sind. Deshalb schließt ein moderner Grammatikfehler keine unfehlbare Bibel aus. Es sollte einfach so sein. Die Grammatikregeln repräsentieren lediglich den normalen Sprachgebrauch. Täglich brechen begabte Autoren diese Regeln im Interesse einer höheren Kommunikation. Warum sollten wir den Schreibern der Bibel diese Auszeichnung absprechen?[10]

1.3.3.2 Sprachfiguren sind vorhanden

Wir sollten nicht annehmen, dass ein »inspiriertes« Buch in einer – und nur einer – literarischen Form geschrieben sein muss. Die Menschheit ist nicht nur auf eine Ausdrucksart angewiesen und es gibt keinen Grund anzunehmen, dass Gott nur an einen Stil oder eine literarische Gattung in seiner Mitteilung an uns Menschen gebunden ist.

Die Bibel enthüllt uns eine Menge literarischer Formen. Einige Bücher sind vollkommen im poetischen Stil geschrieben (z.B. Hiob, Psalmen, Sprüche). Die synoptischen Evangelien sind voll von Gleichnissen. In Galater 4 gebraucht Paulus zahlreiche Allegorien. Das Neue Testament ist voll von Metaphern (2.Kor 3,2-3; Jak 3,6) und Vergleichen (Mt 20,1; Jak 1,6); Hyperbeln können ebenso gefunden werden (Kol 1,23; Joh 21,25; 2.Kor 3,2). Jesus selbst gebraucht gelegentlich Satire als Ausdrucksform (vgl. Mt 19,24 mit 23,24).

Der Anspruch auf Inspiration, so wie er unter dem Aspekt der Eigenschaft des inspirierten Dokuments verstanden wird, zeigt, dass »Inspiration« nicht als ein mechanischer oder hölzerner Prozess gesehen werden darf. Es ist ein dynamischer und persönlicher Prozess, der in einem göttlich maßgebenden und unfehlbaren Produkt – dem geschriebenen Wort Gottes – resultiert.[11]

1.3.3.3 Historische Genauigkeit?

Es wird oft behauptet, dass die Lehre der Unfehlbarkeit nicht akzeptiert werden kann, weil die Bibel den Grundsätzen der historischen und linguistischen Genauigkeit, die in der modernen Welt anerkannt und nötig sind, nicht entspricht. Wie so viele Worte, die zwischen Vertretern der Unfehlbarkeit und Fehlerhaftigkeit der Bibel gebraucht werden, ist die Definition der Genauigkeit vieldeutig. Für einige beinhaltet Ungenauigkeit Fehler. Dies muss aber nicht sein. Wie es einige weise Männer in der Vergangenheit gesagt haben: Eine Aussage muss angemessen sein. Das ist alles, was nötig ist. Ich interpretiere dies in Bezug auf Wahrheit. Fast jede Aussage kann noch genauer ausgedrückt werden, als dies schon der Fall ist. Jede Geschichtsschreibung, sogar eine detaillierte Chronik, ist immer nur eine Annäherung an die damalige Wirklichkeit.

Lassen sie mich dies erläutern. Wenn wir ein Ereignis so wiedergeben, wie es 1978 passiert ist, hätten wir es offensichtlich genauer sagen können – im Monat Mai, am fünfzehnten Tag, um 22 Uhr und so weiter. Aber die einfache Originalaussage wäre trotzdem noch wahr. Das Kernkriterium für die Unfehlbarkeit ist meiner Meinung nach Folgendes: Ist der Satz, wie er angegeben ist, wahr? Wenn ja, dann gibt es dort kein Problem mit der Lehre. Warum sollte das moderne Kriterium für Genauigkeit vollkommen sein? Sollten wir nicht von der Schrift erwarten, dass sie den Standard der Zeit darstellt? Ist es nicht arrogant zu denken, dass unsere Standards richtig und ihre falsch sind?[12]

1.3.3.4 Die Bibel gebraucht unwissenschaftliche Sprache

Natürlich erfordert Inspiration nicht den Gebrauch von gelehrter, technischer oder wissenschaftlicher Sprache. Die Bibel ist für das einfache Volk jeder Generation geschrieben und sie macht deswegen Gebrauch von alltäglicher Sprache. Der Gebrauch von beobachtender und nicht wissenschaftlicher Sprache ist deshalb nicht unwissenschaftlich, er ist lediglich vorwissenschaftlich.

Die Schriften wurden in *früheren* Zeiten verfasst und gebrauchten deshalb auch frühere Standards. Es wäre anachronistisch, die modernen wissenschaftlichen Standards den biblischen Texte aufzuerlegen. Es ist nicht unwissenschaftlicher, von einer stehenden Sonne (Jos 10,12) als von einer aufgehenden Sonne (Jos 1,16) zu sprechen.[13]

Auch unsere zeitgenössischen Meteorologen sprechen ja noch immer täglich von der Zeit des »Sonnenaufgangs« und »Sonnenuntergangs«. In der Bibel steht, dass die Königin des Südens »vom Ende der Welt kam« (Mt 12,42). Da das »Ende der Welt« nur ein paar hundert Kilometer entfernt in Arabien war[14], scheint es an dieser Stelle einfach beobachtende Sprache zu sein. Auf die gleiche Weise berichtet die Bibel, dass an Pfingsten Menschen »jeder Nation unter dem Himmel« anwesend waren (Apg 2,5). Diese Nationen werden in Apostelgeschichte 2,9-11 identifiziert und dies schließt offensichtlich nicht alle Nationen der Welt (z. B. Nord- und Südamerika sind ausgeschlossen) wörtlich mit ein.

Folglich, universale Sprache ist in einem *geografischen* Sinn gebraucht und sollte generell als »die damals bekannte Welt« verstanden werden. Die Bibel wurde für alle Menschen in einer vorwissenschaftlichen Zeit geschrieben. Es macht also keinen Sinn zu sagen, dass die Bibel wissenschaftlich *inkorrekt* sei; sie gebraucht einfach nicht das moderne wissenschaftliche Vokabular. Aber indem die Bibel nicht wissenschaftliche Ausdrucksweise verwendet, hat sie angesichts ihrer Universalität und Einfachheit im Stil eine gewisse Vollkommenheit erlangt.

Die Bibel gebraucht auch runde Zahlen (siehe 1.Chr 19,18; 21,5). Es mag zwar vom Standpunkt der zeitgenössischen technologischen Gesellschaft ungenau sein, von der Zahl 3,14159265 als der Zahl 3 zu sprechen, aber es ist nicht inkorrekt für den vorwissenschaftlichen Menschen des Altertums. 3,14 kann so auf 3 abgerundet werden. Dies ist für ein »gegossenes kupfernes Meer« (2.Chr 4,2) in einem alten hebräischen Tempel völlig ausreichend, obwohl es für einen Computer in einer Rakete nicht mehr ausreichend wäre. Aber man sollte nicht wissenschaftliche Genauigkeit von einer vorwissenschaftlichen Zeit erwarten.

Die Bibel spricht die Sprache ihrer Zeit, auf eine Weise, wie es die Menschen in der damaligen Zeit verstehen konnten. Sie muss anhand des jeweiligen Maßstabes gemessen werden. Die Offenbarung kam von Gott durch Männer, die eine bestimmte menschliche Sprache sprachen und in einem kulturellen Kontext lebten.

Um damals sinnvoll zu sein, musste sie in der Sprache der Propheten und Apostel geschrieben sein und sie musste die kulturellen Hintergründe der Figuren, Illustrationen, Analogien und andere Elemente, die generell mit linguistischer Kommunikation in Zusammenhang gebracht werden, verbinden. Keine künstliche oder abstrakte Theorie der Unfehlbarkeit, welche die moderne Wissenschaft oder technische Genauigkeit der Bibel auferlegen möchte, ist deshalb als dem Gegenstand angemessen zu werten.[15]

1.3.3.5 Exakte Worte?

Unfehlbarkeit erfordert nicht, dass die *logia jesu* (die Aussprüche Jesu) die *ipsissima verba* (die genauen Worte) Jesu beinhalten, sondern nur seine *ipsissima vox* (die genaue Stimme). Dieser Punkt ist dem vorherigen über die historische Genauigkeit sehr ähnlich. Wenn ein neutestamentlicher Schreiber die Worte Jesu zitiert, muss er nicht notwendigerweise die exakten Worte Jesu gebrauchen.

Die exakten Worte Jesu können zweifellos im Neuen Testament gefunden werden, aber dies müssen nicht in jeder Beziehung die exakten Worte sein. Viele der Aussprüche Jesu waren auf Aramäisch gesprochen und mussten deshalb erst ins Griechische übersetzt werden. Weiterhin, wie zuvor schon gesagt, hatten die Schreiber des Neuen Testaments nicht die linguistischen Konventionen zur Verfügung, die wir heute anwenden. Daher ist es unmöglich für uns zu wissen, welche der Aussprüche direkte Zitate, welche aber indirekte Gespräche oder sogar frei übertragen worden sind.[16]

Was würde im Hinblick auf die Aussprüche Jesu und in Anbetracht dieser Fakten gegen die Unfehlbarkeit sprechen? Wenn der Sinn der Worte, die ein Schreiber den Worten Jesu hinzugefügt hat, nicht von Jesus gewollt war oder wenn die exakten Worte Jesu so konstruiert wurden, dass sie einen Sinn ergeben, den Jesus selbst niemals beabsichtigt hat, dann wäre die Unfehlbarkeit erst bedroht.

Ein Beispiel, dass es Gottes Verlangen ist, eine genaue *Bedeutung* (als nur mechanisch exakte Worte) zu kommunizieren, zeigt die Tatsache auf, dass Gott uns vier Evangelien gegeben hat. Die kleinen Variationen in den Worten Jesu helfen uns eigentlich die rechte Bedeutung, die Jesus beabsichtigt hat, zu erfassen. Hätte jeder Schreiber einfach den anderen nachgeplappert, wäre der Text vielleicht genau, aber die Bedeutung wäre möglicherweise missverstanden worden.

1.3.3.6 Umfassende Berichte?

Unfehlbarkeit garantiert keinen vollständigen Umfang von jedem einzelnen Bericht oder von kombinierten Berichten, wo diese auch vorhanden sind. Dieser Punkt ist auch in einer gewissen Weise mit dem vorherigen Statement über die Genauigkeit verwandt. Man muss sich daran erinnern, dass vom Standpunkt jeglicher Disziplin – sogar der Theologie – die Bibel einseitig ist. Das Wort »einseitig« wird oft im Sinne von inkorrekt oder falsch verstanden. Aber diese Vorstellung ist falsch. Die Bibel ist eine komplette Offenbarung mit allem, was ein Mensch für Glaube und Praxis benötigt. Es gibt noch viele Dinge, die wir vielleicht gerne wüssten, aber Gott hat es nicht als geeignet angesehen, sie uns auch zu offenbaren. Es ist ebenso richtig, dass Gott es nicht für nötig hielt, jedes Detail eines jeden Berichtes festzuhalten.

Ich denke, dass dieser Punkt auch Implikationen für die Evangelien hat. Die Probleme innerhalb der Evangelien (einige von ihnen sind im dritten Abschnitt in den Kapiteln 27 bis 31 in diesem Buch besprochen) kann man oft lösen, wenn man anerkennt, dass keiner der Evangelisten gezwungen war, einen erschöpfenden Bericht über irgendein Ereignis zu geben. Er hatte das Recht, ein Ereignis unter dem Aspekt des Ziels seines Schreibens so festzuhalten, wie es dem Evangelium diente. Weiterhin muss man bedenken, dass die Berichte aller vier Evangelien zusammen noch immer nicht alle Details eines Ereignisses erschöpfend erläutern. Es mag dort noch die ein oder andere kleine vergessene Information geben, die uns geholfen hätte, ein Problem zu lösen. Alles, was aber für die Unfehlbarkeit nötig ist, ist der Tatbestand, dass die Sätze, die von jedem Schreiber gebraucht werden, wahr sind.[17]

1.3.3.7 Die Autographen

Unfehlbarkeit wird nicht auf jedes Exemplar der Bibel übertragen, sondern nur auf die Autografen oder Originaltexte. Diese Ansicht, die sich beständig durch die letzten Jahrzehnte hindurchzieht und heute auch unter den Evangelikalen üblich ist, besagt, dass die Unfehlbarkeit (oder Inspiration) der Bibel sich nur auf die originalen Urtexte der Autoren bezieht.

In einem Brief an Hieronymus (Brief 82) schreibt Augustin in Hinblick auf alles in den biblischen Büchern, was seinem Anschein nach gegen die Wahrheit ist: »Ich meine, dass entweder der Text korrupt ist oder der Übersetzer nicht dem gefolgt ist, was wirklich gesagt wurde, oder dass ich versagt habe, es recht zu verstehen.«[18]

Die Schrift hat ein unterschiedliches Interesse an der Anerkennung von Kopien und Übersetzungen von Gottes Wort im Unterschied zu den Originalmanuskripten. Wir können ebenso von verschiedenen Passagen brauchbare Rückschlüsse ziehen, die uns etwas über die biblische Einstellung gegenüber den damals existierenden Handschriften und den späteren Übersetzungen vermitteln. Was wir dabei aber vorrangig lernen, ist die Tatsache, dass diese nicht autografischen Manuskripte für angemessen erachtet wurden, um das Ziel zu erreichen, für das Gott die Schrift ursprünglich gegeben hat. König Salomo besaß z. B. nur eine Kopie der originalen Gesetze Moses (siehe 5.Mose 17,18), und trotzdem wurde anerkannt, dass es ehrlich und aufrichtig »den Auftrag des Herrn …, wie es im Gesetz des Mose geschrieben steht,« (1.Kön 2,3) enthält.[19]

Das Gesetz Gottes, das in der Hand Esras war, war offensichtlich eine Abschrift, aber dennoch hatte es eine autoritative Funktion in seiner Arbeit (siehe Esra 7,14). Wenn Esra den Leuten von diesem Gesetz vorlas, sodass ihnen göttliche Führung für ihr Leben gegeben wurde, las er scheinbar mittels einer Übersetzung, damit sie den Sinn im Aramäischen auch verstanden, denn das war die Sprache, an die sie sich im Exil gewöhnt hatten: »Und sie lasen im Buch, im Gesetz Gottes, betont [mit Interpretation]; und sie gaben den Sinn, damit sie die Lesung verstanden« (Neh 8,8).[20]

In all diesen Beispielen erfüllt der Sekundärtext Gottes Absicht mit seiner Schrift und teilt somit im praktischen Sinn seine Originalautorität.

Es muss recht eindeutig wiederholt werden, dass die evangelikale Einschränkung der Unfehlbarkeit auf die Autografen 1. keine Einschränkung des autografischen Textes ist und damit die Einzigartigkeit von Gottes verbaler Botschaft bewahrt bleibt und dass dies 2. nicht impliziert, dass gegenwärtige Bibeln dadurch ohne Wert sind, weil sie nicht völlig unfehlbar sind, und damit nicht Gottes Wort entsprechen. Der evangelikale Standpunkt meint nicht, dass die Unfehlbarkeit oder Inspiration gegenwärtiger Bibeln eine Alles-oder-nichts-Angelegenheit ist.[21]

Wenn also die Autografen inspiriert sind, was ist dann mit den Übersetzungen? Wenn nur die fehlerlosen Autografen »Gott-gehaucht« sind und die Übersetzer nicht vor Fehlern bewahrt wurden, wie kann es da Sicherheit über irgendeinen Text in der Schrift geben? Vielleicht ist ja gerade der Text, der infrage gestellt wird, eine fehlerhafte Übersetzung oder Kopie. Die gelehrte Vorgehensweise der Textkritik behandelt dieses Problem, indem sie die Genauigkeit der Kopien von den Originalen untersucht. Um das Ergebnis im Voraus zu nennen: Es ist bekannt, dass diese Kopien genau und ausreichend in jeder Hinsicht sind, mit Ausnahme von eventuellen kleinen Details. Daraus folgt die bestehende Situation, nämlich dass, obwohl nur die Autografen inspiriert sind, alle guten Abschriften und Übersetzungen ebenso genau sind. Auch wenn noch keiner in unseren Tagen jemals ein unfehlbares

Original zu Gesicht bekommen hat, so bleibt es doch auch wahr, dass auch noch nie jemand ein fehlbares gesehen hat.

Warum es Gott nicht als nötig angesehen hat, die Autografen zu erhalten, wissen wir nicht, obwohl die menschliche Tendenz, religiöse Gegenstände zu verherrlichen, mit Sicherheit ein möglicher bestimmender Faktor sein könnte (2.Kön 18,4). Andere meinen, dass Gott diese Verherrlichung der Originale hätte vermeiden können, indem er einfach eine perfekte Kopie erhalten hätte.[22]

Aber er hat es noch nicht mal als geeignet angesehen, dies zu tun. Es scheint wahrscheinlicher zu sein, dass Gott keine Originale erhalten lassen wollte, damit keiner sich daran zu schaffen machen konnte. Es ist nämlich mit den Tausenden von existierenden Kopien praktisch unmöglich, nachträgliche Veränderungen vorzunehmen.

Beim Versuch, die zwei Extreme zu vermeiden, muss erklärt werden, dass eine gute Abschrift oder Übersetzung der Autografen Gottes inspiriertes Wort gleichkommt.[23]

2 Einwände gegen die Inspiration und Unfehlbarkeit der Bibel

Die Bibel behauptet zweifellos, dass sie das inspirierte Wort Gottes ist. Aber manche Menschen haben Einwände gegen die Vorstellung, dass die Bibel das Wort Gottes ist und dass sie unfehlbar ist. In diesem Abschnitt werden einige der größten Einwände gegen die Inspiration und die Unfehlbarkeit der Bibel angesprochen.

2.1 Im Kreis argumentieren

Einige Menschen behaupten, um an die Unfehlbarkeit der Bibel zu glauben, müsse man im Kreis argumentieren. »Du glaubst an die Unfehlbarkeit, weil du glaubst, dass die Bibel es lehrt, aber du glaubst der Bibel, weil du schon an die Unfehlbarkeit glaubst«, werden einige sagen. Aber dies ist nicht der Fall. Eine logische Darstellung für die Aussage der Unfehlbarkeit ist nicht kreisförmig.

Die Bibel ist ein verlässliches und vertrauenswürdiges Dokument. Diese Aussage beruht darauf, dass man sie wie jedes andere historische Buch behandelt, wie zum Beispiel die Werke von Flavius Josephus oder die Berichte der Kriege von Julius Caesar. Auf der Basis der historischen Berichte der Bibel haben wir eine ausreichende Grundlage zu glauben, dass der zentrale Charakter der Bibel – Jesus Christus – getan hat, was er behauptet hat, getan zu haben, und deshalb auch der ist, der er behauptet zu sein. Er behauptet der einzigartige Sohn Gottes zu sein – in der Tat, Gott im menschlichen Fleisch. Als der einzigartige Sohn Gottes ist Jesus Christus eine unfehlbare Autorität.

Jesus Christus hat nicht nur angenommen, dass die Autorität der Bibel zu seiner Zeit existierte – das Alte Testament; er lehrte es auch und ging sogar so weit zu sagen, dass die Schrift, Gottes Wort, vollkommen und ohne Fehler und ewig gültig ist.

Wenn die Schrift Gottes Wort ist, wie es Jesus gelehrt hat, muss sie allein aus diesem Grunde vollkommen vertrauenswürdig und unfehlbar sein, denn Gott ist ein Gott der Wahrheit.

Aufgrund der Lehre Jesu Christi, dem unfehlbaren Sohn Gottes, glaubt auch die Kirche, dass die Bibel unfehlbar ist.

Dieses Argument beginnt mit dem generellen Wesen der Bibel, fährt dann fort zur Person und Lehre Jesu Christi und endet bei der Übernahme seiner Lehre über das Wesen der Bibel.

2.2 Die Unfehlbarkeit wird von der Bibel nicht gelehrt

»Unfehlbarkeit wird nicht von der Bibel gelehrt«, lautet die Behauptung derer, die gegen die Unfehlbarkeit sind. Sie sagen, dass die Bibel ihre eigene Unfehlbarkeit nicht lehrt, sondern nur lehrt, dass sie inspiriert ist.

Diese Behauptung ist genauso inkorrekt, als wenn man sagt, dass die Bibel die Lehre der Trinität nicht lehrt. Richtig, nirgends sagt die Bibel ausdrücklich: »Es sind drei Personen in einem Gott: Vater, Sohn und Heiliger Geist«. Aber trotz dieser Tatsache wird die Lehre der Trinität klar und nachdrücklich von der Schrift gelehrt. Wie kann man das verstehen?

Durch eine logische Folgerung von zwei Prinzipien, die klar in der Schrift gelehrt werden: Erstens, dass es drei göttliche Personen gibt, die Vater, Sohn und Heiliger Geist genannt werden, und zweitens, dass es nur einen Gott gibt. Die einfache Logik fordert, dass aus diesen zwei Wahrheiten nur eine Schlussfolgerung gezogen werden kann, nämlich eine Schlussfolgerung, die jeder orthodoxe Christ zieht: Es sind drei Personen in einem Gott.

Nach der gleichen Logik lehrt nun die Bibel ihre eigene Unfehlbarkeit. Wie bei der Lehre der Trinität sagt die Schrift nirgendwo explizit: »Die Bibel ist unfehlbar in allem, was sie bestätigt.« Nichtsdestotrotz lehrt die Bibel aber klar und eindrücklich zwei Wahrheiten, von denen diese Schlussfolgerung unvermeidlich ist: Erstens, die genauen Worte der Schrift, und zwar alle, sind eine Offenbarung Gottes. Paulus schreibt: »Alle Schrift ist von Gott durch Inspiration gegeben …« (2.Tim 3,16). Das Wort »Schrift« bedeutet hier »Schriften«. Immer wieder wurde den biblischen Propheten geboten, die genauen »Worte« Gottes aufzuschreiben (2.Mose 24,4; Offb 22,19). David erklärte auf seinem Sterbebett, dass »der Geist Gottes durch ihn gesprochen hat, und Seine Worte waren auf meiner Zunge« (2.Sam 23,2). Jeremia wurde gesagt, »tilge kein Wort« von Gottes Prophetie (Jer 26,2). Der Apostel Paulus nahm für sich in Anspruch »Worte, welche der Heilige Geist lehrt,« zu lehren (1.Kor 2,13).

Zweitens lehrt die Bibel nachdrücklich, dass alles, was Gott spricht, wahr und völlig ohne Fehler ist. Jesus sagt zum Vater: »Dein Wort ist Wahrheit« (Joh 17,17). Der Psalmist verkündet: »Dein Wort ist Wahrheit« (Ps 119,160). Der Schreiber des Hebräerbriefs stellt eindrücklich fest: »Es ist unmöglich, für Gott zu lügen« (Heb 6,18). Paulus sagt Titus, dass »Gott … nicht lügen kann« (Tit 1,2). Das Buch der Sprüche versichert uns, dass »jedes Wort Gottes sich als wahr herausstellt« (Spr 30,5). Zusammengefasst heißt das also, dass Gottes eigener wahrer Charakter es fordert, dass, wenn er spricht, er die Wahrheit sprechen muss. Gleichzeitig ist die Schrift Gottes eigenes Wort. Aus diesen zwei klar gelehrten Wahrheiten der Schrift kann nur eine logische Schlussfolgerung folgen: Alles, was die Schrift lehrt, ist die gesprochene Wahrheit Gottes.

Das ist der Grund, warum Unfehlbarkeit logischerweise aus der Inspiration folgt. Wenn die Bibel Gottes Wort ist, muss sie auch fehlerfrei sein. Christen haben die Lehre der Unfehlbarkeit oft so zusammengefasst: »Was die Bibel sagt, sagt Gott.« In der Tat werden die Worte »Gott« und »Bibel« in diesem Zusammenhang oft austauschbar gebraucht. Zum Beispiel heißt es in Hebräer 3,7 in Bezug auf das Alte Testament: »Der Heilige Geist sagt« (Ps 95,7). Dieses Schema wiederholt sich auch an anderer Stelle (siehe Apg 2,17; Gal 3,8; Hebr 9,8).

Die Bibel nimmt in der Tat für sich in Anspruch, unfehlbar zu sein. Ebenso sicher, wie sie auch die Trinität Gottes lehrt.

2.3 Die Unfehlbarkeit ist nicht wichtig

»Unfehlbarkeit ist nicht wichtig«, ist der Ruf mancher. Sie glauben, dass die Bibel nicht ohne Fehler sein muss, um autoritativ zu sein.

Diesem Einwand der Gegner der Unfehlbarkeit kann aufgrund des eben genannten Punktes schnell widersprochen werden. Sie argumentieren, dass Unfehlbarkeit keine wichtige Lehre ist. Inspiration ist wichtig, sagen sie, aber nicht Unfehlbarkeit. Aber wenn alles wichtig ist, was die Bibel klar und nachdrücklich lehrt, und wenn die Bibel ihre eigene Unfehlbarkeit klar und nachdrücklich lehrt, dann folgt daraus, dass Unfehlbarkeit wichtig ist.

Zu sagen, dass Unfehlbarkeit nicht wichtig ist, ist als wenn man behauptet, dass es nicht wichtig ist, ob Gott die Wahrheit spricht oder nicht. Jesus Christus lehrte ausdrücklich, dass die Bibel bis hin zum kleinsten Teil wahr ist und dass zwar »Himmel und Erde vergehen werden«, aber dass kein Buchstabe oder Strichlein vergehen wird, »bis nicht das ganze Gesetz erfüllt ist« (Mt 5,18). An einer anderen Stelle verkündet er: »Die Schrift kann nicht gebrochen werden« (Joh 10,35). Darum wird Unfehlbarkeit so lange wichtig sein, wie Jesus der Herr sein wird!

2.4 Die Unfehlbarkeit ist eine neue Erfindung

Manche Leute, die die Unfehlbarkeit bestreiten, behaupten, dass sie eine neue Erfindung sei. Einige sagen sogar, dass sie mit B. B. Warfield in Princeton erst Ende des 19. Jh.s begann, andere, wie Jack Rogers vom Fuller Theological Seminary, führen es auf den lutherischen Theologen Franciscus Turretinus gleich nach der Reformationszeit zurück.

Beide Ansichten sind allerdings falsch, denn die Unfehlbarkeit der Bibel wurde schon lange vor Luther oder Calvin gelehrt. Es gibt sogar Hinweise darauf, dass sich schon die frühesten Kirchenväter an diese Lehre hielten. Augustin sagte z. B.: »Ich habe mich entschlossen, diesen Respekt und diese Ehre nur den autorisierten Büchern der Schrift zu geben. Nur von diesen glaube ich fest, dass die Autoren vollkommen ohne Fehler waren.«[24]

Der große mittelalterliche Theologe Thomas von Aquin sagte: »Nichts Falsches kann dem wörtlichen Sinn der Schrift zugrunde liegen.«[25]

Der große Reformator Martin Luther wiederholte immer wieder: »Die Schrift hat sich nie geirrt.« und »Die Schrift kann sich nicht irren.«[26]

Johannes Calvin erklärt die Unfehlbarkeit der Schrift in seiner Institutio klar, wenn er schreibt: »Fehler können nie vom Herzen des Menschen ausgerottet werden, bis die wahre Erkenntnis Gottes [durch die Schrift] in ihn hineingepflanzt ist.«[27]

Johannes Wesley, der Begründer des Methodismus, war äußerst nachdrücklich, was die Unfehlbarkeit der Schrift angeht. Er schrieb: »Nein, wenn es irgendeinen Fehler in der Bibel gäbe, könnten es auch gleich Tausend sein. Falls es einen Fehler in dem Buch gibt, kommt es nicht vom Gott der Wahrheit.«[28]

Diese klaren Aussagen der Kirchenväter und Reformatoren geben einen klaren Hinweis darauf, dass die Unfehlbarkeit keine neue Erfindung der Nach-Reformationszeit oder amerikanischen Theologen des neunzehnten Jahrhunderts ist.

2.5 Es gibt Fehler in der Bibel

Einige Leute behaupten, dass wir den Glauben an die Unfehlbarkeit aufgeben müssen, weil es Fehler in der Bibel gibt. Stephen T. Davis gibt als ein Fehlerbeispiel den Auftrag Gottes an Josua an, die Kanaaniter zu töten. Was ist aber seine Basis, dies einen Fehler zu nennen? Er beantwortet dies sehr klar: »Ich spreche für keinen anderen als für mich selbst, aber ich glaube, dass das Töten unschuldiger Menschen moralisch falsch ist.«[29]

Aber Davis vergisst dabei einige Punkte. Erstens waren die Kanaaniter weit davon entfernt, unschuldig zu sein (3.Mose 18,25; 5.Mose 9,5). Die Praxis des Kinderopfers und anderes unmenschliches Verhalten waren in ihrem Land durchaus üblich. Zweitens war dieser Auftrag einzigartig. Es ist diesbezüglich keine biblische Lehre für alle Zeiten. Es war ein spezifischer Auftrag für einen speziellen Umstand zu einer einzigartigen Zeit in der Geschichte. Drittens ist Gott souverän über alles Leben. Er gab Leben und er hat auch das Recht, es wieder zu nehmen (Hiob 1,21; 5.Mose 32,29).

Hier liegt ein Fehler vor, jedoch nicht in Gottes Tat oder in seinen Worten zu Josua. Der Fehler ist vielmehr, dass man menschliche Vernunft und Sentimentalität als die Basis anwendet, um festzustellen, was im Wort Gottes wahr und was nicht wahr ist. Aber Gott sagt in Jesaja 55,8: »Denn meine Gedanken sind nicht eure Gedanken, noch sind eure Wege meine Wege, spricht der HERR.«

Einige angebliche Fehler stellen sich als Diskrepanzen heraus, die durch die Menschen, die die handschriftlichen Kopien der Bibelmanuskripte anfertigten, erst entstanden sind. Ein Beispiel ist das Alter Ahasjas, in dem er zu regieren begann (mit 22 nach 2.Kön 8,26 oder mit 42, wie es in 2.Chr 22,2 heißt). Andere angebliche Fehler sind *abweichende*, aber nicht widersprechende Berichte. Lukas berichtet, dass es nach der Auferstehung vor dem Grab zwei Engel waren (Lk 24,4), aber Matthäus erwähnt nur einen (Mt 28,2). Dies weicht natürlich voneinander ab, aber es wäre nur widersprüchlich, wenn Matthäus von *nur* einem Engel am Grab gesprochen hätte und dann zu *ein und derselben* Zeit, zu der Lukas spricht, zwei anwesend gewesen sein sollen.

Solche angeblichen Widersprüche sind nichts Neues. Sie sind schon vor Jahrzehnten anderen biblischen Gelehrten aufgefallen. Und doch gewinnt man beim Lesen aktueller Gelehrter, welche die Unfehlbarkeit bestreiten, den Eindruck, dass einige neu gefundene Fakten sie zu der Schlussfolgerung gezwungen hätten, die Unfehlbarkeit aufzugeben. Das Gegenteil ist aber wahr. Es wird heute mehr bestätigt von dem, was in der Bibel steht, und es sind mehr Probleme erklärbar, als es in den letzten Jahrzehnten noch der Fall war. Die Funde vom Toten Meer, von Sumer in Mesopotamien, von Nag Hammadi und – noch aktueller – von Ebla unterstützen mehr denn je die Position, die die Evangelikalen schon lange zuvor eingenommen haben. Warum bleibt dann aber der Eindruck zurück, dass die »Fakten« jetzt erst die Menschen dazu führen, diese entscheidende Lehre des christlichen Glaubens aufzugeben?

Ich bin davon überzeugt, dass es überhaupt kein *faktisches* Problem, sondern eher ein *philosophisches* Problem ist. Paulus warnte: »Seid auf der Hut vor Männern, die euch durch Philosophie und leeren Trug verführen« (Kol 2,8). Was meiner Meinung nach passiert ist, ist, dass viele dieser feinen christlichen Gelehrten durch philosophische Voraussetzungen verführt wurden, sie diese oft unbewusst während ihrer Studienjahre adoptierten, sodass ihre Schlussfolgerungen eher von rationalem und existenziellem Gedankengut bestimmt wurden als von dem Wort Gottes selbst.

Stephen T. Davis analysiert unwissentlich das Problem derer, die die Unfehlbarkeit leugnen, wenn er schreibt: »Was sie zum Liberalismus führt … ist ihre Akzeptanz bestimmter philosophischer oder wissenschaftlicher Annahmen, die nachteilig für die evangelische Theologie sind – z. B. Annahmen über das, was für moderne Menschen ›glaubhaft‹ ist.«[30]

2.6 Eingeschränkte Inspiration

Eine weiterer Einwand gegen die Unfehlbarkeit ist die Behauptung, dass die Inspiration den Bereich der Lehre oder Moral der Schrift abdeckt, aber nicht unbedingt die historischen oder wissenschaftlichen Bereiche. »Alle Schrift ist von Gott eingegeben und ist nützlich zur Lehre« (2.Tim 3,16).

Es gibt einige ernsthafte Schwachstellen in der Ansicht der »eingeschränkten Inspiration«. Erstens, die Bibel macht keinen Unterschied zwischen Lehre und historischen Angelegenheiten. *Alles*, was in der Bibel steht, ist wahr. Zweitens, in vielen biblischen Lehren gibt es keinen Weg, dass man das geistliche von dem physischen oder historischen Element trennen kann. Zum Beispiel ist die Lehre Jesu über die Scheidung untrennbar mit seiner Bekräftigung verbunden, dass Gott buchstäblich einen Adam und eine Eva geschaffen hat (Mt 19,4). Und wie kann jemand das Geistliche und das Historische in Bezug auf das Kreuz oder die Auferstehung trennen?

Drittens, die falsche Dichotomie (Zweiteilung) dem geistigen und historischen Element gegenüber zeigt kein Bewusstsein für die Aussage Jesu gegenüber Nikodemus: »Wenn ich dir irdische Dinge sage und du sie nicht glaubst, wie willst du glauben, wenn ich dir himmlische Dinge sage?« (Joh 3,12). Das heißt, wenn wir der Bibel und unserem Herrn nicht vertrauen, wenn sie von historischen Ereignissen sprechen, wie können wir ihnen dann vertrauen, wenn sie über geistliche Dinge sprechen?

Und schließlich begrenzen die evangelischen Gelehrten, welche die Unfehlbarkeit der Bibel bestreiten, ihre Position nicht allein auf wissenschaftliche, chronologische und historische Angelegenheiten. Paul Jewett bestritt z. B. die Wahrhaftigkeit von Paulus

Lehre über die Rolle der Frau und Davis die Gültigkeit von Gottes Auftrag, die Kanaaniter auszutreiben – eine moralische Angelegenheit. Eine fehlbare Bibel zuzulassen bedeutet aber, zuzulassen, dass irgendjemand und irgendwo es sich aussuchen kann, welche Teile von Gottes Geboten er willig ist zu akzeptieren und welche er ablehnt.

2.7 Nicht existierende Originale

Dieser Einwand beinhaltet, dass Evangelikale, die an die Unfehlbarkeit der Bibel glauben, in eine unfalsifizierbare Position zurückweichen, die auf nicht existierenden Originalen basiert. Da nur die Urschriften von Gott inspiriert waren und da heute keine Originalmanuskripte mehr vorhanden sind, gibt es keinen Weg, einen Fehler in den Autografen nachzuweisen.

Im Gegenzug haben wir aber sehr wohl sehr genaue Abschriften, die für die christliche Lehre und das christliche Leben sehr geeignet sind. Tatsache ist, dass keine große (oder sogar kleine) biblische Lehre von irgendeinem Fehler einer Person, die die Manuskripte kopiert hat, unterminiert wurde.

Die Bibel beinhaltet sehr wenig, von dem Evangelikale sagen würden, dass sie durch Fehler derer passierten, die sie kopierten. Es gibt vieles in der Bibel, wofür Kritiker Christen verfluchen könnten!

Zusammengefasst, die Originale sind praktischerweise nicht nicht existierend. Alle wichtigen Lehren sind in den Kopien, die wir haben, auch erhalten geblieben. So wie die Freiheit eines jeden Amerikaners nicht dadurch gefährdet würde, wenn die ursprüngliche Verfassungsurkunde zerstört würde – solange wir noch gute Kopien von ihr besitzen –, so muss sich auch kein Christ fürchten, nur weil wir die Autografen der Schrift nicht mehr besitzen.

2.8 Ist Gott daran interessiert?

Einige behaupten, dass, wenn Gott nicht fehlerfreie Kopien bereitgestellt hätte, er wohl kaum daran interessiert sein könnte, dass die Originale einwandfrei sind. Wenn Kopien angemessen sind, auch mit ihren kleinen beim Schreiben entstandenen Fehlern, warum ist es dann so wichtig, dass die Originale ohne Fehler waren? Oder anders herum gefragt, warum hat Gott nicht verhindert, dass die fehlerfreien Originale verschwunden sind oder warum hat er die Personen, die sie kopiert haben, nicht vor den Fehlern bewahrt?

Die Antwort zum ersten Teil dieser Frage hat mit der Folgerichtigkeit in Gottes Wesen zu tun. Weil Gott vollkommen ist, muss alles, was direkt von seiner Hand kommt, auch vollkommen sein. Eine ursprüngliche Bibel mit Fehlern würde implizieren, dass Gott Fehler machen kann. Das wäre, als wenn man sagen würde, dass Gott Adam in einem unvollkommenen Zustand geschaffen hat.

Der zweite Teil der Frage kann mit einer weiteren Frage beantwortet werden: Warum hat Gott Adam nicht davor bewahrt zu sündigen? Die Menschheit tendiert doch dazu, das zu verderben, was sie anfasst – ob es nun die Bibel ist oder ob wir es selbst sind. Natürlich hat Gott beide »Originale«, die Bibel und die Menschheit, davor bewahrt, unerkennbar entstellt zu werden. Der Mensch ist im Wesentlichen immer noch im Ebenbilde Gottes (jedoch unvollkommen) und die Bibel ist im Wesentlichen Gottes Wort (obwohl kleinere Fehler in den Kopien vorhanden sind).

Es gibt wichtige Gründe, warum Gott die Originalmanuskripte nicht erhalten hat. Erstens neigt die Menschheit dazu, eher die Kreatur als den Schöpfer zu verehren (Röm 1,25). Man erinnere sich an die eherne Schlange, die Gott bestimmt hat, um das Volk Israel zu erretten? Sie wurde später verehrt (2.Kön 18,4). Wie viel mehr würden wir die genauen Originalworte Gottes verehren, die er für unsere Erlösung bestimmt hat? Weiterhin gibt es dadurch, dass die Originale nicht erhalten geblieben sind, für sündhafte Menschen keine Möglichkeit, sich an den Originalen und ihren Inhalten zu schaffen zu machen.

2.9 Zu viele Vorbedingungen

Eine letzte Behauptung ist, dass Verteidiger der Unfehlbarkeit so viele Grenzen für diese Lehre aufstellen, dass sie den »Tod der tausend Einschränkungen« sterben.

Dieser Punkt ist aber maßlos übertrieben. Grundsätzlich gibt es nämlich nur zwei Qualifikationen für die Unfehlbarkeit: Erstens, nur die *Originalmanuskripte* sind unfehlbar, nicht die Kopien; und zweitens, nur was die Bibel *bekräftigt*, ist unfehlbar, aber nicht alles, was sie beinhaltet.

Man kann sicher sein, dass viele komplizierte Probleme beteiligt sind in einer genauen Unterscheidung, was die Bibel in irgendeinem Absatz bekräftigt. Hierzu gehören Bedeutung, Kontext und literarische Formen. Dies ist jedoch keine Frage der Inspiration, sondern der Interpretation. Es würden zum Beispiel alle zustimmen, dass die Bibel Lügen beinhaltet, Satans Lügen mit eingeschlossen. Aber die Bibel bekräftigt nicht, dass diese Lügen wahr sind. Alles, was die Unfehlbarkeit beansprucht, ist, dass *die Aufzeichnung* dieser Lügen wahr ist.

Andererseits würde nicht jeder zustimmen, dass alles, was im Buch Prediger steht, wahr ist. Viele christliche Interpreten von diesem Werk bewerten die Aussagen in der Mitte des Buches einfach als eine des natürlichen Menschen »unter der Sonne«, als eine *wahre Aufzeichnung einer falschen Sichtweise.*

Es scheint hier sowie in ähnlichen Situationen (die Reden der Freunde Hiobs zum Beispiel) Raum für unterschiedliche Meinungen zu geben. Christen mögen unterschiedlicher Meinung sein über das, was die Bibel in einem Abschnitt tatsächlich bekräftigt und worüber sie nur eine Aussage macht, aber es sollte keine Unstimmigkeit unter uns darüber bestehen, dass das, was die Bibel bekräftigt, unfehlbar ist. Gott kann keine Fehler machen.

Zusammen mit der Frage, wie man die Schrift interpretieren soll, ist in der Lehre der Unfehlbarkeit nicht zu finden – wie die Beschuldigung manchmal aufkommt –, dass jeder Abschnitt wörtlich genommen werden muss. Mit Sicherheit ist es falsch, eine Allegorie wörtlich zu nehmen (Gal 2,24-25). Gleichermaßen spricht die Bibel von Zeit zu Zeit zweifellos von runden Zahlen. Aber Ungenauigkeit ist nicht gleich falsch. Mathelehrer streichen ihren Schülern keinen Fehler dafür an, nur weil sie 22/7 statt 3,1416 als den Wert für π eingesetzt haben. Aber beide sind nichtsdestotrotz ungenau.

Auch sprachen biblische Autoren in der gleichen Weise wie Menschen heute sprechen – sogar Wissenschaftler –, das heißt in beobachtender Sprache. Es scheint, dass die Sonne »aufgeht«, und sogar ein Wissenschaftler wird sagen: »Sieh den schönen Sonnenaufgang an.« Aber das sind Interpretationsfragen und keine Inspirationsfragen. Die wirkliche Schwierigkeit des Unfehlbarkeitsproblem ist aber dies: Ist es der Fall oder ist es nicht der Fall, dass, *was auch immer* die Bibel bekräftigt, ohne Fehler ist? Ist die biblische Lehre fehlerfrei im Hinblick darauf, dass Gott Adam und Eva erschaffen hat, dass eine Flut zur Zeit Noahs die Welt zerstört hat, dass Jona tatsächlich drei Tage in einem großen Fisch war und dass Jesus von den Toten auferstanden ist oder nicht?[31]

3 Schlussfolgerung

Was bedeutet die obige Diskussion für die durchschnittliche Person in der heutigen Zeit? Habe ich eine Bibel oder habe ich keine Bibel, die das inspirierte und unfehlbare Wort Gottes ist? Kann ich sicher sein, dass das, was ich in der Bibel lese, wirklich von Gott ist? Die Antwort ist ein inniges »Ja!« Die Bibel, die wir heute in den Händen halten, ist das inspirierte Wort Gottes. Kürzliche archäologische Entdeckungen (siehe Kapitel 3, 4 und 13 über Archäologie) haben bestätigt, dass die Bibeln, die wir heute besitzen, angemessene Übertragungen von dem sind, was vor zweitausend Jahren existiert hat. Wir haben bloß eine Übersetzung in unserer momentanen Sprache der Gott-gehauchten Schrift, die ursprünglich in Aramäisch, Hebräisch und Griechisch geschrieben war.

Man erinnere sich daran, dass die Lehre der Unfehlbarkeit nur auf die Originalkopien der Bibel zutrifft. Bis zu dem Zeitpunkt, an dem die Drucktechnik erfunden wurde, musste die Bibel für mindestens tausend Jahre per Hand kopiert werden. Daher ist es möglich, dass sich einige Abschreibefehler in den Text eingeschlichen haben. Die Fülle an Handschriften jedenfalls, zusammen mit archäologischen Funden, Textnotizen und anderen Entwürfen, hat geholfen, eine angemessene Übersetzung des unfehlbaren Wortes Gottes zu garantieren.

»Du kannst deiner Bibel vertrauen, denn es ist das inspirierte Wort Gottes. Die Verunreinigung, die sich durch das Kopieren und die Übersetzung eingeschlichen hat, ist minimal, unter Kontrolle und abnehmend. Deshalb, deine Bibel ist vertrauenswürdig.«[32]

Im übrigen Teil dieses Buchabschnittes (Teil III) geht es um die Auseinandersetzung mit den Angriffen der Kritiker gegen die Bibel und ihre Versuche, die Sicherheit, dass Gott wirklich zu uns durch die Heilige Schrift gesprochen hat und noch spricht, untergraben wollen. Bevor man jedoch diesen Kritikern eine Antwort geben kann, ist es wichtig, dass man das übliche Missverständnis und die fehlerhafte Ansicht, welche die meisten Gegner der Bibel haben, versteht: die Voraussetzung des Anti-Supranaturalismus.

4 Literaturangaben

[1] Norman L. Geisler/William E. Nix, *A General Introduction to the Bible*, S. 39.

[2] Ebd., S. 71.

[3] Robert L. Thomas, *New American Standard Exhaustive Concordance of the Bible*, S. 1055-1065.

[4] Norman L. Geisler/William E. Nix, *A General Introduction to the Bible*, S. 72.

[5] Ebd., S. 69f.

[6] Ebd., S. 89.

[7] Ebd., S. 92.

[8] Gleason L. Archer, *Encyclopedia of Bible Difficulties*, S. 191f.

[9] William E. Nix, »Joshua«, zitiert nach W. A. Criswell, *The Criswell Study Bible*, S. 267-96.

[10] Paul D. Feinberg, »The Meaning of Inerrancy«, zitiert in Norman L. Geisler, *Inerrancy*, S. 299.

[11] Norman L. Geisler/William E. Nix, *A General Introduction to the Bible*, S. 58.

[12] Paul D. Feinberg, »The Meaning of Inerrancy«, zitiert in Norman L. Geisler, *Inerrancy*, S. 299f.

[13] William E. Nix, »Joshua«, zitiert nach W. A. Criswell, *The Criswell Study Bible*, S. 267-96.

[14] Emil G. Kraeling, *Rand McNally Bible Atlas*, S. 231, Karte IV.

[15] Norman L. Geisler/William E. Nix, *A General Introduction to the Bible*, S. 57.

[16] Grant R. Osborne, »Redaction Criticism and the Great Commission«, *Journal of the Evangelical Theological Society*, S. 83ff.

[17] Paul D. Feinberg, »The Meaning of Inerrancy«, zitiert in Norman L. Geisler, *Inerrancy*, S. 300ff.

[18] Greg L. Bahnsen, »The Inerrancy of the Autographs«, zitiert nach Norman L. Geisler, *Inerrancy*, S. 155f.

[19] J. Barton Payne, *The Plank Bridge*, S. 16ff.

[20] G. C. Berkouwer, *Holy Scriptures*, S. 217.

[21] Greg L. Bahnsen, »The Inerrancy of the Autographs«, zitiert nach Norman L. Geisler, *Inerrancy*, S. 173.

[22] Ebd., S. 172f.

[23] Norman L. Geisler/William E. Nix, *A General Introduction to the Bible*, S. 42ff.

[24] St. Augustine, *Letters of St. Augustine*, Nr. LXXXII, Philip Schaff, *Nicene and Post-Nicene Fathers*, First Series Bd. 1, S. 349-361.

[25] St. Thomas Aquinas, *Summa Theologica*, 1,1; 10 und 3.

[26] *Works of Luther*, Bd. XV, S. 1481; Bd. XIX, S. 1073.

[27] Johannes Calvin, *Institutio*, Buch 1, Kapitel 6.

[28] John Wesley, *Journal*, Bd. VI, S. 117.

[29] Stephen T. Davis, *The Debate About the Bible*, S. 96.

[30] Stephen T. Davis, *The Debate About the Bible*, S. 139, zitiert nach Norman L. Geisler, *The Inerrancy Debate*, S. 2.

[31] Norman L. Geisler, *The Inerrancy Debate*, S. 1-4.

[32] Goodrick, IMBIWG, S. 113.

12 Die Voraussetzung des Anti-Supranaturalismus

Kapitelübersicht

Bevor wir mit unserer Auseinandersetzung der Quellenscheidungshypothese und Formkritik beginnen, gibt es ein sehr wichtiges und oft missverstandenes Thema, das wir behandeln sollten – den so genannten Anti-Supranaturalismus.[1]

Wenn es irgendein Thema gibt, bei dem reichlich Ignoranz vorhanden ist, dann ist es dieses. Viele aufrichtige Studenten und Laien werden von Schlussfolgerungen, die angeblich auf objektiven historischen oder literarischen Nachforschungen und Methoden basieren, in die Irre geführt. In Wirklichkeit sind diese Schlussfolgerungen nur das Resultat einer subjektiven Weltanschauung.

1 Voraussetzungen

1.1 Erklärung

Eine Voraussetzung ist etwas, was im Vorfeld angenommen oder vermutet wird. Eine gute Erklärung dazu ist: »Etwas als eine vorhergehende Möglichkeit einfordern oder mit einbeziehen«. Man könnte sagen, dass wenn man etwas »voraussetzt«, schlussfolgert man etwas, bevor man die Nachforschung begonnen hat.

1.2 Synonyme

»Im Voraus urteilen«, »etwas als wahr annehmen«, »Voreingenommenheit«, »voreilig entscheiden«, »eine vorgefasste Meinung«, »eine festgelegte Überzeugung«, »eine vorgefasste Absicht« oder »ein voreiliger Rückschluss«.

1.3 Voraussetzungen sind unvermeidlich

Voraussetzungen sind bis zu einem bestimmten Grad unvermeidlich. Thomas Whitelaw aus Großbritannien zitiert den deutschen Theologen Biedermann (*Christliche Dogmatik*), indem er sagt:

> [Es ist] nicht wahr, aber es ist wie Sand in den Augen, wenn jemand behauptet, dass echte wissenschaftliche und historische Kritik ohne dogmatische Voraussetzungen fortgesetzt werden kann und sollte. In dem letzten Fall war die Überlegung, dass die so genannten ausschließlich historischen Grundlagen immer bis zu dem Punkt reichen, an dem es sich dies betreffend entscheiden kann und wird, ob sie einige bestimmte Dinge in sich selbst für möglich halten kann oder nicht … Einige Arten von Grenzdefinitionen, seien sie auch noch so großzügig gehalten, von dem, was geschichtlich möglich ist, bringt jeder Student zu historischen Untersuchungen mit sich; und diese sind für jenen Studenten dogmatische Voraussetzungen.[2]

> »Es ist wirklich wahr«, fährt James Orr fort, »dass es unmöglich ist, in irgendeiner Untersuchung auf führende Prinzipien der Forschung und auf Voraussetzungen jeglicher Art zu verzichten, und es gibt keine Kritik auf der Welt, die das tut … Nur dass es diesen nicht erlaubt sein sollte, Fakten zu verschleiern oder zu verzerren oder zur Unterstützung auf eine vorgefasste Schlussfolgerung zu übertragen. Der Wissenschaftler sieht es als seine Pflicht an, dass er der ›Natur‹ mit seinen Befragungen und vorläufigen Hypothesen, die – wie auch immer – auf experimentelle Richtigkeit getestet werden müssen, ›vorgreifen muss‹.«[3]

John Warwick äußert sich über die Notwendigkeit der Voraussetzungen folgendermaßen: »Erstens, obwohl Kant damit völlig Recht hatte, dass alle Argumente mit *Apriori* beginnen, folgt daraus nicht, dass die eine Voraussetzung genauso gut ist wie die andere.«[4]

Thomas Whitelaw schreibt, dass beide, sowohl die radikalen als auch die konservativen Kritiker, zu viele Voraussetzungen haben:

> Solange Literarkritiker noch an einen Gott glauben, haben sie nicht das Recht, Sein Nichteingreifen in den normalen Geschehensablauf zu postulieren oder zuvor schon anzunehmen, dass »keine Wunder passieren« oder das »Vorhersehung«, in dem Sinn, dass man die zukünftige Ereignisse voraussagt, »nicht möglich« ist. Zugegeben, es würde gegen den gesunden Menschenverstand verstoßen, wenn man das Gegenteil behaupten würde, dass in Gottes vorhersehender Regierung der Welt und Offenbarung seiner selbst Wunder und Vorhersehungen geschehen müssen, aber dann hat man einen Grund, dass die Argumentation gleichmäßig unfair ist – hier bleibt die Antwort sichtbar einer Frage schuldig –, welches gleich am Anfang beginnt: keine Übernatürlichkeit außerhalb der Linien und Grenzen des Natürlichen. Vorurteilsfreie Forschungen werden sich selbst bei der Untersuchung der Realität oder Nichtrealität der so genannten Fakten, z. B. Phänomene zu prüfen – ob sie nun natürlich sind oder nicht – und mit der Einstellung, deren wahren Charakter zu erforschen, streng beschränken müssen.[5]

Den radikalen Kritikern gegenüber sollte in aller Fairness zuerkannt werden, dass »sich manchmal angeblich konservative Schreiber bei einfachen Fakten der Schrift große Freiheiten herausnehmen und zu Schlüssen kommen, die ebenso fundamentlos sind wie die Schlüsse der radikalen Kritiker«.[6]

Oswald Allis beobachtet Vorurteile auf beiden Seiten:

> Der »wissenschaftliche Gelehrte« ist, generell gesehen, indem er die Autorität des Alten Testaments ablehnt, genauso dogmatisch wie der Konservative es ist, wenn er sie akzeptiert und verteidigt. Indem er das Alte Testament an eine Weltanschauung anpassen will, welche die erlösende Transzendenz der Bibel und die Einzigartigkeit der Geschichte, Religion und Rituale negiert, ist er genauso hartnäckig wie der Verteidiger der Bibel, der auf die Einzigartigkeit der Geschichte des Alten Testaments und die Transzendenz, die es erfüllt, besteht. … Einen Gegner mit Vorurteilen und Dogmen zu beschuldigen ist eine einfache Art, einem Problem aus dem Weg zu gehen.[7]

1.4 Haben wir ein Recht dazu?

Man muss sich konstant und gewissenhaft über seine Voraussetzungen im Klaren sein. Ich muss mich selber fragen: »Habe ich ein Recht auf meine Voraussetzungen?« Eine Schlüsselfrage ist: »Decken sich meine Voraussetzungen mit der Realität, mit dem, was wirklich ist? Gibt es ausreichende Beweise, um sie zu stützen?«

2 Der Anti-Supranaturalismus

Da das Konzept des Anti-Supranaturalismus unter den radikalen Befürwortern sowohl der Quellenscheidungshypothese als auch für die formkritische Schule weit verbreitet ist, habe ich mich entschlossen, dass wir uns an dieser Stelle und nicht an ihren eigenen vorgegebenen Punkten damit näher auseinander setzen werden.

2.1 Definition

Für unseren Zweck werden wir Anti-Supranaturalismus entweder als Unglauben an Gottes Existenz oder als Unglauben an sein Eingreifen in die natürliche Ordnung des Universums definieren. Im Pentateuch wird es nicht weniger als 235-mal ausdrücklich erwähnt, dass entweder Gott zu Mose »gesprochen« hat oder Gott Mose »befohlen« hat, etwas zu tun (*Strong's Exhaustive Concordance of the Bible*). Vor seiner Untersuchung hätte jeder Kritiker mit einem anti-supranaturalistischen Vorverständnis (Voraussetzungen) diese Zählung sofort schon als unhistorisch abgelehnt.

A. J. Carlson definiert in *Science and the Supernatural* das Übernatürliche als »Information, Theorien, Überzeugungen und Praktiken, die den Anspruch auf Ursprünge anders als nachprüfbare Erfahrung und Denken oder Ereignisse erheben, die im Gegensatz zu den uns bekannten Prozessen der Natur stehen.«[8]

2.2 Erklärung

2.2.1 Darlegung der Position

Da wir in einem *geschlossenen* System oder Universum zu leben meinen, kann es dort keinen Eingriff oder Störung von außen durch einen angeblichen Gott geben. Dieses geschlossene System oder Kontinuum bedeutet, dass jedes Ereignis seine Ursache im System selbst hat. Einfach gesagt, jedes Ereignis oder Geschehnis hat eine natürliche Erklärung. Deshalb ist jeder Verweis auf eine göttliche Handlung oder Ereignis nutzlos, da davon ausgegangen wird, dass es für jedes Phänomen eine natürliche Erklärung geben muss.

2.2.2 Glaubensgrundsätze

Es ist schwierig die Glaubenssätze derer zusammenzufassen, die an der anti-supranaturalistischen Sichtweise festhalten, weil sie in sich variieren. An den folgenden halten aber viele fest:

- Wir leben in einem geschlossenen System (jede Ursache hat seinen natürlichen Effekt).
- Es gibt keinen Gott (für viele Kritiker wäre es angemessener zu sagen: »Praktischerweise gibt es keinen Gott.«).
- Es gibt keine Übernatürlichkeit.
- Wunder sind nicht möglich.

2.3 Einige Illustrationen

2.3.1 Eine Geschichte über mein erstes Buch

Eine Gruppe von Studenten gab mein erstes Buch einem Professor, der Vorsitzender des Fachbereichs für Geschichte an einer bekannten Universität war. Sie baten ihn, *Evidence That Demands A Verdict* zu lesen und seine Meinung darüber zu äußern.

Einige Monate später kam einer der Studenten in sein Büro zurück, um nachzuforschen, wie weit er denn sei. Der Professor antwortete, dass er das Buch durchgelesen habe. Und weiter sagte er, dass es einige der überzeugendsten Argumente beinhalte, die er je gelesen habe, und er nicht wüsste, wie jemand sie widerlegen könnte. Und an diesem Punkte fügte er hinzu, »Wie auch immer, ich kann die Schlussfolgerung von Herrn McDowell nicht akzeptieren. Der Student fragte leicht verblüfft: »Warum?« Der Vorsitzende des Fachbereichs für Geschichte antwortete: »Wegen meiner Weltanschauung!«

Seine endgültige Ablehnung basierte nicht auf den Beweisen, sondern sie wurde trotz der Beweise aufrechterhalten. Der motivierende Faktor, warum er sich weigerte, die Beweise anzuerkennen, war seine Voraussetzung über das Übernatürliche und nicht eine historische Untersuchung.

2.3.2 An einer anderen Universität

An einer anderen Universität hielt ich eine Philosophievorlesung. Auf meine Schlussfolgerung hin begann der Professor sofort mich mit Fragen über die Gültigkeit der Auferstehung unter Druck zu setzen. Nach ein paar Minuten wurde die Diskussion fast unausstehlich.

Schließlich fragte ein Student den Professor, was er glaubt, was an dem ersten Ostermontag stattgefunden hat. Nach einer kurzen Pause erwiderte der Professor ehrlich: »Um dir die Wahrheit zu sagen, ich weiß es nicht.« Dann fügte er schnell und eher kraftvoll hinzu: »Aber es war nicht die Auferstehung!«

Nach einer kurzen Zeit des Nachhakens gab er ungern zu, dass er auf Grund seiner Weltanschauung und Vorurteils gegen die Ansicht, dass Gott im Rahmen der Geschichte handelt, dieser Meinung war.

2.3.3 Während einer anderen Vorlesung

Während einer anderen Vorlesung, in der ich über Christentum und Philosophie sprach, unterbrach mich der Professor und sagte: »Das ist alles lächerlich. Wir wissen alle, dass es doch irgendeine andere Erklärung für das leere Grab geben muss.«

2.3.4 Der Grund meiner Einleitungsaussage über Geschichte

Die eben gebrachten Beispiele sind der Grund dafür, warum ich in Geschichtsklassen oft die Aussage mache: »Folgt man der modernen historischen Einstellung, würde ich nie zu dem Glauben an die Auferstehung Jesu als Erlöser und Herr kommen.« Zu diesem Zeitpunkt sehen mich die meisten Christen schief von der Seite an, weil sie wissen, dass ich lehre, dass das Christentum ein historischer Glaube ist. Dann mache ich sie auf die einschränkenden Worte »folgt man der modernen historischen Einstellung« meiner Aussage aufmerksam. Ich könnte meine historischen Nachforschungen nicht rechtfertigen, wenn ich an der »modernen Einstellung« festhalten würde. Der Grund dafür ist, dass der moderne historische Zugang bestimmte Schlussfolgerungen voraussetzt, bevor eine Nachforschung überhaupt beginnt. Ein gewöhnlicher Historiker schließt jeglichen Verweis auf das Übernatürliche als unhistorisch aus oder er gebraucht einen abgedroschenen Ausdruck wie »Mythos«.

Sie gehen mit einer vorgefassten Vorstellung an die Geschichte heran und passen die Beweise dementsprechend an. Mit anderen Worten, sogar bevor sie ihre historische Untersuchung beginnen, haben sie schon den Inhalt ihrer Ergebnisse bestimmt.

Viele Historiker gehen mit bestimmten Voraussetzungen an die Geschichte heran. Diese Voraussetzungen sind keine historischen Vorlieben, sondern eher philosophische Vorurteile. Ihre historische Perspektive ist in einem philosophischen Rahmen verwurzelt und ihre metaphysische Überzeugung bestimmt normalerweise den »historischen« Inhalt und das Ergebnis. Der »moderne« Forscher wird, wenn ihm der historische Beweis für die Auferstehung gezeigt wird, sie normalerweise ablehnen, aber nicht auf Grund ihrer oder seiner historischen Untersuchung.

Die Antwort wird oft sein: »Weil wir wissen, dass es keinen Gott gibt« oder »Das Übernatürliche ist nicht möglich« oder »Wir leben in einem geschlossenen System« oder »Wunder sind nicht möglich« und so weiter *ad infinitum*. Meistens antworte ich: »Sind Sie zu diesem Entschluss gekommen, indem Sie die historischen Beweise studiert haben, oder entspringt es Ihrem philosophischen Denken?« Allzu oft ist ihre Schlussfolgerung ein Ableger von *philosophischen Spekulationen* und nicht von einer historischen Hausaufgabe.

Die zuvor genannten Professoren lehnten meine Behauptungen nicht ab, weil die Materie irgendwelche Schwachpunkte hätte, sondern weil sie standhafte Naturalisten waren.

Clark Pinnock beschreibt deutlich das Problem: »Bis er (der Naturalist) die Möglichkeit einer theistischen [von einem persönlichen Gott geschaffenen, in ihr wirkenden und von ihr zu unterscheidenden] Welt eingestehen wird, wird keine noch so große Anzahl an Beweisen den modernen Menschen davon überzeugen, dass die Auferstehung nicht absurd ist.«[9]

Bernard Ramm klärt den naturalistischen Zugang und seine Auswirkungen auf die Ergebnisse einer Studie:

> Wenn das Problem die Existenz des Übernatürlichen ist, dann hat solch ein Zugang offensichtlich die Schlussfolgerung zu ihrem Hauptgegenstand gemacht. Zusammengefasst, bevor die Kritik wirklich beginnt, ist das Übernatürliche schon ausgeschlossen. Alles muss raus. Die Schlussfolgerung ist daher kein reines Ergebnis einer aufgeschlossenen Studie über das Übernatürliche, sondern eine Schlussfolgerung, die dogmatisch von anti-supranaturalistischer Metaphysik diktiert wurde. Anhand welcher anderen Grundlage könnten Kritiker sonst das Übernatürliche in einem Dokument, das zugegebenermaßen historischen Wert hat, *komplett* ausschließen?[10]

2.3.5 Ein einprägsames Beispiel von einer Festlegung zu einer vorausgesetzten Schlussfolgerung

Viele Jahre erzählte ich eine Anekdote, die einen vorausgesetzten Standpunkt illustriert und von J. Warwick Montgomery stammt:

Es war einmal ein Mann, der dachte, dass er tot sei. Seine besorgte Frau und seine Freunde schickten ihn zu einem freundlichen Psychologen in der Nachbarschaft. Der Psychologe war überzeugt, den Mann dadurch zu heilen, indem er ihn von der einen Tatsache überzeugte, die der Überzeugung des Mannes, dass er tot war, widersprach. Der Psychologe gebrauchte die einfache Wahrheit, dass tote Menschen nicht bluten. Er ließ seinen Patienten an die Arbeit gehen und ihn medizinische Texte lesen, Autopsien durchführen usw. Nach anstrengenden Wochen sagte der Patient endlich: »O.k., o.k.! Du hast mich überzeugt. Tote Menschen bluten nicht.« Wonach der Psychologe ihm mit einer Nadel in den Arm stach und Blut herausfloss. Der Mann sah mit einem verzerrten, blassen Gesicht runter und schrie: »Oh Gott! Tote Menschen bluten doch!«

Montgomery kommentiert:

Diese Gleichnisgeschichte illustriert, dass, wenn man an unvernünftigen Voraussetzungen mit genügend Hartnäckigkeit festhält, Fakten keinen Unterschied mehr machen werden und man im Stande sein wird, sich seine eigene Welt zu schaffen, ohne jeglichen Bezug zur Wirklichkeit und vollkommen unfähig dabei, von der Wirklichkeit berührt zu werden. Solch ein Zustand (den die Philosophen solipsistisch, die Psychologen autistisch oder psychotisch und Anwälte geisteskrank nennen) ist gleichbedeutend mit dem Tod, weil die Verbindung zur lebenden Welt abgetrennt ist. Der Mann in der Parabel dachte nicht nur, dass er tot war, sondern er *war* im eigentlichen Sinne des Wortes tot, weil Fakten für ihn nichts mehr bedeuteten.[11]

2.4 Beispiele der Befürworter

Dieser Abschnitt wird sich im Grunde mit denen befassen, die entweder die Quellenscheidungshypothese oder die Formkritik befürworten.

2.4.1 Die Quellenscheidungshypothese

Der deutsche Gelehrte Frank (*Geschichte und Kritik der Neuren Theologie,* S. 289) gibt diese exakte Zusammenfassung der Voraussetzungen, die von der Quellenscheidungshypothese aufgestellt werden: »Die Darstellung des Verlaufs der Geschichte ist *a priori* als unwahr und unhistorisch anzusehen, wenn übernatürliche Faktoren mit eingeflochten werden. Alles muss mit dem Verlauf der natürlichen Geschichte in Übereinstimmung gebracht und verglichen werden.«

In seinem Werk *De Profeten en de Profetie onder Israel* (Bd. I, S. 5.585), legt A. Kuenen seine anti-supranaturalistische Position dar:

Solange wir einen Teil des religiösen Lebens von Israel direkt auf Gott zurückführen und zulassen, dass übernatürliche oder unmittelbare Offenbarungen sogar nur in einem Fall eine Rolle spielen, genau so lange wird unsere Ansicht des Ganzen ungenau bleiben, und wir sehen uns selbst verpflichtet, den recht sicheren Inhalten der historischen Berichte hier und da Gewalt anzutun. Es ist nur die Vermutung des natürlichen Verlaufs, die einen Nutzen von allen Phänomenen zieht.

In *De Godsdienst van Israel* (Bd. I, S. 111) erklärt Kuenen, dass »der vertraute Umgang der Gottheit mit den Patriarchen für mich eine der bestimmenden Überlegungen gegen den historischen Charakter der Erzählungen bildet.«

Die Vorstellung, dass es bei den Ereignissen der Israeliten keine übernatürliche Eingriffe von Gottes Seite her gab, ist noch nicht verbannt worden.

Langdon B. Gilkey, ehemals Mitglied der Vanderbilt University und jetzt der Universität von Chicago, beschreibt den biblischen Bericht des Exodus-Sinai-Ereignisses als »die Handlungen, von denen die Hebräer glaubten, dass sie Gott getan haben könnte, und die Worte, die er gesagt haben könnte, wenn er sie getan und gesagt hätte – aber natürlich erkennen wir, dass er es nicht getan hat.«[12]

Julius Wellhausen, in seiner *Israelitischen und Jüdischen Geschichte* (S. 12), macht den Bericht über die Wunder, die am Sinai geschahen – als Gott Mose die Gebote gab –, lächerlich und sagt: »Wer kann denn wirklich all das glauben?«

Mit einem Verweis auf die Hebräer, die das Rote Meer durchquerten, schreibt Gilkey: »Wir bestreiten den Wundercharakter dieses Ereignisses und sagen, dass die Ursache bloß ein Ostwind war und dann verweisen wir auf die übliche Reaktion des hebräischen Glaubens.«[13]

Im Kontrast zu diesen anti-supranaturalistischen Sichtweisen schlussfolgert W. H. Green, dass »wir weder vernünftig noch sicher das greifbare Vorurteil gegen das Übernatürliche, welches die kritischen Theorien infiziert hat, übersehen können. … Alle anerkannten Führer der Bewegung haben ohne Ausnahme die Realität der Wunder und Prophezeiungen und direkte göttliche Offenbarungen in ihrem echten und evangelikalen Sinn erkundet. Ihre Theorien sind alle mit naturalistischen Voraussetzungen verknüpft, die nicht entflochten werden können, ohne dass sie in Stücke fallen.«[14]

James Orr spricht über die Wissenschaft der Quellentheorie im neunzehnten Jahrhundert (was auch gut auf das zwanzigste Jahrhundert übertragbar ist) und erklärt, dass »jetzt die Fakten offensichtlich werden; es gibt wirklich keinen Grund es zu verschleiern, dass – zu einem großen und einflussreichen Teil der kritischen Forscherschule – die, die am meisten mit der Formung der aktuellen kritischen Theorien zu tun hatten, die Frage über die Herkunft des Übernatürlichen in der Religion Israels schon ausgeschlossen haben; sie ist von Beginn an als ein ›*Apriori*‹ unzulässig an die Seite gesetzt worden.«[15]

2.4.2 Die Formkritik

Rudolph Bultmann, einer der ersten Befürworter der Formkritik, legt das Fundament für seine Schule:

> Die historische Methode schließt die Voraussetzung mit ein, dass die Geschichte eine Einheit im Sinne eines geschlossenen Kontinuums von Wirkungen ist, in dem individuelle Ereignisse durch die Aufeinanderfolge von Ursache und Wirkung verbunden sind. Das bedeutet nicht, dass der Geschichtsprozess vom Ursachengesetz bestimmt ist und dass es keine freien Entscheidungen des Menschen gibt, dessen Handlungen den Verlauf der Geschichte bestimmen. Aber sogar eine freie Entscheidung passiert nicht ohne eine Ursache, ohne ein Motiv, und die Aufgabe eines Historikers ist es, diese Motive und Handlungen zu erforschen. Alle Entscheidungen und alle Taten haben ihre Ursache und Folgen; und die historische Methode setzt voraus, dass es im Prinzip möglich ist, diese Ursachen, Folgen und ihre Verbindung an den Tag zu legen und somit den ganzen historischen Prozess als eine geschlossene Einheit zu verstehen. Diese Geschlossenheit bedeutet, dass das Kontinuum geschichtlicher Ereignisse nicht von der Intervention des Übernatürlichen, transzendenten Mächten leihen kann und dass es deswegen »Wunder« in diesem Sinne des Wortes nicht gibt. Solch ein Wunder wäre ein Ereignis, dessen Ursache nicht im Geschichtlichen liegt. … Es ist mit solch einer Methode im Einklang, mit der die Wissenschaft der Geschichte ihre Arbeit an allen historischen Dokumenten macht. Und es kann im Falle der biblischen Texte keine Ausnahmen geben, wenn die Letztgenannten überhaupt als historisch verstanden werden sollen.[16]

Bultmann setzt voraus, dass Menschen des zwanzigsten Jahrhundert es als selbstverständlich ansehen, dass die Ereignisse der Natur und Geschichte nirgendwo von der Intervention der übernatürlichen Mächte gestört werden. Laut Bultmann ist »ein historischer Fakt, der eine Auferstehung von den Toten erfordert, schrecklich unbegreiflich.«[17]

> Norman Perrin erklärt in *The Promise of Bultmann*, dass »vielleicht für Bultmann von allem die wichtigste Tatsache ist, dass es nicht nur kein einzigartiges Ereignis in der Geschichte gibt, sondern auch dass Geschichte, welche von Historikern erforscht wird, eine einzige geschlossene Kette von Ursache und Wirkung ist. Die Idee von Gott als einer Macht, die in der Geschichte als eine effektauslösende Ursache interveniert, ist eine, die ein Historiker nicht in Erwägung ziehen kann.«[18]
>
> »Es folgt«, fügt Perrin hinzu, »von dem, was wir gesagt haben, dass Gott keine effektauslösende Ursache eines Ereignisses in der Geschichte sein kann; nur eine Person oder der Glaube von Menschen an Gott kann dies sein. Weiterhin, da der Geschichtsprozess einheitlich ist und nicht zufällig – wenn er zufällig wäre, dann würde jegliche Art der historischen Existenz unmöglich sein –, dann folgt, dass es nie in der Geschichte (jedenfalls in der Weltgeschichte) ein Ereignis gegeben hat und es auch nie ein Ereignis geben wird, von dem Gott die effektauslösende Ursache war oder sein wird.«[19]

Bultmann lehnt die Möglichkeit der »Wunder« ab. Er schreibt in *Jesus Christ and*

Mythology: »Der moderne Mensch erkennt nur solche Phänomene oder Ereignisse als Realität an, die in einem Rahmen der rationalen Ordnung des Universums begreiflich sind. Er erkennt Wunder nicht an, da sie nicht in die gesetzliche Ordnung hineinpassen.«[20]

Bultmann fährt in seiner Argumentation in *Kerygma and Myth* fort:

> Es ist für Kritiker nicht so relevant hervorzuheben, dass das Weltbild der heutigen natürlichen Wissenschaft nicht länger das des neunzehnten Jahrhunderts ist, und es ist naiv zu versuchen, die Relativierung des Kausalgesetzes zu gebrauchen, um den Glauben an Wunder aufzufrischen, als ob infolge dieser Relativierung die Tür zur Einmischung von transzendenten Mächten gegeben wäre. Verzichtet die heutige Wissenschaft auf Experimente? Solange sie dies nicht tut, steht sie in dem traditionellem Denken, das in Griechenland mit der Frage nach der Ursache begann und der Forderung, dass ein Grund für die Dinge genannt wird.[21]

Herman Ridderbos, der über den Anti-Supranaturalismus und Bultmann schreibt, kommentiert:

> Es ist für einen modernen Denker unbegreiflich, dass es für einen, der tot ist, möglich wäre, wieder zum physischen Leben gebracht zu werden. Denn der moderne Mensch hat die Organisation des menschlichen Körpers verstehen gelernt. Der moderne Mensch kann Gottes Handlung nur als ein Ereignis begreifen, das die Realität seines eigenen »grundlegenden« Lebens interveniert und transformiert; das heißt ein Ereignis der Realität seiner Existenz als Geist. Er kann die Handlungen der Erlösung insofern nicht begreifen, weil sie sich mit dem Menschen als natürliche Realität und mit der natürlichen Realität des gesamten Kosmos befassen. Zur gleichen Zeit wird impliziert, dass die Empfängnis Jesu, als ein zuvor existierendes himmlisches Wesen, und die Versetzung des Mannes in eine himmlische Welt des Lichts und die Bekleidung des Mannes mit einem himmlischen Körper nicht nur rational undenkbar, sondern auch bedeutungslos ist; es sagt nichts aus.[22]

Pierre Benoit schlussfolgert, nachdem er die Methode der Formkritik analysiert hat:

> Hinter all diesen relativ neuen Methoden, neu zumindest in ihrer technischen Übertragung, finden wir eine fundamentale These, welche an sich gar nicht neu ist. Dies ist die Bestreitung des Übernatürlichen, an das wir so gewöhnt sind, wenn wir Werke von modernen rationalistischen Kritikern lesen. Es ist eine These, die, wenn man erst mal ihre verschiedenen Masken – literarische, historische oder soziologische – analysiert hat, ihre wahre Identität offenbart –, es ist eine philosophische.[23]

2.4.3 Andere Vertreter

W. J. Sparrow-Simpson weist darauf hin, dass David Strauss

vor langer Zeit vollkommen zugegeben hat, dass »die Herkunft des Glaubens in den Jüngern vollkommen erklärt wird, wenn wir die Auferstehung Jesu Christi so ansehen, wie es die Evangelisten beschreiben, als ein äußerliches wunderbares Ereignis[24]. Nichts kann echter sein als dieses Eingeständnis von Strauss, der von Apriori-Überlegungen kontrolliert war, für welche das Faktum der Auferstehung unzulässig war: »Hier also stehen wir an einem entscheidenden Punkt, an dem, in der Gegenwart der Berichte der wundersamen Auferstehung Jesu, wir entweder die Unzulässigkeit der natürlichen und historischen Sichtweise des Lebens Jesu anerkennen und folglich alles Vorausgegangene zurücknehmen und alle unsere Unternehmungen aufgeben müssen oder uns selbst Versprechen herausfinden, wie möglich diese Berichte dieser Ergebnisse sind, d. h. die Herkunft des Glaubens in die Auferstehung Jesu ohne irgendwelche entsprechenden wunderhaften Fakten.« Dies ist sein bewusstes, absichtliches Unterfangen, eine Erklärung der Ereignisse unter einer Voraussetzung einer bestimmten Weltanschauung zu geben. Es läuft schließlich unabänderlich darauf hinaus. Am Grab in Josefs Garten stehen sich zwei antagonistische Weltanschauungen gegenüber (vgl. Ihmels, *Auferstehung*, S. 27; Luthardt, *Glaubenslehre*).
Die letztendlichen Gründe für die Ablehnung der Auferstehungsbeweise sind nicht historischer Natur. Wie Sabatier richtig sagt: »Sogar wenn die Unterschiede perfekt in Einklang gebracht würden oder wenn sie gar nicht mehr existieren würden, würden Menschen, die das Wunderhafte nicht anerkennen, nichtsdestotrotz entschieden das Zeugnis ablehnen. Wie Zeller einfach zugibt, ihre Ablehnung basiert auf philosophischen Theorien und nicht auf historischen Überlegungen« (*L'Apôtre* Paul, S. 42).[25]

Schubert Ogden, ein Formkritiker, zitiert Glauben und Verstehen (»The Problem of Miracles«, *Religion in Life*, I, Winter, 1957-58, S. 63): »Die Idee von Wundern ist für uns heute unmöglich geworden, weil wir die Natur als ein gesetzmäßiges Ereignis verstehen und deshalb Wunder als ein Ereignis verstehen müssen, das dieses gesetzliche Kontinuum durchbricht. Eine solche Vorstellung ist für uns nicht länger akzeptabel.«[26]

F. C. Burkitt gibt in *Jesus Christ* Folgendes zu:

> Ich bekenne, dass ich keine andere Möglichkeit sehe, die Speisung der Fünftausend zu handhaben, als durch den Prozess der Rationalisierung. … Die Lösung, die mir am meisten zusagt, ist, dass Jesus seinen Jüngern sagte, sie sollten ihren dürftigen Vorrat verteilen, und dass ihr Vorbild veranlasste, dass die, die viel hatten, es mit denen teilten, die wenig hatten.[27]

Ernst Käsemann bringt lebhaft die Meinung der Anti-Supranaturalisten zum Ausdruck. Er beschreibt die Worte und die Taten Jesu in den Evangelien als »eine ungebrochene Serie göttlicher Offenbarungen und mächtiger Taten, die keine gemeinsame Grundlage des Vergleichs mit irgendeinem anderen menschlichen Leben haben und deswegen nicht länger in der Kategorie des Historischen aufgefasst werden kann.«[28]

3 Wissenschaft und Wunder

3.1 Definition von Wunder

»Wie in allen anderen Diskussionen ist der erste Schritt, dass man zu einem klaren Bedeutungsverständnis der Worte kommt, die gebraucht werden. Argumentationen darüber, ob Wunder möglich sind und, wenn sie möglich sind, auch glaubwürdig sind, sind lediglich eine Schaumschlägerei, bis sich die Argumentierenden geeinigt haben, was sie denn mit dem Wort ›Wunder‹ meinen.«[29]

Wir definieren Wunder als besondere Handlungen Gottes in der Welt. Da Wunder besondere Handlungen Gottes sind, können sie nur existieren, wo ein Gott existiert, der solche Handlungen auch vollziehen kann.

3.2 Wunder in einem christlichen Paradigma

Peter Kreeft beobachtete, dass Wunder im Christentum im Vergleich mit den anderen Weltreligionen eine einzigartige Rolle spielen.

> Das entscheidende Argument für die Wichtigkeit der Wunder ist, dass Gott dachte, sie waren wichtig genug, um sie dazu zu gebrauchen, seine Kirche zu gründen und zu erhalten.
>
> Tatsache ist, dass alle grundlegenden und kennzeichnenden Elemente des Christentums Wunder sind: die Schöpfung, die Offenbarung (erst gegenüber den Juden), die Gabe des Gesetzes, Prophezeiungen, die Inkarnation, die Auferstehung, Christi Himmelfahrt und die zweite Wiederkunft und das Endgericht.
>
> Subtrahiere Wunder vom Islam, Buddhismus, Konfuzianismus oder Taoismus und du hast im Wesentlichen die gleiche Religion übrig. Subtrahiere Wunder vom Christentum und du hast nichts weiter übrig als die Umarmungen und Plattitüden, welche die meisten amerikanischen Christen wöchentlich (und schwach) von ihren Kanzeln bekommen. Nichts Besonderes, kein Grund, warum man eher ein Christ sein sollte als etwas anderes.[30]

Sproul, Gerstner und Lindsley belegen, dass Wunder für die Demonstration der Wahrhaftigkeit des Christentums einfach unentbehrlich sind:

> Technisch … sind Wunder visuell, äußerlich und wahrnehmbar von beiden Seiten, dem Bekehrten wie dem Unbekehrten, wobei sie die Kraft zur Überzeugung, wenn nicht sogar zur Bekehrung, in sich tragen. Sicherlich, insofern es die Apologetik betrifft, ist das visuelle Wunder für den Fall des Christentums unentbehrlich, wobei es sich als vernünftig erzeigen würde, ob es nun jemand glaubt oder nicht, ob sich nun jemand bekehrt hat oder nicht, ob nun jemand ein inneres »Wunder« erlebt hat oder nicht. Der Beweis würde selbst dann erbracht werden, wenn alle Leute sich absichtlich weigern, einzuwilligen.[31]

3.3 Die Grenzen der Wissenschaft im Bereich der Wunder und des Übernatürlichen

In seinem Buch *The Limitations of Science* zeigt J. W. N. Sullivan, dass sich seit der Publikation von Einsteins *Special Theory of Relativity* (1905) und Plancks Bemühungen um die »Quantentheorie« Wissenschaftler – trotz der so genannten Naturgesetze – »mit dem Auf und Ab eines unvoraussagbaren und unkontrollierbaren Universums konfrontiert sehen.«[32]

Sullivan schreibt:

> Das, was man die moderne »Revolution der Wissenschaft« nennt, besteht auf Grund der Tatsache, dass die Sichtweise Newtons, welche die wissenschaftliche Welt für fast zweihundert Jahre dominiert hat, sich als unzulänglich erwiesen hat. Es ist im Prozess, durch eine andere Sichtweise ersetzt zu werden und, obwohl der Umbau keineswegs vollständig ist, ist es schon augenscheinlich, dass sich die philosophischen Implikationen der neuen Sicht deutlich von der der alten unterscheiden werden.[33]

James R. Moore fügt in *Christianity for the Tough Minded* (herausgegeben von John Warwick Montgomery) hinzu:

> [Dass] Wissenschaftler heute zugeben werden, dass niemand genügend über die »Naturgesetze« weiß, um zu sagen, dass ein Ereignis notwendigerweise dies Gesetz brechen würde. Sie stimmen darin überein, dass ein nicht statistisches Muster eines Individuums über Zeit und Raum kaum ein ausreichendes Fundament bildet, um darauf unveränderliche Verallgemeinerungen, welche das Wesen des gesamten Universums betreffen, zu gründen. Was wir heute üblicherweise als »Naturgesetze« bezeichnen, sind tatsächlich nur unsere *herbeigeführten und statistischen Erklärungen natürlicher Phänomene*.[34]

John Montgomery zeigt auf, dass die anti-supranaturalistische Position beides zugleich ist – »philosophisch und wissenschaftlich unverantwortlich«. Erstens philosophisch, »weil keiner unter dem Status eines Gottes das Universum so gut kennen könnte, als dass Wunder schon *a priori* ausgeschlossen werden dürften.« Zweitens wissenschaftlich, »weil in der Zeit von Einsteins Physik (so verschieden von der Welt des newtonschen Absoluten, in der Hume noch seine klassische Argumentation gegen alles Wunderbare formulierte) das Universum sich allen Möglichkeiten geöffnet hat. Jeglicher Versuch ein ›universales Kausalgesetz‹ zu postulieren, muss als ›zwecklos angesehen werden‹ (Max Black, *Models and Metaphor*). Denn nur eine genaue Betrachtung des empirischen Zeugnisses für ein wundertätiges Ereignis kann bestimmen, ob es tatsächlich passiert ist oder nicht.«[35]

Die Diskussion wird in *History and Christianity* weitergeführt:

> Aber kann der moderne Mensch ein »Wunder«, so wie das der Auferstehung, akzeptieren? Die Antwort ist eine überraschende: Die Auferstehung muss von uns akzeptiert werden, allein schon deshalb, weil wir moderne Menschen sind, Menschen, die im relativierten Zeitalter Einsteins leben. Für uns, ungleich anderen Menschen, die in der Epoche Newtons lebten, ist das Universum nicht länger ein hochgradig sicheres, voraussehbares Spielfeld, auf dem wir alle Regel kennen. Seit Einstein hat kein moderner [Mensch] mehr das Recht gehabt, die Möglichkeit von Ereignissen auf Grund von vorherigem Wissen des »natürlichen Gesetzes« auszuschließen.
> Der einzige Weg, wie wir herausbekommen, ob ein Ereignis stattfinden kann, ist nachzusehen, ob es tatsächlich stattgefunden hat. Das Problem von »Wundern« muss also im Rahmen von historischen Nachforschungen gelöst werden und nicht im Rahmen von philosophischen Spekulationen.[36]
>
> »Und bedenke«, fährt Montgomery fort, »dass ein Historiker, der einem vermeintlichen ›Wunder‹ gegenübersteht, in Wirklichkeit nichts Neues sieht. Alle historischen Ereignisse sind einzigartig und der Test ihres sachlichen Charakters kann nur der akzeptierte Beweisvorgang sein, dem wir hier gefolgt sind. Kein Historiker hat das Recht zu einem geschlossenen System der natürlichen Abfolge, denn, wie der Cornell-Logiker Max Black in einem neueren Essay gezeigt hat, ist das Konzept der Ursache und Wirkung ›eine eigenartige, unsystematische und unberechenbare Vorstellung‹ (*Models and Metaphors,* S. 169).«[37]

Vincent Taylor, ein berühmter Formkritiker, warnt vor einem zu großen Dogmatismus im Hinblick auf Wunder:

> Es ist heute viel zu spät, um der Frage auszuweichen, indem man behauptet, dass »Wunder unmöglich sind«; die Phase der Diskussion ist definitiv vorbei. Die Wissenschaft nimmt eine viel bescheidenere und wahrere Ansicht der Naturgesetze an, als es für frühere Zeiten charakteristisch war. Wir wissen jetzt, dass die »Naturgesetze« eine praktische Zusammenfassung des vorhandenen Wissens sind. Die Natur ist kein »geschlossenes System« und Wunder keine »Einmischungen« in eine »etablierte Ordnung«. In den letzten fünfzig Jahren wurden wir durch neue Entdeckungen umgeworfen, die zu einer früheren Zeit als unmöglich erklärt wurden. Wir haben gelebt, um von Aufspaltungen von Atomen zu hören und Wissenschaftler selbst davon sprechen zu hören, dass das Universum »mehr wie ein großer Gedanke denn wie eine große Maschine ist«. Diese Veränderung der Sichtweise akkreditiert natürlich nicht das Übernatürliche; aber es bedeutet sehr wohl, wenn die rechten Umstände gegeben sind, dass Wunder nicht unmöglich sind; keine wissenschaftliche oder philosophische Dogmatik steht hier im Wege.[38]

3.4 Das philosophische Argument von David Hume

3.4.1 Humes Position

> Ein Wunder bricht das Naturgesetz; und wie eine standhafte und unveränderliche Erfahrung diese Gesetze aufgestellt hat, so ist der Beweis gegen ein Wunder von der Natur der Fakten so vollständig, wie jedes Argument nur sein kann, das von der Erfahrung herkommt. Nichts ist als Wunder erachtet, wenn es im normalen Verlauf der Natur passiert. Es ist kein Wunder, dass ein Mann, scheinbar bei guter Gesundheit, plötzlich sterben sollte; … aber es ist ein Wunder, dass ein toter Mann zum Leben kommen sollte, weil das noch nie zu irgendeiner Zeit oder in irgendeinem Land beobachtet wurde. Es muss daher eine uniforme Erfahrung gegen jedes Wunder geben, ansonsten würde das Ereignis nicht diese Bezeichnung verdienen.[39]

3.4.2 Widerlegung

Anstatt die Beweise zu Gunsten von Wunder zu bewerten, spielt Hume einfach statistische Spiele. Geisler stellt es so dar:

> Hume wiegt nicht wirklich die Beweise für Wunder ab; er addiert eher Beweise gegen sie. Da es immer wieder Sterbefälle gibt und eine Auferstehung eher selten vorkommt, addiert Hume einfach alle Sterbefälle zusammen und stellt sie den sehr wenigen angeblichen Auferstehungen gegenüber und lehnt Letzteres ab. … Aber dies beinhaltet nicht, dass man Beweise abwägt, um zu bestimmen, ob eine gegebene Person, sagen wir Jesus von Nazareth, … von den Toten auferweckt worden ist oder nicht. Dies ist einfach das Addieren der Beweise von allen anderen Gelegenheiten, zu denen Menschen gestorben und nicht wieder auferstanden sind, und dies zu benutzen, um jeden möglichen Beweis, dass irgendeine Person, die starb, wieder zum Leben gebracht wurde, zu erdrücken. … Zweitens stellt dieses Argument die Quantität von Beweisen mit Wahrscheinlichkeit gleich. In Wirklichkeit sagt es, dass wir immer das glauben sollten, was am wahrscheinlichsten ist (im Sinn von »sich an den größten Wahrscheinlichkeiten erfreuen«).
>
> Aber dies ist albern. Dieser Grundlage zufolge sollte ein Würfelspieler nicht glauben, dass die Würfel beim ersten Wurf drei Sechser zeigen können, da die Wahrscheinlichkeit eine von 1.635.013.559.600 zu 1 ist! Was Hume zu übersehen scheint ist, dass weise Menschen ihren Glauben auf Fakten gründen und nicht einfach auf Wahrscheinlichkeiten. Manchmal stehen die »Chancen« gegen ein Ereignis hoch (auf vergangene Beobachtungen basierend), aber der Beweis für ein Ereignis ist ansonsten sehr gut (auf kürzliche Beobachtungen oder sichere Zeugen basierend). Humes Argument bringt die Qualität eines Beweises mit der Quantität eines Beweises durcheinander. Beweise sollten gewogen, nicht addiert werden.[40]

Weiterhin verwechselt Hume die Wahrscheinlichkeit historischer Ereignisse mit der Art und Weise, wie Wissenschaftler die Wahrscheinlichkeit gebrauchen, um wissenschaftliche Gesetze zu formulieren. Oder wie Nash es formuliert:

> Kritiker von Hume haben sich darüber beklagt, dass seine Argumentation auf einer fehlerhaften Sichtweise von Wahrscheinlichkeit basiert. Zum einen behandelt Hume die Wahrscheinlichkeit von Ereignissen in der Geschichte, wie z. B. Wunder, in der gleichen Weise, wie er die Wahrscheinlichkeit der Wiederholung der Ereignisse, die zur Formulierung eines wissenschaftlichen Gesetzes führen, gebraucht. Im Fall von wissenschaftlichen Gesetzen ist die Wahrscheinlichkeit an die Frequenz der Ereignisse geknüpft; je öfter Wissenschaftler ähnliche Ereignisse unter ähnlichen Umständen beobachten, desto größer ist die Wahrscheinlichkeit, dass ihre Formulierung des Gesetzes richtig ist. Aber historische Ereignisse, Wunder mit inbegriffen, sind anders; die Ereignisse der Geschichte sind einzigartig und nicht wiederholbar. Deshalb ignoriert man einen fundamentalen Unterschied, wenn man historische Ereignisse, Wunder mit eingeschlossen, mit der gleichen Vorstellung der Wahrscheinlichkeit betrachtet, wie sie ein Wissenschaftler gebraucht, um sein Gesetz zu formulieren.[41]

Eine andere starke Widerlegung gegen Humes Standpunkt, dass »nichts je als Wunder angesehen wird, das im normalen Verlauf der Natur passiert«, wurde von C. S. Lewis geäußert. Lewis beantwortet Humes Behauptung:

> Natürlich müssen wir Hume darin zustimmen, wenn es eine absolut »einheitliche Erfahrung« gegen Wunder gibt, wenn es sie in anderen Worten also gar nicht gegeben hat, warum sie denn nicht passiert sind. Leider wissen wir, dass die Erfahrung gegen sie nur dann einheitlich ist, wenn wir wissen, dass alle Berichte über sie falsch sind. Und wir können nur wissen, dass alle diese Berichte falsch sind, wenn wir schon wissen, das Wunder nie stattgefunden haben. In Wirklichkeit drehen wir uns mit der Argumentation aber im Kreis.[42]
> »Der kritische Historiker, der mit einer Wundergeschichte konfrontiert wird, wird es üblicherweise fallen lassen …, um seine Verfahrensweise zu rechtfertigen, wird er sich genau auf das Prinzip, das von Hume hervorgebracht wurde, berufen müssen: Die ›absolute Unmöglichkeit von wundertätiger Natur‹ oder die beglaubigten Ereignisse müssen ›in den Augen aller verstandesmäßigen Menschen … allein als eine ausreichende Widerlegung betrachtet werden‹.«[43] In anderen Worten, es ist ein Kreisargument: Wenn Wunder unmöglich sind, dann muss der Bericht eines jeglichen Wunders falsch sein, und deswegen sind Wunder unmöglich.

Merald Westphal schreibt in seiner Wiederholung von »*The Historian and the Believer*«:

> Wenn Gott existiert, sind Wunder nicht nur logischerweise möglich, sondern

wirklich und echt in jedem Moment möglich. Die einzige Bedingung, die diese Möglichkeit an ihrer Ausführung hindert, liegt im göttlichen Willen. (Für einen Theologen zu sagen, dass wissenschaftliche Erkenntnisse den Glauben an Wunder intellektuell unmöglich machen, ist zu bestätigen, dass wissenschaftliches Erkennen uns begrenztes Wissen zur Verfügung stellt, in welchem der göttliche Wille immer tätig ist.) Seit die Frage der Moral eingeführt wurde, mag es einem vielleicht erlaubt sein, Nachforschungen über die intellektuelle Integrität einer solchen Bekräftigung zu betreiben. Sollte der Friede mit seinem Zeitalter um jeden Preis erzielt werden?[44]

4 Ein angemessener Zugang zur Geschichte

Bevor es uns möglich ist, einen richtigen Zugang zur Geschichte zu bekommen, ist es nötig, dass wir eine Widerlegung der relativistischen Argumente geben.

4.1 Widerlegung der Argumente der Relativisten

4.1.1 Geschichte ist nicht direkt beobachtbar

Geisler erklärt, was man unter objektiv verstehen muss:

> Wenn jemand mit »objektiv« *absolutes* Wissen meint, dann kann natürlich kein menschlicher Historiker objektiv sein. Dies müssen wir eingestehen. Andererseits, wenn »objektiv« nur bedeutet, eine *faire, aber überarbeitbare* Stellungnahme zu geben, welche verständige Menschen akzeptieren können, dann ist die Tür für die Möglichkeit von Objektivität noch offen.[45]

Als Reaktion auf die Behauptung der Relativisten, dass der Historiker im Gegensatz zu dem Naturwissenschaftler Nachteile hat, schreibt Craig:

> Erstens, es ist naiv zu denken, dass der Naturwissenschaftler immer direkten Zugang zu seinem Studienobjekt hat. Der Naturwissenschaftler ist größtenteils für seine eigene Arbeit nicht nur auf Berichte anderer Forscher angewiesen (welche, interessanterweise für ihn historische Dokumente darstellen), sondern weiterhin sind die Objekte der Nachforschungen des Naturwissenschaftlers oft nur indirekt zugänglich, besonders in den hoch theoretischen Feldern wie der Physik.
> Zweitens, während der Historiker keinen direkten Zugang zur Vergangenheit hat, ist der übrige Teil der Vergangenheit, Dinge, die wirklich existiert haben, für ihn direkt zugänglich … zum Beispiel archäologische Daten bereiten ihm direkten Zugang zu den Objekten der historischen Untersuchung.[46]

Deshalb »hat der Historiker nicht weniger als der Naturwissenschaftler das Handwerkszeug zur Bestimmung, was in der Vergangenheit wirklich passiert ist. Der Mangel an direktem Zugang zu den Originalfakten oder Ereignissen hindert den einen nicht mehr als den anderen auch.«[47]

4.1.2 Das bruchstückhafte Wesen von historischen Berichten

Fischer zeigt den Fehler in diesem Argument auf: »Relativismus argumentiert fehlerhafterweise so: Weil alle historischen Berichte einseitig sein müssen, im Sinne von unvollständig, müssen sie auch einseitig sein im Sinne von falsch. Ein unvollständiger Bericht kann ein objektiv wahrer Bericht sein; er kann aber nicht die ganze Wahrheit sein.«[48]

Geisler fügt hinzu:

> Die Tatsache, dass Geschichtsberichte bruchstückhaft sind, zerstört nicht ihre Objektivität … Geschichte muss nicht weniger objektiv sein als Geografie, bloß weil es auf bruchstückhafte Berichte vertraut. Wissenschaftliche Erkenntnis ist auch einseitig und vertraut auf Annahmen und auf einen gesamten Rahmen, der sich möglicherweise auf Grund von mehr Fakten, die gefunden werden, als unangemessen herausstellt.
>
> Was auch immer für Probleme auftreten können, von einer streng wissenschaftlichen Sichtweise her gesehen, kann man dadurch, dass man die Lücken zwischen den Fakten auffüllt, wenn man einmal einen philosophischen Standpunkt gegenüber der Welt eingenommen hat, das Problem der Objektivität im Allgemeinen lösen. Wenn es einen Gott gibt, ist das gesamte Bild schon gemalt; die Fakten der Geschichte werden einfach nur die Details ihrer Bedeutung füllen.[49]

4.1.3 Das selektive Wesen der historischen Methodologie und die interpretierende Strukturierung der Fakten der Geschichte

»Die Tatsache, dass der Historiker seine Materialien wählen muss, macht Geschichte nicht automatisch rein subjektiv. Richter fällen ›ohne Zweifel‹ Urteile, ohne jeden Beweis zu haben. Wenn der Historiker die relevanten und wichtigen Beweise hat, wird es ausreichend sein, Objektivität zu erlangen. Man muss nicht alles wissen, um etwas zu wissen.«[50]

4.1.4 Der Historiker kommt nicht darum herum, Werturteile zu geben

Es sollte zur Kenntnis genommen werden:

> Dies macht historische Objektivität auf keinen Fall unmöglich. Objektivität heißt: fair sein mit dem, wie man mit den Fakten umgeht. Es bedeutet, so korrekt wie möglich zu präsentieren, *was* geschehen ist. Weiterhin bedeutet Objektivität, dass, wenn jemand interpretiert, *warum* diese Ereignisse geschehen sind, die Sprache des Historikers auf den Wert der Ereignisse zurückführen sollte, die sie wirklich in ihrem originalem Kontext hatten. … Wenn die Weltanschauung einmal bestimmt wurde, sind bewertende Urteile nicht unerwünscht oder einfach subjektiv; sie sind tatsächlich grundlegend und objektiv geboten.[51]

4.1.5 Jeder Historiker ist ein Produkt seiner/ihrer Zeit und Weltanschauung

> Während es richtig ist, dass jeder Historiker ein Produkt seiner oder ihrer Zeit ist, wie Geisler bemerkt, »folgt daraus nicht, dass, weil der *Historiker* ein Produkt seiner Zeit ist, seine *Geschichte* auch ein Produkt dieser Zeit ist. … Die Kritik verwechselt den *Inhalt* des Wissens mit dem *Prozess*, um ihn zu erreichen. Sie verwechselt auch die Gestaltung der Ansicht mit der Bestätigung. Wo jemand eine Hypothese herleitet, ist nicht im Wesentlichen damit verbunden, wie er ihre Wahrheit belegen kann.«[52]

Fischer bemerkt ähnlich:

> Es gibt eine Verwechslung zwischen dem Weg, wie Wissen angeeignet wird, und der Gültigkeit dieses Wissens. Ein amerikanischer Historiker mag chauvinistisch behaupten, dass die Vereinigten Staaten ihre Unabhängigkeit von England 1776 verkündet haben. Die Aussage ist wahr, egal welche Motive des Sprechers dahinter stehen. Andererseits mag ein englischer Historiker patriotisch darauf bestehen, dass England seine Unabhängigkeit von den Vereinigten Staaten 1776 verkündet hat. Diese Behauptung ist falsch und wird es immer bleiben.[53]

4.1.6 Die Auswahl und Anordnung der Materialien ist vom Historiker abhängig

Was die Möglichkeit der Vorurteile, Vorlieben oder die Leidenschaft der Verdunkelung der Objektivität der Geschichte angeht, bemerkt der Geschichtsphilosoph W. H. Walsh:

> Es ist immer wieder zweifelhaft, ob wir Vorlieben dieser Art als ein großes Hindernis zur Erreichung der objektiven Wahrheit in der Geschichte sehen sollten. Es ist aus dem einfachen Grunde zweifelhaft, dass wir alle aus eigener Erfahrung wissen, dass diese Art von Vorliebe korrigiert werden kann oder in jedem Fall berücksichtig werden kann. … Und wir sind doch der Ansicht, dass Historiker frei sein sollten von persönlichen Vorurteilen und verurteilen die Historiker, die es nicht sind.[54]

Sogar Van A. Harvey bemerkt, dass »es – wie auch immer – fraglich sein kann, ob Leidenschaft und Objektivität sich gegenseitig ausschließen, wenn man mit Objektivität meint, die Fähigkeit ein Urteil zurückzuhalten, bis man einen guten Grund hat, es zu fällen. Mag nicht ein Richter, der auch der Vater eines Sohnes, der für ein Verbrechen angeklagt wird, sogar in seiner Suche nach der Wahrheit noch objektiver sein als einer, der weniger Interesse hat?[55]

4.1.7 Zusammenfassung: Was kann die Geschichte erstellen?

Wir fassen zusammen:

> Absolute Objektivität ist nur für einen grenzenlosen Verstand möglich. Ein begrenzter Verstand muss mit systematischer Folgerichtigkeit zufrieden sein, das heißt damit, faire, aber veränderbare Versuche, die Vergangenheit wiederherzustellen, auf der Basis eines geschaffenen Rahmens von Verweisen, welche verständlich und dauerhaft alle Fakten in einer Gesamtskizze in sich vereinigen.[56] Sofern man die Frage, ob dies nun eine theistisch oder nicht theistische Welt ist, nicht unabhängig von den einfachen Fakten selbst klären kann, gibt es keinen Weg, die objektive Bedeutung der Geschichte bestimmen zu können. Wenn, andererseits, es gute Gründe gibt zu glauben, dass es ein theistisches Universum gibt, … dann ist Objektivität in der Geschichte eine Möglichkeit. Wenn einmal die gesamte Sichtweise aufgebaut ist, ist es einfach eine Sache des Findens der Sichtweise der Geschichte, die am meisten mit diesem Gesamtsystem im Einklang steht. Das heißt, systematische Übereinstimmung ist der Test für Objektivität in historischen wie auch in wissenschaftlichen Angelegenheiten.[57]

4.2 Eine kritische Methode

Der Erlanger Historiker Ethelbert Stauffer gibt uns noch mehr Vorschläge, wie man einen Zugang zur Geschichte bekommt:

> Was machen wir [als Historiker], wenn wir eine Überraschung erleben, die gegen alle unsere Erwartungen, vielleicht alle unsere Überzeugungen und sogar gegen das ganze Verständnis von Wahrheit unserer Zeit geht? Wir sagen, wie es ein großer Historiker in solchen Umständen zu sagen pflegte: »Es ist sicher möglich.« Warum nicht? Für einen kritischen Historiker ist nichts unmöglich.[58]

4.2.1 Philip Schaff

Der Historiker Philip Schaff fügt zu dem Vorherigen hinzu:

> Der Zweck eines Historikers ist nicht, eine Geschichte von vorgefassten Meinungen zu konstruieren und sie seinen eigenen Vorlieben anzupassen, sondern sie aus den besten Belegen wiederherzustellen und sie für sich selbst sprechen zu lassen.[59]

4.2.2 Ronald Sider

Ronald Sider, Geschichtsprofessor auf dem Messiah College Campus der Temple University, führt aus, wie ein Historiker mit Voraussetzungen umgehen soll:

> Was macht ein kritischer Historiker, wenn sein Beweis sehr stark auf eine Realität eines Ereignisses zeigt, welches seinen Erwartungen widerspricht und das gegen die naturalistische Sicht der Realität geht? Ich sage, er muss seinen kri-

tisch analysierten Quellen folgen. Es ist unwissenschaftlich, mit der philosophischen Voraussetzung, dass Wunder nicht geschehen können, zu beginnen. Sofern wir solche einseitigen Voraussetzungen nicht vermeiden, werden historische Interpretationen bloße Propaganda.
Wir haben das Recht, gute Beweise für ein angebliches Ereignis, welches wir nicht erlebt haben, zu fordern, aber wir sollten es nicht wagen, Realität nach unserer eigenen begrenzten Erfahrung zu beurteilen.[60]

4.2.3 John W. Montgomery

Montgomery schlussfolgert:

> [dass] wir das Recht haben, mit der Voraussetzung zu beginnen, dass Jesus nicht mehr sein kann als ein Mensch. Denn dann könnten offensichtlich unsere Schlussfolgerungen einfach unser Vorgefasstes reflektieren, anstatt den wirklichen Inhalt des Dokuments zu reflektieren. Wir müssen also – mit anderen Worten – versuchen, objektiv das Bild, das Jesus und seine Zeitgenossen von ihm hatten – ob wir dem zustimmen, oder nicht –, offen zu legen. Die Frage, die sich uns stellt, ist nicht, ob Jesus als ein Mensch abgebildet wird. Das würde heute so gut wie keiner in Frage stellen, denn die Berichte sagen uns, dass er hungrig und müde war, dass er weinte, dass er litt und starb, kurzum, dass er Mensch war.
> Die Frage, der wir heute gegenüberstehen, ist, ob er nicht als mehr als nur ein Mensch dargestellt wurde.[61]

4.3 Eine angemessene Untersuchung

Ein kritischer Historiker sollte »die Historizität eines angeblichen Wunders auf der Grundlage der Beweise, die für jeden individuellen Fall erbracht werden können, bestimmen.«[62]

Die Übertragung der oben genannten historischen Untersuchung wird auf Grund der heutigen wissenschaftlichen Erkenntnis vergrößert. »Die wissenschaftliche Beschreibung«, kommentiert Professor Sider, »der beobachteten Regelmäßigkeit der Natur war ein sehr signifikanter Faktor in der Entwicklung von einer noch größeren kritischen Einstellung gegenüber abnormalen Ereignisberichten jeglicher Art. Die Tatsache, dass ein angebliches Ereignis nicht das ist, was jemand auf der Grundlage der beobachteten Regelmäßigkeit in einem gegebenen wissenschaftlichen Feld erwarten würde, ›aktiviert ein Warnlicht‹ [Harvey, »The Historian and the Believer«, S. 225].«[63]

An diesem Punkt muss man mit Vorsicht weiter gehen und vorsichtig die Angaben über das angebliche Ereignis untersuchen.

Zum Beispiel die Auferstehung Jesu: Ein kritischer Historiker würde gerne die Zeugen prüfen, das Faktum des Todes durch Kreuzigung bestätigen, die Begräbnisvorgänge verifizieren und die Berichte bestätigen, dass Jesus am dritten Tage lebendig war und dass das Grab leer war. Dann würde man jede mögliche Erklärung der angegebenen Angaben in Betracht ziehen. In dieser Phase möchte man bestätigende Beweise sorgfältig prüfen und von diesen eine angemessene Schlussfolgerung ziehen.

Der Historiker kann nicht beweisen, dass die Auferstehung und das spätere leere Grab eine direkte Einmischung Gottes war. Ronald Sider erklärt:

> Der Historiker *qua* [als] Historiker konnte natürlich nie beweisen, dass ein außergewöhnliches Ereignis von den Naturgesetzen her unerklärbar war noch dass es aufgrund direkten göttlichen Wirkens geschah. (Bestenfalls konnte er sagen, dass die Beweise für das Ereignis dafür ausreichend waren, seine Geschichtlichkeit zu bestätigen, selbst wenn das Ereignis nach dem derzeitigen Stand des Wissens unerklärbar war.) Er konnte jedoch nie ausschließen, dass zukünftige wissenschaftliche Erkenntnisse dazu führen würden, ein Ereignis als einen Fall eines regulären wiederkehrenden Musters zu erklären [siehe Patrick Nowell-Smith, »Miracles«, in *New Essays in Philosophical Theology*, Hg. A. Flew and A. MacIntyre (Macmillan, New York, 1964), S. 243–53, und besonders S. 245]. Aber die Unfähigkeit des Historikers zu beweisen, dass das ungewöhnliche Ereignis ein »Wunder« ist, sagt nichts über sein Urteil auf Grund der Fakten aus. Im Fall der angeblichen Auferstehung Jesu von Nazareth könnte der Historiker *qua* Historiker nie demonstrieren, dass *Gott* Jesus auferweckt hat, aber wenn er einen angemessenen Beweis fände, besteht für ihn die Möglichkeit zu schlussfolgern, dass Jesus wahrscheinlich am dritten Tag wieder lebendig war.[64]

Eine Schlussfolgerung könnte nur gezogen werden, nachdem ausreichende Beweise dafür vorliegen, dass »Jesus wahrscheinlich am dritten Tag lebendig war«.

> Orr warnt uns, dass, »was auch immer unsere persönliche Überzeugung ist – und von dieser werden wir uns natürlich nicht trennen können –, wir uns, wenn wir unser Argument führen, so gut es uns selbst möglich ist, in eine absolut neutrale Einstellung begeben müssen. Wir müssen versuchen, die Fakten genau so zu sehen, wie sie sind. Wenn Unterschiede auftreten, lass sie notiert werden. Wenn die Fakten solche sind, die uns zwingen, eine besondere Herkunft dieser Religion anzunehmen, lass dieses im Verlauf der Untersuchung ans Licht kommen.«[65]

»Der endgültige Test in beiden Fällen«, fährt Orr fort, »ist die Fähigkeit, sich Fakten zu stellen.«[66]

George E. Ladd schreibt, indem er über die Unfähigkeit spricht, die Auferstehung mit menschlichen Worten wiederzugeben, dass der christliche Glaube bestätigt, dass

> in der Auferstehung Christi ein Ereignis in der Geschichte – in Zeit und Raum – unter den Menschen passierte, das ohne geschichtliche Erklärung oder Ursprung ist, sondern eine direkte unvermittelte Handlung Gottes ist. In der Tat, *wenn der Historiker die Auferstehung Jesu in reinen menschlichen Ausdrücken erklären kann*, werden die, die in irgendeiner Weise einen evangelikalen Glauben haben, einem Problem gegenüberstehen, das verheerende Auswirkungen

> hat. Wie auch immer, Glaube heißt nicht ein Sprung ins Dunkle, eine irrationale Leichtgläubigkeit, ein Glauben gegen Beweise und gegen den Verstand. Es heißt unter dem Aspekt der historischen Fakten glauben, übereinstimmend mit Beweisen, auf der Grundlage von Zeugen. Es wäre unmöglich, an die Auferstehung Jesu ohne die historischen Fakten seines Todes, seiner Grablegung und dem Zeugnis der Jünger zu glauben.[67]

»Wenn historische Kritik«, so schließt Ladd, »nachweisen könnte, dass das große Ereignis der erlösenden Geschichte sich nicht ereignet hat, wäre jeglicher evangelikaler Glaube unmöglich. Wenn der historische Kritiker beweisen könnte, dass Jesus nie vom Grab erstanden ist, wäre der christliche Glaube zertrümmert. Die Schrift selbst bestätigt dies ebenso (1. Kor 15,12-19).«[68]

Die besondere Geschichte des Christentums ist es, dass Gott sich in der Geschichte eingemischt hat und diese Handlungen oder Einmischungen gehen über eine natürliche Erklärung hinaus, wenn es darum geht, ihre Ursache zu analysieren. Der Autor glaubt fest daran, dass ein lebendiger Gott, der in der Geschichte gehandelt hat, offensichtlich jenseits der »natürlichen menschlichen Erklärung« wäre.

Was die Menschen heute getan haben, ist, dass sie Gott durch eine enge naturalistische Definition von Geschichte ausgeschlossen haben. »Wenn die historische Studie«, schlägt Wolfhart Pannenberg vor, »sich von dem dogmatischen Postulat, dass alle Ereignisse von der gleichen Art sind, freihält und zur gleichen Zeit seinem eigenen Verfahren gegenüber kritisch bleibt, muss es dort *prinzipiell* keine Unmöglichkeit in der Behauptung der Historizität der Auferstehung Jesu« geben.[69]

Robert M. Horn (*The Book That Speaks for Itself*, hier verwandt unter der Erlaubnis des Verlages InterVarsity Press, Dowers Grove, Ill.) ist sehr hilfreich im Erforschen von Vorlieben von Menschen in ihren Zugängen zur Geschichte:

> Um es deutlich zu sagen, eine Person, die Gottes Existenz bestreitet, wird sich nicht überzeugen lassen, an die Bibel zu glauben.
>
> Ein Moslem der überzeugt ist, dass Gott nicht zeugen kann, wird nicht ein Buch als Gottes Wort akzeptieren, das lehrt, dass Christus der auf einzigartige Weise geborene Sohn Gottes ist.
>
> Einige glauben, dass Gott nicht persönlich ist, sondern eher das Höchste, das Fundament des Seins. Solche werden geneigt sein, die Bibel als Gottes persönliche Selbstoffenbarung abzulehnen. Nach ihrer Voraussetzung kann die Bibel kein persönliches Wort von »ICH BIN, DER ICH BIN« (2. Mose 3,14) sein.
>
> Andere schließen das Übernatürliche aus. Es ist unwahrscheinlich, dass sie einem Buch Glauben schenken, das lehrt, dass Christus von den Toten auferstanden ist.
>
> Wiederum halten andere daran fest, dass Gott nicht seine wahren und unverzehrten Gedanken durch sündhafte Menschen kommunizieren kann; deshalb betrachten sie die Bibel als – jedenfalls zum Teil – nicht mehr als menschlichen Ursprungs.[70]

Gerhardus Vos ist sehr deutlich in seiner Analyse des anti-supranaturalistischen Zugangs:

> Historische Studien sind ein mächtiges Instrument geworden im Dienst des anti-supranaturalistischen Geistes der modernen Zeit. Zu behaupten, streng neutral zu sein und nichts als die Wahrheit zu suchen, zielt in Wirklichkeit gegen die Grundsätze der außerordentlichen wundersamen Ereignisse der heiligen Geschichte. Sie haben diese Geschichte neu geschrieben, damit die übernatürlichen Elemente aus den Berichten verschwinden. Es wurde dadurch die Geschichtlichkeit der großen erlösenden Werke Gottes, eines nach dem anderen, in Frage gestellt. Es muss hier nicht erwähnt werden, dass die apologetische Antwort für jeden intelligenten Gläubigen gegen diese Angriffe angemessen und völlig ausreichend war. Aber die christliche Mehrheit ist nicht immer fähig, den Unterschied zwischen gut autorisierten Fakten an sich und historischen Konstruktionen festzustellen, in denen die Fakten manipuliert und ihre Interpretation durch *a priori* philosophische Prinzipien geformt wurden. Die Menschen sind es gewohnt, auf die Geschichte im Rahmen von Fakten *par excellence* zu schauen und erst in zweiter Linie die Wissenschaft in der absoluten Gewissheit der konkreten Ergebnisse zu reinigen. In historischen Argumentationen finden sie die naturalistischen Voraussetzungen, welche die Schlussfolgerungen vorbestimmen, nicht so schnell heraus, wie er es in philosophischen Gedankengängen tun würden. Es ist deswegen nicht schwer, einem einfachen Menschen den Eindruck zu vermitteln, dass er mit einer unwiderlegbaren Reihe von Beweisen, welche die Fakten der Bibel anzweifeln, konfrontiert ist, wobei er in der Realität gefragt wird, eine bestimmte Philosophie der Fakten zu akzeptieren, die gemacht wurde, um die Bibel anzuzweifeln. Deswegen sind in vielen Kreisen im Hinblick auf die historische Basis von Fakten, auf welche das Christentum seit jeher angeblich steht, Gefühle von Unbehagen und Besorgnis aufgekommen.[71]

Bultmann, einer der radikaleren Formkritiker, spricht über die Notwendigkeit der Objektivität und die Notwendigkeit der Freiheit von Voraussetzungen:

> Und gerade aus diesem Grund ist das Verlangen nach Befreiung von Voraussetzungen, für eine vorurteilsfreie Annäherung, die für alle Wissenschaft nötig ist, auch gültig für die historische Forschung. Der Historiker darf sicherlich die Ergebnisse seiner Forschung nicht voraussetzen, und er wird verpflichtet, sich mit seinem persönlichen Verlangen hinsichtlich dieser Ergebnisse zurückzuhalten, sich zum Schweigen zu bringen.[72]

Bultmann führt diesen Gedanken in *Existence and Faith* weiter aus:

> Die Frage, ob Exegese ohne Voraussetzung möglich ist, muss bejahend beantwortet werden, wenn »ohne das Mittel der Voraussetzung« auch bedeutet: »ohne

die Ergebnisse der Exegese vorauszusetzen«. In diesem Sinn ist Exegese ohne Voraussetzung nicht nur möglich, sondern auch gefordert.

Bultmann qualifiziert dies, indem es sagt, dass es in einem anderen Sinn eine solche Sache wie voraussetzungslose Forschung nicht gibt. Er behauptet: »Allerdings ist die eine Voraussetzung, die nicht entlassen werden kann, die historische Methode von der Befragung des Textes.«[73]

Hinsichtlich voraussetzungsloser Wissenschaftlichkeit erklärt der schwedische Gelehrte Seth Erlandsson:

> Zusammen mit dieser Aufrechterhaltung wird oft gesagt, dass wir voraussetzen müssen, dass die Bibel von der gleichen Natur ist wie andere menschliche Literatur. Mit dieser Behauptung ist nicht nur bloß gemeint, dass die Bibel in menschlicher Sprache geschrieben wurde und die literarischen Finessen oder Ausdrücke, die auch in menschlicher Literatur gefunden werden, enthält. Man setzt voraus, dass die Bibel »wie alle anderen Produkte menschlicher Aktivität Fehler und Ungenauigkeiten« enthält und dass alles, was damit zu tun hat, einschließlich seines ideologischen Gehaltes, im Ganzen durch menschliche Kräfte bedingt ist und auch seine vollständige Erklärung in diesen weltlichen Faktoren hat. Wenn ein weltferner Faktor interveniert hat, dann kann der geschichtlich nicht analysiert werden, und aus diesem Grund müssen wir voraussetzen, dass solch ein weltferner Faktor, wenn er existiert, nur Ursachen dieser Welt benutzt hat (sodass, was in Bezug auf diese Letzteren geschah, völlig erklärt werden kann, dass heißt innerweltliche Ursachen hat).[74]

Erlandssons Punkt ist, dass sogar jene, die noch keine Voraussetzungen empfehlen, sich selbst den Schriften mit ihnen nähern.

Ich behaupte, dass, indem man die historische Methode, wie sie Bultmann definiert, als ein geschlossenes Kontinuum von Wirkungen benutzt – für überirdisches Eingreifen geschlossen –, die Voraussetzungen unvermeidlich die Ergebnisse vorausbestimmen werden.

Orr schlussfolgert richtig, dass »bei einer Anfrage, die sich genau an diesem Punkt wendet, im Voraus anzunehmen, dass die Religion von Israel keine Merkmale außer denen darstellt, die aus natürlichen Ursachen erklärbar sind – sodass keine höheren Faktoren benötigt werden, um sie zu erklären – geschieht dies, um die ganze Frage vorschnell abzuurteilen«.[75]

Für den radikalen Kritiker ist die Anwesenheit des Wunderbaren ein hinreichender Beweis dafür, seine Geschichtlichkeit abzulehnen, oder zumindest ein hinreichender Grund, die »Glaubwürdigkeit seiner Zeugen« abzulehnen.

Man würde sich mit A. H. Sayce wundern: »Wenn es keine Aufzeichnung von Wundern im Alten und Neuen Testament geben würde, könnte man bezweifeln, ob in der Bemühung darum so viel Eifer dafür aufgewandt worden wäre, Zweifel auf die Echtheit ihrer Inhalte zu werfen.«[76]

Der Christ sollte den »modernen Historikern« oder »radikalen Kritikern« nicht erlauben, die »Grenzen seiner Disziplin zu bestimmen … im Gegenteil«, schreibt Ladd, »muss die christliche Theologie einsehen, dass die historisch-kritische Methode ein Kind des Rationalismus ist und als ein solches basiert es auf einer naturalistischen Weltanschauung.«[77]

Den radikalen Kritikern fehlt es nicht an Fähigkeit und Gelehrtheit. Das Problem ist nicht ihr Mangel an Wissen über die Beweise, sondern eher ihre Hermeneutik oder ihr Zugang zur Bibelkritik, die auf ihrer Weltanschauung basiert.

Birger Gerhardsson hat angemessen darauf hingewiesen, dass »die Gültigkeit seiner Ergebnisse von der Gültigkeit seiner ersten Prinzipien abhängt«.[78]

5 Zusammenfassung

5.1 Vorraussetzungen der Anti-Supranaturalisten

Der Anti-Supranaturalist gründet sein Denken auf die Voraussetzung, dass Gott nicht in die Geschichte eingegriffen hat. Deswegen lehnt er Belege, die Hinweise auf das Übernatürliche geben, egal wie überzeugend diese auch sein mögen, ab.

5.2 Achtung – Vorurteile!

Sowohl konservative als auch radikale Kritiker müssen auf Vorurteile Acht geben.

5.3 Erkenntnisse der modernen Wissenschaft

Die moderne Wissenschaft sieht die Natur nicht mehr als ein »geschlossenes System« an und kann deswegen nicht darauf bestehen, dass Wunder nicht existieren.

5.4 Das Verhältnis von Voraussetzungen, Fakten und Schlussfolgerungen

Der Historiker sollte seine Schlussfolgerungen aus den Tatbeständen, wie sie ihm zur Verfügung stehen, ziehen und nicht die Tatbestände dazu zwingen, seiner Voraussetzung zu entsprechen.

6 Literaturangaben

1 Anti-Supranaturalismus ist eine Wortzusammensetzung aus »anti«, was soviel wie »gegen« bedeutet, »supra«, was mit »über« wiedergegeben werden kann, und »Naturalismus«, der eine philosophische Weltanschauung ist, die sich allein auf der Materie und die Naturvorgänge als Erklärung für das Sein gründet.

2 Thomas Whitelaw, *Old Testament Critics*, S. 172.

3 James Orr, *The Problem of the Old Testament*, S. 14.

4 A. J. Carlson, *Science and the Supernatural*, S. 388.

5 Thomas Whitelaw, *Old Testament Critics*, S. 178.

6 Oswald T. Allis, *The Five Books of Moses*, S. 399.

7 Ebd., S. 338.

[8] A. J. Carlson, *Science and the Supernatural*, S. 5-8.
[9] Clark H. Pinnock, *Set Forth Your Case*, S. 6f.
[10] Bernard Ramm, *Protestant Christian Evidences*, S. 204.
[11] John W. Montgomery, *The Altizer-Montgomery Dialogue*, S. 21f.
[12] Langdon B. Gilkey, »Cosmology, Ontology, and the Travail of Biblical Language«, *Concordia Theological Monthly*, 33, March 1962 S. 148.
[13] Ebd., S. 150.
[14] William Henry Green, *The Higher Criticism of the Pentateuch*, S. 157.
[15] James Orr, *The Problem of the Old Testament*, S. 12.
[16] Rudolf Bultmann, *Kerygma and Myth: A Theological Debate*, S. 291f.
[17] Ebd., S. 39.
[18] Norman Perrin, *The Promise of Bultmann*, S. 38.
[19] Ebd., S. 90f.
[20] Rudolph Bultmann, *Jesus Christ and Mythology*, S. 37f.
[21] Rudolf Bultmann, *Kerygma and Myth: A Theological Debate*, S. 120f.
[22] Herman Ridderbos, *Bultmann*, S. 18.
[23] Pierre Benoit, *Jesus and the Gospels*, Bd. I, S. 39.
[24] *New Life*, i, S. 399.
[25] W. J. Sparrow-Simpson, »Resurrection and Christ«, *A Dictionary of Christ and the Gospels,* S. 511.
[26] Schubert M. Ogden, *Christ Without Myth: A Theological Debate*, S. 33.
[27] F. C. Burkitt, *Jesus Christ*, S. 32.
[28] Ernst Käsemann, *Essays on New Testament Themes*, S. 30.
[29] T. H. Huxley, *The Works of T. H. Huxley*, S. 153.
[30] Peter Kreeft, *Christianity for Modern Pagans*, S. 273.
[31] R. C. Sproul, *Classical Apologetics*, S, 145.
[32] J. W. N. Sullivan, *The Limitations of Science*, S. 79.
[33] Ebd., S. 138.
[34] James R. Moore, »Science and Christianity: Towards Peaceful Coexistence«, *Christianity for the Tough Minded*, S. 79.
[35] John W. Montgomery, *Christianity for the Tough Minded*, S. 32.
[36] John W. Montgomery, *History and Christianity*, S. 75f.
[37] Ebd., S. 75f.
[38] Vincent Taylor, *The Formation of the Gospel Tradition*, S. 13.
[39] David Hume, *An Enquiry Concerning Human Understanding*, S. 126f.
[40] Norman L. Geisler, *Miracles and the Modern Mind*, zitiert wie in R. Douglas Geivett, *In Defense of Miracles*, S. 78f.
[41] Ronald H. Nash, *Faith and Reason*, S. 234.
[42] C. S. Lewis, *Miracles*, S. 105.
[43] Antony Flew, »Miracles«, zitiert wie in Paul Edwards, *The Encyclopedia of Philosophy*, S. 351f.
[44] Merald Westphal, »The Historian and the Believer«, *Religious Studies*, Bd. 2, Nr. 2, 1967, S. 280.

[45] Norman L. Geisler, *Christian Apologetics*, S. 290. (seine Betonung)
[46] William Lane Craig, *Reasonable Faith: Christian Truth and Apologetics*, S. 176.
[47] Norman L. Geisler, *Christian Apologetics*, S. 291.
[48] David Hackett Fischer, *Historian's Fallacies: Toward a Logic of Historical Thought*, S. 42.
[49] Norman L. Geisler, *Christian Apologetics*, S. 292f.
[50] Ebd., S. 293.
[51] Ebd., S. 259-296.
[52] Ebd., S. 269-297 (seine Betonung!).
[53] David Hackett Fischer, *Historian‹s' Fallacies: Toward a Logic of Historical Thought*, S. 42.
[54] W. H. Walsh, *An Introduction to Philosophy of History*, S. 101.
[55] Van A. Harvey, *The Historian & the Believer*, S. 212.
[56] Norman L. Geisler, *Christian Apologetics*, S. 298.
[57] Ebd., S. 298.
[58] Ethelbert Stauffer, *Jesus and His Story*, S. 17.
[59] Philip Schaff, *History of the Christian Church*, Bd. I., S. 175.
[60] Ronald Sider, »A Case for Easter«, *HIS Magazine*, S. 31.
[61] John W. Montgomery, *History and Christianity*, S. 48f.
[62] Ronald Sider, »The Historian, The Miraculous and Post-Newtonian Man«, *Scottish Journal of Theology*, S. 313.
[63] Ebd., S. 314.
[64] Ebd., S. 317f.
[65] James Orr, *The Problem of the Old Testament*, S. 14.
[66] Ebd., S. 14.
[67] George E. Ladd, *The New Testament and Criticism*, S. 187 (seine Betonung!).
[68] Ebd., S. 86.
[69] Wolfhart Pannenberg, *Revelation as History*, S. 264f. (seine Betonung!).
[70] Robert M. Horn, *The Book That Speaks for Itself*, S. 10.
[71] Gerhardus Vos, *Biblical Theology: Old and New Testament*, S. 293.
[72] Rudolf Bultmann, *History and Eschatology*, S. 122.
[73] Rudolf Bultmann, *Existence and Faith*, S. 289ff.
[74] J. W. N. Sullivan, *The Limitations of Science*, S. 8f.
[75] James Orr, *The Problem of the Old Testament*, S. 13.
[76] A. H. Sayce, *Monument Facts and Higher Critical Fancies*, S. 126.
[77] George E. Ladd, *The New Testament and Criticism*, S. 190.
[78] Birger Gerhardsson, *Tradition and Transmission in Early Christianity*, S. 6.

13 Archäologie und Bibelkritik

Kapitelübersicht

Bevor wir auf die Positionen der Bibelkritik näher eingehen wollen, wird es hilfreich sein, uns zu verdeutlichen, welchen Beitrag die junge Wissenschaft der Archäologie auf dem Feld der Bibelforschung geleistet hat. Die Position einiger Kritiker kann man schon von Anfang an einfach außer Acht lassen, weil ihre Theorien bestimmte archäologische Funde nicht genügend berücksichtigt haben.

1 Grundlegende Beiträge zur Bibelforschung

Im Folgenden werden nur einige der Beiträge betrachtet, welche die Wissenschaft der Archäologie auf dem Feld der Erforschung der Bibel geleistet hat.

1.1 Die Archäologie verbessert das »wissenschaftliche Studium« eines Textes

Archäologische Funde haben zur Analyse von Manuskripten, dem Verständnis von Fachbegriffen und der Weiterentwicklung von noch verlässlicheren Lexika-Ausgaben beigetragen.

1.2 Die Archäologie dient als Prüfstein auf dem Gebiet der (liberalen und konservativen) Forschung

H. M. Orlinsky diskutiert in *Ancient Israel* eine neue Einstellung, die im Hinblick auf die negativen Ergebnisse der radikalen Bibelkritik entstanden ist:

> Die älteren Ansichten, dass die biblischen Daten suspekt oder sogar möglicherweise falsch waren, weichen im Großen und Ganzen immer mehr einer Sichtweise, die die biblischen Berichte eher für wahr als falsch halten, außer es gibt klare Beweise von außerbiblischen Quellen, die das Gegenteil nahe legen.[1]

Der jüdische Gelehrte Nelson Glueck bestätigt dies: »Es ist wert zu betonen, dass in all dieser Arbeit noch kein archäologischer Fund jemals einer einzigen richtig verstandenen biblischen Aussage widersprochen hätte.«[2]

L. H. Grollenberg ergänzt, dass archäologische Forschung den biblischen Hintergrund vieler Passagen sehr verdeutlicht hat:

> Die Ansichten (der älteren Urkundenkritiker) gehen meist von einer voreiligen Anwendung der evolutionären Vorstellung aus und waren ausschließlich auf die Literarkritik konzentriert. Dank der Arbeit der Archäologen ist der moderne Wissenschaftler aber in näheren Kontakt mit der realen Welt gekommen, in der Israel seine Wurzeln hatte. … Heute … fühlen viele Wissenschaftler ein erneuertes Vertrauen in die geschickten Erzähler der Kapitel 12-50 von Genesis, … die Geschichten der Patriarchen müssen auf historischen Tatsachen basieren.[3]

Professor Raymond A. Bowman von der Universität Chicago merkt an, dass die Archäologie geholfen hat, ein Gleichgewicht zwischen der Bibel und den kritischen Hypothesen zu schaffen: »Die Bestätigung der biblischen Erzählung in den meisten Punkten hat zu einem neuen Respekt vor der biblischen Tradition und zu einer mehr konservativen Auffassung der biblischen Geschichte geführt.«[4]

A. T. Olmstead spricht in »History, Ancient World, and the Bible« über die Befreiung von der Urkundenhypothese:

Während die Literarkritiker des Alten Testaments ihre anwachsenden minutiösen Zerlegungen in die Länge zogen und mehr und mehr eine agnostische Einstellung gegenüber den aufgezeichneten Fakten annahmen, wurde diese Position durch aufregende Funde im Nahen Osten stark herausgefordert.[5]

W. F. Albright schreibt in »Archaeology Confronts Biblical Criticism«, dass »archäologische Funde und Daten von Inschriften die Geschichtlichkeit von unzähligen Passagen und Aussagen des Alten Testaments bestätigt haben.«[6]

Die Archäologie beweist nicht, dass die Bibel Gottes Wort ist. Alles, was sie tun kann, ist, die grundlegende Geschichte oder Authentizität einer Erzählung zu bestätigen. Sie kann aufzeigen, dass ein bestimmtes Ereignis in die Zeit hineinpasst, in der es vorgibt, geschehen zu sein. »Wir werden wahrscheinlich nie in der Lage sein«, schreibt G. E. Wright, »zu beweisen, dass Abraham wirklich existiert hat, … aber was wir beweisen können, ist, dass sein Leben und seine Zeit, wie sie in den Geschichten über ihn reflektiert werden, vollkommen in das frühe zweite Jahrtausend hineinpassen, aber nur äußerst mangelhaft in irgendeine spätere Zeit.«[7]

Millar Burrows von der Yale University merkte den Wert der Archäologie an, indem sie die Authentizität der Schrift bestätigte:

> Die Bibel ist immer wieder von archäologischen Beweisen unterstützt worden. Im Großen und Ganzen kann es keine Frage darüber geben, dass die Ergebnisse von Ausgrabungen den Respekt von Gelehrten vor der Bibel als einer Zusammenstellung historischer Dokumente gestiegen ist. Die Bestätigung ist sowohl allgemein als auch speziell. Die Tatsache, dass die Berichte so oft von archäologischen Daten erklärt oder illustriert werden können, zeigt, dass sie so gut in den Rahmen der Geschichte passen, wie es nun mal nur ein echtes Produkt des damaligen Lebens tun kann. Zusätzlich zu dieser generellen Beglaubigung finden wir die Aufzeichnungen wiederholt an bestimmten Punkten bestätigt. Namen von Orten und Personen tauchen auch an den richtigen Orten und Zeiten wieder auf.[8]

Joseph Free kommentiert, dass er einmal »gedanklich durch das Buch Genesis geblättert hätte und dabei bemerkt habe, dass jedes der fünfzig Kapitel entweder von irgendeinem archäologischen Fund beleuchtet oder bestätigt wird – das Gleiche gelte auch für die übrigen Kapitel der Bibel, sowohl für das Alte wie auch für das Neue Testament.«[9]

1.3 Die Archäologie hilft, die unterschiedlichen biblischen Passagen zu illustrieren und zu erklären

Die Archäologie erweitert unser Wissen über den wirtschaftlichen, kulturellen, sozialen und politischen Hintergrund von biblischen Passagen. Sie trägt auch zum Verständnis anderer – an Israel angrenzender – Religionen bei.

S. H. Horn, ein Archäologe, gibt ein exzellentes Beispiel davon, wie archäologische Funde beim Bibelstudium helfen:

Archäologische Erforschungen haben ein interessantes Licht auf die Eroberung Jerusalems durch David geworfen. Der biblische Bericht dieser Eroberung (2.Sam 5,6-8 und 1.Chr 11,6) ist ohne die Hilfe, die durch die archäologischen Funde erbracht wurden, eher undurchsichtig. Nehmen wir zum Beispiel 2. Samuel 5,8, wo nach einer weit verbreiteten Bibelübersetzung geschrieben steht: »Und David sagte an dem Tag: Wer auch immer die Wasserrinne hochkommt und die Jebusiter erschlägt, die Lahmen und die Blinden, die Davids Seele verhasst sind, der soll Anführer und Hauptmann sein.« Und fügt dann die Aussage von 1. Chronik 11,6 hinzu: »– so ging Joab, der Sohn der Zeruja, als Erster hoch und wurde Hauptmann.«

Vor einigen Jahren sah ich ein Gemälde von der Eroberung Jerusalems, auf dem der Künstler einen Mann zeigte, der eine metallene Dachrinne hochkletterte, die an der Außenwand der Stadtmauer entlanglief. Dieses Bild war lächerlich, weil antike Stadtmauern weder Rinnsteine noch Dachrinnen besaßen, obwohl sie schon Löcher in den Wänden hatten, um das Wasser abzulassen. Eine andere Bibelübersetzung, die geschrieben wurde, nachdem die Situation durch archäologische Funde an diesem Ort klarer geworden war, übersetzt 2. Samuel 5,8 folgendermaßen: »Und David sagte an dem Tag: Wer auch immer die Jebusiter schlägt, der soll durch den Wasserschacht hochklettern, damit er die Lahmen und Blinden angreifen kann, die von Davids Seele verhasst sind.«

Jerusalem war zu der Zeit noch eine kleine Stadt, die auf einem einzigen Ausläufer von Hügeln lag, auf denen später dann die große Stadt stand. Ihre Position war eine von großer natürlicher Stärke, denn sie war von drei Seiten von tiefen Tälern umgeben. Dies war der Grund, warum die Jebusiter lautstark verkündigten, dass sogar Lahme und Blinde ihre Stadt gegen eine angreifende Streitmacht verteidigen könnten. Aber die Wasserversorgung der Stadt war schlecht; die Bevölkerung war völlig abhängig von einer Quelle, die außerhalb der Stadt auf der östlichen Seite des Hügels entsprang.

Und damit sie Wasser bekommen konnten, ohne zur Quelle hinuntergehen zu müssen, erbauten die Jebusiter ein sorgfältig durchdachtes System von Tunneln durch den Fels. Erst gruben sie einen horizontalen Tunnel, der an der Quelle begann und weiter zum Zentrum der Stadt führte. Nachdem sie 27 Meter gegraben hatten, trafen sie auf eine natürliche Höhle. Von dieser Höhle gruben sie einen vertikalen Schacht, der 14 Meter hoch war und vom Ende dieses Schachts einen Tunnel mit einem Gefälle, der 40 Meter lang war und eine Treppe, die – 33 Meter über dem Wasserstand der Quelle – auf der Höhe ihrer Stadt endete. Die Quelle wurde dann von außen verborgen, damit keine Feinde sie finden konnten. Um Wasser zu bekommen gingen die jebusitischen Frauen nur durch den oberen Tunnel hinunter und ließen ihre Wasserschläuche den Schacht hinab, um Wasser aus der Höhle zu schöpfen, zu dem es durch natürlichen Fluss durch den horizontalen Tunnel, der die Quelle mit der Höhle verband, gebracht wurde.

Wie auch immer, eine Frage blieb aber unbeantwortet. Die Ausgrabung von R. A. S. Macalister und J. G. Duncan vor ungefähr vierzig Jahren hat eine Mauer

> und einen Turm enthüllt, von denen man gedacht hatte, dass sie von den Jebusitern und von Davids Zeit waren. Diese Mauerwand lief am Rand des Hügels Ophel entlang, westlich vom Tunneleingang. Somit blieb der Eingang außerhalb der beschützenden Stadtmauer, ungeschützt gegen Angriffe und Störungen von Feinden. Warum hatte man den Tunnel nicht so gebaut, dass er innerhalb der Stadt endete? Dieses Rätsel wurde nun vor kurzem durch eine Ausgrabung von Kathleen Kenyon auf dem Ophel gelöst. Sie fand heraus, dass Macalister und Duncan die Mauer und den Turm, welche sie gefunden hatten, falsch datiert hatten; tatsächlich stammen sie erst aus der hellenistischen Periode. Sie entdeckte die tatsächliche Mauer zur Zeit der Jebusiter ein bisschen weiter unten am Hang des Hügels, östlich vom Tunneleingang, was nun den Eingang des Tunnels wieder sicher in das alte Stadtgebiet brachte.[10]

Man muss allerdings auch realisieren, dass Archäologie die »radikalen Kritiker« nicht ganz widerlegen kann. Burrows stellt diesen Punkt recht deutlich heraus: »Es ist sogar noch weniger wahr zu sagen, dass die fundamentalen Einstellungen und Methoden der modernen wissenschaftlichen Kritik dadurch widerlegt wurden.«[11]

Wie auch immer, die Archäologie hat aufgezeigt, dass viele Glaubenssätze der radikalen Bibelkritik ungültig sind, und hat das in Frage gestellt, was oft als die »sicheren Ergebnisse der Literarkritik« angesehen wurde.

Albright kommentiert die Bestätigung der ausgedehnten Herrschaft Salomos, die von den radikalen Kritikern immer wieder in Frage gestellt wurde. Er schreibt: »Ein weiteres Mal müssen wir feststellen, dass die radikale Kritik des letzten halben Jahrhunderts drastisch korrigiert werden muss.«[12]

Einige Leute werden die unfundierte Behauptung machen, dass sich Supranaturalisten und Naturalisten über die Ergebnisse der Archäologie nie einig sein würden, weil sie in zwei total verschiedenen Welten leben. Deswegen schlussfolgern sie, dass wir archäologische Funde nur nach unserer jeweiligen eigenen Ansicht interpretieren.

Zusammenfassend können wir aber sagen, dass 1. die Archäologie die Bibel nicht beweisen kann; sie bestätigt aber ihre Geschichtlichkeit und erklärt viele Passagen. Und 2., dass die Archäologie die radikalen Kritiker der Bibel nicht völlig widerlegt hat, aber viele ihrer Voraussetzungen in Frage stellt.

2 Die Zuverlässigkeit der alttestamentlichen Geschichte

Wir haben nicht nur genaue Abschriften vom Alten Testament, sondern die Inhalte dieser Manuskripte sind auch historisch zuverlässig.

2.1 Archäologische Bestätigung des Alten Testaments

William F. Albright gilt als einer der großen Archäologen. Er erklärt: »Es kann kein Zweifel daran geben, dass die Archäologie die wesentliche Geschichtlichkeit der alttestamentlichen Berichte bestätigt hat.«[13]

Professor H. H. Rowley behauptet, dass »dies nicht der Fall ist, weil Gelehrte der heutigen Zeit mit konservativeren Voraussetzungen als ihre Vorgänger beginnen oder weil sie größeren Respekt vor den Erzählungen über die Patriarchen haben, als es früher üblich war, sondern weil es die Beweise rechtfertigen.«[14]

Merrill Unger fasst dies zusammen: »Die Archäologie des Alten Testaments hat ganze Nationen wieder gefunden, wichtige Personen auferstehen lassen und in einer sehr erstaunlichen Weise historische Lücken gefüllt und fügt dadurch ein unermessliches Wissen vom biblischen Hintergrund hinzu.«[15]

Sir Frederic Kenyon sagt:

> Es ist deshalb legitim zu sagen, dass, was den Teil des Alten Testaments betrifft, gegen den sich die auflösende Kritik der letzten Hälfte des neunzehnten Jahrhunderts hauptsächlich gerichtet hatte, die Beweise der Archäologie seine Autorität wiederhergestellt und gleichzeitig seinen Wert durch ein detaillierteres Wissen um die Hintergründe und Situationen auf einsehbare Weise verbessert haben. Die Archäologie hat noch nicht ihr letztes Wort gesprochen; aber die Ergebnisse, die man bereits erreicht hat, bestätigen, was der Glaube annimmt, sodass die Bibel nichts tun kann, als nur an dem zunehmenden Wissen zu gewinnen.[16]

Die Archäologie hat eine Fülle von Beweisen hervorgebracht, um die Richtigkeit unseres hebräischen Textes zu erhärten.

Bernard Ramm schreibt z. B. über das Siegel des Jeremia:

> Die Archäologie hat uns auch den Beweis gegeben für die beträchtliche Genauigkeit unseres Massoretischen Textes. Das Siegel des Jeremias, ein Siegel, das dazu gebraucht wurde, die Teersiegel auf Weinkrüge zu stempeln, und welches auf das erste oder zweite Jahrhundert n. Chr. datiert wird, stempelt Jeremia 48,11 auf und stimmt generell mit dem Massoretischen Text überein. Dieses Siegel »… bestätigt die Genauigkeit, mit der der Text übertragen wurde, von der Zeit an, wo das Siegel hergestellt wurde und von der Zeit an, in der die Manuskripte geschrieben wurden.« Weiterhin, der *Roberts-Papyrus*, welcher auf das zweite Jahrhundert v. Chr. datiert wurde, und der *Nash-Papyrus*, von Albright vor 100 v. Chr. datiert, bestätigen unseren Massoretischen Text.[17]

William Albright bestätigt das:

> Wir können sicher sein, dass der Konsonantentext der hebräischen Bibel, obwohl er nicht unverfälscht blieb, mit einer Genauigkeit erhalten blieb, die vielleicht unvergleichbar mit jeglicher anderen Literatur aus dem Nahen Osten ist … Nein, das Licht, welches jetzt durch die ugaritische Literatur auf die hebräische Dichtung der Bibel fällt, garantiert sowohl die relative Vorgeschichte ihrer Komposition als auch die erstaunliche Genauigkeit ihrer Überlieferung.[18]

Der Archäologe Albright schreibt bezüglich der Genauigkeit der Schriften vom Standpunkt der Archäologie aus:

> Die Inhalte unseres Pentateuchs sind im Allgemeinen viel älter als das Datum, an dem sie schließlich redigiert wurden; neue Entdeckungen bestätigen weiterhin die historische Genauigkeit oder das literarische Alter von Detail zu Detail in ihm. … Dementsprechend ist es reine »Überkritik«, den wesentlichen mosaischen Charakter der Pentateuchtradition zu leugnen.[19]

Albright erläutert, was die Kritiker normalerweise dazu sagten:

> Bis vor kurzem gab es unter biblischen Historikern die Sitte, die patriarchalischen Sagen der Genesis so zu behandeln, als ob sie künstliche Schöpfungen der israelitischen Schreiber von der Zeit der geteilten Monarchie waren oder Erzählungen, die um israelitische Lagerfeuer während der Jahrhunderte der Besatzung von fantasiereichen Kompilatoren erzählt wurden. Unter Gelehrten können berühmte Namen zitiert werden, welche jeden Gegenstand von Gen 11-50 als Widerspiegelung später Erfindungen halten oder zumindest Rückblicke von Ereignissen und Zuständen während der Monarchie in die entfernte Vergangenheit sind, von denen man nicht meinte, dass sie wirklich den Schreibern der früheren Zeiten bekannt gewesen war.[20]

Jetzt wurde alles verändert, schreibt Albright:

> Archäologische Entdeckungen haben seit 1925 all dies verändert. Abgesehen von ein paar Dickschädeln unter älteren Gelehrten gibt es kaum noch einen einzigen biblischen Historiker, der nicht von der raschen Anhäufung von Daten beeindruckt worden ist, die die wesentliche Geschichtlichkeit der patriarchalischen Tradition stützten. Den Traditionen von Genesis zufolge waren die Vorfahren von Israel mit den halbnomadischen Völkern von Transjordanien, Syrien, dem Euphratbecken und Nordarabien in den letzten Jahrhunderten des zweiten Jahrtausends v. Chr. und den ersten Jahrhunderten des ersten Jahrtausends v. Chr. verwandt.[21]

Millar Burrows kommentiert:

> Um die Situation klar sehen zu können, müssen wir zwei Arten von Bestätigungen unterscheiden, die allgemeine und die spezielle. Die allgemeine Bestätigung ist eine Sache der Verbundenheit ohne bestimmte weitergehende Unterstützung von bestimmten Punkten. Vieles von dem, was schon als Erklärung und Illustration diskutiert wurde, kann auch als allgemeine Bestätigung angesehen werden. Das Bild passt in den Rahmen; die Melodie und die Begleitung sind in Harmonie. Die Kraft solcher Beweise ist zunehmend. Je mehr wir herausfinden, dass

> Dinge im Bild der Vergangenheit, die von der Bibel präsentiert werden, auch wenn sie nicht direkt beglaubigt werden, doch vereinbar sind mit dem, was wir durch die Archäologie wissen, desto stärker ist unser Eindruck der allgemeinen Authentizität. Bloße Legende oder Fiktion würde sich unvermeidlich selbst durch Anachronismen und Nichtübereinstimmung verraten.[22]

2.2 Die Archäologie hilft, Gebiete zu ergänzen, mit denen sich die Bibel nicht beschäftigt

Hierfür ist ein gutes Beispiel die zwischentestamentliche Periode, die Könige, militärische Feldzüge und Reiche, die nicht in der Bibel erwähnt werden. Aber ein Wort der Warnung muss diesbezüglich geäußert werden. Allzu oft hören wir den Ausspruch: »Die Archäologie beweist die Bibel.« Die Archäologie kann die Bibel aber nicht »beweisen«, wenn du damit aussagst: »Sie beweist, dass die Bibel von Gott inspiriert und offenbart wurde.« Wenn aber jemand mit »beweisen« meint, »aufzuzeigen, dass ein biblisches Ereignis oder Abschnitt historisch ist«, dann wäre dies eine korrekte Aussage.

Ich glaube, dass die Archäologie zur Erforschung der Bibel beiträgt, nicht im Bereich von Inspiration oder Offenbarung, aber dass sie die historische Genauigkeit und Vertrauenswürdigkeit der festgehaltenen Ereignisse bestätigt. Lasst uns mal annehmen, dass die Felsen, auf denen die Zehn Gebote geschrieben standen, gefunden worden wären. Die Archäologie könnte bestätigen, dass es Felsen waren, dass die Zehn Gebote darauf geschrieben standen und dass sie aus der Zeit des Mose stammen. Sie könnte aber nicht beweisen, dass sie in Gott ihren Ursprung haben.

Millar Burrows schreibt, dass Archäologie »uns eine Menge über die Topografie eines militärischen Feldzuges sagen kann. Sie kann uns aber nichts über das Wesen Gottes sagen.«[23]

Eine Grenze der Archäologie ist die Begrenztheit der Funde. »Historiker des Altertums«, schreibt Edwin Yamauchi, »haben sehr oft beim Gebrauch archäologischer Beweise versäumt zu bemerken, wie geringfügig die Beweislage doch ist. Es wäre nicht übertrieben, wenn wir darauf hinweisen, dass das, was wir haben, nur ein Bruchteil eines zweiten Bruchteils eines dritten Bruchteils eines vierten Bruchteils eines fünften Bruchteils des möglichen Ereignisses ist.«[24]

Joseph Free richtet in *Archaeology and Bible History* die Frage der Archäologie und ihre Beziehung zur Bibel:

> Wir haben darauf aufmerksam gemacht, dass die Bedeutung einer Vielzahl von Abschnitten der Bibel, welche den Kommentatoren eine lange Zeit Kopfzerbrechen bereiteten, schnell herausgefunden wurde, als neues Licht von den archäologischen Funden darauf fiel. Mit anderen Worten, die Archäologie erhellt den Text der Schrift und gibt somit einen wertvollen Beitrag auf dem Feld der biblischen Interpretation und Exegese. Zur Erhellung der Bibel kommt hinzu, dass die Archäologie unzählige Abschnitte bestätigt, die von Kritikern als unhistorisch oder widersprüchlich zu schon bestehenden Fakten abgelehnt wurden.[25]

3 Die Archäologie unterstützt die Berichte des Alten Testaments

3.1 Die Schöpfung – die Ebla-Tafeln

Die einleitenden Kapitel der Genesis (1-11) werden typischerweise als mythologische Erklärungen angesehen, die von früheren Versionen von Erzählungen abgeleitet sind, die man im Nahen Osten vorfindet. Aber diese Ansicht beschließt, nur die Ähnlichkeiten zwischen 1. Mose und den Schöpfungsgeschichten von anderen alten Kulturen zu sehen. Wenn wir die Abstammung der menschliche Rasse von einer Familie vorschlagen sowie von einer allgemeinen Offenbarung ausgehen dürfen, wären einige nachklingende Spuren von wahren historischen Berichten schon zu erwarten. Aber die Unterschiede sind gewichtiger Natur. Babylonische und sumerische Berichte beschreiben die Schöpfung als ein Produkt eines Konfliktes von endlichen Göttern. Als ein Gott besiegt wurde und in zwei Hälften aufgespalten wurde, floss der Fluss Euphrat aus dem einen und der Tigris aus dem anderen Auge. Die Menschheit sei aus einem Gemisch aus dem Blut des bösen Gottes mit Ton entstanden. Diese Legenden zeigen die Verwirrung und Ausschmückung, die man erwarten kann, wenn ein historischer Bericht mythologisiert wird.

Weniger wahrscheinlich ist die Vorstellung, dass der literarische Fortschritt von dieser Mythologie zu der ungeschminkten Eleganz von Genesis 1 entstanden wäre. Die übliche Annahme, dass der hebräische Bericht einfach eine gesäuberte und vereinfachte Version der babylonischen Legende ist, ist falsch. Im alten Nahen Osten gilt die Regel, dass einfache Berichte oder Traditionen (durch Zuwachs und Verschönerung) eher zu ausführlicheren Legenden führen und nicht umgekehrt. So unterstützen die Beweise die Ansicht, dass Genesis kein Mythos war, der zur Geschichte gemacht wurde. Eher sind die außerbiblischen Berichte Geschichte, die zu einem Mythos verkehrt wurde.

Die vor kurzem gefundenen Schöpfungsberichte bei Ebla fügen diesen Beweisen Fakten hinzu. Diese Bücherei von 16.000 Tontafeln wird noch circa sechshundert Jahre vor den babylonischen Bericht datiert. Die Schöpfungstafel ist sehr eng an Genesis orientiert. Sie spricht von einem Sein, welches den Himmel, den Mond, die Sterne und die Erde erschaffen hat. Die Menschen in Ebla glaubten also an eine Schöpfung aus dem Nichts. Die Bibel beinhaltet die alte, weniger verschönerte Version der Geschichte und übermittelt die Fakten ohne die Korruption durch mythologische Übertragung.[26]

Diese Entdeckung, die die Erforschung der Bibel stark beeinflusst hat, wurde von zwei Professoren von der Universität von Rom – Dr. Paolo Matthiae, einem Archäologen, und Dr. Giovanni Pettinato, einem Inschriftenspezialisten – im Norden Syriens gemacht. Die Ausgrabung dieser Stätte, Tell Mardikh, begann 1964. Im Jahr 1968 entdeckten sie die Statue des Königs Ibbit-Lim. Die Inschrift bezieht sich auf Ishtar, die Göttin, die »hell in Ebla scheint«. Ebla hatte zur Zeit seiner größten Macht – ca. 2.300 v. Chr. – eine ungefähre Einwohnerzahl von 260.000 Menschen. Es wurde aber 2.250 v. Chr. von Naram-Sin, dem Enkelsohn von Sargon dem Großen, zerstört. Die apologetische Bedeutung der Ebla-Tafeln ist, dass sie eine Ähnlichkeit zu den ersten Kapiteln der Genesis haben und sie bestätigen. Obwohl sie durch späteren politischen Druck und Verrat überschattet werden, eröffnet der Schreiber in den ansehnlichen Berichten einige mögliche Linien der Unterstützung für den biblischen Bericht.

Die Tafeln beinhalten die Namen der Städte Ur, Sodom und Gomorra und solcher heidnischen Götzen, die auch in der Bibel genannt werden wie etwa Baal.[27]

Die Ebla-Tafeln enthalten auch berichtende Angaben zu Namen, die im Buch Genesis gefunden werden – auch Adam, Eva und Noah.[28]

Deshalb ist die Entdeckung des ältesten bekannten Schöpfungsberichtes außerhalb der Bibel von großer Bedeutung. Eblas Version wurde etwa sechshundert Jahre vor den babylonischen Bericht datiert.

Die Tafeln berichten kurz die Schöpfung aus dem Nichts, und verkünden: »Der Herr des Himmels und der Erde; die Erde war nicht, du hast sie geschaffen, das Tageslicht war nicht, du hast es geschaffen, das Morgenlicht hattest du noch nicht erschaffen.«[29]

Eine sehr signifikante Implikation der Ebla-Archive ist die Tatsache, dass sie den kritischen Glauben an die Entwicklung des Monotheismus aus dem vermuteten vorhergehenden Polytheismus und Henotheismus zerstört haben. Diese Evolution der Religionshypothese war seit der Zeit von Charles Darwin (1809-1882) und Julius Wellhausen (1844-1918) weit verbreitet. Nun ist bekannt, dass der Monotheismus das ältere war. Auch unterstützt die Kraft der Ebla-Funde die Ansicht, dass die früheren Kapitel der Genesis Geschichte und keine Mythologie sind.[30]

Ein weiteres bedeutendes und umwerfendes Ergebnis brachte die Entdeckung von Ebla hinsichtlich der Urkundenhypothese, dass Mose den Pentateuch nicht geschrieben haben könnte, weil zu der Zeit noch keine Schrift existierte. Die Befürworter der Urkundenhypothese behaupten, dass die Periode, die in der mosaischen Erzählung (1.400 v. Chr., also 1.000 Jahre nach dem Eblareich) beschrieben wird, früher war als alles Geschriebene, von dem man bis dato wusste. Aber die Funde von Ebla beweisen, dass schon 1.000 Jahre vor Mose Gesetz, Sitten und Ereignisse – in der gleichen Gegend, in der Mose und die Patriarchen gelebt hatten – schriftlich festgehalten wurden.

Die Literarkritiker haben nicht nur gelehrt, dass dies eine Zeit vor der Schrift war, sondern auch, dass die priesterlichen Regeln und Gesetzgebung, die im Pentateuch festgehalten sind, schon zu weit entwickelt waren, als dass sie in der Zeit des Mose geschrieben sein konnten. Sie behaupten, dass die Israeliten zu der Zeit noch zu primitiv waren, als dass sie dies geschrieben hätten und dass es bis ungefähr zur ersten Hälfte der Periode der Perser (538-331 v. Chr.) gedauert habe, dass eine solche detaillierte Gesetzgebung aufgezeichnet wurde.

Wie auch immer, die Tafeln, welche die Gesetzesregeln von Ebla beinhalten, haben ausführliches gerichtliches Vorgehen und Fallgesetze demonstriert. Viele sind den deuteronomischen Gesetzesregeln sehr ähnlich (z. B. 5.Mose 22,22-23,1), welchen Kritiker ein sehr spätes Abfassungsdatum gaben.

Ein weiteres Beispiel zum Beitrag der Eblaentdeckung bezieht sich auf Genesis 14, welches jahrelang als historisch ungenau angesehen wurde. Abrahams Sieg über Kedor-Laomer und die Könige von Mesopotamien wurde als Fiktion bezeichnet und die fünf Städte der Ebene (Sodom, Gomorra, Adma, Zebojim und Zoar) als legendär.

Trotzdem sprechen die Ebla-Archive von allen fünf Städten der Ebene, und auf einer Tafel sind alle Städte in exakt der gleichen Reihenfolge aufgelistet, wie sie in Genesis 14 auftauchen. Das Milieu der Tafeln reflektiert die Kultur der patriarchischen Periode und beschreibt, dass die Gegend vor der Katastrophe, die in Genesis 14 wiedergegeben wird, eine blühende, ertragreiche und erfolgreiche Region war, wie es in 1. Mose beschrieben ist.

3.2 Die Sintflut Noahs

Wie mit dem Schöpfungsbericht so verhält es sich auch mit der Sintflutgeschichte in 1. Mose. Sie ist eher realistisch und weniger mythologisch als andere alte Versionen, was auf ihre Echtheit hinweist. Die oberflächlichen Übereinstimmungen weisen auf einen historischen Kern hin, der zum Anlass für alle anderen Übertragungen wurde. Die Namen ändern sich: Noah wird Ziusudra von den Sumerern und Utnapishtim von den Babyloniern genannt. Die grundlegende Geschichte verändert sich aber nicht: Einem Mann wird gesagt, dass er ein Schiff mit ganz bestimmten Größenangaben bauen soll, weil Gott beziehungsweise die Götter die Welt überfluten werden. Er gehorcht, übersteht den Sturm und wie er aus dem Boot kommt, baut er einen Altar und bringt ein Opfer dar. Der Gott beziehungsweise die Götter antworten mit Reue auf die Zerstörung des Lebens und schließen einen Bund mit dem Mann. Diese Kernereignisse weisen auf die historische Grundlage hin.

Ähnliche Sintflutberichte sind überall in der Welt zu finden. Die Sintflutgeschichte wird von den Griechen, den Hindus, den Chinesen, den Mexikanern, den kanadischen Algonkin-Indianern und den Bewohnern von Hawaii erzählt. Eine Liste von sumerischen Königen behandelt die Flut sogar als einen historischen Bezugspunkt. Nachdem sie acht Könige nennt, die ein außergewöhnlich langes Leben gelebt hatten (Zehntausende von Jahren), unterbricht dieser Satz die Liste: »[Dann] überschwemmte die Flut [die Erde] und als das Königtum [wieder] vom Himmel heruntergelassen wurde, war das Königtum [als erstes] in Kish.«

Es gibt gute Gründe zu glauben, dass sich der Bericht in 1. Mose auf die Originalgeschichte bezieht. Die anderen Versionen beinhalten Ausführungen, was auf Verderbtheit hinweist. Nur in Genesis ist das Jahr angegeben, in der die Flut stattfand, ebenso wie die Daten für die Chronologie, die für Noahs Leben relevant waren. Tatsächlich lässt sich 1. Mose fast wie ein Tage- oder ein Logbuch der Ereignisse lesen. Die quadratischen babylonischen Schiffe hätten keinen retten können. Die tobenden Wellen hätten es konstant von einer auf die andere Seite gelegt. Wie dem auch sei, die biblische Arche ist rechteckig gewesen – lang, breit und tief –, sodass sie gut auf tobenden Wassern hätte fahren können. Die Länge des Regenfalls in den heidnischen Berichten (sieben Tage) ist nicht lang genug für die Verwüstung, die sie beschreiben. Das Wasser müsste mindestens über die meisten Berge, bis zu einer Höhe von über 2.100 Metern gestiegen sein und es ist deshalb vernünftiger, anzunehmen, dass dafür eine längere Regenzeit nötig gewesen wäre als die angegebene. Die babylonische Idee, dass all das Wasser an einem Tag abgeflossen sei, ist ebenso absurd. Ein weiterer beeindruckender Unterschied zwischen dem Genesisbericht und den anderen Überlieferungen ist die Tatsache, dass in den anderen Berichten der Held unsterblich ist und angebetet wird. Die Bibel fährt aber fort, indem sie Noahs Sünde beschreibt. Nur eine Version, welche die Wahrheit sucht, würde solch ein realistisches Eingeständnis mit einbeziehen.

Einige haben vorgeschlagen, dass es eine schwere, aber nur lokale Flut war. Wie auch immer, es gibt geographische Beweise, die eine weltweite Überflutung unterstützen. Partielle Skelette von jüngeren Tieren wurden in tiefen Spalten in mehreren Teilen der Welt gefunden, und die Flut scheint die beste Erklärung für dieses Faktum zu sein. Dies würde auch erklären, wie die Spalten, die sich von 42 bis 150 Meter ausdehnen, sogar in Bergen von beträchtlicher Höhe entstanden sein könnten. Da kein Skelett vollständig ist, lässt sich sicher daraus schließen, dass keines dieser Tiere (Mammuts, Bären, Wölfe, Ochsen, Hyänen, Nashörner, Auerochsen, Rehe und kleinere Säugetiere) lebendig in diese Spalten gefallen ist, noch von der Meeresströmung dorthin gespült worden sind. Auch die Kalkablagerungen an den unterschiedlichen Knochen deutet eher darauf hin, dass sie unter Wasser gelegen haben müssen. Solche Spalten wurden an unterschiedlichsten Orten in der ganzen Welt entdeckt. Diese Funde zeigen auf, was man bei einem kurzen, aber heftigen Ereignis dieser Art für Auswirkungen in einer Zeitspanne von nur einem Jahr erwarten kann.[31]

3.3 Der Turm zu Babel

Es gibt nun bedenkenswerte Beweise, dass die Welt einst wirklich nur eine einzige Sprache hatte. Sumerische Literatur spielt einige Male darauf an. Auch Linguisten finden diese Theorie hilfreich bei der Kategorisierung von Sprachen. Aber was ist mit dem Turm und der Verwirrung der Zungen beim Turmbau zu Babel (1.Mose 11)? Die Archäologie hat enthüllt, dass Ur-Nammu, König von Ur von etwa 2.044 bis 2.007 v. Chr., angeblich einen Befehl erhalten hat, einen großen Zikkurat (Tempelturm) als einen Akt der Verehrung dem Mondgott Nannat gegenüber zu erbauen. Eine Stele, die etwa eineinhalb Meter breit und 3 Meter hoch ist, zeigt Ur-Nammus Aktivitäten. Eine Tafel zeigt ihn, wie er sich mit einem Mörtelkorb aufmacht, um den Bau des großen Turmes zu beginnen. Somit zeigt er seine Loyalität zu den Göttern, indem er seinen Platz als ein einfacher Arbeiter einnimmt.

Eine andere Tontafel erklärt, dass die Errichtung des Turmes die Götter beleidigt hat und so warfen sie ihn um, zerstreuten die Menschen überallhin und verfremdeten ihre Sprache. Dies ist dem Bericht der Bibel schon bemerkenswert ähnlich.

Konservative Bibelwissenschaftler glauben, dass Mose diese frühen Kapitel von Genesis geschrieben hat. Aber wie konnte er dies denn tun, da diese Ereignisse doch lange vor seiner Geburt schon stattfanden? Da gibt es zwei Lösungsmöglichkeiten. Erstens hätte Gott Mose diese Berichte auf übernatürliche Weise offenbaren können. Genauso wie Gott die Zukunft durch prophetische Offenbarung eröffnen kann, kann er auch die Vergangenheit durch die Rückschau eröffnen. Die zweite Möglichkeit ist aber wahrscheinlicher, nämlich dass Mose frühere Berichte dieser Ereignisse zusammengestellt und überarbeitet hat. Dies widerspricht keineswegs den biblischen Gepflogenheiten. Auch Lukas hat dies in seinem Evangelium getan (siehe Lukas 1,1-4). P. J. Wiseman argumentiert deshalb durchaus überzeugend, dass die Geschichte der Genesis im Original auf Tontafeln geschrieben war und diese von einer Generation zur nächsten weitergegeben wurden, und jeder »Stammesfürst« war dafür verantwortlich, sie zu überarbeiten und so auf dem neuesten Stand zu halten. Wiseman zitiert als einen Haupthinweis in der Bibel die regelmäßigen Wiederholungen von Wörtern und Phrasen – besonders der Phrase: »Dies ist die Generation von …« (siehe 1.Mose 2,4; 6,9; 10,1; 11,10).

Viele alte Tafeln wurden in der rechten Reihenfolge gehalten, indem die ersten Worte der neuen Tafel eine Wiederholung der letzten Worte der vorhergehenden Tafel darstellten. Eine literarische Auswertung von 1. Mose im Vergleich zu anderen literarischen Werken des Altertums deutet darauf hin, dass es nicht später zusammengestellt wurde als zur Zeit des Mose. Es ist sehr wahrscheinlich, dass Genesis eine Familiengeschichte ist, die von den Patriarchen festgehalten wurde und dann von Mose in seine endgültige Form gebracht wurde.[32]

3.4 Die Patriarchen

Während die Erzählungen der Leben Abrahams, Isaaks und Jakobs nicht die gleiche Art von Schwierigkeiten darstellen wie die ersten Kapitel von Genesis, waren sie doch lange zumindest als legendär angesehen, weil sie von den uns bekannten Befunden nicht in diese Periode hineinzupassen schienen. Während aber mehr Funde gemacht wurden, wurden auch diese Geschichten mehr und mehr als wahrheitsgetreu erwiesen. Rechtliche Regeln zur Zeit Abrahams zeigen, warum der Patriarch mit dem Rauswurf Hagars aus dem Lager gezögert hatte; denn er war rechtlich verpflichtet, ihr Unterhalt zu leisten. Erst als ein höheres Gebot von Gott kam, war er auch willens, sie auszusetzen.

Die Mari-Briefe enthüllen solche Namen wir Abamram (Abraham), Jakob-el und Benjaminiter. Obwohl sich diese Namen nicht auf die biblischen Personen beziehen müssen, zeigen sie zumindest doch, dass diese Namen damals in Gebrauch waren. Diese Briefe unterstützen auch den Bericht eines Krieges aus 1. Mose 14, wo fünf Könige gegen vier andere Könige kämpften. Die Namen dieser Könige scheinen zu den bekannten Nationen dieser Zeit zu passen. Zum Beispiel wird in Genesis 14,1 ein amoritischer König Arjoch erwähnt. Die Mari-Dokumente geben den Namen des Königs mit Ariwwuk wieder. All diese Hinweise unterstützen die Schlussfolgerung, dass das Quellenmaterial für die Genesis-Berichte aus erster Hand waren, von jemandem, der zu Abrahams Zeiten lebte.[33]

3.5 Sodom und Gomorra

Man dachte, die Zerstörung von Sodom und Gomorra wäre eine unglaubhafte Geschichte, bis Beweise auftauchten, die aufdeckten, dass alle fünf Städte – die in der Bibel erwähnt werden – tatsächlich Handelszentren der Gegend waren und auch geographisch dort lokalisiert waren, wie es in der Schrift beschrieben wird. Die biblische Beschreibung ihrer Vernichtung scheint nicht weniger genau zu sein. Beweise deuten auf Erdbebenaktivitäten hin und dass die verschiedenen Erdschichten aufgerissen und hoch in die Luft geschleudert wurden. Bitumen ist dort reichlich vorhanden und eine genaue Beschreibung wäre, dass der Schwefel bis hinunter zu den Städten geschleudert wurde, die Gott ablehnt hatten. Es gibt Beweise dafür, dass die Sedimentgesteinsschichten von großer Hitze zusammengeschmolzen wurden. Beweise einer solchen Verschmelzung wurden am Gipfel vom Jebel Usdum (Berg Sodom) entdeckt. Dies ist ein permanenter Hinweis für die große Feuersbrunst, die in der fernen Vergangenheit stattgefunden hat, möglicherweise als ein Ölbecken sich unter dem Toten Meer entzündete und explodierte. Solch eine Erklärung entzieht nichts von der wundersamen Erscheinung des Ereignisses, denn Gott kontrolliert auch die natürlichen Kräfte. Das Timing des Ereignisses im Kontext der Warnungen und der Besuche von den Engeln offenbart seine gesamte wundersame Natur.[34]

3.6 Die Datierung des Auszugs

Eine von vielen Fragen, welche die Beziehung Israels zu Ägypten angeht, ist, wann der Auszug Israels nach Palästina stattfand. Es gibt sogar ein offiziell »allgemein akzeptiertes Datum«, zu dem Israel in Kanaan eingezogen ist: um 1.230-1.220 v. Chr. Andererseits lehrt die Bibel in drei unterschiedlichen Texten (1.Kön 6,1; Ri 11,26 u. Apg 13,19-20), dass der Auszug im 15. Jh. v. Chr. geschah und der Einzug in Kanaan vierzig Jahre später. Während die Debatte weiter tobt, gibt es aber keinen Grund mehr, das 13. Jh. als Datum zu akzeptieren.

Vermutungen wurden angestellt, dass die Stadt »Ramses« in 2. Mose 1,11 nach Ramses dem Großen genannt wurde, dass es keine Gebäudeprojekte im Nildelta vor 1.300 v. Chr. gab und dass es vom neunzehnten bis zum dreizehnten Jahrhundert v. Chr. keine große Zivilisation in Kanaan gab. Wie dem auch sei, der Name Ramses ist in der ägyptischen Geschichte ein durchaus vertrauter Name. Ramses der Große wird mit Ramses II. identifiziert. Über Ramses I. weiß man nichts Genaues. Der Name mag sich noch nicht mal auf eine Stadt beziehen, sondern eher auf eine Gegend. In 1. Mose 47,11 beschreibt der Name Ramses die Nildeltagegend, wo Jakob und seine Söhne sich niedergelassen hatten.

Einige Bibelwissenschaftler schlagen jetzt vor, dass die Reinterpretation des Datums des Auszuges die Verschiebung der Daten der mittleren Bronzezeit nach sich ziehe. Wenn dies getan würde, würde dies bedeuten, dass mehrere kanaanitische Städte, die ausgegraben wurden, von den Israeliten zerstört worden wären. Jüngste Ausgrabungen haben Beweise erbracht, dass die letzte Phase der mittleren Bronzeperiode mehr Zeit umfasste, als man ursprünglich gedacht hatte, sodass sein

Ende näher an 1.400 v. Chr. als an 1.550 v. Chr. kommt. Diese Neuformierung würde zwei Ereignisse verbinden, von denen man bis vor kurzem annahm, dass sie von Jahrhunderten getrennt wären: der Fall von Kanaans Städten der mittleren Bronzezeit und die Eroberung des Landes. Eine weitere Änderung mag durch die traditionelle Ansicht der ägyptischen Geschichte gerechtfertigt sein. Die Chronologie der gesamten Alten Welt basiert auf der Ordnung und den Daten der ägyptischen Könige, von denen man generell dachte, dass sie feststanden. Velikovsky und Courville jedoch behaupten, dass sechshundert Jahre in der Chronologie die Daten für Ereignisse im ganzen Nahen Osten abzuschneiden drohen. Courville hat gezeigt, dass die Listen der ägyptischen Könige nicht so verstanden werden sollten, dass sie vollständig aufeinander folgend sind. Er argumentiert, dass einige »Könige«, die aufgelistet sind, keine Pharaonen, sondern nur hohe Beamte waren. Historiker haben aber angenommen, dass jede Dynastie der ihr vorangehenden unmittelbar folgte. Stattdessen listeten viele Dynastien Unterherrscher, die zur gleichen Zeit lebten, wie die vorhergehende Dynastie auf. Wenn man die neue Chronologie ausarbeitet, platziert diese den Auszug um etwa 1.450 v. Chr. und die andere israelitische Geschichte würde sich mit den genannten ägyptischen Königen einreihen. Die Beweise sind nicht definitiv, aber es gibt keinen Grund mehr, einen später zu datierenden Auszug anzunehmen.[35]

3.7 Saul, David und Salomo

Saul war der erste König Israels und seine Festung in Gibea wurde auch ausgegraben. Einer der erwähnenswertesten Funde war, dass Schleudern eine der wichtigsten Waffen dieser Zeit waren. Dies bezieht sich nicht auf den Sieg von David über Goliath, sondern auf die Stelle in Richter 20,16, wo geschrieben steht, dass es siebenhundert Spezialisten gab, welche die Steine so schleudern konnten, dass sie auf ein Haar zielen und es nicht verpassen würden.

Nach Sauls Tod, so erzählt es uns Samuel, wurde seine Rüstung in den Tempel der Aschera (eine kanaanitische Fruchtbarkeitsgöttin) bei Bet She'an gebracht, während uns die Bücher der Chronik berichten, dass sein Kopf in den Tempel Dagons, des Getreidegottes der Philister, gebracht wurde. Man dachte, dass dies ein Fehler sein müsse, weil es unwahrscheinlich schien, dass Feinde am gleichen Ort und zur gleichen Zeit einen Tempel haben könnten. Wie dem auch sei, Ausgrabungen haben zwei Tempel an diesem Platz gefunden, die nur durch einen Flur getrennt sind, einen für Dagon, den anderen für Aschera. Es scheint also, dass die Philister die kanaanitische Göttin einfach adoptiert hatten.

Eines der Schlüsselereignisse während der Herrschaft Davids war die Eroberung Jerusalems. Was in den biblischen Berichten problematisch erschien, war der Umstand, dass die Israeliten durch einen Tunnel, der zum Teich von Siloah führte, in die Stadt hineingekommen waren. Wie auch immer, man dachte, dieser Teich hätte zu der Zeit *außerhalb* der Stadtmauern gelegen. Ausgrabungen in den 60er Jahren des 20. Jh.s enthüllten aber, dass die Mauer tatsächlich noch viel weiter hinter den Teich sich erstreckte.

Über die Psalmen, die David zugeschrieben werden, wird oft gesagt, dass sie viel später geschrieben wurden, weil ihre Überschriften suggerierten, dass es so etwas wie eine Musikgilde gab (zum Beispiel die Söhne Korahs). Solche Organisationen führten viele dazu zu denken, dass diese Hymnen erst ungefähr in die Zeit der Makkabäer im zweiten Jahrhundert v. Chr. datiert werden sollten. Wenn man nach Ausgrabungen bei Ras Shamara geht, wissen wir jetzt, dass es solche Gilden zur Zeit Davids auch in Syrien und Palästina gegeben hat.

Auch die Zeit Salomos hat starke archäologische Bestätigungen erfahren. Die Stätte, an der Salomos Tempel stand, kann nicht ausgegraben werden, da sie nahe dem muslimischen Heiligtum, dem Felsendom, liegt. Wie auch immer, was wir über die Tempel der Philister wissen, die in der Zeit Salomos gebaut wurden, passt gut zu dem Erscheinungsbild, der Dekoration und den Materialien, die in der Bibel beschrieben sind. Das einzige Beweisstück vom Tempel selbst ist ein kleines Ornament, ein Granatapfel, der am Ende einer Stange saß und die Inschrift trug: »Gehört zum Tempel Jahwes«. Es war zuerst in einem Geschäft in Jerusalem 1979 gesehen worden, war im Jahr 1984 geprüft worden und wurde 1988 vom Israelischen Museum erworben.

Die Ausgrabung von Geser im Jahr 1969 stieß auf eine massive Aschenschicht, die den größten Teil des Erdhügels bedeckte. Als man die Asche durchsiebte, entdeckte man Kunststücke der Hebräer, Ägypter und Philister. Offensichtlich waren alle drei Kulturen zur gleichen Zeit dort gewesen. Dies stellte die Forscher jedoch vor ein großes Rätsel, bis sie erkannten, dass die Bibel ihnen genau das sagte, was sie gefunden hatten. »Denn der Pharao, der König von Ägypten, war heraufgezogen und hatte Geser eingenommen und mit Feuer verbrannt und die Kanaaniter erschlagen, die in der Stadt wohnten, und gab den Ort seiner Tochter, Salomos Frau, als Hochzeitsgeschenk« (1.Kön 9,16).[36]

3.8 Die assyrische Invasion

Man lernte viel über die Assyrer, als sechsundzwanzigtausend Tafeln im Palast des Assurbanipal, dem Sohn des Asarhaddons, gefunden wurden. Er führte 722 v. Chr. das Nordreich in die Gefangenschaft. Diese Tafeln erzählen von den vielen Eroberungen des Assyrischen Reiches und berichten mit Stolz von den grausamen und gewalttätigen Bestrafungen, welche die erwarteten, die sich ihnen widersetzten.

Mehrere dieser Berichte bestätigen die biblische Genauigkeit. Jeder Verweis des Alten Testaments auf einen assyrischen König wurde als richtig bestätigt. Obwohl Sargon für einige Zeit nicht bekannt war, wurde eine Wandmalerei von der Schlacht, die in Jesaja 20 erwähnt wird, bei der Ausgrabung seines Palastes gefunden. Der Schwarze Obelisk von Salmanassar fügt zu unserem Wissen von biblischen Figuren hinzu, dass er Jehu (oder seinen Kundschafter) zeigt, wie er vor dem König Assyriens niederkniet.

Unter den interessantesten Funden ist Sennacheribs Bericht über die Belagerung Jerusalems zu nennen. Tausende seiner Männer starben und der Rest floh, als er versuchte, die Stadt einzunehmen, und – wie es Jesaja vorhergesagt hatte – war es ihm nicht möglich, die Stadt zu erobern. Da er nicht über seinen Sieg hier prahlen konnte, fand Sennacherib einen Weg, wie er sich selbst zumindest gut darstellen konnte, ohne zugeben zu müssen, dass er besiegt worden war:[37]

> Was Hiskia, den Juden, angeht, hat er sich nicht meinem Joch gefügt. Ich habe 46 seiner starken Städte, von Mauern umgebene Festungen und zahllose kleine Orte in ihrer Nähe belagert. Ich habe 200.150 Menschen ausgetrieben, jung und alt, männlich und weiblich, Pferde, Maultiere, Esel, Kamele, unzähliges großes und kleines Vieh und betrachtete sie als Beute. Ihn selbst machte ich zum Gefangenen in Jerusalem, seiner königlichen Residenz, wie einen Vogel im Käfig.[38]

3.9 Die Gefangenschaft

Verschiedene Facetten der Geschichte des Alten Testaments in Bezug auf die Gefangenschaft haben sich inzwischen bestätigt. Berichte, die in Babylons berühmten hängenden Garten gefunden wurden, haben gezeigt, dass Jojachin und seine fünf Söhne eine monatliche Ration und ein Ort zum Wohnen gegeben wurde und dass sie gut behandelt wurden (2.Kön 25,27-30). Der Name »Belsazar« verursachte Probleme, nicht nur weil er nirgendwo erwähnt wurde, sondern zudem auch, weil es für ihn keinen Platz in der Liste der babylonischen Könige gab. Wie dem auch sei, Nabonid hinterließ einen Bericht, in dem er festgehalten hatte, dass er seinen Sohn Belsazar (vgl. Dan 5) dazu bestimmt hatte, während seiner Abwesenheit für ein paar Jahre zu regieren. Das heißt, Nabonid war noch König, aber Belsazar regierte in der Hauptstadt. Auch schien das Edikt von Kyrus, wie es von Ezra festgehalten war, mit dem Bild von Jesajas Prophetie zu gut zusammenzupassen, als dass es wahr sein könnte, bis ein Zylinder gefunden wurde, der diesen Erlass in all seinen wichtigen Details bekräftigte.[39]

4 Alttestamentliche Beispiele von archäologischer Bestätigung

Es ist dieses Faktum, mit dem die archäologischen Funde übereinstimmen. Albright sagt, dass es »ohne Zweifel so ist, dass die hebräische Tradition völlig Recht hatte, als sie die Patriarchen direkt zu dem Bahlik-Tal im Nordwesten Mesopotamiens zurückverfolgten.« Der Beweis basiert auf der Übereinstimmung von biblischen und archäologischen Funden, welche die Auswanderung dieser Menschen aus dem Land Mesopotamien zurückverfolgt.[40]

In der Bibel steht, »dass die ganze Erde eine Sprache und eine Zunge hatte« (1.Mose 11,1) vor dem Turmbau zu Babel. Nach dem Bau des Turms und seiner Zerstörung brachte Gott die Sprache der Erde durcheinander (1.Mose 11,19). Viele moderne Philologen bestätigen diese Möglichkeit der Entstehung der Weltsprachen. Alfredo Trombetti behauptet, dass er die allgemeine Herkunft *aller* Sprachen zurückverfolgen und beweisen kann. Max Müller beglaubigt ebenfalls diese allgemeine Herkunft und Otto Jespersen geht sogar so weit, dass er sagt, dass die Sprache den ersten Menschen direkt von Gott gegeben wurde.[41]

Im Geschlechtsregister Esaus werden die Horiter erwähnt (1.Mose 36,20). Zwischenzeitlich war es akzeptiert worden, dass diese Menschen auf Grund der Ähnlichkeit ihres Namens mit dem hebräischen Wort für Höhle als »Höhlenbewohner« angesehen wurden. Nun haben jedoch Funde gezeigt, dass sie eine bekannte Gruppe von Kriegern waren, die in der Zeit der Patriarchen im Nahen Osten lebten.[42]

Während der Ausgrabungen von Jericho (1930-1936) fand John Garstang etwas so Erstaunliches, dass er eine offizielle Erklärung dessen, was er gefunden hatte, vorbereitete, die er und zwei andere Mitglieder seines Teams dann unterschrieben. In Bezug auf diese Funde schreibt Garstang: »Was also die Hauptfakten angeht, bleibt zweifellos bestehen: Die Mauern fielen so komplett nach außen, dass es den Angreifern möglich war, an den Ruinen hoch und über sie hinweg in die Stadt zu klettern.« Warum ist dies so ungewöhnlich? Weil die Mauern von Städten eben gewöhnlich nicht nach außen, sondern nach innen fallen. Und trotzdem lesen wir in Josua 6,29: »Die Mauern fielen flach nach unten, sodass die Menschen hoch in die Stadt gehen konnten, ein jeder gerade vor sich hin, und sie nahmen die Stadt ein.« Die Mauern waren so gebaut worden, dass sie nach außen fielen.[43]

Wir stellen fest, dass die Genealogie Abrahams definitiv eine historische ist. Wie dem auch sei, es scheint doch in Frage zu stehen, ob diese Namen Personen oder alte Städte repräsentieren. Eins steht jedoch zweifelsfrei fest: Abraham war ein Individuum und er hat existiert. Wie Burrows schreibt: »Alles weist darauf hin, dass wir hier ein historisches Individuum haben. Wie oben schon bemerkt, ist er in keiner bekannten archäologischen Quelle erwähnt, aber sein Name taucht in Babylonien in genau der Zeit auf, in die er auch gehört.«[44]

Früher wurden Versuche gemacht, die Lebensdaten Abrahams ins fünfzehnte oder vierzehnte Jahrhundert v. Chr. zu verlegen, eine viel zu späte Zeit. Jedoch hebt Albright hervor, dass auf Grund der oben genannten Daten und anderen Funden, »sehr viele Beweise von Personal- und Ortsnamen, von denen fast alle gegen solches ungerechtfertigtes komprimieren von traditionellen Daten sprechen,« vorliegen.[45]

Obwohl spezifische archäologische Beweise für die Geschichten der Patriarchen nicht bestehen, passen die sozialen Gewohnheiten dieser Geschichten in die Zeit und Region der Patriarchen.[46]

Viele dieser Beweise kommen von den Ausgrabungen bei Nuzi und Mari. Ein neues Licht fiel auf die hebräische Dichtung und Sprache auf Grund der Arbeit bei Augured. Mosaische Gesetzesbestimmungen wurden in hettitischen, assyrischen, sumerischen und achenischen Gesetzesbüchern wieder entdeckt. Diese Entdeckungen machen es uns möglich, das Leben eines Hebräers in Beziehung zu seiner umliegenden Welt zu sehen. Wie Albright sagt: »Dies ist ein Beitrag, vor dem alles andere in Unbedeutsamkeit verblasst.«[47]

Die Entdeckungen, die man bisher gemacht hat, haben alle Wissenschaftler – ganz gleich welcher religiösen Prägung – dazu veranlasst, das historische Wesen der Erzählungen, die in Beziehung zu den Patriarchen stehen, zu bestätigen.[48]

Julius Wellhausen, ein sehr bekannter Bibelwissenschaftler des neunzehnten Jahrhunderts, glaubte noch, dass der Bericht über das bronzene »Meer« kein Originalbestand im priesterlichen Gesetzbuch war. Indem er dies behauptete, setzte er den Bericht über die Stiftshütte viel zu spät für Moses Zeit an. Jedoch ist dies kein stichhaltiger Grund, um das Datum so spät anzusetzen (500 v. Chr.). Es gibt aber spezielle archäologische Beweise über solche Bronzebecken aus der Zeit, die man als die königliche Zeit der Geschichte Ägyptens bezeichnet (1.500-1.400 v. Chr.). Somit sehen wir, dass diese Zeit in Übereinstimmung ist mit Mose und dem Auszug Israels (1.500-1.400 v.Chr.).[49]

Henry M. Morris beobachtet:

> Probleme existieren natürlich noch mit der vollständigen Harmonisierung von archäologischen Material mit Aussagen der Bibel, aber keine so schwer wiegenden, als dass man keine Hoffnung auf baldige Lösungen durch weitere Nachforschungen haben könnte. Es muss doch äußerst vielversprechend klingen, dass angesichts der großen Menge an bekräftigenden Indizien, welche die biblische Geschichte dieser Periode angeht, heute nicht ein fraglicher archäologischer Fund vorhanden ist, der beweist, dass sich die Bibel in irgendeinem Punkt im Irrtum befindet.[50]

Norman L. Geisler schließt, indem er sagt:

> In jeder Periode der alttestamentlichen Geschichte stellen wir fest, dass es gute Indizien von der Archäologie gibt, die zeigen, dass die Schrift die Wahrheit spricht. In vielen Fällen reflektiert die Schrift sogar Wissen aus dieser Zeit und Gewohnheiten, die sie beschreibt, aus erster Hand. Während viele an der Genauigkeit der Bibel zweifelten, haben die Zeit und fortwährende Nachforschungen beständig demonstriert, dass das Wort Gottes besser informiert ist als seine Kritiker. Tatsache ist, dass, während Tausende von Funden der Alten Welt den groben Grundriss unterstützen und oft sogar im Detail das biblische Bild bestätigen, nicht ein unbestreitbarer Fund jemals der Bibel widersprochen hat.[51]

Henry Morris fügt hinzu:

> Das große Alter der biblischen Geschichten im Vergleich zu anderen Schriften, verbunden mit den evolutionären Voraussetzungen des 19. Jahrhunderts, führte viele Wissenschaftler dazu, darauf zu bestehen, dass die biblischen Geschichten zum größten Teil auch nur Legenden waren. Solange nichts anderes vorhanden war außer Kopien von alten Manuskripten für die Auswertung von altertümlichen Geschichten, mögen solche Lehren überzeugend gewesen sein. Nun aber ist es nicht länger möglich, die beträchtliche Historizität der Bibel abzulehnen, wegen der bemerkenswerten Entdeckungen der Archäologie zumindest nicht bis zur Zeit Abrahams.[52]

5 Archäologische Indizien für die Verfasserschaft des Pentateuchs durch Mose

5.1 Das Alter des Pentateuchs – innere Indizien

Die optimale Objektivität beim Datieren jeglicher schriftlichen Dokumente kann durch die genaue Untersuchung der textinternen Indizien erreicht werden. Hinweise können entdeckt werden durch Anspielungen auf gegenwärtige Ereignisse, geografische oder klimatische Bedingungen, vorherrschende Flora und Fauna und die Beteiligung von Augenzeugen. Und von diesen Hinweisen kann eine genaue Einschätzung von dem Ort und dem Datum des Originals des Dokuments gemacht werden.[53]

Es gibt grundlegende innere Indizien, dass der Pentateuch – sowohl in Form als auch im Inhalt – wesentlich älter ist als das neunzehnte bis fünfzehnte Jahrhundert v. Chr., wie es das Datierungsschema der Kritiker vorsieht.

Im Folgenden sind ein paar Beispiele der inneren Details aufgelistet, welche das Alter des Pentateuchs zu bestimmen helfen:

5.1.1 Die Wüstenumgebung von Exodus und Numeri

Exodus, Levitikus und Numeri sind recht offensichtlich an Menschen gerichtet, die in der Wüste umherwandern, nicht an eine Nation von Bauern, die sich vor Jahrhunderten in ihrem verheißenen Land niedergelassen haben. Ansonsten wäre die häufige und detaillierte Beschreibung der Stiftshütte unsinnig. Die peinlich genauen Instruktionen des Aufbaus des Lagers (4.Mose 2,1-31) und des Marschierens (4.Mose 10,14-20) wären für eine Nation, die sich bereits niedergelassen hat, irrelevant, jedoch für eine Wüstenerfahrung in hohem Maße praktisch. Und Hinweise auf die Wüste sind reichlich vorhanden, mit eingeschlossen die hygienischen Anweisungen für das Leben in der Wüste (5.Mose 23,12+13) oder die Aussendung des Sündenbocks in die Wüste (3.Mose 16,10).[54]

5.1.2 Ägyptische Einflüsse in Teilen des Pentateuchs

Vieles der Materialien in Genesis und Exodus hat einen offensichtlich ägyptischen Hintergrund. Dies würden wir nur erwarten, wenn es von Mose (aufgewachsen am ägyptischen Hof) kurz nach dem Auszug der Israeliten aus Ägypten geschrieben worden wäre. Aber dies könnte kaum erklärbar sein, wenn es erst, wie es die Vertreter der Urkundenhypothese behaupten, mehr als vierhundert Jahre nachdem die Hebräer das Land verlassen hatten, geschrieben worden wäre.[55]

Dieser ägyptische Einfluss zeigt sich zumindest in diesen verschiedenen Teilgebieten:

5.1.2.1 Die Geografie

Die Geografie von Ägypten und Sinai sind dem Autor dieser Erzählungen bekannt (1.Mose 37-4.Mose 10). Der Autor spricht von vielen authentischen Schauplätzen, welche von der modernen Archäologie bestätigt wurden. Andererseits weiß dieser

Autor nur wenig über die Geografie Palästinas, außer durch die Vätertradition. In 1.Mose 13 zum Beispiel, als der Autor ein Bild von Kanaan vermitteln will, vergleicht er es mit Ägypten (V. 10). In ähnlicher Weise weist der Autor auch in einem so genannten P-Abschnitt auf Hebron mit seinem vorexilischen Namen Kirjat-Arba hin (1.Mose 23,2). Und seine Gründung wird von dem Autor in 4.Mose 13,22 erklärt, wo der Autor auf die Errichtung von Zoan in Ägypten zurückverweist. Der Hinweis auf Salem, »eine Stadt von Schechem, welche im Lande Kanaan ist«, ist für einen Schreiber dessen Leute für Jahrzehnte schon in Kanaan wohnten, unwahrscheinlich. Der Schreiber des Pentateuchs betrachtet gewöhnlicherweise Palästina als ein neues Land, das die Israeliten in der Zukunft erst einnehmen werden.[56]

Diese Vertrautheit mit der ägyptischen Geografie wird besonders im Falle des zweiten Buches von Mose deutlich.

Der Schreiber von Exodus hatte eingehende Kenntnisse des ägyptischen Gebiets. Er kannte den ägyptischen Papyrus (2.Mose 2,3), die Eigenschaften der Nilbank und war sehr mit der sandigen Wüste vertraut (2.Mose 2,12). Er kannte solche Orte wie Ramses, Sukkot (2.Mose 12,37), Etam (2.Mose 13,20) und Pi-Hahirot (2.Mose 14,2). Die Bemerkung in Exodus 14,3, dass »die Wüste sie eingeschlossen hatte«, zeigt eine vertraute Kenntnis über die Geografie Ägyptens. Tatsächlich kann man Kapitel 14 nicht ohne Kenntnisse der ägyptischen Geografie verstehen.[57]

5.1.2.2 Die Sprache

Gleason L. Archer beobachtet:

> Er [der Autor von Genesis und Exodus] gebrauchte einen größeren Prozentsatz ägyptischer Wörter als irgendwo anders im Alten Testament. Zum Beispiel: a) Der Ausdruck *abrek* (1.Mose 41,43 – übersetzt »beuge dein Knie«) ist offensichtlich das Ägyptische *'b rk* (»O Herz, knie nieder!«), obwohl viele andere Erklärungen dafür angeboten wurden; b) Gewichte und Maße wie etwa *zeret* (»eine Spanne«) von *drt–»hand«; 'ephah* (»Zehntel eines Homer«) von *'pt;hin* (ungefähr fünf Viertelmaß Volumen) von *hnw*; c) *gome'* (»Papyrus«) von *kmyt*; d) *qemah* (»Mehl«) von *kmhw* (eine Art Brot); e) *ses* (»feines Leinen«) von *ss* (»Leinen«); f) *y^{e}or* (»Nil«, »Fluss«) von *'trw* (»Fluss«, welches zu *eioor* im Koptischen wird).[58]

Dieser Autor macht auch Gebrauch von zahlreichen bekannten ägyptischen Namen. Diese schließen mit ein:

- *Potifera* (1.Mose 41,45; 46,20) und seine kürzere Form,
- *Potifar* (1.Mose 37,36; 39,1), was heißt »den Ra (der Sonnengott) gab«,
- *Zafenat-Paneach* (1.Mose 41,45), wie der Pharao Josef nannte. Die LXX interpretiert dies so, dass es »Retter der Welt« heißt – ein passender Name für denjenigen, der Ägypten vor der Hungersnot errettete.
- *Asenat* (1.Mose 41,45+50), Josefs Frau,
- *On* (1.Mose 41,45+50: 46,20), der alte ägyptische Name für Heliopolis,

- *Ramses* (1.Mose 47,11; 2.Mose 1,11; 12,37; 4.Mose 33,3+5),
- *Pitom* (2.Mose 1,11), wahrscheinlich der ägyptische Pi-Tum, der als Erstes in den Denkmalen der neunzehnten Dynastie erwähnt wird, genauso wie es Exodus hier beschreibt.[59]

5.1.2.3 Die Namen von ägyptischen Königen

Einige Ägyptologen, die sich auf die Position der radikalen Kritik festgelegt haben, haben argumentiert, dass ein früherer Autor sicherlich die Namen der zeitgenössischen ägyptischen Könige genannt hätte. Tatsächlich unterstützt die Abwesenheit solcher Namen in der hebräischen Literatur bis zur Zeit Salomos aber die frühe Autorschaft. Der Brauch der offiziellen Sprache des neuen ägyptischen Reiches war es, auf den König einfach als »Pharao« Bezug zu nehmen, ohne seinen Namen mit dem Titel zu verbinden. Während die Israeliten in Ägypten waren, passten sie sich diesem Brauch einfach an.[60]

Es ist an dieser Stelle ebenso wichtig zu bemerken, dass das hohe Alter des Alten Testaments dadurch unterstützt wird, dass es andeutet, dass die Könige einen Siegelring und eine Goldkette als Zeichen ihrer Autorität trugen (1.Mose 41,42; Ester 3,10+12; 8,2+8+10; Dan 5,29). Dies war den Israeliten unbekannt, existierte jedoch im alten Ägypten, Persien und Babylon.

5.1.3 Archaismen in der Sprache

Bestimmte Worte und Phrasen, die im Pentateuch gebraucht werden, sind dafür bekannt, dass sie nach der mosaischen Zeit veraltet waren.

Was Genesis Kapitel 15 angeht, schreibt Albright:

> Der Bericht vom Bund zwischen Jahwe und Abraham … ist angefüllt mit Archaismen; seine antiquierte Sprache wurde von E. A. Speiser herausgestellt. Hier haben wir ein Beispiel von dem, was in der frühen hebräischen Religion für den zentralen Platz gehalten wird: von einem speziellen Gott eines Mannes, mit dem er einen feierlichen Pakt geschlossen hat, in dem, laut Bedingungen, der Gott ihn und seine Familie beschützen würde und er als Gegenleistung einen Schwur der Treue abgibt. Dies ist eine primitive Form eines Vasallenvertrages. … In der späten Bronzezeit tritt das Wort *beritu* – Hebräisch *berit* –, »Bund«, in Syrien und Ägypten auf (wo es ein semitisches Lehnwort war) in Verbindung mit vertraglicher Arbeit und vertraglichem Einstellen von aufgelisteten Personen auf einem gegebenen Dokument.[61]

Archer gibt andere Beispiele von Archaismen:

> Das Wort von dem Pronomen ›sie‹ ist öfters buchstabiert mit HW' anstatt des normalen HY'. Wir treffen auch N'R anstelle der weiblichen Form N'RH für ›junges Mädchen‹ an. Gelegentlich (z. B. zweimal in Genesis) taucht HLZH (*hallazeh*) demonstrativ für ›das‹ anstelle von *hallaz* auf, die Form, wie sie in

> Richter, Samuel und danach gebraucht wird. Das Verb ›lachen‹ wird SHQ buchstabiert (in Genesis und Exodus) anstatt ŚHQ; ›Lamm‹ ist KŚB anstelle des späteren KBŚ (*kebes*).[62]
>
> Diese Fülle an Indizienbeweisen beinhaltet auch die Tatsache, dass es Stellen im Alten Testament gibt, an denen triviale Details erwähnt werden, wo es unwahrscheinlich ist, dass sie ein späterer Autor mit hineingenommen hätte. Zum Beispiel als Josef und die Ägypter von Josefs Brüdern am Tisch getrennt wurden, ist eine erklärende Anmerkung eingefügt: »Die Ägypter konnten kein Brot mit den Hebräern essen, da es abscheulich für die Ägypter ist.« (1.Mose 43,32). Hätte ein späterer Schreiber dies erwähnt?[63]

Auf der Grundlage der oben stehenden Beweise zieht Archer diese Schlussfolgerung:

> Richten wir die Texte des Pentateuchs nach den inneren Beweisen, treibt es uns zu der Schlussfolgerung, dass der Autor ursprünglich ein Bewohner Ägyptens (und nicht Palästinas) sein muss, ein zeitgenössischer Augenzeuge des Auszugs und der Wüstenwanderung, und dass er einen sehr hohen Stand an Bildung, an Lernfähigkeit und literarischem Geschick besaß.[64]

5.2 Weitere archäologische Beweise für die mosaische Verfasserschaft

5.2.1 Frühe hebräische Literatur

Die traditionelle destruktive Kritikansicht, dass die hebräische Literatur zum größten Teil vergleichsweise erst spät entstanden sei, ist heute, wie man es anhand von J. L. McKenzies Aussage sehen kann, noch weit verbreitet: »Es ist generell akzeptiert, dass vor der Herrschaft Davids keine umfassende israelitische Literatur geschrieben wurde.«[65]

Aber wegen der vor kurzem gefundenen Indizien für die Literatur im alten Nahen Osten sind wir nun in der Lage, den Pentateuch früher zu datieren, als bisher vorgeschlagen wurde. Die Schreiber der Frühzeit dokumentierten Ereignisse zur Zeit des Geschehens oder kurz darauf, somit reduzierten sie die Zeit der mündlichen Überlieferung des Materials, bevor es niedergeschrieben wurde. Man weiß jetzt, dass die mündliche Überlieferung dazu gebraucht wurde, Material an die Menschen weiterzugeben und nicht primär zur Erhaltung des Materials, da auch schriftliche Quellen darüber existierten.

Dass die Mehrheit des Alten Testaments ein großes Alter aufweist, steht außer Frage.[66]

5.2.2 Frühe Parallelen zu den Gesetzen des Pentateuchs

Eine Vielzahl von Funden von anderen mesopotamischen Kulturen mit ähnlichen Gesetzen zeigen nun auf, dass viele Gesetze und rechtliche Bräuche, die auch im Pentateuch aufgezeichnet sind, viel älter sind, als zuvor angenommen.

Wir zitieren hier drei besondere Beispiele:

5.2.2.1 Die Bundessatzung

George E. Mendenhall sagt:

> Es ist schwer sich Gesetzesregeln vorzustellen, die in einem noch größeren Gegensatz zu dem stehen, was wir von der kanaanitischen Kultur im Vergleich mit den Bundesregeln kennen (Ex 21-23[JE]). … Die Städte Kanaans waren überwiegend auf finanziellen Gewinn aus und streng hierarchisch in ihrer gesellschaftlichen Struktur. … Die Bundessatzung zeigt keine gesellschaftliche Hierarchie auf, denn die dort erwähnten Sklaven sind, mit der einzigen Ausnahme der verkauften Tochter, die als *amah* oder Sklavenfrau verkauft wird (die sehr stark vom Gesetz geschützt wird), keine Mitglieder der Gemeinschaft. … Die Gesetze der Bundessatzung spiegeln die Bräuche, die Moral und religiösen Verpflichtungen der israelitischen Gemeinschaft (oder vielleicht irgendeiner speziellen israelitischen Gemeinschaft im Norden) vor der Monarchie wieder … wie es gerade die Mischung aus kasuistischem und apodiktischem Recht darlegt, die wir auch in den hetitischen Quellen von Bundessatzungen und mesopotamischen Bundesregeln finden; jegliche Studie, die annimmt, dass es eine spätere, künstliche Zusammensetzung von ursprünglich unabhängigen literarischen Quellen ist, kann eher der rationalen Genialität denn den historischen Fakten zugeordnet werden.[67]

Auch Albright stellt das hohe Alter der Bundesregeln heraus:

> Ferner beinhaltet der Eshnunna-Kodex, der nahezu zwei Jahrhunderte älter ist als der Kodex von Hammurabi, die ersten exakten Parallelen zu den frühen biblischen Gesetzen (Ex. 21,35; er befasst sich mit der Teilung von Ochsen nach einem tödlichen Kampf zwischen den Tieren). Da ja der Kodex von Eshnunna bei jeglicher rationalen Theorie mindestens fünf Jahrhunderte vor dem Buch des Bundes liegen müsste, wird diese Parallele besonders interessant. Natürlich wird es nun eine Binsenwahrheit sein, dass der kulturelle Hintergrund vom Buch des Bundes in der Bronze- und nicht erst in der Eisenzeit liegt; z. B. muss es im Wesentlichen zurück bis zur mosaischen Zeit gehen.[68]

5.2.2.2 Die Landübertragung, wie sie in Genesis 23 aufgezeichnet ist

Archer erörtert das Alter dieses speziellen Verfahrens. 1. Mose 23 beschreibt Abrahams Widerwillen, die ganze Landfläche von Efron von den Hetitern zu kaufen; er hätte bloß die Höhle in Machpela selbst und die angrenzende Fläche bevorzugt. Die Entdeckung des hetitischen Gesetzestextes (datiert auf 1.300 v. Chr.) stellt erstaunliche Parallelen her und erklärt, dass ein Besitzer einer gesamten Landparzelle die Feudaldienste zu leisten hatte und dies beinhaltete auch heidnische Religionsrituale. Daher lehnte Abraham es schlicht ab, mehr als den nötigen Teil der Fläche zu kaufen, um jeglichen Kontakt mit anderen Göttern neben Jahwe zu vermeiden. Diese Erzählung reflektiert die Reichweite der Vorgehensweise der Hetiter, die es höchst wahrscheinlich werden lässt, dass sie dem Fall der Hetiter im dreizehnten Jahrhundert v. Chr. vorausgeht.[69]

5.2.2.3 Drei Bräuche, auf die in Genesis auch verwiesen wird

Archer weist darauf hin, dass das hohe Alter von drei Bräuchen, auf die in Genesis hingewiesen wird (Kapitel 16, 27 und 31), durch die Archäologie bestätigt wurde. Es wurde bewiesen, dass viele der antiken Sitten in Genesis im zweiten Jahrtausend v. Chr. alltäglich waren, jedoch nicht im ersten Jahrtausend. Nuzi lieferte eine Vielzahl von Gesetzesdokumenten aus dem fünfzehnten Jahrhundert v. Chr., die davon sprechen, dass das Zeugen von Kindern durch die Magd (so wie Abraham durch Hagar) rechtmäßig sei, dass es einen bindenden mündlichen letzten Willen (so wie Isaak zu Jakob) gibt und dass es bei dem Bedürfnis, einen Teraphim [Hausgötzen] für die Familie zu haben (wie Rahel ihn von Laban stahl), um den Anspruch auf die Erbrechte ging.[70]

6 Schlussfolgerung

Es sollte zu diesem Zeitpunkt klar geworden sein, dass die Archäologie viel dafür getan hat, nicht nur die Urkundenhypothese in Frage zu stellen, sondern auch tatsächlich die Verfasserschaft des Pentateuchs durch Mose zu unterstützen.

Albright schreibt deshalb über den Pentateuch:

> »Fortfahrend bestätigen neue Funde die historische Genauigkeit oder das literarische Alter in vielen Details.«[71]

Bright macht folgende Äußerung über die Erzählungen der Patriarchen: »Es wurde kein Beweis ans Tageslicht gebracht, der irgendeinem Punkt in der Tradition widerspricht.«

Albright warnt: »Es ist … reine ›Hyperkritik‹ den beträchtlichen mosaischen Charakter der Pentateuchtradition zu leugnen.«[72]

Meredith Kline setzt einen angemessenen Schlusspunkt:

> Die Geschichte der biblischen Archäologie des zwanzigsten Jahrhunderts ist die Geschichte der zum Schweigen gebrachten lauten Stimme des modernen westlichen Wellhausen durch die stimmlosen Zeugen, die aus den alten östlichen Erdhügeln auftauchen. Die Handlung der Geschichte wäre klarer, gäbe es da nicht den Widerstand der kritischen Bibelwissenschaftler, sich von ihren traditionellen Lehren zu trennen. Aber nun sind alle gezwungen, zuzugeben, dass die biblischen Erzählungen der partriarchischen und mosaischen Tage nicht völlig fremd wären für die Zeit des zweiten Jahrtausends v. Chr., wohin die biblische Chronologie sie platziert, wohingegen sie im ersten Jahrtausend v. Chr. völlig fehl am Platz wären. Die biblische Abfolge von Gesetz und Propheten wurde bestätigt.[73]

7 Literaturangaben

1 Harry M. Orlinsky, *Ancient Israel*, S 6.
2 Nelson Glueck, zitiert nach John W. Montgomery, *Christianity for the Tough Minded*, S. 6.
3 Luc H. Grollenberg, *Atlas of the Bible*, S. 35.
4 Raymond A. Bowman, »Old Testament Research Between the Great Wars«, in Harold H. Willoughby, *The Study of the Bible Today and Tomorrow*, S. 30.
5 A. T. Olmstead, »History, Ancient World, and the Bible«, *Journal of Near Eastern Studies,* Januar 1943, S. 13.
6 W. F. Albright, »Archaeology Confronts Biblical Criticism«, *The American Scholar,* April 1938, S. 181.
7 G. E. Wright, *Biblical Archaeology*, S. 40.
8 Millar Burrows, »How Archaeology Helps the Student of the Bible«, *Workers with Youth,* April 1948, S. 6.
9 Joseph P. Free, »Archaeology and the Bible«, *His Magazine,* Mai 1949, S. 340.
10 Siegfried H. Horn, »Recent Illumination of the Old Testament«, *Christianity Today,* Vol. 12, 21. Juni 1968, S. 15f.
11 Millar Burrows, *What Mean These Stones?*, S. 292.
12 W. F. Albright, »New Light on the Early History of Phoenician Colonization«, *Bulletin of the American Schools of Oriental Research,* Vol. 38, Okt. 1941, S. 22.
13 W. F. Albright, *Archaeology and the Religion of Israel*, S. 176.
14 H. H. Rowley, zitiert in Donald F. Wiseman, »Archaeological Confirmation of the Old Testament«, in Carl Henry, *Revelation and the Bible*, S. 305.
15 Merrill Unger, *Archaeology and the Old Testament*, S. 15.
16 Frederic G. Kenyon, *The Bible and Archaeology*, S. 279.
17 Bernard Ramm, »Can I Trust My Old Testament?«, *The King's Business*, S. 8ff.
18 W. F. Albright, »Old Testament and the Archaeology of the Ancient East«, in H. H. Rowley, *Old Testament and Modern Study*, S. 25.
19 C. H. Dodd, *More New Testament Studies*, S. 224.
20 W. F. Albright, *The Biblical Period from Abraham to Ezra*, S. 1f.
21 Ebd. S. 1f.
22 Millar Burrows, *What Mean These Stones?*, S. 278.
23 Ebd., S. 290.
24 Edwin Yamauchi, »Stones, Scripts, and Scholars«, *Christianity Today*, S. 9.
25 Joseph P. Free, *Archaeology and Bible History*, S. 1.
26 Norman L. Geisler, *Baker Encyclopedia of Christian Apologetics*, S. 48f.
27 Ostling, »New Groundings for the Bible«, in T, S. 76f.
28 Michael Dahood, »Are the Ebla Tablets Relevant to Biblical Research?«, *Biblical Archaeology Review*, S. 55f.
29 Ebla Archive, 259.
30 Norman L. Geisler, *Baker Encyclopedia of Christian Apologetics*, S. 208.
31 Ebd., S. 49f.

[32] Ebd., S. 50.
[33] Ebd., S. 50.
[34] Ebd., S. 50f.
[35] Ebd., S. 51.
[36] Ebd., S. 51f.
[37] Ebd., S. 52.
[38] J. B. Pritchard, *Ancient Near East Texts*, wie zitiert in Norman L. Geisler, *Baker Encyclopedia of Christian Apologetics*, S. 52.
[39] Norman L. Geisler, *Baker Encyclopedia of Christian Apologetics*, S. 52.
[40] W. F. Albright, *The Biblical Period from Abraham to Ezra*, S. 2.
[41] Joseph P. Free, *Archaeology and Bible History*, S. 47.
[42] Ebd., S. 72.
[43] John Garstang, *The Foundations of Bible History: Joshua, Judges*, S. 146.
[44] Millar Burrows, *What Mean These Stones?*, S. 258f.
[45] John Garstang, *The Foundations of Bible History: Joshua, Judges*, S. 9.
[46] Millar Burrows, *What Mean These Stones?*, S. 278f.
[47] W. F. Albright, »Old Testament and the Archaeology of the Ancient East«, in H. H. Rowley, *Old Testament and Modern Study*, S. 28.
[48] Donald F. Wiseman, »Archaeological Confirmation of the Old Testament«, in Carl Henry, *Revelation and the Bible*, S. 305.
[49] Joseph P. Free, *Archaeology and Bible History*, S. 108.
[50] Henry M. Morris, *The Bible and Modern Science*, S. 95.
[51] Norman L. Geisler, *Baker Encyclopedia of Christian Apologetics*, S. 52.
[52] Henry M. Morris, *Many Infallible Proofs*, S. 300.
[53] Gleason L. Archer, *Survey of Old Testament Introduction*, S. 101.
[54] Ebd., S. 106ff.
[55] Abraham Yahuda, *The Language of the Pentateuch in Its Relationship to Egyptian*, ein ehrgeiziges Werk, das den ägyptischen Hintergrund der Geschichten von Mose und Josef in Ägypten diskutiert.
[56] Gleason L. Archer, *Survey of Old Testament*, S. 106.
[57] John H. Raven, *Old Testament Introduction*, S. 109.
[58] Gleason L. Archer, *Survey of Old Testament*, S. 102f.
[59] John H. Raven, *Old Testament Introduction*, S. 107f.
[60] Gleason L. Archer, *Survey of Old Testament*, S. 105.
[61] W. F. Albright, *The Biblical Period from Abraham to Ezra*, S. 8.
[62] Gleason L. Archer, *Survey of Old Testament*, S. 107.
[63] John H. Raven, *Old Testament Introduction*, S. 109.
[64] Gleason L. Archer, *Survey of Old Testament*, S. 101.
[65] J. L. McKenzie, wie zitiert in Charles Laymon, *The Interpreter's One-Volume Commentary on the Bible*, S. 1073.
[66] R. K. Harrison, *Old Testament Times*, S. 18f.
[67] George E. Mendenhall, *Law and Covenant in Israel and the Ancient Near East*, S. 13f.

[68] W. F. Albright, »The Old Testament and the Archaeology of the Ancient East«, in H. H. Rowley, *Old Testament and Modern Study*, S. 39.
[69] Gleason L. Archer, *Survey of Old Testament*, S. 161.
[70] Ebd., S. 107.
[71] W. F. Albright, *The Archaeology of Palestine*, S. 225.
[72] Ebd., S. 224.
[73] Meredith G. Kline, »Is the History of the Old Testament Accurate?«, in Howard Vos, *Can I Trust My Bible?*, S. 139.

14 Einführung in die Quellenscheidungs-hypothese

Jene, die an der Quellenscheidungshypothese festhalten, lehren, dass die ersten fünf Bücher der Bibel erst nahezu eintausend Jahre nach dem Tod des Mose geschrieben wurden und das Ergebnis eines lang anhaltenden Prozesses des Schreibens, Neuformulierens, Kompilierens von verschiedenen anonymen Verfassern oder Redaktoren darstellen.

In diesem Kapitel werden wir die Disziplin der Literarkritik, wie sie auf den Pentateuch angewandt wurde, zusammen mit den Hinweisen auf die mosaische Verfasserschaft überprüfen.

1895 fügte Julius Wellhausen (1844-1918) die Endbearbeitung zu einer Hypothese hinzu, die in modernen Bibelkreisen geläufig ist. Diese Hypothese ist als die Quellenscheidungshypothese bekannt (oder JEDP-Hypothese). Indem sie die Literarkritik als Grundlage für ihre Argumentation benutzt, führt diese Hypothese die Theorie fort, dass der Pentateuch (Genesis bis Deuteronomium) nicht von Mose selbst – wie es die Bibel bezeugt – verfasst wurde, sondern erst Jahre nach seinem Tod vollendet wurde.

Die Vertreter der Hypothese behaupten auf Grund der Verwendung literarischer Variationen innerhalb des Textes (göttliche Namen, Dubletten, Wiederholung von Berichten), Stil und Ausdrucksweise, dass es vier unterschiedliche Dokumente – J, E, D und P– gibt, die den Pentateuch bilden. Das J steht für den göttlichen Namen YHWH, den Namen Gottes, den charakteristisch von dem anonymen J-Schreiber benutzten Namen für Gott. Der flüssige Stil und das eigentümliche Vokabular zeichnet diesen Schreiber aus. E steht für das Dokument des Elohisten, welches von der Verwendung des Namens »Elohim« für Gott stammt. J und E sind innerhalb des Textes oft schwierig zu unterscheiden, deshalb werden sie oft auch als eine Quelle angesehen (»JE«). Der Buchstabe D beschreibt den deuteronomischen Kodex, der 621 v. Chr. aufgefunden wurde. P steht schließlich für die Priesterhandschrift. Dieser Schreiber war der letzte Redaktor, der am Alten Testament arbeitete. Er stellte die endgültige Fassung her. P wird von seiner Verwendung des Namens Elohim für Gott und seinem herben Stil charakterisiert. »Seine Sprache ist eher die eines Juristens denn eines Geschichtsschreibers.«[1]

P ist nicht mit dem Dokument des Elohisten zu verwechseln, das einen leichten und flüssigen Stil hat.

Von der chronologischen Entstehung her wurden diese in der gleichen Reihenfolge geschrieben, wie die Buchstaben genannt wurden: J, E, D und P. Die folgenden Ausführungen sind eine ausgezeichnete Beschreibung vom Hintergrund und Zweck eines jeden Schreibers:

J – oder Jahwist – war der erste Schreiber, der Legenden, Mythen, Gedichte und andere ihm wohl bekannten Erzählungen von anderen, wie die der Babylonier, in eine große Geschichte des Volkes Gottes sammelte. Einige der Quellen, die J verwendete, waren mündliche Traditionen, andere lagen schon in schriftlicher Form vor. Dieser anonyme Schreiber lebte etwa in der Zeit Davids oder Salomos. Er war darum bemüht, die alten Traditionen zu bewahren, als Israel eine Nation wurde und als eine Weltmacht in Kontakt zu anderen Nationen und Vorstellungen kam. Bei der Planung seiner Arbeit scheint J das alte Bekenntnis des Glaubens oder der Glaubensbekenntnisse über das, was Gott für sein Volk getan hatte, zu gebrauchen. Als ein Beispiel siehe *5. Mose 26,5-10*. Um diese grundlegenden Unterteilungen von Glaubensbekenntnissen gruppierte er die Erzählungen. Dieser Schreiber wird der Jahwist genannt, weil er Jahwe als den Namen für Gott benutzt. Deutsche Gelehrte, die diesen Schreiber zuerst entdeckten, buchstabieren Jahwe mit einem »J«.

E – oder Elohist – war der zweite Schreiber, der alle Traditionen in eine Geschichte sammelte. Er schrieb um etwa 700 v. Chr., vielleicht als das nördliche Königreich, Israel, von Feinden bedroht wurde. E gebrauchte Traditionen, die von den nördlichen Stämmen überliefert worden waren. Einige von diesen waren die gleichen wie jene von J benutzten, andere waren unterschiedlich. E benutzte den Namen Elohim für Gott in Erzählungen vor der Zeit Moses. Er glaubte, dass der Name Jahwe Mose offenbart wurde. E betonte Mose besonders. Siehe seine Beschreibung in *5. Mose 34, 10-12*. E war ein guter Schreiber von Erzählungen, zum Beispiel der Erzählung von Josef.

JE. Die Werke dieser zwei Schreiber wurden von einem unbekannten Redaktor zu einer Geschichte verbunden, nachdem Jerusalem zerstört worden war. Manchmal behielt der Redaktor das Erzählte sowohl von J als auch von E in einer Erzählung bei. Sogar als sie sich in Details unterschieden, tat er dies. Andere Male nutzte er eine der beiden Erzählungen als die Grundgeschichte und fügte nur Details von der anderen hinzu. In Ex. 14 ist die Grundgeschichte von J; sehr wenig wird von E übernommen. Ab und zu fügte der Redaktor seine eigenen Sätze hinzu.

P könnte ein Priester oder eine Gruppe von Priestern gewesen sein, die während des Exils in Babylon wohnten. Sie erarbeiteten einen Heiligkeitskodex für die Leute, das heißt Wege der Anbetung und Gesetze, die beachtet werden sollten. Dieses priesterliche Dokument war zuerst ein getrenntes Buch gewesen. Irgendwann im vierten Jahrhundert v. Chr. wurde es in Teile des JE-Buches eingearbeitet. Es war, »als wenn jemand einen aufwühlenden Bericht aus der amerikanischen Geschichte nähme und dort die Schlüsselpunkte der amerikanischen Verfassung oder Gesetzgebung des Kongresses hineinfügte.« Üblicherweise sind die P-Aufzeichnungen nicht so lebhaft wie die JE-Teile. Die P-Schreiber interessierten sich für Details der Anbetung und Opferung, für Daten, für genaue Beschreibungen und Messungen und dergleichen. Als sie ihre Details den Erzählungen von J und E hinzufügten, tendierten sie dazu, das Eingreifen Gottes hervorzuheben und sogar übermäßig zu betonen, sodass einige Taten Gottes fast magisch erscheinen.[2]

Das D-Dokument – oder das deuteronomische Geschichtswerk – hat die Absicht, die religiöse Praxis zu reformieren. J, E und P waren noch nicht zu einem einzigen Werk vereinigt, als D zusammengesetzt wurde.

S. R. Driver schreibt darüber:

> Es war ein großes Manifest gegen die vorherrschenden Tendenzen der Zeit. Es legte das Fundament zu einer großen religiösen Reform. Ob es in den dunklen Tagen von Manasse geschrieben wurde oder während der helleren Jahre, die der Thronbesteigung Josias folgten, war es doch ein edles Unterfangen in der Hoffnung, einen geistlichen Abgrenzungspunkt zu schaffen, um den, wenn es die Umstände erlaubten, sich die durcheinander gebrachten Kräfte der nationalen Religion wieder einordnen könnten. Es war eine ausdrückliche Bestätigung der grundsätzlichen Prinzipien, auf die Mose vor langer Zeit bestanden hatte: Treue zu Jahwe und Verwerfung aller falschen Götter. Es war das Bestreben, die Ideale der Propheten – besonders von Hosea und Jesaja – in die Praxis umzusetzen, das von Manasse entmutigte Juda in die »heilige Nation« zu verwandeln, wie es in Jesajas Vision geschildert wird, und in ihm jene Hingabe zu Gott zu erwecken und die Liebe zum Nächsten, welche Hosea als die erste menschliche Pflicht erklärte.[3]
>
> Über die gesamte Wegstrecke hinweg ist es das Ziel des Verfassers, Motive bereitzustellen, durch die die Loyalität zu ihm gesichert wird … Das Deuteronomium kann als die *prophetische Neuformulierung und Anpassung an neue Bedürfnisse einer älteren Gesetzgebung* bezeichnet werden. Es ist sehr wahrscheinlich, dass … der Großteil der Gesetze, die im Deuteronomium enthalten sind, ohne Zweifel weit älter sind als der Verfasser selbst – und indem man sich mit ihnen befasste, wie er es getan hat, hat er sie in ein Handbuch als Leitlinie für die Menschen zusammengetragen und sie mit ermutigenden Einleitungen und Bemerkungen versehen.[4]

Herbert Livingston gibt einen ausgezeichneten Überblick über die Daten der vier Dokumente von Wellhausens Theorie:

> Wie aber hat dann die Wellhausen-Theorie die vier Dokumente datiert? Da man behauptete, dass das D-Dokument im siebten Jahrhundert geschrieben und es in Josias Reform von 621 v. Chr. veröffentlicht wurde, wurde dieses Dokument der Grundpfeiler für die Theoriebildung. Es wurde festgelegt, dass D von den Inhalten von J und E, aber nichts von dem von P wusste. Folglich wurden J und E vor 621 v. Chr. geschrieben, P aber zu einem späteren Zeitpunkt.
>
> Dialektisch könnte das J-Dokument, mit seinen einfachen Vorstellungen, auch vor E datiert werden, und die frühen Phasen des geteilten Königreiches schienen dafür einen guten historischen Hintergrund herzugeben. Es könnte also behauptet werden, dass J auch die Reaktion Judas auf die Errichtung des nördlichen Königreiches in Israel darstellte. Der Zweck von J sollte dann sein, Juda ein »historisches« Dokument zu beschaffen, das den Anspruch, den Juda und Jerusalem darauf erhoben, das Regierungszentrum von ganz Israels zu sein, rechtfertigen

> würde. Gleichfalls wäre E dann die gegensätzliche Herstellung eines Dokumentes durch das nördliche Königreich von Israel – geführt vom Stamm Ephraim –, um zu zeigen, dass es eine historische Vorgeschichte schon in den Zeiten der Patriarchen und von Josua für ein nördliches Regierungszentrum gab.
> Die Theorie geht dahin weiter, dass sie schlussfolgert, dass nach der Zerstörung des nördlichen Königreiches von Israel im Jahr 721 v. Chr. sich während der Herrschaft von Manasse (erste Hälfte des siebten Jahrhunderts v. Chr.) weit blickende Männer fanden, denen das E-Dokument zu wertvoll erschien, als es einfach zu verlieren und es deshalb mit dem J-Dokument vermischten. Dieses neue JE-Dokument wurde eine neue These, während das D-Dokument dazu seine Antithese bildete. Man sagt, dass die Position des D-Dokumentes im Wesentlichen während des Exils in Babylon triumphierte und die Zusammensetzung der historischen Bücher Josua bis 2. Könige gefärbt hat. Allerdings entstand auch dort der so genannte »Heiligkeitskodex« – verbunden mit Hesekiel – als eine weitere Antithese zu D; und langsam, vielleicht über ein Jahrhundert hin, stellten die Priester im Exil und dann in Jerusalem das P-Dokument zusammen und machten es dadurch zu dem Rahmen einer großartigen Synthese, dem Pentateuch.
> Zusammenfassend wird also das J-Dokument ein bisschen später als 900 v. Chr. datiert und das E-Dokument etwas später ins neunte Jahrhundert v. Chr. Die zwei wurden um 650 v. Chr. zusammengestellt und dann um die gleiche Zeit herum geschrieben und 621 v. Chr. veröffentlicht. Das P-Dokument erschien erst im fünften Jahrhundert und der Pentateuch wurde in seiner gegenwärtigen Form erst ungefähr um 400 v. Chr. gebildet.[5]

Als Ergebnis der obigen Behauptungen lehnen die Anhänger der Quellenhypothese die mosaische Verfasserschaft des Pentateuchs ab.

Mose, der um 1.400 v. Chr. datiert werden kann, behauptet zwar, den Pentateuch geschrieben zu haben. Die Anhänger der Quellenhypothese lehnen aber diesen Zeitpunkt ab und sagen, dass der Pentateuch nicht zwischen dem achten und fünften Jahrhundert v. Chr. fertig gestellt wurde.

Die Quellenhypothese stellt damit die Glaubwürdigkeit des ganzen Alten Testamentes in Frage. Man müsste schlussfolgern, wenn ihre Behauptungen richtig sind, dass das Alte Testament ein riesiger literarischer Betrug ist. Entweder sprach Gott zu und durch Mose oder wir müssen anerkennen, dass wir nur eine *schön klingende Dichtung* besitzen.

Das primäre Problem ist also nicht die »Einheit des Pentateuchs«, sondern vielmehr, »wie diese Einheit entstand«. Mit anderen Worten ist der literarische Abschnitt, der aus Genesis bis Deuteronomium besteht, eine kontinuierliche Erzählung? Die Frage, die hier aufgeworfen wird, ist demnach, »wie diese kontinuierliche Erzählung geschaffen wurde«. Wurde es, wie es das traditionelle Christentum behauptet und wie die Bibel es lehrt, von Mose aufgeschrieben oder wurde es erst Jahre später zusammengestellt? Dieser ganze Problemzusammenhang stellt sowohl die Vertrauenswürdigkeit von Jesus als auch die Genauigkeit der alt- und neutestamentlichen Schreiber sowie die Rechtschaffenheit von Mose in Frage.

Livingston macht diese feine Beobachtung:

> Fast jedes Buch, das die Theorie unterstützt, hat ein Verzeichnis von Kapiteln und Versen, die ursprünglich zu den unabhängigen Dokumenten gehören. Alle isolierten Bruchstücke, die übrig geblieben sind, werden – viel zu leicht – Redaktoren oder Kompilatoren zugeschrieben. Es sollte allerdings gesagt werden, dass es keine literarischen Hinweise und ebenso keine noch bestehenden Handschriften jeglicher Art gibt, welche die J-, E-, D- oder P-Dokumente entweder allein oder als eine Gruppe erwähnen. Sie wurden dadurch geschaffen, dass sie mit Hilfe der oben genannten Kriterien von dem noch vorhandenen Text des Pentateuchs getrennt wurden.[6]

Er fährt fort, die Konsequenzen des Festhaltens an der Theorie der Quellenhypothese zu zitieren:

> a) Die mosaische Verfasserschaft wird außer wenigen Stücken des Pentateuchs, die dem mosaischen Zeitraum zugeschrieben werden, abgelehnt, b) für viele der Gelehrten, die die Wellhausen-Theorie akzeptieren, waren die Männer und Frauen des Pentateuchs keine wirklichen Menschen – bestenfalls waren sie idealisierte Helden, c) der Pentateuch gibt uns keine wahre Geschichte der damaligen Zeiten, sondern er spiegelt stattdessen die Geschichte des geteilten Königreiches durch den frühen Teil des nachexilischen Zeitraumes wider, d) keiner der Menschen im Pentateuch war monotheistisch, es waren die nachexilischen Priester, die es so aussehen ließen, als ob sie an nur einen Gott glaubten, e) Gott sprach in früheren Zeiten niemals mit einzelnen Personen, aber wieder war es das Werk der Priester, die diesen Eindruck vermittelten, f) sehr wenige der Gesetze im Pentateuch waren in ihrem Ursprung vor die Königszeit zu datieren, g) sehr wenige der im Pentateuch aufgezeichneten kultischen Bräuche waren vorköniglich; viele waren nachexilisch, h) die damaligen Israeliten hatten niemals solch eine Stiftshütte, wie es in Exodus beschrieben wird, i) alle Behauptungen, die im Pentateuch darüber gemacht werden, dass Gott erlösend und zu Gunsten von Israel wunderbar handelte, sind irrtümlich, j) jegliche Vorstellung, dass die gegenwärtige strukturelle Einheit der fünf Bücher gleich der des Mose war, ist falsch, und schließlich k) die der Theorie inhärente Skepsis schafft dem normalen Gläubigen eine Glaubwürdigkeitslücke bis zu dem Maße hin, dass der Pentateuch praktisch nutzlos für ihn wird.[7]

Die folgenden Kapitel werden 1) die Indizien für die mosaische Verfasserschaft darlegen, 2) die Behauptungen jener verdeutlichen, die die Quellenscheidungshypothese empfehlen und sie verbreiten und 3) einige grundlegende Antworten auf die Voraussetzungen der Anhänger der Hypothese vorstellen.

Quellenscheidungshypothese

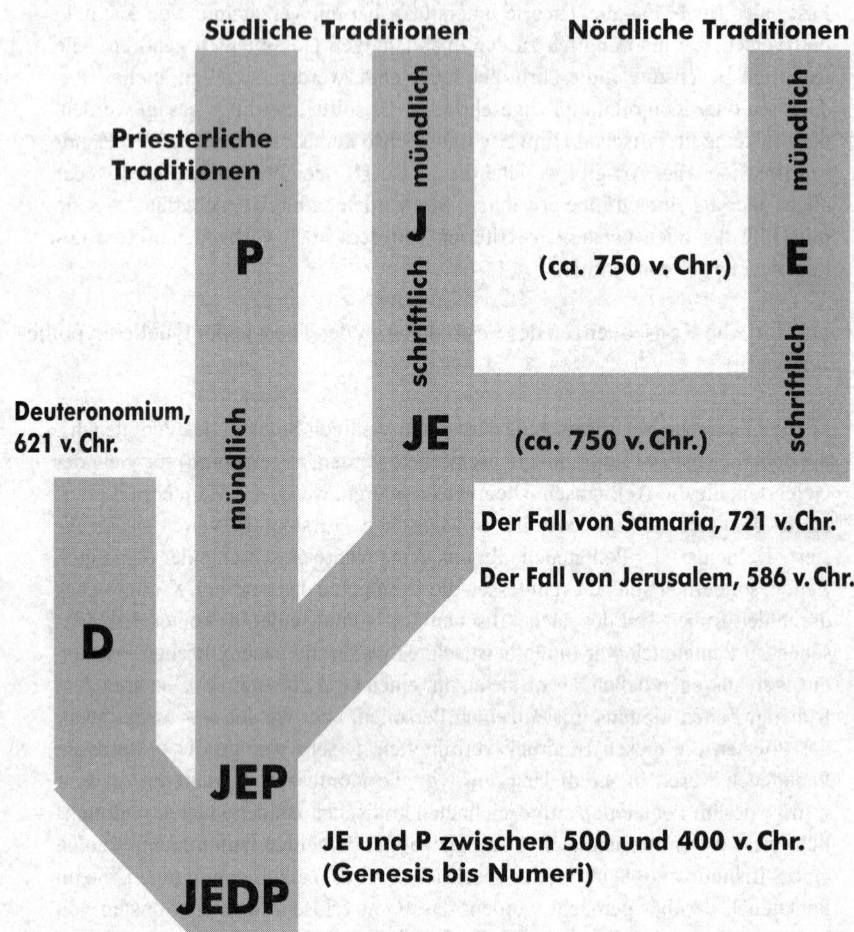

Literaturangaben

1 S. R. Driver, *An Introduction to the Literature of the Old Testament*, S. 12.
2 Johannes Pedersen u. Geoffrey Cumberlege, *Israel, Its Life and Culture*, S. 11-14.
3 S. R. Driver, *An Introduction to the Literature of the Old Testament*, S. 89.
4 Ebd., S. 91 (Hervorhebung durch McDowell).
5 G. Herbert Livingston, *The Pentateuch in Its Cultural Environment*, S. 228f.
6 Ebd., S. 227.
7 Ebd., S. 229.

15 Einführung in die Bibelkritik

Kapitelübersicht

1 Definitionen

> Das Wort *Kritik* deutet hauptsächlich ein Urteil oder einen Akt der Beurteilung an; seine Ableitung von einem griechischen Verb (… [*krino*]), was so viel wie *wahrnehmen*, *etwas versuchen*, *ein Urteil ausführen* oder *etwas herausfinden* bedeuten kann, gibt ihm seine Einzigartigkeit. Wenn es auf literarische Zusammenhänge angewandt wird, tritt nicht die Vorstellung der Schuldfindung, sondern der fairen und gerechten Einschätzung des Verdienstes wie auch des Fehlers in den Vordergrund. Mit anderen Worten ist es einfach ein unparteiisches Urteil oder ein beinahe solches Urteil, wie es eine Kritik, egal auf welche Frage, die erwogen wird, geben kann.[1]

Diese Art der Untersuchung kann auch auf die Bibel angewandt werden und wird dann Bibelkritik genannt. Sie wird von der *Christian Cyclopedia* als »die Wissenschaft, von der wir eine zufrieden stellende Kenntnis des Ursprungs, der Geschichte und des gegenwärtigen Standes des ursprünglichen Textes von der Schrift erhalten«, definiert.[2]

Die Bibelkritik wurde in zwei Arten unterteilt: 1. die einfache Kritik, »die mehr auf einer verbalen und historischen Ebene sich abspielt, und sich auf die Wörter oder die Zusammenstellungen der Wörter beschränkt, wie sie in der Handschrift, den Texten, uralten Übersetzungen und anderen legitimen Quellen vorkommen.«[3]

Diese Kritik ist auch als Textkritik bekannt. 2. Die höhere Kritik, die »in der Ausübung des Urteiles in Bezug auf den Text besteht, auf den Grundlagen, die von der Art, der Form, der Methode, dem Thema oder den Argumenten der unterschiedlichen Bücher genommen wurden; die Art und der Zusammenhang des Kontextes; die Beziehung von Abschnitten zueinander; die bekannten Umstände der Schreiber, und die der Personen, für deren unmittelbare Verwendung sie schrieben.«[4]

1.1 Die »höhere Kritik« oder Literarkritik

Die von der »höheren Kritik« aufgeworfenen Fragen betreffen die Integrität, Echtheit, Glaubwürdigkeit und literarische Formen der unterschiedlichen Schriften, die die Bibel bilden.

Der Terminus »höhere Kritik« ist an sich kein negativer Begriff. James Orr, früherer Professor für Apologetik und Systematische Theologie am United Free Church College in Glasgow, Schottland, legt es so dar:

> Die Wahrheit ist, und dieser Tatsache muss man ins Auge sehen, dass keiner, der das Alte Testament im Lichte der modernen Wissenschaft studiert, es vermeiden kann, wenigstens in einem gewissen Maß, ein »Literarkritiker« zu sein, noch ist es wünschenswert, dass er es nicht sein sollte. Der Name ist bedauerlicherweise aber ausschließlich mit einer Methode mit einer ganz gewissen Art von Ergebnissen in Verbindung gebracht worden; jedoch hat sie keinen notwendigen Zusammenhang mit diesen Ergebnissen. Richtig verstanden, ist »Literarkritik« einfach die sorgfältige Untersuchung nach den Prinzipien, die es üblicherweise auf alle Literatur anzuwenden gilt, auf die eigentliche Erscheinung der Bibel mit einer Sichtweise angewandt, aus der man solche Schlussfolgerungen ziehen kann, die unter Berücksichtigung des Alters, der Urheberschaft, der Art der Zusammensetzung, der Quellen usw. der unterschiedlichen Bücher gerechtfertigt herleiten kann. Dabei ist jeder, der sich mit solchen Anfragen beschäftigt, egal mit welchem Ziel, ein »Literarkritiker«, und er kommt auch nicht drum herum.[5]

Green fügt hinzu, dass Literarkritik in ihrer modernen Form eine negative Konnotation hat, richtig verstanden bedeutet sie aber in der Tat eine Nachfrage nach dem Ursprung und dem Charakter der Schriften, auf die sie angewandt wird. Indem der Literarkritiker alle vorhandenen Materialien gebraucht, strebt er danach, den Verfasser eines Werkes in Erfahrung zu bringen, den Zeitraum und die Umstände festzustellen, in denen es geschrieben wurde, und das Erscheinungsbild, mit dem die Schrift erzeugt wurde. In solch einer Weise durchgeführte Untersuchungen werden sich darin als wichtig herausstellen, dass die Schriften verstanden und geschätzt werden.[6]

Literarkritik sollte so objektiv wie möglich bleiben. Orr erklärt:

> Das Alter, die Urheberschaft und einfache oder vielfältige Eigenschaften eines Buches sind Inhalte für Untersuchungen, die allein durch Beweise zu bestimmen sind, und man fordert gerechterweise, dass die Kritik in ihrer Untersuchung solcher Themen ungebunden sein muss: Dieser Glaube kann nicht mit Ergebnissen von ausschließlich literarischen Urteilen begründet werden.[7]

Dies schließt den Glauben an Theorien, an Voraussetzungen wie auch den »religiösen« Glauben mit ein.

1.2 Die Geschichte der Literarkritik

Obwohl die Literarkritik als eine anspruchsvolle Wissenschaft auf einen Teil der klassischen Literatur schon vor dem neunzehnten Jahrhundert angewandt wurde, war J. G. Eichhorn (1752-1827), ein deutscher Rationalist des späten 18. Jh.s, der Erste, der den Begriff auf das Studium der Bibel anwandte. Er führte die zweite Ausgabe seiner *Einleitung in das Alte Testament* 1787 mit den Worten ein: »Ich bin verpflichtet worden, den größten Teil der Arbeit an ein bisher gänzlich unbearbeitetes Feld zu schenken, die Untersuchung der inneren Beschaffenheit der besonderen Schriften des Alten Testamentes, der höheren Kritik (ein neuer Name für jemanden, der kein Geisteswissenschaftler ist).«[8]

Eichhorn wurde dadurch zum »Vater der alttestamentlichen Kritik«.

Obwohl der Begriff »höhere Kritik« sich bis Eichhorn nicht mit biblischen Studien verband, war es Jean Astrucs Abhandlung über die Genesis im Jahr 1753, die den Anfang der Historisch-Kritischen Methode, wie sie auf das Alte Testament angewandt wird, markierte. Während Astruc Mose als den Verfasser von Genesis verteidigte, schloss er, dass es von einander unabhängige Quellen gab, die durch das Buch hindurch zusammen geflochten waren. Folglich wurde der gesamte Pentateuch (Genesis bis Deuteronomium) einer umfassenden Quellenanalyse unterworfen. Auf Grund dessen kann man sagen, dass die »Höhere Kritik« durch die Pentateuchanalyse hervorgebracht und entwickelt worden ist. Die sehr komplexen Schlussfolgerungen, die in Bezug auf die Berücksichtigung der Urheberschaft und Datierung des Pentateuchs (die Quellenscheidungshypothese) von europäischen (besonders von deutschen) Literarkritikern, die hauptsächlich während des 19. Jh.s veröffentlicht wurden, bildeten die Grundlagen für die meisten nachfolgenden kritischen Untersuchungen des Alten Testamentes. Deswegen wird eine allgemeine Untersuchung der modernen alttestamentlichen höheren Kritik als Erstes die frühe Pentateuchanalyse berücksichtigen müssen. Dies ist der Schlüssel zu einer richtigen Bewertung aller Literarkritik des Alten Testamentes seit Astruc.

Leider führte die literarkritische Schule, die aus dem Bereich der deutschen Bibelforschung im letzten Jahrhundert entstand, einige fehlerhafte Methodiken ein und hielt hartnäckig an einigen fragwürdigen Annahmen fest. Dies unterminierte sehr stark die Gültigkeit vieler ihrer Schlussfolgerungen. Ganze Bücher wurden in zahlreiche »Quellen« aufgeteilt; die meisten Bücher des Alten Testaments wurden in einigen Fällen um fast eintausend Jahre später datiert, als der eigentliche Zeuge der Dokumente selbst es erlauben würde. Der biblische Bericht der frühen Geschichte der Hebräer wurde durch komplizierte und gut durchdachte Theorien ersetzt, die aber in jedem größeren Punkt im Widerspruch stehen zu den eigenen Berichten der Geschichte Israels. Wegen ihrer massenhaften Rekonstruktion israelitischer Literatur und ihrer radikalen Wiederaufbereitung der hebräischen Geschichte wurde diese Schule in einigen Kreisen als »destruktive Literarkritik« bekannt. Sie hatte seit ihrer Einführung bei alttestamentlichen Untersuchungen, zusammen mit der Methodik, die diese drastischen Ergebnisse erreichte, dominiert.

2 Drei Schulen radikaler Pentateuchkritik

2.1 Die Quellenscheidungshypothese: Ausgangspunkt der Theorie

Obwohl der Pentateuch traditionell Mose zugeschrieben wird, sei er eigentlich eine Zusammenstellung von vier grundlegenden Dokumenten unabhängiger Verfasser über einen Zeitraum von ungefähr vierhundert Jahren gewesen (J,E,P,D). Diese Zusammenstellung begann um 850 v. Chr. herum und wurde allmählich von unbekannten Redaktoren bis ungefähr 400 v. Chr in seine Grundform gebracht. Das Hauptkriterium für diese Theorie war eine genaue Analyse des Textes, und man glaubte, dass durch sie die eigentlichen Quellenstücke isoliert werden könnten. Der klassische Ausdruck dieser Theorie kam 1878 von dem deutschen Gelehrten Julius Wellhausen.[9]

2.2 Die Formkritik oder Formgeschichte

Ebenso behauptet die formkritische Schule, dass der Pentateuch das Erzeugnis eines Sammlungsprozesses war und nicht das Werk von Mose. Aber sie unterschied sich von der Quellenscheidungshypothese darin, dass sie behauptete, dass die unterschiedlichen Urkunden selbst Zusammenstellungen waren, die von älteren mündlichen Traditionen stammten und erst während oder nach dem Zeitraum des Exils (586 v. Chr.) verschriftlicht wurden. Man konnte nur sehr wenig über die literarische Entwicklung dieser Dokumente wissen und es war für diese Schule deshalb klar, dass die klare Unterscheidung der Urkunden, welche die Quellenscheidungsschule durchgeführt hatte, unmöglich war. Der einzige praktische Weg war, hinter die Quellen in ihrer schriftlichen Form zurückzugehen und die Arten von Kategorien zu prüfen, zu denen das ursprüngliche Material in seinem mündlichen Zustand gehörte, um dann den wahrscheinlichen Lauf der Entwicklung von jeder dieser mündlichen Einheiten zu folgen, bis sie schließlich ihre schriftliche Form erreichte. Große Betonung wurde dabei auf den »Sitz im Leben« dieser unterschiedlichen Kategorien gelegt, indem man bestimmte, durch welche Art von Prozess sie sich in ihre schriftliche Form entwickelt hatten. Hermann Gunkel und Hugo Greßmann, zwei deutsche Gelehrte, haben dafür Anerkennung bekommen, dass sie diese Schule am Anfang des zwanzigsten Jahrhunderts gründeten (Hermann Gunkel, *Die Sagen der Genesis*, 1901; *Die Schriften des Alten Testaments*, 1911, Hugo Greßmann, *Die Älteste Geschichtsschreibung und Prophetie Israels*, 1910).[10]

2.3 Die Traditionsgeschichte (»die Uppsala-Schule«)

Ähnlich wie die formkritische Schule, behaupteten auch einige Vertreter der mündlichen Überlieferung, dass der Pentateuch in seinem Ursprung nicht mosaisch ist, sondern eher eine über Jahrhunderte hinweg entstandene Ansammlung von Material, die darauf festgelegt wurde, dass sie nicht vor dem Exil geschrieben worden sei, darstellt. Die Urkundenhypothese wurde als eine abendländische Lösung für ein gänzlich davon zu unterscheidendes nahöstliches Literarproblem abgelehnt. Die skandinavische Schule setzte sogar noch mehr Gewicht auf die mündliche Tradition als Gunkel und die Kritiker der Formgeschichte. Einige behaupteten sogar, dass die mündliche Traditionsgeschichte im Überlieferungsprozess wichtiger war als die Schriften im Alten Orient. Es seien nicht geschriebene Dokumente, mit denen man sich befassen müsse, sondern eher Einheiten mündlicher Traditionen, Traditionskreisen und unterschiedliche »Schulen« innerhalb dieser Traditionskreise.

Sie versuchen, das Material in literarische Kategorien wie Erzählungen, Gesetzestexte, Prosa, Dichtung und weitere Untergruppierungen, die man *Gattungen* nannte, einzustufen. Diesen Untergruppierungen wurden »Richtlinien« gegeben, wie sie sich im *»Sitz des Lebens«* entwickelt haben sollten.

Es sind zwei grundlegende Quellen von Traditionsgeschichte im Pentateuch enthalten: Eine reicht von Genesis bis zu Numeri und deutet auf eine priesterliche Typenschule (P) der Tradition hin. Die andere ist eine Arbeit von D (von Deuteronomium bis 2. Könige), die einen unterschiedlichen Stil gegenüber P aufweist und auf einen D-Kreis innerhalb der Überlieferung hinweist. Hauptsächlich verantwortlich für diesen jüngsten Trend in der Pentateuchanalyse waren Johannes Pedersen und Ivan Engnell.[11]

3 Literaturangaben

1 W. S. Selleck, *The New Appreciation of the Bible*, S. 70f.

2 James Gardner, *The Christian Cyclopedia*, S. 206.

3 Ebd., S. 206.

4 Ebd., S. 206.

5 James Orr, *The Problem of the Old Testament*, S. 9.

6 Langdon B. Gilkey, »Cosmology, Ontology and the Travail of Biblical Language«, *Concordia Theological Monthly 33,* S. 6.

7 James Orr, *The Problem of the Old Testament*, S. 16.

8 J.G. Eichhorn, ziteirt in A. T. Chapman, *An Introduction to the Pentateuch*, S. 19.

9 R. K. Harrison, *Introduction to the Old Testament*, S. 19-27.

10 Ebd., S. 35-38.

11 Johannes Pedersen, »Die Auffassung vom Alten Testament«, *Zeitschrift für die alttestamentliche Wissenschaft*, 1931 und Ivan Engell, *Gamla Testamentet en Traditionshistorisk Inledning*, 1945 in R. K. Harrison, *Introduction to the Old Testament*, S. 66-69.

16 Einführung in den Pentateuch

Kapitelübersicht

1 Was ist der Pentateuch?

Wie schon zuvor erwähnt, sind die ersten fünf Bücher des Alten Testaments – Genesis, Exodus, Levitikus, Numeri und Deuteronomium – auch als der *Pentateuch* bekannt. Das Wort Pentateuch leitet sich von dem griechischen Wort *pentateuchos* ab. Es bedeutet »eine Sammlung von fünf« oder »fünfbändiges [Buch]«.[1]

Die jüdische Tradition nennt diese fünf Bücher »die Thora« (hergeleitet vom hebräischen Wort *tôrâ*, das so viel wie »Anweisung« bedeutet), »das Buch des Gesetzes«, »das Gesetz Moses« oder einfach »das Gesetz«.[2]

Origenes, ein Kirchenvater des dritten Jahrhunderts, war der Erste, der diesen fünf Büchern Mose den Namen Pentateuch gab.[3]

2 Was beinhaltet er?

R. K. Harrison unterteilt die Inhalte des Pentateuchs folgendermaßen:

1. Die urzeitliche Geschichte mit einem mesopotamischen Hintergrund: Genesis 1-11
2. Die Geschichte der Patriarchen: Genesis 12-50
3. Die Unterdrückung Israels und Vorbereitungen für den Auszug: Exodus 1-9
4. Der Auszug, das Passah und die Ankunft am Sinai: Exodus 10-19
5. Der Dekalog und der Bund am Sinai: Exodus 20-24
6. Die Gesetzgebung bezüglich der Stiftshütte und die aaronitische Priesterschaft: Exodus 25-31
7. Der abgöttische Bruch des Bundes: Exodus 32-34
8. Die Durchführung betreffender Vorschriften für die Stiftshütte: Exodus 35-40
9. Das Opfergesetz: Levitikus 1-7
10. Die Weihe der Priester und das einführende Opfer: Levitikus 8-10

11. Die Gesetze der Reinigung: Levitikus 11-15
12. Der Tag der Sühne: Levitikus 16
13. Die Gesetze, die Moral und Reinheit betreffen: Levitikus 17-26
14. Die Gelübde und der Zehnte: Levitikus 27
15. Die Zählung und die Gesetze: Numeri 1-9
16. Die Wanderung vom Sinai nach Kadesch: Numeri 10-20
17. Die Wanderung nach Moab: Numeri 21-36
18. Der historischer Rückblick auf die Wüstenwanderungszeit: Deuteronomium 1-4
19. Die zweite Rede mit einer ermutigenden Einleitung: Deuteronomium 5-11
20. Die gesammelten Gesetze und Rechte: Deuteronomium 12-26
21. Der Fluch und der Segen: Deuteronomium 27-30
22. Der Dienstantritt Josuas und der Tod Moses: Deuteronomium 31-34[4]

3 Der Zweck und die Bedeutung des Pentateuchs

Die Bibel ist Geschichte, aber von einer sehr besonderen Art. Es ist die Geschichte Gottes von der Erlösung der Menschheit, und der Pentateuch ist das erste Kapitel jener Geschichte.[5]

Unger führt aus:

> Der Verfasser des Pentateuchs hatte einen bestimmten Plan. Er hat sich nicht in erster Linie der Aufzeichnung der Erzählung der Menschheitsgeschichte gewidmet. Seine Aufgabe war es eher, einen Bericht über Gottes gnädige Fürsorge für die Menschen zu geben. Dementsprechend ist der Pentateuch eine Geschichte mit einem bestimmten Motiv, einem tiefen, religiösen Motiv, das das Ganze erfüllt. Andererseits werden, dadurch dass die religiösen Motive hier zu Grunde liegen, die erzählten Ereignisse nicht weniger historisch. Es gibt ihnen lediglich eine ständige Bedeutung weit über die Zeiten hinausgehend, in der und über die sie geschrieben wurden. Außerdem reichen die Erzählungen in der Bedeutung ihrer Anwendung weit über jede beliebige Nation oder jeden Menschen, da sie mit einem unschätzbaren und unvergänglichen Wert für alle Menschheit ausgestattet sind …
>
> Das Scheitern des Verstehens der genauen Eigenschaften und des Zwecks des Pentateuchs hat viele Kritiker dazu geführt, seine Geschichtlichkeit gänzlich zu leugnen oder eine niedrige Meinung seiner Zuverlässigkeit anzunehmen. Wäre zum Beispiel der Bericht des ägyptischen Aufenthalts – die wunderbare Befreiung und die Wüstenwanderungen – fiktiv, stellt seine lebendige Verbindung nicht nur mit der hebräischen Geschichte, sondern auch mit dem ganzen biblischen Heilsplan sich dem unlösbaren Problem, wie diese außergewöhnliche Aufzeichnung jemals hätte angefertigt werden können.[6]

D. A. Hubbard spricht von der Hauptbedeutung des Pentateuchs, worin er die Beziehung Israels zu Gott versteht:

> Der Pentateuch ist eine Aufzeichnung der Offenbarung und der Antwort. Er bezeugt die erlösenden Taten Gottes, des souveränen Herrn der Geschichte und der Schöpfung. Die zentrale Tat Gottes im Pentateuch (und tatsächlich im Alten Testament) ist der Auszug aus Ägypten. Hier wirkte Gott auf das Bewusstsein der Israeliten ein und offenbarte sich selbst als den erlösenden Gott. Kenntnisse, welche die Israeliten von dieser Offenbarung gewonnen hatten, befähigten sie unter der Führerschaft des Mose, die Traditionen ihrer Ahnen wieder zu entdecken und in ihnen das Aufsprießen Gottes im Umgang mit ihnen zu sehen, das so brillant in der Befreiung aus Ägypten geblüht hatte.[7]

Sogar Langdon B. Gilkey, der eher kein konservativer Gelehrter ist, nennt die Exodus-Sinai-Erfahrung »den zentralen Punkt der biblischen Religion«.[8]

Deswegen nimmt der Pentateuch auch eine wichtige Stellung in der christlichen Ansicht des Universums ein, da er über Gottes ursprüngliche Enthüllung seiner selbst gegenüber der Menschheit berichtet.

Gilkey stellt es so dar:

> Das Auszugsereignis hat ebenso ein bekennendes wie ein historisches Interesse für uns. Mit anderen Worten ist die Frage dessen, was Gott am Sinai getan hat, nicht nur eine Frage für den Gelehrten der semitischen Religion und Theologie, sondern die Frage besteht eben noch eher für den zeitgenössischen Gläubigen, dem es ein Anliegen ist, heute ein Zeuge dessen zu sein, was Gott in der Geschichte getan hat.[9]

4 Der Ursprung und die Geschichte der nicht mosaischen Verfasserschaftstheorie

Laut Johannes von Damaskus, dem Nazarener, leugnete eine Sekte von Christen jüdischer Abstammung, die während des zweiten Jahrhunderts lebten, dass Mose den Pentateuch geschrieben hat.[10]

Die clementinischen Homilien, eine Sammlung von alten Schriften, die etwa nach dem zweiten Jahrhundert geschrieben wurden, erwähnen, dass der Pentateuch von siebzig weisen Männern nach dem Tod des Mose geschrieben wurde. (Für eine Studie von der Unzuverlässigkeit dieser Schriften und der ungültigen Methodik der historischen und biblischen Interpretation, die sie gebrauchten, siehe E. J. Youngs, *An Introduction to the Old Testament*, S. 118-19.)[11]

Obwohl es mehrere Gruppen und Individuen in den ersten zwei Jahrhunderten n. Chr. gab, die die wesentliche mosaische Verfasserschaft des Pentateuchs leugneten, sollte der folgende Abschnitt von Young doch zur Kenntnis genommen werden:

> Während der ersten zwei Jahrhunderte der christlichen Ära gibt es weder unter den Kirchenvätern noch in der orthodoxen Kirche selbst ein nachweisbares Beispiel der Kritik, das der Bibel gegenüber feindlich gesonnen ist. Die apostoli-

> schen Väter und die nachfolgenden vornizäischen Väter glaubten, insofern sie sich zu diesem Thema äußerten, dass Mose der Verfasser des Pentateuchs und dass das Alte Testament ein göttliches Buch war …
> Solche Fälle von feindlicher Kritik, die noch aus diesem Zeitraum stammen, sind entweder von Gruppen, von denen man meinte, dass sie ketzerisch waren, oder von der außen stehenden heidnischen Umwelt gekommen. Überdies spiegelte diese Kritik gewisse philosophische Annahmen wider und hat einen entschieden voreingenommenen und unwissenschaftlichen Charakter.[12]

Die Behauptung, das Mose nicht der Verfasser des Pentateuchs war, hatte erst während der ersten zwei Jahrhunderte n.Chr. begonnen. Die erste Grundlage, auf der dieser Vorwurf beruhte, war das Auftreten von vermutlich nach der Zeit des Mose geschriebenen Abschnitten.

Obwohl es einige kleinere Aktivitäten in der fraglichen mosaischen Verfasserschaft während der folgenden Jahrhunderte gab, dauerte es bis zum achtzehnten Jahrhundert, dass das Argument sich auf einem neuen Fundament bewegte – dem der Literarkritik –, wobei die Theorie der nicht mosaischen Verfasserschaft eingehend entwickelt wurde. (Für einen Überblick der Entwicklungen vom 3. bis zum 18. Jh. siehe E. J. Young, *An Introduction to the Old Testament.*)[13]

5 Literaturangaben

1 G. A. Aalders, *A Short Introduction to the Pentateuch*, S. 13; J. D. Douglas, *The New Bible Dictionary*, S. 957.
2 W. F. Albright, »Archaeology Confronts Biblical Criticism«, *The American Scholar*, S. 903.
3 R. K. Harrison, *Introduction to the Old Testament*, S. 495.
4 Ebd., S. 496.
5 Merrill Unger, *Introductory Guide to the Old Testament*, S. 187f.
6 Ebd., S. S. 188f.
7 D. A. Hubbard, »Pentateuch«, J. D. Douglas, *The New Bible Dictionary*, S. 963.
8 Langdon B. Gilkey, »Cosmology, Ontology, and the Travail of Biblical Language«, *Concordia Theological Monthly* 33, S. 147.
9 Ebd. S. 147.
10 Edward J. Young, *An Introduction to the Old Testament*, S. 113.
11 Ebd., S. 112.
12 Ebd., S. 113f.
13 Ebd., S. 116-120.

17 Die Entwicklung der Quellenscheidungshypothese

Kapitelübersicht

1 Die Bedeutung der Quellenscheidungshypothese in der Literarkritik

Wir haben schon auf die wichtige Rolle hingewiesen, die die Quellenscheidungshypothese in der Entstehung einer ganzen Schule der Literarkritik-Gelehrsamkeit gespielt hat, die unleugbar die literarische und historische Integrität des Alten Testaments untergraben hat. Die erreichten radikalen Schlussfolgerungen dieser Schule erfordern deswegen von allen gewissenhaften Studenten des Alten Testaments eine sorgfältige und durchdringende Untersuchung ihrer Position. Eine solche Untersuchung muss mit der Analyse des Pentateuchs beginnen und bei der Quellenscheidungshypothese fortgesetzt werden. Ob diese radikale literarkritische Ansicht Gültigkeit besitzt oder ob sie zu Gunsten einer die Tatbestände besser analysierenden Sichtweise verworfen werden sollte, wird hauptsächlich von einer objektiven Beurteilung der klassischen Urkundenhypothese und ihren nachfolgenden Überarbeitungen bestimmt werden.

2 Die Geschichte ihrer Entwicklung

2.1 Die erste Urkundenhypothese

Soweit bekannt ist, war es ein protestantischer Priester, H. B. Witter, im ersten Teil des achtzehnten Jahrhunderts, der als Erster behauptete, dass es zwei parallele Berichte der Schöpfung gab und dass sie durch die Verwendung der verschiedenen göttlichen Namen zu unterscheiden wären. Er war auch der Erste, der die göttlichen Namen als Kriterien für die Unterscheidung der verschiedenen Dokumente vorschlug (siehe seine *Jura Israelitarum in Palestina*, 1711).[1]

Die erste bedeutende Behandlung der Urkundentheorie wurde 1753 von dem französischen Mediziner Jean Astruc in seinem Buch *Conjectures Concerning the Original Memoranda Which It Appears Moses Used to Compose the Book of Genesis* veröffentlicht.

Er behauptete, dass es bestimmte Dokumente in der Genesis gab, die hauptsächlich an dem einzigartigen Gebrauch der göttlichen Namen Elohim und Jahwe in den Einführungskapiteln erkennbar seien. Astruc realisierte, dass das göttliche Namensphänomen nicht als Kriterium zur Prüfung von Teilen des Pentateuchs, die sich außerhalb der Genesis befinden, benutzt werden könnte. Eine angebliche Wiederholung von Ereignissen (zum Beispiel die Schöpfungs- und die Flutgeschichten) und chronologische Ungenauigkeiten wurden auch von Astruc schon als Beweis für zu Grunde liegende Quellen zitiert. Obwohl er eine Dokumententheorie entwickelte, verteidigte Astruc Mose als den Redaktor der Dokumente.[2]

Der Erste, der Astrucs Theorie in Deutschland einführte, war J. G. Eichhorn. In seiner dreibändigen *Einleitung in das Alte Testament* (1780-1783) schlug er zusätzlich zu Astrucs göttlichem Namenskriterium vor, dass für die Quellenanalyse im Pentateuch auch literarische Kriterien Berücksichtigung finden sollten (wie Unterschiedlichkeit im Stil; Wörter, die für eigenständige vorhergehende Dokumente standen usw.).[3]

2.2 Die Fragmentenhypothese

2.2.1 Die Theorie

Ein schottischer römisch-katholischer Priester, A. Geddes, nannte 1800 Astrucs Zwei-Urkundentheorie »ein Werk der Einbildung«. Er behauptete, dass es eine Masse von Bruchstücken gibt, große und kleine (aber keine eigentlichen Dokumente), die von einem Redaktor zirka fünfhundert Jahre nach dem Tod des Mose zusammengesetzt wurde. Von 1802 bis 1805 entwickelte der Deutsche Johann Vater die Theorie von Geddes weiter. Er versuchte, den allmählichen Wachstum des Pentateuchs aus einzelnen Bruchstücken heraus zu beweisen. Er behauptete, dass es mindestens achtunddreißig unterschiedliche Fragmentquellen gab. Obwohl einige der besonderen Bruchstücke aus der Zeit Moses stammten, wurde der Pentateuch – wie wir ihn jetzt haben – etwa in der Zeit des jüdischen Exils zusammengestellt (586 v. Chr.). Diese Theorie wurde 1831 von dem deutschen Gelehrten A. Th. Hartmann noch weiterentwickelt.[4]

2.2.2 Der wesentliche Unterschied zu Astrucs Urkundenhypothese

Jene, die diese Theorie vertreten, glauben, dass es keine kontinuierlichen Dokumente gibt, sondern eher eine Masse von Bruchstücken von Dokumenten, bei denen es unmöglich ist, sie zu isolieren.

2.3 Die Ergänzungshypothese

2.3.1 Die Theorie

1823 versetzte Heinrich Ewald in seinem Buch *Die Komposition der Genesis kritisch untersucht* der Fragmentenhypothese den »Todes-Stoß«, indem er die Einheit der Genesis verteidigte. Bis 1830 hatte er eine neue Theorie entwickelt, die behauptete, dass als Basis der ersten sechs Bücher der Bibel eine elohistische Schrift zu Grunde lag, dass aber ein späteres paralleles Dokument, das den göttlichen Namen »Jahwe« gebrauchte, auftauchte. Noch später nahm dann ein Redaktor Auszüge aus diesem J-Dokument und fügte sie in das ursprüngliche E-Dokument ein. Zahlreiche Versionen dieser grundlegenden Hypothese entwickelten sich anschließend unter einigen Gelehrten wie etwa De Wette (1840) und Lengerke (1844), die sich nicht nur an eine Ergänzung, sondern an drei hielten.[5]

2.3.2 Der wesentliche Unterschied zur Fragmentenhypothese

Entsprechend dieser Theorie gibt es keine Vermischung von Quellen, sondern eher eine Einheit mit einem grundlegenden Dokument (E), das sich durch die Genesis hindurchzieht, während die Ergänzungen (J) später erst hinzugefügt wurden.

2.4 Die Kristallisationshypothese

2.4.1 Die Theorie

Ab 1845 hatte Ewald seine eigene Ergänzungstheorie wiederum abgelehnt. An ihrer Stelle schlug er nun vor, dass es anstatt eines Ergänzers fünf Erzähler gab, die verschiedene Teile des Pentateuchs zu unterschiedlichen Zeiten über einen Zeitraum von siebenhundert Jahren geschrieben hatten. Der fünfte Erzähler – vermutlich ein Jude aus der Zeit des Königs Usija –, der immer wieder den Namen Jahwe benutzte, war dann der letzte Redaktor. Er stellte den Pentateuch zwischen ungefähr 790 und 740 v. Chr. fertig. Ewald behauptete auch, dass das Deuteronomium ein unabhängiges Werk war, das um 500 v. Chr hinzugefügt wurde. Andere, die eine einfachere Form dieser Theorie vertraten, waren August Knobel (1861) und E. Schrader (1869).[6]

2.4.2 Der wesentliche Unterschied zur Ergänzungshypothese

Diese Theorie behauptet, dass es nicht nur einen Ergänzer gibt, sonder eher fünf verschiedene Erzähler, die unterschiedliche Teile des Pentateuchs zu verschiedenen Zeiten geschrieben haben.

2.5 Die neuere Urkundenhypothese

2.5.1 Die Theorie

1853 versuchte Herman Hupfeld zu zeigen:

1. dass die J-Abschnitte in der Genesis nicht Ergänzungen waren, sondern eher ein kontinuierliches Dokument bildeten.
2. dass das grundlegende E-Dokument (Ergänzungshypothese) nicht ein konti-

nuierliches Dokument war, sondern eher eine Zusammensetzung aus zwei getrennten Dokumenten (die er P und E nannte).

3. dass diese drei Dokumente von einem Redaktor in ihre gegenwärtige Form gebracht wurden.

4. dass das Deuteronomium ein völlig selbstständiges Dokument war und zuletzt hinzugefügt wurde (von D so vorgesehen).

Damit behauptete Hupfeld, dass es eigentlich vier unterschiedliche Dokumente sind, die in den Stoff der Pentateucherzählung eingeflochten sind: P (früher Elohist), E, J und D.[7]

2.5.2 Der wesentliche Unterschied zur Kristallisationshypothese

Nicht fünf Erzähler, sondern nur ein Redaktor vereinigte drei Dokumente: das J-Dokument, den frühen Elohisten als P-Dokument und den späten Elohisten als E-Dokument.

2.6 Die Geschichtshypothese (die revidierte Urkundentheorie)

2.6.1 Die Theorie (heute üblicherweise als die Quellenscheidungshypothese bekannt)

Während Hupfeld die chronologische Reihenfolge der Dokumente als P E J D bestimmte, änderte Karl H. Graf während der 60er Jahre des 19. Jh.s die Ordnung in J E D P um, mit der Begründung, dass das grundlegende Dokument (der erste Elohist oder P) nicht der früheste Teil des Pentateuchs war, sondern der letzte. Grafs Theorie wurde durch Abraham Kuenens Buch *Die Godsdienst van Israel* bekräftigt (1869-1870).

Julius Wellhausen (*Die Komposition des Hexateuchs*, 1876 und *Prolegomena zur Geschichte Israels*, 1878) formulierte die revidierte Urkundentheorie von Graf und Kuenen geschickt und redegewandt um und gab ihr damit den klassischen Ausdruck, den sie in den meisten europäischen (und später amerikanischen) Fachgelehrtenkreisen berühmt machte. Wellhausen formulierte die Urkundenhypothese (die später die Graf-Wellhausen-Hypothese genannt wurde) in Bezug auf die evolutionäre Ansicht der Geschichte, die in philosophischen Kreisen damals vorherrschte, um.

Er behauptete, dass:

1. der früheste Teil des Pentateuchs von zwei ursprünglich unabhängigen Dokumenten, dem Jahwisten (850 v. Chr.) und dem Elohisten (750 v. Chr.), abstammen.
2. der Jahwist von diesen beiden ein erzählendes Werk schuf (650 v. Chr.).
3. das Deuteronomium zu Josias Zeiten geschrieben wurde und sein Verfasser dies in das Werk des Jahwisten integrierte.
4. die priesterliche Gesetzgebung im E-Dokument hauptsächlich Esras Werk war und man darauf als das priesterliche Dokument verweist. Ein späterer Editor (oder spätere Editoren) revidierte und redigierte die Anhäufung von Dokumenten um etwa 200 v. Chr. und bildete damit den Pentateuch, den wir heute kennen.

In England interpretierte W. Robertson Smith (*The Old Testament in the Jewish Church*, 1881) die Schriften von Wellhausen und stellte sie vor.

Aber es war Samuel R. Driver, der in seiner *Introduction to the Literature of the Old Testament* (1891) der Theorie von Wellhausen seine klassische Stellung in der englischsprachige Welt gab. Der beachtenswerteste frühe Verfechter der Wellhausen-Schule in Amerika wurde Charles A. Briggs (*The Higher Criticism of the Hexateuch*, 1893).[8]

2.6.2 Der wesentliche Unterschied zur neueren Urkundenhypothese

Das P-Dokument ist nicht das früheste Dokument, sondern das späteste, wie die JEDP-Reihenfolge, die nach einem systematischen Evolutionsmuster ausgearbeitet wurde, aufzeigt.

2.7 Die Entwicklung und die modernen Überarbeitungen der Que llenscheidungshypothese seit Wellhausen

2.7.1 Rudolph Smend (*Die Erzählung des Hexateuchs auf ihre Quellen untersucht*, 1912):

Nicht ein J Dokument sondern zwei J-Dokumente: J1 und J2.[9]

2.7.2 Otto Eissfeldt (*Hexateuchsynopse*, 1922): Ein L-Dokument findet sich im J-Dokument und wurde 860 v. Chr. geschrieben.[10]

2.7.3 R. H. Kennett in *Deuteronomy and the Decalogue* (1920); Gustav Hölscher in *The Composition and Origin of Deuteronomy* (1922). Beide Forscher behaupteten, dass das »Deuteronomium jünger als das Zeitalter des Josias ist. Damit war das ›Buch des Gesetzes‹, das 621 v. Chr. im Tempel gefunden wurde, nicht das Deuteronomium.«[11]

2.7.4 Martin Kegel in *Die Kultusreformation des Josias* (1919), Adam C. Welch in *The Code of Deuteronomy* (1924), Edward Robertson in *Bulletin of John Rylands Library* (1936, 1941, 1942, 1944), alle schlossen, dass das Deuteronomium viel früher geschrieben wurde als zur Zeit des Josias (621 v. Chr.).[12]

2.7.5 Max Löhr behauptete in seinem Buch *Der Priestercodex in der Genesis* (1924), dass:

1. eine unabhängige P-Quelle niemals existierte.
2. der Pentateuch von Esra verfasst wurde, der sich auf vorexilische schriftliche Unterlagen bezog.
3. diese schriftlichen Unterlagen nicht mit bestimmten Dokumenten gekennzeichnet werden konnten (wie J, E usw.).[13]

2.7.6 Julius Morgenstern (*The Oldest Document of the Hexateuch*, 1927) folgerte, dass ein K-Dokument (ähnlich dem L von Eissfeldt) in J vorhanden war.[14]

2.7.7 Paul Volz und Wilhelm Rudolph folgerten in ihrem Buch *Der Elohist als Erzähler: Ein Irrweg der Pentateuchkritik?*, 1933):

1. Es gab keine Grundlagen für die Existenz eines getrennten E-Dokuments.
2. Nur eine Person schrieb das ganze Buch Genesis, mit Ausnahmen von ein paar Ergänzungen, die ein späterer Redaktor hinzugefügt hatte.[15]

2.7.8 Robert Pfeiffer (*Introduction to the Old Testament*, 1941) beanspruchte, dass ein S-Dokument (datiert auf 950 v. Chr.) in den J- und E-Abschnitten von Genesis 1-11 und 14-18 zu finden sei.[16]

3 Literaturangaben

1 U. Cassuto, *The Documentary Hypothesis*, S. 9; Edward J. Young, *An Introduction to the Old Testament*, S. 118.
2 Edward J. Young, *An Introduction to the Old Testament*, S. 118-121.
3 R. K. Harrison, *Introduction to the Old Testament*, S. 14.
4 Edward J. Young, *An Introduction to the Old Testament*, S. 123-127.
5 Ebd., S. 127ff.
6 Ebd., S. 129f.
7 Ebd., S. 130f.
8 Gleason L. Archer, *Survey of the Old Testament Introduction*, S. 79; Edward J. Young, *An Introduction to the Old Testament*, S. 136ff.
9 Gleason L. Archer, *Survey of the Old Testament Introduction*, S. 91.
10 Ebd.
11 Ebd., S. 100f.
12 Ebd., S. 101f.
13 Ebd., S. 97.
14 Ebd., S. 91.
15 Ebd., S. 100.
16 Ebd., S. 91.

18 Grundregeln der Kritik

Kapitelübersicht

Die altorientalische Umgebung des Alten Testamentes stellt viele sehr nahe literarische Parallelen her. Und während es viele ignorieren, kann es niemand wirklich leugnen, dass Prinzipien, die in der Untersuchung der altertümlichen orientalischen Geschichte und Literatur als gültig bestätigt wurden, auch auf die Geschichte und Literatur des Alten Testaments angewandt werden sollten. Ebenso sollte es gelten, dass Prinzipien, die sich in Bezug auf die alte nahöstliche Literatur und Geschichte als falsch herausgestellt haben, nicht auf die Literatur und Geschichte des Alten Testaments angewandt werden.[1]

Drei grundlegende Prinzipien sollten deshalb diese Untersuchung durchdringen:

1 Die Annäherung an die biblischen Schriften wie an alle andere frühgeschichtliche Literatur – harmonisch

Das literarische Genie und der bekannte Kritiker Coleridge etablierte vor langer Zeit diese Grundregel für die Literatur: »Wenn wir einen scheinbaren Fehler bei einem guten Verfasser entdecken, sollten wir unsere eigene *Unwissenheit von seinem Verstehen* annehmen, bis wir gewiss sind, dass wir *seine Unwissenheit verstehen.*«[2]

Der Historiker John Warwick Montgomery sagt, dass – indem die wesentliche Geschichtlichkeit eines alten Dokumentes bestimmt wird – »die historischen und literarischen Gelehrten dem Spruch des Aristoteles [*De Arte Poetica*, 14606-14616] folgen, dass der Nutzen des Zweifels dem Dokument selbst zukommen soll und nicht anmaßend [wie ungerechterweise angenommen wird] vom Kritiker für sich selbst beansprucht wird.«[3]

Kenneth A. Kitchen hat kürzlich die Notwendigkeit dieses Prinzips in alttestamentlichen Studien und auch im Bereich der Ägyptologie hervorgehoben:

> Es ist das übliche Verfahren, die allgemeine Zuverlässigkeit von Aussagen in unseren Quellen anzunehmen, außer wenn es einen guten, ausdrücklichen Beweis gibt, der das Gegenteil aufzeigt. … Die grundlegende Harmonie, die letztlich den vorhandenen Aufzeichnungen unterliegt, sollte herausgefunden werden, ungeachtet scheinbarer Diskrepanzen. In der gesamten Geschichte der Frühzeit sind unsere vorhandenen Quellen unvollständig und elliptisch.[4]

Oswald T. Allis bezeichnet diese Annäherung als die »Harmonisierungsmethode« und führt hier über seine Anwendung auf die hebräischen Schriften aus:

> Es hat zwei offensichtliche Vorteile. Der eine ist, dass es der Intelligenz und Vernunft der Schreiber der Bibel gerecht wird. Indem man den Anspruch erhebt, dass die Kompilatoren und Redaktoren der biblischen Aufzeichnungen die Gegensätze in den Berichten der gleichen Ereignisse stehen ließen, statt zu verbinden oder zu kombinieren, stellt man ihre Intelligenz, ihre Ehrlichkeit oder einfach ihre Kompetenz, sich mit den Daten zu befassen, die sie aufgezeichnet haben, in Frage. Der zweite ist, dass es die biblische Methode von Interpretation ist. Die vielen Male und verschiedenen Arten, in der die biblischen Schreiber zitieren oder sich aufeinander beziehen, impliziert ihr Vertrauen zu den zitierten Quellen. Ihre Methode ist eine harmonische Methode. Am wichtigsten von allem aber ist, dass diese Methode der Interpretation die einzige ist, die in Übereinstimmung mit den hohen Ansprüchen der Bibel ist, das Wort Gottes zu sein.[5]

2 Die Einübung eines offenen Geistes

Julius A. Bewer, ein von der Quellenscheidung hart angeklagter Gelehrter, hat eine hervorragende Ausführung dieses Prinzips dargelegt:

> Eine wahrlich wissenschaftliche Kritik bleibt niemals stehen. Keine Frage wird jemals ausgeschlossen. Wenn neue Fakten erscheinen oder ein neuer Weg aufgezeigt wird, die alten Fakten zu verstehen, ist der Kritiker bereit, seine Theorie zu überprüfen, zu modifizieren oder sie über Bord zu werfen, wenn sie nicht alle Fakten zufriedenstellend erklären kann. Denn er interessiert sich für die Wahrheit seiner Theorie und er steht der Bezeichnung durch andere – ob sie nun alt oder neu, orthodox oder andersgläubig, konservativ, großzügig oder liberal ausfällt – unparteiisch gegenüber.[6]

Ein anderer radikaler Kritiker, W. R. Harper, ist von ganzem Herzen derselben Meinung:

> Es sollte daran erinnert werden, dass es immerhin nicht um Meinungsumfragen, sondern um Tatsachen geht. Es ist nicht wichtig, was ein bestimmter Kritiker denkt oder sagen mag. Es ist die Pflicht eines jeden Mannes, der diese Frage

untersucht, sich mit den vorgeschlagenen Punkten auseinander zu setzen und für sich zu entscheiden, ob sie wahr sind oder nicht.[7]

R. K. Harrison drängt ebenfalls auf solch eine Haltung:

> Wie das Ergebnis der Auswirkungen, die T. H. Huxley einmal »eine hässliche kleine Tatsache« nannte, wird der aufrichtige wissenschaftliche Forscher die Änderungen vornehmen, wie es die Situation erfordert, auch wenn er gezwungen sein sollte, seine Forschung in jeder Hinsicht *de novo* anzufangen.[8]
> Die Richtung, in die die Tatsachen führen, muss nicht schmackhaft sein, aber ihr muss gefolgt werden. Kitchen begründet, dass selbst wenn »einige Ergebnisse, die hier erreicht wurden, sich einer traditionellen Ansicht nähern oder mit theologischer Orthodoxie übereinzustimmen scheinen, dann dies aus dem einfachen Grunde so ist, weil die Tradition oder die Orthodoxie, die in Frage gestellt wird, um so viel näher an den realen Fakten liegt, als es üblicherweise verstanden wird. Während man zwar niemals reine Orthodoxie der Wahrheit vorziehen sollte, ist es auch verkehrt zu leugnen, dass orthodoxe Ansichten wahr sein können.«[9]

Der sehr geschätzte jüdische Gelehrte Cyrus Gordon – ehemals von Brandeis University und der New York University – schließt damit, dass »eine Verpflichtung gegenüber einer hypothetischen Quellenstruktur wie JEDP mich von dem abhält, was ich für den einzig haltbaren Standpunkt für einen kritischen Gelehrten halte: *dort hinzugehen, wo auch immer ihn die Indizien hinführen.*«[10]

3 Die Akzeptanz äußerer, objektiver Kontrollmechanismen

Diese sehr wichtige Tatsache, zu denen unsere Überlegungen notwendigerweise offen bleiben müssen, wurden in einer archäologischen Untersuchung des alten Nahen Ostens entdeckt. U. Cassuto ermahnt uns, »unsere Untersuchung ohne Vorurteil oder erwartende Angst durchzuführen, sondern sich auf die objektive Untersuchung der Texte selbst zu verlassen und sich von unserem Wissen um den alten Orient Hilfestellung geben zu lassen, in dessen kultureller Umgebung die Kinder Israels lebten, als die Thora geschrieben wurde. Lasst uns nicht mit den literarischen und ästhetischen Kriterien unserer Zeit an die Bibelabschnitte herangehen, sondern lasst uns die Normen, die im alten Nahen Osten allgemein und speziell unter den Menschen von Israel galten, auf sie beziehen.«[11]

Kitchen etabliert dieses Prinzip als einen allgemein anerkannten Grundsatz: »Greifbaren, objektiven Daten und externen Beweisen muss immer über subjektiver Theorie oder spekulativen Meinungen Priorität gegeben werden. Fakten müssen Theorien beherrschen und nicht umgekehrt.«[12]

Sicherlich sollte Cassuto für den großen Respekt, den er gegenüber der Arbeit der Anhänger der Quellenscheidungshypothese hat, gelobt werden. Es sollte keinen

Versuch geben, dies herabzusetzen, doch wir haben das Recht, ihre althergebrachte Hypothese und ihre Beweismethode für ihre Hypothese auf den Prüfstein zu stellen. Da eine enorme Menge archäologischer Beweise heute vorliegt, die den Anhängern der Quellenscheidungshypothese damals fehlten, als sie ihre Theorien aufstellten, könnten wir durchaus etwas entdecken, was sie übersehen haben, oder ein Problem lösen, das sie verwirrte.[13]

R. K. Harrison schreibt:

> Angesichts der schwer wiegenden Mankos der Graf-Wellhausen-Hypothese bezüglich der Probleme des Pentateuchs und des Alten Testaments im Allgemeinen wird eine neue Studie fest auf eine bewährte Methodik aufgebaut werden, die Unmengen von Kontrollmaterial auswerten muss, das jetzt für Gelehrte der ganzen Welt vorhanden ist, und wird induktiv von dem Bekannten zum Unbekannten fortschreiten, anstatt Erklärungen von einem ausschließlich theoretischen Standpunkt aus zu machen, die nur eine lockere Beziehung zu den bekannten Tatsachen haben.[14]

Anderswo behauptet Harrison, dass »nur wenn die Kritik korrekt auf eine gesicherten Grundlage des Lebens im alten Nahen Osten gestellt wird, und nicht auf abendländische philosophische oder methodische Spekulationen, die alttestamentliche Wissenschaft erwarten können wird, etwas von der Vitalität, Würde und geistlichen Fülle des Gesetzes, der Prophetie und der heiligen Schriften widerzuspiegeln.«[15]

Melvin G. Kyle stellt dieses Prinzip sehr kurz und prägnant dar:

> Die Theorie muss immer den Weg zur Tatsache freigeben. In der Klärung von strittigen Fragen sind Fakten endgültig. Ein ebenso starker Verteidiger der Rechte und Funktionen von Kritik ist Dr. Driver (*Authority and Archaeology*, S. 143), der dieses Prinzip zumindest theoretisch anerkennt. Denn er sagt: »Wo das Zeugnis der Archäologie direkt ist, hat es den höchstmöglichen Wert und als eine Regel bestimmt es auch die entscheidende Frage. Wo es indirekt bleibt, macht es, wenn es ausreichend ausführlich und genau ist, doch eine Klärung sehr wahrscheinlich.«[16]

4 Schlussfolgerung

Diese Prinzipien sind in alten nahöstlichen Studien implizit. Ein positiver Zugang schließt generell kein kritisches Untersuchungsmaterial aus. Allerdings umgeht es die Verzerrungen, die »Überkritik« mit sich bringt. Wenn positive Studien weiter betrieben worden wären, hätte die moderne kritische Schule eine andere Stellung und viele der vermeintlichen Probleme ständen auch im richtigen Verhältnis.[17]

Der gegenwärtige Zustand in der alttestamentlichen Wissenschaft wird von Kitchen so zusammengefasst:

> Durch die Wirkung des alten Orients auf das Alte Testament und auf die alttestamentlichen Studien wird eine neue Spannung aufgebracht, während eine ältere reduziert wird. Denn das vergleichende Material vom alten Nahen Osten scheint eher mit der Struktur der vorhandenen alttestamentlichen Dokumente – wie sie uns ursprünglich und bis zum gegenwärtigen Zeitpunkt übermittelt wurden – als mit den Rekonstruktionen der alttestamentlichen Gelehrten des neunzehnten Jahrhunderts übereinzustimmen.
> Einige Beispiele können diesen Punkt veranschaulichen. Die gültigen und nahen Parallelen zu den gesellschaftlichen Sitten der Patriarchen stammen aus Quellen des neunzehnten bis fünfzehnten Jahrhunderts v. Chr. (mit dem Material der Genesis stimmt ein Dokument überein, das seinen Ursprung im frühen zweiten Jahrtausend hat) und nicht von assyrisch-babylonischen Daten des Zehnten bis sechsten Jahrhunderts v. Chr. (möglicher Zeitraum der vermeintlichen J- und E-Quellen). Das Gleiche gilt auch für Genesis 23. Hier stammt die nächstliegende Parallele von den hetitischen Gesetzen, die mit dem Zusammenbruch des hetitischen Reiches ca. 1.200 v. Chr. in Vergessenheit geriet. Die Bundesformen, die in Exodus, Deuteronomium und Josua erscheinen, folgen dem Modell der Strömung im dreizehnten Jahrhundert v.Chr. – dem Zeitraum von Mose und Josua und *nicht* denen des ersten Jahrtausends v. Chr.[18]

Anstatt dass wir unsere biblischen Studien mit der Annahme beginnen, dass das Alte Testament durchweg Fehler, viele Widersprüche, historische Ungenauigkeiten und grobe verbale Irrtümer besitzt, sollten unsere Studien eine sehr genaue Prüfung des biblischen Textes im Licht der modernen Archäologie und dem bestehenden Wissen der Kulturen des alten Nahen Ostens im dritten Jahrtausend v. Chr. mit einschließen.[19]

Harry Orlinsky äußert, dass der moderne Gedankenfluss in diese Richtung geht:

> Mehr und mehr wird die ältere Anschauung, dass die biblischen Daten verdächtig und sogar wahrscheinlich falsch waren – außer wenn außerbiblische Fakten sie bestätigten –, von der Sichtweise abgelöst, die im Großen und Ganzen annimmt, dass die biblischen Berichte eher wahr als unwahr sind, es sei denn klare Beweise von Quellen außerhalb der Bibel beweisen das Gegenteil.[20]

5 Literaturangaben

1 Kenneth A. Kitchen, *The Ancient Orient and the Old Testament*, S. 28.
2 Zitiert bei Oswald T. Allis, *The Five Books of Moses,* S. 125, meine Hervorhebung.
3 John W. Montgomery, *History and Christianity*, S. 29.
4 Kenneth A. Kitchen, *The Ancient Orient and the Old Testament*, S. 28-33.
5 Oswald T. Allis, *The Old Testament, Its Claims and Its Critics*, S. 35.
6 Julius A. Bewer, »The Problem of Deuteronomy: A Syposium«, *Journal of Biblical Literature*, Bd. 47, S. 305.

[7] William R. Harper and W. Henry Green, »The Pentateuchal Question«, *Hebraica*, Bd. 5, Nr. 1, S. 7.

[8] R. K. Harrison, *Introduction to the Old Testament*, S. 508.

[9] Kenneth A. Kitchen, *The Ancient Orient and the Old Testament*, S. 173.

[10] Cyrus H. Gordon, »Higher Critics and Forbidden Fruit«, *Christianity Today*, Bd. 4, S. 3, seine Hervorhebung.

[11] U. Cassuto, *The Documentary Hypothesis*, S. 12.

[12] Kenneth A. Kitchen, *The Ancient Orient and the Old Testament*, S. 28-33.

[13] U. Cassuto, *The Documentary Hypothesis*, S. 13.

[14] R. K. Harrison, *Introduction to the Old Testament*, S. 533.

[15] Ebd., S. 82.

[16] Melvin G. Kyle, *The Deciding Voice of the Monuments in Biblical Criticism*, S. 32.

[17] Kenneth A. Kitchen, *The Ancient Orient and the Old Testament*, S. 34.

[18] Ebd., S. 25.

[19] R. K. Harrison, *Introduction to the Old Testament*, S. 532.

[20] Harry Orlinsky, *Ancient Israel*, S. 81.

19 Die Voraussetzungen der Quellenscheidungs-hypothese

Kapitelübersicht

1 Einführung

Die radikale Methode der Literarkritik basiert auf einigen sehr wichtigen Voraussetzungen. Dies ist nicht notwendigerweise unerwünscht und ist bis zu einem gewissen Grad auch unvermeidlich. James Orr zitiert den deutschen Theologen Biedermann (*Christliche Dogmatik*):

[Es ist] nicht wahr, sondern ein Dorn im Auge, wenn jemand behauptet, dass ech-

> te wissenschaftliche und historische Kritik ohne dogmatische Voraussetzungen fortschreiten kann und sollte. In dem letzteren Fall war die Überlegung, dass die so genannten ausschließlich historischen Grundlagen immer bis zu dem Punkt reichen, an dem man sich diesbezüglich entscheiden kann und wird, ob man einige bestimmte Dinge in sich selbst für möglich halten kann oder nicht … Einige Arten von Grenzdefinitionen, seien sie auch noch so großzügig gehalten, von dem, was geschichtlich möglich ist, bringt aber jeder Student zu historischen Untersuchungen mit sich; und diese sind für jenen Studenten dogmatische Voraussetzungen.[1]

Den radikalen Kritikern fehlt es gewiss nicht an Fähigkeit und Gelehrsamkeit. Das Problem ist also nicht ihr Mangel an Wissen über die Fakten, sondern es liegt eher an ihrer Hermeneutik oder ihrem Zugang zur Erforschung der Bibel, die auf ihrer Weltanschauung basieren.

Gerhardsson hat passend dazu gesagt: »Die Gültigkeit der Ergebnisse hängt von der Gültigkeit der Axiome ab.«[2]

So oft werden Diskussionen auf dem Gebiet der Bibelkritik eher auf der Stufe von Schlussfolgerungen oder Antworten als auf der Stufe von Voraussetzungen oder unserer Grundlage des Denkens geführt.

Wenn man auf der Stufe von Voraussetzungen spricht, offenbart sich, ob Leute das Recht haben zu einer logischen Schlussfolgerung zu kommen. Wenn eine Person sinnvolle Voraussetzungen angesichts der bekannten Fakten hat, können seine logischen Schlussfolgerungen durchaus richtig sein. Aber wenn seine Voraussetzungen falsch sind, werden seine logischen Schlussfolgerungen nur ursprüngliche Fehler vergrößern, wenn er seine Argumentation darauf aufbaut.

In der Bibelwissenschaft hat es immer schon verschiedene philosophische Voraussetzungen gegeben. Dies zu bewerten liegt aber jenseits der Absicht dieser Arbeit. Aber die Archäologie hat heutzutage viel dazu beigetragen, was wir dabei als objektiven Bereich zu berücksichtigen haben. Jegliche Voraussetzungen, welche die Bibel betreffen, müssen dies ebenso berücksichtigen.

Einer der ersten Schritte in dieser Studie ist es, die Voraussetzungen mit den objektiv vorhandenen Daten zu harmonisieren, bevor wir an anderen Stellen ernsthafte Diskussionen beginnen.

Was die Arbeit der Vertreter der Quellenhypothese betrifft, müssen wir also die Frage stellen: »Was waren ihre Voraussetzungen und waren sie zulässig?«

Die grundlegendste Voraussetzung der Mehrheit aller radikalen Kritiker ist eine anti-supranaturalistische Weltanschauung. Wir haben über diese Voraussetzung schon in Kapitel 12 gesprochen.

2 Die Priorität der Quellenanalyse vor der Archäologie

Eine der größten Schwächen der radikalen literarkritischen Schule war es, dass sie in vielen Bereichen ihrer Analysen und in ihrer Trennung von angeblichen Dokumenten ihre Schlussfolgerungen fast ausschließlich auf ihre eigenen subjektiven

Theorien – unter Berücksichtigung der Geschichte Israels der wahrscheinlichen Entwicklung und des Prozesses der Zusammensetzung der vermuteten Quellen – gründeten. Sie versäumten es, sich ausreichend auf die objektiveren und eher verifizierbaren von der Archäologie bereitgestellten Informationen zu beziehen.

Die methodischen Parallelen, die zwischen dem Studium des Pentateuchs und Homers weiterhin bestehen, sind auf den wechselseitigen Einfluss und auch auf den gegenseitigen Nutzen des Prozesses der allgemeinen Forschungsmethoden zurückzuführen.

> »Ohne Zweifel«, schreibt Cassuto, »wird sie auch von den Meinungen und Begriffen, den Trends und Verlangen, dem Charakter und Eigenheiten jedes Zeitalters beeinflusst. Da dies so ist, kann es gut sein, dass das, was wir vor uns haben, nicht eine objektive Entdeckung von dem ist, was eigentlich in den Büchern des Altertums zu finden wäre, sondern das Ergebnis des subjektiven Eindruckes, welchen diese Schriften auf Leute einer bestimmten Umgebung haben. Weil Menschen so unterschiedlich voneinander sind … finden Gelehrte literarische Phänomene so komplex und dennoch so ähnlich, und genau einem Trend in einer Epoche steht ein anderer Trend in einer anderen Epoche entgegen, und wenn dann ein dritter Zeitraum entsteht, kommt natürlich der Verdacht auf, dass die Konzepte der Untersucher nicht ausschließlich auf objektiven Tatbeständen basieren, sondern dass sie spürbar von den subjektiven Vorlieben der Forscher selbst motiviert wurden.«[3]

Harrison weist darauf hin:

> Was auch immer sonst noch an Kritik an Wellhausen und seiner Schule angeführt werden kann, so ist es doch augenscheinlich, dass seine Theorie von dem Ursprung des Pentateuchs ganz anders gewesen wäre (wenn es dann überhaupt so formuliert worden wäre), wenn Wellhausen beschlossen hätte, das zu seiner Zeit vorhandene archäologische Material für seine Studien in Betracht zu ziehen, und er seine philosophischen und theoretischen Überlegungen einer nüchternen und rationalen Beurteilung der sachlichen Fakten als Ganzes untergeordnet hätte. Weil er und seine Nachfolger sich aber zu einem gewissen Ausmaß nur auf philologische Entdeckungen seiner Tage bezogen und Interesse an den Ursprüngen der arabischen Kultur im Verhältnis zu ihren semitischen Vorläufern zeigten, vertrauten sie fast ausschließlich ihren eigenen Ansichten über die Kultur und die religiöse Geschichte der Israeliten bei ihrer Interpretation der Bibel.[4]

Harrison sagt weiter: »Wellhausen nahm fast keine Kenntnis vom Fortschritt im Gebiet der orientalischen Wissenschaft, und sobald er zu seiner Schlussfolgerung gekommen war, war er nie darum bemüht gewesen, seine Meinung im Lichte der nachfolgenden allgemeinen Forschung zu revidieren.«[5]

Sogar 1931 behaupteten einige Kritiker noch, dass sie die genaueste Methode zur Bestimmung des historischen Hintergrundes war, um angebliche Quellen des

Pentateuchs zu analysieren. J. Pedersen, ein schwedischer Gelehrter und einer der Vorkämpfer der mündlichen Traditionsschule, machte die folgende Aussage (»Die Auffassung vom Alten Testament«, in *Zeitschrift für die alttestamentliche Wissenschaft*, 1931, Bd. 49, S. 179), wie sie hier von C. R. North zitiert wird:

> Alle Quellen des Pentateuchs sind sowohl vor- als auch nachexilisch. Wenn wir mit ihnen und den anderen Quellen arbeiten, haben wir kein anderes Mittel als das der *inneren Schätzung*; in jedem einzelnen Fall muss der Charakter des Materials untersucht und der vermutliche Hintergrund daraus geschlossen werden.[6]

Eine solche Abhängigkeit von einer so subjektiven Methodik wie der Quellenanalyse ist von vielen Gelehrten kritisiert worden.

Mendenhall schreibt:

> Der Wert der literarischen Analyse für die Geschichte und ihr Erfolg in der Überzeugung der heutigen gelehrten Welt hängen weit mehr von der Isolierung angemessener Kriterien für ein Urteil ab, als es bisher von ihren Anhängern erbracht wurde. Folglich muss man sagen, dass die Ergebnisse eher in die Kategorie von Hypothesen und nicht in die von historischen Tatsachen fallen. Für die Rekonstruktion der Geschichte selbst wird etwas mehr als eine literarische Analyse benötigt, so wertvoll und notwendig Hypothesen dafür auch sein mögen.[7]
> »Literarische Kritik«, mahnt Wright, »ist ein unentbehrliches Werkzeug für die einleitende Studie von schriftlichen Dokumenten, aber es ist in sich nicht der Schlüssel zur *historischen* Rekonstruktion.« Wie es Mendenhall ausgedrückt hat: »Die Isolierung einer Quelle im Pentateuch oder anderswo könnte keine weitere historische Auskunft darüber geben außer der Tatsache, dass sie auf ihre schriftliche Form reduziert wurde, zu einem mehr oder weniger festen chronologischen Zeitpunkt, von einer Person mit einer bestimmten Ansicht über Israels Vergangenheit. Sie kann keine Kriterien für die Bewertung der Quellen erzeugen, die sie isolierte, geschweige denn möglicherweise demonstrieren, dass eine spätere Quelle eine frühere benutzt hat« (»Biblical History in Transition«). Folglich werden äußerliche Kriterien benötigt, und das ist genau das, was der Archäologe im Überfluss beschafft hat.[8]

A. H. Sayce fügt hinzu:

> Immer wieder wurden die besten Behauptungen einer skeptischen Kritik von archäologischen Entdeckungen widerlegt; man hat gezeigt, dass Ereignisse und Persönlichkeiten, die selbstsicher als mythisch bezeichnet wurden, historisch gewesen sind, und es stellte sich heraus, dass die älteren Schreiber besser mit dem vertraut waren, was sie beschrieben, als der moderne Kritiker, der sie verspottet.[9]

G. E. Wright warnt, dass »wir versuchen müssen, die Geschichte Israels so zu rekonstruieren, wie Historiker es von anderen frühen Völkern machen, mit der Verwendung jeden vorhandenen Werkzeuges, und das bedeutet auf keinen Fall die Vernachlässigung der Archäologie.«[10]

In ähnlicher Weise fordert Albright nachweisbare Methoden: »Die grundlegende Geschichtlichkeit eines vorgegebenen Ereignisses ist durch das literarische Gefüge, in das es eingebettet ist, weder überzeugend etabliert noch jemals widerlegt: diesbezüglich muss es immer Indizien von außen geben.«[11]

Die folgende Aussage von Mendenhall ist es wert, zur Kenntnis genommen zu werden: »Es ist bezeichnend, dass die meisten wichtigen neuen Ergebnisse historischer Studien etwas mit literarischer Analyse zu tun haben.«[12]

Wright sagt, indem er über äußere Daten spricht, um die übertriebene Kritik (die zum Skeptizismus führt) zu überprüfen:

> Als die grundlegenden Kriterien von Literarkritik im letzten Jahrhundert gebildet wurden, gab es eine ungenügende Menge von außerbiblischen Daten, die zu einer Überprüfung des übertriebenen Skeptizismus hätten dienen können. Folglich wurde Absatz für Absatz als eine literarische Fälschung in Frage gestellt und die Möglichkeit des »frommen Betrugs« bei der Zusammenstellung schriftlicher Dokumenten wurde sogar über die Grenzen der Vernunft unterstellt. Wenn solch eine kritische Haltung etabliert wird, wird konstruktive Arbeit zunehmend schwierig, da emotionale und auch rationale Elemente an dem allgemeinen Negativismus beteiligt sind.[13]

Albright macht hinsichtlich der Geschichtlichkeit des Alten Testamentes die Bemerkung: »Archäologische Daten und Inschriften haben die Geschichtlichkeit von unzähligen Abschnitten und Aussagen des Alten Testamentes bestätigt; die Zahl solcher Fälle ist viel größer als die, wo das Gegenteil bewiesen oder wahrscheinlich gemacht worden ist.«[14]

Albright sagt weiter: »Wellhausen steht in unseren Augen noch als der bedeutendste Bibelwissenschaftler des neunzehnten Jahrhunderts in unseren Reihen. Aber sein Standpunkt ist überholt und sein Bild der Entwicklung Israels wird traurig verzerrt.«[15]

3 Die naturalistische Sichtweise der Religion und Geschichte Israels (evolutionistisch)

In seiner Anwendung auf die Religion hat der von Hegel auf die Geschichte gebrauchte Evolutionsbegriff besonders für das Alte Testament Auswirkungen. Rationalistische Kritiker vermuteten, das religiöse Entwicklungen über einen Evolutionsprozess laufen, der mit »einem Glauben an Geister in den Tagen der primitiven Menschen begann und der dann verschiedene Stationen durchlief, die den Glauben an Manas oder den Ahnenkult mit einschlossen; Fetischismus oder Glaube an das Innewohnen von Geistern in Gegenständen; Totemismus oder der Glaube an einen

Stammesgott oder ein Stammestier, das mit den Mitglieder des Stammes verwandt ist; Mana oder die Idee einer innewohnenden Macht; Magie, die Kontrolle des Übernatürlichen. Schließlich erkannte der Mensch klare Gottheiten (Polytheismus) und später erhöhte er eine Gottheit über die anderen, eine Stufe, die man Henotheismus nennt.«[16]

G. E. Wright erklärt die Ansicht von Wellhausen und vielen anderen radikalen Kritikern:

> Graf Wellhausens Rekonstruktion von der Religionsgeschichte Israels war in Wirklichkeit die Behauptung, dass wir innerhalb der Seiten des Alten Testamentes ein Paradebeispiel der Entwicklung von Religion vom Animismus in patriarchischen Zeiten über den Henotheismus bis zum Monotheismus haben. Die Letzte wurde während des sechsten und fünften Jahrhunderts als Erstes in seine reine Form gebracht. Die Patriarchen beteten die Geister in Bäumen, Steinen, Quellen, Bergen usw. an. Der Gott des vorprophetischen Israels war eine Stammesgottheit, die in ihrer Macht auf das Land Palästina beschränkt war. Unter dem Einfluss der Baalsanbetung wurde er sogar ein Fruchtbarkeitsgott und tolerant genug, um zu erlauben, dass sich die frühe Religion Israels von dem der Kanaanäer unterschied. Es waren die Propheten, welche die wahren Erneuerer waren und welche das meiste, wenn nicht alles, was Israel wahrlich kennzeichnete, erzeugten. Der großartige Höchststand kam dann mit dem Universalismus des Zweiten Jesaja. Somit haben wir Animismus oder Vielgeisterglaube, eine beschränkte Stammesgottheit, einen impliziten ethischen Monotheismus und schließlich klaren und universellen Monotheismus.[17]
>
> James Orr sagt, dass »wenn man sich auf unparteiische Überlegungen gründen würde, gezeigt werden müsste, dass die Religion Israels die Erklärung auf ausschließlich natürliche Prinzipien zulässt. Dann wird der Historiker in seinem Urteilsspruch gerechtfertigt werden, dass die Religion Israels in dieser Hinsicht auf das gleiche Fundament gebaut ist wie andere Religionen auch. Wenn andererseits eine gerechte Untersuchung ein unterschiedliches Ergebnis aufzeigt – wenn es demonstriert, dass diese Religion Merkmale hat, die sie in eine andere Kategorie als alle anderen stellt, und uns dies dazu zwingt, einen anderen und höheren Ursprung zu postulieren –, dann muss jene Tatsache offen als Teil des wissenschaftlichen Ergebnisses anerkannt werden, und das Wesen und der Umfang dieses höheren Elements müssen zum Gegenstand der Untersuchung gemacht werden. Es wird nicht ausreichen, sich durch eine vorausgegangene dogmatische Vermutung weder auf der einen noch auf der anderen Seite über die Tatsachen hinwegzusetzen – wenn es denn Tatsachen sind. So weit stimmen wir mit Kuenen überein, dass wir damit beginnen müssen, die Religion Israels genauso zu behandeln, wie wir irgendeine andere Religion behandeln würden.«[18]

Er sagt weiter:

> Zuerst und vielleicht der wichtigste Grund für diese Ablehnung ist ein *apriorischer*. Dass solch eine Vorstellung von Gott, wie es das Alte Testament den Patriarchen und Mose zuschreibt, zu jenem Zeitpunkt der Geschichte für sie *unmöglich* war. Es ist zu hoch und zu geistlich, als das ihr Verstand darauf gekommen wäre. Die Vorstellung der Einheit von Gott hat die Vorstellungen der Welt und Menschheit zum Gegenstück und es wird behauptet, dass das altertümliche Israel noch keines dieser Vorstellungen besaß.[19]

Wellhausen sagt in Bezug auf die Schöpfung der Welt: »Bei alten Völkern wird von solchen theologischen Abstraktionen nicht gesprochen, und so finden wir es auch bei den Hebräern, dass sowohl das Wort als auch die Vorstellung erst nach dem Babylonischen Exil verwendet werden.«[20]

Wellhausen fügt hinzu, dass »die religiöse Vorstellung der *Menschheit,* die in 1. Mose 9,6 zu Grunde liegt, bei den Hebräern nicht älter ist als bei anderen Nationen auch.«[21]

Der holländische Gelehrte A. Kuenen legte diesen Standpunkt in dem Kapitel »Unser Standpunkt« in seinem Buch *The Religion of Israel* dar. Er zeigt das Prinzip auf, dass keine Unterscheidung zwischen der Religion Israels und anderen Religionen gemacht werden kann. Er sagt: »Für uns ist die israelitische Religion eine der anderen Religionen; nicht mehr, aber auch nicht weniger.«[22]

> Orrs Bewertung dieser Position ist gelungen, wenn er sagt: »In einer Untersuchung, die sich um genau diesen Punkt dreht, im Voraus anzunehmen, dass die Religion Israels keine Merkmale besitzt außer solche, die aus natürlichen Ursachen erklärbar sind – dass keine höheren Faktoren benötigt werden, um sie zu erklären –, wird die ganze Sache vorschnell abgeurteilt.«[23]

Hier sehen wir die eigentliche Interpretationsweise der Kritiker in Bezug auf die Geschichte Israels. Gleason Archer, ein Absolvent der Harvard Universität, Suffolk Law School, Princeton Theological Seminary und der spätere Vorsitzende des Fachbereiches Altes Testament an der Trinity Evangelical Divinity School, zeigt uns diesen Punkt auf.

Ein Evolutionsverständnis für Geschichte und eine anthropozentrische Ansicht von Religion dominierten das neunzehnte Jahrhundert. Die vorherrschenden Denker sahen Religion als frei von jeglichem göttlichen Eingreifen an und erklärten sie als eine natürliche Entwicklung vom subjektiven Bedürfnis des Menschens. Ihr Urteil war es, dass die hebräische Religion, wie auch ihre Nachbarreligionen, sicherlich mit Animismus begonnen und sich dann durch die Stationen vom Vielgeisterglauben über den Vielgötterglauben und die vorzugsweise Anbetung einer Gottheit schließlich zum Monotheismus entwickelt hätte.[24]

Dass die zu der Zeit propagierte Evolutionsphilosophie von Hegel eine bedeutende Auswirkung auf die alttestamentlichen Studien hatte, wird am Beispiel von Herbert Hahn deutlich:

Die Vorstellung von der historischen Entwicklung war der hauptsächliche Beitrag der liberalen Kritiker zur Exegese des Alten Testamentes. Es ist natürlich wahr, dass diese Vorstellung wohl kaum aus dem bloßen objektiven Lesen der Quellen erwuchs. In einem größeren Sinn war es die Reflexion der geistigen Stimmung dieser Zeit. Das anwachsende Konzept der Geschichte des Alten Testaments passte zum Evolutionsprinzip der Interpretation, welche in der zeitgenössischen Wissenschaft und Philosophie vorherrschte. In den Naturwissenschaften hatte der Einfluss Darwins die Theorie der Evolution zu der vorherrschenden Hypothese gemacht, die die Forschung beeinflusste. In den historischen Wissenschaften und auf den Gebieten der Religionswissenschaft und Philosophie hatte der Evolutionsbegriff begonnen, einen mächtigen Einfluss auszuüben, nachdem Hegel die Vorstellung vom »Werden« an die Stelle der Idee vom »Sein« gesetzt hatte. Auch wenn er durch eine apriorische Argumentation ohne eine wissenschaftliche Überprüfung der wahrnehmbaren Fakten zu der Vorstellung gekommen war, ist er aber nichtsdestotrotz als der geistige Vater dieser modernen Sichtweise zu bezeichnen. In jedem Bereich der historischen Untersuchung wurde die Vorstellung von der Entwicklung benutzt, um die Geschichte des menschlichen Denkens, seiner Institutionen und sogar seines religiösen Glaubens zu erklären. Deshalb war es nicht verwunderlich, dass das gleiche Prinzip auch auf die Erklärung der alttestamentlichen Geschichte angewandt werden sollte. Zu jeder Zeit hat die Exegese den Denkmodellen ihrer Zeit entsprochen und in der zweiten Hälfte des neunzehnten Jahrhunderts wurde das Denken von den wissenschaftlichen Methoden und einer evolutionären Sicht der Geschichte dominiert.[25]

Paul Feinberg schreibt über Hegels historische Annäherung:

Hegel glaubte, dass es das Problem der Philosophie war, die Bedeutung der Geschichte zu finden. Von dieser grundlegenden Voraussetzung versuchte er, die gesamte menschliche Geschichte zu erklären. Die Geschichte Israels, die beinahe zwei Jahrtausende abdeckte, war wahrscheinlich ein guter Ansatzpunkt. In seiner *Philosophy of Religion* weist Hegel der hebräischen Religion einen bestimmten und notwendigen Platz in der evolutionären Entwicklung des Christentums, der absoluten Religion, zu. Hegels Ansicht von der israelitischen Religion und seine allgemeine Schematisierung von Geschichte bot einen unwiderstehlichen Rahmen an, in dem der Hegelianer versuchen würde, das Alte Testament zu interpretieren.[26]

Die *Encyclopedia Britannica* fasst Hegels Philosophie so zusammen:

Hegel setzt voraus, dass die gesamte menschliche Geschichte ein Prozess ist, durch den die Menschheit einen geistlichen und moralischen Fortschritt erzielt hat; es ist das, was der menschliche Verstand während seines Fortschrittes zur

> Selbsterkenntnis getan hat … Der erste Schritt war der Übergang von einem natürlichen Leben in der Barbarei zu einem Stadium von Ordnung und Gesetz.[27]

Hegels Einfluss auf die alttestamentlichen Gelehrten des neunzehnten Jahrhunderts spiegelt sich in einer von Orr zitierten Aussage von Kuenen wider (*Religion of Israel*, S. 225):

> Was wir die universelle oder zumindest die übliche Regel nennen könnten, ist diejenige, dass jede Religion mit Fetischismus anfängt, sich dann zu Polytheismus entwickelt und dann, jedoch nicht früher, zum Monotheismus aufsteigt – das heißt wenn diese höchste Stufe überhaupt erreicht wir. Was diese Regel angeht, sind die Israeliten keine Ausnahme.[28]

Entweder ignoriert solch ein Standpunkt Israels eigene Berichte über ihre Geschichte, wie wir sie im Alten Testament vorfinden, oder er zweifelt sie zumindest an.

Die Wellhausen-Schule näherte sich der israelitischen Religion mit dem Vorurteil, dass sie – vom Übernatürlichen unberührt – ein reines Erzeugnis der Evolution war. Diese Annäherung ignorierte *vollkommen* die Tatsache, dass nur die israelitische Religion und ihre Abzweigungen einen echten Monotheismus bilden und dass dieser Monotheismus die einzige Botschaft durch die Gesamtheit der hebräischen Schriften ist. Deshalb wurden die Berichte der israelitischen Väter, wie etwa Abraham, Isaak, Jakob und Mose nochmals mit der Intention untersucht, aufzuzeigen, dass ihr früher Polytheismus von späteren deuteronomischen und priesterlichen Schreibern verschleiert wurde.[29]

Das diese ganzen Voraussetzungen – die evolutionäre Ansicht der Geschichte und Religion Israels – für die gesamte Quellenhypothese entscheidend war, wird in dieser Zusammenfassung der Grundlagen der Theorie, die in *The Interpreter's Dictionary of the Bible* steht, dargelegt:

> In seiner standardmäßigen Form beruhte die Urkundenhypothese auf zwei Arten von Argumenten: Jene, die auf literarische und sprachliche Beweise bauten, was die Teilung des Pentateuch-Materials in verschiedene schriftliche Quellen zur Folge hatte; und jene, die auf historische Beweise für die Evolution von religiösen Institutionen und Vorstellungen Israels zielten, was eine analytische Beschreibung von den Beziehungen zwischen den Urkunden und einen chronologischen Aufbau für sie in Betracht zog.[30]

W. F. Albright, der von 1929 bis 1958 W.-W.-Spence-Professor für Semitische Sprachen an der John Hopkins Universität und bis zu seinem Tod im Jahre 1971 zeitweise auch Direktor der American Schools of Oriental Research in Jerusalem war, wird von vielen als der führende Bibelarchäologe der Welt betrachtet. Seine Arbeit hat viele Kritiker gezwungen, ihre Schlussfolgerungen unter Berücksichtigung der Geschichte

Israels nochmals vollkommen zu überarbeiten. Über Wellhausens Anwendung von Hegels philosophischen Theorien zur Geschichte Israels schreibt Albright:

> Er versuchte, mittels hegelianischer Analogien mit dem vorislamischen und dem islamischen Arabien ein System für die Entwicklung der Geschichte, Religion und Literatur Israels zu entwickeln, die in seine kritische Analyse passen würde. Wellhausens Struktur war so brillant und bot solch eine einfache, angeblich einheitliche Interpretation, dass sie fast umfassend von liberalen protestantischen und sogar zu großen Teilen von katholischen und jüdischen Gelehrten angenommen wurde. Es gab natürlich einige Ausnahmen, aber an beinahe allen Orten, wo Männer gründlich in Hebräisch und Griechisch geschult wurden und die kritische Methode aufnahmen, lernten sie auch die Prinzipien Wellhausens. Leider wurde dies alles in den Anfängen der Archäologie entwickelt und hatte sehr wenig Wert in der Interpretation der Geschichte.[31]

Kritiker haben oft fortschrittliche theologische Konzepte auf Israels spätere Geschichte beschränkt, da man beschlossen hatte, dass die frühen Konzepte primitiv gewesen sein müssen.

Kenneth A. Kitchen hat überzeugend demonstriert, dass viele solcher »fortschrittlichen Konzepte« schon im dritten Jahrtausend v. Chr. Allgemeingut des alten Orients waren. Ihre weite Verbreitung in so vielen schriftlichen Dokumenten macht es wahrscheinlich, dass den Israeliten an irgendeinem Punkt in ihrer Geschichte diese Vorstellung schon vertraut war. Zum Beispiel haben viele die Personifizierung der Weisheit in Sprüche 8 und 9 der Beeinflussung der Griechen im dritten und vierten Jahrhundert v. Chr. zugeschrieben. Aber genau die gleiche Art von Personifizierung von Wahrheit, Gerechtigkeit, Verständnis usw. wird auch schon im dritten Jahrtausend v. Chr. in Ägypten und Mesopotamien und auch im zweiten Jahrtausend v. Chr. in hetitischer, huritischer und kanaanitischer Literatur gefunden. Dass der Gedanke eines universellen Gottes während des dritten Jahrtausends v. Chr. weit verbreitet war, wurde schon 1940 bewiesen, aber einige radikale Kritiker bleiben noch immer hartnäckig, indem sie diese biblische Vorstellung (wie sie in Psalm 67 zu sehen ist) »relativ späten Zeiten« zuschreiben.[32]

John Mackay, früherer Präsident des Princeton-Seminars, spiegelt diese Sprache der Evolutionsschule wider, wenn er, was das Alte Testament betrifft, sagt: »Die Erzählung als Ganzes gesehen zielt darauf hin, die Vorstellung zu vermitteln, dass zuerst unter der niedrigen Form einer *Stammesgottheit* der universelle Gott, der ›Gott der ganzen Erde‹, sich im Leben von Israel offenbarte«.[33]

Albright fasst diese Ansicht zusammen, wenn er sagt: »Die ganze Schule von Wellhausen hat sich geeinigt, den mosaischen Monotheismus abzulehnen und die Überzeugung anzunehmen, dass der israelitische Monotheismus das Ergebnis eines allmählichen Prozesses war, der seinen Höhepunkt nicht vor dem achten Jahrhundert v. Chr. erreichte.«[34]

Die radikalen Kritiker drücken hier die offensichtlichen Ergebnisse oder

Schlussfolgerungen von ihren anti-supranaturalistischen Voraussetzungen aus, die sie auf die Religion Israels im Alten Testament angewandt hatten. Da eine direkte Offenbarung Gottes ausgeschlossen wird, muss sich der Monotheismus durch reguläre Evolutionskanäle wie bei anderen Religionen entwickelt haben.

Deswegen meinen die radikalen Kritiker, dass ein Stück Literatur von seinem Standpunkt der religiösen Lehre datiert werden kann. Es wird behauptet, dass man folgern kann: Je älter die literarische Quelle, desto primitiver auch die religiöse Auffassung.

Wenn Monotheismus in einem Buch erscheint, von dem behauptet wird, dass es zur Zeit Moses datiert werden soll (ca. 1.400 v. Chr.), wird dies sofort von vielen radikalen Kritikern abgelehnt, weil die »Wurzeln des Monotheismus«, wie Pfeiffer schreibt, »nicht vor der Zeit von Amos gepflanzt wurden.«[35]

Nachfolgend sollen ein paar der Annahmen, die von jenen gemacht werden, die die evolutionären Voraussetzungen vertreten, genannt werden:

3.1 Der Monotheismus

3.1.1 Annahme der Quellentheorie

Bis zur Zeit des Amos – zweifellos nicht während der mosaischen Zeit (ca. 1.400 v. Chr.) – fand der Monotheismus in der Religion Israels seinen Anfang. Wie Harrison sagt: »Wellhausen lehnte die Vorstellung ab, dass die Thora als ein Ganzes der Ausgangspunkt für die Geschichte Israels als einer Glaubensgemeinschaft war.«[36]

Den Monotheismus betreffend schreibt Wellhausen:

> Es ist äußerst zweifelhaft, ob der eigentliche Monotheismus, der ohne Zweifel in den universellen moralischen Grundsätzen des Dekaloges vorausgesetzt wird, die Gründung einer nationalen Religion während des Niedergangs der Nation hätte bilden können und daraufhin seinen Halt im Volk durch die unwirkliche Idee eines Bundes, der von dem Gott des Universums in diesem ersten Fall mit Israel allein gebildet worden wäre.[37]

Es wurde nicht angenommen, dass der Monotheismus schon in der mosaischen Zeit vorhanden gewesen war. Es wurde eher behauptet, dass er ein Ergebnis der läuternden Wirkung des Babylonischen Exils gewesen war und dass er bis nach dem sechsten Jahrhundert v. Chr. auch kein Merkmal Israels war.

Kuenen ist derselben Meinung: »Die Israeliten waren ohne Zweifel Polytheisten. Dies wird nicht nur durch die Abfolge ihrer Geschichte aufgezeigt, sondern auch von positiven Indizien aus späterer Zeit ist es wahr und zulässig, weil es mit keinem anderen Bericht von früheren Zeiten im Widerspruch steht.«[38]

Er sagt weiter:

> Zuerst war die Religion Israels polytheistisch. Während des achten Jahrhunderts v. Chr. erkannte ein großer Teil der Mehrheit des Volkes noch die Existenz vieler Götter an, vielmehr beteten sie sie auch an. Und wir können hinzufügen, dass

dieser Zustand der Dinge während des siebten Jahrhunderts und bis hin zum Anfang des Babylonischen Exils (586 v. Chr.) unverändert blieb.[39]

Kuenen erklärt seine Gründe für die Vorstellung von der Entwicklung von Religion:

> Was man die universelle oder zumindest die übliche Regel nennen könnte, ist, dass jede Religion mit Fetischismus anfängt, sich dann zu Polytheismus entwickelt und dann, jedoch niemals früher zum Monotheismus aufsteigt – das heißt wenn diese höchste Stufe überhaupt erreicht wird – die Semiten bilden, was diese Regel betrifft, keine Ausnahme.[40]

Kuenen fasst seine Theorie zusammen:

> Die niedrigste Vorstellung von Religion wird wohl die meisten Anhänger gehabt haben. Diese kennen wir als Fetischismus, der weiterhin sogar dort existiert, wo weniger kindische Ideen entstanden sind und zum Beispiel die Verehrung der Himmelskörper Sonne, Mond und der Planeten eingeführt worden ist. Deswegen irren wir sicherlich nicht, wenn wir annehmen, dass die Anbetung von Bäumen und besonders von Steinen, die aus irgendwelchen Gründen für Behausungen der Gottheit gehalten wurden, unter den Israeliten sehr üblich war. Das Alte Testament enthält noch viele solcher Erinnerungen an diese Steinanbetung, welche keinesfalls auf das Land von Goschen beschränkt, sondern auch in Kanaan weiter betrieben wurde. Als Jahwe danach von vielen als der einzige Gott anerkannt war, wurden diese heiligen Steine auf verschiedene Weisen mit ihm in Verbindung gebracht. Es ist hier besonders erwähnenswert, dass man sagt, dass die meisten von ihnen von den Patriarchen während ihrer Wanderung durch Kanaan, entweder als Altäre zur Verehrung von Jahwe oder als Denkmäler seiner Gegenwart, errichtet worden sind: Dies ist leicht erklärlich, wenn die Anbetung von Steinen wirklich in früheren Zeiten üblich gewesen war.[41]

Pfeiffer schlussfolgert: »Amos pflanzte, ohne Diskriminierung von Rasse oder Nation, die Wurzeln einer universellen Religion, von denen aus die großen monotheistischen Religionen der Erlösung – Judentum, Christentum und Islam – hervorgingen.«[42]

3.1.2 Grundlegende Antwort

William F. Albright sagt, dass »es genau zwischen 1.500 und 1.200 v. Chr. ist, z. B. in der mosaischen Zeit, dass wir die nächste Annäherung an den Monotheismus in der urgeschichtlichen nicht jüdischen Welt vor dem persischen Zeitraum finden.«[43]

Joseph Free sagt weiter, dass eine

> Prüfung des archäologischen Inschriftenmaterials zeigt, dass eine monotheistische Art von Anbetung des Gottes Aton im Zeitraum zwischen 1.400 und 1.350 v. Chr. nach Ägypten kam. Bewiesen wurden monotheistische Strömungen in Babylon

im Zeitraum von 1.500-1.200 v. Chr. in einem berühmten babylonischen Text, der alle wichtigen babylonischen Gottheiten mit einigen Aspekten des bedeutenden Gottes Marduk identifiziert: Zababa ist Marduk des Kampfes, Sünde ist Marduk als Erleuchter der Nacht, Adad ist Marduk des Regens. Es gibt einen großen Gott mit verschiedenen Aufgaben. Monotheistische Strömungen erscheinen auch im gleichen Zeitraum des vierzehnten Jahrhundert v. Chr. in Syrien und Kanaan. Bestimmte Namen wurden Göttern gegeben, die an vielen unterschiedlichen Orten angebetet wurden, die aber alle als verschiedene Formen der einen großen Gottheit angesehen wurden: Es gab einen Teshup von Nirik, einen Teshup von Khalab (Aleppo), einen Teshup von Shamukha; es scheint, dass schließlich Teshup als der große und einzige Gott angesehen wurde, der sich in vielen Orten kundtat.[44]

Albright schreibt, dass er »archäologische Daten aus vielen Gegenden gesammelt hatte, um den historischen Hintergrund des religiösen Synkretismus und der Konflikten zu beleuchten, auf den die Propheten bei der Erfüllung ihrer Mission trafen. Dank der Archäologie können wir deutlicher sehen, dass die Propheten Israels weder heidnische Ekstatiker noch religiöse Erneuerer waren.«[45]

Er schließt nicht nur, dass Amos »kein religiöser Erneuerer war und noch viel weniger der früheste monotheistische Lehrer Israels«, sondern dass auch der »orthodoxe Jahwismus von Mose bis Esra der gleiche blieb.«[46]

G. E. Wright beobachtet, dass »wir mit Gewissheit behaupten können, dass bis zur Zeit der Patriarchen die Religion von allen Teilen des Nahen Ostens weit von der animistischen Stufe entfernt war, falls Letzteres denn überhaupt jemals in irgendeiner anerkannten Lehrbuchform existierte.«[47]

»Es ist eine unbestreitbare Tatsache der Geschichte«, schließt Archer, »dass sich in keiner anderen Nation (außer in denen, die von dem israelitischen Glauben beeinflusst wurden) jemals eine wahre monotheistische Religion entwickelt hat, die den allgemeinen Gehorsam des Volkes forderte. Es kann auf isolierte Figuren wie *Echnaton* und *Xenophanes* hingewiesen werden (beide, von denen man auch über ›Götter‹ im Plural sprach), aber es bleibt unbestritten, dass weder die Ägypter noch die Babylonier, noch die Griechen jemals einen monotheistischen Glauben auf einer nationalen Ebene annahmen.«[48]

James Orr bemerkt, dass der Monotheismus der Israeliten eines der ersten Merkmale ist, die zur Kenntnis genommen werden, wenn man das Alte Testament studiert. Dies ist wirklich eine Leistung in sich, angesichts der Tatsache, dass Polytheismus und Götzendienst die moderne Erscheinung waren. Die Religionen der Babylonier, der Assyrer, der Ägypter und sogar die der palästinensischen Nachbarn waren unverbesserlich korrupt und polytheistisch. Nur in Juda kannte man einen Gott.[49]

Somit ist Wellhausens Theorie von der einlinearen Evolutionsentwicklung auf einen einfachen eindimensionalen Datenstrahl, vom »Einfachen« zum »Komplexen«, von den meisten Archäologen als irrtümlich betrachtet worden.

Kitchen schlussfolgert:

Einlineare Entwicklung ist ein Trugschluss. Es ist nur innerhalb eines kleinen Feldes von Hinweisen für einen begrenzten Zeitraum und nicht für ganze Kulturen über lange Zeit hin gültig. Man denkt an Ägyptens dreimal wiederholten Auf- und Abstieg in und nach dem jeweils alten, mittleren und neuen Königreichen oder an die aufeinander folgenden Blütezeiten der Zivilisation der Sumerer, der altbabylonischen Kultur und dem assyrobabylonischen Königreich in Mesopotamien. Diese Schwankungen und Veränderungen beziehen sich auf alle Aspekte der Zivilisation: künstlerische Niveaus, literarische Werke und Fähigkeiten, politische Institutionen, den Zustand der Gesellschaft, Ökonomie und nicht weniger des religiösem Glaubens und dessen Ausübung. Ineinander verflochten mit dem mehrfarbigen Stoff der Änderung sind Reihen von Stetigkeit in Gebrauch, die bemerkenswerte Beständigkeit von früheren Epochen zeigen.[50]

Ronald Youngblood fügt hinzu, dass man »nicht zeigen kann, dass es eine universelle Tendenz von Seiten der polytheistischen Religionen gibt, welche allmählich die Anzahl von Gottheiten bis dahin reduziert, dass schließlich eine Gottheit erreicht wird. In einigen Fällen kann in der Tat solch eine Religion sogar mehrere Gottheiten hinzufügen, da ihren Anhängern *mehr und mehr* Naturerscheinungen bewusst werden, die sie vergöttern! Auf jeden Fall lehrt das Alte Testament den Monotheismus, weit entfernt von der Vorstellung, dass sich Israels Geschichte durch die Jahrhunderte hinweg entwickelt habe, eine der inspirierten Kenntnisse, die der wahre Gott dem Volk des Bundes selbst enthüllt hatte.«[51]

Hier ist es angemessen zu fragen, ob Mose ein Monotheist war. Albright schreibt:

Wenn man mit einem »Monotheisten« einen Denker mit bestimmten Auffassungen wie denen von Philo Judaeus oder Rabbi Akiba, von Paulus oder Augustinus, von Mohammed oder Maimonides, von Thomas von Aquin oder Calvin, von Mordecai Kaplan oder H. N. Wieman meint, dann war Mose keiner. Wenn andererseits der Begriff »Monotheist« bedeutet, dass einer die Existenz von nur einem Gott, dem Schöpfer von allem, der Quelle von Gerechtigkeit, der ebenso mächtig in Ägypten wie in der Wüste und in Palästina ist, der keine Sexualität und keine Mythologie hat, der menschliche Gestalt besitzt, aber nicht von menschlichen Augen gesehen werden kann und in keinerlei Form dargestellt werden kann, behauptet –, dann war der Gründer des Jahwismus sicherlich ein Monotheist.[52]

Der Grad, zu dem Mose für einen wahren Monotheisten gehalten werden kann, ist ein Gesprächsthema vieler wissenschaftlicher Diskussionen gewesen. Allerdings glaubt R. K. Harrison, dass es keine »Berechtigung gibt, Mose den Monotheismus abzuschreiben, obwohl man vorsichtig sein sollte, diese Auffassung nicht in einem spekulativen hellenistischen Sinn zu verstehen. Eine genauere Bezeichnung könnte aufgrund der Situation gut in Bezug auf einen empirischen ethischen Monotheismus gedeutet werden.«[53]

3.2 Der Einfluss der Umgebung

3.2.1 Annahme der Quellentheorie

Die israelitische Religion wurde durch einen natürlichen Evolutionsprozess von den Verhältnissen der Umwelt und Geografie erzeugt. Im Grunde hatte Israel die religiösen Lehren von den angrenzenden heidnischen Religionen übernommen.

3.2.2 Grundlegende Antworten

G. E. Wright schreibt:

> Sogar in seinen frühesten und grundlegendsten Formen ist der Glaube Israels so ausgesprochen anders als der des zeitgenössischen Polytheismus, dass man ihn nicht einfach vollkommen durch evolutionäre oder umweltbedingte Kategorien erklären kann. Solch eine Behauptung läuft entgegen dem gewohnten Gedankengang und den methodischen Vermutungen vieler führender Wissenschaftler der letzten zwei Generationen. Dennoch ist es schwierig zu sehen, wie eine andere Schlussfolgerung von den Tatsachen, wie wir sie jetzt durch die riesige Datensammlung über die biblische Welt haben, gerechtfertigt wird.[54]

W. F. Albright weist darauf hin, dass es unmöglich ist, dass die israelitische Religion dadurch erklärt werden könnte, indem man sagt, sie haben ihre Religion von den angrenzenden Religionen geliehen:

> Jede neue Veröffentlichung von nordkanaanitischen Inschriften oder literarischen Dokumenten wird zu unserem literarischen Hintergrundwissen des Alten Testamentes Dinge hinzufügen. Andererseits macht jede neue Veröffentlichung von kanaanitischen mythologischen Texten den Abstand zwischen den Religionen von Kanaan und Israel zunehmend klarer. Eine gemeinsame geografische Landschaft, eine gemeinsame Kultur und eine gemeinsame Sprache waren nicht genug, um den begeisterten Funken des israelitischen Glaubens an den Gott des Mose oder den Jahwekult erlöschen zu lassen und an den Glauben an Baal anzupassen.[55]

Die Israeliten konnten dem Druck des Synkretismus mit den heidnischen Religionen, die sie umgaben, widerstehen.

Alexander Heidel beschreibt die Unterschiede zwischen dem zeitgenössischen babylonischen Polytheismus und dem israelitischen Monotheismus:

> Die babylonischen Schöpfungsgeschichten werden von einem rohen Polytheismus durchdrungen. Sie sprechen nicht nur über aufeinander folgende Generatio-

> nen von Göttern und Göttinnen – von Apsû und Tiâmat –, die alle das Bedürfnis von körperlicher Nahrung haben, da sie alle aus Materie und Geist bestehen, sondern sie sprechen auch von verschiedenen Schöpfern.
> Im Gegensatz dazu beschreibt das Eröffnungskapitel der Genesis und auch das Alte Testament im Allgemeinen nur einen Schöpfer und Erhalter aller Dinge, einen Gott, der alle kosmischen Dinge erschuf und sie übersteigt. Im ganzen Alten Testament findet man keine Spur einer Theogonie [Kampf der Götter], wie wir es zum Beispiel in Enûma-Elish und bei Hesiod finden. Zu diesem Glauben gelangten die Israeliten nie.[56]

Die Gefahr der Verderbung durch das Umfeld wird von Merrill Unger aufgezeigt:

> Die Patriarchen hielten sich vorübergehend mitten im Polytheismus und seiner Wahrsagerei und anderen Formen des Okkultismus auf und waren immer wieder in Gefahr ihres verderblichen Einflusses. Die Teraphim von Rahel (1.Mose 31,19), »die seltsamen Götter«, von denen Jakob befahl, dass sie von seinem Haushalt entfernt werden sollen (1.Mose 35,2) und unter einer Eiche in Sichem versteckt wurden (V. 4), sind Anzeichen von Verdorbenheit. Allerdings waren die Patriarchen erstaunlicherweise frei von den göttlichen Methoden der umliegenden Heiden.[57]

Einer der viel größeren Unterschiede zwischen den Religionen ist die Dualität von heidnischer Religion in Bezug auf das Geschlecht.
G. E. Wright schreibt:

> Aus irgendeinem Grund – vielleicht teils auf Grund des historischen Wesens von Gottes Offenbarung – vereinigten die Israeliten die sich ergänzenden Kräfte der Natur nicht mittels einer Dualität, die sich auf das Geschlecht bezog. Während sich die Kategorie der Persönlichkeit natürlich auf Jahwe bezieht und während die gebrauchten Pronomen in ihrem männlichen Genus sind, gibt es kein ergänzendes Femininum. Die Dualität von männlich und weiblich ist nur in der geschaffenen Welt zu finden; sie ist kein Teil der Dreieinigkeit, welches im Wesentlichen geschlechtslos bleibt. Das biblische Hebräisch hat kein Wort für Göttin. Ebenso phänomenal ist die Erhaltung von Gottes Mysterium und Heiligkeit durch das Verbot von Bildnissen, weder von Gott selbst noch von irgendeinem anderen geistigen Wesen im Himmel oder auf der Erde. Ein Verbot, das im ältesten Gesetz bewahrt wird, welches das Alte Testament enthält.[58]

Albright schlussfolgert:

> Dies ist nicht der Ort, um das totale Scheitern der Wellhausen-Theorie unter der Wirkung unseres neuen Wissens über das Altertum zu beschreiben; es genügt zu sagen, dass keine Gegenargumente für den frühen israelitischen Monotheismus

> gebracht worden sind, die nicht ebenso gut (mit entsprechenden Änderungen von bestimmten Beweisen) für das nachexilische Judentum gelten würden. Nichts kann die nun sichere Tatsache verändern, dass die Kluft zwischen den Religionen Israels und Kanaans so groß war wie die Ähnlichkeit zwischen ihren materiellen Kulturen und ihren poetischen Werken.[59]

Wright fügt hinzu: »Es wird heute zunehmend erkannt, das der Versuch, das Alte Testament zu einem Quellenbuch für die Entwicklung von Religion von sehr primitiven zu sehr fortgeschrittenen Auffassungen zu machen, nur durch eine radikale Missinterpretation der Literatur möglich gemacht worden ist.«[60]

3.3 Das zweite Gebot

3.3.1 Annahme der Quellentheorie

Das zweite Gebot hätte, obwohl es Mose zugeschrieben wird, wegen seines Verbotes von Bildnissen kein Teil der frühen israelitischen Religionen sein können. Die radikalen Kritiker lehnen die mosaische Verfasserschaft und frühe Datierung des Dekaloges ab, weil man glaubt, dass die Israeliten in der Tat Bildnisse angebetet haben. Julius Wellhausen behauptet, dass »das Verbot von Bildnissen während des frühen Zeitraumes wirklich unbekannt war.«[61]

Wellhausen sagt, dass dies einer der Hauptgründe für die Ablehnung der Echtheit der mosaischen Verfasserschaft darstellt.

R. W. Smith schreibt: »Sogar das Prinzip des zweiten Gebotes, dass Jahwe nicht durch Bildnisse angebetet werden darf … kann im Lichte der Geschichte nicht als ein so fundamentaler Punkt in der Religion des frühen Israels betrachtet werden.«[62]

3.3.2 Grundlegende Antwort

Es wird klar, dass, wenn das Verbot der Bilderanbetung ein späterer Zusatz zum Pentateuch wäre und die Israeliten Bildnisse angebetet hätten, dann auch Bildnisse von Jahwe zu finden sein sollten.

Allerdings ist dies nicht der Fall gewesen. G. E. Wright hielt fest, dass es bei der Ausgrabung von Megiddo von der Universität von Chicago nicht möglich war, Bildnisse von Jahwe zu entdecken: »Enorme Mengen von Schutt wurden von den ersten fünf Stadtebenen bewegt (alles israelitisch), und nicht ein einziges Exemplar ist gefunden worden, soweit es diesem Schriftsteller bewusst ist.«[63]

Er schreibt weiter:

> Es wird weder in der Anbetung der Patriarchen noch in Verbindung mit der Errichtung der Stiftshütte, die als das zentrale Heiligtum des Stammesgemeinschaft diente, noch im Tempel Salomons ein Bildnis von der Gottheit erwähnt. Andererseits wissen wir von der Archäologie, dass Israeliten kleine Plaketten oder Figuren von der kanaanitischen Fruchtbarkeits- und Muttergöttin in großer Zahl besaßen. Dies zeigt den weit verbreiteten Synkretismus, der im frühen Israel fortgeführt wurde, genau wie es die Literatur offen anspricht. Als die Aramäer

und Philister sich im kanaanitischen Territorium ansiedelten, nahmen sie die kanaanitischen Sitten an. Als die Amoriter sich in Mesopotamien niederließen, übernahmen sie die Religion der Sumerer und stellten ihr eigenes religiöses Pantheon dazu. In ähnlicher Weise wurden die Israeliten versucht, die Sitten ihrer Umgebung anzunehmen. Dennoch muss in der riesigen Masse von ausgegrabenem Schutt aus israelitischen Städten noch das Bildnis einer männlichen Gottheit gefunden werden.[64]

Viele Missverständnisse sind das Ergebnis des Versäumnisses, den Unterschied zwischen den »offiziellen Lehren« israelitischer Religion und den »eigentlichen Ausübungen« einiger gewöhnlicher Leute zu erkennen.

Wright schließt, indem er sagt, dass »der Beweis sehr klar ist, dass das Verbot gegen Bildnisse von Jahwe so tief im frühen Israel festgesetzt wurde, dass sogar die Ungläubigen und Toleranten verstanden, dass Jahwe einfach nicht in dieser Weise geehrt werden sollte.«[65]

Er fügt hinzu: »Der grundlegende Charakter und das Alter des zweiten Gebotes bekommt damit eine so starke Stütze, wie sie die Archäologie wahrscheinlich nie stärker hätte erzeugen können.«[66]

3.4 Die moralische Ebene

3.4.1 Annahme der Quellentheorie

Die Gesetze, der moralische Ton und das gesellschaftliche Niveau, das Mose zugeschrieben wird, sind zu hoch, als dass sie so früh in Israels Entwicklung gefunden würden.

3.4.2 Grundlegende Antwort

Verschiedene archäologische Entdeckungen haben die Fortsetzung dieser Annahme gehemmt. Millar Burrows schreibt: »Die von den alten Gesetzeskodizes dargestellten Niveaus der Babylonier, Assyrer und Hetiter und auch die hohen Ideale, die im ägyptischen Buch der Toten und der frühen Weisheitsliteratur der Ägypter zu finden sind, haben tatsächlich diese Annahme widerlegt.[67]

Albright sagt über die Israeliten, die Eroberung von Kanaan und über die heidnische Anbetung, auf die Israel stieß, dass ihre starke Mythologie und Anbetung »durch Israel mit seiner nomadischen Einfachheit [obwohl sie keine Nomaden waren] und Reinheit des Lebens, seinem hohen Monotheismus und seinem strengen Kodex von Moral ersetzt wurden.«[68]

3.5 Der priesterliche Kodex

3.5.1 Annahme der Quellentheorie

Pfeiffer schreibt, dass »der priesterliche Kodex, wie jede Gesetzgebung, ungeachtet seines absichtlich zeitlosen und fiktiven mosaischen Hintergrundes, in der ersten Hälfte des persischen Zeitraumes (538-331 v. Chr.) die Merkmale seines Zeitalters trägt.«[69]

Joseph P. Free erklärt in »Archaeology and Higher Criticism« die Situation, indem er angibt, dass

> eine andere Ansammlung von vermeintlich sehr spätem Material im Pentateuch, die Aufzeichnung der levitischen Opfergesetze, dem P-Dokument zugewiesen ist. … Wenn der Hauptteil des Pentateuchs, der dem P-Dokument zugewiesen wird, zum größten Teil auf 500 v. Chr. datiert werden muss, ist die mosaische Autorschaft des Pentateuchs zweifellos beiseite gesetzt.
> Im Gegenteil dazu zeigt der archäologische Beweis, dass es keinen gültigen Grund dafür gibt, die levitischen Opfergesetze spät zu datieren, da sie in ugaritischem Material des vierzehnten Jahrhunderts v. Chr. erscheinen.[70]

3.5.2 Grundlegende Antwort

1. Besitz in Ägypten

Scheinbar glauben die Skeptiker der Frühdatierung, dass die Israeliten zur Zeit Moses einfach zu primitiv waren, um solch ein Gesetz zu schreiben. Archer stimmt damit aber nicht überein:

> Es kann kaum eingewendet werden, dass die Israeliten zu primitiv waren, um von Gesetzen, wie diesen in der Zeit Mose, regiert zu werden, da sie ihrer eigenen ausdrücklichen Aufzeichnung entsprechend mitten in einer der fortschrittlichsten Zivilisationen der frühgeschichtlichen Zeit für über vierhundert Jahre gelebt hatten und natürlich fortschrittlichere Auffassungen von Rechtswissenschaft eingeführt hatten als einheimische Stämme in der Wüste.[71]

2. Der Kodex von Hammurabi

Auch scheint es, dass die andere Hälfte der Misstrauens von dem Glauben kommt, dass keine primitive Zivilisation solch ein Werk wie den Kodex, den wir heute haben, hätte schreiben können. J. P. Free nimmt sich in *Archaeology and Bible History* dieser Probleme an:

> Archäologische Entdeckungen haben allerdings gezeigt, dass die fortschrittlichen Gesetze des Deuteronomiums und der Rest des Pentateuchs in Übereinstimmung mit der Behauptung der kritischen Schule nicht spät datiert werden müssen. Der Kodex von Hammurabi (innerhalb des Zeitraumes 2.000-1.700 v. Chr. geschrieben) war bei einer französischen archäologischen Expedition unter der Leitung von M. Jacques de Morgan 1901 bis 1902 am Standort des alten Susas, zum Osten der Region von Mesopotamien liegend, gefunden worden. Der Kodex wurde auf einem Stück von schwarzem Diorit geschrieben, der beinahe zweieinhalb Meter hoch war und zweihundertzweiundachtzig Abschnitte oder Absätze enthielt.
> Der Kodex von Hammurabi wurde einige Hundert Jahre vor der Zeit Moses geschrieben (ca. 1.500-1.400 v. Chr.), und dennoch enthält er einige Gesetze, die den aufgezeichneten Gesetzen von Mose ähnlich sind. Angesichts dieser Tatsa-

chen hat der Liberale kein Recht zu sagen, dass die Gesetze von Mose zu fortschrittlich für seine Zeit sind und dass sie von ihm nicht hätten geschrieben werden können.[72]

Meredith G. Kline fügt in dem Aufsatz »Is the History of the Old Testament Accurate?« in dem Buch *Can I Trust the Bible?* (hrsg. von Howard Vos) hinzu:

> Die Archäologie spricht entschieden gegen Wellhausens Vorstellung, dass die Gesetzgebung des Pentateuchs zu komplex ist und seine kulturellen Vorschriften für solch eine frühe Zeit wie die des Mose zu durchdacht wäre, dem die Verfasserschaft des Pentateuchs sowohl im Alten wie auch im Neuen Testament zugeschrieben wird. Als Beweis des Alters des kodifizierten Gesetzes sind assyrische und hetitische Gesetzeskodizes aus ungefähr der Zeit von Mose vorhanden, der Kodex von Hammurabi von ungefähr drei Jahrhunderten vor Mose und die kürzlich entdeckten Bruchstücke von anderen babylonischen und sumerischen Vorgängern des Hammurabi-Kodizes, die bis auf die Zeit Abrahams zurückgehen.[73]

A. H. Sayce antwortet Pfeiffer in *Monument Fact and Higher Critical Fancies* eindeutig:

> Mit anderen Worten muss der mosaische Kodex dem Zeitalter angehören, welches ihm die Tradition zuweist, und nimmt die historischen Zustände, welche die biblische Erzählung beschreibt, im Voraus an. Der Kodex von Khammu-rabi [d.h. Hammurabi] hat nicht nur bewiesen, dass die Gesetzgebung von Mose möglich war, sondern er hat auch gezeigt, dass die gesellschaftlichen und politischen Umstände, unter denen sie behauptet, entstanden zu sein, die einzigen sind, unter denen sie hätte kompiliert werden können.[74]

Wenn die gleiche Form des Kodex nicht genug ist, um die Möglichkeit der Frühdatierung zu unterstützen, weist Archer darauf hin, dass der »babylonische Kodex von Hammurabi … zahlreiche Ähnlichkeiten mit den Bestimmungen in Exodus, Levitikus und Numeri hinsichtlich der Bestrafung von Verbrechen und der Auferlegung von Schäden für Delikte und Vertragsbrüche aufzeigt.«[75]

3.5.3 Gegenannahme

Leider hat dies zu einer Gegenannahme bei den Anhängern der Quellentheorie geführt: »Dann wurde vorgeschlagen«, schreibt Free, »dass Mose seine Gesetze vom Kodex des Hammurabi geborgt hatte. Ein Vergleich der beiden über einen Zeitraum von Jahren hinweg hat allerdings die meisten Kritiker überzeugt, dass es wesentliche Unterschiede gibt und dass die Gesetze des Alten Testamentes in keiner wesentlichen Art und Weise von denen der Babylonier abhängig sind.«[76]

Sayce erklärt das offensichtliche Problem: »Gewisse deutsche Assyriologen hatten große Probleme, als sie Ähnlichkeiten zwischen dem Kodex von Khammurabi und dem des Mose entdeckten, um daraus eine Verbindung zwischen den beiden zu schließen. Und es gibt Fälle, in denen die Ähnlichkeit verblüffend ist.«[77]

Merrill Unger schreibt:

> Wieder mussten literarkritische Ansichten, die den Ursprung vieler Gesetze, die Mose zugeschrieben wurden, in das neunte, achte oder siebte Jahrhundert v. Chr. – oder noch später – gestellt haben, drastisch revidiert oder gänzlich abgelehnt werden. Andererseits hat die Entdeckung der frühen außerbiblischen Gesetzestexte viele veranlasst, eine ebenso falsche Ansicht anzunehmen, dass die israelitische Gesetzgebung eine bloße Auswahl und Anpassung an das babylonische Gesetz wäre.[78]

3.5.4 Weitere Antworten

1. Gegensätze der Kodizes

Archer erklärt, dass »es natürlich verstanden werden sollte, dass die Unterschiede zwischen der Thora und dem Kodex von Hammurabi weitaus verblüffender sind als die Ähnlichkeiten. Aber die Unterschiede gehen hauptsächlich von der gänzlich unterschiedlichen Ideologie aus, an der jede der zwei Kulturen festhielt.«[79]

Und ferner:

> Den babylonische Kodex soll Hammurabi durch den Sonnengott Shamash empfangen haben. Mose bekam seine Gesetze direkt von Gott. Hammurabi rechnet es sich trotz des besagten Empfanges von Shamash, sowohl im Prolog als auch in Epilog des Kodex, selbst als Verdienst an. Nicht Shamash, sondern er führte die Ordnung und Gerechtigkeit überall im Land ein. Im Gegensatz dazu ist Mose nur ein Instrument. Die Gesetzgebung ist »So spricht Jahwe«.[80]
>
> Weiterhin »wird in den israelitischen Gesetzen ein größerer Wert auf Menschenleben gelegt, eine striktere Beachtung der Ehre der Frau ist erkennbar und eine menschlichere Behandlung von Sklaven wird bestimmt. Zudem enthält der babylonische Kodex nichts, das jenem zweifachen goldenen Faden entspricht, der durch die mosaische Gesetzgebung läuft: Liebe zu Gott und Liebe zum Nächsten (Mt 22,37-40).«[81]
>
> Unger fährt fort, indem er sagt, dass »Hammurabis Gesetze an die Berieselungskultur und die hoch vermarktete städtische Gesellschaft von Mesopotamien angepasst sind. Andererseits passen die mosaischen Anordnungen zu einem einfachen landwirtschaftlichen Hirtenvolk eines trockenen Landes wie Palästina, die viel weniger in gesellschaftlicher und kommerzieller Entwicklung ausgereift, aber in allen Phasen ihres Lebens sich ihrer göttlichen Berufung äußerst bewusst sind.«[82]

Und schließlich:

> Der israelitische Kodex enthält viele ausschließlich religiöse Anordnungen und

rituelle Vorschriften. Der Kodex von Hammurabi ist bürgerlich. Allerdings enthalten die priesterlichen Gesetze von Levitikus viele Übereinstimmungen mit entsprechendem priesterlichen Ritual und Ausführung in Westasien, ob in Kanaan und Phönizien oder in Mesopotamien.[83]

Free findet »keine wirkliche Verbindung zwischen dem Gesetz des Mose und dem Kodex von Hammurabi. Solch eine Verknüpfung wurde von G. A. Barton gemacht, einem liberalen Professor an der Universität von Pennsylvania, der sagte, ›ein Vergleich des Kodex von Hammurabi als Ganzes mit den Pentateuchgesetzen als Ganzes überzeugt den Studenten, obwohl es gewisse Ähnlichkeiten enthüllt, dass die Gesetze des Alten Testamentes in keiner wesentlichen Art und Weise von dem babylonischen Gesetzen abhängig sind. Der Kodex enthält viele Gesetze, die für ihn selbst eigentümlich sind, einschließlich jener bezüglich Soldaten, Zöllnern und Weinhändlern.‹«[84]

Sayce, ein Assyriologe, schlussfolgert, dass »der Unterschied zwischen den zwei Kodizes in diesem letzten bestimmten Abschnitt charakteristisch für den Unterschied ist, der durchweg bei ihnen vorhanden ist und der den Gegensatz zwischen ihnen weit verblüffender und auffallender macht als jegliche Übereinstimmung, auf die hingewiesen werden kann.«[85]

2. Die ugaritischen Entdeckungen (Ras Schamra)

Es scheint, dass dieser Abschnitt bisher zeigt, dass der einzige vorhandene Beweis der Hammurabi-Kodex ist. Dies ist allerdings nicht wahr, denn wir werden jetzt sehen, wie der priesterliche Kodex sich mit einem anderen archäologischen Fund vergleichen lässt.

Joseph P. Free weist zu Beginn darauf hin, dass »die Tatsache, dass die Ras-Schamra-Tafel [Ras Schamra ist eine kanaanitische Stadt, die sich auf der syropalästinischen Küste gegenüber der Spitze Zyperns befindet.] bis ungefähr 1.400 v. Chr. zurückgeht und mehrere ähnliche Gesetze wie jene in Levitikus aufzeichnet, zeigt, dass der liberale Forscher kein Recht hat, die Möglichkeit eines solchen Kodex von Opfergesetzen schon zur Zeit Moses zu leugnen.«[86]

Millar Burrows geht in *What Mean These Stones?* weiter und erklärt, dass

> Texte aus Ras Schamra viele Arten von Opfertieren, einschließlich einigen, die auch in der hebräischen Religion gebraucht wurden, und einigen, die von den Gesetzen des Alten Testamentes ausgeschlossen wurden, erwähnen. Mehrere Begriffe, die im hebräischen Alten Testament für die verschiedenen Arten der Opferung gebraucht werden, sind auch auf der Ras-Schamra-Tafel verzeichnet. Zum Beispiel das Brandopfer, das ganze Brandopfer, das Schuldopfer und das Dankopfer.[87]

Würden gleiche Opfer nicht bedeuten, dass Mose Ras Schamra als eine Quelle benutzte? Free schlussfolgert:

Wir glauben, dass es mindestens zwei mögliche Antworten gibt. Erstens können sie aus Israel zur Zeit verbreitet worden sein, als sie Mose offenbart wurden (um 1.450 v. Chr.), um dann von den Kanaanitern und Völkern von Syrien praktiziert zu werden, was sich in der Ras-Schamra-Tafel (1.400-1.350 v. Chr.) widerspiegelt. Die zweite Möglichkeit ist, dass die Gesetze und Satzungen von Jahwe zu einer viel früheren Zeit offenbart wurden (und später Mose gegeben wurden) und dass diese an unterschiedliche Völker überliefert wurden und sie dann in einer veränderten und oft korrumpierten Form unter solchen Völkern wie jenem von Ras Schamra erschienen.[88]

3. Lipit-Ishtar-Gesetzeskodex

Kurz, der Lipit-Ishtar-Kodex ist eine weitere Entdeckung. Francis Steele erklärt in »Lipit-Ishtar Law Code« (*American Journal of Archaeology*): »Die Bedeutung des Lipit-Ishtar-Gesetzeskodex kann kaum überbetont werden. Seine Entdeckung erweitert die Geschichte der gesammelten Gesetze um beinahe zwei Jahrhunderte und ebnete dadurch den Weg für eine vergleichende Studie von Gesetzen, die fast viertausend Jahre alt sind.«[89]

4. Die Gesetze von Eshnunna

Das Gleiche kann über den Eshnunna-Gesetzeskodex des altbabylonischen Zeitraumes gesagt werden (1.830-1.550 v. Chr.). Hammurabi baute scheinbar einiges von diesem Kodex in sein eigenes System ein. Zwei Tafeln, die 1945 und 1947 nahe Bagdad gefunden wurden, enthalten diese frühgeschichtlichen Gesetze.

Reunen Yaron weist darauf hin, dass die Archäologie bestätigt, dass diese Tafeln nicht nach der Herrschaft von König Dadusha datiert werden können. Das letzte Jahr von Dadushas Herrschaft wird in das siebente Jahr Hammurabis gesetzt. Allerdings kann die Archäologie das Datum seiner Zusammenstellung nicht bestimmen. Das übliche Datum, das dem Eshnunna-Gesetzeskodex gegeben wird, ist etwa zweihundert Jahre vor Hammurabi.[90]

Das Königreich von Eshnunna »fiel … der expansionistischen Politik von Hammurabi von Babylon während des vierten Jahrzehntes seiner Herrschaft zum Opfer.«[91]

Die Entdeckung der erwähnten zwei Tafeln fügt einen zusätzlichen Beweis hinzu, dass der Hammurabi-Kodex nicht die einzige Quelle einer frühen Gesetzessammlung darstellt.

Die Gesetze von Eshnunna:

> Der Kodex, der während des zwanzigsten Jahrhunderts v. Chr. in der akkadischen Sprache geschrieben wurde, enthält sechzig Absätze von Gesetzen, die sich mit solchen Themen wie dem Warenpreis, der Miete von Wagen und Booten, den Löhnen von Arbeitern, Ehe, Ehebruch und Scheidung, Angriff und Kriegstechnik und der Festlegung der Verantwortung für den Ochsen, der einen Mann aufspießt, oder den verrückten Hund, der einen Mann beißt.[92]

3.6 Zusätzliche Bemerkungen

Albright schreibt, dass Wellhausens »Standpunkt überholt ist und sein Bild der frühen Entwicklung Israels traurig verzerrt.«[93]

Wright sagt über Albright, dass er »archäologische Fakten über Fakten in seiner Besprechung der Stellung der Bibel in der Umwelt angesammelt hat, um zu zeigen, dass Wellhausens Entwicklungssystem – letztlich von der idealistischen Philosophie Hegels beeinflusst – nicht mehr zu den Tatbeständen, wie sie jetzt bekannt sind, passen.«[94]

Ira Maurice Price schreibt in *The Monuments and the Old Testament*, dass »die kritischen Ansichten des Ursprunges vieler Gesetze, die Mose zugeschrieben werden und die in das neunte, achte und siebte Jahrhunderte v. Chr. oder noch später datiert werden, nicht nur modifiziert werden müssen, sondern auch in einigen Fällen gänzlich abgelehnt werden sollten.«[95]

M. J. Lagrange (»L 'Authenticité Mosaique de la Genèse et la Théorie des Documents«), ein Mann, der für beinahe vierzig Jahre an biblischen und archäologischen Ausgrabungen in Jerusalem beteiligt war, schlussfolgert:

> Es ist eine Tatsache, dass Wellhausens historisches Werk mehr als kompromittierend ist. Die Entwicklung, die beim Fetischismus beginnt, zur Anbetung eines Gottes und dann zum Monotheismus aufsteigt, oder von einer sehr rudimentären schlichten Anbetung zu komplizierten gesellschaftlichen und priesterlichen Institutionen führt, kann angesichts der Beweislage, welche die jüngsten Entdeckungen enthüllt haben, nicht festgehalten werden.[96]

Woher kam dieser archäologische Beweis? George Mendenhall von der Universität von Michigan, der auch über die eigentlichen Ausgrabungen spricht, welche die Archäologen zu der vorangegangenen Schlussfolgerung geführt haben, schreibt:

> Der Ausgangspunkt war die Einführung der neuen Indizien von Ras Schamra und Mari, der gewisse Theorien, die man zuvor über die Erzählungen der Patriarchen hatte, aus dem Wahrscheinlichkeitsbereich ausschloss und der – zusammen mit vielen Details von anderen Quellen – eine neue Theorie erforderte, um den neuen Beweisen zu entsprechen. … Wenn jene, die die zwölf Stämme Israels ausmachten, zumindest einige mit einschlossen, die eine Zeit lang mit der mesopotamischen Zivilisation in Kontakt standen, dann für einen Zeitraum von Jahrhunderten in einem Land wohnten, das aus einem kosmopolitischen Komplex vieler Kulturen im Prozess der Verschmelzung entstanden war, dann ergibt sich daraus, dass sie kaum kindliche, kulturlose, traditionslose Barbaren gewesen sein konnten. Es ergibt sich, dass die frühesten Stationen der Religion von Israel nicht so primitiv gewesen sein können, wie frühere Gelehrte dachten – nicht auf den Grundlagen von Beweisen, sondern auf der Grundlage einer *apriorischen* Theorie, wie Religion sich entwickeln muss.[97]

Ebenso hatte auch Albright gelehrt:

> Geschichte ist nicht eine sinnlose Aufzeichnung von Zufallsereignissen oder sogar eine reine Kette von zusammenhanglosen Ereignissen; obwohl es ein komplexes Netz von sich gegenseitig beeinflussenden Mustern ist und wie schwierig es auch immer sein mag, die Struktur eines jeden Musters zu zerlegen und seine typischen Elemente zu identifizieren, so hat doch jedes von ihnen seine eigene Struktur. Zudem ändert sich das Netz beständig, und indem wir mit dem geschulten Auge des Historikers aufeinander folgende Zustände vergleichen, die es zeigt, können wir die Richtung entdecken, in die es sich verändert, mit anderen Worten, seine Entwicklung. Wir haben auch die Tatsache hervorgehoben, dass die Entwicklung von historischen Mustern sehr komplex und veränderlich ist; es kann sich in irgendeine Richtung bewegen und es kann weder von *apriorischen* Hypothesen entdeckt werden noch kann es von einer deterministischen Theorie erklärt werden. Wir wiesen auch auf die Komplexität der Geschichte von Religion hin und dass diese organische Natur der Geschichte einlineare »Geschichtlichkeit« zu einem ungeeigneten Schlüssel macht. Aus diesem Grund war Wellhausens hegelianische Methode ausgesprochen ungeeignet, als Hauptschlüssel zu dienen, mit dem Gelehrte das Heiligtum der israelitischen Religion betreten und ein zufrieden stellendes Verständnis davon zu erwerben.[98]

Albrights Schlussfolgerung scheint endgültig zu sein: »Im Lichte des alten Orients scheint nichts künstlicher und gegensätzlicher zur Analogie zu sein als die postulierte Entwicklung von israelitischer Religion innerhalb der Grenzen von Zeit und Umständen, die von der Wellhausen-Schule erlaubt wurden.«[19]

3.7 Die Folgen

Diese Schlussfolgerungen unterminieren ernstlich die ganze Quellenscheidungs-Hypothese, sowohl in ihrer klassischen Form als auch in ihrem gegenwärtigen Stand des Wandels, da die Pentateuchanalyse im Großen und Ganzen noch fest auf der klassischen Quellentheorie gegründet ist.

Kitchens Schlussfolgerung scheint deshalb gerechtfertigt zu sein: »Weil nun mal die ausgedehnte einlineare Entwicklung eine ungültige Voraussetzung ist, gibt es keinen Grund, angebliche literarische Bruchstücke oder Quellen von der imaginären Stufe ihrer Abfassung auf einer Skala von ›primitiv‹ zu ›ausgereift‹ zu datieren.«[100]

4 Keine Schrift zur Zeit des Mose (ca. 1.500-1.400 v. Chr.)

4.1 Annahme der Quellentheorie

Das Schreiben war in Israel zur Zeit Moses quasi unbekannt; folglich hätte Mose den Pentateuch nicht schreiben können.

Wellhausen sagte selbst: »Das alte Israel war mit Sicherheit nicht ohne gottgegebene Grundlagen für die Ordnung des menschlichen Lebens; sie waren nur nicht schriftlich festgehalten worden.«[101]

Schulz gab 1893 in seinem Buch *Old Testament Theology* an:

> Von dem legendären Charakter des vormosaischen Erzählers ist die Zeit, die sie behandelt, ein hinreichender Beweis. Es war eine Zeit vor allem Wissen vom Schreiben, eine Zeit, die sich mit einem Abstand von mehr als vierhundert Jahren davon trennte, von der es absolut keine Geschichte gibt, von deren nächstem Zeitraum Israel nur eine düstere historische Erinnerung hatte, eine Zeit, in der in zivilisierten Ländern die Schrift gerade erst begann, für die wichtigsten Fragen des Staates benutzt zu werden. Nun haben wandernde Hirten immer eine instinktive Abneigung gegen das Schreiben. In der Tat wird es heutzutage unter vielen Beduinen auf der Halbinsel Sinai für eine Schande gehalten, schreiben zu können. Es ist deswegen unmöglich, dass solche Männer ihre Familiengeschichten, die an sich wirklich unwichtig sind, auf irgendeinem anderen Weg als mündlich, nämlich in Legenden, überliefern konnten. Und sogar als die Schrift verwendet wurde, d. h. zwischen der Zeit von Mose und David, wurde sie nur spärlich benutzt, und vieles, was den Leuten passierte, muss immer noch einfach als Legende weitererzählt worden sein.[102]

Es gibt viele Gründe zu glauben, dass Sprache zur Zeit des Mose als ein Mittel des literarischen Ausdrucks sehr gebraucht wurde, und höchstwahrscheinlich ist es Jahrhunderte lang so gewesen. Was diesen Punkt anbelangt, behauptet Driver: »Es wird nicht bestritten, dass die Patriarchen die Kunst der Schrift nicht beherrschten«, aber die Verwendung von Dokumenten aus dem patriarchischen Zeitalter »ist eine reine Hypothese, für deren Wahrheit kein positiver Grund angegeben werden kann.«[103]

Als Orr über diese Hypothese spricht, erinnert er uns daran, dass die kritische Ansicht selbst sicherlich

> auf Hypothesen aufgebaut ist. Der Wert einer Hypothese ist aber das Maß, in dem sie Tatsachen erklärt, und aus dem Schweigen des Buches Genesis können wir nur aus allgemeinen Wahrscheinlichkeiten folgern. Aber die Wahrscheinlichkeiten, so denken wir, sind, vom Zustand der Kultur dieser Zeit, von dem festen und genauen Charakter der Tradition und von den archäologischen Bemerkungen, die im Buch eingelagert sind, ausgehend, durchaus hoch, dass den Israeliten sogar in dem patriarchischen Zeitalter Bücher und Schriften in einem gewissen Maß bekannt waren. Wenn dem so ist, dann können wir glauben, dass zu einem frühen Zeitraum – in Ägypten unter Josef, wenn nicht schon früher – Versuche gestartet wurden, Dinge schriftlich festzuhalten.[104]

Als geglaubt wurde, dass Israels Anfänge in die frühen Anfängen der Zivilisation datiert werden müssten, war die Position, dass den Israeliten das Schreiben unbekannt war, haltbarer. Es war gleichfalls respektabel, ihre Fähigkeiten zu bezweifeln, solche hohen Ideen, wie sie in den Gesetzen Moses oder den Psalmen Davids ausgedrückt sind, auszudenken.

4.2 Grundlegende Antwort

4.2.1 Bewertung und kulturelles Klima

Der britische Assyriologe A. H. Sayce bewertet diese Theorie der späten Schriftentstehung. Er fordert:

> [dass] diese späte Verwendung der Schrift für literarische Zwecke eine bloße Annahme sein kann, mit nichts Festerem, auf dem sie ruhen kann, als die eigenen Theorien und Annahmen des Kritikers selbst. Und sobald sie von festen Tatsachen geprüft wurde, zerbröckelte sie zu Staub. Erst zeigte die Ägyptologie und dann die Assyriologie, dass die Kunst des Schreibens im alten Osten – weit vom modernen Wachstum entfernt – sehr weit ins Altertum zurückreicht, und dass die zwei großen Mächte, die die zivilisierte Welt zwischen sich aufteilten, jede schwerpunktmäßig eine Nation von Schreibern und Lesern waren. Jahrhunderte bevor Abraham geboren wurde, war sowohl Ägypten als auch Babylon mit Schulen und Bibliotheken, mit Lehrern und Schülern, mit Dichtern und Prosaschriftstellern und mit den literarischen Werken, die sie komponiert hatten, erfüllt.[105]

Sayce zitiert Kreta als ein weiteres Beispiel.

A. J. Evans fand einen Beweis von vormosaischen Schriften auf Kreta. Nicht nur Ägypten und Babylon schrieben jeweils in Hieroglyphen und Keilschrift, sondern auch Kreta hatte drei, vielleicht sogar vier Systeme, wie z. B. Piktogramme, lineare Symbole und so weiter.[106]

Albright, der über die verschiedenen Schriftsysteme spricht, die im alten Orient sogar während der vormosaischen Patriarchenzeiten existierten, sagt:

> Es kann in diesem Zusammenhang gesagt werden, dass das Schreiben in Palästina und Syrien durch das patriarchische Zeitalter (mittlere Bronzezeit, 2.100-1.500 v. Chr.) hinweg sehr bekannt war. Man weiß von mindestens fünf Schriften, von denen bekannt ist, dass sie in Gebrauch waren: Ägyptische Hieroglyphen wurden für Personen- und Ortsnamen von den Kanaanitern benutzt; die akkadische Keilschrift; die hieroglyphenartige Silbenschrift der Phönizier wurde (wie seit 1935 bekannt) vom 23. Jahrhundert an oder schon früher benutzt; das lineare sinaitische Alphabet – drei Inschriften, von denen man jetzt aus Palästina weiß (diese Schrift scheint der direkte Vorgänger unserer eigenen zu sein) und das Keilschriftalphabet von Ugarit (ein wenig später auch in Palästina benutzt), das 1929 entdeckt wurde. Dies bedeutet, dass geschichtliche Traditionen in Israel nicht durch mündliche Übermittlung allein überliefert worden sein müssen.[107]

Cyrus Gordon, früherer Professor für nahöstliche Studien und Vorsitzender des Fachbereiches für mediterrane Studien an der Brandeis Universität und Fachmann für die Tafeln, die in Ugarit entdeckten wurden, schließt in ähnlicher Weise:

> Die Ausgrabungen bei Ugarit haben eine hohe wirtschaftliche und literarische Kultur in Kanaan vor dem Auftauchen der Hebräer enthüllt. Prosa und Dichtung waren schon ganz entwickelt. Das Bildungssystem war schon so fortschrittlich, dass Wörterbücher in vier Sprachen für die Verwendung der Schreiber zusammengestellt waren und die individuellen Wörter wurden in ihren ugaritischen, babylonischen, sumerischen und hurritischen Äquivalenten aufgelistet. Die Anfänge von Israel sind in einem sehr kulturellen Kanaan verwurzelt, wo die Beiträge mehrerer begabter Völker (einschließlich der Mesopotamier, Ägypter und Zweigen der Indoeuropäer) zusammengelaufen und vermischt waren. Die Vorstellung, dass die frühe israelitische Religion und Gesellschaft primitiv waren, ist vollkommen falsch. In den Tagen der Patriarchen war Kanaan das Zentrum einer großen internationalen Kultur. Die Bibel, die aus solch einer Zeit und solch einem Ort stammt, kann nicht losgelöst von Quellen sein. Aber lasst sie uns studieren und die Bibel auf ihre eigenen Begriffe und gegen ihren eigenen glaubwürdigen Hintergrund hin überprüfen.[108]

Der archäologische Beweis dient nicht nur dazu, die überholte Theorie der älteren Kritiker zu widerlegen, sondern auch als positiver Beweis, um die Wahrscheinlichkeit zu stützen, dass Mose schriftliche Aufzeichnungen aufbewahrte.

Sayce macht eine schauderhafte Schlussfolgerung: »Das Babylon vom Zeitalter Abrahams war ein gebildeteres Land als das England von Georg III.«[109]

Warum können Archäologen solche Aussagen machen? Mehrere archäologische Funde stützen diese Schlussfolgerung. Wir werden vier davon betrachten.

4.2.2 Ugarit (Ras Schamra)

William F. Albright erklärt die Entdeckungen von Ugarit. Die Keilschrift von Ugarit ist ein System, das im syrischen Palästina vollkommen heimisch war und das 1929 von C. F. A. Schaeffer an der syrischen Nordküste entdeckt wurde. Die bekanntesten Orte, an denen Tafeln mit dieser Schrift gelagert wurden, sind Ugarit und Ras Schamra. Artefakte mit dieser Schrift werden schon auf die Zeit von 1.400 v. Chr. datiert, obwohl das Alphabet selbst wahrscheinlich sogar älter ist.[110]

Albright schreibt:

> Es ist schwierig, die Bedeutung der kanaanitischen alphabetischen Tafeln aus Ugarit, richtiger wäre eigentlich im Norden von Kanaan, zu überschätzen. Dank ihnen haben wir eine riesige Sammlung von Texten aus dem Zeitalter Moses (vierzehntes und dreizehntes Jahrhundert v. Chr.). Teilweise sind sie in lokalem prosaischen Dialekt von Ugarit aus jener Zeit, aber zumeist sind sie in einem weit verbreiteten poetischen Dialekt, welcher der frühen hebräischen poetischen Sprache – so wie dem Lied von Miriam (dreizehntes Jahrhundert v. Chr.), dem Lied von Deborahs Sohn (zwölftes Jahrhundert) und in gleicher Weise vielen der frühen Psalmen – sehr nahe kommt. Sie haben unser Wissen über das hebräische Vokabular und die Grammatik der Bibel ungeheuer erweitert.[111]

4.2.3 Ägyptische Briefe

Sayce hat erwähnt, dass Ägypten eine sehr gebildete Nation war. Während der Herrschaft von Echnaton (oder Amenophis IV.), der versuchte, das ganze religiöse System Ägyptens um 1.375 bis 1.358 v. Chr. zu verändern, wurde eine Menge von Briefen zwischen Ägypten, Syrien, Palästina und Babylon versandt, die die Amarna-Briefe genannt werden. Viele von diesen sind bei Amarna seit 1887 wieder entdeckt worden. Diese zeigen nicht nur, dass man Schreiben konnte, sondern auch, dass sie nicht in Hieroglyphen, sondern in babylonischer Keilschrift abgefasst sind. Dies zeigt einen engen Kontakt zwischen den zweien auf, und zwar so sehr, dass es scheint, dass eine standardmäßige diplomatische Sprache dieser Zeit benutzt wurde. Die Kunst des Schreibens war also in dieser Zeit gut verwurzelt.[112]

4.2.4 Die Inschriften vom Berg Sinai

S. H. Horn erklärt noch einen anderen Fund:

> Alan Gardiner, ein berühmter britischer Ägyptologe, machte 1917 die erste Entzifferung von den mehr als zehn Jahre früher am Berg Sinai von Flinders Petrie gefundenen vorsemitischen Inschriften. Diese Inschriften, in einer Bilderschrift von Kanaanitern vor der Mitte des zweiten Jahrtausends v. Chr. geschrieben, beweisen, dass alphabetisches Schreiben vor der Zeit Moses existierte.[113]

4.2.5 Der Geser-Kalender

Der Kalender von Geser, 925 v. Chr. geschrieben (und von Macalister um das Jahr 1900 gefunden), ist offensichtlich eine Schreibübung eines Kindes. Es beweist, dass die Schrift zu jener Zeit in der Gesellschaft bis zu dem Punkt so gut eingeführt war, dass sie sogar Kindern unterrichtet wurde.[114]

Oder schauen wir uns Richter 8,14 an, wo wir Gideon sehen, wie er sich irgendeinen Jungen aus der Stadt Sukkot auswählte und wie dieser ihm dann die Namen der siebenundsiebzig Ältesten der Stadt notieren konnte.

Albright zeigt die Bedeutung dieser zweifellos semitischen Schrift:

> Die älteste wichtige israelitische Inschrift ist der Geser-Kalender, welcher das Übungstäfelchen eines Schülers aus weichem Kalkstein war, auf dem er den Text eines Liedchens ungeschickt eingeritzt hatte, das die Reihenfolge der hauptsächlichen landwirtschaftlichen Tätigkeiten über das Jahr hinweg aufgeschrieben hatte. Wenn wir es anhand der Übereinstimmung der Indizien für Formen von Briefen aus dem zeitgenössischen Byblos mit dem strategrafischen Zusammenhang, in dem es entdeckt wurde, bewerten, muss es auf das späte zehnte Jahrhundert datiert werden.[115]

4.3.6 Schlussfolgerung: Kritik an den Kritikern

Diese Angelegenheit löst eine große Bestürzung bei den Skeptikern der biblischen Geschichte aus. Sayce formuliert es gut, wenn er behauptet:

> Erst 1862 leugnete Sir George Cornewall Lewis es [dass zur Zeit Moses geschrieben wurde] und erst 1871 deklarierte der ausgezeichnete Semitist Professor Noldeke, dass die Ergebnisse der Assyriologie in sowohl sprachlichen als auch historischen Angelegenheiten »einen sehr verdächtigen Beigeschmack hatten«. Es war subjektive Theorie gegen objektive Tatsache, und in Übereinstimmung mit der üblichen »kritischen« Methodik musste eine Tatsache zu einer Theorie führen.[116]

Er schlussfolgert dann, »Mose hätte nicht nur selber den Pentateuch schreiben können, sondern es käme fast einem Wunder gleich, wenn er nicht hätte schreiben können.«[117]

James Orr erklärt in *The Problem of the Old Testament* die Veränderung der modernen Position folgenderweise:

> Früher blickte man auf Israel wie auf ein Volk, das zur frühen Dämmerung der Geschichte gehörte, zu einem Zeitpunkt als die Zivilisation – außer in Ägypten – kaum begonnen hatte. Es war deshalb möglich gewesen zu behaupten, dass die Kunst der Schrift unter den Israeliten nicht existierte und dass sie die Fähigkeit für die gehobenen religiösen Ideen, welche die Erzählungen ihrer frühen Geschichte impliziert, nicht haben konnten. Mose hätte weder die Gesetze geben können noch hätte David die Psalmen schreiben können, die die Geschichte ihnen zuschreibt. Durch die Entdeckung des außergewöhnlichen Lichtes der Zivilisation, das im Tigris-Euphrat-Tal und im Niltal Jahrtausende bevor Abraham aus dem Ur der Chaldäer auszog oder Mose sein Volk aus Ägypten führte, schien, wird diese Behauptung jetzt unmöglich gemacht. Die Veränderung der Meinung ist revolutionär.[118]

5 Die legendäre Sichtweise der Erzählungen über die Patriarchen

5.1 Annahme der Quellentheorie

Die Frage der Geschichtlichkeit der Berichte Abrahams ist ein bevorzugtes Schlachtfeld zwischen Gläubigen und Skeptikern gewesen. Es ist schwierig, bei diesem Problem neutral zu bleiben, wenn wir die Bibel heute als wichtig für die Menschheit halten. In seinem Buch *Archaeology and the Old Testament* zeigt Merrill Unger, dass die Geschichtlichkeit von Abraham keine schwierige Angelegenheit, sondern lebenswichtig für den neutestamentlichen Glauben ist:

> Die Figur von Abraham entsteht aus der alten mesopotamischen Welt seiner Zeit mit solcher bemerkenswerten Lebendigkeit und nimmt eine solch bedeutende Rolle in der Geschichte der Erlösung Israels ein, dass er sogar von Mose, dem bedeutenden Befreier und Gesetzgeber nicht überschattet wird. Das gesamte Alte Testament hindurch und besonders im Neuen Testament steht der Name Abrahams für den repräsentativen Mann des Glaubens (vgl. Röm 4,1-25).[119]

Deswegen können wir uns zu der Formulierung der Behauptung von Gleason L. Archer in seinem Buch *A Survey of Old Testament Introduction* wenden. Er erklärt, dass die Anhänger der Quellentheorie glauben, »dass die Genesisberichte von Abrahams Werdegang und seinen Nachkommen unzuverlässig und oft unhistorisch sind. Noldeke ging sogar soweit, die historische Existenz von Abraham völlig zu leugnen.«[120]

Aus der Feder berühmter Kritiker haben wir erläuterndes Material dazu. Julius Wellhausen schreibt:

> Von den patriarchischen Erzählungen ist es unmöglich, historische Auskunft hinsichtlich der Patriarchen zu erhalten; wir können nur etwas über die Zeit lernen, in der die Erzählungen über sie zuerst von dem israelitischen Volk erzählt wurden. Dieser spätere Zeitraum, mit all seinen wesentlichen und oberflächlichen Merkmalen, wurde unabsichtlich zurück in das frühe Altertum projiziert und er spiegelt sich dort wie eine sich verklärende Fata Morgana wider.[121]

Wellhausen sah Abraham als »eine freie Schöpfung von unbewusster Kunst« an.[122]

Hermann Schultz sagt:

> Das Ergebnis kann folgendermaßen in einer Übersicht wiedergegeben werden: Genesis ist das Buch der heiligen Legende mit einer mythischen Einführung. Davon stellen uns im Besonderen die ersten drei Kapitel Offenbarungsmythen von der wichtigsten Art dar und in den folgenden acht Kapiteln mythische Elemente, welche in die Form einer Legende umgeändert wurden. Von Abraham bis Mose haben wir eine nationale Legende, rein und einfach, gemischt mit einer Vielfalt mythischer Elemente, die dorthin gekommen sind, dass sie fast nicht wieder zu erkennen sind. Von Mose bis David haben wir noch Geschichte mit einem großen Anteil an legendärem Stoff und sogar teilweise mit mythischen Elementen vermischt, die nicht mehr zu unterscheiden sind. Von David an haben wir Geschichte, die keine legendären Elemente mehr enthält, wie auch überall in der gegenwärtigen Geschichte, wie sie von den Männern der Frühzeit geschrieben wurde.[123]

Und schließlich ein Statement von Robert H. Pfeiffer:

> Unsere scharfe Unterscheidung zwischen Erzählung und Geschichte, Vorstellung und Tatsache scheint sinnlos, wenn sie auf die Sammlung der alttestamentlichen Erzählungen angewandt wird, die alle Abstufungen zwischen reiner Fiktion (wie in den Erzählungen über Adam, Noah und Samson) und echter Geschichte (wie in der altertümlichen Biografie von David und in den Memoiren von Nehemia) beinhalten. Nur im Vortrag von Ereignissen von Seiten eines Augenzeugens (außer wenn er wie in 1.Sam 22,10a und 2.Sam 1,7-10 lügt) kann genaue Geschichtlichkeit in alttestamentlichen Erzählungen erwartet werden. Ihre Glaubwürdigkeit vermindert sich im Verhältnis zu ihrer Entfernung von der Zeit des Erzählers.[124]

5.2 Grundlegende Antwort

Auf den nächsten paar Seiten werden wir prüfen, was wir über den patriarchischen Zeitraum wissen, und zeigen, dass die Archäologie eine wichtige Rolle bei der Erweiterung dieses Wissens gespielt hat. G. Ernest Wright weist darauf hin: »Es gibt zahlreiche Beispiele der Leistung, welche die Archäologie in dieser Weise erbracht hat. Vielleicht ist die beachtenswerteste die teilweise ›Rückgewinnung‹ von dem patriarchischen Zeitraum der biblischen Geschichte.«[125]

5.2.1 Inschriftenmaterial

Unter dieser Überschrift werden wir gewisse Funde untersuchen; in dem Abschnitt 5.2.2 werden wir dann sehen, wie diese Funde zu unserem Verständnis für die Kultur der Patriarchen beigetragen haben. Unger hat ein Gleichgewicht zwischen den zweien geschaffen:

> Als ein Ergebnis der archäologischen Forschung – besonders die der letzten drei Jahrzehnte – ist jetzt eine große Anzahl von Inschriftenmaterial vorhanden, welches einen großen Einfluss auf das patriarchische Zeitalter hat und auf das alle Gelehrten Zugriff haben. Dieses Material ist von großer Bedeutung.[126]

Er geht weiter, indem er hinzufügt, dass, obwohl noch viel unveröffentlicht ist, es für die skeptischen Theorien lähmend gewesen ist und eine Analyse des Materials den Ruf der Geschichte des Alten Testaments gehoben hat. Es bestätigte solche Berichte nicht direkt, aber »es bedeutet, dass es einen großen Teil indirekter Beweise geliefert hat, die zeigen, dass die Erzählungen in den Geschichtshintergrund der Zeit passen, da jene Zeit jetzt von den neuen Quellen des vorhandenen Wissens wieder hergestellt werden kann, und dass Bräuche, die in den Erzählungen erscheinen, in der Welt, in der die Patriarchen gestellt waren, vorherrschten.«[127]

Professor David Noel Freedman von der Universität Michigan, Direktor der William F. Albright School für archäologische Forschung in Jerusalem, macht unter Berücksichtigung der Geschichtlichkeit der Patriarchen folgende Aussage:

> In der gleichen Stimmung, das heißt der Suche nach Wahrheit, teile ich dir jetzt Informationen mit, die nicht über Mose, seine Generation und Geschichtlichkeit handeln, welche fortlaufend von vielen führenden Gelehrten in Fragen gestellt wurde, sondern über eine noch frühere Generation, die der Patriarchen; um spezifischer zu sein, ihren Vater und unser aller Vater, das heißt im Glauben, wenn nicht sogar tatsächlich – Abraham oder Abram. Auch nur allein über die mögliche Geschichtlichkeit der Erzählungen von Genesis und den Figuren, die eine tragende Rolle in ihnen spielen, zu reden, bedeutet, sein Ansehen im Beruf aufs Spiel zu setzen und sich den Anklagen der Pseudowissenschaftlichkeit offen zu stellen. Trotzdem hat es hervorragende Gelehrte in der Vergangenheit gegeben, die an diesen seltsamen Vorstellungen festhielten, und ich zögere nicht, mich in diesem Standpunkt und als ein Anhänger jener Meinungsgruppe zu identifizieren. Ich

erinnere mich an einen interessanten und bemerkenswerten entfernten Ahnen, von dem die Mitglieder der drei großen monotheistischen Glaubensrichtungen – Judentum, Christentum und Islam – alle ihre Herkunft selbst ableiten, was das Thema seiner Geschichtlichkeit zu etwas mehr macht als zu einem bloßen akademischen Interesse. Professor W. F. Albright, den wir alle als eine abrahamitische Figur in der Gelehrtheit unserer Zeit anerkennen und der der Doktorvater von vielen von uns ist, seinen Nachfolgern und Jüngern, war recht umsichtig bei der historischen Rekonstruktion der Genesiserzählung und den genauen Umständen und Aktivitäten der Patriarchen sowie bei ihrem Glauben. Gleichzeitig hatte der ausgezeichnete Spezialist für Keilschrift an der Universität von Pennsylvania, E. Speiser, der sich, im Gegensatz zu Albright, zu keinem persönlichen Glauben bekannte, kaum Vorbehalte; er bestand nicht auf die Geschichtlichkeit Abrahams und seiner umfassenden Familie, aber er bestand auf seinen monotheistischen Glauben. Zusammen waren diese bedeutenden Gelehrten eine Inselfestung von konservativen, fast traditionellen Ansichten, in einer Zeit von Skepsis; aber von den zweien war Speiser der Ehrlichere und Direktere, während Albright mehr zurückhaltend und nuanciert war. Jetzt, wo die Rechtfertigung ihren Lauf genommen hat, ist es klar, dass Speiser näher an der historischen Realität war, aber sogar die gegenwärtig bekannten Tatbestände gehen weit über das hinaus, was sich diese bedeutenden Denker je hätten vorstellen können.
Ich bin hier, um dich darüber zu informieren, dass jüngste archäologische Entdeckungen herausgestellt haben, dass sie direkten Bezug zur Geschichtlichkeitsfrage der patriarchischen Traditionen haben, wie sie in der Genesiserzählung bewahrt wurden. Im Allgemeinen bestätigen oder stützen sie zumindest die grundlegende Position, die von Großen wie Albright und Speiser vertreten wurden während man tatsächlich die herrschende Skepsis und Sophisterei des größeren Anteils der Repräsentanten kontinentaler und amerikanischer Gelehrtheit untergräbt.[128]

1. Die Mari-Tafeln

William F. Albright merkt in seinem Buch *From the Stone Age to Christianity* an: »Die neuesten Entdeckungen bei Mari am mittleren Euphrat … haben verblüffender Weise die israelitische Tradition, der gemäß ihre hebräischen Ahnen nach Palästina aus der Region Haran im nordwestlichen Mesopotamien kamen, bestätigt.«[129]

In seinem Artikel »The Bible After Twenty Years of Archaeology« geht Albright einen Schritt weiter:

> Die Ausgrabung von Mari fing im Jahr 1933 unter der Leitung von Andre Parrot an. Am mittleren Euphrat gelegen, war Mari eines der wichtigsten Zentren des nordwestlichen semitischen Lebens des patriarchischen Zeitalters. 1936 säuberte M. Parrot viele Tausende Tafeln mit Keilschrift, die zumeist um 1.700 v. Chr. datiert wurden, die jetzt auf dem Wege sind, studiert und veröffentlicht zu werden. Diese Tafeln werfen ein direktes Licht auf den Hintergrund der patriarchischen Traditionen der Genesis.[130]

Er fährt fort, die Wirkung der Mari-Tafeln zu erklären:

> Jetzt können wir sogar bestimmter und mit einer Fülle von zusätzlichen Details sprechen. Zum Beispiel tritt die »Stadt Nahors«, die in den patriarchischen Erzählungen neben Haran eine Rolle spielt (Gen 24,10), zusammen mit Haran häufig in den Mari-Dokumenten um 1.700 v. Chr. auf. Der Name eines Prinzen von Mari, Arriyuk, ist zweifelsohne der gleiche wie der Arjochs von Genesis 14. »Benjamin« erscheint oft als ein Stammesname in Mari.[131]

In der Ausgabe von 1950 von »The Archaeology of Palestine« spürt man die Wirkung dieser Tafeln, indem man das Folgende zur Kenntnis nimmt:

> Dossin und Jean redigieren die Tausenden von Tafeln von Mari; jede neue Veröffentlichung von ihnen hilft uns, das Leben und die Zeit der israelitischen Patriarchen besser zu verstehen. Abraham, Isaak und Jakob scheinen nicht mehr nur isolierte Figuren und viel weniger nur noch Spiegelungen von späterer israelitischer Geschichte zu sein; sie erscheinen jetzt als wahre Kinder ihres Zeitalters, die die gleichen Namen tragen, sich in dem gleichen Territorium bewegen, die gleichen Städte (besonders Haran und Nahor) bewohnen und die gleichen Bräuche wie ihre Zeitgenossen besitzen. Mit anderen Worten, die patriarchischen Erzählungen haben die ganze Zeit hindurch einen historischen Kern, obwohl es wahrscheinlich ist, dass lange mündliche Überlieferungen von den ursprünglichen Gedichten und späteren prosaischen Geschichten – die dem gegenwärtigen Text von Genesis zu Grunde liegen – die ursprünglichen Ereignisse erheblich verändert haben.[132]

2. Die Gesetzeskodizes

Wir haben viele Handlungen der Patriarchen durch die Gesetzeskodizes der Hetiter, die einen starken Einfluss auf die Kultur jener Zeit hatten, verstehen gelernt. Archer betont die Erkenntnisse eines Archäologen: »Wie Manfred Lehmann es herausbringt [*Bulletin of the American School of Oriental Research*, Nr. 129, Feb. 1953, S. 181], zeigt der Bericht in Genesis 23 solch ein gründliches Wissen von hetitischen Verhältnissen, dass es sicher scheint, dass diese Ereignisse der Zerstörung der hetitischen Macht im dreizehnten Jahrhundert v. Chr. vorangehen müssen.«[133]

Henry Thomas Frank erläutert in *Bible, Archaeology, and Faith* eine abrahamitische Erzählung:

> In ähnlicher Weise wird eine Anzahl von einst verwirrenden Ereignissen, die mit den Patriarchen verbunden werden, auch von archäologischen Entdeckungen bestätigt, dass sie im frühen zweiten Jahrtausend alltäglich gewesen waren. Wir haben schon gesehen, dass Abrahams Verhandeln mit Efron bezüglich des Kaufes der Höhle von Machpela in Übereinstimmung mit der üblichen alten Praxis steht. Angeblich wollte Abraham nur die Höhle selbst kaufen, in der er seine Ehefrau, Sarah, begraben wollte. Dennoch musste er gemäß dem hetitischen

Recht nicht nur die Höhle, sondern auch das Land kaufen und die Bäume, die damit verbunden waren. Diese Voraussetzung von feudaler Verpflichtung, die in Genesis 23,1-20 beschrieben wird, ist mit den wiedergewonnenen hetitischen Dokumenten von Bogazköi, in denen solche Details beschrieben werden, genau in Übereinstimmung.[134]

3. Die ägyptischen Fluchtexte

Unger erklärt diese denunzierenden Artefakten:

> Die so genannten »Verwünschungstexte« fügen ihren Beweis als Bestätigung zum authentischen Hintergrund der Patriarchen hinzu, wie es in der Genesis dargestellt wird. Diese seltsamen Dokumente sind Statuetten und Vasen, die in ägyptischer hieratischer Schrift mit den Namen potenzieller Feinde des Pharao beschrieben sind. Wenn er durch eine Rebellion bedroht wurde, musste der ägyptische König nur die fragilen Gegenstände zerbrechen, auf denen man die Namen und Begleitformeln schrieb, und eine magische Zeremonie durchführen, und unverzüglich würden die Rebellen irgendwie zu Fall kommen. Die von Kurt Sethe veröffentlichte (1926) Anzahl von Vasen aus Berlin sind wahrscheinlich vom Ende des zwanzigsten Jahrhundert v. Chr., während die Sammlung von Statuetten aus Brüssel, von G. Posener (1940), einem Datum im späten neunzehnten Jahrhundert v. Chr. zugeschrieben wird.[135]

4. Die Nuzi-Tafeln

S. H. Horn stellt in seinem Artikel »Recent Illumination of the Old Testament« in der Zeitschrift *Christianity Today* die Nuzi-Täfelchen vor:

> Die Entdeckung eines ganzen Archivs von gesetzlichen und gesellschaftlichen Texten in Nuzi, einem kleinen Ort im nordöstlichen Irak, hat enthüllt, dass der gesellschaftliche und gesetzliche Hintergrund des patriarchischen Zeitalters genau und mit großem Details in den alttestamentlichen patriarchischen Erzählungen widergespiegelt wird.[136]

G. E. Wright liefert dazu in »Present State of Biblical Archaeology« (1947) in der Zeitschrift *The Study of the Bible Today and Tomorrow* und zusammen mit Cyrus Gordon in dem Artikel »Biblical Customs and the Nuzu Tablets« in *The Biblical Archaeologist* gutes Hintergrundmaterial. Wright schließt gewisse Schlüsselpunkte mit ein: Nuzi (oder Nuzu) befindet sich südöstlich von Ninive. Einige der patriarchischen Ereignisse scheinen ungewöhnlich zu sein, sogar für den späteren Israeliten, aber dieser Fund in Nuzu klärt das Bild auf. Die Einwohner von Nuzi waren Hurriten (die biblischen Horiter), die früher als »Höhlenbewohner« und die jetzt als Edomiter bekannt sind – Nicht-Indoeuropäer aus Nordmesopotamien –, die 1.500 und 1.400 v. Chr. auf der Höhe ihrer Macht standen.[137]

Gordon geht diesem Befund nach, indem er erklärt, dass – obwohl die Patriarchen nicht aus Nuzi stammten – die Kulturen dieser zwei, aufgrund der ähnlichen Zeit und des Ortes, sehr ähnlich waren. Deswegen helfen die Nuzi-Täfelchen uns, Abraham, Isaak und Jakob besser zu verstehen.[138]

Wright weist darauf hin, dass »die Nuzi-Täfelchen viele Sitten – die kennzeichnend für das patriarchische Zeitalter in dem zweiten Jahrtausend v. Chr. sind – erklären, aber nicht in erster Linie für das israelitische Leben allein.«[139]

Cyrus Gordon behauptet: »Dank der Nuzi-Texte können wir uns sicher fühlen, dass die gesellschaftlichen Institutionen authentisch an uns übermittelt sind.«[140]

Was sind aber einige spezielle Fälle, in denen uns die Nuzi-Tafeln helfen, die Genesis besser zu verstehen? Horn schreibt:

> Zuerst finden wir in den patriarchischen Erzählungen einige seltsame Berichte einer unfruchtbaren Ehefrau, die ihren Ehemann bat, ein Kind für sie von ihrer Magd zu zeugen. Sarah tat dies und später auch Jakobs Ehefrauen, Rahel und Lea. Heute wissen wir, dass diese Gewohnheit im patriarchischen Zeitalter nicht ungewöhnlich war. Die Gesetze aus jenem Zeitraum und auch Eheverträge der Frühzeit erwähnen es. Zum Beispiel steht in einem Ehevertrag aus Nuzi, dass die Braut Kelim-ninu in schriftlicher Form verspricht, für ihren Ehemann Shennima ein Sklavenmädchen als eine zweite Ehefrau zu beschaffen, wenn sie versagt, ihm Kinder zu gebären. Sie verspricht auch, dass sie den Nachwuchs aus solch einer Vereinigung nicht verstoßen wird. In keinem anderen Zeitraum außer dem patriarchischen Zeitalter finden wir diese seltsame Sitte.[141]

Gordon bezieht sich in einem anderen Artikel auf die Quellentheorie: »Die Keilschriften-Verträge aus Nuzu haben demonstriert, dass die gesellschaftlichen Institutionen der Patriarchen echt und vormosaisch sind. Sie können von keinem nachmosaischen [Schreiber] erfunden worden sein. Sie können von keinem nachmosaischen J-, E-, D-, P-Redaktor erfunden worden sein.«[142]

In Gordons »Biblical Customs and the Nuzu Tablets« finden wir aber noch einen anderen Brauch erklärt:

> Es war eine Sitte in Nuzu, dass kinderlose Leute einen Sohn adoptierten, der ihnen diente, solange sie lebten, der sie begrub und um sie trauerte, wenn sie starben. Dafür wurde der adoptierte Sohn als Erbe bestimmt. Wenn der Adoptierende allerdings nach der Adoption einen Sohn zeugen sollte, musste der angenommene dem wirklichen Sohn das Recht einräumen, der erste Erbe zu sein. … Sobald wir von dieser Bedingung wissen, haben wir die gesetzliche Bedeutung von Gottes Antwort in Genesis 15,4: »Dieser (Sklave) soll nicht dein Erbe sein, sondern der, der von deinem Inneren kommen wird, soll dein Erbe sein.«[143]

Albright hebt den Wert der Nuzi-Tafeln hervor:

> Wenn wir die Tatsache hinzufügen, dass unser gegenwärtiges Wissen von gesell-

schaftlichen Institutionen und Sitten in einem anderen Teil des nördlichen Mesopotamiens im fünfzehnten Jahrhundert (Nuzi) brillant viele Details in den patriarchischen Erzählungen erleuchtet hat, die überhaupt nicht in die nachmosaische Tradition passen, wird unser Argument für die substanzielle Geschichtlichkeit der Tradition der Patriarchen endgültig bestätigt.[144]

5. Die Ebla-Tafeln

Die enorme archäologische Entdeckung in Tell Mardik, der frühgeschichtlichen Stadt Ebla, enthüllt einen Reichtum an neuer Erkenntnis über die patriarchischen Erzählungen. Obwohl sehr wenig bisher veröffentlicht wurde, deuten die Indizien dennoch auf aufregende neue Erkenntnisse und bedeutende Eingriffe für nahöstliche Studien des dritten Jahrtausends v. Chr. hin, besonders wie sie mit den alttestamentlichen Berichten zusammenhängen.

David Noel Freedman bezieht sich auf die patriarchischen Erzählungen, zuerst mit einem allgemeinen Hinweis auf Ebla und dann speziell auf eine Tafel, die entdeckt worden ist, indem er sagt:

> Trotzdem glaube ich fest, dass trotz der schlechten Beispiele der Vergangenheit und den reichlichen Warnungen von denen, die mit den Ebla-Funden verbunden werden, dass es eine Beziehung zwischen der Ebla-Tafel und der Bibel gibt, nicht nur von der allgemeinen sprachlichen und literarischen schon erwähnten Art – was fast unvermeidlich ist –, sondern auch in Bezug auf das allgemeine Angebot an Personen- und Ortsnamen oder sogar viel direkter in Bezug auf Geschichte, Chronologie und Tatsachen.[145]

Einige der speziellen Dinge, die Dr. Freedman hinsichtlich Geschichte, Chronologie und Tatsachen erwähnt, konzentrieren sich auf eine Tafel, deren genaue Übersetzung jetzt ein verdunkeltes Problem darstellt. Einige der Informationen, die zuerst Dr. Freedman gegeben wurden, sind revidiert worden (wie er selbst in seinem Artikel erwähnt [Eichrodt, E, 143-64]). Hoffentlich wird der Beweis mit der Veröffentlichung der ursprünglichen Übersetzung der Tafel unterstützt. Aber während dies bisher unentschieden ist, weist Dr. Freedman auch darauf hin, dass noch eine Beziehung zwischen Ebla und der Bibel vorhanden ist und dass die Zeit den Umfang dessen enthüllen wird.

5.2.2 Die Lebensbedingungen

All diese und noch andere Funde werden verbunden, um uns ein Bild der Kultur der mittleren Bronzezeit in Palästina (2.000-1.500 v. Chr.) zu geben. Um des Vorteils willen wird die folgende Diskussion in einen gesellschaftlich-kulturellen und einen geografischen Hintergrund aufgeteilt.

1. Der gesellschaftlich-kulturelle Hintergrund

Millar Burrows führt in dieses Gebiet ein:

> Spezifische archäologische Beweise, dass dieses oder jenes Ereignis in den Erzählungen der Patriarchen sich wirklich ereignet hat, mögen einen nicht weiterbringen, aber die gesellschaftlichen Bräuche, die von den Erzählungen widergespiegelt werden, passen zum patriarchischen Zeitalter; sie passen auch zur Gegend, von der man sagt, dass die Patriarchen aus ihr gekommen sind.[146]

Albright drückt dies noch stärker aus:

> Das Bild der Bewegungen in der Hügellandschaft von Palästina, der saisonalen Wanderung zwischen Negeb und Zentralpalästina und von den leichten Reisen nach Mesopotamien und Ägypten entspricht dem und ist so fehlerlos in Übereinstimmung mit Bedingungen in der mitteleren Bronzezeit, dass historische Skepsis wirklich ungerechtfertigt erscheint.[147]

Für einige bestimmte Fälle erwähnt Fred H. Wright die Frage der Reisen:

> Männer, die dem historischen Charakter der Patriarchen misstraut haben, haben die Wanderung von Abraham aus Ur in Chaldäa ins Land Kanaan in Frage gestellt und auch die militärische Expedition aus Babylon nach Palästina, wie es in Genesis 14 beschrieben wird, weil sie darauf bestanden haben, dass weites Reisen in jenen Tagen nicht üblich war. Aber babylonische Ausgräber [in Mari] haben eine Tafel entdeckt, die zeigt, dass es viele Reisen zwischen diesen zwei Ländern in jenen Tagen gegeben hat. Diese Tafel, es war ein Wagenvertrag, wird in die Ära von Abraham datiert. Der Besitzer des Wagens vermietete ihn für ein Jahr an einen Mann unter der Bedingung, dass er nicht nach Kittim gefahren werde (d. h. in das Küstenland des Mittelmeeres). Offensichtlich war es wirklich üblich, dass Männer ihre Wagen über diese Strecke aus Babylon nach Kanaan oder im Umkreis fuhren, und dieser Besitzer traf die Vereinbarung, dass dies mit seinem Wagen nicht getan werden sollte. Dies ist ein klarer Beweis von weiten Reisen zwischen diesen zwei Bezirken in der frühgeschichtlichen Welt.[148]

Joseph P. Free erwähnt sogar die Sitte von schweren Türen zu Lots Zeit. Er zitiert Genesis 19,9, wo die bösen Männer von Sodom nicht durch Lots Eingang kommen konnten. Keil und Albright studierten Tell Beit Mirsim, welches das Kirjat-Sefer der Bibel ist, und fanden Wände und Türen aus der Zeit zwischen 2.200 und 1.600 v. Chr., die schwer und stark sind. Während 900 bis 600 v. Chr. hatten die meisten Häuser, die nur ein Erdgeschoss hatten, wahrscheinlich überwölbte Torwege oder Vorhänge, aber es wurden keine Türen gefunden. Zu Lots Zeit war die Polizei nicht so stark und so wurden beschützende Türen benötigt. Aber mit stärkeren Gesetzen und Ordnungen wurden solche Türen zum Schutz nicht mehr länger benötigt.[149]

Free geht dann in die Offensive: »Die schwere Tür Lots passt genau in diesen Zeitraum. Die Kritiker datieren die schriftlichen Berichte von Abraham allerdings in das neunte und achte Jahrhunderte v. Chr. Wie hat der Schriftsteller die Zustände eintausend Jahre oder weiter vor seiner Zeit gewusst?«[150]

Was den Namen Abraham betrifft, erklärt John Elder:

> Es ist nicht zu erwarten, dass die Geschichten, die Könige aus jenen Zeiten hinterlassen haben, die Erwähnung eines solchen Mannes wie Abraham enthalten werden. Aber eine Tafel, die in Babylon gefunden wurde, trägt den Namen Abarama und zeichnet auf, dass er seine Miete zahlte. Dies zeigt wenigstens, dass Abraham ein Name war, der in jenem Zeitraum benutzt wurde.[151]

Um es zusammenzufassen, stellt Albright eine klare Analyse dar:

> Zahlreiche neuere Ausgrabungen an Standorten dieses Zeitraumes in Palästina, ergänzt durch Funde, die in Ägypten und Syrien gemacht wurden, geben uns erstaunlicherweise eine genaue Vorstellung vom patriarchischen Palästina, das gut in das Bild passt, das in der Genesis überliefert wurde.[152]

2. Der geografisch-topografische Hintergrund

Unger spricht über die topografische Genauigkeit von 1.Mose und zeigt, dass »es in diesem Zusammenhang auch bedeutend ist, dass die topografischen Anspielungen in den patriarchischen Erzählungen mit den archäologischen Hinweisen der mittleren Bronzezeit (2.000-1.500 v. Chr.) äußerst gut zusammenpassen.«[153]

> Und ferner, dass »die fünf Städte der (Kreis-)Ebene von Jordan, Sodom, Gomorra, Adma, Zebojim und Zoar ebenfalls zu dem frühen patriarchischen Zeitalter gehören. Die biblischen Ankündigungen, dass das Gebiet vom Jordan, in dem sich diese Städte befanden, um 2.065 v. Chr. äußerst fruchtbar und gut besiedelt war, aber das man sie nicht lange danach verließ, stehen ganz mit den archäologischen Tatbeständen im Einklang.«[154]

Frühere Gelehrte behaupteten, dass das Jordantal zu Abrahams Zeiten kaum bevölkert war. Archer allerdings zeigt, dass »Nelson Glueck in vergangenen Jahrzehnten mehr als siebzig Standorte im Jordantal entdeckt hat, von denen einige bis 3.000 v. Chr. zurückgehen.«[155]

Archer setzt fort, dass »bezüglich Abrahams Lebensweg in Palästina die Ausgrabungen in Sichem und Bethel zeigen, dass sie zu Abrahams Zeiten bewohnt wurden.«[156]

Joseph Free sagt über Sichem, Ai und Bethel:

> Als Abraham nach Kanaan kam, wohnte er für eine Zeit in der Nähe von Sichem (Sichem, Gen 12,6), ungefähr dreißig Meilen nördlich von Jerusalem, in einer Ebene innerhalb des zentralen Gebirgskammes von Palästina. Später zog er ein paar Meilen in den Süden und schlug sein Zelt zwischen Bethel und Ai auf (Gen

12,8), ungefähr zwölf Meilen nördlich von Jerusalem (ISBE, Artikel über »Bethel«). Hier baute er dem Herrn einen Altar und betete ihn an.[157]

Er führt fort, indem er sagt, dass »praktisch alle Städte (wie Sichem, Ai und Bethel), die in Verbindung mit Abraham erwähnt werden, ausgegraben worden sind, und die Entdeckungen zeigen, dass diese auf Abrahams Zeit zurückgehen.«[158]

Was die »Völkertafel« in Genesis 10 und das Geschlechtsregister in Genesis 11 betreffen, bemerkt Burrows, dass die Listen von Genesis 10 und 11 von der Archäologie aufgeklärt worden sind, da viele Namen außerhalb der Bibel unbekannt blieben, bis vor kurzem Material entdeckt wurde.[159] Free bezieht sich in seinem Artikel »Archaeology and the Historical Accuracy of Scripture« auf Albright:

> Archäologische Denkmäler allerdings haben die Namen von Personen und Länder geliefert, die in dieser Aufzeichnung [Gen 10] erwähnt werden. Viele von ihnen waren bis zu ihrer Entdeckung in frühgeschichtlichen archäologischen Aufzeichnungen unbekannt. W. F. Albright deutet in seiner 1955 vorgenommenen Überarbeitung des Artikels »Recent Discoveries in Bible Lands« darauf hin, was er früher schon gesagt hatte, nämlich dass dieses Kapitel in der frühgeschichtlichen Literatur vollkommen allein dasteht (*Young's Analytical Concordance to the Bible*, S. 30). Wir finden, dass die Denkmäler bezeugen:
>
> - Tubal in Form von Tabal
> - Meschech als Mushke
> - Ashkenas als Ashkunz
> - Togarma als Tegarama
> - Elischa als Alashi (Alashijah)
> - Tarsis als Tarsisi (assyrisches Tarshish)
> - Kusch als Kusi (ausgesprochen Kusch in Assyrien)
> - Put als Putu
> - Dedan als Ddn
> - Akkad als Akkadu
> - Schinar als Schanghar.
>
> Viele andere Parallelen erscheinen in den Denkmälern, und dieser Beweis veranlasst Dr. Albright zu schließen, dass die Völkertafel ein erstaunlich genaues Dokument bleibt.[160]

Zusammenfassend schlussfolgert Free in seiner *Archaeology and Bible History*:

> Die Tatsache allerdings, dass die Städte, die in Verbindung mit Abraham erwähnten werden, von archäologischen Entdeckungen als zur Zeit Abrahams existent darstellt werden, bildet ein definitives Argument zugunsten der Genauigkeit des Hintergrundes der abrahamitischen Berichte in der Bibel.[161]

5.2.3 Die Gegenthese: Abraham in Ägypten

Bevor wir eine Schlussfolgerung ziehen, müssen wir uns mit einem letzten Punkt befassen: Einige Kritiker werden behaupten, dass Abraham Ägypten aufgrund seiner Abschottungspolitik gar nicht hätte betreten können. Dieser Punkt wird von Edgar Banks angesprochen:

> Man hat häufig behauptet, dass weder Abraham noch irgendein anderer seiner Leute oder aus seiner Zeit jemals hinunter nach Ägypten gereist ist und dass es für ihn oder für irgendeinen anderen Unbekannten unmöglich gewesen wäre, das Land zu betreten, aus dem alle Fremden ausgeschlossen wurden.[162]

Ich wurde durch Joseph Frees Buch *Archaeology and Bible History* auf diese Frage aufmerksam gemacht. Er erklärt die Situation:

> Populäre Bücher der Archäologie deuten häufig auf die kritische Ansicht hin, dass Fremde in früheren Zeiten nicht nach Ägypten hätten kommen können, und oft weisen die Grundlagen solch einer Idee auf die Historiker des ersten Jahrhunderts, Strabo oder Diodorus, zurück, aber normalerweise werden gar keine weiteren Belege gegeben.[163]

Free zitiert auch Millar Neatby:

> Neatby sagt, dass die Kritiker Strabo, den griechischen Geografen und Historiker, zitieren könnten, der kurz vor der Zeit Christi sagte, dass es nicht bis zur Zeit von Psammetichus (654 v. Chr.) geschah, dass Ägypten seine Häfen für Fremde öffnete oder Sicherheit für ausländische Händler bewilligte.[164]

»Bei einer ausführlichen Prüfung der Schriften Strabos und Diodorus' hat sich allerdings gezeigt, dass solch eine Aussage von Strabo tatsächlich gemacht wird, und bei Diodorus findet sich auch eine allgemein gültige Aussage.«[165]

Strabo sagt:

> Nun waren die früheren Könige der Ägypter mit dem zufrieden, was sie besaßen, und wollten ausländischen Import überhaupt nicht und waren gegen alle voreingenommen, die über die Meere segelten, besonders gegen die Griechen (da die Griechen infolge ihrer eigenen Knappheit an Land Plünderer und Habsüchtige waren in Bezug auf das, was anderen gehörte), und stellten einen Schutz über diese Region und befahlen, jeden fern zu halten, der sich nähern sollte.[166]

Diodorus äußert sich folgendermaßen:

> Psammetichus … behandelt normalerweise Ausländer, die sich in Ägypten aus ihrem eigenen freien Willen heraus aufhalten wollten, mit Freundlichkeit … und

> allgemein gesprochen, war er der erste ägyptische König, der die Handelsplätze in ganz Ägypten für andere Nationen öffnete und ein großes Maß an Sicherheit für Ausländer, die von der anderen Seite des Meeren kamen, anbot. Denn seine Vorgänger, die an der Macht waren, hatten beständig Ägypten für Unbekannte geschlossen gehalten. Entweder töteten sie die Fremden oder man versklavte jeden, der das Ufer betrat.[167]

Es gibt hier nur ein Problem. Die Archäologie hat gezeigt, dass das Alte Testament die genaueren Aufzeichnungen wiedergibt – und nicht die Historiker des ersten Jahrhunderts:

> Archäologische Entdeckungen zeigen allerdings, dass Leute aus der Region von Palästina und Syrien zu Abrahams Zeiten nach Ägypten kamen. Dies wird von einem Bild von Beni Hassan in einem Grabmal verdeutlicht, das ein wenig später als 2.000 v. Chr. datiert wird. Es zeigt asiatische Semiten, die nach Ägypten gekommen sind. … Überdies schaffen die archäologischen und historischen Andeutungen über das Kommen der Hyksos ca. 1900 v. Chr. nach Ägypten ein weiteres Beweisstück, das zeigt, dass Fremde in das Land kommen konnten. Ihr Eintritt war fast zeitgleich mit Abrahams. Die Bibel liegt mit diesem Hinweis richtig, Diodorus dagegen hatte Unrecht.[168]

5.2.4 Schlussfolgerung

G. E. Wright erzählt die Hintergrundsgeschichte eines sehr seltenen außerbiblischen Hinweises auf Abraham:

> Die erste große Katastrophe seit der Herrschaft von Saul fiel über die zwei Königreiche ungefähr 918 v. Chr. her. Unsere Bücher 1. und 2. Könige geben uns nur geringe Auskunft darüber: »Und es geschah, dass im fünften Jahr von König Rehabeam jener Schischak, der König von Ägypten, gegen Jerusalem anging. Und er nahm die Schätze vom Haus (Tempel) des Herrn und die Schätze vom Hause des Königs weg … Und er nahm alle Schilde aus Gold weg, die Salomon gemacht hatte« (1.Kön 14,25-26).
> Dieser König von Ägypten hielt allerdings mehr von seinem Feldzug, und er ließ auf den Wänden des bedeutenden Tempels von Karnak in Oberägypten seine Künstler ein Bild von sich selbst meißeln, auf dem er die Asiaten in der Gegenwart des Gottes Amon, der mit einer Göttin dargestellt wird, schlug und Amon ihm zehn Reihen von Gefangenen überstellt. Jeder Gefangene symbolisierte eine Stadt oder Örtlichkeit, dessen Name darunter geschrieben wurde. Von diesen Namen können wir den Umfang seines Feldzuges erschließen. Der biblische Bericht impliziert, dass nur Juda beeinflusst wurde, aber das ganze Palästina angeblich litt, da die Liste Städte mit einschließt, die in Esdrälon, Transjordanien, der Hügellandschaft Israels, Judas und sogar Edoms liegen. Dort gibt es einen interessanten Hinweis auf das Feld von Abram, vermutlich

die Hebrongegend, und dies ist das erste Mal, dass eine Quelle außerhalb der Bibel die Verbindung dieses Patriarchen mit einer Örtlichkeit in Palästina bestätigt.[169]

W. F. Albright schreibt, dass »so viele Bestätigungen von Details in den vergangenen Jahren entdeckt worden sind, dass die meisten fähigen Gelehrten die alte kritische Theorie aufgegeben haben, wonach die Erzählungen der Patriarchen zumeist Rückblicke aus der Zeit der doppelten Monarchie sind (neuntes bis achtes Jahrhundert v. Chr.).«[170]

Albright folgert:

> Im Ganzes ist das Bild in der Genesis historisch, und es gibt keinen Grund, die allgemeine Genauigkeit der biografischen Details und die Skizzen von Persönlichkeiten zu bezweifeln, die die Patriarchen mit einer Lebendigkeit zeichnen, welche für jeden außerbiblischen Charakter in der ganzen umfangreichen Literatur des alten Nahen Ostens unbekannt ist.[171]

Millar Burrows sagt: »Wir können Abraham nicht länger als eine einsame Figur sehen, die über unbewohntes Wüstenland zu einem fast leeren Land zieht, um es in Besitz zu nehmen, wie ein arktischer Forscher die menschenleeren Gegenden für seine Nation in Besitz nimmt.«[172]

J. P. Free schreibt unter Verweis auf Gordon, dass »mit Rücksicht auf den Hintergrund der patriarchischen Erzählungen Cyrus Gordon darauf hinweist, der über die Nuzi-Tafeln schreibt, dass sie uns zeigen, dass das Bild der patriarchischen Gesellschaft uns authentisch überliefert worden ist.[173]

Sogar W. A. Irwin von der Southern Methodist University, der seiner Ansicht nach kein Konservativer ist, schreibt in seinem Artikel »The Modern Approach to the Old Testament«: »Eine extreme Skepsis mit Rücksicht auf die patriarchischen Erzählungen hat der Erkenntnis Platz gemacht, dass sie gültige Reminiszenzen von historischen Bewegungen und gesellschaftlichen Zuständen bewahren.«[174]

W. F. Albright schlussfolgert:

> In Bezug auf Israel verteidige ich die wesentliche Geschichtlichkeit der patriarchischen Tradition ohne nennenswerte Änderung meines Standpunktes, und ich bestehe einfach wie 1940 bis 1946 auf den Vorrang der mündlichen Tradition über die schriftliche Literatur. Ich habe auf keine einzige Position hinsichtlich des frühen israelitischen Monotheismus verzichtet, im Gegenteil, ich sehe die mosaische Tradition sogar als zuverlässiger an, als ich es damals tat. Ohne meine Gesamtansicht des Wachstums der gesellschaftlichen und politischen Institutionen von Israel zu verändern, erkenne ich jetzt, dass das israelitische Gesetz und die religiösen Institutionen dazu neigen, alt und kontinuierlicher zu sein, als ich es angenommen hatte, mit anderen Worten bin ich in meiner Haltung der mosaischen Tradition gegenüber konservativer geworden.[175]

J. Bright erklärt: »Wir können mit vollem Vertrauen behaupten, dass Abraham, Isaak und Jakob tatsächliche historische Individuen waren.«[176]

Jegliche Diskussion über die Geschichtlichkeit der Patriarchen wird Brights Empfehlung berücksichtigen müssen:

> Der einzige sichere und richtige Kurs liegt in einer ausgeglichenen Prüfung der Traditionen gegenüber dem Hintergrund der Umwelt dieser Zeit und im Lichte dessen, solche positiven Aussagen zu machen, wie sie der Beweis erlaubt. Hypothetische Rekonstruktionen, so einleuchtend wie diese auch immer sein mögen, sollten gescheut werden. Vieles muss unklar bleiben. Aber es kann so viel gesagt werden, dass es gewiss ist, dass die patriarchischen Traditionen fest in der Geschichte verankert sind.[177]

5.3 Ein weiteres Beispiel – 1. Mose 14

Ein Gebiet, das kontinuierlich in Bezug auf seine Geschichtlichkeit kritisiert worden ist, ist das abstruse 14. Kapitel von 1. Mose. Dieses Kapitel erzählt Abrahams Sieg über Kedor-Laomer und die mesopotamischen Könige.

Die erste Person, die die »deutsche rationalistische Kritik« auf 1. Mose 14 angewandt hat, war Theodore Noldeke (1826-1930). Er schrieb eine Broschüre mit dem Titel »The Unhistorical Character of Genesis 14«, in der er es als eine Fälschung bezeichnete und die Strafexpedition als »erfunden« ansieht.

Julius Wellhausen schreibt von seiner »historischen Unzuverlässigkeit«:

> Dass »zur Zeit Abrahams« vier Könige vom Persischen Golf einen Raubzug (oder Überfall) bis zur Halbinsel Sinai machten; dass sie zu jener Gelegenheit fünf Stadtprinzen, die am Toten Meer herrschten, überraschten und gefangen nahmen; bis schließlich Abraham, der an der Spitze von 318 Knechten stand, über die abziehenden Sieger herfiel und das wieder zurückeroberte, was sie geraubt hatten – dies sind einfach Unmöglichkeiten.[178]

Wellhausen fährt fort:

> Es ist unmöglich, von den patriarchischen Erzählungen irgendeine historische Auskunft hinsichtlich der Patriarchen zu erhalten. Wir können nur etwas über die Zeit lernen, in der die Erzählungen über sie von dem israelischen Volk das erste Mal erzählt wurden. Dieser spätere Zeitraum, mit all seinen wesentlichen und oberflächlichen Merkmalen, wurde unabsichtlich rückwärts in die uralte Frühzeit versetzt, und sie spiegelt sich dort wie eine verklärende Fata Morgana wider.[179]

William F. Albright schrieb 1918 einen Artikel mit dem Titel »Historical and Mythical Elements in the Story of Joseph«. Er folgerte, dass das Kapitel 14 »mit Asmussen … und Haupt … als eine politische Broschüre betrachtet werden muss, entworfen (so Haupt), um die Hände der patriotischen Juden zu stärken, die die Rebellion von Serubabel gegen den persischen Monarchen unterstützten.«[180]

Albright endet, indem er sagt, dass »das hebräische Material entweder von bestehenden Legenden wie der Geschichte der Städte aus der Ebene und der Legende von Melchisedek geliehen oder durch Verwendung von talmudischer Überlieferungsprozesse erfunden wurde.«[181]

Allerdings änderte Albright als Folge seiner eigenen archäologischen Entdeckungen 1929 seine skeptischen Ansichten radikal und schlussfolgert:

> Dieser Bericht stellt das einfallende Heer dar, wie es aus Hauran nach unten durch das östliche Gilead und Moab zu dem südöstlichen Teil von Palästina marschiert. Früher hielt der Schreiber diese außergewöhnliche Marschroute für einen der besten Beweise, dass die Erzählung in hohem Maße legendären Charakter trägt. Im Jahr 1929 allerdings entdeckte er eine Linie von Schutthügeln aus der frühen und mittleren Bronzezeit; einige, die größer waren, liefen am östlichen Rand von Gilead zwischen der Wüste und dem Wald von Gilead entlang. Zudem waren die Städte von Hauran (Basan), Aschterot und Karnajim, mit denen der Bericht vom Feldzug beginnt, beide in diesem Zeitraum – wie es von archäologischer Untersuchung ihrer Standorte gezeigt wurde – bewohnt. Das Gleiche gilt für das östliche Moab, wo der Schreiber 1924 eine frühe Mittlere-Bronze-Stadt in Ader entdeckte. Diese Route wurde nach späterer israelitischer Tradition »der Weg des Königs« genannt, scheint aber in der Eisenzeit niemals von eindringenden Armeen genutzt worden zu sein.[182]

Das Folgende zeigt Albrights Veränderung seiner Ansicht, als er behauptet, dass Genesis 14 »angesichts der vielen Bestätigungen von Details, die wir den jüngsten Funden schulden, nicht mehr als unhistorisch angesehen werden kann.«[183]

Joseph Free führt mehrere bestimmte Einwände auf, die von den radikalen Kritikern gegen die Geschichtlichkeit von Genesis 14 gemacht wurden. Wir werden diese kurz behandeln.

5.3.1 Die mesopotamischen Könige

1. Annahme der Quellentheorie

Man sagt, dass die Namen der mesopotamischen Könige fiktiv oder unhistorisch waren.

2. Grundlegende Antwort

Die Mari-Tafeln (achtzehntes Jahrhundert v. Chr.), die 1933 entdeckt wurden, enthalten den Namen Arriyuk (oder Arriwuk), der mit dem Namen Arjoch in Genesis 14 identifiziert wird.[184]

K. A. Kitchen weist darauf hin:

> Tidal Tidkalia ist, ein hetitischer Name, der ab dem neunzehnten Jahrhundert

> v. Chr. bekannt ist und von vier oder fünf hetitischen Königen im achtzehnten bis zum dreizehnten Jahrhundert v. Chr. getragen wurde. Kedor-Laomer ist typisch elamitisch … aus dem alten babylonischen Zeitalter (2.000-1.700 v. Chr.) und später. … Die Personen selbst sind noch nicht in außerbiblischen Dokumenten identifiziert worden, aber dies ist nicht überraschend, wenn man die Lücken in unserem Wissen über den Zeitraum berücksichtigt.[185]

Howard Vos schlussfolgert: »Eine lange Zeit lang meinte man, dass die Namen der vier Könige des Ostens unhistorisch waren, aber die meisten Gelehrten finden jetzt einige Wege, sie mit bekannten Personen zu identifizieren oder sie zumindest als historische Namensformen zu verifizieren.«[186]

Nahum Sarna erkennt, dass Ereignisse in Genesis 14 auf Dokumenten von großem Alter basieren. Er schreibt, dass

> der prosaische Stil Anzeichen eines archaischen Substrats in Versform bewahrt hat. Zum Beispiel werden die Namen der kanaanitischen Könige in zwei alliterativen Paaren, Bera/Birscha und Schinab/Schemeber, angeordnet. Die Sprache enthält einige einmalige oder sehr seltene Wörter und Phrasen. Eines davon, hanikh (V. 14), bedeutet »Kampfgenosse«, erscheint nur dies eine Mal in der Bibel, aber es wurde in den ägyptischen Fluchtexten des neunzehnten bis achtzehnten Jahrhunderts v. Chr. und auch in einem Keilschrifttext aus Taanach (Israel) aus dem fünfzehnten Jahrhundert v. Chr. gefunden.
> Es muss angemerkt werden, dass nur vier der lokalen Monarchen namentlich erwähnt werden, der fünfte wird einfach nur »der König von Bela« (V. 2) genannt. Hätte die ganze Erzählung keine historische Grundlage gehabt, hätte der Schreiber sicherlich einen Namen erfunden.[187]

5.3.2 Das weite Reisen

1. Annahme der Quellentheorie

Es hätte keine »weiten Reisen« wie den militärischen Feldzug von Genesis 14 geben können.

2. Grundlegende Antwort

Vos stellt fest,

> dass die Behauptung, die früher gemacht wurde, dass in dem patriarchischen Zeitraum nicht so weite Strecken zurückgelegt wurden, wie es in diesem Kapitel angedeutet wird, und dass die militärische Kontrolle von Palästina von mesopotamischen Königen nicht zu jener Zeit schon existierte, muss jetzt verworfen werden. Die Expedition von Königen von Elam und Babylon erscheint in einem anderen Licht, wenn wir zum Beispiel erfahren, dass Sargon von Akkad (nahe Babylon) schon 2.300 v. Chr. Überfälle auf die Amoriter von Syrien und Palästina bestritt.[188]

Ein anderes Beispiel von weiten Reisen, wie sie in Genesis 14 angedeutet werden, gibt uns G. A. Barton. Der Abschnitt ist mit dem Titel »Travel between Babylonia and Palestine« überschrieben. Barton übersetzt ein Dokument von einer Tontafel, die einen babylonischen Wagenvertrag enthält. Er schreibt:

> Das Datum von dem vorangegangenen überaus interessanten Dokument ist nicht mit Gewissheit identifiziert worden. Einige meinen, es gehört zur Herrschaft von Schamsuiluna, dem Nachfolger von Hammurabi. Die Schrift zeigt deutlich, dass es auf jeden Fall aus dem Zeitraum dieser Dynastie kommt …
> Das im Vertrag gebrauchte Wort *Kittim* ist das im Hebräischen von Jeremia 2,10 und Hesekiel 27,6 gebrauchte Wort für die Küstenländer des Mittelmeeres. Es hat hier ohne Zweifel jene Bedeutung. Dieser Vertrag wurde in Sippar – dem Agade von früheren Zeiten –, einer Stadt am Euphrat ein wenig nördlich von Babylon, geschrieben. Es enthüllt die Tatsache, dass zu der Zeit, in der dieses Dokument geschrieben wurde, so viel Bewegung zwischen Babylon und der Mittelmeerküste bestand, dass ein Mann seinen Wagen nicht für ein Jahr vermieten konnte, ohne Gefahr zu laufen, dass dieser über die lange Strecke nach Syrien oder Palästina gefahren werden konnte.[189]

Joseph Free berichtet, dass »eine weitere Auswirkung von Fernreisen in einer der Mari-Täfelchen gefunden wurde, die aufzeigte, dass der König des frühzeitlichen Ugarit an der Mittelmeerküste plante, den König von Mari am Euphrat zu besuchen. Solche Entdeckungen stützen nicht die Vorstellung von beschränktem Reisen, sondern eher die Annahme des weiten Reisens wie im Feldzug der vier Könige des Ostens.«[190]

5.3.3 Die Route des Marsches

1. Annahme der Quellentheorie

Es ist nicht einsichtig, dass die Route des Marsches an den geografischen Linien, wie sie angezeigt sind, entlang führte.

2. Grundlegende Antwort

Fred Wright behauptet, dass »archäologische Entdeckungen zunehmend eine Anerkennung des Wertes dieses Schreibens für den historischen Standpunkt erzwungen haben.«[191]

William F. Albright gibt zu, dass »der zu Grunde liegende Bericht über den von den östlichen Königen geführten Feldzug historisch zu sein scheint. Dieser Bericht stellt das einfallende Kriegsheer dar, wie es unten aus Hauran durch das östliche Gilead und Moab zu dem südöstlichen Teil von Palästina marschiert.«[192]

Allerdings bezeugte Albright nicht schon immer die Geschichtlichkeit dieser militärischen Kampagne. Für eine lange Zeit »hielt er diese außergewöhnliche Strecke des Marsches für den besten Beweis, das die Erzählung in hohem Maß legendären Charakters sei.«[193]

Er zog diese legendäre Auffassung zurück, als er schrieb:

> 1929 entdeckte er [Dr. Albright verweist auf sich selbst] allerdings eine Linie von Schutthügeln aus der frühen und mittleren Bronzezeit; einige, die größer waren, liefen am östlichen Rand von Gilead – zwischen der Wüste und dem Wald von Gilead – entlang. Zudem waren die Städte von Hauran (Basan), mit denen der Bericht des Feldzuges beginnt, Aschterot und Karnajim, beide in diesem Zeitraum, wie die archäologische Untersuchung ihrer Standorte gezeigt hat, bewohnt. Das Gleiche gilt für das östliche Moab, wo der Schreiber 1924 eine frühe Mittlere-Bronze-Stadt in Ader entdeckte.[194]

Wenn der Bericht der Invasion historisch ist, würde es verschiedene Gebiete von entwickelten Regionen geben, die sehr früh entlang der benutzten Strecke von dauerhafter Inbesitznahme Zeugnis ablegten.

Nahum Sarna schreibt, dass

> umfassende archäologische Ausgrabungen im Transjordan- und Negebgebiet gezeigt haben, dass dies tatsächlich während des als Mittlere-Bronze-I-Zeit bekannten Zeitraumes – z. B. zwischen dem einundzwanzigsten und neunzehnten Jahrhundert v. Chr. – der Fall war. Eine Zivilisation mit einem hohen Rang an Errungenschaften wuchs in diesem Zeitraum und eine wahrlich erstaunliche Anzahl von Siedlungen ist entdeckt worden. Seltsamerweise kommt dort eine vollständige und plötzliche Unterbrechung im besiedelten Leben im Transjordan- und Negebgebiet kurz vor dem Ende des Zeitraumes vor; angeblich das Ergebnis einer historischen katastrophalen Invasion, die systematisch alles vertilgte, was ihr im Weg war. Für die nächsten sechshundert Jahre blieb Transjordanien verwüstet, bis zur Gründung der Königreiche von Edom und Moab im dreizehnten Jahrhundert v. Chr. Im Negeb dauerte der Bruch der Zivilisation beinahe eintausend Jahre an.
>
> Angesichts all dieser Tatsachen ist es nicht unvernünftig anzunehmen, dass die Erzählung des Kampfes der Könige im Buch Genesis ein authentisches Echo einer großen militärischen Expedition überliefert haben, die den Mittleren-Bronze-I-Siedlungen ein Ende setzte. Die historischen Berichte, die diese katastrophalen Ereignisse aufzeichneten, können sehr gut die Grundlage für den biblischen Bericht geliefert haben.[195]

Diese Indizien haben Albright veranlasst, die Schlussfolgerung zu ziehen, dass »Genesis 14 angesichts der vielen Bestätigungen von Details, die wir jüngsten Funden verdanken, nicht mehr als unhistorisch angesehen werden kann.«[196]

5.3.4 Autorität über Kanaan

1. Annahme der Quellentheorie

Die mesopotamischen Könige hatten keine Souveränität über Kanaan.

2. Grundlegende Antwort

Ihre Gewalt über Kanaan betreffend, schreibt Joseph Free: »Ein archäologischer Beweis ihrer Kontrolle oder der Versuch, Macht über die Region von Kanaan auszuüben, wurde in einer Inschrift gefunden, in der der König von Elam (Persien) sich ›der Prinz des Landes von Amurru‹ nennt. Amurru, das Land der Amoriter, schloss Syrien und Kanaan mit ein.«[197]

5.3.5 Einige zusätzliche Anmerkungen

Kenneth A. Kitchen behauptet, dass »das System von Machtbündnissen (vier Könige gegen fünf) typisch für die mesopotamische Politik innerhalb des Zeitraumes von ca. 2.000 bis 1.750 v. Chr. ist, aber nicht vor oder nach diesem allgemeinen Zeitraum, weil dann andere politische Muster vorherrschten.«[198]

Millar Burrows sagt:

> Dem vierzehnten Kapitel von Genesis entsprechend wurde der Osten Palästinas von einer Koalition von Königen zur Zeit Abrahams überfallen. Die von den angreifenden Armeen eingenommene Strecke führte von der Region von Damaskus südwärts entlang dem östlichen Rand von Gilead und Moab. Die Forschungen von Albright und Glueck haben gezeigt, dass es entlang dieser Strecke vor 2.000 v. Chr. und für ein Jahrhundert oder zwei danach, aber nicht in einem späteren Zeiträumen, eine Reihe von wichtigen Städten gab.[199]

Howard Vos: »Während wir fortfahren, die Geschichtlichkeit von Genesis 14 zu untersuchen, könnten wir sehr wohl die Frage stellen, ob einer der Orte, die in den Versen 5 bis 7 erwähnt werden, schon identifiziert worden ist. Mindestens drei sind es schon.«[200]

S. L. Caiger sagt, dass »es keinen Grund zu geben scheint, die sachliche Grundlage von Genesis 14 in Frage zu stellen.«[201]

William Albright meint:

> Vor einer Generation betrachteten die meisten kritischen Gelehrten dieses Kapitel als sehr spät und als wirklich unhistorisch. Jetzt können wir solch einen leichten Weg aus den Schwierigkeiten, die das Kapitel stellt, nicht akzeptieren, da einige seiner Erwähnungen äußerst früh sind und uns direkt in die mittlere Bronzezeit zurückversetzen.[202]

6 Die Schlussfolgerung bezüglich der Voraussetzungen der Quellenscheidungshypothese

6.1 Voraussetzungen als die Grundlage

George Mendenhall stellt die Bedeutung von Annahmen in der Formulierung der Quellenhypothese heraus, wenn er schreibt: »Wellhausens Theorie der Geschichte der israelitischen Religion basierte weitestgehend auf der hegelianischen Philosophie von der Geschichte und nicht auf seiner literarischen Analyse. Es war ein *apriorisches* Evolutionssystem, das ihn zur Verwendung seiner Quellen führte.«[203]

Dass die Gründer der Quellentheorie nicht so wissenschaftlich objektiv in ihrer Handhabung des Materials waren, wie es uns moderne Kritiker glaubhaft machten, wird von zwei Aussagen, die Wellhausen selbst machte, gestützt.[204] Hier enthüllt er eine unvorsichtige und subjektive Methodik und auch die Priorität, die er selbst den *apriorischen* Theorien über den Textbeweisen gab:

> Endlich erfuhr ich, während eines ungezwungenen Besuches in Göttingen im Sommer 1867, durch Ritschl, dass Karl Heinrich Graf das Gesetz hinter die Propheten stellte, und, fast ohne seine Gründe für die Hypothese zu kennen, war ich bereit, dies zu akzeptieren; ich war für mich ohne weiteres bereit, die Möglichkeit anzuerkennen, das hebräische Altertum ohne das Buch der Thora zu verstehen.[205]

»Für mich sind die Annahmen, die hinter den Phänomen liegen, fast wichtiger als die Phänomene selbst.«[206]

Whitelaws Kritik ist sicherlich berechtigt:

> Es besteht keine Fragen, dass die Hypothese als eine vorläufige Methode von Beweisen vollkommen legitim ist. Häufig ist kein anderes Mittel vorhanden, um zur Lösung von schwierigen Problemen in Wissenschaft und Philosophie zu gelangen, als die Anwendbarkeit von einer Voraussetzung nach der anderen zu prüfen. … Auf diesem Wege entschlüsselten Grotefend, Rawlinson und andere Assyriologen die keilförmigen Inschriften, die auf eine so wunderbare Weise unser Wissen über das Altertum bereichert haben. Daher kann kein wirklicher Einwand gegen die biblischen Gelehrten erbracht werden, die das gleiche Vorhaben unternommen haben, als sie mit verwickelten Fragen konfrontiert wurden, die sonst nicht beantwortet werden können. Was aber Anstoß erregt, ist die Tatsache, dass eine *apriorische* Vermutung gemacht wird, die eher Schwierigkeiten aufwirft als beseitigt, und dann diese Vermutungen für bewiesene Wahrheiten hingestellt werden, ohne sie vorher durch überzeugende Argumente untermauert zu haben.[207]

Daher müssen wir alle sechs Annahmen der Anhänger der Quellenscheidungs-Hypothese, die wir untersucht haben, als nicht stichhaltig betrachten. Der Anti-Supranaturalismus muss wegen den Grundlagen, die er einfordert (dass er die absolute Wahrheit besitzt, was die Existenz Gottes oder das Ausmaß und Wesen seines Eingreifens in die natürliche Ordnung des Universums angeht), abgelehnt werden. Das heißt sowohl seine Existenz als auch sein göttliches Eingreifen wird als eine *Unmöglichkeit* auf einer *apriorischen* Grundlage ausgeschlossen.

Eine weitere dieser Annahmen (ein *apriorisches* Misstrauen gegenüber den alttestamentlichen Berichten) muss abgelehnt werden, weil sie gegen die akzeptierten Regeln der Forschung, die den Test der Zeit bestanden haben und literarische und historische Gelehrte seit der Zeit des Aristoteles geleitet haben, verstößt.

Die übrigen vier Annahmen (die Entwicklungsansicht israelitischer Geschichte; die Priorität, die der Quellentheorie über die nachweisbare Methodik gegeben wird; die legendäre Ansicht über die patriarchischen Erzählungen und die Vermutung, dass es in Israel während der mosaischen Zeit keine Schrift gab) wurden alle klar von archäologischen Entdeckungen widerlegt.

6.2 Vorraussetzungen und die heutige Kritik an der Bibel

Einige Theologen nehmen an, dass das Zeitalter »der *apriorischen* Vermutungen« im Bereich der biblischen Studien sich als veraltet erwiesen hat und durch »die Schlussfolgerung, die nur nach der Anwendung der gänzlich objektiven wissenschaftlichen Methode in der Analyse der Daten erreicht wird«, ersetzt wurde. Wenn vorgefasste Positionen beibehalten werden, so sind es allein die konservativen »Fundamentalisten«, die daran festhalten und nicht die unvoreingenommenen Anhänger einer liberalen Literarkritik, deren Interesse an der Bibel nicht von »dogmatischem religiösen Glauben« behindert wird. In der Tat bedeutet der Begriff »liberal« in vielen Köpfen jemanden, der weniger voreingenommen ist als der »Konservative«.

Solche Schlussfolgerungen sind aber bestenfalls Wunschdenken. Obwohl die modernen liberalen Kritiker eine sehr unterschiedliche Ausprägung haben, bewahren sie, wie die Konservativen, doch gewisse vorgefasste Positionen. Diese wichtige Tatsache sollte nicht unterschätzt werden, und das Versäumnis, dies anzuerkennen, sollte für eine ernste Beschwerde über intellektuelle Unredlichkeit sorgen.

Langdon Gilkey, selbst ein Anhänger der Quellentheorie, beendet seinen Artikel »Cosmology, Ontology, and the Travail of Biblical Language« mit dieser Erinnerung an die ganze Schule der liberalen Bibelkritik, zu der er selbst gehört:

> Auch für uns alle hängt ein zeitgenössisches Verständnis der Schriften der Frühzeit ebenso sehr von einer sorgfältigen Analyse unserer gegenwärtigen Voraussetzungen ab wie von dem, was wir noch über die Religion und den Glauben der Vergangenheit lernen müssen.[208]

7 Literaturangaben

1 James Orr, *The Problem of the Old Testament*, S. 172.
2 Birger Gerhardsson, *Tradition and Transmission in Early Christianity*, S. 6.
3 U. Cassuto, *The Documentary Hypothesis*, S. 12.
4 R. K. Harrison, *Introduction to the Old Testament*, S. 509.
5 Ebd. S. 509.
6 C. R. North, »Pentateuchal Criticism«, *The Old Testament and Modern Study,* S. 62.
7 George E. Mendenhall, »A Biblical History in Transition«, *The Bible and the Ancient Near East*, S. 34.
8 G. E. Wright, »Archaeology and the Old Testament Studies«, *Journal of Biblical Literature*, S. 46.
9 A. H. Sayce, *Monument Facts and Higher Critical Fancies*, S. 23.

[10] G. E. Wright, »Archaeology and the Old Testament Studies«, *Journal of Biblical Literature*, S. 51.
[11] W. F. Albright, »The Israelite Conquest of Canaan in the Light of Archaeology«, *Bulletin of the American Schools of Oriental Research*, S. 12.
[12] George E. Mendenhall, »A Biblical History in Transition«, *The Bible and the Ancient Near East*, S. 50.
[13] G. E. Wright, »The Present State of Biblical Archaeology«, *The Study of the Bible Today and Tomorrow*, S. 80.
[14] W. F. Albright, *Recent Discoveries in Bible Lands*, S. 181.
[15] Ebd., S. 185.
[16] Joseph P. Free, »Archaeology and Liberalism«, *Bibliotheca Sacra*, S. 332.
[17] G. E. Wright, »The Present State of Biblical Archaeology«, *The Study of the Bible Today and Tomorrow*, S. 89f.
[18] James Orr, *The Problem of the Old Testament*, S. 14.
[19] Ebd., S. 127f.
[20] Julius Wellhausen, *Prolegomena to the History of Israel*, S. 305.
[21] Ebd., S. 312.
[22] A. Kuenen, *The Religion of Israel*, o.S.
[23] James Orr, *The Problem of the Old Testament*, S. 13.
[24] Gleason L. Archer, *A Survey of the Old Testament Introduction*, S. 132f.
[25] Herbert F. Hahn, *The Old Testament in Modern Research*, S. 9f.
[26] Paul D. Feinberg, »The Doctrine of God in the Pentateuch«, Doktorarbeit am Dallas Theological Seminary, S. 3.
[27] *Encyclopaedia Britannica*, 1969, S. 202f.
[28] James Orr, *The Problem of the Old Testament*, S. 47.
[29] Gleason L. Archer, *A Survey of the Old Testament Introduction*, S. 98.
[30] *Interpreter's Dictionary of the Bible*, S. 713.
[31] W. F. Albright, *Archaeology, Historical Analogy and Early Biblical Tradition*, S. 15.
[32] K. A. Kitchen, *The Ancient Orient and the Old Testament*, S. 126f.
[33] John Mackay, *History and Destiny*, S. 17. Zitiert von Joseph P. Free, »Archaeology and Neo-Orthodoxy«, *Bibliotheca Sacra,* S. 131.
[34] W. F. Albright, *The Archaeology of Palestine and the Bible*, S. 163.
[35] Robert H. Pfeiffer, *Introduction to the Old Testament*, S. 580.
[36] R. K. Harrison, *Introduction to the Old Testament*, S. 352.
[37] Julius Wellhausen, *Sketch of the History of Israel and Judah*, S. 20f.
[38] A. Kuenen, *The Religion of Israel*, S. 270.
[39] Ebd., S. 223f.
[40] Ebd., S. 225.
[41] Ebd., S: 270f.
[42] Robert H. Pfeiffer, *Introduction to the Old Testament*, S. 580.
[43] W. F. Albright, *Archaeology and the Religion of Israel*, S. 178.
[44] Joseph P. Free, »Archaeology and Liberalism«, *Bibliotheca Sacra*, S. 334f.

45 W. F. Albright, *Archaeology and the Religion of Israel*, S. 178.
46 W. F. Albright, *From the Stone Age to Christianity*, S. 313.
47 G. E. Wright, »The Present State of Biblical Archaeology«, *The Study of the Bible Today and Tomorrow*, S. 90.
48 Gleason L. Archer, *A Survey of the Old Testament Introduction*, S. 134.
49 James Orr, *The Problem of the Old Testament*, S. 40f.
50 K. A. Kitchen, *The Ancient Orient and the Old Testament*, S. 113f.
51 Ronald Youngblood, *The Heart of the Old Testament*, S. 9.
52 W. F. Albright, *From the Stone Age to Christianity*, S. 271f.
53 R. K. Harrison, *Introduction to the Old Testament*, S. 403.
54 G. E. Wright, *Old Testament Against its Environment*, S. 7.
55 W. F. Albright, »Recent Progress in North-Canaanite Research«, *Bulletin of the American Schools of Oriental Research*, S. 24.
56 Alexander Heidel, *The Babylonian Genesis*, S. 96f.
57 Merrill F. Unger, *Archaeology and the Old Testament*, S. 127.
58 G. E. Wright, *Old Testament Against its Environment*, S. 23.
59 W. F. Albright, »The Bible After Twenty Years of Archaeology«, *Religion in Life*, S. 545.
60 G. E. Wright, *Old Testament Against its Environment*, S. 12.
61 Julius Wellhausen, *Prolegomena to the History of Israel*, S. 439.
62 R. W. Smith, *The Prophets of Israel*, S. 63.
63 G. E. Wright, »The Terminology of Old Testament Religion and Its Significance«, *Journal of Near Eastern Studies*, S. 413.
64 G. E. Wright, *Old Testament Against its Environment*, S. 24.
65 Ebd., S. 24f.
66 G. E. Wright, »The Present State of Biblical Archaeology«, *The Study of the Bible Today and Tomorrow*, S. 93.
67 Millar Burrows, *What Mean These Stones?*, S. 46.
68 W. F. Albright, *From the Stone Age to Christianity*, S. 214.
69 Robert H. Pfeiffer, *Introduction to the Old Testament*, S. 257.
70 Joseph P. Free, »Archaeology and Higher Criticism«, *Bibliotheca Sacra* 114, S. 33.
71 Gleason L. Archer, *A Survey of the Old Testament Introduction*, S. 162.
72 Joseph P. Free, *Archaeology and Bible History*, S. 121.
73 Howard F. Vos, *Can I Trust the Bible*, S. 146.
74 A. H. Sayce, *Monument Facts and Higher Critical Fancies*, S. 82.
75 Gleason L. Archer, *A Survey of the Old Testament Introduction*, S. 161.
76 Joseph P. Free, »Archaeology and the Bible«, *His Magazine*, S. 20.
77 A. H. Sayce, *Monument Facts and Higher Critical Fancies*, S. 71.
78 Merrill F. Unger, *Archaeology and the Old Testament*, S. 154f.
79 Gleason L. Archer, *A Survey of the Old Testament Introduction*, S. 162.
80 Merrill F. Unger, *Archaeology and the Old Testament*, S. 156.
81 Ebd., S. 157.
82 Ebd., S. 156.

83 Ebd., S. 156.
84 Joseph P. Free, *Archaeology and Bible History*, S. 121.
85 A. H. Sayce, *Monument Facts and Higher Critical Fancies*, S. 72.
86 Joseph P. Free, *Archaeology and Bible History*, S. 112.
87 Millar Burrows, *What Mean These Stones?*, S. 234.
88 Joseph P. Free, *Archaeology and Bible History*, S. 112.
89 Francis Steele, »Lipit-Ishtar Law Code«, *American Journal of Archaeology*, S. 164.
90 Reunen Yaron, *The Laws of Eshnunna*, S. 1f.
91 Ebd., S. 1.
92 *Biblical World*, 1966, S. 232. W. F. Albright, *The Archaeology of Palestine*, S. 1.
93 W. F. Albright, »Archaeology Confronts Biblical Criticism«, *The American Scholar*, S. 185.
94 G. E. Wright, »Archaeology and Old Testament Studies«, *Journal of Biblical Literature*, S. 45.
95 Ira M. Price, *The Monuments and the Old Testament*, S. 219.
96 M. J. Lagrange, zitiert von M. B. Stearns, »Biblical Archaeology and the Higher Critics«, *Bibliotheca Sacra*, S. 312f.
97 George E. Mendenhall, »A Biblical History in Transition«, *The Bible and the Ancient Near East*, S. 40.
98 W. F. Albright, *Archaeology and the Religion of Israel*, S. 3.
99 W. F. Albright, »Archaeology Confronts Biblical Criticism«, *The American Scholar*, S. 182.
100 K. A. Kitchen, *The Ancient Orient and the Old Testament*, S. 114.
101 Julius Wellhausen, *Prolegomena to the History of Israel*, S. 393.
102 Hermann Schultz, *Old Testament Theology*, S. 25f.
103 S. R. Driver, *The Book of Genesis*, S. xlii.
104 James Orr, *The Problem of the Old Testament*, S. 375.
105 A. H. Sayce, *Monument Facts and Higher Critical Fancies*, S. 28f.
106 Ebd., S. 41.
107 W. F. Albright, »Archaeology Confronts Biblical Criticism«, *The American Scholar*, S. 186.
108 Cyrus H. Gordon, »Higher Criticism and Forbidden Fruit«, *Christianity Today*, S. 133f.
109 A. H. Sayce, *Monument Facts and Higher Critical Fancies*, S. 35.
110 W. F. Albright, *The Archaeology of Palestine*, S. 187; Gleason L. Archer, *A Survey of the Old Testament Introduction*, S. 157.
111 W. F. Albright, »Archaeological Discoveries and the Scriptures«, *Christianity Today*, S. 3f.
112 A. H. Sayce, *Monument Facts and Higher Critical Fancies*, S. 38f.
113 Siegfried H. Horn, »Recent Illumination of the Old Testament«, *Christianity Today*, S. 14.
114 Gleason L. Archer, *A Survey of the Old Testament Introduction*, S. 157.
115 W. F. Albright, *The Archaeology of Palestine*, S. 132.

116 A. H. Sayce, *Monument Facts and Higher Critical Fancies*, S. 35f.
117 Ebd., S. 42f.
118 James Orr, *The Problem of the Old Testament*, S. 396f.
119 Merrill F. Unger, *Archaeology and the Old Testament*, S. 105.
120 Gleason L. Archer, *A Survey of the Old Testament Introduction*, S. 158.
121 Julius Wellhausen, *Prolegomena to the History of Israel*, S. 331.
122 Ebd., S. 320.
123 Hermann Schultz, *Old Testament Theology*, S. 31.
124 Robert H. Pfeiffer, *Introduction to the Old Testament*, S. 27.
125 G. E. Wright, »The Present State of Biblical Archaeology«, *The Study of the Bible Today and Tomorrow*, S. 80.
126 Merrill F. Unger, *Archaeology and the Old Testament*, S. 120f.
127 Ebd., S. 120f.
128 David N. Freedman, »The Real Story of the Ebla Tablets; Ebla and the Cities of the Plain«, *Biblical Archaeologist*, S. 144.
129 W. F. Albright, *From the Stone Age to Christianity*, S. 197.
130 W. F. Albright, »The Bible After Twenty Years of Archaeology«, *Religion in Life*, S. 538.
131 Ebd., S. 541f.
132 W. F. Albright, *The Archaeology of Palestine*, S. 236.
133 Gleason L. Archer, *A Survey of the Old Testament Introduction*, S. 161.
134 Henry Thomas Frank, *Bible, Archaeology and Faith*, S. 74.
135 Merrill F. Unger, *Archaeology and the Old Testament*, S. 127.
136 Siegfried H. Horn, »Recent Illumination of the Old Testament«, *Christianity Today*, S. 14.
137 G. E. Wright, »The Present State of Biblical Archaeology«, *The Study of the Bible Today and Tomorrow*, S. 43.
138 Cyrus H. Gordon, »Biblical Customs and the Nuzu Tablets«, *The Biblical Archaeologist*, S. 2.
139 G. E. Wright, »The Present State of Biblical Archaeology«, *The Study of the Bible Today and Tomorrow*, S. 87.
140 Cyrus H. Gordon, »Biblical Customs and the Nuzu Tablets«, *The Biblical Archaeologist*, S. 9.
141 Siegfried H. Horn, »Recent Illumination of the Old Testament«, *Christianity Today*, S. 14.
142 Cyrus H. Gordon, »The Patriarchal Age«, *Journal of Bible and Religion*, S. 241.
143 Cyrus H. Gordon, »Biblical Customs and the Nuzu Tablets«, *The Biblical Archaeologist*, S. 2f.
144 W. F. Albright, *The Biblical Period from Abraham to Ezra*, S. 4f.
145 David N. Freedman, »The Real Story of the Ebla Tablets, Ebla and the Cities of Plains«, *Biblical Archaeologist*, S. 148.
146 Millar Burrows, *What Mean These Stones?*, S. 278f.
147 Albright, *The Biblical Period from Abraham to Ezra*, S. 4.

[148] Fred H. Wight, *Highlights of Archaeology in Bible Lands*, S. 61f.
[149] Joseph P. Free, *Archaeology and Biblical History*, S. 62.
[150] W. F. Albright, *From the Stone Age to Christianity*, S. 63.
[151] John Elder, *Prophets, Idols, and Diggers*, S. 50.
[152] Albright, *The Biblical Period from Abraham to Ezra*, S. 3.
[153] Merrill F. Unger, *Archaeology and the Old Testament*, S. 114.
[154] Ebd., S. 114.
[155] Gleason L. Archer, *A Survey of the Old Testament Introduction*, S. 159.
[156] Ebd., S. 159.
[157] Joseph P. Free, *Archaeology and Biblical History*, S. 53.
[158] Ebd., S. 53.
[159] Millar Burrows, *What Mean These Stones?*, S. 258.
[160] Joseph P. Free, »Archaeology and the Historical Accuracy of Scripture«, *Bibliotheca Sacra*, S. 215.
[161] Joseph P. Free, *Archaeology and Biblical History*, S. 53.
[162] Edgar J. Banks, *The Bible and the Spade*, S. 58.
[163] Joseph P. Free, *Archaeology and Biblical History*, S. 54.
[164] T. Millar Neatby, *Confirming the Scriptures*, Bd. 11, S. 114f. Joseph P. Free, *Archaeology and Biblical History*, S. 54.
[165] Joseph P. Free, *Archaeology and Biblical History*, S. 54.
[166] Strabo, *The Geography of Strabo*, Bd. 8, S. 27.
[167] Diodorus of Sicily, *Diodorus of Sicily*, Bd. 1, S. 235.
[168] W. F. Albright, *From the Stone Age to Christianity*, S. 54f.
[169] G. E. Wright, »The Present State of Biblical Archaeology«, *The Study of the Bible Today and Tomorrow*, S. 148.
[170] W. F. Albright, *From the Stone Age to Christianity*, S. 183.
[171] W. F. Albright, *The Biblical Period from Abraham to Ezra*, S. 5.
[172] Millar Burrows, *What Mean These Stones?*, S. 92.
[173] *Biblical Archaeologist*, 3:1:9, Januar, 1940. Joseph P. Free, *Archaeology and Biblical History*, S. 34.
[174] W. A. Irwin, »The Modern Approach to the Old Testament«, *Journal of Bible and Religion*, S. 14.
[175] W. F. Albright, *From the Stone Age to Christianity*, S. 2.
[176] John Bright, *A History of Israel*, S. 82.
[177] Ebd., S. 69.
[178] Julius Wellhausen, *Die Composition des Hexateuchs*, S. 312.
[179] Ebd., S. 331.
[180] W. F. Albright, »Historical and Mythical Elements in the Story of Joseph«, *Journal of Biblical Literature*, S. 136.
[181] Ebd., S. 136.
[182] W. F. Albright, *The Archaeology of Palestine and the Bible*, S. 142f.
[183] W. F. Albright, »The Old Testament and the Archaeology«, *Old Testament Commentary*, S. 140.

[184] W. F. Albright, »The Bible After Twenty Years of Archaeology«, *Religion in Life*, S. 542.

[185] K. A. Kitchen, *The Ancient Orient and the Old Testament*, S. 44.

[186] Howard F. Vos, *Genesis and Archaeology*, S. 68f.

[187] Nahum Sarna, *Understanding Genesis*, S. 111.

[188] Howard F. Vos, *Genesis and Archaeology*, S. 70f.

[189] George A. Barton, »Archaeology and the Bible«, S. 347.

[190] Joseph P. Free, »Archaeology and the Historical Accuracy of Scripture«, *Bibliotheca Sacra*, S. 217f.

[191] Fred H. Wight, *Highlights of Archaeology in Bible Lands*, S. 105.

[192] W. F. Albright, *The Archaeology of Palestine and the Bible*, S. 142.

[193] Ebd., S. 142.

[194] W. F. Albright, *The Archaeology of Palestine and the Bible*, S. 142.

[195] Nahum Sarna, *Understanding Genesis*, S. 113ff.

[196] W. F. Albright, »The Old Testament and the Archaeology«, *Old Testament Commentary*, S. 140.

[197] Melvin G. Kyle, *The Deciding Voice of the Monuments in Biblical Criticism*, S. 133. Joseph P. Free, »Archaeology and the Historical Accuracy of Scripture«, *Bibliotheca Sacra*, S. 218f.

[198] K. A. Kitchen, *The Ancient Orient and the Old Testament*, S. 44.

[199] Millar Burrows, *What Mean These Stones?*, S. 71.

[200] Howard F. Vos, *Genesis and Archaeology*, S. 72.

[201] S. L. Caiger, *Bible and Spade*, S. 34.

[202] W. F. Albright, *The Archaeology of Palestine and the Bible*, S. 237.

[203] George E. Mendenhall, »A Biblical History in Transition«, *The Bible and the Ancient Near East*, S. 36.

[204] Herbert F. Hahn, *The Old Testament in Modern Research*, S. 17.

[205] Julius Wellhausen, *Prolegomena to the History of Israel*, S. 3f.

[206] Ebd., S. 368.

[207] Thomas Whitelaw, *Old Testament Critics*, S. 188f.

[208] Langdon B. Gilkey, »Cosmology, Ontology, and Travail of Biblical Language«, *Concordia Theological Monthly*, S. 154.

20 Die Folgen der radikalen Literarkritik

Kapitelübersicht

Um die Schlussfolgerungen der radikalen Literarkritik zu akzeptieren, muss man die folgenden Konsequenzen ziehen:

1 Das Alte Testament ist im Wesentlichen unhistorisch

Für die meisten Anhänger der radikalen literarkritischen Schulen enthält das Alte Testament keine genaue Geschichte Israels. Genau genommen zeichnet es isolierte Ereignisse so auf, dass sie in sich als historisch gesehen werden können, nur wenn sie als Ganzes betrachtet werden, gibt es ein falsches Bild von der chronologischen Geschichte Israels. Von dieser Prämisse ausgehend, haben die Kritiker ihren eigenen Ablauf von der frühen hebräischen Geschichte aufgestellt, der – wie man von der Tabelle auf der nächsten Seite sehen kann – den alttestamentlichen Aufzeichnung in vielen wichtigen Punkten widerspricht.

Walther Eichrodt kommentiert den Umgang der Kritiker mit dem Buch Hesekiel und weist auf die Schwierigkeiten hin, die auftreten, wenn man Theorien aufstellt, die dem eigentlichen Text widersprechen:

> Diese unzufrieden stellende Fluktuation in den Theorien ist keine reine Frage von Zufälligkeit; es ist das unvermeidliche Ergebnis aller festgestellten Schwierigkeiten bei dem Versuch, solch eine grundsätzliche Theorie auf der Grundlage eines Textes auszuarbeiten, der das genaue Gegenteil aussagt. Wann auch immer sie nicht zur Theorie passen, müssen die jetzt feststehenden Informationen über Daten und geografische Standorte akzeptiert und wieder als zweifelhaft verworfen werden, wenn keine zuverlässige methodische Grundlage für die Schlussfolgerungen besteht. Es gibt darüber hinaus auch eine Bereitschaft, jene Elemente von der Tradition zu übernehmen, die schwierig mit dieser Interpretation in Einklang zu bringen ist, und entweder lässt man sie dann etwas anderes bedeuten oder versucht, sie durch kritische Methoden zu beseitigen.[1]

Die folgende Tabelle vergleicht den Bericht der Hebräer über ihre eigene Geschichte (einige der größeren Ereignisse) mit dem der modernen Literarkritiker. Diese Tabelle stellt nur den allgemeinen Trend in der radikalen Literarkritik dar; sie gibt nicht die Ansicht eines jeden Kritikers wieder. Allerdings ist der allgemeine Umriss in den meisten destruktiven literarkritischen Kreisen heute markant. Beiläufig sollte auch erwähnt werden, dass Wellhausens Rekonstruktion früher hebräischer Geschichte sogar radikaler war als die hier dargestellte Position.

Alttestamentliche Aufzeichnung		**Quellenscheidungshypothese**	
1445-1405 v. Chr.	Mose gibt das Gesetz und schreibt Genesis, Exodus, Levitikus, Numeri und Deuteronomium	1400 v. Chr.	Bundesbuch (Material von Exodus 20-23)
1000	Davids Herrschaft	1000	Davids Herrschaft
960	Salomos Tempel	960	Salomos Tempel
850(?)	Obadja – der erste schreibende Prophet	950	J-Dokument
		930	Königreich teilt sich
850-550	Blütezeit der Propheten	850	E-Dokument
		750	Amos – der erste schreibende Prophet
		750-550	Blütezeit der Propheten
722	Das Ende des nördlichen Königreiches	722	Das Ende des nördlichen Königreichs (Israel)
		622	Deuteronomisches
586	Fall Jerusalems; Exil	586	Fall Jerusalems; Exil
		575	H (Heiligkeits-)Kodex
		550	Deuteronomischer Kreis redigiert Deuteronomium – 2. Könige
539	Restaurierung von Israel	539	Restaurierung von Israel
450	Esra reformiert den zweiten jüdischen Staat auf der Grundlage des Gesetzes (Thora)	450	P-Dokument zwecks Errichtung des zweiten jüdischen Staates geschrieben
		450-400	P-Kreis kompiliert Tetrateuch (Genesis – Numeri); später Deuteronomium hinzugefügt, um den Pentateuch zu bilden

Wir sehen, dass die biblische Abfolge des Gesetzes – das früh gegeben und von den Propheten *befolgt* wurde – genau umgekehrt worden ist. Denn gemäß den Kritikern ist das Gesetz, das aus dem deuteronomischen Kodex, dem Heiligkeitskodex und dem priesterlichen Kodex (dem Hauptteil des gesetzgebenden Materials im Pentateuch) besteht, nicht lange nach den Propheten entstanden. Und dennoch ist es von der Textbasis her klar, dass viele Propheten sich an eine Sammlung von Gesetzen hielten, die schon zu ihrer Zeit existent und auch autoritativ bindend für die Leute war. Amos bezieht sich sogar auf dieses Gesetz als »die *Thora* [›Gesetz‹] von Jahwe« (Amos 2,4).

Damit haben die Kritiker einen entscheidenden und unversöhnlichen Widerspruch sowohl unter Berücksichtigung der Chronologie als auch unter Berücksichtigung der theologischen Entwicklung von Israels Geschichte geschaffen.

Dieser Widerspruch stellt uns vor einen unüberwindbaren Graben zwischen einerseits einem maßgeblichen Gotteswort und andererseits einer Sache, die jemand »ein uneinheitliches Gemisch aus halbmythischen und geschichtlich unzuverlässigen literarischen Bruchstücken genannt hat«. Und sogar noch elementarer werden wir in einer extremen Spannung zwischen der biblischen Darstellung der israelitischen Geschichte und der Rekonstruktion der radikalen Kritiker stehen gelassen.

> Es übertreibt die Sache nicht, wenn man sagt, dass das Alte Testament für die eher radikaleren Schulen von Kritikern im Großen und Ganzen *unhistorisch* ist. Was natürlich nicht notwendigerweise bedeuten muss, dass es dort auch in Teilen – manche würden dies in vielen Teilen anerkennen – eine historische Grundlage gibt. Nicht jeder würde so weit bis an das eine Ende der Geschichte gehen wie Stade, der bezweifelte, ob Israel als ein Volk überhaupt jemals in Ägypten war; oder an das andere Ende wie Kosters, der die Rückkehr aus dem Exil in Babylon unter Serubabel leugnet. Aber die Bücher, wie sie dastehen, werden für all das nicht gehalten – mindestens bis zur Zeit der Könige, und sogar dann nur zum Teil als echte Geschichte angesehen.[2]

Dies impliziert, dass das klare Bild, das wir im Alten Testament von der Entwicklung eines zusammenhängenden und vereinigten göttlichen Planes in Israels Geschichte – die in Genesis mit Adam anfängt und in dem verheißenen Messias, wie es den Propheten bezeugt wurde, ihren Höhepunkt erreicht – sehen, erfunden wurde.

Kautzsch aus Halle, der von Orr mit seinem Vortrag *The Abiding Value of the Old Testament* zitiert wird, schreibt:

> Der bleibende Wert des Alten Testamentes liegt vor allem darin, dass es uns mit absoluter Gewissheit die Tatsache und den Prozess von einem göttlichen Plan und Weg von Erlösung garantiert, der seinen Abschluss und seine Erfüllung in dem Neuen Bund fand, in der Person und dem Werk von Jesus Christus.[3]

Orr sagt:

[dass die Entgegnung, die] von Seiten der Kritik kommt, solcher Art ist, dass sie versucht, das teleologische Element aus der Geschichte loszuwerden, und dass die biblische Darstellung eine unwirkliche und künstliche zu sein scheint: nicht eine Entwicklung in Übereinstimmung mit der eigentlichen Geschichte, sondern die einer *imaginären* Entwicklung, das Ergebnis eines Zurücklesens in die primitiven Legenden der Ideen des prophetischen Zeitalters. Der Ablauf der Entwicklung wird auf die historische Tradition in einer Art und Weise aufgesetzt, bei der ihre Grundlagen verändert werden. Zugegeben, es wird gesagt, dass das kritische Schema – seine Analyse und Unterscheidung von Quellen – und die Illusion von Teleologie in der alttestamentlichen Erzählung verschwindet; jedenfalls so weit, dass eine außergewöhnliche Ursache erforderlich wird, um es zu erkennen. Mit den Worten von Professor Robertson gesagt: »Was sie aufrechterhalten, ist, dass das System der biblischen Schreiber ein Nachdenken ist, das von einem Prozess der Veränderung von älteren Quellen und von einer systematischen Darstellung früherer Ereignisse im Lichte einer viel späteren Zeit so geformt wurde, dass es so erscheint, als ob es die ursprüngliche und echte Entwicklung gewesen wäre.[4]

2 Die Religion Israels

Die Religion Israels ist in ihrem Ursprung und ihrer Entwicklung vollkommen natürlich und nicht übernatürlich (mit anderen Worten handelte Gott nicht ***wirklich*** in Israels Geschichte; die Hebräer ***glaubten*** nur, dass er es tat).

Wie ist diese Theorie von der literarischen Analyse des Pentateuchs abgeleitet? Orr erklärt:

Nichts, so kann plausibel erklärt werden, hängt bei der Entscheidung des übernatürlichen Ursprunges der Religion davon ab, ob der Pentateuch, wie wir ihn kennen, vom Schreibstift des Mose stammt oder von drei oder vier Dokumenten zu einem späten Zeitpunkt zusammengestellt wurde; oder in welchem Zeitraum das levitische Gesetz schließlich niedergeschrieben wurde; oder ob das Buch von Jesaja die Arbeit von einem, zwei oder von zehn Verfassern ist; oder ob die Psalmen vorexilisch oder nachexilisch in ihrem Ursprung sind. Dennoch, wie später noch ausführlicher gezeigt werden wird, ist die Abhängigkeit der Literarkritik von der Religionstheorie wirklich sehr groß. Denn auch wenn es wahr sein sollte, wie es jeder vernünftige Mensch zugeben muss, dass es viele Gelehrte gibt, die zu ihrer eigenen Zufriedenheit Erfolg in ihrem Bestreben haben, die Anerkennung der Hauptergebnisse der kritischen Hypothese vom Alten Testament, sogar in ihrer fortschrittlichen Form, mit einem festen Glauben an die Realität übernatürlicher Offenbarung in Israel verbinden, ist es ebenso wahr, dass andere mit Dr. Cheynes Worten »The Founders of Criticism« hauptsächlich von der Ansicht des Ursprungs und des Verlaufs, denen die Religionsentwicklung unterlag, bestimmt werden. Diese Entscheidungen werden ausschließlich auf literarischer Ebenen gefällt – das Datum eines Psalms, z. B. der Echtheit eine Abschnitts oder der Integrität eines Buches. Mit einer anderen Theorie über diese Dinge fallen die Urteile über das Zeitalter, die Beziehungen und der historische Wert von bestimmten Schriften auch unterschiedlich aus. Diese Abhängigkeit vieler Schlussfolgerungen von der Kritik – auf keinen Fall natürlich alle – an den religiösen und historischen Standpunkt wurde praktisch von Wellhausen zugegeben, [[5]] als er erklärt, dass »es nur innerhalb der Region von religiösem Alter und dominierenden religiösen Vorstellungen liegt – die Region, mit der sich Vatke in seiner *Biblischen Theologie* in ihrer vollen Breite beschäftigt hatte und wo der wirkliche Kampf sich zuerst entzündete –, dass die Debatte auf ein bestimmtes Problem gebracht werden konnte.[6]

Gilkey, ein ehrlicher Vertreter dieser Position, gibt es wirklich unmissverständlich wieder:

> Jetzt macht diese Annahme von einer ursächlichen Ordnung unter phänomenalen Ereignissen und darum von der Autorität der wissenschaftlichen Interpretation von beobachtbaren Ereignissen einen großen Unterschied für die Gültigkeit, die man biblischen Erzählungen zuweist, und somit auch für die Art und Weise, wie man sie versteht. Plötzlich wird ein riesiges Spektrum von göttlichen Taten und Ereignissen, die in der Schrift aufgezeichnet sind, nicht mehr so betrachtet, als wären sie wirklich geschehen. Zum Beispiel erscheinen uns nicht nur die sechs Tage der Schöpfung, der historische Sündenfall in Eden und die Flut als geschichtlich unwahr, sondern sogar auch die Mehrheit der göttlichen Taten in der biblischen Geschichte des hebräischen Volkes werden das, was wir bevorzugt eher Symbole als schlichte und einfache alte historische Tatsachen zu nennen pflegen. Nur um ein paar zu erwähnen: Abrahams unerwartetes Kind, die vielen göttlichen Besuche, die Worte und Anweisungen an die Patriarchen, die Plagen, die die Ägypter heimsuchten, die Feuersäule, die Teilung der Meere, die mündliche Verkündigung der Bundesgesetze auf dem Berg Sinai, die strategischen und logistischen Hilfen bei der Eroberung, die vernehmbare Stimme, die von den Propheten gehörte wurde; und so weiter – all diese »Taten« verschwinden von der Ebene der historischen Realität und betreten die Traumwelt der »religiösen Interpretation« des hebräischen Volkes. Deswegen, wenn wir das lesen, was das Alte Testament zu sagen scheint, was Gott tat, oder was vorkritische Kommentatoren sagten, was Gott tat (siehe Calvin), und wenn man dann auf eine moderne Interpretation sieht, was Gott in biblischen Zeiten tat, finden wir einen enormen Unterschied: Die Wunderereignisse und die mündlichen göttlichen Kommentare, Befehle und Versprechen sind nicht mehr vorhanden. Was auch immer die Hebräer glaubten, *wir* glauben, dass die biblischen Menschen in dem gleichen ursächlichen Kontinuum von Raum und Zeit lebten, in dem auch wir leben, und somit in einem, in dem keine göttlichen Wunder geschehen und keine göttlichen Stimmen gehört wurden.[7]

Gilkey bringt diese Ansicht zu seiner logischen Schlussfolgerung:

> Das riesige Spektrum von Wunder- und Stimmereignissen, die dem Exodus-Bund-Ereignis vorausgingen, im Wesentlichen die patriarchischen Erzählungen, werden jetzt als hebräische Interpretationen von ihrer eigenen historischen Vergangenheit, die auf dem Glauben basieren, den sie beim Auszug erworben hatten, angesehen. Für uns stellen dann diese Erzählungen nämlich nicht so sehr die *Geschichten* dar, die Gott wirklich tat und sagte, sondern eher ausdrucksvolle *Gleichnisse* über dem Glauben, den die nach dem Auszug lebenden Juden hatten, nämlich den Glauben an einen Gott, der aktiv war, Werke tat, Versprechen und Befehle aussprach und so weiter. Drittens, die biblischen Berichte des Lebens nach dem Auszug – zum Beispiel die Proklamation und Kodifizierung des Gesetzes, die Eroberung und die prophetische Bewegung – werden als die Interpretation des Bundesvolkes durch ihren Glauben vom Auszug für ihr weiteres Leben und ihre Geschichte angesehen. Für moderne biblische Theologie ist die Bibel nicht mehr als ein Buch, das Gottes wirkliche Taten und Worte enthält, und ebenso ein Buch, das hebräische Interpretationen, wir nennen sie »kreative Interpretationen«, wie das Gleichnis von Jona enthält. Interpretationen, die Geschichten über Gottes Taten und die Reaktionen der Menschen erzählen, um den theologischen Glauben der hebräischen Religion auszudrücken. Damit ist die Bibel ein Buch, das nicht das Handeln Gottes beschreibt, sondern die hebräische Religion.[8]

Die radikale Natur dieser Position wird von Gilkey erkannt, wenn er zugibt: »Der Unterschied zwischen der Ansicht der Bibel als ein Gleichnis, das den hebräischen religiösen Glauben veranschaulicht, und der Ansicht der Bibel als eine direkte Erzählung Gottes über die eigentlichen Taten und Worte ist so riesig, dass es kaum eines Kommentars bedarf.«[9]

3 Die Geschichte und die Religion Israels sind im Grunde betrügerisch

Wenn man den Bericht der Hebräer über ihre eigene Geschichte und Religion liest, wie er uns im Alten Testament vorliegt, ist es klar, dass sie *beabsichtigten*, dass der Bericht von den Lesern als historisch wahr akzeptiert wird. Die Reihenfolge, dass Mose das Gesetz gab und dass die Propheten dann später das Volk richteten, indem sie auf das mosaische Gesetz zurückverwiesen, sollte eine Erklärung dafür sein, was wirklich geschehen war – und auch genau in der Reihenfolge, in der es geschah.

Unger bringt ein ähnliches Argument vor:

> Abermals, wenn das Deuteronomium nicht bis 621 v. Chr. veröffentlicht wurde und dennoch beteuert, aus dem Mund und Stift des Mose zu sein, kann es nicht vom Verdacht der frommen Fälschung frei gesprochen werden. Das Gleiche

> kann von der Priesterschrift gesagt werden, die nicht bis um 500 v.Chr. abgeschlossen worden sei, aber selbst immer wieder beteuert, dass sie direkt und von Gott Mose befohlen wurde. Unter diesen Umständen können Ehrlichkeit und Integrität der Redaktoren kaum verteidigt werden.[10]

Wer auch immer die alttestamentlichen Bücher geschrieben und kanonisiert hat, wollte, dass wir glauben, dass die in ihnen dargestellte Geschichte in der Tat die wirkliche Geschichte Israels war. Wenn die Anhänger der Quellenscheidungshypothese Recht haben, dann haben die Historiker des Alten Testamentes Unrecht, und es scheint dann keinen sinnvollen Weg zu geben, den Folgen einer »ausgedachten« Geschichte zu entgehen.

4 Literaturangaben

1 Walther Eichrodt, *Ezekiel*, S. 8f.
2 James Orr, *The Problem of the Old Testament*, S. 56.
3 Ebd., S. 61.
4 Ebd., S. 61f.
5 Julius Wellhausen, *Prolegomena to the History of Israel and Judah*, S. 12.
6 James Orr, *The Problem of the Old Testament*, S. 4f.
7 Langdon B. Gilkey, »Cosmology, Ontology, and the Travail of Biblical Language«, *Concordia Theological Monthly*, S. 144f.
8 Ebd., S. 146.
9 Ebd., S. 146.
10 Merrill F. Unger, *Introductory Guide to the Old Testament*, S. 231.

21 Belege für die mosaische Verfasserschaft

Kapitelübersicht

1 Die inneren Belege

1.1 Das Zeugnis des Pentateuchs

Der Pentateuch bestätigt selbst deutlich, dass die Teile seines Inhaltes von Mose geschrieben wurden.

1.1.1 Das Buch des Bundes (2. Mose 20,22-23,33)

»Und Mose schrieb alle Worte des HERRN nieder. Dann stand er früh am Morgen auf und baute einen Altar am Fuß des Berges, und zwölf Steinmale entsprechend den zwölf Stämmen Israels … Dann nahm er das Buch des Bundes und las es dem zuhörenden Volk vor. Und sie sagten: ›Alles, was der HERR gesagt hat, das werden wir tun und gehorsam sein‹« (2. Mose. 24,4.7).

1.1.2 Die Erneuerung des Bundes (2. Mose 34,10-26)

»Dann sagte der Herr zu Mose: Schreibe diese Worte auf, da ich entsprechend dem Inhalt dieser Worte einen Bund mit dir und mit Israel gemacht habe« (2. Mose 34,27).

1.1.3 Das deuteronomistische Gesetz (5. Mose 5-30)

»So schrieb Mose dieses Gesetz und übergab es den Priestern, den Söhnen Levis, die die Lade des Bundes des Herrn trugen, und allen Ältesten von Israel« (5. Mose 31,9).

»So geschah es, als Mose fertig war, die Worte dieses Gesetzes vollständig in ein Buch zu schreiben, dass Mose den Leviten befahl, die die Lade des Bundes des Herrn trugen, und sprach: Nehmt dieses Buch des Gesetzes und legt es neben die Lade des Bundes des Herrn …« (5. Mose. 31,24-26).

Solch ein Abschnitt kann nicht dazu benutzt werden, um zu beweisen, dass Mose den Pentateuch wirklich geschrieben hat; aber er setzt ein bedeutendes Buch voraus, das sich zumindest auf Deuteronomium 5 bis 26 bezieht und eine Menge literarischer Tätigkeit von Mose aufzeigt.[1]

1.1.4 Das Urteil Gottes über Amalek

»Dann sagte der Herr zu Mose: Schreib dies zum Gedächtnis in das Buch und erzähle es Josua im Einzelnen, dass ich die Erinnerung an Amalek unter dem Himmel völlig auslöschen werde« (2. Mose 17,14).

1.1.5 Die Reiseroute der Israeliten von Ramses nach Moab

»Mose notierte die Ausgangspunkte ihrer Wanderung nach dem Befehl des Herrn. Und dies sind ihre Wanderungen entsprechend ihrer Ausgangspunkte« (4. Mose 33,2).

1.1.6 Das Lied des Mose in 5. Mose 32

»Und deswegen schreibt dieses Lied für euch selbst auf und lehrt es den Kindern Israels; legt es in ihre Münder, dass dieses Lied ein Zeuge für mich gegen die Kinder Israels sein kann.

Wenn ich sie zu dem Land gebracht habe, darin Milch und Honig fließt, von denen ich ihren Vätern geschworen habe, und sie gegessen und sich gesättigt haben und fett geworden sind, dann werden sie sich zu anderen Göttern wenden und ihnen dienen; und sie werden mich provozieren und meinen Bund brechen.

Wenn viel Böses und viele Schwierigkeiten über sie gekommen sind, dann wird es sein, dass dieses Lied als ein Zeuge gegen sie aussagen wird; denn es wird in den Mündern ihrer Nachkommen nicht vergessen werden, da ich heute die Vorliebe ihres Verhaltens schon kenne, sogar bevor ich sie in das Land, von dem ich schwor, es ihnen zu geben, gebracht habe« (5. Mose 31,19-21).

1.1.7 Der Einsatz von Schreibern

Wenn wir über Mose sprechen, der den Pentateuch »geschrieben« hat oder als sein

»Verfasser« gilt, so sollte doch beachtet werden, wie schon zuvor angedeutet wurde, dass dies mit der alten mesopotamischen Gewohnheit völlig in Übereinstimmung steht, dies jedoch nicht notwendigerweise bedeutet, dass er selbst die Worte auch mit seiner eigenen Hand geschrieben hat, obwohl dies durchaus der Fall gewesen sein kann. Es ist tatsächlich möglich, dass der Hauptteil des Pentateuchs, wie beim Gesetzeskodex des Hammurabi, Schreibern diktiert wurde. Dies untergräbt in keinem Fall die unentbehrliche mosaische Urheberschaft der Inhalte des Pentateuchs.

1.1.8 Die Gesetzestexte in diesem Abschnitt schreiben ihre Urheberschaft entweder im Prolog oder im Epilog Mose zu

- 2. Mose (Exodus) 12,1-28; 20-24; 25-31; 34
- 3. Mose (Levitikus) 1-7; 8; 13; 16; 17-26; 27
- 4. Mose (Numeri) 1; 2; 4; 6,1-21; 8,1-4; 8,5-22; 15; 19; 27,6-23; 28; 29; 30; 35
- 5. Mose (Deuteronomium) 1-33

1.1.9 Mose war durchaus in der Lage, den Pentateuch selbst zu schreiben

Mose wuchs im Hause des Pharaos auf und war, wie Stephanus sagte, »in aller Weisheit der Ägypter gelehrt worden« (Apg 7,22). Alle stimmen jetzt darin überein, dass dieses Lernen die Fähigkeit zu schreiben, mit einschloss.

Er hatte die notwendigen Informationen für ein solches Projekt. Es ist wahrscheinlich, dass Aufzeichnungen von vormosaischer Geschichte existierten und wären sie im Besitz der Israeliten gewesen, wären sie sicherlich für Mose, dem Lehrmeister seines Volkes, zugänglich gewesen. Wären sie in den ägyptischen Archiven zu Josefs Zeiten aufbewahrt worden, wären sie in seinem frühen Erwachsenenalter noch vorhanden gewesen.

Mose hatte auch die Zeit, diese Geschichte aufzuzeichnen. Er verbrachte vierzig Jahre in Ägypten und vierzig Jahre in Midian und es gab in beiden dieser Zeiträume reichlich Gelegenheit, die Genesis zu schreiben.[2]

Dass Mose für eine solche Tätigkeit der Niederschrift des Pentateuchs hervorragend vorbereitet war, bezeugen folgende Qualifikationen:

a) Seine Bildung: Er wurde in den sehr entwickelten akademischen Disziplinen des königlichen Gerichtswesens von Ägypten ausgebildet. Dies umfasste ohne Zweifel auch Schriftkenntnisse, denn sogar die Schönheitsartikel der Frauen wurden zu der Zeit verzeichnet.

b) Seine Tradition: Er hatte ohne Zweifel die Traditionen von der frühen israelischen Geschichte und ihre Begegnungen mit Gott überliefert bekommen.

c) Seine geografische Vertrautheit: Er besaß genaue Kenntnisse über das Klima und die Geografie in Ägypten und am Sinai, wie es im Pentateuch angedeutet wird.

d) Seine Motivation: Als der Gründer des israelitischen Volkes hatte er mehr als nur ein angemessenes Bedürfnis, die Nation mit konkreten moralischen und religiösen Grundlagen zu versorgen.

e) Seine Zeit: Vierzig lange Jahre der Wanderschaft in der Wildnis des Sinai schafften reichlich Gelegenheit, dieses Werk zu schreiben.

In einer Zeit, in der sogar ungebildete Sklaven, die in den ägyptischen Türkis-Gruben arbeiteten, ihre Aufzeichnungen auf die Tunnelwände schrieben, ist es unbegreiflich, dass ein Mann mit dem Hintergrund wie Mose es versäumen würde, die Details einer Geschichte von einer der bedeutendsten Epochen aufzuschreiben.

Kurt Sethe, einer der bedeutendsten Fachmänner im zwanzigsten Jahrhundert auf dem Gebiet des alten Ägyptens, erwähnt Mose als eine denkbare Möglichkeit, als er versuchte, den Urheber der nordsemitischen Schrift zu finden, die einer der größten Beiträge zum literarischen Fortschritt der Zivilisation überhaupt war [*Vom Bilde zum Buchstaben*, (1939), S. 56].[3]

1.2 Das Zeugnis der anderen alttestamentlichen Bücher

Diese Verse aus dem Alten Testament zeigen auf, dass die Thora oder das »Gesetz« von Mose stammte:

Josua 8,32 spricht über »das Gesetz von Mose, das er geschrieben hatte«. (Die folgenden Verse, die mit einem Sternchen markiert sind, beziehen sich auf das eigentliche schriftliche »Gesetz von Mose«, nicht einfach nur auf eine mündliche Überlieferung:)

- Josua 1,7.8*; 8,31*.34*; 23,6*
- 1. Könige 2,3*
- 2. Könige 14,6*; 23,25
- 1. Chronik 22,13
- 2. Chronik 5,10; 23,18*; 25,4*; 30,16; 33,8; 34,14; 35,12*
- Esra 3,2; 6,18*; 7,6
- Nehemia 1,7.8; 8,1*.14*; 9,14; 10,30; 13,1*
- Daniel 9,11.13
- Maleachi 3,22

1.3. Die Zeugnisse des Neuen Testaments

Auch die Schreiber des Neuen Testaments glaubten, dass die Thora oder das »Gesetz« von Mose stammte. Die Apostel glaubten, dass »Mose für uns ein Gesetz schrieb« (Mk 12,19).

Johannes war davon überzeugt, dass »das Gesetz durch Mose gegeben wurde« (Joh 1,17).

Paulus behauptet, als er über einen Pentateuchabschnitt spricht, dass »Mose schreibt« (Röm 10,5).

Andere Abschnitte, die darauf bestehen, schließen sich dem an:

- Lukas 2,22; 20,28
- Johannes 1,45; 8,5; 9,29
- Apostelgeschichte 3,22; 6,14; 13,39; 15,1.21; 26,22; 28,23
- 1. Korinther 9,9
- 2. Korinther 3,15
- Hebräer 9,19
- Offenbarung 15,3

Diese Abschnitte bezeugen auch, dass Jesus glaubte, dass die Thora von Mose stammt:

- Markus 7,10; 10,3-5; 12,26
- Lukas 5,14; 16,29-31; 24,27.44
- Johannes 7,19.23

Johannes berichtet, dass Jesus unmissverständlich seinen Glauben darüber ausdrückte, dass Mose die Thora geschrieben hat:

> »Glaubt nicht, dass ich euch beim Vater anklagen werde; es gibt einen, der euch anklagen wird – Mose, auf den ihr vertraut.
> Denn wenn ihr Mose glauben würdet, würdet ihr mir glauben; denn er schrieb über mich.
> Aber wenn ihr seinen Schriften nicht glaubt, wie werdet ihr meinen Worten glauben?« (Joh 5,45-47).

Otto Eissfeldt erklärt: »Der Name, der im Neuen Testament deutlich mit dem Verweis auf den ganzen Pentateuch – das Buch des Mose – gebraucht wird, ist sicherlich so zu verstehen, dass Mose der Zusammensteller des Pentateuchs war.«[4]

2 Die äußeren Belege

2.1 Die jüdische Tradition

R. H. Pfeiffer schreibt: »Es gibt keinen Grund daran zu zweifeln, dass der Pentateuch als die göttliche Offenbarung an Mose angesehen wurde, als er um 400 v. Chr. kanonisiert wurde.« (Pfeiffer, IOT, 133)

2.1.1 Jesus Sirach, eins der Bücher der Apokryphen, um 180 v. Chr. geschrieben, gibt dieses Zeugnis: »All dies ist das Buch des Bundes von Gott, dem Allerhöchsten, das Gesetz, das Mose erließ, damit es das Erbe des Hauses Jakobs sei« (Jesus Sirach 24,32-33).

2.1.2 Der Talmud, (*Baba Bathra* 146), ein jüdischer Kommentar zum Gesetz (*Thora*), der auf 200 v. Chr. datiert wird, und die Mischna (*Pirqe Aboth* I, 1), eine rabbinische Interpretation und Gesetzgebung, die auf 100 v. Chr. datiert wird, schreiben beide Mose die *Thora* zu.

2.1.3. Ebenso behauptet **Philo**, der jüdische philosophische Theologe, der 20 n. Chr. geboren wurde, von der mosaischen Urheberschaft: »Aber ich werde … die Geschichte von Mose so erzählen, wie ich es sowohl von den heiligen Büchern, den wunderbaren Literaturdenkmälern seiner Weisheit, die er hinterlassen hat, als auch von einigen Ältesten des Volkes gelernt habe.«[5]

2.1.4 Im ersten Jahrhundert n. Chr. schreibt der jüdische Historiker Flavius Josephus in seinem Werk *Josephus Against Apion* (11,8):

> Denn wir haben nicht eine unzählige Menge Bücher unter uns, die sich widersprechen und voneinander abweichen (wie die Griechen sie haben), sondern nur 22 Bücher [unsere gegenwärtigen 39], von denen man zu Recht glaubt, dass sie göttlich sind; und von diesen gehören fünf zu Mose, die seine Gesetze und die Traditionen des Ursprungs der Menschheit bis zu seinem Tod enthalten.[6]

2.2 Die frühe christliche Tradition

2.2.1 Junilius, ein kaiserlicher Beamter im Gericht von Justinian I., dem byzantinischen Kaiser (527–565 n. Chr.), hielt sich an die mosaische Verfasserschaft des Pentateuchs, wie es aus diesem Dialog zwischen ihm und einem seiner Schüler geschlossen werden kann, der in *De Partibus Divinae Legis* aufgezeichnet ist:

> In Bezug auf die Schreiber der göttlichen Bücher
> Jünger: Woher weißt du, wer die Schreiber der göttlichen Bücher sind?
> Meister: Auf drei Arten. Entweder von den Titeln und Vorworten … oder allein von den Titeln … oder von der Tradition der Alten, die glaubten, dass Mose die ersten 5 Bücher der Geschichte geschrieben hat; obwohl der Titel es so nicht sagt, noch er selbst schreibt: »der HERR sprach zu mir«, aber ein anderer sagt: »der HERR sprach zu Mose«.[7]

2.2.2 Leontius von Byzanz (sechstes Jahrhundert n. Chr.) schrieb in seiner Abhandlung *Contra Nestorianos*:

> »Was diese fünf Bücher angeht, bezeugt jedes, dass es (das Werk) von Mose ist.«[8]

2.2.3 Andere Kirchenväter schreiben den Pentateuch in ihren Kanonlisten des Alten Testaments Mose zu:

> 1. Melito(n), Bischof von Sardes (175 n. Chr.)
> 2. Kyrillos von Jerusalem (315-386 n. Chr.)

3. Hilarius von Poitiers (315-366 n. Chr.)
4. Rufinus (345-410 n. Chr.)
5. Augustinus (354-430 n. Chr.)

2.2.4 Der Pentateuch wird auch in den folgenden Kanonlisten der frühen Kirche Mose zugeschrieben:

1. Dialog von Timotheus und Aquila
2. Die Synopse (überarbeitet von Lagarde)
3. Liste des Apostolischen Kanons
4. Innozenz I. (417 n. Chr.)

2.3 Die Analyse der Bundesform

2.3.1 Einführung

1954 veröffentlichte George E. Mendenhall einen epochalen Artikel, in dem er die altorientalischen Vasallenverträge beschrieb, die zwischen siegreichen nahöstlichen Königen und ihren bezwungenen Untertanen geschlossen wurden. Er wies auf auffallende Ähnlichkeiten zwischen diesen Verträgen und gewissen Vertragsformen in den hebräischen Schriften hin. Meredith Kline erweiterte diese Arbeit, indem er die Beziehung dieser Verträge zu dem Buch Deuteronomium als Ganzes aufzeigte.

Der berühmte Archäologe G. Ernest Wright führt uns in Mendenhalls Studie ein:

> Ich erlaube mir, eine Voraussage zu machen, nämlich dass eine weitere größere Entdeckung innerhalb des Gebietes der Erforschung des Gesetzes die Prüfung der Zeit standhalten wird und das ist George E. Mendenhalls Pionierarbeit an dem formalen Hintergrund des mosaischen Bundes. Er hat gezeigt, dass dieser Hintergrund nicht in den Bünden der Beduinengesellschaft gefunden werden kann, wie Johannes Pedersen angenommen hatte. Stattdessen ist er im Gebiet des internationalen Rechts gefunden worden, speziell in den Oberhoheitsverträgen des späten Bronzezeitalters der hetitischen Archive. Diese Entdeckung bedeutet eine Anzahl von Auswirkungen, von denen ich nur eine erwähnen kann. Zum ersten Mal können wir uns eine klare Vorstellung davon machen, wie sich die Israeliten die Gottheit vorstellten und auch aus welchem Grund gewisse Arten der Sprache zulässig für den Verkehr mit ihm waren und andere nicht. Der Gott Israels war nicht das Haupt eines Pantheons, der die vorherrschenden Mächte der natürlichen Welt darstellte. Er war zuallererst eine Oberhoheit, nicht ein König unter Königen, sondern der Kaiser, der »König aller Könige und Herr aller Herren«, der keinen Gleichgestellen kannte. Folglich war der hebräische Begriff *melek*, der selten vor der Zeit Davids von Gott benutzt wurde, nicht streng auf ihn anwendbar, weil er seine primäre politische Bedeutung von den rivalisierenden Dynastien der syropalästinischen Stadtstaaten im Bronzezeitalter empfangen hatte. Die Oberhoheit von Israels Gott betraf aber die ganze Welt und im Mittelpunkt des Interesses stand nicht das Leben der Natur, sondern die Ver-

waltung eines riesigen Reiches. Die Sprache war damit nah an die Geschichte und an die historischen Perspektiven angelehnt.[9]

2.3.2 Das Deuteronomium und die Form der hetitischen Oberhoheitsverträge im zweiten Jahrtausend v. Chr.

K. A. Kitchen enthüllt die folgenden Elemente von hetitischen Oberhoheitsverträgen des vierzehnten und dreizehnten Jahrhunderts:

1. *Präambel oder Überschrift* identifizierten den Verfasser des Bundes.
2. *Historischer Prolog* oder Rückblick erwähnt die bisherigen Beziehungen zwischen den zwei beteiligten Parteien; ehemalige Wohltaten der Oberhoheit sind eine Grundlage für die Dankbarkeit und den künftigen Gehorsam des Vasallen.
3. *Übereinkünfte*: grundlegend und ausführlich; die Verpflichtungen, die dem Vasallen vom Souverän auferlegt werden.
4. a) *Niederlegung* einer Kopie des Bundes im Heiligtum des Vasallen und
   b) *periodisches öffentliches Lesen* der Bundessatzungen vor den Leuten.
5. *Zeugen*: Eine lange Liste von Göttern wird angerufen, die den Bund bezeugen.
6. a) *Flüche* werden über dem Vasallen gesprochen, falls er den Bund bricht und
   b) *Segen* werden über den Vasallen gesprochen, wenn er den Bund hält.

Beinahe alle bekannten Verträge des vierzehnten und dreizehnten Jahrhunderts v. Chr. folgen sehr eng diesem Schema. Manchmal werden einige Elemente ausgelassen, aber ihre Reihenfolge ist fast unveränderlich, wo immer die ursprünglichen Texte gut genug erhalten sind, um analysiert zu werden. Dies ist deswegen eine stabile Form in dem betroffenen Zeitraum. Vor diesem Zeitraum war das Schema angeblich etwas anders.[10]

Form des deuteronomistischen Bundes/des Sinaibundes im Deuteronomium:

1. Präambel: 1,1-5
2. historischer Prolog: 1,6-3,29
3. Übereinkünfte: 4-11 (grundlegend); 12-26 (ausführlich)
4. a) Niederlegung des Textes: 31,9.24-26 und b) öffentliche Lesung: 31,10-12
5. Zeugen: Da heidnische Götter hier ausgeschlossen werden, sind altorientalische Götterlisten hier nicht vorhanden. Das Lied des Mose hätte der Zeuge sein können (31,16-30; 32,1-47), wie es Kitchen vorschlägt.
6. Fluch und Segen: 28,1-14 (Segen); 28,15-68 (Flüche); die Abfolge ist hier Segen, Fluch und Zeuge im Gegensatz zu der Abfolge Zeuge, Fluch und Segen in den altorientalischen Verträgen, möglicherweise auf Grund der unterschiedlichen Natur der Zeugen hier im Deuteronomium.[11]

Die große Übereinstimmung zwischen den zwei Formen hat Kitchen dazu geführt zu bemerken, dass »es keinen ernsten Zweifel (bei der gegenwärtigen Beweislage) geben kann, dass der Großteil des Deuteronomiums sich wirklich sehr nah mit den Verträgen aus dem vierzehnten und dreizehnten Jahrhundert deckt, sogar noch strenger als Exodus und Josua es tun. Der wesentliche Unterschied literarischer Natur ist, dass die nahöstlichen Dokumente formal gesetzliche Dokumente sind, was die Bünde betrifft, während das Deuteronomium sich als der Bericht einer wirklichen Zeremonie der Erneuerung eines Bundes in Taten und Worten formen lässt.«[12]

Kline zeigt ähnliches Vertrauen:

> Angesichts dieser nun geprüften Beweise würde es unbestreitbar erscheinen, dass das Buch Deuteronomium nicht in der Form irgendeines imaginären ursprünglichen Kerns, sondern genau in der Unversehrtheit seiner gegenwärtigen Form – die einzige, für die es objektive Belege gibt – die Struktur der altorientalischen Oberhoheitsverträge in der Einheit und Vollständigkeit ihres klassischen Musters aufzeigt.[13]

Aber Kline und Kitchen sind nicht allein in ihren Beobachtungen. D. J. McCarthy hat die gründlichste Untersuchung der altorientalischen Verträge in seinem Werk *Treaty and Covenant* aufgezeigt. Obwohl er sich bereitwilliger mit den radikalen Kritikern identifiziert, findet er den Vergleich unvermeidlich: »Gibt es innerhalb des Alten Testaments einen Text, der mit hinreichender Vollständigkeit die Vertragsform belegt? Für eine zustimmende Antwort müssen wir nur die Grundbestandteile des Buches Deuteronomium in Betracht ziehen.«[14]

McCarthy fährt fort und erklärt, dass die Grundbestandteile des Deuteronomium »eine organische Struktur darstellen, wie die eines Vertrages«.[15]

An einer anderen Stelle behauptet er nachdrücklich, dass »es keine Zweifel geben kann, dass das Deuteronomium wohl eine gewisse Art der Beziehung zu diesen literarischen Formen dieser Verträge aufweist.«[16]

Sogar Gerhard von Rad, der Formgeschichtskritiker, der das Deuteronomium irgendwann nach 701 v. Chr datiert, gibt zu:

> Vergleiche der alten nahöstlichen Verträge, besonders jener, die von den Hetitern im vierzehnten und dreizehnten Jahrhundert v. Chr. gemacht wurden, mit Abschnitten im Alten Testament haben so viele Dinge enthüllt, welche die beiden gemeinsam haben, besonders in der Frage der Form; es muss dort eine Verbindung zwischen diesen Oberhoheitsverträgen und der Ausführung der Details in Jahwes Bund mit Israel, der in bestimmen Abschnitten im Alten Testament gegeben wird, vorhanden sein.[17]

Die jüngste umfassende Studie dieser Frage ist von Moshe Weinfeld unternommen worden. Während er alles versucht, ein spätes Datum für das Deuteronomium festzulegen, wird er gezwungen, anzuerkennen: »Die größeren Abschnitte der hetitischen Staatsverträge … sind alle im Buch Deuteronomium zu finden.«[18]

2.3.3 Das Deuteronomium und die Verträge des ersten Jahrtausends v. Chr.

Wenn wir keine nennenswerten Unterschiede zwischen den Vertragsformen des ersten und zweiten Jahrtausends v. Chr. finden, dann gibt es keinen Grund auf der Grundlage dieser besonderen Untersuchung, dem Deuteronomium das traditionelle frühe Datum zuzuweisen, im Gegensatz zu dem Datum, das die radikalen Kritiker ihm zuweisen, nämlich das sechste bis siebte Jahrhundert v. Chr. Aber dies ist nicht der Fall.

Schon 1954 erkannte Mendenhall, dass die Bundesform, die im zweiten Jahrtausend v. Chr. im Deuteronomium gefunden wurde, »nicht beweisen kann, dass sie den Niedergang der bedeutenden Reiche des späten zweiten Jahrtausends v. Chr. überlebt hat. Als wieder Reiche entstanden, erwähnenswert ist hier Assyrien, ist die Struktur des Bundes, an den sie ihre Vasallen banden, gänzlich verschieden. Sogar in Israel, behauptet der Schreiber, war die ältere Form des Bundes nach der vereinigten Monarchie nicht länger bekannt«.[19]

Die ziemlich auffallenden Unterschiede, auf die Mendenhall sich bezieht, können im Einzelnen folgendermaßen beschrieben werden:

1. Ordnung:

a) Die frühere Form stellt fast immer göttliche Zeugen zwischen Übereinkünfte und Flüche; dies wird in späteren Verträgen *niemals* gefunden.[20]

b) Die sehr konsistente Ordnung der früheren Verträge wird durch mehr Zufälligkeit ersetzt.[21]

2. Inhalt:

a) Der übliche historische Prolog des zweiten Jahrtausends v. Chr. fehlt in den späteren Verträgen vollkommen.[22]

b) Im ersten Jahrtausend v. Chr. fehlt in Verträgen auch der frühere Gebrauch von Segen zusammen mit den Flüchen.[23]

Was sind die unmittelbaren Folgen davon?

Kline sagt:

> Die Folgen der neuen Beweise für die Fragen des Alters und der Echtheit des Deuteronomiums dürfen nicht übergangen werden. Obwohl die Tradition der Oberhoheitsform bis in das erste Jahrtausend v. Chr. bezeugt ist, ist das volle klassische Muster nur in den syroanatolischen Verträgen des vierzehnten und dreizehnten Jahrhunderts v. Chr. dokumentiert. Dementsprechend kann die übliche literarkritische Ansicht vom Ursprung des Deuteronomiums nur von Gelehrten vertreten werden, die fähig sind, sich selbst zu überzeugen, dass es einen Wachstumsprozess – mit mehr oder weniger bewusster Hilfe der Herausgeber – im ersten Jahrtausend v. Chr. gab, und es ihnen gelang, ein genau solch komplexes gesetzliches Schema wieder herzustellen, das zum zweiten Jahrtausend v. Chr. gehörte. Um den Anschein von Glaubwürdigkeit zu bewahren, muss die Hypothese dieser Gelehrten so drastisch in die Richtung eines größeren Alters des Deuteronomiums

> abgeändert werden, dass praktisch jegliches Beharren auf eine letzte Bearbeitung des Buches im siebten Jahrhundert v. Chr. sinnlos erscheint.[24]

Die Bundesform des Alten Testaments beweist eine erstaunliche Übereinstimmung mit dem Schema der späten Verträge des zweiten Jahrtausend im Gegensatz zu dem Muster der Verträge im ersten Jahrtausend. Der Sinaibund und seine Erneuerungen *müssen* in das erstere Schema eingestuft werden, da es mit dem letzteren nur den wesentlichen Kern (Überschrift, Übereinkunft, Zeugen und Flüche) gemeinsam hat. Jüngste Belege haben nur Mendenhalls ursprüngliche Ansicht unterstützt, dass der Sinaibund enge Parallelen zu den späten Verträgen des zweiten Jahrtausends hat und nicht zu jenen des ersten Jahrtausends.[25]

2.3.4 Die Schlussfolgerung

Auch wenn wir mit Vertrauen schlussfolgern können, dass das Deuteronomium die Bundesform des zweiten Jahrtausends v. Chr. einzigartig reflektiert, gibt uns dies aber einen Grund daraus zu schließen, dass es notwendigerweise auch dann geschrieben wurde?

> Kitchen antwortet mit einem deutlichen *Ja*, indem er argumentiert, wenn das Deuteronomium und die anderen Abschnitte, die diese Form aufzeigen, »zuerst feste literarische Formen aus dem neunten bis sechsten Jahrhundert v. Chr. und später gebrauchten, warum und wie sollten ihre Schreiber (oder Redaktoren) so einfach Bundesformen reproduzieren können, die üblicherweise 300 bis 600 Jahre früher aus der Verwendung verschwunden sind (d. h. ungefähr nach 1.200 v. Chr.) und gänzlich die Bundesformen des ersten Jahrtausend, die üblicherweise in ihren eigenen Tagen benutzt wurden, versäumen widerzuspiegeln?«[26]

In einem neueren Artikel stellt Kitchen einen eindrucksvollen Überblick des Beweisumfanges dar, den wir berücksichtigt haben:

> Der gegenwärtige Gelehrte kann keinen legitimen Ausweg aus dem kristallklaren Beweis der Übereinstimmung des Deuteronomiums mit der erstaunlicherweise stabilen Vertrags- oder Bundesform des vierzehnten bis dreizehnten Jahrhunderts v. Chr. sehen. Zwei Punkte müssen diesbezüglich festgehalten werden. Zuerst *muss* die Grundstruktur des Deuteronomiums und viel vom Inhalt, das jener Struktur einen bestimmten Charakter gibt, ein erkennbares literarisches Werk darstellen; zweitens ist dies *nicht* ein literarisches Werk aus dem achten oder siebten Jahrhundert v. Chr., sondern eher *spätestens* von ca. 1.200 v. Chr. Diejenigen, die dies bevorzugen, fordern vielleicht, dass dies oder jenes einzelne »Gebot« oder jener Begriff von späterem Datum zu sein scheint als das späte dreizehnte Jahrhundert v. Chr.; aber es ist nicht mehr länger methodisch zulässig, unbekümmert wesentliche Merkmale der Bundesform auf einer rein vorgefassten Meinung (besonders wenn es von der Perspektive des neunzehnten Jahrhun-

> derts [n. Chr.] formuliert ist) zu beseitigen, von dem bloß gedacht, aber nicht nachgewiesen wird, dass es spät sei.[27]

Kline schlussfolgert:

> Während es notwendig ist, eine substanzielle Stetigkeit im Muster zwischen den früheren und späteren Verträgen zu erkennen, ist es dementsprechend richtig, die hetitischen Verträge vom zweiten Jahrtausend v. Chr. als die »klassische« Form zu unterscheiden. Und ohne einen Zweifel gehört das Buch Deuteronomium zur klassischen Struktur in dieser Entwicklung der Dokumente. Hiermit ist dann also eine bedeutende Bestätigung des erkennbaren Arguments für den mosaischen Ursprung des deuteronomischen Vertrags des großen Königs gegeben.[28]

Viele Gelehrte werden durchaus zustimmen, dass die Archäologie die »wesentliche Zuverlässigkeit« vieler historischer Tatsachen innerhalb der biblischen Aufzeichnungen bewiesen hat, aber sie behaupten noch, dass diese Tatsachen gemeinsam mit Legenden und Mythen »mündlich« über ein oder mehrere Jahrtausende überliefert wurden. Aber die Form des Deuteronomiums demonstriert, dass es in der Mitte des zweiten Jahrtausends v. Chr. geschrieben worden sein muss. Ansonsten kann keine Rechenschaft für seine literarische Form gegeben werden.

3 Das Alter der angeblichen D-Quelle

3.1 Die Einführung

Die kritische Rolle, die das Deuteronomium in der ganzen Quellentheorie spielt, wird von allen zugegeben. Der radikale Kritiker George Dahl erkennt diese Tatsache an:

> Mit einstimmigem Einverständnis wird diesem Buch eine zentrale Stellung in der Studie der Geschichte, Literatur und Religion des Alten Testaments gewährt. Die epochale Rekonstruktion des Verlaufs der israelitischen Geschichte, welche die herrschende Leistung und der Verdienst der kritischen Bibelwissenschaft gewesen ist, zu vermitteln, hängt bei ihrer Gültigkeit zuallererst von der wesentlichen Richtigkeit unserer Datierung des Deuteronomiums ab. Im Besonderen die Identifizierung der so genannten fünf Bücher Moses mit dem Buch des Gesetzes, das in 2. Könige 22f. erwähnt wird, wird im Allgemeinen als der eigentliche Schlussstein des Torbogens der alttestamentlichen Forschung angesehen.[29]

»Das deuteronomische Gesetz«, stimmt Rowley zu, »ist … von lebenswichtiger Bedeutung in der Pentateuchkritik, da es hauptsächlich in Beziehung dazu steht, wie die anderen Dokumente datiert werden.«[30]

Es gibt wenig Unstimmigkeit unter den Gelehrten aller Positionen, dass das Buch, das 621 v. Chr. im Tempel entdeckt wurde und die Reformen des König Josia

(2. Kön 22 und 23) auslöste, im Wesentlichen das Buch war, welches wir jetzt Deuteronomium nennen. Aber es gibt viele Meinungsverschiedenheiten über das genaue Datum seiner ursprünglichen Urheberschaft: Die radikalen Kritiker weisen ihm ein Datum nicht lange vor seiner Entdeckung in 621 zu, während andere darauf bestehen, dass es in die Zeit des Mose datiert werden muss.

3.2 Die Aussagen

3.2.1 Die häufig wiederkehrenden Aussagen

Gerhard von Rad, der über das Deuteronomium spricht, sagt uns, dass die häufigsten Phrasen die wichtigsten Gedanken zeigen. Nachforschungen der üblichsten Phrasen enthüllt die folgende Gruppierung:

a) Erinnerungen der Vergangenheit in Ägypten
b) Jahwes Bund für Schutz vor kanaanitischem Einfluss im Land
c) Eintritt ins Land
d) nationale Einheit (mit keiner Erwähnung des gespalteten Königreiches des siebten Jahrhunderts v.Chr.)
e) Sünde und Reinigung (alles von einer äußerst unterschiedlichen Natur des achten Jahrhundert v. Chr. Denunziationen für moralisch Böse)
f) Segen, wenn das Land betreten werden wird.[31]

Pederson beschreibt den Zweck des ganzen Buches: »Der Hauptgegenstand des Buches, in seiner gegenwärtigen Form, ist, die israelitische Gemeinschaft vor kanaanitischem Einfluss zu schützen.«[32]

Diese Themenvorstellung steht in scharfem Kontrast zu jedem Zeitraum in dem ersten Jahrtausend v. Chr., ist jedoch völlig im Einklang mit dem Zeitraum, den das Buch für sich selbst in Anspruch nimmt, der unmittelbar vor dem Eintritt Kanaans im zweiten Jahrtausend v. Chr. liegt.

3.2.2 Die geografischen Aussagen

Manley fasst sehr gut die geografischen Bestätigungen für das hohe Alter dieses Buches zusammen:

> Wenn wir die geografischen Daten als Ganzes wiederholen, erscheinen die Details viel zu genau zu sein, als dass man sie entweder auf den Zufall oder auf die mündliche Tradition zurückführen könnte. Der Bericht der Wanderung in Kapitel 1-3 ist im Großen und Ganzen realistisch und ganz im Gegensatz zu einer vorangesetzten Einleitung für eine Sammlung von alten Gesetzen; es trägt jedes Merkmal für sich eine Originalität. Die Aussichten, die beschrieben werden, und die Merkmale des reproduzierten moabitischen Landes müssen von menschlichen Augen gesehen worden sein; die antiquierten Anmerkungen gehören auch zum Zeitraum und sind nicht das Ergebnis von archäologischer Forschung.
> Die Auslassungen sind auch bedeutend: Es gibt keine Andeutung, weder von

Jerusalem noch von Rama, die dem Herz Samuels lieb war, nicht einmal von Silo, wo die Stiftshütte zur Ruhe kam. Alles deutet auf seinen historischen Charakter und ein frühes Datum hin.[33]

3.3 Der Stil

Der radikale Kritiker Norman Habel drückt kurz und bündig den Vorwurf aus, dass das D-Schriftstück anders als der Rest des Pentateuchs ist:

> Der Stil und Jargon des Deuteronomiums sind sehr offensichtlich. Sie stehen im scharfen Gegensatz zu den literarischen Merkmalen der übrigen Teile des Pentateuchs. Mit Genesis bis hin zu Numeri verglichen, stellt Deuteronomium eine neue Welt von Begriffen, Gedankenmustern, Ausdrucksformen und stereotypen Idiomen dar.[34]

Dahl erwähnt einen anderen charakteristischen Aspekt des Stiles dieses Buches: »Der entwickelte oratorische Stil des Deuteronomiums: fließend, getragen und glatt, setzt eine lange literarische Geschichte dahinter voraus.«[35]

Aber die angeblichen Unterschiede im Stil und in Elementen der Unterscheidung zwischen dem Deuteronomium und dem Rest des Pentateuchs werden hauptsächlich von ihren jeweiligen Standpunkten verursacht. Levitikus zum Beispiel ist ein verschlüsseltes Gesetzbuch, das die Priester benutzen sollten, während das Deuteronomium aus populären Ansprachen besteht. Deswegen werden wir nicht überrascht sein, wenn wir feststellen, dass Mose im Deuteronomium einen oratorischen Stil benutzt, Details redigiert, praktische Probleme hervorhebt und oft Anweisungen, die bei dem Eintritt der Israeliten in Kanaan berücksichtigt werden sollen, mit einschließt.[36]

Und die Behauptung Dahls (und wie es mit ihm viele Gelehrte tun), dass der oratorische Stil einen langen Zeitraum der Entwicklung anzeigt, ist so unverantwortlich, dass sie kaum eine Antwort verdient. Es würde wahrscheinlicher erscheinen, dass ein Buch, welches die Reden eines bedeutenden Redners aufzeichnet, einen »entwickelten oratorischen Stil« aufzeigt, ohne einen langen Zeitraum der Entwicklung zu benötigen. Ferner sind reichlich Beispiele von Literatur vorhanden, die keinen Zeitraum von Entwicklung aufweisen, sondern schon einen glatten und entwickelten Stil haben.

Ein letzter stilistischer Punkt wird von Manley betont: »Der gleiche Stil kann in einem bestimmten Maß auch in einigen der früher aufgezeichneten Reden von Mose im Pentateuch bemerkt werden.«[37]

3.4 Das Alter der Gesetzgebung

Das literarkritische Argument zu Gunsten eines späten Datums, das auf die gesetzgebende Überlegung basiert, steht mit Dahl in Beziehung: »Im Allgemeinen … würde es so erscheinen, dass die Beziehung des Deuteronomiums in der allgemeinen Richtung von Expansion und Entwicklung der früheren Gesetze liegt. Sein

Kodex spiegelt ein deutlich moderneres und komplizierteres Gemeinschaftsleben als jenes wider, das in Ex 21-23 (34) zu Grunde liegt.«[38]

G. T. Manley, ein geschätzter britischer Gelehrter des Alten Testaments, führte eine detaillierte und gründliche Studie über jedes der Pentateuchgesetze durch, um herauszufinden, ob diese mutige Behauptung tatsächlich wahr war. Seine überraschenden Schlussfolgerungen sind folgende:

> Man muss zugeben, dass das Wellhausen-System an einer genauen Prüfung der Gesetze zerbricht.
> 1. Die absolute Datierung hat kein Fundament. Es gibt nichts Bestimmtes, das die Gesetze von JE mit der frühen Monarchie verbindet, weder die des Deuteronomiums mit 621 v. Chr. noch die von P mit dem Exil.
> Im Gegenteil dazu werden in allen Gesetze von großem Alter gefunden und einige stechen in ihnen besonders auffällig hervor – sie scheinen vielmehr zeitgenössischen Ursprungs zu sein.
> 2. Die Aussage, dass Deuteronomium 12-26 eine »Expansion« des JE-Kodexes ist, ist irreführend. Ein paar von den alten Gesetzen und Grundsätzen werden wiederholt, mehr des gleichen Typs wird ausgelassen; wo ein Gesetz verändert wird, gibt es kein Anzeichen dafür, dass es den Bedürfnissen des siebten Jahrhunderts angepasst worden ist. Das für das Deuteronomium eigentümliche Material umfasst vieles, was offensichtlich alt ist und offenkundig nichts von einem späten Ursprung enthält.
> Die zwei Gruppen von Gesetzen scheinen ergänzend und annähernd zeitgenössisch zu sein.
> 3. Dem Argument zu Gunsten der chronologischen Reihenfolge JE, D, P ergeht es nicht besser: Man kann nicht mit Recht sagen, dass das Deuteronomium von JE abhängig ist und P ignoriert; es hat mit beiden einige Elemente gemeinsam, eher jedoch mehr mit dem Letzteren.
> Die Gesetze von Lev 11, welche die Nahrung betreffen, erscheinen in Dt 14 wieder in einer unterschiedlichen Form, aber einer, die keinen Unterschied im Zeitraum zeigt.
> Das Deuteronomium erwähnt die Existenz eines priesterlichen Gesetzes, das die Lepra betrifft, und nimmt die Existenz von Gesetzen über Opfer, wie sind in P zu finden sind, an.
> 4. Die Gesetze von Dt 12-26 folgen natürlicherweise auf den vorausgegangenen Diskurs in den Kapiteln 5-11 und scheinen wirklich dem Ort und der Gelegenheit, die in 4,44-49 angegeben sind, angemessen zu sein. Die ermahnenden Zusätze gehören auch dort, wo sie vorkommen, zu dem Zeitraum, als die Befreiung von der Sklaverei aus Ägypten noch eine lebendige Erinnerung war, und sind merklich anders als die Ermahnungen, die Jesaja zu einem ernüchterten und intellektuellen Volk sprach.[39]

Später fügt Manley in der gleichen Monografie (*The Book of the Law*) diese Beobachtungen hinzu:

Wenn der Verfasser ein Reformer wäre, der die Menschen in Juda, die unter den Bosheiten der Regierung Manasses leiden, ansprechen möchte, dann ist er sehr erfolgreich beim Verbergen dieser Tatsache. Er behindert sein Reformprogramm mit einer Anzahl veralteter, undurchführbarer und irrelevanter Gesetze; er verrät keine Spur von dem geteilten Königreich oder von dem Versprechen Davids; und während er sich die Möglichkeit eines Königs vorstellt, ignoriert das Zivilrecht gänzlich seine Existenz.
Der Verfasser des Deuteronomiums gibt Gesetze mit der Erwartung heraus, dass man sie erfüllt, dies ist nicht die Haltung der reformierenden Propheten, die die Israeliten aufriefen, dass sie Reue über Gesetze zeigen sollten, die sie gebrochen hatten. Dieser Gegensatz zu den prophetischen Äußerungen geht bis ins Innerste des Buches und färbt durchweg die Gesetzgebung.
Aus dieser Hinsicht ist auch die einzige Zeit, die einen geeigneten Hintergrund für die Gesetzgebung gibt, der vorprophetische Zeitraum.[40]

3.5 Die Aussagen, die angeblich die mosaische Verfasserschaft und das Alter von D widerlegen

Die Befürworter der Quellenhypothese deuten auf gewisse Aussagen innerhalb des Buches Deuteronomium als Beweis gegen seine mosaische Verfasserschaft und für ein spätes Datum seiner Entstehung hin:

a) Der Ausdruck »jenseits des Jordans« soll sich auf die Region östlich des Jordans beziehen. Es wird geltend gemacht, dass, weil das Deuteronomium den Anspruch erhebt, in der Region »jenseits des Jordans« geschrieben worden zu sein, das nur richtig auf Kanaan – auf der westlichen Seite – verweisen könnte. Allerdings wurde ausreichend nachgewiesen, dass dieser Ausdruck einfach nur ein Fachwort für jene Region war, sogar als es in der Zeit des Neuen Testaments als Peräa (»das Land der anderen Seite«) und neuerdings (sogar für seine Einwohner) als Transjordanien bekannt ist.[41]

b) Die Redewendung »bis zu diesem Tage«. Hier fordert man, dass dies eine große Zeitspanne seit dem erwähnten Ereignis impliziert. Dennoch ist es in jedem Fall, in dem es gebraucht wird, höchst angemessen, dass Mose diesen Ausdruck im Hinblick auf den Zeitraum der vorangegangenen vierzig Jahre verwendet, um zu zeigen, dass eine Situation bis zu diesen letzten Tagen seines Lebens fortgedauert hat.[42]

c) Der Bericht vom Tod des Mose in Deuteronomium 34. Es ist sehr sinnvoll anzunehmen, dass Josua diesen Bericht mit aufnahm, gerade wie oft auch ein Nachruf zum letzten Werk eines großen Gelehrten hinzugefügt wird.[43] Und es sollte erwähnt werden, dass die anderen Ereignisse des Buches alle in die Lebenszeit des Mose fallen und niemals jene Grenze überschreiten.[44]

3.6 Die zentralisierte Anbetung

3.6.1 Die Annahme der Quellentheorie

Die Anhänger der Quellenhypothese nehmen an, dass es zur Zeit Mose eine Vielzahl von Heiligtümern gab, die entweder erlaubt oder doch legitimiert waren. Erst zu der Zeit von Josia (621 v. Chr.) gab es eine religiöse Erweckung und die bedeutendste Reform war die Errichtung eines zentralen Heiligtums in Jerusalem.

Die Hauptfunktion des Buches Deuteronomium, das im Tempel zur Zeit Josias gefunden wurde, war es, den verschiedenen Anbetungsstätten ein Ende zu machen.

Man behauptet, dass 2. Mose 20,24 ein »altes Gebot« zum Ausdruck bringt, welches das Bauen von Altären in verschiedenen Teilen des Landes befahl.[45] Diese Standorte der Anbetung waren angemessen und die Israeliten sollten Jahwe an diesen Heiligtümern anbeten. Als dann das Deuteronomium veröffentlicht wurde, sollte die Anbetung nur noch an dem zentralen Heiligtum in Jerusalem erlaubt werden, während die Anbetung an den zahlreichen Heiligtümern verboten wurde.

3.6.2 Grundlegende Antwort

1. »Einen Altar aus Erde sollst du für mich machen, und du sollst darauf deine Brandopfer und deine Dankopfer, deine Schafe und deine Ochsen opfern. An jedem Ort, an dem ich meines Namens gedenken lasse, werde ich zu dir kommen und ich werde dich segnen« (2. Mose 20,24).

Nirgends spricht dieser Vers aber über Heiligtümer. Er erwähnt nur Altäre. Da dies die erste gesetzliche Anweisung (außer dem zweiten Gebot) über Anbetung im Pentateuch ist, kann es mit dem patriarchischen und mosaischen Zeitraum verbunden werden. Damit bezeichnet die Redewendung »an jedem Ort, an dem ich meines Namens gedenken lasse« solche Orte wie die Ebene von Sichem bei der Eiche von More (1. Mose 12,6), den Berg Morija (1. Mose 22,2), Beerscheba (1. Mose 26,23), Bethel (1. Mose 35,1) und Refidim (2. Mose 17,8.15).

Dazu fügt G. T. Manley hinzu, dass die Aussage »als das Deuteronomium zusammengestellt wurde, auch das alte Gesetz ›widerrufen wurde und in Jerusalem sich die Anbetung zentralisierte‹ im Gegensatz zu den Tatbeständen und im Widerspruch mit der Theorie selbst steht. Würde ein Autor, der an einer ›Expansion‹ des JE-Kodexes mitarbeitet, ein wichtiges Element darin widerrufen ohne ein Wort der Erklärung?«[46]

G. A. Aalders schreibt: »Wenn der Gesetzgeber an Heiligtümer dachte, von denen zuvor noch nichts erwähnt worden ist, hätte er es ohne Zweifel deutlicher angezeigt. So deutet der Text sicherlich auf keine Vielfalt von Heiligtümern, sondern weist höchstens auf eine Vielzahl von Altären hin.«[47]

2. Zu dem Vorhergehenden könnte man sagen, dass mehr für eine Vielzahl von Altären als für eine Vielzahl von Heiligtümern spricht. Die Redewendung »an jedem Ort, an dem ich meines Namens gedenken lasse« bedeutet nicht notwendigerweise, dass dies gleichzeitig getan wird.

Aalders weist auf diesen Zusammenhang hin:

> In der Regel deutet das hebräische Nomen *kol*, wenn es mit einem anderen Nomen mit dem bestimmten Artikel kombiniert ist – wie es hier der Fall ist – eher auf eine Anzahl von Personen oder Dingen hin, die in einer *Reihenfolge* stehen, besonders dann, wenn das hinzugefügte Nomen im Singular steht. Wir verwei-

sen auf das wohl bekannte *kol hayom* hin, dessen normaler Sinn »immer« ist, das so viel sagen will wie »alle aufeinander folgenden Tage«; oder auf Ex 1,22, wo »jeder Sohn« und »jede Tochter« natürlicherweise auf alle nacheinander geborenen Kinder verweist; ebenso auf Gen 20,13, wo »jeder Ort, wohin wir kommen werden« nichts anderes bedeuten kann als eine Anzahl von Orten, die Abraham und Sara nacheinander erreichten; und auf Deut 11,24; 1. Sam 3,17 usw. Es ist deswegen falsch zu behaupten, dass der Ausdruck »an allen Orten, an dem ich meines Namens gedenken lasse« als eine Anzahl von gleichzeitig bestehenden Anbetungsstätten verstanden werden *muss*.[48]

3. Es ist interessant, dass die Ermahnungskapitel des Deuteronomiums (5-11) nicht ein einziges Mal den Ort der Anbetung erwähnen. 5. Mose 12 verlangt nicht die Vereinigung der Anbetung, sondern seine Reinigung. Die Anbetung selbst musste vor heidnischen und abgöttischen Einflüssen geschützt und von den Bildern und Schandtaten gereinigt werden, die es entweiht hatten.

4. 5. Mose 12, die Verse 13 und 14, warnen in Bezug auf das zentrale Heiligtum: »Gebe Acht darauf, dass du dein Brandopfer nicht an jedem Ort opferst, den du siehst; aber an dem Ort, den der Herr erwählt in einem deiner Stämme, dort wirst du deine Brandopfer bringen, und dort sollst du alles tun, was ich dir befehle.«

Die Annahme der Anhänger der Quellenhypothese ist, dass sich »an jedem Ort, den du siehst« auf die bisherige Vielzahl von Heiligtümern bezieht, die jetzt verboten werden. Allerdings muss man 12,15 eine andere Konnotation geben: »Allerdings kannst du innerhalb aller deiner Städte schlachten und Fleisch essen, nach dem, was auch immer dein Herz begehrt, dem Segen des Herrn, deines Gottes, entsprechend, den Er dir gegeben hat; der Unreine und der Reine können davon essen, so wie man das Reh und den Hirsch isst.«

Die Verse 13 und 14 werden in Vers 15 durch das Wort »allerdings« eingeschränkt. Vers 13 spricht vom »Brandopfer«, das in einem Heiligtum dargeboten werden soll, dessen Existenz also vorausgesetzt wird. Aber der Ausdruck »an jedem Ort« in Vers 13 bezieht sich auf keine Verurteilung von bisherigen Altären, sondern wird synonym zum Ausdruck »innerhalb aller deiner Städte« in Vers 15 gebraucht. Deswegen bedeuten die Verse 13 bis 15, dass Rinder überall geschlachtet werden können, aber Brandopfer sollen nicht überall dargeboten werden.

Im Gegensatz zu der Annahme der Quellentheorie »erfordert Vers 13 keine Konzentration der Anbetung im Gegensatz zu der bisherigen Zeit, als verschiedene Kultplätze legitim waren, sondern es warnt den Israeliten einfach, seine Brandopfer nicht dort zu opfern, wo auch immer er es sich wünscht, und beschränkt diese Opfer auf das eine Heiligtum, dessen Existenz vorausgesetzt wird.«[49]

5. Es gibt viele Situationen, die ein zentrales Heiligtum vor der Reform des Josia 621 v. Chr. voraussetzen; zum Beispiel »das Haus Gottes« (Ri 18,31) und »der Tempel des Herrn« (1. Sam 1,9; 3,3).

Die folgenden Hinweise beziehen sich auf ein einziges Heiligtum: 1. Samuel 1,3; 2. Mose 23,17.19; 34,23.26 (vgl. Deut 16,16). Diese werden direkt mit dem Heiligtum verbunden: 1. Samuel 21,4; 2. Mose 25,30; 3. Mose 24,5; 1. Samuel 21,9 (vergleiche 2. Mose 28,6).

6. 1. Könige 8,4 hält fest, dass die Ältesten und Priester die Lade und alle heiligen Gefäße zur Stiftshütte brachten. Aalders schreibt, dass es schwierig ist:

> zu verstehen, wie irgendjemand glauben kann, dass sogar eine Vielzahl von Heiligtümern zu jener Zeit existierte und für legitim gehalten wurde. Der schöne Tempel mit seinem ruhmvollen Reichtum und Herrlichkeit muss ganz natürlich solch einen markanten Platz im religiösen Leben des Volkes eingenommen haben, dass es ausgesprochen unbegreiflich ist, wie er eine Anzahl von rivalisierenden Heiligtümern hätte haben können. Dies wird vom Bericht des Königs Jerobeam bestätigt, dem ersten Herrscher des nördlichen Königreiches, der fürchtete, dass das Herz der Leute wieder zu Rehabeam sich wenden könnte, dem König von Juda, wenn sie hinaufgingen in das Haus des HERRN, um in Jerusalem zu opfern (1. Kön 12, 27). Er errichtete deswegen zwei Gotteshäuser: eins in Bethel [Haus Gottes] und das andere in Dan (Verse 28f.). Dies beweist, dass die Leute es zu seiner Zeit gewohnt waren, ihre Opfer zum Tempel zu bringen, und dass der Tempel das zentrale Heiligtum für das ganze Volk Israel war. Es sollte deswegen zur Zeit von König Josia nicht notwendig sein dürfen, den Kult am Tempel zu konzentrieren, da der Tempel das unangefochtene Zentrum der Anbetung seit seiner Gründung gewesen war.[50]

7. Der Text aus 2. Könige 22,8-13 fleht uns an, zu schlussfolgern, dass das »Buch des Gesetzes«, das gefunden wurde, ein altes Buch war. Die Formulierung »unsere Väter haben den Worten dieses Buches nicht gehorcht« (2. Kön 22,13) – und dass dies die eigentliche Ursache des Zornes Gottes ist – zeigt sein eigentliches Alter auf.

G. T. Manley sagt: »Es wurde sofort als das ›Buch des Gesetzes‹ erkannt, was andeutet, dass man um die Existenz eines solchen Buches gewusst hat, aber es war verloren oder vergessen worden. Diese Dinge hätten so nicht geschehen können, wenn das Buch einigen bekannt gewesen wäre als ein Werk von noch lebenden Männern.«[51]

8. Es gibt keine ersichtlich nahe Verbindung zwischen dem Buch Deuteronomium und den Ereignissen, die Josia umgaben. Sie vertreten zwar den gleichen Standpunkt, indem sie die Sünde der Hexerei und den Götzendienst verurteilen, aber diese gleichen Sünden werden auch in anderen Teilen des Pentateuchs gebrandmarkt. »Aber gewisse üble Dinge dieser Zeit«, schreibt Manley, »wie die *kemārîm* (abgöttische Priester), werden – obwohl sie Hosea (10,5) und Zefanja bekannt waren (1,4.5) und von Josia unterdrückt worden waren (2. Kön 23,5) – im Deuteronomium ignoriert. Das Gleiche gilt auch für das Räuchern zur Ehre Baals (Hos 2,13; 12,2; 2. Kön. 23,5) und für die ›Sonnenabbilder‹ (Jes 17,8; 27,9; 2. Chr 34,4).«[52]

»Andererseits«, führt Manley fort, »sind im Deuteronomium viele Befehle, wie die Zerstörung von den Amalekitern und die Zuweisung der Zufluchtsstädte, die nicht als Teil von Josias Reform erwähnt werden und zu der Zeit Anachronismen gewesen wären.«[53]

9. Deuteronomium 27,1-8. Eine der furchtbarsten Barrieren für die Annahme der Zentralisierung des Heiligtums ist der Befehl in 5. Mose 27,1-8, in dem Mose gesagt wird, dass er einen Altar auf dem Berg Ebal bauen soll. Dieser Abschnitt gebraucht die gleichen Worte, wie sie 2. Mose 20,24 für den Altar gebraucht, der vom Deuteronomium eigentlich verboten oder widerrufen werden sollte.

Die Bauanleitung für diesen Altar, der von Jahwe (5. Mose 27) befohlen wurde, wird in Josua 8,30.31 umgesetzt. Es ist kein Wunder, dass S. R. Driver erkennt, dass dieser Abschnitt »erhebliche kritische Schwierigkeiten« erzeugt und dass »er an der ungeeignetsten Stelle steht«.[54]

10. Opfer an »Altären« und »Höhen«. Der Autor ist dem Verlag und Verfasser von *The Book of the Law* für die Erlaubnis des großzügigen Zitierens der folgenden Bearbeitung des hebräischen Begriffs *bāmāh* – »Höhe« – zu Dank verpflichtet.

Lokale Heiligtümer

> Der Begriff »lokale Heiligtümer« ist etwas vage und wenn er ungenau benutzt wird, ist er dazu geeignet, Dinge zu vermischen, die sich eigentlich unterscheiden und die getrennt behandelt werden müssen. Was die Informationen, die uns zu den lokalen Altären zur Verfügung stehen, betrifft, so sind diese spärlich und der Mangel von Tatbeständen fördert die Spekulation. Es ist verlockend, jeden Ort von heiligen Gedächtnissen oder wo ein Opfer erwähnt wird, zusammenzustellen und sie alle als ständige Heiligtümer zu betrachten, jedes mit vollständigen Priestern für die Opferungen, die einem besonderen Ritual folgten und die ihre eigene Sammlung von Traditionen aufbauten. Der weisere Weg ist allerdings, sich so nahe wie möglich an die Aufzeichnungen zu halten und gewisse offensichtliche Unterscheidungen zu beachten, solche wie zwischen Taten auf der einen Seite, die heilige Sanktionen forderten, und auf der anderen Seite, wo die Menschen »Böses in den Augen des Herrn taten«.
>
> Wir werden mit einem kurzen Überblick über das, was von Opfern 1) an Altären und 2) auf Anhöhen in den Büchern von Josua bis 2. Samuel – das heißt vor dem Tempelbau – aufgezeichnet wurde, beginnen.
>
> In diesen Büchern gibt es sieben Fälle, bei denen ein »Altar« errichtet wird, zwei in Verbindung mit Erscheinungen (Ri 6,26-28, 13,20) und fünf zu anderen Gelegenheiten (Jos 8,30; Ri 11,2-4; 1. Sam 7,17; 14,35; 2. Sam 24,25). Zudem ist dort in Jos 9,27 die Aussage gemacht, dass die Gibeoniter am »Altar des Herrn«

dienten, vermutlich an der Stiftshütte, und auch die Erzählung des »Zeugenaltars« in Jos 22.

Es ist eine seltsame Tatsache, und es kann auch sein, dass es nur ein Zufall ist, dass sowohl in diesen Büchern als auch in der Gesetzgebung des Deuteronomiums der Plural »Altäre« nur einmal vorkommt und dann in jedem Fall in Bezug auf jene der Kanaaniter (Ri 2,2; 5. Mose 12,2).

Wir lesen auch von Opfern bei Bethlehem (1. Sam 16,5; 20,29), Gilgal (1. Sam 13,8) und von den Männern von Bet-Schemesch in der Anwesenheit der Lade (1. Sam 6,15).

Gideons Altar stand noch, als die Erzählung geschrieben wurde, und der bei Sichem stand noch zur Zeit von Josuas Tod (Jos 24,26); der Standort von Davids Altar wurde für den Tempel benutzt. Die anderen geraten in Vergessenheit.

Die »Höhe« (*bāmāh*) ist nicht der gleiche [Ausdruck] wie der »Altar«. Die zwei Worte unterscheiden sich in Ursprung und Bedeutung und erfordern getrennte Behandlung.

Das Wort *bāmāh* ist in Josua und Richter nicht vorhanden, aber in 1. Samuel werden zwei Höhen erwähnt.

Dort war eine bei Rama, zu der Samuel »hinaufging« (1. Sam 9,13), und eine nahe am »Hügel Gottes«, von der eine Gruppe musikalischer Propheten »herunterkam« (1. Sam 10,5). Auf der ersten war ein »Gästeraum«, wo Samuel dreißig Personen an einem Opferfestessen bewirtete. Die verwendete Sprache zeigt, dass diese *bāmôth* Erhöhungen waren oder sich auf Erhöhungen befanden.

Hiermit beenden wir unsere Information über die genehmigten und anerkannten Opfer, die Jahwe gebracht wurden. Als sie unter den Richtern lebten, »verließ das Volk den HERRN und diente Baal und Astarte« (Ri 2,13), dies war etwas völlig anderes und wurde auch verurteilt.

Eine neue Phase wird mit dem Gebäude des Tempels eingeläutet; der Ton ändert sich und das Wort *bāmāh* beginnt eine neue und schlechte Konnotation zu bekommen. Ein Übergang kann in 1. Kön 3,1-4 gesehen werden, wo der Schreiber uns sagt, dass »das Volk noch an den Höhen opferte, weil es zu jener Zeit noch kein Haus gab, das auf den Namen des HERRN gebaut war«; diese Gewohnheit seitens »des Volkes« wird eher missbilligt als verurteilt.

Wir lesen als Nächstes, dass Salomon »in den Satzungen von David, seinem Vater, wandelte; nur dass er an den Höhen opferte und Weihrauch verbrannte«, was auch einen Ton von Missbilligung nach sich zieht. Der Schreiber fügt hinzu: »Der König ging nach Gibeon, um dort zu opfern, da das die bedeutendste Höhe war« (1. Kön 3,4).

Hier übersetzt die LXX ὑψηλοτάτη καὶ μεγάλη (transkribiert: *hypsálotátĕ kai megálĕ*; übersetzt: *am höchsten und groß*), als ob man an eine hohe Erhebung denkt (Gibeon ist der höchste Punkt in der Region); aber möglicherweise ist der Hinweis auf das Vorhandensein der Stiftshütte dort gemeint (vgl. 2. Chr 1,1-3). Bis zu diesem Punkt bleibt die Vorstellung von Höhe für das Wort *bāmāh*, das verschwindet jetzt aber und es stellt eine Art von Ort dar, der »erbaut« (1. Kön

14,23) und zerstört (2. Kön 21,3) und – in einer Stadt oder in einem Torweg (2. Kön 23,8) – neu aufgebaut werden kann.

Der Fortbestand der *bāmôth* wird jetzt als ein Schandfleck in der Aufzeichnung von sonst guten Königen betrachtet; das Gebäude auf ihnen wird vom Volk auf der Stelle verurteilt (1. Kön 14,22-24), eine Verurteilung wird ebenso auf das *bēth-bāmôth* übertragen, was auch immer sein genaues Wesen gewesen sein mag (1. Kön 12,31; 2. Kön 17,29; 23,19).

Diese Missbilligung kann nicht nur den Vorurteilen des Autors im Deuteronomium zugeschrieben werden, da es auch von den Propheten mit großem Elan ausgedrückt wird (Hos 8,11; 10,1; Am 3,14; 4,4-6; 5,4-6; Mi 1,7; Jes 2,8).

Die Grundlage des Einwandes hat keine Relevanz für ein zentralisierendes Gesetz, sondern ist zum Götzendienst und zur Korruption von Synkretismus mit der kanaanitischen Religion eingeführt worden, gegen das nicht nur in Deut 12,29-32 strenge Verwarnungen gegeben worden waren, sondern auch früher in Ex 34,12-16 (J).

In dem nördlichen Königreich wurde der reinen Religion von Jahwe von der königlichen Schirmherrschaft der phönizischen Baals-Anbetung unter Ahab und Isebel die Auslöschung angedroht. Dies wurde grimmig von Elia angefochten; die Altäre von Jahwe, auf die er sich bezog (1. Kön 19,10), können von frommen Israeliten aufgerichtet worden sein, die davon abgehalten wurden, nach Jerusalem zu gehen, um anzubeten, oder sie waren möglicherweise von älterem Ursprung.

Die Archäologie hat wenig, was sie diesem Bild hinzufügen kann. Kanaanitische Schreine, die bei Geser und anderswo entdeckt worden sind, gehören zu dem vorisraelitischen Zeitraum, und »es bedarf noch der Klärung, warum keine hebräische Höhe oder ein anderer Schrein zur Anbetung, ob für Jahwe oder für einige ›fremde Götter‹ vom Zeitraum der israelitischen Herrschaft und von dem Gebiet der israelitischen Besatzung in Palästina bekannt ist«.

Dies ist der historische Hintergrund, frei von Vermutungen, gegen den Wellhausens Interpretationen beurteilt werden müssen.[55]

11. Aalders schlussfolgert:

Die Verfechter der Quellentheorie kritisieren es als »subjektive Geschichte«, aber solch ein Urteilsspruch ist nicht wissenschaftlich. Im Gegenteil, wir müssen die Anklage auf die Theorie selbst anwenden, welches dem pentateuchalen Kodex eine Interpretation aufgezwungen hat, die absolut keine Grundlage in der Formulierung des Gesetzes hat, die Geschichte neu schreibt, um die Tatsachen mit dieser Interpretation in Harmonie zu bringen, und schließlich, jedem historischen Beweis mit seiner Annahme widersprechend, einem »deuteronomistischen« Redaktor zuweist! Gegen solch eine Methode muss der größte Protest eingelegt werden.[56]

Anmerkung: Für Informationen über das Alter von P und der Stiftshütte bitte den folgenden Abschnitt ansehen.

3.7 Schlussfolgerung

Auf der Grundlage des inneren Beweises bleiben uns eine Anzahl äußerst schwieriger Probleme, wenn wir hartnäckig an der Position der Spätdatierung für D festhalten. Außer den oben erwähnten Problemen müssen wir für diejenigen, die an dem Datum des siebten Jahrhunderts v. Chr. festhalten, weitere Fragen stellen. Da der Verfasser offensichtlich ein berühmter und machtvoller Prediger war (der sogar, den Anhängern der Quellenhypothese gemäß, eine »deuteronomistische« Schule von Schreibern gründete), warum finden wir in keiner Weise eine Andeutung von seinem Namen oder seiner Person in der Mitte des ersten Jahrtausends v. Chr.? Wenn er solch ein wirksamer Reformer ist, warum verurteilt er nur die Sünden seiner Vorfahren? Wenn sein Kodex von Regeln dazu bestimmt ist, dass ein altes mosaisches Gesetz widerrufen wird, warum schreibt er sie Mose selbst zu? Wenn es seine Absicht ist, Anbetung in Jerusalem zu zentralisieren, warum zeigt er niemals Kenntnis ihrer Existenz? Und warum würde er sein Buch im Tempel verstecken?[57]

Außerdem, angenommen dass er wirklich von einem späten Zeitpunkt stammt und damit eine Fälschung darstellt, dann hat John H. Raven »viele Personen in Juda, die mächtige Motive dafür hatten, diese Fälschung zu enthüllen, wenn es denn eine war«, genannt. »Die bösen Leute, die das Buch verurteilten, hätten die Gelegenheit ergriffen und es als eine Fälschung bezeichnet.«[58]

4 Das Alter der angeblichen P-Quelle

4.1 Die Annahme der Quellentheorie

Driver hat behauptet: »Der vorexilische Zeitraum zeigt keine Anzeichen dafür, ob P tätig war.«[59]

Und Wellhausen hat selbstsicher behauptet:

> Für jemanden, der irgendetwas über Geschichte weiß, ist es nicht notwendig zu beweisen, dass die so genannte mosaische Theokratie, die nirgends zu den Umständen der früheren Zeiträume passt und von der die Propheten, sogar in ihren idealistischsten Darstellungen des israelitischen Staates, wie er sein sollte, nicht den kleinsten Funken einer Idee hatten, sozusagen ein perfekter Sitz für das nachexilische Judentum ist und seine Wirklichkeit nur dort hatte.[60]

4.2 Grundlegende Antwort

4.2.1 Ein Vergleich von »P« mit den Propheten

Wir können bestimmen, ob die »Priesterliche Schrift« wirklich ein »perfekter Sitz« für den nachexilischen Zeitraum war, indem wir P im Hinblick auf die Schriften von Esra, Nehemia, Ester, Haggai, Sacharja und Maleachi prüfen. Wenn ihre Vorstellungen sich mit diesen Schreibern harmonisch decken und unvereinbar mit den früheren sind, wird der kritische Anspruch verstärkt werden.

1. Merkmale, die in »P« vorhanden sind, aber nicht im nach-exilischen Zeitraum:

- Stiftshütte
- Bundeslade
- Zehn Gebote
- Urim und Tummim
- Tag der Sühne
- Städte der Zuflucht
- Prüfung des Ehebruchs durch Losentscheid
- Schwingopfer
- Korban

2. Merkmale, die in »P« und im vorexilischen Zeitraum vorhanden sind, aber nicht im nachexilischen Zeitraum:

- Beschneidung (stark im vorexilischen Josua und 1. und 2. Samuel betont)
- Bedeutung von Blut
- Lepra
- Nasiräer
- verschiedene Opfer

3. Merkmale, die in »P« und in beiden Zeiträumen vorhanden sind:

- Sabbat
- Passah
- Fest des ungesäuerten Brotes
- Stiftshüttenfest

4. Merkmale, die nicht in »P« vorkommen, aber im nachexilischen Zeitraum markant sind:

- göttlicher Name »Jahwe der Heerscharen« (kommt 86-mal bei nachexilischen Verfassern vor)
- Singen und Musik zentral in der Anbetung
- Schreiber
- Verwendung von Sackleinen
- Bezeichnung des zentralen Heiligtums als »Tempel«
- Erwähnung der Gesetzgebung, was die nachexilische Wirtschaftsentwicklung betrifft[61]
- Stadt Jerusalem[62]

Die radikalen Kritiker haben versäumt, sich genug mit einer dieser erstaunlichen Diskrepanzen zu befassen, als sie »P« einen Entstehungszeitpunkt im sechsten Jahrhundert v. Chr. zuwiesen. O. T. Allis schlussfolgert gezwungenermaßen: »Der Anspruch, dass der Priester-Kodex dem nachexilischen Zeitraum wie ein Handschuh angepasst wurde, ist genauso wenig gerechtfertigt wie der Anspruch, dass er in den vorexilischen Zeitraum nicht passt.«[63]

4.2.2. Innerer Beleg und die Beziehung von »P« zu anderen Quellen

Wenn »P« die letzte aufgezeichnete Quelle ist, ergibt sich daraus, dass keine anderen Quellen Kenntnisse über »P« offenbaren dürfen. Viele solcher Aussagen sind herausgegeben worden wie die Erklärung von Driver: »Noch wird die Gesetzgebung von P im Deuteronomium vorausgesetzt.«[64]

Allerdings machen die folgenden Tatbestände es schwierig, ehrlich zu schließen, dass »P« bis zum sechsten Jahrhundert v. Chr. wirklich unbekannt war.

1. Das Material, das sich mit Aaron beschäftigt, wird üblicherweise dem P-Dokument zugewiesen. Brightman entsprechend »fehlt Aaron in J, aber nur gelegentlich in E«. Dies wird durch das Ausstreichen aller dreizehn Ereignisse in J erreicht.[65]

2. Deuteronomium 14,3-20: Dieser Abschnitt ist mit einem aus Levitikus fast identisch und zwingt Driver zu bemerken, »dass es eher D von P geliehen hat – oder zumindest von einer priesterlichen Sammlung von *toroth* – als umgekehrt; so scheint es auf Grund von gewissen Merkmalen des Stils, die es mit P und nicht mit dem Deuteronomium verbinden, zu sein. … Wenn dies allerdings so ist, existierte ein Teil von P schon, als Deuteronomium geschrieben wurde.«[66]

3. Die folgende Liste begründet das Alter des Gesetzes und zeigt, dass »P« in den vorexilischen Zeiten bekannt war.

- *Deuteronomium* 15,1 – das Jahr der Befreiung (Lev 25,2)
- *Deuteronomium* 23,9.10 – zeremonielle Verunreinigung (Lev 15)
- *Deuteronomium* 24,8 – Den Priestern wird ein Gesetz für Lepra gegeben (Lev 1 und 14).
- *Amos* 2,11.12 – Weinverbot für Nazarener (Num 6,1-21 [P])
- *Amos* 4,5 –Verbot von Sauerteig in Opfern (Lev 2,11)
- *Amos* 5,22 – Brand-, Fleisch- und Dankopfer (Lev 7 und 8)
- *Amos* 4,5 – freiwillige Opfer (Lev 7 usw.)
- *Amos* 5,21 – feierliche Versammlung (Lev 23 usw.)
- *Hosea* 12,9 – Verweilen in Laubhütten (Lev 23,42)[67]

Die Liste könnte noch weitergeführt werden, aber das eigentliche Anliegen ist deutlich geworden. Wir müssen mit Gleason L. Archer feststellen, dass »es schon 755 v. Chr. eine schriftliche Sammlung von Gesetzen gab, die sowohl P als auch D mit einschloss und vom Propheten selbst als die Thora von Jahwe (Amos 2,4) bezeichnet wurde und die von der Öffentlichkeit als eine authentische und maßgebliche Gesetzessammlung akzeptiert wurde, die verbindlichen Charakter trug.«[68]

Auch O. T. Allis drückt diese Schlussfolgerung deutlich aus:

> Wenn die Kritiker jene Aussagen in den Berichten ablehnen, die zeigen, dass das Gesetz frühen Ursprungs ist, haben sie sich nicht nur daran schuldig gemacht, dass sie mit den Belegen herummanipulieren, sondern sie stellen auch die Historiker und Propheten Israels an den Pranger, weil sie es versäumt hätten zu äußern, das Gesetz zu halten, was sowohl absurd als auch grausam ist. Denn diese Lehrer Israels bestanden darauf, dass alle Leiden Israels auf das Versäumnis der Leute, das Gesetz einzuhalten – dass wenn die Kritiker Recht haben, ihnen unbekannt war –, zurückzuführen sei.[69]

4.2.3 Genesis 17

Samuel R. Külling schreibt in »The Dating of the So Called ›P-sections‹ in Genesis«, was eine kurze Zusammenfassung seines Buches ist, welches unter dem Titel »*Zur Datierung der ›Genesis-P-Stücke‹ namentlich des Kapitels Genesis* XVII« veröffentlicht wurde, über 1. Mose 17 und die Beschneidung:

> [dass die] Form, der Stil und Inhalt von Genesis 17 zum 2. Jahrtausend [sic] v. Chr. gehören und sie nichts mit den nachexilischen Schreibern zu tun haben. Wie Mendenhall (Law and Covenant, 1955), Baltzer (Das Bundesformular, 1960), M. G. Kline (Treaty of the Great King, 1963) und vor ihnen Wiener (Studies in Biblical Law, 1904) es getan haben, ziehe ich eine Parallele zu den Vasallenverträgen und zeige, wie diese Verträge aus der Mitte des 2. Jahrtausends [sic] v. Chr., bezüglich ihres Aufbaus und Stiles, ähnlich wie die in Genesis 17 sind, die nach dem Jahr 1.200 v. Chr. in dieser Form nicht mehr existierten. Darüber hinaus gibt es keinen Beweggrund, das Kapitel in dieser Form angesichts der Faktenlage später zu datieren, da die Struktur der Verträge von späteren Zeiträumen davon verschieden sind.[70]

4.2.4 Genesis 9

Man sagt, dass dieser Abschnitt, welcher der P-Quelle zugeschrieben wird, spät zu datieren sei und er ein Hinweis auf den persischen Zeitraum ist. Die Kritiker behaupten oft, dass das Trinken und Vergießen von Blut eine Ablehnung des heiligen Krieges sei.

Külling schlussfolgert:

> [dass die gleichen Gründe für] die Ablehnung einer priesterlichen Strömung, die für den exilisch-nachexilischen Zeitraum schreibt, sich auch auf den persischen Zeitraum bezieht: »Warum ein exilisch-nachexilischer Priester gerade aus den Nahrungsgesetzen das Essen von Fleisch ohne Blut wählen und erlauben sollte, ist völlig unerklärlich, besonders weil kein besonderer Grund vom Schreiber genannt wird. Für den exilisch-nachexilischen Zeitraum scheint es überflüssig

zu sein, eine allgemeine Erlaubnis zu erteilen, Fleisch zu essen (Genesis 9,3). In diesem Zeitraum wäre ein Gesetz, das zwischen verbotenen und nicht verbotenem Fleisch differenziert, verständlicher. Es ist nur Vers 3, der anzeigt, dass kein exilisch-nachexilisches priesterliches Interesse beteiligt ist und dass die levitische Gesetzgebung noch nicht existiert.

»Eine priesterliche Tendenz kann nicht erkannt werden. Wenn es eine besondere Gefahr eines übermäßigen Konsums von Blut in dem exilisch-nachexilischen Zeitraum gegeben hätte, dann wäre es nicht notwendig gewesen, zuerst das Fleisch essen zu erlauben und danach das Essen von Blut zu verbieten. Allerdings zeigen die so genannten exilisch-nachexilischen Quellen keine solche Gefahr an und 1. Samuel 14,32-34 legt ein solches Verbot nahe.[71]

4.2.5 Die Stiftshütte

1. Annahme der Anhänger der Quellenhypothese

Üblicherweise gibt der Anhänger der Quellenhypothese die Stiftshütte in 2. Mose als eine »reine Fantasie« aus. Der ganze Exodusbericht wird dem P-Dokument zugeschrieben und wird für spät und unzuverlässig gehalten. Man meint, dass die Struktur zu ausführlich für die Zeit des Mose sei. Es soll eine reine Schöpfung der nachexilischen Vorstellung sein. Man hat vorgeschlagen, dass die Israeliten zur Zeit des Mose die notwendigen Fähigkeiten, um solch eine *komplizierte* Stiftshütte oder ein Zelt zu errichten, noch nicht besaßen.

Wellhausen schreibt:

> Der Tempel, der Mittelpunkt, auf den sich die Anbetung konzentrierte und der nicht vor der Zeit Salomos gebaut wurde, ist durch dieses Dokument sogar für die unruhigen Tage der Wanderung vor der Besiedlung als so unentbehrlich zu betrachten, dass er tragbar gemacht wird und in der Form einer Stiftshütte im Anfang der Dinge eingerichtet wurde. Denn die Wahrheit ist, dass die Stiftshütte die Kopie und nicht der Prototyp des Tempels in Jerusalem ist.[72]

Wellhausen sagt weiter, dass »die Stiftshütte auf einer historischen Fiktion beruht … und von Anfang an seine tatsächliche Realität zweifelhaft ist.«[73]

A. Bentzen behauptet, dass die Stiftshütte »völlig unrealistisch« ist.[74]

> Die Stiftshütte, *wie sie von P beschrieben wird*, stellt nicht eine historische Konstruktion dar, die einmal wirklich existierte, sondern ein Ideal – ein Ideal, das zwar auch wirklich auf einer historischen Realität basiert, aber es geht weit darüber hinaus und ist als eine Verkörperung von gewissen geistlichen Ideen entworfen worden.[75]

2. Grundlegende Antwort

Kenneth Kitchen zählt in »Some Egyptian Background to the Old Testament« die verschiedenen archäologischen Entdeckungen auf, welche den allgemeinen Hintergrund von tragbaren Konstruktionen geben, die der mosaischen Stiftshütte im Wesentlichen sehr nahe sind.

Die erste wird um 2.600 v. Chr. datiert und ist der fertige, tragbare Bettbaldachin von Königin Hetepheres I., der Mutter von Cheops, der die berühmte Pyramide errichtete.

> »Diese bemerkenswerte Konstruktion«, schreibt Kitchen, »ist ein Gerüst aus langen Balken entlang des Ober- und Unterteils, die von senkrechten Stangen und Eckpfählen auf drei Seiten eines Rechteckes abgetrennt sind, mit einem Balkensturz und anderen horizontalen ›Dachbalken‹ über dem Oberteil. Das ganze Gerät war aus Holz, überall mit Gold überzogen und hatte ringsherum Haken für Vorhänge; es bestand gänzlich aus Balken und Stangen, die zusammen mit Zapfen in einer Fassung für schnellen und alltäglichen Aufbau und Demontage sorgten, genau so wie die israelitische Stiftshütte gerade mal dreizehn Jahrhunderte später.«[76]

Es gibt verschiedene fertige Konstruktionen von den archaischen Zeiten des alten Königreichs (ca. 2.850-2.200 v. Chr.). G. A. Reisner und W. S. Smith beschreiben andere Konstruktionen, die auf den Wänden von Totengrüften aus der vierten bis sechsten Dynastie (ca. 2.600-2.200 v. Chr.) dargestellt wurden.[77]

> Eine andere Form von fertigen Konstruktionen, die auf das dritte Jahrtausend v. Chr. zurückgehen, wird von Kitchen beschrieben. Er schreibt über »das Zelt der Reinigung (*ìbw*), zu der die Leichen von königlichen und gehobenen Persönlichkeiten für die Rituale der Reinigung, sowohl vor als auch nach der Einbalsamierung, getragen wurden. Von Bildern in Grabkammern des alten Königreichs ist es ersichtlich, dass diese tragbaren ›Zelte‹ geräumige Strukturen hatten und Tücher (wie Gardinen) daran hingen, auf einem Gerüst von senkrechten Stangen oder Pfeilern entlang des Oberteils mit horizontalen Pfeilern und Balken verknüpft – wieder ruft dies direkt die Erinnerungen in Bezug auf die Stiftshütte hervor (B. Grdseloff, *Das Ägyptische Reinigungszelt*, 1941 sowie E. Drioton, *Annales du Service des Antiquités de l'Éqypte*, 40, [1940], 1008. Gute Bilder vom Reinigungszelt, die die Errichtung in Blackman zeigt: *Rock Tombs of Meir*, V, 1952, Pls. 42-43).«[78]

Die Überbleibsel einiger dieser »Zelte« sind entdeckt worden. Siehe Kitchen,[79] Reisner und Schmied für weitere Beschreibungen von ihnen.[80]

Kitchen sagt, dass »man sich kaum einen klareren Beweis der praktischen Anwendung und eigentlichen Verwendung in einem entfernten Zeitalter und der genauen Konstruktionstechnik, die von der Stiftshütte belegt wird, wünschen könnte.«[81]

R. K. Harrison schließt: »Angesichts dieser Tatsachen scheint es keinen angemessenen Grund dafür zu geben, die Existenz einer Konstruktion, wie die der israelitischen Stiftshütte aus dem mosaischen Zeitraum, zu leugnen.«[82]

Kitchen fügt hinzu: »Bisher vernachlässigte und sehr lässig behandelte ägyptische Belege für fertige Konstruktionen – für religiöse und andere Verwendungen –

weisen definitiv den Vorwurf für die späte Fantasie mit sehr frühen Beispielen aus der Konstruktionstechnik zurück.«[83]

Hierzu sagt Kitchen weiter:

> [dass] es jetzt gänzlich unnötig geworden ist, entweder die Idee oder die Konstruktion der Stiftshütte von Ex 26,36 als Fantasie oder freie Idealisierung zu verabschieden. Die ägyptischen Daten, die hier angeführt werden, können natürlich nicht direkt die frühe Existenz jener Stiftshütte beweisen, aber es schafft eine sehr starke Bestätigung zu Gunsten der Vernünftigkeit und Ehrlichkeit des unkomplizierten biblischen Berichtes.[84]

Gegen den Einwand, dass die Israeliten zur Zeit des Mose nicht die notwendige Fähigkeit besaßen, solch eine komplizierte Konstruktion zu errichten, schreibt R. K. Harrison, dass »nur angemerkt werden muss, dass die Ägypter einen hohen Wert auf semitische Kunstfertigkeit in Edelmetallen legten, wenn es zu dem harten Tribut von unterjochten Gebieten von Syrien und Palästina kam, wie es von einer Anzahl von Szenen in Grabhöhlen illustriert wird.«[85]

Kitchen schließt, indem er sagt:

> [dass] manchmal der Einwand gebracht wird, dass die Israeliten als eine Untertanenrasse, vor dem Auszug nicht die Fähigkeiten gehabt hätten, solch eine Arbeit wie die, die nötig gewesen wäre, um die Stiftshütte zu bauen, zu vollbringen, und ebenso wenig hätten sie die notwendigen Materialien erhalten können, sogar nachdem sie die Ägypter beraubt hatten. Allerdings ist dies weit von dem entfernt, wie es notwendigerweise der Fall gewesen sein muss … ausreichende Fähigkeiten jedenfalls, einen Bezalel und einen Oholiab hervorzubringen, und von den Ägyptern im Nildelta zu jener besonderen Epoche gab es jedenfalls ausreichende Beute (Ex 12,35-36) für den Bau einer Stiftshütte.[86]

G. T. Manley schreibt:

> Es ist wahr, dass die Einheit der Nation und die Einheit von Jahwe ein Heiligtum erforderte, um das sich das Volk sammeln konnte. Aber dies war keine Entdeckung von späteren Zeiten, es ging zu dem Bund am Horeb zurück (Ex 34,23; Deut 5,2.6; 6,2). Tatsache ist einfach, dass von Josua an immer ein nationales Zentrum für Anbetung existierte, zuerst die Stiftshütte, später dann der Tempel.[87]

Für weitere Informationen über die Stiftshütte siehe drei ausgezeichnete Kapitel über ihr Alter in *The Unity of the Pentateuch* von A. H. Finn.

Was den Glauben betrifft, dass es zwei unterschiedliche Darstellungen des »Zeltes der Versammlung« gab, eines in den frühen JE-Abschnitten und das andere in den späten P-Stücken, siehe auch A. H. Finn sowie James Orr *The Problem of the Old Testament*.

4.2.6 Für Informationen über das Alter von D und die zentralisierte Anbetung siehe den vorherigen Abschnitt 3

4.2.7 Die äußeren Belege

Die Archäologie hat uns kürzlich mit zwei mächtigen Stützen für die frühe Datierung der priesterlichen Schriften versorgt.

Kitchen beschreibt den ersten Fund: »Gewisse schwierige Ausdrücke und Abschnitte in 3. Mose konnten nur mit Hilfe von Keilschriftdaten des achtzehnten bis fünfzehnten Jahrhunderts v. Chr. gelöst werden … Diese waren vom nachexilischen Zeitraum aus archaisch und unverständlich.«[88]

Die Ras-Schamra-Tafeln (1.400 v. Chr.), welche eine große Menge von ugaritischer Literatur enthalten, widerlegen die nachexilische Begriffslehre Wellhausens. Viele der technischen Opferausdrücke von Levitikus wurden im weitentfernten kanaanitisch sprechenden Ugarit entdeckt (1.400 v. Chr.). Solche »P«-Begriffe umfassen:

1) *ishsheh*: »Opfer, von Feuer gemacht«
2) *kãlîl*: »ganzes Brandopfer«
3) *shelãmîn*: »Dankopfer«
4) *ãshãm* (?): »Schuldopfer«

Archer schlussfolgert richtig, dass »diese Begriffe schon in Palästina zur Zeit des Mose und der Eroberung gegenwärtig waren und dass die ganze Argumentationsweise, die feststellte, dass die Terminologie des levitischen Kultes spät sei, ohne Grundlage ist.«[89]

4.3 Die äußeren Belege

Hinsichtlich der Analyse der Bundesform siehe Abschnitt 2 in diesem Kapitel.

5 Die Archäologie

Für zahlreiche archäologische Beispiele, welche die mosaische Verfasserschaft des Pentateuchs unterstützen, siehe Abschnitt 5 von Kapitel 13.

6 Literaturangaben

[1] John Howard Raven, *Old Testament Introduction*, S. 86.
[2] Ebd., S. 93f.
[3] W. J. Martin, *Stylistic Criteria and the Analysis of the Pentateuch*, S. 23.
[4] Otto Eissfeldt, *The Old Testament – An Introduction*, S. 158.
[5] Judaeus Philo, *The Works of Philo*, S. 279.
[6] Flavius Josephus, *The Works of Flavius Josephus*, S. 609.
[7] Edward M. Gray, *Old Testament Criticism*, S. 44f.

8 Ebd., S. 45.
9 G. E. Wright, »Biblical Archaeology Today«, *New Directions in Biblical Archaeology*, S. 150.
10 Kenneth A. Kitchen, *The Ancient Orient and the Old Testament*, S. 92f.
11 Ebd., S. 96f.
12 Kenneth A. Kitchen, »Ancient Orient, ›Deuteronism‹ and the Old Testament«, *New Perspectives on the Old Testament*, S. 3.
13 Meredith G. Kline, »Dynastic Covenant«, *Westminster Theological Journal*, S. 41.
14 Dennis J. McCarthy, *Treaty and Covenant*, S. 110.
15 Ebd., S. 110.
16 Dennis J. McCarthy, »Covenant in the Old Testament«, *Catholic Biblical Quarterly*, S. 230.
17 Gerhard von Rad, *Old Testament Theology*, S. 132.
18 Moshe Weinfeld, *Deuteronomy and the Deuteronomic School*, S. 61.
19 George E. Mendenhall, *Law and Covenant in Israel and the Ancient Near East*, S. 30.
20 Kenneth A. Kitchen, *The Ancient Orient and the Old Testament*, S. 95.
21 Ebd., S. 96.
22 Ebd., S. 95; Meredith G. Kline, »Dynastic Covenant«, *Westminster Theological Journal*, S. 43; George E. Mendenhall, *Law and Covenant in Israel and the Ancient Near East*, S. 56; Herbert B. Huffmon, »The Exodus, Sinai, and the Credo«, *Catholic Biblical Quarterly*, S. 84.
23 Kenneth A. Kitchen, *The Ancient Orient and the Old Testament*, S. 96; Meredith G. Kline, »Dynastic Covenant«, *Westminster Theological Journal*, S. 42.
24 Meredith G. Kline, »Dynastic Covenant«, *Westminster Theological Journal*, S. 15.
25 Kenneth A. Kitchen, *The Ancient Orient and the Old Testament*, S. 98.
26 Ebd., S. 100.
27 Kenneth A. Kitchen, »Ancient Orient, ›Deuteronism‹ and the Old Testament«, *New Perspectives on the Old Testament*, S. 4.
28 Meredith G. Kline, »Dynastic Covenant«, *Westminster Theological Journal*, S. 43.
29 Julius A. Bewer/Lewis B. Paton /George Dahl, »The Problem of Deuteronomy: A Symposium«, *Journal of Biblical Literature*, S. 360.
30 H. H. Rowley, *The Growth of the Old Testament*, S. 29.
31 G. T. Manley, *The Book of the Law*, S. 28-36.
32 Johannes Pederson/Geoffrey Cumberlege, *Israel, Its Life and Culture*, S. 27.
33 G. T. Manley, *The Book of the Law*, S. 64.
34 Norman C. Habel, *Literary Criticism of the Old Testament*, S. 12.
35 Julius A. Bewer/Lewis B. Paton /George Dahl, »The Problem of Deuteronomy: A Symposium«, *Journal of Biblical Literature*, S. 372.
36 John Howard Raven, *Old Testament Introduction*, S. 113.

37 G. T. Manley, *The Book of the Law*, S. 27.
38 Julius A. Bewer/Lewis B. Paton /George Dahl, »The Problem of Deuteronomy: A Symposium«, *Journal of Biblical Literature*, S. 367.
39 G. T. Manley, *The Book of the Law*, S. 94f.
40 Ebd., S. 121.
41 Gleason L. Archer, *Survey of Old Testament Introduction*, S. 244; G. T. Manley, *The Book of the Law*, S. 49.
42 Gleason L. Archer, *Survey of Old Testament Introduction*, S. 243.
43 Ebd., S. 244.
44 G. T. Manley, *The Book of the Law*, S. 172.
45 S. R. Driver, »Deuteronomy«, *International Critical Commentary*, S. 136ff.
46 G. T. Manley, *The Book of the Law*, S. 131.
47 G. A. Aalders, *A Short Introduction to the Pentateuch*, S. 72.
48 Ebd., S. 73.
49 Ebd., S. 75.
50 Ebd., S. 79f.
51 G. T. Manley, *The Book of the Law*, S. 125.
52 Ebd., S. 125.
53 Ebd., S. 125.
54 S. R. Driver, »Deuteronomy«, *International Critical Commentary*, S. 294.
55 G. T. Manley, *The Book of the Law*, S. 128-131.
56 G. A. Aalders, *A Short Introduction to the Pentateuch*, S. 81.
57 G. T. Manley, *The Book of the Law*, S. 142.
58 John Howard Raven, *Old Testament Introduction*, S. 112.
59 S. R. Driver, *The Book of Genesis*, S. 136.
60 Julius Wellhausen, *Prolegomena to the History of Israel*, S. 151.
61 James Kelso, *Archaeology and Our Old Testament Contemporaries*, S. 39.
62 Oswald T. Allis, *Five Books of Moses*, S. 196-199.
63 Ebd., S. 201.
64 S. R. Driver, *An Introduction to the Literature of the Old Testament*, S. 137.
65 Edgar S. Brightman, *The Sources of the Hexateuch*, S. 459.
66 S. R. Driver, *An Introduction to the Literature of the Old Testament*, S. 137f.
67 Kenneth A. Kitchen, *The Ancient Orient and the Old Testament*, S. 150f.
68 Gleason L. Archer, *Survey of Old Testament Introduction*, S. 151.
69 Oswald T. Allis, *Five Books of Moses*, S. 202.
70 Samuel R. Külling, »The Dating of the So-Called ›P-Sections‹ in Genesis«, *Journal of the Evangelical Theological Society*, S. 68.
71 Ebd., S. 75.
72 Julius Wellhausen, *Prolegomena to the History of Israel*, S. 36f.
73 Ebd., S. 39.
74 A. Bentzen, *Introduction to the Old Testament*, S. 34.
75 S. R. Driver, »Book of Exodus«, *Cambridge Bible for Schools and Colleges*, S. 426.

[76] Kenneth A. Kitchen, »Some Egyptian Background to the Old Testament«, *The Tyndale House Bulletins*, S. 9.

[77] G. A. Reisner/W. S. Smith, *A History of the Giza Necropolis*, Bd. 2, S. 14f.

[78] Kenneth A. Kitchen, »Some Egyptian Background to the Old Testament«, *The Tyndale House Bulletins*, S. 9f.

[79] Ebd., S. 10.

[80] G. A. Reisner/W. S. Smith, *A History of the Giza Necropolis*, Bd. 2, S. 13-17.

[81] Kenneth A. Kitchen, »Some Egyptian Background to the Old Testament«, *The Tyndale House Bulletins*, S. 9.

[82] R. K. Harrison, *Introduction to the Old Testament*, S. 405.

[83] Kenneth A. Kitchen, »Some Egyptian Background to the Old Testament«, *The Tyndale House Bulletins*, S. 9.

[84] Ebd., S. 11.

[85] R. K. Harrison, *Introduction to the Old Testament*, S. 405.

[86] Kenneth A. Kitchen, »Some Egyptian Background to the Old Testament«, *The Tyndale House Bulletins*, S. 12f.

[87] G. T. Manley, *The Book of the Law*, S. 127.

[88] Kenneth A. Kitchen, *The Ancient Orient and the Old Testament*, S. 129.

[89] Gleason L. Archer, *Survey of Old Testament Introduction*, S. 149f.

22 Das Phänomen der Gottesnamen

Kapitelübersicht

Otto Eissfeldt nennt vier Hauptelemente der Quellenscheidungshypothese:

- Änderung von göttlichen Namen
- Sprachgebrauch: a) Personen, Orte und Gegenstände werden mit unterschiedlichen Namen bezeichnet, b) von Wörtern, Ausdrücken und stilistischen Eigenheiten wird gesagt, dass sie charakteristisch von unterschiedlichen Quellen sind
- Ungleichheit von Ideen: religiös, moralisch, gesetzlich, politisch; auch der Unterschied in den zeitgenössischen Zuständen und Ereignissen, die sie voraussetzen
- literarische Phänomene: doppelte Berichte, Unterbrechung einer kontinuierlichen Erzählung von unwesentlichem Material und so weiter.[1]

1 Einführung

Der Name »Elohim« kommt dreiunddreißig Mal in den ersten vierunddreißig Versen von Genesis vor. Der Name »Jahwe (JHWH) Elohim« kommt zwanzig Mal in den nächsten fünfundvierzig Versen vor und der Name »Jahwe« (JHWH) erscheint zehn Mal in den darauf folgenden fünfundzwanzig Versen. Man würde doch meinen, dass solch ein selektiver Gebrauch der göttlichen Namen mehr als zufällig ist.[2]

2 Die Annahme der Quellentheorie

Die Kritiker haben deshalb gemeint, dass die isolierte Verwendung von verschiedenen göttlichen Namen [d. h. Jahweh (hebräische Aussprache) und Elohim] anzeigt, dass es mehr als einen Verfasser gab. Diese Begebenheit ist es, die Jean Astruc zuerst zu der Schlussfolgerung führte, dass verschiedene Quellen miteinander verbunden vorlagen und sich im Pentateuch dann verschmolzen. Betrachten wir seine Aussage in seinen *Conjectures*, die wir aus *The Encyclopedia of Religion and Ethics* zitieren:

> In dem hebräischen Text von 1. Mose wird Gott mit zwei unterschiedlichen Namen genannt. Der erste ist Elohim, während dieser Name andere Bedeutungen im Hebräischen hat, wird er hier besonders auf das herrschende Sein angewandt. Der andere ist Jahwe, יהוה, der große Name Gottes, der sein Wesen ausdrückt. Nun könnte man annehmen, dass die zwei Namen unüberlegt als synonyme Begriffe benutzt wurden, um einfach dem Stil eine Vielfalt zu verleihen. Dies wäre allerdings ein Fehler. Die Namen werden niemals vermischt; es gibt ganze Kapitel – oder große Teile von Kapiteln –, in denen Gott immer Elohim genannt wird, und andere, mindestens so zahlreich, in denen er immer Jahwe genannt wird. Wenn Mose der Verfasser von 1. Mose war, müssten wir diesen seltsamen und harschen Austausch ihm selbst zuschreiben. Aber können wir uns solche Nachlässigkeit in der Zusammensetzung eines so kurzen Buches wie 1. Mose vorstellen? Sollen wir Mose eine solche Schuld, wie kein anderer Schreiber sie beging, unterstellen? Ist es nicht natürlicher, diese Schwankung durch die Annahme zu erklären, dass 1. Mose von zwei oder drei Erzählungen gebildet wurde, deren jeweilige Verfasser Gott unterschiedliche Namen gaben; der eine gebrauchte den Namen Elohim, der andere den Namen Jahwe oder Jahwe Elohim?[3]

Während oft behauptet wird, dass dieses Kriterium von den Kritikern nicht mehr gebraucht wird, zeigt die folgende Aussage von A. Bentzen, wie wichtig es doch auch noch für den modernen Kritiker bleibt:

> Wenn wir zwischen den Traditionen unterscheiden sollen, müssen wir »Konstanten« in ähnlicher Weise suchen. Die erste »Konstante«, die bemerkt wurde, war die seltsame Änderung der Verwendung der göttlichen Namen. Die Änderung in der Verwendung der göttlichen Namen ist allerdings mehr als eine einfache sprachliche »Konstante«. Es ist eine *substanzielle »Konstante«*. Wir wissen, dass seine Verwendung, zumindest in 1. Mose und am Anfang von 2. Mose, einem bestimmten Plan folgt. … Dementsprechend müssen wir in den Teilen des Pentateuchs von 1. Mose 1 bis 2. Mose 6 dazu berechtigt werden, das Kriterium der göttlichen Namen zu gebrauchen, um zwischen unterschiedlichen Traditionen zu unterscheiden.[4]

3 Eine grundsätzliche Antwort

3.1 Die bestimmte Verwendung von unterschiedlichen Gottesnamen

Alle göttlichen Namen trugen eine besondere Bedeutung und sie waren nicht notwendigerweise synonym. Der Verfasser benutzte Jahwe, Elohim oder Jahwe-Elohim entsprechend dem Zusammenhang des Abschnittes. Deswegen gibt es einen wirklichen Beweggrund hinter dem isolierten Gebrauch der göttlichen Namen und keine bloß zufällige Auswahl.

Im zwölften Jahrhundert schrieb Rabbi Jehuda Halevi ein Buch, das *Cosri* genannt wurde, in dem er die Etymologie von jedem göttlichen Namen erklärte. Seine Schlussfolgerungen werden hier von E. W. Hengstenberg, der in der Mitte des neunzehnten Jahrhunderts eine Zeit lang Professor der Theologie an der Universität von Berlin war, paraphrasiert:

> [Elohim] ist der allgemeinste Name der Gottheit; er unterscheidet ihn nur in seiner Vollständigkeit der Macht ohne Hinweis auf seine persönlichen oder moralischen Eigenschaften – auf jegliche besondere Beziehung, in der er zu den Menschen steht – entweder zu dem Nutzen, den er schenkt, oder zu den Anforderungen, die er stellt. Auf der Grundlage dieses Berichtes, wo Gott von sich selbst bezeugt hat und wahrlich bekannt ist, wird ein anderer Name zu *Elohim* hinzugefügt – das ist der Name *Jehovah* [Jahwe], der für die Menschen seltsam erschien, die seine Offenbarung und seinen Bund bekamen. … Der Name Jehovah bleibt allen unverständlich, die nicht mit jener Entwicklung des göttlichen Wesens, die damit ausgedrückt wird, bekannt gemacht wurden; während Elohim ihn als Gott in dem Aspekt unterscheidet, der allen Menschen bekannt und universell verständlich ist, … ist der Name *Jehovah,* das *nomen proprium* [richtiger Name] Gottes, und indem er einer ist, der den innersten Kern seines Wesens zum Ausdruck bringt, ist er nur dort verständlich, wo Gott hervorgegangen ist, die geheimen Winkel seines Herzens freizulegen und seinen Geschöpfen gestattet hat, sie zu betrachten, sodass, anstatt eines obskuren undefinierten Wesens, von dem nur ein gewisses Maß erkannt und bestätigt wurde, dass er mächtig ist, dass er unermesslich ist – er sich hier als die persönlichste aller Personen darstellt, mit dem charakteristischsten aller Charaktere.[5]

Umberto Cassuto, der jüdische Gelehrte und ehemalige Professor der Hebrew University, führt fort:

> Berücksichtige zuerst die Charaktere der zwei Namen. Sie sind nicht vom gleichen Typ. Die Bezeichnung *'Elohim* war ursprünglich ein gebräuchliches Hauptwort, ein Appellativ, das für beide, den Gott Israels und die Götter der Heiden, galt (so wie es auch mit dem Namen *'El* war). Andererseits ist der Namen JHWH ein richtiges Hauptwort, der spezielle Name des Gottes Israels, der Gott, den die Israeliten

als den Herrscher des Universums und als die Gottheit, welche die Israeliten als ihr Volk auserwählte, kennen. Lass mich dies durch einen Vergleich illustrieren. Eine gewisse Stadt kann *Jerusalem* oder einfach Stadt genannt werden. Die Bezeichnung Stadt ist ihr und allen anderen Städten gemein; der Name *Jerusalem* gehört ihr aber allein. Als die Vorfahren des jüdischen Volkes erkannten, dass es nur einen Gott gibt, und das nur »JHWH, er ist *'Elohim*« (1. Könige 18,39), erwarb das übliche Substantiv *'Elohim* für sie auch die Bedeutung eines richtigen Hauptwortes und wurde Synonym zum Namen JHWH. Wenn Jerusalem für alle, die hebräisch sprachen, die einzige Stadt in der Welt gewesen wäre, wäre das Wort *Stadt* dann natürlich ein Eigenname – synonym zu *Jerusalem* – geworden.[6]

Cassuto stellt die unten stehenden Regeln als eine Erklärung für die Verwendung von göttlichen Namen auf:

JHWH	ELOHIM
1) »Er wählte den Namen JHWH, wenn der Text die israelitische Vorstellung von Gott widerspiegelt, die in der Darstellung von JHWH verkörpert wird und in den ihm traditionell von Israel zugeschriebenen Merkmalen, besonders in seinem ethischen Charakter, Ausdruck findet.«	1) »Er bevorzugt den Namen Elohim, wenn der Abschnitt die abstrakte Vorstellung der Gottheit, die in den internationalen Kreisen von ›weisen Männern‹ geläufig war, die Vorstellung von Gott als dem Schöpfer des physischen Universums, als dem Herrscher der Natur, als der Quelle des Lebens impliziert.«
2) JHWH »wird gebraucht, wenn dem direkten intuitiven Gedanken von Gott Ausdruck gegeben wird, der den einfachen Glauben der Menge oder den Eifer des prophetischen Geistes charakterisiert.«	2) »Der Name Elohim, wenn die Vorstellung von Denkern, welche über die hohen Probleme, die mit der Existenz der Welt und der Menschheit verbunden sind, meditieren, zum Ausdruck gebracht werden soll.«
3) »Der Namen JHWH kommt vor, wenn der Zusammenhang die göttliche Eigenschaft darstellt, in relativ klaren und quasi mit greifbaren Ausdrücken ein klares Bild vermittelt wird.«	3) »Elohim, wenn die Darstellung allgemeiner ist, oberflächlich und verschwommen, wenn ein Eindruck von Dunkelheit über das Geschehene zurückbleibt.«
4) JHWH findet man, wenn die Thora versucht, in der Seele der Leser oder Hörer das Gefühl der Erhabenheit der göttlichen Allgegenwärtigkeit in all ihrer Majestät und Herrlichkeit zu erregen.«	4) »Elohim, wenn er Gott in einer normalen Weise erwähnen will oder wenn der Ausdruck oder Gedanke gerade nicht aus Verehrung direkt mit dem heiligsten Namen verbunden werden soll.«

5) »Der Name JHWH wird gebraucht, wenn uns Gott in seinem persönlichen Charakter und in direkter Beziehung zu Menschen oder der Natur vorgestellt wird.«

5) »Elohim, wenn auf die Gottheit hingedeutet wird als ein überirdisches Wesen, das vollkommen außerhalb und über dem körperlichen Universum existiert.«

6) JHWH »erscheint, wenn der Hinweis zu dem Gott Israels in Bezug auf sein Volk oder dessen Vorfahren gebraucht wird.«

6) »Elohim, wenn von ihm in Bezug auf jemanden, der kein Mitglied des auserwählten Volkes ist, gesprochen wird.«

7) »JHWH wird erwähnt, wenn das Thema Israels Tradition betrifft.«

7) »Elohim, wenn die Angelegenheit die universelle Tradition betrifft.«

Manchmal ergibt es sich natürlich, dass zwei gegenüberstehende Regeln zusammenfallen und im Widerspruch zueinander stehen; dann herrscht, wie es die Logik fordert, die Regel vor, die relevanter für den primären Tenor des dazugehörigen Abschnittes ist.[7]

Diese Regeln beziehen sich in unterschiedlicher Weise auf gewisse Arten von Literatur:

Prophetie: Die Propheten des Alten Testaments benutzten durchgehend den göttlichen Namen JHWH anstelle von Elohim. Jona ist eine Ausnahme, denn er gebrauchte den Titel Elohim für den Gott Israels mehrere Male. Aber diese Ausnahme bestätigt nur die Regel, da Jona eigentlich aufgrund seiner Sichtweise zur Epik gehört. Jesaja ist eine andere Ausnahme; er ersetzt Jahwe nicht durch Elohim, sondern durch El, einen Namen für Gott, der ursprünglich ein übliches Hauptwort war.[8]

Gesetzestexte: Jahwe, der einzige persönliche Name Gottes, der durch die gesamte gesetzliche Literatur des Pentateuchs und von Hesekiel gebraucht wurde.[9]

Poesie: Die als poetisch klassifizierte Literatur benutzt normalerweise JHWH. Einige Gedichte, die zur Weisheitsliteratur gehören oder die davon beeinflusst worden sind, sind eine Ausnahme. In den zweiten und dritten Büchern, bekannt als die Bücher des Elohisten, ist mehrheitlich die Verwendung von El oder Elohim gebräuchlich.[10]

Weisheit: Weisheitsliteratur ist dadurch einmalig, dass es ein universeller literarischer Stil ist. Ähnliche Schriften können durch den gesamten alten Orient entdeckt werden. Eine Untersuchung der ähnlichen Literatur unter Israels Nachbarn sollte sich als wirklich nützlich herausstellen.

Aber wenn wir beginnen, eines dieser Bücher zu studieren, werden wir einem erstaunlichen Phänomen begegnen. Die Weisheitsbücher des alten Nahen Ostens, ungeachtet der Völker, von denen sie ausgingen, oder der Sprache, in denen sie geschrieben wurden, verweisen üblicherweise durch einen Appellativ eher auf die Göttlichkeit als mit den angemessenen Namen der verschiedenen Götter.[11]

Erzählung: Die Epik, wie sie durch den gesamten Pentateuch hindurch zu finden ist, ebenso in den früheren Propheten, Hiob, Jona und so weiter, gebraucht häufig sowohl Jahwe als auch Elohim in unmittelbarer Nähe.[12]

Charakteristische jüdische Abschnitte: Umberto Cassuto, emeritierter Professor der Hebrew University, sagt bei der Erklärung der Verwendung von Jahwe, dass in »jenen Kategorien, die ausschließlich einen israelitischen Charakter haben, nur das Tetragramm [JHWH] vorkommt, da dies der nationale Name Gottes ist, der die persönliche Vorstellung der Gottheit ausdrückt, die exklusiv für Israel ist.«[13]

Althebräisch: Alte hebräische Briefe, die bei Lachisch gefunden wurden, veranschaulichen den Gebrauch von Jahwe im täglichen Leben. Es wird nicht nur in Grüßen und in Eiden, sondern durch den ganzen Brief hindurch gebraucht. Elohim erscheint niemals. Es ist eine Parallele zwischen der durchgehenden Verwendung von Jahwe bei schriftbezogenen Grüßen (Ri 6,12; Ps 129,8; Rut 2,4) und dem eigentlichen rabbinischen Diktum, das die Verwendung von Jahwe beim Grüßen von anderen forderte, erkennbar.[14]

Modernes Hebräisch: »Sogar im modernen Hebräisch«, sagt Cassuto, »sind wir genau in unserer Wahl von Wörtern; wir gebrauchen das Tetragramm [JHWH], wenn wir die traditionelle jüdische Vorstellung von der Gottheit im Auge haben und den Namen Elohim, wenn wir die philosophische oder universelle Vorstellung der Göttlichkeit ausdrücken wollen.[15]

Das Folgende ist eine kurze Anwendung dieser Regeln auf 1. Mose: In 1. Mose, Kapitel 1 erscheint Gott als Schöpfer des physischen Universums und als Herr der Welt, der die Herrschaft über alles hat. Alles, was existiert, tut dies allein aufgrund seines Erlasses, ohne direkten Kontakt zwischen ihm und der Natur. Damit gelten hier die Regeln, dass Elohim gebraucht werden sollte.[16]

In der Erzählung vom Garten Eden finden wir Gott als einen moralischen Herrscher, weil er den Menschen gewisse Regeln auferlegt. Auch wird eine persönliche Seite von Gott gezeigt, da er sich direkt auf den Menschen bezieht. Jahwe, so würde erwartet werden, passt hier gut. Das einzige Mal, an dem der Name Elohim benutzt wird, ist als die Schlange spricht und die Frau mit der Schlange redet. Der Name Jahwe wird aus Verehrung zum nationalen Gott Israels umgangen.[17]

In dem gleichen Abschnitt finden wir Jahwe mit Elohim verbunden, weil die Schrift jetzt Elohim mit Jahwe identifizieren will:

> Anders ausgedrückt heißt dies, dass der Gott der ethischen Welt kein anderer ist als der Gott der physischen Welt, dass der Gott Israels der Gott des ganzen Universums ist, dass die Namen JHWH und Elohim nur auf zwei unterschiedliche Aspekte seines Handelns verweisen oder auf zwei unterschiedliche Wege deuten, in denen er sich den Menschenkindern offenbart.[18]

Dies erklärt hier den doppelten Gebrauch und in den nachfolgenden Kapiteln werden die Namen dann individuell entsprechend ihres Zusammenhanges benutzt.

Cassuto erklärt:

> In der Erzählung vom Turmbau zu Babel (11,1-9) erscheint JHWH. Der Grund ist klar: In dieser Erzählung ist nur der Ort des Ereignisses außerhalb des Landes Israel; die Erzählung selbst ist vollkommen typisch israelitisch und sie enthält nicht ein Jota von ausländischem Material. Im Gegensatz zu den Berichten der Schöpfung und der Sintflut hat sie keine kosmopolitische Tradition als ihren Hintergrund, die als Grundlage zur Darstellung der Thora dienen kann; im Gegenteil finden wir hier, dass der israelitische Geist in vollständiger Opposition zur Haltung und zum Streben der stolzen heidnischen Menschen, die über die Welt herrschen, steht. Damit wird die israelitische Vorstellung der Beziehung zwischen Mensch und Gott durch den israelitischen Namen der Gottheit vermittelt.[19]

In Kapitel 12 von 1. Mose beginnt die Erzählung von Abraham. Es scheint passend, dass der israelitische Name für die Gottheit benutzt werden sollte.

Archer wandte dies auf die frühen Kapitel in 1. Mose an. Eine sorgfältige Studie der Verwendung von Jahwe und Elohim in 1. Mose wird den Zweck enthüllen, den der Schriftsteller im Auge hatte. Elohim (das sich vielleicht von einer Wurzel ableiten lässt und »mächtig«, »stark« oder »am vordersten« bedeutet) weist auf Gott als den allmächtigen Schöpfer und Herrn des Universums hin. Damit ist Elohim für 1. Mose 1 geeignet, weil Gott in der Rolle des allmächtigen Schöpfers auftritt, während Jahwe der Name Gottes ist, wenn es um Bundesangelegenheiten geht. Somit wird Jahwe in 1. Mose 2 fast ausschließlich benutzt, weil Gott mit Adam und Eva in einer Bundesbeziehung steht. In 1. Mose 3, als Satan erscheint, verwandelt sich der Name für Gott zurück in Elohim, weil Gott auf keinen Fall mit Satan in einer Bundesbeziehung steht. Damit bezeichnen sowohl die Schlange als auch Eva ihn als Elohim. Der Name verändert sich zurück zu Jahwe, als er Adam ruft (3,9) und Eva tadelt (3,13), und es ist der Bundesgott, der den Fluch auf die Schlange legt (3,14).[20]

John H. Raven argumentiert in ähnlicher Weise:

> Dieses Argument ignoriert die Etymologie der Namen Gottes und stellt sie sich auswechselbar vor, die als eine reine Frage der Gewohnheit benutzt werden. Es wird von den Kritikern nicht gefordert, dass J vom Namen Elohim oder P und E vom Namen Jahwe nichts wussten, sondern dass jeder einen dieser Namen bevorzugte. Aber wenn dem so ist, so bleibt doch die Frage, warum bevorzugte J den Namen Jahwe und E und P den Namen Elohim? Zu dieser wichtigen Frage gibt die entzweiende Hypothese keine zufrieden stellende Antwort. Wenn der Pentateuch allerdings das Werk von einem Verfasser ist, ist die Verwendung dieser Namen klar genug. Es ist genau das, was die so genannten Merkmale von P, J und E fordern. Man sagt, dass P kalt, formal, systematisch und logisch ist; aber es ist genau in solchen Abschnitten, in denen man Elohim erwarten würde, den allgemeinen Namen für Gott, den Namen, der keine besondere Beziehung zu Israel hat, aber viele Male in Bezug auf die Gottheiten der Nichtjuden benutzt wird. Über J wird andererseits gesagt, dass er naiv und anthropomorph in seiner

> Vorstellung von Gott sei; aber diese Beweise von religiöser Inbrunst würden uns dazu führen, den richtigen nationalen Namen Gottes zu erwarten, den Namen, der seine Bundesbeziehungen zu Israel hervorhob.[21]

Sogar Kuenen, einer der Gründer der klassischen Quellenscheidungshypothese, gab die Ungewissheit dieses Kriteriums zu: »Die ursprüngliche Unterscheidung zwischen Jahwe und Elohim erklärt sehr oft die Vorliebe der Verwendung von einer dieser Bezeichnungen im Gegensatz zu der anderen.«[22]

»Die Geschichte der kritischen Untersuchung«, führt Kuenen weiter aus, »hat gezeigt, dass oft viel zu viel Gewicht auf die Übereinstimmung der Verwendung der göttlichen Namen gelegt worden ist. … Es ist deshalb gut, dagegen eine Warnung zu äußern, einen übertriebenen Druck auf dieses eine Phänomen zu legen.«[23]

Vor kurzem hat der mündliche Traditionalist Engnell gemahnt, dass die Quellenscheidung auf der Grundlage von unterschiedlichen Gebräuchen gänzlich ungerechtfertigt ist (*Swedish Bible Dictionary: Svenskt Bibliskt Uppslagsverk, ii*). Er wird von North zitiert, indem er sagt:

> Sofern eine gewisse »konstante« Änderung der göttlichen Namen wirklich gefunden werden sollte, zeigt eine genauere Prüfung, dass dies nicht auf Änderung von Vorlagen beruht, sondern auf einer bewussten stilistischen Praxis der Anhänger der Tradition; auf etwas, das mit der Tatsache verbunden ist, dass die unterschiedlichen göttlichen Namen verschiedene ideologische Assoziationen haben und damit unterschiedliche Bedeutungen. Damit wird Jahwe sofort benutzt, wenn es eine Frage des israelitischen Nationalgottes ist und als solcher gegenüber fremden Göttern bezeichnet wird und wo die Geschichte der Väter verwickelt ist usw., während andererseits Elohim, »Gott«, mehr einem »theologischen« und abstrakt-kosmischen Bild von Gott Ausdruck verleiht und deswegen in größeren und beweglicheren Zusammenhängen benutzt wird. … So ist es dann der Überlieferer, der gleiche Überlieferer, der die Auswahl von göttlichen Namen trifft, und nicht die Dokumente.[24]

Cassuto verkündet unerschrocken, dass

> es deswegen keinen Grund gibt, überrascht zu sein, dass die Verwendung der Namen sich in der Thora verändert. Im Gegenteil, wir sollten überrascht sein, wenn sie dabei nicht verändert wurden. Die Situation erfordert es. Es ist kein Fall von Ungleichheit zwischen unterschiedlichen Dokumenten oder von mechanischer Verbindung von getrennten Texten; jeder hebräische Verfasser wurde gezwungen, so zu schreiben und die zwei Namen in dieser Weise zu benutzen, weil ihre primäre Bedeutung, die allgemeine literarische Tradition des alten Nahen Ostens, und die Regeln, welche die Verwendung der göttlichen Namen durch die ganze Spannweite von hebräischer Literatur beherrschten, dies erforderten.[25]

Die Archäologie stellt eine Antwort für die Verwendung des zusammengesetzten Namens Jahwe-Elohim zur Verfügung.

Eine der Hauptannahmen der JEDP-Hypothese ist, dass die Verwendung von Jahwe typisch für ein J-Quelle ist und Elohim für ein E-Quelle. Die Kombination dieser zwei Dokumente ist die Grundlage, die von den radikalen Kritikern benutzt wird, um die Zusammensetzung des Namens Jahwe-Elohim zu erklären. Cyrus Gordon führt seine persönlichen Entdeckungen unter Berücksichtigung dieses Themas an, »all dies ist bewundernswert logisch und jahrelang stellte ich es niemals in Frage. Aber meine ugaritischen Studien zerstörten diese Art von Logik mit einschlägigen Tatbeständen.«[26] Bei Ugarit wurden Gottheiten mit zusammengesetzten Namen gefunden. Zum Beispiel: Qadish-Amrar ist der Name der einen und lbb-Nikkal einer anderen Gottheit. Meistens wurde »und« zwischen die zwei Teile gesetzt, aber die Konjunktion kann weggelassen werden.

Folglich war es üblich, zusammengesetzte Namen für einen Gott zu benutzen. Amon-Re, der berühmteste Gott mit einem zusammengesetzten Namen, war eine Gottheit, die aus der ägyptischen Eroberung unter der achtzehnten Dynastie stammte. Amon war der Gott der Stadt Theben, wo die politische Macht saß, während Re der universelle Sonnengott war. Diese zwei Götter wurden wegen der politischen Führerschaft in Theben und des Universalismus von Re verbunden. Aber Amon-Re ist ein Gott. Dies strahlt Licht auf die Kombination Jahwe-Elohim aus. Jahwe bezieht sich auf die Besonderheiten der Gottheit, während Elohim mehr eine allgemeine oder universelle Bezeichnung der Gottheit ist. Diese Verbindung von Jahwe-Elohim kann demonstrieren, dass Jahwe gleich Elohim ist, was auch als »Jahwe ist Gott« verstanden werden kann. Dennoch sagen die Anhänger der Urkundenhypothese, dass Jahwe-Elohim das Ergebnis der Verbindung der zwei Urkunden J und E wäre. Dies ist aber genauso unbegründet, als würde man eine A-Urkunde und R-Urkunde gebrauchen, um die zusammengesetzte Gottheit Amon-Re zu erklären.[27]

Kitchen fügt hinzu:

> Für eine unterschiedliche Bezeichnung einer Gottheit vergleiche die Verwendung dreier Namen, eines festen Beinamens und des üblichen Hauptwortes »Gott« für den Gott Osiris auf der Berlin-Stele von lkhernofret: Osiris, Wennofer, Khentamentiu, »Herr von Abydos« (*Neb-'Abdju*), und nuter, »Gott« (vgl. *'Elohim* im Hebräischen). Aber kein Ägyptologe kümmert sich darum, für »Osirist«, »Wennofrist«, »Khentamentist«, »Neb-'Abdjuist« und »Nuterist« Quellen zu postulieren, die mit den Jahwisten und Elohisten der alttestamentlichen Studien übereinstimmen. lkhernofret zeigt, was als »Weitschweifigkeit« des Ausdrucks gehalten werden könnte, aber es ist gewiss, dass diese Gedenkinschrift (als eine Einheit) innerhalb von Wochen oder möglicherweise sogar in Tagen nach den Ereignissen, auf die sie sich hauptsächlich bezieht, verfasst, gemeißelt und errichtet wurde und keine literarische »Vorgeschichte« von mehreren Jahrhunderten von »Händen«, Redaktoren und Kompilierern hat. Dies bezieht sich auch auf andere Texte, ein paar sind hier erwähnt und viele mehr bleiben uner-

> wähnt. Neben Ägypten kommen unterschiedliche Gottesnamen in Mesopotamien vor. Wir könnten Enlil erwähnen oder auch Nunamnir, der im Prolog zu den Lipit-Ischtar-Gesetzen genannt wird, und im Prolog zu Hammurabis Gesetzen haben wir die Inanna/Ischtar/Telitum und Nintu/Mama.[28]

Raven weist in dem zuvor zitierten Material auf eine Schwierigkeit bei der Verwendung von göttlichen Namen als Beweis für unterschiedliche Verfasser hin:

> Es wird von den Kritikern nicht behauptet, dass J vom Namen Elohim oder P und E vom Namen Jahwe nichts wussten, sondern dass jeder einen dieser Namen bevorzugte. Aber wenn dem so ist, so bleibt doch die Frage: Warum bevorzugte J den Namen Jahwe und E und P den Namen Elohim? Zu dieser wichtigen Frage gibt die entzweiende Hypothese keine zufrieden stellende Antwort. Wenn der Pentateuch allerdings die Arbeit von einem Verfasser ist, dann ist die Verwendung dieser Namen klar genug.[29]

Cassuto beobachtet:

> Die große Neuerung seitens der Israeliten besteht in der Tat darin, dass, während die Schriften der Heiden einerseits der abstrakten und allgemeinen Vorstellung von Göttlichkeit Ausdruck verleihen und andererseits einige besondere Götter erwähnen, in der hebräischen Literatur die Vorstellung des bestimmten Gottes von Israel vollkommen mit dem Gott der ganzen Erde identifiziert wird. JHWH, den die Kinder Israels anerkennen und vor dem sie sich zu Boden werfen, ist kein anderer als 'Elohim, über dessen Herrschaft sich mehr oder weniger alle Menschen sehr bewusst sind und den sie, wenn die Zeit gekommen ist, völlig anerkennen sollen. Dies ist der erhabene Gedanke, dem die biblischen Dichter durch den Wechsel der Namen Ausdruck verleihen.[30]

3.2 Eine Exegese von 2. Mose 6,3

3.2.1 Die Annahme der Quellentheorie

Dieser Vers wird von den Kritikern so aufgefasst, dass er bedeutet, dass der Name Jahwe (Jahweh, JHWH) nicht in Israel bekannt wurde, bis Gott ihn Mose am Sinai offenbarte. Deswegen müssen alle Abschnitte in 1. Mose und in 2. Mose vor diesem Vers, in dem »Jahwe« benutzt wird, von einer anderen Hand geschrieben worden sein als von demjenigen, der diesen 2.-Mose-Abschnitt schrieb; sonst (wenn es nur einen Verfasser gibt) wäre er eines offensichtlichen Widerspruches schuldig: Indem er die Patriarchen im gesamten Buch Genesis »Jahwe« verwenden lässt und dann behauptet, dass der Name, bis er Mose geoffenbart wurde, unbekannt gewesen wäre.

Diese Ansicht wird von dem britischen Gelehrten, H. H. Rowley, wiedergegeben:

> 2. Mose 6,2f. sagt: »Ich bin Jahwe, und ich bin Abraham, Isaak und Jakob als El Shaddai erschienen, aber unter meinem Namen Jahwe war ich ihnen nicht be-

kannt.« Dennoch gibt es mehrere Abschnitte im Buch Genesis, die erklären, dass Gott den Patriarchen unter dem Namen Jahwe bekannt war. Der Name ist Abram (1. Mose 15,2.8) bekannt, auch Sarai (16,2) und Laban (24,31); er wird von den Engelsbesuchern im Gespräch mit Abraham (18,14) und mit Lot benutzt (19,13); und Gott wird Abram (15,7) und Jakob (28,13) als »Ich bin Jahwe« vorgestellt.[31]

3.2.2 Eine grundsätzliche Antwort

Eine richtige Exegese von 2. Mose 6,3: Dieser Vers bedeutet nicht, dass den Israeliten vor der Zeit des Mose wörtlich der Name »Jahwe« unbekannt war (d. h. dass er nicht existierte), sondern eher, dass sie nicht die Beziehung zu Gott hatten, die der Name »Jahwe« implizierte. Mit anderen Worten, sie kannten Gott von seinem *Namen* »Jahwe« her, aber nicht von seinem *Charakter* »Jahwe«.

W. J. Martin sagt in seinem Buch *Stylistic Criteria and the Analysis of the Pentateuch*:

> Es hätte natürlich auch möglich sein können, die Implikationen zu leugnen, indem man die volle Aufmerksamkeit auf die ganze Bedeutung des hebräischen Wortes »Namen« zieht. Das Gebiet der Bedeutung dieses Wortes deckt nicht nur das Gebiet von »Namen«, das heißt einem mündlichen Stellvertreter, einer Bezeichnung für ein Ding, ab, sondern zeigt auch das Merkmal des genannten Dinges an. Es kann für Ruf, Charakter, Ehre, Namen und Ruhm stehen. Daher wäre hier der Hinweis nicht so sehr auf die Nomenklatur, sondern eher bezüglich der Natur der Realität, für die der Name stand.[32]

J. H. Hertz, früherer oberster Rabbiner in London, England, schreibt in seinem Kommentar zum Pentateuch und der Halbthora:

> 2. Mose 6,3 ist der Mittelpunkt der kritischen Wissenschaft. Ihnen zufolge offenbart Gott sich hier Mose als Erstes mit seinem Name JHWH. Damit sind alle Kapitel in 1. Mose und 2. Mose, wo der Name Jahwe erscheint, von einer anderen Quelle. Dies wird als entscheidender Beweis der vielfachen Quellenhypothese des Pentateuchs benutzt und wird von allen radikalen Kritikern als der Schlüssel zur JEDP-Hypothese erklärt.
>
> Die gegenwärtige kritische Erklärung dieses Verses ruht allerdings auf einem totalen Missverständnis der hebräischen Redewendung. Wenn die Schrift erklärt, dass jenes Israel oder die Nationen oder der Pharao »wissen soll, dass Gott Adonai« ist – dann bedeutet das nicht, dass sie darüber informiert werden, dass sein Name J-H-W-H (Adonai) ist, wie es die Kritiker gerne hätten; sondern dass sie dazukommen werden, seine Macht zu bezeugen und dahin gelangen werden, jene Merkmale des göttlichen Wesens zu verstehen, die jener Name bezeichnet. Folglich Jer 16,21: »Ich werde veranlassen, dass sie meine Hand und meine Macht kennen, und sie werden wissen, dass mein Name Adonai ist.« [Orthodoxe Juden sprechen den Namen Jahwes nicht aus, um nicht das dritte Gebot zu bre-

chen und gebrauchen stattdessen als Ersatz Adonai, das »Herr« bedeutet.] In Hesekiel kommt der Ausdruck »werden sie erkennen, dass ich Adonai bin« mehr als sechzig Mal vor. Nirgends meint es, dass sie ihn mit den vier Buchstaben seines Namens kennen werden. Jedes Mal bedeutet es, dass sie ihn mit seinen Werken und der Erfüllung seines Versprechens erfahren werden.[33]

»Im Alten Testament bedeutet das Wort ›zu wissen‹«, so sagt Raven, »im Allgemeinen die Vorstellung des Begreifens und der Ausdruck ›um den Namen von Jahwe zu wissen‹ wird viele Male in diesem volleren Sinn – die göttlichen Wesensmerkmale zu begreifen – benutzt (1. Könige 8,43; Psalm 9,11; 91,14; Jesaja 52,6; 64,1; Jeremia 16,21; Hesekiel 39,6.7). All dies zeigt die Bedeutung, dass Abraham, Isaak und Jakob Gott als einen Gott der Macht kannten, aber nicht als den Gott des Bundes.«[34]

Archer behauptet in ähnlicher Weise, dass die radikalen Kritiker die Methode, christliche Lehre auf sichere Texte zu gründen, ablehnen, aber dennoch eine ihrer ersten Lehrmeinungen auf genau diese Methode gründen. Diese Methode sucht eine wörtliche Interpretation von zwei Versen ohne Berücksichtigung auf den Zusammenhang oder die Analogie von anderen schriftgemäßen Lehren. Diesen Fall findet man in 2. Mose 6,2.3 (»Ich bin JHWH, und ich erschien Abraham, Isaak und Jakob als El Shaddai, aber unter meinem Namen JHWH war ich ihnen nicht bekannt.«). Die Anhänger der Quellenscheidungshypothese behaupten, dass dies das erste Mal ist, dass der Name Jahwe Mose in der E-Urkunde offenbart wurde. Allerdings wusste J nichts davon und nahm an, dass Jahwe ein geeigneter Name für die vormosaische Ära war. Dennoch, mit einem richtigen Verständnis von beidem – dem Verb »zu wissen« (jada) und von den Implikationen im Hebräischen, jemandes Namen zu erkennen – wird es klar, dass die Bedeutung nicht wörtlich ist. Alle zehn Plagen waren sicherlich nicht für den bloßen Zweck gewesen, dass die Ägypter wissen würden, dass der Gott der Israeliten Jahwe genannt wurde (2. Mose 14,4: »… und die Ägypter werden erkennen, dass ich Jahwe bin.«). Es war eher die Intention der Plagen gewesen, dass die Ägypter die Bundestreue Gottes zu seinem Volk bezeugen konnten und dass man ihn aus der Erfahrung her als Jahwe, den Bundes Gott, kennt (siehe auch 2. Mose 6,7: »Du sollst erkennen, dass ich Jahwe, dein Gott bin, der dich unter den Lasten der Ägypter herausbrachte.«). »Der hebräische Gebrauch zeigt deswegen deutlich genug, dass 2. Mose 6,3 jenen Gott lehrt, der sich in früheren Generationen als El-Shaddai (Gott, der Allmächtige) durch Taten der Macht und Barmherzigkeit offenbart hatte, jetzt in der Generation des Mose er sich als der den Bund einhaltende Jahwe durch seine wunderbare Befreiung der ganzen Nation Israel offenbaren würde.«[35]

»Der Zusammenhang des Abschnittes«, so führt Raven fort, »und der *usus loquendi* des Ausdruckes ›den Namen zu kennen‹ zeigt deutlich, dass die Bedeutung ein erfahrendes Wissen der Eigenschaften, die vom Namen betont werden, einschließt.«[36]

G. T. Manley macht diese Beobachtung bei den beteiligten hebräischen Verben:

Wo ein Name das erste Mal genannt wird, wird üblicherweise das Verb nāghadh (hiph) wie in 1. Mose 32,29 benutzt. Hier [2. Mose 6,3] ist es jāda, genauso wie man es in 1. Sam. 2,12 und 3,7 finden kann, wo die Betroffenen mit dem Namen Jahwe vertraut waren, aber nicht mit allem, was der Name implizierte.[37]

Die Kritiker benutzen diesen Vers als Grundlage für ihre Teilung des J-Dokumentes, das den Namen Jahwe vom E-Dokument benutzt, das aber Elohim verwendet. Aber dieser Vers unterscheidet nicht Elohim von Jahwe, sondern El-Shaddai von Jahwe, wie Merrill Unger richtig feststellt:

> Dass diese Voraussetzung unter Berücksichtigung der Bedeutung von 2. Mose 6,2.3 gänzlich ungerechtfertigt ist und keine Grundlage außerhalb der Prämissen der kritischen Hypothese hat, ist als *Erstes wegen der klaren Unterscheidung, welche in dem Abschnitt selbst aufgezeigt wird*, offensichtlich: »Gott sprach zu Mose und sagte zu ihm: Ich bin der Herr und ich erschien Abraham, Isaak und Jakob mit dem Namen Allmächtiger Gott (El Shaddai); aber mit meinem Namen Jahwe bin ich ihnen nicht bekannt gewesen.« Bezeichnenderweise trennt der Verweis Jahwe nicht von Elohim (das 200-mal in 1. Mose vorkommt), sondern von El-Shaddai (das fünfmal in 1. Mose vorkommt), dem Namen, der den besonderen Charakter, in dem Gott sich den Patriarchen offenbarte, anzeigt (1. Mose 17,1; 28,3; 35,11; 43,14; 48,3).[38]

Ein anderer wichtiger Punkt, der im Hinblick auf 2. Mose 6,2f. oft übersehen wird, ist, was im Hebräischen als das *Beth-Essentiae* bezeichnet wird.

Eine englische Übersetzung gibt diesen Abschnitt folgendermaßen wieder: »Ich erschien … als El-Shaddai, aber mit meinem Namen Jahwe.«

Diese Übersetzung zeigt nicht an, dass – obwohl dort eine Präposition (mit dem Präfix Beth) im Original für »als« steht, welches sich auf »El-Shaddai« bezieht – sich dort keine entsprechende Präposition für das Wort »mit« befindet, die sich hier auf »meinem Namen Jahwe« bezieht. Grammatikalisch muss dort notwendigerweise im Englischen die Präposition »mit« oder »als« stehen.

Gesenius gibt eine ausgezeichnete Grundlage für die Verwendung der Präposition »als« in Bezug auf »meinem Namen Jahwe«.

Dies würde die Bedeutung des »Charakters oder des inneren Zustandes tragen, im Unterschied zu äußeren Umständen oder Bezeichnungen.«[39]

Gesenius schreibt: »In poetischer Parallelität wird die Macht des Bezuges einer Präposition manchmal zu dem entsprechenden Substantiv des zweiten Mitglieds erweitert [Gesenius-Kautzsch, *Hebrew Grammar*, § 119 hh, 1910].«[40]

Jesaja ist ein ausgezeichnetes Beispiel dieser »poetischen Parallelität«: »Um meines Namens willen, stelle ich meinen Zorn zurück, um meines Lobpreises willen, halte ich es für dich zurück.« Obwohl das Englische zwei Verwendungen von »um meines … willen« verlangt, erfordert das Hebräische nur eins (hier vor dem ersten Hauptwort benutzt).

In diesem Fall – wie auch in anderen – »erstreckt sich die [Bedeutung] der Präposition auch auf das zweite Wort, genauso wie sie sie über das erste ausübt.[41]

Es gibt keinen Grund, warum 2. Mose 6,2f. nicht vom gleichen Prinzip bestimmt werden sollte. »Mein Name Jahwe« sollte auf die gleiche Art und Weise bestimmt werden, wie das *Beth-Essentiae* »El Shaddai« bestimmt.

Motyer gibt in *The Revelation of the Divine Names* eine ausgezeichnete Abhandlung der Bedeutung des *Beth-Essentiae*:

> In diesem Vers [2. Mose 6,3] wird das *Beth-Essentiae* entsprechend als »als« übersetzt, das heißt, es wird mit dem Blick der aufmerksamen Konzentrierung auf Charakter oder inneren Zustand im Unterschied zu den äußeren Umständen oder der Bezeichnung gesehen. Als Gott sich »als« El-Shaddai offenbarte, war es nicht mit der Absicht, den Patriarchen einen Titel zur Verfügung zu stellen, mit dem sie ihn bezeichnen könnten, sondern um ihnen ein Verständnis für seinen Charakter, wie es jener Titel geeignet vermittelt, zu geben. Ebenso in 2. Mose 3,2: »Der Engel Jahwes erschien … als eine Flamme von Feuer …« Die äußeren Umstände können in dem ersten Fall den Zweck erfüllt haben, die Aufmerksamkeit Moses anzuziehen – obwohl dies nicht notwendigerweise der Fall ist, da seine Aufmerksamkeit in Wirklichkeit vom Fortbestand des Busches trotz der Flamme gefangen war. Die Flamme war die entsprechende Charakterisierung von Gott selbst, bestimmt, um eine geeignete Offenbarung des göttlichen Wesens für Mose zu jenem besonderen Zeitpunkt seines Lebensweges zu gewährleisten. Wenn wir diesen Umstand auf die Hauptwörter »mein Name Jahwe« übertragen, kommen wir zu einer Schlussfolgerung, die in Übereinstimmung mit der Übersetzung steht, die wir zu rechtfertigen versuchen: »Ich zeigte mich … im Charakter von El-Shaddai, aber in dem von meinem Namen Jahwe ausgedrückten Charakter machte ich mich ihnen nicht bekannt.«[42]

Motyer führt fort:

> Die Genauigkeit der angestrebten Übersetzung wird weiter von seiner Angemessenheit zu seinem Zusammenhang abhängen. (Der Ort des Verses – wie wir es sehen – im System der Offenbarung ist folgender: Nicht dass nun für das erste Mal der Name wie ein Ausruf verkündet wird, sondern dass nun so für das erste Mal die wesentliche Bedeutung des Namens bekannt gemacht wurde.) Die Patriarchen nannten Gott Jahwe, aber kannten ihn als El-Shaddai; ihre Nachkommen werden ihn mit beiden Namen anrufen und ihn mit seinem Namen Jahwe erkennen. Dies ist sicherlich die Last von 2. Mose 6,6ff., als Mose die Nachricht bekommt, die er Israel mitteilen soll. Die Nachricht beginnt und endet mit dem Siegel der göttlichen Autorität: »Ich bin Jahwe.« Und auf der Grundlage dieser Autorität erklärt er die erlösenden Werke, welche – sie sind speziell erwähnt – eine Offenbarung von Jahwes Wesen sein werden, denn als das Ergebnis von dem, was er macht, wird Israel »erkennen, dass ich Jahwe bin«, aber in Wirklichkeit wird sein Wissen nicht nur der Name sein, sondern auch der Charakter des Gottes Israels. Diese Bedeutung des Ausdrucks ist durch die gesamte Bibel hin gleich bleibend.[43]

Da wir die Interpretation dieses Abschnittes der Anhänger der Quellenscheidungshypothese haben, werden wir mit einer sehr schwierigen Frage allein gelassen: Warum hat nicht einer der vielen Redaktoren, die in die Zusammensetzung des Pentateuchs involviert waren, den offensichtlichen Widerspruch zwischen der Verwendung des Namens Jahwe von den Patriarchen in 1. Mose und der Aussage in 2. Mose 6,3, in welcher der Name Mose zuerst am Sinai offenbart wurde, in Einklang gebracht?

Unger sagt, dass außer den Problemen – sowohl mit dem Kontext als auch mit der wahren Bedeutung der Wörter – die Position der radikalen Kritiker durch 2. Mose 6,2f. weiter durch die Konsequenz der Vernunft mit ihrer eigenen Hypothese geschwächt wird. Der Redaktor, dem sie diese Berichte klar zuschreiben, hat diesen Abschnitt nicht so verstanden, wie sie es tun, da er hier mit dem häufigen Gebrauch von »Jahwe« im gesamten 1. Buch Mose keinen Widerspruch sah. Hätte er einen Widerspruch gesehen, hätte er sicherlich den Vers verändert oder hätte das vorherige Auftreten des Namens »Jahwe« eliminiert.[44]

Raven bemerkt:

> Der Redaktor des Pentateuchs, wenn es denn solche gegeben hat, hatte wohl die Aussage von 2. Mose 6,3 mit der häufigen Verwendung des Namens Jahwe von den Patriarchen nicht für inkonsistent gehalten. Sonst hätte er entweder die Aussage in 2. Mose oder den Namen Jahwe in 1. Mose verändert. Die vielen Generationen von Juden und Christen, die nichts von der zusammengesetzten Urheberschaft von 1. Mose wussten, sahen auch nichts Problematisches an 2. Mose 6,3.[45]

Es besteht auch die Möglichkeit, dass dieser Abschnitt falsch in das Englische übersetzt worden ist. Martin erklärt:

> Es gibt allerdings eine andere mögliche Übersetzung, die jeden Konflikt mit dem schwachen Zusammenhang beseitigen würde. Der Ausdruck »aber mit meinem Namen HERR machte ich mich ihnen nicht bekannt« könnte im Hebräischen als ein elliptisches Fragefürwort verstanden werden. Die Übersetzung des ganzen Verses würde dann lauten: »Ich ertrug es vor (Niph'al) Abraham, Isaak und Jakob, als El-Shaddai zu erscheinen, denn hatte ich mich ihnen nicht mit meinem Namen JHWH bekannt gemacht?« Das Hebräische hat ein Fragepartikel, aber zu wiederholten Gelegenheiten kann es ausgelassen werden: Ein gutes Beispiel ist 1. Mose 18,12. Es ist möglich, dass die Intonation in der gesprochenen Sprache üblicherweise hinreichend war, um eine Frage anzudeuten, wie dies noch heute bei gesprochenen semitischen Sprachen der Fall ist. Die Intonation ist bezeichnet worden, als die subjektive Schicht in einer Sprache im Gegensatz zu Wörtern der objektiven Schicht. Geschriebenes kann niemals ein vollkommener, sondern nur zu einem größeren oder kleineren Grad eine Vertretung des gesprochenen Wortes sein. Keine frühgeschichtliche Schrift versuchte, Intonation anzuzeigen und sogar in den gegenwärtigen Tagen mit all unseren typographischen Hilfsmitteln ist kein vollkommen zufrieden stellendes System erdacht worden. Es sollte kein

> Grund zur Überraschung sein, dass in der Übertragung von Sprache in Schrift solche mageren Hilfen, wie es sie damals gab, gelegentlich, möglicherweise weil sie in der Sprache nicht ausgesprochen wurden, im Ganzen ausgelassen wurden. Kommentatoren haben nicht immer mit dieser Möglichkeit gerechnet. Zum Beispiel heißt es in Hiob 23,17: »Denn wurde ich nicht wegen der Dunkelheit abgeschnitten?«, was ein Parallelfall zu dem ist, der zur Diskussion steht. Bick streicht recht unbeschämt die Verneinung weg.
> Zu dieser Übersetzung von 2. Mose 6,3 könnte im Hinblick auf den semitischen Gebrauch kein Einwand erhoben werden, auch wenn sie nur den Zusammenhang hätte, dem sie sich anvertrauen könnte. Es kommt allerdings eine starke Stütze von der grammatikalischen Struktur des folgenden Satzes. Dieser wird mit den Worten »und auch« eingeleitet. Nun verlangt es die übliche hebräische syntaktische Gewohnheit, dass, wo einem »und auch« eine Verneinung vorausgeht, auch ein negativer Satz eingeführt wird und umgekehrt, ansonsten würden wir ein *Non-Sequitur* bekommen. In diesem Fall ist der Satz, der dem »und auch« folgt, positiv, daher würde man erwarten, dass man bei dem vorhergehenden Satz eine positive Wendung finden würde. Die Übersetzung des Satzes als ein Fragesatz würde aber jegliche Unlogik ausräumen. Für die Verwendung einer Frageform kann hier außerdem ein guter Grund angegeben werden: Es ist eine wohl bekannte Methode, einem Ausdruck einen asseverativen Charakter zu geben. Eine Übersetzung von »und auch« in diesem Zusammenhang durch »aber« wäre sehr unbefriedigend, wenn nicht sogar auf der Grundlage, dass der nächste Satz wieder durch »und auch« eingeführt wird, völlig unzulässig. Dies macht es hier äußerst schwierig, die Schlussfolgerung zu ziehen, dass wir es hier mit einer Serie von positiven Aussagen zu tun haben; die erste lagert sich zum Zweck der Betonung in einer Frageform ein und die zwei nachfolgenden, die durch »und auch« eingeleitet werden, sollen sie in eine logische Verbindung bringen.[46]

Schließlich sollte noch angemerkt werden, dass das göttliche Namenskriterium auf kein Material nach 2. Mose 6,3 angewandt werden kann, denn von da an sind – laut den Kritikern – E und P sowie J frei, Jahwe zu benutzen. Sogar Eissfeldt gibt dies zu:

> Zugegebenermaßen kann der Unterschied von göttlichen Namen nur in der Analyse von 1. Mose und dem Anfang von 2. Mose benutzt werden. Denn die zwei Quellen, die wir jetzt E und P nennen, umgehen den Namen Jahwe zuerst und benutzen ihn nur von dem Moment ab, an dem Gott sich mit diesem Namen Mose bekannt macht – E von 2. Mose 3,15 und P von 2. Mose 6,6 an.[47]

Dennoch haben viele Kritiker auf der Grundlage der Gottesnamen versucht, die zusammengesetzte Urheberschaft für die übrigen Teile des Pentateuchs zu erweisen. Es sollte einleuchtend sein, dass all diese Versuche keine logische Grundlage haben und deswegen ungültig sind.

3.3 Die ähnliche Verwendung göttlicher Namen im Koran

Der Koran schafft eine hilfreiche Parallele zu der unregelmäßigen Verteilung der göttlichen Namen im Pentateuch. Niemand stellt die einzelne Urheberschaft von diesen arabischen Schriften in Frage. Dennoch legen sie das gleiche Phänomen wie ihr hebräischer Verwandter an den Tag. Der Name Allahu ist mit Elohim vergleichbar und Rabbu (»Herr«) entspricht Adonai (»Herr«), was die Juden später gebrauchten, um auf Jahwe hinzuweisen. In einigen Suren (Kapiteln) werden die Namen vermischt, aber in anderen erscheint nur der eine oder der andere. Zum Beispiel kommt der Name Rabbu niemals in den folgenden Suren vor: 4, 9, 24, 33, 48, 49, 57, 59, 61, 62, 63, 64, 86, 88, 95, 101, 102, 103, 104, 107, 109, 111, 112; während der Name Allahu niemals in diesen Suren benutzt wird: 15, 32, 54, 55, 56, 68, 75, 78, 83, 87, 89, 92, 93, 94, 99, 100, 105, 106, 108, 113, 114.

Dies ist ein überzeugender Beweis dafür, dass alte semitische Literatur dazu fähig war, zwei Namen für Gott – aber durch nur einen Verfasser – zu gebrauchen.[48]

3.4 Die Schwierigkeiten mit der Manipulation der Gottesnamen durch die Quellentheoretiker

3.4.1 Ihre Inkonsistenz

Den Anhängern der Quellenscheidungshypothese entsprechend, zeigt der göttliche Name Jahwe auf die J-Quelle, Elohim auf die E-Quelle und die P-Quellen gebrauchen bis 2. Mose 6,3 Elohim, aber danach benutzten sie auch Jahwe.

Die folgenden Beispiele von Bibelstellen enthalten Gottesnamen, die nicht mit der richtigen Quelle übereinstimmen, von der man ausgeht, dass dieser Abschnitt sie gebraucht:

a. Elohim kommt in diesen Stellen der J-Quelle vor:
1) 1. Mose 31,50
2) 1. Mose 33,5.11

b. Jahwe kommt in diesen Stellen der P-Quelle vor 2. Mose 6,3 vor:
1) 1. Mose 17,1
2) 1. Mose 21,1

c. Jahwe kommt in diesen Abschnitten der E-Quelle vor:
1) 1. Mose 21,33
2) 1. Mose 22,4.11
3) 1. Mose 28,21
4) 2. Mose 18,1.8-11

3.4.2 Der Verweis auf die Redaktoren

Die Antwort des Kritikers auf diese offensichtlichen Widersprüche ist entweder, dass die Redaktoren (jene, die die Quellen kompilierten und redigierten) einen Fehler durch das Kopieren des falschen Namens machten oder dass sie sich die Freiheit nahmen, die Namen hier und dort auszutauschen. Sie wird sich natürlich mehr auf die zweite Erklärung als auf die erste berufen.

H. H. Rowley ist ein Beispiel dafür:

> Wir müssen also folglich nicht überrascht sein, dass der Zusammensteller des Pentateuchmaterials von älteren Quellen hätte herleiten können oder Material von mehr als einer Quelle in eine kontinuierliche Erzählung hätte verarbeiten können oder sich hätte frei fühlen können, leichte Änderungen an dem, was er übernahm, vorzunehmen oder die Verbindungsstellen in seinen Erzählungen hätte erfinden können. Diese Änderungen und Verbindungsstellen werden üblicherweise dem Redaktor zugeschrieben und es sollte keine Überraschung hervorrufen, dass der Zusammensteller oder Redaktor einige Spuren seiner eigenen Arbeit hinterlassen hat.[49]

Oswald T. Allis macht folgende Bemerkungen über solch eine Annahme:

> Schließlich ist zu beachten, dass das, was als nichts anderes als ein großer Mangel der kritischen Analyse betrachtet werden muss, schon sehr deutlich in Verbindung mit der Verwendung der Gottesnamen in Erscheinung tritt: Er kann nicht ohne Berufung auf einen Redaktor oder Redaktoren beseitigt werden. Dies bedeutet, dass dort, wo einfache, wenn auch haarspalterische Teilungen des Textes die von den Kritikern gewünschte Quellenanalyse nicht hergeben, einfach behauptet wird, dass ein Redaktor sie verändert hat oder die Quellen redigiert wurden. Wenn JAHWE als der Name der Gottheit betrachtet wird, der charakteristisch für J ist, muss der Zusatz von ELOHIM im Titel Jahwe-Elohim in 1. Moses 2,4b-3,24 einem Redaktor zugeschrieben werden.[50]

Raven weist auf die falsche kreisförmige Argumentation der Berufung der Kritiker auf die Redaktoren hin:

> Manchmal räumen sie Schwierigkeiten aus dem Weg, indem sie behaupten, dass [ein Redaktor] R den Namen veränderte, bei anderen ist der Text zweifelsohne verfälscht. Keine dieser Voraussetzungen hat allerdings eine Grundlage außerhalb der Prämissen der Hypothese. Man sagt, dass die Hypothese sich von den Phänomenen des Textes ableitet, wie wir sie haben; aber wenn jene Phänomene nicht zur Hypothese passen, werden sie als wertlos abgelehnt. Können wir nicht vernünftig fragen: Wenn der Text fehlerhaft ist, wie können wir der Hypothese vertrauen, die sich davon ableitet? Die unabdingbare Existenz von R und mehreren Rs ist eine grundlose Annahme, die durch die Schwierigkeiten der entzweienden Hypothese erst notwendig wurde.[51]

Die Folge von all diesem wird gut von Allis erklärt, wenn er schlussfolgert: »Es ist deswegen zu beachten, dass jede Berufung auf den Redaktor ein stillschweigendes Zugeständnis seitens der Kritiker ist, dass ihre Theorie an jenem Punkt auseinander fällt.«[52]

3.4.3 Der Umfang der Quellenscheidung

Sogar einzelne Verse werden zu »Quellen« zerhackt. Zum Beispiel 1. Mose 21,1.2:

> (1) »Und der HERR [Jahwe] besuchte Sara, wie er gesagt hatte, und der HERR [Jahwe] tat für Sara, wie er versprochen hatte.
> (2) Denn Sarah wurde schwanger und gebar Abraham einen Sohn in seinem hohen Alter, zu der Zeit, von der Gott [Elohim] mit ihm gesprochen hatte.«

Nun, den Kritikern entsprechend wird »Dann besuchte der HERR [Jahwe] Sara, wie er gesagt hatte« J zugewiesen; »und der HERR [Jahwe] tat für Sara, wie er versprochen hatte« wird P zugeschrieben (trotz des Beharrens der Anhänger der Quellenscheidungshypothese, dass P »Jahwe« nicht vor 2. Mose 6,3 benutzte); »So wurde Sara schwanger und gebar Abraham einen Sohn in seinem hohen Alter« wird J zugewiesen; und »zu der Zeit, von der Gott [Elohim] mit ihm gesprochen hatte« soll zu P gehören.

Während dieser ganzen Diskussion beziehen wir uns auf die Listen, in denen alle Abschnitte in 1. Mose, 2. Mose und 4. Mose ihren jeweiligen Quellen zugewiesen werden, die in *The Interpreter's One-Volume Commentary on the Bible* verzeichnet sind.[53] Diese Listen sind auf den Seiten 2 (1. Mose), 34 (2. Mose) und 85 (4. Mose) zu finden.

Beinahe einhundert Verse in 1. Mose, 2. Mose und 4. Mose (u.a. siehe unten) werden von den Anhängern der Quellenscheidungshypothese gleichfalls in mindestens zwei Quellen aufgeteilt.

1.Mose:

2,4	16,1	33,18	45,1.5
7,16.17	19,30	35,22	46,1
8,2.3.13	21,1.2.6	37,25.28	47,5.6.27
10,1	25,11.26	41,46	48,9.10
12,4	31,18	42,28	49,1.28
13,11.12	32,13		

2. Mose:

1,20	9,23.24.35	15,21.22.25	25,18
2,23	10,1.13.15	16,13.15	31,18
3,4	12,27	17,1.2.7	32,8.34.35
4,20	13,3	19,2.3.9.11.13	33,5.19
7,15.17.20.21	14,9.19.20.21.27	24,12.15.18	34,1.11.14
8,15			

4. Mose:

13,17.26	14,1	16,1.2.26.27	20,22

Professor F. Dornseiff aus Deutschland, der in den 30er Jahren des zwanzigsten Jahrhunderts Student der Altphilologie war, zog zwischen griechischer und alttestamentlicher Literatur Parallelen. Seine Bemerkungen über das Unglaubwürdige der obigen Schlussfolgerungen (*Zeitschrift für die Alttestamentliche Wissenschaft*, 1934, S. 57-75) werden von Aalders zitiert:

> Wer kann sich die Entstehung eines erstklassigen literarischen Werkes wie dem des griechischen Homers oder des Pentateuchs durch das Zerlegen von Quellen in Stücken und das Zusammenfügen dieser getrennten Sätze zu einer neuen Einheit durch Redaktoren vorstellen und, indem sie dieser Methode folgten, zu großem literarischen Erfolg gelangt sein sollen?[54]

3.5 Die Variationen der Gottesnamen in der LXX (Septuaginta)

Es sind viel mehr Variationen in der Verwendung der göttlichen Namen in der LXX zu finden als im Massoretischen Text (MT). Die Vertreter der Quellentheorie haben traditionell den MT als die Grundlage für ihre Quellenscheidung benutzt und behaupten, dass er bei weitem das Zuverlässigere der beiden sei, und haben folglich fast gänzlich den Gebrauch der Gottesnamen in der LXX ignoriert.

Archer weist darauf hin, dass der Gebrauch von göttlichen Namen als ein Mittel der Trennung für Quellen als Erstes von A. Klostermann (*Der Pentateuch*, 1893) abgelehnt wurde. Er bestand darauf, dass der hebräische Text über die Jahrhunderte hinweg nicht genau übertragen worden ist. Johannes Dahse war der Erste, der eine wissenschaftliche Untersuchung der Beziehung des MTs zu der LXX präsentierte und aufzeigte, dass die LXX nicht weniger als 180 Fälle von nicht übereinstimmenden Namen beinhaltete (z. B. *theos* für Jahwe oder *kyrios* für Elohim).[55] Dies sorgte für ein Innehalten bei der Annahme, dass der MT in allen seinen Varianten ausreichend bekannt ist, sodass wir selbstverständlich den MT bevorzugen und in jedem Fall über die LXX hinweglesen können. Viele dieser Entscheidungen wurden gefällt, bevor die Schriftrollen vom Toten Meer gefunden wurden und müssen daher wieder neu bewertet werden.

J. Skinner antwortete 1914 Dahse in einem Buch, das den Titel *The Divine Names in Genesis* trägt und in dem er zeigte, dass die Übereinstimmung von göttlichen Namen im MT und dem Samaritanischen Pentateuch [SP] (älter als die LXX) sich über dreihundert Fälle hin ausdehnt, während es nur acht oder neun Unterschiede gab. Kritiker haben angenommen, dass die »zerschmetternde Antwort« von Skinner an Dahse in Bezug auf die Problematik der göttlichen Namen und die LXX endgültig war.[56] Aber durch die Entdeckungen der Schriftrollen vom Toten Meer sind Gelehrte jetzt recht sicher, dass es mindestens drei getrennte Familien von Handschriften gab, die vor dem massoretischen Zeitraum bestanden. Deswegen bedeutet die enge Übereinstimmung des Massoretischen Textes mit dem Samaritanischen Pentateuch wahrscheinlich nicht mehr, als dass sie von der gleichen Handschriftentradition kamen. Es beweist nicht, dass der MT dem ursprünglichen Text näher ist als die LXX.

1908 gab auch B. D. Eerdmans, Kuenens Nachfolger an der Universität von Leiden, in seinem Werk *Die Komposition der Genesis* zu, dass dieses Argument, dessen Grundlage auf die Daten der Septuaginta basiert, ein starkes ist und er behauptete, dass es unmöglich sei, die göttlichen Namen als Beweis für getrennte Dokumente zu gebrauchen.[57]

Wellhausen selbst gab (in einem privaten Brief an J. Dahse, der 1912 veröffentlicht wurde) zu, dass das Argument gegen den Gebrauch der göttlichen Namen als ein Kriterium im Hinblick auf die Variationen, die in der LXX gebraucht werden, zu benutzen, »die Schwachstelle seiner Theorie getroffen hatte.«[58]

Harrison spricht davon, wie die Schriftrollen des Toten Meeres die Meinung verstärkt haben, dass es möglicherweise noch mehr Variationen von göttlichen Namen im ursprünglichen Text gab, als es der MT nahe legt:

> Dass mindestens drei unterschiedliche Familien von hebräischen Handschriften im vormassoretischen Zeitraum existierten, ist durch die Entdeckungen der Handschriften von Qumran, und im Besonderen der von [Höhle] 4Q wiedergewonnenen Bruchstücke, überzeugend demonstriert worden, welche die Meinung bestätigten, dass die Vielfalt im Text der frühen Pentateuchhandschriften erheblich größer war, als es im MT selbst der Fall war. Da der letztere traditionell als Grundlage der Quellenanalyse benutzt worden ist, wäre es angesichts der Tatsache, dass er als der »feste« Text betrachtet wurde, diesbezüglich interessant zu spekulieren, was aus der ganzen Graf-Wellhausen-Theorie geworden wäre, wären eine oder mehrere vormassoretische Texte für die Verwendung der Literarkritiker des neunzehnten Jahrhunderts vorhanden gewesen. Die Antwort ist in der Tat zu einem großen Umfang von Albright bereitgestellt worden, der, wie oben erwähnt, behauptet hat, dass die bruchstückhaften wiedergewonnenen Handschriften von 4Q schon die Grundlagen von detaillierter literarischer Kritik ernsthaft unterminiert haben.[59]

Harrison spricht über einige der Textbelege von Qumran, »die zeigen, dass es in hohem Maße für die Übersetzer der LXX-Ausgabe möglich war, die Handschriftenfamilien des Pentateuchs für ihren eigenen Verwendungszweck zur Hand gehabt zu haben, dessen Wesen und Inhalte keineswegs in allen Aspekten identisch mit jenen der massoretischen Tradition waren.[60]

4 Literaturangaben

1 Otto Eissfeldt, *The Old Testament – An Introduction*, S. 182-188.

2 Oswald T. Allis, *The Five Books of Moses*, S. 23.

3 *The Encyclopedia of Religion and Ethics*, S. 315.

4 A. Bentzen, *Introduction to the Old Testament*, Bd. II, S. 27f.

5 E. W. Hengstenberg, *Dissertations on the Genuineness of the Pentateuch*, Bd. 2., S. 216f.

6 U. Cassuto, *The Documentary Hypothesis*, S. 18.
7 Ebd., S. 30-41.
8 Ebd., S. 20.
9 Ebd., S. 20.
10 Ebd., S. 20.
11 Ebd., S. 21.
12 Ebd., S. 21.
13 Ebd., S. 23.
14 Ebd., S. 24.
15 Ebd., S. 30.
16 Ebd., S. 32.
17 Ebd., S. 33.
18 Ebd., S. 33.
19 Ebd., S. 37.
20 Gleason L., Jr. Archer, *A Survey of Old Testament Introduction*, S. 112.
21 John Howard Raven, *Old Testament Introduction*, S. 118f.
22 Abraham Kuenen, *An Historico-Critical Inquiry into the Origin and Composition of the Hexateuch*, S. 56.
23 Ebd., S. 61.
24 C. R. North, »Pentateuchal Criticism«, *The Old Testamnet and Modern Study*, S. 66f.
25 U. Cassuto, *The Documentary Hypothesis*, S. 41.
26 Cyrus H. Gordon, »Higher Critics and Forbidden Fruit«, *Christianity Today*, S. 132.
27 Ebd., S. 132f.
28 K. A. Kitchen, *The Ancient Orient and the Old Testament*, S. 121.
29 John Howard Raven, *Old Testament Introduction*, S. 118.
30 U. Cassuto, *The Documentary Hypothesis*, S. 25.
31 H. H. Rowley, *The Growth of the Old Testament*, S. 20f.; siehe auch Gerhard Fohrer, *Introduction to the Old Testament*, S. 115.
32 W. J. Martin, *Stylistic Criteria and the Analysis of the Pentateuch*, S. 17-18.
33 J. H. Hertz, *The Pentateuch and Halftorahs*, Bd. 2, S. 104.
34 John Howard Raven, *Old Testament Introduction*, S. 121.
35 Gleason L., Jr. Archer, *A Survey of Old Testament Introduction*, S. 122.
36 John Howard Raven, *Old Testament Introduction*, S. 121.
37 G. T. Manley, *The Book of the Law*, S. 47.
38 Merrill F. Unger, *Introductory Guide to the Old Testament*, S. 251 (seine Betonung).
39 J. A. Motyer, *The Revelation of the Divine Name*, S. 14.
40 Ebd., S. 14.
41 Ebd., S. 14.
42 Ebd., S. 14.
43 Ebd., S. 14.

[44] Merrill F. Unger, *Introductory Guide to the Old Testament*, S. 252.
[45] John Howard Raven, *Old Testament Introduction*, S. 121.
[46] W. J. Martin, *Stylistic Criteria and the Analysis of the Pentateuch*, S. 18f.
[47] Otto Eissfeldt, *The Old Testament – An Introduction*, S. 183.
[48] Gleason L., Jr. Archer, *A Survey of Old Testament Introduction*, S. 111.
[49] H. H. Rowley, *The Growth of the Old Testament*, S. 25; R. H. Pfeiffer, *Introduction to the Old Testament*, (1941), S. 282-289.
[50] Oswald T. Allis, *The Five Books of Moses*, S. 38f.
[51] John Howard Raven, *Old Testament Introduction*, S. 120.
[52] Oswald T. Allis, *The Five Books of Moses*, S. 39.
[53] *The Interpreter's One-Volume Commentary on the Bible,* 2.34.85.
[54] G. A. Aalders, *A Short Introduction in the Pentateuch*, S. 28.
[55] Johannes Dahse, »Textkritische Bedenken gegen den Ausgangspunkt der Pentateuchkritik«, *Archiv für Religionswissenschaft*, o. S.
[56] W. F. Albright, »Old Testament and the Archaeology of the Ancient East«, in H.H. Rowley, *Old Testamnet and Modern Study: A Generation of Discovery and Research,* S. 79.
[57] Gleason L., Jr. Archer, *A Survey of Old Testament Introduction*, S. 84f.
[58] G. A. Aalders, *A Short Introduction in the Pentateuch*, S. 21.
[59] R. K. Harrison, *Introduction to the Old Testament*, S. 518.
[60] Ebd., S. 518.

23 Die Wiederholung von Berichten und angebliche Widersprüche

Kapitelübersicht

1 Die Wiederholung von Berichten

1.1 Einführung

Von gewissen Erzählungen im Pentateuch wird gesagt, dass sie zweimal wiederholt werden, von anderen, dass sie widersprüchliche Details aufzeigen (d. h. Schöpfung: 1. Mose 1-2,4a–P; 2,4b-25–J; Sintflut: 1. Mose 6,1-8; 7,1-5.7-10.12.16b.17b.22-23; 8,2b-3a.6-12.13b.20-22–J; 1. Mose 6,9-22; 7,6.11.13-16a.17a [außer »vierzig Tage«]. 18-21.24; 8,1-2a.3b-5.13a.14-19–P).[1]

1.2 Die Annahme der Quellentheorie

Da kein Verfasser einen Grund hätte, die gleiche Erzählung zweimal zu schreiben, zeigt die Wiederholung von gewissen Geschichten (parallele Berichte), dass mehr als ein Verfasser daran gearbeitet hat. Da auch kaum ein Verfasser dafür angeklagt werden könnte, uns offensichtlich widersprüchliche Details zu geben, seien jene Erzählungen, in denen solche Diskrepanzen auftauchen, auch die Arbeit von einem Redaktor oder Redaktoren, die zwei unterschiedliche Berichte der gleichen Erzählung miteinander verwoben hätten (verflochtene Berichte).

Rollin Walker sagt (*A Study of Genesis and Exodus*, S. 24) – wie von O.T. Allis zitiert – zu dieser Position: »Bezüglich der Frage der präzisen historischen Genauigkeit der Erzählungen hinsichtlich 1. Mose und 2. Mose sollten wir in etwa die gleiche Haltung einnehmen, wie es der Redaktor der Bücher tat, als er uns Parallelen und im Gegensatz zueinander stehende Berichte des gleichen Ereignisses gab und dadurch zugab, dass er nicht sicher war, welcher der beiden genau richtig wäre.[2]

Otto Eissfeldt listet nicht weniger als neunzehn angeblich sich wiederholende oder widersprüchliche Berichte auf.[3]

1.3 Eine grundlegende Antwort

Vermeintliche doppelte und dreifache Berichte der gleichen Erzählung sind eigentlich unterschiedliche Erzählungen mit nur ähnlichen Details.

Hinsichtlich der doppelten Berichte von gewissen Erzählungen im Pentateuch betont Raven, dass

> diese Berichte nicht wirklich parallel sind. Einige von ihnen sind kaum ähnliche Ereignisse, wie die zwei Fälle, in denen Abraham seine Ehefrau belog und das Gleiche gilt auch später für Isaak. Der Redaktor muss diese wirklich unterschiedlich berücksichtigt haben. In anderen Fällen gibt es eine Wiederholung von einer unterschiedlichen Perspektive aus, wie der Bericht der Schöpfung in 1. Mose 2 vom Standpunkt des Gottes der Offenbarung und Vorsehung gesehen wird. Manchmal ist die Wiederholung ein charakteristisches Merkmal des hebräischen Stils, der oft eine Erzählung als Einleitung, die andere als eine allgemeine Aussage macht und somit dann diese erweitert.[4]

Die vermeintlich widersprüchlichen Details in gewissen Erzählungen sind in der Tat zusätzlich und werden nur dann als widersprüchlich angesehen, wenn die Erzählungen missverstanden werden.

1.3.1 Die Schöpfungsgeschichte

H. H. Rowley sagt, dass »es zum Beispiel zwischen den zwei Schöpfungsberichten einen Widerspruch bezüglich der Abfolge der Schöpfung, einen Unterschied im Gebrauch der göttlichen Namen, eine Diskrepanz in der Vorstellung von Gott und einen Unterschied des Stiles gibt.«[5]

Indem er diese Position angreift, weist Kitchen darauf hin, dass hier zwei unterschiedliche Stränge von Argumenten zum positiven Erweis einer doppelten Erzählung des Schöpfungsberichtes gezogen worden sind: theologische und stilistische Unterschiede zwischen 1. Mose 1 und 2 und eine anscheinend unterschiedliche Ordnung des Schöpfungsablaufs. Die Stilunterschiede haben als Argument aber kein Gewicht und spiegeln einfach Änderungen im Inhalt wider, und das Verständnis eines transzendenten Gottes in 1. Mose 1 im Gegensatz zu einem angeblich anthropomorphen Gott in 1. Mose 2 ist »äußerst überzogen und einfach illusorisch«.[6]

E. J. Young illustriert dies ebenso:

> Der anthropomorphe Gott von 1. Mose 2 »formt«, »atmet«, »pflanzt«, »ordnet

zu«, »nimmt«, »baut auf«, »bringt«, »schließt«, »baut« und »geht«. Aber die Kritiker haben damit nur ein wirklich oberflächliches Argument an der Hand. Der Mensch kann mit seinem endlichen Geist seine Vorstellung über Gott nur durch »Anthropomorphismen« ausdrücken. Kapitel 1 in 1. Mose beschreibt Gott in solchen anthropomorphen Begriffen wie »rief«, »sah«, »segnete«, »überlegte« (Vers 26 »lasst uns machen«), Gott »arbeitete« sechs Tage, dann »ruhte« er sich aus.[7]

Kitchen sagt ebenso:

> Das Gleiche kann über die Reihenfolge der Ereignisse gesagt werden. In 1. Mose 2,19 gibt es im Text keine ausdrückliche Garantie dafür, dass man annehmen kann, dass die Schöpfung der Tiere hier sofort vor ihrer Namensgebung geschah (d. h. nach der Schöpfung des Mannes); dies ist Eisegese nicht Exegese. Das richtige Äquivalent im Englischen für das erste Verb in 1. Mose 2,19 ist das Plusquamperfekt (»… hatte gebildet …«). Damit verschwindet die vermeintliche Schwierigkeit über den Ablauf der Ereignisse.[8]

Ferner muss ein wesentlicher Unterschied in den beiden Berichten gewürdigt werden: 1. Mose 1 beschreibt die Schöpfung der Welt, während 1. Mose 2 die spezielle Schöpfung von Adam und von seiner unmittelbaren Umgebung im Garten Eden ausführlich behandelt und näher beschreibt. Dies wird durch die Einleitungsworte in 1. Mose 2,4 hervorgehoben: »Dies sind die Generationen vom Himmel und von der Erde, als sie an dem Tage, an dem Jahwe-Elohim die Erde und den Himmeln machte, geschaffen wurden.« Durch das gesamte 1. Buch Mose hinweg kommt der Ausdruck »dies sind die Generationen« noch neun andere Male vor und jedes Mal führt er einen Bericht der Nachkommen eines bestimmten Vorfahren ein. Dies würde dann zeigen, dass wir in den folgenden Versen von 1. Mose 2,4 einen Bericht der Nachkommen des Himmels und der Erde finden werden, nachdem die erste Schöpfung stattgefunden hat. Und das ist genau das, was wir gerade hier im Fall von Adam und Eva vorfinden (V. 7: »Jahwe-Elohim formte einen Mann *von Staub vom Erdboden*«).[9]

Man muss hervorheben, dass wir hier kein Beispiel einer widersprüchlichen Wiederholung haben. Wir haben hier ein Beispiel für einen skelettartigen Umriss von der Schöpfung als ein Ganzes, gefolgt von einem detaillierten Focus auf den letzten Punkt des Umrisses – dem Menschen. Der Mangel an Anerkennung dieser gemeinsamen hebräischen literarischen Form grenzt nach Kitchens Worten »an Verstandesfeindlichkeit«.[10]

Kitchen zeigt dann, wie die Archäologie diese Art von literarischem Muster ans Licht gebracht hat. Gerade solch ein literarisches Muster ist in anderen Texten des alten Nahen Ostens alltäglich. Auf der poetischen Karnak-Stele aus Ägypten, die die Ansprache von Armin an König Tutmose III. wiedergibt, gliedert sich der Inhalt folgendermaßen auf:

> Absatz eins drückt seine allgemeine Souveränität aus. (Sollte der mannigfaltige Stil auf eine J-Quelle hinweisen?)
> Absatz zwei drückt diese Souveränität noch genauer durch Poesie aus. (Sollte die Starrheit auf eine P-Quelle hinweisen?)

Die Gebel-Barker-Stele ist ähnlich:

> Absatz eins: allgemeine königliche Souveränität (J-Quelle?)
> Absatz zwei: bestimmte Triumphe in Syrien-Palästina (P-Quelle?)

Mehrere der königlichen Inschriften von Urartu sind gleich lautend:

> Absatz eins: Der Sieg über bestimmte Länder wird dem Streitwagen des Gottes Haldi zugeschrieben. (Würde dies durch den kurzen, starren Stil auf eine »H«-Quelle hinweisen?)
> Absatz zwei: detaillierte Wiederholung der Beschreibung dieser Siege. Dieses Mal sind sie aber vom König vollbracht worden. (Wird hier durch den detaillierten, variierenden Stil auf eine »K«-Quelle hingewiesen?)

Genauso, wie man in gelehrten Kreisen noch von keiner Zuweisung der verschiedenen Teile dieser ägyptischen Texte zu unterschiedlichen Dokumenten gehört hat, so ist es ebenso absurd, dass eine Zergliederung von Quellen in ihrer zeitgenössischen Literatur in 1. Mose 1 und 2 durchgeführt wird.[11]

Orr erklärt es auf folgende Weise:

> Bezüglich dem *Anfang aller Dinge* wird immer wieder behauptet, dass »wir zwei widersprüchliche *Schöpfungsberichte* haben«. Es ist richtig, dass die Erzählungen in 1. Mose. 1,1-2,4 und Kap. 2,4ff. wirklich recht unterschiedlich in ihren Merkmalen und Stilen sind und das Werk der Schöpfung von unterschiedlichen Standpunkten aus betrachten. Aber sie sind nicht »widersprüchlich«; sie werden in der Tat auf eine Weise ergänzend miteinander verbunden. Die zweite Erzählung fängt, für sich allein genommen, abrupt mit dem Rückverweis auf die erste Erzählung an: »An dem Tag, an dem Jahwe-Elohim die Erde und den Himmel gemacht hat« (V. 4). In Wahrheit ist es eine falsche Klassifizierung, wenn man von Kap. 2 als einem »Schöpfungsbericht« im gleichen Sinne wie von Kap. 1 spricht. Er enthält keinen Bericht der Schöpfung, weder von der Erde noch vom Himmel oder von der allgemeinen Welt der Vegetation; sein Interesse konzentriert sich auf die Erschaffung von Mann und Frau und alles in der Erzählung wird von diesem Standpunkt aus betrachtet.[12]

1.3.2 Die Namensgebung von Isaak

Es wird behauptet, dass die Berichte der Namensgebung von Isaak unter Berücksichtigung von drei unterschiedlichen Quellen in 1. Mose verbunden worden sind

(1. Mose 17,17 von P, 18,12 von J und 21,6 von E). Aber ist es unvernünftig anzunehmen, dass sowohl Abraham als auch Sara ungläubig lachten, als es ihnen persönlich gesagt wurde, dass Isaak geboren werden würde und dass sie später beide mit Freude an seiner Geburt lachten?

1.3.3 Der Betrug Abrahams

Die Kritiker behaupten, dass die beiden Ereignisse, bei denen Abraham Sara als seine Schwester ausgab, reine Variation des gleichen Ereignisses seien. Es ist aber naiv anzunehmen, dass Männer niemals den gleichen Fehler zweimal machen oder der gleichen Versuchung mehr als einmal erliegen. In diesem Fall wird die Schwäche dieser Annahme durch die Überlegung, dass Abraham an beiden Gelegenheiten finanziell davon profitierte, noch vergrößert.[13]

1.3.4 Der Betrug Isaaks

Als Isaak seiner Ehefrau erlaubte, sich während Abimelech König der Philister in Gerar war (1. Mose 26,6-11) als seine Schwester auszugeben, lieferte er verblüffende Ähnlichkeiten mit dem E-Bericht von Abraham und Sara von 1. Mose 20. Wenn diese als unterschiedliche Versionen von dem gleichen Ereignis aufgefasst werden sollten, die in 1. Mose von dem Redaktor eingebaut worden sind, müssen einige sehr problematische Annahmen gemacht werden: 1) dass Söhne niemals dem schlechten Beispiel der Eltern folgen, 2) dass sich die sexuellen Gewohnheiten der Menschen von Gerar bis zur Zeit von Isaak zum Guten geändert hatten, 3) dass die Dynastien der Philister niemals die gleichen Namen von Herrscher zu Herrscher übertrugen (d. h. Abimelech I., Abimelech II. und so weiter), obwohl die Ägypter der zwölften Dynastie genau das Gleiche praktizierten (Amenernhat I., II. und III. und auch Senwosret I., II. und III.). Die gleiche Praxis kam in Phönizien vor. Eine Serie von Hirams oder Ahirams herrschte in Tyrus und Byblos. Es ist bemerkenswert, dass der Bericht von Abrahams erstem Betrug bezüglich seiner Beziehung zu Sara (1. Mose 12) zusammen mit dem ähnlichen Bericht von Isaak und Rebekka in 1. Mose 26 J zugewiesen wird. Ein anderer Fall eines »wiederholten« Berichtes, der von den Kritikern allerdings als ein echtes getrenntes Ereignis stehen bleiben darf, ist in der Zuordnung beider Besuche Jakobs in Bethel zu E zu sehen (1. Mose 35,1-8 und 1. Mose 28,18-22).[14]

1.3.5 Die Namensgebung des Brunnens bei Beerscheba

In 1. Mose finden wir zwei Erzählungen der Namensgebung des Brunnens bei Beerscheba – zuerst von Abraham in 1. Mose 21,31 (E zugewiesen) und dann von Isaak in 1. Mose 26,33 (P zugeschrieben). Aber es gibt keinen Beweis, dass diese eigentlich zwei (J und P) Versionen der gleichen ursprünglichen Episode entstammen. Im Hinblick auf die nomadischen Gewohnheiten von Abraham und Isaak ist es wahrscheinlicher, dass der Brunnen von Abrahams Feinden zugeschüttet wurde, nachdem er weitergezogen war und er nun von Isaak wieder geöffnet wurde, als er zu dem alten Landgebiet seines Vaters zurückkam. Und es ist nur sinnvoll, dass Isaak den alten Namen wieder aufgreift und den Vertrag wieder bestätigt, der ihm das Recht am Brunnen gab.[15]

1.3.6 Das Gedeihen der Herden Jakobs

S. R. Driver teilt 1. Mose 30,25 bis 31,18 in zwei Abschnitte ein: 1. Mose 30,25-31, der hauptsächlich von der J-Quelle kommt und 1. Mose 31,2-18, der hauptsächlich von der E-Quelle genommen wurde. Er behauptet:

> Die zwei Quellen geben einen unterschiedlichen Bericht von der Vereinbarung zwischen Jakob und Laban und von der Weise, in der Jakob trotzdem Erfolg hatte, wieder. Der Erfolg, der in 30,35ff. Jakobs List durch die Wirkung der geschälten Streifen auf die Mutterschafe in der Schafherde zugeschrieben wird, wird wiederum in 31,7-12 der Vorsehung Gottes gegenüber Labans Versuchen – indem er immer wieder seine Lohnbedingungen veränderte, um Jakob zu überragen – und des weiteren der Tatsache, dass nur die gestreiften Schafsböcke auf die Mutterschafe gesprungen seien, zugeschrieben.[16]

Wenn diese zwei Kapitel so verstanden werden, wie sie es auch aussagen und im Lichte der übrigen Schrift und des alten Nahen Ostens betrachtet werden, dann enthalten sie weder eine Diskrepanz noch erfordern sie divergierende Quellen. Kapitel 30 enthält die objektive Beschreibung des Verfassers der selektiven Zucht, die Jakob in dieser Situation ausübte. In Kapitel 31 erzählt der Verfasser das Ereignis aus Jakobs Perspektive (in Form eines Dialogs), wie Jakob, der mit seinen Ehefrauen spricht, dem all voraussehenden Gott die Ehre sowohl für sein Wissen als auch für den Erfolg in dem Unternehmen zuschreibt. Jakob musste am Ende anerkennen, dass nicht der Einfluss eines pränatalen Kunstgriffes am Werk war (funktioniert es denn überhaupt?), sondern allein Gott! So *berichtet* 1. Mose 30, was Jakob tat und worauf er hoffte, aber 1. Mose 31 *lehrt*, dass es wirklich so war und sogar Jakob sich dies eingestehen musste. Im Ablauf erzählt Jakob ergänzende, aber nicht widersprüchliche Details.

Zahlreiche Beispiele eines Ereignisses, das sowohl aus der Perspektive der Menschen als auch von der Gottes beschrieben wird, können in der Schrift gefunden werden (Ri 7,7.21-23; 2. Mose 14,21; 1. Mose 4,1).

Dies kann auch in anderen alten nahöstlichen Kulturen gefunden werden. Kitchen zitiert die königlichen Inschriften bei Urartu, in dem ein Absatz dem Streitwagen des Gottes Haldi den Sieg über gewisse Nationen zuschreibt und in dem nächsten Absatz die gleichen Siege mit mehr Details, wie sie vom König vollbracht wurden, wiederholt. Kein Gelehrter würde daran denken, diesen Bericht auf solchen Grundlagen in verschiedene Quellen einzuteilen.[17]

1.3.7 Die Kontinuität von isolierten Dokumenten

Eissfeldt behauptet, dass eins der Hauptmerkmale der Pentateucherzählungen »die Verflechtung von kompilierten Parallelen, die deswegen unvollständig sind, ist«.[18]

Einer der Gründe, warum der destruktive Literarkritiker behauptet, dass verschiedene Quellen in bestimmten Erzählungen verflochten sind, ist das Argument, dass, wenn diese Quellen isoliert und all die J-Abschnitte zusammengetragen und alle P-Abschnitte zusammengestellt werden, dann dort zwei getrennte kontinuierliche und zusammenhängende Erzählungen sichtbar werden.

In seinem Buch *The Higher Criticism of the Pentateuch* gab der emeritierte Professor William H. Green ein brillantes Beispiel der willkürlichen Natur dieses Argumentes. Er nahm das neutestamentliche Gleichnis vom verlorenen Sohn und unterzog es der gleichen Behandlung, der die Anhänger der Quellenscheidungshypothese einige der Pentateucherzählungen unterzogen. Hier sind seine Ergebnisse (Ausdrücke in Klammern schreibt Green einem »Redaktor« zu):

Der verlorene Sohn, Lukas 15,11-32

A

(11) Ein gewisser Mann hatte zwei Söhne (12) und der jüngere von ihnen sagte zu seinem Vater: Vater, gib mir den Teil von deinem Vermögen, welcher mir zufällt …

(13) Und nicht viele Tage danach sammelte der jüngere Sohn alles zusammen … und dort verschwendete er sein Vermögen mit aufrührerischem Leben …

(14b) und er begann, in Not zu sein.

(16b) Und kein Mensch gab ihm.

(20) Und er stand auf und kam zu seinem Vater; … und er lief und fiel ihm um seinen Hals und küsste ihn. (21) Und der Sohn sagte zu ihm: Vater, ich habe gegen den Himmel und in deinen Augen gesündigt: Ich bin nicht mehr würdig, dein Sohn genannt zu werden.

(22) Aber der Vater sagte zu seinen Dienern: Bringt schnell die beste Robe herbei und legt sie ihm um, und zieht ihm einen Ring an seine Hand und zieht ihm Schuhe an seine Füße: …, (24) denn mein Sohn war tot und ist wieder lebendig … Und sie begannen zu feiern.

(25) Nun war sein älterer Sohn im Feld: und wie er näher an das Haus kam, …

(28) er war zornig, und wollte nicht hin-

B

(Ein gewisser Mann hatte zwei Söhne:)

(12b) und er teilte unter ihnen sein Vermögen auf.

(13b) Und (einer von ihnen) machte eine Reise in ein fernes Land … (14) Und als er alles ausgegeben hatte, entstand dort in jenem Land eine große Hungersnot … (15) Und er ging und schloss sich einem der Bürger jenes Landes an; und er sandte ihn in seine Felder, die Schweine zu füttern. (16) Und er wollte sich mit den Schalen füllen, die die Schweine fraßen. … (17) Aber als er zu sich kam, sagte er: Wie viele eingestellte Diener meines Vaters haben genug Brot und haben noch übrig, und ich komme hier durch Hunger um! (18) Ich werde aufstehen und werde zu meinem Vater gehen und werde zu ihm sagen: Vater, ich habe gegen den Himmel und in deinen Augen gesündigt: (19) Ich bin nicht mehr würdig, dein Sohn genannt zu werden: mache mich zu einem von deinen angestellten Dienern. … (20b) Aber während er noch weit entfernt war, sah sein Vater ihn und wurde mit Erbarmen erfüllt: …

(23) und (sagte): Bringt das gemästete

eingehen: und sein Vater kam heraus, und flehte ihn an. (29) Aber er antwortete und sagte seinem Vater: Siehe, all diese Jahre habe ich dir gedient und habe niemals eines von deinen Geboten übertreten, und dennoch hast du mir niemals ein Zicklein gegeben, damit ich mit meinen Freunden feiern könnte, (30) aber als dieser dein Sohn kam, welcher dein Lebenswerk mit Huren vernichtete, für ihn hast du das gemästete Kalb getötet. (31) Und er sagte zu ihm: Sohn, du bist immer bei mir, und alles, was mein ist, ist dein. (32) Aber es war recht, ein Fest zu feiern und froh zu sein, denn dieser dein Bruder war tot und ist wieder lebendig.

Kalb, und tötet es, und lasst uns essen und ein Fest feiern … (24b) er war verloren und ist wieder gefunden. … (25b) (Und der andere Sohn) hörte Musik und Tanzen. (26) Und er rief zu sich einen der Diener und erfragte, was diese Dinge sein könnten. (27) Und er sagte zu ihm: Dein Bruder ist gekommen und dein Vater hat das gemästete Kalb getötet, weil er ihn sicher und gesund empfangen hat … (32) und er war verloren und ist wieder gefunden.[19]

Obwohl diese zwei Erzählungen von Green willkürlich aus der einen Erzählung erzeugt wurden, hat jede für sich einmalige Merkmale, welche jemanden, dem Greens geschicktes System unbekannt ist, dazu veranlassen könnten, diese als Beweis für eine zusammengesetzte Verfasserschaft zu halten:

> A und B stimmen darin überein, dass es zwei Söhne gab, von denen einer einen Teil des Eigentums seines Vaters empfing und durch seine eigene Schuld in großes Elend erniedrigt wurde. Folglich kam er bußfertig zu seinem Vater zurück und redete ihn in einer Sprachweise an, die in beiden Berichten beinahe identisch ist. Der Vater empfing ihn mit großer Zärtlichkeit und Demonstrationen von Freude, die die Aufmerksamkeit des anderen Sohnes erregten.
> Die Unterschiede sind wirklich genauso auffallend wie die Punkte der Übereinstimmung. A unterscheidet die Söhne als älter und jünger; B erwähnt von ihrem verhältnismäßigen Alter nichts. In A erhielt der jüngere seinen Teil durch die dringende Bitte und der Vater behielt den Rest in seinem eigenen Besitz; in B verteilte der Vater sein Eigentum zwischen seinen beiden Söhnen aus seinem eigenen Antrieb heraus. In A blieb der Verschwender in der Nachbarschaft seines Vaters und degradierte sich zur Armut durch sein aufrührerisches Leben; in B ging er in ein entferntes Land und gab all sein Eigentum aus, aber hier wird keine Andeutung darüber gemacht, dass er sich unschickliche Exzesse gönnte. Es würde eher scheinen, dass er unklug war; und zu allem Überfluss, seinem Unglück noch einen Höhepunkt zu schaffen, kam eine große Hungersnot. Seine Schuld scheint darin bestanden zu haben, dass er so weit weg von seinem Vater und von dem heiligen Land gegangen ist und dass er sich mit der unreinen Beschäftigung des Schweinehütens beschäftigt. In A scheint das Elend hauptsäch-

> lich Mangel an Kleidung gewesen zu sein, in B Mangel an Nahrung. Daher gab der Vater in A die Anordnung, die beste Robe, Ring und Schuhe für ihn zu bringen; in B wurde das fette Kalb getötet. In B kam der Sohn von einem entfernten Land und der Vater sah ihn von weitem; in A kam er von der Nachbarschaft und der Vater lief sofort auf ihn zu und fiel ihm um seinen Hals und küsste ihn. In B war er in einer niedrigen Beschäftigung gewesen, und so besann er sich auf seines Vaters angestellte Diener und bat darum, selbst zu einem Diener gemacht zu werden; in A hatte er luxuriös gelebt und während er seine Unwürdigkeit eingesteht, bittet er nicht darum, auf die Stufe eines Dieners gestellt zu werden. In A spricht der Vater darüber, dass sein Sohn wegen seines lasterhaften Lebens tot gewesen ist; in B, dass er wegen seiner Abwesenheit in einem entfernten Land verloren gegangen ist. In A, aber nicht in B, fand der andere Sohn an dem Empfang, welcher dem Verschwender bereitet wurde, Missfallen. Und hier würde es erscheinen, dass R ein bisschen den Text verändert hat. Der ältere Sohn muss seinem Vater in A gesagt haben: »Als dieser dein Sohn kam, der dein Vermögen mit Huren weggerafft hat, legtest du auf ihn die beste Robe.« Der Redaktor hat hier das B-Wort »lebend« für »Vermögen« ersetzt, das von A benutzt wird; und im Bestreben, einen besseren Gegensatz zu »Zicklein« zu schaffen, hat er den B-Ausdruck »für ihn tötest du das gemästete Kalb« eingesetzt.[20]

Green weist auf einen anderen ähnlichen Versuch hin, ein Werk mit dem Titel »Romans Dissected« von E. D. McRealsham, das Pseudonym von Professor C. M. Mead, der ehemals am Hartford Theological Seminary lehrte. Green bemerkt:

> Das Ergebnis seiner findigen und gelehrten Diskussion ist es zu demonstrieren, dass so überzeugend, wie auch ein Argument durch die Ausdrucksweise, den Stil und den dogmatischen Inhalt für die vierfache Teilung des Römerbriefes gemacht werden kann, auch bezüglich des zusammengesetzten Charakters des Pentateuchs argumentiert werden kann.[21]

1. Die Sintfluterzählung

Rowley schreibt:

> In der Erzählung der Sintflut finden wir, dass gemäß 1. Mose 6,19f. Noah befohlen wird, ein einzelnes Paar von jeder Art mit in die Arche zu nehmen, während ihm entsprechend 1. Mose 7,2 geboten wird, sieben Paare von reinen Tieren und ein einzelnes Paar von unreinen mitzunehmen. 1. Mose. 7,8f. hebt diesen Widerspruch mit seiner speziellen Aussage, dass von reinen und unreinen je ein einzelnes Paar in die Arche ging, hervor, obwohl es möglich ist, dass die Betonung auf den Widerspruch nicht ursprünglich ist. In ähnlicher Weise gibt es Unstimmigkeiten über die Dauer der Flut. 1. Mose 7,12 entsprechend dauerte der Regen vierzig Tage, nach denen gemäß 7,6ff. Noah einen gewissen Zeitraum von sieben Tagen wartete, bevor das Wasser fiel, während das Wasser laut 1. Mose 7,24

für einhundertundfünfzig Tage vorherrschte und schließlich erst ein Jahr und zehn Tage nach Beginn der Flut nachließ (7,14; vgl. 7).[22]

Kitchen erklärt dazu:

> Es ist oft behauptet worden, dass zum Beispiel 1. Mose 7 bis 8 zwei unterschiedliche Schätzungen bis zum Ende der Flut wiedergeben, aber in der Tat ist dies ausschließlich die Erfindung der [Quellen-]Theorie. Der biblische Text, wie er dort steht, ist völlig konsistent, indem er ein Jahr und zehn Tage (elf, wenn man sowohl den ersten als auch den letzten Tag zählt) für die gesamte Dauer der Flutepisode angibt, so wie schon Aalders, Heidel und andere vor langer Zeit deutlich darauf hingewiesen haben. Ebenso ist der vermeintliche Konflikt zwischen 1. Mose 6,19.20 (vgl. 1. Mose 7,8.9) und 1. Mose 7,2.3 über »paarweise« oder »sieben Paar« imaginär. In 1. Mose 6,20 wird *shenajim*, »Paar«, wahrscheinlich als ein Kollektiv für »Paare« gebraucht, wenn man sieht, dass man im Hebräischen keinen Plural einer dualen Wortform bilden kann (kein *shenajimim*!); 1. Mose 6,19.20 und 7,8.9 sind allgemeine Aussagen, während 1. Mose 7,2.3 (deutlich zweier und siebener) eine spezifische Aussage ist.[23]

Alexander Heidel stellt uns eine gründliche Untersuchung über den biblischen Bericht der Dauer der Flut zur Verfügung:

> Moderne Bibelkritik, wie sie wohl bekannt ist, sieht im 1.-Mose-Bericht der Sintflut eine Vermischung zweier hauptsächlich in einigen Aspekten widersprüchlicher Quellen, die von einem Redaktor zusammengestellt wurden. Der einen Quelle, P genannt (oder die Priesterschrift), zufolge fing die Sintflut am siebzehnten Tag des zweiten Monates an (7,11) und endete am siebenundzwanzigsten Tag des zweiten Monats des folgenden Jahres (8,13-14); das ganze Ereignis dehnt sich damit über einen Zeitraum von einem Jahr und elf Tagen aus. Aber entsprechend der anderen Quelle, J genannt (oder die jahwistische Erzählung), regnete es für vierzig Tage und vierzig Nächte (7,12), an deren Ende Noah das Fenster der Arche aufmachte und vier Vögel in Abständen von drei aufeinander folgenden Zeiträumen von sieben Tagen (8,6-12) aussandte, woraufhin er die Überdachung der Arche entfernte und den Erdboden trocken vorfand (V. 13b); dementsprechend war die Dauer der Flut nur einundsechzig Tage.
>
> Mit dieser Ansicht kann ich nicht übereinstimmen. Allerdings ist dies nicht der Ort, um auf eine detaillierte Diskussion der beteiligten Probleme einzugehen; ein paar Worte werden genügen müssen. Ich leugne keineswegs, dass eine Anzahl unterschiedlicher Quellen in der Zusammensetzung der biblischen Sintfluterzählung gebraucht worden sein könnten, da die Schriften selbst ohne Zweifel zeigen, dass die heiligen Schreiber schriftliche Aufzeichnungen und dergleichen in der Vorbereitung ihrer Bücher gebrauchten. Aber trotz der Ansprüche, die gemacht worden sind, bin ich überhaupt nicht davon überzeugt, dass das biblische

Material in seine Bausteine mit einem Grad von Gewissheit aufgelöst werden kann. Zudem bin ich nicht ein Sympathisant der üblichen Praxis, die angeblichen Reste jedes vermutlichen Dokumentes so zu behandeln, als ob es das Ganze darstellte, mit dem Ergebnis, dass es in dem 1.-Mose-Bericht der Sintflut, mit dem wir uns derzeit einzig und allein beschäftigen, ziemlich von Diskrepanzen wimmelt. Es muss für jeden vorurteilsfreien Leser offensichtlich sein, dass in der 1.-Mose-Version der Sintflut, wie sie von der modernen Bibelkritik aufgeteilt wird, sich einige wichtige Lücken in den Teilen, die J und P zugewiesen werden, aufzeigen lassen. Deswegen, wenn wir Zugang zu dem vollständigen Text von den vermeintlich als J und P bezeichneten Dokumenten hätten (um des Argumentes wegen nehme ich mal an, dass solche Dokumente jemals existierten), könnten wir sofort sehen, dass es überhaupt keine Diskrepanzen zwischen den beiden gab. Aber sogar ohne solchen Zugang hat man immer wieder demonstriert, dass die angeblichen Widersprüche in der 1.-Mose-Erzählung dazu imstande sind, eine einfache und sinnvolle Lösung zu geben, wenn die Erzählung so gelassen wird, wie wir sie in dem hebräischen Text vorfinden.

Wir haben an diesem Punkt in der Untersuchung hiervon ein gutes Beispiel – die Dauer der Sintflut. Wenn wir den biblischen Text so stehen lassen, wie er dasteht, und die Erzählung als ein Ganzes betrachten, sind die numerischen Daten über die Dauer der Sintflut in perfekter Harmonie, wie es im Folgenden gezeigt wird.

Gemäß 7,11 fing die Flut in Noahs sechshundertstem Lebensjahr an, am siebzehnten Tage des zweiten Monats, sieben Tage nachdem Noah den Befehl bekommen hatte, die Arche zu betreten (7,1-4.10). Für vierzig Tage und vierzig Nächte regnete es auf die Erde (V. 12). Es wird nirgends gesagt, dass der Platzregen nach diesem Zeitraum *im Ganzen* aufhörte. Im Gegenteil ging der Regen und das Hervorströmen der unterirdischen Quellen weiter; da es deutlich bestätigt wird, dass die Brunnen der Tiefen und die Fenster des Himmels nicht geschlossen wurden und dass der Regen vom Himmel nicht gestoppt wurde … bis zum Ende des hundertfünfzigsten Tages, nachdem die Flut angefangen hatte, aus welchem Grund auch immer das Wasser weiter stieg oder seine größtmögliche Höhe während all dieser Zeit bewahrte (7,24-8,2). Aber während der Ausfluss des unterirdischen Wassers mit großer Kraft sogar nach den ersten vierzig Tagen weiter angestiegen sein kann, muss der ununterbrochene und hemmungslose sintflutartige Platzregen vom Himmel aufgehört haben und der Regen viel mäßiger weitergeregnet haben, da wir in 7,12 lesen: »Der Regen kam auf die Erde vierzig Tage und vierzig Nächte« und in Vers 17: »Die Flut (*mabbûl*) kam auf die Erde vierzig Tage.« Wie schon zuvor darauf hingewiesen wurde, beschreibt der Begriff *mabbûl* in Vers 17 ohne Zweifel den noch nie da gewesenen Strom von Regen von oben, der das Wasser auf der Oberfläche der Erde ansteigen ließ. Hiervon ausgehend scheint es wirklich offensichtlich, dass es der ungehemmte sintflutartige Regen oder die Wassermassen vom Himmel waren, die nach den ersten vierzig Tagen aufhörten.

> Am Ende der 150 Tage begann das Wasser sich zu verringern (8,3) und am siebzehnten Tage des siebten Monats ruhte die Arche auf einem der Berge vom Gebirge Ararat (V. 4). Dies waren genau fünf Monate und ein Tag nach Beginn der Flut (vgl. 7,11). Die offensichtliche Schlussfolgerung scheint zu sein, dass die 150 Tage 5 Monate darstellten und dass jeder Monat folglich aus 30 Tagen bestand. An dem Tag, als das Wasser begann nachzulassen, strandete die Arche, d. h. an dem hunderteinundfünfzigsten Tag vom Beginn der Flut an. Das Wasser verminderte sich beständig, bis die Spitzen des Berges an dem ersten Tage des zehnten Monats sichtbar wurden (8,5). Wenn ein Monat mit 30 Tagen gerechnet wird, gibt uns dies 74 zusätzliche Tage, bei einem Ergebnis einer Gesamtzahl von 225 Tagen. Am Ende von 40 Tagen von diesem Datum an, d. h. den ersten des zehnten Monats, öffnete Noah das Fenster der Arche und sandte vier Vögel in Abständen von drei aufeinander folgenden Zeiträumen von 7 Tagen (V. 6-12) aus. Da der erste Vogel an dem einundvierzigsten Tag freigelassen wurde, addieren sich diese Zahlen zu 62 weiteren Tagen zusammen und führen zu einer Gesamtzahl von bis zu 287 Tagen. Der letzte Vogel wurde an dem zweihundertsiebenundachtzigsten Tag von Beginn der Flut weggesandt oder (wenn man die 46 Tage von dem Jahr hinzufügt, die vor dem Ausbruch der Flut vergingen) am dreihundertdreiunddreißigsten Tag des Jahres. Wir sind dementsprechend am dritten Tag des zwölften Monats angekommen. Achtundzwanzig Tage später, am ersten Tag des folgenden Jahres, in dem sechshundertersten Lebensjahr Noahs, war das Wasser auf die Erde gefallen (aber die Oberfläche des Bodens war noch nicht völlig trocken) und Noah entfernte die Überdachung der Arche (V. 13). Einen Monat und 26 Tage danach, an dem siebenundzwanzigsten des zweiten Monats, war die Erde wieder trocken und fest und Noah verließ die Arche (V. 14ff.). Diese zwei Zeiträume belaufen sich auf 84 Tage. Wenn wir diese Tage zu den 287 hinzufügen, haben wir eine großartige Gesamtzahl von 371 Tagen oder ein Jahr und elf Tage vom Beginn der Sintflut angefangen. Es ist hier trotz allem keine Diskrepanz vorhanden.[24]

Nicht nur sind die angeblichen Widersprüche nicht existent, sondern die zwei Berichte sind organisch voneinander abhängig und bilden damit schon eine Einheit. Raven beweist dies:

> Die Kritiker sind unfähig gewesen, zwei Aufzeichnungen der Flut nur einigermaßen vollständig herzuleiten. Der Anfang von Kapitel sieben wird J zugewiesen. Wenn dies so ist, dann wird uns von J gesagt, dass Gott Noah befahl, mit seinem ganzen Haus in die Arche zu kommen, ohne ein Wort über den Bau der Arche oder die Mitglieder von Noahs Familie zu verlieren. Kapitel sieben benötigt genau die Aussage von Kapitel 6,9-22, um es vollständig oder verständlich zu machen. 1. Mose 8,13 sagt: »Und Noah entfernte die Überdachung der Arche und blickte und siehe, der Erdboden war trocken.« Dies wird J zugewiesen, aber es wird kein einziges Wort von J aufgezeichnet bis Vers 20, in dem wir lesen: »Und

Noah baute dem Herrn einen Altar.« Diese schwerwiegende Lücke wird von den dazwischen liegenden Aussagen überbrückt, die die Kritiker P zuschreiben. Überdies ist 1. Mose 9,1-17 (P) keine nutzlose Wiederholung von 1. Mose 8,12-22 (J), sondern eine Erweiterung von Gottes Bund mit Noah, nachdem er den Altar für Jahwe gebaut und sein Leben auf Erden wieder angefangen hatte.[25]

2. Die Wanderung Abrahams

Die Kritiker haben noch zwei verflochtene Erzählungen in den Kapiteln 11 bis 13 von 1. Mose »entdeckt«, welche Orr folgendermaßen beschreibt und bewertet:

> Nach vielen Meinungswechseln haben die Kritiker sich festgelegt und haben 1. Mose 11,28-30 J und V. 27.31 und 32 P zugeordnet; darüber hinaus sind nur Kapitel 12,4b.5 und 13,6.11b.12 in den Kapiteln 12 und 13 P zugewiesen. Aber dies bringt einige bemerkenswerte Ergebnisse mit sich. In Kapitel 11,28 beginnt die J-Erzählung recht abrupt, ohne uns zu sagen, wer Terach, Haran, Abram und Nahor sind; d. h. J benötigt V. 27 als Erklärung. Der Wohnsitz der Familie wird von J in Ur von den Chaldäern gestellt (an anderer Stelle wird es als ein P-Bruchstück ausgegeben) und es wird nichts von der Wanderung nach Haran berichtet (vgl. P, V. 31.32). Dennoch wird diese Wanderung angeblich im Aufruf an Abraham in 1. Mose 12,1 vorausgesetzt. In Vers 6 wird gesagt, dass Abraham »durch das Land an den Ort von Sichem gegangen sei«, aber uns wird nicht gesagt, *welches* Land. Allein P ist es, der von seiner Abreise von Haran und seine Ankunft im Land Kanaan erzählt (V. 4b.5). Aber genau dieses Bruchstück in P nimmt die Abreise von Haran als eine bekannte Tatsache an (V. 4b) und benötigt so den ersten Teil des Verses, der J zugeordnet wurde. Mit anderen Worten ist die Erzählung, wie sie dasteht, eine Einheit; aufgeteilt wird ihr Zusammenhang zerstört.[26]

3. Isaaks Segen

Die Kritiker haben 1. Mose 27 ebenfalls unter das Messer genommen. Das Kapitel beginnt mit dem Bericht über Isaaks Vorbereitungen, Esau seinen Segen zu geben. Die ersten vier Verse liefern ein ausgezeichnetes Beispiel von willkürlichen Methoden der Kritiker beim Zerlegen von Abschnitten.

In Vers eins steht: »Nun kam es dazu, dass es geschah, als Isaak alt war und als seine Augen so schwach waren, dass er nicht mehr sehen konnte, dass er Esau, seinen älteren Sohn, rief und ihm sagte: Mein Sohn. Und er antwortete: Hier bin ich.« Weil dieser Abschnitt J zugeteilt wird, wird die letzte Phrase »und ihm sagte: Mein Sohn. Und er antwortete: Hier bin ich.« bei E als ein einmaliges Merkmal gelöscht. Aber sicherlich kann solch eine grundlegende Formel nicht verständig einem Verfasser zugewiesen und bei allen anderen ausgeschlossen werden. Dies wird nicht einmal vom Text gestützt, da 1. Mose 22,11 die Worte aufzeichnet: »Aber der Engel des HERRN [Jahwe] rief ihn vom Himmel und sagte: Abraham, Abraham! Und er sagte: Hier bin ich.« Die Kritiker ersetzten hier nicht nur Jahwe durch Elohim, sondern sie gehen noch einen Schritt weiter und weisen jeden Abschnitt, der die Formel, aber keinen göttlichen Namen enthält, E zu. Dies ist ein offensichtliches Beispiel für einen Zirkelschluss. Und wenn in 1. Mose 27,1 die Formel beseitigt werden würde, würden wir weiter erwarten, dass sie in Vers zwei stehen würde: »Und Isaak sagte *zu ihm* …« Aber dieses Wort fehlt im hebräischen Text und bestätigt, dass dieses kein Einleitungssatz für ein Gespräch war.

In den Versen 2 bis 4 steht weiter: »Dann sagte er [Isaak]: Nun siehe, ich bin alt. Ich kenne den Tag meines Todes nicht. Nun deswegen nimm bitte deine Waffen, deinen Köcher und deinen Bogen und gehe hinaus zum Feld und jage für mich dort Wild. Und bereite mir eine pikante Mahlzeit zu, so wie ich es liebe, und bringe es mit, damit ich es essen kann, dass meine Seele dich segnen kann, bevor ich sterbe.« Indem behauptet wird, dass die Worte »und bereite mir eine pikante Mahlzeit zu …, damit ich es essen kann« ein abweichendes Leitmotiv der gleichen Erzählung darstellt, wird die Phrase ausgestrichen und E zugewiesen. Die andere Variante dieses Leitmotivs setzt den Hauptakzent auf »Wild« im Gegensatz zu der »pikanten Mahlzeit« und wird J zugeordnet. Damit steht bei J: »Nun dann, nimm bitte deinen Köcher … und jage Wild für mich, sodass meine Seele dich segnen kann, bevor ich sterbe.« Dennoch ignoriert dies gänzlich den springenden Punkt, dass Esau mit dem Wild zurückkommen und es seinem Vater servieren soll. Andererseits steht bei J: »… und bereite mir eine pikante Mahlzeit, so wie ich sie liebe … sodass meine Seele dich segnen kann, bevor ich sterbe.« Hier wird unsere Erzählung weiter gesponnen, sodass Esau, der tapfere Jäger, in die alltäglichere Rolle des Kochs verwiesen wird.

Wenn man es aber so nimmt, wie wir es haben, ist dieser Abschnitt eine deutliche und einsichtige Einheit; zerlegt ist er aber sinnlos.[27]

4. Die Erzählung von Josef

Rowley spricht auch von Widersprüchen in dieser Erzählung:

> In 1. Mose 36,27 schlägt Juda vor, dass Josef an einige Ismaeliter verkauft werden sollte und der folgende Vers behauptet, dass dies getan wurde, während 1. Mose 34,1 sagt, dass die Ismaeliter ihn an einen Ägypter verkauften. Aber 1. Mose 37, 28a stellt Midianiter vor, die vorbeizogen und Josef aus der Grube, ohne dass es seine Brüder wussten, entführt (V. 29f.) und ihn später an Potifar verkauft hätten (37,36).[28]

Kitchen beantwortet wieder diese Anklagen:

> Es wird auch oft behauptet, dass 1. Mose 37 Teile von zwei widersprüchlichen Berichten darüber enthält, wie Josef nach Ägypten verkauft wurde: a) von seinen Brüdern an die Ismaeliter und so nach Ägypten (1. Mose 37,25.28b; vgl. 45,4.5) und b) von Midianitern, die ihn aus der Grube nahmen (1. Mose 37,28a.36; vgl. 40,14.15). Die Wahrheit ist viel einfacher.

Zuerst überschneiden sich die Begriffe »Ismaeliter/Midianiter« und beziehen sich im Ganzen oder zum Teil auf die gleiche Gruppe (vgl. Ri 8,24).
Zweitens bezieht sich das Pronomen »sie« in 1. Mose 37,28 zurück auf Josefs Brüder, nicht auf die Midianiter. Im Hebräischen ist das Beziehungswort eines Pronomens nicht immer das letzte des vorhergehenden Hauptwortes. Wenn dies nicht so wäre, dann würde die Phrase »dass er ein böses Gerücht aufgebracht hat …« in 5. Mose 22,19 auf den unschuldigen Vater verweisen; gleichfalls gehen die Pronomen »seiner/seinem/seine« und »er« in 5. Mose 22,29 auf einen irrenden anderen Mann zurück; und so wird dies auch anderswo im Hebräischen gehandhabt. In Ägypten erwähnt Ineni, nachdem er mit Tutmosis II. geredet hat, den Antritt von »seinem (Tutmosis II.) Sohn«, Tutmosis II., und dann die wirkliche Herrschaft »seiner Schwester … Hatshepsut«. Aber »seiner« bezieht sich hier zurück auf Tutmosis II., nicht auf seinen Sohn.
Drittens konnte Josef im privaten Gespräch mit seinen eigenen Brüdern offen sein (1. Mose 45,4.5 »ihr verkauftet …«), aber als er den königlichen Diener, einen Fremden, um einen Gefallen bat, konnte er wohl sehr schlecht die erniedrigende Tatsache enthüllen, dass seine eigenen Blutsbrüder ihn los sein wollten (1. Mose 40,14f.). So ungerechtfertigt dies auch war, welchen Eindruck hätte diese Aussage auf den Diener gemacht?[29]

(Es sollte beachtet werden, dass dieser Hinweis auf die »Entführung« in 1. Mose 40,14.15 vollkommen richtig ist, da Josef wörtlich von seinem Vater durch seine Brüder entführt wurde und es letztlich ihretwegen war, dass er aus »dem Lande der Hebräer gebracht wurde«.)

Indem er sich über einen kritischen Angriff auf einen Abschnitt beklagt, der den oben beschriebenen Fällen sehr ähnlich ist, bemerkt Cassuto angemessen, dass es sich bei dem Abschnitt um »ein klassisches Beispiel von hervorragend schön erzählender Kunst handelt, und durch die Zerstückelung zerstören wir nur ein wunderbares literarisches Werk, dergleichen schwierig zu finden ist«.[30]

1.3.8 Andere Beweise, die wiederholende Berichte erklären

Der hebräische Stil wird von drei charakteristischen Eigenschaften markiert, die das Problem von wiederholenden Berichten erhellt:

1. Parataktische Satzstruktur ist die Praxis, schreibt Archer, »bei der untergeordnete oder unabhängige Ideen mit dem einfachen Bindewort ›und‹ miteinander verkettet werden (Heb. *Wir*)«.[31] Dieses Wort kann somit benutzt werden, die Bedeutung von »damit«, »wenn«, »während«, »dann«, »sogar« oder »dass heißt« – eine Vielseitigkeit, die allen hebräischen Grammatikern wohl bekannt ist – aufzuzeigen.

Allis führt weiter aus:

Der Hebräer benutzt nicht selten Nebensätze, so wie es auch das Englische tut. Aber sehr oft koordiniert der Hebräer Satzteile durch »und«, wo wir einen Satz

> dem anderen Satz unterordnen würden … Es sollte deswegen beachtet werden, dass diese Tendenz, vollständige Sätze lose durch ein »und« zusammenzufügen, dazu führen kann, dass man den Eindruck gewinnt, dass der Schreiber sich wiederholt; und diese lose verbundenen Sätze, die alle auf das gleiche Ereignis oder Thema verweisen, scheinen sich mehr oder weniger zu wiederholen und man meint, es fehlt hier an einer streng logischen oder chronologischen Abfolge. Und gerade diese Einfachheit der Syntax macht es zu einer relativ leichten Angelegenheit, solche Sätze auseinander zu schneiden und zu behaupten, dass sie das gleiche Ereignis aus unterschiedlichen und sogar aus gegensätzlichen Standpunkten beschreiben und die Sätze dadurch unterschiedlichen Quellen zugewiesen werden müssten. Wären die biblischen Erzählungen in komplizierten periodischen Sätzen im Stil eines Addison geschrieben worden, wären solche Analysen weit schwieriger, wenn nicht gar unmöglich gewesen.[32]

Ein Missverständnis dieses Grundsatzes erlaubt es vielen anzunehmen, dass ein später Redaktor seine Quellen ungeschickt mit dem Wort »und« zusammenklebte. Aber ein ähnlicher Vorgang wäre in solchen Sprachen, die in diesem Aspekt genauer sind, wie das klassische Griechisch und Latein, unmöglich gewesen.[33]

2. Die Betonung in Form von Wiederholung sieht man durch die »Tendenz, jene Elemente von der Erzählung, die von besonderer Bedeutung sind, in einer leicht unterschiedlichen Form zu wiederholen«, erklärt Archer.[34]

Allis entwickelt diese Idee und erklärt, dass

> die Bibel ein sehr deutliches Buch ist. Ihr Ziel ist es, dem Hörer oder Leser die große Bedeutung der behandelten Themen einzuprägen. Der natürlichste Weg in einer Erzählung, die Betonung sicherzustellen, ist durch Verstärkung oder Wiederholung. Folglich ist der biblische Stil oft entschieden diffus und durch ausführliche Behandlung von Details und Wiederholungen charakterisiert.[35]

Der Bericht über die zehn Plagen (2. Mose 7-11) ist hierfür ein ausgezeichnetes Beispiel. Einige Plagen werden in genau fünf Schritten beschrieben: Drohung, Befehl, Erlass, Gebet für Beseitigung und Beendigung. Durch das Missverstehen des nachdrücklichen Wesens dieser Wiederholung haben die radikalen Kritiker J sieben, E fünf und P nur vier (nicht miteingeschlossen eine fünfte, aber nicht ausgeführte) Plagen zugeteilt. Dies hinterlässt uns drei unvollständige Berichte, von denen jeder das Material des anderen braucht, um ein vernünftiges Ganzes zu bilden.[36]

3. Poetische Parallelität ist in den Worten Archers die »ausgeglichene Struktur von gepaarten Klauseln, die so weit reichend in hebräischen Versen gebraucht wird.«[37]

Wieder gibt uns Allis eine klare Vorstellung für diese Sache:

> Wenn man sich mit der Frage der Wiederholungen befasst, ist es wichtig, dass man zur Kenntnis nimmt, dass Wiederholung oder Parallelität in Ausdrucksweise und Inhalt (*parallelismus membrorum*) ein Hauptmerkmal der hebräischen Dichtung ist. Dies ist so offensichtlich, dass ein Beweis unnötig ist. Ein vertrautes Beispiel von geradezu synonymer Parallelität ist folgendes:
> »Das Gesetz des Herrn ist vollkommen und stellt die Seele wieder her.
> Das Gebot des Herrn ist gewiss und macht die Weisen einfältig.« (Ps 19,8)[38]

Indem er die Rolle solcher Parallelität über die Grenzen der Dichtung hinausgehend nachgewiesen hat, drückt Allis aus, dass »es deutlich gezeigt worden ist, dass die Trennungslinie zwischen Prosa und Dichtung nicht festgelegt und genau definiert ist, sondern dass sich erhöhte oder leidenschaftliche Prosa sehr nah an Dichtung annähern kann, wenn Wiederholungen oder Parallelität in Einklang zueinander stehen«.[39]

Wenn die göttlichen Namen in solch einer parallelen Weise abgewechselt werden, sollte es zweifellos dem poetischen Stil und nicht divergierenden Quellen zugeschrieben werden. Die Verse 23 und 24 von 1. Mose 30 illustrieren dies nachdrücklich: »*Elohim* hat (›*asaf*‹) meine Schande von mir genommen ... Möge *Jahwe* (›*josef*‹) mir einen weiteren Sohn hinzufügen.«

Wer diesen Abschnitt aufgrund der göttlichen Namen in E und J aufteilt (wie es die Kritiker tun), hat den poetischen Zweck des Wechsels der Namen versäumt zu erkennen und auch die klare poetische Parallelität von »asaf« und »josef« verletzt.[40]

4. Gordon vergleicht den hebräischen Stil mit anderen altorientalischen Stilen:

> Eine der üblichsten Grundlagen für die Postulierung der Unterschiede von Urheberschaften ist die Wiederholungen mit Varianten in der Bibel. Aber solche Wiederholungen sind für die alte nah-östliche Literatur typisch: babylonische, ugaritische und sogar griechische. Zudem forderte der Geschmack der Welt der Bibel nach Verdopplung. Josef und später der Pharao, jeder hatte prophetische Träume in doppelter Ausführung. In Jona 4 wird der Ärger des Propheten an zwei Punkten beschrieben, jedes Mal mit der Frage Gottes begleitet: »Tust du gut daran, ärgerlich zu sein?« (4,4.9) Würde irgendjemand darauf bestehen, dass solche Duplikate aus unterschiedlichen Federn stammen?[41]

5. Die Widersprüchlichkeit der Kritiker

Allis weist auch auf die Widersprüchlichkeit der Anhänger der Quellenscheidungshypothese hin, dass sie die Hinweise auf den Tod von Mose und Aaron nicht als Wiederholung identifizieren:

> Drei Aussagen werden in 4. Mose hinsichtlich des Todes von Mose und Aaron gemacht. 1) Kap. 20,24 gibt bekannt, dass Aaron sterben soll, weil Mose und Aa-

ron gesündigt haben, aber es sagt nichts über den Tod des Mose aus; 2) Kapitel 26,13 sagt, dass Mose wie Aaron sterben wird und aus dem gleichen Grund; 3) Kapitel 31,2 erklärt, dass Mose sterben wird, aber gibt keinerlei Grund an. Es wäre leicht zu behaupten, dass der erste Abschnitt zu einer Quelle gehört, die nur von Aarons Tod als einer Strafe für ihre gemeinsame Tat von Ungehorsam wusste, dass die dritte nur von Moses Tod wusste, aber von keinem Grund dafür, außer wenn es zugleich der war, der seine Arbeit vollendete. Aber alles [Material] wird P zugeordnet. Dies ist besonders beachtenswert, weil die Kritiker es als Nachweis zitieren, dass 4. Mose 13-14 aufgrund der Tatsache zusammengesetzt ist, dass 13,30 und 14,24 Josua nicht zusammen mit Kaleb erwähnen, während 14,6.39 ihn sehr wohl erwähnen. So weisen sie diese Abschnitte JE beziehungsweise P zu.[42]

2 Angebliche Widersprüche

2.1 Einführung

Beim ungezwungenen Lesen des Textes scheint es gewisse Widersprüche hinsichtlich der Namensgebung, der Geografie, der Gesetzgebung, der Sitten und der Moral und so weiter zu geben.

2.2 Die Annahme der Quellentheorie

Die Widersprüche seien in der Tat real. Dies scheint ein weiterer Beweis dafür zu sein, dass es unterschiedliche Verfasser von unterschiedlichen Hintergründen gibt, die zu unterschiedlichen Zeiten geschrieben haben. Die Redaktoren verbanden lieber beide Berichte in einem Werk, als dass sie versuchten, die Widersprüche dadurch zu korrigieren, dass sie entschieden, welches richtig war und dann das andere abzulehnen.

2.3 Eine grundlegende Antwort

Bei sorgfältiger Analyse des Textes, der hebräischen Sprache und des kulturellen Hintergrunds des alten Orients, in denen die Israeliten wohnten, findet man, dass diese angeblichen Widersprüche zu Recht in Einklang gebracht werden können und verschwinden, was in der Tat in vielen Fällen auch geschieht.

Diese Entdeckung ist stillschweigend von den Kritikern auch anerkannt, wie es Raven einsichtsvoll anmerkt:

> Das Eingeständnis eines endgültigen Redaktors ist für die Behauptung von unversöhnlichen Widersprüchen im Pentateuch verhängnisvoll. Ein Mann mit einer solch erstaunlichen Fähigkeit, wie er sie besessen haben muss, hätte die Widersprüche gesehen, wenn sie so offensichtlich waren, wie man behauptet, dass sie es wären, und hätte sie entfernt.[43]

2.3.1 Nomenklatur

Die Kritiker behaupten, dass unterschiedliche Namen für die gleiche Person oder den gleichen Ort ein Anzeichen dafür seien, dass es mehr als nur einen Verfasser gab.[44]

Beispiele:

1) *Amoriter* wird in 1. Mose 10,16 und 5. Mose 2,24, aber in 1. Mose 10,18 und 5. Mose 1,7 wird *Kanaaniter* benutzt.
2) In 2. Mose 33,6 und 17,6 wird ein und derselbe Berg *Horeb*, aber in 2. Mose 34,2 und 16,1 *Sinai* genannt.
3) *Jitro* wird in 2. Mose 3,1 und 4,18, aber Reguël in 1. Mose 36,17 und 2. Mose 2,18 benutzt.

R. K. Harrison bietet eine viel einleuchtendere und nachweisbarere Alternative an und macht klar, dass solch ein Kriterium völlige Missachtung seiner einzigen möglichen Quelle von objektivem Echtheitsnachweis mit einschließt – der Beweis vom alten Nahen Osten. Hunderte von Beispielen aus Ägypten schließen solche persönlichen Namensvariationen wie Sebekkhu, ein militärischer Kommandant, mit ein, auf den ebenso als Djaa verwiesen wird.[45]

K. A. Kitchen hat uns mit vielen anderen hilfreichen Beispielen versorgt:

> In Ägypten hatten viele Leute doppelte Namen wie Israel/Jakob oder Jitro/Reguël des Alten Testaments, z. B. Sebek-khu, der Djaa genannt wurde, dessen Stele im Museum der Manchester University die Verwendung dreier Namen für ein palästinensisches Volk belegt: Mentiu-Setet (»asiatische Beduinen«), Retunu (»Syrer«) und Amu (»Asiaten«) – genauso wie die Ismaeliter/Midianiter oder Kanaaniter/Amoriter des Alten Testaments. Für persönliche Namen und Gruppennamen vgl. an einer anderen Stelle in Mesopotamien die Sage Ahiqar (oder Ahuqar), der Aba'-enlil-dari ist (ganz zu schweigen von Tiglatpileser III. = Pul und Shalmansser V. = Ululai). In dem hetitischen Reich hatte eine Serie von Königen doppelte Namen, während »Mitanni« und »Hanigalbat« und »Mitanni« und »Hurrians« als doppelte Bezeichnungen des Staates und von den Leuten in Mitanni vorkommen.
>
> Für Ortsnamen wie Sinai/Horeb kann man mit dem Text von Merenptahs »Israel Stele« zwei Namen für Ägypten (Kemit, Tameri) und fünf Namen und Varianten für Memphis (Mennefer, Ineb-hedj, Iribu, Ineb-heqa, Hatkup-tah) vergleichen. Ähnliche Beispiele können auch an anderen Stellen gefunden werden.[46]

Die zwei angeblichen Berichte über Aarons Tod am Berg Hor (4. Mose 20,22; 21,4; 33,33; 5. Mose 32,50) und bei Moserot (5. Mose 10,6) erbringen nach den Anhängern der Quellenscheidungshypothese genügend Beweismaterial für unterschiedliche Quellen. Aber eine sorgfältige Untersuchung der Abschnitte wird zeigen, dass es in Wirklichkeit dort keinen Widerspruch und damit keine Grundlage für eine vielfache Quellenschlussfolgerung gibt. Das Wort »Moser« in 5. Mose 10,6 bedeutet »Züchtigung« und bezeichnet das *Ereignis* von Aarons Tod, nicht den *Ort* selbst. Dies macht deutlich, dass sein Tod auf dem Berg Hor eine Rüge, eine Züchtigung für seine Sünde bei Meriba war (4. Mose 20,24; 5. Mose 32,51). Er bekam die gleiche Vergeltung für seinen Aufruhr, die auch Mose empfing: niemals das verheißene Land zu betreten. Die zwei Berichte sind damit in Harmonie und belegen die Tatsache, dass Aaron am Berg Hor starb, während die Leute unten lagerten. Mose kennzeichnete das traurige Ereignis, indem er den Lagerort Moserot nannte (4. Mose 33,31; 5. Mose 10,6).[47]

2.3.2 Gesetzgebung

Kritiker haben beständig behauptet, dass gewisse Gesetze, die im Pentateuch enthalten sind, widersprüchlich sind und außerdem, dass wiederum andere identisch wiederholt werden. Hahn weist darauf hin:

> Die Theorie, dass getrennte Gruppen der kultischen Vorschriften ihren Ursprung an den lokalen Schreinen haben könnten, erhöht die Möglichkeit, dass die Verdopplungen und Inkonsistenzen in den Pentateuchgesetzen eher aufgrund unabhängiger, paralleler Entwicklungen gewesen sein können als aufeinander folgende Stationen in der Geschichte des Gesetzes.[48]

Diese Unterschiede und Wiederholungen an einigen Stellen des gesetzgebenden Materials werden für einen Beweis von zusammengesetzter Verfasserschaft gehalten, da ein Schreiber kaum solcher offensichtlichen Inkonsistenzen schuldig sein könnte. Harrison gibt eine mögliche Lösung:

> Somit ist es wirklich möglich, dass einige Verordnungen sich im nachmosaischen Zeitraum etwas verändert haben, um sich den veränderten Umständen anzupassen. Ein Prozess, der in jeder Kultur vollkommen legitim ist und der in keiner Hinsicht die Herkunft der ursprünglichen Gesetzgebung ungültig macht. Wohl waren einige von den Verdopplungen und Inkonsistenzen in den Gesetzen des Pentateuchs, von denen Hahn spricht, nicht durch die hervorgerufene Trennung der kultischen Vorschriften verursacht, wie er und viele andere liberale Schriftsteller es annehmen, sondern durch den absichtlichen Versuch seitens der verantwortlichen Obrigkeit – ob diese priesterlich oder anderer Art war –, die traditionelle Gesetzgebung bis zu dem Punkt zu erhalten, an dem neue Lebensumstände richtig abgedeckt werden mussten. Dies liegt ohne Zweifel der Situation zugrunde, in der die Bestimmungen von 4. Mose 26,52-56 bezüglich Erbschaft durch die Umstände verändert wurden, die in 4. Mose 27,1-11 und 4. Mose 36,1-9 ausführlich behandelt werden, oder wo die Vorschriften für ein Opfer, das Sünden von Ignoranz oder Unabsichtlichkeit abdecken sollte (3. Mose 4,2-21), durch die Bestimmung von 4. Mose 15,22-29 abgeändert wurden. Wieder ist es von Bedeutung, den Zeugen des Textes insofern zur Kenntnis zu nehmen, dass einige Zusätze dem Buch des Bundes später in der Zeit von Josua hinzugefügt wurden (Jos 24,26).[49]

2.3.3 Sitten

Wenn man die Bräuche der Namensgebung für die Kinder prüft, zitieren die Kritiker einen Beweis für unterschiedliche Quellen. Sie sagen, dass in dem P-Dokument der Vater den Kinder die Namen gibt, während diese Ehre in den J- und E-Dokumenten der Mutter zukommt. Daraus wird geschlussfolgert, dass jedes dieser Dokumente in getrennten Umgebungen entstand.

Wenn man sich die Fälle in J und E genauer ansieht, findet man neunzehn oder zwanzig Beispiele, die der Regel entsprechen; aber es gibt auch vierzehn Ausnahmen. Die Anzahl der Ausnahmen ist genug, um Verdacht zu wecken, besonders da jedes Beispiel, das mit Jakob verbunden ist, als ein eigenes Beispiel gezählt wird. Dies schwächt die Glaubwürdigkeit des Falles, besonders angesichts der Tatsache, dass zwei dieser Fälle als P eingestuft werden, aus dem einfachen Grund heraus, weil der Vater dem Sohn den Namen gab. Ein drittes Beispiel ist unklar, bezüglich dessen, ob der Vater dem Sohn den Namen gab oder nicht, was nur noch ein Beispiel übrig lässt; und dies ist nichts, auf das man eine Hypothese aufbaut.

Die Thora informiert uns, warum es einen Unterschied in der Namensgebung von Kindern gibt. Üblicherweise ist der Grund für die Namensgebung eines Kindes etymologisch und dies betrifft die Umstände der Geburt. Wenn der Umstand den Vater betrifft, gibt er dem Kind den Namen und das Gleiche gilt für die Mutter. Diese Regel ist einfach und logisch und trifft auf jedes Beispiel zu. Wenn die Umstände sich nur auf den Sohn beziehen oder wenn das seltene Ereignis auftritt, in dem die etymologische Erklärung gegeben wird, gilt die Regel nicht; in diesen Fällen ist es einmal der Vater, einmal die Mutter und sonst unbestimmt.[50]

2.3.4 Moral

Man sagt, dass J und E einen Defekt in ihrer moralischen Empfindlichkeit haben, während P wachsam und empfindlich ist. Ein Beweis dafür wird aus der Erzählung zitiert, in der Jakob Isaak darin überlistet, ihm Esaus Segen zu geben. Der moralische Charakter der Erzählung muss von der Haltung beurteilt werden, die der Text gegenüber den Übertretern einnimmt. In Erzählungen dieser Art ist es grundlegend, dass der Text sein Urteil nicht ausdrücklich und subjektiv ausdrückt, sondern es die Erzählung objektiv erzählt und es dem Leser einräumt, die Moral aus der Art und Weise, wie sich die Ereignisse entfalten, selbst zu lernen.

Es ist eine Tatsache, dass Jakob und Rebekka sich darin versündigt haben, weil sie Isaak überlisteten, aber was haben sie bekommen? Jakob wurde in der gleichen Weise von Laban betrogen, wie er seinen Vater überlistet hatte und die Schrift macht es deutlich, dass Jakob zur Strafe die falsche Ehefrau, Lea, bekam.

Rebekka bekam auch ihre »Strafe«, als sie den Sohn, den sie so sehr liebte, fortschicken musste. Sie bat ihn einmal darum, ihr in Bezug auf ihren hinterlistigen Plan zu gehorchen und wieder musste sie ihn darum bitten, ihr gehorsam zu sein, diesmal als sie ihn fortschicken musste. Damit wird die moralische Ethik der Thora bewahrt und der Quellenscheidung wird wieder gezeigt, dass sie ohne Grundlage ist.

P ist ohne einen einzigen Abschnitt, der eine genaue Untersuchung erfordert, um seine Moral kennen zu lernen. Das vollkommene Stillschweigen von P hinsichtlich der Übertretungen der Patriarchen erfordert allerdings keine Divergenz von Quellen. Denn es ist bezeichnend zu bemerken, dass nur zwei Erzählungen, welche die Patriarchen betreffen, P zugewiesen werden (die Höhle von Machpela und die Beschneidung). Andererseits sind in P reichlich trockene Berichte, Chronologien und Genealogien vorhanden. Sicherlich ist der Punkt der Ethik sinnlos, wenn er auf Material mit *keinem* didaktischen Gehalt und keinen dazugehörigen Erzählungen angewandt wird.[51]

3 Anachronismen – späte Wörter

3.1 Einführung

Gewisse Wörter, die im Pentateuch benutzt werden, scheinen von einem späteren Zeitraum gekommen zu sein. Es gibt auch Wörter, die nur ein paar Mal im Alten Testament vorkommen und dann nur viel später in anderen jüdischen Schriften wieder erscheinen.

3.2 Die Annahme der Quellentheorie

Das Auftreten solcher anachronistische Wörter zeige an, dass der Pentateuch erst zu einer viel späteren Zeit geschrieben wurde als zur mosaischen Zeit.

3.3 Eine grundlegende Antwort

Einige dieser Wörter können späteren Erläuterungen von Kopierern zugeschrieben werden. Andere sind in der Tat frühe und nicht späte Wörter, und bei weiteren ist es überhaupt schwierig zu sagen, ob sie früh oder spät sind.

3.3.1 Schriftliche Glossen

Drei Beispiele von Wörtern, die offensichtlich (das heißt für radikale Kritiker) aus einem Zeitraum der Geschichte nach der mosaischen Zeit stammen:

1. »Philister« (2. Mose. 13,17)
2. »Dan« (1. Mose. 14,14; 5. Mose 34,1)
3. Kanaan, »Land der Hebräer« genannt (1. Mose 40,15).[52]

Harrison deutet an, dass solche vermeintlichen Anachronismen aufeinander folgende schriftliche Überarbeitungen sein können, die den Text in einigen Gebieten auf den neuesten Stand brachten.

Andere Beispiele schließen die Beschreibung von Mose als einen Propheten von Israel (5. Mose 34,10) mit ein, ebenso wie die verschiedenen schriftlichen Glossen, die spätere Formen von früheren Namen geben (1. Mose 14,8.15.17; 17,14; 23,2; 35,6). Weiser behauptet, dass der Hinweis auf einen König in 5. Mose 17,14 anachronistisch ist; aber dies zeigt seinen Mangel an Kenntnissen, weil dieser Abschnitt Ereignisse vorhersagt, die stattfinden werden, und nicht die gegenwärtige Situation aufzeichnet.[53]

Harrison schreibt weiter:

Zusammen mit der Überarbeitung der Rechtschreibung und dem Einschluss von Glossen in den Text ersetzten die Schreiber des Altertums häufig einen früheren Eigennamen durch seine spätere Form. Dieses letztere Phänomen kann gut solche scheinbaren Anachronismen wie die Erwähnung vom »Weg des Landes der Philister« (2. Mose 13,17) im Pentateuch erklären, zu einer Zeit, als die Philister noch vollkommen das palästinische Küstengebiet einnehmen mussten.[54]

3.3.2 Seltene Wörter

Archer paraphrasiert das Argument der Kritiker hinsichtlich der seltenen Wörter:

> Wenn ein Wort, das weniger als drei- oder viermal im Alten Testament vorkommt und nur in späterer hebräischer Literatur wiederkehrt (dem Talmud und Midrasch), dann ist das Wort von spätem Ursprung und dieser Abschnitt des Alten Testaments muss aus einer späten Zusammensetzung sein.[55]

Dies ist unverändert die Interpretation, die von Gelehrten des Alten Testaments angeboten wird; aber es gibt in der Tat *drei* praktische Erklärungen:

1) wie zuvor schon erklärt, dass das »frühe« Auftreten eigentlich innerhalb einer Sammlung von Schriften ist, die einen späteren Ursprung haben.

2) dass das »frühe« Auftreten der Beweis dafür ist, dass das Wort eigentlich zu dem früheren Datum im üblichen Gebrauch war;

3) dass das wahre »späte« Wort nur demonstrieren kann, dass das Wort selbst im Text seinen Ursprung hat (das für ein veraltetes, beleidigendes oder obskures Wort ersetzt wurde) und nichts bezüglich des Datums der Sammlung der Schriften aussagt.

Während die meisten Gelehrten die letzten zwei Prinzipien ignorieren, kann die Gültigkeit der Prinzipien durch eine Untersuchung von literarischen Überresten des alten Orients bewiesen werden, die objektiv datierbar sind.

Ein Beispiel für 2) zeigt auf das wohl bekannte Phänomen des sporadischen Auftretens von Wörtern hin, zum Beispiel den Pyramiden-Texten von 2.400 v. Chr. Das Wort kann dann vollkommen verschwinden, nur um dann einundzwanzig Jahrhunderte später wieder in den Schriften des griechisch-römischen Zeitalters (um 300-30 v. Chr.) verwandt zu werden. Mehr als zwei Jahrtausende ägyptischer Geschichte in einen Zeitraum von zweieinhalb Jahrhunderten zusammenzupressen, ist natürlich absurd. Dennoch führt eine pauschale Anwendung dieses Kriteriums auf hebräische Literatur, Gelehrte zu gerade solchen Sinnlosigkeiten.[56]

Gleichfalls liefert Jesus Sirach 50,3, datiert auf das zweite Jahrhundert v. Chr., das früheste Auftreten von *swh* (»Reservoir«), das zu dem Schluss führte, dass es sich um ein spätes Wort handeln müsse. Aber die jüngste überraschende Entdeckung des gleichen Wortes auf dem Moabiter-Stein fügte plötzlich sieben Jahrhunderte zu seinem Alter hinzu.[57]

Eines von vielen Beispielen für 3) kann im Ashmolean-Text der Erzählung von Sinuhe gefunden werden, der aufgrund von Aussagen im Text zweifellos auf das zwanzigste Jahrhundert v. Chr. datiert wird. Allerdings deutet das Vorkommnis von *jam* für »Meer« und dem spätägyptischen *bw* für »nein« – Prinzip 1) entsprechend – auf ein Datum von 1.500 v. Chr. hin. Handschriften von ungefähr 1.800 v. Chr. liefern uns eine Antwort, dass die zwei Wörter eigentlich durch frühe Formen ersetzt wurden. Die künftige Entdeckung von sehr alten Handschriften des Alten Testaments könnte die gleiche Tatsache für die hebräischen Schriften aufzeigen.[58]

Weiterhin repräsentiert das Alte Testament nur einen kleinen Ausschnitt des ganzen hebräischen literarischen Ertrages. Dreitausend alttestamentliche Wörter erscheinen weniger als sechs Mal; fünfzehnhundert kommen nur einmal vor. Sicherlich würde ein größeres Wissen über die hebräische Literatur und die Gespräche viele dieser hebräischen Begriffe als alltägliche Wörter erweisen. In ähnlicher Weise würde niemand bestreiten, dass Wörter wie »Invasion« (1. Sam 30,14), »springend« (Nah 3,2) und »Lanze« (Jer 50,42) im Englischen keine seltenen Wörter sind, dennoch findet man sie nur einmal in der englischen Bibel.[59]

Robert Dick Wilson hat eine ausgezeichnete Studie über die Wörter gemacht, die nur fünf Mal oder weniger im Alten Testament gebraucht werden. Er hat gezeigt, dass

> ein großer Teil der Wörter, die als Beweis [von den Kritikern] für die Spätdatierung der Dokumente, die diese Wörter enthalten, bezeugt werden, selbst nicht als spät erwiesen werden kann. Denn erstens kann niemand behaupten, dass, weil ein Wort nur in einem späten Dokument vorkommt, deswegen das Wort selbst auch spät ist, denn in diesem Fall, wenn ein spätes Dokument das einzige Überlebende von einer einst zahlreichen Sammlung von Literatur ist, wäre darin jedes Wort spät; was absurd wäre. Noch kann man zweitens behaupten, dass ein Dokument spät ist, nur weil es Wörter enthält, die nicht in früheren vorkommen, die uns bekannt sind. Jeder neue Fund von aramäischem Papyri in Ägypten offenbart uns Wörter, die uns früher nicht bekannt waren, außer – wenn überhaupt – in Dokumenten die Hunderte von Jahren später geschrieben wurden. Und drittens kann man ein Wort nicht als Beweis für die Spätdatierung eines Dokumentes anführen, in dem es vorkommt, weil es auch in Dokumenten vorkommt, wie die hebräischen Teile des Talmudes, von denen uns bekannt ist, dass sie spät sind. Und dennoch wird dies häufig von den Kritikern behauptet … es ist offensichtlich, dass die Art des Beweises, der fast alles als spät erweisen kann und besonders die Teile, die als spät betrachtet werden, als früh zu sehen, in einem Fall dazu bestimmt ist zu beweisen, dass einige Dokumente später sind als andere, weil sie Wörter dieser Art enthalten, als Beweis eigentlich absurd und unzulässig sind. Denn es ist gewiss, dass wenn alle spät sind, dann keines früh ist, eine Schlussfolgerung, welche die Position aller Kritiker – sowohl radikaler als auch konservativer – umstürzen würde; und da diese Schlussfolgerung von keinem gewünscht und aufrechterhalten wird, muss sie als *absurd* abgelehnt werden.
>
> Zum Beweis allerdings, dass solche Wörter in jedem Buch und in fast jedem Teil jedes Buches des Alten Testaments gefunden werden, fügen wir die folgenden Tabellen hinzu. Diese Tabellen basieren auf besonderen Konkordanzen von jedem Buch und von jedem Teil eines jeden Buches des Alten Testamentes, die

von dem Autor dieses Artikels vorbereitet und nun in seinem Besitz sind. In Übereinstimmung mit den Gesetzen von Beweisen, dass »Zeugen Tatbestände nachweisen müssen« und »ein Fachmann allgemeine Tatbestände angeben kann, die das Ergebnis von wissenschaftlichen Untersuchungen sind, und dass ein Fachmann einen Bericht von Versuchen geben kann [folglich auch von Untersuchungen], die von ihm zwecks Bildung seiner Meinung ausgeführt wurden«, kann er Kraft und Deutlichkeit zu dem Beweis beitragen, der erbracht werden soll, wenn zuvor ein Bericht über die Art und Weise der Gewinnung, in der die Tatbestände, auf denen die Tafeln basieren, angegeben werden. Ein ganzer Sommer wurde damit zugebracht, in dem von einer hebräischen Konkordanz alle Wörter im Alten Testament, die dort fünfmal oder weniger vorkommen, gesammelt wurden und dazu auch die Angaben, wo die Wörter auftreten, verzeichnet wurden. Ein zweiter Sommer reichte aus, um von dieser allgemeinen Konkordanz eine spezielle Konkordanz für jedes Buch zu erstellen. In einem dritten Sommer wurden spezielle Konkordanzen für J, E, D, H und P hergestellt, für jedes der fünf Bücher des Psalters und für jeden einzelnen Psalm; für jedes der Teile von Sprüche und von den angeblichen Teilen von Jesaja, Micha, Sacharja, Chroniken, Esra, Nehemia und für solche Teile wie 1. Mose 14 und Gedichte, die in 1. Mose 49, 2. Mose 25, 5. Mose 32, 33 und Richter 5 enthalten sind. Dann wurde jedes der Wörter dieser Art im Aramäischen und im Hebräischen der nachbiblischen jüdischen Schriftsteller gesucht. Der Beweis der gesammelten Tatbestände ist offenkundig und, wie wir meinen, überzeugend.

Eine Studie dieser Prozentsätze sollte jeden überzeugen, dass die Präsenz solcher Wörter in einem Dokument kein Beweis seiner verhältnismäßig späten Entstehung sind.

	Anzahl der Wörter, die im AT fünf Mal oder weniger vorkommen	Prozentsatz dieser Wörter im Talmud
Psalm 79	3	0
Sprüche 31,1–9	0	0
Jesaja 24-27	0	0
Obadja	7	14,3
Jesaja 36-39	7	14,3
Richter/Rut	107	15,8
Nahum	36	16,7
Esra 1-6	6	16,7
Micha 2	11	18,2
Jesaja 34-35	5	20
Jesaja 12-14	10	20
Jesaja (erster Teil)	121	22,3
Maleachi	13	23,1

Hesekiel	335	24,9
Klagelieder	56	25
Haggai	4	25
Esra 7-10	8	25
Sacharja 2	16	25
Jesaja 40-46	62	25,8
Sprüche 1-9	69	27,5
Daniel	47	29,8
Sacharja [sic] 1	22	30,8
Sacharja [sic] 3	12	30,8
Micha 1	22	31,8
Hiob	374	31
Jeremia	278	32,1
Psalmen	514	33,1
Buch I	123	35,8
Buch II	135	31,1
Buch III	76	30,3
Buch IV	61	31,1
Buch V	118	34,7
Micha 3	15	33,3
Sprüche 10-22,16	80	33,8
Sprüche 22,17–24	30	36,7
Samuel/Könige	356	37,2
Habakuk	34	38,2
Joel	28	39,3
Jona	15	40
Hosea	65	41,5
Jahwist (J)	162	44,4
Zefanja	31	45,2
Amos	50	46
Elohist (E)	119	48,7
Sprüche 31,10-31	6	50
Heiligkeitskodex (H)	48	50
Chronik	144	51,5
Sprüche 25-29	52	51,9
Ester	57	52,6
Priesterlicher Kodex (P)	192	53,1
Deuteronomist (D)	154	53,2
Sprüche 30	15	53,5
Hohes Lied	99	54,6
Nehemia	48	56,3
Prediger	77	57,1
Erinnerungen Nehemias	27	59,3

Zur Erklärung dieser Tafeln kann gesagt werden, dass sie mit besonderem Verweis auf die kritische Analyse des AT vorbereitet wurden. Folglich ist der Pentateuch den Dokumenten J, E, D, H und P entsprechend angeordnet; und die Sprüche werden in sieben Teile eingeteilt (LOT folgend). Die erste Spalte der Tafeln gibt für jedes Buch oder Teil eines Buches die Anzahl der darin gefundenen Wörter, die fünfmal oder weniger im Alten Testament vorkommen, wieder und die zweite Spalte den Prozentsatz dieser Wörter, die dem gleichen Sinn nach im hebräischen Talmud gefunden werden können.

> Eine genaue Durchsicht dieser Tabelle wird die zuvor geäußerte These stützen, dass dies nämlich »eine Art von Beweisführung ist, die fast alles als spät erweisen wird und besonders die Teile, die als spät betrachtet werden, als früh ansieht. Sie ist in der Hinsicht, dass einige Dokumente aufgrund bestimmter Worte später sind als andere als Beweis ungeeignet und unzulässig. Diese Art von Untersuchung würde einfach für fast alle Dokumente des Alten Testaments beweisen, dass sie spät sind. Wenn er als gültig zugelassen würde, würde genauso viel gegen die Ansichten der Radikalen wie gegen die der Konservativen sprechen. Nehmen wir zum Beispiel die Zahl von den Wörtern, die in den angeblichen Quellen des Pentateuchs vorkommen. J und E haben zusammen 281 Wörter in ungefähr 2.170 Versen (eines in weniger als allen 7,7 Versen) und ungefähr 46 Prozent dieser Wörter können im Talmud gefunden werden; D hat 154 Wörter in ungefähr 1.000 Versen (oder eins in allen 6,5 Versen) und ungefähr 53 Prozent von ihnen im Talmud, und PH 201 in 2.340 Versen (oder eins in allen 8,6 Versen) und ungefähr 52 Prozent der Wörter im Talmud. Sicherlich würde kein unvoreingenommener Richter der Literatur versuchen, die Datierung von Dokumenten mit solchen leichten Schwankungen wie diese von einem Wort von 6,5 bis 8,6 und von 46 zu 53 Prozent im Talmud festzulegen! Außerdem ist die Reihenfolge mit Rücksicht auf das relative Verhältnis in Versen PH, JE, D und in Prozentsätzen im Talmud JE, PH, D gewählt; aber den Anhängern der Wellhausen-Theorie entsprechend sollte es in beiden Fällen JE, D, PH sein. Die leichten Schwankungen in beiden Fällen deuten auf die Einheit der Verfasserschaft und auf ein identisches Datum hin.[60]

3.3.3 Aramaismen

Die Babylonische Gefangenschaft (607-538 v. Chr.) markierte für die Juden den Beginn der Preisgabe ihrer ererbten hebräischen Sprache zugunsten der weiter verbreiteten aramäischen Sprache. Deswegen behaupteten die Kritiker, dass das Auftauchen eines aramäischen Wortes in einem biblischen Text ein Beweis dafür wäre, dass dieser Abschnitt einen nachexilischen Ursprung hätte. Sie behaupteten auch, dass viele solcher »Aramaismen« in der Tat im Pentateuch erscheinen. Dies stützt ihre Theorie eines späten Ursprungs für ihre schriftlichen Quellen (J, E, D, P und so weiter).

Aber Archer bietet diesen philologischen Beweis:

> Eine große Anzahl hebräischer Wörter, die sie [die Anhänger der Quellenscheidungshypothese] als Aramaismen eingestuft haben, haben bei einer näheren Prüfung einen sehr guten Anspruch, zu authentischen hebräischen Wörtern zu gehören oder ansonsten eher von den phönizischen, babylonischen oder arabischen Dialekten als vom Aramäischen abgeleitet zu sein. Zum Beispiel haben viele Kritiker unvorsichtigerweise angenommen, dass hebräische Hauptwörter, die auf *-on* enden, notwendigerweise aramäisch sind, weil die *-an*-Endung üblich im Aramäischen ist. Tatsache ist dennoch, dass diese Endung auch recht häufig im Babylonischen und Arabischen zu finden ist, und es sind weitere Beweise notwendig, um zu demonstrieren, dass es nicht schon in der Muttersprache der Hebräer aus kanaanitischen Zeiten hätte vorkommen können.[61]

Der jüdische Gelehrte M. H. Segal schlussfolgert in einer ähnlichen Weise:

> Es ist der Brauch unter Schriftstellern dieses Themas gewesen, jegliches seltene hebräische Wort, das gerade mehr oder weniger häufig in aramäischen Dialekten gefunden wird, als einen Aramaismus zu brandmarken. Die meisten Aramaismen sind im Hebräischen genauso wie im Aramäischen zu Hause. Viele von ihnen werden auch in anderen semitischen Sprachen gefunden.[62]

Kautzsch (*Die Aramaismen im Alten Testamente*) hat ungefähr 350 Wörter aufgelistet, die möglicherweise aramäischen Ursprungs sind. Auf dieser Grundlage werden über fünfzehnhundert Verse aus dem Alten Testament, in denen die Wörter vorkommen, einem späten Datum zugewiesen. Dennoch hat die gründliche Untersuchung von R. D. Wilson die folgenden Tatsachen enthüllt:

a) 150 dieser 350 Wörter sind *niemals* in einem aramäischen Dialekt zu finden.
b) 235 dieser 350 Wörter sind *niemals* in aramäischer Literatur vor dem zweiten Jahrhundert n. Chr. zu finden.
c) Nur 40 jener, die vor dem zweiten Jahrhundert n. Chr. gefunden wurden, sind unter den nahöstlichen Sprachen einmalig für das Aramäische.
d) Nur 50 von den 350 Wörtern der Liste sind im Pentateuch zu finden.
e) Mehr als Zweidrittel dieser 50 »aramäischen« Wörter mussten im Pentateuch durch ein echtes aramäisches Wort ersetzt werden, um sie in den aramäischen Übersetzungen verständlich zu machen.
f) Die meisten Wörter, die *nicht* in den aramäischen Übersetzungen ersetzt wurden, sind noch immer nicht einmalig für das Aramäische unter den nahöstlichen Sprachen.

Sogar wenn wir die Datierung der radikalen Kritiker benutzen, können wir herausfinden, dass ganze 120 dieser angeblichen 350 »aramäischen Wörter« von Schreibern des Alten Testaments schon siebenhundert Jahre bevor sie in aramäischen

Dokumenten gefunden werden, benutzt wurden. Während es leicht ist, diese als hebräische Wörter, die in das Aramäische eingegliedert wurden, zu verstehen, wie mehr und mehr Juden auch den Übergang vollzogen, ist es schwierig zu glauben, dass die biblischen Schreiber so viele aramäische Wörter borgten, die angeblich erst sieben Jahrhunderte später benutzt wurden.[63]

4 Literaturangaben

1 John Bright, *A History of Israel*, S. 159.
2 O. T. Allis, *The Five Books of Moses*, S. 123.
3 Otto Eissfeldt, *The Old Testament – An Introduction*, S. 189f.
4 John H. Raven, *Old Testament Introduction*, S. 124f.
5 H. H. Rowley, *The Growth of the Old Testament*, S. 24; siehe auch S. R. Driver, *The Book of Genesis*, S. 35f.
6 Kenneth A. Kitchen, *The Ancient Orient and the Old Testament*, S. 118.
7 Edward J. Young, *An Introduction to the Old Testament*, S. 51.
8 Kenneth A. Kitchen, *The Ancient Orient and the Old Testament*, S. 118.
9 Gleason L. Archer, *A Survey of Old Testament Introduction*, S. 118.
10 Kenneth A. Kitchen, *The Ancient Orient and the Old Testament*, S. 116f.
11 Ebd., S. 117.
12 James Orr, *The Problem of the Old Testament*, S. 346f.
13 Gleason L. Archer, *A Survey of Old Testament Introduction*, S. 120.
14 Ebd., S. 120f.
15 Ebd., S. 121.
16 S. R. Driver, *An Introduction to the Literature of the Old Testament*, S. 15.
17 Kenneth A. Kitchen, *The Ancient Orient and the Old Testament*, S. 117.
18 Otto Eissfeldt, *The Old Testament – An Introduction*, S. 189, A.T. Chapman, *An Introduction to the Pentateuch,* S. 76f., siehe auch S. R. Driver, *An Introduction to the Literature of the Old Testament*, S. 8.
19 William H. Green, *The Higher Criticism of the Pentateuch*, S. 119f.
20 Ebd., S. 121f.
21 Ebd., S. 125.
22 H. H. Rowley, *The Growth of the Old Testament*, S. 18.
23 Kenneth A. Kitchen, *The Ancient Orient and the Old Testament*, S. 120.
24 Alexander Heidel, *The Gilgamesh Epic and the Old Testament Parallels*, S. 245ff.
25 John H. Raven, *Old Testament Introduction*, S. 125.
26 James Orr, *The Problem of the Old Testament*, S. 351.
27 U. Cassuto, *The Documentary Hypothesis*, S. 87-97.
28 H. H. Rowley, *The Growth of the Old Testament*, S. 18f.
29 Kenneth A. Kitchen, *The Ancient Orient and the Old Testament*, S. 119f.
30 U. Cassuto, *The Documentary Hypothesis*, S. 96.
31 Gleason L. Archer, *A Survey of Old Testament Introduction*, S. 122.
32 O. T. Allis, *The Five Books of Moses*, S. 96f.

[33] Gleason L. Archer, *A Survey of Old Testament Introduction*, S. 122.
[34] Ebd., S. 122.
[35] O. T. Allis, *The Five Books of Moses*, S. 97.
[36] Gleason L. Archer, *A Survey of Old Testament Introduction*, S. 122f.
[37] Ebd., S. 123.
[38] O. T. Allis, *The Five Books of Moses*, S. 108.
[39] Ebd., S. 108f.
[40] Gleason L. Archer, *A Survey of Old Testament Introduction*, S. 122f.
[41] Cyrus H. Gordon, »Higher Critics and the Forbidden Fruit«, *Christianity Today*, S. 132.
[42] O. T. Allis, *The Five Books of Moses*, S. 94.
[43] John H. Raven, *Old Testament Introduction*, S. 127.
[44] siehe S. R. Driver, *The Book of Genesis*, S. 13; A. Bentzen, *Introduction to the Old Testament*, S. 47; Otto Eissfeldt, *The Old Testament – An Introduction*, S. 182-188.
[45] R. K. Harrison, *Introduction to the Old Testament*, S. 521.
[46] Kenneth A. Kitchen, *The Ancient Orient and the Old Testament*, S. 123f.
[47] R. K. Harrison, *Introduction to the Old Testament*, S. 510f.
[48] Herbert F. Hahn, *The Old Testament in Modern Research*, S. 32.
[49] R. K. Harrison, *Introduction to the Old Testament*, S. 539f.
[50] U. Cassuto, *The Documentary Hypothesis*, S. 66.
[51] Ebd., S. 63ff.
[52] Siehe S. R. Driver, *The Book of Genesis*, S. 15; H. H. Rowley, *The Growth of the Old Testament*, S. 17.
[53] R. K. Harrison, *Introduction to the Old Testament*, S. 524.
[54] Ebd., S. 523.
[55] Gleason L. Archer, *A Survey of Old Testament Introduction*, S. 125.
[56] Kenneth A. Kitchen, *The Ancient Orient and the Old Testament*, S. 141f.
[57] Gleason L. Archer, *A Survey of Old Testament Introduction*, S. 126f.
[58] Kenneth A. Kitchen, *The Ancient Orient and the Old Testament*, S. 141ff.
[59] Gleason L. Archer, *A Survey of Old Testament Introduction*, S. 126f.
[60] Robert D. Wilson, *A Scientific Investigation of the Old Testament*, S. 131-136.
[61] Gleason L. Archer, *A Survey of Old Testament Introduction*, S. 129.
[62] M. H. Segal, *Grammar of Mishnaic Hebrew*, S. 8.
[63] Robert D. Wilson, *A Scientific Investigation of the Old Testament*, S. 155-163.

24 Mangelnde Übereinstimmung

Kapitelübersicht

1 Einleitung

Man nahm an, dass der Pentateuch von Mose geschrieben worden sei. Jedoch viele Passagen, die Mose betreffen, sind eher in der dritten Person als in der ersten formuliert. Darüber hinaus stellt sich die Frage: Wenn der Pentateuch von Mose geschrieben worden wäre, wie hätte das Buch über den Tod des Mose berichten können?

2 Annahme der Quellentheorie

Solche Ungereimtheiten weisen darauf hin, dass in Wirklichkeit Mose den Pentateuch nicht verfasst hat.

3 Grundlegende Antwort

Es gibt zwei sehr plausible Alternativen zum Argument der Kritiker bezüglich der 3. Person. Und der Bericht über den Tod des Mose ist nicht notwendigerweise Mose selbst zuzuschreiben.

3.1 Das Phänomen der 3. Person

3.1.1 Möglicherweise ein Diktat

Mose mag Schreibern seine Schriften diktiert haben.

Harrison deutet dies an:

> Gleicherweise unsicher ist, in welchem Ausmaße Mose die ihm zur Verfügung stehenden geschriebenen Materialien mit eigener Hand aufgezeichnet hat. Das Vorhandensein der Pronomina in der 3. Person in verschiedenen Teilen der mo-

saischen Gesetzesverfügungen kann sehr wohl darauf hinweisen, dass diese Teile diktiert wurden. Es ist durchaus möglich, dass viele der kleinen bzw. isolierten Teile im hebräischen Text hauptsächlich den Priestern zum Aufbewahren übergeben wurden und erst in späterer Zeit die handschriftlichen Stücke zu einer Art Mosaik gesammelt und in einer Rolle zusammengefügt wurden.[1]

Diese Auffassung würde sich mit antiken Bräuchen im Orient gut vereinbaren. R. D. Wilson wendet ein:

> Ist es anzunehmen, dass man den König Hammurabi nicht den Verfasser des nach ihm benannten Gesetzbuches nennen darf, es sei denn, dass er es wirklich mit seinen eigenen Händen geschrieben hätte? Doch der Gedenkstein schreibt sich offensichtlich Hammurabi in den Worten des Epilogs (Col. Li. 59-67) zu: »In den noch zu kommenden Tagen, in zukünftige Zeit hindurch möge der König, welcher im Land ist, die Worte der Gerechtigkeit, die ich auf dem Gedenkstein geschrieben habe, bewahren …« Ist es unmöglich anzunehmen, dass Mose seine Gedanken, Worte und Taten auf die gleiche Weise, wie seine Vorgänger, Zeitgenossen und Nachfolger es taten, aufgezeichnet haben könnte?[2]

3.1.2 Möglicherweise in der 3. Person von Mose selbst geschrieben

Mose mag tatsächlich in der dritten Person geschrieben haben. Dies scheint nicht allzu unvernünftig angesichts der Tatsache zu sein, dass die folgenden Verfasser in der Antike über sich selbst – entweder teilweise oder komplett – in derselben Weise geschrieben haben:

Josephus, *Jüdischer Krieg* (1. Jh. n. Chr.)
Xenophon, *Anabasis* (5. Jh. v. Chr.)
Julius Caesar, *Gallischer Krieg* (1. Jh. v. Chr.)[3]

3.2 Der Tod des Mose

Der Bericht über den Tod des Mose wurde später hinzugefügt.

Der Talmud (*Baba Bartha* 146) schreibt den erzählenden Teil über den Tod des Mose Josua zu.[4]

Archer sagt in Bezug auf das Deuteronomium: »Kapitel 34 ist offensichtlich postmosaisch, denn es enthält einen kurzen Bericht über eine Krankheit des Mose. Aber dies gefährdet die mosaische Urheberschaft der anderen dreiunddreißig Kapitel nicht im geringsten.«[5]

G. Aalders behandelt in seinem Buch, *A Short Introduction to the Pentateuch*, die verschiedenen Auffassungen über den Tod des Mose, der im 34. Kapitel des Deuteronomiums aufgezeichnet ist.[6]

4 Literaturangaben

[1] R. K. Harrison, *Introduction to the Old Testament*, S. 538.
[2] Robert Dick Wilson, *A Scientific Investigation of the Old Testament*, S. 24-25.
[3] Chi Syun Kim, *The Mosaic Authorship of the Pentateuch,* S. 23-24; Merrill F. Unger, *Introductory Guide to the Old Testament*, S. 265.
[4] R. K. Harrison, *Introduction to the Old Testament*, S. 661.
[5] Gleason L., Jr. Archer, *A Survey of Old Testament Introduction*, S. 224.
[6] G. A. Aalders, *A Short Introduction to the* Pentateuch, S. 105-110.

25 Interne Verschiedenheit

Kapitelübersicht

1 Einleitung

Es gibt beträchtliche Unterschiede im Pentateuch bezüglich Thema, Stil und Ausdrucksweise.

2 Annahme der Quellentheorie

Diese innere Verschiedenheit weise deutlich darauf hin, dass der Pentateuch zu verschiedenen Zeiten von unterschiedlichen Autoren geschrieben wurde und dass jeder von ihnen seinen eigenen Standpunkt und seine eigene Methode hatte. Dies ist viel plausibler als die Annahme, dass ein einziger Mann ein Werk wie den Pentateuch, der durch eine solche Vielfalt charakterisiert ist, verfasst hat.

3 Grundlegende Antwort

Vielfältigkeit von Thema, Stil und Ausdrucksweise kann, ohne dass man auf unterschiedliche Verfasserschaft als einen Erklärungsversuch zurückgreift, zufriedenstellend erklärt werden.

3.1 Thema

Bezüglich der Fähigkeit im alten Orient, verschiedene Themen zugleich zu behandeln, sagt Harrison:

> Die Zusammenballung in einer begabten Person, historische Erzählungen zu schreiben, Gedichte zu verfassen und gesetzliche Texte zusammenzustellen, ist

keineswegs so einzigartig, wie es frühere Kritiker anzunehmen pflegten. Wie Kitchen hingewiesen hat, wird der Existenzbeweis derartiger Fähigkeiten im alten Ägypten in einer Zeit siebenhundert Jahre vor Mose durch Khety (oder Akhty), Sohn des Duauf, einem Schriftsteller, der zur Zeit des Pharao Amenemhat I. (ca. 1.991-1.962 v. Chr.) lebte, mit aller Deutlichkeit angetreten. Dieser vielseitig begabte Mann besaß offensichtlich die Fähigkeit, als Erzieher, Dichter und politischer Propagandist tätig zu sein. Er schrieb eine *Satire of the Trades* als einen Text für den Gebrauch von Studenten an Schreibschulen. Er wurde wahrscheinlich beauftragt, dem *Teaching of Amenemhat I.* durch eine populäre politische Flugschrift, die in der achtzehnten bis zwanzigsten Dynastie als eine Übungsarbeit von Schülern vervielfältigt wurde, eine literarische Form zu verleihen. Darüber hinaus mag er der Autor einer populären *Hymne to the Nile* gewesen sein, die mit den üblichen Werken von den Schreibern häufig abgeschrieben wurde. Ganz offensichtlich ist es also an sich keineswegs unmöglich, dass sich ein talentierter Mensch während der Amarna-Periode mit derartigen Literaturtätigkeiten beschäftigte, wie es auch dem Mose zugeschrieben wird.[1]

3.2 Stil

Driver sagt: »Wenn die zu P bestimmten Teile mit Aufmerksamkeit – sogar in einer Übersetzung – gelesen und mit dem Rest der Erzählung verglichen werden, werden die Eigentümlichkeiten des Stils augenscheinlich sein.«[2]

Raven behandelt dieses Phänomen einleuchtend, wenn es um Textstellen geht, die speziell von Gott handeln:

> P soll kalt, formal, systematisch, logisch sein, doch es ist genau in solchen Textstellen, in denen man Elohim findet, den allgemeinen Namen für Gott, den Namen, der keine besondere Beziehung zu Israel hat, sondern häufig in Bezug auf die Gottheiten der Heiden verwendet wird. J soll aber naiv, anthropomorph in seiner Gottesvorstellung sein; aber diese Beweise für religiöse Inbrunst würden uns dazu führen, den eigenen Volksnamen von Gott zu erwarten, den Namen, der seine Bundesbeziehung zu Israel betonte. Es gibt Textstellen, wo man nicht erklären kann, warum eher der eine Name der Gottheit verwendet wird als der andere; aber in den meisten Fällen wäre jeder andere Name unangebracht.[3]

Die *Divine Comedy* von Dante bietet ein nützliches Beispiel eines Werks an, das einen einzigen Verfasser, aber unterschiedliche Stile beim Präsentieren von der Natur Gottes besitzt. Viele Textstellen beschreiben die Einmischung Gottes in menschliche Begebenheiten (wie J und E) auf verschiedene Weisen, während direkt neben ihnen Textstellen vorhanden sind, die an systematischen Dogmen (wie P) festhalten. Hier haben wir aber doch nur einen Verfasser und ein Werk, mehr nicht.[4]

Tatsächlich ist es nicht zu bestreiten, dass man im P-Dokument eine kalte, trockene Atmosphäre findet, die sich für Details und stereotype Wendungen interessiert. Im Gegensatz zu P sind J und E für ihre Lebendigkeit, Buntheit und Lebhaftigkeit charakterisiert. Aber der Schein sollte uns nicht täuschen. Der Grund, warum P eher träge und trocken ist, liegt darin begründet, dass die ihm zugeschriebenen Stoffe von Natur von solcher Art sind. Wie könnte man aber einem Geschlechtsregister Lebhaftigkeit und Anziehungskraft verleihen? Aber die wenigen Erzählungen, die zu P gerechnet werden, drücken Lebendigkeit aus und besitzen gehobene Ausdrücke, genau wie die J zugeschriebenen Genealogien eher kalt, einfach und schematisch sind. Daher stellt man fest, wie Cassuto bemerkt: »Stiländerung hängt mit Themenänderung zusammen, nicht mit verschiedenen Quellen.«[5]

Raven entwickelt diese Thematik weiter:

> Die Notwendigkeit eines unterschiedlichen Wortschatzes für P und JE kann man nur durch die Vermischung von Dokumenten erhalten. Wenn ein gewöhnlich in P befindlicher Ausdruck in einem JE-Abschnitt vorkommt, muss das Kapitel oder sogar ein Vers geteilt werden. Wenn Erzählungen als Ganzes, außer bei einem Ausdruck, der erst später hinzugefügt wurde, belassen würden, würde das Argument sehr geschwächt. Durch diese Methode könnte jedes literarische Werk – mehr oder weniger vollkommen – in mehrere Quellen unterteilt werden.[6]

Kitchen trifft diese Schwäche in der Methodik der Kritiker sehr passend, wenn er sagt:

> Die vermeintliche Konsistenz der Kriterien über ein sehr umfangreiches Schriftkorpus hinweg ist künstlich und irreführend (z. B. besonders im Wortschatz) und will nur das für »Stil« halten, was man zuerst als bestimmtes Element ausgewählt, dann als sämtlich zu einer Urkunde gehöriges und vom Rest getrenntes erklärt und schließlich zu seiner ausgezeichneten Konsistenz erklärt – aber einer zuerst durch sorgfältige Auswahl vollzogene und daher durch Zirkelschluss erreichte Konsistenz. »P« verdankt seine Existenz hauptsächlich dieser Art des Verfahrens und wurde nicht einmal in den hundert Jahren von Astruc 1753 bis Hupfeld 1853 als existent registriert.[7]

Viele radikale Kritiker sind überzeugt, dass ein Unterschied im Stil innerhalb desselben Themas dazu neigt, unterschiedliche Verfasserschaft anzudeuten. Aber jeder beliebige Verfasser mag unterschiedliche Stile für unterschiedliche Betonungen verwenden, sogar innerhalb des gleichen Themas. Ein Rechtsanwalt mag beispielsweise einen anderen Stil in einem Brief – den er vorbereitet – an seine Mutter als an einen Mandanten verwenden, auch wenn sein Thema in beiden der Schutz von Finanzanlagen ist. Wiederum benutzt ein Geistlicher einen anderen Stil, wenn er mit seinen Kindern am Morgen redet, als wenn er predigt, obwohl sein Thema in beiden Fällen Gottes Treue sein mag. Ein Arzt will nur einen Verschreibungsstil gebrauchen, wenn er seine Medikamente verschreibt. Doch er kann einen sehr unterschiedlichen »Vertrautheitsstil« dabei gebrauchen. Im selben Zusammenhang ist die technische Beschreibung über die Arche in Genesis nicht mehr Beweis für unterschiedliche Verfasserschaft gegenüber den restlichen Erzählungen als der Stil eines Schiffbauers, der ein Schiff beschreibt. Mit dessen Stil wird der Architekt zu einem anderen Verfasser, wenn er einen Liebesbrief an seine Verlobte schreibt.[8]

Darüber hinaus zeigen archäologische Daten, dass das Vorhandensein von unterschiedlichen Stilen in einem literarischen Werk charakteristisch für den größten Teil des alten Orients ist. Kitchen beschreibt die Inschriften von Uni, einem ägyptischen Beamten (2.400 v. Chr.), die eine fließende Erzählung (J, E?), zusammenfassende Darstellungen (P?), eine Siegeshymne (H) und zwei verschiedene Refrains (R1, R2?) enthalten, die oft wiederholt werden. Jedoch die Tatsache bleibt bestehen, dass von unterschiedlichen Dokumenten in der Gedenkstein-Inschrift nicht die Rede ist, die auf die Bitte dessen, der gedenkt, in den Stein gehauen wurden.[9]

Eine andere hilfreiche Parallele findet man in den königlichen Inschriften von Urartu. Es gibt eine feste Formel, womit der Gott Haldi erscheint, eine dreifache Formel, worunter der König (K1, K2, K3?) erscheint, einen Vertragstext von der Erbfolge (S?) und eine Erzählung in der 1. Person (N?). Gelegentlich gibt es auch Statistiken von der urartischen Armee oder von der Kriegsbeute, die sie nahmen (wieder P?). Als ein Dokument ist dies unbestritten, weil es weder eine Vorgeschichte noch andere Erstverfasser hat. Sein Stil hat ein Jahrhundert überdauert.[10]

3.3 Ausdrucksweise

Man nimmt an, dass die einen Wörter einzigartig für das J-Dokument, die anderen für das P-Dokument usw. sind. Driver hat eine umfassende Liste von solchen Wörtern und Ausdrücken zusammengestellt, die auf zusammengesetzte Verfasserschaft verweisen.[11]

Über die Genesis schreibt Driver: »Kurzum stellt das Buch der Genesis zwei Gruppen von Teilen, die sich voneinander durch Unterschiede in Ausdrucksweise und Stil auszeichnen.«[12]

Obgleich er zugibt, dass es keine andere plausible Erklärung für dieses Phänomen gibt, weist W. J. Martin darauf hin, dass die Schlussfolgerung von der zusammengesetzten Verfasserschaft aufgrund einer Verschiedenheit im Wortschatz grundlos ist:

> Die Ungültigkeit solcher Kriterien ist von klassischen Gelehrten seit langem erkannt und niemand wollte heutzutage eine Bedeutung in der Tatsache sehen, dass Bohnen in der Ilias vorkommen, aber nicht in der Odyssee; dass die Ilias reich an Wörtern für Wunden und Verwundung ist, während solche Wörter in der Odyssee selten sind oder fehlen; dass die Wörter für Heuschrecken, Kranich, Aal, Made, Schnee, Sperling und Esel nur in der Ilias, Palmen nur in der Odyssee vorkommen. In der Tat verwendet die Ilias 1.500 Wörter, die in der Odyssee niemals vorkommen. Wiederum kann man aus der Tatsache, dass man in den Werken von Shakespeare das Wort »fromm« nur in Hamlet und darauf folgenden Werken findet, keine Schlussfolgerung ziehen. Sogar inkonsequente Verwendung mag in demselben Verfasser vorhanden sein; Vergil macht in einem Vers des gleichen Buches das hölzerne Pferd aus Tanne, in einem anderen aus Ahorn und in einem weiteren aus Eiche.[13]

Cassuto setzt die folgenden Grundregeln für die angemessene Behandlung von sprachlicher Verschiedenheit fest:

> (a) Man darf sich nicht auf die Verschiedenheit von Sprache verlassen, um die Herkunft der Abschnitte zu bestimmen, die man anschließend gebraucht, um die sprachlichen Eigentümlichkeiten der Quellen zu bestimmen, denn man wird dann sicher in die Falle des Zirkelschlusses geraten; (b) noch wird man die Texte verbessern, um sie der eigenen Auffassung anzupassen; (c) noch wird man Wörter und Formen mechanisch ansehen, als ob sie von ihrem Kontext abgeschnitten worden wären und dieser mit ihrem Gebrauch nichts zu tun haben könnte. Wie schon betrachtet, waren Vertreter dieser Quellenscheidungshypothese nicht immer darauf bedacht, alle diese Fallen zu vermeiden.[14]

Während es bereits anerkannt ist, dass es eine beträchtliche Vielfalt des Wortschatzes (d. h. dass unterschiedliche Wörter dieselbe Sache bezeichnen, dass gewisse Ausdrücke und Wörter in den einen Abschnitten vorkommen, aber in den anderen nicht usw.) im Pentateuch gibt, der Beweis für das Vorhandensein von einzigartiger Ausdrucksweise in jeder »Quelle« sein soll, ist dies das Ergebnis des Zirkelschlusses der Kritiker. Sie stellen eine Liste aller Textstellen, die gewisse Wörter enthalten, zusammen, indem sie diese Stellen als die einer bestimmten »Quelle« abstammend bezeichnen und dann verkünden, weil diese Wörter ja nirgendwo anders im Text außer in dieser »Quelle« vorkommen, seien sie in der Tat charakteristisch nur für jene »Quelle«. Somit wird das Phänomen durch diese Hypothese selbst aufgestellt. (Siehe das erste Zitat von Kitchen über die oben erwähnte Vielfalt von Stilen.)

Hier ist ein Beispiel: Es gibt zwei Wörter im Hebräischen für »Sklavin«, das eine ist *amah* und das andere *shiphah*. Kritiker haben dem Elohisten *amah* als das Wort zugeschrieben, womit er »Sklavin« ausdrückt, und *shiphah* dem Jahwisten zugeschrieben, womit er denselben Inhalt bezeichnet.[15]

Einige Kritiker behaupten, dass, wenn von einer Sklavin die Rede ist, der Jahwist *ausnahmslos* das hebräische Wort *shiphah* und der Elohist *stets amah* benutzt. Driver gesteht ziemlich vorsichtig ein, dass E *amah* nicht ausnahmslos, sondern nur vorzugsweise gebraucht. Aber selbst dies ist schon übertrieben. E gebraucht *amah* 6-mal in 1. Mose (20,17; 21,10.12.13; 30,3; 31,33), während *shiphah* fast so oft in E oder in fest verbundenen Zusammenhängen vorkommt (zugeschrieben zu E: 1. Mose 20,14; 29,24.29; zugeschrieben zu P: 1. Mose 30,4.7.18)

Orr reagiert heftig auf die hier verwendete Methodologie und entgegnet:

> Es ist bloße Willkür und ein Zirkelschluss, das einzige Wort in Kap. 20,14 und 30,18 zu ändern, mit der Begründung, dass »das gewöhnliche Wort für Sklavinnen in E *Amah* ist« und dass »J aber stets *Shiphah* gebraucht« – gerade diese Sache ist strittig. Im Kapitel 29,24.29 sind die Verse ausgeschnitten und P zugeschrieben, in Kapitel 30,4.7 ist es ebenso herausgetrennt und zu J geordnet.[16]

1. Mose 20 bietet den ersten wesentlichen E-Teil in Genesis an; jedoch *shiphah* kommt im Vers 4 vor, dann folgt *amah* (das E-Wort) in Vers 17. Holzingar streicht *shiphah*, indem er behauptet: »E gebraucht das Wort nicht.«, wie er es auch in Genesis 30,8 tut. Wenn man voraussetzt, dass E dieses Wort gebraucht und dann jede Ausnahme zu J's Einfügung oder einem Fehler des Redaktors zuschreibt, bindet man die eigene Schlussfolgerung in seine Voraussetzung ein. Solche Methodik ist logisch irreführend, unwissenschaftlich und erlaubt einem, alles zu erweisen, was man will.[17]

Cassuto versorgt uns mit einem anderen zuträglichen Beispiel. Er ist der Ansicht, dass man ein Mangel an Wissenschaftlichkeit findet, wenn der Vertreter der Theorie die hebräischen Wörter *beterem* und *terem* behandelt. Jede Stelle, wo *beterem* vorkommt, wird E zugeschrieben, und wo sich *terem* befindet, wird sie J zugezählt. Unglücklicherweise für die Quellentheoretiker sind diese Wörter keine Synonyme. Sie sind zwei völlig unterschiedliche Wörter: *beterem* bedeutet »vorher«, während *terem* »nicht nur« zum Ausdruck bringt. Es liegt auf der Hand, dass ihr Gebrauch unterschiedlich ist, weil diese Wörter zwei unterschiedliche Sachen bezeichnen. Es kann nicht die Rede von unterschiedlichen Quellen sein.[18]

Es geht auch um Vielfältigkeit in der Ausdrucksweise, wenn die Quellentheoretiker argumentieren, dass der Gebrauch der Worte »aus Ägypten heraufführen« (vom E-Dokument gebraucht) und »aus Ägypten hervorbringen« (vom J-Dokument gebraucht) als Beweis für unterschiedliche Dokumente dient.

Aber wenn man die Bedeutung jedes Ausdrucks begreift, kommt man zu unterschiedlichen Schlussfolgerungen. Wo der Ausdruck »aus Ägypten heraufführen« gebraucht ist, bedeutet er: Sie kamen aus Ägypten und gehen ins verheißene Land, während »aus Ägypten hervorbringen« bloß bedeutet, Ägypten zu verlassen. In 1. Mose 46,4 redet Gott mit Jakob: »Ich führe dich auch wieder herauf.« Dies bedeutet, dass er ihn ins verheißene Land zurückführen will. Andererseits liest man in 1. Mose 15,14: »und danach werden sie ausziehen mit großer Habe.« Aus dem Kontext geht es hier offensichtlich um den Auszug. Wenn man die innere Bedeutung des Wortes erforscht und den Abschnitt genau betrachtet, werden die grundliegenden Prinzipien offensichtlich.[19]

Wir finden weitere Beispiele in der Tatsache, dass der Pentateuch Zahlen auf zwei unterschiedliche Weisen verzeichnet: in einer aufsteigenden Reihe wie z. B. »zwanzig und hundert« und in einer absteigenden Reihe wie z. B. »hundert und zwanzig«. Die Kritiker nehmen an, dass J, E und D die absteigende Reihe verwenden und die aufsteigende Reihe charakteristisch für P sei.

Eine stichhaltigere Erklärung findet man aber in der Tatsache, dass die aufsteigende Reihe konsequent mit technischen bzw. statistischen Daten zusammenhängt. Andererseits sind Einzelzahlen fast immer, außer in ein paar Fällen, in absteigender Reihe, wo besondere Umgebungen eine Rolle spielen. Beispiele für diese Regel findet man, wo Mose die Kinder Israel anspricht, indem er sagt: »Ich bin hundert und zwanzig Jahre alt« (5. Mose 31,2) und im Abschnitt bezüglich des Opfers von Fürsten, der lautet: »Alles Gold der Löffel war zwanzig und hundert Lot« (4. Mose 7,86).

Angesicht dieser Erklärung mag man fragen, wie es möglich ist, die Tatsache zu erklären, dass die aufsteigende Reihe nur in den P-Teilen vorhanden ist. Die Antwort ist einfach: P ist aufgrund einer vermeintlichen Konsistenz von allen chronologischen und genealogischen Tafeln, allen statistischen Aufzeichnungen, allen technischen Beschreibungen von Diensten usw. formuliert. Daher ist es offensichtlich, dass die aufsteigende Reihe häufiger im vermeintlichen P-Dokument vorkommt.[20]

Ein letztes Beispiel bietet das Wort *jalad* an. Dieses hebräische Wort für »zeugen« wird in seiner kausativen Form und in seiner üblichen Form (aber mit kausativer Bedeutung) abwechselnd gebraucht. Kritiker erklären dies dadurch, dass sie jene Form P und diese J zuschreiben. Aus welchen Gründen? Anscheinend, damit in Teilen von fraglicher Herkunft ein Präzedenzfall geschaffen werden mag, um die übliche Form mit einer kausativer Bedeutung J und die mit streng kausativer Form jedoch P zuzuschreiben.[21]

3.3.1 Thema

Als Antwort auf das Argument, dass Wörter die eigene Quellentheorie unterstützen, weist Raven darauf hin, dass der tatsächliche Grund für Wortverschiedenheit in einem Unterschied im Thema besteht: »Allerdings hat das Argument kein Gewicht, wenn beide Verfasser veranlasst sind, die betreffenden Wörter bzw. Ausdrücke zu verwenden. Viele Wörter in der Liste von Driver sind beschränkt auf P, weil weder J, E noch D veranlasst sind, sie zu benutzen.«[22] Dies sollte offensichtlich sein. Wir würden erwarten, dass der in einer systematischen Genealogie verwendete Wortschatz von dem in einer fließenden Erzählung verwendeten ziemlich verschieden ist (z. B. 1. Mose 8-9). Durch Untersuchung findet man heraus, dass es nicht so ist, weil sie von zwei Menschen geschrieben wurden, sondern weil der eine eine Genealogie und der andere eine Erzählung ist.

3.3.2 Variation

Es ist wesentlich zu bedenken, dass ein einzelner Verfasser Variationen gebraucht, um Lebendigkeit oder Betonung zu erreichen. Ein hilfreiches Beispiel dafür kann man in der Exoduserzählung über die Verweigerung des Pharao finden, die Israeliten ziehen zu lassen. Seine Hartnäckigkeit trotz der Plagen bezieht sich auf drei Verben, die »stark oder kühn machen« (P und E zugeschrieben), »hart machen« (P zugeschrieben) und »schwer und unempfindlich machen« (angeblich zu J gehörig) bedeuten. Aber eine Untersuchung der Abfolge der Verwendung bringt die Erkenntnis von einer natürlichen psychologischen Reihenfolge – von Kühnheit zu Härte bis hin zur Unempfindlichkeit. Dies gehört offensichtlich zum Entwurf des Verfassers und nicht zur Vermischung von Dokumenten.[23]

3.3.3 Der Besitz von archäologischen Beweisen, die den althebräischen Gebrauch von gewissen Wörtern an den Tag bringen

Die radikalen Kritiker sind traditionellerweise der Auffassung, dass die längere

Form des Pronomens »ich« (*anoki*) eher als die kürzere Form (*ani*) im Gebrauch war. Diese Unterscheidung wird als ein Kriterium für Quellenscheidung gebraucht, wenn auch eine Untersuchung des Textes zeigt, dass sich der Wechsel der zwei Formen häufig dem Klischee verdankt. »Ich (*ani*) bin Jahwe« ist offensichtlich ein herkömmlicher Ausdruck, der sich in Kontexten, die die längere Form *anoki* großzügig verwenden, befindet.

Das gesamte Argument ist neuerdings durch die Entdeckung von Inschriften zu Ras Sharma vom fünfzehnten Jahrhundert v. Chr. als eine Erfindung bewiesen worden. In den Inschriften findet man *beide* Pronomen nebeneinander gebraucht.

Ein anderes Beispiel: Zwei hebräische Wörter für »Fenster« sind in der Sintflutgeschichte gebraucht. *Arubbah* wird in 1. Mose 7,11 und 8,2 gebraucht. Aber in 8,6 ist das Wort für »Fenster« *challon*.[24] Die Quellentheoretiker behaupten, dass *arubbah* ein Wort ist, das der P-Verfasser für »Fenster« gebraucht, daher sind 1. Mose 7,11 und der erste Teil von 8,2 Teil vom P-Dokument.

Gibt es einen anderen Erklärungsversuch über den Gebrauch der beiden Wörter, die gerade dieselbe Sache in einer so kurzen Erzählung wie die der Sintflutgeschichte bezeichnen?

Die Antwort lautet: Ja. Obgleich wir noch nicht wissen, warum diese Wörter in so unmittelbarer Nähe zueinander gebraucht wurden, wurde in archäologischen Ausgrabungen zu Ras Shamra eine Tafel entdeckt, auf der die *beiden* Wörter vorkommen. Daher wurde die Auffassung, dass derselbe Gebrauch in Genesis für zwei Verfasser spricht, unvertretbar.

Solche archäologischen Entdeckungen haben die Argumente der Quellentheoretiker beträchtlich geschwächt und es gibt jeden Grund zu glauben, dass uns weitere Ausgrabungen mit nachweisbaren Daten bezüglich der *tatsächlichen* literarischen Technik der alten Hebräer versehen werden.

Während die Archäologie bereits viel dazu beigetragen hat, die Integrität der israelitischen Literatur zu verteidigen, muss man sich allerdings darüber im Klaren sein, dass sie bisher nur an der Oberfläche gekratzt hat. Edwin Yamauchi, ehemals an der Rutgers Universität und jetzt an der Universität Miami in Ohio tätig, gibt folgenden Hinweis:

> Wenn man bei sehr optimistischer Schätzung damit rechnen könnte, dass ein Viertel unserer Artefakte und Inschriften überlebte, dass ein Viertel der verfügbaren Orte ausgegraben worden ist, dass ein Viertel der ausgegrabenen Orte untersucht worden ist und dass ein Viertel der ausgegrabenen Artefakte und Inschriften veröffentlicht worden ist, hätte man noch weniger als ein Tausendstel der möglichen Belege (0,25 x 0,25 x 0,25 x 0,25). An der Wirklichkeit gemessen, ist der Prozentsatz ohne Zweifel noch geringer.[25]

3.4 Die Einheit des Pentateuchs

Der gesamte Pentateuch beruht auf einer Einheit von Anordnung und bildet ein organisches Ganzes, das sich wegen der fortschrittlichen Natur der Offenbarung

Gottes zu Mose selten überlappt oder selten anders ausdrückt. Sogar die Kritiker erkennen diese Einheit an, wenn sie einen hypothetischen Redaktor einführen, um sich die gegenwärtige Reihenfolge und Harmonie des Pentateuchs zu erklären.[26]

Ein Beispiel für ein solches Zugeständnis ist etwa das von Edward Riehm (*Einleitung in das Alte Testament*, 1889, I, S. 202) vorgegebene. Archer zitiert:

> Das meiste der Gesetze der mittleren Bücher des Pentateuchs bildet wesentlich ein homogenes Ganzes. Sie stammen tatsächlich nicht von einer Hand und sind nicht zur gleichen Zeit geschrieben worden. … Jedoch sind sie alle durch die gleichen Grundsätze und Gedanken beherrscht, haben die gleichen Hintergründe, ähnliche Darstellung und die gleichen Ausdrucksweisen. Eine Menge von bestimmten Begriffen kommt immer wieder vor. Auch auf mannigfaltige Weise beziehen sich die Gesetze aufeinander. Abgesehen von isolierten, weniger wichtigen Unterschieden stimmen sie miteinander überein und so ergänzen sie sich miteinander, sodass sie den Eindruck eines mit erstaunlicher Konsistenz in seinen Details ausgearbeiteten Ganzen hinterlassen.[27]

W. W. J. Martin erwähnt:

> Genesis besitzt jede Charakteristik für ein homogenes Werk: Gliederung, der unbeabsichtigte Gebrauch von Formen und syntaktische Muster, die sprachliche und geografische Umgebung des Schreibers, die Funktion der Partikel und insbesondere der bestimmte Artikel, der in einer Übergangsperiode von Demonstrativem zu Definitivem stand, sogar ein nicht fixierter Zustand des grammatischen Genus. Der Verfasser der Genesis war ein Mann mit solchen hervorragenden literarischen Gaben wie der Fähigkeit und Bekanntheit mit Mustern aus anderen literarischen Bereichen. Er hat jedes Kennzeichen eines Genies: Vielfalt und Mannigfaltigkeit, Vielfältigkeit von Alternativen, ausgedehnte Tragweite von Schattierungen, eine volle mit meisterhaften Fertigkeit versehene Notenskala. Niemand würde nur davon träumen, Verschiedenheit der Verfasserschaft aus der Mannigfaltigkeit des Stils zu folgern; Mannigfaltigkeit ist Teil des Gefüges eines Genius. Es ist nicht in der Gleichförmigkeit von Ausdrucksweise bzw. Stil, sondern in der Gleichförmigkeit von Qualität, wo man Einheit wahrnimmt. Es ist leichter, an ein einziges Genie zu glauben, als zu glauben, dass es eine Gruppe von Menschen, die solche hervorragende Gaben besaßen, gab, so bescheidene Menschen, die solch ein Werk erschaffen hätten.[28]

Literaturangaben

[1] R. K. Harrison, *Introduction to the Old Testament*, S. 538.

[2] S. R. Driver, *An Introduction to the Literature of the Old Testament*, S. 20 (vgl. das Zitat von Driver in 3.3 über Ausdrucksweise in diesem Kapitel.)

[3] John H. Raven, *Old Testament Introduction*, S. 119.

[4] U. Cassuto, *The Documentary Hypothesis*, S. 59.
[5] Ebd., S. 53f.
[6] John H. Raven, *Old Testament Introduction*, S. 124.
[7] Kenneth A. Kitchen, *The Ancient Orient and the Old Testament*, S. 115f.
[8] Cyrus H. Gordon, »Higher Critics and Forbidden Fruit«, *Christianity Today*, S. 132.
[9] Kenneth A. Kitchen, *The Ancient Orient and the Old Testament*, S. 125f.
[10] Ebd., S. 125.
[11] Siehe S. R. Driver, *An Introduction to the Literature of the Old Testament*, S. 131-135.
[12] S. R. Driver, *The Book of Genesis*, S. iv.
[13] W. J. Martin, *Stylistic Criteria and the Analysis of the Pentateuch*, S. 13.
[14] U. Cassuto, *The Documentary Hypothesis*, S. 44.
[15] Gleason L. Archer, *A Survey of Old Testament Introduction*, S. 111.
[16] James Orr, *The Problem of the Old Testament*, S. 231.
[17] Gleason L. Archer, *A Survey of Old Testament Introduction*, S. 111.
[18] U. Cassuto, *The Documentary Hypothesis*, S. 51.
[19] Ebd., S. 48.
[20] Ebd., S. 51-54.
[21] Ebd., S. 43.
[22] John H. Raven, *Old Testament Introduction*, S. 122.
[23] Gleason L. Archer, *A Survey of Old Testament Introduction*, S. 116.
[24] Oswald T. Allis, *The Five Books of Moses*, S. 78f.
[25] Edwin Yamauchi, »Stones, Scripts, and Scholars«, *Christianity Today*, S. 12.
[26] Gleason L. Archer, *A Survey of Old Testament Introduction*, S. 108.
[27] Ebd., S. 108.
[28] W. J. Martin, *Stylistic Criteria and the Analysis of the Pentateuch*, S. 22.

26 Schlussfolgerungen zur Quellenscheidungshypothese

Kapitelübersicht

1 Scheinbare Stärken

1.1 Die kumulative Kraft der Hypothese

Kritiker geben gerne zu, dass jedes Kriterium, nach dem der Pentateuch in Quellen geteilt worden ist, an sich selbst kein überzeugendes Argument darstellt. Zusammen genommen sprechen diese Kriterien allerdings in der Tat überzeugend für mehrere Autoren.

In dieser Hinsicht schreibt der britische Vertreter der Quellenscheidungshypothese A. T. Chapman: »Die Stärke der kritischen Position liegt hauptsächlich in der Tatsache begründet, dass die gleichen Schlüsse von unabhängigen Argumentationslinien erreicht werden.«[1] Daher sagt ihnen die kumulative Wirkung dieser »unabhängigen Argumentationslinien« (Kriterien) zu.

Wie aber Kitchen darauf hinweist,

> ist es Zeitverschwendung, über die »kumulative Kraft« von Argumenten zu reden, wenn jedes an sich schon ungültig ist; bei jeder Rechnung ist 0 + 0 + 0 + 0 = 0. Die angebliche Übereinstimmung verschiedener Kriterien, deren Unabhängigkeit eher offensichtlich als wirklich ist, musste … aufgrund von Beweisen, die den Umfang dieses Buches sprengen würden, abgelehnt werden.[2]

1.2 Der Grund für die weit verbreitete Akzeptanz der Theorie

Warum, kann man sich fragen, wurde die Quellenscheidungshypothese so bereitwillig aufgenommen und in den meisten Gelehrtenkreisen in Europa und den Vereinigten Staaten verteidigt, wenn sie nicht stichhaltig ist, wie diese Untersuchung zu zeigen versucht hat?

W. H. Green beantwortet dies so:

> Eine Vielzahl von angesehenen Gelehrten akzeptiert die kritische Teilung des Pentateuchs im Allgemeinen, wenn nicht sogar in all seinen Details. Sie hat ihre Faszination, die ihre Beliebtheit schon genügend erklärt. Die Gelehrtheit, Fähigkeit und geduldige Mühe, die auf ihre Aufstellung verwendet worden ist, die langen Argumentationen, die zu ihrer Unterstützung angeführt wurden, und die Fähigkeit, mit der sie den Phänomenen des Pentateuchs und des Alten Testaments im Allgemeinen angepasst worden ist, hat ihr der Anschein von großer Glaubwürdigkeit gegeben. Die neuartigen Untersuchungsreihen, die sie eröffnet, macht sie attraktiv für diejenigen, die gerne spekulieren und die darin die Gelegenheit zu eigener und fruchtbarer Forschung in der Wiederherstellung von alten Dokumenten sehen, die lang und noch unerwartet im existierenden Text – den sie um Jahrhunderte vordatieren – begraben waren. Der Mut und scheinbare Erfolg, mit dem sie es auf sich nimmt, die traditionelle Meinung zu revolutionieren und dem Ursprung und der Geschichte der Religion des Alten Testaments eine neue Achtung zu geben, und ihre Verbindung zur Evolutionslehre, die in anderen Untersuchungsgebieten solch breite Anwendung gefunden hat, hat hauptsächlich zu ihrer Beliebtheit beigetragen.[3]

Green fügt hinzu: »Ihr Misserfolg liegt nicht am Mangel an Findigkeit, Gelehrtheit oder beharrlichen Bemühungen seitens ihrer Verfechter, es fehlt nicht am Ausnutzen der größtmöglichen Bandbreite der Vermutungen, sondern einfach an der Unmöglichkeit, das gesteckte Ziel zu erreichen.«[4]

2 Verhängnisvolle methodologische Schwächen

Gleason Archer, ein Absolvent der Suffolk Law School, fasst die trugschlüssige Methodik so zusammen:

> Es ist sehr zweifelhaft, ob der Wellhausen-Hypothese der Status wissenschaftlicher Ehrbarkeit zusteht. Es gibt so viele besondere Plädoyers, Argumentationen im Kreis, fragwürdige Ableitungen von unbegründeten Prämissen, dass es vollkommen sicher ist, dass seine Methodik niemals in einem Gerichtsaal bestehen würde. Kaum eines der Gesetze, die in der Beweisführung bei einem Gerichtsverfahren gelten, wird von den Architekten dieser Quellenscheidungstheorie befolgt. Jeder Anwalt, der versuchte, ein Testament oder eine Satzung oder eine

> Eigentumsübertragung auf die bizarre und unverantwortliche Weise zu interpretieren, wie die Quellenkritiker des Pentateuchs dies tun, würde seinen Fall sofort verlieren.[5]

Einige besondere Beispiele dieser Schwächen werden im Folgenden umrissen.

2.1 Das Aufzwingen der modernen abendländischen Sicht auf altorientalische Literatur

Das Vorgehen der radikalen Kritiker ist sehr fragwürdig, wenn angenommen wird, dass (1) das Datum der Abfassung jedes Dokumentes sicher bestimmt werden kann, sogar wenn keine andere gleich alte hebräische Literatur zum Vergleich vorhanden ist, und dass (2) unerwartete oder seltene Wörter im Massoretischen Text einfach durch geeignetere Wörter ersetzt werden können.

Diese Praktiken sind im Licht der Beobachtung Archers besonders zweifelhaft:

> Als Ausländer, die in einem gänzlich anderen Zeitalter und einer anderen Kultur leben, haben sie sich dazu kompetent gefühlt, Phrasen oder sogar ganze Verse zu verwerfen oder neu zu mischen, wann auch immer ihr abendländisches Konzept von Logik oder Stil beleidigt worden ist.
>
> Sie haben auch angenommen, dass Gelehrte, die mehr als 3.400 Jahre nach dem Ereignis leben, die wirklich geschehenen Dinge (hauptsächlich auf der Grundlage von philosophischen Theorien) zuverlässiger rekonstruieren als die alten Verfasser selbst (die von den fraglichen Ereignissen nicht mehr als 600 oder 1.000 Jahre entfernt waren – sogar nach der Datierung der Kritiker selbst).[6]

2.2 Das Fehlen von objektiven Beweisen

Selbst der dogmatischste Anhänger der Quellenscheidungshypothese muss zugeben, dass es keinen objektiven Beweis für die Existenz oder die Geschichte des J, E oder sonst eines Dokumentes gibt, aus der sich die Thora angeblich zusammensetzt. Es gibt keine Handschrift irgendeines Teiles aus dem Alten Testament, das von früher als dem dritten Jahrhundert vor Christus stammt.[7]

W. H. Greens Bemerkung zu diesem Punkt (in Chambers, *Moses and His Recent Critics*, S. 104f.), zitiert von Torrey, ist gut getroffen:

> Alle Tradition und jede historische Zeugenaussage bezüglich des Ursprunges des Pentateuchs ist gegen sie. Die Last der Beweise liegt völlig auf den Kritikern. Und dieser Beweis sollte klar und überzeugend sein im Verhältnis zur Schwere und dem revolutionären Charakter der Konsequenzen, die man gedenkt, darauf zu gründen.[8]

Bruce K. Waltke, Ph.D. der Harvard Universität und Mitglied der Hebräischen Universität in Jerusalem, ist sich sicher:

> Obwohl jemandem, der nur die populäre Literatur gelesen hat, die die Schlüsse

des literarischen analytischen Vorgehens vorantreibt, dies nicht klar sein dürfte, muss sogar der feurigste Verfechter der Theorie zugeben, dass wir bis jetzt nicht ein einziges Stückchen greifbaren, äußerlichen Beweises weder für die Existenz noch für die Geschichte der Quellen J, E, D, P haben. [9]

2.3 Ersetzen des disintegrativen durch den harmonistischen Ansatz

Die harmonische Annäherung ist die standardmäßige Methodik sowohl beim Studium von Literatur als auch von alten Dokumenten. Jedes Mal, wenn sie aufgegeben wird, um zu versuchen, Widersprüche zu finden, wird die Literatur solche »Widersprüche« aufgrund ihrer innewohnenden Mannigfaltigkeit hervorbringen. Das Gleiche gilt auch für biblische Studien.

Allis hat treffend bemerkt: »Auflösung muss unvermeidlich aus der Anwendung der disintegrativen Interpretationsmethode folgen, egal ob die Variationen oder Unterschiede, auf die in der Form oder im Gehalt des Dokumentes hingewiesen wird, zu finden sind.« [10]

Kyle zieht einen ähnlichen Schluss:

> Kritik ist nicht die Suche nach Fehlern, aber das wird sie sehr leicht. Und wenn sie einen Rekonstruktionskurs einschlägt, der die Integrität und Vertrauenswürdigkeit der Dokumente infrage stellt, auf die sie angewandt wird, ist die Neigung, Fehler zu finden, Unstimmigkeiten zu suchen, unwiderstehlich; ja, es ist für den Prozess sogar unentbehrlich. Aber es ist eine irrige Methode, die sehr leicht Gedankenprozesse ungültig macht. [11]

Eins der schlimmsten Merkmale dieser Schwäche ist die Tendenz, dort Probleme zu schaffen, wo normalerweise gar keine vorhanden wären. »Einige der angeblichen Schwierigkeiten«, behauptet Kitchen, »sind nur das illegitime Produkt der literarischen Theorie selbst. Theorien, die künstlich Schwierigkeiten schaffen, die zuvor nicht existent waren, sind offensichtlich falsch und sollten deswegen verworfen werden.«[12]

Die Fehlerhaftigkeit dieses Vorgehens wird von O. T. Allis' Beispiel verdeutlicht:

> Es ist deswegen zur Kenntnis zu nehmen, dass die Suche nach solchen Unterschieden relativ einfach und leicht ist. Es wäre einfach, eine Glaskugel in eine Anzahl von Bruchstücken zu zerbrechen und dann ganze Bände mit einer ausführlichen Beschreibung und Diskussion der deutlichen Unterschiede der auf diese Weise erhaltenen Bruchstücke zu füllen und zu behaupten, dass diese Bruchstücke alle von unterschiedlichen Glaskugeln gekommen sein müssen. Die einzige überzeugende Widerlegung wäre der Beweis, dass sie zusammengefügt wieder eine einzige Glaskugel bilden. Nachdem alles gesagt worden ist, ist die Einheit und Harmonie der biblischen Berichte, wie sie in der Schrift erscheinen,

die beste Widerlegung der Theorie, dass diese in sich selbst stimmigen Berichte aus der Verbindung einiger mehr oder weniger vielfältiger und sich widersprechender Quellen resultieren.[13]

2.4 Die Anzahl der »ursprünglichen Dokumente« ist unbegrenzt

Aufgrund der disintegrativen Natur der Methodik und des Fehlens jeglicher objektiver Kontrollen wird eine konsistente Analyse des Textes unsinnig.

North hat einige frühe Fälle der Auswirkungen beschrieben.

> Man möge sich daran erinnern, dass Baentsch in seinem Levitikus-Kommentar (1900) mit nicht weniger als sieben P-Siglen arbeitete: P, Ps, Pss, Ph (xvii-xxvi), Po (i-vii), Pr (xi-xv) und Rp. Jede der sekundären Quellen könnte eine zweite (Ph5, Pr5) oder dritte Hand (Pr55) haben, ebenso Redaktoren (Rpo, Rph) und sogar sekundäre Redaktoren (Rp5). Wir treffen sogar auf Verfeinerungen wie Pol, Po2, Po5, Po25. Dies ist sicherlich die *Reductio-ad-Absurdum* der analytischen Methode.[14]

Neuere Analysen haben es nicht besser gemacht; neue Quellen wie J1, J2, L, K und S sind reichlich vorhanden. Dies hat North, ein prominenter Sprecher der radikalen Kritiker, zu einer logischen Schlussfolgerung geführt: »Es scheint wahrscheinlich zu sein, dass es mit hinreichender analytischer Findigkeit möglich wäre, noch mehr solcher Dokumente aufzuspüren.«[15]

Green sieht die Logik, die hinter solch unbegrenzter Fragmentierung steht, sehr deutlich. Er bemerkt:

> Das ist die unvermeidliche Strafe der Hypothese, die auf sich selbst reagiert. Dieselben Prinzipien und Methoden, die dazu verwendet werden, um den Pentateuch in unterschiedliche Dokumente zu teilen, kann mit gleichem Erfolg und genauso viel Stichhaltigkeit in der Teilung und Unterteilung jedes dieser Dokumente bis zu welchem Grad auch immer angewendet werden.[16]

Auch Allis weist darauf hin, dass, »wenn die Prinzipien und Methoden der höheren Kritik durchgängig angewandt würden, … dies zum vollständigen Zerfall des Pentateuchs führen [würde], und … nur das Versäumnis seitens der Kritiker, sie durchgängig anzuwenden, dieses Fiasko verhindert.«[17]

Alan Cole läutet ihr die Totenglocke: »Die alte und saubere Quellenscheidungshypothese ist hauptsächlich durch ihren eigenen Erfolg fehlgeschlagen, mit den von Gelehrten postulierten, immer kleineren Einheiten oder unverbundenen Bruchstücken, anstelle von größeren und kontinuierlichen schriftlichen Quellen.«[18]

2.5 Unverantwortliche Logik

Verschiedentlich wird der logische Trugschluss, der von den radikalen Kritikern begangen wird, als *petitio principii* bezeichnet, eine Frage erzwingend oder im Kreis argumentierend. Einfach ausgedrückt ist es die Praxis, die erwünschten Schlüsse in seine Prämissen einzubauen, um sicherzugehen, dass die genannten Schlüsse resultieren werden. Man findet mindestens zwei offensichtliche Fälle davon.

2.5.1 Das Zustandekommen der Dokumente J, E, D und P

In der Konstruktion der vier Hauptdokumente wurden die Merkmale jedes Dokumentes vorbestimmt. Dann wurde jede Passage, die die entsprechenden Merkmale enthielt, dem entsprechenden Dokument zugewiesen.

S. R. Driver schreibt: »Elohim [wird] hier nicht von den anderen Kriterien von Ps Stil begleitet, [was] uns verbietet, die so charakterisierten Abschnitte dieser Quelle zuzuweisen.«[19]

Das Ergebnis sind vier Dokumente, jedes enthält Material mit charakteristischen Eigenschaften. Aber dann triumphierend zu behaupten, dass dies die ursprüngliche Existenz dieser vier Dokumente beweist, ist logisch unhaltbar, denn die erhaltenen »Quellen« sind nur das Erzeugnis eines vorbestimmten Zweckes, bar jedes objektiven Beweises oder eines parallelen Vorkommens in der Welt der Literatur. Und so dreht sich das Argument in einem unbeweisbaren und sinnlosen Kreis.

2.5.2 Die totale Abhängigkeit von Redaktoren

Die Einführung des Redaktors ist ein weiteres Beispiel der radikalen Kritiker für eine Lösung, die aus deren Konstruktion entspringt und nicht aus den Tatsachen. Die Redaktoren strapazieren ihre Logik noch mehr, denn seine Anwesenheit stellt sicher, dass jeder Beweis, der auftaucht, zumindest hypothetisch, durch Material aus dem Bereich der Logik und Spekulation gefälscht werden kann und daher nicht haltbar ist.

Allis behauptet, dass

> dadurch, dass dem Redaktor die Rolle des Herausgebers zugewiesen wird und er verantwortlich gemacht wird für alle Fälle, wo die Analyse nicht so funktioniert, wie sie denken, wie sie es sollte, greifen die Kritiker zu einem Mittel, das ihre ganze Position zerstört. Wenn die Kritiker den Misserfolg der Analyse, die nicht zufriedenstellend ausfällt, auf einen unbekannten Redaktor, der den Text seiner Quelle geändert hat, schieben kann, ist das gleichbedeutend damit, den eigentlichen Text, den die Kritiker vor sich haben, im Interesse ihrer Theorie in das zu verändern, was der Text ursprünglich war. Um es deutlicher auszudrücken: Das nennt man Beweisfälschung. Mit solchen Mitteln kann jede Theorie bewiesen oder widerlegt werden.[20]

Und er erinnert uns an einer anderen Stelle, dass »jeder Verweis auf den Redaktor ein stillschweigendes Eingeständnis seitens der Kritiker ist, dass ihre Theorie an diesem Punkt zusammenbricht«.[21]

Der berühmte jüdische Schriftsteller Herman Wouk unternahm eine eingehende Untersuchung der Quellenscheidungshypothese. Seine Reaktion auf den Gedanken eines Redaktors verdient große Aufmerksamkeit. »Mit der Entdeckung des Interpolators«, schreibt Wouk, »waren Wellhausens Schwierigkeiten beendet. Diese Figur ist wunderbar als ein Werkzeug strittiger Logik. … Wenn alles andere Wellhausen im Stich lässt – Grammatik, Kontinuität, Gottesnamen oder das offensichtliche Fälschen des klaren Sinns im Hebräischen –, arbeitet er einen Interpolator [ein].« Er erklärt, dass Engnell »den *Prolegomena* den Todesstoß versetzte, indem er Wellhausens böses Gespenst, den Interpolator, analysierte und ihn mit einem höflichen, gelehrten wiehernden Lachen vom Feld trieb«.[22]

3 Das ultimative Scheitern der Hypothese

In seinem Buch *The Documentary Hypothesis* widmet der verstorbene Umberto Cassuto sechs ganze Kapitel der Untersuchung der fünf bedeutendsten Kriterien, die die Anhänger der Quellenscheidungshypothese als Beweis vorlegen, dass Mose nicht den Pentateuch schrieb. Er vergleicht diese fünf grundlegenden Einwände mit Pfeilern, die ein Haus stützen. (Natürlich sind diese Einwände gegen die Autorenschaft Moses auch Stützen für die Quellenscheidungshypothese.) Über diese Stützen oder »Pfeiler« der Quellenscheidungshypothese schreibt Cassuto in seinem abschließenden Kapitel:

> Ich bewies nicht, dass die Pfeiler schwach waren oder dass ein jeder als entscheidende Stütze zu schwach war, sondern ich wies nach, dass sie überhaupt keine Pfeiler waren, dass sie nicht existierten, dass sie ausschließlich erdacht waren. Angesichts dessen ist mein Fazit gerechtfertigt, dass die Quellenscheidungshypothese null und nichtig ist.[23]

Nachdem ein anderer jüdischer Gelehrter, M. H. Segal, das Pentateuch-Problem in seinem Buch *The Pentateuch – Its Composition and Its Authorship* untersucht hat, zieht er den Schluss:

> Die vorherigen Seiten haben es klar gemacht, warum wir die Quellenscheidungstheorie als eine Erklärung für die Zusammensetzung des Pentateuchs ablehnen müssen. Die Theorie ist kompliziert, künstlich und anomal. Sie basiert auf unbewiesenen Annahmen. Sie benutzt unzuverlässige Kriterien für die Aufteilung des Textes in seine Bestandteile. Zu diesen Makeln können andere ernsthafte Fehler hinzugefügt werden. Sie zieht ihre Analyse in absurde Längen und vernachlässigt das synthetische Studium des Pentateuchs als ein literarisches Ganzes. Durch die abnorme Verwendung der analytischen Methode hat die Theorie den Pentateuch zu einer Masse unzusammenhängender Bruchstücke reduziert. Historisch und legalistisch gesehen ist es eine Sammlung von alten Legenden und von Traditionen zweifelhaften Ursprungs – alle später auf einem künstlichen chronologischen Faden von einem Sammler aufgereiht. Dies ist eine grundlegend falsche Bewertung des Pentateuchs. Sogar eine flüchtige Lektüre des Pentateuchs reicht aus, um zu zeigen, dass die darin aufgezeichneten Ereig-

nisse in logischer Folge angeordnet sind, dass es einen Plan gibt, nach dem seine verschiedenen Teile kombiniert werden, und einen Zweck, der alle Inhalte verbindet, und dass dieser Plan und Zweck im Abschluss des Pentateuchs, der auch das Ende der mosaischen Zeit ist, seine Verwirklichung findet.[24]

Wellhausens Versuch, mit der Quellenscheidungshypothese das Leugnen der Autorenschaft Moses zu untermauern und dafür die JEDP-Quellen-Theorie zu setzen, muss also in der abschließenden Analyse als erfolglos betrachtet werden.

4 Einige abschließende Anmerkungen

4.1 Der jüdische Gelehrte Yehezkel Kaufmann beschreibt die gegenwärtige Lage:

> Wellhausens Argumente ergänzten einander schön und boten an, was scheinbar ein fester Grund war, auf dem man das Haus der Bibelkritik bauen konnte. Seitdem sind aber sowohl der Beweis als auch die diese Struktur stützenden Argumente infrage gestellt und, zu einem gewissen Grad, sogar abgelehnt worden. Dennoch bleiben biblische Gelehrte dabei, an den Schlussfolgerungen festzuhalten, obwohl sie zugeben, dass die Basis weggebrochen ist.[25]

4.2 Mendenhall spricht von der fortlaufenden Akzeptanz der evolutionären religiösen Entwicklung der Quellenscheidungshypothese: »Es besteht zumindest der gerechtfertigte Verdacht, dass eine Gelehrtenfrömmigkeit gegenüber der Vergangenheit und nicht historische Beweise die Hauptgrundlage für ihre Position ist.«[26]

4.3 Bright fügt hinzu, dass sich »die Quellenscheidungshypothese sogar heute noch allgemeiner Akzeptanz [erfreut] und … der Ausgangspunkt jeder Diskussion sein [muss].«[27]

4.4 Der berühmte jüdische Gelehrte Cyrus Gordon berichtet vom fast blinden Festhalten vieler Kritiker an der Quellenscheidungstheorie:

> Wenn ich von einer »Hingabe« an JEDP spreche, meine ich es im tiefsten Sinn des Wortes. Ich habe gehört, dass Professoren des Alten Testaments die Integrität von JEDP als ihre »Überzeugung« bezeichnen. Sie sind bereit, Modifikationen im Detail gutzuheißen. Sie erlauben dir Unterteilungen (D1, D2, D3 und so weiter) oder Verbindungen (JE) oder Hinzufügungen neuer Dokumente, die mit einem anderen Großbuchstaben bezeichnet werden, vorzunehmen, aber sie werden kein Infragestellen der grundsätzlichen JEDP-Struktur tolerieren.[28]

Gordon zieht den Schluss: »Ich kann diese Art von ›Überzeugung‹ mit nichts anderem erklären als mit geistiger Faulheit oder dem Unvermögen, neu zu bewerten.«[29]

4.5 Der britische Gelehrte H. H. Rowley lehnt die Theorie nicht ab, da er einfach nichts Besseres sieht, wodurch er sie ersetzen könnte:

> Dass sie [die Graf-Wellhausen-Theorie] als Ganzes oder in Teilen weitgehend abgelehnt wird, ist ohne Zweifel wahr, aber es gibt keine Sicht, die sie ersetzen könnte, die nicht noch weitgehender und nachdrücklicher abgelehnt würde. … Die Graf-Wellhausen-Sicht ist nur eine Arbeitshypothese, die bereitwillig aufgegeben werden kann, wenn eine zufriedenstellendere Sicht gefunden wird, die aber bis dahin nicht mit Gewinn aufgegeben werden kann.[30]

Nach dieser Sicht ist es besser, an einer ungültigen Theorie festzuhalten, als zugeben zu müssen, überhaupt keine zu haben.

4.6 Cyrus Gordon schließt einen Artikel ab, in welchem er rückhaltlos die ganze Wellhausen-Theorie kritisiert, wobei er ein hervorragendes Beispiel dieser bedingungslosen Treue zur Quellenscheidungshypothese gibt:

> Ein Professor für Bibelwissenschaft einer führenden Universität bat mich einmal darum, ihm die Fakten über JEDP zu geben. Ich sagte ihm im Wesentlichen, was ich oben geschrieben habe. Er antwortete: »Sie haben mich überzeugt mit dem, was Sie sagen, aber ich werde fortfahren, das alte System zu unterrichten.« Als ich ihn fragte, warum, antwortete er: »Weil das, was Sie mir gesagt haben, bedeutet, dass ich das alte System ablegen und von neuem studieren und denken soll. Es ist leichter, mit dem akzeptierten System der Literarkritik fortzufahren, für die wir standardmäßige Lehrbücher haben.«[31]

4.7 Solch eine Aussage scheint Mendenhalls Verdacht über viele moderne Bibelkritiker zu bestätigen:

> Es ist viel einfacher, dem akzeptierten Muster des 19. Jahrhunderts zu folgen, besonders da es – zumeist in Ermangelung [anderer Theorien] – einiges akademisches Ansehen erworben hat, und damit zufrieden zu sein, auf ein paar Unzulänglichkeiten hier und dort hinzuweisen, um zu zeigen, dass man gewillt ist, auf dem Laufenden zu bleiben.[32]

4.8 Herman Wouk, der jüdische Autor und Dramatiker, ist zwar beruflich kein biblischer Gelehrter, macht aber trotzdem einige ehrliche Vorschläge, warum eine allgemeine Grundakzeptanz der von Wellhausen und seinen Nachfolgern dargelegten Theorien bestehen bleibt. In seinem Buch *This Is My God* kommt Wouk zu dieser scharfsinnigen Einschätzung: »Es ist für Männer, die ihr Leben einer Theorie hingegeben und sie jüngere Männer gelehrt haben, eine schwere Sache, diese auseinander fallen zu sehen.«[33] Wouk fügt hierzu hinzu:

Was die Gelehrten natürlich schließlich und endlich herausgefunden hatten, war, dass die literarische Analyse keine wissenschaftliche Methode ist. Literarischer Stil ist eine fließende, sich verändernde Sache, im besten Falle ein Palimpsest oder ein Potpourri. Shakespeares Handschrift ist in den Seiten von Dickens; Scott schrieb Kapitel von Mark Twain; Spinoza ist voll von Hobbes und Descartes. Shakespeare war der größte Nachahmer aller und der bedeutendste Stilist von allen. Literarische Analyse wurde Generationen lang von Männern benutzt, die davon getrieben waren, zu beweisen, dass jeder außer Shakespeare Shakespeare schrieb. Ich glaube, dass literarische Analyse dazu benutzt werden könnte, um zu beweisen, dass ich sowohl *David Copperfield* als auch *A Farewell to Arms* [dt. Titel »In einem andern Land«] schrieb. Ich wünschte, sie wäre verlässlich.[34]

5 Literaturangaben

1 A. T. Chapman, *An Introduction to the Pentateuch*, S. 39.
2 Kenneth A. Kitchen, *The Ancient Orient and the Old Testament*, S. 125.
3 William Henry Green, *The Higher Criticism of the Pentateuch*, S. 131f.
4 Ebd., S. 132.
5 Gleason L. Archer, *Survey of Old Testament Introduction*, S. 99.
6 Ebd., S. 99.
7 Kenneth A. Kitchen, *The Ancient Orient and the Old Testament*, S. 2.
8 R. A. Torrey, *The Higher Criticism and the New Theology*, S. 74.
9 W. F. Albright, *The Archaeology of Palestine*, S. 2.
10 Oswald T. Allis, *The Five Books of Moses*, S. 126.
11 Melvin G. Kyle, *The Deciding Voice of the Monuments in Biblical Criticism*, S. 178.
12 Kenneth A. Kitchen, *The Ancient Orient and the Old Testament*, S. 114.
13 Oswald T. Allis, *The Five Books of Moses*, S. 121.
14 C. R. North, »Pentateuchal Criticism« *The Old Testament and Modern Study*, S. 56.
15 Zitiert von W. F. Albright, *The Old Testament and Archaeology of Palestine*, S. 55.
16 William R. Harper u. W. Henry Green, »The Pentateuchal Question«, *Hebraica*, Bd. 5, Nr. 1, S. 164.
17 Oswald T. Allis, *The Five Books of Moses*, S. 89.
18 R. Alan Cole, *Exodus*, S. 13.
19 S. R. Driver, *An Introduction to the Literature of the Old Testament*, S. 13.
20 Oswald T. Allis, *The Five Books of Moses*, S. 60.
21 Ebd., S. 39.
22 Herman Wouk, *This is My God*, S. 315ff.
23 U. Cassuto, *The Documentary Hypothesis*, S. 100f.
24 M. H. Segal, *The Pentateuch – Its Composition and Its Authorship and Other Biblical Studies,* S. 22.
25 Yehezkel Kaufman, *The Religion of Israel*, S. 1.

[26] George E. Mendenhall, »A Biblical History in Transition«, G.E. Wright, *The Bible and the Ancient Near East,* S. 36.

[27] John Bright, *A History of Israel*, S. 62.

[28] Cyrus H. Gordon, »Higher Criticism and Forbidden Fruit«, *Christanity Today,* S. 131.

[29] Ebd., S. 131.

[30] H. H. Rowley, *The Growth of the Old Testament*, S. 46.

[31] Cyrus H. Gordon, »Higher Criticism and Forbidden Fruit«, *Christanity Today,* S. 134.

[32] George E. Mendenhall, »A Biblical History in Transition«, G.E. Wright, *The Bible and the Ancient Near East,* S. 38.

[33] Herman Wouk, *This is My God*, S. 318.

[34] Ebd., S. 317.

27 Einführung in die neutestamentliche Formkritik

Kapitelübersicht

Die grundlegenden Thesen der Formkritik werden hier untersucht und praktische Antworten auf die grundlegenden Annahmen und Schlussfolgerungen gegeben.

Die Quellenkritik kann uns nur zu den geschriebenen Quellen für das Leben Christi zurückführen, die erst 25 Jahre nach den Ereignissen, die sie dokumentieren, auftauchten. Das Material wurde mündlich weitergegeben, bis es in Form der Evangelien aufgeschrieben wurde. Die Formkritik versucht, diese zeitliche Lücke der mündlichen Überlieferung zu füllen.

Die Formkritiker nehmen an, dass die Evangelien aus kleinen unabhängigen Einheiten oder Episoden bestehen. Diese kleinen einzelnen Einheiten (Perikopen) zirkulierten unabhängig voneinander. Die Kritiker sind der Ansicht, dass diese Einheiten immer mehr die Form von verschiedenen Arten folkloristischer Literatur annahmen, so wie Legenden, Geschichten, Mythen und Parabeln.

Der Formkritik zufolge wurde die Gestaltung und Bewahrung dieser Einheiten im Wesentlichen von den Bedürfnissen der christlichen Gemeinschaft (dem *Sitz im Leben*) bestimmt. Mit anderen Worten schuf oder bewahrte die Gemeinde Worte oder eine Episode aus Jesu Leben, wenn sie ein Problem hatte, um den Anforderungen eben dieses Problems zu entsprechen. Deshalb sind diese Einheiten nicht vor allem Zeugnisse des Lebens Christi, sondern werden eher als Glauben und Praktiken der frühen Kirche angesehen. Diese Kritik schlägt vor, dass die Evangelisten weniger die Urheber sondern vielmehr die Redaktoren der vier Evangelien sind. Sie fügten die kleinen Einheiten in einem künstlichen Rahmen zusammen, damit diese eine Hilfe beim Predigen und Unterrichten waren. Aussagen wie »wieder«, »plötzlich«, »nach ein paar Tagen«, »unterwegs« und »danach« sind nicht historisch. Stattdessen liefern sie einen frei erfundenen Rahmen, um die einzelnen Einheiten oder Episoden aneinander zu fügen. Diese chronologischen Aussagen dienen als Bindewörter für die verschiedenen literarischen Einheiten.

Die Aufgabe der Formkritik war es, die »Gesetze der Tradition« herauszufinden, die die Sammlung, die Entwicklung und das Niederschreiben der isolierten Einheiten bestimmten. Mit dem Entfernen des künstlichen (redaktionellen) chronologischen Rahmens, den die Evangelisten hinzugefügt hatten, versucht die Formkritik, die ursprüngliche Form der Einheiten (Perikopen) wieder herzustellen und zu bestimmen, für welchen praktischen Grund (*Sitz im Leben*) die frühen Christen sie bewahrten.

Man dachte, dass man durch diese Methode »hinter die schriftlichen Quellen in die Zeit der mündlichen Überlieferung gelangen und die Entstehung der verschiedenen Arten von Episoden, die schließlich Teil der Evangelien wurden, erklären könnte«.[1]

Die Formkritik wurde schließlich mehr als eine literarische Analyse. Sie entwickelte sich zu einer historischen Analyse und begann, Urteile über die Historizität verschiedener Passagen oder Einheiten abzugeben.

1 Definitionen

1.1 Die *Formkritik* [oder *Formgeschichte*] ist die Untersuchung der Formen von Literatur und

> Dokumenten, die frühere Überlieferungen bewahren. Ihre grundlegende Annahme ist, dass die frühere mündliche Verwendung der Überlieferung das Material formte und schließlich in der Verschiedenheit der literarischen Formen resultierte, die in der endgültigen geschriebenen Aufzeichnung zu finden sind. Die Untersuchung dieser Formen erhellt also das Leben und Denken der Menschen, die die Überlieferung auf diese Weise bewahrten.[2]

1.2 Robert Spivey und D. Moody Smith definieren in ihrem Buch *The Anatomy of the New Testament* die Methode der Formkritik weiter als »die Klassifizierung der ›Formen‹, in denen die Überlieferungen, vor allem die der Evangelien, zirkulierten, bevor sie niedergeschrieben wurden, und den Versuch, den *Sitz im Leben* der Kirche zu bestimmen, die sie wiedergeben«.[3]

1.3 Wie E. B. Redlich, ein Formkritiker, bemerkt:

> Die Formkritik ist eine Methode der Untersuchung und Forschung, die sich mit der vorliterarischen Stufe der Tradition der Evangelien beschäftigt, als das Ma-

terial noch mündlich überliefert wurde. Sie versucht, die Ursprünge und die Geschichte des Materials herauszufinden, d. h. der Erzählungen und Worte, aus denen die Evangelien bestehen, und zu erklären, wie die ursprünglichen Erzählungen und Worte ihre heutige Form in den Evangelien angenommen haben. Sie beschäftigt sich mit den Prozessen, die zu der Gestaltung der Evangelien geführt haben.[4]

Laurence J. McGinley führt fünf grundlegende Prinzipien der Formkritik auf:

1. »Die synoptischen Evangelien sind volkstümliche, subliterarische Zusammenstellungen.«
2. »Sie stellen den Glauben der Urchristen dar, den sie geschaffen haben, nicht den historischen Jesus.«
3. »Sie sind künstliche Sammlungen isolierter Einheiten der Überlieferung.«
4. »Diese Einheiten hatten ursprünglich eine bestimmte literarische Form, die man noch immer herausfinden kann.«
5. »Diese Form wurde von einer bestimmten gesellschaftlichen Situation geschaffen.«[5]

1.4 G. E. Ladd definiert Formkritik, indem er schließt, dass

> sich die Bezeichnung »Formkritik« auf die verschiedenen literarischen Formen bezieht, die die mündliche Überlieferung angenommen hat, als sie mündlich weitergegeben wurde. Grundlage dieser Untersuchung war die Annahme, dass bestimmte Gesetze der mündlichen Überlieferung, angewandt auf die Evangelien, schließlich dazu führen würden, die älteste Form der Überlieferung wiederzugewinnen. Eine eingehende Untersuchung dieser Formen führte zu der kritischen Schlussfolgerung, dass das Material in den Evangelien in seinen frühesten Phasen mündlich als eine Reihe von unverbundenen Einheiten, Anekdoten, Geschichten, Worten, Lehren, Parabeln usw. weitergegeben wurden. Jede Einheit der Überlieferung hatte ihre eigene Geschichte in der Kirche. Die geschichtliche Übersicht über Jesu Leben, wie sie in Markus und zum großen Teil auch in Matthäus und Lukas zu finden ist, ist nicht Teil dieser Überlieferung, sondern die Schöpfung des Verfassers des zweiten Evangeliums, der viele dieser Einheiten der Überlieferung sammelte, einen geschichtlichen Überblick über Jesu Leben schuf und diesen Überblick als einen Erzählstrang verwendete, auf den er die unverbundenen Stücke der unabhängigen Überlieferungen aufreihte. Das bedeutet, dass die in den Evangelien erwähnten Angaben von Abfolge, Zeit, Ort und Ähnlichem recht unhistorisch und nicht vertrauenswürdig sind und daher von einer ernsthaften Evangeliumskritik außer Acht gelassen werden müssen. Das Ergebnis ist, dass wir kein »Leben« und keine »Biografie« von Jesus haben, sondern nur eine Reihe von unverbundenen Anekdoten und Lehren, die künstlich und unhistorisch aneinander gehängt wurden.[6]

1.5 Rudolf Bultmann, ein radikaler Formkritiker, erklärt die formkritische Einstellung:

> Seit nunmehr über vierzig Jahren kennen Studierende des Neuen Testaments die Schule der Evangeliumsuntersuchung mit dem Namen Formkritik – oder, um genauer zu sein, *Formgeschichte*. Ihre Aufmerksamkeit ist auf die einzelnen Einheiten gerichtet, in die die mündliche Überlieferung gegliedert werden kann, die den synoptischen Evangelien zugrunde liegt. Sie bemüht sich, die mündliche Überlieferung auf einer Stufe zu untersuchen, die noch vor der Kristallisierung in die Evangelien oder sogar in Quellen, die den Evangelien als Grundlage dienten, liegt; egal ob diese geschriebene Dokumente oder Zyklen festgelegter Überlieferung, wie die Quelle Q – die Übersicht über Jesu Wirken, die älter ist als Markus –, sind oder die Sequenzen in den Erzählungen und Diskursen, die Leidensgeschichte usw.[7]

Er erklärt weiter:

> Die Formkritik beginnt mit der Erkenntnis, dass die in den synoptischen Evangelien enthaltene Überlieferung ursprünglich aus einzelnen Einheiten bestand, die von den Evangelisten redaktionell zusammengefügt wurden. Die Formkritik bemüht sich daher, diese Einheiten der Überlieferung zu unterscheiden und ihre früheste Form und ihren Ursprung im Leben der frühchristlichen Gemeinde zu ergründen. Sie sieht die Evangelien im Grunde als Zusammenstellungen dieses älteren Materials. Aber sie untersucht sie auch als abgeschlossene Werke, um die literarische Aktivität der Evangelisten beurteilen zu können und die theologischen Motive herauszufinden, die sie leiteten.[8]

2 Absichten der Formkritik

R. H. Lightfoot fasst die Grundsätze der Formkritik zusammen:

> Sie erinnern uns daran, dass es unwahrscheinlich ist, dass die frühe Kirche sich unmittelbar literarisch ausgedrückt hat, und sie glauben erstens, dass in den ersten Jahren die Erinnerungen und Überlieferungen der Worte und Taten Jesu nur mündlich weitergegeben wurden, und zweitens, dass sie nicht (wie wir erwartet hätten) in und für sich selbst geschätzt wurden, sondern für ihre Wichtigkeit bei der Lösung von Problemen, die mit dem Leben und den Bedürfnissen der jungen Kirchen zusammenhingen. Sie glauben, dass diese Bedürfnisse hauptsächlich die missionarische Tätigkeit, den Katechumenunterricht, das Zeigen des Inhalts und der Bedeutung des christlichen Lebens, die Widerlegung jüdischer und anderer Einwände und, was vielleicht am wichtigsten war, den Gottesdienst betrafen. Sie glauben weiter, dass diese Erinnerungen und Überlieferungen am Anfang vor allem in zwei verschiedenen Formen zirkulierten: auf der einen Seite in Form kleiner, einzelner Geschichten und auf der anderen Seite in Form von Wor-

ten des Herrn, die entweder einzeln oder in kleinen Sammlungen verwendet wurden. Beide Arten nahmen dann durch die andauernde Wiederholung in den Kirchen immer mehr eine mehr oder weniger feste Form an; und, was auch immer über die Worte wahr sein mag, die Geschichten wurden häufig am Beispiel ähnlicher Geschichten über Lehrer und Führer in der jüdischen und hellenistischen Welt geformt. Und schließlich schlagen sie vor, dass viele dieser vorliterarischen Überlieferungen heute noch in unseren geschriebenen Evangelien erkennbar sind, vor allem in Markus, und dass sie bis zu einem bestimmten Grad nach ihrer Art und Form klassifiziert werden können; daher kommt auch der Name dieser neuen Untersuchung.[9]

Martin Dibelius bietet eine Erklärung: »Sie versucht, die Lücke im Neuen Testament zu überbrücken, indem sie die gemeinsame Basis darstellt, auf der sowohl die Lehre über Jesus Christus als auch die Erzählung über Jesus von Nazareth beruht.«[10]

Er fährt fort, indem er eines der Ziele der formkritischen Methode zitiert: »Zuerst versucht sie, durch Rekonstruktion und Analyse die Herkunft der Tradition über Jesus zu erklären und so in eine Zeit vorzudringen, die noch vor der Zeit liegt, in der die Evangelien und ihre geschriebenen Quellen aufgezeichnet wurden.«[11]

Dibelius fügt hinzu, dass

> sie versucht, die Absicht und das wirkliche Interesse der frühesten Tradition zu verdeutlichen. Wir müssen zeigen, zu welchem Ziel die ersten Kirchen Geschichten über Jesus wiedererzählten, sie mündlich als unabhängige Erzählungen weitergaben oder sie von Papyrus zu Papyrus kopierten. Auf dieselbe Art und Weise müssen wir die Worte Jesu untersuchen und fragen, mit welcher Absicht diese Kirchen sie sammelten, auswendig lernten und sie niederschrieben.[12]

Rudolf Bultmann behauptete:

> Das zentrale Prinzip der Formkritik wurde vollständig aufgestellt, nämlich dass die früheste Evangelientradition mündlich innerhalb der Kirche zirkulierte, deren religiösen Bedürfnissen sie diente, und nur nach und nach in Gruppen, Blöcken oder Sequenzen und schließlich in den Evangelien zusammengefasst wurde.[13]

Er erklärt, dass sich die Formkritik zu »dem Versuch … entwickelt hat, [die Urelemente der Synoptiker,] die Einzelstücke in Spruch und Erzählung, für sich ins Auge zu fassen und die [auf anderen Gebieten erprobte,] für das Alte Testament von H. Gunkel und seinen Schülern durchgeführte formgeschichtliche Betrachtung auf sie anzuwenden, um so zu versuchen, ihren geschichtlichen Platz, ihren Charakter als primäre oder sekundäre Tradition oder als Redaktionsarbeit zu erkennen, wobei es schließlich gleichgültig ist, in welcher Quelle ein Stück gestanden hat«.[14]

3 Methodik

Vincent Taylor beschreibt die Schritte, die in der Formkritik vorgenommen werden:

1. Klassifizierung des Materials nach seiner Form
2. Wiederherstellung der ursprünglichen Form
3. Suche nach dem *Sitz im Leben* (Lebenssituation).[15]

Robert Mounce fasste in einem informellen Interview die formkritische Vorgehensweise wie folgt zusammen:

> Der Formkritiker führt zuerst die verschiedenen Arten von Formen auf, in die die Bibelgeschichten aufgeteilt werden können. Dann versucht er, den *Sitz im Leben*, die Lebenssituation der frühen Kirche zu bestimmen, die für die Entwicklung der einzelnen Perikopen, die in die Kategorien eingeordnet werden, verantwortlich ist. War es die Angst vor Verfolgung? War es die Bewegung der nichtjüdischen Kirche aus der jüdischen Umgebung heraus? War es Häresie? Usw.
> Nach der Bestimmung des *Sitzes im Leben* kann man die Veränderungen erklären, die stattgefunden haben, und die einzelnen Schichten entfernen, die Jesu Worten hinzugefügt wurden. Das Ergebnis ist die Wiederherstellung der Worte des Evangeliums in ihrem ursprünglichen oder reinen Zustand.[16]

4 Hintergrund und Geschichte

4.1 Hintergrund

Die Formkritik entstand in Deutschland in den Jahren nach dem Ende des Ersten Weltkrieges (1914-1918).[17]

Floyd V. Filson erklärt die frühe Geschichte der Formkritik der synoptischen Evangelien:

> Sie tauchte als klare Methode in Arbeiten von K. L. Schmidt (1919), M. Dibelius (1919) und R. Bultmann (1921) auf, den drei Gelehrten, deren Werke auch heute noch dieses Studiengebiet bestimmen. Sie baute auf viele Vorgänger auf: Olricks Studium der volkstümlichen Geschichten, Gunkels Identifizierung mündlicher Überlieferungen im Alten Testament, Wellhausens kritische Aufmerksamkeit auf die einzelnen Teile der Evangeliumsüberlieferung und auf die frühen Phasen dieser Überlieferungen, Nordens Studium des Prosastiles und der Missionsreden usw. Sie baute auf das Konzept, dass die Identifizierung geschriebener Quellen die Lücke zwischen Jesus und den geschriebenen Evangelien nicht vollständig überbrücken konnte. Ein Zeitraum mündlicher Überlieferung war dazwischengetreten und erforderte nun eine genaue Untersuchung.[18]

Die herausragenden Wissenschaftler der direkten Vorkriegszeit in Deutschland sind unter anderem Bernard Johannes Weiß, Heinrich J. Holtzmann, Wilhelm Wrede, Johannes Weiß, Julius Wellhausen, Hermann Gunkel und Heinz-Dietrich Wendland.[19]

Im Gebiet der Formkritik vergleicht Easton einige der wichtigsten Autoren und ihre Werke:

> Ihre Autoren sind Martin Albertz, Rudolf Bultmann, Martin Dibelius und Karl Ludwig Schmidt. Während ihre Ergebnisse sehr unterschiedlich sind, haben sie alle die grundlegende Anstrengung gemein, das Wesen der ersten Evangeliumsüberlieferung klar zu definieren und einen Teil der Gesetze zu bestimmen, die ihre Gestaltung und Weitergabe geleitet haben.[20]

Andere bedeutende Formkritiker sind z. B. D. E. Nineham und R. H. Lightfoot.

Einige der weniger radikalen Formkritiker sind, unter anderem, Frederick Grant, C. H. Dodd, B. S. Easton und Vincent Taylor. Sie wurden von Bultmann und seinen Anhängern beeinflusst, wie in ihren Schriften und der Verwendung der gleichen oder einer ähnlichen Terminologie deutlich wird.[21]

Rudolf Pesch verfolgt die frühe Entwicklung der Formkritik weiter, indem er erzählt,

> dass zu Beginn dieses Jahrhunderts J. Weiß ausdrücklich erklärte, dass die Untersuchung der literarischen Formen der Evangelien und der einzelnen Klassifizierungen des in ihnen enthaltenen Materials eine der »Aufgaben der neutestamentlichen Wissenschaft in der Gegenwart sei« (*Aufgaben der neutestamentlichen Wissenschaft in der Gegenwart* [1908], S. 35). Aber sein Vorgänger, J. G. Herder, hatte bereits »zum ersten Mal die Probleme erkannt, die mit der formkritischen Untersuchung der Evangelien zusammenhingen« (W. G. Kümmel, S. 98). Ein anderer Vorgänger gegen Ende des vorletzten Jahrhunderts war E. Overbeck, der »eine Geschichte der Formen« für »die urchristliche Literatur« gefordert hatte (*Historische Zeitschrift* 48 [1882], S. 423). Vor dem Ersten Weltkrieg setzten zwei klassische Wissenschaftler, P. Wendland (*Die urchristlichen Literaturformen* [1912]) und E. Norden (*Agnosthos Theos. Untersuchungen zur Formengeschichte religiöser Rede* [1913]), formkritische Untersuchungen im Neuen Testament in bestimmte wichtige Richtungen in Gang. Erst nach dem Krieg begann die bedeutende Zeit des formkritischen Ansatzes.[22]

C. F. D. Moule bemerkt, dass

> der neue Impuls zuerst von der Arbeit über Folklore, vor allem im Alten Testament, durch Wissenschaftler in Skandinavien und Deutschland gekommen zu sein scheint, die die Aufmerksamkeit auf die Untersuchung der Gesetze der mündlichen Überlieferung lenken wollten. Was geschieht mit Geschichten, frag-

> ten sie, wenn sie in einer nichtliterarischen Gemeinschaft mündlich weitergegeben werden? Schritt für Schritt formulierten sich zwei wichtige Prinzipien als Antwort. Erstens, dass man durch die Untersuchung eines ausreichend weiten Spektrums an Beispielen mit den Standard-»Formen«, die Geschichten in aufeinander folgenden Phasen der Weitergabe annahmen, vertraut genug werden könnte, um, mit einer gewissen Exaktheit, die letzte Form einer Geschichte zu »häuten«, wie beim Schälen einer Zwiebel, um zu ihrer elementarsten, ursprünglichen Form zu gelangen. Und zweitens, dass es ein Fehler ist, die Art geschriebener Dokumente, die heute diskutiert werden, zu behandeln, als wären sie »literarisch«, denn der gemeinsame Einfluss von Gemeinden war bei der Gestaltung einer Geschichte und sogar bei der Formgebung eines gesamten Dokumentes im Allgemeinen wichtiger als der eines Einzelnen.[23]

E. V. McKnight liefert in seiner kurzen, aber genauen Studie der Formkritik *What Is Form Criticism?* weitere Hintergrundinformationen über die Ansichten, die durch die Quellenkritik vertreten wurden:

> Am Anfang des zwanzigsten Jahrhunderts war die kritische Untersuchung der synoptischen Evangelien zu den folgenden Ansichten gelangt: (1) Die Hypothese der »zwei Dokumente« wurde akzeptiert. Markus und Q dienten als Quellen für Matthäus und Lukas. (2) Sowohl Markus und Q als auch Matthäus und Lukas wurden von den theologischen Ansichten der frühen Kirche beeinflusst. (3) Markus und Q enthielten nicht nur frühes authentisches Material, sondern auch Materialien aus späterer Zeit.[24]

4.2 Geschichte

Bob E. Patterson legt in einem Artikel mit dem Titel »The Influence of Form Criticism on Christology« eine vollständige Geschichte der Formkritik dar.[25]

Donald Guthrie hat beobachtet, dass die Akzeptanz der Formkritik deutlich zugenommen hat. Er stellt fest, dass viele Einflüsse dazu beigetragen haben, diese Bewegung hervorzubringen und aufrechtzuerhalten. Dazu gehören:

(1) Schwachpunkte in der Theorie der Quellenkritik. Da Quellenkritik eine literarische Kritik ist, hat sie sich auf die zur Verfügung stehenden Dokumente beschränkt. Und bei der Untersuchung von Matthäus und Lukas gelang es der Kritik nicht, mit der zwanzig- bis dreißigjährigen Zeitspanne umzugehen, die zwischen dem Tod Jesu und dem Zeitpunkt, zu dem die geschriebenen Quellen erschienen, liegt. Die Formkritiker versuchen, diese Zeitspanne zu erklären.

(2) eine allgemeine Infragestellung der historischen Exaktheit von Markus. Wilhelm Wrede setzte diese Tendenz mit seiner Theorie über das »Messiasgeheimnis« in Gang, die aussagte, dass Markus sein Evangelium mit der Absicht geschrieben hätte, die sich entwickelnde Offenbarung der Messianität Jesu zu vermitteln (oder die Vermittlung des »Messiasgeheimnisses«).

Später entwickelte Julius Wellhausen die Idee, dass die ursprüngliche oder erste

Überlieferung in Markus mit Material von den Verfassern der anderen Evangelien verwoben und stark von dem christlichen Denken dieser Zeit abhängig war.

(3) der Wunsch, die Evangelien der heutigen Zeit anzupassen. Da den Formkritikern zufolge die Weltanschauung des ersten Jahrhunderts nicht mehr relevant ist, herrschte unter diesen Theologen der starke Wunsch, die Evangelien in die Welt des zwanzigsten Jahrhunderts zu bringen.

(4) der Versuch, das literarische Material in seine ursprüngliche Situation, Lebensumstände oder *Sitz im Leben* einzuordnen. Dieser Tenor konnte ohne weiteres in dem Verweis der Formkritiker auf den Hintergrund der Evangelien beobachtet werden.[26]

5 Die Hauptvertreter der Formkritik

5.1 Martin Dibelius

Martin Dibelius, Autor von *From Tradition to Gospel* und *A Fresh Approach to the New Testament and Early Christian Literature, Gospel Criticism and Christology, Jesus* und anderen bedeutenden Werken, war einer der ersten bekannten Formkritiker. Eine kurze Vorstellung seines Ansatzes der Formkritik folgt.

Zu Anfang kommentiert er, dass, »wer die Formgeschichte des Evangeliums untersuchen will, es zunächst und zumeist nur mit einer Erscheinung der urchristlichen Literaturgeschichte zu tun hat, mit den synoptischen Evangelien«.[27]

Er fährt fort:

> Das literarische Verständnis der Synoptiker beginnt mit der Erkenntnis, dass sie Sammelgut enthalten. Die Verfasser sind nur zum geringsten Teil Schriftsteller, in der Hauptsache Sammler, Tradenten, Redaktoren. Im Überliefern, Gruppieren und Bearbeiten des ihnen zugekommenen Materials besteht ihre Tätigkeit vor allem.[28]

Dibelius verkündet sein persönliches Ziel in der Formkritik:

> Wir hofften, die Glaubwürdigkeit der Tradition über Jesu Leben durch die Verwendung neuer und weniger subjektiver Kriterien prüfen zu können, um so den willkürlichen Urteilen der psychologischen Behandlungen von Jesu Leben entkommen zu können und schließlich, in gewissem Maße, ein sichereres Wissen über die Worte und Taten Jesu erlangen zu können.[29]

Er interpretiert, dass

> die erste Einsicht, zu der die *formgeschichtliche Betrachtung* gelangt, diese ist: Es hat nie ein »rein« geschichtliches Zeugnis von Jesus gegeben; was von Jesus an Worten und Taten berichtet wurde, war immer schon ein für Predigt und Mahnung bestimmtes Zeugnis des Glaubens, formuliert, um Ungläubige zu gewinnen

> und Gläubige zu festigen. Nicht das Wissen um einen geschichtlichen Ablauf hat das Christentum konstituiert, sondern das Trauen auf den Inhalt dieser Geschichte als der Heilsgeschichte, als des entscheidenden Anfangs der Endgeschichte.[30]

Ein weiteres theologisches Ziel der *formgeschichtlichen Betrachtung* ist, wie Dibelius sagt, »das Verständnis der Geschichte Jesu darzulegen, von dem die verschiedenen Formungen des Stoffes beherrscht sind«.[31]

Dibelius behauptet, dass die Evangelien nicht die Absicht hatten, die Person Jesu darzustellen.

> Darum darf man an die in ihnen aufbewahrte Überlieferung nicht Fragen herantragen, die aus diesem Interesse gestellt sind. Von jenen erwähnten Ausnahmen abgesehen, verweigern unsere Texte die Antwort, wenn man sie nach dem Charakter, nach der »Persönlichkeit«, nach den Eigenschaften Jesu fragt. Gerade dieses Versagen gegenüber solcher profanen Befragung erinnert noch einmal daran, dass die Überlieferung nicht der Literatur angehört.[32]

Das Schicksal der Urchristen wird in den verschiedenen Formen der Evangeliumsüberlieferung reflektiert. Die Form wurde »durch praktische Bedürfnisse, durch Mission und Predigt, bestimmt«.[33]

Die frühe Kirche war eine Missionskirche, und »die Mission bot den Anlass, die Predigt, das Mittel zur Verbreitung dessen, was die Schüler Jesu als Erinnerung bewahrten«.[34]

Was die frühen Christen zu einer solchen Verbreitung der Überlieferung brachte, war »die werbende Tätigkeit, zu der sie sich verpflichtet fühlten, also die Mission«.[35]

Wenn Dibelius über Beten spricht, »so sind alle Möglichkeiten christlicher Verkündigung eingeschlossen: Missionspredigt, kultische und katechetische Predigt. Zu allen Arten bietet ja die Mission des Christentums in der Welt die ursprüngliche Veranlassung«.[36]

Es gibt nur eine ganze zusammenhängende Erzählung über einen Abschnitt des Lebens Christi, und das ist die »Leidensgeschichte«.[37] Dibelius zufolge ist »das eigentliche Anliegen [schon des ältesten Berichtes] (der Leidensgeschichte) also nicht die Berichterstattung, sondern die Verkündung dessen, was von Gott aus in der Passion geschehen ist«.[38]

Alle anderen Einheiten der Überlieferung existierten ohne Verbindung zu anderen Einheiten.

Zum Abschluss spricht Dibelius über die Gestaltung der Überlieferung der Evangelien:

> Wenn wir jedoch die Überlieferung zu ihrem ursprünglichen Stadium zurückverfolgen, so finden wir keine Beschreibung von Jesu Leben, sondern kurze Absätze und Perikopen. Das ist die Hypothese, die der *formgeschichtlichen Methode*, als deren Vertreter ich hier spreche, zugrunde liegt.[39]

5.2 Rudolf Bultmann

Rudolf Bultmann, früher Professor für neutestamentliche Studien in Breslau, Gießen und Marburg, ging 1951 in den Ruhestand. Aber er hat aufgrund seines außergewöhnlichen Beitrages zur zeitgenössischen kritischen neutestamentlichen Wissenschaft noch immer weltweit Einfluss. Bultmann ist der Autor vieler Bücher, die den formkritischen Standpunkt wiedergeben. Einige dieser Bücher sind *The History of Synoptic Tradition*, *Jesus and the Word*, *Theology of the New Testament* und *Jesus Christ and Mythology*.

5.2.1 Das Folgende repräsentiert eine Sammlung von Aussagen über und von Bultmann:

Klaas Runia kommentiert die Wirkung, die Bultmann auf die Welt hatte:

> Bultmanns Programm hatte einen gewaltigen Einfluss auf die Nachkriegstheologie. Fast alle führenden Theologen des heutigen Deutschlands waren seine Studenten oder wurden zumindest stark von seiner Denkweise beeinflusst. In den USA wurden ähnliche, aber sogar radikalere Ideen von Paul Tillich vertreten, und wieder müssen wir sagen, dass viele der führenden Theologen dieser Schule angehören. Einige gehen sogar so weit zu sagen, dass die traditionelle Idee von Gott, die auf der Bibel basiert, tot ist.[40]

Rudolf Pesch fährt fort:

> R. Bultmann, dessen Ansatz stärker durch komparative Religion und historische Kritik beeinflusst wurde, formuliert die Wahrheit, »dass die Literatur, in der das Leben einer gegebenen Gemeinde, sogar der urchristlichen Gemeinde, reflektiert wird, aus ganz bestimmten gesellschaftlichen Umständen und Bedürfnissen entspringt, die einen recht bestimmten Stil und recht spezifische Formen und Kategorien produzieren«.[41]

H. N. Ridderbos beobachtet, dass es Bultmanns Ansatz über das Neue Testament ist, es mit nicht christlichen Religionen und deren Entwicklung zu vergleichen. Dieser Ansatz wird die »*Religionsgeschichtliche Methode*« genannt.[42]

Bultmann ist für seinen skeptischen Ansatz den Evangelien gegenüber bekannt. Seine Schlussfolgerung ist, dass »man nur die Ungewissheit unseres Wissens über die Person und die Arbeit des historischen Jesus und so über den Ursprung des Christentums betonen kann«.[43]

Bultmann beschreibt die Entwicklung der Formkritik durch die folgende Aussage: »Aus den Formen der literarischen Überlieferung soll auf die Motive des Gemeinschaftslebens zurückgeschlossen werden und aus dem Gemeinschaftsleben heraus sollen die Formen verständlich gemacht werden.«[44]

Bultmann diskutiert seine Methode: »Der erste Schritt ist die Unterscheidung zwischen dem Material der Überlieferung, das die Evangelisten verwendeten, und ihren redaktionellen Ergänzungen.«[45]

5.2.2 Einige Kommentare und Kritiken

G. E. Ladd betont, dass eine von Bultmanns grundlegenden Methoden zur Rekonstruktion der frühen Geschichte christlicher Gedanken und der Erarbeitung der Historizität Jesu die »Methode der vergleichenden Religionswissenschaft« ist.

»Das ist eine Methode, die von deutschen Gelehrten entwickelt wurde und die davon ausgeht, dass jedes gegebene religiöse Phänomen von seiner religiösen Umgebung aus verstanden werden muss.«[46]

Schubert Ogden hat in seinem Buch *Christ Without Myth* beobachtet:

> Der erste Schritt in einer imminenten Kritik an Bultmanns Vorschlag ist zu zeigen, dass seine gesamte Bedeutung auf zwei grundlegende Thesen reduziert werden kann: (1) Der christliche Glaube muss umfassend und ohne Rest als die ursprüngliche Möglichkeit der Menschen auf eine authentische *geschichtliche* Existenz interpretiert werden, da das durch eine angemessene philosophische Analyse mehr oder weniger ausreichend geklärt und in Begriffe gefasst wurde. (2) Der christliche Glaube ist tatsächlich realisierbar oder ist eine »tatsächliche Möglichkeit«, und das nur aufgrund des *historischen* Ereignisses Jesus von Nazareth, das das auslösende Ereignis der Kirche und ihrer unverwechselbaren Worte und Sakramente ist. Der zweite Schritt der Kritik ist zu beweisen, dass, wie schon Barth und Buri und viele andere behauptet haben, diese beiden Thesen nicht miteinander vereinbar sind.[47]

Edward Ellwein interpretiert Bultmanns Ansicht, was wir über Jesus wissen können, auf diese Weise:

> Wer ist der Mann Jesus? Er ist ein Mann wie wir selbst, keine mythische Figur; er verfügt über kein messianisches Strahlen, er ist ein wirklicher Mann – aber auch ein Mann, ein Lehrer und ein Prophet, der für eine kurze Zeit tätig war, der das unmittelbar bevorstehende Ende der Welt und das Anbrechen von Gottes Herrschaft voraussagte, der den Protest der großen alttestamentarischen Propheten gegen den Legalismus und die kultische Verehrung Gottes erneuerte und radikalisierte und der von den Juden an die Römer ausgeliefert und gekreuzigt wurde. Alles andere ist unsicher und legendenhaft.[48]

Donald Guthrie identifiziert in seiner *New Testament Introduction* den Bultmanns Theologie zugrunde liegenden Anspruch:

> Bultmanns Desillusionierung führte ihn dazu, eine Annäherung an die Evangelien zu suchen, die ihn von der Notwendigkeit historischer Beweise befreien würde. Nur so könne der Einfachste seiner Meinung nach zum Glauben kommen. Seine Verpflichtung der existenzialen Philosophie gegenüber drängte ihn weiter zu diesem unhistorischen Ansatz. Stark von Heidegger beeinflusst behauptete Bultmann, dass der wichtigste Bestandteil des christlichen Glaubens eine existenzielle Begegnung mit Christus sei.[49]

Zum Schluss führt Martin E. Marty von der Universität Chicago die verschiedenen Reaktionen Bultmann gegenüber an:

> Rudolf Bultmann war der größte neutestamentliche Gelehrte des zwanzigsten Jahrhunderts. Das sagen zumindest viele seiner Kollegen und Rivalen. Nein, er hat Theologie noch verworrener gemacht, indem er sich an die gequälte Philosophie seines Marburger Kollegen Martin Heidegger gebunden hat. Das sagen die meisten Heidegger-Gegner, und ihre Zahl ist sehr hoch. Eine andere Stimme, aus einer großen lutherischen Kirche in Deutschland, sagt über ihren lutherischen Kollegen: Rudolf Bultmann ist der Erzketzer des Jahrhunderts.[50]

5.3 Vincent Taylor

Vincent Taylor, einer der bedeutendsten Formkritiker, steht in Wirklichkeit der Wissenschaft, die er vertritt, recht kritisch gegenüber. Taylors bedeutendstes Werk, das sich mit dem Gebiet der Formkritik beschäftigt, ist *The Formation of the Gospel Tradition*, das 1935 zum ersten Mal erschien. In diesem Werk kommentiert er die – seiner Meinung nach – größten Stärken und Schwächen der Formkritik. Taylor verfügt nicht über die historische Skepsis Bultmanns.

Zuerst stimmt Taylor den Formkritikern in ihrer grundlegenden Annahme zu:

> Es bleibt uns, die grundlegende Annahme der Formkritik zu bedenken, dass in der Hauptsache die früheste Überlieferung aus kleinen isolierten Einheiten ohne lokale oder temporale Verbindungen bestand; und weiter, da die beiden Fragen untrennbar miteinander verbunden sind, zu fragen, was für eine Rolle die Erinnerungen der Augenzeugen spielen. Mit dem Markusevangelium vor uns ist es unmöglich zu bestreiten, dass die früheste Überlieferung weitgehend eine große Masse von Fragmenten war.[51]

Was die mündliche Überlieferung, wie sie von Bultmann und Dibelius vorgestellt wird, betrifft, tendiert Taylor dazu, beiden zuzustimmen:

> Die Formkritik geht von dem Prinzip aus, dass das Material der geschriebenen Evangelien auf der Basis von Unterschieden in Struktur und Form in Gruppen unterteilt werden kann und dass diese Unterschiede uns Hinweise darüber geben, wie sie sich in der vorliterarischen Periode entwickelten. Die Unterschiede entstanden aus der Art und Weise, wie die Elemente der Evangelien im täglichen Leben der Kirche verwendet wurden, als Material zum Predigen, zum Lehren und für die Missionierung.[52]

In Bezug auf die entscheidende Frage nach der Kreativität der Gemeinden und ihrem biografischen Interesse trifft Taylor diese Annahme:

> Es gibt verschiedene Gründe für den Wunsch eines biografischen Interesses.

Erstens waren die frühen Christen Menschen von einfacher Herkunft und Fertigkeiten; sie waren kein literarisches Volk und waren deshalb auch nicht mit den Problemen konfrontiert, die ein Chronist zu bewältigen hat. Weiterhin richteten sie ihre Aufmerksamkeit auf den neuen Himmel und die neue Erde, von denen sie glaubten, dass Christus sie bald bringen würde. Sie wussten nicht, dass wir 1.900 Jahre später immer noch auf die Erfüllung warten sollten: Nichts hätte sie mehr erstaunt. Ihre Hoffnungen richteten sich auf die Zukunft; warum sollten sie dann die Vergangenheit aufschreiben? Wiederum war die Bildung einer Jesusüberlieferung hauptsächlich ein gemeinschaftlicher Prozess. Geschichten waren überlebensfähig, nicht so sehr, weil sie für den Einzelnen von Interesse waren, sondern weil sie die Bedürfnisse der Christen, die sich in religiöser Gemeinschaft trafen, entsprachen. Hatten die ersten Christen biografische Interessen? Was die Evangelisten betrifft müssen andere Antworten gegeben werden. Keiner von ihnen hatte zum Ziel, eine Biografie im modernen Sinn des Wortes zu schreiben, obwohl alle die Geschichte Jesu aufschreiben wollten. Im vierten Evangelium sind die dominierenden Ziele religiös und lehrmäßig, aber das Material wird in einem geschichtlichen Rahmen präsentiert. In Markus herrscht der Wunsch vor, den Verlauf von Jesu Wirken in Grundzügen nachzuzeichnen, und dieselben Grundzüge finden wir auch in Matthäus, obwohl sie hier den didaktischen und kirchlichen Interessen untergeordnet sind. In Lukas weisen das sechsfache Datum von 3,1f. und die Angaben des Vorwortes (1,1-4) auf die Absicht hin, die Geschichte in der richtigen Reihenfolge zu erzählen, obwohl wir nicht annehmen können, dass eine chronologische Reihenfolge gemeint ist, oder noch weniger, dass sie erreicht wird.[53]

5.4 Zusammenfassung

Um die wichtigsten Befürworter der Formkritik zusammenzufassen, ist es notwendig, einige der Ähnlichkeiten und Unterschiede zwischen ihnen zu berücksichtigen.

5.4.1 Ähnlichkeiten zwischen Dibelius und Bultmann

Obwohl Bultmann und Dibelius das überlieferte Material unterschiedlich einordnen, d. h. sie sehen verschiedene Formen in Verbindung mit verschiedenen Lebensumständen, sind sie sich in ihrer grundlegenden Annahme einig. Diese Annahme besteht aus zwei Teilen. Sie stimmen überein, dass das überlieferte Material zuerst in Form von kurzen, abgerundeten Einheiten existiert hat, deren *Sitz im Leben* die frühen Gemeinden waren, und dass alle historischen Kontexte innerhalb der Evangelien (mit Ausnahme der Leidensgeschichte) als redaktionelle Arbeit der Evangelisten betrachtet werden müssen.[54]

E. V. McKnight fährt fort, die Ähnlichkeiten zwischen Dibelius und Bultmann aufzuführen: Sie »nehmen an, dass die Materialien nach ihrer Form klassifiziert werden können und dass die Form es den Studierenden ermöglicht, die Geschichte der Überlieferung zu rekonstruieren.«[55]

L. J. McGinley betrachtet Dibelius und Bultmann auf eine etwas andere Art. Er betont, dass sie sich über den Stil einig waren, uneinig über die Terminologie, einig über das Material, uneinig über die Entstehung der Überlieferung, uneinig über den *Sitz im Leben* und schließlich einig in einer völligen Verneinung des historischen Wertes ihrer Kategorien.[56]

McGinley fährt fort:

> Bultmann und Dibelius stimmen überein, dass die Beschreibung und Klassifizierung der Formen nur ein Teil der Aufgabe der Formkritik ist. Sie behaupten, dass, da eine Beziehung zwischen den unterschiedlichen literarischen Arten, die in einer Gemeinschaft produziert werden, und den verschiedenen Funktionen des Gemeindelebens besteht, diese Beziehung ausfindig gemacht und die geschichtlich-soziale Situation ermittelt werden kann, die eine bestimmte Form geschaffen hat, um einem bestimmten Bedürfnis zu entsprechen.[57]

McGinley bemerkt, dass »Dibelius auf der Suche nach Parallelen für die Geschichten in den Evangelien häufig auf rabbinische Schriften verweist. Trotz der sehr späten Redaktion dieser Literatur glaubt er, dass die Anekdoten selbst sehr früher Herkunft sind und auf befriedigende Weise die synoptischen Erzählungen erklären«.[58]

McGinley fügt hinzu, dass

> auch Bultmann sehr häufig Erklärungen und Analogien aus der rabbinischen Überlieferung verwendet. Er glaubt jedoch, dass der Prozess, der zu ihrer Festschreibung geführt hat, komplizierter war als das, was in Bezug auf die synoptische Überlieferung passierte. In den Evangelien wurden die Formen reiner bewahrt als in der rabbinischen Literatur, in der die Bildung bewusster erfolgte und in der Motive künstlich variiert und einzelne Einheiten umgestaltet wurden.[59]

5.4.2 Einige grundlegende Kritiken

Einer der grundlegendsten Unterschiede zwischen Bultmann und Dibelius ist ihr Konzept des »Kontrollmotivs« in der Bildung der Einheiten.

(1) Bultmann: Die angeblichen Debatten zwischen der frühen Gemeinde und dem Judentum waren das Motiv.[60]

(2) Dibelius: Die »Mission« war das eigentliche Motiv und die »Predigt« war das Mittel zur Verbreitung.[61]

Vincent Taylor kritisiert Bultmann, wenn er behauptet, dass

> Bultmanns Prüfungen der Echtheit viel zu subjektiv sind. Können wir sehr weit kommen, wenn wir einige charakteristische Merkmale in Jesu Worten auswählen und sie zum Prüfstein machen, um zu entscheiden, ob die Überlieferung als Ganzes echt ist? Es ist nicht leicht zu entscheiden, was charakteristisch ist, und selbst wenn wir das können, so muss die Prüfung oft scheitern, denn selbst die

größten Lehrer sagen oft geläufige Dinge. Große Lehrer lehnen es ab, Erwartungen zu entsprechen, selbst ihren eigenen.[62]

Bultmann, der Martin Dibelius in der zeitlichen Entwicklung der Formkritik folgt, sagt: »Im Unterschied zu M. Dibelius bin ich nun freilich der Meinung, dass die formgeschichtliche Arbeit gerade wegen der Bezogenheit der literarischen Formen auf das Leben und die Geschichte der urchristlichen Gemeinde nicht nur mit ihren literarkritischen Voraussetzungen auch sachkritische Urteile voraussetzt, sondern auch zu sachkritischen Urteilen (über Echtheit eines Wortes, Geschichtlichkeit eines Berichtes u. dgl.) führen muss.«[63]

Alfred Wikenhauser führt eine wichtige Kritik gegen die großen Formkritiker an:

Dass man der urchristlichen Gemeinde echtes kreatives Vermögen zuschreibt, ist ein schwer wiegender Fehler in der Formkritik, wie sie von vielen ihrer Vertreter angewandt wird, besonders von Bultmann und Bertram und, weniger radikal, von Dibelius. Sie behaupten, dass gewisse Teile der synoptischen Evangelien freie Schöpfungen der Gemeinde waren oder dass Motive für ihre Bildung, vor allem für Wundergeschichten oder *Novellen* und Legenden, aus dem Judentum und insbesondere aus dem Hellenismus übernommen wurden.[64]

Eine der Hauptanschuldigungen gegen die Formkritiker liegt im Bereich der Subjektivität. Robert Mounce kommentierte dieses bestimmte Problem in einem Interview:

Formkritik klingt wie eine wissenschaftliche Methode. Wenn sie das wäre, fänden wir Konsequenz in der Interpretation. Aber die Interpretationen eines einzigen Ausspruchs sind sehr unterschiedlich. Nicht nur sind die Interpretationen weit gefächert, sondern die Formkritiker können sich häufig gar nicht einigen, ob eine Perikope eine Wundergeschichte oder eine Verkündigungsgeschichte ist – die beiden können verbunden werden. Man würde Konsequenz in der historischen Rekonstruktion erwarten, wenn Formkritik eine wirkliche Wissenschaft wäre.[65]

I. J. Peritz, der auch die Subjektivität der Formkritiker kommentiert, ist zu folgendem Schluss gekommen:

Die Formkritik stellt uns also der Verpflichtung gegenüber, uns entweder in ihre fehlerhafte Methode und Schlussfolgerungen zu fügen oder sie zu bekämpfen. Was hier beinhaltet ist, ist jedoch nicht die Alternative zwischen einer unkritischen Einstellung und Kritik, sondern zwischen Kritik und übertriebener Kritik. Eine kritische Betrachtung der Evangelien erhebt keinen Anspruch auf strikte Objektivität. Es ist manchmal schwer zu sagen, wo die Dichtung endet und die Geschichte beginnt. Es ist höchst wahrscheinlich, dass es kein zugrunde liegen-

> des strikt chronologisches oder topografisches Schema gibt; und dass sie keine Biografie in »unserem Sinne« sind. Aber das ist weit von der Behauptung entfernt, dass wir kein verlässliches Zeugnis von Augenzeugen haben: dass die Kirche von ihrem Christus des Glaubens den Jesus der Geschichte geschaffen hat, anstatt von dem Jesus der Geschichte den Christus des Glaubens.[66]

Er fügt hinzu: »Der große Fehler der Formkritik ist ihre fantasievolle Subjektivität in der Bewertung der Überlieferung.«[67]

In einer kürzlich erschienenen Zeitschrift fasst Peritz die Ansichten der Formkritiker mit den Worten zusammen, dass »sie alle nur in einer Sache übereinstimmen, nämlich darin, dass Jesu frühe Jünger in literarischen Methoden zu unwissend und zu wenig an Biografie und Geschichte interessiert waren, um sich zu bemühen, das Gedenken an ihren Herrn aufrechtzuerhalten.«[68]

6 Zusammenfassung der Formkritik

6.1 Die Formkritik versucht, die ursprünglichen literarischen Formen herauszufinden, in denen die Überlieferungen über Jesus niedergeschrieben wurden.

6.2 Die Formkritiker hoffen durch die Entdeckung der ursprünglichen Formen die Bedürfnisse der frühen Kirche, die für ihre Schöpfung verantwortlich waren, identifizieren zu können.

6.3 Die formkritische Methode beinhaltet folgende Schritte: das Aufteilen der Evangelien nach ihrer literarischen Form und das Herausfinden der Lebenssituation, die für ihre Entstehung verantwortlich war. Sie versuchen, die Evangelien in ihren ursprünglichen, reinen Zustand zurückzuführen.

6.4 Die Formkritik entstand in Deutschland in den Jahren nach dem Ersten Weltkrieg.

6.5 Zu ihren Hauptvertretern zählen Martin Dibelius, Rudolf Bultmann und Vincent Taylor.

7 Literaturangaben

1 Joseph A. Fitzmyer, »Memory and Manuscript: The Origins and Transmission of the Gospel Tradition«, *Theological Studies*, S. 445.

2 Floyd V. Filson, »Form Criticism«, *Twentieth Century Encyclopedia of Religious Knowledge*, S. 436.

3 Robert A. Spivey/D. Moody Smith, Jr., *Anatomy of the New Testament*, S. 463.

4 E. Basil Redlich, *Form Criticism*, S. 9.

[5] Laurence J. McGinley, *Form Criticism of the Synoptic Healing Narratives*, S. 4.
[6] George Eldon Ladd, *The New Testament and Criticism*, S. 144f.
[7] Rudolf Bultmann/Karl Kundsin, *Form Criticism*, S. vii.
[8] Ebd., S. 3f.
[9] Robert Henry Lightfoot, *History and Interpretation in the Gospels*, S. 30f.
[10] Martin Dibelius, *Gospel Criticism and Christology*, S. 18.
[11] Martin Dibelius, *From Tradition to Gospel*, Vorwort.
[12] Ebd., Vorwort.
[13] Rudolf Bultmann/Karl Kundsin, *Form Criticism*, S. ix.
[14] Rudolf Bultmann, *The History of the Synoptic Tradition*, S. 2f. (»Die Geschichte der synoptischen Tradition«, S. 3).
[15] Vincent Taylor, *The Formation of the Gospel Tradition*, S. 22.
[16] Robert Mounce, *Interview*, 2. Juli 1974.
[17] E. Basil Redlich, *Form Criticism*, S. 16.
[18] Floyd V. Filson, »Form Criticism«, *Twentieth Century Encyclopedia of Religious Knowledge*, S. 436.
[19] E. Basil Redlich, *Form Criticism*, S. 16.
[20] Burton Scott Easton, *Christ in the Gospels*, S. 28f.
[21] Stan Gundry, *An Investigation of the Fundamental Assumption of Form Criticism*, S. 2.
[22] Rudolf Pesch, »Form Criticism«, *Sacramentum Mundi*, S. 337f.
[23] C. F. D. Moule, »Form Criticism and Philological Studies«, *London Quarterly and Holborn Review*, S, 87.
[24] Edgar V. McKnight, *What Is Form Criticism?*, S. 9.10.
[25] Bob E. Patterson, »The Influence of Form-Criticism on Christology«, *Encounter*, Winter, 1970.
[26] Donald Guthrie, *New Testament Introduction*, S. 188.195.
[27] Martin Dibelius, *From Tradition to Gospel*, S. 2 (»Die Formgeschichte des Evangeliums«, S. 2).
[28] Martin Dibelius, *From Tradition to Gospel*, S. 3 (»Die Formgeschichte des Evangeliums«, S. 2).
[29] Martin Dibelius, »The Contribution of Germany to New Testament Science«, *The Expository Times*, S. 42.
[30] Martin Dibelius, *From Tradition to Gospel*, S. 295 (»Die Formgeschichte des Evangeliums, S. 295).
[31] Ebd., S. 295.
[32] Ebd., S. 300. (S. 300).
[33] Ebd., S. 287. (S. 287).
[34] Ebd., S. 13. (S. 12).
[35] Ebd., S. 13.
[36] Ebd., S. 15. (S. 13).
[37] Ebd., S. 23.178.
[38] Ebd., S. 186. (S. 187).

[39] Martin Dibelius, *Gospel Criticism and Christology*, S. 27.
[40] Klaas Runia, »The Modern Debate Around the Bible«, *Christianity Today*, S. 13.
[41] Rudolf Pesch, »Form Criticism«, *Sacramentum Mundi*, S. 338.
[42] Herman N. Ridderbos, *Bultmann*, S. 12.
[43] Rudolf Bultmann/Karl Kundsin, *Form Criticism*, S. 20.
[44] Rudolf Bultmann, *The History of the Synoptic Tradition*, S. 5. (»Die Geschichte der synoptischen Tradition«, S. 5)
[45] Rudolf Bultmann/Karl Kundsin, *Form Criticism*, S. 25.
[46] George Eldon Ladd, *The New Testament and Criticism*, S. 8.
[47] Schubert M. Ogden, *Christ Without Myth*, S. 111f.
[48] Edward Ellwein, »Rudolf Bultmann's Interpretation of the Kerygma«, *Kerygma and History,* S. 34.
[49] Donald Guthrie, *New Testament Introduction*, S. 93f.
[50] Martin E. Marty, »Foreword« to Norman Perrin, *The Promise of Bultmann*, S. 10.
[51] Vincent Taylor, *The Formation of the Gospel Tradition*, S. 38f.
[52] Vincent Taylor, »Memory and Gospel Tradition«, *Theology Today*, S. 470f.
[53] Vincent Taylor, *The Formation of the Gospel Tradition*, S. 143f.
[54] Stan Gundry, *An Investigation of the Fundamental Assumption of Form Criticism*, S. 24f.
[55] Edgar V. McKnight, *What Is Form Criticism?*, S. 20.
[56] Laurence J. McGinley, *Form Criticism of the Synoptic Healing Narratives*, S. 45f.
[57] Ebd., S. 18f.
[58] Ebd., S. 96.
[59] Ebd., S. 97.
[60] Rudolf Bultmann, »The Study of the Synoptic Gospels«, *Form Criticism*, S. 39-44; Frederic G. Kenyon, *The Bible and Modern Scholarship*, S. 350f.
[61] Martin Dibelius, *From Tradition to Gospel*, S. 13.
[62] Vincent Taylor, *The Formation of the Gospel Tradition*, S. 107f.
[63] Rudolf Bultmann, *The History of the Synoptic Tradition*, S. 5. (»Die Geschichte der synoptischen Tradition«, S. 6).
[64] Alfred Wikenhauser, *New Testament Introduction*, S. 276.
[65] Robert H. Mounce, Interview, S. 144, 2. Juli 1974.
[66] Ismar J. Peritz, »Form Criticism as an Experiment«, *Religion in Life*, S. 205.
[67] Ebd., S. 205.
[68] Ebd., S. 202.

28 Skepsis gegenüber der Geschichte

Kapitelübersicht

1 Grundlegende Annahme

Die Schriften des Neuen Testament zeichnen kein historisches Bild von Jesus.

Rudolf Bultmann zitiert Julius Wellhausen, der sagt: »Der Geist Jesu atmet ohne Zweifel in den Äußerungen, die von der Gemeinde in Jerusalem stammen; aber wir gewinnen aus der Vorstellung Jesu, die in der Gemeinde vorherrschte, kein historisches Bild von Jesus selbst.«[1]

Um einen Grundsatz für die historische Untersuchung Jesu aufzustellen, sagt Julius Wellhausen weiter: »Wir müssen anerkennen, dass ein literarisches Werk oder ein Fragment der Überlieferung eine primäre Quelle für die historische Situation, aus der es entstanden ist, ist und nur eine sekundäre Quelle für die historischen Einzelheiten, über die es informiert.«[2]

Diese Behauptung führt uns dazu, die Evangelien als eine Sekundärquelle für die Tatsachen, die Jesus betreffen, zu betrachten. J. Martin stimmt zu: »Die Evangelien müssen als verlässliche Wiedergabe dessen gesehen werden, *was die Kirche zur Zeit des Niederschreibens über die Tatsachen glaubte*, auf deren Basis ihr Glaube gegründet wurde.«[3]

Daher folgert R. H. Lightfoot, ein bekannter Kritiker: »Es scheint also, dass die Gestalt des irdischen wie auch die des himmlischen Christus zum größten Teil vor uns verborgen ist. Trotz all des unschätzbaren Wertes der Evangelien, liefern sie uns doch nur wenig mehr als ein Flüstern seiner Stimme; wir erkennen in ihnen nur die Spuren seiner Wege.«[4]

1.1 Die Meinung Albert Schweitzers

Die Suche nach einem historischen Jesus, einem Jesus, dessen Existenz konkret bewiesen werden könnte (außerhalb der Bibel und der christlichen Erfahrung), wurde von dem Kritiker Albert Schweitzer angeführt. Er schreibt:

> Der Jesus von Nazareth, der als der Messias auftrat, der das Ethos von Gottes Königreich predigte und der das Königreich des Himmels auf Erden gründete und der starb, um seinem Werk die letzte Weihe zu geben, hat niemals existiert. Er ist eine Figur, die der Rationalismus entworfen, der der Liberalismus Leben geschenkt und die die moderne Theologie in ein historisches Gewand gekleidet hat.[5]

Schweitzer fährt mit einer Beobachtung über das Problem unserer Untersuchung eines historischen Jesu fort, die selbst, wie er behauptet, einen unzuverlässigen Hintergrund hat:

> Die Leben-Jesu-Forschung hatte eine eigenartige Geschichte. Sie machte sich auf die Suche nach dem historischen Jesus, in dem Glauben, wenn sie ihn gefunden hätte, ihn direkt als Lehrer und Heiland in unsere Zeit bringen zu können. Sie löste die Bänder, mit denen er über Jahrhunderte an die steinernen Felsen der kirchlichen Doktrin gefesselt war, und freute sich, Leben und Bewegung in die Figur zurückkommen zu sehen und den historischen Jesus sich vorwärts bewegen, wie es schien, ihn zu treffen. Aber er bleibt nicht, er geht an unserer Zeit vorbei zurück in seine eigene.[6]

1.2 Die Meinung Martin Dibelius'

Martin Dibelius zweifelt an jedem historischen Interesse an Jesus:

> Die ersten Christen hatten kein Interesse daran, das Leben und die Leiden Jesu der Menschheit objektiv, *sine ira et studio*, zu berichten. Sie wollten nichts anderes als so kurz vor dem Ende der Welt, von dem sie glaubten, dass es unmittelbar bevorstand, so viele wie möglich für die Erlösung zu gewinnen. Diese frühen Christen waren nicht an der Geschichte interessiert.[7]

In einem Angriff auf die Objektivität biblischer Ereignisse diskutiert Dibelius den Aspekt christlicher »Propaganda«, die das wahre historische Bild verdunkelt:

> Eine weitere Beschränkung der Historizität der Überlieferung bringt die Konzentration des Interesses auf ihre Anwendung in der Missionierung mit sich. Die

Geschichten sind in einer bestimmten Art und Weise formuliert, d. h. sie werden in einer Art erzählt, die darauf abzielt, Gläubige zu festigen und Ungläubige zu gewinnen. Sie sind keine objektiven Berichte der Ereignisse.[8]

1.3 Die Meinung Rudolf Bultmanns

Die Skepsis gegenüber der historischen Wahrheit über Jesu Leben tritt in Bultmanns Theologie oft zutage:

> Ich denke wirklich, dass wir heute fast gar nichts über das Leben und die Persönlichkeit Jesu wissen können, denn die frühchristlichen Quellen zeigen an keinem der beiden Interesse, sie sind zudem fragmentarisch und legendenhaft; und andere Quellen, die über Jesus berichten, gibt es nicht.[9]

Er erklärt, »der *Charakter* Jesu, das lebendige Bild seiner Persönlichkeit und seines Lebens, kann heute nicht mehr deutlich ausgemacht werden.«[10]

Bultmann kommentiert die historische Methode, die Bibel zu durchsuchen, und seine Ansicht, wie ein Ereignis, wie z.B. ein Wunder, interpretiert werden sollte (eigentlich sollte es ausgeschlossen werden):

> Die historische Methode beinhaltet die Annahme, dass die Geschichte eine Einheit im Sinne eines geschlossenen Kontinuums von Wirkungen ist, in dem einzelne Ereignisse durch die Abfolge von Ursache und Wirkung miteinander verbunden sind. Das bedeutet nicht, dass der Prozess der Geschichte durch das Gesetz von Ursache und Wirkung bestimmt ist und es keine freien Entscheidungen der Menschen gibt, deren Taten den Verlauf historischer Ereignisse bestimmen. Aber auch eine freie Entscheidung geschieht nicht ohne Grund, ohne Motiv; und die Aufgabe der Historiker ist es, die Motive der Handlungen herauszufinden. Alle Entscheidungen und alle Taten haben ihre Ursachen und ihre Folgen; und die historische Methode setzt voraus, dass es im Prinzip möglich ist, eben diese und ihre Verbindungen [untereinander] zu zeigen und so den gesamten historischen Prozess als eine geschlossene Einheit zu verstehen.
>
> Diese Geschlossenheit bedeutet, dass das Kontinuum historischer Ereignisse nicht durch die Einmischung übernatürlicher, transzendenter Mächte zerrissen werden kann und dass es daher kein »Wunder« im eigentlichen Sinne des Wortes gibt. So ein Wunder wäre ein Ereignis, dessen Ursache nicht innerhalb der Geschichte läge. … In Übereinstimmung mit einer Methode wie dieser untersucht die Geschichtswissenschaft alle historischen Dokumente. Und es kann keinerlei Ausnahmen im Fall der Bibeltexte geben, wenn diese überhaupt als historisch verstanden werden sollen.[11]

Er fügt hinzu:

> All das zeigt, dass das Interesse der Evangelien sich von dem moderner Histori-

ker stark unterscheidet. Der Historiker kann nur durch kritische Analyse einen Fortschritt in Richtung des Wiedergewinnens des Lebens Jesu machen. Die Evangelien, auf der anderen Seite, verkünden Jesus Christus und sollten als Verkündigungen gelesen werden.[12]

Es ist nicht die Existenz Jesu, die Bultmann infrage stellt; er fragt vielmehr, wie objektiv die Verfasser der Evangelien waren.

Bultmann schließt, dass

> der Zweifel, ob Jesus wirklich existiert hat, unbegründet ist und nicht wert, widerlegt zu werden. Kein vernünftiger Mensch kann daran zweifeln, dass Jesus als Begründer hinter der geschichtlichen Bewegung steht, deren erstes bestimmtes Stadium durch die älteste palästinische Gemeinde verkörpert wird. Aber inwieweit diese Gemeinde ein objektiv gesehen wahres Bild von ihm und seiner Nachricht bewahrte, ist eine andere Frage.[13]

Fuller fasst Bultmanns Ansicht zusammen: »Alles, was wir wissen, so sagt er, ist, dass Jesus von den Römern als politischer Gefangener hingerichtet wurde. Aber was wir rekonstruieren können, bringt uns nicht sehr weit.«[14]

Die extreme Skepsis Bultmanns wird von Dibelius nicht geteilt. Er gibt zu, dass einige der frühesten Teile der Überlieferung »authentische Erinnerungen« besitzen, die von Augenzeugen übermittelt wurden.

1.4 Die Meinung Ernst Käsemanns

Ernst Käsemann, ein ehemaliger Student Rudolf Bultmanns, behauptet, dass

> es nicht geschichtliches, sondern kerygmatisches Interesse war, durch das sie [die einzelnen Einheiten der Evangeliumstradition] weitergegeben wurden. Von diesem Standpunkt aus wird es verständlich, dass diese Tradition, oder zumindest ihr überwiegender Teil, nicht authentisch genannt werden kann. Nur einige Worte der Bergpredigt und des Konfliktes mit den Pharisäern, einige der Parabeln und vereinzeltes Material verschiedener Art gehen mit einer gewissen Wahrscheinlichkeit auf den Jesus der Geschichte selbst zurück. Von seinen Taten wissen wir nur, dass er den Ruf hatte, Wunder zu vollbringen, dass er selbst von seiner Macht des Exorzismus sprach und dass er schließlich unter Pontius Pilatus gekreuzigt wurde. Das Predigen über ihn hat sein eigenes Predigen fast vollständig ersetzt, wie man in dem gänzlich unhistorischen Johannesevangelium am besten sehen kann.[15]

Bei der Annäherung an das Problem der historischen Aufarbeitung des Materials der Evangelien durch die Gemeinde behauptet Käsemann:

> Um das Paradoxon so deutlich wie möglich darzustellen: Die Gemeinde macht

> sich so viel Mühe, geschichtliche Kontinuität mit ihm, der einst auf dieser Erde wandelte, aufrechtzuerhalten, dass sie erlaubt, dass die geschichtlichen Ereignisse dieses irdischen Lebens größtenteils in Vergessenheit geraten, und ersetzt sie durch ihre eigene Nachricht.[16]

Seine Fixierung auf die existenzielle Identifizierung eines Einzelnen mit dem Kreuz anstelle eines historisch basierten Glaubens führt ihn zu dem Schluss, dass »aus diesem Grund das historische Element in der Geschichte Jesu in diesen anderen Schriften beinahe bis zum Verschwinden geschrumpft ist.«[17]

2 Widerlegung

Die Konsequenz, die aus der Verwendung der historischen Skepsis der Formkritiker folgt, wird von Ladd dargelegt: »Der Sohn Gottes, Mensch geworden in Jesus von Nazareth, wird mehr ein Produkt als der Schöpfer des christlichen Glaubens. Er wird nicht mehr als der Erlöser der christlichen Gemeinde angesehen.«[18]

2.1 Die Konsequenz aus Bultmanns Theorie

Was bleibt, nachdem Bultmann und seine Anhänger den größten Teil des Materials der Evangelien als historisch nicht exakt und als Schöpfungen der Gemeinde aus der Überlieferung gestrichen haben?

Peter G. Duncker zitiert P. Benoit über das, was übrig bleiben würde:

> Sehr wenig, ein recht harmloser Rest: Jesus von Galiläa, der sich selbst für einen Propheten hielt und der entsprechend gesprochen und sich verhalten haben muss, ohne dass wir genau sagen können, was er gesagt und wie er gehandelt hat, und der schließlich auf eine beklagenswerte Art starb. Der gesamte Rest: seine göttliche Herkunft, seine Mission der Erlösung, den Beweis dafür, den er durch seine Worte und Wunder gab, schließlich die Auferstehung, die sein Lebenswerk besiegelte, all das ist reine Erfindung, entstanden durch Glauben und Kult und gekleidet in eine legendenhafte Tradition, die im Verlauf der Predigten und Dispute der urchristlichen Gemeinde Gestalt annahm.[19]

Ein Autor, David Cairns, kam zu diesem Schluss über Bultmanns Form der Theologie, die von dem Historischen weg zum Existenziellen geht: »Unsere vorläufige Schlussfolgerung in diesem Kapitel muss die sein, dass keine der von Bultmann vorgebrachten Rechtfertigungen zur Unterstützung seiner Flucht vor der Geschichte überzeugend ist. Die ganze Unternehmung ähnelt zu sehr dem Mittel der Enthauptung als Gegenmittel gegen Kopfschmerzen.«[20]

Einen beängstigenden Aspekt von Bultmanns Annäherung an das Neue Testament beobachtet Ellwein, wenn er auf Bultmanns existenzielle Basis hinweist:

> Ist es nicht ein verwirrendes Merkmal von Bultmanns Interpretation der Bot-

> schaft des Neuen Testaments, wenn die historische Wirklichkeit, der historische Jesus von Nazareth, zur »Variablen x« wird? Das bedeutet, dass das Ereignis von Gottes Offenbarung, die in Jesus menschliche und historische Gestalt angenommen hat, sich in Luft auflöst und, um es so zu nennen, in Klammern gesetzt wird.[21]

Ellwein fährt fort: »Alles, was bleibt, ist das punktuelle Ereignis des Predigens, eine Art ›mathematischer Punkt‹, dem die Ausdehnung fehlt. Nur deshalb, weil eben diese Ausdehnung das ›Aus-einer-anderen-Welt-Stammende‹ unerlaubterweise zu etwas ›von dieser Welt‹ machen würde.«[22]

Bultmanns Wunsch, den historischen Rahmen und die historische Analyse auszuschließen, »lässt nur einen verstümmelten Text übrig, der weder für den Urchristen noch für den modernen Exegeten von Interesse ist.«[23]

2.2 Die historischen Berichte der Jünger

Peritz zitiert die Absicht der Jünger, das Zeugnis der Evangelien zu sein. Er behauptet:

> Zu erklären, dass die frühen Jünger Jesu das Ende der Zeit erwarteten und kein Interesse an der Geschichte hatten, wie es die Formkritiker tun, mag für eine kleine Gruppe zutreffen, aber nicht für alle. Wenn das auf alle zutreffen würde, dann hätten wir überhaupt keine Zeugnisse des Evangeliums, und die »Vielen«, die Lukas erwähnt, die versuchten, Evangelienberichte zu schreiben, können nicht existiert haben.[24]

A. N. Sherwin-White vergleicht die Methoden der Geschichtsschreibung der römischen Schreiber und der Verfasser der Evangelien. Er kommt zu dem Schluss, dass

> man behaupten kann, dass diejenigen, die ein leidenschaftliches Interesse an der Geschichte Jesu hatten, auch wenn ihr Interesse an den Ereignissen eher parabolisch und didaktisch als historisch war, nicht von ebendieser Tatsache geleitet wurden, den historischen Kern ihres Materials zu verfälschen und ganz und gar zu zerstören.[25]

F. F. Bruce kommentiert Lukas' historische Exaktheit:

> Ein Mann, dessen Exaktheit in Angelegenheiten bewiesen werden kann, in denen wir sie prüfen können, wird wahrscheinlich auch dort exakt sein, wo man ihn nicht prüfen kann. Exaktheit ist eine Eigenschaft des Verstandes und wir wissen aus glücklicher (oder unglücklicher) Erfahrung, dass einige Leute gewohnheitsmäßig exakt sind, genauso wie man darauf vertrauen kann, dass andere Leute nicht exakt sind. Lukas' Bericht gibt ihm das Recht, als Autor von gewohnheitsmäßiger Exaktheit angesehen zu werden.[26]

Blackman macht auf die Abhängigkeit der Verfasser der Evangelien aufmerksam, wenn er zum Ausdruck bringt, dass

> Lukas' Bewusstsein, dass die Geschichte der Erlösung, die Jesus von Nazareth betrifft, Teil der Geschichte als Ganzes ist. Darin kann Lukas nicht völlig von den anderen Autoren der Evangelien unterschieden werden. Alle sind sich bewusst, dass sie Berichterstatter wirklicher Ereignisse sind, die durch eine wirkliche Person ausgelöst wurden. Trotz ihrer Bemühungen, eine Überzeugung über diese Person zu schaffen und die göttliche Macht, die durch sie gewirkt hat, zu bestätigen, sind sie in erster Linie Berichterstatter, nicht frei, die Angaben zu erfinden und zu verfälschen, die die Überlieferung ihrer Kirchen als das präsentierte, was eine Generation zuvor in Galiläa und Judäa stattgefunden hat.[27]

2.3 Die einzigartige Persönlichkeit Jesu

In Bezug auf die einzigartige Persönlichkeit Jesu als die Grundlage für die Authentizität des Neuen Testaments macht E. F. Scott folgende Beobachtung über die Angriffe der Kritiker: »(Ihre) Beweise würden kaum in Frage gestellt werden, beträfen sie einen anderen Helden der Antike, und es liegt nur daran, dass sie das Leben Jesu wiedergeben, dass ihnen misstraut wird.«[28]

Wenn man die Historizität Jesu beurteilen will, dann sollte er ebenso unvoreingenommen beurteilt werden wie jede andere Person in der Geschichte. F. F. Bruce bestätigt, dass »die Historizität Christi für einen unvoreingenommenen Historiker ebenso axiomatisch ist wie die Historizität Julius Caesars. Es sind nicht Historiker, die die Theorien über den ›Christus-Mythos‹ verbreiten.«[29]

> Die frühesten Verbreiter des Christentums begrüßten die vollständigsten Untersuchungen der Zeugnisse ihrer Botschaft. Die Ereignisse, die sie verkündeten, wurden, wie Paulus zu König Aggripina sagte, nicht in eine Ecke getan und konnten durchaus all das Licht, das auf sie geworfen werden konnte, ertragen. Der Geist dieser frühen Christen sollte ihre modernen Nachfolger ermuntern. Denn durch eine Vertrautheit mit den relevanten Beweisen werden sie nicht nur in der Lage sein, jedem, der sie fragt, einen Grund für die Hoffnung, die in ihnen ist, zu geben, sondern sie werden auch selbst – wie Theophilus – genauer wissen, wie sicher die Basis des Glaubens ist, in dem sie unterrichtet wurden.[30]

Die Ansprüche der Verfasser des Neuen Testaments bezüglich des Charakters des historischen Jesus werden von Montgomery nicht als Problem gesehen:

> Jedoch sollte die Unfähigkeit, Jesu Ansprüche für sich selbst von den Ansprüchen der Schreiber des Neuen Testament für ihn zu unterscheiden, keine Bestürzung hervorrufen, denn (1) die Situation gleicht der aller anderen historischen Persönlichkeiten, die nicht selbst geschrieben haben (z. B. Alexander der Große, Kaiser Augustus, Karl der Große). Wir würden kaum behaupten, dass wir uns in diesen

Fällen kein angemessenes historisches Bild machen können. Außerdem (2) schrieben die Verfasser des Neuen Testaments, wie wir im letzten Kapitel gesehen haben, die Aussagen von Augenzeugen über Jesus auf und man kann deshalb darauf vertrauen, dass sie ein exaktes historisches Bild von ihm vermitteln.[31]

2.4 Antike Geschichtsschreibung

J. P. Moreland stellt die wichtigste Frage vor: »Waren antike Historiker fähig, Tatsachen von Fiktion zu unterscheiden? Gibt es irgendwelche Beweise, dass sie es tun wollten? Die Arbeiten der griechischen, römischen und jüdischen Historiker beeinflussten wahrscheinlich alle die Verfasser des Neuen Testaments.«[32]

So ist einer der wichtigsten Einwände, der oft gegen die Evangelien als antike Dokumente vorgebracht wird, der, dass ihre Autoren (wie auch Autoren anderer antiker Dokumente) in einem anderen historischen Umfeld lebten, in dem sachliche Exaktheit nicht wichtig war.

Moreland fährt mit der Diskussion einiger Beweise fort:

> Viele der griechischen Autoren diskutierten die Wichtigkeit, einen exakten Bericht der Geschehnisse abzugeben. Herodot betont die Rolle von Augenzeugen bei der historischen Berichterstattung. Der Historiker muss jedoch ihre Berichte mit gesundem Menschenverstand einschätzen und verifizieren. Berichten über übermenschliche oder wundersame Geschehnisse sollte mit Misstrauen begegnet werden. Thukydides versuchte auch, die Exaktheit der Berichte, die ihm zugetragen wurden, einzuschätzen. In *History of the Peloponnesian War* 1.22.1, gibt er zu, dass er bei Gelegenheit Reden erfand. Aber in diesen Fällen bemühte er sich, mit dem, was über den Redner bekannt war, übereinzustimmen. Er fühlte sich jedoch in keinem Fall frei, Geschichten zu erfinden. Polybios hatte sehr anspruchsvolle Maßstäbe. Er befürwortete die Überprüfung der Quellen und Objektivität und kritisierte Aberglauben und eine »weibische Liebe für Wunder«. Er trat außerdem für die Befragung verlässlicher Augenzeugen ein.[33]

A. W. Mosley schließt seinen Artikel »Historical Reporting in the Ancient World« mit dem folgenden Schlusswort: »Die Untersuchung zeigt also klar, dass die Frage ›Ist es so passiert?‹ eine Frage war, die für die Menschen der Zeit Sinn machte, und auch eine Frage war, die oft gestellt wurde. Die Menschen jener Zeit wussten, dass es einen Unterschied zwischen Tatsachen und Fiktion gab.«

Mosley sagt weiter:

> Es war im Allgemeinen einfacher, nicht exakt zu sein, wenn ein Autor sich mit Ereignissen beschäftigte, die vor langer Zeit geschehen waren. Autoren, die sich mit Ereignissen der nahen Vergangenheit beschäftigten – deren Augenzeugen noch lebten –, scheinen im Allgemeinen versucht zu haben, so exakt wie möglich zu sein und die Informationen von den Augenzeugen zu erhalten. Sie wussten, dass sie nicht damit davonkommen würden, wenn sie Geschichten von Ereignissen und

> Persönlichkeiten der nahen Vergangenheit frei erfinden würden. Wir weisen darauf hin, dass Josephus Justus dafür verurteilte, die Veröffentlichung seiner Geschichte so lange zurückzuhalten, bis keine Augenzeugen mehr verfügbar waren, und das wird stark verurteilt. Wir haben gesehen, dass diese Historiker (z. B. Lucian, Dionysius, Polybius, Ephorus, Cicero, Josephus und Tacitus) schnell die anderen Autoren ihrer Zeit verurteilten, wenn sie keine exakten Berichte lieferten. Von einer Person, die einen nicht exakten Bericht über etwas, das passiert war, lieferte, dachte man, dass sie – zumindest in gewisser Hinsicht – gescheitert war. Wir würden erwarten, dass solche Vorwürfe auch gegen die Autoren des Neuen Testaments vorgebracht worden wären, wenn sie in dieser Weise gescheitert wären.[34]

Unsere Untersuchung hat nichts abschließend über die Einstellung der Autoren des Neuen Testaments gegenüber der Historizität der Überlieferungen, die sie über den historischen Jesus erhielten und weitergaben, bewiesen, aber sie scheint nahe zu legen, dass wir nicht von Anfang an annehmen sollten, dass sie gar nicht an der Frage der Authentizität interessiert gewesen sein könnten. Es ist durchaus möglich, dass die Menschen daran interessiert waren, zu unterscheiden, was sachlich wahr war, und dass das die christliche Tradition beeinflusste, sowohl in der Zeit, in der Berichte mündlich weitergegeben wurden, als auch später, als die Überlieferung niedergeschrieben wurde.[35]

2.5 Die Ansicht der Kritiker – Ist sie wirklich unvoreingenommen?

Redlich schreibt als Erwiderung auf die persönlichen Meinungen der Formkritiker:

> Historische Kritik muss nicht, wie es Formkritiker oft tun, mit der persönlichen Meinung des Kritikers über die historische Wahrheit einer Geschichte oder eines Ausspruchs gleichgesetzt werden. Das Letztere ist ein historisches Werturteil: Es steht in keinem Zusammenhang mit Gesetzen der Überlieferung oder formalen Charakteristika.[36]

McNeile glaubt, dass die Formkritiker zu weit gegangen sind, ein Urteil über den Inhalt der Evangelien abzugeben, denn ihre Methode ist eine literarische, keine historische.[37]

G. E. Ladd argumentiert:

> Es muss anerkannt werden, dass die moderne Bibelkritik nicht das Produkt gläubiger Gelehrter ist, die sich um ein besseres Verständnis der Bibel als Gottes Wort in seinem historischen Zusammenhang bemüht haben, sondern von Gelehrten, die den Anspruch der Bibel, das übernatürlich inspirierte Wort Gottes zu sein, ablehnen.[38]

2.6 Schlussfolgerung

»Die Christen«, folgert Pierre Benoit, »waren vielleicht nicht an der ›Geschichte‹ interessiert, aber sicherlich an dem ›Historischen‹. Die Prediger des neuen Glaubens wollten vielleicht nicht *alles* über Jesus erzählen, aber sie wollten sicherlich nichts berichten, was nicht wirklich geschehen war.«[39]

Benoit stellt die folgende Frage:

> Ist es glaubwürdig, dass die Konvertiten einen so neuen Glauben akzeptierten, der so viel von ihnen verlangte, nur aufgrund von reinen Plauderstunden, in denen Dibelius' und Bultmanns Prediger Worte und Taten Jesu erfanden, die Jesus niemals ausgesprochen oder getan hat, nur um sich selbst zu gefallen?[40]

Filson bemerkt das endgültige Ergebnis der Ausdehnung der formkritischen Skepsis gegenüber der Geschichte:

> Wie man ohne weiteres sehen kann, stellt sich das Problem der Verlässlichkeit des Materials für das Studium von Jesu Leben, wenn die Evangelien so das Leben und die Gedanken der urchristlichen Kirche wiedergeben. Das wird ganz offen von der Formkritik zugegeben und wenn ein Element der Überlieferung ein starkes Interesse der Kirche oder hellenistischen Charakter zeigt, wird es aus dem Fundus der brauchbaren Daten für das Leben Jesu zurückgewiesen. Da aber alles erhaltene Material von der Kirche verwendet wurde, könnte diese Skepsis so weit gehen, praktisch zu leugnen, dass wir überhaupt verlässliche Daten übrig haben, um uns ein Bild des historischen Jesus zu machen.[41]

Albright betont die Notwendigkeit äußerer Beweise und behauptet daher, dass »die endgültige Historizität eines gegebenen Faktums niemals eindeutig durch den literarischen Rahmen, in den es eingebettet ist, bewiesen oder widerlegt wird; es muss immer äußere Beweise geben.«[42]

Er fügt hinzu:

> Vom Standpunkt des objektiven Historiker aus gesehen können Tatsachen nicht durch die Kritik des zufälligen literarischen Rahmens, in dem sie auftreten, widerlegt werden, wenn es nicht solide unabhängige Gründe für die Ablehnung der Historizität einer nennenswerten Anzahl anderer Tatsachen desselben Rahmens gibt.[43]

Schließlich sollten die Aussagen zeitgenössischer Historiker aus Jesu Tagen anerkannt werden. Laurence J. McGinley bestätigt:

> In jeder Untersuchung der synoptischen Evangelien, ob es Dibelius' Konzentration auf die Weitergabe und Zusammensetzung ist oder Bultmanns historisches Porträt der synoptischen Tradition vom Ursprung zur Kristallisierung, sollte etwas über die historischen Aussagen gesagt werden. Aber das wird es nicht! [H. Dieckmann, *»Die Formgeschichtliche Methode und ihre Anwendung auf die Auferstehungsberichte«, Scholastik*, 1, 1926, S. 389] Auf äußere Beweise, wie

> Irenäus, Tertullian und Origenes, wird sichtlich kein Bezug genommen. Justins Beobachtung, dass die Evangelien lediglich apostolische Memoiren sind [*Apologia*, I, 66] wird nur erwähnt, um sie als irreführend abzulehnen [Bultmann, *Die Erforschung der Synoptischen Evangelien*, *The New Approach*, S. 397]. Papias' Aussage [Eusebius, *Kirchengeschichte*, III, 39 (MP 6, xx, 296-300) S. 22f.] über Matthäus und Markus ergeht es nicht besser. Bultmann spricht von Papias' Verweis auf Markus als Deuter von Petrus als einem Irrtum; Dibelius bezieht sich auf Papias' Aussage über die Autorenschaft von Matthäus und Markus, aber folgert, dass er irregeführt wurde, weil er dachte, dass die Evangelisten wirkliche Urheber waren [Bultmann, *Zur Formgeschichte der Evangelien*, Theol. Rund. N.F.I. 1929, S. 10]. Diese Vernachlässigung historischer Aussagen scheint ein Fehlen von Vollständigkeit und Perspektive zu zeigen.
> Wie De Grandmaison bemerkt: »Es ist die weiseste Methode, in diesen Angelegenheiten ein Quäntchen antiker Information vorzuziehen, das authentisch ist, als ein Buch voll gelehrter Vermutungen« [De Grandmaison, *Jesus Christ* I, 1935, S.115].[44]

Norman Pittenger erklärt: »Nehmen wir es als selbstverständlich hin, dass alle Versuche, die Historizität Jesu zu leugnen, fehlgeschlagen sind.«[44]

3 Zusammenfassung

3.1 Die Formkritik nimmt an, dass das Neue Testament wiedergibt, was die Kirche über Jesus für wahr *hielt* und nicht das, was wahr *ist*.

3.2 Die Antwort – Bultmanns Schlussfolgerungen in Bezug auf die historische Unexaktheit der Evangelien sind nicht stichhaltig, denn nicht einmal ein Christ wäre an dem Endprodukt eines Evangeliums interessiert, das aus seinem historischen Rahmen genommen wurde.

3.2.1 Lukas hat sich gewöhnlich als exakt herausgestellt.

3.2.2 Keine andere historische Figur wird wie Jesus angegriffen. Die Ansichten der Kritiker sind nicht unvoreingenommen.

3.2.3 Versuche, die Historizität Jesu zu leugnen, sind gescheitert.

4 Literaturangaben

1 Rudolf Bultmann, »A New Approach to the Synoptic Problem«, *Journal of Religion*, S. 341.
2 Ebd., S. 341.
3 James Martin, *The Reliability of the Gospels*, S. 44.

[4] Robert Henry Lightfoot, *History and Interpretation in the Gospels*, S. 225.
[5] Albert Schweitzer, *The Psychiatric Study of Jesus*, S. 396.
[6] Ebd., S. 397.
[7] Martin Dibelius, *Gospel Criticism and Christology*, S. 16.
[8] Ebd., S. 76.
[9] Rudolf Bultmann, *Jesus and the Word*, S. 8.
[10] Rudolf Bultmann, »The Study of the Synoptic Gospels«, *Form Criticism*, S. 61.
[11] Rudolf Bultmann, *Existence and Faith*, S. 291-292. Zitat in *Existence and Faith*, Aufsatz: »Is Exegesis Without Presuppositions Possible?« – deutsch: »Ist voraussetzungslose Exegese möglich?«, in *Theologische Zeitschrift*, XIII (1957), 409-417.
[12] Rudolf Bultmann, »The Study of the Synoptic Gospels«, *Form Criticism*, S. 70.
[13] Rudolf Bultmann, *Jesus and the Word*, S. 13.
[14] Reginald H. Fuller, *The New Testament in Current Study*, S. 14.
[15] Ernst Käsemann, *Essays on New Testament Themes*, S. 59-60.
[16] Ebd., S. 20.
[17] Ebd., S. 21.
[18] George E. Ladd, *The New Testament and Criticism*, S. 147.
[19] Pierre Benoit, *Exégèse of Théologie* (S. 46, Bd. 1), Paris: Editions du Cerf, 1961 zitiert in Peter G. Duncker, »Biblical Criticism«, *The Catholic Biblical Quarterly*, Bd. 25., Januar, S. 28.
[20] David Cairns, *A Gospel Without Myth?*, S.149.
[21] Edward Ellwein, »Rudolf Bultmann's Interpretation of the Kerygma,« *The Theology of Rudolf Bultmann*, S. 42.
[22] Ebd., S. 42.
[23] Laurence J. McGinley, *Form Criticism of the Synoptic Healing Narratives*, S. 70.
[24] Ismar J. Peritz, »Form Criticism as an Experiment«, *Religion in Life*, S. 205.
[25] A. N. Sherwin-White, *Roman Society and Roman Law in the New Testament*, S. 191.
[26] F. F. Bruce, *The New Testament Documents: Are They Reliable?*, S. 90.
[27] E. C. Blackman, »Jesus Christ Yesterday: The Historical Basis of the Christian Faith«, *Canadian Journal of Theology*, S. 27.
[28] Ernest Findlay Scott, *The Validity of the Gospel*, S. 1.
[29] F. F. Bruce, *The New Testament Documents: Are They Reliable?*, S. 119.
[30] Ebd., S. 119f.
[31] John W. Montgomery, *History and Christianity*, S. 48.
[32] C. K. Barrett, »Myth and the New Testament«, *Expository Times*, S. 87.
[33] Ebd., S. 88.
[34] A. W. Mosley, »Historical Reporting in the Ancient World«, *New Testament Studies*, S. 26.
[35] John Wick Bowman, »From Schweitzer to Bultmann«, *Theology Today, Bd. 11, July*, S. 26.
[36] E. Basil Redlich, *Form Criticism*, S. 11.

[37] A.H. McNeile, *An Introduction to the Study of the New Testament,* S. 54.

[38] George E. Ladd, *The New Testament and Criticism*, S. 38.

[39] Pierre Benoit, *Jesus and the Gospels*, S. 32.

[40] Ebd., S. 32.

[41] Floyd V. Filson, *Origins of the Gospels*, S. 99.

[42] W. F. Albright, »The Israelite Conquest of Canaan in the Light of Archeology«, *Bulletin of the American Schools of Oriental Research* Bd. 74, S. 12.

[43] W. F. Albright, *From the Stone Age to Christianity*, S. 293-294.

[44] Laurence J. McGinley, *Form Criticism of the Synoptic Healing Narratives*, S. 22-23.

[45] W. Norman Pittenger, »The Problem of the Historical Jesus«, *Anglical Theological Review*, S. 89-90.

29 Jesus unter Beschuss

Kapitelübersicht

1 Die historischen Forschungen über Jesus

Über die letzten vergangenen Jahrhunderte hindurch wird die Lehre des historischen, rechtgläubigen christlichen Glaubens von liberalen Denkern in der ganzen Welt herausgefordert. Nichts ist für die Kirche schädlicher gewesen als die scheinbar endlose Suche nach dem historischen Jesus.

In dem Buch *Evangelical Dictionary of Theology* von Walter Elwell gibt R. H. Stein die Forschungsgeschichte des historischen Jesus wieder:

> Den Anfang der Suche nach dem historischen Jesus kann man auf den Zeitraum 1774 bis 1778 datieren, als der Schriftsteller Lessing die Vorlesungsaufzeichnungen von Samuel Reimarus posthum veröffentlichte. Diese Aufzeichnungen forderten das herkömmliche Jesusbild des NTs und der Kirche heraus.
> Für Reimarus habe Jesus keinen messianischen Anspruch erhoben, niemals Sakramente verordnet, niemals seinen Tod vorausgesagt und niemals sei er von

den Toten auferstanden. Die Geschichte von Jesus sei in der Tat eine beabsichtigte Fälschung seiner Jünger. Indem er Jesus derartig beschreibt, stellt Reimarus die Frage: »Wie war Jesus von Nazareth?« Dann entstand die Forschung, um den »wirklichen« Jesus zu finden.[1]

Diese Forschung nach dem historischen Jesus ist die vergangenen zwei Jahrhunderte hindurch fortgesetzt worden, indem sie viele unterschiedliche Gestalten und Formen angenommen hat. In der Tat, die vergangenen zwei Jahrhunderte haben »drei« unterschiedliche Arten einer Suche nach dem historischen Jesus erlebt. Bevor wir sie im Einzelnen betrachten, mag es helfen, die Forschungen in einem Schaubild zu betrachten.[2]

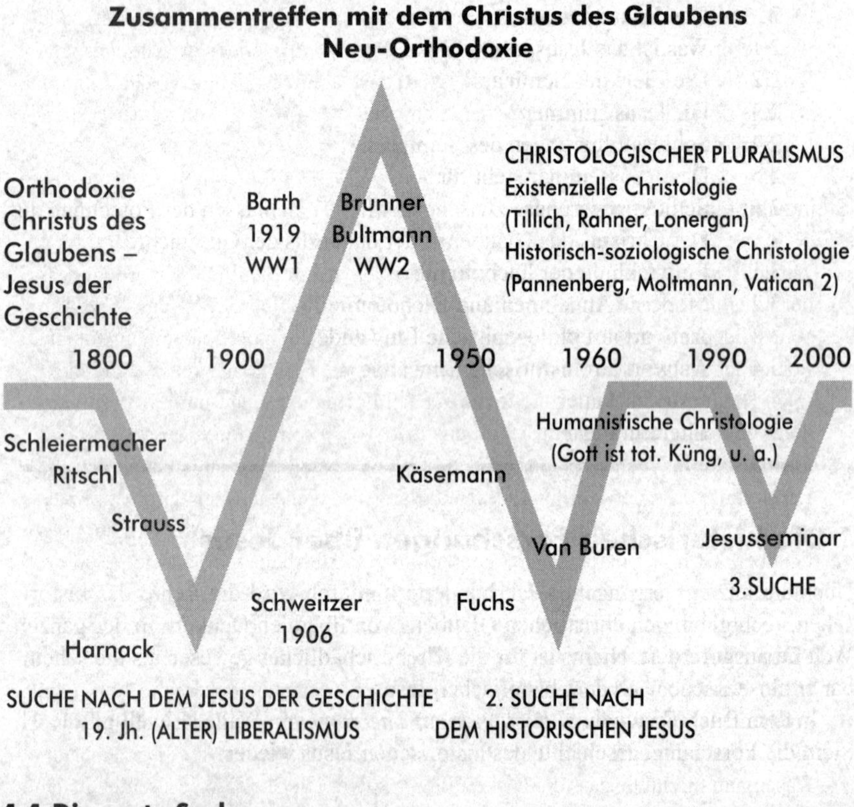

1.1 Die erste Suche

Zu Anfang des neunzehnten Jahrhunderts war die vorherrschende Forschungsmethode die des Rationalismus und man hat versucht, das Leben Christi »rational« (= durch den Verstand) zu erklären (siehe K. H. Venturini, *A Non-Supernatural History of the Great Prophet of Nazareth*). Ein bedeutender Wendepunkt kam, als *Das Leben Jesu* von David F. Strauss im Jahre 1835 veröffentlicht wurde. Strauss verwies auf die Unfruchtbarkeit des rationalistischen Ansatzes und legte dar, dass das Übernatürliche in den Evangelien als nicht historische »Mythen« zu verstehen sei. Diese Untersuchung wurde durch die liberale Interpretation vom Leben Jesu durchgeführt, die die übernatürliche Dimension in den Evangelien äußerst verringert und vernachlässigt hat und sie als bloße »Schale«, die es abzuschneiden galt, angesehen hat, damit man sich auf die Lehren Jesu konzentrieren könne. Es ist nicht überraschend, dass dieser Zugang in den Lehren Jesu solch liberale Dogmen wie die Vaterschaft Gottes, die Brüderschaft des Menschen und den grenzenlosen Wert der menschlichen Seele vorfand.[3]

Gary Habermas erwähnt:

> Es gibt viele populäre Versuche, den Jesus in den Evangelien fraglich zu machen. Sogar im achtzehnten und neunzehnten Jahrhundert waren diese Versuche weit verbreitet. Obwohl sie beinahe einstimmig von besonnenen Wissenschaftlern, insbesondere von denen, die wissen, dass ähnliche Versuche schon lange widerlegt wurden, abgelehnt werden, genießen sie dennoch weit gehende Anerkennung unter Laien.[4]

Stein zählt einige Gründe für das zwischenzeitliche Nachlassen der Forschung auf:

> Zunächst ist es durch das Werk von Albert Schweitzer deutlich geworden, dass der liberale Jesus niemals existierte, sondern bloß eine Schöpfung liberalen Wunschdenkens gewesen ist. Ein nächster Moment, der dazu beigetragen hat, die Forschung zu beenden, war die Erkenntnis, dass die Evangelien keine bloß objektiven Biografien, die aufgrund historischer Information leicht umgeworfen werden könnten, sind. Dies ergab sich aus dem Werk von William Wrede und den Formkritikern. Noch ein anderer Grund für das Absterben der Forschung war die Erkenntnis, dass der jahrhundertlange Glaubensgegenstand der Kirche niemals der historische Jesus des theologischen Liberalismus, sondern der Christus des Glaubens, d. h. der in der Schrift gepredigte übernatürliche Christus gewesen ist. Martin Kähler hat besonderen Einfluss in dieser Hinsicht ausgeübt.[5]

1.2 Die zweite Suche

In der Periode zwischen den beiden Weltkriegen wird keine Forschung betrieben, größtenteils wegen Interesselosigkeit und Zweifel an ihrer Möglichkeit. Im Jahre 1953 kam dann eine neue Forschung auf Betreiben von Ernst Käsemann auf. Käsemann fürchtete, dass die Diskontinuität sowohl in der Theorie als auch in der Praxis zwischen dem Jesus der Geschichte und dem Christus des Glaubens dem frühen doketischen Irrglauben, der die Menschlichkeit des Sohnes Gottes verneinte, sehr ähnlich ist. Infolgedessen behauptet er, dass es notwendig ist, eine Kontinuität zwischen dem historischen Jesus und dem Christus des Glaubens zu schaffen. Darüber hinaus weist er darauf hin, dass der gegenwärtige historische Skeptizismus über den historischen Jesus unberechtigt war, weil manche der historischen Daten verfügbar und auch unleugbar waren. Die Ergebnisse dieser neuen Forschung waren ziemlich enttäuschend und die Begeisterung, die sie genoss, ist, so kann man sagen, geschwunden. Doch die Werkzeuge sind inzwischen verfeinert worden, was in diesem geschichtlichen Werk unterstützt wird.[6]

1.3 Die dritte Suche

Dr. Geisler erklärt die letzte Forschungsreihe:

> Die neueste Forschungsreihe nach dem historischen Jesus ist zum großen Teil eine Reaktion auf die »neue Forschung«. Sie ist vielschichtig, einschließlich mancher radikaler Tradition, der Tradition der neueren Perspektive und konservativer Elemente. In der »konservativen« Kategorie sind I. Howard Marshall, D. F. D. Moule und G. R. Beasley-Murray einzuordnen. Sie lehnen den Gedanken ab, dass der Jesus des Neuen Testaments stark durch hellenistische Erlöserverehrung geprägt worden sei.
>
> Die Gruppe mit der neuen Perspektive stellt Jesus mit seinem jüdischen Hintergrund des ersten Jahrhunderts dar. Zu dieser Gruppe gehören E. F. Sanders, Ben F. Meyer, Geza Vermes, Bruce Chilton und James H. Charlesworth. Die radikale Tradition wird durch die Jesus-Schule vertreten, die sich für das *Thomasevangelium* und das Q-Dokument interessiert. Die Jesus-Schule benutzt viele der Methoden von Strauss und Bultmann, aber im Gegensatz zum Letzteren ist die Gruppe optimistisch darüber, die geschichtliche Persönlichkeit wiederherzustellen. Ihre Ergebnisse bei der Datierung haben jedoch sehr unterschiedliche Auffassungen hervorgebracht, die sich auf ein kleines Fragment des Neuen Testaments beziehen, das für authentisch gehalten wird.[7]

Craig Blomberg fügt hinzu:

> Das Jesusseminar und seine Freunde zeigen bis auf den »radikalen Flügel« des Feldes gar keinen Konsensus unter den Wissenschaftlern. Seine Methodologie ist sehr mangelhaft und seine Schlüsse sind unnötig skeptisch. Viel wertvoller in einer verantwortlichen, historischen Interpretation der verfügbaren Daten ist der Anspruch der dritten Forschung nach dem historischen Jesus. Doch auch hier schrecken Wissenschaftler vor historischer, christlicher Orthodoxie zurück.[8]

1.4 Schlussfolgerung

Stein weist weiter auf das Problem mit der kritischen Bestimmung von »historisch« hin.

> Das Hauptproblem, mit dem viele Versuche, den »historischen Jesus« zu finden, konfrontiert sind, ist die Frage, wie der Begriff »historisch« definiert werden soll. Im Kreis der Kritiker wird der Begriff im Allgemeinen als das Produkt der »historisch-kritischen Methode« verstanden. Diese Methode setzt ein geschlossenes Kontinuum von Zeit und Raum, in welchem göttliche Einmischung – d. h. das

Übernatürliche – keinen Raum hat, voraus. Freilich wird eine solche Definition stets ein Problem darstellen, die Kontinuität zwischen dem übernatürlichen Christus und dem Jesus der Geschichte, der durch solche Definition nicht übernatürlich sein kann, zu suchen. Wenn »historisch« nicht übernatürlich heißt, kann es nie eine wirkliche Kontinuität zwischen dem Jesus der historischen Forschung und dem Christus des Glaubens geben. Es wird daher klar, dass diese Definition von »historisch« infrage gestellt werden muss, und auch in Deutschland melden sich Wortführer, die die notwendige Öffnung der historisch-kritischen Methode für Transzendenz, nämlich Offenheit für das Übernatürliche, befürworten. Nur auf diese Weise kann es überhaupt Hoffnung geben, eine Kontinuität zwischen dem Jesus der historischen Forschung und dem Christus des Glaubens zu erreichen.[9]

2 Das Jesusseminar

Die vergangenen paar Jahre hindurch zeigte sich eine der radikalsten Forschungen nach dem historischen Jesus im so genannten Jesusseminar. Beim Lesen der wichtigsten Nachrichtenmagazine, besonders in der Ferienzeit, begegnet man den Ergebnissen dieser so genannten Gelehrten.

2.1 Was ist das Jesusseminar?

Das Jesusseminar ist eine Gruppe von Neutestamentlern, die durch das Estar Institute of Santa Rosa, Kalifornien, 1985 gegründet wurde und von Robert W. Funk geleitet wird. Über siebzig Wissenschaftler treffen sich zweimal im Jahr, um Erklärungen über die Authentizität der Worte und Taten Christi abzugeben. Das Seminar besteht aus liberalen Katholiken und Protestanten, Juden und Atheisten. Meistens sind es männliche Professoren, obwohl auch ein Pfarrer, ein Filmproduzent und drei Frauen dazuzählen. Ungefähr die Hälfte von ihnen sind Absolventen von Harvard, Claremont und der Vanderbilt Divinity Schools.[10]

2.2 Die Ziele des Seminars

Dr. Geisler erklärt die dargestellten Ziele des Seminars näher:

> Während Seminarmitglieder kritische Werke produzieren, suchte das Jesusseminar von Anfang an, seine Ansichten dem öffentlichen und nicht nur dem wissenschaftlichen Publikum zur Verfügung zu stellen: »Wir wollen versuchen, unsere Aufgaben in aller Öffentlichkeit für das Publikum auszuführen; wir schätzen nicht nur die Freiheit der Information, sondern wir wollen unsere Arbeit in den Raum der Öffentlichkeit stellen« (Funk, Forum 1.1). Zu diesem Zweck sucht das Seminar Öffentlichkeit aus jeder möglichen Quelle. Ein Fernsehauftritt, viele Artikel und Interviews mit der Presse sowie Tonbänder oder sogar möglicherweise ein Film sind Teil dieser öffentlichen Informationskampagne für anti-supranaturalistische Theologie. Funk gesteht offen die radikale Natur der Arbeit ein, wenn er sagt: »Wir überprüfen, was für Millionen am allerheiligsten ist, und

daher werden wir beständig an Blasphemie grenzen« (ebd., S. 9). Dies ist eine ehrliche und genaue Offenlegung dessen, was geschehen ist.[11]

2.3 Für Jesus stimmen?

Das Jesusseminar stimmt über die Genauigkeit der Reden Jesu unter Verwendung bunter Glasperlen ab. Dr. Geisler erklärt:

> Die Gruppe benutzt bunte Glasperlen, um für die Genauigkeit von Jesu Reden zu stimmen. Eine rote Glasperle für Worte, die Jesus wahrscheinlich geredet hat. Eine pinkfarbene für Worte, die möglicherweise Jesus zugeschrieben werden könnten. Eine graue steht für Worte, die nicht ganz sicher, aber wahrscheinlich aus späteren Quellen stammen. Eine schwarze bezeichnet Worte, die Jesus höchst wahrscheinlich nicht geredet hat.

Die Abgabe der Stimme ruht auf verschiedenen christlichen Schriften außerhalb der vier kanonischen Evangelien, einschließlich des fragmentarischen *Petrusevangeliums*, des vermeintlichen, aber nicht mehr vorhandenen *Quellen-Dokuments* Q, des im zweiten Jahrhundert verfassten *Thomasevangeliums* und des nicht mehr vorhandenen »*Geheimen Markus*«. Das *Thomasevangelium* wird normalerweise als ein fünftes Evangelium mit den vier kanonischen Büchern gleichgestellt.

Das Ergebnis ihrer Arbeit ist die Schlussfolgerung, dass nur fünfzehn Reden (zwei Prozent) mit absoluter Sicherheit als Jesu tatsächliche Worte betrachtet werden können. Ca. zweiundachtzig Prozent dessen, was die kanonischen Evangelien Jesus zuschreiben, seien nicht authentisch. Die weiteren sechzehn Prozent der Worte seien in ihrer Authentizität fragwürdig.

2.4 Schlussfolgerungen des Seminars

Geisler weist auf die radikalen Schlussfolgerungen des Seminars hin, die den historischen christlichen Glauben angreifen:

> 1. Der »alte« Jesus und das »alte« Christentum sind nicht mehr relevant.
> 2. Es gibt keine Übereinstimmung darüber, wer Jesus war: ein Zyniker, ein jüdischer Reformator, ein Feminist, ein prophetischer Lehrer, ein radikaler Sozialprophet oder ein eschatologischer Prophet.
> 3. Jesus ist von den Toten nicht auferstanden. Ein Mitglied, Crossan, spekuliert, dass Jesu Leiche in einem seichten Grab bestattet, ausgegraben und von Hunden gefressen wurde.
> 4. Die kanonischen Evangelien sind erst spät entstanden und nicht zuverlässig.
> 5. Die authentischen Worte von Jesus können aus dem so genannten »Q-Dokument«, dem *Thomasevangelium*, dem »*Geheimen Markus*« und dem *Petrusevangelium* rekonstruiert werden.[12]

2.5 Das Jesusseminar steht für ...

2.5.1 Eine radikale Form von Gelehrsamkeit

»Die Wahrheit wird nicht von der Stimmenmehrheit bestimmt.«[13]
»Die meisten Beweise, die sie erbringen, sind nicht zwingend und oft bis auf gegenseitige Zitate von liberalen Wissenschaftlern nicht vorhanden.«[14]

2.5.2 Ein unberechtigter Anti-Supranaturalismus

»Die radikalen Schlüsse der Gruppe beruhen auf radikalen Denkvoraussetzungen; eine davon ist die unberechtigte Ablehnung jeder übernatürlichen Einmischung Gottes in die Geschichte.«[15]

Bezüglich des Jesusseminars kommentiert Gary Habermas: »Sie sind ehrlich genug, um von Anfang an ihre Abneigung gegenüber dem Übernatürlichen zu äußern, einschließlich der Göttlichkeit und Auferstehung Jesu. Sie ziehen es vor zu denken, dass die moderne wissenschaftliche Weltanschauung solche Begebenheiten einfach ausschließt.«[16]

Habermas fährt fort:

Obwohl das Jesusseminar wegen seiner Behandlung des historischen Jesus eine große Aufmerksamkeit bekommt, müssen ihre Schlussfolgerungen an den Daten gemessen werden. Infolgedessen ist ihre grundsätzliche Ablehnung der übernatürlichen Begebenheiten in Jesu Leben unberechtigt.[17]

2.5.3 Eine unbegründete Annahme von Spätdatierung

Indem sie sich für eine Spätdatierung der Evangelien entschließen, »können sie einen Zeitspanne zwischen den Ereignissen und der Niederschrift schaffen, in der die Augenzeugen ausstarben und sich eine Mythologie um den Stifter des Christentums entwickeln konnte.«[18]

2.5.4 Logische Trugschlüsse

»Der Denkprozess des Jesusseminars ist eine raffinierte Form des logischen Trugschlusses, den man *petitio principii*, d. h. Forderung des Beweisgrundes, nennt. Ihr Zirkelschluss fängt mit einer anti-supranaturalistischen Ansicht über eine religiöse Gestalt des ersten Jahrhunderts an und schließt gleichzeitig damit ab.«[19]
Ein anderer Punkt der Logik bezieht sich auf die Begehung des genetischen Trugschlusses durch das Seminar, der geschieht, wenn man die Herkunft einer Vorstellung, ohne sich wirklich an die Tatsächlichkeit zu wenden, bestimmen will. Mit anderen Worten, wenn man annimmt, dass, indem man einen Evangeliumsbericht dem Stil des Verfassers oder anderer antiker Parallelen oder einer vor-neuzeitlichen Geisteshaltung zuschreibt, man ihn dadurch wegerklären könne, der begeht einen logischen Fehler. Diese Anklagen schließen Historizität nicht aus.[20]

2.6 Schlussfolgerung

> Trotz ihres Wunsches und ihren Leistungen, ein breites Publikum zu erreichen, gibt es in den radikalen Schlüssen des Jesusseminars nichts Neues. Sie bieten nur ein anderes Beispiel für unbegründete negative Bibelkritik an. Ihre Ergebnisse sind gegensätzlich zur überwältigenden Evidenz bezüglich der Historizität des Neuen Testaments und der Zuverlässigkeit des neutestamentlichen Zeugnisses. Sie beruhen auf einem unbegründeten anti-supranaturalistischen Vorurteil.[21]

Edwin Yamauchi fügt hinzu:

> Trotz des Anspruchs der heutigen Wissenschaftler unterstützt die außerbiblische Evidenz ihr außergewöhnliches Jesusbild, das in den Medien aufgrund seines Neuigkeitsgehalts eine so weit verbreitete Aufmerksamkeit bekommt, nicht. Im Gegensatz zu diesen von der persönlichen Eigenartigkeit geprägten und kurzlebigen Überarbeitungen besteht, wenn jede Evidenz berücksichtigt wird – einschließlich der von antiken außerneutestamentlichen Quellen angebotenen Belege –, die orthodoxe Auffassung von Jesus als das zuverlässigste Jesusbild fort.[22]

3 Der Christus des Glaubens oder der Jesus der Geschichte?

Durch alle historischen Forschungen nach Jesus sind viele verschiedene Meinungen aufgetaucht. Einige sehen einen Unterschied zwischen dem Jesus der Geschichte und dem Messias des Glaubens. Sie sagen, dass es keine Rolle spiele, was der historische Jesus tat oder sagte. Es sei der Christus des Glaubens, der zählt.

3.1 Entwicklung der Dichotomie

Einige Bibelkritiker untergruben die Historizität von Jesus, indem sie eine Scheidung oder Dichotomie zwischen einem Christus des Glaubens und einem Christus der Geschichte vollzogen. Diese Trennung zwischen der Geschichte und dem Glauben kann man bis auf Gotthold Ephraim Lessing zurückverfolgen: *»Zufällige Wahrheiten der Geschichte können niemals der Beweis für nötige Wahrheiten der Vernunft sein.«*[23]

Lessing schreibt:

> Man sagt: »Der Christus, von welchem man auf historischer Grundlage zugeben muss, dass er die Toten auferweckte, dass er selbst von den Toten auferstanden ist, …« Dies wäre ganz hervorragend! Wenn es nur nicht der Fall wäre, dass es nicht mehr als historisch sicher ist, dass Christus dies sagte. Wenn du mich weiter drängst und sagst: »O ja! Dies ist mehr als historisch sicher. Denn es ist von inspirierten Historikern bestätigt, die keinen Fehler machen können.« … Das ist also der hässliche, breite Graben, den ich nicht überqueren kann, wenn ich ihn auch oft und ernstlich zu überspringen versucht habe.[24]

Immanuel Kant fand es ebenso notwendig, eine Dichotomie zwischen Philosophie und Religion zu machen: »Ich annulliere also *Erkenntnis*, um Raum für *Glauben* zu machen.«[25]

Betreffs Jesus hat Kant eine Kluft zwischen dem historischen Jesus und dem personifizierten idealen Menschen:

> Nun ist es unsere allgemeine Pflicht als Menschen, uns selbst *zu erheben* zu dieser sittlichen Vollkommenheit, d. h. zu diesem Archetyp von sittlicher Disposition in all seiner Reinheit –und dieses Ideal selbst, welches uns die Vernunft für unseren leidenschaftlichen Wetteifer darstellt, kann uns Kraft geben.[26]
> »Wir bedürfen also keines empirischen Vorbildes, die Idee eines Gott moralisch wohlgefälligen Menschens zu unserem Archetyp zu machen; diese Idee ist als ein Archetyp bereits in unserer Seele gegenwärtig.«[27]

Søren Kierkegaard verringerte das Bedürfnis für einen historischen Jesus und betonte einen Sprung des Glaubens:

> Wenn das Christentum als eine historische Urkunde angesehen wird, ist die wichtigste Sache, einen vollkommenen zuverlässigen Bericht darüber, was die christliche Lehre wirklich ist, zu erhalten. Wenn das nachforschende Subjekt für die Beziehung zu dieser Wahrheit unendlich interessiert wäre, wäre es hier sofort verzweifelt, weil nichts leichter wahrzunehmen ist als dies, dass in Bezug auf das Historische die größte Sicherheit nur ein *Überschlag* ist und dass ein Überschlag zu ungenau ist, um sein Glück darauf aufzubauen, und einem ewigen Glück so unähnlich ist, dass kein Ergebnis sichergestellt werden kann.[28]

Wenn auch die zeitgenössische Generation nichts zurückgelassen hätte außer diesen Worten: »Wir haben geglaubt, dass in dem und dem Jahre der Gott in einer niedrigen Knechtsgestalt erschien, lebte und unter uns lehrte und dann starb – das wäre mehr als genug.«[29]

Martin Kahler folgt: »Denn historische Tatsachen, die zunächst durch Wissenschaft bestätigt werden müssen, können *als solche* nicht zu Glaubenserfahrungen werden. Daher stoßen sich christlicher Glaube und eine Geschichte Jesu wie Öl und Wasser ab.«[30]

Kahler unterscheidet also weiter zwischen dem geschichtlichen und dem historischen Christus. Kahler fragt die Wissenschaftler nach dem geschichtlichen: »Wie kann Jesus ein authentischer Glaubensgegenstand aller Christen sein, wenn die Fragen, was und wer er wirklich war, nur durch geistreiche Erforschung etabliert werden und wenn es alleine die Gelehrsamkeit unserer Zeit ist, die sich als der Arbeit gewachsen erweist?«[31]

Kahler sagt, dass der wirkliche historische *»der Christus ist, der gepredigt wird.«* Und »der Christus, der gepredigt wird, … ist genau der Christus des Glaubens.«[32]

»Somit gibt jeder Teil unserer Schriften seinen eigenen Beitrag, indem sie uns Jesus als Christus vollkommen schildern. … In Wirklichkeit also sind wir nicht fähig, Christus und die Bibel zu trennen.«[33]

3.2 Moderne Annahmen und Dichotomien

Eine heutige Annahme ist, dass die neutestamentlichen Schriften kein historisches Bild von Jesus malen. Rudolf Bultmann zitiert Julius Wellhausen, wie dieser sagt: »Wir müssen anerkennen, dass ein literarisches Werk oder ein Bruchstück der Tradition einer Urquelle für die historische Situation, woraus es entstand und besteht, nur eine sekundäre Quelle für die geschichtlichen Details, betreffs welcher es Information gibt, ist.«[34]

Diese Behauptung führt diese Wissenschaftler dazu, das Evangelium als eine sekundäre Quelle für die Tatsachen über Jesus zu betrachten. J. Martin stimmt zu: »Die Evangelien müssen als zuverlässige Übersetzungen davon angesehen werden, was *die Kirche zur Zeit glaubte*, als sie betreffs der Tatsachen, auf der ihr Glaube gegründet wurde, geschrieben wurden.«[35]

Daher schließt R. H. Lightfoot, ein berühmter Kritiker: »Es scheint dann, dass die Gestalt des irdischen ebenso gut wie des himmlischen Christus größtenteils vor uns verborgen ist. Trotz des unschätzbaren Wertes der Evangelien erbringen sie uns nur ein Geflüster seiner Stimme; wir spüren in ihnen nur den Umkreis seines Lebens.«[36]

3.2.1 Albert Schweitzer

> Der Jesus von Nazareth, der als Messias auftrat, der die Ethik des Reiches Gottes predigte, der das Himmelreich auf der Erde errichtete und starb, um seinem Werk seine endgültige Weihung zu verleihen, hatte keine Existenz. Er ist eine Gestalt, durch Rationalismus entworfen, mit Leben durch Liberalismus beschenkt und durch die moderne Theologie mit einem historischen Gewand gekleidet.[34]

Die Suche Schweitzers nach dem historischen Jesus nimmt eine Dichotomie vom Uranfang des Christentums an:

> Es ist nur auf den ersten Blick, dass die absolute Gleichgültigkeit des Urchristentums gegenüber dem Leben des historischen Jesus irritiert. Als Paulus, der diejenigen, die die Zeichen der Zeit erkannten, vertrat, Christus nach dem Fleisch nicht kennen wollte, war es der erste Ausdruck des Selbsterhaltungstriebs, womit das Christentum Jahrhunderte lang geführt wurde. Es scheint, dass mit der Einführung des historischen Jesus in seinem Glauben da etwas Neues entstehen würde, etwas, das in den Gedanken des Messias selbst nicht vorausgesehen wurde, und dass dadurch ein Widerspruch ans Licht gebracht wurde, dessen Lösung eines der größten Probleme der Welt ausmacht.[38]

Nachdem er die Geschichte der Forschung nach dem historischen Jesus dargestellt hatte, schloss Schweitzer, indem er sagte:

> Aber die Wahrheit ist, es ist nicht der historisch bekannte Jesus, sondern der geistlich mit Menschen auferstandene Jesus, der für unsere Zeit bedeutsam ist und hilft. Nicht der historische Jesus, sondern der Geist, der von ihm ausgeht und in den Geistern der Menschen nach neuem Einfluss und Ordnung strebt, ist es, der die Welt überwindet.[39]

Wie weiß er, dass dieser Geist Jesu nichts anderes als eine reine Erfindung der Fantasie ist, wenn es nicht irgendeine Evidenz in Raum und Zeit auf Erden gibt, dass der Geist von Jesus sich in Wirklichkeit manifestiert, der Geist Jesu auf irgendeine augenscheinliche Art und Weise?

> Jesus als eine konkrete historische Persönlichkeit bleibt für unsere Zeit ein Fremder, aber sein Geist, der in seinen Worten verborgen liegt, ist in Einfachheit gekannt und dessen Einfluss ist unmittelbar. Jede Rede enthält den ganzen Jesus auf ihre eigene Weise. Gerade die Fremdheit und Unbedingtheit, in der er vor uns steht, macht es dem Einzelnen leichter, seinen eigenen Standpunkt in Bezug auf ihn zu finden.[40]

Die Worte von Schweitzer sind schon selbst ein Ausweichmanöver von spürbarem Ausmaß.

3.2.2 Rudolf Bultmann

»Ich denke in der Tat, dass wir jetzt nichts über das Leben und die Persönlichkeit von Jesus wissen, da die frühen christlichen Quellen kein Interesse dafür zeigen und überdies fragmentarisch und legendär sind und andere Quellen über Jesus nicht vorhanden sind.«[41]

Rudolf Bultmann drückt – während er die Historizität von Jesus zugibt – seine Skepsis bezüglich der Objektivität der biblischen Berichte aus:

> Freilich sind Zweifel daran, ob Jesus wirklich existierte, unbegründet und keiner Widerlegung wert. Kein vernünftiger Mensch zweifelt, dass Jesus als Stifter hinter der historischen Bewegung steht, deren erstes klares Abbild durch die älteste palästinische Gemeinschaft gegeben wird. Aber inwieweit diese Gemeinschaft ein objektiv treues Bild von ihm und seiner Botschaft bewahrt hat, ist eine andere Frage. Für die, die sich für die Persönlichkeit von Jesus interessieren, ist die Situation deprimierend bzw. destruktiv; denn für unseren Zweck fällt sie nicht besonders ins Gewicht.[42]

3.3 Antwort auf philosophische Einwände

Ich glaube, dass die beste Zurückweisung gegenüber denen, die eine Trennung zwischen dem Christus des Glaubens und dem Jesus der Geschichte machen, zunächst eine Ablehnung der philosophischen Denkvoraussetzungen und dann auch eine stichhaltige Darstellung der historischen Zuverlässigkeit der neutestamentlichen Berichte über Jesus ist.

Diesbezüglich sagt Geisler in einer Entgegnung gegenüber Kant:

> Die Annahme von Kant, dass man eine Tatsache vom Wert trennen kann, ist offensichtlich falsch, wie es offensichtlich auch unmöglich ist, die Tatsache des Todes Christi von dessen Wert zu trennen. Es gibt keine geistliche Wichtigkeit in der Jungfrauengeburt, wenn es keine biologische Tatsache ist. Noch kann man die Tatsache eines Menschenlebens von dessen Wert trennen; ein Mörder greift unvermeidlich die Menschenwürde an, wenn er das menschliche Leben attackiert.[43]

3.4 Antwort auf historische Einwände

In spezifischer Antwort auf Bultmann hat David Cairns diese Schlussfolgerung über seine Art von Theologie gezogen, die weg von der historischen zur existenzialen läuft:

> Unser provisorischer Schluss in diesem Kapitel muss sein, dass keine der von Bultmann hervorgebrachten Rechtfertigungen, die durch seine Flucht vor der Historie unterstützt wird, überzeugend ist. Das gesamte Unternehmen ist dem Heilungsversuch sehr ähnlich, der durch Enthauptung Linderung von Kopfschmerz erzielen möchte.[44]

Ein erschreckender Aspekt von Bultmanns Zugang zum Neuen Testament ist von Ellwein beobachtet worden, als er die existenziale Grundlage Bultmanns kommentiert:

> Ist es ein verwirrendes Merkmal von Bultmanns Interpretation vom neuen Nazareth, dass es ein »relatives X« geworden ist? Das heißt, dass das Geschehnis von Gottes Offenbarung, die in Jesus leibliche und historische Gestalt angenommen hat, verschwindet und sozusagen in Klammern gesetzt wird.[45]

Wie Geisler behauptet, »nehmen Wissenschaftler, die nach dem historischen Jesus forschen, ohne es zu beweisen, an, dass die Evangelien nicht historisch sind und sie die historische Person von Jesus nicht darlegen.«[46]

Für die neutestamentlichen Autoren ist ein Glaube, der eine Einheit zwischen dem Christus des Glaubens und dem Jesus der Geschichte in sich schließt, wesentlich.

Paulus sagt:

> Wenn aber Christus nicht auferweckt ist, so ist auch unsere Predigt inhaltslos, inhaltslos aber auch euer Glaube. Wir werden aber auch als falsche Zeugen Gottes befunden, weil wir gegen Gott gezeugt haben, dass er Christus auferweckt habe, den er nicht auferweckt hat, wenn wirklich Tote nicht auferweckt werden. Denn wenn Tote nicht auferweckt werden, so hat er auch Christus nicht auferweckt. Wenn aber Christus nicht auferweckt wurde, so ist euer Glaube an Christus nichtig, so seid ihr noch in euren Sünden. Also sind auch die, welche in Christus entschlafen sind, verloren gegangen. Wenn wir allein in diesem Leben auf Christus gehofft haben, so sind wir die gedemütigtsten von allen Menschen.[47]

Wenn man einen »Christus des Glaubens« konstruiert, ignoriert man das historische Leben von Jesus auf Erden und man kommt gefährlich nahe daran, zu verneinen, dass Jesus überhaupt im Fleisch gekommen ist. Johannes warnt: »Jeder Geist, der Jesus nicht bekennt, der ist nicht aus Gott; und dies ist der Geist des Antichrists, von dem ihr gehört habt, dass er komme, und er ist jetzt schon in der Welt.«[48]

Lukas erklärt seine Forschungstechnik als Historiker:

> Da es nun schon viele unternommen haben, einen Bericht von den Ereignissen zu verfassen, die sich unter uns zugetragen haben, wie sie uns die überliefert haben, die von Anfang an Augenzeugen und Diener des Wortes gewesen sind, hat es auch mir gut geschienen, der ich allem von Anfang an genau gefolgt bin, es dir, hochgeehrter Theophilus, der Reihe nach zu schreiben, damit du die Zuverlässigkeit der Dinge erkennst, in denen du unterrichtet worden bist.[49]

Der Historiker A. N. Sherwin-White stellt einen Vergleich zwischen der Methode der Geschichtsschreibung, die von den römischen Schriftstellern verwendet wurde, und der, die die Evangelisten benutzten, an. Er schließt:

> Es kann unterstützt werden, dass die, die ein leidenschaftliches Interesse für die Geschichte von Christus hatten, auch wenn ihr Interesse für die Ereignisse eher parabolisch und didaktisch als historisch war, gerade durch diese Tatsache nicht dazu geführt wurden, den historischen Kern der Stoffe zu verdrehen und dadurch völlig zu zerstören.[50]

Die Forschung durch einige Wissenschaftler (z. B. F. F. Bruce, W. M. Ramsay) hat gezeigt, dass die Apostelgeschichte von Lukas historisch zuverlässig ist oder, genauer gesagt, historisch präzise. Vor kurzem erst schloss der berühmte Historiker für römische Geschichte Colin Hemer, nachdem er die in der Apostelgeschichte ausgebreiteten Kenntnisse in Betracht gezogen hatte:

> Wir haben eine Fülle von Stoffen entdeckt, die auf einen Verfasser von Quellen hinweist, der mit bestimmten Ortschaften vertraut war. Viele dieser Verbindungen sind erst kürzlich mit der Veröffentlichung von neuen Sammlungen von Papyri und Inschriften ans Licht gekommen. Wir betrachteten gerade diese Details aus verschiedenen, oft überschneidenden Perspektiven, ohne Wiederholung zu scheuen. Denn unser Hauptinteresse gilt nicht den Details, sondern eher der Art und Weise, wie sie unterschiedliche Arten von Textlesarten bestätigt haben – verschiedene Niveaus in der Beziehung von der Erzählung zur Historie, die sie beschreiben wollen. Im Großen und Ganzen vereinigen sich alle diese Perspektiven zusammen, um die allgemeine Zuverlässigkeit der Erzählung zu unterstützen, und zwar durch die so verwickelten, jedoch oft unabsichtlich in die Erzählung verwobenen Details.[51]

Schließlich beruht eine solche »Scheidung des geschichtlichen Jesus vom historischen Christus auf einer falschen Dichotomie von Tatsache und Glauben … Die geschichtliche Bedeutung von Christus kann man von seiner Historizität nicht trennen. Wenn er nicht lebte, lehrte, starb und von den Toten auferstand, wie das Neue Testament verkündigt, dann hat er heute keine rettende Bedeutung.«[52]

4 Jesus im Feuer

Im 3. Kapitel des Buches Daniel werden Daniels Freunde, Schadrach, Meschach und Abed-Nego, ins Feuer geworfen, aber dabei nicht versengt. Dabei wird ein vierter Mann, wie viele Wissenschaftler glauben, der Christus vor seiner Menschwerdung, gesehen, der mit Daniels Freunden im Feuer umhergeht. König Nebukadnezar selbst schildert diesen Mann, »das Aussehen des vierten gleicht dem eines Göttersohnes« (Dan 3,25). Der vierte war ohne Zweifel der Sohn Gottes und er wurde nie verbrannt!

Gelehrte Wissenschaftler im Elfenbeinturm mögen einen »Christus des Glaubens« nach ihrem Geschmack konstruieren. Dieser Christus ist viel leichter zu akzeptieren. Er tut keine Wunder. Er ist nicht so unterschiedlich von den verschiedenen Leitern der unterschiedlichen Philosophie- bzw. Gedankensysteme. Er sagt keine harten Worte, provoziert keine Auseinandersetzungen oder fordert die Seelen von Männern und Frauen nicht heraus. Er verursacht keine große Unruhe mit Warnungen über unser ewiges Schicksal wegen unserer Ablehnung von ihm. Er passt sich sehr gut und aktuell in jede individuelle Form von Weltanschauung ein. Diese Auffassung ist das große Problem mit der Forschung nach dem historischen Jesus, die mit der Entdeckung eines Jesus, der so völlig von der Geschichte geschieden ist, einhergeht. Das Problem ist, dass ein Jesus, den man sich einbilden kann, wie man Märchen oder Legenden erdichtet, ein Jesus ist, der nicht mehr Macht besitzt, unser Leben zu verändern, wie ein Herr Müller oder eine Frau Schmidt es kann.

Vor fast zweitausend Jahren begegneten reale Männer mit dem Schmutz unter den Fingernägeln einem realen Jesus, der sie aufforderte, ihm nachzufolgen. Auch reale Frauen und reale Kinder begegneten und folgten diesem Jesus nach. Viele verloren ihr Leben, weil sie Christus folgten und sich weigerten, ihr Zeugnis, was dieser Jesus getan und gesagt hat, als er unter ihnen lebte, zu widerrufen.

Es gibt hier einen großen Gegensatz und man muss wählen, welchem man Glauben schenken will. Ich habe große Achtung vor solider Gelehrsamkeit. Das sollte offensichtlich werden aus allem, das ich erforscht und geschrieben habe. Aber ab und zu können Wissenschaftler ihre große Gelehrsamkeit benutzen, um ihre eigenen Vorurteile zu rechtfertigen. Ich glaube, das ist es, was in der Forschung nach dem historischen Jesus geschehen ist. Ein anti-supranaturalistisches Vorurteil hat die Forschung nach dem historischen Jesus zur Präsentation eines erfundenen machtlosen Jesus geführt.

Nun muss der Urteilsspruch gefällt werden. Jeder muss sich entscheiden, wem er glauben will: dem gelehrten Philosophen, der von Jesus, der auf der Erde wanderte, wegging, oder denen, die mit ihm wanderten und für ihn starben.

Der Urteilsspruch von Millionen – seien es einfache Bauern oder seien es hochbegabte Professoren – durch die Zeitalter hindurch ist, dass Jesus lebte, starb und wieder auferstand, um das Leben derer, die ihn, wie er wirklich ist, annehmen wollen, zu ändern. Wollen Sie ihn annehmen? Wollen Sie ihm folgen? Sie haben die Indizienbeweise. Was ist Ihr Urteilsspruch?

5 Literaturangaben

1 Robert H. Stein, »Jesus Christus«, zitiert in Elwell, *Evangelical Dictionary of Theology*, S. 584.
2 J. Scott Horell, »Tritarianismus«, nicht veröffentlichte Studienaufzeichnung vom Dallas Theological Seminary, 1999.
3 Robert H. Stein, »Jesus Christus«, zitiert in Elwell, *Evangelical Dictionary of Theology*, S. 584.
4 Gary R. Habermas, *The Historical Jesus: Ancient Evidence for the Life of Christ*, S. 98.
5 Robert H. Stein, »Jesus Christus«, zitiert in Elwell, *Evangelical Dictionary of Theology*, S. 585.
6 Ebd., S. 584-585.
7 Norman L. Geisler, *Baker Encyclopedia of Christian Apologetics*, S. 385-386.
8 Craig Blomberg, »Where Do We Start Studying Jesus?«, zitiert in Wilkins, *Jesus Under Fire: Modern Scholarschip Reinvents the Historical Jesus*, S. 43.
9 Robert H. Stein, »Jesus Christus«, zitiert in Elwell, *Evangelical Dictionary of Theology*, S. 585.
10 Norman L. Geisler, *Bakers Encyclopedia of Christian Apologetics*, S. 386.
11 Ebd., S. 387.
12 Ebd., S. 387.
13 Ebd., S. 387.
14 Ebd., S. 388.
15 Ebd., S. 388.
16 Gary R. Habermas, *The Historical Jesus: Ancient Evidence for the Life of Christ*, S. 124.
17 Ebd., S. 139.
18 Norman L. Geisler, *Bakers Encyclopedia of Christian Apologetics*, S. 388.
19 Ebd., S. 388.
20 Gary R. Habermas, *The Historical Jesus: Ancient Evidence for the Life of Christ*, S. 125.
21 Norman L. Geisler, *Bakers Encyclopedia of Christian Apologetics*, S. 388.
22 Edwin M. Yamauchi, in Wilkins, »Jesus Outside the New Testament: What Is the Evidence?«, zitiert in Wilkins, *Jesus Under Fire: Modern Scholarship Reinvents the Historical Jesus*, S. 222.
23 Gotthold Lessing, *Lessing's Theological Writings*, S. 53, seine Betonung.
24 Ebd., S. 55.

[25] Immanuel Kant, *Kritik der Praktischen Vernunft*, S. 31.
[26] Immanuel Kant, *Religion within the Limits of Reason Alone*, S. 54.
[27] Ebd., S. 56.
[28] Søren Kierkegaard, *Concluding Unscientific Postscript to Philosophical Fragments*, Bd. 1, S. 23.
[29] Søren Kierkegaard, *Philosophical Fragments*, S. 104.
[30] Martin Kahler, *The So-called Historic, Jesus and the Historic, Biblical Christ*, S. 74, seine Betonung.
[31] Ebd., S. 102.
[32] Ebd., S. 66, seine Betonung.
[33] Ebd., S. 86.
[34] Rudolf Bultmann, »A New Approach to the Synoptic Problem«, *Journal of Religion*, S. 341.
[35] James Martin, *The Reliability of the Gospels*, S. 44.
[36] Robert Henry Lightfoot, *History and Interpretation in the Gospels*, S. 255.
[37] Albert Schweitzer, *The Psychiatric Study of Jesus*, S. 396.
[38] Albert Schweitzer, *The Quest of the Historical Jesus: A Critical Study of Its Progress from Reimarus to Wrede*, S. 2.
[39] Ebd., S. 401.
[40] Ebd., S. 401.
[41] Rudolf Bultmann, *Jesus and the Word*, S. 8.
[42] Ebd., S. 13-14.
[43] Norman L. Geisler, *Bakers Encyclopedia of Christian Apologetics*, S. 386.
[44] David Cairns, *A Gospel Without Myth?*, S. 149.
[45] Edward Ellwein, »Rudolf Bultmann's Interpretation of the Kerygma«, zitiert in Charles W. Kegley, *The Theology of Rudolf Bultmann*, S. 42.
[46] Norman L. Geisler, *Bakers Encyclopedia of Christian Apologetics*, S. 386.
[47] 1. Kor. 15,14-19.
[48] 1. Joh. 4,3.
[49] Lk 1,1-4.
[50] A. N. Sherwin-White, *Roman Society and Roman Law in the New Testament*, S. 191.
[51] Colin J. Hemer, *The Book of the Acts in the Setting of Hellenistic History*, S. 412.
[52] Norman L. Geisler, *Bakers Encyclopedia of Christian Apologetics*, S. 142.

30 Schlussfolgerung zur Formkritik

Kapitelübersicht

Jede kritische Methode bzw. Forschung hat ihre Vor- und Nachteile, ihre Beiträge und Grenzen für die Wissenschaft. Dieser Abschnitt stellt einige der Beiträge und Grenzen des »formkritischen« Ansatzes dar.

1 Beiträge der Formkritik

B. S. Easton hebt einen durch die Methode der Formkritik geleisteten Beitrag hervor, wenn er schließt:

> Formkritik bringt uns in Berührung mit der frühesten christlichen Pädagogik und daher sollte es ein fruchtbares Forschungsfeld sein, insbesondere in dem Licht, das es auf die Interessen der frühen palästinischen Christenheit zu werfen vermag. Dies ist ein hinreichender Grund, diesem neuen Forschungsbereich unsere volle Aufmerksamkeit zu schenken.[1]

Barker, Lane und Michaels setzten die folgenden Beiträge der Formkritik fest:

> 1. Sie hilft ungeheuer beim Abschätzen von Stil und Aufbau der synoptischen Tradition. Die Form der geschriebenen Evangelien spiegelt wesentlich die der ihnen vorangehenden mündlichen Überlieferung wider.
> 2. Es ist weder möglich noch notwendig, die Chronologien der unterschiedlichen Evangelien vollkommen zu harmonisieren. Infolgedessen werden die Erzählungen der Evangelien nach einer Vielfalt von Mustern gruppiert.
> 3. Formkritik hilft dabei, einige andersartig verwirrende Abweichungen in parallelen Berichten des gleichen Ereignisses zu erklären. Ein von einem Evangelisten ausgelassenes Detail mag ein anderer behalten, weil es ihm sachdienlich (von Relevanz) in Bezug auf die Situation, in welcher er schreibt, ist.[2]

Manch andere Ergebnisse merkt Floyd Filson an:

Es ist wahr, dass das Evangelium eine Zeit lang mündlich überliefert wurde. Es ist auch wahr, dass diese frühe Periode von äußerster Bedeutung für die Zuverlässigkeit von allen späteren Überlieferungsformen ist und deshalb unsere genauste Untersuchung verdient. Es ist wahr, dass kleine Überlieferungseinheiten, sei es Lehrtradition oder sei es Erzählungsstoff, bekannt waren und zu praktischen Zwecken den Umständen gemäß benutzt wurden. Es mag auch als angemessen angenommen werden, dass typische Ereignisse oder Äußerungen bewahrt wurden und in einigen Fällen solche Einheiten zusammengestellt wurden.

Fraglos ist es wahr, dass das erhalten gebliebene Evangelienmaterial nur ein sehr kleiner Teil der ganzen Menge ist, die hätte erhalten werden können. Es ist ebenfalls wahr, dass die Auswahl von dem, was bewahrt wurde, zum größten Teil durch praktische Interessen, die mit dem Glauben und Leben der Gemeinde zusammenhingen, bestimmt wurde. Gerade wie sich ein Prediger von heute an jene Gestalten von einem Ort oder einem Buch, die auf sein eigenes Leben einwirkten, beim Denken und Predigen erinnern will, so wurde die Erinnerung jener frühen Christen durch ihre Bedürfnisse und Interessen stark beeinflusst.

Es ist auch wahr, dass die Notwendigkeit von Führung, Unterweisung, Anbetung und Auseinandersetzung besondere Einflüsse auf diesen ganzen Prozess ausübte und dass die Einstellung von denen, die die Überlieferung übermittelten, nicht die eines Wissenschaftlers oder eines distanzierten Biografen waren. Das bedeutet also, dass zu einem gewissen Grade sogar eine achtsame und sorgfältige kritische Forschung in den Evangelien sehen kann, wie sich das Leben der Urgemeinde in ihnen widergespiegelt hat. Denn die Interessen und Probleme der frühen Christen können daraus geschlossen werden.[3]

Ein anderer wichtiger Aspekt, auf den der Neutestamentler Harold W. Hochner hinweist, ist, dass die Formkritik unsere Aufmerksamkeit auf die mündliche Periode richtet.[4]

Steven Travis stimmt zu:

Formkritik hilft uns, wenn auch versuchsweise, in die Tunnelperiode zwischen 30 und 50 n. Chr., bevor unsere neutestamentlichen Dokumente niedergeschrieben wurden, einzudringen. Beispielsweise gibt sie uns Anhaltspunkte für Predigt- und Lehrmethoden unter den frühen Christen und für Auseinandersetzungen mit jüdischen Gegnern.[5]

Eine wichtige Schlussfolgerung der formkritischen Forschung ist von Mounce eingebracht worden: »Formkritik ist ein guter Mahner an die Natur der Lehre Jesu: ihre Bündigkeit und weite Anwendbarkeit.«[6]

Zwei wichtige Schlüsse über Formkritik wurden von Redlich aufgezeigt:

1. Formkritik weist, indem sie zugesteht, dass Redesammlungen früh entstanden, auf die Möglichkeit hin, dass *ipsissima verba* [genaue Worte] unseres Herrn

als Aussprüche, die die Schicksale von Einzelpersonen und von der Gemeinde leiteten und beherrschten, hoch geschätzt wurden.
2. Formkritik hat die Forschung nach den Ursprüngen des Evangeliums gefordert und ihre Methoden von Forschung und Untersuchung mag in Zukunft zu einer weiteren wissenschaftlichen Studie führen.[7]

2 Grenzen der Formkritik

Basil Redlich fasst die Grenzen der formkritischen Methode zusammen:

> (1) Klassifizierung soll der Form gemäß und nicht anders erfolgen wie in Weisungs- und Wundergeschichten sowie Gleichnissen. Wo keine Formen existieren, ist Klassifizierung nach Inhalten keine Formkritik.
> (2) Über formlose Gruppen soll man kein historisches Werturteil ohne Untersuchung fällen. Auch wo ein Typ oder eine Form nicht existiert, kann kein historisches Urteil gerechtfertigt sein. Formkritik soll die Überlieferungsformen untersuchen, die Formen erklären und versuchen, die Entwicklung von Formen, und nur von Formen, aufzuspüren.
> (3) Formkritik hat keinen passenden Gebrauch von den Ergebnissen der Literarkritik der Evangelien gemacht, z. B. der Datierung der Dokumentenquellen der synoptischen Evangelien und der Zusammenhang dieser Quellen mit den großen Zentren der Christenheit.
> (4) Formkritik ist, obwohl sie den Einfluss der Urgemeinde betont, blind für den Einfluss von Jesus als einem Lehrer und einem Propheten. Einerseits macht sie aus der Gemeinschaft einen schöpferischen Körper, dessen Spur es im Neuen Testament kaum oder überhaupt nicht gibt. Nicht alle frühen Christen waren Rabbiner oder Weisheitslehrer. Andererseits ist es nicht bewiesen, dass Jesus kein Lehrer war, der dieselben Grundsätze oder auswendig gelernten Ansprachen, die er ohne Abwechslung hielt, wiederholte. Er hat wahrscheinlich dieselbe Redensart in verschiedenen Formen wiederholt und seine Predigten ständig variiert. Darüber hinaus mag die Vielfalt in den Evangelien einer umfassenderen Information gedient haben. Matthäus, Lukas und Johannes, die ihre Evangelien aufgrund des Markus verfassten, hätten die Erzählung mit weiterer Kenntnis revidieren können.
> (5) Formkritik vernachlässigt viel zu viel das Vorhandensein der Augenzeugen in der Gestaltungsperiode und ihre Fähigkeit, die Überlieferung zu überprüfen und sie zu schützen.
> (6) Formkritik vernachlässigt die Evidenz aus dem zweiten Jahrhundert und späteren Schriftstellern.
> (7) Formkritik hat die Weite und Größe der Gestaltungsperiode nicht deutlich definiert.
> (8) Formkritik hat unberechtigterweise angenommen, dass die Kontexte und Hintergründe und chronologischen Details keinen historischen und biografischen Wert haben.

(9) Formkritik ist nicht berechtigt anzunehmen, dass Analogie eine Führerin zur historischen Wahrheit ihrer Legenden und Mythen sei.
(10) Formkritik zieht, indem sie die lebenswichtigen Faktoren bewertet, alle verschiedenen Interessen der Urgemeinde nicht in Betracht.
(11) Formkritik gibt eine weite Reichweite von subjektiver Behandlung und ihre Anhänger sind davon ein Teil.
(12) Formkritik übersieht die unzweifelhafte Tatsache, dass die Urgemeinde gern wegen ihres Glaubens an Jesus und der Macht seines Namens leiden und sterben wollte. Jesus war ein realer Jesus und ihr Christus, welcher sich selbst durch seine Taten und Lehren bewiesen hatte.
(13) Formkritik hat durch ihre(n) allzu große(n) Betonung/Nachdruck auf die erwartete Wiederkunft das normale Leben, das man lebt, obschon die Parusie für bevorstehend gehalten wurde, aus den Augen verloren.[8]

McGinley kommentiert die Mängel der Formkritik, die von Bultmann und Dibelius entwickelt wurde, wie folgt:

> Sie hat versagt, eine Position unabhängig von der Zweiquellentheorie (Fascher, Die Forgeschichtliche Methode, S.51) auszuarbeiten. Sie hat die wesentlichen Unterschiede zwischen den Evangelien und der *Kleinliteratur* vernachlässigt. Sie hat die unglaubwürdige Theorie der kollektiven Schöpfung angenommen und sie an eine Gemeinschaft, in welcher sie nicht existiert und nicht existieren konnte, delegiert. Sie hat Einfachheit von Stil mit einer Patchworksammlung verwechselt. Formen sind zu scharf definiert worden, und zwar auf Kosten vieler Textausschneidungen. Ein *Sitz im Leben* ist in jeder Phase urchristlichen Lebens untersucht worden, bis auf die allerwichtigste: den Wunsch des Christen, das Leben Jesu zu kennen. Gar kein Raum ist für historisches Zeugnis gegeben: Substanz wurde vernachlässigt, während Form in Anspruch nahm; der beherrschende Faktor ist außer Acht gelassen; es bleibt das Vorurteil gegen den historischen Wert der ganzen Evangeliengeschichte.[9]

Eines der peripheren Ziele der radikalen Formkritik ist, einen durch Analyse beglaubigten historischen Jesus zu schaffen. Die Formkritik hat zu dem modernen evangelischen Evangelienverständnis durch ihre gescheiterte Forschung in negativem Sinn beigetragen. Wie G. E. Ladd zusammenfasst: »Der Formkritik ist es misslungen, einen rein historischen Jesus zu entdecken.«[10]

F. J. Babcock schließt:

> Aber wenn es uns durch den Gebrauch dieser Belege ermöglicht wurde, etwas in den Geist der frühen Christen und ihrer Lehrer einzudringen, finden wir heraus, dass die ganze Grundlage der Formkritiktheorie aufgelöst wurde und verschwunden ist. Sie ist geistreich, sie ist gewissermaßen plausibel, sie gibt Hinweise, sie mag Stücke von Wahrheit beinhalten. So war es mit der Tübingen-

Theorie und es besteht keinen Grund zu zweifeln, dass in Kürze die Theorie der Formkritik dasselbe Schicksal teilen wird.[11]

Rogers sagt: »Die Methode nennt Lösungen für Fragen, die noch offen sind – wie die Frage von Quellen und die synoptische Frage. Sie nimmt die Gültigkeit der Zweiquellentheorie von Markus und Q als die Grundlage für Matthäus und Lukas. Die Priorität von Markus ist auch festgeschrieben.«[12]

Einen allgemeinen Eindruck zur Formkritik gibt uns McGinley: »Bestenfalls vieles davon, was in der Formkritik wahr ist, ist nicht neu und vieles davon, was neu ist, ist nicht wahr, dazu gibt es schlimmstenfalls beim Sichten Spreu unter dem Weizen.«[13]

McGinley äußert seine Meinung über Bultmanns Werk: »Wenn, wie Bultmann es behauptet, Schmidt den Rahmen der Evangeliengeschichte zerstört hat, dann haben seine Nachfolger das Bild selbst bis zur Unkenntlichkeit verdorben und Analyse ist zum Mittel der Vernichtung geworden.«[14]

Schließlich macht F. F. Bruce der Formkritik einen Vorschlag:

> Wenn diese sorgfältige Arbeit vollendet und der Kern der Überlieferung möglichst sicher beglaubigt worden ist, sollte er [der Formkritiker] in die Mannschaft von Laienlesern zurücktreten und, indem er mit ihnen dem Zeugnis zuhört, sich ihnen anschließen und eingestehen, dass das Zeugnis den »Klang von Wahrheit« hat [J. B. Phillip, *Ring of Truth: A Translator's Testimony* (London, 1967)].[15]

3 Literaturangaben

1 Burton Scott Easton, *The Gospel Before the Gospels*, S. 77.
2 Glenn W. Barker, William Lane, J. Ramsey Michaels, *The New Testament Speaks*, S. 70.
3 Floyd V. Filson, *Origins of the Gospel*, S. 103ff.
4 Allan Barr, »Bultmann's Estimate of Jesus«, *Scottish Journal of Theology*, Bd. 7.
5 W. E. Barnes, *Gospel Criticism and Form Criticism*, S. 161.
6 Robert H. Mounce, »Is the New Testament Historically Accurate?«, *Can I Trust My Bible*, Hrsg. von Howard Vos, S. 144.
7 E. Basil Redlich, *Form Criticism*, S. 79.
8 Ebd., S. 77.78.
9 Laurence J. McGinley, *Form Criticism of the Synoptic Healing Narratives*, S. 154.
10 George E. Ladd, *The New Testament and Criticism*, S. 157.
11 F. J. Babcock, »Form Criticism«, *The Expository Times*, S. 20.
12 Cleon Rogers, »Unpublished Lecture Notes from Contemporary New Testament Issues in European Theology 232«, *Dallas Theological Seminary*, o.S.
13 Laurence J. McGinley, *Form Criticism of the Synoptic Healing Narratives*, S. 154.
14 Ebd., S. 68.
15 F. F. Bruce, *Tradition Old and New*, S. 57.

31 Moderne Theologie und Bibelkritik (von C. S. Lewis)

Die Untergrabung der alten Orthodoxie war in erster Linie das Werk von Geistlichen, die mit der Kritik am Neuen Testament beschäftigt waren. Die Autorität der Fachleute auf diesem Gebiet ist jene Autorität, für die wir aus Respekt eine Unmenge an Überzeugungen aufgeben, die von der frühen Kirche, den Kirchenvätern, dem Mittelalter, den Reformatoren und sogar dem neunzehnten Jahrhundert geteilt wurden. Ich möchte hier darlegen, was mich an dieser Autorität skeptisch stimmt – ignoranterweise skeptisch, wie Sie alle allzu leicht erkennen werden. Aber die Skepsis ist die Mutter der Ignoranz. Es ist schwer, sein Studium zu verfolgen, wenn man kein *Prima-Facie-*Vertrauen zu seinen Lehrern aufbauen kann.

Zuallererst misstraue ich diesen Männern als Kritikern, was auch immer sie als Bibelkritiker gelten mögen. Es scheint mir, dass ihnen literarisches Urteilsvermögen fehlt, weil sie gerade die Qualität der Texte, die sie lesen, nicht wahrnehmen. Eine seltsame Anschuldigung gegen Menschen, die sich ihr Leben lang mit diesen Büchern auseinander gesetzt haben. Doch vielleicht ist gerade dies das Problem. Jemand, der seine Jugend und sein Erwachsenenalter damit verbracht hat, Texte des Neuen Testaments und anderer Leute Studien darüber minuziös zu studieren, dem also in seinen Literaturkenntnissen dieser Texte jeder vernünftige Vergleich fehlt, den man nur durch ein weites, tiefes und leutseliges Studium der Literatur im Allgemeinen erhalten kann, wird meiner Meinung nach mit großer Wahrscheinlichkeit das nahe Liegende daran nicht erkennen. Wenn mir jemand erzählt, dieses oder jenes in einem der Evangelien sei eine Legende oder eine Liebesgeschichte, dann möchte ich von ihm wissen, wie viele Legenden und Liebesgeschichten er gelesen hat, wie gut sein Gaumen darin geübt ist, sie am Geschmack zu erkennen, und nicht, wie viele Jahre er mit diesem Evangelium verbracht hat. Doch ich sollte besser Beispiele geben.

In einem inzwischen sehr alten Kommentar habe ich gelesen, dass das vierte Evangelium von einer Schule als »spirituelle Liebesgeschichte«, als »ein Gedicht, keine Geschichte« betrachtet wird, das man nach demselben Maßstab beurteilen sollte wie die Ringparabel, das Buch Jona, *Paradise Lost* »oder, genauer gesagt, *Pilgrim's Progress*«. Nachdem jemand etwas Derartiges von sich gegeben hat, warum sollte man da noch irgendetwas von dem ernst nehmen, was er über irgendein Buch dieser Welt sagt? Beachten Sie, er betrachtet *Pilgrim's Progress*, eine Geschichte, die sich als Traum zu erkennen gibt und ihren allegorischen Charakter mit jedem Eigennamen zur Schau stellt, für die dichteste Parallele. Beachten Sie, dass das gesamte Spektrum von Milton nichts gilt. Doch selbst wenn wir die gröberen Absurditäten außer Acht lassen und uns an *Jona* halten, das Unverständnis ist haarsträubend – *Jona*, eine Geschichte mit ebenso wenig vorgetäuschten geschichtlichen Anspielungen wie in *Hiob*, grotesk in ihren Vorfällen und sicherlich nicht ohne eine bestimmte, wenn auch sicherlich erbauliche Stimmung typischen jüdischen Humors.

Dann wenden Sie sich Johannes zu. Lesen sie die Dialoge: den mit der Samariterin am Brunnen oder den, der auf die Heilung des blind geborenen Mannes folgt. Betrachten Sie ihre Bilder: Jesus (wenn ich so sagen darf) kritzelt mit den Fingern das unvergessliche ἦν δέ νύξ (8,30) in den Sand. Mein Leben lang habe ich Gedichte, Liebesgeschichten, Fantasyliteratur, Legenden und Mythen gelesen. Ich weiß, wie sie sind. Ich weiß, dass kein einziger der Texte wie dieser ist. Zu diesem Text gibt es nur zwei mögliche Ansichten. Entweder ist es ein Bericht, auch wenn darin sicherlich Fehler enthalten sind, die den tatsächlichen Fakten recht nahe kommen, fast so nah wie Boswell. Oder ein unbekannter Schriftsteller des zweiten Jahrhunderts, ohne bekannte Vorfahren oder Nachfolger, ist urplötzlich der gesamten modernen, realistischen Romanerzähltechnik zuvorgekommen. Sollte es nicht der Wahrheit entsprechen, muss es eine Erzählung dieser Art sein. Der Leser, der das nicht sieht, hat ganz einfach nicht gelernt zu lesen.

Hier ist etwas anderes aus Bultmanns *Theology of the New Testament* (S. 30): »Sehen Sie, auf welch unintegrierte Art und Weise die Vorhersage der Wiederkunft (Mk. 8,38) auf die Vorhersage der Leidensgeschichte Christi (8,31) folgt.« Was meint er damit? Unintegriert? Bultmann glaubt, dass die Vorhersagen der zweiten Ankunft älter sind als die der Leidensgeschichte. Daher möchte er glauben – und ohne Zweifel tut er das auch –, dass zwischen ihnen eine gewisse Diskrepanz oder »Unintegriertheit« beobachtbar sein muss, wenn sie in derselben Passage auftauchen.

Aber er schreibt das diesem Text mit einem fürchterlichen Defizit an Verständnis zu. Petrus hat bekannt, dass Jesus der Auserwählte ist. Dieser ruhmreiche Blitz ist gerade vorbei, als schon der dunkle Teil der Prophezeiung beginnt – dass der Sohn Gottes leiden und sterben muss. Dieser Kontrast wird dann wiederholt. Petrus stand einen Moment lang von seinem Bekenntnis auf, tut den falschen Schritt; dann folgt die forsche Zurückweisung: »Tritt hinter mich.« Dann, durch dieses momentane Scheitern, durch das Petrus (so oft) geht, verallgemeinert die Stimme des Meisters – an die Menge gewandt – die Moral. All die, die ihm folgen, müssen das Kreuz auf sich nehmen. Dieses Vermeiden von Qual, diese Selbsterhaltung, das ist nicht das wirkliche Leben.

Dann, noch endgültiger, die Aufforderung zum Martyrium. Sie müssen zum Bekennen bereit sein. Wenn Sie Christus hier und jetzt verleugnen, wird er Sie später verleugnen. Logisch, gefühlsmäßig, bildlich ist die Abfolge perfekt. Nur ein Bultmann konnte anders denken.

Und schließlich von demselben Bultmann: »Die Persönlichkeit Jesu hat für das Kerygma von Paulus oder Johannes keine Bedeutung … Tatsächlich bewahrte die Tradition der frühen Kirche nicht einmal unbewusst ein Bild seiner Persönlichkeit. Jeder Versuch, eine zu konstruieren, bleibt ein Spiel der subjektiven Vorstellung.«

Also enthält das Neue Testament keine Persönlichkeit unseres Herrn. Welch seltsamen Prozess hat dieser gelehrte Deutsche durchlaufen, dass er blind für das geworden ist, was alle Menschen außer ihm sehen können? Welchen Hinweis haben wir, dass er eine Persönlichkeit erkennen würde, wenn eine da wäre? Denn hier steht Bultmann *gegen den Rest der Welt*. Wenn überhaupt irgendetwas allen Gläubigen, und sogar vielen Ungläubigen, gemeinsam ist, dann das Gefühl, dass sie in den Evangelien einer Persönlichkeit begegnet sind. Es gibt Personen, die uns als geschichtlich bekannt sind, doch bei denen wir nicht das Gefühl haben, irgendetwas über sie zu wissen, weil sie uns nicht begegnet sind, zum Beispiel Alexander, Attila oder William of Orange. Es gibt andere, die keine Historizität für sich beanspruchen, doch die wir dennoch als echte Menschen kennen: Falstaff, Uncle Toby, Mr. Pickwick.

Doch es gibt nur drei Personen, die sowohl Historizität als auch Echtheit für sich beanspruchen können. Und sicherlich weiß jeder, wer diese sind: Platos Sokrates, der Jesus aus den Evangelien und Boswells Johnson.

Unsere Bekanntschaft mit ihnen zeigt sich in vielerlei Hinsicht. Wenn wir die apokryphen Evangelien anschauen, ertappen wir uns ständig dabei, von diesem oder jenem Ausspruch zu sagen: »Nein. Es ist ein schönes Sprichwort, aber es ist nicht von ihm. So hat er nicht gesprochen.« – Genauso, wie wir von all dem Pseudo-Johnsonismus sprechen.

Die Persönlichkeit durchdringt den Text so stark, dass wir, auch wenn er Dinge sagt, die wir unter jeder anderen Voraussetzung als der der heiligen Wiedergeburt im weitesten Sinne für entsetzlich arrogant halten würden, ihn in seiner Selbsteinschätzung akzeptieren, wenn er sagt: »Ich bin duldsam und bescheiden im Herzen.« – Und viele Ungläubige tun dies auch. Selbst die Textstellen des Neuen Testaments, die sich, oberflächlich gesehen, und zwar absichtlich, am intensivsten mit dem Heiligen und am wenigsten mit der menschlichen Natur beschäftigen, stellen uns der Persönlichkeit Auge in Auge gegenüber. Ich bin mir nicht sicher, ob sie dies nicht mehr als andere tun.

»Wir nahmen seine Herrlichkeit wahr, die Herrlichkeit des eingeborenen Sohnes vom Vater, voller Güte und Wahrheit …, die unsere Augen gesehen und unsere Hände berührt haben.« Was gewinnt man dabei, wenn man versucht, die gewaltige Unmittelbarkeit persönlichen Kontakts zu vertreiben oder zu zerstreuen, indem man von »der Bedeutung, die die frühe Kirche sich dem Meister zuzuschreiben gezwungen fühlte« spricht? Das ist ein Schlag ins Gesicht. Nicht das, was sie zu tun gezwungen waren, sondern das, was ich Unpersönlichkeit nennen möchte: Das kriegen Sie in einem D.-N.-B.-Artikel oder einer Todesanzeige oder einem viktorianischen *Life and Letters of Jeschua Bar-Josef* in drei Bänden mit Bildern.

Das ist also das Erste, was ich anzukreiden habe. Diese Menschen verlangen von mir zu glauben, dass sie zwischen den Zeilen der alten Texte lesen können; offensichtlich können sie die Zeilen selbst nicht lesen (in jeder denkbaren Wortbedeutung). Sie behaupten, Farnsporen sehen zu können und sehen nicht einmal einen zehn Meter entfernten Elefanten am helllichten Tage.

Nun das Zweite, was ich anzukreiden habe. Jede Art von liberaler Theologie befasst sich früher oder später – und oftmals ständig – mit der Behauptung, dass das wahre Verhalten, die wahre Bestimmung und die wahre Lehre Christi sehr bald von seinen Anhängern missverstanden und falsch interpretiert und erst von modernen Gelehrten wieder entdeckt und exhumiert wurde. Noch lang bevor ich mich für die Theologie zu interessieren begann, begegnete mir diese Theorie anderswo. Jowetts Tradition war in der antiken Philosophie immer noch vorherrschend, als ich Greats las. Man wurde in dem Glauben erzogen, dass Platos wahre Bedeutung von Aristoteles missverstanden und von Neuplatonikern ins Lächerliche gezogen worden war, nur um von den Modernen wieder entdeckt zu werden. Als sie wieder entdeckt worden war, kam (glücklicherweise) heraus, dass Plato schon immer ein englischer Hegelianer – wie W. H. Green – gewesen war.

Ein drittes Mal ist sie mir in meinem eigenen Studium begegnet; jede Woche entdeckt ein cleverer Student, jedes Vierteljahr ein dämlicher amerikanischer Dozent, zum ersten Mal, was dieses oder jenes Stück von Shakespeare wirklich bedeutet. Doch in dieser dritten Situation habe ich eine privilegierte Stellung. Die gedankliche und gefühlsmäßige Revolution, die ich erlebt habe, ist so groß, dass ich, mental gesehen, viel eher in Shakespeares Welt als in die der jüngeren Interpretatoren gehöre. Ich sehe, ich spüre bis in die Knochen, ich weiß, ohne dass ich es begründen könnte, dass ein Großteil ihrer Interpretationen schlichtweg unmöglich sind; sie beinhalten eine Sichtweise, die 1914 noch unbekannt war, ganz zu schweigen von der Zeit Jakob I. Dies bestätigt täglich meine Zweifel an derselben Herangehensweise bei Plato und dem Neuen Testament.

Die Vorstellung, dass irgendein Mensch oder Schriftsteller für seine Mitmenschen, die in demselben kulturellen Umfeld lebten, dieselbe Sprache sprachen, mit denen er dieselben Bilder und unbewussten Annahmen teilte, undurchsichtiger sein soll als für diejenigen, die keinen dieser Vorteile besitzen, ist in meinen Augen absurd. Die Unwahrscheinlichkeit dafür ist von vorne herein so groß, dass es fast kein Argument und keinen Beleg gibt, der sie ausgleichen könnte.

Drittens bemerke ich bei diesen Theologen die ununterbrochene Anwendung des Axioms, dass Wunder nicht geschehen. So wird von jeder Aussage, die unserem Herrn durch die alten Texte in den Mund gelegt wird und die, hätte er sie wirklich gemacht, eine Vorhersage der Zukunft darstellt, angenommen, sie wäre nach dem Ereignis eingebaut worden, das sie vorauszusagen scheint. Dies ist nachzuvollziehen, wenn wir wissen, dass eingegebene Vorhersagen nicht vorkommen können. Gleichermaßen ist es im Allgemeinen nachzuvollziehen, alle Textstellen, die Wunder beschreiben, für ungeschichtlich zu halten, wenn wir wissen, dass Wunder niemals geschehen. Nun möchte ich hier nicht zur Diskussion stellen, ob Wunder möglich sind. Ich möchte lediglich darauf hinweisen, dass dies eine rein philosophische Frage ist.

Gelehrte als solche sprechen nicht mit mehr Autorität darüber als jeder andere. Den Kanon »Wenn wundersam, dann ungeschichtlich« bringen sie zum Studium dieser Texte mit, aber sie lernen nicht etwa daraus. Und wo wir schon von Autorität sprechen, die gesamte Autorität aller Bibelkritiker der Welt zählt hier nicht. In dieser Sache sprechen sie als einfache Menschen – Menschen, die offensichtlich vom Geist ihrer Zeit beeinflusst wurden und dem sie zu wenig Bedenken entgegenbringen.

Doch die vierte Sache, die ich anzukreiden habe, steht noch aus – es ist meine lauteste und längste Beschwerde.

Diese gesamte Art von Kritik versucht, die Entstehung der Texte, die sie untersucht, zu rekonstruieren; welche verschwundenen Dokumente jeder Autor verwendete, wann und wo er schrieb, mit welchen Ziel, unter welchem Einfluss – den ganzen *Sitz im Leben* des Textes. Dies wird mit unglaublicher Gelehrsamkeit und großer Genialität getan. Und auf den ersten Blick scheint es sehr überzeugend. Vermutlich würde es mich selbst überzeugen, würde ich nicht über einen Zauber – ein Wundermittel – dagegen verfügen. Entschuldigen Sie mich bitte, wenn ich nun eine Weile von mir selbst spreche. Der Wert dessen, was ich sage, wird dadurch bestimmt, dass es sich um Belege aus erster Hand handelt.

Was mich gegen alle diese Rekonstruktionen voreingenommen macht, ist die Tatsache, dass ich das alles von der anderen Seite kenne. Ich habe Kritiker die Entstehung meiner eigenen Arbeit rekonstruieren sehen. Bevor Sie nicht selbst rezensiert werden, werden Sie nicht glauben, wie wenig bei einer gewöhnlichen Rezension von der Kritik im engeren Sinne eingenommen wird: von Beurteilung, Lob oder Tadel des Buches, das geschrieben wurde. Zum größten Teil besteht sie aus erdachten Geschichten über den Prozess der Entstehung. Eben die Begriffe, mit denen Kritiker Lob oder Tadel aussprechen, implizieren oftmals eine solche Geschichte. Sie loben eine Passage als »spontan« und tadeln eine andere als »schwerfällig«; d. h., sie glauben zu wissen, dass die eine *currente calamo* und die andere *invita Minerva* geschrieben wurde.

Den Wert solcher Rekonstruktionen habe ich recht früh in meinem beruflichen Leben kennen gelernt. Ich hatte eine Sammlung von Aufsätzen veröffentlicht und derjenige, in dem ich völlig aufgegangen war, an dem ich am meisten hing und für den ich mich wirklich begeisterte, handelte von William Morris.

Und schon in einer der ersten Kritiken las ich, dass dies offensichtlich der einzige Aufsatz des Buches wäre, an dem ich nicht interessiert gewesen war. Nun verstehen Sie mich nicht falsch. Der Kritiker hatte, so denke ich heute, ganz Recht, wenn er sagte, es wäre der schlechteste Aufsatz des Buches; zumindest stimmten ihm alle zu. Vollkommen falsch lag er aber bei seiner erdachten Geschichte um die Ursachen, die ihn so dumpf gemacht hatten.

Nun, dies ließ mich aufhorchen. Von da an habe ich ähnliche erdachte Geschichten zu meinen Büchern und zu Büchern von Freunden, deren wahre Geschichte ich kannte, mit Vorsicht genossen. Kritiker, die freundlichen und die feindlichen, werfen Ihnen solche Geschichten mit großer Überzeugung hin, erzählen Ihnen, welche öffentlichen Ereignisse den Autor zu diesem oder jenem veranlasst haben, welche anderen Autoren ihn beeinflusst haben, welches seine allgemeine Intention war, welche Art von Publikum er im Auge hatte, warum und wann er alles tat.

Nun möchte ich zuerst meinen Eindruck wiedergeben und dann, getrennt davon, das, was ich mit Sicherheit sagen kann. Mein Eindruck ist, dass in meiner gesamten Erfahrung nicht eine dieser Schätzungen in irgendeinem Punkt richtig lag, dass die Methode einen Rekord von einhundertprozentiger Niederlage hält. Man würde erwarten, dass sie nach den Regeln der Wahrscheinlichkeit ebenso oft richtig wie falsch liegen. Doch meinem Eindruck nach tun sie dies nicht. Ich kann mich an keinen einzigen erinnern, der richtig gelegen hätte. Allerdings habe ich auch keine Liste geführt, mein Eindruck kann also fehlerhaft sein. Was ich wohl mit Sicherheit sagen kann ist, dass sie in der Regel falsch liegen …

Dies sollte uns sicherlich zu denken geben. Die Rekonstruktion der Geschichte eines Textes klingt sehr überzeugend, wenn der Text alt ist. Aber letztendlich bewegt man sich der Nase nach; die Ergebnisse lassen sich nicht anhand von Fakten überprüfen. Um zu entscheiden, wie verlässlich diese Methode ist, ist es da zu viel verlangt, einen Fall sehen zu wollen, in dem dieselbe Methode angewandt wurde und durch Fakten bestätigt werden kann? Nun, das habe ich getan. Und es kam heraus, dass dort, wo Fakten zur Kontrolle zur Verfügung stehen, die Ergebnisse entweder immer oder zumindest fast immer falsch sind. Die »gesicherten Ergebnisse moderner Wissenschaft« bezüglich der Art und Weise, wie ein Buch geschrieben wurde, sind, so schließen wir, nur deshalb »gesichert«, weil die Menschen, die die Fakten kannten, tot sind und nichts mehr ausplaudern können. Die enormen Aufsätze in meinem eigenen Arbeitsfeld, die die Geschichte von *Piers Plowman* oder *The Faerie Queene* rekonstruieren, sind höchstwahrscheinlich nichts weiter als pure Illusion.

Versuche ich hier, jeden Hanswurst, der eine Rezession in einem Wochenblatt schreibt, mit diesen großartigen Gelehrten, die ihr Leben dem genauen Studium des Neuen Testaments gewidmet haben, zu vergleichen? Wenn Erstere immer falsch liegen, folgt dann daraus, das Letztere keinen Deut besser sind?

Hierauf gibt es zwei Antworten. Erstens, wenn ich auch das Studium der großen Bibelkritiker respektiere, bin ich doch nicht davon überzeugt, dass ihr Urteil ebenso zu respektieren ist. Doch überlegen Sie zweitens, mit welch überwältigenden Vorteilen die einfachen Kritiker an den Start gehen. Sie rekonstruieren die Geschichte eines Buches, dessen Autor dieselbe Muttersprache hat wie sie, ein Zeitgenosse, mit gleicher Erziehung, der in etwa demselben geistigen und geistlichen Umfeld lebt. Sie haben jede Hilfe, die sie brauchen.

Die höhere Urteilskraft und der Eifer, die Sie dem Bibelkritiker sicherlich zuschreiben wollen, müssen nahezu übermenschlich sein, wenn sie die Tatsache wettmachen sollen, dass sie überall mit Sitten, Sprachen, Rassenmerkmalen, religiösen Hintergründen, Schreibgewohnheiten und allgemeinen Annahmen konfrontiert sind, die durch kein Studium jemals von irgendeinem heute lebenden Menschen so sicher und eng und instinktiv vertraut werden können, wie meine eigenen für meine Kritiker sind. Und aus eben diesem Grund, erinnern Sie sich, kann den Bibelkritikern, welche Rekonstruktionen sie auch immer erarbeiten mögen, niemals einfach ein Fehler nachgewiesen werden. Der heilige Markus ist tot. Wenn sie den heiligen Petrus treffen, gibt es Wichtigeres zu besprechen.

Nun können Sie natürlich sagen, dass solche Kritiker töricht sind, wenn sie versuchen zu erraten, wie ein Buch, das sie selbst nicht geschrieben haben, von jemand anderem geschrieben wurde. Sie gehen davon aus, dass man eine Geschichte geschrieben hat, wie sie selbst versuchen würden, eine zu schreiben. Die Tatsache, dass sie es auf diese Weise versuchen würden, erklärt, warum sie nie irgendwelche Geschichten produziert haben. Doch stehen die Bibelkritiker in dieser Hinsicht besser da? Dr. Bultmann hat nie ein Evangelium geschrieben. Hat ihm sein gelehrtes, spezialisiertes und ohne Zweifel lobenswertes Leben wirklich die Kraft gegeben, in den Verstand dieser lang verstorbenen Menschen zu sehen, die mitten in dem steckten, was man, welcher Ansicht man auch sein mag, als das zentrale religiöse Ereignis der Menschheit bezeichnen muss? Es ist nicht unhöflich zu sagen – das würde er selbst zugeben –, dass er durch weitaus größere Barrieren – spirituelle ebenso wie intellektuelle – von den Evangelisten getrennt ist, als je zwischen mir und meinen Kritikern existieren könnten.

[*C. S. Lewis war einer der ganz großen Literaturkritiker, doch er kam erst im späten Erwachsenenalter zum christlichen Glauben. Er unterrichtete sowohl an der Universität Oxford als auch an der Universität Cambridge und wurde als Schriftsteller von Science-Fiction und Kindergeschichten sowie für wissenschaftliche Arbeiten berühmt.*

Dieser Aufsatz wurde einer Sammlung von Lewis' Vorlesungen und Artikeln, Christian Reflections, *herausgegeben von* Walter Hooper, *entnommen, mit der Erlaubnis des Verlegers, William B. Eerdmans Publishing Company.*]

Vierter Teil

Wahrheit oder Folgen

Persönliche Anmerkung des Autors

Einige Leser werden den Inhalt der Kapitel 32 bis 40 für irrelevant halten oder für nicht auf das »richtige Leben« anwendbar. Sie werden vielleicht nicht gleich sehen, wie sie ihn zu Hause, bei ihrer Arbeit, in ihrer Familie usw. anwenden können, und sich fragen, warum Themen wie Wahrheit, Geschichte und Philosophie in einem Buch über »Beweise« und »Warum wir glauben« behandelt werden.

Die Gründe dafür, dass ich die folgenden Themen, Überzeugungen und intellektuellen Aspekte über Wahrheit und Geschichte in dieses Buch aufgenommen habe, werden uns deutlich und offensichtlich, wenn wir eine Tatsache im Hinterkopf behalten: Hinter den einfachen Sätzen und ständigen Vorwürfen gegenüber dem Glauben an Jesus oder das Christsein verbergen sich einige sehr tief gehende und komplizierte philosophische und historische Fragestellungen.

Einige Leser werden sich fragen: »Warum ist es notwendig, das Wesen der Wahrheit zu verstehen?« oder »Warum ist es so entscheidend, Geschichte und die Methodik der Geschichtsforschung zu verstehen?«

Der praktische Grund für ihre Wichtigkeit liegt darin, dass sich hinter den Sätzen, mit denen wir und unsere Kinder ständig konfrontiert werden, sich einige äußerst tief gehende Fragen verbergen, die wir verstehen müssen. Aussagen, die wir zu hören bekommen, erscheinen oft so simpel. Doch repräsentieren sie einige sehr tief gehende Fragestellungen, deren Inhalt auch die Menschen, die die Worte einfach nachplappern, vielleicht nicht ganz verstehen.

Nachfolgend sind einige dieser Aussagen zusammengestellt:

»Das mag für dich wahr sein, aber nicht für mich.«

»Hör mal, zwing mir nicht deine Wertvorstellungen auf. Nur weil sie für dich wahr sind, heißt das nicht, dass sie auch für mich wahr sind.«

»Jesus ist die Wahrheit!« Antwort: »Es ist schön, wenn das für dich wahr ist, aber für mich stimmt das nicht.«

»Findest du es nicht etwas arrogant, wenn du behauptest, dass deine Wahrheit für alle gilt? Komm schon, sei realistisch.«

»Es gibt so viele Religionen. Wie kannst du da behaupten, dass deine die einzig wahre sei?«

»Sieh mal, Wahrheit ist subjektiv. Du hast deine, ich habe meine.«

»Du musst entscheiden, was für dich richtig (wahr) ist, und ich, was für mich richtig (wahr) ist. (Du musst eben tolerant sein.) Versuch nicht, mir deine Wertvorstellungen aufzuzwingen.«

»Der christliche Glaube mag für dich die Wahrheit sein, aber nicht für mich.«

»So bist du aufgewachsen. Deine Eltern haben dich in diesem Glauben erzogen. … Meine Eltern haben mich eben anders erzogen.«

Die oben genannten Fragen und Antworten scheinen offensichtlich zu sein, aber die folgenden Kapitel sind notwendig, um logisch zu untermauern, was vielen als »gesunder Menschenverstand« erscheint.

Ein großer Teil dieses Abschnitts über Wahrheit und Gewissheit wird auf theoretischer Ebene behandelt. Einige Leser werden nicht an Diskussionen über Wahrheit auf dieser Ebene gewöhnt sein und es klingt vielleicht ein wenig »abgehoben«, schwierig zu verstehen oder zu fassen. Aber es ist entscheidend, zuerst die philosophischen Grundlagen zu verstehen, die Argumente gegen den Glauben an Christus oder die Wahrheit des Christentums zu untermauern.

Einige Leser, die sehr philosophisch denken, mögen diese Kapitel vielleicht herausfordernd finden, oder zu dem Schluss kommen, dass meine Art, verschiedene kritische Fragestellungen zu behandeln eher einfach ist. Einige werden sich vielleicht beschweren, dass das Material zu kompliziert ist oder zu schwierig zu verstehen, während andere eventuell der Meinung sind, dass das Material zu simpel und nicht bei jeder Frage schlüssig genug ist.

Mir ist nur eines wichtig: Bitte denken Sie daran, dass diese Kapitel mit der Absicht geschrieben wurden, das Denken und den Beginn des Verstehens für jeden einzelnen Leser auf unterschiedlicher Ebene anzuregen.

Darum bitte ich Sie, geben Sie nicht auf, wenn Sie etwas nicht verstehen oder etwas zu simpel erscheint. Hören Sie nicht auf zu lesen. Die folgenden Kapitel werden Ihnen dabei helfen zu erkennen, wie wir Wahrheit auf eine Art und Weise in unserem Leben noch besser anwenden können, die äußerst bedeutsam für unsere heutige Kultur ist.

Vielen Dank.

Josh D. McDowell

»Selig sei gepriesen, wer die Weisheit fand, und jeder Mensch, dem Einsicht ward zuteil! Denn ihr Erwerb nützt mehr als der von Silber, und über edles Gold geht ihr Gewinn.«

(Sprüche 3, 13-14)

32 Das Wesen der Wahrheit

Kapitelübersicht

1 Einführung

Zunächst müssen wir den Begriff Metaphysik erklären, da wir dieses Thema in diesem Abschnitt behandeln wollen. Traditionell bezieht sich die *Metaphysik* auf die philosophischen Studien vom Seienden als solches, d. h. der Wirklichkeit, *wie sie an sich beschaffen ist*. Metaphysik beantwortet die Fragen: »Was existiert wirklich?« und »Was ist sein Wesen?«

Ein weiterer wichtiger Begriff ist *Epistemologie*. Sie beschäftigt sich mit der Frage, wie wir erkennen. Das *Oxford Dictionary of Philosophy* definiert Epistemologie als »Erkenntnistheorie« oder wie wir das Wissen erlangt haben, über das wir verfügen. Wissen wir zum Beispiel, dass unsere Sinne uns nicht mit dem, was sie uns als Wirklichkeit um uns herum zeigen, täuschen? Wir wenden uns erst der Frage zu, was Wahrheit ist, und danach, wie wir sie erkennen.

2 Was ist Wahrheit?

Wahrheit ist das, was dem »Referenten« (worauf sie sich bezieht) entspricht. Metaphysische Wahrheit ist die Wahrheit, die *der Wirklichkeit entspricht* oder die Wirklichkeit reflektiert – also das, was wirklich ist. Mit »Entsprechung« ist die Übereinstimmung mit einer Sache gemeint – in diesem Fall stimmt ein Gedanke oder eine Aussage über die Wirklichkeit mit der Wirklichkeit überein. Mit »Wirklichkeit« meinen wir das, was ist oder existiert. (Ob wir erkennen können, ob sie sich entsprechen oder nicht, wird im nächsten Abschnitt, »Ist Wahrheit erkennbar?«, näher behandelt.)

2.1 Wahrheit ist die Übereinstimmung mit der Wirklichkeit (gegenüber Subjektivismus)

Der Begriff »Übereinstimmung« beschreibt eine Situation, in der wir eine Tatsache haben und eine Überzeugung über diese Tatsache besteht. Der Begriff »Übereinstimmung« besagt also, dass die Überzeugung wahr ist, wenn sie die Tatsache exakt wiedergibt.

Subjektivismus auf der anderen Seite beschreibt eine Situation, in der Wahrheit oder Wirklichkeit von einem Subjekt oder einer Person innerlich festgestellt wird.

2.1.1 Wahrheit nach Aristoteles

Der griechische Philosoph Aristoteles (384-322) fasst den Unterschied zwischen wahr und falsch wie folgt zusammen:

> Zu sagen nämlich, das Seiende sei nicht oder das Nichtseiende sei, ist falsch, dagegen zu sagen, das Seiende sei und das Nichtseiende sei nicht, ist wahr. Wer also ein Sein oder ein Nichtsein bestimmt, muss Wahres oder Falsches aussprechen. Man sagt aber von dem Seienden nicht, es sei nicht oder es sei, und eben sowenig von dem Nichtseienden.[1]

Aristoteles argumentiert, Wahrheit beruhe auf der tatsächlichen Existenz einer Sache, auf die sich ein Gedanke oder eine Aussage bezieht:

> Denn wenn ein Mensch ist, ist die Aussage, nach der ein Mensch ist, wahr. Und dieses lässt sich umkehren: Wenn die Aussage, nach der ein Mensch ist, wahr ist, ist ein Mensch. Nun ist aber die wahre Aussage gewiss nicht der Grund, dass die Sache ist. Wohl aber erscheint die Sache gleichsam als der Grund, dass die Aussage wahr ist. Denn sofern die Sache ist oder nicht ist, wird die Aussage wahr oder falsch genannt.[2]

Aristoteles ist der Ansicht, dass eine Aussage oder eine Überzeugung nur dann von wahr zu falsch oder von falsch zu wahr sich ändert, wenn die Sache, auf die sie sich bezieht, sich auch ändert:

> Rede und Meinung dagegen bleiben selbst in jeder Beziehung und auf alle Weise unbewegt, und es muss das Ding bewegt werden, damit Konträres für sie zutreffen kann. Denn die Rede, dass einer sitzt, bleibt dieselbe, und nur auf die Bewe-

gung des Dinges wird sie bald als wahr, bald als falsch bezeichnet. Und das Gleiche gilt für die Meinung … Rede und Meinung werden nicht deshalb als für Konträres empfänglich bezeichnet, weil sie selbst ein Konträres aufnehmen, sondern deshalb, weil ein anderes von diesem Vorgang getroffen wird. Denn darum, weil das Ding ist oder nicht ist, wird auch die Rede als wahr oder falsch bezeichnet, und nicht darum, weil sie etwa selbst für Konträres empfänglich wäre.[3]

2.1.2 Wahrheit nach Thomas von Aquin

Thomas von Aquin (1224-1274) versichert: »Deshalb wird durch die Gleichförmigkeit von Verstand und Ding die Wahrheit bestimmt. Diese Gleichförmigkeit erkennen heißt Wahrheit erkennen.«[4] Thomas von Aquin definiert Wahrheit als die Übereinstimmung von Verständnis und Verstandenem:

> Jede Erkenntnis aber vollzieht sich durch eine Anpassung des Erkennenden an das erkannte Ding, und zwar derart, dass die besagte Anpassung Ursache der Erkenntnis ist. Der Gesichtssinn beispielsweise erkennt eine Farbe dadurch, dass er in einen der Art dieser Farbe gemäßen Zustand gerät. Das erste Verhältnis des Seienden zum Verstand besteht also darin, dass Seiendes und Verstand zusammenstimmen, welche Zusammenstimmung Angleichung des Verstandes und des Dinges genannt wird, und darin vollendet sich der Sinngehalt von »Wahrem«.[5]

Aquin sagt weiterhin:

> Der Sinngehalt des Wahren besteht nämlich in der Angleichung eines Dinges und des Verstandes; ein und dasselbe ist aber nicht sich selbst angeglichen, sondern Gleichheit gibt es nur bei irgendwie Verschiedenem. Deshalb findet sich der Sinngehalt von Wahrheit im Verstand erstmalig da, wo der Verstand erstmalig anfängt, etwas ihm Eigenes zu haben, was das Ding außerhalb der Seele nicht hat, was diesem jedoch entspricht, und zwar derart, dass zwischen ihnen eine Angleichung bemerkt werden kann.[6]

2.1.3 Wahrheit nach zeitgenössischen Philosophen

George Edward Moore (1873-1958) definiert wahre und falsche Überzeugung: »Zu sagen, dass eine Überzeugung richtig ist, heißt zu sagen, dass es im Universum eine Tatsache gibt, der sie entspricht; und zu sagen, dass sie falsch ist, heißt zu sagen, dass es im Universum keine Tatsache gibt, der sie entspricht.«[7]

Moore sagt weiterhin:

> Wenn die Überzeugung wahr ist, dann entspricht sie ohne Zweifel einer Tatsache; und wenn sie einer Tatsache entspricht, dann ist sie zweifellos richtig. Und ähnlich verhält es sich, wenn sie falsch ist, dann entspricht sie zweifellos keiner Tatsache; und wenn sie keiner Tatsache entspricht, dann ist sie ohne Zweifel falsch.[8]

Moore ist der Ansicht, dass Wahrheit eine Eigenschaft ist, die jeder Überzeugung, die einer Tatsache entspricht, eigen sein kann:

> Wir haben gesagt, dass zu behaupten, dass etwas wahr ist, lediglich bedeutet zu sagen, dass es einer Tatsache entspricht; und offensichtlich ist dies eine Eigenschaft, die ihr und anderen Überzeugungen eigen sein kann. Die Überzeugung eines Verkäufers zum Beispiel, dass das Paket, welches wir heute morgen bestellt haben, weggeschickt wurde, besitzt möglicherweise die Eigenschaft, einer Tatsache zu entsprechen [d.h. das Paket wurde tatsächlich abgeschickt], ebenso gut wie die Überzeugung, dass ich fortgegangen bin, einer Tatsache entsprechen kann. Und dasselbe trifft auch auf die Eigenschaft zu, die wir nun mit der Unwahrheit der Überzeugung gleichgesetzt haben. Die Eigenschaft, die wir mit ihrer Unwahrheit gleichgesetzt haben, ist lediglich die, dass sie keiner Tatsache entspricht [das Päckchen wurde nicht verschickt].[9]

Der Agnostiker Bertrand Russel (1872-1970) unterscheidet zwei Tatsachen bezüglich der Überzeugungen:

> Ein Verstand, der glaubt, glaubt wahrhaftig, wenn es einen entsprechenden Komplex gibt, der nicht den Verstand, sondern nur seine Objekte mit einbezieht. Diese Übereinstimmung garantiert Wahrheit und aus seiner Abwesenheit folgt Unwahrheit. Damit erklären wir gleichzeitig die beiden Tatsachen, dass Überzeugungen zum einen in ihrer Existenz vom Verstand abhängen und zum anderen in ihrem Wahrheitsgehalt nicht vom Verstand abhängen.[10]

Russel argumentiert, dass es eine Welt objektiver Tatsachen unabhängig von unserem Verstand gibt:

> Der erste Gemeinplatz, auf den ich ihre Aufmerksamkeit richten möchte – und ich hoffe, dass sie mir zustimmen werden, dass diese Dinge, die ich logische Wahrheiten nenne, so offensichtlich sind, dass es beinahe lächerlich ist, sie zu erwähnen – ist der, dass die Welt Tatsachen beinhaltet, die sind, was sie sind, unabhängig davon, was wir über sie denken mögen, und dass es weiterhin auch Überzeugungen gibt, die sich auf Tatsachen beziehen und durch die Referenz auf die Tatsachen entweder wahr oder falsch sind.[11]

Der thomistische Philosoph Étienne Gilson (1884-1978) betont, dass es einen Unterschied zwischen dem Wissenden und der bekannten Sache geben muss, damit es eine Entsprechung zwischen diesen beiden geben kann:

> Die Definition von Wahrheit als eine Gleichsetzung [Bestätigung der Erfüllung] von der Sache und dem Verstand … ist ein einfacher Ausdruck der Tatsache, dass das Problem der Wahrheit keine Bedeutung haben kann, solange man den Ver-

stand und sein Objekt nicht als zwei unterschiedliche Dinge betrachtet. … Wahrheit ist nur die Übereinstimmung zwischen dem Verstand, der beurteilt, und der Wirklichkeit, die die Beurteilung bestätigt. Ein Fehler ist auf der anderen Seite nichts anderes als ihre fehlende Übereinstimmung.
Ich sage, dass Peter existiert; wenn diese Beurteilung der Existenz wahr ist, dann ist das der Fall, weil Peter wirklich existiert. Ich sage, dass Peter ein rational denkendes Lebewesen ist; wenn ich die Wahrheit sage, dann deshalb, weil Peter wirklich ein Lebewesen ist, das über Verstand verfügt.[12]

F. P. Ramsey veranschaulicht die Unterscheidung zwischen Verstand und Tatsache:

Nehmen wir an, dass ich in diesem Moment urteile, dass Cäsar ermordet wurde: Dann ist es normal, bei dieser Tatsache zwischen meinem Verstand oder meinem momentanen Geisteszustand oder Worten oder Bildern in meinem Verstand auf der einen Seite, die wir den/die mentalen Faktor/Faktoren nennen, und auf der anderen Seite zwischen Cäsar, Cäsars Mord oder Cäsar und Mord oder der Aussage, dass Cäsar ermordet wurde, was wir den/die objektiven Faktor/Faktoren nennen, zu unterscheiden; und es ist genauso davon auszugehen, dass die Tatsache, dass ich urteile, Cäsar wäre ermordet worden, darin besteht, von einer gewissen Beziehung zwischen diesen mentalen und objektiven Faktoren auszugehen.[13]

Peter Kreeft und Ronald K. Tacelli vom Boston College erklären: »Wahrheit ist die Übereinstimmung dessen, was man weiß oder sagt, mit dem, was wirklich ist. Wahrheit bedeutet also zu ›sagen, wie es wirklich ist‹.«

Sie fahren fort:

Alle Theorien über Wahrheit, sind sie erst einmal klar und einfach formuliert, setzen die allgemein bekannte Vorstellung von Wahrheit voraus, die in der Weisheit der Sprache und der Tradition der Verwendung enthalten ist, nämlich die Entsprechungstheorie (oder Gleichheitstheorie). Denn jede Theorie behauptet von sich selbst, wirklich wahr zu sein, dass heißt, der Wirklichkeit zu entsprechen, und von allen anderen, wirklich falsch zu sein, das heißt, der Wirklichkeit nicht zu entsprechen.[14]

J. P. Moreland beschreibt Wahrheit als »eine Beziehung der Übereinstimmung zwischen dem Gedanken und der Welt. Wenn ein Gedanke wirklich die Welt exakt beschreibt, dann ist er wahr. Er steht zu der Welt in einer Beziehung der Übereinstimmung.«[15]

Norman L. Geisler stimmt zu:

Wahrheit ist, was ihrem Referenten [der Idee, auf die sich ein Wort bezieht] entspricht. Die Wahrheit über die Wirklichkeit ist das, was dem entspricht, wie die

> Dinge wirklich sind. Wahrheit ist »sagen, wie es wirklich ist«. Diese Entsprechung gilt für abstrakte Wirklichkeiten genauso wie für konkrete. Es gibt mathematische Wahrheiten und auch Wahrheiten über Ideen. In jedem Fall gibt es eine Wirklichkeit und die Wahrheit gibt sie exakt wieder. Unwahrheit ist also, was keine Entsprechung hat. Sie gibt wieder, wie es nicht ist, stellt die Dinge falsch dar. Die Absicht hinter der Aussage ist irrelevant. Wenn die Entsprechung fehlt, ist sie falsch.[16]

Mortimer J. Adler sagt:

> Genauso wie die Wahrheit in der Sprache in der Übereinstimmung oder Entsprechung zwischen dem, was man zu einem anderen sagt, und dem, was man denkt oder zu sich selber sagt, besteht, so besteht die Wahrheit des Denkens in der Übereinstimmung oder Entsprechung zwischen dem, was man denkt, glaubt oder meint, und dem, was in der Wirklichkeit, die von unserem Verstand und unserem Denken unabhängig ist, tatsächlich existiert oder nicht.[17]

Peter van Inwagen erklärt:

> Jede unserer Überzeugungen und Behauptungen stellt die Welt in einer gewissen Art und Weise dar, und diese Überzeugung oder Behauptung ist dann wahr, wenn die Welt wirklich so ist, und falsch, wenn sie nicht so ist. Es ist, wenn man so will, Sache unserer Überzeugungen und Behauptungen, die Welt richtig darzustellen; wenn sie das nicht tun, dann erfüllen sie ihre Aufgabe nicht, und das ist ihre Schuld und nicht die der Welt. So stehen unsere Überzeugungen und Behauptungen in einer Beziehung zur Welt wie eine Landkarte zu einem Gebiet: Es ist Aufgabe der Landkarte, das Gebiet richtig abzubilden, und wenn es ihr nicht gelingt, ist das die Schuld der Landkarte und nicht des Gebietes.[18]

Robert Audi, eine führende Figur zeitgenössischer Epistemologie (Erkenntniswissenschaft), äußert, dass

> normalerweise die inneren Zustände und Prozesse, die unsere Überzeugungen rechtfertigen, diese auch mit den äußeren Tatsachen verbinden, aufgrund welcher die Überzeugungen wahr sind. Ich denke an wahre Aussagen, ob sie nun geglaubt werden oder nicht, entsprechend einer Version der Entsprechungstheorie von der Wahrheit, deren zentrale These die ist, dass wahre Aussagen [oder Aussagen über eine Tatsache] der Wirklichkeit »entsprechen« [oder mit ihr identisch sind]. Normalerweise wird hinzugefügt, dass sie aufgrund dieser Entsprechung wahr sind. So ist die Aussage, dass vor mir ein grünes Feld liegt, wahr, vorausgesetzt, dass wirklich ein grünes Feld vor mir liegt; anders ausgedrückt, ist es wahr aufgrund dessen, dass wirklich ein grünes Feld vor mir liegt.[19]

William P. Alston, Professor der Philosophie an der Universität von Syracuse, entwickelt seine »realistische Konzeption von Wahrheit« auf ähnliche Weise:

> Eine Behauptung (Aussage, Überzeugung) ist wahr, wenn, und nur wenn, das, was die Aussage beschreibt, wirklich der Fall ist. Zum Beispiel ist die Aussage, dass Gold formbar ist, wahr, wenn, und nur wenn, Gold wirklich formbar ist. Der »Inhalt« der Aussage – was ihr zufolge eine Tatsache ist – liefert uns alles, was wir brauchen, um zu spezifizieren, was notwendig ist, damit die Aussage wahr ist. Nichts weiter wird für die Wahrheit der Aussage benötigt und weniger wird nicht ausreichen.[20]

2.1.4 Konsequenzen der Leugnung der Korrespondenztheorie

Es gibt verschiedene Konsequenzen, die notwendigerweise daraus folgen müssen, wenn Wahrheit nicht das ist, was der Wirklichkeit entspricht.

> Philosophisch ist es unmöglich zu lügen, ohne dass dabei eine Wechselwirkung zur Realität besteht. Wenn unsere Worte nicht den Tatsachen entsprechen müssen, dann können sie nie sachlich falsch sein. Ohne eine Wechselwirkung mit der Wahrheit kann es kein »richtig« oder »falsch« geben. Es gäbe keinen wirklichen Unterschied in der Genauigkeit, mit der ein System eine gegebene Tatsache beschreibt, denn wir könnten uns nicht an die Tatsache als Selbstverständlichkeit wenden. Feststellungen könnten nicht als wahr oder falsch beurteilt werden, sondern nur als mehr oder weniger passend. Es muss ein echter Unterschied gemacht werden zwischen unseren Gedanken über Dinge und den Dingen selbst, um uns zu zeigen, ob etwas wahr oder falsch ist.[21]

Darüber hinaus

> würde alle sachliche Verständigung zusammenbrechen. Feststellungen, die uns über etwas informieren, müssen den Tatsachen darüber entsprechen, worüber sie zu informieren vorgeben. Wenn aber jene Tatsachen bei der Auswertung der Feststellung nicht herangezogen werden, dann habe ich wirklich nichts mitgeteilt. Ich habe bloß etwas gestammelt, dass man danach erwägen sollte, ob es für das eigene Denksystem erheblich ist. Das kann sehr gefährlich werden, wenn jemand die Straße überquert und meine Feststellung ihn darüber informieren sollte, dass ein riesiger Lastwagen herannahe. Wie lange sollte man das prüfen und hinterfragen, ob dies ins eigene Glaubens-Netzwerk hineinpasst?[22]

2.2 Wahrheit ist absolut (gegenüber Relativismus)

Relativismus ist die Theorie, dass »es keinen objektiven Standard gibt, nach dem Wahrheit bestimmt werden könnte, sodass Wahrheit von den einzelnen Personen und Umständen abhängt.«[23]

2.2.1 Absolute und relative Wahrheit im Kontrast

Die Tatsache, dass absolute und relative Wahrheit im Kontrast zueinander stehen, wird aus den beiden folgenden Aussagen deutlich: 1. Wahrheit ist nicht abhängig von Raum und Zeit, und 2. Wahrheit ist nicht abhängig von Personen.

2.2.1.1 Wahrheit ist nicht abhängig von Raum und Zeit

Der Relativist würde sagen, dass die Aussage »Der Stift liegt links des Blockes« relativ ist, da sie davon abhängt, auf welcher Seite des Tisches man steht. Der Ort ist immer abhängig von der Perspektive, so sagen sie. Aber die Wahrheit kann auch an die Zeit gebunden sein. Zu einer Zeit war die Aussage »Ronald Reagan ist Präsident der Vereinigten Staaten« wahr, aber heute trifft das nicht mehr zu. Es war zu einer bestimmten Zeit wahr, ist es aber jetzt nicht mehr. Die Wahrheit solcher Aussagen ist unwiderruflich abhängig von der Zeit, in der sie gemacht wurden.[24]

Aber diese Sichtweise wird in Aussagen über Raum und Zeit verstanden:

> Die Interpretation des Relativisten scheint fehlgeleitet zu sein. Wie Zeit und Ort oder die zeitliche und geistige Perspektive des Sprechers zu verstehen sind, geht aus der Aussage hervor. Im Jahre 1986 beispielsweise zu sagen: »Reagan ist Präsident« ist wahr und bleibt wahr. Zu keiner Zeit wird es unwahr werden, dass Reagan 1986 Präsident der Vereinigten Staaten von Amerika war. Gebraucht jemand im Jahr 1990 die gleichen Worte, dann stellt er eine neue, eine andere Behauptung auf, denn die Zeitform der Gegenwart ist dann vier Jahre vom Zusammenhang der ersten Behauptung entfernt. Der räumliche und zeitliche Kontext ist ein unabdingbar innewohnender Teil der Aussage in ihrem Zusammenhang. Wenn aber der Satz »Reagan ist Präsident« – 1986 gesprochen – immer und überall für jedermann wahr ist, dann ist es eine absolute Wahrheit. Das Gleiche lässt sich über den Bleistift auf dem Schreibtisch sagen. Die Perspektive des Sprechers ist als Teil des Zusammenhangs zu verstehen. Es ist eine absolute Wahrheit.[25]

Weiter erklärt Mortimer J. Adler, dass Aussagen wie »Das mag im Mittelalter wahr gewesen sein, aber jetzt nicht mehr« oder »Das mag für primitive Völker wahr sein, aber nicht für uns« auf zwei Arten von Verwechslungen beruhen. Manchmal wird die Wahrheit mit dem verwechselt, was die Mehrheit der Menschen zu einer bestimmten Zeit oder an einem bestimmten Ort für wahr hält, wie in dem folgenden Beispiel:

> Ein Teil der Menschheit hielt es vor einigen Jahrhunderten für wahr, dass die Erde eine Scheibe ist. Diese falsche Ansicht wurde mittlerweile von allen zurückgewiesen. Das sollte nicht so interpretiert werden, als hätte sich die objektive Wahrheit geändert – dass, was einmal wahr war, nun nicht mehr wahr ist. … Was sich geändert hat, ist nicht die Wahrheit der Sache, sondern die vorherrschende Meinung, die aufgehört hat, allgemein anerkannt zu sein.

Eine zweite Art der Verwechslung entsteht, wenn der räumliche oder zeitliche Kontext einer Aussage ignoriert wird:

> Die Bevölkerung eines Landes verändert sich von Zeit zu Zeit, aber eine Aussage über die Größe der Bevölkerung eines Landes zu einer bestimmten Zeit bleibt wahr, auch wenn sie zu einem späteren Zeitpunkt gewachsen ist. Das Nennen des Zeitpunkts in einer Aussage über die Bevölkerung der Vereinigten Staaten in einem bestimmten Jahr führt dazu, dass diese Aussage für immer wahr sein wird, wenn sie ursprünglich wahr war.[26]

Adler fügt hinzu:

> Der Reflex, vor dem zurückzuschrecken, was vermutlich viele als unverschämte Forderung ansehen, kann dadurch kontrolliert werden, dass wir uns daran erinnern, dass diese Forderung nicht ausschließt, dass wir die Veränderungen unserer Einschätzungen von Wahrem und Falschem mit der Zeit und dem Ort anerkennen. Denn was sich mit den zeitlichen und örtlichen Umständen ändert, sind die Meinungen, die wir über das Wahre und Falsche haben, und nicht das, was objektiv wahr oder falsch ist.[27]

2.2.1.2 Wahrheit ist nicht abhängig von Personen

Sogar der Agnostiker Bertrand Russel argumentiert, dass Wahrheit nicht abhängig von dem Verstand ist:

> Man wird erkennen, dass der Verstand keine Wahrheit oder Unwahrheit schafft. Er schafft eine Überzeugung, aber wenn diese Überzeugung erst einmal geschaffen wurde, kann der Verstand sie nicht wahr oder falsch machen, außer in speziellen Fällen, in denen sie sich auf künftige Dinge beziehen, die in der Macht der glaubenden Personen stehen, wie beispielsweise das Erreichen eines Zuges. Was einen Glauben wahr macht, ist eine Tatsache, und diese Tatsache (außer in außergewöhnlichen Fällen) bezieht in keinster Weise den Verstand der Person, die diese Überzeugung besitzt, mit ein.[28]

Ein »außergewöhnlicher Fall« könnte die Aussage »Ich hatte einen Traum« sein, wobei der Verstand eine Überzeugung schafft, die auf einer Tatsache beruht, die ebenfalls mit dem Verstand zusammenhängt. Trotzdem ist das Prinzip gültig. Es gibt eine Tatsache und eine Überzeugung, und diese Überzeugung ist wahr, wenn sie die Tatsache exakt wiedergibt. Der Philosoph Joseph Owens erklärt, dass »insofern Existenz zur selben Zeit und in derselben Hinsicht mit Nichtexistenz unvereinbar ist, zeigt sie sich als absolut. Bis zu diesem Punkt bietet sie also eine absolute Maßeinheit für die Wahrheit. Während es hier regnet, wird dieser Regen nicht in seiner Existenz mit ›nicht regnend‹ in Verbindung gebracht. Das ist absolut. Es hängt nicht vom Betrachter ab.«[29]

Adler führt an, dass die Bemerkung »Das mag für dich wahr sein, aber nicht für mich« oft nicht falsch, sondern nur falsch interpretiert wird. Die fehlerhafte Interpretation »entsteht durch die fehlende Unterscheidung zwischen der Wahrheit oder Unwahrheit, die in einer Behauptung oder Aussage steckt, und der Beurteilung, die eine Person über die Wahrheit oder Unwahrheit der betreffenden Aussage macht. Wir mögen unterschiedliche Ansichten darüber haben, was wahr ist, aber das ändert nichts an der Wahrheit der Sache selbst.«[30]

Adler meint:

> Die Wahrheit oder Unwahrheit einer Aussage geht auf ihre Beziehung zu den feststellbaren Tatsachen zurück, nicht auf die Verbindung zu den Beurteilungen, die Menschen machen. Ich kann eine Aussage für wahr halten, auch wenn sie tatsächlich falsch ist. Sie können eine Behauptung für falsch halten, auch wenn sie in Wirklichkeit wahr ist. Meine Bestätigung und ihre Ablehnung verändert oder betrifft in keinster Weise die Wahrheit oder Unwahrheit der Aussage, die wir falsch beurteilt haben. Wir machen Aussagen nicht wahr oder falsch, indem wir sie bestätigen oder leugnen. Sie sind wahr oder falsch, unabhängig von dem, was wir denken, was für eine Meinung wir haben oder wie wir sie beurteilen.[31]

So unterscheidet Adler zwischen der Subjektivität unserer Einschätzung der Wahrheit und der Objektivität der Wahrheit selbst. Er erklärt:

> Der subjektive Aspekt der Wahrheit liegt in der Forderung einer Person, ihre Beurteilung sei richtig. Der objektive Aspekt liegt in der Übereinstimmung oder Entsprechung zwischen dem, was eine Person glaubt oder meint, und der Wirklichkeit, die sie beurteilt, wenn sie etwas Bestimmtes glaubt oder meint. Der objektive Aspekt ist der wichtigere.[32]

Diejenigen, die diese Unterscheidung nicht machen, so Adler, »verschreiben sich dem Skeptizismus, indem sie sich weigern anzuerkennen, dass subjektive Meinungsunterschiede über das, was wahr oder falsch ist, durch Anstrengungen festzustellen, was objektiv wahr oder falsch ist, geklärt werden können. Dabei dürfen wir nicht vergessen, dass die Wahrheit einer Aussage in ihrem Verhältnis zur Wirklichkeit begründet liegt und nicht in ihrem Verhältnis zu der Beurteilung eines Einzelnen.«[33]

Robert Audi sagt dazu Folgendes:

> Ob ein grünes Feld vor mir liegt oder nicht, ist keine Frage meines Geisteszustandes. Es scheint eine objektive Angelegenheit zu sein, unabhängig von jedem menschlichen Verstand, und das Grün scheint vorhanden zu sein oder eben nicht, egal ob wir es glauben. Tatsächlich wird der Wahrheitsgehalt meiner Überzeugung dadurch bestimmt, ob das Feld tatsächlich existiert; der Wahrheitsgehalt solcher auf Beobachtung beruhender Überzeugungen hängt von der äußeren Wirklichkeit ab, die ihrerseits nicht von dem abhängt, was wir glauben.[34]

Die äußere Wirklichkeit oder die äußeren Tatsachen sind also, unabhängig vom menschlichen Verstand, was sie sind. Audi schließt daraus: »Wenn Wahrheit nicht vom Verstand abhängt und wenigstens in diesem Sinne objektiv ist, dann haben wir eine Version von Realismus, in etwa die Ansicht, dass (äußere) Dinge sind, was sie sind, unabhängig davon, wie wir sie auffassen.«[35]

William P. Alston weist darauf hin, dass die Wahrheit der Aussage »Gold ist formbar« nicht von irgendeiner Person abhängt:

> Es ist nicht erforderlich, dass eine Person oder soziale Gruppe, wie auch immer sie definiert sein mag, weiß, dass Gold formbar ist, oder es in irgendeiner Weise gerechtfertigt oder rational ist, davon überzeugt zu sein. Es ist nicht erforderlich, dass die Wissenschaft irgendwann darauf hinsteuert, in einem fernen, göttlichen Ereignis, auf das sich die Untersuchungen zu bewegen, zu dem Schluss zu gelangen, dass Gold formbar ist. Es ist nicht erforderlich, dass diese Tatsache von einer klaren Mehrheit der Amerikanischen Philosophischen Vereinigung beschlossen wird. Und es ist auch nicht erforderlich, dass eine wissenschaftliche Untersuchungskommission dies als wahrscheinlich feststellt. Solange Gold formbar ist, ist meine Aussage wahr, wie auch immer der erkenntnistheoretische Status dieser Behauptung für eine Person oder eine Gemeinschaft sein mag.[36]

Professor Peter van Inwagen bemerkt, dass »die Existenz und die Merkmale der Welt größtenteils unabhängig von unseren Überzeugungen und Behauptungen sind.« Daher kommt er zu dem Schluss, dass »die Wahrheit oder Unwahrheit unserer Überzeugungen und Behauptungen daher in dem Sinne ›objektiv‹ ist, dass ihnen Wahrheit oder Unwahrheit von ihren Objekten, den Dingen, auf die sie sich beziehen, übertragen wird.«[37]

Van Inwagen fügt hinzu:

> Und wie übertragen die Objekte unserer Überzeugungen und Behauptungen die Wahrheit auf sie? … Wenn ich behaupte, dass Albany die Hauptstadt des Staates New York ist, dann ist das, was ich behaupte, wahr, wenn und nur wenn Albany wirklich die Hauptstadt von New York ist, und falsch, wenn und nur wenn Albany nicht die Hauptstadt von New York ist. Wenn Berkeley glaubt, dass nichts unabhängig von unserem Verstand existiert, dann ist das, was er glaubt, wahr, wenn und nur wenn nichts unabhängig von unserem Verstand existiert, und falsch, wenn und nur wenn etwas unabhängig von unserem Verstand existiert. Wenn zwei Leute, zum Beispiel du und ich, von derselben Sache überzeugt sind, vielleicht glauben wir beide, dass Albany die Hauptstadt des Staates New York ist, dann wird die Wahrheit oder Unwahrheit von den Eigenschaften dieses Objektes auf unsere Überzeugung übertragen. Die Wahrheit ist daher »einzig«, es gibt nichts dergleichen, dass ein Glaube oder eine Überzeugung »für mich wahr« und »für dich nicht wahr« ist. Wenn also dein Freund Alfred dir auf etwas, das du gesagt hast, mit den Worten antwortet: »Das mag vielleicht für dich wahr

sein, aber nicht für mich«, dann können seine Worte nur als eine eher irreführende Art, zu sagen: »Das mag sein, was du denkst, aber es ist nicht das, was ich denke«, betrachtet werden.[38]

2.2.2 Das sich selbst widerlegende Wesen des Relativismus

Michael Jubien, Philosophie-Professor an der Davis Universität Kalifornien, führt ein ähnliches Argument gegen den Relativismus an:

> Entweder ist der Relativismus eine echte Theorie, in der eine wirkliche Behauptung aufgestellt wird, oder es ist keine. Aber jeder Versuch, den Relativismus zu beweisen, ohne sich auf die ganz einfache [absolute] Wahrheit zu verlassen, würde unweigerlich scheitern, da er einen unendlichen Rückschritt bedeuten würde. Und natürlich würde sich jede Behauptung des Relativismus, die auf der ganz einfachen [absoluten] Wahrheit beruht, selbst widerlegen. So scheint es, dass sich jede offensichtliche Behauptung des [Relativismus] entweder selbst widerlegt oder keine wirkliche Behauptung ist, sondern eher etwas wie ein leerer Slogan.[39]

Der »unendliche Rückschritt«, den Jubien erwähnt, tritt dann auf, wenn der Relativist behauptet, dass die Theorie des Relativismus wahr ist. Die Theorie ist entweder absolut (das heißt für alle Menschen, zu jeder Zeit und überall) oder relativ wahr. Wenn die Theorie absolut wahr ist, ist der Relativismus falsch, denn dann ist zumindest eine Wahrheit absolut wahr. Aber wenn die Theorie nur relativ wahr ist, muss die Frage gestellt werden: »Für wen ist sie (relativ gesehen) wahr?« Nehmen wir an, sie ist abhängig von einer Person mit Namen John wahr. Der Relativist würde dann behaupten, dass der Relativismus für John wahr ist. Aber ist diese Behauptung (dass der Relativismus für John wahr ist) dann absolut oder relativ wahr? Wenn sie absolut wahr ist, dann muss der Relativismus falsch sein; aber wenn sie relativ wahr ist, von wem hängt sie dann ab? Von John? Oder von einer anderen Person?

Nehmen wir an, die Behauptung, dass der Relativismus für John wahr ist, sei relativ zu einer anderen Person mit dem Namen Susie wahr. Nun müsste der Relativist erklären, ob diese Wahrheit absolut oder relativ ist, und falls sie relativ ist, für wen sie dann wahr ist. Und an diesem Punkt befindet sich der Relativist bereits in einer Sackgasse. Schließlich wird diese Person entweder zugeben müssen, dass es zumindest eine Wahrheit gibt, die absolut ist, das hieße, der Relativismus ist als Theorie falsch, oder sie wäre nicht in der Lage zu sagen, was wirklich behauptet wird, wenn sie fordert, dass der Relativismus wahr ist. So widerlegt sich der Relativismus entweder selbst (und ist daher falsch) oder es ist unmöglich, ihn zu bestätigen.

Geisler kommentiert:

> Der einzige Weg für den Relativisten, das schmerzhafte Dilemma des Relativismus zu vermeiden, liegt darin, zuzugeben, dass es zumindest einige absolute Wahrheiten gibt. Wie bereits gesagt, glauben die meisten Relativisten, der Rela-

tivismus sei absolut wahr und jeder Mensch sollte Relativist sein. Darin liegt das sich selbst zerstörende Wesen des Relativismus. Der Relativist steht auf einem Gipfel der absoluten Wahrheit und will alles andere relativieren.[40]

In ähnlicher Weise bemerken auch Kreeft und Tacelli:

Universeller Subjektivismus kann sehr schnell widerlegt werden, genauso wie auch universeller Skeptizismus. Wenn Wahrheit nur subjektiv ist, nur wahr für mich, aber nicht für sie, dann ist auch diese Wahrheit – die »Wahrheit« des Subjektivismus – nicht wahr, sondern nur »wahr für mich« (d.h. wahr für den Subjektivisten). So sagt der Subjektivist nicht, Subjektivismus sei wirklich wahr und Objektivismus wirklich falsch oder der Objektivist liege wirklich ganz falsch. Er fordert seinen Gegner nicht heraus, argumentiert nicht, diskutiert nicht, er »drückt nur seine Gefühle aus«. [Die Aussage:] »Ich fühle mich gut« widerlegt nicht die Aussage des anderen: »Aber ich fühle mich krank«. Subjektivismus ist kein »Ismus«, keine Philosophie. Es steigt nicht auf ein Niveau, das unsere Aufmerksamkeit oder unseren Widerspruch verdient. Seine Behauptung ist mehr ein »Es juckt mich« als ein »Ich weiß«.[41]

2.2.3 Weitere Probleme des Relativismus

Wenn Relativismus wahr wäre, wäre die Welt voller gegensätzlicher Bedingungen. Denn wenn etwas für den einen wahr, für einen anderen aber falsch wäre, dann bestünden gegensätzliche Bedingungen. Denn wenn der eine sagt: »Im Kühlschrank steht Milch« und der andere sagt: »Im Kühlschrank steht keine Milch« und beide Recht hätten, dann müsste zur gleichen Zeit und in der selben Bedeutung Milch im Kühlschrank stehen und nicht darin stehen. Aber das ist unmöglich. Denn wenn die Wahrheit relativ wäre, dann wäre das Unmögliche möglich.[42]

In einer Diskussion zwischen einem Christen und einem Atheisten würde das bedeuten, dass der Christ die Wahrheit sagt, wenn er behauptet, Gott existiert, und der Atheist die Wahrheit sagt, wenn er behauptet, dass Gott nicht existiert. Aber es ist unmöglich für Gott, zur gleichen Zeit und in derselben Bedeutung zu existieren und nicht zu existieren.

Geisler argumentiert, dass, »wenn Wahrheit relativ ist, niemals jemand Unrecht hat, auch wenn das tatsächlich der Fall ist. Solange etwas für mich wahr ist, dann habe ich Recht, auch wenn ich Unrecht habe. Der Nachteil ist, dass ich auch niemals etwas lernen könnte, denn lernen bedeutet, von einer falschen Überzeugung zu einer wahren Überzeugung zu gelangen, d. h. von einer absolut falschen zu einer absolut wahren.«[43]

2.2.4 Moralischer Relativismus

Moralischer Relativismus ist der Relativismus bezogen auf die ethischen Maßstäbe einer Gesellschaft. J. P. Moreland erklärt in seinem Werk *Love Your God with All Your Mind*, dass moralischer Relativismus »meint, jeder solle nach den Maßstäben seiner eigenen Gesellschaft handeln … Das impliziert, dass moralische Aussagen nicht einfach wahr oder falsch sind.«[44]

Moreland führt fünf kritische Aspekte für den moralischen Relativismus an:

1. Es ist schwierig zu definieren, was eine Gesellschaft ist, oder in einem gegebenen Fall genau zu bestimmen, welche Gesellschaft die entscheidende ist. Wenn ein Mann der Gesellschaft A mit einer Frau der Gesellschaft B in einem Hotel in einer dritten Gesellschaft C, die andere Ansichten als Gesellschaft A oder Gesellschaft B hat, außerehelichen Sex hat, welche Gesellschaft ist dann die entscheidende, um zu bestimmen, ob die Tat richtig oder falsch war?

2. Ein ähnlicher Einwand ist die Tatsache, dass wir häufig gleichzeitig Mitglieder vieler verschiedener Gesellschaften sind, die verschiedene moralische Werte haben: unsere engere und weitere Familie, unsere Nachbarschaft, Schule, Kirche, Vereine, unser Arbeitsplatz, unsere Stadt, unser Bundesland, unser Staat und die internationale Gemeinschaft. Welche Gesellschaft ist die entscheidende? Was passiert, wenn ich gleichzeitig Mitglied zweier Gesellschaften bin, wobei die eine eine bestimmte moralische Tat erlaubt und die andere sie verbietet? Was soll ich in so einem Fall tun?

3. Der moralische Relativismus leidet unter einem Problem, das als »das Dilemma des Reformators? (the reformer's dilemma)« bekannt ist. Wenn normativer Relativismus wahr ist, dann ist die Existenz moralischer Reformatoren wie Jesus Christus, Gandhi oder Martin Luther King, Jr. logisch unmöglich. Warum? Moralische Reformatoren sind Mitglieder einer Gesellschaft, die außerhalb der Maßstäbe ihrer Gesellschaft leben und darauf hinweisen, dass diese Maßstäbe geändert und reformiert werden müssen. Wenn jedoch eine Tat richtig ist, wenn, und nur wenn, sie den Maßstäben einer bestimmten Gesellschaft entspricht, *dann ist der moralische Reformator selbst per definitionem eine immoralische Person*, da seine Ansichten nicht denen seiner Gesellschaft entsprechen. Moralische Reformatoren müssen daher immer Unrecht haben, da sie gegen die Maßstäbe ihrer Gesellschaft sind. Aber jede Äußerung, die impliziert, dass moralische Reformatoren unmöglich existieren können, ist falsch, da wir alle wissen, dass es moralische Reformatoren wirklich gegeben hat! Anders ausgedrückt impliziert der moralische Relativismus, dass weder Kulturen (wenn wir den Konventionalismus betrachten) noch einzelne Personen (wenn wir den Subjektivismus betrachten) ihre moralischen Maßstäbe verbessern können.

4. Es gibt Taten, die falsch sind, unabhängig von gesellschaftlichen Konventionen. Vertreter dieser Kritik nehmen normalerweise den Standpunkt des Partikularismus ein und behaupten, alle Menschen könnten wissen, dass einige Dinge falsch sind, wie zum Beispiel kleine Kinder zu quälen, Stehlen als solches, Habgier als solche und so weiter, ohne dafür Kriterien zu brauchen, um zu wissen, woher sie diese Dinge tatsächlich wissen. So kann eine Tat (zum Beispiel kleine Kinder zu quälen) falsch und als solche bekannt sein, auch wenn die Gesellschaft sagt, sie sei richtig. Eine andere Tat hingegen kann richtig und als solche bekannt sein, auch wenn die Gesellschaft sagt, sie sei falsch. Es ist tatsächlich so, dass eine Tat richtig oder falsch sein kann, auch wenn die Gesellschaft überhaupt nichts über sie aussagt.

5. Wenn moralischer Relativismus nun wahr ist, ist es schwierig zu verstehen, wie eine Gesellschaft in bestimmten Fällen eine andere Gesellschaft zu Recht kritisieren kann. Dem moralischen Relativismus zufolge sollte ich nach den Maßstäben meiner Gesellschaft handeln und andere nach den Maßstäben ihrer Gesellschaften. Wenn Smith etwas tut, was nach seinen Maßstäben richtig ist, nach meinen aber falsch, wie kann ich dann seine Tat als falsch kritisieren?

Man könnte auf diesen Einwand antworten, dass es Teil der Maßstäbe der Gesellschaft A sein könnte, eine Tat, zum Beispiel Mord, zu kritisieren, wo auch immer sie geschieht. So könnten Mitglieder der Gesellschaft A diese Taten in anderen Gesellschaften kritisieren. Aber eine solche Regel verdeutlicht noch stärker die Widersprüchlichkeit des normativen Relativismus. Nehmen wir diese Regel als gegeben an und auch die Tatsache, dass der normative Relativismus wahr und von allen Mitgliedern der Gesellschaft A akzeptiert ist, dann scheinen sich die Mitglieder der Gesellschaft A in der Position zu befinden, auf der einen Seite zu glauben, dass Mitglieder der Gesellschaft B töten sollten (da die Maßstäbe der Gesellschaft B dies erlauben) und auf der anderen Seite sollte ich als Mitglied von A die Mitglieder von B kritisieren, da dies Teil meiner Maßstäbe ist. Auf diese Weise kritisiere ich die Mitglieder der Gesellschaft B als unmoralisch und bin gleichzeitig der Ansicht, dass sie genau das tun mussten. Weiter stellt sich die Frage, warum Mitglieder der Gesellschaft B auf das Wert legen sollten, was Mitglieder von A denken? Wenn normativer Relativismus wirklich wahr ist, dann gibt es schließlich nichts von Natur aus Richtiges an den moralischen Ansichten der Gesellschaft A oder einer anderen Gesellschaft zu diesem Thema. Aus diesem und anderen Gründen muss moralischer Relativismus abgelehnt werden.[45]

2.2.5 Warum absolute Wahrheit geleugnet wird

Kreeft und Tacelli sagen dazu:

> Vielleicht ist der Ursprung des heutigen Subjektivismus, zumindest in Amerika, der Wunsch, akzeptiert zu werden, dabei zu sein, modisch, anerkannt und nicht spießig oder kitschig oder ausgeschlossen zu sein. Das lernen wir alle schon als Kinder – die größte Angst eines Teenagers ist es, in eine peinliche Situation gebracht zu werden –, aber als Erwachsene verstecken wir das gekonnter und niveauvoller.[46]

Eine andere Quelle des Subjektivismus ist nach Kreeft und Tacelli »die Angst vor radikalen Veränderungen, das heißt die Angst vor Verwandlung, davor, ›neu geboren‹ zu werden, sein ganzes Leben und seinen ganzen Willen dem Willen Gottes zu widmen. Subjektivismus ist bequemer, wie ein Schoß oder ein Traum oder eine narzisstische Fantasie.«[47]

C. S. Lewis zufolge ist eine Quelle des »Giftes des Subjektivismus«, wie er es nannte, die Überzeugung, der Mensch sei das Produkt eines blinden Evolutionsprozesses:

> Nachdem er seine Umwelt studiert hatte, begann der Mensch, sich selbst zu studieren. Bis zu diesem Zeitpunkt hatte er seinen eigenen Verstand entwickelt und durch ihn alles andere gesehen. Nun wurde sein eigener Verstand zum Studienobjekt: Es ist, als würden wir unsere Augen herausnehmen, um sie zu betrachten. So betrachtet, erschien ihm sein eigener Verstand als eine Begleiterscheinung, die mit den chemischen und elektrischen Vorgängen in einem Gehirn einhergeht, das selbst nur Nebenprodukt eines blinden Evolutionsprozesses ist. Seine eigene Logik, bisher Herrscher aller Ereignisse in allen vorstellbaren Welten, wird nur mehr subjektiv. Es gibt keinen Grund zu glauben, dass sie die Wahrheit hervorbringt.[48]

Van Inwagen sinnt über die verblüffende Tatsache nach, dass einige Menschen die Objektivität der Wahrheit leugnen:

> Das Interessanteste an der objektiven Wahrheit ist, dass es Menschen gibt, die leugnen, dass es sie gibt. Man könnte sich fragen, wie jemand leugnen kann, dass es so etwas wie objektive Wahrheit gibt. Zumindest ich könnte das und habe es in der Tat schon oft getan. Für einige Menschen, da bin ich ziemlich sicher, lautet die Erklärung etwa so. Sie stehen dem Gedanken, dass etwas in irgendeinem Sinne über ihnen steht und sie beurteilt, zutiefst ablehnend gegenüber. Die Idee, die sie am wenigsten akzeptieren können, ist natürlich die, dass es einen Gott gibt. Aber sie stehen auch der Idee eines objektiven Universums, das sich nicht darum kümmert, was sie denken, und das ihre heiligste Überzeugung ins Falsche umkehren könnte, ohne sie auch nur zu befragen, nicht weniger ablehnend gegenüber. (Aber das kann nicht die ganze Geschichte sein, da es Menschen gibt, die die Existenz objektiver Wahrheit leugnen und an Gott glauben. Was diese Leute motiviert ist mir ein absolutes Rätsel.) Ich muss den Leser warnen. Ihm muss klar sein, dass es für mich unmöglich ist, auch nur die kleinste, bisschen einfühlende Sympathie für diejenigen zu empfinden, die leugnen, dass es so etwas wie objektive Wahrheit gibt. Daher kann ich wohl keine verlässliche Auskunft über ihre Ansichten geben. Vielleicht verstehe ich diese Ansichten tatsächlich nicht. Ich würde es vorziehen, daran zu glauben. Ich würde auch vorziehen zu glauben, dass niemand wirklich glaubt, was zumindest oberflächlich einige Leute zu glauben scheinen.[49]

3 Literaturangaben

1 Aristoteles, *Metaphysics*, 4.7, 1011b25-30.
2 Aristoteles, *Categories*, 12.14b15-22.
3 Ebd., 5.4a35-4b12.
4 St. Thomas Aquinas, *Summa Theologica*, 1.16.2.
5 St. Thomas Aquinas, *On Truth*, 1.1.
6 Ebd., 1.3.
7 George Edward Moore, *Some Main Problems of Philosophy*, S. 277.

[8] Ebd., S. 279.
[9] Ebd., S. 277f.
[10] Bertrand Russell, *The Problems of Philosophy*, S. 129.
[11] Bertrand Russell, *Logic and Knowledge*, S. 182.
[12] Étienne Gilson, *The Christian Philosophy of St. Thomas Aquinas*, S. 231.
[13] F. P. Ramsey, »Facts and Propositions«, zitiert in D.h. Mellor, *Philosophical Papers*, S. 34.
[14] Peter Kreeft/Ronald K. Tacelli, *Handbook of Christian Apologetics*, S. 364.366.
[15] J. P. Moreland, *Scaling the Secular City*, S. 81f.
[16] Norman L. Geisler, *Baker's Encyclopedia of Christian Apologetics*, S. 743.
[17] Mortimer J. Adler, *Six Great Ideas*, S. 34.
[18] Peter van Inwagen, *Metaphysics*, S. 56.
[19] Robert Audi, *Epistemology: a Contemporary Introduction to the Theory of Knowledge*, S. 239.
[20] William P. Alston, *A Realist Conception of Truth*, S. 5f.
[21] Norman L. Geisler u. Ronald M. Brooks, *When Skeptics Ask*, S. 263.
[22] Ebd., S. 263.
[23] David Elton Trueblood, *Philosophy of Religion*, S. 348.
[24] Norman L. Geisler/Ronald M. Brooks, *When Skeptics Ask*, S. 256.
[25] Ebd., S. 256.
[26] Mortimer J. Adler, *Six Great Ideas*, S. 43.
[27] Ebd., S. 43.
[28] Bertrand Russell, *The Problems of Philosophy*, S. 129f.
[29] Joseph Owens, *Cognition: An Epistemological Inquiry*, S. 208.
[30] Mortimer J. Adler, *Six Great Ideas*, S. 41.
[31] Ebd., S. 41.
[32] Ebd., S. 42.
[33] Ebd., S. 42.
[34] Robert Audi, *Epistemology: a Contemporary Introduction to the Theory of Knowledge*, S. 239.
[35] Ebd., S. 239.
[36] William P. Alston, *A Realist Conception of Truth*, S. 5f.
[37] Peter van Inwagen, *Metaphysics*, S. 56.
[38] Ebd., S. 56f.
[39] Michael Jubien, *Contemporary Metaphysics*, S. 89.
[40] Norman L. Geisler, *Baker's Encyclopedia of Christian Apologetics*, S. 745.
[41] Peter Kreeft u. Ronald K. Tacelli, *Handbook of Christian Apologetics*, S. 372.
[42] Norman L. Geisler, *Baker's Encyclopedia of Christian Apologetics*, S. 745.
[43] Ebd., S. 745.
[44] J. P. Moreland, *Love Your God with All Your Mind*, S. 150.
[45] Ebd., S. 150-153.
[46] Peter Kreeft u. Ronald K. Tacelli, *Handbook of Christian Apologetics*, S. 381.
[47] Ebd., S. 381.

[48] C. S. Lewis, »The Poison of Subjectivism«, zitiert in Walter Hooper, *Christian Reflections*, S. 72.

[49] Peter Van Inwagen, *Metaphysics*, S. 59.

33 Die Erkennbarkeit von Wahrheit

Kapitelübersicht

1 Einführung: Ist Wahrheit erkennbar?

Nachdem wir Wahrheit als Übereinstimmung unserer Gedanken oder Aussagen mit der objektiven Wirklichkeit definiert haben, müssen wir auch Beweise für die Tatsache liefern, dass es möglich ist zu *wissen*, dass sie sich entsprechen, das heißt, ob wir die Wahrheit richtig *erkennen* können. Das bedeutet, um zu wissen, ob unsere Gedanken oder Aussagen der Wirklichkeit entsprechen, müssen wir überhaupt in der Lage sein, die Wirklichkeit zu erkennen.

Der Bereich der Philosophie, der sich damit beschäftigt, *wie wir erkennen*, heißt Erkenntnislehre. Für unseren Fall reicht es aus, Beweise für die Tatsache zu liefern, dass wir die Wirklichkeit tatsächlich *erkennen können*; es ist zu diesem Zeitpunkt nicht notwendig, genau zu erklären, *wie* wir sie erkennen. Deshalb sind unsere im Folgenden angeführten Beweise keine Antwort auf die Frage: »*Wie* können wir wissen?«, sondern eher auf die Frage: »Können wir *wirklich* wissen?«

Das ist eine sehr wichtige Unterscheidung, da die meisten modernen Philosophien, die bestreiten, dass wir die Wirklichkeit – und letzten Endes damit auch die Wahrheit – überhaupt erkennen können, den Fehler begehen, erkenntnistheoretische Systeme zu konstruieren, um zu erklären, *wie* wir die Wahrheit erkennen, ohne überhaupt zuerst anzuerkennen, dass wir die Wirklichkeit *tatsächlich* erkennen können. Nachdem sie innerhalb des Verstandes begonnen haben und dann keine Brücke zur Wirklichkeit mehr bauen können, erklären sie, dass wir die Wirklichkeit nicht erkennen können. Es ist, als ob man eine fehlerhafte Straßenkarte zeichnen würde, *bevor* man sich überhaupt die Straßen angesehen hat, und dann zu erklären, dass wir nicht wissen können, wie man von Chicago nach New York kommt!

In diesem Kapitel werden wir Beweise für die Aussage anführen, dass wir die Wirklichkeit tatsächlich erkennen und deshalb auch die Wahrheit erkennen können – das also, was der Wirklichkeit entspricht.

2 Die Erkennbarkeit der Wahrheit

2.1 Axiome des Wissens

Prämissen sind die Basis aller Schlussfolgerungen, die im Bereich des Wissens abgeleitet werden, sei es in der Wissenschaft oder in der Philosophie.

Der Philosoph Aristoteles bemerkte, wie Beweise auf Prämissen beruhen. Er sagte, dass »der Beweis aus Früherem und Bekannterem geführt werden muss«.[1] »Denn dass es überhaupt für alles einen Beweis gebe, ist unmöglich, sonst würde ja ein Fortschritt ins Unendliche eintreten und auch so kein Beweis stattfinden.«[2]

Thomas von Aquin erklärt, was der Ausdruck *Prämisse* bedeutet: »Alles nämlich, wovon etwas in irgendeiner Weise entspringt, nennen wir Ursprungsgrund.«[3] Eine *Prämisse*, so Aquin, »bezeichnet jedoch nicht das Frühersein, sondern den Ursprung.«[4]

James B. Sullivan definiert Prämissen als »die allgemeinsten Ansichten, die vorstellbar sind, und die offensichtlichsten, *die keine anderen in derselben Reihenfolge für ihren Beweis voraussetzen und in jedem Urteil inbegriffen sind*«.[5]

Professor Geisler sagt, dass eine Prämisse

> der absolute Anfang [ist], von dem aus alle Schlussfolgerungen in einem bestimmten Bereich des Wissens oder der Wirklichkeit abgeleitet werden könnten. Prämissen sind notwendige Bestandteile alles Wissens, aber sie liefern keine Wissensinhalte. Es gibt so viele Prämissen, wie es Arten von Wissen und Wirklichkeit gibt. Da eine Prämisse das ist, auf das alles andere in einer Reihenfolge folgt, sind die Prämissen des Wissens die grundlegenden Voraussetzungen, auf die alles andere im Bereich des Wissens aufbaut.[6]

Um zu exaktem Wissen zu gelangen, muss es einen Ausgangspunkt geben, der als wahr bekannt ist. Dieser Ausgangspunkt liefert die Basis für alles Wissen und muss in seiner Wahrheit nicht weiter bewiesen werden. Das ist mit dem Begriff Prämisse oder Axiom gemeint.

L. M. Regis sagt: »Ein Axiom ist daher ein Erstes unter Ersten.« Er fährt fort:

> Der Ausdruck *Axiom* muss daher als eine Gruppe von Ansichten verstanden werden, anhand welcher der Intellekt die Existenz notwendiger Verbindungen zwischen verschiedenen grundlegenden Konzepten wahrnimmt, Verbindungen, die ihn dazu verpflichten, sie durch Bestätigung gleichzusetzen oder durch Negation zu trennen.[7]

2.2 Axiome sind die selbstverständliche Basis allen Wissens

Mit »selbstverständlich« meinen wir, dass sie nicht bewiesen werden müssen. Sie zeigen sich selbst als wahr. Folglich müssen Axiome nicht von anderen Axiomen abgeleitet werden und werden so die Basis allen Wissens.

Thomas von Aquin sagt, dass es einen Ausgangspunkt für Beweise geben muss: »Gäbe es bei der Beweisführung einen unendlichen Rückschluss, wäre eine Beweisführung unmöglich, da der Schlussfolgerung jeder Beweisführung dadurch Gewissheit verschafft wird, dass sie auf das Axiom der Beweisführung reduziert wird.«[8]

Thomas von Aquin fährt fort, dass Wissen auf etwas basieren muss, von dem wir sicher sind: »Vollendetes Wissen verlangt Gewissheit und deshalb kann von uns nicht gesagt werden, dass wir wissen, es sei denn, wir wissen, was nicht anders sein kann.«[9]

Geisler drückt es anders aus: »Wenn es Gewissheit geben soll, dann muss Wissen letzten Endes auf einigen Axiomen beruhen, die außer Frage stehen.«[10]

Er beschreibt Axiome wie folgt: »Es ist unvernünftig zu versuchen, dahinter zu kommen. Daher kann man demgegenüber nicht ›aufgeschlossen‹ sein, ob sie wahr oder falsch sind. Man kann ohne sie überhaupt keine Meinung haben.«[11]

George Mavrodes argumentiert, dass Axiome grundlegender sind als Argumentation. Er schließt daraus, dass »wenn es überhaupt Wissen gibt, es eine andere Wissensquelle geben muss als Argumentation.«[12]

C. S. Lewis stimmt zu, dass »diese Axiome der praktischen Vernunft für alles Wissen und jedes Argument grundlegend sind. Sie zu leugnen heißt, Wissen selbst zu leugnen; und der Versuch, Axiome ›durchblicken‹ zu wollen, ist sinnlos. Wenn man alles durchblicken kann, dann ist alles durchsichtig. Aber eine völlig durchsichtige Welt ist eine unsichtbare Welt. Alle Dinge ›durchblicken‹ zu können ist das Gleiche wie gar nicht zu sehen.«[13]

Der Philosoph James B. Sullivan argumentiert, dass es keinen unendlichen Rückschluss für Beweise geben kann:

> Es ist aber in Wirklichkeit so, dass die Reihenfolge der Argumentation selbst fordert, dass die Kette einen Anfang hat. Denn Schlussfolgerungen werden durch Voraussetzungen bewiesen, die entweder selbstverständlich sind oder durch andere Voraussetzungen bewiesen werden können. Es kann keinen unendlichen Rückschluss geben, auch nicht in der Reihenfolge der Logik. Wenn keine Voraussetzung in der Kette selbstverständlich ist, dann beinhaltet die gesamte Kette keine Beweise. Denn soweit man auch zurückgehen würde, es bliebe immer noch eine Voraussetzung, die bewiesen werden müsste. Nein; man muss schließlich zu einer Voraussetzung gelangen, die in sich selbstverständlich ist.[14]

2.3 Axiome des Wissens werden von der grundlegendsten Eigenschaft der Wirklichkeit abgeleitet – ihrem Sein (ihrer Existenz)

Thomas von Aquin stellt fest, dass die erste Sache, die wir lernen, das Sein ist: »Es gibt eine gewisse Ordnung in den Dingen, die universal gelernt werden. Denn das, was, vor allem anderen, gelernt wird, ist das *Sein*, die Vorstellung, die in allen Dingen enthalten ist, die ein Mensch lernt.«[15]

Rudolph G. Bandas stimmt zu: »Sobald wir mit der Wirklichkeit in Kontakt kommen, egal, was unsere Sinne angeregt hat, ist der erste Begriff, den wir erlernen, der des Seins.«[16]

Bandas erklärt, dass das, was wir lernen, nicht nur die Idee des Seins ist, sondern das Sein selbst:

> Die materielle Welt ist die einzige, die uns direkt zugänglich ist, und in ihr müssen wir die metaphysischen Wahrheiten entdecken, auch die sublimsten. Es ist eine wirkliche Metaphysik, da es die Metaphysik des Wirklichen ist, des Seins als solchen; ihr Objekt ist nicht die Vorstellung des Seins (im Kant'schen Sinne), sondern das Sein, von dem wir eine Vorstellung haben.[17]

Thomas von Aquin sagt, dass »unser Intellekt auf natürliche Weise das Sein und seine Eigenschaften kennt und in diesem Wissen die Kenntnis von den Axiomen verwurzelt ist.«[18]

Mortimer Adler betont, dass es der Verstand ist, der sich der Wirklichkeit anpasst, nicht die Wirklichkeit dem Verstand:

> Hinter der [Entsprechungs-] Definition von Wahrheit und Unwahrheit stehen zwei Annahmen, die Thomas von Aquin und Aristoteles gemacht haben und die meiner Ansicht nach philosophisch vertretbar und haltbar sind.
> Die erste ist die, dass es eine Wirklichkeit gibt, die von dem menschlichen Verstand unabhängig ist und der sich der Verstand entweder anpassen kann oder nicht. Mit anderen Worten, das, was wir denken, schafft nicht und betrifft auch in keinster Weise das, worüber wir nachdenken. Es ist, was es ist, ob wir darüber nachdenken oder nicht und unabhängig davon, was wir darüber denken.
> Die zweite Annahme ist die, dass diese unabhängige Wirklichkeit vollständig bestimmt ist. Das ist Aristoteles' metaphysisches Prinzip des Widerspruchs. Nichts kann gleichzeitig sein und nicht sein. Nichts, was existiert, kann eine gewisse Eigenschaft zur gleichen Zeit haben und nicht haben.[19]

Rudolph G. Bandas bemerkt, dass wir über Axiome nicht »nachdenken« müssen, wir verstehen sie als existierend: »Diese fundamentalen Grundlagen versteht die Intelligenz spontan als existierend.«[20]

Im nächsten Abschnitt werden wir sehen, dass man andere Axiome auf das Prinzip der Widerspruchslosigkeit (auch Satz vom Widerspruch genannt) reduzieren kann. Bandas fasst zusammen, dass Wirklichkeit, das Sein, der Vorgang des Erkennens und das Prinzip der Widerspruchslosigkeit zusammenhängen:

> Wenn die Vorstellung des Seins keinen ontologischen Wert [d.h. wirkliches Sein] besitzt, dann wäre das Prinzip des Widerspruchs ein Gesetz der Logik, aber

nicht notwendigerweise der Wirklichkeit. Diese Annahme ist jedoch, auch subjektiv gesehen, undenkbar: Die Idee des Seins ist absolut einfach und nichts kann ihr nur teilweise entsprechen. Was immer ihr entspricht, ist Sein; was es nicht tut, ist Nichtsein. Unsere Intelligenz und der Vorgang des Erkennens sind also in erster Linie beabsichtigt und relativ zum Sein. Wenn diese Beziehung geleugnet wird, wird alles andere unverständlich.[21]

2.4 Aufzählung von Axiomen[22]

Jedes der folgenden Axiome ist im Bereich des *Seins* (Ontologie) wahr und gilt für den Bereich des *Wissens* (Erkenntnislehre).

2.4.1 Identität (B ist B)

Sein: »Ein Ding muss mit sich selbst identisch sein. Wäre es das nicht, dann wäre es nicht es selbst.«[23]

Wissen (Schlussfolgerung): Sein ist verständlich. Wäre es das nicht, könnten wir uns nichts vorstellen.[24]

2.4.2 Widerspruchslosigkeit (B ist nicht Nicht-B)

Sein: »Sein kann nicht Nichtsein sein, da es sich hier um genaue Gegensätze handelt. Und Gegensätze können nicht dasselbe sein.«[25]

Wissen (Schlussfolgerung): Es gibt wenigstens zwei Arten, dieses Axiom auszudrücken: 1. Es ist unmöglich, dass widersprüchliche Aussagen gleichzeitig wahr sind; 2. wenn ein Widerspruch wahr ist, ist der andere notwendigerweise falsch.[26]

2.4.3 Prinzip des Ausschlusses (Entweder B oder Nicht-B)

Sein: »Da Sein und Nichtsein Gegensätze (d. h. widersprüchlich) sind und Gegensätze nicht dasselbe sein können, kann sich auch nichts in den »Spalten« zwischen Sein und Nichtsein verbergen. Die einzigen Möglichkeiten sind Sein und Nichtsein.«[27]

Wissen (Schlussfolgerung): Eine Aussage muss entweder wahr oder falsch sein.[28]

2.4.4 Kausalität (Nicht-B kann nicht B verursachen)

Sein: »Nur Sein kann Sein verursachen. Nichts existiert nicht, und nur, was existiert, kann Existenz verursachen, denn der eigentliche Begriff ›verursachen‹ impliziert eine existente Sache, die die Macht hat, eine andere herbeizuführen. Aus absolut nichts entsteht absolut nichts.«[29]

Wissen (Schlussfolgerung): Nicht jede Aussage kann in dem Beweis ihrer Wahrheit von einer anderen abhängen. Jede Aussage, die nicht selbstverständlich ist, hängt in dem Beweis ihrer Wahrheit von der Wahrheit einer selbstverständlichen Aussage ab.[30]

2.4.5 Finalität (Jedes Agens arbeitet auf ein Ziel hin)

Sein: »Jedes Agens arbeitet auf ein Ziel hin.«[31]

Wissen (Schlussfolgerung): Jede Aussage hat ein Ziel im Auge; es ist notwendig, dass jede Aussage eine Bedeutung vermittelt; und der Verstand vermittelt, was verständlich ist.[32]

2.4.6 Andere Axiome sind auf das Prinzip der Widerspruchslosigkeit reduzierbar

Professor Geisler illustriert, wie alle oben genannten Axiome auf die Widerspruchslosigkeit reduzierbar sind:

> Die Vorrangstellung des Prinzips der Widerspruchslosigkeit ist offenkundig, da die Axiome der Identität und des Ausschlusses von ihm abhängige Aspekte sind. Denn wenn Widersprüche möglich wären, dann müsste eine Sache nicht mit sich selbst identisch sein (Identität) und auch Gegensätze müssten sich nicht voneinander unterscheiden (Prinzip des Ausschlusses). Das Axiom der Kausalität kann ebenfalls auf das Axiom der Widerspruchslosigkeit reduziert werden, denn bei genauerer Untersuchung der Begriffe wäre es ein Widerspruch zu bestätigen, dass ein abhängiges Sein nicht verursacht wurde (unabhängig ist). Das Axiom der Finalität beruht gleichermaßen auf dem Axiom der Widerspruchslosigkeit, denn sonst könnte Sein etwas anderes als Sein vermitteln; der Verstand würde etwas anderes vermitteln als das Verständliche.[33]

Aristoteles fordert zwei Kriterien für das sicherste Axiom:

> »... und das sicherste unter allen Prinzipien ist dasjenige, bei welchem Täuschung unmöglich ist; denn ein solches muss notwendig am Erkennbarsten sein ... und voraussetzungslos. ... das ist das Sicherste unter allen Prinzipien; denn es passt darauf die angegebene Bestimmung, *da es unmöglich ist, dass jemand annehme, dasselbe sei und sei nicht. ... denn dies Prinzip ist seinem Wesen nach zugleich Prinzip der anderen Axiome.*«[34]

Aristoteles sagt weiter: »Wir dagegen haben angenommen, es sei unmöglich, dass etwas zugleich sei und nicht sei, und haben hieraus erwiesen, dass dies das Sicherste unter allen Prinzipien ist.«[35]

Thomas von Aquin fasst das grundlegende Wesen des Gesetzes der Widerspruchslosigkeit, das Aristoteles entdeckt hat, zusammen:

> »Niemand kann annehmen, dasselbe sei und sei nicht«, sagt Aristoteles. So zu denken hieße, bestätigen und leugnen im selben Atemzug. Es zerstörte die Sprache, es wäre wie alle Substanz, alle Wahrheit, sogar alle Wahrscheinlichkeit und alle Arten von Wahrscheinlichkeit zu leugnen. Es wäre die Unterdrückung aller Sehnsüchte, aller Taten. Sogar Werden und Anfangen verschwänden, denn wären Widersprüchliches und Widersprüche identifiziert [d. h. gleichgesetzt], wäre der Anfang der Bewegung mit dem Ende gleichgesetzt, und die Sache, von der

> angenommen wird, dass sie in Bewegung ist, wäre angekommen, bevor sie sich in Bewegung gesetzt hätte.[36]

Daher stimmt Thomas von Aquin zu, dass »*das erste nicht beweisbare Axiom ist, dass dieselbe Sache nicht gleichzeitig bestätigt und geleugnet werden kann*, was auf der Vorstellung des *Seins* und des *Nichtseins* beruht: Und auf diesem Axiom beruhen alle anderen.«[37]

Mortimer Adler bemerkt, dass Widerspruchslosigkeit, Sein und Wirklichkeit voneinander abhängen:

> Von den Axiomen griechischer Logik ist diejenige Regel, die die Wahrheit und Unwahrheit unvereinbarer Aussagen bestimmt, Folgende: Entweder können beide nicht wahr sein, wohl aber beide falsch, oder aber die eine muss wahr und die andere falsch sein. Dieser Regel liegt ein ontologisches Axiom zugrunde – eine Wahrheit über die Wirklichkeit –, das die Griechen für selbstverständlich hielten, und zwar dass nichts gleichzeitig sein und nicht sein kann.[38]

In der Aufzählung der Axiome konnten wir sehen, dass sie sowohl einen ontologischen (Zustand des *Seins*) als auch einen erkenntnistheoretischen (wie wir etwas wissen) Aspekt haben. Adler weist auf die wichtige Unterscheidung zwischen ihnen im Gesetz der Widerspruchslosigkeit hin:

> Das Gesetz des Widerspruchs als eine Aussage über die Wirklichkeit selbst unterliegt dem Gesetz des Widerspruchs als einer gedanklichen Regel. Das Gesetz des Widerspruchs als Aussage der Wirklichkeit *beschreibt*, wie die Dinge sind. Das Gesetz des Widerspruchs als gedankliche Regel *schreibt vor*, wie wir über Dinge denken sollten, wenn wir wollen, dass unser Denken den Dingen, wie sie wirklich sind, entspricht.[39]

Reginald Garrigou-Lagrange weist auf die Universalität der Widerspruchslosigkeit hin:

> Traditionellem Realismus zufolge, wie er von Aristoteles und Thomas von Aquin formuliert wurde, existiert die universale Vorstellung in dem Sinn von Welt, nicht formell, aber fundamental, und die universalste aller Ideen ist die des Seins, auf der das Prinzip des Widerspruchs beruht.[40]

Adler stimmt zu:

> Die Logik der Wahrheit ist dieselbe für alle ausschließenden Wahrheitsansprüche, Ansprüche, dass etwas richtig als wahr beurteilt wurde und deshalb alle gegensätzlichen Beurteilungen falsch sind. Die Aussage könnte ein Theorem in der Mathematik sein, eine wissenschaftliche Verallgemeinerung, eine Schluss-

> folgerung geschichtlicher Forschung, eine philosophische Prämisse oder ein religiöses Glaubensbekenntnis sein.[41]

Adler illustriert das selbstverständliche Wesen der Widerspruchslosigkeit:

> Das Gesetz des Widerspruchs, als eine Aussage über die Wirklichkeit, gibt an, was für den gesunden Menschenverstand sofort offensichtlich ist. Ein Ding, was immer es auch sein mag, kann nicht gleichzeitig existieren und nicht existieren. Entweder es existiert oder es existiert nicht, aber nicht beides zur gleichen Zeit. Ein Ding kann nicht gleichzeitig eine gewisse Eigenschaft haben und sie nicht haben. Der Apfel in meiner Hand kann nicht, in diesem Moment, rot und nicht rot sein.
>
> Das ist so offensichtlich, dass Aristoteles das Gesetz des Widerspruches als selbstverständlich bezeichnet. Seine Selbstverständlichkeit bedeutet für ihn seine Unbestreitbarkeit. Es ist unmöglich zu denken, dass der Apfel gleichzeitig rot und nicht rot ist.[42]

2.5 Gewissheit von Axiomen

2.5.1 Die selbstverständliche Natur der Axiome

Wir müssen nicht über Axiome nachdenken, um zu wissen, ob sie wahr sind oder nicht; es ist offensichtlich selbstverständlich für uns, dass sie wahr sind, sobald wir die Begriffe verstehen, die in der Aussage verwendet werden. Die fünf oben genannten Axiome sind selbstverständlich wahr oder darauf reduzierbar. Ein anderes klassisches Beispiel ist die Aussage: »Das Ganze ist größer als seine Teile.« Sobald wir verstehen, was »ganz« und was »Teil« bedeutet, wissen wir *sofort*, dass die Aussage wahr ist. »Sofort« in diesem Sinne bedeutet nicht schnell, sondern vielmehr, dass *es nicht* durch einen Denkprozess *herbeigeführt wurde*, das heißt, wir müssen nicht zuerst über die Aussage nachdenken, um zu wissen, dass sie wahr ist.

Thomas von Aquin sagt:

> Deswegen kann er [der Intellekt] auch hinsichtlich jener Sätze nicht irren, die sofort erkannt werden, sobald die Was-heit der Satzteile erkannt ist, wie dies bei den ersten Grundsätzen der Fall ist; von denen auch die Unfehlbarkeit der Wahrheit im Sinne wissenschaftlicher Gewissheit … herkommt.[43]

Thomas von Aquin sagt weiter:

> Der Verstand ist immer richtig, sofern er auf die Ursätze geht, bezüglich derer er aus dem gleichen Grunde nicht getäuscht wird wie bezüglich des Was-Seins. Denn aus sich selbst einleuchtende Ursätze sind jene, die nach Erkenntnis der Teilbegriffe sogleich daraus erkannt werden, dass man die Satzaussage in die Wesensbestimmung des Satzgegenstandes einsetzt.[44]

Axiome sind selbstverständliche Aussagen (d. h. sie zeigen sich selbst als wahr). Wir können uns in selbstverständlichen Aussagen nicht irren; daher können wir auch in Axiomen nicht irren.

Scott MacDonald kommentiert, dass unmittelbare Aussagen von der Wirklichkeit abhängen, sie sind die sachliche Basis aller Schlussfolgerungen, und es ist unmöglich, sich in ihnen zu irren:

> Welche Aussagen unmittelbar sind, hängt dann nur davon ab, was für ein wirkliches Wesen sie haben und welche Beziehungen zwischen ihnen herrschen, das heißt von der grundlegenden Struktur der Welt und nicht von der psychologischen oder auf Überzeugungen basierenden Struktur irgendeines gegebenen erkenntnistheoretischen Gegenstandes. Nicht schlussfolgernde Rechtfertigung besteht dann darin, dass man sich direkt bewusst ist, auf welchen unmittelbaren Tatsachen die notwendige Wahrheit einer Aussage beruht. Wenn man sieht, dass eine Aussage eine solche unmittelbare Tatsache ausdrückt, kann man sich nicht irren, wenn man behauptet, dass sie wahr ist.[45]

Was MacDonald damit sagen will, ist, dass unmittelbare Aussagen nicht durch irgendein System von Überzeugungen gefiltert werden. Es ist wichtig, sich an diesen Punkt zu erinnern, wenn wir beginnen, die sich selbst widerlegenden Aussagen derer zu kritisieren, die leugnen, dass wir Wahrheit erkennen können. Wir werden sehen, dass die Philosophen selbst, trotz ihrer philosophischen Systeme, die Wirklichkeit und das Prinzip der Widerspruchslosigkeit nicht umgehen können. Sie wollen die Wirklichkeit durch ihr System filtern, aber im Fall der Axiome wird die Wirklichkeit nicht gehorchen.

2.5.2 Der Verstand strebt natürlicherweise nach Wahrheit

Thomas von Aquin stellt fest, dass der Verstand nach Wahrheit strebt: »Wahrheit ist das Wohl des Verstandes und der Ausdruck seiner natürlichen Ordination; und so wie Dinge sich auf ihre Bestimmung zu bewegen, ohne es zu wissen, so tendiert der menschliche Verstand manchmal zur Wahrheit, obwohl er ihr Wesen nicht versteht.«[46]

Thomas von Aquin beobachtet, dass der Verstand natürlicherweise nach Wahrheit strebt. Er erklärt, was er damit meint: »›Das natürliche Streben‹ ist eine Hinneigung, die jedes Ding von Natur aus zu etwas hat. Daher verlangt jedes Vermögen kraft natürlichen Strebens nach dem ihm Zukommenden.«[47]

Mortimer Adler hebt hervor, dass wir keine Gewissheit über alle Wahrheiten haben, sondern nur über die selbstverständlichen:

> Der menschliche Verstand hat ein Verständnis von Wahrheit, wie auch immer seine Ansichten mit der Wirklichkeit übereinstimmen oder ihr entsprechen – mit der Art, wie die Dinge sind oder nicht sind. Mit dieser Aussage behaupten wir nicht, dass der menschliche Verstand ein festes, endgültiges und unverbesserli-

ches Verständnis jeglicher Wahrheit hat, obwohl ich persönlich denke, dass die Zahl selbstverständlicher Wahrheiten, von denen wir ein festes, endgültiges und unverbesserliches Verständnis haben, sehr gering ist. Wie auch immer das nun sein mag, wir müssen zugeben, dass Wahrheit im Prinzip erreichbar ist, auch wenn wir sie tatsächlich nie erlangen.[48]

2.6 Axiome sind unwiderlegbar und unbeweisbar

2.6.1 Unwiderlegbarkeit

Wir müssen uns darüber im Klaren sein, was wir hier wirklich aussagen. Indem wir sagen, dass Axiome unwiderlegbar sind, liefern wir keinen positiven Beweis für Axiome, sondern eher einen negativen, dass Axiome *nicht* geleugnet werden können.

James B. Sullivan fasst Aristoteles' Argumente zur Verteidigung der Unwiderlegbarkeit des Axioms der Widerspruchslosigkeit zusammen. Er zählt acht unvermeidbare Folgen auf.[49]

> Acht Konsequenzen, die aus dem Leugnen des Gesetzes der Widerspruchslosigkeit folgen
>
> 1. Die Notwendigkeit und Gültigkeit des Prinzips des Widerspruchs zu leugnen hieße, den Worten ihre festgelegte Bedeutung zu entziehen und Sprache sinnlos zu machen.
> 2. Die Wirklichkeit des Wesentlichen muss verlassen werden; damit würde es »werden« geben ohne etwas, das wird; fliegen ohne Vogel; Unfälle ohne Beteiligte.
> 3. Es gäbe keine Unterscheidung zwischen den Dingen. Alles wäre eins. Schiff, Gejammer, Mann, alles wäre dasselbe.
> 4. Es bedeutete die Zerstörung der Wahrheit, denn Wahrheit und Unwahrheit wären dasselbe.
> 5. Es zerstörte jeden Gedanken, sogar alle Meinungen, denn ihre Bestätigung wäre ihre Verneinung.
> 6. Wunsch und Präferenz wären nutzlos, denn es gäbe keinen Unterschied zwischen Gut und Böse; es gäbe keinen Grund, nach Hause zu gehen, denn nach Hause zu gehen wäre dasselbe wie dort zu bleiben, wo man sich befindet.
> 7. Alles wäre gleichzeitig wahr und falsch, sodass keine Meinung richtiger wäre als eine andere, nicht einmal in Abstufungen.
> 8. Es machte alles Werden, Ändern oder Bewegen unmöglich, denn all das impliziert den Übergang von einem Zustand in einen anderen. Wenn aber das Prinzip des Widerspruchs falsch ist, sind alle Zustände gleich.

Avicenna, so schreibt John Duns Scotus, schlug eine andere unerwünschte Folge für diejenigen, die die Axiome leugnen, vor. »Diejenigen, die die Axiome leugnen, sollten geschlagen oder dem Feuer ausgesetzt werden, bis sie zugeben, dass zu verbrennen und nicht zu verbrennen oder geschlagen und nicht geschlagen zu werden nicht das Gleiche ist.«[50]

Reginald Garrigou-Lagrange bemerkt diese absurde Folge:

> Wenn das Prinzip des Widerspruchs nicht absolut ist, dann verliert der Ausdruck von Descartes [»Ich denke, also bin ich.«] selbst alle wirkliche Gültigkeit und wird zu einem rein geistigen Phänomen. Wenn ich dieses Axiom leugnen kann, dann könnte ich auch sagen: Vielleicht denke ich und denke gleichzeitig nicht, vielleicht existiere ich und existiere nicht, vielleicht bin ich ich und nicht ich, vielleicht ist »ich denke« genauso unpersönlich wie »es regnet«. Ohne das Absolute des Widerspruchs kann ich die objektive Existenz meiner eigenen individuellen Personen nicht kennen.[51]

Man muss eines der Axiome verwenden, um ein anderes Axiom zu widerlegen, was absurd ist.

> Axiome sind entweder unwiderlegbar oder auf das Unwiderlegbare reduzierbar. Sie sind entweder selbstverständlich oder auf das Selbstverständliche reduzierbar. Und selbstverständliche Axiome sind entweder von ihrem Wesen aus wahr oder nicht widerlegbar, weil man die Satzaussage auf den Satzgegenstand reduzieren kann. Dass die Satzaussage auf den Satzgegenstand reduzierbar ist, bedeutet, dass man das Axiom nicht widerlegen kann, ohne es zu verwenden. Das Axiom der Widerspruchslosigkeit zum Beispiel kann man nicht widerlegen, ohne es dabei zu verwenden.[52]

Ravi Zacharias stimmt mit ihm überein: »Es gibt keine Möglichkeit, diese Gesetze der Argumentation zu ignorieren oder zu umgehen. Denn man ist in der Tat gezwungen, sie zu verwenden, wenn man sie widerlegen will.«[53]

Joseph Owens bemerkt weiter, dass die Widerspruchslosigkeit auch in Gedanken nicht geleugnet werden kann:

> Egal wie oft sie versuchen, sie mit Worten zu leugnen, es ist nicht möglich, sie in Gedanken zu leugnen. Jeder Versuch, sie zu leugnen, schließt ihre Bestätigung mit ein. Daher ist sie weder für Zweifel noch für Verbesserungen offen. Es ist eine Aussage, die universal das Sein ausdrückt, das unmittelbar in Dingen, die wir mit unseren äußeren Sinnen wahrnehmen, und in dem eigenen tiefen Bewusstsein erkannt wird.[54]

Mortimer J. Adler erklärt, dass der gesunde Menschenverstand die Widerspruchslosigkeit als unbestreitbares Merkmal der Wirklichkeit ansieht:

> Der gesunde Menschenverstand würde nicht einen Moment zögern zu behaupten, dass zu einem gegebenen Zeitpunkt eine bestimmte Sache entweder existiert oder nicht, dass ein bestimmtes Ereignis entweder stattgefunden hat oder nicht, dass etwas, worüber man nachdenkt, entweder eine gewisse Eigenschaft oder ein

gewisses Merkmal besitzt oder nicht. Und das ist auf gar keinen Fall eine unglaubliche oder gar irrige Annahme über die Wirklichkeit, der unsere Überzeugungen oder Meinungen entsprechen könnten oder nicht, diese Sicht der Wirklichkeit scheint vielmehr für den gesunden Menschenverstand unwiderlegbar.[55]

2.6.2 Unbeweisbarkeit

Wir müssen uns hier klar sein, dass wir nicht sagen, dass Unbeweisbarkeit (eine Aussage ist nicht einem Beweis unterworfen) ein Beweis für Axiome darstellt; wir sagen nur, dass Unbeweisbarkeit tatsächlich für Axiome zutrifft. Man darf nicht vergessen, dass es keinen anderen Beweis für Axiome gibt außer ihnen selbst – sie sind selbstverständlich. Sie sind unsere Basis für alle anderen Beweise und Argumentationen.

Aristoteles beschreibt, was »unbeweisbar« bedeutet:

> [Wir aber sagen,] dass weder jede Wissenschaft beweisend noch die Wissenschaft der unvermittelten Prinzipien beweisbar ist. Und es liegt am Tage, dass dem notwendig so ist. Denn wenn es notwendig ist, das Frühere, also das, woraus der Beweis geschieht, zu wissen, und man einmal bei dem Unvermittelten ankommt, so ist dies notwendig unbeweisbar.[56]

Aristoteles erklärt: »Denn dass es überhaupt für alles einen Beweis gebe, ist unmöglich, sonst würde ja ein Fortschritt ins Unendliche eintreten und auch so kein Beweis stattfinden.«[57]

Thomas von Aquin illustriert die Sinnlosigkeit eines unendlichen Rückschlusses in der Beweisführung:

> Angenommen jemand, der einen Beweis [für eine gegebene Schlussfolgerung] hat, folgert syllogistisch [liefert ein exaktes deduktives Argument] auf der Basis von beweisbaren (oder mittelbaren) Voraussetzungen. Entweder besitzt diese Person einen Beweis für diese Voraussetzungen oder nicht. Wenn sie keinen Beweis besitzt, dann besitzt sie kein Wissen [scientia] über die Voraussetzungen und besitzt daher kein Wissen [scientia] über die Schlussfolgerungen, von denen sie aufgrund der Voraussetzungen überzeugt ist. Aber wenn sie einen Beweis für die Voraussetzungen besitzt, dann wird sie irgendwann auf Voraussetzungen stoßen, die unmittelbar und unbeweisbar sind, denn im Fall von Beweisen ist es nicht möglich, ad infinitum zu gehen. … Und daher müssen Beweise auf unmittelbare Voraussetzungen zurückgehen und das entweder direkt oder indirekt durch andere vermittelte [Voraussetzungen].[58]

Alasdair MacIntyre sagt klar aus: »Argumente *für* Axiome können nicht beweisend sein, denn die Beweisführung geht *auf* Axiome zurück.«[59]

Mortimer Adler argumentiert, dass es keinen Beweis außer ihr selbst für eine selbstverständliche Wahrheit gibt:

> Wahrheiten, die selbstverständlich genannt werden, liefern die offensichtlichsten Beispiele für Wissen im engsten Sinne des Begriffes. Sie werden selbstverständlich genannt, da ihre Bestätigung unsererseits nicht von zu ihrer Unterstützung angeführten Beweisen abhängt und auch nicht von Argumentationen, die zeigen sollen, dass sie durch Ableiten stichhaltig gezogene Schlussfolgerungen sind. Wir erkennen ihre Wahrheit unmittelbar oder direkt durch unser Verständnis dessen, was sie behaupten. Wir sind von ihrer Wahrheit überzeugt – überzeugt, nicht überredet –, weil es uns unmöglich ist, das Gegenteil dessen zu denken, was sie behaupten. Wir sind in keiner Weise frei, das Gegenteil zu denken.[60]

2.7 Einwände gegenüber Axiomen

2.7.1 Axiome sind nur eine westliche Art des Denkens (vgl. auch Kapitel 37 über Mystizismus)

Wir müssen uns das sich selbst widerlegende Wesen dieses Einwandes vor Augen führen:

> Manche Leute sagen, dass es eine andere Art der Logik gibt, östliche Logik, die die Ansicht vertritt, dass die Wirklichkeit, in ihrem Kern, Gegensätze umfasst. Es ist jedoch logisch unmöglich, einem universalen Gesetz geographische Grenzen setzen zu wollen. Nach östlicher Logik kann die Wirklichkeit logisch und unlogisch sein. Aber wenn eine Sache sowohl logisch als auch unlogisch ist, dann ist das ein Widerspruch und hat keine Bedeutung. So ist also östlicher Logik zufolge alles letzten Endes bedeutungslos. Wenn jedoch letzten Endes alles bedeutungslos ist, dann gilt das auch für die Unterscheidung zwischen westlicher und östlicher Logik.[61]

Mortimer Adler erklärt: »Die Grundlagen der Logik sollten so kulturübergreifend sein wie die Mathematik, mit der die Grundsätze der Logik assoziiert werden. Die Grundsätze der Logik sind weder westlich noch östlich, sondern universal.«[62]

Er erklärt, dass das »westliche« Denken die Grundlage für alle Technologie ist – im Osten und im Westen:

> Wo immer die Früchte der Technologie genutzt werden, ist die Wahrheit der Mathematik und der Naturwissenschaften anerkannt. Wenn die zugrunde liegende Mathematik und Naturwissenschaft nicht wahr wären, würde die Technologie nicht erfolgreich arbeiten. Wenn aber die zugrunde liegende Mathematik und Naturwissenschaft wahr sind, dann muss die zugrunde liegende Sicht der Wirklichkeit, nach der diese frei von inhärenten Widersprüchen sind, ebenso wahr sein; denn wenn sie es nicht wäre, könnten die Schlussfolgerungen der empirischen Naturwissenschaften nicht aufgrund ihrer Entsprechung mit der Wirklichkeit wahr sein.

Adler folgert daraus, »dass die Tatsache, dass es eine unabhängige Wirklichkeit gibt, der unsere Aussagen entsprechen oder nicht, durch die Art und Weise bestätigt wird, mit der technologisch entwickelte Geräte entweder funktionieren oder nicht.«[63]

Ravi Zacharias erzählt die folgende Geschichte, die die Sinnlosigkeit dieser Argumentationslinie zeigt:

> Als der Professor anfing ausführlich zu werden und seine Ansichten über das Gesetz der Widerspruchslosigkeit darlegte, kam er schließlich zu dem Schluss: »Das [die *Entweder-oder*-Logik] ist eine westliche Art, die Wirklichkeit zu betrachten. Das eigentliche Problem ist, dass Sie Widersprüche als ein Mensch aus dem Westen betrachten, wo Sie sie doch wie jemand aus dem Osten angehen sollten. Das *Sowohl-als-auch* ist die östliche Art, die Wirklichkeit zu betrachten.«
>
> Nachdem er diese beiden Ideen über *Entweder-oder* und *Sowohl-als-auch* einige Zeit ausgeführt hatte, fragte ich schließlich, ob ich seinen endlosen Gedankengang unterbrechen und eine Frage stellen dürfte.
>
> Ich sagte: »Herr Professor, wollen Sie damit sagen, dass ich entweder das *Sowohl-als-auch*-System der Logik verwende, wenn ich den Hinduismus studiere, oder nichts anderes?«
>
> Es herrschte scheinbar eine Ewigkeit lang eine Stille, in der man eine Stecknadel hätte fallen hören können. Ich wiederholte meine Frage: »Wollen sie damit sagen, dass ich *entweder* die *Sowohl-als-auch*-Logik verwende, wenn ich den Hinduismus studiere, *oder* nichts anderes? Habe ich das richtig verstanden?«
>
> Er warf seinen Kopf zurück und sagte: »Das *Entweder-oder* scheint wohl unweigerlich aufzutreten, oder nicht?«
>
> »Ja, tatsächlich, das tut es«, sagte ich. »Und es ist doch nun auch in Indien so, dass wir nach beiden Seiten schauen, bevor wir die Straße überqueren – es ist entweder der Bus oder ich, nicht wir beide.«
>
> Sehen sie den Fehler, den er machte? Er benutzte die *Entweder-oder*-Logik, um die *Sowohl-als-auch*-Logik zu beweisen. Je mehr man auf das Axiom der Widerspruchslosigkeit einschlägt, desto mehr schlägt es zurück.[64]

Zacharias weist auch auf etwas hin, was die meisten über die »östliche« Logik nicht zugeben:

> Die gesamte Lehrmethode des größten hinduistischen Philosophen Shankara war recht sokratisch, denn er diskutierte Ideen nicht in einer dialektischen Art (Sowohl-als-auch), sondern in einer widerspruchslosen Art (Entweder-oder). Er forderte seine Gegner heraus zu beweisen, dass seine Ansicht falsch war, und wenn er es nicht konnte, sich seiner Ansicht zu beugen. Der Punkt ist also nicht, ob wir eine östliche oder westliche Logik verwenden. Wir verwenden die Logik, die die Wirklichkeit am besten wiedergibt, und das Gesetz der Widerspruchslosigkeit wird explizit oder implizit sowohl im Osten als auch im Westen miteinbezogen.[65]

2.7.2 Logische Gesetze wie das des Widerspruchs sind lediglich formelle Gesetze zum Aufbau symbolischer Systeme; sie gelten nicht für die Wirklichkeit

Ronald Nash antwortet darauf:

> Das Gesetz der Widerspruchslosigkeit ist nicht nur ein Gesetz des Denkens. Es ist ein Gesetz des Denkens, weil es zuerst ein Gesetz des Seins ist. Auch ist das Gesetz nichts, was jemand akzeptieren kann oder nicht. Das Leugnen des Gesetzes der Widerspruchslosigkeit führt zur Absurdität. Es ist unmöglich, bedeutungsvoll die Gesetze der Logik zu leugnen. Wenn das Gesetz der Widerspruchslosigkeit geleugnet wird, dann hat nichts eine Bedeutung. Wenn die Gesetze der Logik nicht zuerst bedeuten, was sie sagen, dann kann nichts anderes eine Bedeutung haben, auch nicht das Leugnen der Gesetze.[66]

Rudolph G. Bandas stimmt dem zu:

> Wenn die Vorstellung des Seins keinen ontologischen Wert besitzt, dann wäre das Prinzip des Widerspruchs ein Gesetz der Logik, aber nicht notwendigerweise der Wirklichkeit. Diese Annahme ist jedoch, auch subjektiv gesehen, undenkbar: Die Idee des Seins ist absolut einfach und nichts kann ihr nur teilweise entsprechen. Was immer ihr entspricht, ist Sein; was es nicht tut, ist Nichtsein. Unsere Intelligenz und der Vorgang des Erkennens sind also im Grunde beabsichtigt und relativ zum Sein. Wenn diese Beziehung geleugnet wird, wird alles andere unverständlich.[67]

2.7.3 Das Axiom der Widerspruchslosigkeit mit der Widerspruchslosigkeit zu verteidigen, ist ein Zirkelschluss

Norman Geisler antwortet darauf, dass

> dieser Einwand die Sache verwirrt. Denn das Gesetz der Widerspruchslosigkeit wird nicht als Basis des indirekten Beweises seiner Gültigkeit verwendet; es wird nur im Prozess der Verteidigung seiner Gültigkeit verwendet. Nehmen wir zum Beispiel die Aussage: »I cannot speak a word in English.« [»Ich spreche kein Wort Englisch.«] Diese Aussage macht sich selbst zunichte, denn sie tut, was sie behauptet nicht zu können. Sie verwendet Englisch um zu sagen, dass sie kein Englisch kann. So widerlegt sie sich selbst. Der indirekte Beweis für das Gesetz der Widerspruchslosigkeit ist ähnlich. Wir können das Gesetz der Widerspruchslosigkeit nicht widerlegen, ohne es in genau dem Satz zu verwenden, der es widerlegt. Denn der Satz, der die Widerspruchslosigkeit widerlegt, wird als widerspruchsloser Satz angeboten. Wenn nicht, macht er keinen Sinn.
> Ähnlich ist es, wenn ich sage »I can utter a word in English.« [»Ich kann mich auf English äußern.«] Dann ist es offensichtlich, dass ich ein Wort Englisch gesprochen habe, als ich es gesagt habe. Aber es gibt nichts, das sich selbst widerlegt, wenn ich Englisch dazu verwende zu sagen, dass ich Englisch verwenden kann.

Nur wenn ich Englisch dazu verwende zu sagen, dass ich es nicht kann, widerlegt sich die Aussage selbst. Genauso ist es nicht falsch, das Axiom der Widerspruchslosigkeit zu verwenden, um das Axiom der Widerspruchslosigkeit zu verteidigen. Es ist nur falsch, das Axiom dazu zu verwenden, es zu widerlegen.[68]

2.7.4 Wir können Axiome nicht a priori (d. h. abgesehen von Erfahrung) kennen, denn der Verstand ist eine Tabula rasa (d. h. eine leere, unbeschriebene Tafel), bis er Erfahrungen macht

Thomas von Aquin stellt fest: »Die Sinneserkenntnis [d. h. die erfahrene] ist nicht die ganze Ursache der Verstandeserkenntnis. Deshalb ist es nicht verwunderlich, wenn die Verstandeserkenntnis sich weiter erstreckt als die Sinneserkenntnis.«[69]

Norman Geisler erklärt, dass das Wissen der Axiome »natürlich« ist: »Natürliches Wissen ist weder *a priori* ›eingeflößt‹ noch *a posteriori* ›erlangt‹. Wir wissen es natürlich, weil wir die natürlichen Fähigkeiten oder ›Form‹ dazu haben.«[70]

Peter Hoenen benutzt den Ausdruck »natürlich« ebenfalls:

> Wie auch die anderen Axiome leitet das Prinzip des Widerspruchs sowohl den Verstand als auch das Sein und die Beziehungen zwischen den beiden. Durch die Leichtigkeit, mit der diese Prinzipien erkannt werden – wenn auch nicht immer formuliert –, gehören sie zum menschlichen Verstand »wie von Natur aus«.[71]

James Sullivan erklärt, was mit »auf natürliche Weise« gemeint ist:

> Die Person, die ein Sinnesurteil fällt, ist sich zu dieser Zeit dieser Axiome nicht ausdrücklich bewusst, aber man kann sie ihm durch Fragen leicht und schnell entlocken, auch wenn er niemals vorher über sie nachgedacht hat. Daher könnte man sagen, dass er diese Prinzipien praktisch oder gewohnheitsmäßig besessen hat, vom Beginn seines kognitiven Lebens an. Das bedeutet es, wenn man sagt, dass Axiome »von Natur aus kommen und auf natürliche Weise erkannt werden«.[72]

Thomas von Aquin stellt fest, dass dieses natürliche Wissen vorhanden ist, sobald dem Verstand etwas präsentiert wird: »Denn in jedem Menschen wohnt ein Wirkgrund des Wissens, nämlich das Licht des tätigen Verstandes, durch das gleich von Anfang an auf natürliche Weise gewisse allgemeine Grundsätze aller Wissenschaften erkannt werden.«[73]

2.7.5 Wie kann die Kenntnis der Axiome sowohl a posteriori (d. h. durch Erfahrung) erlangt als auch angeboren sein?

Erinnern sie sich, wann immer jemand eine Wie-Frage über das Wissen stellt, dann fragt er nach der Erkenntnislehre. Wir haben bereits angeführt, dass es nicht notwendig ist, diese Wie-Fragen zu beantworten, wenn man Beweise dafür liefern will, dass etwas tatsächlich der Fall ist; wir werden jedoch eine Antwort auf diesen Einwand anbieten:

> Thomas von Aquin leistet einen wichtigen Beitrag zur Epistemologie. Durch eine einzigartige Synthese vereint er die *A-priori-* und die *A-posteriori*-Elemente des Wissens. Menschen haben eine angeborene, natürliche Kapazität oder Form für die Wahrheit der Axiome, die in ihrer Natur durch Gott fest verwurzelt ist. Sie verfügen über Axiome in einer Art virtueller und natürlicher Weise als eine Voraussetzung jeder kognitiver Aktivität. Und wenn diese angeborene Fähigkeit mit dem Inhalt von Sinneserfahrung erfüllt wird, sind wir in der Lage, durch bewusste Reflexion zu einem Wissen dieser Axiome zu gelangen, die uns als grundlegender Teil unseres Wesens dazu befähigen, uns ihrer bewusst zu sein. Das heißt, wir können Axiome nur dann kennen, wenn wir sie anwenden, um sie zu erkennen, sonst hätten wir keine anderen Mittel, mit denen wir sie erkennen könnten. Wir haben sie durch Anwendung, bevor wir sie durch unser Bewusstsein erkennen.[74]

Etienne Gilson fasst Thomas von Aquins Antwort auf die *Wie*-Frage so zusammen:

> Wir finden die Keime allen Wissens im Intellekt selbst. Diese vorgeformten Keime, von denen wir natürliche Kenntnisse haben, sind die Axiome. Was für diese Grundsätze charakteristisch ist, ist, dass sie die ersten Konzepte sind, die unser Intellekt formt, wenn wir mit dem Spürbaren in Kontakt kommen. Zu sagen, dass sie vorher existieren, bedeutet nicht, dass der Intellekt sie tatsächlich besitzt, unabhängig von den Vorgängen, die die Körper auf unsere Seele ausüben; es bedeutet nur, dass sie die ersten verständlichen Dinge sind, die unser Verstand erreichen kann, wenn er von Sinneserfahrung aus beginnt. Das Verstehen dieser Prinzipien ist nicht mehr angeboren als die Schlussfolgerungen deduktiver Argumente, aber während wir die ersten natürlich entdecken, erreichen wir letztere nur durch gezieltes Suchen.[75]

2.7.6 Aber die Logik gilt nicht für die Wirklichkeit

Als Antwort zu diesem Einwand:

> Es gibt nur drei mögliche Ansichten über die Beziehung zwischen logischer Notwendigkeit und Wirklichkeit: 1. Logik *kann* nicht für die Wirklichkeit gelten; 2. Es *könnte* sein, dass Logik nicht für die Wirklichkeit gilt; 3. Logik *muss* für die Wirklichkeit gelten. Wir argumentieren, dass die erste Alternative sich selbst widerlegt, die zweite bedeutungslos ist und daher die dritte die einzige Ansicht ist, die bestätigt werden kann. Das gibt uns die bedeutungsvolle Alternative, nämlich, dass Logik für die Wirklichkeit gelten *muss*. Denn die Ansicht, dass Logik nicht für die Wirklichkeit gelten *kann*, bestätigt, dass Logik auf die Wirklichkeit angewandt wird in genau dem Versuch zu leugnen, dass dies der Fall ist. Und die Ansicht, dass Logik eventuell nicht für die Wirklichkeit gelten *könnte*, ist eine bedeutungslose Behauptung, solange Logik nicht für die Bedeutungen der Begriffe »Wirklichkeit« und »möglich« in dem Satz gilt, der behauptet, dass Logik eventuell nicht für die Wirklichkeit gilt.[76]

Ravi Zacharias behauptet: »Die Gesetze der Logik müssen in der Wirklichkeit gelten; sonst könnten wir auch in einem Irrenhaus leben.«[77]

2.7.7 Es gibt keine Wahrheit, die der Wirklichkeit entspricht

Ravi Zacharias macht auf das sich selbst widerlegende Wesen dieser Aussage über Wahrheit aufmerksam:

> Denn jeder, der die Aussage, dass es keine Wahrheit gibt, die der Wirklichkeit entspricht, ernst nimmt, widerlegt die Aussage selbst, da er impliziert, dass sie die Wirklichkeit nicht wiedergibt. Wenn eine Aussage die Wirklichkeit nicht wiedergibt, warum sollte man sie dann ernst nehmen? Wahrheit als Kategorie muss existieren, auch wenn jemand ihre Existenz leugnet, und muss auch die Möglichkeit bieten, erkannt zu werden.[78]

Geisler erklärt, dass »sogar die Intentionstheorie von der Entsprechungstheorie der Wahrheit abhängt. Die Intentionstheorie behauptet, etwas ist wahr, wenn es schafft, was es beabsichtigt hatte. Aber das bedeutet, dass es nur dann wahr ist, wenn die Vollendung den Absichten *entspricht*. So gibt es ohne *Entsprechung* zwischen Absichten und vollbrachten Tatsachen keine Wahrheit.«[79]

2.7.8 Wenn jede Argumentation eine Basis braucht, brauchen dann nicht auch die Axiome eine Basis?

Geisler erklärt:

> Unser Argument ist nicht, dass *alles* eine Basis braucht, sondern dass nur Dinge, die nicht selbstverständlich sind, eine Grundlage brauchen. Dinge, die nicht in sich selbst evident sind, müssen dies aufgrund von etwas anderem sein, das selbstverständlich ist. Wenn man einmal beim Selbstverständlichen angekommen ist, muss dies nicht aufgrund einer anderen Sache evident sein.[80]

Das ist ein entscheidender Punkt, wenn man das Thema mit Menschen diskutiert, die Beweise für Axiome fordern; *es gibt keine anderen Beweise für Axiome als sie selbst – sie sind schlicht und einfach selbstverständlich.*

2.7.9 Nicht jeder sieht diese Prämissen als selbstverständlich an

Jedoch »nur weil manche Dinge nicht für jeden eindeutig sind, heißt das noch nicht, dass sie nicht in sich selbst selbstverständlich sind. Der Grund dafür, dass eine selbstverständliche Wahrheit für jemanden nicht selbstverständlich ist, könnte der sein, dass diese Person sie nicht sorgfältig untersucht hat. Aber ihr Versagen macht in keiner Weise das selbstverständliche Wesen der Axiome wertlos.«[81]

2.7.10 Es wird nur angenommen, dass alle Beweise von einer Reduzierung auf die Axiome abhängen, um zu beweisen, dass es bei der Beweisführung keinen unendlichen Rückschluss geben kann

James B. Sullivan antwortet darauf: »Dass Schlussfolgerungen durch die Reduzierung auf das Axiom der Beweisführung als sicher erwiesen werden, ist keine Annahme *a priori*, der der unendliche Rückschluss bei der Beweisführung nicht entspricht; es ist vielmehr eine Schlussfolgerung, die aus der Unmöglichkeit des unendlichen Rückschlusses gewonnen wurde.«[82]

2.7.11 Entkräftet die Heisenberg'sche Unschärferelation nicht die Gewissheit der Axiome?

Mortimer Adler weist auf die fehlerhafte Voraussetzung in diesem Einwand hin:

> Der Fehler in der Kopenhagener Interpretation der Heisenberg'schen Unschärferelation liegt in einem außergewöhnlichen philosophischen Fehler, der unbewusst oder absichtlich von den Physikern des 20. Jahrhunderts gemacht wurde. Es ist der Fehler, die Wirklichkeit auf das zu beschränken, was Physiker messen können, wobei Wirklichkeit nur messbaren Charakteristika zugeschrieben wird. Die Relation sollte jedoch so verstanden werden, dass Ungewissheit nur unseren Messungen in der Quantenmechanik zugeschrieben wird. Diese Ungewissheit, die erkenntnistheoretisch ist oder im Bereich des Wissens liegt, wird irrigerweise in eine Unbestimmtheit in die Struktur der Wirklichkeit übertragen, die dann ontologisch wird, nicht allein erkenntnistheoretisch.[83]

3 Literaturangaben

[1] Aristotle, *Analytica Posterioria*, 1.3.72b.25.
[2] Aristotle, *Metaphysics*, 4.4.1006a.
[3] St. Thomas Aquinas, *Summa Theologica*, 1.33.1.
[4] St. Thomas Aquinas, *Summa Theologica*, 1.33.1.
[5] James B. Sullivan, »An Examination of First Principles in Thought and Being in the light of Aristoteles and Aquinas«, Doktorarbeit, Catholic University of America, S. 33.
[6] Norman L. Geisler, *Thomas Aquinas: An Evangelical Appraisal*, S. 72f.
[7] L. M. Regis, *Epistemology*, S. 378.
[8] St. Thomas Aquinas, *Commentary on the Metaphysics of Aristotle*, 224.
[9] St. Thomas Aquinas, *Peri Hermeneias*, 1.8.
[10] Norman L. Geisler, *Thomas Aquinas: An Evangelical Appraisal*, S. 71.
[11] Norman L. Geisler, *Bakers Encyclopedia of Christian Apologetics*, S. 259.
[12] George I. Mavrodes, *Believe in God: A Study in the Epistemology of Religion*, S. 49.
[13] C. S. Lewis, *The Abolition of Men*, S. 87.

[14] James B. Sullivan, »An Examination of First Principles in Thought and Being in the light of Aristoteles and Aquinas«, Doktorarbeit, Catholic University of America, S. 25f.

[15] St. Thomas Aquinas, *Summa Theologica*, 1.2.94.2.

[16] Rudolph G. Bandas, *Contemporary Philosophy and Thomistic Principles*, S. 60.

[17] Ebd., S. 34.

[18] St. Thomas Aquinas, *Contra Gentiles*, 2.83.

[19] Mortimer J. Adler, *Truth in Religion*, S. 133.

[20] Rudolph G. Bandas, *Contemporary Philosophy and Thomistic Principles*, S. 66.

[21] Ebd., S. 65.

[22] vgl. L. M. Regis, *Epistomology*, S. 381-403; James B. Sullivan, »An Examination of First Principles in Thought and Being in the light of Aristoteles and Aquinas«, Doktorarbeit, Catholic University of America, S. 51-96; Norman L. Geisler, *Baker Encyclopedia of Christian Apologetics*, S. 250-253; und Norman L. Geisler, *Thomas Aquinas: An Evangelical Appraisal*, S. 73f.

[23] Norman L. Geisler, *Bakers Encyclopedia of Christian Apologetics*, S. 25.

[24] L. M. Regis, *Epistemology*, S. 395.

[25] Norman L. Geisler, *Bakers Encyclopedia of Christian Apologetics*, S. 251.

[26] L. M. Regis, *Epistemology*, S. 388f.

[27] Norman L. Geisler, *Bakers Encyclopedia of Christian Apologetics*, S. 251.

[28] Norman L. Geisler, *Thomas Aquinas: An Evangelical Appraisal*, S. 73.

[29] Norman L. Geisler, *Bakers Encyclopedia of Christian Apologetics*, S. 251.

[30] Norman L. Geisler, *Thomas Aquinas: An Evangelical Appraisal*, S. 74.

[31] L. M. Regis, *Epistemology*, S. 399.

[32] Norman L. Geisler, *Thomas Aquinas: An Evangelical Appraisal*, S. 74.

[33] Ebd., S. 76.

[34] Aristotle, *Metaphysics*, 4.3.1005b (Hervorhebung d. Autors).

[35] Ebd., 4.4.1006a.

[36] St. Thomas Aquinas, *Metaphysics*, 4.3.

[37] St. Thomas Aquinas, *Summa Theologica*, 1.2.94.2.

[38] Mortimer J. Adler, *Truth in Religion*, S. 70.71.

[39] Mortimer J. Adler, *Aristotle for Everybody: Difficult Thought Made Easy*, S. 140.

[40] Reginald Garrigou-Lagrange, *Reality: A Synthesis of Thomistic Thoughts*, S. 372f.

[41] Mortimer J. Adler, *Truth in Religion*, S. 10.

[42] Mortimer J. Adler, *Aristotle for Everybody: Difficult Thought Made Easy*, S. 140.

[43] St. Thomas Aquinas, *Summa Theologica*, 1.85.6.

[44] Ebd., 1.17.3.

[45] Scott MacDonald, »Theory of Knowledge«, in Norman Kretzmann & Eleonore Stump (Hrsg.), *The Cambridge Companion to Aquinas*, S. 170f.

[46] St. Thomas Aquinas, *Physics*, 10.5.

[47] St. Thomas Aquinas, *Summa Theologica*, 1.78.1.

[48] Mortimer J. Adler, *Truth in Religion*, S. 116f.
[49] James B. Sullivan, »An Examination of First Principles in Thought and Being in the light of Aristoteles and Aquinas«, Doktorarbeit, Catholic University of America, S. 121f.
[50] Avicenna, *Metaphysics*, zitiert nach John Duns Scotus, *Philosophical Writings*, S. 10.
[51] Reginald Garrigou-Lagrange, *Reality: A Synthesis of Thomistic Thought*, S. 372.
[52] Norman L. Geisler, *Bakers Encyclopedia of Christian Apologetics*, S. 250.
[53] Ravi K. Zacharias, *Can Man Live Without God?*, S. 11.
[54] Joseph Owens, *An Elementary Christian Metaphysics*, S. 269f.
[55] Mortimer J. Adler, *Six Great Ideas*, S. 36.
[56] Aristotle, *Analytica Posterioria*, 1.3.72b.
[57] Aristotle, *Metaphysics*, 4.4.1006b.
[58] St. Thomas Aquinas, *Posterior Aanalytics*, 1.4.14.
[59] Alasdair MacIntyre, *First Principles, Finals Ends and Contemporary Philosophical Issues,* S. 35.
[60] Mortimer J. Adler, *Six Great Ideas*, S. 52.
[61] Norman L. Geisler & Peter Bocchino, *When Students Ask: A Handbook on Foundational Truths*, o. S.
[62] Mortimer J. Adler, *Truth in Religion*, S. 36.
[63] Ebd., S. 74.
[64] Ravi K. Zacharias, *Can Man Live Without God?*, S. 129.
[65] Ebd., S. 130.
[66] Ronald H. Nash, *World Views in Conflict*, S. 84.
[67] Rudolph G. Bandas, *Contemporary Philosophy and Thomistic Principles*, S. 65.
[68] Norman L. Geisler, *Thomas Aquinas: An Evangelical Appraisal*, S. 79.
[69] St. Thomas Aquinas, *Summa Theologica*, 1.84.6.
[70] Norman L. Geisler, *Thomas Aquinas: An Evangelical Appraisal*, S. 90.
[71] Peter Hoenen, *Reality and Judgement: According to St. Thomas*, S. 208.
[72] James B. Sullivan, »An Examination of First Principles in Thought and Being in the light of Aristoteles and Aquinas«, Doktorarbeit, Catholic University of America, S. 33.
[73] St. Thomas Aquinas, *Summa Theologica*, 1.117.1.
[74] Norman L. Geisler, *Thomas Aquinas: An Evangelical Appraisal*, S. 90.
[75] Etienne Gilson, *The Philosophy of St. Thomas Aquinas*, S. 246.
[76] Norman L. Geisler, »The Missing Premise in the Ontological Argument«, in *Religious Studies* 1.9, S. 292f.
[77] Ravi K. Zacharias, *Can Man Live Without God?*, S. 11.
[78] Ebd., S. 125.
[79] Norman L. Geisler, »The Concept of Truth in the Inerrancy Debate«, in *Bibliotheca Sacra*, S. 335f.
[80] Norman L. Geisler, *Bakers Encyclopedia of Christian Apologetics*, S. 260.
[81] Ebd., S. 260.

[82] James B. Sullivan, »An Examination of First Principles in Thought and Being in the light of Aristoteles and Aquinas«, Doktorarbeit, Catholic University of America, S. 26.

[83] Mortimer J. Adler, *Truth in Religion*, S. 71f.

34 Die Antwort auf die Postmoderne

Kapitelübersicht

1 Einführung

Hier müssen wir eine Antwort auf verschiedene der wichtigsten philosophischen Einwände gegen die Erfassbarkeit der Wahrheit geben. Die jüngsten Einwände werden unter dem Vorwand der »Postmoderne« vorgebracht. Warum ist es überhaupt notwendig, eine Antwort auf zeitgenössische Philosophen wie Lyotard und Derrida zu geben, deren Philosophien die heutige Kultur durchdringen? Um mit C. S. Lewis Worten zu antworten: Weil »jetzt unwissend und einfach zu sein – die Feinde nicht auf ihrem eigenen Boden bekämpfen zu können – hieße, die Waffen niederzuwerfen und unsere ungebildeten Brüder zu betrügen, die vor Gott außer uns keine andere Verteidigung haben gegen die intellektuellen Attacken der Heiden. Es muss gute Philosophie geben und sei es nur aus dem Grund, weil wir schlechter Philosophie etwas erwidern müssen.«[1]

Ein vergleichender Überblick über ethischen Theismus, Modernismus und Postmoderne			
	Ethischer Theismus	**Modernismus**	**Postmoderne**
Wahrheit	Die Wahrheit wurde den Männern und Frauen von Gott offenbart.	Man kann die Wahrheit mithilfe des Verstandes und logischer Argumentation herausfinden.	Objektiv gesehen existiert Wahrheit nicht; sie ist ein Produkt der menschlichen Kultur.
Menschliche Identität	Menschen sind sowohl spirituelle als auch materielle Wesen, sie wurden nach Gottes Bild erschaffen, sind aber in Sünde gefallen.	Menschen sind rationale, nicht spirituelle Wesen, die ihre Existenz über das definieren können, was ihre Sinne wahrnehmen.	Menschen sind vor allem soziale Wesen, Produkte ihrer Kultur und ihrer Umwelt.
Die Welt	Gott ist der Schöpfer, Bewahrer und Herrscher der Erde und er hat den Menschen befohlen, sie sich untertan zu machen und über sie zu wachen.	Menschen können und sollten die Erde und alle ihre Geheimnisse erobern.	Das Leben auf der Erde ist empfindlich, und das »aufklärerische Modell der menschlichen Eroberung der Natur … muss schnell einer neuen Haltung der Zusammenarbeit mit der Natur weichen.«
Denken und Sprache	Die Vernunft »kann die Wahrheit über die Wirklichkeit erschließen, Glaube und Offenbarung sind jedoch zusätzlich nötig.«	Um Antworten über das Leben und die Welt um uns herum zu bekommen und sie zu verstehen, sollten die Menschen sich nur auf die rationalen Entdeckungen durch wissenschaftliche Methoden verlassen und den Glauben an das Übernatürliche ablehnen.	Denken ist ein »soziales Konstrukt«, Sprache ist willkürlich und es gibt keine allgemein gültige Wahrheit, welche die Kultur transzendiert.
Menschlicher Fortschritt	Die menschliche Geschichte ist kein Fortschritt, sondern ein Warten auf Erlösung.	Menschlicher Fortschritt durch Naturwissenschaften und Vernunft ist unvermeidlich.	Die Dinge werden nicht besser; außerdem ist Fortschritt ein repressives westliches Konzept.

»Zwischen 1960 und 1990«, schreibt Stanley J. Grenz in seinem Buch *A Primer to Postmodernism*, »trat die Postmoderne als kulturelles Phänomen auf«, in vielerlei Hinsicht durch die Ankunft des Informationszeitalters vorangetrieben. Grenz schlägt vor, dass, wenn die Fabrik das Symbol des Industriezeitalters ist, das die Moderne hervorgebracht hat, der Computer das Symbol des Informationszeitalters ist, das die Ausbreitung der Postmoderne begleitet.[2]

Die Postmoderne ist komplex, und ihre Lehrsätze manchmal widersprüchlich. Trotzdem gelingt es Lawrence Cahoone, das Wesentliche in seinem Buch *From Modernism to Postmodernism* zu benennen:

> Einfach ausgedrückt wird sie [die Postmoderne] die meisten fundamentalen intellektuellen Säulen der modernen westlichen Zivilisation ablehnend betrachten. … Zumindest hält die Postmoderne einige wichtige, für die moderne westliche Kultur charakteristische Prinzipien, Methoden oder Ideen für veraltet oder illegitim.[3]

Die Postmoderne steht für eine Ablehnung der Philosophie, die den westlichen Gedanken von Beginn an charakterisiert hat.

2 Die wichtigsten Merkmale der Postmoderne

2.1 Die Wahrheit stimmt nicht mit der Wirklichkeit überein

Richard Rorty behauptet: »Für den Pragmatiker [den Postmodernisten] sind wahre Sätze nicht wahr, weil sie mit der Wirklichkeit übereinstimmen, und deshalb muss man sich keine Gedanken machen, mit was für einer Wirklichkeit, wenn überhaupt, ein Satz übereinstimmt – kein Grund sich Gedanken zu machen, was ihn wahr ›macht‹.«[4]

Rorty leugnet, dass die Wahrheit mit der Wirklichkeit übereinstimmt:

> [Der Pragmatiker] teilt mit dem Positivisten die Vorstellung von Bacon und Hobbes, dass Wissen Macht ist, ein Werkzeug, um mit der Wirklichkeit zurechtzukommen. Aber er führt Bacons Überzeugung bis ins Extreme, was der Positivist nicht tut. Er lässt die Vorstellung von Wahrheit als Übereinstimmung mit der Wirklichkeit beiseite und sagt, dass es uns die moderne Wissenschaft nicht ermöglicht, zurechtzukommen, weil sie übereinstimmt, sie ermöglicht es uns ganz einfach nur zurechtzukommen. Sein Argument für diese Sicht ist, dass es Hunderten von Jahren an Bemühungen nicht gelungen ist, aus der Vorstellung der »Übereinstimmung« (entweder von Gedanken mit Dingen oder von Worten mit Dingen) einen interessanten Sinn zu gewinnen.[5]

Rorty sagt, in Übereinstimmung mit Kuhn und Dewey: »Kuhn und Dewey schlagen vor, dass wir die Vorstellung von Wissenschaft auf dem Weg zu einem Ziel mit Namen ›Übereinstimmung mit der Wirklichkeit‹ aufgeben und stattdessen lediglich sagen sollten, dass ein gegebener Wortschatz für einen bestimmten Zweck besser geeignet ist als ein anderer.«[6]

Grenz fasst zusammen:

> Richard Rorty wiederum gibt das klassische Konzept von Wahrheit als den Verstand oder die Sprache, die die Natur widerspiegeln, auf. Die Wahrheit wird weder durch die Übereinstimmung einer Behauptung mit der objektiven Wirklichkeit noch durch die innere Kohärenz der Behauptung selbst geschaffen, so Rorty. Er argumentiert, dass wir einfach die Suche nach Wahrheit aufgeben und uns mit Interpretationen zufrieden geben sollten.[7]

Walter Truett Anderson erklärt die Einstellung vieler Postmodernisten zu Wahrheit:

> Wir sind von so vielen Wahrheiten umgeben, dass wir gar nicht anders können, als unsere Vorstellung von der Wahrheit selbst zu revidieren: unsere Überzeugungen über Überzeugung. Immer mehr Menschen gewöhnen sich an die Idee, dass, wie der Philosoph Richard Rorty es ausdrückt, Wahrheit vielmehr gemacht als gefunden wird.[8]

Richard Tarnas extrapoliert aus dieser Position:

> Der Verstand reflektiert nicht passiv die äußere Welt und ihre immanente Ordnung, sondern ist im Prozess der Wahrnehmung und Erkenntnis aktiv und kreativ. Wirklichkeit [Wahrheit] ist im gewissen Sinne vom Verstand konstruiert und wird nicht nur durch ihn wahrgenommen, und viele solcher Konstruktionen sind möglich, keine jedoch notwendigerweise souverän. … Daher ist das Wesen der Wahrheit und der Wirklichkeit … von Grund auf mehrdeutig.[9]

Pauline Marie Rosenau gibt ein praktisches Beispiel:

> Während die Aufgabe des modernen Therapeuten darin bestehen könnte, dem Patienten zu helfen, sein Leben in Ordnung zu bringen, unter die Oberfläche zu gelangen und ein besseres Verständnis der Wirklichkeit zu erlangen, hat der postmoderne Therapeut keine solche Absichten. Es gibt für ihn keine wahre Wirklichkeit zu entdecken.[10]

Grenz hebt die postmoderne Position hervor:

> Postmoderne Denker halten das große realistische Ideal [dass Wahrheit letztlich mit der Wirklichkeit übereinstimmt] nicht länger für haltbar. Sie lehnen die grundlegende Annahme, auf der es beruht, ab – nämlich dass wir in einer Welt aus stofflichen Dingen leben, die durch ihre inhärenten Eigenschaften leicht identifiziert werden können. Sie argumentieren, dass wir nicht einfach auf eine Welt treffen, die »da draußen« ist, sondern dass wir vielmehr die Welt mithilfe von Konzepten, die wir einbringen, konstruieren. Sie behaupten, dass wir keinen

> festen Beobachtungspunkt jenseits unserer eigenen Strukturierung der Welt haben, von dem aus wir einen rein objektiven Anblick einer wie auch immer beschaffenen Wirklichkeit da draußen erhalten können.[11]

Middleton und Walsh fassen die Argumentation, die der postmodernen Ablehnung der Korrespondenztheorie der Wahrheit zugrunde liegt, wie folgt zusammen:

> Obwohl die Moderne nie nur eine intellektuelle Bewegung war, war das Projekt »Moderne« auf der Annahme begründet, dass das wissende, autonome Subjekt Wahrheit erlangen kann, indem es eine Entsprechung zwischen der objektiv »gegebenen« Realität und den Gedanken oder Behauptungen des Wissenden herstellt. Für den postmodernen Verstand ist eine solche Entsprechung unmöglich, da wir keinen Zugang zu etwas haben, das »Wirklichkeit« genannt wird, abgesehen von dem, was wir in unseren Konzepten, unserer Sprache und unseren Diskursen als Wirklichkeit »darstellen«. Richard Rorty sagt, da wir der Wirklichkeit niemals begegnen »außer in einer ausgewählten Beschreibung«, bleibe uns der Luxus oder Vorwand, Anspruch auf einen naiven, unvermittelten Zugang zur Welt zu erheben, verwehrt. Wir gelangen niemals außerhalb unseres Wissens, um seine Exaktheit anhand der »objektiven« Wirklichkeit zu prüfen. Unser Zugang sei immer durch unsere eigenen linguistischen und begrifflichen Konstruktionen vermittelt.[12]

2.2 Es gibt keine »Metaerzählung«, die die gesamte Wirklichkeit erklären kann

1984 schrieb Jean François Lyotard, ein französischer Philosoph, den Artikel »The Postmodern Condition: A Report on Knowledge«. Damit half er nicht nur, den Begriff *Postmoderne* bekannt zu machen, sondern er gab auch eine Definition, die als einer der Grundsteine der Postmoderne angesehen wird: »Skepsis gegenüber Metaerzählungen« (Lyotard, Jean François. *The Postmodern Condition: A Report on Knowledge*. Trans. Geoff Bennington and Brian Massumi. Minneapolis: University of Minnesota Press, 1984).

Anderson erklärt:

> Eine Metaerzählung ist eine Geschichte mit mythischen Ausmaßen, eine Geschichte, die groß und bedeutungsvoll genug ist, Philosophie, Forschung, Politik und Kunst zusammenzubringen, sie miteinander zu verbinden und – vor allem – ihnen eine einheitliche Richtung zu geben. Lyotard zitiert als Beispiele die religiöse christliche Geschichte über Gottes Willen, der auf Erden erfüllt werden soll, die politische marxistische Geschichte von Klassenkampf und Revolution und die geistige aufklärerische Geschichte über den rationalen Fortschritt. Er fuhr fort, die postmoderne Ära als eine Zeit der »Skepsis gegenüber Metaerzählungen« – und zwar allen – zu definieren.
>
> Lyotard meinte damit nicht, dass alle Leute aufgehört haben, an alle Geschichten zu glauben, eher dass die Geschichten nicht mehr so gut funktionierten – zum Teil weil es einfach zu viele gibt und wir das alle wissen.[13]

Albert Mohler führt diese Definition einen Schritt weiter: »Daher sind alle großen philosophischen Systeme tot, alle kulturellen Berichte limitiert und alles, was bleibt, sind kleine Geschichten, die von verschiedenen Gruppen und Kulturen als wahr anerkannt werden. Ansprüche auf die allgemein gültige Wahrheit – die Metaerzählung – sind repressiv, ›totalisierend‹ und müssen daher abgelehnt werden.«[14]

Pauline Marie Rosenau beschreibt dieses Phänomen:

> Die Postmoderne stellt globale, allumfassende Weltanschauungen infrage, seien sie politisch, religiös oder sozial. Sie stellt Marxismus, christlichen Glauben, Faschismus, Stalinismus, Kapitalismus, liberale Demokratie, weltlichen Humanismus, Feminismus, Islam und moderne Wissenschaften auf dieselbe Stufe und tut sie alle als logozentrische (Derridas Ausdruck, der verwendet wird, die gedanklichen Systeme zu beschreiben, die Legitimität durch Referenz auf äußere, universell wahre Aussagen beanspruchen) und totalisierende Metaerzählungen ab, die alle Fragen vorwegnehmen und vorherbestimmte Antworten bieten. Alle diese gedanklichen Systeme beruhen auf Annahmen, die nicht sicherer sind als die von Hexerei, Astrologie oder primitiven Kulten. Das Ziel der Postmoderne ist nicht, einen alternativen Satz Annahmen zu formulieren, sondern festzuhalten, dass es unmöglich ist, eine solche Grundlage für Wissen zu schaffen.[15]

Gene Veith sagt, dass »in der Vergangenheit Grundlagen des Wissens durch andere ersetzt wurden, wenn man sie für unzulänglich hielt. Das Ziel der Postmoderne ist es, ganz ohne solche Grundlagen auszukommen. Im postmodernen Sprachgebrauch sind ›Metaerzählungen‹ Geschichten über Geschichten, groß angelegte theoretische Interpretationen, von denen man annimmt, dass sie universell anwendbar sind, d. h. Weltanschauungen. Die Postmoderne ist eine Weltanschauung, die alle Weltanschauungen ablehnt.«[16]

Steinar Kvale gibt die postmoderne Perspektive wieder: »Das postmoderne Zeitalter ist eine Zeit unablässigen Auswählens. Es ist eine Ära, in dem keine Orthodoxie ohne Befangenheit und Ironie angenommen werden kann, da alle Traditionen einen gewissen Wert zu haben scheinen.«[17]

Lawrence Cahoone beschreibt den folgenden Effekt auf die Gesellschaft:

> Für viele ungläubige Intellektuelle gab die Hoffnung auf eine utopische sozialistische Zukunft die so dringend benötigte Bedeutung für ein Leben, das nach dem »Tode Gottes« gelebt wurde. Der Verlust dieser Hoffnung traf einen großen Teil dieser Gruppe so hart, wie der Verlust der Religion schon die traditionelle Gesellschaft getroffen hatte: Ohne ein historisches Telos oder Ziel schien die Welt wieder ohne Mittelpunkt und ohne Sinn zu sein. Die Postmoderne, ein eigenwilliger Abkömmling des Marxismus, ist in diesem Sinne die Erkenntnis einer Generation, dass sie verwaist ist.[18]

2.3 Wir treffen niemals erkenntnistheoretisch »die Sache als solche«

Grenz sagt:

> Postmodernisten folgern, dass alle Versuche, ein objektives, vereinheitlichtes Zentrum – eine einzige wirkliche Welt – hinter dem Fluss der Erfahrungen zu beschreiben, zum Scheitern verurteilt sind; am Ende produzieren sie nur Fiktionen, Schöpfungen des menschlichen Verstandes. Indem sie die menschlichen Erklärungen von der Vorstellung einer zugrunde liegenden objektiven Welt loslöst, trennt uns die postmoderne Kritik der Moderne von den Dingen und lässt uns nur noch Worte.[19]

Caputo behauptet: »Der Prozess des Entdeckens wird ein Prozess des Hörensagens. Wir verlieren uns in Wörtern und es gelingt uns nicht, eine Beziehung mit den Dingen als solchen einzugehen.«[20]

Henry folgert: »Die philosophisch pluralistischen Theorien glauben, dass die objektive Wahrheit unzugänglich ist und die Bedeutung nicht in der äußeren Wirklichkeit oder in Texten zu finden ist, sondern bei dem Interpretierenden.«[21]

Richard Tarnas führt dieses Thema noch weiter aus:

> Es ist anerkannt, dass das menschliche Wissen subjektiv von einer Vielzahl von Faktoren bestimmt wird; dass diese objektiven Kerne oder »Sachen als solche« weder erreichbar noch aufstellbar sind; dass der Wert aller Wahrheiten und Annahmen kontinuierlich direktem Überprüfen unterworfen sein muss. Die kritische Suche nach Wahrheit ist gezwungenermaßen tolerant gegenüber Mehrdeutigkeit und Pluralismus und das Ergebnis wird notwendigerweise ein Wissen sein, das eher relativ und fehlbar als absolut und sicher ist.[22]

Pauline Marie Rosenau beschreibt die postmoderne Position folgendermaßen:

> Es ist der Text selbst, nicht Tatsachen, der für Postmodernisten zählt. Die Postmodernisten sind zufrieden, daraus zu schließen, dass das, was wirklich vor sich geht, niemals definitiv festgestellt werden kann; es ist aber sowieso von geringer Bedeutung, denn es gibt nicht nur eine Bedeutung für jeden Text, für jedes politische, soziale, wirtschaftliche Ereignis. Eine unendliche Zahl von Interpretationen ist für jedes Szenario möglich.[23]

Sie erklärt weiter: »Die Sprache produziert und reproduziert ihre eigene Welt ohne Referenz auf die Wirklichkeit … es ist unmöglich, etwas Definitives zu sagen, da die Sprache nur ein künstliches Zeichensystem ist und die Wahrheit nicht gewährleisten kann.«[24]

Caputo vertritt die Ansicht, dass es keine objektive hermeneutische Wahrheit gibt: »Der Sinn all dessen … ist, die Flüchtigkeit ›der Sache als solche‹ zuzulassen, sich darauf einzulassen, nicht, sie aufzugeben (was immer das bedeuten würde).

Das ist die kalte, hermeneutische Wahrheit, die Wahrheit, dass es keine Wahrheit gibt, keinen übergeordneten Namen, der die Dinge kontrolliert.«[25]

Grenz fasst zusammen:

> Derrida folgert, dass letzten Endes Sprache nur auf sich selbst zurückweist. Ein Zeichen, so argumentiert er, wird immer zu einem anderen Zeichen führen. So ist eine Sprache eine Kette von Signifikanten, die sich auf andere Signifikanten beziehen, und in der jeder Signifikant wiederum zu dem wird, was ein anderer Signifikant bedeutet. Und da sich die textliche Situation, in der ein Signifikant eingebettet ist, ständig ändert, kann seine Bedeutung nie ganz bestimmt werden. Derrida ist deshalb überzeugt, dass Bedeutung nie statisch ist, niemals ein für allemal gegeben. Stattdessen ändert sich die Bedeutung mit der Zeit und mit wechselndem Kontext. Aus diesem Grund müssen wir unsere Tendenz, eine Bedeutung zuzuordnen, immer wieder zurückstellen oder aufschieben.[26]

2.4 Es gibt keine grundlegende Basis, auf der das Wissen oder die Wirklichkeit beruht

Henry behauptet: »Die eine erkenntnistheoretische Voraussetzung, die alle Postmodernisten teilen, ist die Ablehnung des Grundsätzlichen, die Überzeugung, dass Wissen aus einer Reihe von Überzeugungen besteht, die sicher auf einer anderen Reihe von Überzeugungen beruhen und dass das Ganze durch irreversible, grundlegende Überzeugungen gestützt wird.«[27]

Richard Rorty leugnet gewisse fundamentale Kerne: »Meine erste Charakterisierung des Pragmatismus [Postmodernismus] ist, dass er, angewandt auf Vorstellungen wie ›Wahrheit‹, ›Wissen‹, ›Sprache‹, ›Moral‹ und ähnliche Objekte philosophischen Theoretisierens, einfach gegen das Grundsätzliche ist.«[28]

Steinar Kvale behauptet:

> Es gibt keine standardisierte Methode, um Wissen in verschiedenen Sprachspielen und -paradigmen zu messen und zu vergleichen; sie sind unvergleichbar. Eine postmoderne Welt ist durch einen kontinuierlichen Wechsel der Perspektiven charakterisiert, ohne einen zugrunde liegenden gemeinsamen Referenzrahmen, sondern eher mit einem Vielfachen an wechselnden Horizonten.[29]

Richard Tarnas erläutert: »Das postmoderne Paradigma unterminiert aufgrund seines Wesens alle anderen Paradigmen, denn seinen Kern bildet das Bewusstsein, dass die Wirklichkeit zur gleichen Zeit vielfältig, lokal und temporal und ohne beweisbare Basis ist.«[30]

Veith folgert: »Die Postmoderne … ist gegen jedes Fundament. Sie versucht, alle diese objektiven Fundamente zu zerstören und sie durch nichts zu ersetzen.«[31]

Millard J. Erickson fasst zusammen: »Wissen ist unsicher. Fundamentalismus, die Idee, dass Wissen auf einer Art Grundgestein unzweifelhafter erster Prinzipien errichtet werden kann, musste aufgegeben werden.«[32]

2.5 Objektivität ist eine Illusion

Erickson erklärt die postmoderne Einstellung zu Objektivität: »Die Objektivität von Wissen wird geleugnet. Egal, ob der Wissende von den Eigenheiten seiner Situation bestimmt wird oder ob Theorien repressiv verwendet werden, Wissen ist kein neutrales Mittel der Entdeckung.«[33]

Roy Wagner argumentiert:

> So verursacht das Bewusstsein von Kultur eine wichtige Qualifizierung des Ziels und des Standpunktes des Kulturanthropologen: Der Anspruch des klassischen Rationalisten auf absolute Objektivität muss zugunsten einer relativen Objektivität aufgegeben werden, die auf den Eigenschaften der Kultur des Einzelnen basiert. … »Absolute« Objektivität würde erfordern, dass der Anthropologe nicht voreingenommen wäre und daher überhaupt keine Kultur hätte.
>
> Die Idee von Kultur, in anderen Worten, versetzt den Forscher in eine Position der Gleichheit mit seinen Subjekten: Jeder »ist Teil einer Kultur«. Weil jede Kultur als ein spezifischer Ausdruck oder ein Beispiel des Phänomens Mensch verstanden werden kann und weil bisher keine unfehlbare Methode entdeckt wurde, die verschiedenen Kulturen »einzustufen« und sie nach ihrer Wesensart zu unterscheiden, müssen wir annehmen, dass jede Kultur als solche jeder anderen gleichwertig ist. Diese Annahme wird »kulturelle Relativität« genannt.[34]

Der französische Philosoph Jean Baudrillard fängt diese Perspektive in seiner Aussage ein: »Das Gebiet geht der Karte nicht mehr länger voraus und überlebt sie auch nicht. Von nun an ist es die Karte, die dem Gebiet vorausgeht.«[35]

Mit anderen Worten sind wir als Menschen nicht in der Lage, an die Welt objektiv heranzugehen und sie zu beschreiben, wie sie ist. Wir sind innerlich und unausweichlich voreingenommen. Dadurch wird bestimmt, wie wir die Wirklichkeit sehen. Objektivität ist eine Illusion.

Paul Feyerabend sagt:

> Denjenigen, die sich das reichhaltige Material ansehen, was uns die Geschichte liefert, und die nicht darauf aus sind, es zu verarmen, um ihre niederen Instinkte, ihr Verlangen nach intellektueller Sicherheit in Form von Klarheit, Präzision, »Objektivität« und »Wahrheit« zu befriedigen, wird klar werden, dass es nur ein Prinzip gibt, dass unter allen Umständen und in allen Phasen der menschlichen Entwicklung verteidigt werden kann. Es ist das Prinzip: *»Es ist alles erlaubt.«*[36]

Das *Oxford Dictionary of Philosophy* hebt diesen postmodernen Anspruch hervor: »Objektivität wird als Verkleidung für Macht und Autorität in der höheren Bildung enttarnt und oft auch als die letzte Bastion der Privilegien weißer Männer.«[37]

Michel Foucault argumentiert gegen Objektivität:

> Wahrheit liegt nicht jenseits von Macht oder ist ein Fehlen von Macht: Im Ge-

genteil zu einem Mythos, dessen Geschichte und Funktionen ein weiteres Studium entschädigen würden, ist Wahrheit nicht die Belohnung freier Seelen, das Kind längerer Einsamkeit und auch nicht das Privileg derer, die es geschafft haben, sich selbst zu befreien. Wahrheit ist eine Sache dieser Welt: Sie wird nur aufgrund multipler Formen von Zwängen hervorgebracht. Und sie ruft regelmäßige Effekte von Macht hervor. Jede Gesellschaft hat ihr eigenes Wahrheitssystem, ihre eigene »allgemeine Politik« der Wahrheit: Das heißt die Arten von Diskursen, die sie als wahr akzeptiert und sie als solche zum Funktionieren bringt; die Mechanismen und Beispiele, die es ermöglichen, wahre von falschen Aussagen zu unterscheiden, die Mittel, mit denen jedes sanktioniert wird; die Techniken und Vorgehensweisen, denen bei dem Erwerb von Wahrheit Wert beigemessen wird; den Status derer, die dafür verantwortlich sind zu bestimmen, was als wahr gilt.[38]

2.6 Wahrheit hängt von der Perspektive ab

Albert Mohler folgert: »Jacques Derrida, der führende literarische Dekonstruktionalist, beschrieb diesen Schritt unter dem Aspekt des ›Todes des Autors‹ und des ›Todes des Textes‹. Bedeutung – gemacht, nicht gefunden – wird vom Leser während des Lesens geschaffen. Der Text muss dekonstruiert werden, um den Autor loszuwerden und den Text als ein befreiendes Wort leben zu lassen.«[39]

Rorty bringt zum Ausdruck: »[Der Pragmatiker] argumentiert weiter, dass es zwischen ›es funktioniert, weil es wahr ist‹ und ›es ist wahr, weil es funktioniert‹ keinen pragmatischen Unterschied, keinen Unterschied, der von Bedeutung wäre, gäbe – nicht mehr als zwischen ›es ist fromm, weil es die Götter lieben‹ und ›die Götter lieben es, weil es fromm ist‹.«[40]

Rorty wendet seinen Pragmatismus sowohl auf vorschreibende als auch auf beschreibende Wahrheitsansprüche an:

> Eine zweite Charakterisierung des Pragmatismus könnte so aussehen: Es gibt weder einen erkenntnistheoretischen Unterschied zwischen der Wahrheit über das, was sein sollte, und der Wahrheit über das, was ist, noch einen metaphysischen Unterschied zwischen Tatsachen und Werten und auch keinen methodischen Unterschied zwischen Moral und Wissenschaft.[41]

Er schließt: »Zum Schluss, so der Pragmatiker, ist es unsere Loyalität gegenüber anderen Menschen, aneinander geklammert gegen das Dunkle, die zählt, und nicht unsere Hoffnung, die Dinge in Ordnung zu bringen.«[42]

Rorty, in Übereinstimmung mit James und Dewey, deutet an, dass präskriptive und deskriptive Wahrheit unbegründet sind. Folglich sieht er beide als perspektivisch: »James und Dewey … baten uns, unsere neue Zivilisation dadurch zu befreien, dass wir die Vorstellung aufgeben, unsere Kultur, unser moralisches Leben, unsere Politik, unseren religiösen Glauben auf eine ›philosophische Basis‹ zu ›begründen‹.«[43]

Grenz bemerkt: »Als Nichtrepräsentanten betrachten Pragmatiker wie Rorty Wissen nicht als eine Angelegenheit, ›die Wirklichkeit richtig hin zu bekommen‹. Sie versuchen stattdessen, sich Angewohnheiten des Handelns anzueignen, um mit der Wirklichkeit zurechtzukommen.«[44]

Grenz fasst zusammen: »Die postmoderne Weltanschauung arbeitet mit einem auf Gemeinschaft basierenden Verständnis von Wahrheit. Sie bekräftigt, dass was immer wir als Wahrheit akzeptieren und sogar die Art, wie wir uns Wahrheit vorstellen, von der Gemeinschaft abhängen, an der wir teilhaben. Weiter und weit radikaler bekräftigt die postmoderne Weltanschauung, dass dies verhältnismäßig über unsere Wahrnehmung von Wahrheit hinaus zu ihrem Kern geht: Es gibt keine absolute Wahrheit; Wahrheit ist vielmehr abhängig von der Gemeinschaft, an der wir teilhaben.«[45]

Middleton und Walsh weisen darauf hin: »Eines der charakteristischen Merkmale der entstehenden postmodernen Kultur ist unser wachsendes Bewusstsein … des perspektivischen Charakters des menschlichen Lebens und Wissens.«[46]

Grenz gibt zu verstehen, dass die Postmoderne Wahrheit nur als subjektiv ansieht:

> Heidegger … lehnt die allgemeine Annahme ab, dass Wahrheit in der Übereinstimmung unserer Aussagen mit einer vollständig geformten Wirklichkeit besteht, die außerhalb unserer Person existiert. … Wahrheit ist nicht absolut und unabhängig, so argumentiert er; sie ist relational. Die vorherrschende Ansicht ist einfach deshalb unzulässig, weil das Konzept einer äußeren Welt selbst unsinnig ist. Wir haben nur die Welt der Erfahrungen, in die wir als Teilnehmer eingebettet sind. Konsequenterweise können wir über Wahrheit nur insofern sprechen, als wir uns »in« ihr befinden, und nicht außerhalb der Erfahrung nach ihr suchen.[47]

Grenz hebt hervor: »Postmoderne Philosophen wendeten die Theorien des literarischen Dekonstruktionalismus auf die Welt als Ganzes an. So wie ein Text von jedem Leser anders gelesen wird, sagten sie, werde auch die Wirklichkeit von jedem einzelnen seiner selbst bewussten Betrachter anders ›gelesen‹. Das bedeutet, dass es nicht nur eine Bedeutung der Welt gibt, kein transzendentes Zentrum der Wirklichkeit als Ganzes.«[48]

Craig beleuchtet eine unmittelbare Folge der postmodernen Vorstellung von perspektivischer Wahrheit:

> Die religiöse Vielfalt erfordert von uns, … konkurrierende Ansprüche als gleich wahr oder nicht weniger wahr oder als gleichermaßen wirkungsvoll wie christliche Wahrheitsansprüche zu betrachten. Aber warum impliziert religiöse Vielfalt diese Art von Offenheit? Der Postmodernist tritt hier für viel mehr ein als für rein intellektuelle Bescheidenheit. Der Postmodernist sagt nicht nur, dass wir nicht mit Gewissheit wissen können, welche religiöse Weltanschauung wahr ist und wir deshalb aufgeschlossen sein müssen; er behauptet hier vielmehr, dass *keine*

dieser religiösen Weltanschauungen objektiv wahr sei und daher keine unter Achtung der einzig wahren Religion ausgeschlossen werden könnte.[49]

Grenz folgert:

> Ein Leugnen der Wirklichkeit einer vereinheitlichten Welt als das Objekt unserer Wahrnehmung steht im Kern der Postmoderne. Postmodernisten lehnen die Möglichkeit, eine einzelne richtige Weltanschauung zu konstruieren, ab und sind damit zufrieden, einfach von vielen Anschauungen und, in der Erweiterung, von vielen Welten zu sprechen.
> Mit dem Ersetzen der modernen Weltanschauung durch eine Vielzahl von Anschauungen und Welten hat die postmoderne Ära in Wirklichkeit Wissen durch Interpretation ersetzt.[50]

3 Antwort auf die Postmoderne

3.1 Die Postmoderne widerlegt sich selbst

Dennis McCallum erzählt uns eine Geschichte:

> Ein Freund erzählte mir, als der christliche Apologet und Autor Ravi Zacharias Columbus (Ohio) besuchte, um an der Ohio State Universität zu sprechen, nahm ihn sein Gastgeber zu einem Besuch des Wexner Centers für Künste mit. Das Wexner Center ist ein Tempel postmoderner Architektur. Es gibt dort Treppen, die ins Leere führen, Säulen, die von der Decke herunterkommen, aber niemals den Boden berühren, Balken und Galerien überall und ein verrückt aussehendes, exponiertes Trägersystem über fast die gesamte Außenseite. Wie fast alles in der Postmoderne, verachtet es jede Grundregel des gesunden Menschenverstandes und jedes Gesetz der Rationalität.
> Zacharias schaute auf das Gebäude und legte den Kopf zur Seite. Mit einem Grinsen fragte er: »Ich frage mich, ob sie dieselbe Technik verwendet haben, als sie das Fundament gebaut haben?«
> Sein Argument ist sehr gut. Es ist eine Sache, Unabhängigkeit von der Wirklichkeit zu erklären, wenn man ein Monument baut. Es ist was anderes, wenn wir mit der wirklichen Welt in Kontakt kommen müssen.[51]

McCallum führt zwei sich selbst zerstörende Aspekte der Postmoderne an:

> 1. Aus postmoderner Sicht kann die Postmoderne selbst wie alle anderen Ideologien nur als eine weitere »willkürliche soziale Konstruktion« betrachtet werden. Und als solche haben wir keinen überzeugenden Grund, sie als Theorie zu akzeptieren. Wir können sie einfach als die kreative Arbeit extrem zynischer Menschen abtun.
> 2. Wenn es möglich ist zu zeigen, dass die Postmoderne wahr ist, eine Weltan-

schauung mit objektivem Verdienst, dann ist die Hauptaussage der Postmoderne (die Ablehnung objektiver Wahrheit) falsch. Sie wird schließlich lehren, dass es zumindest einige objektive Wahrheiten gibt – nämlich dass die Postmoderne richtig ist!

In beiden Fällen widerlegt sich die Ablehnung der rationalen Objektivität durch die Postmoderne. Sie leugnet entweder die Plausibilität ihrer eigenen Position oder geht von der Verlässlichkeit der Vernunft und der Objektivität der Wahrheit aus.[52]

Craig richtet diese Attacke gegen die Postmoderne:

> Zu behaupten, »die Wahrheit sei, dass es keine Wahrheit gibt«, ist sowohl sich selbst widerlegend als auch willkürlich. Denn wenn diese Aussage wahr ist, ist sie nicht wahr, denn es gibt keine Wahrheit. Der so genannte Dekonstruktionismus kann nicht daran gehindert werden, sich selbst zu dekonstruieren. Zudem gibt es keinen besseren Grund, die postmoderne Sicht zu übernehmen, als zum Beispiel die Einstellungen des westlichen Kapitalismus, männlichen Chauvinismus, weißen Rassismus und so weiter, denn die Postmoderne ist nicht wahrer als diese Anschauungen. In dieser sich selbst widerlegenden Falle gefangen, sahen sich manche Postmodernisten gezwungen, zu derselben Antwort Zuflucht zu nehmen wie die buddhistischen Mystiker: zu leugnen, dass die Postmoderne wirklich eine Anschauung oder Einstellung darstellt. Aber, noch mal, warum schreiben sie dann weiter Bücher und reden darüber? Sie stellen ja offensichtlich einige kognitive Ansprüche – und wenn nicht, dann haben sie buchstäblich nichts zu sagen und keine Einwände gegen unsere Verwendung der klassischen Grundprinzipien der Logik.[53]

Craig bezichtigt die Postmoderne eines unlogischen Sprungs: »Wie zeigt die bloße *Anwesenheit* religiöser Weltanschauungen, die unvereinbar mit dem Christentum sind, dass ausgerechnet christliche Ansprüche nicht wahr sind? Logisch gesehen, impliziert die Existenz vielfacher, unvereinbarer Wahrheitsansprüche nur, dass alle nicht (objektiv) wahr sein können; aber es wäre offensichtlich ein Trugschluss, daraus zu folgern, dass keine davon (objektiv) wahr ist.«[54]

Carson lehnt das Dilemma, das die Postmoderne aufstellt, ab:

> Dekonstruktionalisten mögen entweder auf absolutes Wissen oder vollständigen Relativismus bestehen. *Entweder* können wir etwas wirklich und absolut wissen, *oder* so genanntes »Wissen« ist nicht mehr als eine Meinung und daher relativiert. Das Kriterium wird starr und extrem gemacht.[55]

Der Postmoderne fehlt also jeder Grund und jede Unterstützung, andere Möglichkeiten abzulehnen. Das ist aber ein falsches Dilemma.

Sire hebt hervor: »Sogar Relativisten können dazu gebracht werden zu sehen, dass Wahrheit notwendig ist – sogar für den Fall des Relativismus. Der Frage nach Wahrheit kann man, in der Tat, nicht wirklich aus dem Weg gehen.«[56] Erhebt der Postmodernist den Anspruch, dass seine Philosophie wirklich wahr ist?

Sire folgert:

> Kehren wir zu der nächstliegenden spezifischen Sache zurück: Logozentrismus. Eine christliche logozentrische Annäherung an die Möglichkeit, die unabhängige Wirklichkeit zu erkennen, ist auf sich selbst bezogen nicht zusammenhanglos. Die postmoderne Annahme, dass wir im Prinzip keinen Zugang zum Wesen der Wirklichkeit haben können, ist, meiner Meinung nach, inkohärent.[57]

Sire enthüllt eine weitere postmoderne Ungereimtheit: »Obwohl Ultramoderne (Postmodernisten) sagen sollten, dass ihnen nie eine Geschichte begegnet sei, die sie nicht mochten, ist es doch klar, dass dies der Fall ist. Christliche fundamentalistische und evangelikale Geschichten werden oft wegen ihrer Ausschließlichkeit abgelehnt.«[58]

Gene Veith zeigt eine der wichtigsten Widersprüchlichkeiten der Postmoderne auf: »Nicht an Wahrheit zu glauben ist natürlich in sich widersprüchlich. Zu glauben bedeutet zu denken, dass etwa wahr ist; zu sagen: ›Es ist wahr, dass nichts wahr ist.‹ ist an sich schon bedeutungsloser Unsinn. Die Aussage selbst – ›Es gibt keine absolute Wahrheit.‹ – ist eine absolute Wahrheit.«[59]

Diogenes Allen hebt das grundlegende Problem mit der Postmoderne hervor:

> Die Ablehnung der Metaerzählung der Aufklärung ist jedoch nicht Grund genug, überhaupt die Möglichkeit einer Metaerzählung abzulehnen. Tatsächlich ist die Postmoderne selbst eine Metaerzählung. Sie verfügt über eine Einstellung, die universell angewendet wird. Sie denkt, sie habe ihre Einstellung frei von den Einschränkungen jedes Rahmens aufgestellt. Aber die einzige Möglichkeit für sie, diese Anschauung über das menschliche Leben und das Universum beizubehalten, ist zu vergessen, dass die Grenzen, die andere an eine bestimmte Zeit und einen bestimmten Ort binden, auch für sie gelten. Ein Postmodernist zu sein erfordert, die linke Hand nicht wissen zu lassen, was die rechte Hand tut.[60]

Erickson erzählt diese Geschichte um zu verdeutlichen, dass es unmöglich ist, die Postmoderne konsequent auszuleben:

> Ich glaube, wir müssen Dekonstruktionalisten bis ans Ende ihrer Anschauung drängen, sie dazu zwingen, diese Einstellung konsequent auszuleben. Ich bin davon überzeugt, dass niemand wirklich auf Grundlage dieser Einstellung leben kann. …
>
> Wenn wir das tun, werden wir auf Frustration und einigen Widerstand treffen, aber es wird die Unmöglichkeit an die Oberfläche bringen, konsequent mit einer durch und durch radikalen postmodernen Anschauung zu leben. Das kam in

> Derridas Fall recht aufregend zu Tage. John Searle schrieb eine Antwort auf einen Artikel von Derrida, wobei er verschiedene seiner Konzeptionen infrage stellte und kritisierte. … In seiner 93-seitigen Antwort entgegnete Derrida, dass Searles Aussage ihm gegenüber unfair gewesen sei und seine Einstellung an verschiedenen Stellen falsch verstanden und falsch dargestellt hätte. An einem Punkt behauptete er sogar, dass es für Searle klar und offensichtlich hätte sein müssen, was er gemeint hatte. Ich halte das für eine sehr konstruktionalistische und wenig postmoderne Antwort für jemanden, der behauptet, dass die Bedeutung eines Textes nicht in der Intention des Autors liegt, sondern in dem, was der Text dem Leser sagt.[61]

Pauline Marie Rosenau führt diese sieben Widersprüche der Postmoderne gegen sie an:

> Zuerst wertet der Postmodernist alle Ansprüche auf das Aufstellen von Theorien ab. Aber auch eine antitheoretische Position selbst ist ein theoretischer Standpunkt. Wenn Theorie vergeblich ist und jeder Versuch, die Wahrheit mit der Theorie in Verbindung zu bringen, abgelehnt werden muss, dann müssen solche Voraussetzungen auch für jede »Form theoretischer Bemühungen [gelten], inklusive solcher Versuche, andere Arten von Theorien zu diskreditieren, während man sich selbst sozusagen durch ein Hintertürchen hineinschmuggelt.«
> Zweitens: Obwohl die Postmodernisten die Wichtigkeit des Irrationalen hervorheben und starke Zweifel gegenüber den intellektuellen Werkzeugen der Aufklärung wie Vernunft, Logik und Rationalität ausdrücken, verwenden sie doch diese Instrumente in ihrer eigenen Analyse. Dekonstruktion zum Beispiel ist ein sehr logischer, durchdachter und analytischer Prozess.
> Drittens bewerten oder beurteilen Postmodernisten Interpretationen nicht als gut oder schlecht. Aber zeigt ihr Vorschlag, dass sich die Sozialwissenschaften auf die Ausgeschlossenen, die Vernachlässigten, die Ausgegrenzten und die, die zum Schweigen gebrachten wurden, konzentrieren, nicht eine innere Wertungsstruktur, die implizit bestimmte Gruppen oder Perspektiven anderen vorzieht? Und passt das wirklich zu ihrer Ablehnung von Präferenzen? … Wenn Postmodernisten durch Definition annehmen, dass ihre eigene Anschauung der der Aufklärung überlegen ist, beurteilen sie dann nicht, dass ihre eigenen Interpretationen den anderen vorzuziehen sind?
> Viertens betonen Postmodernisten die Intertextualität, aber viele ihrer Versionen, vor allem die, die von Derrida inspiriert wurden, behandeln den Text isoliert.
> Fünftens lehnen viele Postmodernisten moderne Kriterien für die Beurteilung von Theorien ab. Aber wenn Postmodernisten Schlussfolgerungen egal welcher Art ziehen, wie zum Beispiel, dass Fragen, die die moderne Sozialwissenschaft zu beantworten sucht, nicht zu entscheiden sind, können sie nicht argumentieren, dass es keine gültigen Kriterien für Beurteilungen gibt. Sie selbst müssen über Kriterien verfügen, vielleicht implizit, aufgrund welcher sie solche Erklärungen

machen. Und wenn solche Kriterien existieren, dann machen die Postmodernisten eine Aussage mit dem Ergebnis, dass es durchaus Gewissheit in der Welt gibt.
Sechstens: Obwohl sie vor den Ungereimtheiten der Moderne warnen, lehnen sie ab, dass sie sich selbst an Normen der Logik halten müssen. Sie streiten offen ab, dass sie sich besonders anstrengen müssen, Widersprüchlichkeit zu vermeiden; das scheint kaum gerecht zu sein.
Siebtens: Postmodernisten behaupten, dass alles, was sie sagen oder schreiben, selbst nur eine lokale Geschichte ist, relevant nur für den eigenen Bereich. Aber nur sehr wenige Postmodernisten geben die Wahrheitsansprüche dessen, was sie schreiben, ganz auf und auch das führt zu Widersprüchlichkeit.[62]

3.2 Wir können »die Sache als solche« erkennen

Gilson schreibt: »Es gibt Wissen auf der Welt, und das ist der Sachverhalt. Die nächste Frage, die sich stellt, ist die nach den Bedingungen, unter denen Wissen im Allgemeinen möglich ist.«[63]

Gilson vertritt die Ansicht: »Wir müssen nicht ein Universum beschreiben und uns dann fragen, wie unser Wissen beschaffen ist, damit ein solches Universum möglich wird. Wir müssen das Gegenteil tun. Nehmen wir an, dass es Wissen gibt, dann müssen wir untersuchen, wie Dinge beschaffen sein müssen, um zu erklären, wie wir sie erkennen.«[64]

Die Postmoderne hat gezeigt, dass die moderne Ansicht der gegenständlichen Entsprechung unhaltbar ist. Die Postmoderne ist die aufgeschossene Saat der Moderne. Jedoch ist die Korrespondenztheorie der Wahrheit, wie sie weiter vorne in diesem Buch erklärt ist, nicht gegenständlich. Henry erinnert uns daran, dass die Postmoderne die solide mittelalterliche Metaphysik nicht ausreichend widerlegt hat: »Die gescheiterte Unternehmung Moderne ließ ihre Versprechen von Aufklärung und Emanzipation unerfüllt. Aber das mittelalterliche Erbe ist nicht annähernd in dem Maße diskreditiert, wie uns zeitgenössische Kritiker glauben machen wollen.«[65]

»Beginnen wir mit der Tatsache, dass das Wissen um ein Objekt die Gegenwart dieses Objektes in den Gedanken ist.«[66]

»Wenn wir den gerade angeführten Prinzipien treu sein wollen, müssen wir sagen, dass das Sein des Objektes als solches dem Sein des Wissenden auferlegt ist.«[67]

Gilson zeigt weiter, dass Wissen dann entsteht, wenn der Wissende und das Gewusste eins sind:

> Die so entstehende Synthese schließt deshalb die Verbindung zweier Seiender ein, die im Moment ihrer Vereinigung zusammenfallen. Der Sinn unterscheidet sich von dem Fühlbaren und der Verstand von dem Verständlichen; aber der Sinn unterscheidet sich nicht von dem gefühlten Objekt und der Verstand nicht von dem Objekt, was er tatsächlich erkannt hat. So ist es buchstäblich wahr, dass der Sinn, und zwar in dem Vorgang des Fühlens betrachtet, eins wird mit dem Fühlbaren, in dem Vorgang betrachtet, durch den es gefühlt wird, und der Verstand, in seinem Vorgang des Erkennens betrachtet, ist eins mit dem Verständlichen in dem Vorgang betrachtet, durch den es erkannt wird.[68]

Gilson fügt eine Begleiterscheinung der oben genannten Vorstellung hinzu: »Wir können die thomistische These, dass jeder Akt des Erkennens voraussetzt, dass das erkannte Objekt in dem erkennenden Subjekt präsent wird, als eine unmittelbare Folge dieser Tatsache betrachten.«[69]

3.3 Die postmoderne Ablehnung der gegenständlichen Entsprechung kann nicht beweisen, dass die Wahrheit nicht mit der Wirklichkeit übereinstimmt

Gilson gibt zu verstehen, dass es ein Fehler ist, Wissen eher als eine Wissenschaft der Ideen als eine Wissenschaft der Dinge zu betrachten:

> Wenn geistige Bilder sich von ihren Formen unterscheiden würden, würde sich unser Wissen auf geistige Bilder konzentrieren und nicht auf Objekte. Das ist aus zwei Gründen inakzeptabel. Erstens, weil in diesem Fall unser ganzes Wissen aufhören würde, sich mit äußeren Wirklichkeiten zu beschäftigen und sich nur auf ihre Darstellung in unserem Bewusstsein ausdehnte. Hier begingen wir Platos Fehler, der Wissen als eine Wissenschaft der Ideen betrachtet und nicht als eine Wissenschaft der Dinge. Zweitens, weil es dann kein Kriterium für Gewissheit mehr gäbe.[70]

Gilson argumentiert von einer Wirklichkeit, in der es selbstverständlich ist, dass Dinge erkannt werden, zu einer Theorie des Wissens, die die menschliche Erfahrung erklärt:

> Da es jedoch tatsächlich demonstratives Wissen gibt, das sich mit Dingen beschäftigt und nicht nur mit reinen Meinungen, müssen die Objekte des Wissens Dinge als solche sein und nicht einzelne Bilder, die sich von den Dingen unterscheiden. … Im Akt des Erkennens gibt es kein vermittelndes Sein zwischen dem Gedanken und seinem Objekt.[71]

Gilson kommentiert: »Rechtmäßig und fast immer auch tatsächlich formt der menschliche Verstand, konfrontiert mit einer Eiche, in sich selbst das Konzept eines Baumes, und konfrontiert mit Sokrates oder Plato, formt er in sich selbst das Konzept eines Mannes. Der Verstand stellt sich das Wesentliche so fehlerfrei vor, wie das Gehör Töne und das Sehen Farben wahrnimmt.«

Er behauptet, dass Wahrheit die Übereinstimmung einer Aussage mit der Sache in der Wirklichkeit ist:

> Damit diese Übereinstimmung des Konzeptes mit dem Objekt etwas Bekanntes wird und im Bewusstsein die Form von Wahrheit annimmt, muss der Verstand der äußeren Wirklichkeit, die er gerade aufgenommen hat, etwas Eigenes hinzufügen. Solch ein Hinzufügen beginnt, wenn der Verstand, nicht damit zufrieden, nur eine Sache zu lernen, eine Beurteilung darüber fällt und sagt: Das ist ein Mann,

> das ist ein Baum. Hier bringt der Verstand etwas Neues – eine Bestätigung, die in ihm allein existiert und nicht in Dingen. Bezüglich einer solchen Bestätigung können wir fragen, ob sie mit der Wirklichkeit übereinstimmt oder nicht.[72]

Gilson macht, während er die Kant'sche »Kritik« diskutiert, eine Schlüsselaussage. Nämlich, dass die formale Anwesenheit der Dinge selbst im Verstand des Wissenden das erkenntnistheoretische Problem löst, das der Idealismus und die Postmoderne nicht lösen konnten:

> Bei unserer ersten Annäherung an diese Lehre ist es nur richtig, eine Kritik der »Kritik« anzulegen, um herauszufinden, ob das grundlegende idealistische Argument nicht eine falsche Einstellung zu dem Problem des Wissens beinhaltet. Wenn wir zuerst annehmen, dass Dinge für sich selbst sind und der Intellekt für sich ist, das heißt, wenn wir annehmen, dass es unmöglich ist, dass sie zusammentreffen, dann gibt es keine Brücke, die es den Gedanken erlaubt, zu den Dingen zu kommen, und dann ist der Idealismus wahr. Es ist allerdings widersprüchlich zu fragen, ob unsere Ideen Dingen entsprechen, wenn uns Dinge außer durch unsere Gedanken nicht bekannt sind.

Jedoch

> wird es möglich, im Gegensatz zu der idealistischen These, zu wissen, ob unsere Ideen Dingen entsprechen oder nicht, in einer Lehre, in der die Gegenwart der Dinge in uns eben die Bedingung für die Konzeption von Ideen ist.[73]

McCallum argumentiert:

> Postmodernisten glauben, dass wir gezwungen sind, die Idee abzulehnen, dass wir die Wirklichkeit in einer objektiven Art und Weise kennen können, da wir nicht außerhalb unseres Selbst stehen können, um unser geistiges Bild mit der äußeren Wirklichkeit zu vergleichen. Wir würden antworten, im Gegenteil, dass unsere Einschätzungen der Welt, obwohl nicht unfehlbar exakt, offen für Änderungen durch weitere Nachforschungen sind. Nur weil wir keine absolute *Gewissheit* über die äußere Welt haben, heißt das nicht, dass wir *gar nichts* über das wissen können, was außer uns existiert. Wir müssen uns nicht postmoderner Skepsis hingeben. Der Erfolg wissenschaftlicher Technologie ist ein starkes Argument dafür, dass unsere Wahrnehmungen der Welt relativ exakt sind. Unzählige Errungenschaften zeugen für die Verlässlichkeit des menschlichen Wissens.[74]

3.4 Praktische Erfahrung zeigt, dass wir die Meinung des Autors erkennen können, da sie formal im Text existiert

Howe gibt an, dass Postmodernisten zuerst in ihrer Metaphysik irren. Als Konsequenz entwickelten sie eine sich selbst zerstörende Verstehenslehre:

> Im Gegensatz zu den Ansprüchen von Derrida … ist es möglich, die Existenz eines »transzendentalen Signifikats« in Worte zu fassen, mit dem der Verstand die Wirklichkeit versteht, getrennt von jedem linguistischen Zeichen. Das ist das formale Zeichen oder mentale Wort, wie es in einer thomistischen, realistischen Erkenntnislehre erwähnt wird. Wieder scheint es, dass die Aufgabe der Grundlage einer realistischen Metaphysik zu einer sich selbst zerstörenden Schlussfolgerung führt. … In seinem Buch *Limited Inc* behauptet Derrida: »Ich werde versuchen zu zeigen, warum ein Kontext niemals absolut bestimmbar ist, oder besser, warum seine Bestimmung niemals ganz sicher oder erfüllt sein kann.« Natürlich ist Derridas eigener Kontext bestimmbar, und Derrida verlässt sich auf die Tatsache, dass seine linguistische Bedeutung in seiner Bedeutung bestimmt wird, nämlich dass, da ein Kontext nie absolut bestimmbar ist, die linguistische Bedeutung völlig unbestimmt ist.[75]

Henry hebt unverwechselbar hervor: »Der kulturelle Ballast kann von dem Text und dem Interpretierenden entfernt werden, ohne dass die objektive Wahrheit verloren geht … Dass uns umfassendes Wissen fehlt, verurteilt uns nicht zu intellektueller Nutzlosigkeit.«[76]

McCallum verdeutlicht die Unzulänglichkeit der postmodernen Philosophie der Sprache und Bedeutung, die praktischen, alltäglichen menschlichen Kommunikationserfahrungen zu erklären:

> Postmodernisten übersehen einen anderen wichtigen Punkt in ihrer Sprachanschauung. Ihrer Anschauung zufolge sollte es unmöglich sein, von einer Sprache in eine andere etwas bedeutungsvoll zu kommunizieren oder exakt zu übersetzen, da jede Sprache ihre eigene Logik (Syntax) und Bedeutung (Semantik) hat. Dies zu tun würde die einzigartige, kulturell enthaltene Bedeutung einer Sprache einer anderen unterwerfen.
>
> Aber multilinguale Sprecher wissen, dass trotz der Unterschiede zwischen den Sprachen, die zum Teil erheblich sind, Konzepte fast immer bedeutungsvoll ausgedrückt werden können. Die Wirklichkeit ist nicht an Sprachlinien entlang geteilt, wie viele Postmodernisten behauptet haben.
>
> Kulturen nähern sich der Wirklichkeit oft verschieden an. Historiker verschiedener Kulturen schreiben oft äußerst unterschiedliche Berichte über dasselbe Ereignis. Und Pantheisten und Animisten betrachten die Natur auf eine Art und Weise, die sich grundlegend von der der naturalistischen Wissenschaftler unterscheidet. Aber das ist nicht dasselbe, wie nicht dazu in der Lage zu sein zu verstehen, was der andere meint. Postmodernisten konzentrieren sich auf den Randbereich der Sprachfrage – die fünf Prozent der Sprache, die schwierig zu übersetzen sind – und ignorieren die anderen fünfundneunzig Prozent, die völlig klar sind.
>
> Und während es schwierig sein kann, Wahrheit oder Anschauungen der Wirklichkeit in andere Kulturen zu kommunizieren, haben wir keinen Grund zu glauben, dass es unmöglich ist. Die Tatsache, dass wir uns der Unterschiede bewusst sind, beweist, dass wir unsere Unterschiede entdecken und verstehen können,

> wenn wir sorgfältig sind. Weil wir die Fähigkeit haben zu kommunizieren, können wir beginnen, einander zu verstehen und darüber nachzudenken, warum wir die Dinge häufig verschieden sehen. Und diese Kommunikation öffnet die Tür zu ehrlichem Austausch und Einschätzung von Ideen, sogar solchen, die abstrakte Konzepte wie Spiritualität und Moral betreffen.[77]

Carson argumentiert, dass die dekonstruktivistische Philosophie sich über sich selbst genauso hinweg setzt wie über praktische Erfahrungen:

> Ich habe noch nie einen Dekonstruktivisten gelesen, der darüber erfreut gewesen wäre, wenn ein Kritiker sein Werk falsch interpretiert hätte: So verbinden Dekonstruktivisten *in der Praxis* implizit ihre eigenen Texte mit ihren eigenen Absichten. …
>
> Mein Argument ist demnach, dass wir in der wirklichen Welt, trotz aller Schwierigkeiten, die es in der Kommunikation zwischen den Menschen und den Kulturen gibt, doch erwarten, dass Leute mehr oder weniger sagen, was sie meinen (und wenn sie es nicht tun, rügen wir sie dafür), und wir erwarten von reifen Menschen, dass sie verstehen, was andere sagen, und es gerecht wiedergeben. Die Verständigung ist zweifellos nicht immer absolut umfassend und perfekt, aber das bedeutet nicht, dass die einzige Alternative ist, den Text von dem Sprecher zu trennen und dann die gesamte Bedeutung dem Leser oder Hörer zu übertragen. Wahres Verständnis der Bedeutung eines Textes und *sogar der Gedanken des Autors, der ihn geschrieben hat*, ist möglich, auch wenn perfektes und umfassendes Wissen nicht möglich ist. Das ist die Art und Weise, wie Dinge in der wirklichen Welt sind – und das wiederum legt nahe, dass jede Theorie, die sich über diese Wirklichkeiten hinwegsetzt, noch einmal untersucht werden muss.[78]

3.5 Wahrheit ist objektiv und nicht von der Perspektive abhängig

Eine Person könnte nicht lange funktionieren oder leben, wenn sie sich konsequent so verhalten würde, als wäre Wahrheit von der Perspektive abhängig und nicht objektiv. Sie würde Schecks platzen lassen, weil ihr Konto »für sie« noch Geld hat, Gift trinken, das »für sie« Limonade wäre, durch dünnes Eis brechen, das »für sie« dick wäre, oder von einem Bus angefahren werden, der sich »für sie« nicht bewegt. Einer Person, die effektiv funktionieren und in dieser Welt leben möchte, muss die objektive Übereinstimmung der Wahrheit mit der Wirklichkeit in irgendeiner Weise wichtig sein. Noch gefährlicher für die Menschheit sind die Personen, die nach einer perspektivischen Sicht der Wahrheit leben, die nur ihre moralischen Handlungen betrifft.

McCallum betont die Gefahr der perspektivischen Sicht der Wahrheit:

> Das führt zu einigen alarmierenden Schlussfolgerungen. Neulich zum Beispiel empfahl ein Gremium von neunzehn Experten, die von den National Institutes

> of Health ernannt wurden, dass staatliche Gelder dafür verwendet werden sollten, Föten für Laborexperimente zu produzieren, zu »ernten« – und zu zerstören. Die Argumentation des Gremiums ist, dass »Personsein« ein »soziales Konstrukt« ist. Menschliche Wesen werden in anderen Worten nicht geboren, sondern definiert. Ihrer Ansicht nach definiert kultureller Konsens (nicht immer populär, aber immerhin ist er der von Experten) Wirklichkeit.
> Was passiert jedoch, wenn eine Kultur beschließt, dass eine bestimmte Rasse oder ein bestimmtes Geschlecht nicht menschlich ist, und wenn sie auf die Ausrottung dieser Nicht-Menschen abzielen? Wenn Wirklichkeit kulturgebunden ist, wäre es ein Akt des Imperialismus seitens einer anderen Gesellschaft einzugreifen. Ohne einen absoluten Standard gibt es weder eine Basis, einen Nazi oder Frauenhasser zu verurteilen, noch dafür, ein menschliches Leben zu definieren.[79]

Sire behauptet, dass das unvollständige Wissen der Menschen keine ausreichende Bedingung für uns ist anzunehmen, dass wir kein objektives Wissen haben können:

> Ich glaube, dass wir Teile der Wahrheit verstehen können. Wir mögen Fehler machen. Wir mögen unsere Meinung ändern müssen. Aber unsere Überzeugungen müssen nicht auf den Status privater Meinung degradiert werden. Das Einzige, was es wert ist, dass wir daran glauben, ist die Wahrheit. Wenn wir glauben, dass wir die Wahrheit verstanden haben, müssen wir sie mit universeller Absicht festhalten.[80]

Carson bringt ein ähnliches Argument vor: »Wir mögen bereitwillig zustimmen, dass das menschliche Wissen nur partiell ist, aber nicht, dass es daher notwendigerweise objektiv unwahr ist.«[81]

Augustinus fasst zusammen: »Glaubende trauen zudem dem Bericht ihrer körperlichen Sinne, die dem Verstand dienen. Wenn sie manchmal getäuscht werden, sind sie immer noch besser dran als die, die behaupten, dass man den Sinnen niemals trauen kann.«[82]

Craig behauptet, obwohl etwas Wahrheit in den meisten Religionen gefunden werden kann, sind nicht alle Religionen gleich wahr:

> Während Christen gegenüber Elementen von Wahrheit, die in nichtchristlichen Religionen vorhanden sind, offen sein mögen, muss ihr Verstand nicht über jeden religiösen Wahrheitsanspruch bass erstaunt sein, denn sie sind nicht verpflichtet, religiösen Relativismus anzunehmen, da sie seine *Raison d'Être*, den Universalismus, abgelehnt haben.[83]

4 Literaturangaben

1 C. S. Lewis, *The Weight of Glory and other Adresses*, S. 28.

2 Josh McDowell & Bob Hostetler, *The New Tolerance*, S. 36f.

[3] Lawrence Cahoone, *From Modernism to Postmodernism: An Anthology*, S. 2.
[4] Richard Rorty, *Consequences of Pragmatism*, S. xvi.
[5] Ebd., S. xvii.
[6] Ebd., S. 193.
[7] Stanley J. Grenz, *A Primer on Postmodernism*, S. 6.
[8] Walter T. Anderson, *The Truth About Truth: De-confusing and Re-constructing the Postmodern World*, S. 8.
[9] Richard Tarnas, *The Passion of the Western Mind: Understanding the Ideas That Have Shaped Our World View*, S. 396f.
[10] Pauline M. Rosenau, *Post-Modernism and the Social Sciences: Insights, Inroads, Intrusions*, S. 89.
[11] Stanley J. Grenz, *A Primer on Postmodernism*, S. 41.
[12] J. R. Middleton & B. J. Walsh, »Facing the Postmodern Scalpel: Can the Christian Faith Withstand Deconstruction?«, zitiert in Timothy R. Phillips & Dennis L. Okholm, *Christian Apologetics in the Postmodern World*, S. 134.
[13] Walter T. Anderson, *The Truth About Truth: De-confusion and Re-constructing the Postmodern World*, S. 4.
[14] Albert Mohler, »Ministry Is Stranger Than It Used To Be: The Challenge of Postmodernism.« Southern Seminary, Spring 1997. Bd. 65, S. 2.
[15] Pauline M. Rosenau, *Post-Modernism and the Social Sciences: Insights, Inroads, Intrusions*, S. 6.
[16] Gene E. Veith, *Postmodern Times: A Christian Guide to Contemporary Thought and Culture*, S. 49.
[17] Steinar Kvale, »Themes of Postmodernity«, zitiert in Walter T. Anderson, *The Truth About Truth: De-confusion and Re-constructing the Postmodern World*, S. 27.
[18] Lawrence Cahoone, *From Modernism to Postmodernism: An Anthology*, S. 10.
[19] Stanley J. Grenz, *A Primer on Postmodernism*, S. 83f.
[20] John D. Caputo, *Radical Hermeneutics: Repetition, Deconstruction and the Hermeneutic Project*, S. 75.
[21] Carl F. Henry, »Postmodernism: The New Spectre?«, zitiert in David S. Dockery, *The Challenge of Postmodernism: An Evangelical Engagement*, S. 41.
[22] Richard Tarnas, *The Passion of the Western Mind: Understanding the Ideas That Have Shaped Our World View*, S. 395ff.
[23] Pauline M. Rosenau, *Post-Modernism and the Social Sciences: Insights, Inroads, Intrusions*, S. 41.
[24] Ebd., S. 79.
[25] John D. Caputo, *Radical Hermeneutics: Repetition, Deconstruction and the Hermeneutic Project*, S. 192.
[26] Stanley J. Grenz, *A Primer on Postmodernism*, S. 144.
[27] Carl F. Henry, »Postmodernism: The New Spectre?«, zitiert in David S. Dockery, *The Challenge of Postmodernism: An Evangelical Engagement*, S. 42.
[28] Richard Rorty, *Consequences of Pragmatism*, S. 162.

[29] Steinar Kvale, »Themes of Postmodernity«, zitiert in Walter T. Anderson, *The Truth About Truth: De-confusion and Re-constructing the Postmodern World*, S. 21.
[30] Richard Tarnas, *The Passion of the Western Mind: Understanding the Ideas That Have Shaped Our World View*, S. 401.
[31] Gene E. Veith, *Postmodern Times: A Christian Guide to Contemporary Thought and Culture*, S. 48.
[32] Millard J. Erickson, *Postmodernizing the Faith. Evangelical Responses to the Challange of Postmodernism*, S. 18.
[33] Ebd., S. 18.
[34] Roy Wagner, »The Idea of Culture«, zitiert in Walter T. Anderson, *The Truth About Truth: De-confusion and Re-constructing the Postmodern World*, S. 54f.
[35] Jean Baudrillard, »The Map Precedes the Territory«, zitiert in Walter T. Anderson, *The Truth About Truth: De-confusion and Re-constructing the Postmodern World*, S. 80.
[36] Paul Feyerabend, »Anything Goes«, zitiert in Walter T. Anderson, *The Truth About Truth: De-confusion and Re-constructing the Postmodern World*, S. 199.
[37] Simon Blackburn, *The Oxford Dictionary of Philosophy*, S. 295.
[38] Michel Foucault, »Truth and Power«, zitiert in Lawrence Cahoone, *From Modernism to Postmodernism: An Anthology*, S. 379.
[39] Albert Mohler, »Ministry Is Stranger Than It Used To be«, Southern Seminary, S. 6.
[40] Richard Rorty, *Consequences of Pragmatism*, S. xxix.
[41] Ebd., S. 163.
[42] Ebd., S. 166.
[43] Ebd., S. 161.
[44] Stanley J. Grenz, *A Primer on Postmodernism*, S. 153.
[45] Ebd., S. 8.
[46] J. R. Middleton & B. J. Walsh, »Facing the Postmodern Scalpel«, zitiert in Timothy R. Phillips & Dennis L. Okholm, *Christian Apologetics in the Postmodern World*, S. 134.
[47] Stanley J. Grenz, *A Primer on Postmodernism*, S. 106.
[48] Ebd., S. 6.
[49] William L. Craig, »*Political Incorrect Salvation*«, zitiert in Timothy R. Phillips & Dennis L. Okholm, *Christian Apologetics in the Postmodern World*, S. 77.
[50] Stanley J. Grenz, *A Primer on Postmodernism*, S. 40.
[51] Dennis McCallum, »The Real Issue«, S. 1.
[52] Dennis McCallum, *The death of Truth*, S. 53.
[53] William L. Craig, *Political Incorrect Salvation*, zitiert in Timothy R. Phillips & Dennis L. Okholm, *Christian Apologetics in the Postmodern World*, S. 82.
[54] Ebd., S. 77.
[55] D. A. Carson, *The Gagging of God: Christianity Confronts Pluralism*, S. 107.
[56] James W. Sire, »On Being a Fool for Christ and an Idiot for Nobody: Logocentricity and Postmodernity«,zitiert in Timothy R. Phillips & Dennis L. Okholm, *Christian Apologetics in the Postmodern World*, S. 114.

57 Ebd., S. 115.
58 Ebd., S. 120.
59 Gene E. Veith, *Postmodern Times: A Christian Guide to Contemporary Thought and Culture*, S. 16.
60 Diogenes Allen, »Christianity and the Creed of Postmodernism«, *Christian Scholars Review*, S. 124.
61 Millard J. Erickson, *Postmodernizing the Faith. Evangelical Responses to the Challange of Postmodernism*, S. 156.
62 Pauline M. Rosenau, *Post-Modernism and the Social Sciences: Insights, Invoads, Intiusions*, S. 176f.
63 Etienne Gilson, *The Christian Philosophy of St. Thomas Aquinas*, S. 224.
64 Ebd., S. 225.
65 Carl F. Henry, »Postmodernism: The New Spectre«, zitiert in David S. Dockery, *The Challenge of Postmodernism: An Evangelical Engagement*, S. 50.
66 Etienne Gilson, *The Christian Philosophy of St. Thomas Aquinas*, S. 226.
67 Ebd., S. 226.
68 Ebd., S. 226.
69 Ebd., S. 226.
70 Ebd., S. 228.
71 Ebd., S. 228.
72 Ebd., S. 231.
73 Ebd., S. 234.
74 Dennis McCallum, *The Death of Truth*, S. 52.
75 Thomas A. Howe, »Towards a Thomistic Theory of Meaning«, Magisterarbeit, Liberty University, S. 99.
76 Carl F. Henry, »Postmodernism: The New Spectre?«, zitiert in David S. Dockery, *The Challenge of Postmodernism: An Evangelical Engagement*, S. 46.
77 Dennis McCallum, *The Death of Truth*, S. 55.
78 D. A. Carson, *The Gagging of God*, S. 103.
79 Dennis McCallum, *The Death of Truth*, S. 41.
80 James W. Sire, »On Being a Fool for Christ and an Idiot for Nobody«, zitiert in Timothy R. Phillips, *Christian Apologetics in the Postmodern World*, S. 119.
81 D. A. Carson, *The Gagging of God*, S. 349.
82 St. Augustine, *City of God*, S. 466.
83 William L. Craig, »*Political Incorrect Salvation*«, zitiert in Timothy R. Phillips & Dennis L. Okholm, *Christian Apologetics in the Postmodern World*, S. 97.

35 Die Antwort auf den Skeptizismus

(Der Glaube, dass jede Form von zuverlässigem oder absolutem Wissen unmöglich ist und dass alle Aspekte des Übernatürlichen für jeden Einzelnen unerreichbar sind)

Kapitelübersicht

1 Der Skeptizismus nach seinem Hauptvertreter David Hume

Der traditionelle Gottesbeweis stützt sich zum Teil auf die Folgerung einer Ursache aus der Beobachtung von Auswirkungen. Der Skeptiker David Hume (1711-1776) sagte: »Da wir niemals Kausalität (was ein Geschehnis hervorruft) tatsächlich beobachten (erfahren) können, können wir nicht mit Sicherheit wissen, dass irgendeine bestimmte Ursache mit einer bestimmten Auswirkung verbunden ist.«

1.1 Alles Wissen wird entweder durch die *Sinne* oder durch das *Nachdenken* über Vorstellungen abgeleitet

Die oft zitierte Schlussfolgerung aus Humes *Enquiry Concerning Human Understanding* fasst seinen Skeptizismus gut zusammen:

> Sehen wir, von diesen Prinzipien durchdrungen, die Bibliotheken durch, welche Verwüstungen müssen wir da nicht anrichten? Greifen wir irgendeinen Band heraus, etwa über Gotteslehre oder Schulmetaphysik, so sollten wir fragen: *Enthält er irgendeinen abstrakten Gedankengang über Größe oder Zahl? Nein. Enthält er irgendeinen auf Erfahrung gestützten Gedankengang über Tatsachen und Dasein?* Nein. Nun, so werft ihn ins Feuer, denn er kann nichts als Blendwerk und Täuschung enthalten.[1]

Hume macht die folgende kategorische Aussage bezüglich der Vernunft:

> Alle Gegenstände der menschlichen Vernunft und Forschung lassen sich naturgemäß in zwei Arten zerlegen, nämlich in *Beziehungen von Vorstellungen und in Tatsachen*. Von der ersten Art sind die Wissenschaften der Geometrie, Algebra und Arithmetik und, kurz gesagt, jede Behauptung von entweder intuitiver oder demonstrativer Gewissheit. … Sätze dieser Art sind durch die reine Tätigkeit des Denkens zu entdecken, ohne von irgendeinem Dasein in der Welt abhängig zu sein. …
>
> Tatsachen, der zweite Gegenstand der menschlichen Vernunft[,] sind nicht in gleicher Weise als gewiss verbürgt [wie Beziehungen von Vorstellungen]; ebenso wenig ist unsere Evidenz von ihrer Wahrheit, wenn auch noch so stark, von der gleichen Art wie bei der vorhergehenden. Das Gegenteil jeder Tatsache bleibt immer möglich, denn es kann niemals einen Widerspruch in sich schließen …[2]

Hume sagt, es sei unbestreitbar, »dass all unsere Vorstellungen nichts sind als Abbilder unserer Eindrücke, oder mit anderen Worten, dass es uns unmöglich ist, ein Ding zu denken, da[s] wir nicht zuvor … empfunden haben.«[3]

Jerry Gill fasst die Auswirkungen des Skeptizismus nach Hume zusammen:

> Hume bereitete den großen Hoffnungen sowohl der kontinentalen Rationalisten als auch der britischen Empiristen ein Ende. Erstere suchten in den unvermeidlichen Folgerungen, die deduktiv aus selbstverständlichen Wahrheiten gewonnen werden können, eine erkenntnistheoretische Grundlage für alles Wissen zu haben und behaupteten, sie gefunden zu haben. Letztere suchten eine solche Grundlage in den wahrscheinlichen Folgerungen, die induktiv aus Sinneseindrücken gewonnen werden können, und behaupteten, sie gefunden zu haben. Hume verfolgte den empirischen Ansatz noch rigoroser als seine Vorgänger und vertrat überzeugend die Ansicht, dass weder Deduktion noch Induktion eine angemessene Grundlage für das Wissen liefern können. Die Deduktion mit ihren »selbstverständlichen« Prämissen erwies sich als definitorisch (analytisch) und ohne faktischen Inhalt, während sich die Induktion als auf die unnachweisliche Annahme, dass die Zukunft gleich der Vergangenheit sein muss, gestützt erwies. So glaubte Hume, die Möglichkeit eliminiert zu haben, tatsächliche Wahrheitsbehauptungen in Mathematik, Wissenschaft und Metaphysik aufzustellen.[4]

1.2 Kausalität kann nicht beobachtet, sondern nur auf Gewohnheit gestützt geglaubt werden

Kausalität ist eine Bedingung oder eine Situation, die eine bestimmte Wirkung mit sich bringt. Sie behandelt die Beziehung zwischen einer Ursache und ihrer Wirkung.

Hume sagt: »Es gibt zwei Prinzipien, die ich nicht in Einklang bringen kann, auch liegt es nicht in meiner Macht, eines von ihnen zu leugnen, nämlich dass all unsere verschiedenen Auffassungen verschiedene Existenzen sind und dass der Geist niemals irgendwelche echten Zusammenhänge zwischen verschiedenen Existenzen erkennt.«[5]

Hume fasst zusammen, warum seiner Meinung nach, eine bestimmte Ursache nicht aus einer Wirkung gefolgert werden kann:

> Mit einem Wort, jede Wirkung ist ein von ihrer Ursache verschiedenes Ereignis. Sie kann daher in der Ursache nicht entdeckt werden, und was man sich zuerst a priori von ihr erfindet oder vorstellt, muss gänzlich willkürlich sein. Und selbst nachdem sie uns in den Sinn gekommen, muss ihr Zusammenhang mit der Ursache ebenso willkürlich scheinen; weil es immer eine Menge anderer Wirkungen gibt, die der Vernunft ebenso widerspruchslos und natürlich dünken müssen. Vergeblich würden wir uns also anmaßen, den Ablauf eines einzelnen Ereignisses zu bestimmen oder irgendeine Ursache oder Wirkung herzuleiten, ohne den Beistand von Beobachtung und Erfahrung.[6]

Hume argumentiert, dass wir außer aus Erfahrung keinerlei Zusammenhang zwischen einer Ursache und ihrer Wirkung folgern können: »Wenn wir a priori Denkakte vollziehen und einen Gegenstand oder eine Ursache rein, wie sie dem Geist erscheint, betrachten, unabhängig von aller Beobachtung, dann könnte sie uns niemals den Begriff eines so unterschiedenen Gegenstandes, wie es ihre Wirkung ist, nahe legen; viel weniger uns die untrennbare und unverletzliche Verknüpfung zwischen ihnen anzeigen.«[7]

Hume stellt kategorisch fest, dass »[alle] Ableitungen aus Erfahrung … daher Wirkung der Gewohnheit, nicht der Vernunfttätigkeit [sind].«[8]

Er folgert, dass wir, da wir beispielsweise die Ursache eines fallenden Steines nicht kennen können, auch die Ursache der Welt nicht kennen können:

> Solange wir nicht einen befriedigenden Grund angeben können, warum wir nach tausend Erfahrungstatsachen glauben, dass ein Stein fallen oder das Feuer brennen wird – können wir uns da mit irgendeiner bestimmten Anschauung zufrieden geben, die wir über den Ursprung der Welten und den Zustand der Natur von Ewigkeit zu Ewigkeit bilden mögen? … Mir scheint, dass die einzigen Gegenstände der abstrakten Wissenschaften oder der Demonstration Größe und Zahl sind und dass alle Versuche, diese vollkommeneren Wissensarten über diese Grenzen hinaus zu erstrecken, nur Blendwerk und Täuschung bedeuten.[9]

Ravi Zacharias fasst Hume in diesem Punkt zusammen:

> Nach Hume ist also das Prinzip der Kausalität nichts als eine Assoziation aufeinander folgender Eindrücke. Aus Gewohnheit erwarten wir, dass diese Abfolge eintritt; in Wirklichkeit gibt es nicht notwendigerweise eine Verbindung. Kurz, nicht einmal für die Wissenschaft gibt es Grundlagen, die es erlauben, universelle und unvermeidliche Gesetze zu formulieren.[10]

1.3 Humes Skeptizismus im Überblick

Hume »stellte den Wissensanspruch aller Disziplinen, d. h. Wissenschaft, Mathematik usw. infrage. Er berücksichtigte auf Wahrscheinlichkeit basierenden Glauben, der über unsere Erfahrung hinausgehe. Er attackierte auf das Schärfste alle Voraussetzungen für die Einheitlichkeit der Natur. Nur weil wir Einheitlichkeit in der Natur beobachten, haben wir noch keine Garantie, dass sie immer einheitlich sein wird. Er würde einwenden, dass Induktion keine stichhaltige Form der Vernunft ist, sondern eher eine Gewohnheit, aufgrund einheitlicher Erfahrungen ähnliche Ergebnisse zu erwarten. Daher nennt man Hume einen Skeptiker.«[11]

2 Erwiderung

2.1. Der Skeptizismus widerlegt sich selbst: Sollte man dem Skeptizismus »skeptisch« gegenüberstehen?

Der heilige Augustin von Hippo erkannte das sich selbst widerlegende Wesen des Skeptizismus schon mehr als tausend Jahre, bevor Hume seinen Zweifeln Ausdruck verlieh:

> Jeder, der zweifelt, weiß, dass er zweifelt, sodass er sich zumindest dieser Wahrheit sicher sein kann, nämlich dass er zweifelt. Demnach kennt jeder, der zweifelt, ob es so etwas wie Wahrheit gibt, zumindest eine Wahrheit, sodass eben seine Fähigkeit zu zweifeln ihn davon überzeugen sollte, dass es so etwas wie Wahrheit gibt.[12]

Gordon Clark gibt diesen Gesichtspunkt auf etwas andere Weise wieder:

> Skeptizismus ist der Standpunkt, dass nichts demonstriert werden kann. Und wie, fragen wir dann, kann man demonstrieren, dass nichts demonstriert werden kann? Der Skeptiker behauptet, dass man nichts wissen kann. In seiner Eile sagte er, dass Wahrheit unmöglich sei. Und ist es wahr, dass Wahrheit unmöglich ist? Denn wenn keine Behauptung wahr ist, dann ist zumindest eine Behauptung wahr – nämlich die, dass keine Behauptung wahr ist. Wenn Wahrheit unmöglich ist, folgt daher, dass wir sie bereits erlangt haben.[13]

Norman Geisler schlägt diese Kritik am Skeptizismus vor:

> Der gesamte skeptische Versuch, jedes Urteil über die Realität auszusetzen, widerlegt sich selbst, da er ja ein Urteil über die Realität impliziert. Wie sonst sollte man wissen, dass das Aussetzen jeden Urteils über die Realität der weiseste Weg ist, wenn man nicht tatsächlich weiß, dass man Realität nicht wissen kann? Skeptizismus impliziert Agnostizismus und Agnostizismus impliziert [da er eine Aussage über die Realität macht] eine gewisse Kenntnis von der Realität. Uneingeschränkter Skeptizismus, der die Aussetzung jeden Urteils über die Realität vorschlägt, impliziert ein sehr umfassendes Urteil darüber, ob man Realität kennen kann. Warum entmutigen alle Wahrheitsversuche, wenn man nicht im Voraus weiß, dass sie fruchtlos sein werden? Und wie kann jemand im Voraus diese Information haben, wenn er nicht schon etwas über die Realität weiß?[14]

Professor Geisler unterscheidet zwischen eingeschränktem Skeptizismus (der förderlich sein kann) und uneingeschränktem Skeptizismus: »Uneingeschränkter Skeptizismus widerlegt sich selbst. Gerade die Beteuerung, man könne die Wahrheit nicht kennen, wird selbst als Wahrheitsbeteuerung dargeboten. Als Aussage über die Wahrheit, die behauptet, dass keine Aussage über die Wahrheit gemacht werden kann, untergräbt sie sich selbst.«[15]

Scott MacDonald macht darauf aufmerksam, dass die Tatsache unseres Wissens um Axiome den Skeptizismus widerlegt:

> Unsere direkte Kenntnis davon, dass gewisse unmittelbare Behauptungen notwendigerweise wahr sind, stellt zweifellos und unfehlbar einen Zugang zu diesen Wahrheiten dar und deshalb, unter Berücksichtigung dieser Behauptungen und der Behauptungen, die wir von ihnen durch genaue Demonstrationen ableiten, ist Skeptizismus bewiesenermaßen falsch.[16]

Auch Aurelius Augustinus griff in seiner Abhandlung *Contra Academis* auf das sichere Wissen um Axiome zurück, um den Skeptizismus seiner Zeit zu widerlegen. Frederick Copleston fasst Augustin auf folgende Weise zusammen: »Wenigstens bin ich mir des Prinzips des Widerspruchs sicher.«[17]

Der katholische Apologet G. H. Duggan weist auf das Dilemma des Skeptikers hin:

> Einerseits vertritt der Skeptiker die Ansicht, dass es keine Wahrheiten gibt, die gewiss sind. Andererseits kann er keine Behauptung aufstellen, ohne zuzugeben, dass das Prinzip des Widerspruchs mit Sicherheit wahr ist. Nach diesem Prinzip sind Sein und Nichtsein nicht identisch. Wird es verworfen, dann ist in jeder Behauptung »ist« und »ist nicht« austauschbar. Es ist offensichtlich, dass Überlegungen und Abhandlungen unter diesen Umständen unmöglich werden.[18]

Mortimer Adler argumentiert ebenso: »Dieses Prinzip [des Widerspruchs] liefert eine vollkommene Widerlegung des Skeptikers, der behauptet, dass keine Aussage entweder wahr oder falsch ist. Denn wenn die Behauptung des Skeptiker wahr ist, dann gibt es mindestens eine Aussage, die wahr und nicht falsch ist. Und wenn sie falsch ist, dann kann es viele Aussagen geben, die entweder wahr oder falsch sind. Und wenn sie weder wahr noch falsch ist, warum sollten wir dann den Aussagen des Skeptikers in irgendeiner Weise Aufmerksamkeit schenken?«[19]

Adler weist darauf hin, dass der gesunde Menschenverstand den Skeptizismus widerlegt:

> Die Ansicht, die von gesundem Menschenverstand zeugt, ist diejenige, die wir alle vertreten, wenn wir den sich selbst widersprechenden und sich selbst widerlegenden Standpunkt des extremen Skeptikers als nicht nur unvernünftig, sondern auch als unbrauchbar ablehnen. Kaum ein Aspekt unseres täglichen Lebens würde derselbe sein, wenn wir den Standpunkt des extremen Skeptikers annehmen würden, anstatt ihn abzulehnen. Wir vertrauen ganz und gar darauf, dass Wahrheit und Unwahrheit von uns feststellbar sind und dass wir irgendwie, mit unterschiedlichem Grad der Sicherheit, zwischen dem, was wahr und was falsch ist, unterscheiden können. Fast alles, was wir tun oder worauf wir uns verlassen, gründet auf diesem Vertrauen.[20]

Ravi Zacharias fasst zusammen: »Humes skeptische Deduktion, dass jedes Urteil über die Wirklichkeit ausgesetzt werden muss, widerlegt sich selbst, da diese Aufforderung, jedes Urteil auszusetzen, in sich selbst ein Urteil über die Wirklichkeit ist.«[21]

Colin Brown warnt uns vor Humes kategorischen Aussagen:

> Hume gibt den Anschein, auf entwaffnende Weise offen zu sein, wenn er bestätigt, dass »die Natur immer zu stark für Prämissen ist«. Im Grunde genommen ist dies eine gut gemeinte Warnung sowohl an die Systemersteller als auch an die Systemvernichter, sich ihrer umfassenden Beteuerungen oder ihrer umfassenden Leugnungen absolut sicher zu sein. Aber Humes Beobachtung impliziert hier die Behauptung, dass sein Ansatz (so schwierig er auch sein mag) der einzig Gültige ist. Tatsächlich ist Humes Skeptizismus in jedem grundlegenden Punkt verdächtig.[22]

Auch Ronald Nash gibt zu bedenken, dass »wann immer wir jemandem begegnen, der sagt, dass niemand irgendetwas wissen kann, es nur natürlich ist, sich zu fragen, ob [oder wie] der Skeptiker *das* weiß.«[23]

G. H. Duggan verweist auf einen anderen Aspekt des sich selbst widerlegenden Wesens der skeptischen Behauptung:

> Die skeptische Ansicht, dass die äußere Wahrnehmung unzuverlässig ist, kann nur dann aufrechterhalten werden, wenn man annimmt, dass die äußere Wahrnehmung keine Macht des Wissens ist, sondern irgendeine andere Funktion hat. Denn wenn man annimmt, dass die äußere Wahrnehmung eine Macht des Wissens ist, muss man annehmen, dass sie im Wesentlichen zuverlässig ist. Wenn sie

> nicht zuverlässig wäre, wäre sie keine Macht des Wissens, da sie Informationen vermitteln würde, die unzuverlässig sind; und unzuverlässige Informationen sind kein Wissen.[24]

Mortimer Adler zeigt ein anderes Dilemma auf, das die skeptische Behauptung aufwirft:

> Indem er die Existenz jeder Wahrheit oder Falschheit leugnet, muss der extreme Skeptiker letztendlich entweder leugnen, dass eine unabhängige Wirklichkeit existiert, oder leugnen, dass sie ein determiniertes Wesen hat, mit dem unser Denken entweder übereinstimmt oder nicht übereinstimmt. Es sollte sofort klar werden, dass der Skeptiker, indem er diese extreme Position einnimmt, sich unvermeidlicherweise selbst widerspricht. Wenn er nicht behauptet, dass seine Beteuerung, es gebe keine unabhängige Wirklichkeit, wahr sei oder dass sie ein determiniertes Wesen habe, verschwindet seine eigene Position; und wenn er behauptet, dass seine Leugnungen wahr sind, dann muss er es auf einer Grundlage tun, die letztendlich die Definition von Wahrheit voraussetzt.[25]

2.2 Die Aussage »Alles Wissen wird durch die *Sinne* oder durch das *Nachdenken* über Vorstellungen abgeleitet« ist von keinem der beiden abgeleitet

Ravi Zacharias stellt auch fest:

> Humes Behauptung, dass alle Aussagen nur dann bedeutungsvoll sind, wenn sie entweder eine Bezugnahme auf Vorstellungen, z. B. mathematisch oder die Quantität betreffend, oder sonst einen experimentellen, auf Fragen nach Fakten basierenden Gedankengang darstellen, basiert selbst weder auf mathematischen Fakten noch auf experimentell ermittelten Fakten. Deshalb ist gerade seine Definition einer bedeutungsvollen Aussage, nach seinen eigenen Worten, bedeutungslos.[26]

Mortimer Adler bemerkt, dass in Humes Aussage »zwei Fehler miteinander verbunden werden; der eine ist der Fehler, unsere Wahrnehmungen und Bilder, fälschlicherweise ›Vorstellungen‹ genannt, als die unmittelbaren Objekte unseres Bewusstseins zu betrachten; der andere ist der Fehler, den menschlichen Geist auf eine rein sensitive Fähigkeit zu reduzieren, fähig, sich nichts außer dem, was durch die Sinne wahrgenommen werden kann oder infolge unserer Sinneswahrnehmung vorgestellt werden kann, bewusst zu sein.« Adler bringt die Frage auf den Punkt: »*Haben wir abstrakte Vorstellungen (d. h. Konzepte) ebenso wie Sinneswahrnehmungen und Bilder oder haben wir sie nicht?* … Hobbes, Berkeley und Hume sagen einfach, dass wir sie nicht haben.«[27]

Adler verweist auf das Dilemma, das sich ergibt, wenn wir keine abstrakte Vorstellung oder kein universelles Konzept von so etwas wie einem »Hund« bilden können. Er schlägt diese Reihe von Folgerungen vor:

Wir müssen sie daher fragen, ob wir fähig sind zu begreifen, was zwei Daseinsformen gemeinsam haben [z. B. ist die Kategorie »Hund« dem Airedale und dem Pudel gemein], oder zu begreifen, in welcher Hinsicht sie gleich sind.
Wenn ihre Antwort auf diese Frage negativ ist, haben sie wieder ihre eigene Erklärung der Bedeutung von gemeinsamen Benennungen als *gleichermaßen* auf zwei oder mehrere Daseinsformen anwendbar (d. h. hinsichtlich eines Punktes, in dem sie sich nicht *unterscheiden*) selbst untergraben. Wenn unserm Verständnis nach zwei oder mehrere Daseinsformen in keinerlei Hinsicht gleich sind, können wir nicht ein und denselben Namen gleichermaßen für alle verwenden.
Als einzige Alternative bleibt ihnen, diese Frage zu bejahen: Sind wir fähig zu begreifen, was zwei Daseinsformen gemeinsam haben, oder zu begreifen, in welcher Hinsicht sie gleich sind?
Wenn sie diese Frage bejahen, denn das müssen sie oder sie müssen zugeben, dass sie keine Erklärung bieten können, dann ist diese Antwort gleichbedeutend mit einer Widerlegung ihres ursprünglichen Standpunktes.[28]

2.3 Radikaler empirischer Atomismus widerlegt sich selbst und impliziert Einheit und Zusammenhang

Die Folge von Humes Skeptizismus bezüglich der Kausalität wäre, dass keine Geschehnisse miteinander in Zusammenhang stehen. Dies ist radikaler empirischer Atomismus (der Glaube, dass »das Universum aus unzähligen kleinen unsichtbaren ›Wirklichkeitsteilchen‹ besteht«).[29]

Norman Geisler argumentiert, dass

Humes radikaler empirischer Atomismus, der besagt, dass alle Geschehnisse »vollkommen losgelöst und voneinander getrennt« sind und dass sogar das Selbst nur ein Bündel von Sinneseindrücken ist, nicht haltbar ist. Wenn alles ohne Zusammenhang wäre, gäbe es keine Möglichkeit, auch nur diese eine Aussage zu machen, denn eine gewisse Einheit und ein gewisser Zusammenhang werden bei der Behauptung, alles sei ohne Verbindung, impliziert. Außerdem widerlegt sich die Behauptung »Ich bin nichts als der Eindruck von mir selbst.« selbst, denn es bleibt immer noch die vorausgesetzte Einheit des »Ichs (Selbst)«, das die Behauptung aufstellt. Aber man kann nicht ein uneinheitliches Selbst annehmen, um eben das zu leugnen.[30]

Ravi Zacharias stimmt damit überein:

Humes Behauptung, dass alle Ereignisse vollkommen losgelöst, voneinander getrennt und unzusammenhängend sind, ist untragbar. Seine Aussage selbst impliziert Einheit und Zusammenhang, sonst gäbe es keine Möglichkeit, diese Aussage zu treffen. Mit anderen Worten, er geht von einem einheitlichen Selbst aus, während er eine Einheit leugnet.[31]

2.4 Das Leugnen von Kausalität widerlegt sich selbst

Zur Klärung von Humes Standpunkt:

> Hume hat das Prinzip der Kausalität nie geleugnet. Er gibt zu, dass es absurd wäre, darauf zu bestehen, dass Dinge ohne Ursache geschehen. Was er versuchte zu leugnen ist, dass es irgendeinen philosophischen Weg gibt, das Prinzip der Kausalität *aufzustellen*. Wenn das Prinzip der Kausalität nicht einfach nur eine analytische Beziehung von Vorstellungen, sondern ein auf gewohnheitsmäßiger Verbindung von tatsächlichen Ereignissen basierender Glaube ist, dann liegt keine Notwendigkeit darin und man kann es nicht mit philosophischer Rechtfertigung anwenden. Aber wir haben bereits gesehen, dass das Aufteilen aller gehaltvollen Aussagen in diese zwei Klassen sich selbst widerlegt. Also ist es möglich, dass das Prinzip der Kausalität sowohl gehaltvoll als auch notwendig ist. Tatsächlich impliziert das Leugnen einer kausalen Notwendigkeit selbst eine Art kausaler Notwendigkeit im Leugnen. Denn sofern es keinen notwendigen Grund (oder keine Ursache) für das Leugnen gibt, hält das Leugnen nicht unbedingt stand. Und wenn es einen notwendigen Grund oder eine Ursache für das Leugnen gibt, dann widerlegt sich das Leugnen selbst; denn in dem Fall nimmt es eine notwendige kausale Verbindung, um zu leugnen, dass es notwendige kausale Verbindungen gibt.[32]

Das Prinzip der Kausalität auf den Bereich der Logik zu beschränken widerlegt sich ebenfalls selbst:

> Einige Kritiker bestehen darauf, dass das Prinzip der Kausalität in den Bereich der Logik gehört, aber nicht auf die Wirklichkeit anwendbar ist. Das widerlegt sich selbst. Man kann nicht auf konsequente Weise beteuern, dass die Gesetze des Denkens in Bezug auf die Wirklichkeit nicht bestätigt werden können. Es ist inkonsequent, über die Wirklichkeit zu denken, dass man nicht über sie denken kann. Da das Prinzip der Kausalität ein Axiom der Vernunft ist, muss es auf die Wirklichkeit anwendbar sein. Ansonsten endet man damit, seinen eigenen Standpunkt zu widerlegen, dass man das, was man über die Wirklichkeit weiß, nicht wissen kann.[33]

C. S. Lewis fasst zusammen:

> Eine Theorie, welche alles andere im Weltall erklärte, doch den Glauben an die Möglichkeit unseres Denkens unmöglich machte, schlösse sich damit gänzlich aus der Diskussion aus. Denn diese Theorie wäre ja selber durch Denken erreicht worden und wenn Denken nicht gültig ist, so wäre diese Theorie ja ihrerseits selber demoliert. Sie hätte ihr eigenes Akkreditiv vernichtet. Es wäre ein Argument dafür, dass kein Argument stichhaltig ist – ein Beweis, dass es so etwas wie Beweise nicht gibt –, was ein Unsinn ist.[34]

Paul Carus verweist auf den Zusammenhang zwischen dem Rationalen und dem Ontologischen: »Unser Glaube an Kausalität ist schließlich, auch wenn Hume es leugnete, auf dem logischen Prinzip der Gleichheit (A=A) begründet. Es ist eine Erweiterung dieses Prinzips zu einem Zustand der Bewegung.«[35]

James B. Sullivan unterscheidet zwischen der Vorstellung einer Ursache und dem *Prinzip* der Kausalität:

> Die *Vorstellung* einer Ursache erhält man durch den geistigen Vergleich der Förmlichkeiten eines Objektes mit denen eines anderen und durch die induktive Feststellung, dass ein Objekt ein anderes beeinflusst oder durch seine Tätigkeit herstellt. Das *Prinzip* der Kausalität wird nicht durch Induktion aus Erfahrungen festgesetzt, sondern durch eine Analyse der Vorstellung vom abhängigen Dasein.[36]

2.5 Schlussfolgerung

> »Während Skeptizismus als erkenntnistheoretischer Standpunkt nicht vertretbar ist, ist er doch von Wert. Er verhält sich wie eine Klette im Sattel des Wissenschaftlers, indem er fordert, dass jeder Wissensanspruch auf angemessenem Beweismaterial beruht und frei von Widerspruch oder Absurdität ist.«[37]

3 Literaturangaben

1 David Hume, *An Enquiry Concerning Human Understanding and Other Essays*, 12.3 (Hervorhebungen vom Autor).
2 Ebd., 4.1, (Hervorhebungen vom Autor).
3 Ebd., 7.1.
4 Jerry H. Gill, *The Possibility of Religious Knowledge*, S. 73.
5 David Hume, *A Treatise of Human Nature*, Appendix.
6 David Hume, *An Enquiry Concerning Human Understanding and Other Essays*, 4.1.
7 Ebd., 4.1.
8 Ebd., 5.1.
9 Ebd., 12.3.
10 Ravi K. Zacharias, *Can Man Live Without God?*, S. 199.
11 Dr. William Crouse, persönliche Korrespondenz, 14. Juli 1999.
12 St. Augustine, *Of True Religion*, S. 39.73.
13 Gordon H. Clark, *A Christian View of Men and Things*, S. 30.
14 Norman L. Geisler, *Christian Apologetics*, S. 22.
15 Ebd., S. 133f.
16 Scott MacDonald, »Theory of Knowledge«, zitiert in Norman Kretzmann & Eleonore Stump, *The Cambridge Companion to Aquinas*, S. 187.
17 Frederick Copleston, *The History of Philosophy*, S. 53.

[18] G. H. Duggan, *Beyond Reasonable Doubt*, S. 65.
[19] Mortimer J. Adler, *Truth in Religion*, S. 133f.
[20] Mortimer J. Adler, *Six Great Ideas*, S. 35.
[21] Ravi K. Zacharias, *Can Man Live Without God?*, S. 200.
[22] Colin Brown, *Philosophy and the Christian Faith*, S. 71.
[23] Ronald H. Nash, *World Views in Conflict*, S. 84.
[24] G. H. Duggan, *Beyond Reasonable Doubt*, S. 65.
[25] Mortimer J. Adler, *Six Great Ideas*, S. 213.
[26] Ravi K. Zacharias, *Can Man Live Without God?*, S. 200.
[27] Mortimer J. Adler, *Ten Philosophical Mistakes*, S. 38.40 (Hervorhebungen vom Autor).
[28] Ebd., S. 44.45.
[29] Norman L. Geisler & Paul D. Feinberg, *Introduction to Philosophy*, S. 430.
[30] Norman L. Geisler, *Christian Apologetics*, S. 22f.
[31] Ravi K. Zacharias, *Can Man Live Without God?*, S. 200.
[32] Norman L. Geisler, *Christian Apologetics*, S. 24f.
[33] Norman L. Geisler, *Bakers Encyclopedia of Christian Apologetics*, S. 122.
[34] C. S. Lewis, *Miracles: A Preliminary Study*, S. 14f.
[35] Paul Carus, »Essay on Kant's Philosophy«, in engl. Übersetzung von Immanuel Kant, *Prolegomena to Any Future Metaphysics*, S. 201.
[36] James Bacon Sullivan, »An Examination of First Principles in Thought and Being in the Light of Aristotle and Aquinas«, Diss., S. 124.
[37] Norman L. Geisler & Paul D. Feinberg, *Introduction to Philosophy*, S. 100.

36 Die Antwort auf den Agnostizismus

(Der Glaube, dass der Mensch »entweder nichts weiß oder nichts wissen kann … In der Theologie besagt diese Position, dass der Mensch kein Wissen von Gott sammeln kann.«)[1]

Kapitelübersicht

1 Der Agnostizismus nach Immanuel Kant

Immanuel Kants Philosophie verneint, dass wir wissen können, was die Realität an sich ist. Diese Position führt zum Agnostizismus, denn wenn wir die Realität nicht erkennen können, können wir auch die Wahrheit nicht erkennen.

1.1 Der Inhalt des Wissens wird durch den Verstand geordnet

Um Immanuel Kants Verneinung der Fähigkeit des Wissens, die Wahrheit zu verstehen, müssen wir seine Erkenntnistheorie genauer betrachten. Jerry Gill erklärt:

> Kants Erkenntnistheorie, die in seiner Kritik der reinen Vernunft dargelegt ist, basiert auf der Überzeugung, dass sich Wissen aus zwei Teilen zusammensetzt, nämlich Inhalt und Form. Gemeinsam mit den Empiristen [jenen, die sich auf sinnliche Wahrnehmung verlassen] beharrt er darauf, dass der Inhalt der Er-

kenntnis durch sinnliche Erfahrung geliefert wird, aber im Einklang mit dem Rationalismus hält er daran fest, dass die Form (oder Struktur) der Erkenntnis durch den Verstand vorgegeben wird. Kant behauptete, dass der Verstand eine aktive Rolle in der Erkenntnisgewinnung spielt, indem er die durch sinnliche Eindrücke gewonnenen Daten in gewisse vorgefertigte »Kategorien« einteilt. Das Erkannte sind also sinnliche Erfahrungen, die durch die inhärenten Kategorien des Verstandes »gefiltert« oder organisiert wurden. Beide dieser Elemente sind notwendig, aber keines von beiden ist alleine hinreichend, um Erkenntnis entstehen zu lassen.[2]

In Kants eigenen Worten: »Es gibt zwei Stämme der menschlichen Erkenntnis, die vielleicht aus einer gemeinschaftlichen, aber uns unbekannten Wurzel entspringen, nämlich Sinnlichkeit und Verstand, durch deren ersteren uns Gegenstände gegeben, durch den zweiten aber gedacht werden.«[3]

Kant qualifiziert die letzte Aussage, indem er sagt:

> Wenn aber gleich all unsere Erkenntnis mit der Erfahrung anhebt, so entspringt sie eben doch nicht gänzlich aus der Erfahrung. Denn es könnte wohl sein, dass selbst unsere Erfahrungserkenntnis ein Zusammengesetztes aus dem sei, was wir durch Eindrücke empfangen, und dem, was unser eigenes Erkenntnisvermögen (durch sinnliche Eindrücke bloß *veranlasst*) aus sich selbst hergibt, welchen Zusatz wir von jenem Grundstoffe nicht eher unterscheiden, als bis lange Übung uns darauf aufmerksam und zur Absonderung desselben geschickt gemacht hat.[4]

Kant argumentiert, dass die Kategorien, die uns beim Verstehen helfen, im Verstand vorhanden sind:

> Raum und Zeit, samt allem, was sie in sich enthalten, sind nicht die Dinge oder deren Eigenschaften an sich selbst, sondern gehören bloß zu Erscheinungen derselben; bis dahin bin ich mit jenen Idealisten auf einem Bekenntnisse. Allein diese … sahen den Raum für eine bloße empirische Vorstellung an, die … uns nur mittels der Erfahrung … bekannt würde, ich dagegen zeige zuerst: dass der Raum (und ebenso die Zeit) … uns vor aller Wahrnehmung oder Erfahrung als reine Form unserer Sinnlichkeit beiwohnt …[5]

Über diese inhärenten Kategorien sagt Kant:

> Daher haben auch die reinen Verstandesbegriffe ganz und gar keine Bedeutung, wenn sie von Gegenständen der Erfahrung abgehen und auf Dinge an sich selbst (Noumena) bezogen werden wollen. Sie dienen gleichsam nur, Erscheinungen zu buchstabieren, um sie als Erfahrung lesen zu können; die Grundsätze, die aus der Beziehung derselben auf die Sinnenwelt entspringen, dienen nur unserem Verstande zum Erfahrungsgebrauch; weiter hinaus sind es willkürliche Verbin-

dungen ohne objektive Realität, deren Möglichkeit man weder a priori erkennen noch ihre Beziehung auf Gegenstände … bestätigen kann.[6]

Kant erklärt, dass Vernunft allein nicht ausreicht, um die Realität zu erkennen: »dass uns Vernunft durch alle ihre Prinzipien a priori niemals etwas mehr als lediglich Gegenstände möglicher Erfahrung und auch von diesen nichts mehr, als was in der Erfahrung erkannt werden kann, lehre … Vernunft lehrt uns nichts, was den Gegenstand an sich betrifft.«[7]

Kant sagt, dass die Realität tatsächlich der Vernunft entsprechen muss oder wir können sie nicht erkennen:

> Die Vernunft muss mit ihren Prinzipien … an die Natur gehen, zwar um von ihr belehrt zu werden, aber nicht in der Qualität eines Schülers, der sich alles vorsagen lässt, was der Lehrer will, sondern eines bestallten Richters, der die Zeugen nötigt, auf die Fragen zu antworten, die er ihnen vorlegt.[8]

Kant erklärt: »Der Verstand schöpft seine Gesetze (*a priori*) nicht aus der Natur, sondern schreibt sie dieser vor.«[9]

Er behauptet, ein sichereres Kriterium für die Wahrheit in den vorgegebenen (*a priori*) Formen gefunden zu haben:

> Da Wahrheit auf allgemeinen und notwendigen Gesetzen als ihren Kriterien beruht, die Erfahrung bei Berkeley [Idealismus] keine Kriterien der Wahrheit haben könne, weil den Erscheinungen derselben … nichts *a priori* zum Grunde gelegt ward; woraus denn folgte, dass sie nichts als lauter Schein sei, dagegen bei uns Raum und Zeit (in Verbindung mit den reinen Verstandesbegriffen) *a priori* aller möglichen Erfahrung ihr Gesetz vorschreiben, welches zugleich das sichere Kriterium abgibt, in ihr Wahrheit von Schein zu unterscheiden.[10]

Kant schließt, dass »uns Dinge als außer uns befindliche Gegenstände unserer Sinne gegeben [sind], allein von dem, was sie an sich selbst sein mögen, wissen wir nichts, sondern kennen nur ihre Erscheinung, d. h. die Vorstellungen, die sie in uns wirken, indem sie unsere Sinne affizieren.«[11]

Wieder stellt Kant kategorisch fest, dass »die Sinne … uns niemals und in keinem einzigen Stück die Dinge an sich selbst … zu erkennen geben.«[12]

Mortimer Adler fasst zusammen:

> Für Kant sind die einzigen Objekte, die unabhängig vom menschlichen Verstand sind, ›*Dinge an sich*‹, die inhärent unbegreiflich sind. Dies läuft darauf hinaus zu sagen, dass das Wirkliche unbegreiflich ist und dass das Begreifbare in dem Sinne ideell ist, dass es mit den Ideen behaftet ist, die unser Verstand an es heranträgt, um es zu dem zu machen, was es ist.[13]

1.2 Es gibt eine unüberwindbare Kluft zwischen unserem Wissen und der Realität

Kants Erkenntnistheorie setzt unserer Erkenntnisfähigkeit eine Grenze und die Realität befindet sich außerhalb dieser Grenze.

Nach Kant sucht der Verstand nach Wahrheit:

> Dieses Land aber ist eine Insel und durch die Natur selbst in unveränderliche Grenzen eingeschlossen. Es ist das Land der Wahrheit …, umgeben von einem weiten und stürmischen Ozeane, dem eigentlichen Sitze des Scheins, wo manche Nebelbank und manches bald wegschmelzende Eis neue Länder lügt, und indem es den auf Entdeckungen herumschwärmenden Seefahrer unaufhörlich mit leeren Hoffnungen täuscht, ihn in Abenteuer verflechtet, von denen er niemals ablassen und sie doch auch niemals zu Ende bringen kann.[14]

Wir können die Wahrheit nicht erkennen, weil wir nach Kants Erkenntnistheorie die Realität nicht erkennen können:

> Und so kommen wir zu dem Schluss, dass unser Verstand begrenzt ist, nämlich dass wir mit ihm nie über die Grenze möglicher Erfahrung hinauskommen können, welches doch gerade die wesentlichste Angelegenheit dieser Wissenschaft ist. … So gelangen wir zur Würdigung unserer Vernunfterkenntnis a priori, dass sie nämlich nur auf Erscheinungen gehe, die Sache an sich selbst dagegen zwar als für sich wirklich, aber von uns unerkannt liegen lasse. … Wir können von keinem Gegenstande als Dinge an sich selbst Erkenntnis haben, sondern nur, sofern es Objekt der sinnlichen Anschauung ist.[15]

Kant stellt fest, dass der Verstand nicht damit zufrieden zu stellen ist, die Grenzen [also den Punkt, jenseits dessen wir die Wahrheit nicht erkennen können] zu erkennen, dass dies aber alles ist, was er erkennen kann: »Die … angezeigten Schranken sind noch nicht genug, nachdem wir gefunden haben, dass noch über dieselben etwas (ob wir es, gleich was es an sich selbst sei, niemals erkennen werden) hinaus liege.«[16]

Kant fasst zusammen:

> Denn in diesem Fall gilt das, was ursprünglich selbst nur Erscheinung ist, z. B. eine Rose, im empirischen Verstande für ein Ding an sich selbst. … Dagegen ist … überhaupt nichts, was im Raume angeschaut wird, eine Sache an sich … Die Gegenstände an sich [sind uns] gar nicht bekannt und was wir äußere Gegenstände nennen, sind nichts anderes als bloße Vorstellungen unserer Sinnlichkeit, deren Form der Raum ist, deren wahres Korrelatum aber, d. h. das Ding an sich selbst, dadurch gar nicht erkannt wird, noch erkannt werden kann …[17]

Kant geht also aufgrund seiner Erkenntnistheorie von der Metaphysik als einer

»ganz isolierten spekulativen Vernunfterkenntnis« aus, die sich mit bloßen Begriffen beschäftigt und »wo also Vernunft selbst ihr eigener Schüler sein soll.«[18]

Etienne Gilson stellt fest, dass Kant die Realität nicht verneint, sie aber als unerkennbar einklammert: »Tatsächlich wollte Kant niemals über die Existenz als solche spekulieren, aber er hat sie auch niemals verneint oder gar vergessen. Vielmehr klammerte er sie aus, sodass sie, wo echte Erkenntnis war, immer präsent wäre, ohne die Spontaneität des menschlichen Verstandes einzuschränken.«[19]

Nicholas Rescher schlägt vor, dass die Realität in Kants Erkenntnistheorie sinnlos sei:

> Für Kant ist das Konzept eines wahrgenommenen Objekts, welches von den Bedingungen der Wahrnehmung losgelöst ist, genauso sinnlos wie das eines gesehenen Objektes, das von jedem Aussichtspunkt losgelöst ist und somit ohne eine der elementaren Bedingungen der Sichtbarkeit betrachtet wird.[20]

1.3 Der Agnostizismus nach Kant im Überblick

Kant »glaubte an eine Trennung von wirklicher Welt (der der Noumena) und scheinbarer Welt der Erscheinungen (der der Phänomene). Um die Welt der Erscheinungen zu verstehen, hat ein jeder einen Satz inhärenter Kategorien (ähnlich dem, was wir als Voraussetzungen bezeichnen). Niemand gelangt an Erkenntnisse (der Erscheinungen) ohne Kategorien (Voraussetzungen). Nach Kant war Erkenntnis das gemeinsame Produkt des *Verstandes* (der Erkennende) und diesen inhärenten Qualitäten (der Fähigkeit des Organisierens und Kategorisierens), die den Erkennenden befähigen, die Erkenntnis als solche zu empfangen.«[21]

2 Entgegnung

2.1 Der Agnostizismus ist in sich widersprüchlich

Kants Erkenntnistheorie führt zum Agnostizismus, der Annahme, dass man nichts über die Realität wissen kann. Norman Geisler kommentiert: »In seiner unbegrenzten Form behauptet [der Agnostizismus], dass alles Wissen über die Wirklichkeit (d. h. Wahrheit) unmöglich ist. Aber dies wird als Wahrheit über die Wirklichkeit feilgeboten.«[22]

Er fasst den inhärenten Widerspruch dieser Annahme zusammen: »Der grundlegende Fehler in Kants harter agnostischer Position ist die Behauptung, Wissen über das zu haben, was er als nicht wissbar deklariert. Mit anderen Worten, wäre es wahr, dass man die Wirklichkeit nicht erkennen kann, würde keiner, auch nicht Kant, sie erkennen.«[23]

Geisler wiederholt:

> Totaler Agnostizismus widerlegt sich selbst. Er reduziert zu der selbstzerstörerischen Versicherung, dass »man genug über die Wirklichkeit weiß, um zu bestätigen, dass man nichts über die Wirklichkeit wissen kann.« Diese Aussage liefert in

> sich selbst alles, was notwendig ist, um zu beweisen, dass sie falsch ist. Denn wenn jemand etwas über die Wirklichkeit weiß, dann kann er sicher nicht im selben Atemzug bestätigen, dass sich die gesamte Wirklichkeit unserem Wissen entzieht. Wenn jemand natürlich überhaupt nichts über die Wirklichkeit weiß, dann hat er überhaupt keine Basis, um Aussagen über die Wirklichkeit zu treffen. Es genügt nicht zu sagen, dass sein Wissen über die Wirklichkeit nur und ausschließlich negativ ist, also ein Wissen, was die Wirklichkeit nicht ist. Denn jedes Negativum setzt ein Positivum voraus. Jemand kann nicht ernsthaft behaupten, dass etwas nicht das ist, wenn ihm das Wissen um das völlig abgeht. Es folgt, dass sich totaler Agnostizismus selbst widerlegt, denn er setzt Wissen über die Wirklichkeit voraus, um jedwedes Wissen von der Wirklichkeit zu leugnen.[24]

Dieser Agnostizismus ist unhaltbar:

> Die Möglichkeit ist offen, dass die Wirklichkeit gekannt werden kann. Tatsächlich war und ist dies eine der dauerhaftesten Annahmen in der Geschichte der Philosophie. Der Mensch jagte und jagt immer noch der Wirklichkeit hinterher. Jede Schlussfolgerung, die diese Möglichkeit *a priori* ausschließt, widerlegt sich nicht nur selbst, sondern schwimmt auch gegen die Hauptströmung der philosophischen Bemühungen.[25]

Mortimer Adler antwortet auf Kants Agnostizismus mit einer Gegenfrage:

> Und das führt für den Kritiker zu der Frage, wie, wenn man nur das erkennen kann, was innerhalb der Sinneserfahrungen liegt, jemand versichern kann, dass wirkliche Dinge nicht jenseits der Grenze existieren können, und wie er sagen kann, was die Grenzen überhaupt sind, über die der menschliche Verstand nicht hinaus kann, wenn er es selbst nicht schafft, diese zu überschreiten?[26]

Der Philosoph Ludwig Wittgenstein hält fest: »Wenn man dem Gedanken eine Grenze setzen wollte, müssten beide Seiten dieser Grenze denkbar sein.«[27]

Etienne Gilson merkt an: »Das Wissen, was ein Ding ist, insofern als es nicht bekannt ist, ist ein glatter Widerspruch in Kants Lehre.«[28]

Ravi Zacharias:

> Kants Agnostizismus über die ultimative Wirklichkeit ist in sich widersprüchlich. Es ist nicht möglich, etwas über die ultimative Wirklichkeit zu postulieren, es sei denn, man wisse etwas über die ultimative Wirklichkeit. Wie Kant zu sagen, dass man die Grenze der Erscheinungen nicht überschreiten kann, bedeutet, die Grenze zu überschreiten, um dies sagen zu können. In anderen Worten, es ist nicht möglich, den Unterschied zwischen der Erscheinung und der Wirklichkeit zu kennen, es sei denn, man wisse genug über beide, um sie voneinander unterscheiden zu können.[29]

H. A. Pritchard hält fest, dass jedwedes Wissen über die Wirklichkeit nicht mit dem Idealismus im Allgemeinen konform geht:

> Um die Welt als abhängig vom Verstande zu sehen, müssen wir uns vorstellen, dass sie nur aus einer Abfolge von Erscheinungen besteht. Dass dies das unvermeidliche Ergebnis des Idealismus ist, wird nicht beachtet, solange angenommen wird, dass die essenzielle Beziehung der Wirklichkeiten zum Verstand darin besteht, bekannt zu sein … Der Vorteil dieser [Kants] Form des Idealismus resultiert aus gerade der Tatsache, die der Idealismus im Allgemeinen zu verneinen bestrebt ist. Denn der Schluss, dass die physische Welt aus einer Abfolge von Erscheinungen besteht, wird nur dadurch vermieden, dass man die Beziehungen der Wirklichkeiten zum Verstand miteinbezieht und sich dann, ohne sich der Inkonsequenz bewusst zu sein, die unabhängige Existenz der bekannten Wirklichkeit zu Nutze macht.[30]

2.2 Die Kategorien des Verstandes entsprechen der Wirklichkeit, ansonsten ist Agnostizismus unformulierbar

Professor Geisler umreißt die Sinnlosigkeit von kategorischen Aussagen, die das Wissen von der Realität verneinen:

> Kants Argument, dass sich die Kategorien des Denkens (wie Einheit und Kausalität) nicht auf die Wirklichkeit beziehen lassen, greift nicht, denn außer wenn die Kategorien der Wirklichkeit denen des Verstandes entsprächen, ließen sich keinerlei Aussagen über die Realität machen, inklusive eben dieser Aussage Kants. Das bedeutet, wenn die wirkliche Welt nicht verständlich wäre, würde keine Aussage über sie zutreffen. Eine Vorformung des Verstandes auf die Wirklichkeit ist notwendig, gleichgültig ob man etwas Positives oder etwas Negatives über sie zu sagen hat. Wir können von der Realität noch nicht einmal *denken*, dass sie undenkbar ist. Für den Fall, dass jemand das Argument vorbringt, dass ein Agnostiker keine Aussage über die Realität treffen muss, sondern einfach nur die notwendigen Grenzen des Begreifbaren definieren muss, kann gezeigt werden, dass selbst dies sich selbst widerlegt. Denn zu sagen, dass man nie mehr erkennen kann als die Grenzen der Erscheinungen, bedeutet, eine unüberwindbare Grenzlinie zu ziehen. Doch man kann solch fest gesteckte Grenzen nicht ziehen, ohne sie zu überschreiten. Es ist nicht möglich zu behaupten, dass Erscheinung hier endet und Wirklichkeit dort beginnt, wenn man nicht wenigstens ein bisschen auf die andere Seite blicken kann. In anderen Worten, wie kann jemand zwischen Erscheinung und Wirklichkeit unterscheiden, wenn er nicht schon beide kennt und so überhaupt erst den Vergleich ziehen kann?[31]

H. A. Pritchard antwortet auf das Argument, dass die Wirklichkeit das ist, was im Wissen von ihr steckt:

> Der grundlegende Einwand gegen diesen Gedankengang ist, dass er dem eigentlichen Wesen des Wissens widerspricht. Wissen setzt uneingeschränkt voraus, dass die bekannte Wirklichkeit unabhängig vom Wissen um sie existiert und dass wir sie so kennen, wie sie in dieser Unabhängigkeit existiert. Es ist einfach *unmöglich* zu denken, dass irgendeine Realität von unserem oder irgendeinem Wissen über sie abhängt. Wenn es Wissen geben soll, muss es erst etwas zu wissen geben. In anderen Worten, Wissen ist im Grunde Entdeckung oder das Finden dessen, was schon ist. Wenn eine Wirklichkeit nur durch irgendeine Aktivität oder irgendeinen Prozess des Verstandes sein oder entstehen könnte, wäre dieser Prozess oder diese Aktivität nicht »erkennen«, sondern »machen« oder »erschaffen«, und machen und wissen muss letzten Endes als sich gegenseitig ausschließend anerkannt werden.[32]

Etienne Gilson erklärt, dass »es im Gegensatz zu der idealistischen These möglich ist zu wissen, ob unsere Ideen mit den Gegenständen übereinstimmen.«[33]

Paul Carus kommentiert das Problem, dem der Agnostizismus gegenübersteht, wenn die Kategorien des Verstandes nicht auch die Kategorien der Realität sind:

> An der Stelle, an der Kant verneint, dass Raum und Zeit objektiv sind, wird er verwirrend und verwickelt sich in Widersprüche. Denn er müsste entweder sagen, dass Raum und Zeit innerhalb der Grenzen des Körpers des denkenden Subjekts beschränkt sind, was Unsinn ist, oder er muss sie dem Subjekt als ein Ding an sich zuschreiben, was seiner eigenen Theorie widerspricht, nach der sich Raum und Zeit nicht auf Dinge an sich beziehen, sondern nur auf Erscheinungen.[34]

Mortimer Adler vermerkt den Fehler des Idealismus:

> Plato und Descartes, und später auch Kant und Hegel, gehen zu weit in ihrer Trennung der zwei Reiche – des Sinnlichen und des Verständlichen. Dies resultiert daraus, dass sie dem Intellekt eine Autonomie zuschreiben, die seine Funktion in einigen oder allen Beziehungen von Sinneserfahrungen unabhängig machen.
> Dies führt Plato und Descartes dazu, den Intellekt mit inhärenten Ideen auszustatten, die er in keinster Weise aus Sinneserfahrungen gewinnen kann. Kants transzendentale Kategorien sind eine andere Version des gleichen Fehlers.[35]

2.3 Es ist nicht möglich, die Existenz zu bestätigen, ohne etwas als Seiendes zu benennen (was es in sich selbst ist)

Dieses Argument kann so formuliert werden:

> Eine weitere in sich widersprüchliche Dimension liegt in Kants Zugeständnis, dass er weiß, *dass* die Noumena (die wirkliche Welt gegenüber der Erscheinung der Welt) existieren, aber nicht, *was* sie sind. Ist es möglich zu wissen, dass etwas ist, ohne zu wissen, was es ist? … Es ist nicht möglich zu bestätigen, *dass* etwas ist, ohne gleichzeitig etwas darüber auszusagen, *was* es ist. Sogar es als

das »An sich« oder das »Wirkliche« zu beschreiben, bedeutet, etwas darüber auszusagen. Darüber hinaus bestätigte Kant es als die unbegreifliche »Quelle« der Erscheinung, die wir empfangen. All dies liefert Informationen über das Wirkliche: nämlich dass es die wirkliche Quelle an sich für die Eindrücke ist, die wir empfangen. Selbst das ist etwas weniger als totaler Agnostizismus.[36]

H. A. Pritchard argumentiert: »Dass da Wissen im Wesentlichen von der Realität, wie sie ist, beherrscht ist, abgesehen davon, dass sie bekannt ist, ist die Versicherung, dass die Realität vom Verstand abhängt, eine Versicherung dessen, was sie in sich ist, abgesehen davon, dass es bekannt ist.«[37]

Etienne Gilson:

> Diese gemeinsame Wurzel, aus der Empfindsamkeit und Verstand beide entspringen und von der Kant sagt, dass sie existiert, von der wir aber nicht wissen, was sie ist, sollte endlich enthüllt und ans Licht gebracht werden. Kurz gesagt, wenn sie nicht wie ein Fremdkörper, der zufällig in die verstehbare Welt des Verstandes eingefügt wurde, bleiben soll, muss ihre Existenz entweder kategorisch abgelehnt werden oder ansonsten wie der ganze Rest *a priori* [ein unabhängig von Erfahrung gezogener Schluss] hergeleitet werden.[38]

Gilson fährt fort: »In Kants Kritik gibt es entweder zu viel oder zu wenig Existenz. Zu viel, weil sie, wie im Falle von Hume, zufällig gegeben wird; zu wenig, weil sie so absolut unerkenntlich ist, dass es in Kants kritischem Idealismus davon praktisch nicht mehr gibt als im absoluten Idealismus von Berkeley.«[39]

Paul Carus stellt fest:

> Daher, während wir zugeben, dass das sinnlich erschlossene Weltbild unserer Intuition eine subjektive Erscheinung ist, … behaupten wir im Gegensatz zu Kant, dass seine formalen Elemente eine Eigenschaft repräsentieren, die der Existenz als der Form der Existenz inhärent ist.
>
> Indem er die Form rein subjektiv gestaltet, verwandelt Kant – trotz aller seiner Proteste – alle Ideen, alle Gedanken, alle Wissenschaft in rein subjektive Einbildung. Er hat noch mehr von einem Idealisten als Berkeley. Wissenschaft kann nur dann als objektive Kognitionsmethode betrachtet werden, wenn die Gesetze der Form objektive Merkmale der Realität sind.[40]

Carus schließt: »Wenn Dinge in sich objektive Dinge bedeuten, offenbar Dinge, wie sie sind, unabhängig von unserer Empfindsamkeit, müssen wir verneinen, dass sie unbegreiflich sind.«[41] Rudolph G. Bandas argumentiert, dass die Idee des Seins der Wirklichkeit entspricht:

> Welche Sicherheit haben wir bezüglich der Objektivität der Vorstellung des Seins? Woher wissen wir, dass sie der Wirklichkeit entspricht, wo wir sie nicht

> mit dem außerverstandlichen Ding an sich vergleichen können, da Letzteres direkt unerreichbar ist? Diese Schwierigkeit ist keineswegs neu: Sie wurde nicht nur von Thomas von Aquin formuliert und angefochten, sondern vor ihm schon von Aristoteles. Die charakteristische Tendenz modernen Denkens ist es, aufzuteilen und abzugrenzen. Sein fataler Fehler im Bereich der Erkenntnistheorie ist es, das bekannte Objekt vom Ding selbst zu trennen und sich dann hilflos zu bemühen, die Lücke zwischen Subjekt und Objekt zu schließen.[42]

Er formuliert weiterhin die Universalität der Idee des Seins:

> Die Idee des Seins ist auf jede Wirklichkeit anwendbar, ob tatsächlich oder möglich, gegenwärtig, vergangen oder zukünftig. Sie ist auf jeden Grad der Wirklichkeit anwendbar. … Ohne Sein ist keine Bestätigung möglich. Uns selbst vom Einfluss des Seins zu trennen, wäre intellektueller Selbstmord und würde uns zu ewiger Stille verdammen. Jeder, der das Verb »ist« verwendet und eine Bestätigung ausspricht – und dabei dogmatischer und kategorischer ist als die meisten unserer Zeitgenossen –, akzeptiert notwendigerweise die Philosophie des Seins mit all ihren Konsequenzen, Implikationen und Ableitungen.[43]

Im *Cambridge Dictionary of Philosophy* argumentiert Panayot Butchvarov, dass der Agnostiker, wenn er nicht von der Essenz spricht, zwei unangenehmen Schlüssen gegenübersteht:

> Den Einwand [dass wir keine Empfindung wirklicher Objekte formen können] zu akzeptieren, scheint zu implizieren, dass wir kein Wissen wirklicher Objekte, wie sie in sich selbst sind, haben können, dass diese Wahrheit nicht als Entsprechung zu solchen Objekten verstanden werden darf. Aber dies an sich hat noch weiter reichende Konsequenzen, nämlich entweder, (i) dass wir die scheinbar absurde Ansicht akzeptieren sollten, dass es keine realen Objekte gibt …, denn wir sollten kaum an die Realität von etwas glauben, von dem wir überhaupt keine Empfindung formen können, oder (ii) wir müssen uns der scheinbar hoffnungslosen Aufgabe einer drastischen Veränderung stellen bei dem, was wir mit »Realität«, »Konzept«, »Erfahrung«, »Wissen«, »Wahrheit« und vielem anderen meinen.[44]

Butchvarov fährt fort: »Wenn unsere Empfindung einer unabhängigen raumzeitlichen Welt notwendigerweise subjektiv ist, dann haben wir keinen guten Grund anzunehmen, dass es eine solche Welt gibt, besonders da es widersprüchlich scheint, von einer Empfindung zu sprechen, die unabhängig von unseren Fähigkeiten der Empfindung ist.[45]

2.4 Kants Erkenntnistheorie kann die Wirklichkeit nicht erreichen, weil sie nicht von der Wirklichkeit ausgeht

Wie wir in der Einleitung zu diesem Teil feststellten, ist es falsch, vom Verstand auszugehen und zu erwarten, einen Weg zur Wirklichkeit zu finden.

F. H. Parker stellt fest, dass der richtige Ausgangspunkt die Wirklichkeit selbst ist: »Die bekannten Wirklichkeiten hängen weder in ihrer Natur noch in ihrer Existenz von ihrem Bekanntsein ab; das Wissen hängt von den bekannten Wirklichkeiten ab.«[46]

Etienne Gilson beschreibt das Dilemma, das dies für den Idealisten verursacht, der diesen Fehler macht:

> Der größte der Unterschiede zwischen dem Idealisten und dem Realisten ist, dass der Idealist denkt, während der Realist weiß. Für den Realisten ist das Denken nur die Organisation von vorher gewonnenen Wissensteilen oder die Reflexion über ihren Inhalt. Er würde niemals auf die Idee kommen, einen Gedanken als Ausgangspunkt seiner Reflexion zu wählen, weil ein Gedanke für ihn nur dort möglich ist, wo vorher Wissen existiert. Weil der Idealist vom Gedanken zu den Dingen geht, kann er nicht wissen, ob sein Ausgangspunkt mit einem Objekt übereinstimmt oder nicht. Wenn er den Realisten fragt, wie man ausgehend vom Gedanken zurück zum Objekt gelangt, muss dieser sich eilen zu antworten, dass es nicht machbar ist und das dies in der Tat der Hauptgrund ist, kein Idealist zu sein. Der Realismus aber geht vom Wissen aus, also von einem Akt des Intellekts, der hauptsächlich darin besteht, ein Objekt zu erfassen. Deshalb stellt die Frage für den Realisten kein unlösbares Problem dar, sondern ein Pseudoproblem, was etwas ganz anderes ist.[47]

Gilson gibt diese Warnung an jeden heraus, der mit einem Idealisten diskutiert:

> Man muss sich immer daran erinnern, dass die Widersprüche, in die der Idealismus den Realismus verwickeln will, das Werk des Idealismus selbst sind. Wenn er uns verweigert, das bekannte Ding mit dem Ding an sich zu vergleichen, manifestiert sich nur das innere Böse, dass ihn zerfrisst. Für den Realisten gibt es kein »Noumenon« [Ding in sich], wie es der Idealist versteht. Wissen setzt die Präsenz eines Dings für den Verstand voraus. Es gibt keinen Grund, hinter dem Ding im Gedanken ein mysteriöses und unerkennbares Duplikat, das Ding von dem Ding im Gedanken, zu vermuten. Zu wissen bedeutet nicht, ein Ding so zu erfassen, wie es im Gedanken ist, sondern im Gedanken ein Ding so zu erfassen, wie es ist.[48]

2.5 Die Sicherheit von Kants A-priori-Schlüssen wird von wissenschaftlichen Entdeckungen widerlegt

A priori bedeutet »unabhängig von Erfahrung«. Mortimer Adler erklärt, was Kant mit synthetischen *A-priori*-Beurteilungen machte: »Kant stattete den menschlichen Verstand mit transzendentalen Formen von sinnlicher Erfahrung oder Intuition (den Formen von Raum und Zeit) aus und auch mit den transzendentalen Kategorien des Verstandes.« Dies bedeutet, dass »der Verstand diese transzendentalen Formen und Kategorien zur Erfahrung bringt und dabei Form und Charakter der Erfahrung darstellt, die wir haben.«[49]

Mit anderen Worten, der Verstand kann die Wirklichkeit nur nach diesen *A-priori*-Kategorien erkennen. Dies bedeutet, dass der einzige Weg, wie wir beurteilen, ob etwas der Realität entspricht (d. h. wahr ist), in diesen *A-priori*-Kategorien geschieht und nicht auf unserer Erfahrung der Realität basiert.

Adler erklärt, dass Kants Motiv darin bestand, euklidische Geometrie, Arithmetik und Newtons Physik als Beispiele darzustellen, wie *A-priori*-Schlüsse die Realität formen. Aber Adler erinnert uns daran, dass

> drei historische Ereignisse genügen, um aufzuzeigen, wie illusorisch die Ansicht ist, dass er damit Erfolg hatte:
> Die Entdeckung und Entwicklung nichteuklidischer Geometrie und moderner Zahlentheorie sollte ausreichen, um zu zeigen, wie absolut künstlich Kants Erfindung der transzendentalen Formen von Raum und Zeit war, die unsere Sinneseindrücke kontrollieren und euklidischer Geometrie und einfacher Arithmetik Sicherheit und Wirklichkeit geben sollten.
> Analog hierzu zeigen die Ablösung der Physik Newtons [Das Universum ist eine gigantische Maschine. Gott befindet sich außerhalb dieser Maschine.] durch moderne relativistische Physik, die Ergänzung der Kausalgesetze durch Wahrscheinlichkeits- und Statistikgesetze sowie die Entwicklung von Elementarphysik und Quantenmechanik, wie absolut künstlich Kants Erfindung der transzendentalen Kategorien des Verstehens war, um Newtons Physik Sicherheit und Unkorrigierbarkeit zu verleihen.

Er schließt: »Wie irgendjemand im zwanzigsten Jahrhundert Kants transzendentale Philosophie ernst nehmen kann, ist erstaunlich, selbst wenn sie in gewisser Hinsicht als eine außerordentlich elaborierte und einzigartige intellektuelle Erfindung immer bewundernswert bleiben wird.«[50]

Paul Carus argumentiert:

> Wenn wir Wissenschaft nicht als eine Laune des menschlichen Verstandes abtun wollen, müssen wir anerkennen, dass trotz der Mängel des individuellen Wissenschaftlers das Ideal der Wissenschaft (das daraus besteht, Dinge in ihrer objektiven Existenz zu beschreiben) gerechtfertigt ist und mehr und mehr realisiert werden kann.[51]

3 Literaturangaben

1 David E. Trueblood, *Philosophy of Religion*, S. 344.
2 Jerry H. Gill, *The Possibility of Religious Knowledge*, S. 76.
3 Immanuel Kant, *Critique of Pure Reason*, S. 22.
4 Ebd., S. 14.
5 Immanuel Kant, *Prolegomena to Any Future Metaphysics*, S. 152.
6 Ebd., S. 72.73.

[7] Ebd., S. 134.
[8] Immanuel Kant, *Critique of Pure Reason*, S. 6.
[9] Immanuel Kant, *Prolegomena to Any Future Metaphysics*, S. 82.
[10] Ebd., S. 152.
[11] Ebd., S. 43.
[12] Ebd., S. 42.
[13] Mortimer J. Adler, *Ten Philosophical Mistakes*, S. 100.
[14] Immanuel Kant, *Critique of Pure Reason*, S. 93.
[15] Ebd., S. 8f.
[16] Immanuel Kant, *Prolegomena to Any Future Metaphysics*, S. 125.
[17] Immanuel Kant, *Critique of Pure Reason*, S. 26.
[18] Ebd., S. 6.
[19] Etienne Gilson, *Being and Some Philosophers*, S. 127f.
[20] Nicholas Rescher »Noumenal Causality«, in Lewis W. Beck, *Kant's Theory of Knowledge*, S. 176.
[21] William Crouse, persönliche Korrespondenz vom 14. Juli 1999.
[22] Norman L. Geisler, *Christian Apologetics*, S. 135.
[23] Norman L. Geisler & Peter Bocchino, *When Students Ask: A Handbook on Fundational Truths*.
[24] Norman L. Geisler, *Christian Apologetics*, S. 20.
[25] Norman L. Geisler & Winfried Corduan, *Philosophy of Religion*, S. 89.
[26] A. J. Ayer, *Language, Truth and Logic*, S. 34.
[27] Ludwig Wittgenstein, *Tractatus Logico-Philosophicus*, Vorwort.
[28] Etienne Gilson, *Being and Some Philosophers*, S. 131.
[29] Ravi Zacharias, *Can Man Live Without God?*, S. 203.
[30] H. A. Pritchard, *Kant's Theory of Knowledge*, S. 122f.
[31] Norman L. Geisler, *Christian Apologetics*, S. 21.
[32] H. A. Pritchard, *Kant's Theory of Knowledge*, S. 118.
[33] Etienne Gilson, *The Philosophy of St. Thomas Aquinas*, S. 275.
[34] Paul Carus, »Essays on Kant's Philosophy«, in Immanuel Kant, *Prolegomena to Any Future Metaphysics*, S. 233.
[35] Mortimer J. Adler, *Ten Philosophical Mistakes*, S. 34.
[36] Norman L. Geisler, *Christian Apologetics*, S. 21f.
[37] H. A. Pritchard, *Kant's Theory of Knowledge*, S. 121.
[38] Etienne Gilson, *Being and Some Philosophers*, S. 132.
[39] Ebd., S. 134f.
[40] Paul Carus, »Essays on Kant's Philosophy«, in Immanuel Kant, *Prolegomena to Any Future Metaphysics*, S. 210.
[41] Ebd., S. 236.
[42] Rudolph G. Bandas, *Contemporary Philosophy and Thomistic Principles*, S. 62.
[43] Ebd., S. 346.
[44] Panayot Butchvarov, »Metaphysical Realism«, in Robert Audi, *The Cambridge*

Dictionary of Philosophy, S. 488.

45 Ebd., S. 490.

46 F. H. Parker, »A Realistic Appraisal of Knowledge«, in Roland Houde, *Philosophy of Knowledge: Selected Readings*, S. 48.

47 Etienne Gilson, »Vade Mecum of a Young Realist«, in Roland Houde, *Philosophy of Knowledge: Selected Readings*, S. 386.

48 Ebd., S. 388.

49 Mortimer J. Adler, *Ten Philosophical Mistakes*, S. 96.

50 Ebd., S. 97f.

51 Paul Carus, »Essays on Kant's Philosophy«, in Immanuel Kant, *Prolegomena to Any Future Metaphysics*, S. 236.

37 Die Antwort auf den Mystizismus

Kapitelübersicht

1 Mystizismus dargestellt anhand von D. T. Suzuki (Zen-Buddhismus)

Es gibt viele Formen des Mystizismus. Was die Mystiker unterscheidet, ist, *wie* sie ihr Ziel der Erleuchtung erreichen. Erinnern wir uns, dass, *wie* wir die Realität kennen, damit in Beziehung steht, sich aber davon unterscheidet, ob wir die Realität *kennen*. Das folgende Beispiel für Mystizismus beleuchtet die Wahrnehmung des Mystikers in Beziehung auf das Wissen um Wirklichkeit und Wahrheit.

1.1 Wahrheit kann Widerspruch beinhalten

D. T. Suzuki sagt einfach: »Zen folgt nicht der Routine des logischen Schließens und stört sich nicht daran, sich selbst zu widersprechen oder inkonsistent zu sein.«[1]

Suzuki: »Zen ist entschieden kein System, das auf Logik und Analyse basiert. Wenn überhaupt, ist es der Gegenpol zur Logik, womit ich die dualistische Denkweise meine.«[2]

Ebenso:

> Generell schließen wir: »A« ist »A«, weil »A« »A« ist, oder »A« ist »A«, deswegen ist »A« »A«. Zen stimmt mit dieser Art des Schlusses überein oder akzeptiert ihn, aber Zen hat seinen eigenen Weg, der normalerweise überhaupt nicht akzeptabel ist. Zen würde sagen: »A« ist »A«, weil »A« nicht »A« ist, oder »A« ist nicht »A«, deswegen ist »A« »A«.[3]

Suzuki meint:

> Dies ist der Anfang von Zen. Denn jetzt merken wir, dass »A« überhaupt nicht »A« ist, dass Logik einseitig ist, dass das so genannte Unlogische in der letzten Analyse nicht notwendigerweise unlogisch ist. Was oberflächlich betrachtet irrational erscheint, hat doch seine eigene Logik, die mit dem wahren Stand der Dinge übereinstimmt. … Anders gesagt, will Zen von innen leben. Nicht an Regeln gebunden sein, sondern seine eigenen Regeln selber erschaffen – diese Art von Leben versucht Zen uns leben zu lassen. Daher seine unlogischen oder eher überlogischen Aussagen.[4]

Suzuki glaubt, dass in Widersprüchen mehr Wahrheit ist als in der Logik: »Wie unlogisch oder voll von Widersprüchen eine Aussage des Prajnaparamita auch sein mag, sie ist unheimlich befriedigend für den Geist. … Dass sie nicht alle logisch sind, heißt nicht, dass sie unwahr sind. Was die Wahrheit betrifft: Es gibt mehr davon in ihnen.«[5]

Er spricht von der Realität:

> Die Idee ist, dass der ultimative Fakt der Erfahrung nicht versklavt werden darf, weder von künstlichen oder schematischen Gesetzen des Denkens noch von der Antithese von »Ja« und »Nein«, noch von irgendwelchen geschnittenen und getrockneten Formeln der Erkenntnistheorie. Offensichtlich verursacht Zen die ganze Zeit Absurditäten und Irrationales, doch dies scheint nur so.[6]

Und er sagt über logische Kategorien: »›Unwissenheit‹ ist ein anderer Name für logischen Dualismus. … Wenn wir zum Kern der Wahrheit der Dinge vordringen wollen, müssen wir sie von dem Punkt aus betrachten, an dem diese Welt noch nicht erschaffen war, an dem das Bewusstsein von diesem und jenem noch nicht erwacht war.«[7]

1.2 Es gibt zwei Bereiche der Wirklichkeit (und Wahrheit), die unterschiedlich erfahren werden müssen

D. T. Suzuki beschreibt die Zen-Philosophie des Wissens:

> Ich bin jetzt bereit, ein Stück der Zen-Erkenntnislehre zu präsentieren. Es gibt zwei Arten von Informationen, die wir von der Wirklichkeit haben können; die

> eine ist Wissen über sie und die andere ist die, die aus der Wirklichkeit selbst kommt. Wenn man »Wissen« in seinem weitesten Sinn benutzt, würde ich das Erste als wissbares Wissen und das Zweite als nichtwissbares Wissen beschreiben. Wissen ist wissbar, wenn es in Beziehung zwischen Subjekt und Objekt steht. … Unbekanntes Wissen ist das Resultat einer inneren Erfahrung, deswegen ist es völlig individuell und subjektiv. Aber das Seltsame an dieser Art von Wissen ist, dass derjenige, der es besitzt, trotz seiner Intimität völlig von seiner Universalität überzeugt ist.[8]

Suzuki beschreibt diese hier als Sehen und Wissen: »Sehen spielt die wichtigste Rolle in der buddhistischen Erkenntnislehre, denn sehen ist die Basis des Wissens. Wissen ist unmöglich, ohne zu sehen. Alles Wissen hat seinen Ursprung im Sehen.«[9]

Norman Anderson definiert Mystizismus folgendermaßen:

> Allgemein gesprochen repräsentiert [Mystizismus] den Glauben, dass direktes Wissen von Gott, von spiritueller Wahrheit oder ultimativer Realität, durch direkte Intuition oder Einsicht [das Subjektive] zu erreichen ist und sich in gewisser Hinsicht von normalen Sinneseindrücken oder dem logischen Denken unterscheidet.[10]

Anderson sagt uns, wie Zen dieses Wissen von ultimativer Wirklichkeit erreicht:

> Zen-Buddhisten glauben, dass sie durch rigorose Selbstdisziplin und eine streng vorgeschriebene Methode der Meditation satori erreichen können. *Satori*, das japanische Wort für Erleuchtung, kann – entweder plötzlich, wie einige lehren, oder allmählich, wie andere behaupten – durch eine Wahrnehmung erreicht werden, die eher empirisch als intellektuell ist.[11]

Suzuki definiert *satori* als sehr unterschiedlich von rationalem Wissen: »Satori kann im Kontrast zum analytischen oder logischen Verständnis als ein intuitiver Einblick in die Natur der Dinge definiert werden.«[12]

Suzuki: »Das Satori ist denn auch nichts, was man durch den Verstand erreichen könnte.«[13]

> Im Zen muss es ein Satori geben: Es muss einen generellen geistigen Aufstand geben, der die alten Anhäufungen von Intellektualität zerstört und einen Grundstein für einen neuen Glauben legt. Es muss ein neuer Sinn erwachen, der die alten Dinge aus einem neuen und völlig erfrischenden Winkel der Wahrnehmung zeigt.[14]

Er meint: »Hinter der Serie der Verneinungen der Mahayana-Denker [Eine sehr spezielle Gruppierung des Buddhismus, Zen ist die bekanntere.] steckt tatsächlich die Zusicherung einer höheren Wahrheit.«[15]

»Im Zen gibt es eine intellektuelle Suche nach ultimativer Wahrheit, die den Intellekt nicht befriedigen kann; das Subjekt ist angehalten, noch tiefer unter die Wellen des empirischen Bewusstseins zu tauchen.«[16]

Suzuki beschreibt nochmals die zwei Formen des Wissens:

Im Buddhismus werden generell zwei Formen des Wissens unterschieden; prajna zum einen und vijnana zum anderen. Prajna ist All-Wissen (sarvajna) oder transzendentales Wissen. … Vijnana ist unser relatives Wissen, in dem Subjekt und Objekt unterscheidbar sind. Wissenschaft und Philosophie erschöpfen anscheinend die Wirklichkeit nicht; Wirklichkeit enthält mehr als das, was von unserem relativen Wissen zur Untersuchung aufgenommen wird. Was in der Wirklichkeit übrig bleibt, wendet sich dem Buddhismus zufolge Prajna zu, um erkannt zu werden.[17]

Suzuki: »Prajna ist etwas, was unser diskursives Wissen nicht erreichen kann. Es gehört zu einer anderen Kategorie als nur reines Wissen.«[18]

Suzuki: »Vijnana möchte, dass alles klar umrissen und gut definiert ist, ohne die Vermischung zweier widersprüchlicher Aussagen, was Prajna jedoch nonchalant übergeht.«[19]

Beim Zen werden unlogische oder unsinnige Aussagen oder Fragen benutzt, um jemanden aus dem logischen Denken herauszubringen. Ein Beispiel dafür ist: Wie klingt das Klatschen einer Hand? Suzuki erklärt die Zen-Philosophie hinter diesen unlogischen Aussagen:

Es ist nicht das Ziel von Zen, um seiner selbst willen unlogisch zu klingen, sondern um den Leuten beizubringen, dass logische Konsequenz nicht endgültig ist und dass es eine gewisse transzendentale Aussage gibt, die durch rein intellektuelle Schläue nicht erreicht werden kann. … Zen bringt uns in ein absolutes Reich, in dem es keine Antithesen irgendeiner Art gibt.[20]

1.3 Die Wirklichkeit, die diese Welt darstellt, ist wie unsere Erfahrung von ihr nur eine Illusion

Suzuki erklärt, dass die materielle Welt oder Wirklichkeit eine Illusion ist (dieses Konzept heißt Maya):

Wie wiederholt gesagt wurde, richtet sich die Kraft des Arguments, das im Prajnaparamita angenommen wird, gegen den fundamentalen Fehler, den wir alle generell in Bezug auf die Welt machen: gegen den naiven Realismus. [Es gibt eine reale, existente, äußere Welt.] Das Hauptmerkmal dieses Realismus ist es, die Welt als eine ewig fixierte Wirklichkeit zu nehmen, die äußerlich existiert gegenüber dem, was als eine innere Welt der Gedanken, Gefühle und Eindrücke wahrgenommen wird. … Eine der besten Waffen, um die Festung des naiven

> Realismus zu zerstören, ist zu erklären, dass alles Maya ist und dass es keine permanente feste Ordnung in der Welt gibt, dass die dualistische Konzeption von Existenz, innerlich und äußerlich, Sein und Nichtsein usw., visionär ist, und dass es notwendig ist, den Prajna zu erwecken, der sich des Unerreichbaren annimmt. … Also wird uns erzählt, dass das Gefallen und die Schmerzen, die uns betreffen, als solche keine permanente Natur haben und genauso Objekte von Gefallen und Schmerz vergänglich und veränderbar wie Maya sind. Sie alle haben keine substanzielle Wirklichkeit. Sie sind reine Erscheinungen und als solche anzusehen und von keinem weiteren Wert. Soweit es Erscheinungen betrifft, sind sie da, und diese Tatsache wird nicht ignoriert werden, aber die Weisen wissen viel besser, als sich als Endgültigkeiten an sie zu klammern, denn ihr Prajna-Auge ist ins Eigentliche der Realität selbst vorgedrungen.[21]

Suzuki sagt, dass die realere Welt hinter dieser liegt: »Denn diese relative Welt, von der wir wissen, dass wir in ihr leben, und die realere Welt, die hinter ihr liegt, bilden ein komplettes und ungeteiltes Ganzes und keine ist realer als die andere. … Die Wahrheit ist, dass die Welt eins ist.«[22]

Er spricht hier in den philosophischen Begriffen des Westens von der Wirklichkeit:

> Die Wirklichkeit aber sollte nicht im Sinne eines Kerns oder einer Hypostase oder eines Dings-an-sich verstanden werden, die außerhalb von dem existiert, was als Erscheinung oder Phänomenalität bekannt ist. Sie ist kein Objekt intellektueller Wahrnehmung, das als dies oder jenes herausgestellt werden kann. Es ist das, was übrig bleibt (obwohl wir es nicht mögen, diese Art von Ausdruck zu benutzen), wenn all die äußere Haut oder Schale abfällt. Dies sollte nicht auf dem Feld des Intellektes verstanden werden. Es ist symbolisch und damit spirituell zu interpretieren, es ist das Gefühl, das jemand hat, während er das durchläuft, was wir aus Mangel an passender Terminologie die Zen-Erfahrung oder satori nennen könnten.[23]

Suzuki fügt an, dass die Benutzung von Unlogischem und Unsinn in der Praxis des Zen dazu dient, den Verstand von der Bindung an eine illusorische Welt zu befreien: »Der Zen-Meister bezweckt mit sich selbst glatt widersprechenden Fakten über Sinneserfahrungen, den Psychologen davon zu überzeugen, sich selbst von unangemessenen Bindungen an Konzepte zu befreien, die er für Wahrheiten hält.«[24]

1.4 Mystische Erfahrung ist unbeschreibbar

D. T. Suzuki behauptet kategorisch, dass mystische Erfahrung unbeschreibbar ist: »Satori ist die intimste individuelle Erfahrung und kann deswegen nicht in Worte gefasst oder irgendwie beschrieben werden.«[25]

Suzuki meint: »Die Wirklichkeit selbst hat weder Form noch Unform, wie der Raum ist sie jenseits von Wissen und Verständnis, sie ist zu subtil, um in Wörtern und Buchstaben ausgedrückt zu werden.«[26]

2 Entgegnung

2.1 Aussagen des Zens widerlegen sich selbst und sind ad hoc getroffen

2.1.1 Spezifische Beispiele

D. T. Suzuki beschreibt, inwiefern Zen über Kritik erhaben ist:

> Der Zen-Meister hat durch sein Satori eine günstige Ausgangsstellung erreicht, von der aus er vorstößt, um den Stützpunkt des Gegners in jeder Richtung anzugreifen. Diese Ausgangsstellung befindet sich nicht an einem bestimmten Punkt des Raums und kann durch Konzepte oder irgendein System, das auf ihnen basiert, nicht angegriffen werden. Seine Position, die keine Position im herkömmlichen Sinne ist, kann deswegen auch nicht mit Verstandesmitteln übernommen/widerlegt werden.[27]

Er sagt, dass Zen sich selbst beglaubigt und sich über Kritik an seinen Widersprüchen keine Sorgen macht:

> Vom logischen, sprachlichen Blickwinkel aus lehnen die zwei Zen-Meister sich gegenseitig ab und es gibt keine Möglichkeit, eine Versöhnung zu erreichen. Einer sagt »ja«, während der andere »nein« sagt. So lange das »Nein« eine unqualifizierte Verneinung und das »Ja« eine unqualifizierte Bejahung bedeuten, gibt es keine Brücke zwischen den beiden. Und wenn dies der Fall ist, wie es ja scheint, könnte man fragen, wie Zen den Widerspruch erlauben kann und weiterhin den Anspruch erhebt, konsequent zu lehren. Aber Zen würde gelassen seinen Weg gehen, ohne eine solche Kritik überhaupt zu beachten. Dies ist darin begründet, dass das Hauptaugenmerk des Zens auf seinen Erfahrungen und nicht auf seinen Ausdrucksweisen liegt. Letztere erlauben ein großes Maß an Variation, einschließlich Paradoxa, Widersprüchen und Mehrdeutigkeiten. Nach Zen ist die Frage der Ist-Ichheit nur dadurch zu klären, sie innerlich zu erleben, und nicht durch bloßes Diskutieren oder dadurch, sich sprachlich dialektischen Subtilitäten [Gegenteilen] zuzuwenden. Jene, die eine echte Zen-Erfahrung machen, werden alle auf einmal trotz oberflächlicher Widersprüche erkennen, was wahr ist und was nicht.[28]

Widersprüche in Suzukis Schriften zu finden ist nicht schwierig. Er war ein sehr produktiver und ausdrucksvoller Autor, aber er kümmerte sich anscheinend überhaupt nicht darum, ob er seinen eigenen Aussagen widersprach.

Suzuki schreibt: »Wenn ich denn gefragt werde, was Zen lehrt, würde ich sagen, Zen lehrt nichts.« Später schreibt er: »[Dieser berühmte gatha (Spruch) von Jenye] erschöpft keineswegs alles, was Zen lehrt.«[29]

Er schreibt diese Zeile in einer Geschichte über die Erwiderung eines Zen-Meisters auf den Wunsch eines Schülers, in die Wahrheit von Zen unterwiesen zu werden: »Der Zen-Meister sagte: ›Es gibt keinen Verstand, der zu formen ist, noch gibt es irgendeine Wahrheit, in die man unterwiesen werden sollte.‹« Auf der nächsten Seite kommentiert Suzuki: »Jene, die eine intellektuelle Einsicht in die Wahrheit von Zen gewinnen möchten, soweit dies möglich ist, müssen erst verstehen, was diese Strophe wirklich bedeutet.«[30]

Suzuki beschreibt die Unmöglichkeit, Zen zu kritisieren, weil Zen jenseits jedes Dualismus steht:

> Zen ist daher nicht Mystizismus, obwohl manche Elemente von Zen einen an den Letzteren erinnern könnten. Zen lehrt weder Absorption noch Identifikation noch Einheit, denn all diese Ideen leiten sich aus einer dualistischen Konzeption des Lebens und der Welt ab. Bei Zen gibt es eine Ganzheit der Dinge, die sich der Analyse oder der Zerlegung in Antithesen jeder Art verweigert. Wie man so sagt, ist sie wie ein Stück Eisen, das weder Löcher noch Griffe hat, um es herumzuschwingen. Man kann es nicht greifen, in anderen Worten, man kann es nicht unter irgendwelchen Kategorien zusammenfassen. Deswegen muss Zen bescheinigt werden, eine einzigartige Disziplin in der Geschichte der menschlichen Kultur der Religionen und Philosophien zu sein.[31]

2.1.2 Kritik

Henry Rosemont Jr. antwortet auf die Aussage, dass Zen keine philosophische Richtung sei:

> Zen-Buddhismus ist eine Zusammenstellung philosophischer Annahmen, die die Verhaltensmuster seiner Anhänger bestimmen. Suzuki und seine Kollegen können diese Tatsache nur mithilfe von Wortspielen ignorieren, was dazu führt, dass Leser von Zen-Kommentaren irregeführt werden und viele fundamentale Themen umgangen und verschleiert werden. Wenn Suzuki beispielsweise auf einer Seite schreibt, dass »sich bei Zen die gesamte Religion, Philosophie und das Leben selbst der fernöstlichen Menschen, speziell der Japaner, systematisiert, oder eher kristallisiert wieder finden lassen«, sollte er es besser wissen, als auf der nächsten Seite zu schreiben, dass »Zen nichts lehrt«. Die Schlussfolgerung ist offensichtlich. Ob er es explizit zugibt oder nicht, Suzuki schreibt Philosophie. Aus der Prämisse, das viele der Ansichten, die er im Namen von Zen vertraut, antiphilosophisch sind, folgt mitnichten, dass sie nicht philosophisch sind. Eine jede von ihnen ist eine philosophische Ansicht.[32]

Wieder sagt Rosemont:

> Es geht somit nicht an der Frage vorbei, noch ist es falsch oder irreführend, sondern korrekt, zu behaupten, dass Zen-Buddhismus eine Philosophie ist, was auch immer er außerdem noch sein mag. Es kann zugegeben werden, dass einige der philosophischen Ansichten des Zen-Buddhismus ausreichend ungewöhnlich

> sind, um sie als »antiphilosophisch« zu charakterisieren, doch eine solche Charakterisierung darf nicht mit »unphilosophisch« gleichgesetzt werden. Die Aussagen der Zen-Kommentatoren, die diese Ansichten ausdrücken, erläutern und verteidigen, sind samt und sonders philosophische Aussagen. Daher sind sie, trotz ihrer Versicherungen des Gegenteils, Teilnehmer an philosophischen Unternehmungen, und solche Unternehmungen sind ein zulässiges Objekt philosophischer Untersuchung und Kritik, denn jeder, der diese Aussagen liest, wird in das Studium der Philosophie des Zen-Buddhismus eingebunden.[33]

Rosemont erwidert die Ad-hoc-Kritik der Zen-Kommentare an Logik und westlicher Philosophie:

> Ein Denker kann nicht andere Denker beschuldigen, fundamentale Fehler zu machen, und dann den Beschuldigten nicht erlauben, die Anschuldigungen gegen sie en détail zu untersuchen oder auf sie zu antworten. Solche inkonsequente Methoden haben im Studium des Zen-Buddhismus nicht mehr verloren als in irgendeinem anderen Feld.[34]

Er merkt an, dass die Benutzung von Sprache zur Verneinung der Logik widersprüchlich ist:

> Suzuki und andere Kommentatoren attackieren den logischen und sprachlichen Rahmen, auf dem sie selbst stehen müssen, wenn sie in Englisch schreiben, mit dem Resultat, dass ihre Attacken sich selbst widerlegende Unternehmen sind. Wenn zum Beispiel jemand glaubt, dass Logik irgendwie hochgradig fehlerhaft ist, wird er es sicher schwierig finden, intelligente Menschen dazu zu bringen, seinen Glauben zu teilen, indem er unterstützende Argumente liefert, die alle Überzeugungskraft, die sie besitzen, der Tatsache verdanken, dass sie logisch aufgebaut sind. … Wenn man Suzukis Ansichten in ihrer extremen Form nimmt, ist es nicht möglich, sie zu vertreten, ohne absurd zu wirken.[35]

Clark und Geisler stellen die Logik heraus, die hinter Zens Vermeidung von Logik steht:

> Wenn die Zen-Meister wirklich total unlogisch wären, wäre es keine Schwierigkeit, explizit zu sagen, dass Sprache immer die Realität verzerrt, und sich dann umzudrehen und Sprache zu benutzen, um die Realität zu beschreiben. Natürlich wäre dies ein eklatanter Widerspruch. Selbstverständlich würde es andere Philosophen abschrecken. Aber wenn Logik wirklich keine Rolle spielt und Widersprüche wirklich akzeptabel sind, sollte es kein Problem darstellen, solche Widersprüche auszudrücken. Die Meister glauben, dass Stummheit [oder eine unsinnige Antwort oder ein Schlag ins Gesicht] ihre Überzeugung dokumentiert, dass Rationalität gemieden wurde. Aber der Rückzug in die Stummheit zeigt nur,

> dass in den Köpfen, wenn schon nicht in den Worten der Zen-Meister, die Logik regiert.[36]

Rosemont argumentiert, dass Suzukis Behauptung ad hoc aufgestellt wurde:

> Es ist der philosophische Glaube des Zen-Buddhismus, dass wir zu sehr die Sklaven von Wörtern und Logik sind. Aber allein aus dieser Aussage können wir nicht direkt schließen, wie Suzuki es tut, dass der Zen-Glaube *korrekt* ist, dass wir Sklaven von Logik und Sprache *sind*. Es könnte wahr sein, dass wir so gefesselt und erbärmlich sind und Unerzähltes durchleiden, aber es ist sicher nicht nur deswegen wahr, weil Zen-Buddhisten glauben, dass es wahr ist. Suzuki beweist nicht und versucht noch nicht einmal zu beweisen, dass der Glaube korrekt ist. Er nimmt einfach an, dass er korrekt ist, und fährt fort, eine Anzahl von weiteren – in diesem Fall unplausiblen – Annahmen über die Welt vorzubringen, die aber in ihrer Plausibilität davon abhängen, dass der erste Glaube wahr ist. Nichts von alledem hilft beim Verstehen.[37]

Rosemont stellt einen anderen sich selbst widerlegenden Aspekt der Zen-Kommentare heraus: »Eine signifikante Anzahl von fundamentalen Ansichten der Zen-Buddhisten hat die Eigenart, dass Sätze, die benutzt werden, um diese Ansichten auszudrücken, einheitlich Aussagen produzieren, die falsch sind. Dies macht ihr direktes Eintreten für ein sympathisches Interesse in und Verständnis von Zen katastrophal.«[38]

Er schließt:

> Diese Autoren müssen schuldig befunden werden für logische und sprachliche Fehler und Missbräuche, die aus ihrer Anhängerschaft zum metaphysischen Glauben und anderen durch ihn bedingten Ansichten resultieren, denn solche Ansichten widersprechen jenen, von denen wir wissen, dass sie von jedem vorausgesetzt werden, der irgendetwas sagt oder schreibt. Weil diese Autoren offensichtlich viel geschrieben haben, bieten sie auf den ersten Blick Beweise ihrer Widersprüchlichkeiten. Die Zen-Kommentatoren geben keine guten Gründe, noch sind sie in der Lage, solche zu liefern, um ihre eigenen Gedanken und Zusicherungen davon auszunehmen, auf der Basis der antiintellektuellen, antilogischen und antisprachlichen Ansichten beurteilt zu werden, die sie versucht haben zu vertreten. Indem sie Reflektion, Logik und Sprache angreifen, geben die Kommentatoren die Möglichkeit auf, intellektuelle, logische und sprachliche Argumente zu liefern, die diese Ansichten des Zens unterstützen könnten. Streng genommen geben sie sogar die Möglichkeit auf, überhaupt etwas Signifikantes über Zen zu sagen, ohne sich dabei bestenfalls der Widersprüchlichkeit, schlimmstenfalls der Unaufrichtigkeit schuldig zu machen.[39]

Norman Geisler merkt an:

> Das Leugnen des Pantheisten, dass Logik auf die Wirklichkeit anwendbar ist, widerlegt sich selbst. Zu leugnen, dass Logik auf die Wirklichkeit anwendbar ist, involviert das Treffen einer logischen Aussage über die Wirklichkeit, dass keine solche logische Aussage über die Wirklichkeit getroffen werden kann. Wenn Suzuki beispielsweise sagt, dass wir die Logik aufgeben müssen, um das Leben zu verstehen, benutzt er in seiner Bestätigung die Logik und wendet sie auf die Wirklichkeit an. Wie kann in der Tat das Gesetz der Nichtwidersprechung (A kann nicht gleichzeitig A und Nicht-A sein) widerlegt werden, ohne es in der Widerlegung selbst zu benutzen? Um zu verneinen, dass Logik auf die Wirklichkeit angewendet werden kann, muss man eine logische Aussage über die Wirklichkeit treffen. Aber wenn keine solchen logischen Aussagen über die Wirklichkeit getroffen werden können, wie kann der Pantheist überhaupt seine Sichtweise erklären?[40]

Robert S. Ellwood Jr. warnt:

> Wir müssen mit beträchtlicher Vorsicht den weit verbreiteten Ideen begegnen, dass Religion besser wäre, wenn sie mystischer und weniger dogmatisch wäre, und dass Mystizismus der wahre spirituelle Kern aller Religion ist. Während durchaus Argumente für einige der Annahmen gefunden werden können, die diesen Vorschlägen zugrunde liegen, sind sie hochgradig zweideutig, wenn wir den Rahmen nicht berücksichtigen. Vom Rahmen abhängig, kann das, was die Menschen als mystische Erfahrung ansehen, genauso die Dämonen des Krieges und des Hasses im Namen einer spirituellen Sache freisetzen. Denn das sich selbst rechtfertigende Wesen des Mystizismus ist ein zweischneidiges Schwert: Es kann die wunderbare Erfahrung der Transzendenz ermöglichen, aber eben auch die Trennung seiner Verbindungen von der Kontrolle des Verstandes rechtfertigen. Daher kommt die dunkle Seite des Mystizismus. Jene, die solche sich selbst rechtfertigenden Erfahrungen von der Aufsicht des Verstandes und der sozialen Kontrolle freistellen, vernachlässigen diese Kontrollen zur Gefahr aller. Streng genommen mag die Gefahr gar nicht im kurzen Moment der Ekstase liegen, sondern in den Gefühlen und Symbolen, die damit assoziiert werden. In der Praxis jedoch tritt oft kaum eine Trennung zwischen den beiden auf. Die sich selbst rechtfertigende Erfahrung wird leicht zur falschen Romantik der exaltierenden Gefühle anstatt des Denkens und führt zur Bevorzugung des Aktionismus über Vernunft oder Tradition. Man kann dann leicht die Stimmung des Nazi-Wahnsinns oder den solipsistischen Fanatismus von Charles Manson heraufbeschwören.[41]

In diesem längeren Zitat untersucht William Lane Craig mehrere logische Probleme in den Behauptungen des Mystizismus:

> Jetzt, unter dem Einfluss des östlichen Mystizismus, würden viele Menschen

heute leugnen, dass systematische Konsistenz ein Kriterium für Wahrheit ist. Sie bestätigen, dass Wirklichkeit letztendlich unlogisch ist oder dass logische Widersprüche der Wirklichkeit entsprechen. Sie versichern, dass im östlichen Gedankengut das Absolute oder Gott oder das Wirkliche die logischen Kategorien des menschlichen Denkens transzendiert. Sie neigen dazu, den Bedarf an logischer Konsequenz als ein Stück westlichen Imperialismus zu interpretieren, das zusammen mit anderen Spuren der Kolonialzeit abgelehnt werden sollte.

Was solche Leute zu sagen scheinen, ist, dass das klassische Gesetz des Denkens, bekannt als das Gesetz des Ausschlusses, nicht notwendigerweise wahr ist. Sie leugnen also, dass von einem Vorschlag und seiner Verneinung notwendigerweise das eine wahr und das andere wahr ist. Solch eine Verneinung könnte zwei verschiedene Formen annehmen. 1. Auf der einen Seite könnte es bedeuten, dass von einem Vorschlag und seiner Ablehnung *beide* wahr (oder beide falsch) sind. Deswegen ist sowohl wahr, dass Gott Liebe ist, als auch, im selben Sinne, dass Gott nicht Liebe ist. Da beide wahr sind, wird auch das Gesetz des Widerspruchs, nämlich dass ein Vorschlag und seine Ablehnung nicht beide gleichzeitig wahr (oder falsch) sein können, geleugnet. 2. Auf der anderen Seite könnte die ursprüngliche Leugnung bedeuten, dass von einem Vorschlag und seiner Ablehnung *keine* wahr (oder keine falsch) ist. Deswegen ist es nicht wahr, dass Gott gut ist, und es ist nicht wahr, dass Gott nicht gut ist; es gibt einfach überhaupt keinen Wahrheitswert in solchen Vorschlägen. In diesem Fall wird das klassische Prinzip der Bivalenz – dass jeder Vorschlag entweder wahr oder falsch sein muss – zusammen mit dem Gesetz des Ausschlusses geleugnet.

Hier bin ich geneigt, frei heraus zu sagen, dass solche Positionen verrückt und unverständlich sind. Zu sagen, dass Gott im selben Sinn sowohl gut als auch nicht gut ist oder dass Gott weder existiert noch nicht existiert, ist für mich einfach unbegreiflich. In unserem politisch korrekten Zeitalter gibt es eine Tendenz, alles Westliche zu dämonisieren und die östlichen Denkweisen als mindestens ebenbürtig, wenn nicht den westlichen Denkweisen überlegen, darzustellen. Zu versichern, dass das östliche Denken ernsthaft unzulänglich ist, wenn es solche Behauptungen aufstellt, ist eine Art erkenntnistheoretischer Bigotterie, geblinzelt aus der Position des logisch wohl genährten westlichen Denkens.

Aber diese Beurteilung ist viel zu simplistisch. Zunächst einmal gibt es Denker in der Tradition des westlichen Denkens, die die mystischen Ansichten in Betracht gezogen haben (Plotinus wäre ein gutes Beispiel), also gibt es keine Garantie, in dieser Angelegenheit den Westen gegen den Osten auszuspielen. Zweitens wurde das Ausmaß, in dem solches Denken den »östlichen Verstand« repräsentiert, stark übertrieben dargestellt. Im Osten lebt der kleine Mann – und auch der Philosoph – im Alltag nach den Gesetzen des Widerspruchs und des Ausschlusses. Er bestätigt sie jedes Mal, wenn er durch eine Tür geht, statt gegen die Wand zu laufen. Nur auf einer extrem theoretischen Ebene der philosophischen Spekulation werden solche Gesetze verneint. Und sogar auf dieser Ebene ist die Situation nicht monochromatisch. Konfuzianismus, Hinayana-Buddhismus, pluralistischer Hinduismus wie z. B. im Sankhya-Yoga, Vaishesika-Nyaya und Mimasa-Gedankenschulen, sogar Jainismus leugnen nicht die Anwendung der klassischen Gesetze des Denkens auf die ultimative Wirklichkeit. Also kann eine Kritik des östlichen Denkens durch das östliche Denken erfolgen und ist bereits erfolgt. Wir im Westen sollten deshalb nicht peinlich berührt oder entschuldigend mit unserem Erbe umgehen, im Gegenteil ist es eine der ruhmreichen Errungenschaften des alten Griechenlands, dass seine Denker klar die Prinzipien des logischen Denkens formuliert haben, und der Triumph des logischen Denkens über konkurrierende Denkweisen im Westen war eine der größten Stärken und Leistungen des Westens.

Warum sollte man dann denken, dass solche sich selbst bestätigenden Wahrheiten als Prinzipien der Logik für die ultimative Wirklichkeit eigentlich nicht gelten? Solch eine Behauptung scheint sich sowohl selbst zu widerlegen als auch arbiträr zu sein. Betrachten wir eine Behauptung wie »Gott kann durch Vorschläge, die dem Prinzip der Bivalenz unterliegen, nicht beschrieben werden«. Wenn eine solche Behauptung wahr ist, dann ist sie nicht wahr, denn sie ist selbst ein Vorschlag, der Gott beschreibt, und hat damit keinerlei Wahrheitswert. Deswegen widerlegt sich eine solche Behauptung selbst. Wenn sie natürlich nicht wahr ist, dann ist es nicht wahr, wie der östliche Mystiker behauptet, dass Gott durch Vorschläge, die dem Prinzip der Bivalenz unterliegen, nicht beschrieben werden kann. Wenn also die Behauptung nicht wahr ist, ist sie nicht wahr, und wenn sie wahr ist, ist sie nicht wahr, sodass sich die Behauptung in jedem Fall als nicht wahr herausstellt.

Oder betrachten wir die Behauptung, dass »Gott durch Vorschläge, die dem Gesetz des Widerspruchs unterliegen, nicht beschrieben werden kann«. Wenn diese Behauptung wahr ist, unterliegt sie selbst nicht dem Gesetz des Widerspruchs, weil sie Gott beschreibt. Daher ist es genauso wahr, dass »Gott durch Vorschläge, die dem Gesetz des Widerspruchs unterliegen, beschrieben werden kann«. Aber welche Behauptungen sind das dann? Es muss welche geben, denn der östliche Mystiker glaubt an die Wahrheit dieser Behauptung. Wenn er aber welche vorlegt, widerlegen sie sofort seine ursprüngliche Behauptung, dass es keine solchen Aussagen gibt. Seine Behauptung bindet ihn also an die Existenz von Gegenbeispielen, die dazu dienen, eben diese Behauptung zu widerlegen.

Darüber hinaus ist die Behauptung des Mystikers, abgesehen davon, dass sie sich selbst widerlegt, völlig arbiträr. In der Tat kann niemals ein Grund angegeben werden, der es rechtfertigen würde, die Wertigkeit von logischen Prinzipien für Behauptungen über Gott zu leugnen. Denn die Formulierung solcher Gründe, wie »Gott ist zu groß, um durch Kategorien des menschlichen Denkens erfasst zu werden« oder »Gott ist völlig anders«, involviert die Bestätigung gewisser Behauptungen, die besagten Prinzipien unterliegen. Kurz gesagt ist das Leugnen solcher Prinzipien für Aussagen über die letztgültige Realität komplett und wesentlich willkürlich.

Einige östliche Denker realisieren, dass ihre Position sich als Position letzten

Endes selbst widerlegt und arbiträr ist, und sehen sich so genötigt zu leugnen, dass ihre Position eine Position ist! Sie behaupten stattdessen, dass ihre Position nur eine Technik ist, die das transzendentale Wirkliche jenseits aller Positionen aufzeigt. Aber wenn diese Behauptung sich nicht schlichtweg selbst widerspricht, wie es den Anschein hat, wenn solche Denker buchstäblich keine Position haben, dann gibt es hier einfach nichts zu erschließen und sie haben nichts zu sagen. Dieses benommene Schweigen ist vielleicht das aussagekräftigste Zeugnis für die desolate Lage eines Jeden, der versucht, die Prinzipien des logischen Denkens zu verneinen.[42]

2.2 Es gibt keine zwei sich widersprechenden Reiche der Wirklichkeit, welche unterschiedlich erfahren werden müssen

Clark und Geisler beobachten, dass sich der Mystizismus dem Pantheismus zuwendet, um daran festhalten zu können, dass es zwei unterschiedliche Formen der Erfahrung gibt:

> Der noch stärkere Drang nach Einheit der Mystiker führt sie selbstverständlich zum Pantheismus. Normale Sinneserfahrung, ob naiv oder in gehobener Form interpretiert, stimmt nicht mit dem Pantheismus überein. Pantheisten werden deshalb von einer inneren Logik dazu getrieben, eine Form der Erfahrung zu postulieren, die die scheinbaren Implikationen der Sinneserfahrung umgeht, nämlich dass die Welt der äußeren Objekte wirklich so existiert, wie es scheint. Also neigen sie dazu, ihre Metaphysik auf einer Art des Wissens zu gründen, die dem empirischen Wissen als irgendwie überlegen angesehen wird.[43]

Clark und Geisler fragen, ob die zwei Formen der Erfahrung unterscheidbar sind, und wenn ja, ob es einen guten Grund gibt, die eine zugunsten der anderen aufzugeben?

> Jede Behauptung, dass mystische Erfahrung die zwei Qualitäten der Einzigartigkeit und Überlegenheit besitzt, wirft zwei Fragen auf: 1. Können wir zeigen, dass es eine Form der Erfahrung und des Wissens gibt, die diese Charakteristika besitzt, sodass sie sich von normaler sinnlicher Erfahrung und dem Wissen unterscheidet? Wenn die zwei Ebenen von Erfahrung und Wissen nicht unterscheidbar sind, sollten wir die Berufung auf die angeblich höhere Ebene des Wissens als Unterstützung irgendeiner Weltsicht nicht akzeptieren. Sinnliches Wissen zugunsten eines anderen, höheren Wissens zurückzuweisen, wäre ein ernster Fehler, wenn es ein solches anderes, höheres Wissen nicht gäbe.

Clark und Geisler fahren fort:

> Nehmen wir an, dass die Pantheisten zeigen, dass es eine Art von Erfahrung und Wissen gibt, die sich vom Normalen unterscheidet. Dies führt direkt zur zweiten Frage: 2. Gäbe es eine unterschiedliche Form der Erfahrung und des Wissens,

> würde uns diese Erfahrung einen guten Grund geben, uns von den sinnlichen Erfahrungen und dem empirischen Wissen abzuwenden, die uns dazu führen, an eine wirkliche, unabhängige Welt der Objekte zu glauben? Um es aus einem anderen Blickwinkel zu betrachten, nehmen wir an, dass die Erfahrungen der Pantheisten einzigartige Charakteristika besitzen, Merkmale, die sie irgendwie von jenen Erfahrungen unterscheiden, aufgrund derer die meisten Menschen an eine wirkliche, unabhängige Welt glauben. Würden diese einzigartigen Charakteristika beweisen, dass die Erfahrungen der Pantheisten überlegen sind? Oder würden sie nur beweisen, dass diese Erfahrungen anders sind?

Sie schließen:

> Insgesamt ist es arbiträr, eine ganze Art oder einen Typ der Erfahrungen auszuschließen, nur weil er sich von einer anderen Klasse oder Art der Erfahrungen unterscheidet. Dies ist auf die logischen Positivisten anwendbar, wenn sie zusammenfassend die theologischen, ethischen oder mystischen Reiche ausschließen. Aber dies könnte man auch auf die Pantheisten anwenden, die sinnliche Erfahrung auf Basis einer angeblich »höheren« mystischen Erfahrung zurückweisen. Und der mystische Pantheist gerät in eine zusätzliche Schwierigkeit. Wie könnte irgendjemand rational für die angeblich »höhere« Erfahrung argumentieren, wenn der Pantheist diese Erfahrung als jenseits von Logik und Sprache beschreibt? Gäbe es in der Tat zwei grundlegend unterschiedliche Formen der Erfahrung, von denen jede auf einen anderen metaphysischen Schluss hinweist, würde das Auseinandersortieren des Echten und des Illusorischen ein unkontrollierbarer, dorniger Prozess bleiben.[44]

Clark und Geisler beantworten die Zen-Theorie, die zwei unterschiedliche Reiche der Erfahrung und des Denkens postuliert, die beide innerhalb ihrer eigenen Sphären Gültigkeit besitzen, folgendermaßen:

> Die Theorie der zwei Wahrheiten impliziert einen grundlegenderen Unterschied. Die zwei Reiche der Wirklichkeit haben keinerlei Verbindung. In den zwei Arenen der Wahrheit stehen das, was als Fakt zählt, welche Regeln benutzt werden, um mit den Fakten umzugehen, und die Theorien, die aus diesen Fakten entwickelt werden, überhaupt nicht miteinander in Beziehung. Der normale Weg, das Leben aus der sinnlichen Perspektive (und all die wissenschaftlichen Ideen, Theorien und Debatten, die mit ihr verbunden sind) zu sehen, bildet ein ganzes Netz der Wahrheit. Zusätzlich gibt es den supranormalen Modus der Wahrheit mit seinen eigenen Formen der Wahrheit und des Denkens. Nach der Theorie der zwei Wahrheiten stehen die zwei Arenen der Wahrheit nicht miteinander in Beziehung, sind aber trotzdem beide innerhalb ihrer Reiche »wahr«. … Aber diese Antwort empfiehlt sich uns nicht wirklich. Die Rationalität stattet uns mit dem Bedürfnis aus, Wirklichkeit und Wahrheit als irgendwie vereinigt anzusehen.

> Wir alle spüren das Bedürfnis nach einer Einheit der Wahrheit so stark, dass die Idee von zwei Wahrheiten nur als eine temporäre Maßnahme funktioniert. In der letzten Analyse geben die meisten Mystiker zu, dass ein Bereich der Wahrheit letzten Endes gar nicht wirklich wahr ist. Er ist nur aus einer Perspektive wahr, einer Perspektive, die letzten Endes falsch ist. Trotz ihrer Verunglimpfung der Logik kollidieren selbst Mystiker heftig mit dem unvermeidlichen Schluss, dass Wahrheit einheitlich sein muss – Wahrheit kann sich nicht selbst widersprechen und trotzdem wahr sein.[45]

Eines vieler Beispiele für die unausweichliche Überlegenheit einer Wahrheit steckt in der dogmatischen Aussage des Zen-Interpreten Robert Powell:

> Es kann gezeigt werden, dass alles dualistische Denken zur Illusion führt, die konventionellen Methoden zum Beschreiben der Wirklichkeit sind »Maya« (unwirklich), und der logische Ausgang einer solchen Untersuchung ist letztendlich die Leere. Diese Annäherung führt uns zum selben Ende wie Nagarjunas Sunyavada, wie alle wahren Annäherungen es müssen.[46]

Haben Sie die *Entweder-oder*-Logik bemerkt, die in dieser kategorischen Aussage benutzt wurde?

Clark und Geisler argumentieren, dass Mystiker letzten Endes zugeben müssen, dass nur ein Modus der Erfahrung in Wahrheit resultiert:

> Das Resultat ist, dass letzten Endes nur eine Form der Wahrheit und Erfahrung als normativ hingenommen wird. Obwohl die Theorie der zwei Wahrheiten anfänglich eine größere Offenheit gegensätzlichen Standpunkten gegenüber erlaubt, ist diese Offenheit temporär. Die Probleme, die aus der Reduzierung der Wahrheit auf einen Bereich der Erfahrung erwachsen, werden durch die Theorie der zwei Wahrheiten nicht gelöst. In der letzen Analyse, wenn sie sich mit den echten Themen konfrontiert sehen, geben Mystiker zu, dass ein Modus der Erfahrung zur Illusion führt und der andere zur Wahrheit.[47]

Clark und Geisler zeigen auch die Unmöglichkeit auf, Rationalität völlig zu umgehen:

> Jede Berufung auf mystische Erfahrung, um den Pantheismus zu untermauern, enthält eine grundlegende Ironie. Der mystische Pantheist weist empirisches Wissen (das vom Pantheismus wegführt) zurück und erkennt mystisches Wissen an. Er hofft dadurch, die logische Zweiteilung zu vermeiden, die dem empirischen Wissen inhärent ist, und ein suprakonzeptuelles Wissen von Direktheit und Einheit zu erreichen. Die letzte Ironie bei diesem Unternehmen ist jedoch, dass es nur Erfolg hat, wenn es die logische Unterscheidung zwischen der logisch konditionierten empirischen Erfahrung und der angeblich überlogischen mystischen Erfahrung herausarbeitet. Also benötigt der Mystizismus, der weit

> davon entfernt ist, die Logik ganz zu verwerfen, einen grundlegenden logischen Unterschied, wenn er je funktionieren soll. Und wieder scheint es keinen Weg zu geben, an der Rationalität vorbeizukommen.[48]

Clark und Geisler führen drei Argumente an, um die Behauptung zu untermauern, dass mystische Erfahrungen genauso verstanden werden wie alle anderen menschlichen Erfahrungen. Erstens interpretiert sich eine mystische Erfahrung nicht selbst, sie muss durch die Weltsicht des Mystikers interpretiert werden. Zweitens behaupten die meisten Mystiker, dass ihre mystische Erfahrung einzigartig sei, aber wenn die Erfahrung durch ihre Weltsicht nicht vermittelt wird, dann können sich mystische Erfahrungen von ein und derselben Wirklichkeit nicht voneinander unterscheiden. Drittens erfahren wir die Welt unweigerlich in den Begriffen und Kategorien, die uns unsere Lebensphilosophie liefert. Sie kommentieren, dass »der Mystizismus zum Thema der Unmittelbarkeit nicht einzigartig durch den philosophischen Hintergrund der Erfahrung geprägt ist. Es mag andere Faktoren geben, die die Einzigartigkeit der mystischen Erfahrung zeigen. Aber in Bezug auf die Direktheit des Wissens ist die mystische Erfahrung nicht nachweisbar verschieden in ihrer Art von anderen Modi der Erfahrung.«[49]

Clark und Geisler schließen, dass »mystische Erfahrung keinerlei Attribute besitzt, die sie als komplett verschieden von anderen Formen der Erfahrung markiert. Sie hat keine einzigartige Direktheit, die das Kognitive umgeht. Sie beglaubigt sich nicht selbst auf eine Weise, die keine äußere Bestätigung erfordern würde. Streng genommen ist sie nicht unaussprechlich. Mystische Erfahrungen unterscheiden sich von normalen Erfahrungen. Aber die Unterschiede sind nicht so groß, als dass sie die Behauptungen von Mystikern rechtfertigen würden, die sagen, sie hätten einen speziellen Draht zur Wahrheit.«[50]

2.3 Die Wirklichkeit ist nicht illusorisch

Das Argument, dass Wirklichkeit nicht illusorisch ist, kann so formuliert werden:

> Man kann auch zeigen, warum die Wirklichkeit existiert, indem man das [Gesetz der Identität] auf den Begriff Illusion anwendet. Eine Illusion definiert sich als eine irreführende Wahrnehmung der Wirklichkeit. Wenn jemand sagt, dass etwas eine Illusion ist, meint derjenige, dass die Illusion das missrepräsentiert, was wirklich ist. Wenn aber objektive Realität nicht existiert, um einen Kontrast zur Illusion zu liefern, gäbe es keinen Weg, die Illusion zu erkennen. In anderen Worten, um zu wissen, dass man träumt, muss man irgendein Konzept davon haben, was es bedeutet, wach zu sein. Nur dann kann man diese zwei Zustände gegeneinander abgrenzen. Genauso weiß man nur, was eine Illusion ist, weil man irgendein Konzept davon hat, was es bedeutet, wirklich zu sein. Wenn wirklich alles eine Illusion wäre, würde man das nie erkennen: Absolute Illusion ist unmöglich! Daher ist es nur logisch zu schließen, dass es eine Illusion ist, zu glauben, dass die Wirklichkeit eine Illusion ist.[51]

Aber was ist der Grund für diese Illusion? »Unsere Erklärung des Selbst, der Anderen und der Welt eine Illusion zu nennen, schafft ein anderes Problem: Woraus erwuchs dieser um sich greifende Fehler? Wie kam es dazu, dass fast jeder Mensch sich selbst, die Welt und ihre Interaktion falsch interpretiert? Und halten wir fest, dass diese um sich greifende angebliche Illusion nicht eine einzige Erfahrung oder sogar eine Sammlung von Erfahrungen involviert, die in eine eigentlich korrekte Struktur oder Art der Erfahrungen eingebettet sind. Dieser weit verbreitete Fehler betrifft die Struktur aller möglichen sinnlichen Erfahrung.«[52]

Mystiker sagen beispielsweise, dass »die ganze Art der Erfahrung, die Farbe betrifft, essentiell und grundlegend irreführend ist.« Clark und Geisler antworten darauf:

> Dies ist eine extravagante Behauptung. Sie bürdet dem Behauptenden zweierlei Pflichten auf: Derjenige, der sie aufstellt, muss nicht nur die andere Wahrheit zeigen, die als Standard dient, um den Farbmodus der Erfahrung als irreführend einzustufen, sondern er muss auch erklären, warum die meisten von uns alle Wahrheit verpassen und wir alle die meiste Wahrheit verpassen.[53]

In ihrer Antwort auf die Mystik fragen sie auch, warum unsere Wahrnehmungen so oft falsch sind:

> Auf der einen Seite sind die Köpfe, die vermeintlich diesen Prozess der Verkalkung initiieren, selber Teil der Illusion. … [Aber wenn] der Verstand Teil von und somit Resultat der Illusion ist, kann er der Illusion nicht vorangehen und somit auch nicht als Erklärung für sie dienen. Wenn auf der anderen Seite unsere Gedanken nicht die Gedanken eines illusorischen Verstandes sind, sind sie vermutlich Gottes Gedanken. … Aber auch dies schafft Schwierigkeiten. C. S. Lewis erhob [in *Miracles*] Einwände gegen die Idee, dass unser Denken Gottes Denken ist, weil wir uns nämlich manchmal irren.[54]

Zwei Fragen können dem Pantheisten (Mystiker neigen, wie oben festgestellt, zum Pantheismus) gestellt werden, der sagt, die Wirklichkeit sei illusorisch. Erstens,

> wenn wir im Bezug auf unser Bewusstsein unserer eigenen individuellen Existenz getäuscht werden, wie können wir wissen, dass der Pantheist nicht auch getäuscht wird, wenn er behauptet, sich der Wirklichkeit als letzten Eins bewusst zu sein?
> Zweitens, wenn die Welt wirklich eine Illusion ist – wenn das, was wir als wahr wahrnehmen, gar nicht wahr ist –, wie können wir dann zwischen Wirklichkeit und Fantasie unterscheiden? Laotse formuliert die Frage gut: »Wenn ich, solange ich schlafe, ein Mann bin, der träumt, er sei ein Schmetterling, wie kann ich dann, wenn ich wach bin, wissen, dass ich kein Schmetterling bin, der träumt, er sei ein Mann?« Andere Beispiele illustrieren dieses Dilemma: Wenn wir eine viel befahrene Straße überqueren und den Verkehr dreispurig auf uns zukommen

sehen, sollten wir uns darüber überhaupt Sorgen machen, wo er doch nur eine Illusion ist? Sollten wir uns in der Tat überhaupt bemühen, uns beim Überqueren der Straße nach Autos umzusehen, wenn wir, der Verkehr und die Straße nicht wirklich existieren? Wenn Pantheisten ihren Pantheismus konsequent ausleben würden, gäbe es überhaupt noch Pantheisten?[55]

Die Unangebrachtheit, eine Wirklichkeit, wie z. B. das Böse, eine Illusion zu nennen, liegt auf der Hand:

> Wenn das Böse nicht real ist, was ist dann der Ursprung der Illusion? Warum hat der Mensch es so lange erlebt und warum erscheint es so real? Trotz der gegenteiligen Behauptungen des Pantheisten erfährt er, gemeinsam mit uns anderen, Schmerz, Leid und irgendwann den Tod. Selbst Pantheisten krümmen sich vor Schmerzen, wenn sie Blinddarmentzündung bekommen. Sie springen auch zur Seite, wenn ein LKW auf sie zurast, um nicht verletzt zu werden. Wenn die Welt nicht real ist, warum mag ich dann das Gefühl nicht, mich auf einen Nagel zu setzen, der meine Haut verletzt?[56]

2.4 Mystische Erfahrungen sind nicht unaussprechlich (unfähig, ausgedrückt zu werden)

> Mystiker, wie auch ihre Kritiker und Verteidiger, nehmen für gewöhnlich an, dass ihre Worte deskriptiv sind. Deswegen erledigt das Konzept der Unaussprechlichkeit nicht die logische Arbeit, auf die manche gehofft haben. Es trennt das mystische Wirkliche nicht sauber von anderen Formen der Erfahrung. Der Mystizismus kann keinen einzigartigen Bereich der Beweise liefern, auf Basis derer andere Arten der Erfahrung gemeinschaftlich ignoriert werden könnten.[57]

Henry Rosemont Jr. schlägt vor: »Ein Zen-Interpret kann nicht den Glauben vertreten, dass z. B. Sprache die Realität verzerrt, und erwarten, dass ihm irgendjemand ernsthaft zuhört, genauso wenig wie er sagen könnte, ich spreche gerade nicht, und hoffen könnte, irgendjemanden zu überzeugen, dies sei eine wahre Aussage.«[58]

Rosemont hinterfragt die Notwendigkeit der Unaussprechlichkeit von Zen:

> Ist es eine notwendige Aussage, dass Sprache nicht vermitteln kann, was in gewissem Sinne im Satori »gesehen« wird? Oder ist es *Fakt*, dass der Seher nicht mit deskriptiven Aussagen dienen kann, die ihn befriedigen? Wenn satori (notwendig) als »jenseits von Logik und Sprache« *definiert* ist, dann sind alle Schriften über das Thema per Definition unfähig, uns darüber Informationen zu geben. Wenn auf der anderen Seite die Autoren eine empirische Generalisierung beabsichtigen, wenn sie sagen, dass satori jenseits von Logik und Sprache ist, sind sie verpflichtet, Beweise zu erbringen, die ihre Generalisierung unterstützen, wozu sie aber nicht in der Lage sind.[59]

Er kommentiert, dass die Behauptung von der Unaussprechlichkeit willkürlich ist:

> Wir sollten nicht überrascht sein, dass Zen-Lehrer dementieren und darauf bestehen, dass Zen jenseits der Untersuchung der Philosophen steht und dass Zen nicht den Gesetzen der Sprache und Logik unterliegt. … In gewissem Sinne könnte Zen jenseits der Gesetze von Sprache und Logik sein, *aber die Versicherungen der Zen-Kommentatoren sind dies sicher nicht, denn sie sind in der englischen Sprache verfasst.* … Es ist beispielsweise außerordentlich schwierig, einen intelligenten Muttersprachler des Englischen dazu zu bringen, die Ansicht zu akzeptieren, dass Englisch eine hochgradig fehlerhafte Sprache ist, nicht weil er sich kulturell überlegen fühlt, sondern weil er sich wundert, wie es möglich war, den Fakt seiner Fehlerhaftigkeit so klar auszudrücken, wenn Englisch so hochgradig fehlerhaft ist. Es ist ihm nicht möglich, [sein logisches] Gerüst abzulegen aufgrund von Argumenten, die dieses Gerüst voraussetzen müssen. Dies geht so weit, dass der Versuch der Zen-Lehrer, es zu vollbringen, zum Scheitern verurteilt ist.[60]

Er argumentiert:

> Suzukis *Argumente* sind Beispiele für Fragen, Antworten, Vernunft, Subjekte, Prädikate, Negationen und Alltagssprache. Wenn die ursprünglichen Annahmen wahr wären, könnten ihre Befürworter ihre Einwände und Argumente nicht formulieren, und wenn sie wirklich hinter diesen Annahmen stünden, ist es zweifelhaft, ob sie überhaupt versuchen würden, ihre Einwände vorzubringen.[61]

Rosemont schließt:

> Jeder, der sich den Prinzipien von Logik und Sprache zuwenden muss, um zu dem Schluss kommen zu können, dass Logik und Sprache grundlegend fehlerhaft sind, sollte sofort vermuten, dass sein Schluss falsch ist und es sich um eine *reductio ad absurdum* [absurde Schlussfolgerung] handelt und dass deswegen nicht nur sein Schluss falsch ist, sondern ebenso mindestens eine der Voraussetzungen. Was wir nicht sagen können, können wir nicht sagen, und wir können es auch nicht pfeifen.[62]

2.5 Mystische Erfahrungen beglaubigen sich nicht selbst

Clark und Geisler halten fest, dass sich mystische Erfahrungen nicht von selbst interpretieren, da »man sowohl für empirische als auch für religiöse Erfahrungen einen breiteren Hintergrund braucht, vor dem man Erfahrungen beurteilen kann. Im Widerspruch zu ihren ursprünglichen Behauptungen benehmen sich Mystiker wie Empiriker, wenn sie ihre Erfahrungen diskutieren. Auch sie platzieren ihre Erfahrungen zur Interpretation und Bestätigung innerhalb des Kontextes einer Weltsicht.«[63]

Geisler und Feinberg stellen fest, dass Mystizismus eine Form des suprarationalen Subjektivismus ist. Wenn es nichts Äußeres gibt, an dem man sich unterscheidende Erfahrungen messen kann, dann »gibt es Schwierigkeiten zu erklären, wie irgendwelche unserer Überzeugungen falsch sein können. Wir wissen, dass die Menschen verschiedene, inkompatible und sogar inkonsistente Überzeugungen über die Welt haben. Wie kann das sein, wenn der Wissende durch eine selbstbeglaubigende Erfahrung in direktem Kontakt mit dem bekannten Wissen steht?«[64]

2.6 Mystizismus resultiert in einer unlebbaren Philosophie

Nachstehend finden Sie zwei Geschichten über die existenzielle Unfähigkeit des Zen-Buddhismus, mit der Realität umzugehen. Beachten sie die eher niedlichen und trivialen Konsequenzen in der ersten Erzählung, wie sie von D. T. Suzuki wiedergegeben wurde:

> Bevor ich Japan verließ, las ich in einer englischen Zeitschrift einen interessanten Artikel von einem Russen, dessen Idee folgende war: »Die objektive Welt kann nur in meiner Subjektivität existieren, die objektive Welt existiert nicht, bevor sie von dieser Subjektivität oder mir selbst erfahren wird.« Dies ähnelt Berkeleys Idealismus. Eines Tages fuhr dieser Russe auf seinem Fahrrad und stieß mit einem Lastwagen zusammen; der Fahrer war sehr ärgerlich, aber der Russe sagte immer wieder: »Die Welt ist nichts außer meiner Subjektivität.« Bei einer anderen Gelegenheit, als er auf die herkömmliche Weise dachte, gab es keinen Zusammenstoß, aber etwas anderes passierte, und ihm wurden diese Wahrheit bewusst: »Es gibt nichts außer meiner Subjektivität.« Als er dies erlebte, hatte er eine richtige Erleuchtung und sagte zu einem Freund: »Alles ist in allem sonst.« Das bedeutet, dass alle Dinge das Gleiche sind, aber er sagte das nicht, er sagte: »Alles, jedes individuelle Objekt ist in jedem anderen individuellen Objekt. Also wird diese Welt der Vielfalten nicht verneint, denn jedes Ding ist in jedem anderen.« Dies ist sehr bedeutsam. Als er dies seinem Freund sagte, konnte der Freund ihn nicht verstehen, aber später machte er dieselbe Erfahrung. Dies ist Prajna, dies ist transzendentale Weisheit, und wenn diese Intuition erreicht wird, haben wir Zen. Zen ist nichts anderes als dieses intuitive Wissen.[65]

Vergleichen sie die Konsequenzen von Suzukis Geschichte mit den realistischen Konsequenzen des folgenden Szenarios, das Mortimer Adler vorgeschlagen hat. Adler deckt die Schizophrenie auf, die aus fernöstlichen Kulturen resultiert, welche die Wahrheiten der Wissenschaft und Technik von den Wahrheiten des religiösen Glaubens trennen und sie in dichten Abteilungen von der Logik fern halten:

> Ein Meister des Zen-Buddhismus, der in Tokio lebt, möchte mit einem Privatflugzeug nach Kyoto fliegen. Als er am Flughafen ankommt, werden ihm zwei verschiedene Flugzeuge angeboten, das eine ist schneller, aber luftfahrttechnisch bedenklich. Er wird von den Flughafenbehörden informiert, dass das schnellere Flugzeug einige der Grundprinzipien der Mechanik der Luftfahrt verletzt, während das langsamere Flugzeug ihnen entspricht.

Die luftfahrttechnischen oder technologischen Fehler des Flugzeugs repräsentieren zugrunde liegende Fehler in der Physik. In seinen Lehren stellt der Zen-Meister seinen Schülern Fragen, deren Beantwortung es erfordert, Widersprüche anzunehmen. Dies zu tun, ist der Pfad zur Weisheit über die Wirklichkeit, die in ihrem Kern Widersprüche aufweist. Aber der Zen-Meister weicht nicht von seinen Lehren über die Realität ab, während er gleichzeitig das langsamere, luftfahrttechnisch bessere und sicherere Flugzeug auswählt, weil es mit der Technik und der Physik übereinstimmt, die eine physische Welt, welche Widersprüche verabscheut, korrekt beurteilt.

Wenn in Physik und Technologie wissenschaftliche Wahrheit liegt, sollte die Einheit der Wahrheit den Zen-Meister nötigen zuzugeben, dass seine Wahl des langsameren, aber sichereren Flugzeugs bedeutet, dass er seine Zen-Lehre über die Weisheit des Annehmens von Widersprüchen zurückweist.

Er tut dies nicht und bleibt schizophren, mit der Wahrheit der Zen-Lehre und der Wahrheit von Technologie und Physik jeweils in dicht versiegelten Behältern, die sie vor der Logik schützen. Aufgrund welcher Tatsachen oder aus welchen Gründen tut er dies, wenn nicht für die psychologische Beruhigung, die er daraus zieht, die inkompatiblen »Wahrheiten« in dichten Behältern vor der Logik geschützt aufzubewahren? Kann es sein, dass der Zen-Meister eine andere Bedeutung des Wortes »Wahrheit« hat, wenn er darauf besteht, die Zen-Lehre als wahr zu betrachten, die ja scheinbar mit der Wahrheit von Technologie und Physik unvereinbar ist, die er aber mit der Wahl des langsameren Flugzeugs akzeptiert hat? Kann es sein, dass dieses Bestehen auf der Zen-Lehre nicht daraus resultiert, dass sie im logischen Sinne der Wahrheit wahr ist, sondern dass sie »wahr« ist im Sinne von psychologisch »nützlich« oder »therapeutisch«?

Adler schließt:

> Mit anderen Worten, dieser Zen-Meister glaubt an Zen-Buddhismus als eine Religion wegen seines psychologischen Nutzens, bei seinen Anhängern einen Zustand des Friedens oder der Harmonie hervorzurufen. Meiner Ansicht nach reduziert oder entfernt diese Sichtweise nicht die Schizophrenie des Zen-Buddhismus.[66]

Henry Rosemont Jr. weist auf vier unvermeidliche Probleme hin, denen sich der Zen-Mystiker stellen muss:

> Wenn man Suzukis Behauptung akzeptiert, dass satori leer von rationalem Inhalt ist, gibt es mehrere daraus resultierende Probleme, die untersucht werden müssen: 1. Wie könnte der Schüler wissen, dass er die Erfahrung hatte? 2. Wie wäre er in der Lage, sie zu benennen? Was könnte als Beleg dienen, dass seine Erfahrung »satori« genannt werden sollte? 3. Wie könnte irgendjemand jemals wissen oder die Behauptung rechtfertigen, dass jemand anders eine ähnliche Erfahrung hatte? 4. Wie könnte eine solche Erfahrung, leer von rationalem Inhalt, wie Suzuki behauptet, die metaphysischen Prämissen des Mahayana-Buddhismus verifizieren?[67]

Obwohl man das Argument der Unlebbarkeit nicht auf einer einzigen Anekdote aufbauen kann, illustriert das Zeugnis des Exhindus Rabindranath Maharaj das Dilemma, dem jeder gegenübersteht, der den pantheistischen Mystizismus des Ostens annimmt:

> Meine Religion erarbeitete wunderbare Theorien, aber ich hatte ernsthafte Schwierigkeiten, sie im Alltagsleben anzuwenden. Es war auch nicht nur ein Konflikt meiner fünf Sinne mit meinen inneren Visionen. Es war auch eine Frage des Verstandes. … Wenn es nur eine Wirklichkeit gäbe, dann wäre Brahman böse wie gut, Tod wie Leben, Hass wie Liebe. Das machte alles bedeutungslos und das Leben zu einer Absurdität. … Es schien unvernünftig: Doch [ich wurde erinnert], dass der Vernunft nicht vertraut werden konnte: Sie war Teil der Illusion. Wenn die Vernunft auch Maya war – wie die Veden [religiöse Schrift der Hindus] lehrten –, wie konnte ich irgendeinem Konzept trauen, inklusive der Idee, dass alles Maya und nur Brahman wirklich war? Wie konnte ich sicher sein, dass die Seligkeit, die ich suchte, nicht auch eine Illusion war, wenn keiner meiner Wahrnehmungen oder Vernunfterkenntnisse getraut werden durfte?[68]

Norman Geisler stellt diese pointierte Frage:

> Wenn wir eine viel befahrene Straße überqueren und den Verkehr dreispurig auf uns zukommen sehen, sollten wir uns darüber überhaupt Sorgen machen, wo er doch nur eine Illusion ist? Sollten wir uns in der Tat überhaupt bemühen, uns beim Überqueren der Straße nach Autos umzusehen, wenn wir, der Verkehr und die Straße nicht wirklich existieren? Wenn Pantheisten ihren Pantheismus konsequent ausleben würden, gäbe es überhaupt noch Pantheisten?[69]

Francis Schaeffer erzählt diese oft zitierte Geschichte, die die Unlebbarkeit illustriert, welche aus der Verneinung des logischen Dualismus resultiert:

> Eines Tages sprach ich im Zimmer eines jungen Südafrikaners in der Universität von Cambridge zu einer Gruppe von Menschen. Neben anderen war ein junger Inder anwesend, der einen Sikh-Hintergrund hatte, aber Hindu von Religion war. Er sprach eifrig gegen das Christentum, ohne aber die Probleme seines eigenen Glaubens wirklich zu verstehen. Also sagte ich: »Habe ich nicht Recht, wenn ich sage, dass auf Basis deines Systems Grausamkeit und Nichtgrausamkeit letztendlich gleich sind, dass kein immanenter Unterschied zwischen ihnen besteht?« Er stimmte zu. Der Student, in dessen Zimmer wir waren und der klar die Implikationen dessen verstanden hatte, was der Sikh zugegeben hatte, nahm den Topf kochenden Wassers, mit dem er gerade Tee machen wollte, und hielt ihn über den Kopf des Inders. Der Mann sah auf und fragte ihn, was er tue, und er sagte mit kalter und doch sanftmütiger Endgültigkeit: »Es gibt keinen Unterschied zwischen Grausamkeit und Nichtgrausamkeit.« Daraufhin verschwand der Hindu in die Nacht.[70]

3 Literaturangaben

1 D. T. Suzuki, *Living by Zen*, S. 94.
2 D. T. Suzuki, *Introduction to Zen Buddhism*, S. 38.
3 D. T. Suzuki, *Studies in Zen*, S. 152.
4 D. T. Suzuki, *Introduction to Zen Buddhism*, S. 60.64.
5 D. T. Suzuki, *Essays in Zen Buddhism: Third Series*, S. 271.
6 D. T. Suzuki, *Introduction to Zen Buddhism*, S. 55.
7 Ebd., S. 52.
8 D. T. Suzuki, *Studies in Zen*, S. 146.
9 D. T. Suzuki, *Mysticism: Christian and Buddhist*, S. 46.
10 *Webster's New Collegiate Dictionary*, zitiert in Norman Anderson, *Christianity and World Religions*, S. 37.
11 Norman Anderson, *Christianity and World Religions*, S. 88.
12 D. T. Suzuki, *Essays in Zen Buddhism: First Series*, S. 230.
13 Ebd., S. 243.
14 Ebd., S. 262.
15 D. T. Suzuki, *The Awakening of Zen*, S. 5.
16 D. T. Suzuki, *Essays in Zen Buddhism: Second Series*, S. 60.
17 D. T. Suzuki, *Living by Zen*, S. 80.
18 D. T. Suzuki, *The Awakening of Zen*, S. 22f.
19 D. T. Suzuki, *Studies in Zen*, S. 91.
20 D. T. Suzuki, *Introduction to Zen Buddhism*, S. 67f.
21 D. T. Suzuki, *Essays in Zen Buddhism: Third Series*, S. 267f.
22 D. T. Suzuki, *What Is Zen?*, S. 73.
23 D. T. Suzuki, *Living by Zen*, S. 30.
24 Ebd., S. 94.
25 D. T. Suzuki, *Essays in Zen Buddhism: First Series*, S. 263.
26 D. T. Suzuki, *Essays in Zen Buddhism: Second Series*, S. 21.
27 D. T. Suzuki, *Living by Zen*, S. 95.
28 D. T. Suzuki, *Mysticism: Christian and Buddhist*, S. 59.
29 D. T. Suzuki, *Introduction to Zen Buddhism*, S. 38.58.
30 Ebd., S. 57f.
31 D. T. Suzuki, *Studies in Zen*, S. 146.
32 Henry Rosemont, LLZ, S. 15.
33 Ebd., S. 32.
34 Ebd., S. 7f.
35 Ebd., S. 16.
36 David K. Clark & Norman L. Geisler, *Apologetics in the New Age: A Christian Critique of Pantheism*, S. 176.
37 Henry Rosemont, LLZ, S. 39.
38 Ebd., S. 41.
39 Ebd., S. 85.

[40] Norman L. Geisler & William D. Watkins, *Worlds Apart: A Handbook on World Views,* S. 105.
[41] Robert S. Ellwood Jr., *Mysticism and Religion*, S. 186.
[42] William Lane Craig, »Politically Incorrect Salvation«, in Timothy R. Phillips & Dennis L. Okholm, *Christian Apologetics in the Postmodern World*, S. 78-81.
[43] David K. Clark & Norman L. Geisler, *Apologetics in the New Age: A Christian Critique of Pantheism*, S. 160f.
[44] Ebd., S. 162.
[45] Ebd., S. 164f.
[46] Robert Powell, *Zen and Reality*, S. 60.
[47] David K. Clark & Norman L. Geisler, *Apologetics in the New Age: A Christian Critique of Pantheism*, S. 165.
[48] Ebd., S. 183.
[49] Ebd., S. 168ff.
[50] Ebd., S. 183.
[51] Norman L. Geisler & Peter Bocchino, *When Students Ask: A Handbook on Foundational Truths,* o.S.
[52] David K. Clark & Norman L. Geisler, *Apologetics in the New Age: A Christian Critique of Pantheism*, S. 153.
[53] Ebd., S. 153.
[54] Ebd., S. 154.
[55] Norman L. Geisler & William D. Watkins, *Worlds Apart: A Handbook on World Views,* S. 102.
[56] Ebd., S. 102f.
[57] David K. Clark & Norman L. Geisler, *Apologetics in the New Age: A Christian Critique of Pantheism*, S. 182.
[58] Henry Rosemont, LLZ, S. 134.
[59] Ebd., S. 19.
[60] Ebd., S. 46.56.
[61] Ebd., S. 66.
[62] Ebd., S. 68.
[63] David K. Clark & Norman L. Geisler, *Apologetics in the New Age: A Christian Critique of Pantheism*, S. 173.
[64] Norman L. Geisler & Paul D. Feinberg, *Introduction to Philosophy*, S. 109f.
[65] D. T. Suzuki, *The Awakening of Zen*, S. 24.
[66] Mortimer J. Adler, *Truth in Religion*, S. 72-76.
[67] Henry Rosemont, LLZ, S. 18f.
[68] Rabindranath Maharaj & Dave Hunt, *Death of a Guru*, S. 104.
[69] Norman L. Geisler & William D. Watkins, *Worlds Apart: A Handbook on World Views,* S. 102.
[70] Francis Schaeffer, *The Complete Works of Francis A. Schaeffer: A Christian Worldview*, Bd. 1, S. 110.

38 Sicherheit gegenüber Gewissheit

Wie sicher können wir über die Wahrheit sein? Die Antwort ist, dass wir verschiedene Grade der Sicherheit über verschiedene Wahrheiten haben. In den meisten Fällen haben wir moralische oder praktische Sicherheit über die Wahrheiten des Christentums.

Frederick D. Wilhelmsen sagt:

> Die Zustimmung mit intellektueller Gewissheit ist dreiheitlich: 1. metaphysisch, was absolut keine Möglichkeit für die Wahrheit des Gegenteils lässt, 2. physisch und 3. moralisch, was eine geringfügige Möglichkeit für die Wahrheit des Gegenteils offen lässt, aber wir haben keinen ausreichenden Grund zu glauben, dass diese Möglichkeit in der momentanen Situation eintreten wird.[1]

Zustimmung zur Gewissheit. »Zustimmung ist eine bewusste Wahrnehmung und Verpflichtung der Wahrheit. … Zustimmung ist die geistige Ratifizierung eines Vorschlags, den der Verstand geformt hat.«[2]

Es gibt vier Arten der natürlichen Sicherheit:

1. *Logische Sicherheit.* Logische Sicherheit findet sich größtenteils in der Mathematik und der reinen Logik. Diese Art der Sicherheit ist dort involviert, wo das Gegenteil ein Widerspruch wäre. In diesem Sinne ist etwas sicher, wenn es keine logische Möglichkeit gibt, dass es falsch sein könnte. Da Mathematik auf Logik reduzierbar ist, passt sie in diese Kategorie. Sie findet sich in Aussagen wie 5 + 4 = 9. Sie findet sich auch in Tautologien oder Aussagen, die per Definition wahr sind. Alle Kreise sind rund, und kein Dreieck ist ein Quadrat.

2. *Metaphysische Sicherheit.* Es gibt aber einige andere Dinge, deren wir absolut sicher sein können, ohne dass sie inhaltsleere Aussagen sind. Beispielsweise weiß ich sicher, dass ich existiere. Dies ist unbestreitbar so, da ich meine Existenz nicht leugnen kann, wenn ich nicht da bin, um sie überhaupt leugnen zu können. Axiome können auch sicher gewusst werden, da Subjekt und Prädikat dasselbe aussagen: »Sein existiert«, »Nichtsein ist nicht Sein«. »Nichtsein kann nicht Sein hervorbringen« ist auch sicher, da *hervorbringen* einen existierenden Produzenten impliziert.

3. *Moralische Sicherheit.* Moralische Sicherheit existiert, wenn die Belege so stark sind, dass dem Verstand jeder Grund fehlt, gegen den Willen zu glauben, dass es so ist, Widerspruch einzulegen. Auf moralischer Sicherheit beharrt man mit totalem Vertrauen. Natürlich gibt es eine logische Möglichkeit, dass Dinge, deren wir moralisch sicher sind, falsch sind. Aber die Belege sind so stark, dass es keinen

Grund gibt zu glauben, dass sie falsch sind. In der Rechtssprache ist dies, was mit »über jeglichen Zweifel erhaben« gemeint ist.

4. *Praktische Sicherheit* (*hohe Wahrscheinlichkeit*). Praktische Sicherheit ist nicht so stark wie moralische Sicherheit. Menschen behaupten, sich von Dingen »sicher« zu sein, von denen sie glauben, dass sie mit hoher Wahrscheinlichkeit wahr sind. Jemand mag sich sicher sein, heute gefrühstückt zu haben, ohne dies mathematisch oder metaphysisch belegen zu können. Es ist wahr, wenn nicht etwas ihre Wahrnehmung verändert hat, sodass sie getäuscht wurde und nur dachte, dass sie gefrühstückt hätte. Es ist möglich, sich in diesen Dingen zu irren.[3]

Literaturangaben

[1] Frederick D. Wilhelmsen, *Man's Knowledge of Reality: An Introduction to Thomistic Epistemology*, S. 171.

[2] Ebd., S. 157.

[3] Norman L. Geisler, *Baker Encyclopedia of Christian Apologetics*, S. 122.

39 Die Verteidigung von Wundern

Kapitelübersicht

1 In einem von Gott erschaffenen Universum sind Wunder möglich

Wenn ein theistischer Gott existiert, dann sind Wunder möglich. So sagte C. S. Lewis:

> Doch wenn man Gott gelten lässt, muss man dann auch das Wunder gelten lassen? Wohl, wohl, dagegen gibt's dann keine Sicherheit mehr. So ist das halt. Die Theologie sagt dir in der Tat: »Lasse Gott zu und mit ihm das Risiko von ein paar Wundern, und dafür will ich deinen Glauben an die Gleichförmigkeit der überwältigenden Mehrzahl der Geschehnissen vollauf bestätigen.«[1]

Was ist aber mit dem Begriff *Wunder* gemeint? »Der erste Schritt hierbei, wie bei allen anderen Diskussionen, ist der, zu einer klaren Einigung bezüglich der Bedeutung der verwendeten Begriffe zu kommen. Die Diskussion, ob Wunder möglich sind und, wenn sie das sind, ob sie glaubhaft sind, ist nichts als heiße Luft, bis die Diskutierenden nicht darüber übereingekommen sind, was sie unter dem Wort ›Wunder‹ verstehen.«[2]

Wir definieren Wunder als besondere Handlungen von Gott in der Welt. Da Wunder besondere Handlungen von Gott sind, können sie nur dort existieren, wo es einen Schöpfer-Gott gibt, der diese Handlungen ausführen kann.

Überall in diesem Buch haben wir Beweise für die Existenz eines Gottes erbracht, der, neben seinen anderen vielen Handlungen, die Welt erschuf. Wenn Gott fähig ist, die Welt zu erschaffen, dann folgt daraus, dass Gott auch fähig ist, darin zu handeln.

Es ist wichtig darauf hinzuweisen, dass wir die Bibel nicht dazu benutzen, die Möglichkeit von Wundern zu bestätigen, sondern nur dazu – wie wir später sehen werden –, die Historizität einiger wundersamer Ereignisse aufzuzeigen. Dass Wunder möglich sind, ist eine Schlussfolgerung aus der Tatsache, dass dies ein von Gott geschaffenes Universum ist, keine Folgerung, die wir aus der Bibel ziehen. Stephen T. Davis bemerkt, dass dies eigentlich eine Voraussetzung der Bibel ist:

Dass Gott der Schöpfer der Welt ist, wird in Genesis 1 bis 2 behauptet, wird die ganze Bibel hindurch beteuert oder vorausgesetzt und ist die Folgerung jedes erfolgreichen kosmologischen Arguments für die Existenz Gottes. Die Welt ist kontingent; sie existiert nur, weil Gott ihre Existenz herbeigeführt hat und diese aufrechterhält. Die Behauptung, dass Gott in der Geschichte handelt, indem er versucht, menschliche Wesen zu beeinflussen und Gottes Absichten fruchten zu lassen, ist eine universelle Voraussetzung der gesamten Bibel.[3]

William Lane Craig erzählt, wie seine Schwierigkeiten mit der Möglichkeit biblischer Wunder aufhörten, ein Problem zu sein, sobald er die Existenz Gottes anerkannte:

> Für mich persönlich war die jungfräuliche Geburt ein großes Hindernis auf meinem Weg zum Glauben – ich konnte so etwas einfach nicht glauben. Aber als ich darüber nachdachte, dass Gott das gesamte Universum erschaffen hatte, da fiel mir auf, dass es nicht so schwierig für ihn sein konnte, eine Frau schwanger werden zu lassen. Versteht der Nichtchrist erst einmal, wer Gott ist, dann sollte das Problem der Wunder für ihn kein Problem mehr sein.[4]

2 Das Wesen der Wunder

2.1 Wunder sind Gottes übernatürliche Handlungen

Thomas von Aquin unterscheidet zwischen den Auswirkungen von begrenzter und unbegrenzter Kraft:

> Wenn irgendeine begrenzte Kraft, die ihre eigene Wirkung entfaltet, zu der sie bestimmt ist, da ist, so ist das kein Wunder, wenngleich es für jemanden wunderbar sein könnte, der diese Kraft nicht begreift; so scheint es den Unkundigen

> wunderbar, dass der Magnet das Eisen anzieht oder dass irgendein kleiner Fisch ein Schiff aufhalten kann. Jede Potenz eines Geschöpfes ist aber beschränkt auf eine oder mehrere bestimmte Wirkungen. Alles also, was aus der Kraft irgendeines Geschöpfes geschieht, kann nicht eigentlich ein Wunder genannt werden, mag es auch für jemanden, der die Kraft dieses Geschöpfes nicht begreift, wunderbar sein. Was aber aus göttlicher Kraft geschieht, die, weil unbegrenzt, von sich aus unbegreiflich ist, ist wahrhaft ein Wunder.[5]

Anthony Flew sagt, dass »Wunder« ein »Begriff ist, der auf unterschiedliche Weisen verstanden wurde, aber meistens als Bezeichnung einer Handlung verwendet wird, in der sich durch die Aufhebung oder Veränderung der normalen funktionierenden Naturgesetze göttliche Kraft offenbart.«[6]

C. S. Lewis merkt an: »Ich gebrauche das Wort *Wunder*, um eine Einmischung übernatürlicher Macht in die Natur zu bezeichnen.«[7]

Richard L. Purtill gibt fünf Eigenschaften eines Wunders an: »Ein Wunder ist eine 1) durch Gottes Macht herbeigeführte Handlung, die eine 2) vorübergehende 3) Ausnahme 4) des normalen Verlaufs der Natur 5) mit dem Ziel, zu zeigen, dass Gott in der Geschichte gehandelt hat, darstellt.«[8]

2.2 Wunder verletzen nicht die Gesetze der Natur

Manche würden behaupten, Wunder könnten nicht existieren, da sie die Gesetze der Natur verletzen würden. Dieses Argument geht davon aus, dass die Naturgesetze ein geschlossenes System bilden (d. h. dass von außen kein Einfluss auf sie genommen werden kann); deshalb ist ein Verletzen der Naturgesetze unmöglich. Innerhalb eines theistischen Rahmens jedoch bilden die Gesetze der Natur kein geschlossenes System; deshalb verletzt ein Wunder nicht unbedingt die Gesetze der Natur.

C. S. Lewis veranschaulicht, wie sich ein offenes System einem Eingriff anpasst:

> Darum ist es unrichtig, das Wunder als etwas zu definieren, das die Naturgesetze bricht. Es tut das nicht. Klopfe ich meine Pfeife aus, so verändere ich die Lage sehr vieler Atome: im weiteren und in unendlich kleinem Maße die Lage sämtlicher Atome, die es gibt. Die Natur verdaut oder assimiliert sich dieses Geschehnis mit völliger Leichtigkeit und harmonisiert es im Augenblick mit allen anderen Geschehnissen. … Wenn Gott ein mirakulöses Spermatozoon im Leibe einer Jungfrau schafft, so lebt dieses nicht weiter, um irgendwelche Gesetze zu brechen. Die Gesetze übernehmen es sogleich. Die Natur ist bereit. Entsprechend allen normalen Gesetzen folgt Schwangerschaft, und neun Monate später wird ein Kind geboren. … Und sollten je Geschehnisse von außerhalb der Natur kommen, so würde sie dadurch um nichts mehr belästigt sein. Sicher, sie wird zum Punkte des Eindringens stürzen, wie die Verteidigungskräfte zu einem Schnitt in unserem Finger, und sich dort beeilen, den Neuankömmling unterzubringen. Im Moment, wo dieser ihr[en] Bereich betritt, gehorcht er ihren Gesetzen.[9]

Sir George Stokes schlägt vor, dass das Aussetzen von Naturgesetzen nicht die einzige Erklärung für ein Wunder ist: »Es kann sein, dass ein Ereignis, welches wir ein Wunder nennen, nicht durch die Aufhebung der üblicherweise operierenden Gesetze hervorgebracht wurde, sondern durch das Hinzufügen von etwas, das üblicherweise nicht operiert.«[10]

Peter Kreeft und Ronald Tacelli merken an, dass im Theismus ein System von Naturgesetzen vorausgesetzt wird:

> Wir beginnen mit einer vorläufigen Definition. Ein Wunder ist: *ein überraschendes und in religiöser Hinsicht signifikantes Eingreifen von Gott in das System der natürlichen Ursachen.*
> Beachten Sie dabei zwei Dinge: 1. Der Begriff von dem, was Wunder sind, setzt die Vorstellung, dass die Natur ein in sich geschlossenes System natürlicher Ursachen ist, voraus, anstatt sie außer Acht zu lassen. So lange es keine Regelmäßigkeiten gibt, kann es auch keine Ausnahmen geben. 2. Ein Wunder ist kein Widerspruch. Wenn ein Mann durch eine Wand läuft, ist das ein Wunder. Wenn ein Mann gleichzeitig und in gleicher Hinsicht durch eine Wand läuft und nicht durch eine Wand läuft, ist das ein Widerspruch. Gott kann Wunder, aber keine Widersprüche hervorbringen – nicht weil seine Macht eingeschränkt wäre, sondern weil Widersprüche bedeutungslos sind.[11]

Purtill argumentiert:

> Als ein Ereignis, das von außerhalb der natürlichen Ordnung durch göttlichen Willen hervorgerufen wird, ist ein Wunder weder eine Bestätigung noch eine Widerlegung aller Verallgemeinerungen über die natürliche Ordnung aller Dinge. Tatsächlich … gibt es in diesem Kontext gute Gründe, ein Wunder als ›ein nicht wiederholbares Gegenstück zu einem Naturgesetz‹ zu definieren. Gemeint ist damit, dass das Phänomen (oder die Art von Ereignis) nicht von uns oder irgendeinem sterblichen Wesen wiederholt werden kann, nicht, dass Gott nicht dieselbe Art von Ereignis wiederholen könnte.[12]

2.3 Wunder sind unmittelbar

Eine auffallende Eigenschaft des Wunders ist seine Unmittelbarkeit. Es gibt kein Fortschreiten über einen Zeitraum hinweg, wenn ein Wunder geschieht. Vielmehr geschieht es augenblicklich. So bemerkt Norman Geisler:

> In besonderem Hinblick auf Jesus als Heiler waren die Resultate immer unmittelbar. Es gab keine Fälle von stufenweiser Verbesserung über mehrere Tage hinweg. Jesus befahl dem Lahmen: »Steh auf, nimm dein Bett und gehe!« (Joh 5,8). Im Predigeramt des Petrus in Apostelgeschichte 3 sehen wir Gott einen lahmen Mann unverzüglich durch die Hand des Petrus heilen. »Petrus aber sprach: Silber und Gold habe ich nicht, doch was ich habe, das gebe ich dir. Im

Namen Jesu Christi, des Nazaräers, steh auf und geh umher! Und er fasste ihn bei der rechten Hand und richtete ihn auf; da kam plötzlich Kraft in seine Füße und Knöchel.« (Apg 3,6-7). Es gab keinen Zeitraum, in dem sich der Zustand des Mannes nach und nach verbesserte. Die Wiederherstellung der Gesundheit des Mannes war augenblicklich und vollständig.[13]

2.4 Wunder sind immer erfolgreich

Außerdem wird ein wahres Wunder immer erfolgreich sein. Und wieder bemerkt Geisler:

> In der Tat hält die Bibel fest, dass Gott in seinen Anstrengungen immer erfolgreich ist. Krankheiten verschwinden immer auf seinen Befehl hin, Dämonen flüchten immer auf seine Anordnung hin, die Natur ist immer offen für sein Eingreifen. Dies ist ein wichtiges Kennzeichen von Gottes Fingerabdruck, das ruhig wiederholt werden sollte. *Gottes übernatürliche Handlungen in der Bibel waren und sind immer erfolgreich.* Das heißt, Gott erreichte immer, was er erreichen wollte. Wenn er jemanden heilen wollte, dann wurde derjenige vollkommen geheilt. Ausnahmen gibt es nicht.[14]

3 Der Zweck von Wundern

3.1 Wunder können eine Botschaft Gottes bestätigen

E. J. Carnell argumentiert, dass Wunder unsere einzige Bestätigung eines Bezugspunktes außerhalb des Systems natürlicher Gesetzmäßigkeiten sind: »Wunder geben uns Brief und Siegel für die Wahrhaftigkeit einer besonderen Offenbarung, einer Offenbarung, die uns genau versichert, wie Gott über sein Universum zu verfügen entschieden hat. In seiner Offenbarung können wir erkennen, dass er, der uns erschaffen hat und der uns auch vernichten kann, auf gnädige Weise entschieden hat, das Universum regelmäßig zu erhalten, gemäß dem Vertrag, den er mit Noah und dessen Nachkommen für immer geschlossen hat. Wenn der Wissenschaftler Wunder ablehnt, um seine mechanische Ordnung zu erhalten, verliert er sein Recht auf diese mechanische Ordnung, denn ohne Wunder, die Offenbarung garantieren, kann er keinen externen Bezugspunkt beanspruchen; und ohne einen externen Bezug als Angelpunkt ist der Wissenschaftler nahe an dem bewegenden Sand der Geschichte.«

Er folgert:

> In einem solchen Fall, wie kann der Wissenschaftler an die unveränderliche Überzeugung appellieren, »dass das Universum mechanisch ist«, wenn aus Fluss und Veränderung nur Fluss und Veränderung entstehen können? Der Wissenschaftler tauscht einfach das, was seiner Meinung nach eine »göttliche Laune« ist, gegen das, was tatsächlich eine »Laune von Raum und Zeit« ist, ein. Warum Letztere die Erhaltung einer mechanischen Welt garantiert, wenn Erstere offenbar unfähig ist, das zu tun, ist nicht leicht zu erkennen.[15]

3.2 Wunder können einen Boten Gottes bestätigen

Ein anderer Zweck wundersamer »Zeichen« ist es nach Norman Geisler,

> eine göttliche Bestätigung eines Propheten Gottes zu sein. Der religiöse Lehrer Nikodemus sagte über Jesus: »Meister, wir wissen, du bist von Gott gekommen als Lehrer; denn niemand vermag diese Zeichen zu tun, die du tust, wenn nicht Gott mit ihm ist.« (Joh 3,2). »Viele folgten ihm, denn sie sahen die Zeichen, die er an denen vollbrachte, die krank waren.« (Joh 6,2). Als einige Jesus zurückwiesen, obwohl er einen Blinden geheilt hatte, sagten andere: »Wie kann ein Sünder solche Zeichen tun?« (Joh 9,16). Die Apostel waren zuversichtlich, als sie verkündeten: »Jesus, der Nazaräer, war ein Mann von Gott, vor euch beglaubigt durch Machttaten, Wunder und Zeichen, die Gott durch ihn wirkte in eurer Mitte, wie ihr selber wisst.« (Apg 2,22). Denn in seiner Beglaubigung für die Korinther behauptete der Apostel Paulus, dass die Zeichen eines wahren Apostels unter ihnen vollbracht würden (2.Kor 12,12). Er und Barnabas berichteten den Aposteln, »was Gott an Zeichen und Wundern durch sie unter den Heiden gewirkt hat.« (Apg 15,12).[16]

Sproul, Gerstner und Lindsley argumentieren, dass ein Wunder die einzige unzweifelhafte Bestätigung ist, von der Gott hatte Gebrauch machen können:

> Wenn nun also Gott seine Boten uns gegenüber kenntlich machen würde – wie wir gezeigt haben, würde er dies tun, wenn er überhaupt beabsichtigt, sie zu schicken –, so würde er ihnen eine Beglaubigung geben, die nur er geben kann. So wüssten wir ohne Zweifel, dass sie als Boten Gottes anerkannt werden müssen. Was würde Gott seinen Boten geben, das alle als etwas anerkennen könnten, das nur von Gott kommen kann? Da Gott allein die Macht der Wunder innehat, sind Wunder ein angemessenes und passendes Mittel der Bestätigung.[17]

3.3 Wunder fördern allein das Gute

Ein Wunder wird niemals das Böse fördern: »Die moralische Dimension zeigt: Weil Gott gut ist, bringen Wunder ausschließlich Gutes hervor.«[18]

3.4 Wunder preisen Gott allein

Ein Wunder ist niemals zur Schau da: »Teleologisch ereignen sich Wunder nie zur Unterhaltung, sondern sie haben das bestimmte Ziel, Gott zu verherrlichen und die Menschen zu ihm zu führen.«[19]

3.5 Wunder bilden den Rahmen für das Christentum

Peter Kreeft äußert, dass die Wichtigkeit, die Wunder im Christentum haben, unter den Weltreligionen einzigartig ist:

> Das entscheidende Argument für die Wichtigkeit von Wundern ist, dass *Gott* sie für wichtig genug hielt, um sie zur Gründung und Bewahrung seiner Kirche zu verwenden.

> Tatsächlich sind alle essenziellen und unterscheidenden Elemente des Christentums Wunder: die Schöpfung, die Offenbarung (zuerst gegenüber den Juden), die Aushändigung der Zehn Gebote, die Prophezeiungen, die Menschwerdung, die Auferstehung, die Himmelfahrt und die Wiederkunft und das Jüngste Gericht. Ziehen sie Wunder vom Islam, Buddhismus, Konfuzianismus oder Taoismus ab und sie behalten im Grunde genommen die gleiche Religion übrig. Ziehen sie Wunder vom Christentum ab und sie haben nichts außer den Klischees und Plattitüden, die die meisten amerikanischen Christen wöchentlich (und schwächlich) von der Kanzel erhalten. Nichts *Dstinktives*, kein Grund, lieber Christ als irgendetwas anderes zu sein.[20]

Wieder argumentieren Sproul, Gerstner und Lindsley, dass Wunder auch unverzichtbar dafür sind, den Fall im Sinne des Christentums zu beweisen:

> Technisch gesprochen … sind Wunder gleichermaßen für Bekehrte und Nichtbekehrte sichtbar, äußerlich wahrnehmbar und tragen in sich die Kraft zu überzeugen, wenn nicht sich zu bekehren. Sicherlich, sofern es die Apologetik betrifft, ist das sichtbare Wunder für den Fall im Sinne des Christentums unerlässlich, dieser Fall würde dadurch sicher bewiesen werden, unabhängig davon, ob es jemand glaubte oder nicht, ob jemand bekehrt wurde oder nicht, ob jemand ein inneres »Wunder« erlebte oder nicht. Der Beweis wäre überzeugend, auch wenn sich alle Menschen willentlich weigern würden, ihn anzunehmen.[21]

3.6 Wunder unterscheiden sich von Magie

Die folgende Tabelle betont die Unterschiede zwischen einem echten Wunder und einem falschen Wunder (Magie).[22]

WUNDER	**MAGIE**
von Gott kontrolliert	vom Menschen kontrolliert
nach Gottes Willen ausgeführt	nach dem Willen des Menschen ausgeführt
nicht auf natürliche Weise zu wiederholen	auf natürliche Weise zu wiederholen
keine Täuschung beteiligt	Täuschung beteiligt
kommt in der Natur vor	kommt nicht in der Natur vor
passt sich in die Natur ein	passt sich nicht in die Natur ein
ungewöhnlich, aber nicht sonderbar	ungewöhnlich und sonderbar

4 Die Antwort auf Einwände gegen Wunder

4.1 Benedict Spinoza behauptet, Wunder seien unmöglich

Benedict de Spinoza (1632-1677) stellt fest, dass »gegen die Natur nicht verstoßen werden kann, sondern … dass sie eine feste, unveränderliche Ordnung behält.«

Tatsächlich, »wenn jemand behaupten würde, dass Gott gegen die Naturgesetze verstößt, würde er *ipso facto* zwingendermaßen behaupten, dass Gott wider seiner eigenen Natur handelt – was offensichtlich absurd ist.«[23]

Es ist wichtig anzumerken, dass Spinozas Position gegenüber Wundern durch seinen rationalen Pantheismus bestimmt wird. Spinoza lehnt Transzendenz ab, da die Natur und Gott, ontologisch gesehen, dasselbe sind. Gott ist alles und alles ist Gott. Wenn also Gott unveränderlich ist und die Naturgesetze eine modale Eigenschaft Gottes sind, dann sind die Naturgesetze unveränderlich. Dementsprechend ist ein Wunder absurd, denn es würde die Veränderung einer (den Verstoß gegen eine) unveränderlichen Ordnung, nämlich Gottes eigentlichen Wesens, mit sich bringen.

Spinozas Ansicht kann auf folgende Weise zusammengefasst werden:

1. Wunder sind ein Verstoß gegen die Naturgesetze.
2. Naturgesetze sind unveränderlich.
3. Es ist unmöglich, gegen unveränderliche Gesetze zu verstoßen.
4. Deshalb sind Wunder unmöglich.[24]

Ein Wunder ist kein Verstoß gegen die Natur, sondern das Einfügen eines neuen Ereignisses in die Natur durch eine übernatürliche Ursache. Die Natur ist nicht überrascht, wenn ein Ereignis durch das Übernatürliche hervorgerufen wird, sondern sie beeilt sich, das neue Ereignis unterzubringen. So erklärt Lewis:

> Und sollten je Geschehnisse von außerhalb der Natur kommen, so würde sie dadurch um nichts mehr belästigt sein. Sicher, sie wird zum Punkte des Eindringens stürzen, wie die Verteidigungskräfte zu einem Schnitt in unserem Finger, und sich dort beeilen, den Neuankömmling unterzubringen. … Die göttliche Kunst des Wundertuns ist nicht eine, die die Schablone, welcher die Geschehnisse fügen, aufhebt, sondern eine Kunst, welche die Schablone mit neuen Geschehnissen speist. Sie verletzt nicht die Voraussetzungen des Gesetzes: »Wenn A, dann B«, sondern sagt: »Aber diesmal statt A A2«, und die Natur, durch ihre Gesetze redend, antwortet: »Dann B2« und naturalisiert den Immigranten, so gut sie kann. Sie ist eine vollendete Wirtin.[25]

Nach C. Stephen Evans setzt die Beschreibung eines Wunders als einen »Bruch« oder eine »Unterbrechung« der Naturgesetze fälschlicherweise voraus, dass Gott vor seiner Wundertätigkeit von der Schöpfung abwesend gewesen wäre. Doch Gott ist seiner Schöpfung gegenüber immer anwesend, als das stützende, unverzichtbare Wesen. Daher gilt: Während Wunder besondere Handlungen Gottes mit sich bringen, wird die Natur immer noch durch Gottes normale Tätigkeit aufrechterhalten. So erklärt Evans:

> Es ist aber ziemlich inkorrekt, solche besonderen Handlungen »Brüche« oder »Unterbrechungen« der natürlichen Ordnung zu nennen. Diese Terminologie

impliziert, dass Gott in der natürlichen Ordnung normalerweise nicht präsent ist; doch wenn Gott überhaupt existiert, dann muss er als verantwortlich für die gesamte natürliche Ordnung betrachtet werden. Der Kontrast liegt dann also nicht zwischen der »Natur« und sehr ungewöhnlichen göttlichen »Eingriffen« in die Natur, sondern zwischen Gottes gewöhnlicher Tätigkeit des Aufrechterhaltens der natürlichen Ordnung und einer besonderen Handlung Gottes. Wenn Gott also ein Wunder vollbringt, betritt er nicht plötzlich eine erschaffene Ordnung, von der er gewöhnlicherweise ausgeschlossen ist. Er handelt eher auf besondere Weise innerhalb einer natürlichen Ordnung, die er fortwährend aufrechterhält und in der er ständig präsent ist.[26]

Überdies geht Spinozas Argument an der eigentlichen Frage vorbei. Spinozas Definition der Naturgesetze (als unveränderlich) schließt zwingendermaßen die Möglichkeit eines Wunders von vorne herein aus. Indem er seine Begründung auf seine rationale Methode anstatt auf empirische Beobachtung stützt, geht Spinoza *a priori* davon aus, dass die Natur unantastbar ist. So erklärt Norman Geisler:

> Spinozas euklidischer Rationalismus leidet an akuter *Pepitio principii* (dem Aufwerfen von Fragen). Denn, um mit Hume zu sprechen, alles, was auf stichhaltige Weise von Prämissen abgeleitet werden kann, muss schon von Anfang an in diesen Prämissen enthalten gewesen sein. Doch wenn das Anti-Übernatürliche in Spinozas rationalistischen Prämissen bereits vorausgesetzt wird, dann überrascht es kaum zu entdecken, dass er die Wunder der Bibel angreift.

Geisler fügt hinzu: »Was Spinoza hätte tun müssen, aber nicht tat, war, ein solides Argument für seine rationalistischen Voraussetzungen zu liefern.« Spinoza »greift sie aus der Luft der rationalen Spekulationen, doch sie werden niemals am festen Grund empirischer Beobachtung festgemacht.«[27]

4.2 David Hume behauptet, Wunder seien unglaubwürdig

Der Skeptiker David Hume (1711-1776) behauptet:

> Ein Wunder ist eine Verletzung der Naturgesetze und da eine feststehende und unveränderliche Erfahrung diese Gesetze gegeben hat, ist der Beweis gegen ein Wunder aus der Natur der Sache selbst so vollgültig, wie sich eine Begründung durch Erfahrung nur irgend denken lässt. … Was im gewöhnlichen Lauf der Natur jemals geschieht, das gilt nicht als Wunder. So ist es kein Wunder, wenn ein anscheinend Gesunder plötzlich stirbt, denn eine solche Todesart ist zwar ungewöhnlicher als eine andere, aber doch häufig beobachtet worden. Aber das wäre ein Wunder, wenn ein Toter ins Leben zurückkehrte, weil das zu keiner Zeit und in keinem Lande jemals beobachtet worden ist. Es steht daher notwendig eine gleichförmige Erfahrung jedem wunderbaren Ereignis entgegen, sonst würde das Ereignis nicht diesen Namen verdienen. Und da eine gleichförmige Erfahrung

> sich zur Höhe eines Beweises erhebt, so haben wir hier einen unmittelbaren vollen Beweis aus der Natur der Sache gegen die Existenz jedweden Wunders; solch ein Beweis kann auch nicht aufgehoben, noch das Wunder glaubhaft gemacht werden, außer durch einen Gegenbeweis, der ihm überlegen ist.[28]

Hume argumentiert nicht, dass Wunder unmöglich sind, weil die Gesetze der Natur nicht gebrochen werden können. Diese Art von Argument geht an der eigentlichen Frage vorbei, wie wir bei Spinoza festgestellt haben. Als Empirist ist Hume auf eine induktive Annäherung an die Realität beschränkt, trotz Binsenweisheiten. Und Induktion bringt bestenfalls Wahrscheinlichkeiten ein, keine absolute Sicherheit. Hume verwendet eher einen bestimmten argumentativen Stil, der als *Reductio ad absurdum* bekannt ist. Diese Form der Argumentation versucht zu beweisen, dass die gegensätzliche Ansicht auf eine Absurdität hinausläuft. So gesteht Hume also zunächst die theistische Ansicht ein, dass Wunder seltene Ereignisse sind, und zeigt dann, wie unwahrscheinlich sie im Hinblick auf die Regelmäßigkeit der Naturgesetze sind. Hume argumentiert also, dass Wunder für höchst unwahrscheinlich gehalten werden, weil die Gesetze der Natur, von denen Wunder Ausnahmen sein müssen, uns die großartigeren Beweise liefern.

So erklärt der Philosoph Ronald Nash:

> Zunächst bringt Hume den Theisten auf clevere Weise dazu zuzugeben, dass er (der Theist) an eine natürliche Ordnung glauben muss, da man ohne eine solche Ordnung keine Möglichkeit hat, Ausnahmen zu dieser Ordnung zu erkennen. Dann schlägt Hume den Theisten mit der offensichtlichen Tatsache, dass die Wahrscheinlichkeit für den vom Theisten angeblich behaupteten Bruch der Naturgesetze immer weitaus geringer sein muss als die Wahrscheinlichkeit, dass die Ausnahme nicht stattgefunden hat.[29]

Humes Argumentation kann auf die folgende Weise zusammengefasst werden:

1. Ein Wunder ist per Definition ein seltenes Ereignis.
2. Das Naturgesetz ist per Definition die Beschreibung regelmäßiger Ereignisse.
3. Die Beweislage für das Regelmäßige ist immer besser als die für das Seltene.
4. Weise Individuen begründen ihren Glauben immer auf die bessere Beweislage.
5. Deshalb sollten weise Individuen niemals an Wunder glauben.[30]

Humes Vorstellung von einer einheitlichen Erfahrung geht entweder an der Frage vorbei oder macht sich des Einbringens neuen Beweismaterials schuldig. So merkt Geisler an:

> Hume spricht in seiner Argumentation gegen Wunder von »einheitlicher« Erfahrung, doch das geht entweder an der eigentlichen Frage vorbei oder ist das Einbringen neuen Beweismaterials. Es geht an der Frage vorbei, wenn Hume

annimmt, dass die Erfahrung einheitlich sei, bevor er einen Blick auf das Beweismaterial wirft. Denn wie können wir wissen, dass alle möglichen Erfahrungen den Naturalismus bestätigen werden, bevor wir Zugang zu allen möglichen Erfahrungen haben, inklusive derer, die in der Zukunft liegen? Wenn Hume aber mit »einheitlicher« Erfahrung einfach nur ausgewählte Erfahrungen *einzelner* Personen (die keinem Wunder begegnet sind) meint, dann ist dies Einbringen neuen Beweismaterials.[31]

Lewis veranschaulicht den kreisförmigen Charakter der Verwendung von »gleichförmiger Erfahrung« bei Hume im folgenden Abschnitt:

> Nun müssen wir natürlich mit Hume übereinstimmen, dass, wenn es absolut »gleichförmige Erfahrung« gegen Wunder gibt – wenn sie also mit anderen Worten nie geschehen sind –, nun, dann sind sie eben nie geschehen. Leider wissen wir jedoch, dass die gegen sie stehende Erfahrung nur dann gleichförmig ist, wenn wir wissen, dass alle Wunderberichte falsch sind. Und wir können nur dann wissen, dass alle Berichte falsch sind, wenn wir bereits wissen, dass Wunder nie geschehen sind. In der Tat, wir argumentieren im Kreise herum.[32]

Hume übersieht die Bedeutung indirekter Beweise für die Unterstützung von Wundern. So argumentiert Nash:

> Hume irrte sich, als er behauptete, Wunder würden nur durch direkte Beweise unterstützt, die in der Aussage angeblicher Zeugen zitiert werden. Es kann auch bedeutsame indirekte Beweise für Wunder geben. Selbst wenn irgendjemand (sagen wir ein Herr Jones) ein angebliches Wunder nicht beobachtet hat (und damit von der Aussage derer abhängig ist, die es beobachtet haben), könnte es Herrn Jones immer noch möglich sein, nachhaltige Auswirkungen des Wunders zu sehen. Nehmen wir an, dieses Wunder besteht darin, dass eine Person geheilt wird, die über mehrere Jahre hinweg blind war. Herr Jones mag von der Aussage anderer abhängig sein, die sagen, dass das Wunder wirklich geschehen ist, doch vielleicht kann Herr Jones nun selbst erkennen, dass die zuvor blinde Person jetzt sehen kann. Die Situation ist analog zu einer, in der jemand die Aussage hört, dass ein Tornado seine Stadt verwüstet hat. Da er kein Augenzeuge des Sturms gewesen ist, muss er sich auf die Aussage von den Augenzeugen verlassen, die dort waren. Doch wenn diese Person an den Ort des Geschehens kommt und die unglaubliche Verwüstung – Autos auf Häuserdächern, andere Häuser auseinander gerissen, Bäume entwurzelt – sieht, dann fungiert all dies als indirekter Beweis für die Bestätigung des Augenzeugenberichts anderer. Auf diese Weise können die Auswirkungen eines Wunders, die über das Ereignis selbst hinaus fortdauern, als indirekte Beweise für das Ereignis selbst dienen.[33]

Der britische Philosoph C. D. Broad appellierte an indirekte Beweise, um das zentrale Wunder des christlichen Glaubens – die Auferstehung Christi – zu unterstützen:

> Es gibt Zeugenberichte, die besagen, dass die Jünger zum Zeitpunkt der Kreuzigung außerordentlich niedergeschlagen waren, dass sie außerordentlich wenig Vertrauen in die Zukunft hatten und dass diese Niedergeschlagenheit nach einer gewissen Zeit verschwand und dass sie glaubten, einen Beweis dafür zu haben, dass ihr Herr von den Toten auferstanden sei. Nun ist keiner dieser angeblichen Fakten in geringster Weise seltsam oder unwahrscheinlich, und wir haben daher keinen Grund, sie nicht als Zeugenbericht zu akzeptieren. Was brachte die Jünger dazu, entgegen ihrer zuvorigen Überzeugung und Niedergeschlagenheit zu glauben, dass Christus von den Toten auferstanden war? Eine Erklärung ist ganz klar die, dass er tatsächlich auferstanden war. Und diese Erklärung erklärt die Begebenheit so gut, dass wir zumindest sagen können, dass die indirekten Beweise für Wunder nicht weit entfernt sind von direkten Beweisen.[34]

Anstatt Beweise für die Existenz von Wundern abzuwägen, gibt Hume einfach nur zusätzliche Gegenbeweise an. Geisler drückt es so aus:

> Hume *wägt* keine Beweise für Wunder ab; stattdessen *fügt* er nur zusätzliche Beweise gegen sie *hinzu*. Da der Tod immer und immer wieder vorkommt und Auferstehung allenfalls in sehr seltenen Fällen, zählt Hume einfach alle Todesfälle zusammen und lehnt Letztere ab. … Aber hier werden keine Beweise gegeneinander abgewogen, um zu klären, ob eine gewisse Person, zum Beispiel Jesus von Nazareth, … von den Toten auferstanden ist. Hier werden einfach nur die Beweise für alle anderen Ereignisse, bei denen Menschen gestorben und nicht wieder auferstanden sind, zusammengezählt und dazu verwendet, jeden möglichen Beweis für die Auferstehung einer verstorbenen Person zu übertrumpfen. … Zweitens setzt dieses Argument die Menge an Beweisen mit der Wahrscheinlichkeit gleich. Es besagt letztendlich, dass wir nur das glauben sollten, was die höchste Wahrscheinlichkeit besitzt (im Sinne von »die besten Gewinnchancen haben«). Aber das ist dumm. Unter diesen Voraussetzungen dürfte kein Würfelspieler darauf hoffen, dass die Würfel nach dem ersten Wurf drei Sechsen zeigen, weil die Chancen dafür 1.635.013.559.600 zu 1 stehen! Was Hume schlichtweg übersieht ist, dass weise Menschen ihren Glauben an Fakten und nicht einfach nur an Wahrscheinlichkeiten festmachen. Manchmal stehen die »Chancen« für ein Ereignis schlecht (früheren Beobachtungen zufolge), doch ansonsten steht die Beweislage für das Ereignis sehr gut (neueren Beobachtungen bzw. Zeugenaussagen zufolge). Humes Argument bringt die *Quantität* von Beweisen mit der *Qualität* von Beweisen durcheinander. Beweise sollten *abgewogen* und nicht *addiert* werden.[35]

Außerdem bringt Hume die Wahrscheinlichkeit für historische Ereignisse mit dem Einsatz von Wahrscheinlichkeiten zur Formulierung naturwissenschaftlicher Gesetze durcheinander. So erklärt Nash:

> Humes Gegner haben kritisiert, dass sich seine Argumentation auf eine unzulängliche Auffassung von Wahrscheinlichkeit stützt. Zunächst einmal behandelt Hume die Wahrscheinlichkeit für geschichtliche Ereignisse, wie z. B. Wunder, genauso wie er die Wahrscheinlichkeit repetitiver Ereignisse behandelt, die die Grundlage für die Formulierung naturwissenschaftlicher Gesetzmäßigkeiten bilden. Im Fall von naturwissenschaftlichen Gesetzmäßigkeiten ist die Wahrscheinlichkeit an die Häufigkeit von Ereignissen gebunden; je öfter Wissenschaftler ähnliche Ereignisse unter ähnlichen Bedingungen beobachten, umso größer ist die Wahrscheinlichkeit, dass ihre Formulierung der Gesetzmäßigkeit korrekt ist. Aber historische Ereignisse sind anders, Wunder eingeschlossen; geschichtliche Ereignisse sind einzigartig und nicht wiederholbar. Für historische Ereignisse, Wunder eingeschlossen, die gleiche Auffassung von Wahrscheinlichkeit anzuwenden, wie sie Wissenschaftler bei der Bestimmung naturwissenschaftlicher Gesetze anwenden, zeugt daher von grundlegender Unwissenheit bezüglich der Unterschiede zwischen diesen beiden Sachverhalten.[36]

4.3 Patrick Nowell-Smith behauptet, »Wunder« seien einfach »seltsame« natürliche Ereignisse, die entweder eine genaue wissenschaftliche Erklärung haben oder haben werden

Patrick Nowell-Smith behauptet Folgendes: »Egal wie seltsam ein Ereignis ist, über das berichtet wird, die Aussage, dass es von einer übernatürlichen Kraft verursacht wurde, darf niemals Teil dieses Berichtes sein.« Nur weil »zum gegenwärtigen Zeitpunkt kein Wissenschaftler gewisse Phänomene erklären kann«, so Nowell-Smith, »bedeutet das nicht, dass diese Phänomene nicht durch wissenschaftliche Methodik erklärt werden können, und noch weniger, dass sie übernatürlichen Kräften zugeschrieben werden müssen.« Mit anderen Worten: »Es ist immer noch möglich, dass die Wissenschaft zu einem zukünftigen Zeitpunkt eine Erklärung liefern kann, die, obwohl in recht neue Begriffe gekleidet, vollkommen wissenschaftlich bleibt.«[37]

Nowell-Smiths Ablehnung von Wundern liegt in einer Art naturalistischer Überzeugung und nicht in wissenschaftlichen Beweisen begründet. Norman Geisler stellt die Mängel an Nowell-Smiths Behauptung folgendermaßen dar:

> Nowell-Smith fordert, dass der Wissenschaftler seinen Verstand offen halten und Beweismaterial nicht verwerfen sollte, das seine zuvor erdachten Theorien zunichte macht. Es ist klar, dass er gleichzeitig selbst seinen Verstand vor jeder Möglichkeit irgendeiner übernatürlichen Erklärung verschließt. Er besteht willkürlich darauf, dass alle Erklärungen natürlich sein müssen – oder sie sind bedeutungslos. Er rechnet mit der grandiosen Annahme, dass alle Ereignisse

> schließlich eine natürliche Erklärung finden werden, aber er bleibt jeden Beweis dafür schuldig. Die einzige Möglichkeit, diese Annahme zu rechtfertigen, besteht darin, im Voraus zu wissen, dass Wunder nicht geschehen können. Es ist ein Aufbruch des naturalistischen Glaubens.[38]

Nach Lewis ist keine Zeitmenge ausreichend, um ein rechtmäßiges Wunder zu naturalisieren:

> Bekennt sich etwas gleich zu Beginn als einzigartige Invasion in die Natur durch etwas von außerhalb, so kann erweitertes Naturwissen es niemals glaubhafter oder weniger glaubhaft machen, als es von Anfang an war. In diesem Sinne ist es bloße Gedankenkonfusion, wenn man annimmt, die fortschreitende Wissenschaft habe uns die Akzeptierung von Wundern schwerer gemacht.[39]

Nowell-Smiths wissenschaftlicher Naturalismus verwechselt den natürlichen Ursprung mit der natürlichen Funktion. So sagt Geisler:

> Eines der Probleme hinter dieser Art von wissenschaftlichem Naturalismus ist das Durcheinanderbringen von natürlichem Ursprung und natürlicher Funktion. Motoren funktionieren gemäß physikalischer Gesetzmäßigkeiten, aber physikalische Gesetzmäßigkeiten erzeugen keine Motoren – das tut der Verstand. In gleicher Weise liegt der Ursprung eines Wunders nicht in den physikalischen und chemischen Gesetzmäßigkeiten des Universums, auch wenn das daraus hervorgehende Ereignis im Einklang mit diesen Naturgesetzen ablaufen wird. Mit anderen Worten, eine wundersame Empfängnis wird eine neunmonatige Schwangerschaft auslösen (im Einklang mit den Gesetzen der Natur). Während also Naturgesetze den Ablauf der Dinge regeln, können sie nicht den Ursprung aller Dinge erklären.[40]

4.4 Nowell-Smith behauptet, Wunder seien unwissenschaftlich, weil sie nicht vorausgesagt werden können

Von demjenigen, der an die Möglichkeit von Wundern glaubt, sagt Nowell-Smith:

> Lasst ihn über die Bedeutung des Wortes »Erklärung« nachdenken und lasst ihn sich selbst fragen, ob die Vorstellung davon nicht auch die eines Gesetzes oder einer Hypothese beinhaltet, die auf Voraussagungen ausgeweitet werden kann. Und dann lasst ihn sich selbst fragen, ob eine solche Erklärung nicht natürlich wäre, egal wie sie ausgedrückt wird und wie die Vorstellung vom »Übernatürlichen« darin eine Rolle spielen könnte.[41]

Trotzdem gibt es, entgegen der Behauptung Nowell-Smiths, verschiedene Naturereignisse, die nicht vorausgesagt werden können und dennoch innerhalb des Gebietes wissenschaftlicher Untersuchungen liegen. So erklärt Geisler:

Nowell-Smith sagt, dass alle Erklärungen voraussagbar sein müssen, um sich als echte Erklärungen zu qualifizieren. Und dennoch gibt es viele Ereignisse, die er als natürlich bezeichnen würde, die niemand voraussagen kann. Wir können nicht voraussagen, ob oder wann ein Junggeselle heiraten wird. Aber wenn er sagt: »Ja, ich will.«, behaupten wir dann nicht, dass er nur »das getan hat, was natürlicherweise geschieht«? Wenn Naturalisten erwidern – und das müssen sie –, dass sie nicht immer tatsächlich (sondern nur prinzipiell) voraussagen können, wann Naturereignisse stattfinden, dann können Menschen, die an das Übernatürliche glauben, das ebenso. Im Prinzip wissen wir, dass ein Wunder immer dann geschehen wird, wenn Gott es für nötig hält. Würden wir alle Fakten kennen (was den Verstand Gottes mit einschließt), dann könnten wir tatsächlich genau voraussagen, wann es geschehen wird. Außerdem sind biblische Wunder vergangene einmalige Ereignisse, die, ebenso wie der Ursprung des Universums oder des Lebens, gegenwärtig nicht wiederholt werden. Aber einmalige Ereignisse liefern keine Grundlage für Voraussagen. Diese können nur aufgrund von Regelmäßigkeiten gemacht werden. Die Vergangenheit wurde nicht durch empirische Wissenschaft, sondern durch forensische Wissenschaft bekannt. Deshalb ist es eine Fehlleitung, Voraussagen zu fordern (vorwärts); man versucht eher einen Rückschluss zu machen (rückwärts).[42]

5 Literaturangaben

[1] C. S. Lewis, *Miracles: A Preliminiarary Study*, S. 109.
[2] T. H. Huxley, *The Works of T. H. Huxley*, S. 153.
[3] Stephen T. Davis, »God's Actions«, zitiert nach R. Douglas Geivett & Gary R. Habermas, *In Defense of Miracles*, S. 164f.
[4] William L. Craig, *Apologetics: An Introduction*, S. 125.
[5] St. Thomas Aquinas, *Summa Contra Gentiles*, Buch 3, 102.3, 83.
[6] Anthony Flew, *A Dictionary of Philosophy*, S. 234.
[7] C. S. Lewis, *Miracles: A Preliminiarary Study*, S. 5.
[8] Richard L. Purtill, »Defining Miracles«, zitiert nach R. Douglas Geivett & Gary R. Habermas, *In Defense of Miracles*, S. 72.
[9] C. S. Lewis, *Miracles: A Preliminiarary Study*, S. 59.
[10] Sir George Stokes, *International Standard Bible Encyclopedia*, S. 2036.
[11] Peter Kreeft & Ronald K. Tacelli, *Handbook of Christian Apologetics*, S. 109.
[12] Richard L. Purtill, »Defining Miracles«, zitiert nach R. Douglas Geivett & Gary R. Habermas, *In Defense of Miracles*, S. 69.
[13] Norman L. Geisler, *Signs and Wonders*, S. 29.
[14] Ebd., S. 28f (Hervorhebungen vom Autor).
[15] E. J. Carnell, *An Introduction to Christian Apologetics*, S. 258.
[16] Norman L. Geisler, *Miracles and the Modern Mind*, S. 98.
[17] R. C. Sproul, John Gerstner & Arthur Lindsley, *Classical Apologetics*, S. 144.
[18] Norman L. Geisler & Ronald M. Brooks, *When Skeptics Ask*, S. 88.

[19] Ebd., S. 89.
[20] Peter Kreeft, *Christianity for Modern Pagans*, S. 273.
[21] R. C. Sproul, John Gerstner & Arthur Lindsley, *Classical Apologetics*, S. 145.
[22] Norman L. Geisler, *Signs and Wonders*, S. 73.
[23] Benedict Spinoza, *A Theologico-Political Treatise*, S. 82f.
[24] Norman L. Geisler, *Miracles and the Modern Mind*, S. 15.
[25] C. S. Lewis, *Miracles: A Preliminiarary Study*, S. 60.
[26] C. Stephen Evans, *Why Believe?*, S. 88.
[27] Norman L. Geisler, *Miracles and the Modern Mind*, S. 18. 21.
[28] David Hume, *An Enquiry Concerning Human Understanding*, S. 144. 145. 146. 148.
[29] Ronald H. Nash, *Faith and Reason*, S. 230.
[30] Norman L. Geisler, *Miracles and the Modern Mind*, S. 27f.
[31] Ebd., S. 28.
[32] C. S. Lewis, *Miracles: A Preliminiarary Study*, S. 102.
[33] Ronald H. Nash, *Faith and Reason*, S. 233.
[34] C. D. Broad, »Hume's Theory of the Credibility of Miracles«, *in Readings from Aristotelian Society,* S. 91f.
[35] Norman L. Geisler, *Miracles and the Modern Mind*, zitiert nach R. Douglas Geivett & Gary R. Habermas, *In Defense of Miracles*, S. 78f.
[36] Ronald H. Nash, *Faith and Reason*, S. 234.
[37] Patrick Nowell-Smith, »Miracles«, zitiert nach Antony Flew, *New Essays in Philosophy Theology*, S. 246.247.248.
[38] Norman L. Geisler & Ronald M. Brooks, *When Skeptics Ask*, S. 81.
[39] C. S. Lewis, *Miracles: A Preliminiarary Study*, S. 48.
[40] Norman L. Geisler, *Miracles and the Modern Mind*, S. 47.
[41] Patrick Nowell-Smith, »Miracles«, zitiert nach Antony Flew, *New Essays in Philosophy Theology*, S. 253.
[42] Norman L. Geisler, *Miracles and the Modern Mind*, S. 46f.

40 Kann man Geschichte kennen?

Kapitelübersicht

1 Was ist Geschichte und was ist Geschichtsschreibung?

Es besteht kein Zweifel darüber, dass viele der Belege, die den christlichen Glauben stützen, ihre Wurzeln in der Geschichte haben. Das Christentum ist ein historisch fundierter Glaube. Seine Gültigkeit oder Glaubhaftigkeit gründet sich darauf, dass Jesus Christus buchstäblich in der Geschichte gelebt hat. Die Auferstehung hat ihre Wurzeln in der Geschichte von Raum und Zeit. Alles, was Jesus gelebt und gelehrt hat und wofür er gestorben ist, stützt sich auf seine buchstäbliche geschichtliche Auferstehung. Dieser Teil befasst sich mit der Aufgabe der Geschichtsschreibung für die Untersuchung der Verlässlichkeit der Bibel und antwortet den Gegnern, die behaupten, dass Geschichte – mit Wundern oder ohne Wunder – sich dem Wissen entzieht.

1.1 Die Bedeutung von Geschichte und Geschichtsschreibung für das Christentum

Dr. William Lane Craig führt an, dass die »Wurzeln des Christentums in wirklichen geschichtlichen Ereignissen liegen«.[1]

Er fährt fort, indem er die Bedeutung und den Vorteil aufzeigt, die sich daraus für das Christentum ergeben:

> Manchen mag dies skandalös erscheinen, weil es bedeutet, dass der Wahrheitsgehalt des Christentums an den Wahrheitsgehalt gewisser historischer Fakten gebunden ist, sodass, wenn diese Fakten widerlegt werden sollten, dasselbe auch für das Christentum gelten würde. Aber gleichzeitig macht es das Christentum einzigartig, da wir nun – im Gegensatz zu den meisten anderen Weltreligionen – ein Mittel haben, um seinen Wahrheitsgehalt anhand historischer Beweise zu überprüfen.[2]

»Als Menschen, die an eine durch geschichtliche Ereignisse vermittelte objektive Offenbarung glauben, können es sich Christen nicht erlauben, die Objektivität der Geschichte zu opfern. Andernfalls können die Ereignisse des Lebens, Todes und der Auferstehung Jesu nicht als Teil der objektiven Vergangenheit gelten, denn die Evangelien geben die Geschichte nicht objektiv wieder.«[3]

Professor Norman L. Geisler merkt an: »Um zu überprüfen, inwiefern diese Behauptungen wahr sind, muss zunächst die Objektivität historischer Fakten ermittelt werden. Das bringt die Diskussion unweigerlich zu der übergeordneten Frage, ob man Geschichte wirklich kennen kann.«[4]

Der Historiker Louis Gottschalk schreibt in seinem Buch *Understanding History*:

> Nach seiner am meisten verbreiteten Definition bedeutet das Wort »*History*« [Geschichte] heutzutage die Vergangenheit der Menschheit. Man vergleiche dies mit dem deutschen Wort »Geschichte«, das von *geschehen* abgeleitet ist. *Geschichte ist, was geschehen ist.*[5]

Louis Gottschalk sagt, dass »der Prozess der kritischen Untersuchung und Analyse von Aufzeichnungen und Überresten der Vergangenheit hier *historische Methode* genannt wird. Die ideenreiche Rekonstruktion der Vergangenheit anhand der durch diesen Prozess ermittelten Daten nennt man Geschichtsschreibung (das Schreiben von Geschichte).«[6]

Der britische Philosoph und Historiker Robin G. Collingwood schreibt:

> Ich denke, jeder Historiker würde mir zustimmen, wenn ich sage, dass Geschichte eine Art Forschung oder Untersuchung ist. … Der Punkt ist der, dass Geschichte generell unter den Wissenschaften einzuordnen ist, d.h. unter der Art von Denken, mit dem wir Fragen stellen und zu beantworten versuchen.[7]

Später führt er dies noch weiter aus, indem er sagt:

> Geschichte ist also eine Wissenschaft, aber eine Wissenschaft besonderer Art. Sie ist eine Wissenschaft, deren Aufgabe es ist, Ereignisse zu untersuchen, die unserer Beobachtung nicht zugänglich sind, und diese Untersuchungen anhand von Indizien zu führen, die sich aus anderen Dingen erkennen lassen, die [wiederum] unserer Beobachtung zugänglich sind und die der Historiker »Belege« für die von ihm untersuchten Ereignisse nennt.[8]

Er sagt weiterhin, dass der Gegenstand der Geschichte »*res gestae*: Handlungen von Menschen in der Vergangenheit« sind.[9]

Dr. John Warwick Montgomery stellt eine detailliertere Definition von Geschichte vor:

> Geschichte … wird hier definiert als: eine Untersuchung, die sich auf vergangene Erfahrungen von Menschen, individuell sowie gesellschaftlich, konzentriert, mit dem Ziel, signifikante und verständliche Erzählungen zu erstellen, die die Aktionen und Reaktionen der Menschheit gegenüber allen natürlichen, rationalen und spirituellen Mächten zusammenfassen.[10]

1.2 Ablauf und Methodik der Geschichtsschreibung

In seinem Buch »*Historians' Fallacies*« (»Trugschlüsse der Historiker«) beschreibt Fischer das Wesen des historischen Denkens:

> Es handelt sich um einen Prozess *anführender* Schlussfolgerung, derart, dass Antworten zu bestimmten Fragen angeführt werden, sodass für diese eine zufrieden stellende, erklärende »Passform« erarbeitet werden kann. Abhängig von der jeweiligen Frage, mögen die Antworten allgemein gehalten oder spezifisch sein. Kurz gesagt ist Geschichte eine problemlösende Disziplin.[11]

Er fährt fort: »Ein Historiker ist jemand (irgendjemand), der eine offene Frage über vergangene Ereignisse stellt und diese mit ausgewählten Fakten beantwortet, die in der Form eines erklärenden Paradigmas zusammengestellt sind.«[12]

Fischer räumt ein, dass »Historiker sich vermutlich im Prinzip einig werden, aber nicht in der Praxis. Gewisse Richtlinien [Tests] historischer Beweisführung werden weder vielfach befolgt noch ist man sich über sie einig.« Trotzdem gibt es nach Fischer mindestens sieben »einfache Faustregeln«:[13]

1. »Belege für geschichtliche Ereignisse müssen direkt auf die gestellte Frage Antwort geben und nicht auf irgendeine andere Frage.«
2. »Ein Historiker muss nicht einfach nur gute relevante Belege, sondern die besten relevanten Belege erbringen. Und die besten relevanten Belege sind, da ja alles gleich ist, solche, welche so unmittelbar wie möglich mit dem Ereignis zusammenfallen.«[14]
3. »Belege dürfen nur bestätigend sein. Widerlegende Belege sind ein Widerspruch in sich – sie sind gar keine Belege.«[15]
4. »Die Bringschuld für einen Beleg für jede historische Behauptung liegt immer beim Autor selbst.«[16]
5. »Alle Folgerungen aus empirischen Belegen sind probabilistisch [Urteile nach der Wahrscheinlichkeit]. Ein Historiker muss, so gut er kann, die Wahrscheinlichkeit für A im Verhältnis zur Wahrscheinlichkeit von Alternativen festlegen.«[17]
6. »Die Bedeutung jeder empirisch gestützten Behauptung hängt vom Kontext ab, in dem sie steht.«[18]
7. »Eine empirisch gestützte Aussage darf nicht präziser sein, als es ihr Beleg zulässt.«[19]

Der Artikel mit dem Titel »The Study of History« aus der *Encyclopaedia Britannica* (15. Ausgabe) besagt, dass »die Methodik in der Geschichtswissenschaft sich hinsichtlich ihrer Beachtung des existierenden Kenntnisstandes, ihrer Suche nach neuen und relevanten Daten und ihrer Aufstellung von Hypothesen im Großen und Ganzen nicht von der anderer Disziplinen unterscheidet.«[20] Außerdem stellt er vier Bereiche der Geschichtsschreibung auf: »Heuristik, Kenntnis von gegenwärtiger Interpretation, Forschung und Schreiben.«[21]

1. *Heuristik*: »Im Falle des Historiker umfasst dies Dinge wie die Kenntnis von Manuskriptsammlungen, Methoden der Kartifizierung und der Klassifizierung von Material und Kenntnis von Bibliografien.«[22]

2. »Die Notwendigkeit für die *Kenntnis* von der gegenwärtigen Interpretation liegt in der Arbeitsmethode begründet, dass Untersuchungen, vom Bekannten ausgehend, ins Unbekannte vorstoßen; und der Historiker muss die bereits existierenden Arbeiten in seinem eigenen Feld, in angrenzenden Bereichen der Geschichtswissenschaft und in verwandten Disziplinen gut kennen.«[23]

3. Der Terminus historische *Forschung* wird für die Arbeit verwendet, die für das Festhalten der Vorfälle, Geschehnisse oder Ereignisse innerhalb des Feldes, mit

dem sich der Historiker beschäftigt, notwendig sind. Die Kenntnis davon hängt vollkommen von der Weitergabe der Information derer ab, die zu der Zeit lebten. Diese Information bildet das, was man Quellenmaterial für die bestimmte Periode oder das bestimmte Thema nennt. Die Vorfälle selbst können niemals von einem Historiker nachgelebt werden. Was er zur Verfügung hat, sind entweder Berichte von Vorfällen, wie sie von Zeitgenossen empfunden wurden, oder etwas, sei es nun mündlich, niedergeschrieben oder materiell, das das Endprodukt eines Vorfalles ist. Diese Berichte oder Endprodukte sind unterschiedlich betitelt worden: Relikte, Überbleibsel oder Spuren der Vorfälle, die sie verursacht haben; und von ihnen kann der Historiker die Vorfälle mit mehr oder weniger Sicherheit herleiten. Die Spuren sind also die geschichtlichen »Fakten« der Geschichte, die tatsächlichen Ereignisse und die Folgerungen aus den Fakten; und historische Forschung beschäftigt sich mit dem Aufdecken relevanter Spuren und damit, Schlussfolgerungen aus diesen Spuren zu ziehen, sofern dies bei der Suche nach weiteren relevanten Spuren hilfreich ist.[24]

4. *Schreiben*: Louis Gottschalk formuliert vier wesentliche Merkmale für das Schreiben von Geschichte:

> a) das Sammeln von Überresten sowie gedrucktem, geschriebenem und mündlichem Material, das relevant sein könnte
> b) das Ausschließen solcher Materialien (oder Teilen davon), die nicht authentisch sind
> c) das Herausfiltern der authentischen Zeugnisse, die glaubhaft sind
> d) die Strukturierung dieser vertrauenswürdigen Zeugnisse in eine aussagekräftige Erzählung oder Darstellung.[25]

Gottschalk formuliert weiterhin die Quellen historischer Analysen:

> Schriftliche und mündliche Quellen sind in zwei Kategorien zu unterteilen: eine primäre und eine sekundäre. Eine *primäre Quelle* ist die Aussage eines Augenzeugen … Eine *sekundäre Quelle* ist die Aussage jeder Person, die kein Augenzeuge ist – d. h. jemand, der bei den Ereignissen, von denen er erzählt, nicht anwesend war. Eine primäre Quelle muss demnach auf einen Zeitgenossen der Ereignisse, die darin geschildert werden, zurückgehen. Es muss sich jedoch nicht um das Original im wahrsten Sinne des Wortes handeln – d. h. um genau das Dokument (in der Regel der erste geschriebene Entwurf) [Autograph], um dessen Inhalt es sich dreht – denn oftmals ist eine spätere Kopie oder eine gedruckte Ausgabe vollkommen ausreichend; und im Falle der griechischen und römischen Klassiker ist selten etwas anderes als eine spätere Kopie erhältlich.[26]

Außerdem stellt Gottschalk die beiden wichtigsten Fragen, die untersucht werden müssen: [1] »War der Autor des Dokuments in der Lage, die Wahrheit zu sagen; und falls er in der Lage war, [2] war er *gewillt,* dies zu tun?«[27]

1.3 Was ist geschichtlich verlässlich und was kann man wissen?

Der Philosoph Mortimer J. Adler beschreibt den Stand geschichtlichen Wissens in einer Diskussion über Wissen und Meinung:

> Auf der einen Seite haben wir selbstverständliche Wahrheiten, die gesichert und unverbesserlich sind; und wir haben auch Wahrheiten, an denen noch immer gezweifelt wird, doch die von Belegen und Vernunft soweit unterstützt werden, dass sie über jeden Zweifel erhaben sind und zumindest gegensätzlichen Ansichten vorzuziehen sind. Alles Weitere ist nicht mehr als eine Stellungnahme – ohne den Anspruch, Wissen oder Wahrheit zu sein.
> Es steht außer Frage, dass die Funde und Folgerungen historischer Forschung Wissen in diesem Sinne sind; es steht außer Frage, dass die Funde und Folgerungen experimenteller oder empirischer Natur- bzw. Sozialwissenschaften Erkenntnisse in diesem Sinne sind.[28]

Weiter erklärt Craig, dass

> etwas als Teil historischen Wissens betrachtet werden kann, wenn es mit dem Beleg derart in Verbindung steht, dass jede vernunftbegabte Person es akzeptiert. Dies ist bei all unserem induktiven Wissen der Fall: Wir akzeptieren das, was ausreichend belegt ist, um wahrscheinlich zu sein. In gleicher Weise wird bei einem Gerichtsverfahren das Urteil zugunsten der Position gefällt, die durch die Beweislage am wahrscheinlichsten erscheint. Die Geschworenen müssen entscheiden, ob der Angeklagte schuldig ist – nicht frei von jedem Zweifel, das ist unmöglich –, aber ohne jeden vernünftigen Zweifel. In der Geschichtswissenschaft verhält es sich ebenso: Wir sollten die Hypothese akzeptieren, die die wahrscheinlichste Erklärung des Beweismaterials liefert.[29]

Der Historiker C. Behan McCullagh erklärt auf ähnliche Weise, was in der Geschichtswissenschaft als Wahrheit akzeptiert werden sollte: »Warum sollten wir sie [historische Beschreibungen] für wahr halten? Die Antwort darauf wurde bereits gegeben: Sie könnten falsch sein, aber diese Beschreibungen, die durch Belege gut gestützt sind, sind vermutlich wahr … Darum sollte man ihnen Glauben schenken.«[30]

McCullagh erklärt weiterhin:

> Stützten sie sich nicht auf eine vorsichtige und erschöpfende Untersuchung der relevanten Belege, stützten sie sich nicht auf allgemein anerkannte, besondere oder allgemeine Weltanschauungen und ergäben sie sich nicht aus gut begründeten, induktiven Argumenten, dann wären sie es nicht wert, geglaubt zu werden. Doch diese Bedingungen enthalten in der Regel vertrauenswürdige Weltanschauungen und die Folgerungen, die man aus ihnen zieht, sind in der Regel wahr.[31]

Er fährt fort: »Die Methoden geschichtlicher Forschung sind so ausgelegt, dass sie die größtmögliche Chance auf die Ermittlung der Wahrheit bieten. Haben sie diese Funktion nicht, kann man genauso gut auf sie verzichten.«[32]

2 Einsprüche dagegen, dass man Geschichte wirklich kennen kann

Die meisten der folgenden Einwände dagegen, dass Geschichte objektiv ist und damit auch dagegen, dass man sie wirklich kennen kann, stammen aus Charles A. Beards (1874-1948) Aufsatz »That Noble Dream« (»Dieser erhabene Traum«). Seine Ansichten über den Relativismus in der Geschichtswissenschaft haben viele amerikanische Historiker dieses Jahrhunderts beeinflusst. Beards Kritik an den Ansichten der Objektivisten bezüglich der Geschichte kann in sechs Bereiche eingeteilt werden.

2.1 Geschichte ist nicht direkt zu beobachten

Der Historiker ist kein Beobachter der Vergangenheit, die vor seiner eigenen Zeit liegt. Er kann sie nicht so *objektiv* beobachten, wie der Chemiker seine Reagenzgläser und Verbindungen beobachtet. Der Historiker ist gezwungen, sich die tatsächliche Geschichte durch das Medium der Dokumentation »anzusehen«. Das ist sein einziger Ausweg.[33]

2.2 Die bruchstückhafte Natur geschichtlicher Berichte

Die Dokumentationen (einschließlich der Monumente und anderer Relikte), mit denen der Historiker arbeiten muss, machen nur einen Teil der Ereignisse und Personen der tatsächlichen Geschichte aus. Mit anderen Worten, eine Vielzahl von Ereignissen und Personen entzieht sich der Aufnahme von Dokumentationen.[34]

2.3 Die selektive Natur geschichtlicher Methodologie und interpretatorische Strukturierung geschichtlicher Fakten

Nicht nur dass die Dokumentation bruchstückhaft ist, nur in wenigen Fällen kann der Historiker einigermaßen sicher sein, dass er alle Dokumente der bestimmten Periode, Region oder eines Segmentes zusammengestellt hat. In den meisten Fällen wählt oder liest er nur Teile der bruchstückhaften Aufzeichnungen der Vielzahl von Ereignissen und Personen, die mit dem tatsächlichen Gegenstand seiner Beschäftigung in Verbindung stehen.[35]

Die Vorstellung, dass es eine vollständige tatsächliche Strukturierung vergangener Ereignisse gibt, die durch eine bruchstückhafte Untersuchung bruchstückhafter Dokumentation aufgedeckt werden kann, ist eine reine Hypothese.[36]

2.4 Der Historiker kann wertende Urteile nicht vermeiden

Die geschichtlichen Ereignisse und Personen in ihrem eigentlichen Wesen erfordern ethische und ästhetische Überlegungen. Sie sind keine einfachen physikalischen oder chemischen Ereignisse, die Neutralität von Seiten des »Beobachters« fordern.[37]

2.5 Jeder Historiker ist das Ergebnis seiner Zeit und Weltanschauung

Der Historiker, der etwas über die Vergangenheit erfahren oder wissen will, steht den bruchstückhaften Dokumentationen, mit denen er sich beschäftigt, nicht mit einem perfekten und neutralen Geist gegenüber. … Wie sehr er sich auch um Reinigung bemüht, der Historiker bleibt ein Mensch, ein Geschöpf der Zeit, des Ortes, der Umstände, der Interessen, der Vorlieben, der Kultur.[38]

2.6 Der Historiker wählt und ordnet sein Material auf subjektive Weise

Die Auswahl der Themen, die Wahl und Anordnung der Materialien zeugt vom spezifischen »Ich« des Historikers.[39]

So schließt Beard: »Die Macht des Historikers ist eingeschränkt. Er kann die ›objektive Wahrheit‹ der Geschichte zwar suchen, vermag sie aber nicht zu finden oder sie zu schreiben, ›wie sie tatsächlich war‹.«[40]

3 Die Verteidigung dafür, dass man Geschichte kennen kann

So gibt Craig an:

> Will der historische Apologetiker des christlichen Glaubens erfolgreich sein, müssen die Einwände gegen den historischen Relativismus überwunden werden. … Natürlich können die subjektive Elemente nicht eliminiert werden. Aber die Frage lautet, ob diese subjektiven Elemente so vorrangig sein müssen, dass sie die Geschichtswissenschaft beeinträchtigen.[41]

3.1 Wider die Behauptung, Geschichte könne nicht direkt beobachtet werden

Geisler erklärt, was unter Objektivität verstanden werden muss:

> Meint man mit »Objektivität« absolutes Wissen, dann kann natürlich kein menschlicher Historiker objektiv sein. Das sei eingeräumt. Andererseits meint »Objektivität« eine *ordentliche, aber revidierbare* Präsentation, die von allen vernünftigen Personen akzeptiert werden sollte, dann ist Objektivität immer noch möglich.[42]

Craig antwortet auf die relativistische Behauptung, dass der Historiker dem Wissenschaftler gegenüber benachteiligt sei, in zweierlei Hinsicht:

> Erstens ist es naiv zu glauben, der Wissenschaftler habe immer direkten Zugang zu den Objekten, die er studiert. Nicht nur dass der Wissenschaftler bei seiner eigenen Arbeit größtenteils von den Berichten anderer Forscher abhängig ist (die

> für ihn interessanterweise historische Dokumente sind), die Objekte der Untersuchung sind dem Wissenschaftler oft nur indirekt zugänglich, besonders in sehr theoretischen Bereichen wie der Physik.[43]
> Zweitens, wenn auch die Verhangenheit an sich dem Historiker nicht direkt zugänglich ist, so hat er doch direkten Zugriff auf die Überreste der Vergangenheit, auf Dinge, die wirklich existiert haben. … So liefern zum Beispiel archäologische Funde dem Historiker direkten Zugriff auf die Objekte seiner Untersuchung.[44]

Also »hat der Historiker, ebenso wie der Wissenschaftler, die Mittel, um festzustellen, was in der Vergangenheit wirklich passiert ist. Der fehlende direkte Zugriff auf die Originalfakten oder Originalereignisse hindert weder den einen noch den anderen.«[45]

3.2 Wider die Behauptung, geschichtliche Berichte seien bruchstückhafter Natur

David H. Fischer macht auf das aufmerksam, was irrtümlicherweise in diesem Argument inbegriffen ist:

> Im Relativismus wird irrtümlicherweise folgendermaßen argumentiert: Da alle historischen Berichte bruchstückhaft im Sinne von unvollständig sind, müssen sie auch bruchstückhaft im Sinne von falsch sein. Ein unvollständiger Bericht *kann* ein objektiv wahrer Bericht sein; er kann nur nicht die ganze Wahrheit sein.[46]

Als Antwort:

> Die Tatsache, dass geschichtliche Berichte bruchstückhaft sind, ändert nichts an ihrer Objektivität. … Geschichte muss nicht weniger objektiv als Geologie sein, bloß weil sie auf bruchstückhaften Berichten beruht. Wissenschaftliche Erkenntnisse sind ebenfalls bruchstückhaft und beruhen auf Annahmen und einem Gesamtrahmen, die nach der Entdeckung weiterer Fakten unangemessen erscheinen können. Welche Schwierigkeiten es aus rein wissenschaftlicher Sicht auch immer dabei geben mag, die Lücken zwischen den einzelnen Fakten zu füllen, hat man der Welt gegenüber erst einmal einen philosophischen Standpunkt eingenommen, ist das Problem der Objektivität im Allgemeinen gelöst. Wenn es einen Gott gibt, dann steht das Gesamtbild schon fest; die geschichtlichen Fakten werden nur noch die Einzelheiten seiner Bedeutung hinzufügen.[47]

3.3 Wider die Behauptung, geschichtliche Methodik und interpretatorische Strukturierung geschichtlicher Fakten seien selektiver Natur

Darauf kann folgendermaßen geantwortet werden:

> Die Tatsache, dass der Historiker seine Materialien auswählen muss, macht die Geschichtswissenschaft nicht automatisch vollkommen subjektiv. Geschworene

> fällen ihr Urteil »ohne erkennbaren Zweifel«, ohne vollständiges Beweismaterial zu haben. Hat der Historiker relevante und entscheidende Belege, dann reicht dies aus, um objektiv zu sein. Man muss nicht alles wissen, um etwas zu wissen.[48]

Weiterhin muss in der Beantwortung solcher Einwände auf die Bedeutung der Weltanschauung eingegangen werden:

> Es bleibt jedoch die gesamte Frage, ob der richtige Kontext und die Verbindungen vergangener Ereignisse bekannt sind (oder erkannt werden können). … Es gibt wirklich keine Möglichkeit, die ursprünglichen Verbindungen zu kennen, ohne eine alles beinhaltende Hypothese oder Weltanschauung einzunehmen, durch die die Ereignisse interpretiert werden. Natürlich ist die Objektivität simpler Fakten und der einfachen Abfolge von Vorhergehendem und Nachfolgendem erkennbar, ohne eine Weltanschauung einzunehmen. Aber Objektivität bezüglich der Bedeutung dieser Ereignisse ist nicht möglich, sofern es keine bedeutungsvolle Strukturierung gibt, wie sie von einer alles beinhaltenden Hypothese oder Weltanschauung geliefert wird. So hängt also das Problem der objektiven Bedeutung der Geschichte, ebenso wie das Problem der objektiven Bedeutung in der Wissenschaft, von der Weltanschauung des Enzelnen ab.[49]
>
> Das Argument einiger Objektivisten, dass vergangene Ereignisse strukturiert werden müssten oder sonst nicht erkennbar wären, ist falsch. Dieses Argument beweist einzig und allein, dass eine Struktur für das Verständnis von Fakten notwendig ist, sonst macht es keinen Sinn, von Fakten zu sprechen. Die Frage nach der richtigen Struktur muss aufgrund einer anderen Basis als der der bloßen Fakten selbst geklärt werden. … Objektive Bedeutung ist außerhalb einer Weltanschauung nicht möglich.[50]

Welche Weltanschauung, fragt man sich nun womöglich, ist die richtige? Geisler antwortet:

> Unter der Voraussetzung, dass es gerechtfertigt ist, eine theistische Weltanschauung einzunehmen, wird die objektive Bedeutung von Geschichte möglich. Denn innerhalb des theistischen Kontextes wird jeder geschichtliche Fakt zu einem theistischen Fakt. … Innerhalb der linearen Einschätzung von Ereignissen zeigen sich kausale Verkettungen als das Ergebnis ihres Kontextes in einem theistischen Universum. Der Theismus liefert die Skizze, die von der Geschichte zu einem vollständigen Bild ergänzt wird. … In diesem Zusammenhang bedeutet Objektivität systematische Konsistenz.[51]

3.4 Wider die Behauptung, der Historiker könne wertende Urteile nicht vermeiden

Es muss auf Folgendes hingewiesen werden:

> Das macht Objektivität in der Geschichtswissenschaft keineswegs unmöglich. Objektivität bedeutet, im Umgang mit Fakten fair zu sein. Sie bedeutet, das, was geschehen ist, so korrekt wie möglich darzustellen. Außerdem bedeutet Objektivität, dass die Sprache des Historikers bei der Interpretation, warum diese Ereignisse geschehen sind, diesen Ereignissen den Wert zuschreiben sollte, den sie in ihrem Originalkontext wirklich hatten. … Wurde die Weltanschauung erst einmal festgelegt, sind wertende Urteile nicht unerwünscht oder einfach subjektiv; sie sind eher wichtig und objektiv gefordert.[52]

3.5 Wider die Behauptung, jeder Historiker sei das Ergebnis seiner Zeit und Weltanschauung

Auch wenn es wahr ist, dass jeder Historiker das Produkt seiner Zeit ist, »folgt daraus nicht, dass, nur weil der *Historiker* ein Produkt seiner Zeit ist, auch seine *Geschichte* ein Produkt seiner Zeit ist. … In der Kritik werden der *Inhalt* des Wissens und der *Prozess*, durch den er erlangt wird, miteinander verwechselt. Die *Herausbildung* einer Ansicht wird mit ihrer *Verifizierung* verwechselt. Wo jemand seine Hypothese ableitet, steht nicht unbedingt in Relation dazu, wie er ihren Wahrheitsgehalt ergründen kann.«[53]

Auch »der Weg, auf dem Wissen erworben wird, kann mit der Stichhaltigkeit dieses Wissens verwechselt werden. Ein amerikanischer Historiker könnte auf chauvinistische Weise erklären, dass die Vereinigten Staaten 1776 ihre Unabhängigkeit von England erklärt haben. Diese Behauptung ist wahr, *unabhängig davon, welches die Motive ihres Urhebers gewesen sein mögen.* Andererseits könnte ein englischer Historiker auf patriotische Weise darauf beharren, dass England 1776 seine Unabhängigkeit von den Vereinigten Staaten erklärt hat. Diese Behauptung ist und bleibt für immer falsch.«[54]

Weiterhin weisen wir auf das in sich widersprüchliche Wesen des relativistischen Argumentes hin:

> Wenn Relativität unvermeidbar ist, dann ist die Haltung der relativistischen Historiker in sich selbst widersprüchlich. Denn entweder ist ihre Ansicht historisch bestimmt und deshalb nicht objektiv oder sie ist nicht relativ, sondern objektiv. Trifft Letzteres zu, dann wird damit zugestanden, dass eine objektive Ansicht in der Geschichtswissenschaft möglich ist. Ist das Gegenteil der Fall, ist also die Position der relativistischen Geschichte selbst relativ, dann kann sie nicht als objektive Wahrheit angesehen werden.[55]

Wie bereits angedeutet wurde, muss dem Historiker Recht gegeben werden, wenn er darauf besteht, dass Historiker mit einer Weltanschauung arbeiten. »Ohne eine Weltanschauung macht das Reden über objektive Bedeutung keinen Sinn. Bedeutung ist systemabhängig.«[56]

Aber wenn man von einem theistischen Universum ausgeht, wie durch die Belege klar gezeigt wird, dann ist Objektivität möglich. Geisler argumentiert:

Sobald jemand die Fakten klarstellen und ihnen eine Bedeutung im Gesamtkontext des theistischen Universums zuschreiben kann, indem er zeigt, dass sie mit einer gegebenen Interpretation in Einklang stehen, dann kann er Anspruch darauf erheben, zu der objektiven Wahrheit über die Geschichte gelangt zu sein. So kann beispielsweise ein Christ, unter der Voraussetzung, dass dies ein theistisches Universum ist und dass der Körper von Jesus von Nazareth aus dem Grabe auferstanden ist, argumentieren, dass dieses ungewöhnliche Ereignis ein Wunder ist, das die damit verbundenen Wahrheitsansprüche Christi bestätigt.[57]

3.6 Wider die Behauptung, der Historiker wähle und ordne sein Material auf subjektive Weise

Bezüglich der Möglichkeit, dass Vorurteile, Voreingenommenheit oder Leidenschaft die Objektivität des Historikers überschatten, sagte der Geschichtsphilosoph W. H. Walsh:

> Es bleibt trotzdem zweifelhaft, ob wir eine Voreingenommenheit dieser Art als ernsthaftes Hindernis betrachten sollten, wenn es darum geht, die objektive Wahrheit in der Geschichte zu ermitteln. Es ist aus dem einfachen Grunde zweifelhaft, dass wir alle aus unserer eigenen Erfahrung wissen, dass diese Art von Voreingenommenheit richtig oder zumindest gerechtfertigt sein kann. … Und wir behaupten, dass Historiker frei von persönlichen Vorurteilen sein sollten und verurteilen diejenigen, die es nicht sind.[58]

Selbst Van A. Harvey merkt an, dass »es jedoch infrage gestellt werden kann, ob Leidenschaft und Objektivität sich gegenseitig ausschließen, wenn man unter Objektivität die Fähigkeit versteht, ein Urteil so lange zurückzuhalten, bis man einen guten Grund hat, es zu fällen. Könnte nicht ein Richter, der außerdem Vater eines angeklagten Sohnes ist, noch objektiver in seiner Suche nach der Wahrheit sein, als jemand, der weniger daran interessiert wäre?«[59]

Harvey führt weiter an, dass es falsch ist, »der Arbeit christlicher Bibelwissenschaftler allgemein zu misstrauen, weil offensichtlich *ihre* tiefsten Überzeugungen bei den Untersuchungen auf dem Spiel stehen.«[60] Dennoch sagt er, dass man nicht automatisch dieser Auffassung sein sollte, denn »dies vernachlässigt die Unterscheidung zwischen einer Erklärung und der Rechtfertigung einer Erklärung, zwischen dem Erreichen eines Erkenntnisstandes und der Verteidigung dessen, was man erfahren hat, … Der Richter, der auch Vater ist, mag sehr persönliche und soweit auch subjektive Gründe dafür haben, die Unschuld seines Sohnes bestätigt sehen zu wollen, im Gegensatz zu einer bloßen Vorstellung von seiner Unschuld. Doch die gültigen Gründe, die er für seine Schlussfolgerung vorbringt, sind, so schmerzhaft sie auch sein mögen, in ihrer Logik unabhängig von seinen Wünschen.«[61]

Letztendlich ist die Vorstellung eines totalen Subjektivismus oder Relativismus, wie Fischer angedeutet hat, ein Widerspruch in sich selbst. »Relativisten argumentierten alle, dass sie und ihre Freunde zu einem gewissen Grad vom Relativismus ausgenommen wären.«[62]

Er zitiert Cushing Strout, der feststellt, dass »konsequenter Relativismus eine Form intellektuellen Selbstmords ist«.[63]

Fischer betrachtet weiterhin die »Vorstellung von Subjektivität, die der Relativist anwendet, als buchstäblichen Unsinn. ›Subjektiv‹ ist ein korrelativer Terminus, der erst dann eine Bedeutung hat, wenn auch sein Gegensatz eine Bedeutung hat. Zu sagen, dass alles Wissen subjektiv ist, ist, als ob man sagte, dass alle Dinge kurz sind. Nichts kann kurz sein, bis es nicht etwas Langes gibt.«[64]

4 Einsprüche dagegen, dass man wundersame Geschichte wissen kann

Selbst für jemanden, der Wunder als philosophische Möglichkeit akzeptiert und der akzeptiert, dass eine theistische Weltanschauung[65] den wesentlichen Rahmen bietet, um zu verstehen, dass historische Ereignisse objektiv erkannt werden können, bleibt immer noch eine Frage zu beantworten: Können wir wirklich wissen, dass das Wundersame ein historischer Weg ist? Können uns historische Berichte von Augenzeugen versichern, dass Wunder stattgefunden haben?

4.1 Philosophische Einwände

David Hume (1711-1776) stellt ein Argument historischer Kriterien gegen Wunder vor, indem er Probleme bezüglich jeden angeblichen Beweises für ein Wunder in der Geschichte aufwirft.

4.1.1 »[E]s findet sich in der ganzen Geschichte nicht ein Wunder, das durch eine genügende Anzahl von Personen bezeugt wäre, deren gesunder Verstand, Erziehung und Bildung so außer Frage stehen, dass jede Verblendung bei ihnen sicherlich ausgeschlossen ist … und deren Zeugnis außerdem Tatsachen betrifft, die sich so öffentlich und an einem so weltberühmten Orte abgespielt haben, dass jene Entdeckung unvermeidlich gewesen wäre.«[66]

4.1.2 »Die mancherlei Beispiele von gefälschten Wundern, Prophezeiungen und übernatürlichen Ereignissen, die zu allen Zeiten entweder durch widerstreitende Aussage aufgedeckt worden sind oder sich durch ihren Widersinn selbst aufdecken, beweisen zur Genüge die starke Neigung der Menschen zum Außerordentlichen und Erstaunlichen; sie sollten füglich Verdacht gegen alle derartigen Berichte erzeugen.«[67]

4.1.3 »[Es spricht] sehr stark gegen alle Berichte übernatürlicher und wunderbarer Vorfälle, dass sie hauptsächlich bei unwissenden und barbarischen Völkern sich im Überflusse finden. Hat aber ein gebildetes Volk jemals desgleichen angenommen, so zeigt sich, dass es ihm von unwissenden und barbarischen Vorfahren überliefert worden ist …«[68]

4.1.4 Andere zeitgenössische Geschichtsschreiber sind Hume in ähnlicher Weise gefolgt. Der deutsche Theologe und Historiker Ernst Troeltsch (1865-1923) argumentiert:

> In Analogie zu den Ereignissen, die uns bekannt sind, versuchen wir, durch Mutmaßung und mitfühlendes Verständnis die Vergangenheit zu erklären und zu rekonstruieren, … denn wir machen in der Vergangenheit wie in der Gegenwart denselben Ablauf von Phänomenen aus, und wir sehen dort so wie hier, die unzähligen historischen Zyklen menschlichen Lebens sich gegenseitig beeinflussen und überschneiden.[69]

Carl Becker geht so weit zu versichern, dass »es keine noch so große Anzahl von Zeugenaussagen jemals gestattet, etwas als vergangene Realität festzusetzen, das sich nicht in der gegenwärtigen Realität wiederfindet. … [Selbst wenn] der Zeuge charakterlich einwandfrei ist – all das ist bedeutungslos.«[70]

F. H. Bradley sagt:

> Wir haben gesehen, dass sich Geschichte, wenn alle Stricke reißen, auf eine Folgerung aus unseren Erfahrungen stützt, ein Urteil, das in unserem eigenen gegenwärtigen Stand der Dinge begründet liegt; … wenn wir gebeten werden, die Existenz vergangener Ereignisse zu bestätigen, die Auswirkungen von Ursachen, die offen gestanden mit nichts aus der Welt, in der wir leben und die wir kennen, vergleichbar sind – haben wir keine andere Antwort als die, dass … man uns bittet, ein Haus ohne Fundament zu bauen. … Und wie sollen wir das tun, ohne uns selbst zu widersprechen?[71]

Der zeitgenössische Philosoph Antony Flew folgt Hume und Troeltsch, indem er sagt: »Nur und ganz genau dadurch, dass wir annehmen, die heutigen Gesetzmäßigkeiten hätten in der Vergangenheit gegolten, … können wir auf vernünftige Weise das Geröll der Vergangenheit als Belege interpretieren und daraus unseren Bericht von den tatsächlichen Ereignissen bilden.«[72]

> Wird der kritische Historiker mit irgendeiner Wundergeschichte konfrontiert, so wird er sie für gewöhnlich von der Hand weisen. … Um diese Vorgehensweise zu rechtfertigen, wird er an genau dasselbe Prinzip appellieren müssen, das auch Hume vorgebracht hat: die »absolute Unmöglichkeit von Wundern in der Natur«, oder die bezeugten Ereignisse allein müssen »in den Augen aller vernünftigen Menschen … als ausreichende Widerlegung angesehen werden«.[73]

4.2 Theologische Einwände

Einige haben aus theologischer Sicht Einwände dagegen vorgebracht, dass Wunder erkennbar sind. Es ist denkbar, dass die Einwände mit Gotthold Ephraim Lessing (1729-1781) begannen: »*Zufällige Wahrheiten der Geschichte können niemals Belege für notwendige Wahrheiten der Vernunft werden.*«[74]

»Das Problem liegt darin, … dass Berichte über Wunder keine Wunder sind. Diese, … die Wunder, die direkt vor meinen Augen geschehen, haben eine unmittelbare Auswirkung. Doch jene – die Berichte … müssen sich durch ein Medium hindurcharbeiten, was ihnen all ihre Kraft nimmt.«[75]

> Ich bestreite nicht einen Augenblick, dass Christus Wunder vollbracht hat. Da aber der Wahrheitsgehalt dieser Wunder in keinster Weise durch Wunder, die heute noch geschehen, bewiesen werden kann, da es sich um nicht mehr als Berichte von Wundern handelt (auch wenn es Erzählungen sind, die nie bezweifelt wurden und nicht bezweifelt werden können), bestreite ich, dass sie mich zu dem geringsten Glauben an die anderen Lehren Christi verpflichten können oder sollten.[76]

Auf ähnliche Weise schmälerte Søren Kierkegaard (1813-1855) die Rolle der Geschichte, wenn es um den Glauben geht:

> Wird das Christentum als historisches Dokument betrachtet, dann kommt es darauf an, einen vollständigen Bericht dessen zu bekommen, was die christliche Lehre wirklich ausmacht. Wäre das fragende Subjekt unendlich an seinem Verhältnis zu dieser Wahrheit interessiert, würde es an dieser Stelle sofort verzweifeln, denn nichts ist leichter zu erkennen als dies, dass im Hinblick auf die historische die größte Sicherheit nur eine *Annäherung* ist, und eine Annäherung ist zu wenig, um sein Glück darauf aufzubauen, und steht so im Gegensatz zu ewigem Glück, das kein Ergebnis sichern kann.[77]

»Selbst wenn die zeitgenössische Generation nichts weiter als diese Worte hinterlassen hätte – ›Wir glaubten, dass in diesem und jenem Jahr Gott in der bescheidenen Gestalt eines Knechtes erschienen ist, unter uns gelebt und gelehrt hat und dann starb‹ –, dann ist dies mehr als genug.«[78]

Martin Kähler (1835-1912) folgt dem: »Denn historische Fakten, die zuerst von der Wissenschaft festgesetzt werden müssen, können nicht zu Glaubenserfahrungen *als solche* werden. Deshalb sind der christliche Glaube und eine Geschichte von Jesus so unvereinbar wie Öl und Wasser.«[79]

Moderne Theologen liberaler ebenso wie neuorthodoxer Überzeugung haben diese Meinung wiederholt.

Rudolf Bultmann (1884-1976) sagt etwa:

> Diese Geschlossenheit bedeutet, dass das Kontinuum historischer Ereignisse nicht durch die Folgerung übernatürlicher, überschreitender Kräfte zerrissen werden kann und dass es deshalb kein »Wunder« in diesem Sinne gibt. Solch ein Wunder wäre ein Ereignis, dessen Ursache außerhalb der Geschichte liegt. … Gemäß solcher Methoden geht die Geschichtswissenschaft bei allen historischen Dokumenten ans Werk. Und es kann keinerlei Ausnahmen in Bezug auf biblische Berichte geben, wenn Letztere überhaupt geschichtlich verstanden werden sollen.[80]

Paul Tillich (1886-1965) ist der Überzeugung, dass es »eine desaströse Verzerrung der Bedeutung des Glaubens ist, wenn man ihn mit dem Glauben in die historische Stichhaltigkeit der biblischen Geschichten vergleicht.«[81]

Karl Barth (1886-1968) beteuert schließlich: »Die Auferstehung Christi oder seine Wiederkunft … ist kein historisches Ereignis; die Historiker können beruhigt sein, … dass unser Interesse hier dem Ereignis gilt, welches, auch wenn es das einzig wahre Ereignis in der Geschichte ist, nicht das einzig wahre Ereignis von der Geschichte ist.«[82]

Der Einfluss von Troeltschs Prinzip der Analogie (siehe auch unter 4.1 in diesem Kapitel) hat ebenfalls eine große und bleibende Wirkung auf zeitgenössische Theologen und kritische Historiker gehabt. Van A. Harvey, ein Historiker und Anhänger von Troeltschs historisch-kritischer Methode, erklärt den Einfluss:

> Ich habe versucht zu zeigen, dass in Ernst Troeltschs prophetischer Behauptung, die Herausbildung der historisch-kritischen Methode setze eine so tief greifende Revolution im Bewusstsein des westlichen Menschen voraus, dass dadurch unweigerlich eine Neubewertung vieler grundlegender Annahmen des christlichen Glaubens notwendig wird, sehr viel Wahrheit steckt. … Ich habe darauf hingewiesen, dass dieser Konflikt so tief sitzt, dass ein Großteil der jüngsten protestantischen Theologie als eine Reihe von Bergungsarbeiten angesehen werden kann, d. h. als Versuche, die Ethik der historisch-kritischen Untersuchungen mit den offensichtlichen Forderungen des christlichen Glaubens wieder in Einklang zu bringen.[83]

C. Stephen Evans beschreibt in seinem Buch *The Historical Christ & The Jesus of Faith* (erschienen 1996), wie verbreitet dieser zeitgenössische Einfluss ist:

> Ich möchte außerdem darauf hinweisen, dass Van Harveys Methodologie in seinem Buch (1966), auch wenn es etwas veraltet zu sein scheint, immer noch in der Praxis sehr vieler Bibelgelehrter Verwendung findet. Es scheint mir außergewöhnlich, dass es keine jüngeren expliziten Vertretungen dieser Auffassung gibt. … Die Tatsache, dass es so wenige explizite Vertretungen nach Art von Troeltsch und Harvey gibt, beweist nicht wirklich, dass der Standpunkt aufgegeben wurde. Es scheint mir eher auf die Tatsache zurückzugehen, dass diese Ansicht so weit verbreitet ist, dass sie ihren Vertretern einfach zu »allgemein anerkannt« erscheint, als dass sie verteidigt werden müsste.[84]

5 Verteidigung des Standpunktes, dass wundersame Geschichte gewusst werden kann

5.1 Kritik an den philosophischen Einwänden

Der Philosoph Frank Beckwith antwortet in seiner kritischen Analyse von Humes Argumenten auf dessen ersten Punkt:

> In vielerlei Hinsicht handelt es sich sicherlich nicht um ein vollkommen unvernünftiges Kriterium, das Hume hier vorbringt. Bei der Untersuchung irgendeiner anerkannten Aussage von Augenzeugen würde man erwarten, dass die Augenzeugen in ihrer Zahl und ihrem Charakter ausreichend sind. Humes Kriterium verlangt jedoch weit mehr als das.[85]

Beckwith fährt fort, indem er Colin Brown zitiert, der sagt:

> Die Qualifikationen, die er von solchen Zeugen verlangt, ist derart, dass die Zeugenaussage eines jeden, der nicht eine westliche Universitätsausbildung genossen hat, der außerhalb eines wichtigen kulturellen Zentrums in Westeuropa vor dem sechzehnten Jahrhundert gelebt hat und der nicht eine öffentliche Person ist, von vorneherein ausgeschlossen wird.[86]

Beckwith merkt an, dass selbst dieses Kriterium nicht ausreicht, denn »gelingt es einem, einen Lügner zu schulen, gelingt es einem nur, aus ihm einen besseren Lügner zu machen.«[87]

»Außerdem«, erklärt Beckwith, »unterstützen einige der jüngsten wissenschaftlichen Erkenntnisse die Behauptung, das krönende Wunder des christlichen Theismus, die Auferstehung Jesu, scheine Humes erstes Kriterium zu erfüllen.«[88] (Siehe hierzu auch Kap. 9.)

Beckwith weist auf den Trugschluss in Humes zweitem Punkt hin:

> Wenige bezweifeln die Tatsache, dass einige angeblich wundersame Ereignisse das Produkt menschlicher Vorstellungskraft und des Wunsches, an Wundersames zu glauben, sind, aber daraus kann man nicht ableiten, dass alle angeblichen Wunder niemals stattfanden. Denn das käme *einem Schluss falscher Analogie* gleich [ein Argument, das einen falschen Schluss zieht].[89]

Außerdem, so bemerkt Beckwith, geht dies auch einfach an der eigentlichen Frage des Naturalismus vorbei: »Schließlich kann man nicht davon ausgehen, dass alle Wunderbehauptungen mit Übertreibung zu tun haben, solange man nicht bereits weiß, dass keine Wunder geschehen.«[90]

Der Philosoph Colin Brown antwortet: »Es ist absurd, von einem Zeugen zu verlangen, er solle dieselbe Weltanschauung wie man selbst oder das gleiche Niveau an Bildung und Kultur haben.«[91]

Brown schließt daraus, dass »die Stichhaltigkeit einer Zeugenaussage zu der Behauptung, dass etwas geschehen ist, eher von der Ehrlichkeit – eine Fähigkeit, die nicht enttäuscht werden darf – und der Nähe des Zeugen zum angeblichen Ereignis abhängt.«[92]

Beckwith führt drei Probleme bezüglich Humes dritten Kriteriums an:

> 1) Hume definiert nicht hinreichend, was er unter einem ungebildeten, unwissen-

> den Menschen versteht, 2) dies Kriterium gilt nicht für die Wunder des christlichen Theismus und 3) Hume begeht den formlosen Trugschluss des *argumentum ad hominem* [attackieren der Person anstatt ihrer Argumente].[93]

Norman L. Geisler antwortet auf Troeltschs Prinzip der Analogie, indem er erklärt, dass es »sich als ähnlich zu Humes auf der Einheit der Natur begründeten Einspruch gegen Wunder erweist.«[94]

In Antwort darauf merkt Geisler zunächst an:

> Es geht an der Frage zugunsten einer naturalistischen Interpretation *aller* historischen Ereignisse vorbei. Es handelt sich um eine methodologische Ausschließung der Möglichkeit, dass das Wundersame in der Geschichte anerkannt werden könnte. Die Zeugenaussage für Regelmäßigkeit im *Allgemeinen* ist in keinster Weise eine Zeugenaussage gegen ein ungewöhnliches Ereignis im *Besonderen*.[95]

Zweitens »beweist Troeltsch analogieartiges Argument … zu viel. Wie Richard Whately überzeugend argumentierte, wären nicht nur Wunder, sondern viele ungewöhnliche Ereignisse der Vergangenheit ausgeschlossen, die um Napoleon Bonaparte eingeschlossen.«[96]

> Es ist ganz klar ein Fehler, einheitliche Methoden wissenschaftlicher Versuche auf die historische Forschung zu übertragen. Wiederholbarkeit oder Allgemeingültigkeit sind für die Erstellung wissenschaftlicher Gesetze oder allgemeiner Modelle notwendig. … Aber diese Methode funktioniert in der Geschichtswissenschaft überhaupt nicht. Zur Feststellung geschichtlicher Ereignisse benötigt man glaubwürdige Zeugenaussagen darüber, dass diese bestimmten Ereignisse wirklich stattgefunden haben.[97]

Beckwith antwortet auf das Argument von Flew und Troeltsch auf ähnliche Weise, indem er darauf hinweist, dass »dieses Argument der Analogie als eine *Basis* für das Studium der Vergangenheit mit dem *Objekt* der Vergangenheit, das studiert wird, verwechselt wird. D. h. wir setzen beim Studium der Vergangenheit Beständigkeit und Kontinuität voraus, doch das bedeutet nicht, dass das, was wir über die Vergangenheit herausfinden (d. h. das Objekt unserer Untersuchung), nicht eine einmalige Einzigartigkeit sein kann.«[98]

5.2 Kritik an den theologischen Einwänden

Norman L. Geisler argumentiert gegen diese Position, indem er sagt:

> Unter Berücksichtigung der eben diskutierten Objektivität in der Geschichtswissenschaft gibt es keinen guten Grund, weshalb ein Christ den radikalen existenzialistischen Theologen in der Frage um die Objektivität und die geschichtliche

Dimension von Wundern nachgeben sollte. Wunder mögen kein Teil des natürlichen historischen Prozesses sein, aber sie kommen darin vor.[99]

Er fährt fort:

Ein Wunder kann innerhalb eines empirischen oder historischen Kontextes sowohl direkt als auch indirekt, sowohl objektiv als auch subjektiv identifiziert werden. Ein Wunder hat mehrere Kennzeichen. Es ist ein Ereignis, das sowohl in wissenschaftlicher Hinsicht ungewöhnlich als auch in theologischer und moralischer Hinsicht relevant ist. Das erste Kennzeichen kann auf direktem empirischen Wege erkannt werden, Letztere nur auf indirekte Weise durch die empirischen Daten, insofern als sie »seltsam« und »beschwörend« von etwas »mehr« sind als die empirischen Daten des Ereignisses. Die theologischen und moralischen Kennzeichen eines Wunders sind nicht empirisch objektiv. In diesem Sinne werden sie subjektiv erlebt. Das bedeutet nicht, dass es keine objektive Basis für die moralischen Dimensionen eines Wunders gibt. Wenn dies ein theistisches Universum ist, dann liegt Moralität objektiv in Gott begründet.[100]

Professor Erickson schreibt, dass

die Theorien, die wir behandeln, nicht in das biblische Bild von dem Zusammenhang zwischen Glauben und Vernunft passen, geschichtliche Betrachtungen eingeschlossen. Wir könnten mehrere Beispiele anbringen. Eines ist die Antwort, als die Jünger Johannes des Täufers Jesus fragten, ob er derjenige wäre, nach dem sie gesucht hätten, oder ob sie nach einem anderen suchen sollten (Lk 7,18-23). Jesus machte auf das aufmerksam, was er tat: die Blinden, Lahmen, Leprakranken und Tauben heilen; Tote erwecken und den Armen die gute Nachricht verkünden (V. 22). Hier gab es sicherlich keine Trennung der historischen Fakten vom Glauben. Ein zweites Beispiel ist Paulus' Betonung der Wirklichkeit von der Auferstehung Jesu (1. Kor 15). Die Stichhaltigkeit der christlichen Erfahrung und Botschaft stützt sich auf die Echtheit der Auferstehung Christi (V. 12-19). Eine dritte Überlegung ist Lukas' offensichtliche Bemühung, korrekte Informationen für seine Niederschrift zu erhalten (Lk 1,1-4; Apg 1,1-5). Während unser erstes Beispiel durch eine kritische Untersuchung der Passage angegriffen werden könnte, bestätigen das zweite und besonders das dritte, dass die Trennung zwischen Glauben und historischer Vernunft nicht Teil des biblischen Bildes ist.[101]

Erickson macht auf die historische Annahme und den Fehler Bultmanns aufmerksam:

Besonders Bultmann hat richtig beobachtet, dass diejenigen, die an das Neue Testament glauben, ergebene Anhänger Jesu sind, zog dann aber den Schluss, dass sie dadurch weniger akkurate Beobachter und Berichterstatter der Geschehnisse wären. Die Annahme ist, dass ihre positive Voreingenommenheit gegenüber Jesus und dessen Sache sie weniger vorsichtig in den Berichten über das, was sie beobachtet hatten, und in dessen Erhaltung machten; sie würden sogar etwas übertreiben, aus Interesse daran, den Glauben an ihn zu verbreiten. Solche Argumente werden für gewöhnlich unter Zuhilfenahme einer Analogie zu Zeugenaussagen im Gerichtssaal gemacht. Eine andere Analogie jedoch, einer Situation im Klassenzimmer entnommen, könnte der Situation der Autoren der Evangelien näher sein, die immerhin alle Jünger des Lehrers waren: Wer in einem Klassenzimmer wird eher jedes Wort des Lehrer verfolgen und korrekte und vollständige Aufzeichnungen haben, der gelegentliche Zuhörer oder der Student, der sich streng der Ansicht des Lehrers anvertraut hat? In so gut wie jedem Fall würden wir die Aufzeichnung des Letzteren vorziehen. Sie behalten sorgfältig die Weisheit des Lehrers; weil derjenige, der sie aufschreibt, glaubt, dass sie ihren Wert über die letzte Prüfung hinaus behalten. Als Menschen, die an den besonderen Wert aller Ding, die Jesus sagte, glaubten, bemühten sich die Jünger bestimmt ganz besonders, seine Lehren auf akkurate Weise aufzubewahren.[102]

6 Schlussfolgerung

Ich möchte diesen Abschnitt und dieses Buch mit einigen Worten, nicht aus meinem Verstand, sondern aus meinem Herzen abschließen. Vieles von dem Material, das Sie gelesen haben, war ziemlich kopflastiger Kram. Und das ist gut so. Gott hat uns den Verstand gegeben, um ihn zur Bewertung der Evidenz der Offenbarung seiner selbst uns gegenüber zu benutzen. In Jesaja 1,18 lädt Gott uns ein: »Dann kommt, und wir wollen verhandeln.« Jesus wies darauf hin, wie wichtig die Vernunft ist, als er befahl: »Du sollst den Herrn, deinen Gott, lieben aus deinem ganzen Herzen, deiner ganzen Seele und deinem ganzen Denken.« (Matthäus 22,37 zitiert nach 5. Mose 6,5).

Doch weitaus öfter spricht Gott in der Bibel auf einer Ebene von Herz zu Herz. Wieder und wieder spricht er davon, wir wichtig die Demut des Herzens ist. Er warnt vor der Gefahr, ein hartes Herz zu entwickeln. Obwohl die Schrift oft vom Geist spricht, verweist sie ungefähr fünfmal öfter auf das Herz als auf den Geist. Gott möchte auch auf einer Herz-zu-Herz-Ebene zu uns sprechen, nicht nur auf intellektueller Ebene.

Und das ist meine Haltung beim Beenden dieses Buches. Wenn Sie oder jemand, den Sie kennen, damit hadern, Ihr Leben Christus zu weihen, stelle ich mir vor, ich säße auf der anderen Seite des Tisches und spräche zu Ihnen von Herz zu Herz. Vielleicht hadern Sie mit einigen Dingen, die in diesem Kapitel angesprochen wurden. Sie mögen vielleicht sagen: »Ich habe niemals ein Wunder erlebt; wie kann ich einer Botschaft vertrauen, die vom Wundersamen spricht?«

Wie wir an früherer Stelle in diesem Kapitel gesehen haben, haben David Hume und viele andere Philosophen und Erziehungswissenschaftler der ganzen Geschichte die Haltung eingenommen, dass Wunder unmöglich sind, teilweise aufgrund der höheren Wahrscheinlichkeit, dass Wunder nicht geschehen, als dass sie geschehen.

Doch auch wenn es wahrscheinlicher sein mag, dass Wunder nicht geschehen, ist es dumm, die Möglichkeit des Wundersamen nur aufgrund der Wahrscheinlichkeit auszuschließen. Und wie wir in dem Abschnitt über die durch Jesus erfüllte Prophezeiung gesehen haben (siehe Kapitel 8), war die Wahrscheinlichkeit, dass irgendeine Person der Geschichte, die fast dreihundert Prophezeiungen erfüllen würde, nahezu unmöglich. Und trotzdem sagen uns die historischen Berichte entgegen aller Wahrscheinlichkeit, dass Jesus gekommen ist und genau das getan hat.

Ich glaube, der einzige Weg, um zur Wahrheit zu gelangen, ist der, alle vorgefassten Vorstellungen vor die Tür zu setzen. Was ist, wenn es wirklich einen Gott gibt, der auf diese Erde niederblickt und den Stolz in den Herzen derer, die hohe Positionen innehaben, die Egozentrik derer, die die Karriereleiter emporklettern und die allgemeine Eigennützigkeit des Menschen beobachtet? Was ist, wenn dieser Gott in seinem Geiste beschlösse, sich selbst gewissen Menschen zu offenbaren? Was ist, wenn er beschlossen hätte, sich nicht den Hochmütigen, den Hochnäsigen oder den Stolzen, sondern den Demütigen, den Niedergeschlagenen und den geistig Armen zu offenbaren?

Tatsächlich ist dies genau der Fall, wenn die Bibel wahr ist (und wir haben schon gesehen, dass die Beweislage für die Zuverlässigkeit der Bibel überwältigend ist). Auch wenn viele Menschen mit unterschiedlichem philosophischen und religiösen Hintergrund gern über Erfahrungen sprechen, die sie mit »Gott« hatten, eine der Wahrheiten, die dem Propheten Jesaja offenbart wurden, ist, dass Gott nicht darauf aus ist, einen Beliebtheitswettbewerb zu gewinnen. Doch gleichzeitig ist es sein Wunsch, dass »niemand zugrunde gehen soll, sondern dass alle Reue zeigen sollen« (2.Petr 3,9). Er versucht nicht, sich jedem x-Beliebigen zu zeigen. So schreibt Jesaja: »Wahrlich, du bist ein Gott, der sich selbst versteckt, oh Gott Israels, der Erlöser!« (Jesaja 45,15).

Ist das nicht seltsam? Können Sie sich vorstellen, dass Gott sich versteckt? Warum sollte er das tun? Die Antwort lautet: Er wartet. Er wartet auf die Zeit im Leben aller Menschen, in der sie in ihren Herzen demütig genug sein werden, um seine Stimme zu hören, und ihm antworten werden, indem sie das Tor zu ihrem Leben öffnen und zulassen, dass eine persönliche Beziehung zu ihm beginnt. So sprach Jesus in der Offenbarung: »Siehe, ich stehe vor der Tür und klopfe an; wenn einer meine Stimme hört und die Tür aufmacht, bei dem will ich eintreten und das Mahl mit ihm halten und er mit mir.« (Offb 3,20).

Dreimal wird in der Bibel explizit erwähnt (und noch viel öfter angedeutet), dass Gott sich gegen die Stolzen stellt, den Demütigen aber Gnade erweist (Sprüche 3,34; Jak 4,6; 1.Petr 5,5b). Ich glaube, Gott möchte, dass wir unsere Fragen an ihn richten, aber es kommt eine Zeit, da er sagt: »Es ist Zeit an den Antworten zu arbeiten, die ich euch gegeben habe. Wartet nicht länger.«

Und wenn wir ihm dann antworten, dann öffnen wir uns für die Möglichkeit, Wunder zu beobachten. Zu Beginn dieses Buches habe ich Ihnen von dem veränderten Leben meines Vaters erzählt, des Trunkenboldes der Stadt, der spät in seinem Leben den Glauben fand und sich auf so dramatische Weise veränderte, dass viele

Menschen in den verbleibenden vierzehn Monaten seines Lebens ebenfalls den Glauben fanden. Nach dem, was ich gesehen und durchgemacht hatte, war das ein Wunder. Niemand außer einem wirklich existierenden Gott könnte solch eine Veränderung im Leben eines Menschen hervorrufen. Und wenn ich auf mein Leben zurückblicke, muss ich sagen, dass niemand außer einem übernatürlichen Gott solche Veränderungen hervorgebracht haben kann, wie er sie in meinem Leben hervorgebracht hat.

Josh D. McDowell

7 Literaturangaben

[1] William L. Craig, *Reasonable Faith: Christian Truth and Apologetics*, S. 157.
[2] Ebd., S. 157.
[3] Ebd., S. 190.
[4] Norman L. Geisler, *Christian Apologetics*, S. 285.
[5] Louis Gottschalk, *Understanding History: A Primer of Historical Method*, S. 41, Hervorhebungen vom Autor.
[6] Ebd., S. 48, Hervorhebungen vom Autor.
[7] R. G. Collingwood, *Essays in the Philosophy of History*, S. 9.
[8] Ebd., S. 252.
[9] Ebd., S. 9.
[10] John W. Montgomery, *The Shape of the Past*, S. 13.
[11] David H. Fischer, *Historians' Fallacies: Toward a Logic of Historical Thought*, S. xv, Hervorhebungen vom Autor.
[12] Ebd., S. XV.
[13] Ebd., S. 62.
[14] Ebd., S. 62.
[15] Ebd., S. 62.
[16] Ebd., S. 63.
[17] Ebd., S. 63.
[18] Ebd., S. 63.
[19] Ebd., S. 63.
[20] »The Study of History«, *Encyclopaedia Britannica*, S. 635.
[21] Ebd., S. 635.
[22] Ebd., S. 635.
[23] Ebd., S. 635.
[24] Ebd., S. 636.
[25] Louis Gottschalk, *Understanding History: A Primer of Historical Method*, S. 28.
[26] Ebd., S. 53f., Hervorhebungen vom Autor.
[27] Ebd., S. 148, Hervorhebungen vom Autor.
[28] Mortimer J. Adler, *Ten Philosophical Mistakes*, S. 100f.
[29] William L. Craig, *Reasonable Faith: Christian Truth and Apologetics*, S. 184.

[30] C. Behan McCullagh, *The Truth of History*, S. 57.
[31] Ebd., S. 57.
[32] Ebd., S. 57.
[33] Charles A. Beard, »That Nobel Dream«, zitiert in Fritz Stern, *Varieties of History: From Voltaire to the Present*, S. 323, Hervorhebungen vom Autor.
[34] Ebd., S. 323.
[35] Ebd., S. 324.
[36] Ebd., S. 324.
[37] Ebd., S. 324.
[38] Ebd., S. 324.
[39] Ebd., S. 324.
[40] Ebd., S. 325.
[41] William L. Craig, *Reasonable Faith: Christian Truth and Apologetics*, S. 169.
[42] Norman L. Geisler, *Christian Apologetics*, S. 290, Hervorhebungen vom Autor.
[43] William L. Craig, *Reasonable Faith: Christian Truth and Apologetics*, S. 176.
[44] Ebd., S. 176.
[45] Norman L. Geisler, *Christian Apologetics*, S. 291.
[46] David H. Fischer, *Historians' Fallacies: Toward a Logic of Historical Thought*, S. 42, Hervorhebungen vom Autor.
[47] Norman L. Geisler, *Christian Apologetics*, S. 292f.
[48] Ebd., S. 293.
[49] Ebd., S. 293f., Hervorhebungen vom Autor.
[50] Ebd., S. 295.
[51] Ebd., S. 295.
[52] Ebd., S. 295f., Hervorhebungen vom Autor.
[53] Ebd., S. 296f., Hervorhebungen vom Autor.
[54] David H. Fischer, *Historians' Fallacies: Toward a Logic of Historical Thought*, S. 42, Hervorhebungen vom Autor.
[55] Norman L. Geisler, *Christian Apologetics*, S. 297.
[56] Ebd., S. 296.
[57] Ebd., S. 296.
[58] W. H. Walsh, *An Introduction to Philosophy of History*, S. 101.
[59] Van A. Harvey, *The Historian & the Believer*, S. 212.
[60] Ebd., S. 213, Hervorhebungen vom Autor.
[61] Ebd., S. 213.
[62] David H. Fischer, *Historians' Fallacies: Toward a Logic of Historical Thought*, S. 42.
[63] Cushing Strout, *The Pragmatic Revolt in American History: Carl Becker and Charles Beard*, zitiert in David H. Fischer, *Historians' Fallacies: Toward a Logic of Historical Thought*, S. 42.
[64] David H. Fischer, *Historians' Fallacies: Toward a Logic of Historical Thought*, S. 43.
[65] Theismus ist im Gegensatz zum Atheismus die religiöse bzw. philosophische Überzeugung von der Existenz eines persönlich vorgestellten, die weltschaffenden, in ihr wirkenden und sich von ihr unterscheidenden göttlichen Wesens.

[66] David Hume, *An Enquiry Concerning Human Understanding*, 10.2.92, S.116f.
[67] Ebd., 10.2.93, S.118.
[68] Ebd., S.119.
[69] Ernst Troeltsch, »Historiography«, zitiert in James Hastings, *Encyclopedia of Religion and Ethics*, Bd. 6, S. 718.
[70] Carl Becker, »Detachment and the Writing of History«, zitiert in Phil L. Snyder, *Detachment and the Writing of History*, S. 12f.
[71] F. H. Bradley, *The Presuppositions of Critical History*, S. 100.
[72] Antony Flew, »Miracles«, zitiert in Paul Edwards, *The Encyclopedia of Philosophy*, Bd. 5, S. 351.
[73] Ebd., S. 351f.
[74] Gotthold E. Lessing, *Lessing's Theological Writings*, S. 53, Hervorhebungen vom Autor.
[75] Ebd., S. 52.
[76] Ebd., S. 55.
[77] Søren Kierkegaard, *Concluding Unscientific Postscript to Philosophical Fragments*, S. 23.
[78] Søren Kierkegaard, *Philosophical Fragments*, S. 104.
[79] Martin Kähler, *The So-called Historical Jesus and the Historic, Biblical Christ*, S. 74, Hervorhebungen vom Autor.
[80] Rudolf Bultmann, *Existence and Faith*, S. 292.
[81] Paul Tillich, *Dynamics of Faith*, S. 87.
[82] Karl Barth, *The Word of God and the Word of Man*, S. 90, Hervorhebungen vom Autor.
[83] Van A. Harvey, *The Historian & the Believer*, S. 246.
[84] C. Stephen Evans, *The Historical Christ and the Jesus of Faith*, S. 185.
[85] Francis J. Beckwith, *David Hume's Argument Against Miracles: A Critical Analysis*, S. 49.
[86] Colin Brown, *Miracles and the Critical Mind*, zitiert in Francis J. Beckwith, *David Hume's Argument Against Miracles: A Critical Analysis*, S. 50.
[87] Francis J. Beckwith, *David Hume's Argument Against Miracles: A Critical Analysis*, S. 50.
[88] Ebd., S. 50.
[89] Ebd., S. 51.
[90] Ebd., S. 52.
[91] Colin Brown, *Miracles and the Critical Mind*, S. 98.
[92] Ebd., S. 98, Hervorhebungen vom Autor.
[93] Francis J. Beckwith, *David Hume's Argument Against Miracles: A Critical Analysis*, S. 53.
[94] Norman L. Geisler, *Christian Apologetics*, S. 302.
[95] Ebd., S. 302.
[96] Ebd., S. 302f.
[97] Ebd., S. 303.

[98] Francis J. Beckwith, »History & Miracles«, zitiert in R. Douglas Geivett & Gary R. Habermas, *In Defense of Miracles*, S. 97, Hervorhebungen vom Autor.

[99] Norman L. Geisler, *Christian Apologetics*, S. 300, Hervorhebungen vom Autor.

[100] Ebd., S. 301.

[101] Millard J. Erickson, *The Word Became Flesh: A Contemporary Incarnational Christology*, S. 131.

[102] Ebd., S. 131f.

Bibliografie

Aalders, G. A., *A Short Introduction to the Pentateuch*. Chicago: InterVarsity Christian Fellowship, o. J. (zuerst veröffentlicht 1949).

Abel, E. L., »Psychology of Memory and Rumor Transmission and Their Bearing on Theories of Oral Transmission in Early Christianity«, *Journal of Religion*. Bd. 51. Oktober 1971.

Achtemier, Paul J., *Harper's Bible Dictionary*. San Francisco: Harper and Row, Publishers, Inc., 1985.

Adler, Mortimer J., *Aristotle for Everybody. Difficult Thought Made Easy*. New York: Macmillan, 1978.

Adler, Mortimer J., *Six Great Ideas*. New York: Macmillan, 1981.

Adler, Mortimer J., *Ten Philosophical Mistakes*. New York: Macmillan, 1985.

Adler, Mortimer J., *Truth in Religion*. New York: Macmillan, 1990.

Aland, Kurt u. Barbara Aland, *The Text of the New Testament*. Übers. v. Erroll F. Rhodes. Grand Rapids: William B. Eerdmans Publishing Co., 1987.

Aland, Kurt u. Barbara Aland (Hrsg.), *Kurzgefasste Liste der griechischen Handschriften des Neuen Testaments. Arbeiten zur neutestamentlichen Textforschung*, Band 1. Hawthorne, N.Y.: Walter de Gruyter, 1994.

Albright, W. F., *The American Scholar*, o. O., 1941.

Albright, W. F., »Archaeology Confronts Biblical Criticism«, *The American Scholar.*, April 1938.

Albright, W. F., »Archaeological Discoveries and the Scriptures«, *Christianity Today,* 12. Juni, 1968.

Albright, W. F., *Archaeology, Historical Analogy and Early Biblical Tradition*. Baton Rouge: Louisiana State University Press, 1966.

Albright, W. F., *The Archaeology of Palestine*. Überarb. Baltimore: Penguin Books, 1960.

Albright, W. F., *The Archaeology of Palestine and the Bible*. New York: Revell, 1933.

Albright, W. F., *Archaeology and the Religion of Israel*. Baltimore: John Hopkins Press, 1942.

Albright, W. F., »The Bible after Twenty Years of Archaeology«, *Religion in Life*. 1952.

Albright, W. F., *The Biblical Period from Abraham to Ezra*. New York: Harper & Row, 1963.

Albright, W. F., »A Brief History of Judah from the Days of Josiah to Alexander the Great«, *Biblical Archaeologist*. Bd. 9. Februar 1946.

Albright, W. F., *From the Stone Age to Christianity*. Baltimore: John Hopkins Press, 1940.

Albright, W. F., *History, Archaeology, and Christian Humanism*. New York: McGraw-Hill Book Company, 1964.

Albright, William F., »Historical and Mythical Elements in the Story of Joseph«, *Journal of Biblical Literature*. Bd. 37. 1918.

Albright, W. F., »The Israelite Conquest of Canaan in the Light of Archaeology«, *Bulletin of the American Schools of Oriental Research*. Bd. 74, 1939.

Albright, William F., »King Jehoiachin in Exile«, *Biblical Archaeologist* 5, Nr. 4, Dezember 1942.

Albright, W. F., *New Horizons in Biblical Research*. New York: Oxford University Press, 1966.

Albright, W. F., »New Light on the Early History of Phoenician Colonization«, *Bulletin of the American Schools of Oriental Research*. Bd. 83, Oktober 1941.

Albright, W. F., »The Oldest Hebrew Letters: Lachish Ostraca«, *Bulletin of the American Schools of Oriental Research*. Nr. 70, April 1938.

Albright, W. F., »The Old Testament and Archaeology«, in *Old Testament Commentary*. Philadelphia: o. O., 1948. Zitiert in Merrill R. Unger. *Archaeology and the Old Testament*. Grand Rapids: Zondervan Publishing Co., 1954.

Albright, W. F., »Old Testament and the Archaeology of the Ancient East«, in *Old Testament and Modern Study: A Generation of Discovery and Research*. H. H. Rowley (Hrsg.), Oxford: Oxford University, 1956.

Albright, W. F., *Recent Discoveries in Bible Lands*. New York: Funk and Wagnalls, 1955.

Albright, W. F., »Recent Progress in North-Canaanite Research«, *Bulletin of the American Schools of Oriental Research*. Nr. 70, April 1938.

Albright, William F., »Retrospect and Prospect in New Testament Archaeology«, E. J. Vardaman and James Leo Garrett (Hrsg.), *The Teacher's Yoke*. Waco, Tex: Baylor University Press, 1964.

Alford, Henry, *The Greek Testament. With a Critically Revised Text: A Digest of Various Readings: Marginal References to Verbal and Idiomatic Usage: Prolegomena: And a Critical and Exegetical Commentary*. Bd. 1. 6. Aufl. Cambridge: Deighton, Bell, and Co., 1868.

Allis, Oswald T., *The Five Books of Moses*. Überarb. Philadelphia: The Presbyterian and Reformed Publishing Co., 1969.

Allis, Oswald T., *The Old Testament, Its Claims and Its Critics*. Nutley, N.J.: The Presbyterian and Reformed Publishing Company, 1972.

Allnutt, Frank, *Contact* 30:5., Mai 1972.

Allport, Gordon, »The Roots of Religion«, *Pastoral Psychology* V, Nr. 43, April 1954.

Alston, William P., *A Realist Conception of Truth*. Ithaca, N.Y.: Cornell University, 1996.

Anderson, Bernhard W., »Changing Emphasis in Biblical Scholarship«, *Journal of Bible and Religion,* 23. April 1955.

Anderson, G. W., *A Critical Introduction to the Old Testament*. London: Gerald Duckworth and Co., Ltd., 1959.

Anderson, J., *The Bible, the Word of God*. Brighton: o. O., 1905.

Anderson, J. N. D., *Christianity: The Witness of History*. London: Tyndale Press, 1969. Nachdruck, Downers Grove, Ill.: InterVarsity Press, 1970.

Anderson, J. N. D., »The Resurrection of Jesus Christ«, *Christianity Today*, 29. März, 1968.

Anderson, J. N. D., Wolfhart Pannenberg and Clark Pinnock, »A Dialogue on Christ's Resurrection«, *Christianity Today*, 12. April 1968.

Anderson, Norman, *Christianity and World Religions*, überarb. Ausgabe von *Christianity and Comparative Religion*. Downers Grove, Ill.: InterVarsity, 1984.

Anderson, Norman, *Jesus Christ: The Witness of History*. 2. Aufl. Downers Grove, Ill.: InterVarsity Press, 1985.

Anderson, Robert, *The Lord from Heaven*. London: James Nisbet and Co., 1910.

Anderson, Walter Truett (Hrsg.), *The Truth About Truth: De-confusing and Reconstructing the Postmodern World*. New York: G. P. Putnam's Sons, 1995.

Andrus, Hyrum L., *God, Man, and the Universe*. Boston: Beacon, 1947, zitiert in Norman L. Geisler u. William D. Watkins, *Worlds Apart*. Grand Rapids: Baker Book House, 1984.

Angus, Joseph, *The Bible Handbook*.

Ankerberg, John u. John Weldon, *Ready with an Answer*. Eugene, Ore: Harvest House Publishers, 1997.

Anselm, *Monologium*, in *St. Anselm: Basic Writing*. 2. Aufl., übers. v. S. N. Deane, La Salle, Ill.: Open Court, 1962.

Aquinas, St. Thomas, *Commentary on the Metaphysics of Aristotle*. Übers. V. John P. Rowan, Chicago: Henry Regnery, 1961.

Aquinas, St. Thomas, *Contra Gentiles*.

Aquinas, St. Thomas, *Metaphysics*.

Aquinas, St. Thomas, *On Truth*.

Aquinas, St. Thomas, *Peri Hermeneias*.

Aquinas, St. Thomas, *Physics*.

Aquinas, St. Thomas, *Posterior Analytics*.

Aquinas, St. Thomas, *Summa Contra Gentiles*. Book Three: Providence Part II. Übers. mit einer Einleitung von Vernon J. Bourke, Notre Dame, Ind.: University of Notre Dame Press, 1975.

Aquinas, St. Thomas, *Summa Contra Gentiles*. 5 Bde. übers. v. Anton C. Pegis. Notre Dame, Ind.: University of Notre Dame, 1975.

Aquinas, St. Thomas, *Summa Contra Gentiles*, in *On the Truth of the Catholic Faith: Book One: God,* übers. v. Anton C. Pegis. New York: Image Books, 1955.

Aquinas, St. Thomas, *Summa Theologica*, Bd. 1. übers. v. the Fathers of the English Dominican Province. Allen, Tex: Christian Classics, 1981.

Aquinas, St. Thomas, *Summa Theologica*, in Robert Maynard Hutchins (Hrsg.), *Great Books of the Western World*, Chicago: William Benton, 1952.

Archer, Gleason L., Jr., *A Survey of Old Testament Introduction*, Chicago: Moody Press, 1964, 1974.

Archer, Gleason L., Jr., *Encyclopedia of Bible Difficulties*. Grand Rapids: Zondervan, 1982.

Aristides, *The Apology of Aristides*. Übers. u. hrsg. v. Rendel Harris. London: Cambridge University Press, 1893.

Aristotle, *Analytica Posterioria*. In *The Student's Oxford Aristotle*. Hrsg. v. W. D. Ross. London: Oxford, 1942.

Aristotle, *Categories*. In *The Complete Works of Aristotle*. Hrsg. v. Jonathan Barnes. 2 Bde. Princeton, N.J.: Princeton University, 1984.

Aristotle, *Metaphysics*. In *The Complete Works of Aristotle*. Überarb. Oxford Übersetzung, hrsg. v. Jonathan Barnes. Bd. 2. Princeton, N.J.: Princeton University Press, 1984.

Aristotle, *Metaphysics*. in *Great Books of the Western World*. Hrsg. v. Robert Maynard Hutchins. Chicago: William Benton, 1952.

Armstrong, D. M., *A World of States of Affairs*. Cambridge: Cambridge University, 1997.

Arndt, William E. u. F. Wilbur Gingrich, *A Greek-English Lexicon of the New Testament and Other Early Christian Literature*. Chicago: The University of Chicago Press, 1952.

Arrian, *History of Alexander and Indica*. Übers. v. Iliff Robson (mit einer engl. Übers. v. *The Loeb Classical Library*, hrsg. v. T. E. Page). 2 Bde. Cambridge: Harvard University Press, 1954.

Athanasius, *Letters*, Nr. 39 (Ostern 367), in *A Select Library of the Nicene and Post-Nicene Fathers of the Christian Church*, hrsg. v. Philip Schaff, Bd. 4, New York: The Christian Literature Company, 1888.

Audi, Robert, *Epistemology. A Contemporary Introduction to the Theory of Knowledge*. New York: Routledge, 1998.

Audi, Robert (Hrsg.), *The Cambridge Dictionary of Philosophy*. Cambridge: Cambridge University Press, 1995.

Augustine, St., *City of God*. Übers. v. Gerald G. Walsh, S.J., Demetrius, B. Zema, S.J., Grace Monahan, O.S.U., u. Daniel J. Honan, mit einer Zusammenfassung d. orig. Vorw. v. Etienne Gilson u. einer Einl. v. Vernon J. Bourke. New York: Doubleday, 1958.

Augustine, St., *The Confessions, The City of God, On Christian Doctrine*. Übers. v. Marcus Dods. Chicago: The University of Chicago, William Benton, Encyclopaedia Britannica, Inc. 1952, 1984.

Augustine, St., *Of True Religion*. Library of Christian Classics. Hg. Ichthus, Philadelphia: Westminster, 1953.

Augustine, St., *Reply to Faustus the Manichaean 11.5*. In *A Select Library of the Nicence and Ante-Nicene Fathers of the Christian Church*. Hrsg. v. Philip Schaff, Bd. 4. Grand Rapids: Eerdmans, 1956.

Avicenna, *Avicenna on Theology*. Hrsg. v. Arthur J. Arberry. Westport, Conn: Hyperion Press, 1979.

Avicenna, *Metaphysics*. In *Philosophical Writings*. John Duns Scotus, übers. v. Allan Wolter, Indianapolis: Bobbs-Merrill, 1962.

Ayer, A. J., *Language, Truth and Logic*. New York: Dover, o.S.

Babcock, F. J., »Form Criticism«, *The Expository Times*. Bd. 53. Oktober 1941.

Badger, George Percy, *The Nestorians and Their Rituals*. London: o. J., 1852.

Bahnsen, Greg L., »The Inerrancy of the Autographs«, *Inerrancy*. Hrsg. v. Norman L. Geisler. Grand Rapids: Zondervan, 1980.

Baker, Glenn W., William L. Lane, J. Ramsey Michaels, *The New Testament Speaks*. New York: Harper & Row Publishers, 1969.

Ballard, Frank, *The Miracles of Unbelief*. Edinburgh: T. & T. Clark, 1908.

Bandas, Rudolph G., *Contemporary Philosophy and Thomistic Principles*. New York: Bruce Publishing, 1932.

Banks, Edgar J., *The Bible and the Spade*. New York: Association Press, 1913.

Barker, Glenn W., William L. Lane, J. Ramsey Michaels, *The New Testament Speaks*. New York: Harper & Row Publishers, 1969.

Barnes, W. E., *Gospel Criticism and Form Criticism*. Edinburgh: T. & T. Clark, 1936.

Barnes, William, »Wycliffe Bible Translators«, hrsg. v. Bruce Metzger and Michael Coogan. New York: Oxford University Press, 1993.

Barnhouse, Donald Grey, *Man's Ruin*. Bd. 1, *Expositions of Bible Doctrines*. Grand Rapids: Win. B. Eerdmans, 1952.

Barr, Allan, »Bultmann's Estimate of Jesus«, *Scottish Journal of Theology*. Bd. 7, Dezember 1954.

Barr, James, *Fundamentalism*. Philadelphia: Westminster, 1977.

Barrett, C. K., »Myth and the New Testament«, *Expository Times*. Bd. 68. September 1957.

Bartsch, Hans-Werner (Hrsg.), *Kerygma and Myth*, übers. v. Reginald H. Fuller. London: S P C K, 1962.

Barth, Karl, *The Word of God and the Word of Man*. Übers. v. Douglas Horton. London: Hodder & Stoughton, 1928.

Barton, G. A., »Archaeology and the Bible«, Philadelphia: American Sunday School Union, 1937.

Barton, George A., *The Religion of Israel*. New York: Macmillan Co., 1918.

Barzun, J. u. H. Graff, *The Modern Researcher*. New York: Harcourt, Brace and World, Inc., 1957.

Battenfield, James Richard, *Historicity of Genesis Fourteen*. Unveröffentl. Bachelor- of-Divinity-Arbeit vorgetr. am Talbot Theological Seminary.

Bauer, Walter, William F. Arndt u. F. Wilbur Gingrich (Hrsg.), *A Greek-English Lexicon of the New Testament and other Early Christian Literature*. Chicago: The University of Chicago Press, 1957, 1979.

Beard, Charles A., »That Nobel Dream«, *Varieties of History: From Voltaire to the Present*. Hrsg. v. Fritz Stern. New York: Vintage Books, 1973.

Beattie, F. R., *Apologetics*. Richmond: Presbyterian Committee of Publication, 1903.

Beattie, F. R., *Radical Criticism*. New York: Fleming H. Revell Co., 1894.

Beck, John Clark, Jr., *The Fall of Tyre According to Ezekiel's Prophecy*. Unveröffentl. Magisterarbeit, Dallas Theological Seminary, 1971.
Beck, Lewis White (Hrsg.), *Kant's Theory of Knowledge*. Dordrecht, Holland: D. Reidel, 1974.
Becker, Carl, »Detachment and the Writing of History«, *Detachment and the Writing of History*. Übers. v. Phil L. Snyder. Westport, Corm.: Greenwood, 1972.
Beckwith, Francis J., *David Hume's Argument Against Miracles: A Critical Analysis*. Lanham, Md.: University Press of America, 1989.
Beckwith, Francis J., »History & Miracles«, in *Defense of Miracles*. Übers. v. R. Douglas Geivett u. Gary R. Habermas. Downers Grove, Ill.: InterVarsity Press, 1997.
Beckwith, Roger, *The Old Testament Canon of the New Testament Church and Its Background in Early Judaism*. Grand Rapids: Eerdmans, 1986.
Beecher, Willis J., »The Prophecy of the Virgin Mother«, *Classical Evangelical Essays in Old Testament Interpretation*. Übers. v. Walter C. Kaiser, Jr., Grand Rapids: Baker Book House, 1972.
Beegle, Dewey M., *The Inspiration of Scripture*. Philadelphia: Westminster, 1963.
Beegle, Dewey M., *Scripture, Tradition, and Infallibility*. Grand Rapids: Eerdmans, 1973.
Begley, Sharon, »Science Finds God«, *Newsweek*. 20. Juli, 1998.
Benoit, Pierre, *Jesus and the Gospels*. Bd. 1, übers. v. Benet Weatherhead. New York: Herder and Herder, 1973.
Bentzen, A., *Introduction to the Old Testament*. 2 Bde. Kopenhagen: G. E. C. Gad, 1948.
Berkouwer, G. C., *Holy Scriptures*. Übers. u. hrsg. v. Jack Rogers. Grand Rapids: Eerdmans, 1975.
Bertocci, Peter Anthony, *Introduction to the Philosophy of Religion*. New York: Prentice-Hall, Inc., 1951.
Besant, Annie, »Why I Do Not Believe in God«, *An Anthology of Atheism and Rationalism*. Hrsg. v. Gordon Stein. Amherst: Prometheus Books, 1980.
Betz, Otto, *What Do We Know About Jesus?* SCM Press, 1968.
Bewer, Julius A., Lewis Bayles Paton and George Dahl, »The Problem of Deuteronomy: A Symposium«, *Journal of Biblical Literature*. Bd. 47. 1929-30.
The Bible Version Debate. Minneapolis: Central Seminary Press, 1997.
Biram, Avaraham, »House of David«, *Biblical Archaeology Review*. März/April 1994.
Blackburn, Simon, *The Oxford Dictionary of Philosophy*. New York: Oxford University Press, 1996.
Blackman, E. C., »Jesus Christ Yesterday: The Historical Basis of the Christian Faith«, *Canadian Journal of Theology*. Bd. 7, April 1961.
Blaikie, William G., *A Manual of Bible History*. London: Thomas Nelson & Sons, 1904.

Blaiklock, Edward Musgrave, *The Acts of the Apostles*. Grand Rapids: William B. Eerdmans Publishing Co., 1959.

Blaiklock, Edward Musgrave, *Layman's Answer: An Examination of the New Theology*. London: Hodder and Stoughton, 1968.

Blinzler, Josef, *The Trial of Jesus*. Übers. v. Isabel and Florence McHugh. Westminster, Md.: The Newman Press, 1959.

Bloesch, Donald G., *Essentials of Evangelical Theology: God, Authority, and Salvation*. San Francisco: Harper and Row, 1978.

Blomberg, Craig L., *The Historical Reliability of the Gospels*. Downers Grove, Ill.: InterVarsity Press, 1987.

Blomberg, Craig L., *Jesus and the Gospels*. Nashville: Broadman & Holman Publishers, 1997.

Blomberg, Craig, »Where Do We Start Studying Jesus?« In *Jesus Under Fire. Modern Scholarship Reinvents the Historical Jesus*, hrsg. v. Michael J. Wilkins and J. P. Moreland. Grand Rapids: Zondervan Publishing House, 1995.

Boa, Kenneth, u. Larry Moody, *I'm Glad You Asked*. Wheaton, Ill.: Victor Books, 1982.

Bockmuehl, Markus, *This Jesus: Martyr, Lord, Messiah*. Edinburgh: T & T Clark Ltd., 1994.

Boer, Harry R., *Above the Battle? The Bible and Its Critics*. Grand Rapids: Eerdmans, 1975.

Boice, James Montgomery, *Does Inerrancy Matter?* ICBI Foundation Series, International Council of Biblical Inerrancy. Oakland, Calif., 1979.

Boice, James Montgomery, *The Christ of Christmas*. Chicago, Ill.: Moody Press, 1983.

Boring, M. Eugene, Klaus Berger, Carsten Colpe, *Hellenistic Commentary to the New Testament*. Nashville: Abingdon, 1995.

Bornkamm, Günther, *Tradition and Interpretation in Matthew*. Philadelphia: The Westminster Press, 1963.

Bowker, John, *The Targums and Rabbinic Literature*. London: Cambridge University Press, 1969.

Bowman, John Wick, »From Schweitzer to Bultmann«, *Theology Today*. Bd. 11, Juli 1954.

Bowman, Raymond, »Old Testament Research Between the Great Wars«. In *The Study of the Bible Today and Tomorrow*, hrsg. v. Harold H. Willoughby. Chicago: University of Chicago Press, 1947.

Box, Hubert S., *Miracles and Critics*. London: Faith Press, 1935.

Braaten, Carl E. u. Roy A. Harrisville, Hrsg. u. Übers. *The Historical Jesus and the Kerygmatic Christ*. Nashville: Abingdon Press, 1964.

Braaten, Carl E. u. Roy A. Harrisville (Hrsg.), *Kerygma and History*. New York: Abingdon Press, 1962.

Bradlaugh, Charles, »A Plea for Atheism«. In *An Anthology of Atheism and Rationalism*, Gordon Stein (Hrsg.). Amherst: Prometheus Books, 1980.

Bradley, F. H., *The Presuppositions of Critical History*. Chicago: Quadrangle Books, 1968.

Bray, Gerald, *Biblical Interpretation: Past and Present*. Downers Grove, Ill.: InterVarsity Press, 1996.

Briggs, C. A., *The Higher Criticism of the Hexateuch*. New York: Charles Scribner's Sons, 1897.

Bright, John, *A History of Israel*. Philadelphia: The Westminster Press, 1959.

Brightman, Edgar S., *The Sources of the Hexateuch*. New York: Abingdon Press, 1918.

Broad, C. D., »Hume's Theory of the Credibility of Miracles«. *Proceedings from the Aristotelian Society* 17. 1916-17.

Broadus, John A., *Jesus of Nazareth*. Grand Rapids: Baker Book House, 1963.

Brotzman, Ellis R., *Old Testament Textual Criticism*. Grand Rapids: Baker Books, 1994.

Brown, Colin, *Miracles and the Critical Mind*. Grand Rapids: William B. Eerdmans, 1984.

Brown, Colin, *Miracles and the Critical Mind*. Grand Rapids: William B. Eerdmans, 1984. Zitiert in Francis J. Beckwith, J. *David Hume's Argument Against Miracles: A Critical Analysis*. Lanham, Md.: University Press of America, 1989.

Brown, Colin, *Philosophy and the Christian Faith*. London: Tyndale Press, 1969.

Brown, Lewis, *This Believing World*. New York: Macmillan Company, 1961.

Brown, Raymond E., *The Gospel According to John*, Bd. 1. London: Geoffrey Chapman, 1971.

Browning, Iain, *Petra*. Parkridge, N.J.: Noyes Press, 1973.

Bruce, A. B., *The Training of the Twelve*. Grand Rapids: Kregel Publications, 1971.

Bruce, Alexander Balmin, *The Expositor's Greek New Testament. Vol. I – The Synoptic Gospels*. London: Hodder and Stoughton, 1903.

Bruce, F. F., »Archaeological Confirmation of the New Testament«. In *Revelation and the Bible*, Hg. Carl Henry. Grand Rapids: Baker Book House, 1969.

Bruce, F. F., *The Books and the Parchments: How We Got Our English Bible*. Old Tappan, N.J.: Fleming H. Revell Co., 1950. Nachdrucke: 1963, 1984.

Bruce, F. F., *The Canon of Scripture*. Downers Grove, Ill.: InterVarsity Press, 1988.

Bruce, F. F., »Criticism and Faith«, *Christianity Today*. Bd. 5. 21. November, 1960.

Bruce, F. F., *The Defense of the Gospel in the New Testament*. Überarb. Ausgabe. Grand Rapids: Win. B. Eerdmans, 1977.

Bruce, F. F., *The Epistle to the Hebrews*, überarb. Ausgabe in *The New International Commentary on the New Testament*. Hg. by Gordon D. Fee. Grand Rapids: William B. Eerdmans Publishing Company, 1990.

Bruce, F. F., »Foreword«. In *Scripture, Tradition, and Infallibility*. Dewey M. Beegle. Grand Rapids: Eerdmans, 1973.

Bruce, F. F., *Jesus: Lord and Savior*. Downers Grove, Ill.: InterVarsity Press, 1986.

Bruce, F. F., *Jesus and Christian Origins Outside the New Testament*. Grand Rapids: Zondervan Publishing House, 1970

Bruce, F. F. (Hrsg.), *The New International Commentary on the New Testament*. Grand Rapids: William B. Eerdmans Publishing Co., 1971.

Bruce, F. F., *The New Testament Documents: Are They Reliable?* Downers Grove; Ill.: InterVarsity Press, 1964.

Bruce, F. F., *The Real Jesus: Who Is He?* In *The Jesus Library*, hrsg. v. Michael Green. London: Hodder & Stroughton, 1985.

Bruce, F. F., *Tradition Old and New*. Grand Rapids: Zondervan Publishing House, 1970.

Bultmann, Rudolf, *Existence and Faith*. Shorter writings of R. Bultmann, übers. v. Schubert M. Ogden. New York: Meridian Books – The World Publishing Co., 1960.

Bultmann, Rudolf, *History and Eschatology*. Edinburgh: The Edinburgh University Press, 1957.

Bultmann, Rudolf, *The History of the Synoptic Tradition*, übers. v. John Marsh. New York: Harper and Row, 1963.

Bultmann, Rudolf, *Jesus and the Word*. New York: Charles Scribner's Sons, 1934.

Bultmann, Rudolf, *Jesus Christ and Mythology*. New York: Charles Scribner's Sons, 1958.

Bultmann, Rudolf, *Kerygma and Myth: A Theological Debate*, hrsg. v. Hans Werner Bartsch. Übers. v. Reginald H. Fuller. London: Billing and Sons, 1954.

Bultmann, Rudolf, »A New Approach to the Synoptic Problem«, *Journal of Religion* 6. Juli 1926.

Bultmann, R., »The Study of the Synoptic Gospels«, *Form Criticism*. Hrsg. v. Frederick C. Grant. Chicago: Willett, Clark & Co., 1934.

Bultmann, Rudolf, *Theology of the New Testament*. Bd. 1. Übers. v. Kendrick Grobel. New York: Charles Scribner's Sons, 1951.

Bultmann, Rudolf, *Theology of the New Testament*. Bd. 2. Übers. v. Kendrick Grobel. New York: Charles Scribner's Sons, 1955.

Bultmann, Rudolf u. Karl Kundsin, *Form Criticism*. Übers. v. F. C. Grant. Willett, Clark, and Co., 1934. Nachdruck, Harper and Brothers-Torchbook Edition, 1962.

Burkitt, F. Crawford, *The Gospel History and Its Transmission*. Edinburgh: T. & T. Clark, 1925.

Burkitt, F. C., *Jesus Christ*. London and Glasgow: Blackie and Sons, Ltd., 1932.

Burrill, Donald R. (Hrsg.), *The Cosmological Arguments: A Spectrum of Opinion*. Anchor Books edition. Garden City, N.Y.: Doubleday, 1967.

Burrows, Millar, »How Archaeology Helps the Student of the Bible«, *Workers with Youth*. April 1948.

Burrows, Millar, *What Mean These Stones?* New York: Meridian Books, 1957.

Burtner, Robert W. u. Robert E. Chiles, *A Compend of Wesley's Theology*. Nashville: Abingdon, 1954.

Bush, L. Russ, *Classical Readings in Christian Apologetics, A.D. 100-1800*. Grand Rapids: Zondervan, 1983.

Buswell, James Oliver, *A Systematic Theology of the Christian Religion*, 2 Bde. Grand Rapids: Zondervan, 1962.

Butchvarov, Panayot, »Metaphysical Realism«, *The Cambridge Dictionary of Philosophy*. Robert Audi (Hrsg.). Cambridge: Cambridge University Press, 1995.

Cadbury, Henry J., »Some Foibles of NT Scholarship«, *Journal of Bible and Religion*. Bd. 26. Juli 1958.

Cadoux, Arthur Temple, *The Sources of the Second Gospel*. London: James Clarke and Co. Ltd., o. J.

Cahn, Steven M., »The Irrelevance to Religion of Philosophic Proofs for the Existence of God«, *Contemporary Perspectives on Religious Epistemology*. Hg. v. R. Douglas Geivett u. Brendan Sweetman. New York: Oxford University Press, 1992.

Caboone, Lawrence (Hrsg.), *From Modernism to Postmodernism: An Anthology*. Malden, Mass.: Blackwell Publishers Inc., 1996.

Caiger, S. L., *Bible and Spade*. London: Oxford University Press, 1936.

Cairns, David, *A Gospel Without Myth?* London: SCM Press Ltd., 1960.

Calvin, John, *Commentary on the Book of the Prophet Isaiah*, 2 Bde. Übers. v. William Pringle. Edinburgh, Scotland: Calvin Translation Society, 1850.

Cambridge Ancient History, The. Vol. XI. Cambridge: at the University Press, 1965.

Campbell, A. Glen, *The Greek Terminology for the Deity of Christ*. Unv. Th.M. These, Dallas Theological Seminary, 1948.

Campbell, E. F., Jr., »The Amarna Letters and the Amarna Period«, *The Biblical Archaeologist*. Bd. 23. Februar 1960.

Campbell, Richard, »History and Bultmann's Structural Inconsistency«, *Religious Studies*. Bd. 9. März 1973.

Caputo, John D., *Radical Hermeneutics: Repetition, Deconstruction, and the Hermeneutic Project*. Bloomington and Indianapolis: Indiana University Press, 1987.

Carey, G. L., »Aristides (second century)«, *The New International Dictionary of the Christian Church*. Überarb. Ausgabe; Hrsg. J. D. Douglas. Grand Rapids: Zondervan, 1978.

Carey, G. L., »Justin Martyr«, *The New International Dictionary of the Christian Church*. Überarb. Ausgabe; Hrsg. J. D. Douglas. Grand Rapids: Zondervan, 1978.

Carlson, A. J., *Science and the Supernatural* (pamphlet). Yellow Springs, Ohio: American Humanist Association, o. J.

Carnell, E. J., *Christian Commitment*. New York: Macmillan Company, 1957.

Carnell, E. J., *An Introduction to Christian Apologetics*, 3. Aufl. Grand Rapids: Eerdmans, 1950.

Carson, D. A., *The Gagging of God: Christianity Confronts Pluralism*. Grand Rapids: Zondervan, 1996.

Carson, D. A., Douglas J. Moo u. Leon Morris. *An Introduction to the New Testament*. Grand Rapids: Zondervan Publishing House, 1992.

Carus, Paul, »Essay on Kant's Philosophy«, *Prolegomena to Any Future Metaphysics*. Immanuel Kant. Übers. v. Paul Carus. Illinois: Open Court, 1902.

Cass, T. S., *Secrets from the Caves*. Zitiert in Norman L. Geisler, *Baker's Encyclopedia of Christian Apologetics*. Grand Rapids: Baker Book House, 1998.

Cassuto, U., *Commentary on Genesis 1-11*. Jerusalem: Magnes Press, The Hebrew University, 1964.

Cassuto, U., *The Documentary Hypothesis*. Jerusalem: Magnes Press, The Hebrew University 1941. 1. engl. Ausgabe, 1961.

Chafer, Lewis Sperry, *Systematic Theology*. Dallas: Dallas Theological Seminary Press, 1947.

Chandler, Samuel, *Witnesses of the Resurrection of Jesus Christ*. London: o.S., 1744.

Chapman, A. T., *An Introduction to the Pentateuch*. Cambridge: The University Press, 1911.

Chase, F. H., *Essays on Some Theological Questions of the Day*, Hrsg. H. B. Swelt. London: Macmillan & Co., 1905.

Cheyne, T. K., *Founders of Old Testament Criticism*. London: Methuen & Co., 1893.

Chiera, Edward, *They Wrote on Clay. The Babylonian Tablets Speak Today*. Chicago: University of Chicago Press, 1938.

Chiera, Edward, *They Wrote on Clay: The Babylonian Tablets Speak Today*. Hrsg. George C. Cameron. Überarb. Fassung. Chicago: University of Chicago Press, 1966.

Chisti, Yousuf Saleem, *What Is Christianity: Being a Critical Examination of Fundamental Doctrines of the Christian Faith*. Karachi, Pakistan: World Federation of Islamic Missions, 1970.

Chrysostom, *Homilies on the Gospel of Saint Matthew*. In *A Select Library of the Nicene and Post-Nicene Fathers of the Christian Church*. Hg. v. Philip Schaff. Bd. X. New York: The Christian Literature Company, 1888.

Clark, David K. u. Norman L. Geisler, *Apologetics in the New Age: A Christian Critique of Pantheism*. Grand Rapids: Baker, 1990.

Clark, Gordon H., *A Christian View of Men and Things*. Grand Rapids: Eerdmans, 1951.

Clark, G. W., *The Gospel of Matthew*. Philadelphia: American Baptist Publication Society, 1896.

Clark, Robert E. D., *Science and Christianity: A Partnership*. Mountain View, Calif.: Pacific Press, 1972.

Clemens, Samuel L., (Mark Twain). *Innocents Abroad or The New Pilgrim's Progress*. Bd. II. New York: Harper & Brothers Publishers, 1869.

Cohen, A., *The Teachings of Maimonides*. London: George Routledge & Sons, Ltd., 1927.

Cole, R. Alan, *Exodus*. Downers Grove, Ill.: InterVarsity Press, 1973.

Collett, Sidney, *All About the Bible*. Old Tappan, N.J.: Fleming H. Revell, o. J.

Collingwood, R. G., *Essays in the Philosophy of History*, hrsg. v. William Debbins. Austin, Tex.: University of Texas Press, 1965.

Comfort, Philip W., *Early Manuscripts and Modern Translations of the New Testament*. Wheaton, Ill.: Tyndale House Publishers, Inc., 1990.

Comfort, Philip Wesley (Hrsg.), *The Origin of the Bible*. Wheaton, Ill.: Tyndale House Publishers, Inc., 1992.

Conzelmann, Hans, *The Theology of St. Luke*. Übers. v. Geoffrey Boswell. New York: Harper and Row, Publishers, 1961.

Cook, Frederick Charles (Hrsg.), *Commentary on the Holy Bible*. London: John Murray, 1878.

Cooper, David L., »God and Messiah«. Los Angeles: Biblical Research Society. o. J.

Copeland, E. Luther, *Christianity and World Religions*. Nashville: Convention Press, 1963.

Copleston, Frederick, *A History of Philosophy. Vol. II, Medieval Philosophy: From Augustine to Duns Scotus*. New York: Doubleday, 1993.

Copleston, Frederick, *The History of Philosophy. Vol. 3*. Garden City, NY: Image, 1962.

Corduan, Winfried, *No Doubt About It. The Case for Christianity*. Nashville: Broadman & Holman Publishers, 1997.

Cornill, Carl, *Introduction to the Canonical Books of the Old Testament*. New York: G. P. Putnams Sons, 1907.

»Cosmic Designs«, *U. S. News and World Report*. 20. Juli, 1998.

Craig, William Lane, *Apologetics: An Introduction*. Chicago: Moody Press, 1984.

Craig, William Lane, »Did Jesus Rise from the Dead?« *Jesus Under Fire: Modern Scholarship Reinvents the Historical Jesus*. Hrsg v. Michael J. Wilkins und J. P. Moreland. Grand Rapids: Zondervan Publishing House, 1995.

Craig, William Lane, *Knowing the Truth about the Resurrection*. Ann Arbor, Mich.: Servant Books, 1988. Überarb. Ausgabe v. *The Son Rises*. Chicago: Moody Bible Institute, 1981.

Craig, William Lane, »Politically Incorrect Salvation«, *Christian Apologetics in the Postmodern World*. Hrsg. v. Timothy R. Phillips und Dennis L. Okholm. Downers Grove, Ill.: InterVarsity Press, 1995.

Craig, William Lane, *Reasonable Faith: Christian Truth and Apologetics*. Wheaton Ill.: Crossway Books, 1994.

Craig, William Lane u. Quentin Smith, *Theism, Atheism, and Big Bang Cosmology*. New York: New York University Press, 1993.

Craige, P. C., »The Book of Deuteronomy«, *The New International Commentary on the Old Testament*. Grand Rapids: Eerdmans, 1976. Zitiert in Norman L. Geisler, *Inerrancy*. Grand Rapids: Zondervan, 1980.

Criswell, W. A. (Hrsg.), *The Criswell Study Bible*. Nashville: Thomas Nelson, 1979.

Culpepper, Robert H., »The Problem of Miracles«, *Review and Expositor*. Bd. 53. April 1956.

Currie, George, *The Military Discipline of the Romans from the Founding of the City to the Close of the Republic*. Eine Zusammenfassung von einer Arbeit, die unter den Beschluss des graduierten Konvents der Indiana University publiziert wurde, 1928.

Curtius, Quintus, *History of Alexander*. Übers. v. John C. Rolfe (von der *Loeb Classical Library*, Hrsg. T. E. Page). 2 Bde. Cambridge: Harvard University Press, 1946.

Dahood, Michael, »Are the Ebla Tablets Relevant to Biblical Research?« *Biblical Archaeology Review*. September-Oktober 1980.

Dahse, Johannes, »Textkritische Bedenken gegen den Ausgangspunkt der Pentateuchkritik«, Archiv für Religionswissenschaft. 1903.

Darwin, Charles, *The Origin of Species by Means of Natural Selection or The Preservation of Favored Races in the Struggle for Life and The Descent of Man and Selection in Relation to Sex*. New York: The Modern Library, o. J.

Darwin, Francis (Hrsg.), »Letter from Darwin to Hooker«, *The Life and Letters of Charles Darwin*. Bd. 2. New York: Appleton, 1967. Zitert in Alvin C. Plantinga, »Methodological Naturalism?« Origins & Design. Winter, 1997.

Davidson, Samuel, *The Hebrew Text of the Old Testament*. London: 1856. Zitiert in Norman L. Geisler and William E. Nix, *General Introduction to the Bible*. Chicago: Moody Press, 1986.

Davies, Paul C. W., *The Accidental Universe*. Cambridge: Cambridge University Press, 1982. Zitiert in Alvin C. Plantiga, »Methodological Naturalism?« Origins & Design. Winter, 1997.

Davies, Paul C., »The Cosmic Blueprint«, *The Creation Hypothesis: Scientific Evidence for an Intelligent Designer*. Hrsg. v. J. P. Moreland. Downers Grove, Ill.: InterVarsity Press, 1994.

Davies, W. D., *Invitation to the New Testament*. New York: Doubleday and Co., Inc., 1966.

Davies, W. D., »Quest to Be Resumed in New Testament Studies«, *Union Seminary Quarterly*. Bd. 15. Januar 1960.

Davis, George T. B., *Bible Prophecies Fulfilled Today*. Philadelphia: The Million Testaments Campaigns, Inc., 1955.

Davis, George T. B., *Fulfilled Prophecies That Prove the Bible*. Philadelphia: The Million Testaments Campaign, 1931.

Davis, H. Grady, »Biblical Literature and Its Cultural Interpretation«, *The New Encyclopedia Britannica*, Bd. 14, 1994.

Davis, John J., *Conquest and Crisis*. Grand Rapids: Baker Book House, 1969.

Davis, Stephen T., *The Debate About the Bible: Inerrancy Versus Infallibility*. Philadelphia: Westminster, 1977.

Davis, Stephen T., »God's Actions«, In *Defense of Miracles*. Hrsg. v. R. Douglas Geivett u. Gary R. Habermas. Downers Grove, Ill.: InterVarsity Press, 1997.

Dawkins, Richard, *The Blind Watchmaker*. London and New York: W. W. Norton & Co., 1986.

Day, E. Hermitage, *On the Evidence for the Resurrection*. London: Society for Promoting Christian Knowledge, 1906.

Deere, Jack S., »Song of Songs«, *The Bible Knowledge Commentary: Old Testament*. Hg. John F. Walvoord u. Roy B. Zuck. Wheaton, Ill.: Victor Books, 1985.

Deland, Charles Edmund, *The Mis-Trials of Jesus*. Boston, Mass.: Richard G. Badger, 1914.

Delitzsch, Franz, *Biblical Commentary on the Prophecies of Isaiah*. Bd. 1. Übers. v. James Martin. Grand Rapids: William B. Eerdmans Publishing Co., 1950.

Delitzsch, Franz, *Biblical Commentary on the Prophecies of Isaiah*. Übers. v. James Martin, 2 Bde. Grand Rapids: William B. Eerdmans Publishing Co., 1963.

Dembski, William A., »The Intelligent Design Movement«, *Cosmic Pursuit* 1, Nr. 2. Frühjahr, 1998.

Derham, A. Morgan, »Bible Societies«, *The New International Dictionary of the Christian Church*. Überarb. Ausgabe. Hg. J. D. Douglas. Grand Rapids: Zondervan, 1978.

Derrida, Jacques, *Of Grammatology*. Übers. v. Gayatri Chakravorty Spivak. Baltimore: Johns Hopkins University Press, 1974.

Derrida, Jacques, *Positions*. Übers. v. Alan Bass. Chicago: University of Chicago Press, 1981.

Derrida, Jacques, *Writing and Difference*. Übers. v. Alan Bass. Chicago: University of Chicago Press, 1978.

Descartes, Rene, *Discourse on Method and The Meditation*. Übers. v. F. E. Sutcliffe. London: Penguin Books, 1968.

Dibelius, Martin, »The Contribution of Germany to New Testament Science«, *The Expository Time* 42. Oktober 1930.

Dibelius, Martin, *A Fresh Approach to the New Testament and Early Christian Literature*, New York: Charles Scribner's Sons, 1936.

Dibelius, Martin, *From Tradition to Gospel*. Übers. v. Bertram Lee Woolf. New York: Charles Scribner's Sons, 1935.

Dibelius, Martin, *Gospel, Criticism and Christology*. London: Ivor Nicholson and Watson, Ltd., 1935.

Dibelius, Martin, *Jesus*. Übers. v. Charles B. Hedrick and Frederick C. Grant. Philadelphia: The Westminster Press, 1949.

Dibelius, Martin u. Hans Conzelmann, *The Pastoral Epistles*. Übers. v. Philip Bultolph and Adela Yarbro. Philadelphia: Fortress, 1972.

Diodorus Of Sicily, Bd. 1. Engl. Übersetzung v. C. H. Oldlather. New York: Putnam's, 1933.

Dockery, David. S. (Hrsg.), *The Challenge of Postmodernism: An Evangelical Engagement*. Wheaton: Victor, 1995.

Dockery, David S., Kenneth A. Mathews u. Robert B. Sloan, *Foundations for Biblical Interpretation*. Nashville: Broadman & Holman Publishers, 1994.

Dodd, C. H., *About the Gospels, the Coming of Christ*. Cambridge: at the University Press, 1958.

Dodd, C. H., *The Apostolic Preaching*. London: Hodder and Stoughton Limited, 1936.

Dodd, C. H., »The Framework of the Gospel Narrative«, *The Expository Times*. Bd. 43. Juni 1932.

Dodd, C. H., *History and the Gospel*. New York: Charles Scribner's Sons, 1938.

Dodd, C. H., *More New Testament Studies*. Manchester: University Press, 1968.

Dodd, C. H., *New Testament Studies*. Manchester: Manchester University Press, 1954.
Dodd, C. H., *The Parables of the Kingdom*. London: Nisbet and Co., Ltd., 1935.
Dostoyevsky, Fyodor Mikhailovich, *The Brothers Karamazov*. In *Great Books of the Western World*. Hg. Robert Maynard Hutchins. Übers. v. Constance Garnett. Chicago: The University of Chicago, Encyclopaedia Britannica, Inc., William Benton, Verleger, 1984.
Douglas, J. D. (Hrsg.), *The New Bible Dictionary*. Grand Rapids: William B. Eerdmans Publishing Co., 1962.
Driver, S. R., »Book of Exodus«. *Cambridge Bible for Schools and Colleges*. Cambridge: The University Press, 1911.
Driver, S. R., *The Book of Genesis*. London: Methuen & Co., 1904.
Driver, S. R., »Deuteronomy«, *International Critical Commentary*. Edinburgh: T & T Clark, 1896.
Driver, S. R., *An Introduction to the Literature of the Old Testament*. New York: Charles Scribner's Sons, 1913.
Driver, S. R., *Notes on the Hebrew Text and the Topography of the Books of Samuel*. Oxford: Clarendon Press, 1966.
Duggan, G. H., *Beyond Reasonable Doubt*. St. Paul: Boston, 1987.
Duncker, Peter G., »Biblical Criticism«, *The Catholic Biblical Quarterly*. Bd. 25. Januar 1963.
Earle, Ralph, *How We Got Our Bible*. Grand Rapids: Baker Book House, 1971.
Easterbrook, Gregg, »What Came Before Creation?« *U.S. News & World Report*, 20. Juli, 1998.
Easton, Burton Scott, *Christ in the Gospels*. New York: Charles Scribner's Sons, 1930.
Easton, Burton Scott, *The Gospel Before the Gospels*. New York: Charles Scribner's Sons, 1928.
Edersheim, Alfred, *The Life and Times of Jesus the Messiah*. Bd. II. Grand Rapids: William B. Eerdmans Publishing Co., 1962.
Edersheim, Alfred, *The Temple: Its Ministry and Services*. Grand Rapids: William B. Eerdmans Publishing Co., 1958.
Edgar, R. M'Cheyne, *The Gospel of a Risen Savior*. In *Therefore Stand: Christian Apologetics*, Wilbur M. Smith. Grand Rapids: Baker Book House, 1965.
Edwards, O. C. Jr., »Historical-Critical Method's Failure of Nerve and a Prescription for a Tonic: A Review of Some Recent Literature«, *Anglican Theological Review*. Bd. 59. April 1977.
Edwards, Paul (Hrsg.), *The Encyclopedia of Philosophy*. Bd. V. New York: The Macmillan Co. & The Free Press, 1967, S.v. »Miracles«, von Antony Flew.
Edwards, William D., M.D., u. a., »On the Physical Death of Jesus Christ«, *Journal of the American Medical Association* 255: 11. März, 1986.
Eerdmans, B. D., *The Religion of Israel*. Leiden: Universitaire Pers Leiden, 1947.
Eichhorn, J. G., *Einleitung in das Alte Testament*. Zitiert in S. J. Chapman, *An Introduction to the Pentateuch*. Cambridge: The University Press, 1911.

Eichrodt, Walther, *Ezekiel*. Übers. v. Coslett Quin. Philadelphia: The Westminster Press, 1970.

Eissfeldt, Otto, *The Old Testament - An Introduction*. New York: Harper and Row Publishers, 1965.

Elder, John, *Prophets, Idols, and Diggers*. New York: Bobbs Merrill Co., 1960.

Ellwein, Edward, »Rudolf Bultmann's Interpretation of the Kerygma«, *Kerygma and History*. Hrsg. v. Carl E. Braaten and Roy A. Harrisville. New York: Abingdon Press, 1962.

Ellwein, Edward, »Rudolf Bultmann's Interpretation of the Kerygma«, *The Theology of Rudolf Bultmann*. Hg. Charles W. Kegley. London: SCM Press, 1966.

Elwell, Walter (Hrsg.), *Evangelical Dictionary of Theology*. Grand Rapids: Baker Book House, 1984.

Elwell, Walter (Hrsg.), *Evangelical Dictionary of Biblical Theology*. Grand Rapids: Baker Book House, 1996.

Ellwood, Robert S., Jr., *Mysticism and Religion*. Englewood Cliffs, N.J.: Prentice-Hall, 1980.

Encyclopedia Americana, Bd. 8, 16. New York: Americana Corporation, 1960.

Encyclopedia Americana, Bd. 10, 14. New York: Americana Corporation, 1959.

Encyclopaedia Britannica, 15. Ed. New York: University Press, 1970.

Encyclopedia of Religion and Ethics, James Hastings (Hrsg.), Edinburgh: T. & T. Clark, 1935.

Englishman's Greek Concordance, 9. Ed. London: S. Bagster, 1903.

Engnell, Ivan, *A Rigid Scrutiny: Critical Essays on the Old Testament*. Übers. u. hrsg. v. John T. Willis, Nashville: Vanderbilt Press, 1969.

Enns, Paul, *The Moody Handbook of Theology*. Chicago: Moody Press, 1989.

Enslin, Morton Scott, *Christian Beginnings*. New York: Harper and Brothers Publishers, 1938.

Erickson, Millard J., *Christian Theology*. 3 Bde. Grand Rapids: Baker Book House, 1984.

Erickson, Millard J., *Postmodernizing the Faith: Evangelical Responses to the Challenge of Postmodernism*. Grand Rapids: Baker Books, 1998.

Erickson, Millard J., *The Word Became Flesh: A Contemporary Incarnational Christology*. Grand Rapids: Baker Book House, 1991.

Erlandsson, Seth, übers. v. Harold O. J. Brown. »Is Biblical Scholarship Possible Without Presuppositions?« *Trinity Journal*. Bd. VII. Frühjahr 1978.

Estborn, S., *Gripped by Christ*. London: Lutterworth Press, 1965.

Ethridge, J. W., *The Targums of Onkelos and Jonathan Ben Ussiel on the Pentateuch*. Bde. 1, 2. New York: KTAV Publishing House, Inc., 1968.

Eusebius, *Ecclesiastical History*. Bd. 1. Übers. v. Kirsopp Lake. London: William Heinemann Ltd., 1926.

Eusebius, *Ecclesiastical History*. VIII, 2. Loeb. Ed., II.

Eusebius, *Ecclesiastical History*. Übers. v. C. F. Cruse. Zitiert in Norman L. Geisler, *Baker's Encyclopedia of Christian Apologetics*. Grand Rapids: Baker Book House, 1998.

Eusebius, *The Treatise of Eusebius*, enthalten in *The Life of Apollonius of Tyana/ Philostratus. The Epistles of Apollonius and the Treatise of Eusebius*; mit engl. Übers. v. F. C. Conybeare. Cambridge, Mass.: Harvard University Press; London: W. Heinemann, 1912.

Evans, C. A., »Jesus in Non-Christian Sources«, *Dictionary of Jesus and the Gospels*. Hg. Joel B. Green, Scot McKnight, I. Howard Marshall. Downers Grove, Ill.: InterVarsity Press, 1992.

Evans, C. Stephen, *The Historical Christ and The Jesus of Faith*. Oxford: Clarendon Press, 1996.

Evans, C. Stephen, *Why Believe?* Grand Rapids: William B. Eerdmans Publishing Co., 1996.

Ewert, David, *From Ancient Tablets to Modern Translations: A General Introduction to the Bible*. Grand Rapids: Zondervan, 1983.

Fairbairn, A. M., *Christ in Modern Theology*. London: Hodder and Stoughton, 1893.

Fairbairn, A. M., *Philosophy of the Christian Religion*. London: Hodder and Stoughton, 1908.

Fairbairn, A. M., *Studies in the Life of Christ*. London: Hodder and Stoughton. 1896.

Fallow, Samuel (Hrsg.), *The Popular and Critical Bible Encyclopedia and Scriptural Dictionary*. Bd. III. Chicago: The Howard Severance Co., 1908.

Faris, Murray G., »Disease Free«, *Contact*, März 1972. Glen Ellyn: Christian Business Men's Committee, Int.

Farrar, Frederick W., *The Life of Christ*. Dutton, Dovar: Cassell and Co., 1897.

Fascher, E., *Die Formgeschichtliche Methode*. Gießen: Töpelmann, 1924.

Fausset, A. R., *A Commentary Critical, Experimental and Practical on the Old and New Testaments*. Bd. III. Grand Rapids: William B. Eerdmans Publishing Company, 1961.

Feinberg, Charles Lee, *The Prophecy of Ezekiel*. Chicago: Moody Press, 1969.

Feinberg, Charles L., »The Relation of Archaeology to Biblical Criticism«, *Bibliotheca Sacra*. Juni 1947.

Feinberg, Charles Lee, »The Virgin Birth in the Old Testament and Isaiah 7:14«, *Bibliotheca Sacra*. Juli 1962.

Feinberg, Paul D., »The Doctrine of God in the Pentateuch«. Ph.D. Dissertation, Dallas Theological Seminary, 1968.

Feinberg, Paul D., »The Meaning of Inerrancy«. In *Inerrancy*, Hg. Norman L. Geisler. Grand Rapids: Zondervan, 1980.

Felder, Hilarin, *Christ and the Critics*. Übers. v. John L. Stoddard. London: Burns Oates and Washburn Ltd., 1924.

Ferm, Robert O., *The Psychology of Christian Conversion*. Westwood, N.J.: Fleming H. Revell Company, 1959.

Ferré, Nels F. S., »Contemporary Theology in the Light of 100 Years«, *Theology Today*. Bd. 15. Oktober 1958.

Feuerbach, Ludwig, *The Essence of Christianity*. Übers. v. George Eliot. New York: Harper Torchbooks, 1957.

Filson, Floyd V., »Form Criticism«, *Twentieth Century Encyclopedia of Religious Knowledge*. Bd. 1. Hg. Lefferts A. Loetscher. Grand Rapids: Baker Book House, 1955.

Filson, Floyd V., *Origins of the Gospels*. New York: Abingdon Press, 1938.

Finegan. Jack, *Light from the Ancient Past*. London: Oxford Press, vertrieben in den U.S. von Princeton University Press, 1946.

Finkelstein, Louis (Hrsg.), *The Jews, Their History, Culture, and Religion*. 3. Ed. Bd. 1. New York: Harper and Brothers, 1960.

Fisch, Harold, »The Bible and Western Literature«, *The HarperCollins Bible Dictionary*. Hg. Paul J. Achtemeier, San Francisco: Harper-Collins Publishers, 1996.

Fischer, David Hackett, *Historians' Fallacies: Toward a Logic of Historical Thought*. New York: Harper Torchbooks, 1970.

Fisher, G. P., *The Grounds of Theistic and Christian Belief*. London: Hodder and Stoughton, 1902.

Fisher, J. T. u. L. S. Hawley, *A Few Buttons Missing*. Philadelphia, Penn.: Lippincott, 1951.

Fitzmyer, Joseph A., »Memory and Manuscript: The Origins and Transmission of the Gospel Tradition«, *Theological Studies*. Bd. 23. September 1962.

Flanders, Henry Jackson, Jr., Robert Wilson Crapps, u. David Anthony Smith, *People of the Covenant*. New York: The Ronald Press Company, 1973.

Flew, Antony, »Miracles«, *The Encyclopedia of Philosophy*. Hg. Paul Edwards. Bd. V. New York: The Macmillan Co. & The Free Press, 1967.

Flew, Antony (Hrsg.), *A Dictionary of Philosophy*, überarb. 2. Ed. New York: St. Martin's Press, 1979.

Flew, Antony und Alasdair Maclntyre (Hrsg.), *New Essays in Philosophy Theology*. New York: Macmillan, 1955.

Fodor, Eugene, *Fodor's Israel*. New York: David McKay Co., Inc., 1974.

Fohrer, Georg, *Introduction to the Old Testament*. Initiiert v. Ernst Sellin. Übers. v. David Green. Nashville: Abingdon Press, 1965.

Foote, Henry Wilder, *Thomas Jefferson: Champion of Religious Freedom, Advocate of Christian Morals*. Zitiert in Norman L. Geisler u. William D. Watkins, *Worlds Apart*. Grand Rapids: Baker Book House, 1989.

Frame, Randall, »The Bible: The Year in Review«, *Christianity Today*. Oktober 1985.

France, R. T., »Life and Teaching of Christ«, *New Bible Dictionary*, 3. Ed. Hg. I. Howard Marshall, A. R. Millard, J. I. Packer, D. J. Wiseman, Downers Grove, Ill.: InterVarsity Press, 1996.

Frank, Henry Thomas, *Bible, Archaeology and Faith*. Nashville: Abingdon Press, 1971.

Free, Joseph P., »Archaeology and the Bible«, *His Magazine*. Mai 1949.

Free, Joseph P., *Archaeology and Bible History*. Wheaton: Scripture Press, 1950.

Free, Joseph P., *Archaeology and Bible History*. Wheaton: Scripture Press, 1969.

Free, Joseph P., »Archaeology and Higher Criticism«. *Bibliotheca Sacra* 114. Januar 1957.

Free, Joseph P., »Archaeology and the Historical Accuracy of Scripture«, *Bibliotheca Sacra* 113. Juli 1956.

Free, Joseph P., »Archaeology and Liberalism«. *Bibliotheca Sacra* 113. Juli 1956.

Free, Joseph P., »Archaeology and Neo-Orthodoxy«. *Bibliotheca Sacra* 114. Januar 1957.

Freedman, David Noel, »The Real Story of the Ebla Tablets; Ebla, and the Cities of the Plain«, *Biblical Archaeologist* 41, Nr. 4. Dezember 1978.

Freedom, D. N. u. J. C. Greenfield (Hrsg.), *New Directions in Biblical Archaeology*. Garden City: Doubleday, 1969.

Freud, Sigmund, *The Future of Illusion*. New York: Liveright Publishing Corporation, 1955.

Friedlaender, M., *Essays on the Writings of Abraham Ibn Ezra*. Bd. IV. London: Trubner and Company, o. J.

Frye, Northrop, *Anatomy of Criticism*. Princeton, N.J.: Princeton University Press, 1957.

Frye, Northrop, *The Great Code: The Bible and Literature*. New York: Harcourt Brace & Company,1982.

Fuller, R., *Interpreting the Miracles*. Philadelphia: Westminster Press, 1963.

Fuller, Reginald H., *The Mission and Achievement of Jesus*. London: SCM Press Ltd.,1967.

Fuller, Reginald H., *The New Testament in Current Study*. New York: Charles Scribner's Sons, 1962.

Fuller, Reginald Horace, »Rudolf Bultmann«, *Encyclopedia Britannica*. Bd. 4. Chicago: William Benton, 1962.

Futuyma, Douglas, *Evolutionary Biology*, 2. Ed., 1986, 3. Zitiert in Alvin C. Plantinga, »Methodological Naturalism«, *Origins Design*. Winter, 1997.

Gaebelein, Frank E. (Hrsg.), *The Expositor's Bible Commentary*. Bd. 1, *Introductory Articles: General, Old Testament, New Testament*. Grand Rapids: Zondervan, 1979.

Gaebelein, Frank E. (Hrsg.), *The Expositor's Bible Commentary*. Bd. 10. Grand Rapids: Zondervan, 1979.

Gallagher, Susan V. u. Roger Lundin, *Literature Through the Eyes of Faith*. San Francisco: Harper & Row Publishers, 1989.

Gardner, James, *The Christian Cyclopedia*. Glasgow: Blackie and Son, 1858.

Gardner, Martin, *The Whys of a Philosophical Scrivener*. New York: Quill, 1983.

Garrigou-Lagrange, Reginald, *Reality. A Synthesis of Thomistic Thought*. St. Louis: B. Herder Book Company, 1950.

Garstang, John, *The Foundations of Bible History; Joshua, Judges*. New York: R. R. Smith, Inc., 1931.

Garvie, A. E., *Handbook of Christian Apologetics*. London: Duckworth and Co., 1923.

Garvie, A. E., *Studies in the Inner Life of Christ*. New York: Hodder and Stoughton, 1907.

Gaussen, L., *The Divine Inspiration of the Bible*. Grand Rapids: Kregel, 1841. Nachdruck Edition, 1971.

Geisler, Norman L., *Baker Encyclopedia of Christian Apologetics*. Grand Rapids: Baker, 1998.

Geisler, Norman L., *The Battle for the Resurrection*. Nashville: Thomas Nelson, 1989.

Geisler, Norman L., *Christ: The Theme of the Bible*. Chicago: Moody Press, 1969.

Geisler, Norman L., *Christian Apologetics*. Grand Rapids: Baker, 1976.

Geisler, Norman L., »The Collapse of Modern Atheism«, *The Intellectuals Speak Out About God*. Hg. Roy Abraham Varghese. Dallas: Lewis and Stanley Publishers, 1984.

Geisler, Norman L., »The Concept of Truth in the Inerrancy Debate«, *Bibliotheca Sacra*. Okt.-Dez. 1980.

Geisler, Norman L., »The Inerrancy Debate – What Is It All About?« Oakland, Calif.: International Council on Biblical Inerrancy, 1978.

Geisler, Norman L., *Miracles and the Modern Mind*. Grand Rapids: Baker Book House, 1992.

Geisler, Norman L., »Miracles and the Modern Mind«, In *Defense of Miracles*. Hg. R. Douglas Geivett u. Gary R. Habermas. Downers Grove, Ill.: InterVarsity Press, 1997.

Geisler, Norman L., »The Missing Premise in the Ontological Argument«, *Religious Studies* 1.9 Nr. 3. 1973.

Geisler, Norman L., *Signs and Wonders*. Wheaton, Ill.: Tyndale House Publishers, 1988.

Geisler, Norman L., *Thomas Aquinas: An Evangelical Appraisal*. Mit einem Vorwort von Ralph McInerny, Grand Rapids: Baker, 1991.

Geisler, Norman L., *To Understand the Bible Look for Jesus: The Bible Student's Guide to the Bible's Central Theme*. Nachdruck-Ausgabe Grand Rapids: Baker Book House, 1979.

Geisler, Norman L. (Hrsg.), *Decide for Yourself: How History Reviews the Bible*. Grand Rapids: Zondervan, 1982.

Geisler, Norman L., (Hrsg.), *Inerrancy*. Grand Rapids: Zondervan, 1980.

Geisler, Norman L., u. Abdul Saleeb, *Answering Islam*. Grand Rapids: Baker Books, 1993.

Geisler, Norman L., u. J. Kerby Anderson, *Origin Science*. Grand Rapids: Baker Book House, 1987.

Geisler, Norman L., u. Peter Bocchino, *When Students Ask: A Handbook on Foundational Truths*. Unveröffentlichtes Manuskript, 1998.

Geisler, Norman L., u. Ronald M. Brooks, *When Skeptics Ask*. Wheaton, Ill.: Victor, 1990.

Geisler, Norman u. Winfried Corduan, *Philosophy of Religion*. Grand Rapids: Baker, 1988.

Geisler, Norman L. u. Paul D. Feinberg, *Introduction to Philosophy*. Grand Rapids: Baker, 1980.

Geisler, Norman L. u. Thomas A. Howe, *When Critics Ask*. Wheaton, Ill.: Victor Books, 1992.

Geisler, Norman L. u. Ralph E. MacKenzie, *Roman Catholics and Evangelicals: Agreements and Differences*, Grand Rapids: Baker Book House, 1995.

Geisler, Norman L. u. Ron Rhodes, *When Cultists Ask: A Popular Handbook on Cultic Misinterpretations*. Grand Rapids: Baker Books, 1997.

Geisler, Norman L. u. Frank Turek, *Legislating Morality: Is It Wise? Is It Legal? Is It Possible?* Minneapolis, Minn.: Bethany House, 1998.

Geisler, Norman L. u. William D. Watkins, *Worlds Apart. A Handbook on World Views*. 2. Ed. Grand Rapids: Baker, 1989.

Geisler, Norman L. u. William E. Nix, *A General Introduction to the Bible*. Chicago: Moody Press, 1968.

Geisler, Norman L. u. William E. Nix, *A General Introduction to the Bible*. Chicago: Moody Press, 1986.

Geisler, Norman L. u. Yutaka Amano, *The Reincarnation Sensation*. Wheaton, Ill.: Tyndale, 1986.

Geivett, R. Douglas u. Gary R. Habermas (Hrsg.), *In Defense of Miracles*. Downers Grove, Ill.: InterVarsity Press, 1997.

Genuine Epistles of the Apostolical Fathers. Übers. v. William of Canterbury. London: Samuel Bagster, 1840.

The Geography of Strabo, Bd. 8. Engl. Übers. v. Horace Leonard Jones. New York: Putnam's, 1932.

Gerhardsson, Birger, *Tradition and Transmission in Early Christianity*. Übers. v. Eric J. Sharpe.Kopenhagen: Ejnar Munksgaard, 1964.

Gieser, Ruby Free u. Howard F. Vos, *Archaeology and Bible History*. Grand Rapids: Zondervan Publishers, 1992

Gilkey, Langdon B., »Cosmology, Ontology, and the Travail of Biblical Language«, *Concordia Theological Monthly* 33. März 1962.

Gill, Jerry H., *The Possibility of Religious Knowledge*. Grand Rapids: Eerdmans, 1971.

Gillett, E. H., *Ancient Cities and Empires*. Philadelphia: Presbyterian Publication Committee, 1867.

Gilson, Etienne, *Being and Some Philosophers*, 2. korr. u. ausgew. Ed. Toronto: Pontifical Institute of Mediaeval Studies, 1952.

Gilson, Etienne, *The Christian Philosophy of St. Thomas Aquinas*. Mit einer Liste der Werke von Thomas v. Aquin v. I. T. Eschmann, O.P. Übers. v. L. K. Shook, C.S.B. New York: Random House, 1956. Nachdruck, Notre Dame, Ind.: University of Notre Dame Press, 1994.

Gilson, Etienne, *The Philosophy of St. Thomas Aquinas*. New York: Barnes & Noble, 1993.

Gilson, Etienne, »Vade Mecum of a Young Realist«, *Philosophy of Knowledge:*

Selected Readings. Hg. Roland Houde u. Joseph P. Mullally. Chicago: J. B. Lippincott, 1960.

Glenny, W. Edward, »The Preservation of Scripture«, *The Bible Version Debate*. Minneapolis: Central Baptist Theological Seminary, 1997.

Glueck, Nelson, »The Bible as a Divining Rod«, *Horizon*. Bd. 2. November 1959.

Glueck, Nelson, *Rivers in the Desert. History of Negev*. New York: Farrar, Straus, and Cadahy, 1959.

Glueck, Nelson, »The Second Campaign at Tell el-Kheleifeh«, *Bulletin of the American Schools of Oriental Research*. Bd. 75. Oktober 1939.

Glueck, Nelson, »The Third Season at Tell el-Kheleifeh«, *Bulletin of the American Schools of Oriental Research*. Bd. 79. Oktober 1940.

Godet, F., *Commentary on the Gospel of St. John*. Edinburgh: T. & T. Clark, 1892.

Gordon, Cyrus H., »'Almah in Isaiah 7:14«, *The Journal of Bible and Religion* 21: 2. April 1953.

Gordon, Cyrus H., »Biblical Customs and the Nuzu Tablets«, *The Biblical Archaeologist*. Februar 1940.

Gordon, Cyrus H., »Higher Critics and Forbidden Fruit«, *Christianity Today*. Bd. 4. November 23, 1959.

Gordon, Cyrus, *Introduction to Old Testament Times*. Ventnor, N.J.: Ventnor Publishers Inc., 1953.

Gordon, Cyrus H., »The Patriarchal Age«, *Journal of Bible and Religion* 21, Nr. 4. Oktober 1955.

Goshen-Gottstein, Moshe, »Bible Manuscripts in the U. S.«, *Textus* 3. 1962.

Gottschalk, Louis, *Understanding History: A Primer of Historical Method*, 2. Ed. New York: Alfred A. Knopf, 1969.

Goguel, M., »Une nouvelle école de critique évangélique: la form- und traditionsgeschichliche Schule«, *Revue de l'histoire des religions*. Paris: E. Leroux, 1926.

Grant, F. C., »Biblical Studies; Views and Reviews«, *Theology Today*. Bd. 14. April 1957.

Grant, Frederick C., *The Growth of the Gospels*. New York: The Abingdon Press, 1933.

Gray, Edward M., *Old Testament Criticism*. New York und London: Harper & Brothers, 1923.

Green, Joel B. u. Scot McKnight (Hrsg.), *Dictionary of Jesus and the Gospels*. Downers Grove, Ill.: InterVarsity Press, 1992.

Green, Michael, *Man Alive*. Downers Grove, Ill.: InterVarsity Press, 1968.

Green, Michael, *Runaway World*. Downers Grove, Ill.: InterVarsity Press, 1968.

Green, William Henry, *General Introduction to the Old Testament - The Text*. New York: Charles Scribner's Sons, 1899.

Green, William Henry, *The Higher Criticism of the Pentateuch*. New York: Charles Scribner's Sons, 1895.

Greenleaf, Simon, *The Testimony of the Evangelists, Examined by the Rules of Evidence Administered in Courts of Justice*. Grand Rapids: Baker Book House, 1965 (Nachdruck d. Ed. v. 1847).

Greenlee, J. Harold, *Introduction to New Testament Textual Criticism*. Grand Rapids: William B. Eerdmans Publishing Company, 1977.

Greenslade, Stanley Lawrence (Hrsg.), *Cambridge History of the Bible*. New York: Cambridge University Press, 1963.

Grenz, Stanley J., *A Primer on Postmodernism*. Grand Rapids: Eerdmans, 1996.

Grinnell, George, »Reexamination of the Foundations«, *The Intellectuals Speak Out about God*. Hg. Roy Abraham Varghese. Dallas: Lewis and Stanley Publishers, 1984.

Groebel, K., »Form Criticism«, *The Interpreter's Dictionary of the Bible*. Bd. 1. Hg. Emory Stevens Bucke. New York: Abingdon Press, 1962.

Grollenberg, Luc H., *Atlas of the Bible*. Übers. u. hrsg. v. Joyce M. H. Reid and H. H. Rowley. London: Nelson, 1956.

Gromacki, Robert G., *New Testament Survey*. Grand Rapids: Baker Book House, 1996.

Gromacki, Robert Glenn, *The Virgin Birth*. New York: Thomas Nelson, 1974.

Groothuis, Douglas, *Jesus in an Age of Controversy*, Eugene, Ore.: Harvest House Publishers, 1996.

Grounds, Vernon C., *The Reason for our Hope*. Chicago: Moody Press, 1945.

Gruenler, Royce Gordon, *Jesus, Persons and the Kingdom of God*. St. Louis: United Church Press, 1967.

Guignebert, *Jesus*. Zitiert in Wilbur M. Smith, *Therefore Stand: Christian Apologetics*. Grand Rapids: Baker Book House, 1965.

Gundry, Robert H., *A Survey of the New Testament*. Überarb. Ed. Grand Rapids: Zondervan, 1981.

Gundry, Stanley N., »A Critique of the Fundamental Assumption of Form Criticism, Part I«, *Bibliotheca Sacra*. Nr. 489. April 1966.

Gundry, Stanley N., »A Critique of the Fundamental Assumption of Form Criticism, Part II«, *Bibliotheca Sacra*. Nr. 489. Juni 1966.

Gundry, Stan, *An Investigation of the Fundamental Assumption of Form Criticism*. Arbeit für den Fachbereich NT am Talbot Theological Seminary, Juni, 1963.

Gunkel, Hermann, *The Legends of Genesis*. Übers. v. W. H. Carruth. Chicago: The Open Court Publishing Co., 1901.

Gunkel, Hermann, *What Remains of the Old Testament?* London: George Allan and Unwin LTD., 1928.

Guthrie, Donald, *New Testament Introduction*. Downers Grove, Ill.: InterVarsity Press, 1990.

Guthrie, Donald, *The Pastoral Epistles*. Grand Rapids: Eerdmans, 1957.

Habel, Norman C., *Literary Criticism of the Old Testament*. Philadelphia: Fortress Press, 1971.

Habermas, Gary R., *The Historical Jesus: Ancient Evidence for the Life of Christ*. Joplin, Mo.: College Press Publishing Company, 1996.

Habermas, Gary R., *The Verdict of History*. Nashville: Thomas Nelson Publishers, 1988.

Hackett, Stuart C., *The Reconstruction of the Christian Revelation Claim: A Philosophical and Critical Apologetic*. Grand Rapids: Baker, 1984.

Hagner, Donald A., »The New Testament, History, and the Historical-Critical Method«, *New Testament Criticism and Interpretation*. Hg. David Alan Black u. David S. Dockery. Grand Rapids: Zondervan Publishing House, 1991.

Hahn, Herbert F., *The Old Testament in Modern Research*. Philadelphia: Fortress Press, 1966.

Hall, H. R., *The Ancient History of the Near East*. London: Methuen and Co. Ltd., 1932.

Halverson, Dean, *The Compact Guide to World Religions*. Minneapolis, Minn.: Bethany House, 1996.

Hamilton, Floyd E., *The Basis of Christian Faith*. New York. George H. Doran Company, 1927.

Hamilton, Floyd E., *The Basis of Christian Faith*, überarb. Ed. New York: Harper and Row, 1964.

Hanson, Anthony (Hrsg.), *Vindications: Essays on the Historical Basis of Christianity*. New York: Morehouse-Barlow Co., 1966.

Hanson, George, *The Resurrection and the Life*. London: William Clowes & Sons, Ltd., 1911.

Hardy, G. B., *Countdown*. Chicago: Moody Press, 1970.

Harnack, Adolf v., *History of Dogma*. Zitiert in E. Hermitage Day, *On the Evidence for the Resurrection*. London: Society for Promoting Christian Knowledge, 1906.

Harper, William R. u. W. Henry Green, »The Pentateuchal Question«, *Hebraica*. Bd. 5, Nr. 1. Oktober 1888.

Harris, Murray J., »2 Corinthians«, *The Expositor's Bible Commentary*. Hg. Frank E. Gaebelein. Bd. 10. Grand Rapids: Zondervan, 1976.

Harris, Murray J., *Jesus as God*. Grand Rapids: Baker Book House, 1992.

Harris, Ralph u. Stanley Horton, *The Complete Biblical Library*. Springfield, Mo.: World Library Press, Inc., 1988.

Harris, R. Laird, *Inspiration and Canonicity of the Bible*. Grand Rapids: Zondervan, 1957.

Harrison, Everett F., »Are the Gospels Reliable?« *Moody Monthly*. Februar 1966.

Harrison, R. K., *The Archaeology of the Old Testament*. New York: Harper and Row Publishers, 1963.

Harrison, R. K., »History and Literary Criticism of the Old Testament«, *The Expositor's Bible Commentary*. Hg. Frank E. Gaebelein. Bd. 1, *Introductory Articles: General, Old Testament, New Testament*. Grand Rapids: Zondervan, 1979.

Harrison, R. K., *Introduction to the Old Testament*. Grand Rapids: William B. Eerdmans Publishing Co., 1969.

Harrison, R. K., *Introduction to the New Testament*. Grand Rapids: William B. Eerdmans Publishing Co., 1971.

Harrison, R. K., »The Old Testament and Its Critics«, *Christianity Today*, 25. Mai, 1959.

Harrison, R. K., *Old Testament Times*. Grand Rapids: William B. Eerdmans Publishing Co., 1970.

Harrison, R. K., B. K. Watke, D. Guthrie und G. D. Free, *Biblical Criticism: Historical, Literary and Textual*. Grand Rapids: Zondervan Publishing House, 1978.

Hartshorne, Charles E., *Aquinas to Whitehead. Seven Centuries of Metaphysics of Religion*. The Aquinas Lecture, 1976. Milwaukee: Marquette University Publication, 1976.

Hartshorne, Charles E., »The Dipolar Conception of Deity«, *The Review of Metaphysics*. 21. Dezember 1967.

Hartshorne, Charles E., *A Natural Theology for Our Time*. La Salle: Open Court, 1967.

Hartzler, H. Harold, »Foreword«. Zitiert in *Science Speaks*, Peter W. Stoner. Chicago: Moody Press, 1963.

Harvey, Van A., *The Historian & the Believer*. Chicago: University of Illinois Press, 1996.

Hasel, Gerhard F., »The Polemic Nature of the Genesis Cosmology«, *The Evangelical Quarterly*. Bd. 46. April-Juni 1974.

Hastings, James, *Dictionary of the Apostolic Church*. Bd. 11. Edinburgh: T. & T. Clark, 1918.

Hastings, James (Hrsg.), *Encyclopedia of Religion and Ethics*. Bd. VI. New York: Charles Scribner's Sons, 1955, s. Art. »Historiography«, v. E. Troeltsch.

Hastings, James, John A. Selbie, u. John C. Lambert (Hrsg.), *A Dictionary of Christ and the Gospels*. Bd. II. New York: Charles Scribner's Sons, 1909.

Haupert, R. S., »Lachish – Frontier Fortress of Judah«, *Biblical Archaeologist* 1, Nr. 4. Dezember 1938.

Hawking, Stephen, *A Brief History of Time: From the Big Bang to Black Holes*. New York: Bantam Books, 1988.

Hayes, D. A., *The Synoptic Gospels and the Book of Acts*. New York: The Methodist Book Concern, 1919.

Heeren, Fred, »Does Modern Cosmology Point to a Biblical Creator?« *Cosmic Pursuit*. Frühjahr, 1998.

Heidel, Alexander, *The Babylonian Genesis*. Chicago: University of Chicago Press, 1963.

Heidel, Alexander, *The Gilgamesh Epic and the Old Testament Parallels*. Chicago: University of Chicago Press, 1949.

Heinisch, Paul, *Christ in Prophecy*. The Liturgical Press, 1956.

Hemer, Colin J., *The Book of Acts in the Setting of Hellenistic History*. Winona Lake, Ind.: Eisenbrauns, 1990.

Hendriksen, William, *New Testament Commentary: Exposition of the Gospel According to Matthew*. Grand Rapids: Baker Book House, 1973. Zitiert in Norman L. Geisler, *Baker's Encyclopedia of Christian Apologetics*. Grand Rapids: Baker Book House, 1998.

Hengstenberg, E. W., *Christology of the Old Testament and a Commentary on the Messianic Predictions*. Grand Rapids: Kregel Publications, 1970.

Hengstenberg, E. W., *Dissertations on the Genuineness of the Pentateuch*. Bd. 2. Edinburgh: James Nisbet & Co., 1847.

Henry, Carl F. H., *God, Revelation, and Authority*. Bd. 2. Waco: Word, 1976.

Henry, Carl F. H., *God, Revelation, and Authority*. Bd. 4, *God Who Speaks and Shows: Fifteen Theses*, Part Three. Waco: Word, 1976.

Henry, Carl F. H., *The Identity of Jesus of Nazareth*. Nashville: Broadman Press, 1992.

Henry, Carl F. H., »Postmodernism: The New Spectre?« *The Challenge of Postmodernism: An Evangelical Engagement*. Hg. David S. Dockery. Wheaton: Victor, 1995.

Henry, C. F. H., »The Theological Crisis in Europe: Decline of the Bultmann Era?« *Christianity Today*. Bd. 8. 25. September, 1964.

Henry, Carl (Hrsg.), *Revelation and the Bible*. Grand Rapids: Baker Book House, 1969.

Henry, Matthew, *Matthew Henry's Commentary on the Whole Bible*. Bd. I, II. Wilmington: Sovereign Grace Publishers, 1972.

Herodotus, Übers. v. Henry Cary (v. d. Bohn's Classical Library). London: George Bell and Sons, 1904.

Hertz, J. H., *The Pentateuch and Haftorahs*. Bd. 2. London: Oxford University Press, 1930, 1951.

Hesiod, *Theogony, Works and Days, Shield*. Übers. v. Apostolos N. Athanassakis. Baltimore: The Johns Hopkins University Press, 1983.

Hick, John, *Arguments for the Existence of God*. New York: Herder and Herder, 1971.

Hick, John, *The Existence of God*. New York: The Macmillan Company, 1964.

Higgins, David C., *The Edomites Considered Historically and Prophetically*. Unveröffentl. Magisterarbeit, Dallas Theological Seminary, 1960.

Hillers, Delbert, *Treaty-Curse and the Old Testament Prophets*. Rome: Pontifical Biblical Institute, 1964.

Hindson, Edward E., »Isaiah's Immanual«, *Grace Journal* 10. Herbst, 1969.

Hinsie, L. E. u. J. Shatsky, *Psychiatric Dictionary*. New York: Oxford University Press, 1948.

Hobbes, Thomas, *Leviathan*. New York: Washington Square Press, 1964.

Hobbs, Herschel, *An Exposition of the Gospel of Luke*. Grand Rapids: Baker Book House, 1966.

Hoch, Paul H., Joseph Zubin u. Gerhune Stratton (Hrsg.), *Psychopathology of Perception*. New York: o. O., 1965.

Hodge, Charles, *A Commentary on Romans*. Überarb. Nachdruck. London: The Banner of Truth Trust, 1972.

Hodges, Zane C., »Form-Criticism and the Resurrection Accounts«, *Bibliotheca Sacra*. Bd. 124. Oktober- Dezember 1967.

Hoehner, Harold, *Chronological Aspects of the Life of Christ*. Grand Rapids: Zondervan Publishing House, 1977.

Hoehner, Harold W., »Jesus the Source or Product of Christianity«. Vorlesungsmanuskript v. d. University of California at San Diego, La Jolla, Calif., 22. Januar, 1976.

Hoehner, Harold W., Unveröffentl. Vorlesungsnotizen v. Contemporary New Testament Issues in European Theology 232, Dallas Theological Seminary, Spring, 1975.

Hoenen, Peter, *Reality and Judgment According to St. Thomas*. Chicago: Henry Regnery Company,1952.

Hofner, Harry A., »The Hittites and the Hurrians«, *Peoples of the Old Testament*. Hg. D. J. Wiseman. London: Oxford Press, 1973.

Holloman, Henry W., *An Exposition of the Post-Resurrection Appearances of Our Lord*. Unveröffentl. Th.M.-Arbeit, Dallas Theological Seminary, Mai 1967.

Hooper, Walter (Hrsg.), *Christian Reflections*. Grand Rapids: Eerdmans, 1967.

Horell, J. Scott, »Trinitarianism«, unveröffentl. class notes v. Dallas Theological Seminary, 1999.

Horn, Robert M., *The Book That Speaks for Itself*. Downers Grove, Ill.: InterVarsity Press, 1970.

Horn, Siegfried H., »Recent Illumination of the Old Testament«, *Christianity Today*. Bd. 12. 21. Juni, 1968.

Hort, Fenton John Anthony u. Brooke Foss Westcott, *The New Testament in the Original Greek*. Bd. I. New York: Macmillan Co., 1881.

Hort, F. J. A., *Way, Truth and the Life*. New York: Macmillan and Co., 1894.

Hoskyns, Sir Edwyn u. Noel Davey, *The Riddle of the New Testament*. London: Faber and Faber Ltd., 1947.

Houde, Roland u. Joseph P. Mullally (Hrsg.), *Philosophy of Knowledge: Selected Readings*. Chicago: J. B. Lippincott, 1960.

Howe, Thomas A., »Toward a Thomistic Theory of Meaning«. Masters Arbeit, Liberty University, 1992.

Hubbard, D. A., »Pentateuch«, in *New Bible Dictionary*. 2. Ed. Hg. J. D. Douglas, u.a. Downers Grove, Ill.: InterVarsity Press, 1982.

Huffmon, Herbert B., »The Exodus, Sinai, and the Credo«, *Catholic Biblical Quarterly*. Bd. 27. 1965.

Hughes, Philip Edgcumbe, *A Commentary on the Epistle to the Hebrews*. Grand Rapids: Wm. B. Eerdmans, 1977.

Hume, David, *Dialogues Concerning Natural Religion*. Hg. Henry D. Aiken. New York: Hafner Publishing Company, Inc., 1957.

Hume, David, *An Enquiry Concerning Human Understanding: and Other Essays*. Hg. Ernest C. Mossner. New York: Washington Square, 1963.

Hume, David, *An Enquiry Concerning Human Understanding*. Mit einer Einl., Anm. u. Hinw. v. Antony Flew. La Salle, Ill.: Open Court, 1992.

Hume, David, *Enquiries Concerning Human Understanding and Concerning the Principles of Morals*, 3. Ed. Oxford: Clarendon Press, 1992.

Hume, David, *A Treatise of Human Nature*, 2. Ed. Oxford: Clarendon, 1978.

Hunter, A. M., *Interpreting the New Testament: 1900-1950*. London: SCM Press Ltd., 1951.

Hunter, A. M., »New Testament Survey«, *The Expository Times*. Bd. 76. Oktober 1964.

Hunter, A. M., *The Work and Words of Jesus*. Philadelphia: Westminster Press, 1950.

Hutchins, Robert Maynard (Hrsg.), *Great Books of the Western World*. Bd. 42. Chicago: William Benton, 1952.

Hutson, Harold H., »Form Criticism of the New Testament«, *Journal of Bible and Religion*. Bd. 19. Juli 1951.

Huxley, T. H., *The Works of T. H. Huxley*. New York: Appleton, 1896.

Ignatius, »Epistle to the Ephesians«, *Genuine Epistles of the Apostolical Fathers*. Übers. v. William of Canterbury. London: Samuel Bagster, 1840.

Ignatius, »Ignatius' Epistle to Trallians«, *Ante-Nicene Christian Library: Translations of the Writings of the Fathers*. Hg. Alexander Roberts u. James Donaldson. Bd. 1. Edinburgh: T & T Clark, 1867.

»The Incomparable Christ«, Oradell, N.J.: American Tract Society, o. J.

International Standard Bible Encyclopaedia, 5 Bde. Hg. James Orr, John L. Nielsen u. James Donaldson. Grand Rapids: Wm B. Eerdmans Publishing Co., 1939.

Interpreter's Dictionary of the Bible. Hrsg. v. George A. Buttrick. New York: Abingdon Press: 1962.

The Interpreter's One-Volume Commentary on the Bible. Hrsg. v. Charles Laymon. Nashville: Abingdon Press, 1971.

Irenaeus, *Against the Heresies/St. Irenaeus of Lyons*, Übers. u. Anm. v. Dominic J. Unger m. weiteren Überarb. v. John J. Dillon. New York: Paulist Press, 1992.

Irwin, W. A., »The Modern Approach to the Old Testament«. *Journal of Bible and Religion*. 1953.

Jaganay, Leo, *An Introduction to the Textual Criticism of the New Testament*. Übers. v. B. V. Miller. London: Sands and Company, 1937.

Jake, Stanley L., »From Scientific Cosmology to a Created Universe«, *The Intellectuals Speak Out about God*. Hrsg. v. Roy Abraham Varghese. Dallas: Lewis and Stanley Publishers, 1984.

James, William, *A Pluralistic Universe*. London: Harvard University Press, 1977.

James, William, *The Varieties of Religious Experience*. London: Harvard University Press, 1985.

Jamieson, Robert, A. R., Fausset u. David Brown (Hrsg.), *A Commentary, Critical, Experimental, and Practical on the Old and New Testaments*. Bd. V. Grand Rapids: William B. Eerdmans Publishing Co., 1948.

Jamieson, Robert, A. R. Fausset u. David Brown, *A Commentary, Critical, Experimental, and Practical on the Old and New Testaments*. Grand Rapids: William B. Eerdmans Publishing Co., 1961.

Jastrow, Robert, »The Astronomer and God«, *The Intellectuals Speak Out about God*. Hrsg. v. Roy Abraham Varghese. Dallas: Lewis and Stanley Publishers, 1984.

Jastrow, Robert, *God and The Astronomers*. New York: W. W. Norton & Co., 1978.

Jefferson, Charles Edward, *The Character of Jesus*. New York: Thomas Y. Crowell Co., 1908.

Jeremias, Joachim, *The Parables of Jesus*. Übers. v. S. H. Hooke. London: SCM Press Ltd., 6. Aufl., 1963.

The Jewish Encyclopedia. New York: Funk and Wagnalls Company, o. J.
Jidejian, Nina, *Tyre Through the Ages*. Beirut: Dar El-Mashreq Publishers, 1969.
Johnson, B. C., *The Atheist Debater's Handbook*. Buffalo: Prometheus Books, 1981.
Johnson, Paul H., »Master Plan«. Westchester, Ill.: Good News Publishers, o. J.
Johnson, Sherman E., »Bultmann and the Mythology of the New Testament«, *Anglican Theological Review*. Bd. 36. Januar 1954.
Josephus, Flavius, »Against Apion«, *The Antiquities of the Jews*. New York: Ward, Lock, Bowden & Co., 1900.
Josephus, Flavius, *The Antiquities of the Jews*. New York: Ward, Lock, Bowden & Co., 1900.
Josephus, Flavius, »Flavius Josephus Against Apion«, *Josephus' Complete Works*. Übers. v. William Whiston. Grand Rapids: Kregel Publications, 1960.
Josephus, Flavius, *Jewish Antiquities*. Übers. v. Ralph Marehus (from the Loeb Classical Library, hrsg. v. T. E. Page). 5 Bde. Cambridge: Harvard University Press, 1963.
Josephus, Flavius, *The Works of Flavius Josephus*. Übers. v. William Whiston. Grand Rapids: Associated Publishers and Authors, Inc., 1860.
Journey's End. Oradell, N.J.: American Tract Society.
Jubien, Michael, *Contemporary Metaphysics*. Cambridge, Mass.: Blackwell, 1997.
Kahle, Paul E., *The Cairo Geniza*, 2. Ed. Oxford: Oxford University Press, 1959.
Kähler, Martin, *The So-called Historical Jesus and the Historic, Biblical Christ*. Übers. u. Hrsg. v. C. E. Baraaten. Philadelphia: Fortress Press, 1988.
Kaiser, Walter C., Jr., »The Literary Form of Genesis 1-11«, *New Perspectives on the Old Testament*. hrsg. v. J. Barton Payne. Waco: Word Books, 1970.
Kant, Immanuel, *Critique of Practical Reason*. Übers. v. Mary Gregor. Cambridge: Cambridge University Press, 1997.
Kant, Immanuel, *Critique of Pure Reason*. Übers. v. Werner S. Pluhar. Indianapolis, Ind.: Hackett Publishing Co., Inc., 1996.
Kant, Immanuel, *Critique of Pure Reason*. In *Great Books of the Western World*, Hg. Robert Maynard Hutchins. Bd. 42. Chicago: William Benton, 1952.
Kant, Immanuel, *Prolegomena to Any Future Metaphysics*. Übers. v. Paul Carus. 13. Aufl. Illinois: Open Court, 1902.
Kant, Immanuel, *Religion within the Limits of Reason Alone*. Übers. v. Theodore M. Greene u. Hoyt H. Hudson. New York: Harper Torchbooks, 1960.
Käsemann, Ernst, *Essays on New Testament Themes*. Naperville, Ill.: Alec R. Allenson, Inc., SCM Press Ltd., 1964.
Käsemann, Ernst, *New Testament Questions of Today*. Philadelphia: Fortress Press, 1969.
Kaufman, Yehezkel, *The Religion of Israel*. Chicago: The University of Chicago, 1960.
Kautzsch, E., *An Outline of the History of the Literature of the Old Testament*. Übers. v. John Taylor. Oxford: Williams and Norgate, 1898.

Kee, H. C., »Aretalogy and Gospel«, *Journal of Biblical Literature*. Bd. 92. September 1973.

Kee, Howard Clark, *What Can We Know about Jesus?* Cambridge: Cambridge University Press, 1990.

Keener, Craig S., *The IVP Bible Background Commentary: New Testament*. Downers Grove, Ill.: InterVarsity Press, 1993.

Kegley, Charles W. (Hrsg.), *The Theology of Rudolf Bultmann*. New York: Harper and Row Publishers, 1966.

Keil, C. F., *Biblical Commentary on the Old Testament. The Prophecies of Jeremiah*. Übers. v. David Patrick. Bd. 1. Grand Rapids: William B. Eerdmans Publishing Co., 1964.

Keith, Alexander, *Evidence of the Truth of the Christian Religion*. London: T. O. Nelson and Sons, 1861.

Keller, Werner, *The Bible as History*. Übers. v. William Neil. New York: William and Company,1956.

Kelso, James, *Archaeology and Our Old Testament Contemporaries*. Grand Rapids: Zondervan, 1966.

Kennedy, D. James u. Jerry Newcombe, *What If Jesus Had Never Been Born?* Nashville: Thomas Nelson, 1994.

Kenneson, Philip D., »There's No Such Thing as Objective Truth, and It's a Good Thing, Too«, *Christian Apologetics in the Postmodern World*. Hrsg. v. Timothy R. Phillips und Dennis L. Okholm. Downers Grove, Ill.: InterVarsity Press, 1995.

Kenyon, Frederic G., *The Bible and Archaeology*. New York: Harper & Row, 1940.

Kenyon, Frederic G., *The Bible and Modern Scholarship*. London: John Murray, 1948.

Kenyon, Frederic G., *Handbook to the Textual Criticism of the New Testament*. London: Macmillan and Company, 1901.

Kenyon, Frederic, *Our Bible and the Ancient Manuscripts*. London: Eyre and Spottiswoode, 1939.

Kenyon, Sir Frederic, *The Story of the Bible*. London: John Murray, 1936.

Kenyon, Kathleen, *Beginning in Archaeology*. New York: Praeger, 1962.

Kevan, Ernest F., *The Resurrection of Christ*. London: The Campbell Morgan Memorial Bible Lectureship, Westminster Chapel, Buckingham Gate, S. W. I., 14. Juni 1961.

Kierkegaard, Søren, *Concluding Unscientific Postscript to Philosophical Fragments*. Bd. 1. Übers. v. Howard V. u. Edna H. Hong. Princeton: Princeton University Press, 1985.

Kierkegaard, Søren, *Philosophical Fragments*. Übers. v. Howard V. Hong u. Edna H. Hong. Princeton, N.J.: Princeton University Press, 1985.

Kim, Chi Syun, *The Mosaic Authorship of the Pentateuch*. Dissertation, Dallas Theological Seminary, 1935.

Kistemaker, Simon, *The Gospels in Current Study*. Grand Rapids: Baker Book House, 1972.

Kitchen, K. A., *The Ancient Orient and the Old Testament*. Chicago: InterVarsity Press, 1966.

Kitchen, K. A., »Ancient Orient, ›Deuteronism‹ and the Old Testament«, *New Perspectives on the Old Testament*. Hrsg. v. J. Barton Payne. Waco, Tex.: Word, 1970.

Kitchen, K. A., *The Bible in Its World*. Downers Grove, Ill.: InterVarsity Press, 1978.

Kitchen, K. A., »The Old Testament in the Context: I. From the Origins to the Eve of the Exodus«, *TSF Bulletin*. Bd. 59. Frühjahr, 1971.

Kitchen, Kenneth A., »The Patriarchal Age: Myth or History?« *Biblical Archaeology Review*, März/April, 1995.

Kitchen, Kenneth A., »Some Egyptian Background to the Old Testament«. *The Tyndale House Bulletins*, Nr. 5 & 6, 1960.

Kittel, Gerhard u. Friedrich, Gerhard (Hrsg.), *The Theological Dictionary of the New Testament*. Grand Rapids: William B. Eerdmans Publishing Company, 1985.

Kittel, R., *A History of the Hebrews*. Bd. 1. Übers. v. John Taylor. Edinburgh: Williams and Norgate, 1895.

Kittel, R., *The Scientific Study of the Old Testament*. Übers. v. J. Caleb Hughes. New York: G. P. Putnam's Sons, 1910.

Klausner, Joseph, *Jesus of Nazareth*. New York: Macmillan, 1925.

Klausner, *Yeschu Hanostri*, zitiert v. Pinchas Lapide in *Christian Century* 87. Okt., 1970.

Kligerman, Aaron Judah, *Messianic Prophecy in the Old Testament*. Grand Rapids: Zondervan Publishing House, 1957.

Kline, Meredith, »The Concepts of Canon and Covenant«, *New Perspectives on the Old Testament*. Hrsg. v. J. Barton Payne. Waco, Tex.: Word, 1970.

Kline, Meredith G., »Dynastic Covenant«, *Westminster Theological Journal*. Bd. 23. November 1961.

Kline, Meredith, »Is the History of the Old Testament Accurate?« *Can I Trust My Bible?* Hrsg. v. Howard Vos. Chicago: Moody Press, 1963.

Kline, Meredith G., *Treaty of the Great King*. Grand Rapids: William B. Eerdmans Publishing Co., 1963.

Koldewey, Robert, *The Excavations at Babylon*. Übers. v. Agnes S. Johns. London: Macmillan and Company, Ltd., 1914.

Kole, Andre u. Al Janssen, *Miracles or Magic?* Eugene, Ore.: Harvest House, 1984.

Kraeling, Emil G. (Hrsg.), *Rand McNally Bible Atlas*. New York: Rand McNally, 1956.

Kreeft, Peter, *Christianity for Modern Pagans*. Pascals *Pensées* hrsg., umrissen u. erklärt. San Francisco: Ignatius Press, 1993.

Kreeft, Peter, *Fundamentals of the Faith: Essays in Christian Apologetics*. San Francisco: Ignatius Press, 1988

Kreeft, Peter u. Ronald K. Tacelli, *Handbook of Christian Apologetics*. Downers Grove, Ill.: InterVarsity, 1994.

Kretzmann, Norman u. Eleonore Stump (Hrsg.), *The Cambridge Companion to Aquinas*. Cambridge: Cambridge University Press, 1993.

Kubie, Nora Benjamin, *Road to Nineveh*. New York: Doubleday and Company, 1964.

Kuenen, Abraham, *An Historico-critical Inquiry into the Origin and Composition of the Hexateuch*. Übers. v. P. H. Wicksteed. London: Macmillan & Co., 1886.

Kuenen, A., *The Religion of Israel*. Übers. v. Alfred Heath May. Edinburgh: Williams and Norgate, 1874.

Külling, Samuel R., »The Dating of the So-Called ›P-Sections‹ in Genesis«, *Journal of the Evangelical Theological Society*. Bd. 15. Frühjahr, 1972.

Küng, Hans, *Does God Exist?: An Answer for Today*. Übers. v. Edward Quinn. New York: Doubleday & Company, Inc., 1980.

Künneth, Walter, »Dare We Follow Bultmann?« *Christianity Today*. Bd. 6. 13. Oktober, 1961.

Kurtz, Paul, *In Defense of Secular Humanism*. Buffalo: Prometheus Books, 1983.

Kushner, Harold S., »How Can Anything Good Come Out of This?« *On Faith & Reason*, Show #9805, aired on 7-30-98. Shreveport, La.: D. L. Dykes, Jr. Foundation.

Kushner, Harold S., *When All You've Ever Wanted Isn't Enough*. New York: Summit Books, 1986.

Kushner, Harold S., *When Bad Things Happen to Good People*. New York: Avon Books, 1983.

Kyle, Melvin G., *The Deciding Voice of the Monuments in Biblical Criticism*. Oberlin, Ohio: Bibliotheca. Sacra Company, 1924.

Kyle, Melvin G., *The Problem of the Pentateuch*. Oberlin, Ohio: Bibliotheca Sacra Co., 1920.

Ladd, George E., *The New Testament and Criticism*. Grand Rapids: William B. Eerdmans Publishing Co., 1967.

Ladd, George Eldon, *Rudolf Bultmann*. Chicago: InterVarsity Press, 1964.

Laetsch, Theodore, *Bible Commentary. Jeremiah*. St. Louis: Concordia Publishing House, 1953.

Laetsch, Theodore, *Bible Commentary: The Minor Prophets*. St. Louis: Concordia Publishing House, 1970.

LaHaye, Tim, *Jesus: Who Is He?* Sisters, Ore.: Multnomah Books, 1996.

Lake, Kirsopp, »Caesarean Text of the Gospel of Mark«. *Harvard Theological Review* 21, 1928.

Lake, Kirsopp, *The Historical Evidence for the Resurrection of Jesus Christ*. New York: G. P. Putnam's Sons, 1912.

Laney, J. Carl, *John*. In *Moody Gospel Commentary*. Chicago: Moody Press, 1992.

Lapide, Pinchas, *Christian Century* 87. Oktober 1970.

Lapide, Pinchas, *The Resurrection of Jesus: A Jewish Perspective*. Übers. v. Wilhelm C. Linss. Minneapolis: Augsburg, 1983.

Lapp, Paul W., *Biblical Archaeology and History*. New York: World Publishing, 1969.

Larue, Gerald A., *Babylon and the Bible*. Grand Rapids: Baker Book House, 1919.

Latham, Henry, *The Risen Master*. Cambridge: Deighton, Bell, and Co., 1904.

Latourette, Kenneth Scott, *American Historical Review* 54, Januar 1949.

Latourette, Kenneth Scott, *Anno Domini*. New York: Harper and Brothers, 1940.

Latourette, Kenneth Scott, *A History of Christianity*. New York: Harper and Row, 1953.

Layard, Austen H., *Discoveries Among the Ruins of Nineveh and Babylon*. New York: Harper and Brothers, 1953.

Laymon, Charles (Hrsg.), *The Interpreter's One-Volume Commentary on the Bible*. New York: Abingdon Press, 1971.

Lea, John W., *The Greatest Book in the World*. Philadelphia: o. O., 1929.

Leach, Charles, *Our Bible. How We Got It*. Chicago: Moody Press, 1898.

Le Camus, E., *The Life of Christ*. Bd. III. New York: The Cathedral Library Association, 1908.

Lecky, William Edward Hatpole, *History of European Morals from Augustus to Charlemagne*. New York: D. Appleton and Co., 1903.

Leemans, W. F., »Foreign Trade in the Old Babylonian Period as Revealed by Texts from Southern Mesopotamia«, *Studia et Documenta ad Jura Orientis Antiqui Pertinentia*. Bd. 6. 1960.

Leibniz, *The Monadology and Other Philosophical Writings*. Übers. v. Robert Latta. New York: Oxford University Press, 1925.

LeMann, M. M., *Jesus Before the Sanhedrin*. Übers. v. Julius Magath. Nashville: Southern Methodist Publishing House, 1886.

Lenski, R. C. H., *The Interpretation of St. John's Gospel*. Columbus: Lutheran Book Concern, 1942.

Lenski, R. C. H., *The Interpretation of St. Matthew's Gospel*. Columbus: The Wartburg Press, 1943.

Lessing, Gotthold, *Lessing's Theological Writings*. Stanford, Calif.: Stanford University Press, 1957.

Lewis, Charlton T. u. Charles Short (Hrsg.), *A Latin Dictionary*. Oxford: Clarendon Press, o. J.

Lewis, C. S., *The Abolition of Man*. New York: Collier, 1947.

Lewis, C. S., *Christian Reflections*. Hrsg. v. Walter Hooper. Grand Rapids: Eerdmans, 1967.

Lewis, C. S., *Mere Christianity*. New York: Macmillan, 1952.

Lewis, C. S., *Mere Christianity*. New York: Macmillan Publishing Company, Collier Books, 1960.

Lewis, C. S., *Miracles: A Preliminary Study*. New York: Macmillan, 1947.

Lewis, C. S., *Miracles*. New York: Macmillan, 1960.

Lewis, C. S., »Modern Theology and Biblical Criticism«, *Christian Reflections*. Grand Rapids: Wm. B. Eerdmans Publishing Co., 1967.

Lewis, C. S., »The Poison of Subjectivism«. In *Christian Reflections*, Hg. Walter Hooper. Grand Rapids: Eerdmans, 1967.

Lewis, C. S., *The Problem of Pain*. New York: Macmillan Publishing Company, Collier Books, 1962.

Lewis, C. S., *The Weight of Glory and Other Addresses*, überarb. Ausgabe. New York: Macmillan, 1980.

Lewis, Peter, *The Glory of Christ*. Chicago: Moody Press, 1997.

Liefeld, Walter L., »Luke«, in *The Expositor's Bible Commentary*, Hrsg. v. Frank E. Gaebelein, Bd. 8. Grand Rapids: Zondervan, 1984.

Lightfoot, *Evangelium Matthaei, horoe hebraicoe*. Zitiert in M. M. LeMann, *Jesus Before the Sanhedrin*. Übers. v. Julius Magath. Nashville: Southern Methodist Publishing House, 1886.

Lightfoot, Robert Henry, *History and Interpretation in the Gospels*. New York: Harper and Brothers Publishers, 1934.

Linnemann, Eta, *Historical Criticism of the Bible*. Übers. v. Robert W. Yarbrough. Grand Rapids: Baker Book House, 1995.

Linnemann, Eta, *Is There a Synoptic Problem?* Übers. v. Robert W. Yarbrough. Grand Rapids: Baker Book House, 1993.

Linton, Irwin H., *The Sanhedrin Verdict*. New York: Loizeaux Brothers, Bible Truth Depot, 1943.

Liplady, Thomas, *The Influence of the Bible*. New York: Fleming H. Revell, 1924.

Liptzen, Sol, *Biblical Themes in World Literature*. Hoboken, N.J.: Ktav Publishing House, Inc., 1985.

Little, Paul, *Know What You Believe*. Wheaton: Scripture Press Publications, Inc., 1987.

Little, Paul E., *Know Why You Believe*. Wheaton: Scripture Press, 1987.

Livingston, G. Herbert, *The Pentateuch in Its Cultural Environment*. Grand Rapids: Baker Book House, 1974.

Locke, John, *A Second Vindication of the Reasonableness of Christianity, Works*. Zitiert in Wilbur M. Smith, *Therefore Stand: Christian Apologetics*. Grand Rapids: Baker Book House, 1965.

Loetscher, Lefferts A. (Hrsg.), »Pentateuch«, *Twentieth Century Encyclopedia of Religious Knowledge*. Grand Rapids: Baker Book House, 1955.

Loetscher, Lefferts A. (Hrsg.), *Twentieth Century Encyclopedia of Religious Knowledge*. Bd. 1. Grand Rapids: Baker Book House, 1955.

Lucien of Samosata, »Death of Pelegrine«. In *The Works of Lucian of Samosata*, 4 Bde. Übers. v. H. W. Fowler u. F. G. Fowler. Oxford: The Clarendon Press, 1949.

Luckenbill, Daniel David, *Ancient Record of Assyria and Babylonia*. 2 Bde. Chicago: University of Chicago Press, 1926.

MacDill, David, *The Mosaic Authorship of the Pentateuch*. Pittsburgh: United Presbyterian Board of Publication, 1896.

Macdonald, E. M., »Design Argument Fallacies«. In *An Anthology of Atheism and Rationalism*, hrsg. v. Gordon Stein. Amherst: Prometheus Books, 1980.

MacDonald, Scott, »Theory of Knowledge«. In *The Cambridge Companion to Aquinas*, Hg. Norman Kretzmann u. Eleonore Stump. Cambridge: Cambridge University Press, 1993.

Machen, J. Gresham, *The Virgin Birth of Christ*. Grand Rapids: Baker Book House, 1965.

MacIntyre, Alasdair, *First Principles, Final Ends and Contemporary Philosophical Issues*. Milwaukee: Marquette University Press, 1990.

Mackay, John, *History and Destiny*. Zitiert in Joseph P. Free, »Archaeology and Neo-Orthodoxy«, *Bibliotheca Sacra* 114, Januar 1957.

Mackie, John L., »Evil and Omnipotence«. In *The Philosophy of Religion*, Hg. Basil Mitchell. London: Oxford University Press, 1972. Zitiert in Alvin C. Plantinga, *God, Freedom, and Evil*. Grand Rapids: William B. Eerdmans Publishing Company, 1996.

Mackie, John L., *The Miracle of Theism*. Oxford: Clarendon Press, 1983. Zitiert in J. P. Moreland, *Does God Exist?* Amherst: Prometheus Books, 1993.

MacLaine, Shirley, *Out on a Limb*. New York: Bantam, 1983.

Maclean, G. F., *Cambridge Bible for Schools, St. Mark*. London: Cambridge University Press, 1893.

Maharaj, Rabindranath u. Dave Hunt, *Death of a Guru*. Nashville: Holman, 1977.

Maier, Walter A., *The Book of Nahum: A Commentary*. St. Louis: Concordia Publishing House, 1959.

Maier, Gerhard, *The End of the Historical-Critical Method*. Übers. v. Edwin W. Leverenz u. Rudolph F. Norden. St. Louis: Concordia, 1974.

Maier, Paul L., *First Easter: The True and Unfamiliar Story*. New York: Harper and Row, 1973.

Maier, Paul L., *In the Fullness of Time: A Historian Looks at Christmas, Easter, and the Early Church*. San Francisco: Harper San Francisco, 1991.

Maine, Henry Sumner, *Ancient Law*. New York: Henry Holt and Company, 1888.

Malevez, L., *The Christian Message and Myth*. London: SCM Press, Ltd., 1958.

Mallowan, M. E. L., *Numrud and Its Remains*. 3 Bde. London: Collins, St. James Place, 1966.

Manley, G. T., *The Book of the Law*. Grand Rapids: Win. B. Eerdmans Publishing Co., 1957.

Manson, T. W., »Is It Possible to Write a Life of Christ?« *The Expository Times*. Bd. 53. Mai 1942.

Manson, T. W., *Jesus the Messiah*. Philadelphia: Westminster Press, 1946.

Manson, T. W., »Present Day Research in the Life of Jesus«, *The Background of the New Testament and Its Eschatology*. Hrsg. v. W. D. Davies u. B. Daube. Cambridge: at the University Press, 1956.

Manson, T. W., »The Quest of the Historical Jesus – Continues«, *Studies in the Gospels and Epistles*. Hrsg. v. Matthew Black. Manchester: Manchester University Press, 1962.

Manson, T. W., *The Sayings of Jesus*. London: SCM Press, Ltd., 1949.

Margenau, Henry, »Modern Physics and Belief in God«. In *The Intellectuals Speak Out About God*, hrsg. v. Roy Abraham Varghese. Dallas: Lewis and Stanley Publishers, 1984.

Marshall, Alfred, *The Interlinear Greek-English New Testament*. Überarb. Ed. Grand Rapids: Zondervan Publishing House, 1969.

Marshall, I. Howard, *The Gospel of Luke. A Commentary on the Greek Text*. The New International Greek Testament Commentary Series. Grand Rapids: William B. Eerdmans Publishing Co., 1952.

Marshall, I. Howard, *I Believe in the Historical Jesus*. Grand Rapids: William B. Eerdmans Publishing Co., 1977.

Marshall, I. Howard (Hrsg.), *New Testament Interpretation, Essays on Principles and Methods*. Grand Rapids: William B. Eerdmans Publishing Co., 1977.

Martin, J. C., »Converted Catcher«. Oradell, N.J.: American Tract Society, o. J.

Martin, J. P., »Beyond Bultmann, What?« *Christianity Today*. Bd. 6. 24. November, 1961.

Martin, James, *The Reliability of the Gospels*. London: Hodder and Stoughton, 1959.

Martin, John A., »Isaiah«. In *The Bible Knowledge Commentary: Old Testament*, hrsg. v. John F. Walvoord u. Roy B. Zuck. Wheaton, Ill., Victor Books, 1985.

Martin, Ralph, *Mark, Evangelist and Theologian*. Grand Rapids: Zondervan Publishing House, 1973.

Martin, W. J., *Stylistic Criteria and the Analysis of the Pentateuch*. London: Tyndale Press, 1955.

Marty, Martin E., »Foreword« to *The Promise of Bultmann* v. Norman Perrin. New York: J. B. Lippincott Company, 1969.

Martyr, Justin, »Apology«. In *Ante-Nicene Fathers*, Hg. Alexander Roberts u. James Donaldson. Grand Rapids: Eerdmans, 1989.

Marx, Karl, *Contribution to the Critique of Hegel's Philosophy of Right. Introduction*. In *The Portable Karl Marx*. Übers. v. Eugene Kamenka. New York: Penguin Books, 1983.

Marxsen, Willi, *Mark the Evangelist*. Übers. v. Roy A. Harrisville. New York: Abingdon Press, 1969.

Matheson, George, *The Representative Men of the New Testament*. London: Hodder and Stoughton, 1904.

Mattingly, John P., *Crucifixion: Its Origin and Application to Christ*. Unveröffentl. Th.M.-Arbeit, Dallas Theological Seminary, 1961.

Maurice, Thomas, *Observations on the Ruins of Babylon, Recently Visited and Described by Claudius James Rich*, Esq. London: John Murray of Albermarle St., 1816.

Mavrodes, George I., *Belief in God: A Study in the Epistemology of Religion*. New York: Random House, 1970.

McAfee, Cleland B., *The Greatest English Classic*. New York, NY. o. O., 1912.

McCallum, Dennis, *The Death of Truth*. Minneapolis: Bethany House, 1996.

McCarthy, Dennis J., »Covenant in the Old Testament«, *Catholic Biblical Quarterly*. Bd. 27. 1954.

McCarthy, Dennis J., *Treaty and Covenant*. Rome: Pontifical Biblical Institute, 1963.

McClain, Alva J., *Daniel's Prophecy of the Seventy Weeks*. Grand Rapids: Zondervan Publishing House, 1972.

McClymont, J. A., *New Testament Criticism*. New York: Hodder and Stoughton, 1913.

McConkie, Bruce R., *Mormon Doctrine - A Compendium of the Gospel*, überarb. Ed. Salt Lake City: Bookcraft, 1966. Zitiert in Norman L. Geisler u. William D. Watkins, *Worlds Apart*. Grand Rapids: Baker Book House, 1984.

McCullagh, C. Behan, *The Truth of History*. London: Routledge, 1998.

McDowell, Josh, *Evidence That Demands a Verdict*. Bd. 1. San Bernardino, Calif: Here's Life Publishers, 1972. Überarb. Ed., 1979. Nachdruck, Nashville: Thomas Nelson Publishers, 1993.

McDowell, Josh, *Evidence That Demands a Verdict*. Bd. 2. San Bernardino, Calif.: Here's Life Publishers, 1975. Nachdruck, Nashville: Thomas Nelson Publishers, 1993.

McDowell, Josh u. Bob Hostetler, *The New Tolerance*. Wheaton, Ill: Tyndale House Pubs., 1998.

McDowell, Josh u. Don Stewart, *Handbook of Today's Religions*. Campus Crusade for Christ, Inc., 1983. Nachdruck, Nashville: Thomas Nelson Publishers, 1996.

McDowell, Josh u. Bill Wilson, *He Walked Among Us: Evidence for the Historical Jesus*. San Bernardino, Calif: Here's Life Publishers, 1988. Nachdruck, Nashville: Thomas Nelson Publishers, 1993.

McGinley, Laurence J., *Form Criticism of the Synoptic Healing Narratives*. Woodstock, Md.: Woodstock College Press, 1944.

McGrath, Alister, *Christian Theology: An Introduction*. Oxford: Blackwell, 1994.

McGrath, Alister, *Understanding Jesus*. Grand Rapids: Zondervan Publishing House, 1987.

McGrath, Alister E., *What Was God Doing on the Cross?* Grand Rapids: Zondervan, 1992.

McKnight, Edgar V., *What Is Form Criticism?* Philadelphia: Fortress Press, 1969.

McLain, Charles E., »Toward a Theology of Language«. *Calvary Baptist Theological Journal*. Frühjahr/Herbst 1996.

McNefle, A. H., *An Introduction to the Study of the New Testament*. London: Oxford University Press, 1953.

Mead, Frank (Hrsg.), *The Encyclopedia of Religious Quotations*. Westwood, Ill.: Fleming H. Revell, o. J.

Meek, J. T., *Hebrew Origins*. Überarb. Edition. New York. Harper Brothers, 1950.

Meier, John P., »The Testimonium: Evidence for Jesus Outside the Bible«. *Bible Review*. Juni 1991.

Meisinger, George E., *The Fall of Nineveh*. Unveröffentl. Masters-Arbeit, Dallas Theological Seminary, 1968.

Meldau, Fred John, *101 Proofs of the Deity of Christ from the Gospels*. Denver, Colo.: The Christian Victory, 1960.

Mellor, D.H. (Hrsg.), *Philosophical Papers*. Cambridge: Cambridge University Press, 1990.

Mendenhall, George E., »A Biblical History in Transition«. In *The Bible and the Ancient Near East*, hrsg. v. G. E. Wright. New York: Doubleday and Company, 1961.

Mendenhall, George E., *Law and Covenant in Israel and the Ancient Near East*. Pittsburgh: Biblical Colloquium, 1955.

Metzger, Bruce, »Circulation of the Bible«. In *The Oxford Companion to the Bible*, Hg. Bruce Metzger u. Michael Coogan, New York: Oxford University Press, 1993.

Metzger, Bruce M., *Lexical Aids for Students of New Testament Greek*. Neue Ausgabe. Princeton, N.J.: Theological Book Agency, 1970.

Metzger, Bruce M., *Manuscripts of the Greek Bible. An Introduction to Paleography*. New York: Oxford University Press, 198 1.

Metzger, Bruce M., *The Text of the New Testament*. New York: Oxford University Press, 1968.

Metzger, Bruce M., *The Text of the New Testament: Its Transmission, Corruption, and Restoration*. New York: Oxford University Press, 1992.

Michaud, Joseph Francois, *History of the Crusades*. 2 Bde. Philadelphia: George Barrie, o. J.

Middleton, J. Richard u. Brian J. Walsh, »Facing the Postmodern Scalpel: Can the Christian Faith Withstand Deconstruction?« In *Christian Apologetics in the Postmodern World*, Timothy R. Phillips u. Dennis L. Okholm (Hrsg.). Downers Grove, Ill.: InterVarsity Press, 1995.

Miegge, Giovanni, *Gospel and Myth in the Thought of Rudolf Bultmann*. Übers. v. Bishop Stephen Neill. Richmond, Va.: John Knox Press, 1960.

Miethe, Terry L. u. Antony G. N. Flew, *Does God Exist? A Believer and an Atheist Debate*. San Francisco: Harper, 1991.

Mill, John S., *Three Essays of Religion*. Westport: Greenwood Press, 1970. Nachdruck d. Edition 1874.

Millard, Alan, »Does the Bible Exaggerate King Solomon's Wealth?« *Biblical Archaeology Review*, Mai/Juni 1989.

Miller, David L., *The New Polytheism: Rebirth of the Gods and Goddesses*. New York: Harper and Row Publishers, 1974.

Miller, Ed L., »Plenary Inspiration and 2 Timothy 3:16«. *Lutheran Quarterly* XVIL Februar 1965.

Milligan, William, *The Resurrection of Our Lord*. New York: The Macmillan Company, 1927.

Minkin, Jacob S., *The World of Moses Maimonides*. New York: Thomas Yoseloff, 1957.

The Mishnah. Übers. v. Herbert Danby. London: Geoffrey Cumberlege, Oxford University Press, 1933.

Moller, Wilhelm, *Are the Critics Right?* New York: Fleming H. Revell Co., 1899.

Montefiore, C. G., *The Synoptic Gospels*, 2. Bde. London: Macmillan and Co., Ltd., 1909, 1927.

Montgomery, John W., *The Altizer-Montgomery Dialogue*. Chicago: InterVarsity Press, 1967.

Montgomery, John W. (Hrsg.), *Christianity for the Tough Minded*. Minneapolis: Bethany Fellowship, Inc., 1973.

Montgomery, John W., »Evangelicals and Archaeology«. *Christianity Today*. 16. August, 1968.

Montgomery, John W. (Hrsg.), *Evidence for Faith*. Dallas, Tex.: Probe Books, 1991.

Montgomery, John W., *Faith Founded on Fact. Essays in Evidential Apologetics*. Nashville: Thomas Nelson, 1978.

Montgomery, John W., *History and Christianity*. Downers Grove, Ill.: InterVarsity Press, 1964.

Montgomery, John W., *History and Christianity*. Downers Grove, Ill.: InterVarsity Press, 1971.

Montgomery, John Warwick, »Is Man His Own God?« *Christianity for the Tough Minded*. Hrsg. v. John Warwick Montgomery. Minneapolis: Bethany Fellowship, Inc., 1973.

Montgomery, John Warwick, *The Shape of the Past*. Ann Arbor: Edwards Brothers, 1962.

Moore, G. E., *Some Main Problems of Philosophy*. New York. Macmillan, 1953.

Moore, James R., »Science and Christianity: Toward Peaceful Coexistence«, *Christianity for the Tough Minded*. Hrsg. v. John Warwick Montgomery. Minneapolis: Bethany Fellowship, Inc., 1973.

Moreland, J. P., *An Apologetic Critique of the Major Presuppositions of the New Quest of the Historical Jesus*. Th.M.-Arbeit, Dallas Theological Seminary, 1979.

Moreland, J. P., *The Creation Hypothesis: Scientific Evidence for an Intelligent Designer*. Downers Grove, Ill.: InterVarsity Press, 1994.

Moreland, J. P., *Love Your God with All Your Mind*. Colorado Springs: NavPress, 1997.

Moreland, J. P., *Scaling the Secular City*. Grand Rapids: Baker, 1987.

Moreland, J. P. u. Kai Nielsen, *Does God Exist?* Amherst: Prometheus Books, 1993.

Morison, Frank, *Who Moved the Stone?* London: Faber and Faber Ltd., 1958.

Morison, Frank, *Who Moved the Stone?* London: Faber and Faber, 1967.

Morris, Henry M., *The Bible Has the Answer*. Grand Rapids: Baker Book House, 1971.

Morris, Henry M., *The Bible and Modern Science*. Überarb. Ed. Chicago: Moody Press, 1956.

Morris, Henry M., *Many Infallible Proofs*. San Diego: Creation-Life Publishers, 1974.

Morris, Henry, mit Henry M. Morris III. *Many Infallible Proofs*. Green Forest, Ark.: Master Books, 1996.

Morris, Leon, *The Gospel According to John*. The New International Commentary Series. Grand Rapids: Wm. B. Eerdmans, 1971.

Morris, Leon, *Jesus Is the Christ. Studies in the Theology of John*. Grand Rapids: Eerdmans, 1989.

Morris, Leon, *New International Commentary, the Gospel According to John.* Grand Rapids: William B. Eerdmans Publishing Co., 1971.

Mosely, A. W., »Historical Reporting in the Ancient World«, *New Testament Studies* 12. 1965-66.

Motyer, J. A., *The Revelation of the Divine Name.* London: The Tyndale Press, 1959.

Moule, C. F. D., »Form Criticism and Philological Studies«, *London Quarterly and Holborn Review*. Bd. 183. April 1958.

Moule, C. F. D., »The Intentions of the Evangelists«, *New Testament Essays*. Hrsg. v. A. J. B. Higgins. Manchester: at the University Press, 1959.

Mounce, Robert, Interview, 2. Jul, 1974.

Mounce, Robert H., »Is the New Testament Historically Accurate?« *Can I Trust My Bible?* Hrsg. v. Howard Vos. Chicago: Moody Press, 1963.

Moyer, Elgin S., *Who Was Who in Church History*, rev. Ausgabe. Chicago: Moody Press, 1968.

Mueller, Walter, »A Virgin Shall Conceive«. *The Evangelical Quarterly* 32. Okt.-Dez. 1960.

Muller, Fredrich, »Bultmann's Relationship to Classical Philology«, *The Theology of Rudolf Bultmann*. Hrsg. v. Charles W. Kegley. London: SCM Press, 1966.

Muller, Julius, *The Theory of Myths, in Its Application to the Gospel History, Examined and Confuted.* London: John Chapman, 1844.

Mullins, E.Y., *Why Is Christianity True?* Chicago: Christian Culture Press, 1905.

Murray, John, »The Attestation of Scripture«. In *The Infallible Word*. Philadelphia, Pa.: Presbyterian and Reformed, 1946.

Myers, Albert E., »The Use of Almah in the Old Testament«, *The Lutheran Quarterly* 7 (1955).

Myers, Philip Van Ness, *General History for Colleges and High Schools*. Boston: Ginn and Company, 1889.

Nash, Ronald, *Christianity and the Hellenistic World.* Grand Rapids: Zondervan, 1984.

Nash, Ronald H., *Faith and Reason*. Grand Rapids: Zondervan Publishing House, 1988.

Nash, Ronald, *The Gospel and the Greeks*. Dallas: Probe, 1992.

Nash, Ronald H. (Hrsg.), *Philosophy of Gordon Clark*. Philadelphia: The Presbyterian and Reformed Publishing Company, 1968.

Nash, Ronald H., *World Views in Conflict*. Grand Rapids: Zondervan, 1992.

Nasir-i-Khurran, *Diary of a Journey Through Syria and Palestine in 1047 A.D.* London: o. O., 1893.

Neatby, T. Millar, *Confirming the Scriptures*. London: Marshall, Morgan and Scott, o. J. Bd. II. Zitiert in Joseph P. Free, *Archaeology and Bible History*. Wheaton: Scripture Press, 1969.

Neill, Stephen, *The Interpretation of the New Testament*. London: Oxford University Press, 1964.

Nelson, Nina, *Your Guide to Lebanon*. London: Alvin Redman, Ltd., 1965.

Nettelhorst, R. P., »The Genealogy of Jesus«. *Journal of the Evangelical Theological Society* 31, Juni 1988.

The New Bible Dictionary. Hrsg. v. J. D. Douglas. Grand Rapids: Wm. B. Eerdmans Publishing Co., 1962.

Newton, Benjamin Wills, *Babylon: Its Future History and Doom*. London. Wertheimer, Lea and Co., 1890

Nezikin, Seder, *The Babylonian Talmud*. Übers. v. I. Epstein. London: The Soncino Press, 1935.

Ng, David (Hrsg.), *Sourcebook*. Philadelphia: Board of Christian Education, The United Presbyterian Church in the U.S.A., 1970.

Niebuhr, Reinhold (Hrsg.), *Marx and Engels on Religion*. New York: Schocken, 1964.

Nielsen, Eduard, *Oral Tradition*. London: SCM Press, 1954.

Nielsen, Kai,»Ethics Without God«, *Does God Exist?* Hrsg. v. J. P. Moreland u. Kai Nielsen. Amherst: Prometheus Books, 1993.

Nielsen, Kai, *Philosophy and Atheism*. Buffalo, N.Y.: Prometheus Books, 1985.

Niessen, Richard, »The Virginity of the ›almah‹ in Isaiah 7:14«. *Bibliotheca Sacra*. April-Juni 1972.

Nietzsche, Friedrich, *The Antichrist*. In *The Portable Nietzsche*. Übers. v. Walter Kaufmann. New York: Viking Press, 1970.

Nietzsche, Friedrich, *Joyful Wisdom*. Übers. v. Thomas Common. New York: Frederick Unger Publishing Company, 1971.

Nietzsche, Friedrich, *Thus Spoke Zarathustra*. Übers. v. Walter Kaufmann. New York: The Modern Library, 1995.

Nineham, D. E., »Eyewitness Testimony and the Gospel Tradition«, *The Journal of Theological Studies*. Bd. 11. Oktober 1960.

Nix, William E., »I Chronicles«, »2 Chronicles«, »Joshua«. In *The Criswell Study Bible*, Hrsg. v. W. A. Criswell. Nashville: Thomas Nelson, 1979.

North, C. R., »Pentateuchal Criticism«, *The Old Testament and Modern Study*. Hrsg. v. H. H. Rowley. Oxford: Clarendon Press, 1951.

North, C. R., »Pentateuchal Criticism«, *The Old Testament and Modern Study*. Hrsg. v. H. H. Rowley. Oxford: Oxford University Press, 1967.

North, C. R., »Pentateuchal Criticism«, *The Old Testament and Modern Study: A Generation of Discovery and Research*. Hrsg. v. H. H. Rowley. Oxford: Oxford University, 1956.

Northrop, E. S. C. u. Mason W. Gross, *Alfred North Whitehead. An Anthology*. New York: The Macmillan Company, 1953.

Nowell-Smith, Patrick, »Miracles«, *New Essays in Philosophy Theology*. Hrsg. v. Antony Flew u. Alasdair MacIntyre. New York: Macmillan, 1955.

Oesterley, W. O. E. u. Theodore H. Robinson, *Hebrew Religion: Its Origin and Developments*. London: Society for Promoting Christian Knowledge, 1935.

Ogden, Schubert M., *Christ Without Myth*. New York: Harper and Row Publishers, 1961.

Ogden, S., »Debate on Demythologizing«, *Journal of Bible and Religion*. Bd. 27. Januar 1959.

Ogden, Schubert M., *Faith and Freedom: Toward a Theology of Liberation*. Nashville: Abingdon, 1979.

Ogden, Schubert M., *The Reality of God and Other Essays*. San Francisco: Harper and Row, 1977.

Ogden, Schubert M., »The Significance of Rudolf Bultmann for Contemporary Theology«, *The Theology of Rudolf Bultmann*. Hrsg. v. Charles Kegley. London: SCM Press, 1966.

O'Hair, Madalyn Murray, »What on Earth Is an Atheist?« New York: Arno, 1972. Zitiert in Ravi Zacharias, *Can Man Live Without God?* Dallas: Word Publishing, 1994.

Olmstead, A. T., »History, Ancient World, and the Bible«. *Journal of Near Eastern Studies*. Januar 1943.

Oman, Sir Charles, *On the Writing of History*. New York: Barnes and Noble, 1939.

Ordonez, Rose Marie, *I Was Blind But Now I See*. Colorado Springs, Colo.: International Students, o. J.

Origen, *Contra Celsum*. English *Contra Celsum*. Übers. v. Henry Chadwick. London: Cambridge University Press, 1953.

Origen, *Contra Celsum*. English *Contra Celsum*. Übers. u. mit Einl. und Anm. v. Henry Chadwick. New York: Cambridge University Press, 1965. Reprint, 1980. Zitiert in Norman L. Geisler, *Baker's Encyclopedia of Christian Apologetics*. Grand Rapids: Baker Book House, 1998.

Orlinsky, Harry, *Ancient Israel*. Ithaca, N.Y.: Cornell University Press, 1954.

Orr, James, *The Problem of the Old Testament*. New York: Charles Scribner's Sons, geschrieben 1905, gedruckt 1917.

Orr, James, *The Resurrection of Jesus*. Zitiert in Bernard Ramm, *Protestant Christian Evidences*. Chicago: Moody Press, 1957.

Orr, James, *The Virgin Birth of Christ*. New York: Charles Scribner's Sons, 1907.

Orr, James, John L. Nielson u. James Donalson (Hrsg.), *The International Standard Bible Encyclopedia*, Bd. I. Edinburgh: T. & T. Clark, 1867.

Orr, James (Hrsg.), *International Standard Bible Encyclopedia*, Grand Rapids: William B. Eerdmans Publishing Co., 1960.

Osborne, Grant R., »Redaction Criticism and the Great Commission: A Case Study Toward a Biblical Understanding of Inerrancy«. *Journal of the Evangelical Theological Society* 19. Frühjahr 1976.

Owens, Joseph, *Cognition: an Epistemological Inquiry*. Houston: Center for Thomistic Studies, 1992.

Owens, Joseph, *An Elementary Christian Metaphysics*. Houston: Center for Thomistic Studies, 1963.

Pache, Rene, *Inspiration and Authority of Scripture*. Chicago: Moody, 1969.

Packer, J. I., *Knowing God*. Downers Grove, Ill.: InterVarsity Press, 1973.

Paine, Thomas, *Collected Writings*. Hrsg. v. Eric Foner. New York: The Library of America, 1995.

Palau, Luis, *God Is Relevant*. New York: Doubleday, 1997.

Paley, William, *Natural Theology. God*. Hrsg. v. Frederick Ferre. New York: The Bobbs-Merrill Company Inc., 1963.

Paley, William, *Natural Theology. In The Cosmological Arguments: A Spectrum of Opinion*. Hrsg. v. Donald R. Burrill. Anchor Books edition. Garden City, N.Y.: Doubleday, 1967.

Paley, William, *Natural Theology. In The Existence of God*. Hrsg. v. John Hick. New York: The Macmillan Company, 1964.

Paley, William, *A View of the Evidences of Christianity*. 14. Ed. London: S. Hamilton, Weybridge, 1811.

Palmer, Edwin (Hrsg.), *The Encyclopedia of Christianity*. Bd. 1. Delaware: National Foundation of Christian Education, 1964.

Palmer, Humphrey, *The Logic of Gospel Criticism*. London, Melbourne: Macmillan; New York: St. Martin's Press, 1968.

Pannenberg, Wolfhart, *Jesus - God and Man*. Übers. v. L. L. Wilkins u. D. A. Priche. Philadelphia: Westminster Press, 1968.

Pannenberg, Wolfhart, *Revelation as History*. Übers. v. David Granskow. New York: Macmillan, 1968.

Parker, F. H., »A Realistic Appraisal of Knowledge«, *Philosophy of Knowledge: Selected Readings*. Hrsg. v. Roland Houde u. Joseph P. Mullally. Chicago: J. B. Lippincott, 1960.

Parkin, Vincent, »Bultmann and Demythologizing«, *The London Quarterly and Holborn Review*. Bd. 187. Oktober 1962.

Pascal, Blaise, *The Provincial Letters, Pensees, Scientific Treatises*. In *Great Books of the Western World*, Hg. Robert Maynard Hutchins. Übers. v. W. F. Trotter. Chicago: The University of Chicago, Encyclopaedia Britannica, Inc., 1984.

Patai, Raphael, *The Kingdom of Jordan*. Princeton, N.J.: Princeton University Press, 1958.

Patterson, Bob E., »The Influence of Form-Criticism on Christology«, *Encounter*. Bd. 31. Winter, 1970.

Patzia, Arthus G., *The Making of the New Testament*. Downers Grove, Ill.: InterVarsity Press, 1995.

Payne, J. Barton, *Encyclopedia of Biblical Prophecy*. London: Hodder and Stoughton, 1973.

Payne, J. B., *An Outline of Hebrew History*. Grand Rapids: Baker Book House, 1954.

Payne, J. Barton, »The Plank Bridge: Inerrancy and the Biblical Autographs«, *United Evangelical Action* 24. Dezember 1965.

Payne, J. Barton, *The Theology of the Older Testament*. Grand Rapids: Zondervan, 1962.

Payne, J. Barton, »The Validity of Numbers in Chronicles«, *Bulletin of the Near East Archaeological Society*. New series. 11, 1978.

Peake, W. S., *Christianity, Its Nature and Its Truths*. London: Duckworth and Co., 1908.

Pedersen, J., »Die Auffassung vom Alten Testament«. In *Zeitschrift für die Alttestamentliche Wissenschaft*. Zitiert in C. R. North, »Pentateuchal Criticism«, in *The Old Testament and Modern Study. A Generation of Discovery and Research*. Hrsg. v. H. H. Rowley. Oxford: Oxford University, 1956.

Pedersen, Johannes u. Geoffrey Cumberlege, *Israel, Its Life and Culture*. Bd. I u. II. Übers. v. Annie I. Fausboll. London: Oxford University Press, 1947.

Peet, T. Eric, *Egypt and the Old Testament*. Liverpool: Univ. Press of Liverpool, 1942.

Pelikan, Jaroslav, *Jesus Through the Centuries: His Place in the History of Culture*. New Haven, Conn.: Yale University Press, 1985.

Peritz, Ismar J., »Form Criticism as an Experiment«, *Religion in Life* 10. Frühjahr 1941.

Perrin, Norman, *The Promise of Bultmann*. In the series, *The Promise of Theology*, hrsg. v. Martin E. Marty. New York: J. P. Lippincott Co., 1969.

Perrin, Norman, *What Is Redaction Criticism?* Philadelphia: Fortress Press, 1969.

Peru, Paul William, *Outline of Psychiatric Case Study*. New York: Paul B. Hoeger, Inc. 1939.

Pesch, Rudolf, »Form Criticism«, *Sacramentum Mundi*. Hrsg. v. Karl Rahner. Bd. 2. New York: Herder and Herder, 1968.

Peters, F. E., *The Harvest of Hellenism*. New York: Simon and Schuster, 1971.

Pettinato, Giovanni, »The Royal Archives of Tell-Mardikh –Ebla«, *The Biblical Archaeologist* 39, Nr. 2. Mai 1976.

Pfeiffer, Robert H., *Introduction to the Old Testament*. New York: Harper, 1941.

Pfeiffer, R. H., *Introduction to the Old Testament*. New York: Harper and Brothers Publishers, 1948.

Pfeiffer, Charles F. u. Everett F. Harrison (Hrsg.), *The Wycliffe Bible Commentary*. Chicago: Moody Press, 1962.

Phillips, J. B., *When God Was a Man*. New York: Abingdon Press: 1955.

Phillips, Timothy R. u. Dennis L. Okholm (Hrsg.), *Christian Apologetics in the Postmodern World*. Downers Grove, Ill.: InterVarsity, 1995.

Philo, Judaeus, *The Works of Philo*. Bd. 4. Übers. v. F. H. Colson. Cambridge: Harvard University Press, 1935.

Pickering, Wilbur N., *The Identity of the New Testament Text*. Nashville: Thomas Nelson, 1977. Nachdruck, 1980.

Pinnock, Clark, *Biblical Revelation*. Chicago: Moody, 1971.

Pinnock, Clark, »The Case Against Form-Criticism«, *Christianity Today*. Bd. 9. 16. Juli 1965.

Pinnock, Clark H., *Set Forth Your Case*. Nutley, N.J.: The Craig Press, 1967.

Piper, Otto A., »Myth in the New Testament«, *Twentieth Century Encyclopedia of Religious Knowledge*. Bd. 2. Hrsg. v. Lefferts A. Loetscher. Grand Rapids: Baker Book House, 1955.

Piper, Otto, »The Origin of the Gospel Pattern«, *Journal of Biblical Literature*. Bd. 78. Juni 1959.

Pittenger, W. Norman, »The Problem of the Historical Jesus«, *Anglical Theological Review*. Bd. 36. April 1954.

Plantinga, Alvin C., *God, Freedom, and Evil*. Grand Rapids: William B. Eerdmans Publishing Co., 1996.

Plantinga, Alvin C., »Methodological Naturalism?« *Origins & Design*. Winter, 1997.

Plato, *The Collected Dialogues of Plato*. Hrsg. v. Edith Hamilton and Huntington Cairns. Princeton, N.J.: Princeton University, 1961.

Pliny the Elder, *Natural History*. Übers. v. H. Rackham u. W. H. S. Jones (Loeb Classical Library, Hrsg. v. T. E. Page). Cambridge: Harvard University Press, 1951.

Pliny the Younger, *Letters*. Übers. v. W. Melmoth. Zitiert in Norman L. Geisler, *Baker's Encyclopedia of Christian Apologetics*. Grand Rapids: Baker Book House, 1998.

Polkinghorne, John, *Science and Creation: The Search for Understanding*. Boston: New Science Library; New York: Random House, 1989, 22. Zitiert in Alvin C. Plantinga, »Methodological Naturalism?« *Origins & Design*, 23, Nr. 22. Winter, 1997.

Powell, Robert, *Zen and Reality*. New York: Viking, 1975.

Price, Ira M., *The Monuments and the Old Testament*. 17. Edition. Philadelphia: The Judson Press, 1925.

Price, Randall, *Secrets of the Dead Sea Scrolls*. Eugene, Ore.: Harvest House Publishers, 1996.

Pritchard, H. A., *Kant's Theory of Knowledge*. Oxford: Clarendon Press, 1909.

Pritchard, J. B. (Hrsg.), *Ancient Near East Texts*. Zitiert in Norman L. Geisler, *Baker's Encyclopedia of Christian Apologetics*. Grand Rapids: Baker Book House, 1998.

Purtill, Richard L., »Defining Miracles«, In *Defense of Miracles*. Hrsg. v. R. Douglas Geivett u. Gary R. Habermas. Downers Grove, Ill.: InterVarsity Press, 1997.

Rabast, Karlheinz, zitiert in Edward J. Young, *Genesis 3: A Devotional and Expository Study*. Carlisle, Pa.: The Banner of Truth Trust, 1966.

Rackl, Hans-Wolf, *Archaeology Underwater*. Übers. v. Ronald J. Floyd. New York: Charles Scribner's Sons, 1968.

Radmacher, Earl, Personal conversation with Dr. Radmacher Juni 1972.

Rahner, Karl (Hrsg.), *Sacramentum Mundi*. Bd. 2. New York: Herder and Herder, 1968.

Ramm, Bernard, »Can I Trust My Old Testament?« *The King's Business*. Februar 1949.

Ramm, Bernard, *Protestant Biblical Interpretation*. Überarb. Ed. Boston: Wilde, 1956.

Ramm, Bernard, *Protestant Christian Evidences*. Chicago: Moody Press, 1953.

Ramm, Bernard, *Protestant Christian Evidences*. Chicago: Moody Press, 1957.

Ramsay, Sir W. M., *The Bearing of Recent Discovery on the Trustworthiness of the New Testament*. London: Hodder and Stoughton, 1915.

Ramsay, W. M., *St. Paul the Traveller and the Roman Citizen*. Grand Rapids: Baker Book House, 1962.

Ramsey, E. P., »Facts and Propositions«. In *Philosophical Papers*, Hg. D. h. Mellor. Cambridge: Cambridge University Press, 1990.

Rashdall, Hastings, »The Theory of Good and Evil«, *The Existence of God*. Hrsg. v. John Hick, 144-152. New York: The Macmillan Company, 1964.

Rast, Walter E., *Tradition, History and the Old Testament*. Philadelphia: Fortress Press, 1972.

Raven, John Howard, *Old Testament Introduction*. New York: Fleming H. Revell Company, 1906. Überarb., 1910.

Redlich, E. Basil, *Form Criticism*. Edinburgh: Thomas Nelson and Sons, Ltd., 1939.

Redlich, E. Basil, *The Student's Introduction to the Synoptic Gospels*. London: Longmans, Green and Co., 1936.

Reed, David A., *Jehova's Witnesses Answered Verse by Verse*. Grand Rapids: Baker Book House, 1986.

Regis, L. M., *Epistemology*. Übers. v. Imelda Choquette Byrne. New York: Macmillan, 1959.

Reichenbach, Bruce R., *The Cosmological Argument: A Reassessment*. Springfield, Ill.: Charles C. Thomas, 1972.

Reid, David R., »Unnaturally Unique«. River Forest, Ill.: Devotions for Growing Christians. [online]. Available: [http://www.emmaus.edu/ dfgc/unique.htm] [1. Oktober 1998].

Reisner, G. A. u. W. S. Smith, *A History of the Giza Necropolis*, Bd. 2. Cambridge: Harvard University Press, 1955.

Rescher, Nicholas, »Noumenal Causality«. In *Kant's Theory of Knowledge*, Hg. Beck, Lewis White. Dordrecht, Holland: D. Reidel, 1974.

Rhodes, Ron, *Reasoning from the Scriptures with the Jehovah's Witnesses*. Eugene, Ore.: Harvest House, 1993

Rice, John R., *Is Jesus God?* 4. überarb. Ed. Murfreesboro, Tenn.: Sword of the Lord, 1966.

Richardson, Alan, *The Bible in the Age of Science*. Philadelphia: The Westminster Press, 1961.

Ridderbos, Herman N., *Bultmann*. Übers. v. David H. Freeman. Grand Rapids: Baker Book House, 1960.

Riddle, Donald Wayne, *Early Christian Life as Reflected in Its Literature*. New York: Willett, Clark and Company, 1936.

Rienecker, Fritz, *A Linguistic Key to the Greek New Testament*. Hrsg. v. Cleon L. Rogers, Jr. Grand Rapids: Zondervan Publishing House, 1980.

Riesenfeld, Harald, *The Gospel Tradition and Its Beginnings: A Study in the Limits of »Formgeschichte«*. London: A. R. Mowbray & Co. Limited, 1957.

Roberts, Alexander u. James Donaldson (Hrsg.), *Ante-Nicene Christian Library. Translations of the Writings of the Fathers*. Bd. 1. Edinburgh: T & T Clark, 1867.

Robertson, A. T., *A New Short Grammar of the Greek Testament*. Part I. New York: Richard R. Smith, Inc., 1931.

Robertson, Archibald Thomas, *Word Pictures in the New Testament*. Bde. I-V. Nashville: Broadman Press, 1930.

Robertson, Archibald Thomas, *Word Pictures in the New Testament*. 5 Bde. Nashville: Broadman Press, 1930. Nachdruck, New York: R. R. Smith, Inc., 1931.

Robinson, George Livingston, *The Sarcophagus of an Ancient Civilization*. New York: Macmillan Company, 1930.

Robinson, James M. (Hrsg.), *The Nag Hamadi Library*. New York: Harper & Row Publishers, 1981.

Robinson, James M., *A New Quest of the Historical Jesus*. Naperville, Ill.: Alec R. Allenson, Inc., 1959.

Robinson, James M., »The Recent Debate on the New Quest«, *Journal of Bible and Religion*. Bd. 30. Juli 1962.

Robinson, John A. T., *Redating the New Testament*. Philadelphia: Westminster, 1976.

Robinson, William Childs, *Our Lord*. Grand Rapids: Wm. B. Eerdmans, 1937.

Robinson, William Childs (Hrsg.), *Who Say Ye That I Am?* Grand Rapids: Wm. B. Eerdmans, 1949.

Rogers, Clement F., *The Case for Miracles*. Lon don: Society for Promoting Christian Knowledge, 1936.

Rogers, Cleon, »Unpublished Lecture Notes from Contemporary New Testament Issues in European Theology 232«, Dallas Theological Seminary, Frühjahr, 1979.

Rogers, Jack B. u. Donald K. McKim, *The Authority and Interpretation of the Bible: An Historical Approach*. San Francisco: Harper and Row, 1979.

Rohde, Joachim, *Rediscovering the Teaching of the Evangelists*. Philadelphia: The Westminster Press, 1968.

Roper, Albert, *Did Jesus Rise from the Dead?* Grand Rapids: Zondervan Publishing House, 1965.

Ropes, James Hardy, *The Synoptic Gospels*. Cambridge: Harvard University Press, 1934.

Rorty, Richard, *Consequences of Pragmatism*. Minneapolis: University of Minnesota Press, 1982.

Rosche, Theodore R., »The Words of Jesus and the Future of the ›Q‹ Hypothesis, Part III«, *Journal of Biblical Review*. Bd. 79, September 1960.

Rosenau, Pauline Marie, *Post-Modernism and the Social Sciences: Insights, Inroads, Intrusions*. Princeton, N.J.: Princeton University Press, 1992.

Ross, G. A. Johnston, *The Universality of Jesus*. New York: Fleming H. Revell, 1906.

Ross, Hugh, »Astronomical Evidences for a Personal, Transcendent God«, *The Creation Hypothesis: Scientific Evidence for an Intelligent Designer*. Hrsg. v. J. P. Moreland. Downers Grove, Ill.: InterVarsity Press, 1994.

Ross, Hugh, *The Fingerprint of God: Recent Scientific Discoveries Reveal The Unmistakable Identity of the Creator*, 2. Ed. Orange, Calif: Promise, 1991.

Ross, Hugh, »Science in the News«, *Facts & Faith* 12, Nr. 2. *Reasons To Believe*, 1998.

Rosscup, James, Class Notes. La Mirada, Calif.: Talbot Theological Seminary, 1969.

Rowley, H. H., *The Growth of the Old Testament*. London: Hutchinson's University Library, Hutchinson House, 1950.

Rowley, H. H., *The Old Testament and Modern Study: A Generation of Discovery and Research*. Oxford: Oxford University, 1956.

Rowley, H. H., *Worship in Ancient Israel*. London: S.P.C.K., 1967.

Runia, Klaas, »The Modern Debate Around the Bible«, *Christianity Today* 12, Nr. 20, 5. Juli, 1968.

Russell, Bertrand, *Logic and Knowledge*. New York: The Macmillan Company, 1956.

Russell, Bertrand, *The Problems of Philosophy*. New York: Oxford University, 1959.

Russell, Bertrand, *Why I Am Not a Christian and Other Essays on Religion and Related Subjects*. Hrsg. v. Paul Edwards. New York: Simon and Schuster, A Touchstone Book, 1957.

Ryle, J. C., *Expository Thoughts on the Gospels*. (St. Mark). New York: Robert Carter and Brothers, 1866.

Ryrie, Charles C., *Basic Theology*. Wheaton, Ill.: Victor Books, 1986.

Ryrie, Charles C., *The Ryrie Study Bible*, NKJV Chicago: Moody Press, 1985.

Sagan, Carl, *Cosmos*. New York: Random House, 1980.

Sanday, William (Hrsg.), *Oxford Studies in the Synoptic Problem*. Oxford: at the Clarendon Press, 1911.

Sanders, C., *Introduction to Research in English Literary History*. New York: Macmillan Co., 1952.

Sanders, James A., »Biblical Criticism and the Bible as Canon«, *Union Seminary Quarterly Review* 32. Frühjahr u. Sommer, 1977.

Sarna, Nahum, *Understanding Genesis*. New York: McGraw-Hill Book Co., 1966.

Sartre, Jean-Paul, *Being and Nothingness*. Übers. v. Hazel E. Barnes. New York: Gramercy Books, 1994.

Sayce, A. H., *Fresh Light from the Ancient Monuments*. London: The Religious Tract Society, 1895.

Sayce, A. H., *The »Higher Criticism« and the Verdict of the Monuments*. London: Society for Promoting Christian Knowledge, 1895.

Sayce, A. H., *Monument Facts and Higher Critical Fancies*. London: The Religious Tract Society, 1904.

Schaeffer, Francis A., *The Complete Works of Francis A. Schaeffer*. A Christian Worldview. Bd. 1. Westchester, Ill.: Crossway, 1982.

Schaff, Philip, *History of the Christian Church*, Grand Rapids: Wm. B. Eerdmans, 1910.

Schaff, Philip, *History of the Christian Church*, Nachdruck. Grand Rapids: Wm. B. Eerdmans, 1962.

Schaff, Philip, *The Person of Christ*. New York: American Tract Society, 1913.

Schaff, Philip, *A Select Library of the Nicence and Ante-Nicene Fathers of the Christian Church*. Bd. 4. Grand Rapids: Eerdmans, 1956.

Schaff, Philip, *A Select Library of the Nicene and Post-Nicene Fathers of the Christian Church*. Bd. IV, X. New York: The Christian Literature Company, 1888.

Scheffrahn, Karl u. Henry Kreyssler, *Jesus of Nazareth: Who Did He Claim to Be?* Dallas: Pat Booth, 1968.

Schmidt, K. L., *Der Rahmen der Geschichte Jesus*. Berlin: Twowitzsch & Sohn, Limited, 1936.

Schonfield, Hugh, *According to the Hebrews*. London: Gerald Duckworth & Co., 1937.

Schonfield, H. J., *The Passover Plot New Light on the History of Jesus*. New York: Bantam, 1967.

Schultz, Hermann, *Old Testament Theology*. Übers. v. d. 4. Ausgabe v. H. A. Patterson. Edinburgh: T & T Clark, 1898.

Schultz, Thomas, *The Doctrine of the Person of Christ with an Emphasis upon the Hypostatic Union*. Unveröffentl. Dissertation. Dallas, Tex.: Dallas Theological Seminary, 1962.

Schwarz, Stephen, »Introduction – Philosophy«. In *The Intellectuals Speak Out About God*, hrsg v. Roy Abraham Varghese. Dallas: Lewis and Stanley Publishers, 1984.

Schwarz, Stephen, »Summary Statement«. In *The Intellectuals Speak Out About God*, hrsg. v. Roy Abraham Varghese. Dallas: Lewis and Stanley Publishers, 1984.

Schweitzer, Albert, *Out of My Life and Thought*. Übers. v. C. T. Campton. New York: Henry Holt and Company, 1949.

Schweitzer, Albert, *The Psychiatric Study of Jesus*. Übers. v. Charles R. Joy. Boston: The Beacon Press, 1948.

Schweitzer, Albert, *The Quest of the Historical Jesus: A Critical Study of Its Progress from Reimarus to Wrede*. Übers. v. W. Montgomery. New York: Macmillan, 1960.

Scott, Ernest Findlay, *The Literature of the New Testament*. Morningside Heights, N.Y.: Columbia University Press, 1936.

Scott, Ernest Findlay, *The Validity of the Gospel Record*. New York: Charles Scribner's Sons, 1938.

Scott, Martin J., *Jesus as Men Saw Him*. New York: P. J. Kennedy and Sons, 1940.
Scott, Sir Walter, *The Monastery*. Boston: Houghton Mifflin Co., 1913.
Scotus, John Duns, *Philosophical Writings*. Übers. v. Allan Wolter. Indianapolis: Bobbs-Merrill, 1962.
Scroggs, Robin, »Beyond Criticism to Encounter: The Bible in the Post-Critical Age«, Chicago Theological Seminary Register 68. Frühjahr, 1978.
Segal, M. H., *Grammar of Mishnaic Hebrew*. Oxford: Clarendon Press, 1927.
Segal, M. H., *The Pentateuch - Its Composition and Its Authorship and Other Biblical Studies*. Jerusalem: Magnes Press, Hebrew University, 1967.
Selleck, W. S., *The New Appreciation of the Bible*. Chicago: University of Chicago Press, 1906.
Seneca, Lucius Annaeus, *Letters from a Stoic. Epistulae morales ad Lucilium [by] Seneca*. Ausgewählt u. übers. vom Lat. mit Einl. v. Robin Campbell. Harmondsworth, England: Penguin, 1969.
Sheldrake, Robert, »Modern Bio-Chemistry and the Collapse of Mechanism«, *The Intellectuals Speak Out About God*. Hrsg. v. Roy Abraham Varghese. Dallas: Lewis and Stanley Publishers, 1984.
Sherwin-White, A. N., *Roman Society and Roman Law in the New Testament*. Oxford: Clarendon Press, 1963.
Sherwin-White, A. N., *Roman Society and Roman Law in the New Testament*, Nachdruck-Edition. Grand Rapids: Baker Book House, 1978.
Siculus, Diodorus, *Bibliotheca Historica*. Übers. v. Francis R. Walton, C. H. Oldfather, C. L. Sherman, C. Bradford Welles, Russel M. Greer (from the Loeb Classical Library, hrsg. v. T. E. Page). Cambridge: Harvard University Press, 1957.
Sider, Ronald, »A Case for Easter«, *HIS Magazine*. April 1972.
Sider, Ronald, »The Historian, The Miraculous and Post-Newtonian Man«, *Scottish Journal of Theology*. Bd. 25. Nr. 3. August 1972.
Simon, Herbert, »A Mechanism for Social Selection and Successful Altruism«. Zitiert in Alvin C. Plantinga, »Methodological Naturalism«, *Origins & Design*. Winter, 1997.
Simpson, C. A., *The Early Tradition of Israel*. Oxford: Basil Blackwell, 1948.
Simpson, Carnegie P., *The Fact of Christ*. 6. Edition, o. O., o. J.
Simpson, George Gaylord, »The Meaning of Evolution«. Zitiert in Alvin C. Plantinga, »Methodological Naturalism«, *Origins Design*. Winter, 1997.
Sire, James W., »On Being a Fool for Christ and an Idiot for Nobody: Logocentricity and Postmodernity«, *Christian Apologetics in the Postmodern World*. Hrsg. v. Timothy R. Phillips u. Dennis L. Okholm. Downers Grove, Ill.: InterVarsity Press, 1995.
Sivan, Gabriel, *The Bible and Civilization*. Jerusalem: Keter Publishing House Jerusalem, Ltd., 1973.
Skilton, John, »The Transmission of the Scriptures«, *Infallible Word*. Hrsg. v. Ned B. Stonehouse u. Paul Wooley, Philadelphia: Presbyterian and Reformed, 1946.

Skinner, John, *A Critical and Exegetical Commentary on Genesis*. Edinburgh: T & T Clark, 1930.

Smalley, Stephen S., »Redaction Criticism«, *New Testament Interpretation*. Grand Rapids: Eerdmans, 1977.

Smedley, C. Donald, »The Theological Shift of Method and Perspective in Contemporary Biblical Criticism«. Th.M.-Forschungsprojekt, Dallas Theological Seminary, 1980.

Smith, Charles W. F., »Is Jesus Dispensable?« *Anglican Theological Review*. Bd. 44. Juli 1962.

Smith, George, *The Book of Prophecy*. London: Longmain, Green, Reader, and Dyer, 1865.

Smith, Huston, *The World's Religions*. San Francisco: Harper Collins Publishers, 1991.

Smith, John E., »The Rationality of Belief in God«, *The Intellectuals Speak Out About God*. Hrsg. v. Roy Abraham Varghese. Dallas: Lewis and Stanley Publishers, 1984.

Smith, R. W., *The Prophets of Israel*. o. O., 1895.

Smith, W. Robertson, *Lectures on the Religion of the Semites*. London: Adam and Charles Black, 1907.

Smith, Wilbur M., *A Great Certainty in This Hour of World Crises*. Wheaton, Ill.: Van Kampen Press, 1951.

Smith, Wilbur M., *Have You Considered Him?* Downers Grove, Ill.: InterVarsity Press, 1970.

Smith, Wilbur M., *The Incomparable Book*. Minneapolis, Minn.: Beacon Publications, 1961.

Smith, Wilbur M., »The Indisputable Fact of the Empty Tomb«. *Moody Monthly*, Mai 1971.

Smith, Wilbur M., »Scientists and the Resurrection«, *Christianity Today*. 15. April, 1957.

Smith, Wilbur, *Therefore Stand*. Grand Rapids: Baker Book House, 1945.

Smith, Wilbur M., *Therefore Stand: Christian Apologetics*. Grand Rapids: Baker Book House, 1965.

Smith, William (Hrsg.), *Dictionary of Greek and Roman Antiquitie*, überarb. Ed. London: James Walton and John Murray, 1870.

Snyder, Phil L. (Hrsg.), *Detachment and the Writing of History*. Westport, Conn.: Greenwood, 1972.

Soulen, Richard N., *Handbook of Biblical Criticism*. Atlanta: John Knox Press, 1976.

Sparrow-Simpson, W. J., »Resurrection and Christ«, *A Dictionary of Christ and the Gospels*. Bd. 2. Hrsg. v. James Hastings. Edinburgh: T. & T. Clark, 1908.

Sparrow-Simpson, W. J., *The Resurrection and the Christian Faith*. Grand Rapids: Zondervan Publishing House, 1968. Nachdruck d. 1911 Edition v. Langsmans Green, and Co., veröffentl. unter dem Titel: *The Resurrection and Modern Thought*.

Spinoza, Benedict, *A Theologico-Political Treatise*. Übers. v. R. H. M. Elwes. New York: Dover Publications, 1951.

Spivey, Robert A. u. D. Moody Smith, Jr., *Anatomy of the New Testament*. London: The Macmillan Company-Collier Macmillan Limited, 1969.

Sproul, R. C., *Essential Truths of the Christian Faith*. Wheaton, Ill: Tyndale House Publishers, 1992.

Sproul, R. C., »The Internal Testimony of the Holy Spirit«, *Inerrancy*. Hrsg. v. Norman L. Geisler. Grand Rapids: Zondervan, 1980.

Sproul, R. C., *Not A Chance: The Myth of Chance in Modern Science and Cosmology*. Grand Rapids: Baker, 1994.

Sproul, R. C., *Reason To Believe*. Grand Rapids: Zondervan Publishing House, Lamplighter Books, 1982.

Sproul, R. C., John Gerstner u. Arthur Lindsley. *Classical Apologetics*. Grand Rapids: Zondervan Publishing House, 1984.

Spurr, Frederick C., *Jesus Is God*. London: A. H. Stockwell & Co., 1899.

Stallman, Martin, »Contemporary Interpretation of the Gospels as a Challenge to Preaching and Religious Education«, *The Theology of Rudolf Bultmann*. Hrsg. v. Charles Kegley. London: SCM Press, 1966.

Stanton, G. N., *Jesus of Nazareth in New Testament Preaching*. London: Cambridge University Press, 1974.

Stanton, Vincent Henry, *The Gospels as Historical Documents*. Bd. 2. Cambridge: at the University Press, 1909.

Stauffer, Ethelbert, *Jesus and His Story*. Übers. v. Richard und Clara Winston. New York: Alfred A. Knopf, 1960.

Stearns, M. B., »Biblical Archaeology and the Higher Critics«, *Bibliotheca Sacra* 96, Nr. 383. Juli 1939.

Steele, Francis, »Lipit-Ishtar Law Code«, *American Journal of Archaeology* 51, Nr. 2. April-Juni 1947.

Stein, Gordon, *An Anthology of Atheism and Rationalism*. Amherst: Prometheus Books, 1980.

Stein, Robert. H., »Jesus Christ«, *Evangelical Dictionary of Theology*. Hrsg. v. Walter Elwell. Grand Rapids: Baker Book House, 1984.

Stein, Robert H., *Jesus the Messiah: A Survey of the Life of Christ*. Downers Grove, Ill.: InterVarsity Press, 1996.

Stein, Robert H., *The Method and Message of Jesus' Teachings*. Philadelphia: Westminster, 1978.

Stein, Robert H., »The Redaktionsgeschichtliche Investigation of a Markan Seam«, *Zeitschrift für die Neutestamentliche Wissenschaft* 61, 1970.

Stein, Robert M., »What Is Redaktiongeschichte?« *Journal of Biblical Literature*. Bd. 88, 1969.

Sterming, J. F. (Hrsg.), *The Targum of Isaiah*. London: Clarendon Press, 1949.

Stern, Fritz (Hrsg.), *The Varieties of History. From Voltaire to the Present*. New York: Vintage Books, 1973.

Stevenson, Herbert E., *Titles of the Triune God*. Westwood, N.J.: Fleming H. Revell, 1956.

Stewart, Herbert, *The Stronghold of Prophecy*. London: Marshall, Morgan and Scott Publications, Ltd., 1941.

Stokes, Sir George, *International Standard Bible Encyclopedia*. Grand Rapids: Eerdmans, 1939.

Stonehouse, Ned B., »The Authority of the New Testament«, *The Infallible Word*. Philadelphia: Presbyterian and Reformed, 1946.

Stonehouse, Ned B., *Origins of the Synoptic Gospels*. Grand Rapids: Wm. B. Eerdmans Publishing Co., 1963.

Stonehouse, Ned B. u. Paul Wooley (Hrsg.), *The Infallible Word*. Philadelphia: Presbyterian and Reformed, 1946.

Stoner, Peter W., *Science Speaks*. Chicago: Moody Press, 1963.

Stott, John R. W., *Basic Christianity*. 2. Ed. Downers Grove, Ill.: InterVarsity Press, 1971.

Strabo, *The Geography of Strabo*, Bd. 8. Englische Übers. v. Horace Leonard Jones. New York: Putnam's, 1932.

Straton, Hillyer H., »I Believe: Our Lord's Resurrection«, *Christianity Today*. 31. March, 1968.

Strauss, David Friedrich, *The Life of Jesus for the People*, 2. Ed. Bd. 1. London: Williams and Norgate, 1879.

Streeter, Brunett Hillman, *The Four Gospels*. London: Macmillan and Co. Fifth Impression, 1936.

Strobel, Lee, *The Case for Christ*. Grand Rapids: Zondervan Publishing House, 1998.

Strong's Exhaustive Concordance of the Bible. New York: Abingdon-Cokesbury Press, 1944.

Strout, Cushing, *The Pragmatic Revolt in American History: Carl Becker and Charles Beard*. Zitiert in David Hackett Fischer, *Historians' Fallacies: Toward a Logic of Historical Thought*. New York: Harper Torchbooks, 1970.

Stuart, Douglas, *Old Testament Exegesis*. Philadelphia: The Westminster Press, 1984.

Suetonius, *The Twelve Caesars*. Übers. v. Robert Graves. Überarb. v. Michael Grant. New York: Viking Penguin, Inc., 1979.

Sullivan, James Bacon, »An Examination of First Principles in Thought and Being in the Light of Aristotle and Aquinas«. Ph.D. Dissertation, Catholic University of America. Washington, D.C.: Catholic University of America Press, 1939.

Sullivan, J. W. N., *The Limitations of Science*. New York: Mentor Books, 1963.

Suzuki, D. T., *The Awakening of Zen*. Boulder: Prajna, 1980.

Suzuki, D. T., *Essays in Zen Buddhism: First Series*. New York: Grove Press, 1961.

Suzuki, D. T., *Essays in Zen Buddhism: Second Series*. New York: Samuel Weiser, 1970.

Suzuki, D. T., *Essays in Zen Buddhism: Third Series*. New York: Samuel Weiser, 1970.

Suzuki, D. T., *Introduction to Zen Buddhism*. o. O.: Causeway Books, 1974.

Suzuki, D. T., *Living by Zen*. New York: Samuel Weiser, 1972.

Suzuki, D. T., *Manual of Zen Buddhism*. New York: Grove Press, Inc., 1960.

Suzuki, D. T., *Mysticism: Christian and Buddhist*. New York: Harper & Brothers, 1957.

Suzuki, D. T., *Outlines of Mahayana Buddhism*. New York: Schocken, 1963.

Suzuki D. T., *Studies in Zen*. New York: Delta, 1955.

Suzuki, D. T., *What Is Zen?* New York: Harper & Row, 1972.

Suzuki, D. T., *Zen Buddhism*. Hrsg. v. William Barrett. Garden City: Doubleday, Anchor Books, 1956.

Swete, Henry Barclay, *The Gospel According to St. Mark*. London: Macmillan and Co., 1898.

Swinburne, Richard, *The Existence of God?* New York: Oxford University Press, 1979.

Swinburne, Richard, *Is There a God?* New York: Oxford University Press, 1996.

Tacitus, *Annals*. In *Great Books of the Western World*, hrsg. v. Robert Maynard Hutchins. Bd. 15, *The Annals and The Histories by Cornelius Tacitus*. Chicago: William Benton, 1952.

Talmage, James E., *A Study of the Articles of Faith*, 13. Ed. Salt Lake City: The Church of Jesus Christ of Latter-day Saints, 1924, S. 466. Zitiert in Norman L. Geisler u. William D. Watkins, *Worlds Apart*. Grand Rapids: Baker Book House, 1989, S. 232, n. 48.

Tan, Paul Lee, *A Pictorial Guide to Bible Prophecy*. Hong Kong: Nordica International, 1991.

Tanner, Jerald u. Sandra Tanner, *The Changing World of Mormonism*. Chicago: Moody Press, 1980.1981.

Tarnas, Richard, *The Passion of the Western Mind: Understanding the Ideas That Have Shaped Our World View*. New York: Ballantine Books, 1991.

Taylor, R. O. P., *The Ground Work of the Gospels*. Oxford: B. Blackwell, 1946.

Taylor, Richard, »Metaphysics and God«, *The Cosomological Arguments: A Spectrum of Opinion*. Hrsg. v. Donald R. Burrill. Anchor Books edition. Garden City, N.Y.: Doubleday, 1967.

Taylor, Vincent, *The Formation of the Gospel Tradition*, 2. Ed. London: Macmillan and Co., Limited, 1935.

Taylor, Vincent, *The Gospels, A Short Introduction*. 5. Edition. London: The Epworth Press, 1945.

Taylor, Vincent, »Modern Issues in Biblical Studies«, *The Expository Times*. Bd. 71. Dezember 1959.

Taylor, Vincent, »Second Thoughts – Formgeschichte«, *The Expository Times*. Bd. 75. September 1964.

Taylor, Vincent, »State of New Testament Studies Today«, *London Quarterly and Holborn Review*. Bd. 183. April 1958.

Taylor, W. S., »Memory and Gospel Tradition«. *Theology Today* 15. Januar 1959.

Ten Scientists Look at Life. Westchester, Ill.: Good News, o. J.

Tenney, Merrill C., *The Genius of the Gospels*. Grand Rapids: Wm. B. Eerdmans Publishing Co., 1951.

Tenney, Merrill C., »The Gospel According to John«, *The Expositor's Bible Commentary series*. Haupt-Hg., Frank E. Gaebelein. Grand Rapids: Zondervan, 1981.

Tenney, Merrill C., *John: The Gospel of Belief*. Grand Rapids: Wm. B. Eerdmans, 1948.

Tenney, Merrill C., *The Reality of the Resurrection*. Chicago: Moody Press, 1963.

Tenney, Merrill C., »Reversals of New Testament Criticism«, *Revelation and the Bible*. Hrsg. v. Carl F. H. Henry. Grand Rapids: Baker Book House, 1969.

Tenney, Merrill C. (Hrsg.), *The Zondervan Pictorial Encyclopedia of the Bible*. Bd. 5. Grand Rapids: Zondervan, 1976.

Tertullian, »Writings of Quintus Sept. Flor. Tertullian«, *Ante-Nicene Christian Library: Translations of the Writings of the Fathers*. Hrsg. v. Alexander Roberts und James Donaldson. Bd. XI. Edinburgh: T & T Clark, 1867.

Thaxton, Charles, »A New Design Argument«, *Cosmic Pursuit* 1, Nr. 2. Frühjahr, 1998.

Thiele, E. R., »The Chronology of the Kings of Judah and Israel«, *Journal of Near Eastern Studies*. Bd. 3. Juli 1944.

Thiessen, Henry Clarence, *Introduction to the New Testament*. Grand Rapids: Wm. B. Eerdmans Publishing Co., 1943.

Thomas, Robert L. (Hrsg.), *New American Standard Exhaustive Concordance of the Bible*. Nashville: Holman, 1981.

Thomas, Robert L. u. Stanley N. Gundry, *The NIV Harmony of the Gospels*. San Francisco: Harper San Francisco, 1988.

Thomas, W. H. Griffith, *Christianity Is Christ*. Chicago: Moody Press, 1965.

Thomas, W. H. Griffith, *Christianity's Christ*. Grand Rapids: Zondervan, o. J.

Thorburn, Thomas James, *The Resurrection Narratives and Modern Criticism*. London: Kegan Paul, Trench, Trubner & Co., Ltd., 1910.

Throckmorton, Burton H. Jr., *The New Testament and Mythology*. Philadelphia: The Westminster Press, 1949.

Tillich, Paul, *Dynamics of Faith*. New York: Harper & Row, Harper Torchbooks, 1957.

Toon, Peter, *Our Triune God*. Wheaton, Ill.: BridgePoint Books, 1996.

Torrey, Charles C., *The Composition and Historical Value of Ezra-Nehemiah*. Gießen, Germany: J. Ricker'sche Buchhandlung, 1896.

Torrey, R. A., *The Higher Criticism and the New Theology*. Montrose: Montrose Christian Literature Society, 1911.

Toynbee, Arnold, *Study of History*. Bd. 6. London: Oxford University Press, 1947.

Troeltsch, Ernst, »Historiography«, *Encyclopedia of Religion and Ethics*. Hrsg. v. James Hastings. Bd. VI. New York: Charles Scribner's Sons, 1955.

Trueblood, David Elton, *Philosophy of Religion*. New York: Harper & Brothers, 1957.

Tucker, Gene M., *Form Criticism and the Old Testament*. Philadelphia: Fortress Press, 1971.

Tucker, T. G., *Life in the Roman World of Nero and St. Paul*. New York: The Macmillan Company, 1910.

Turner, Steve, »Creed«, *Up to Date*. London: Hodder and Stroughton. Zitiert in Ravi Zacharias, *Can Man Live Without God?* Dallas: Word Publishing, 1994.

Unger, Merrill F., »Archaeological Discoveries«, *Bibliotheca Sacra*. Bd. 112. Januar 1955.

Unger, Merrill F., »Archaeological Discoveries and Their Bearing on Old Testament«. *Bibliotheca Sacra*. Bd. 112. April 1955.

Unger, Merrill F., *Archaeology and the New Testament*. Grand Rapids: Zondervan Publishing House, 1962.

Unger, Merrill. F., *Archaeology and the Old Testament*. Grand Rapids: Zondervan Publishing Co., 1954.

Unger, Merrill F., *Introductory Guide to the Old Testament*. Grand Rapids: Zondervan Publishing House, 1956.

Unger, Merrill F., *The New Unger's Bible Dictionary*. Überarb. Ausgabe v. R. K. Harrison. Chicago: Moody Press, 1988.

Unger, Merrill F., *Unger's Bible Dictionary*. Überarb. Edition. Chicago: Moody Press, 1966.

Unger, Merrill F., *Unger's Bible Dictionary*. Chicago: Moody Press, 1971.

The Upanishads: Katha, Isa, Kena, Mundaka, Svetasvatara, Prasna, Mandukya, Aitareya, Brihadaranyaka, Taittiriya, and Chhandogya. Übers. v. Swami Nikhilananda. New York: Bell Publishing Company, 1963.

The Upanishads: Svetasvatara, Prasna, and Mandukya with Gaudapada s Karika. Bd. 2. Übers. v. Swami Nikhilananda. New York: Harper & Brothers, 1952.

Urquhart, John, *The Wonders of Prophecy*. New York: C. C. Cook, o. J.

Van Inwagen, Peter, *Metaphysics*. Boulder, Colo.: Westview, 1993.

Van Til, C., Class notes on Apologetics, 1953.

Van Til, C., *The Intellectual Challenge of the Gospel*, London: Tyndale Press, 1950.

Vardaman, E. Jerry, »The Gospel of Mark and ›The Scrolls‹«, *Christianity Today*. Bd. 17. September 28, 1973.

Vardaman, E. J. u. James Leo Garrett (Hrsg.), *The Teacher's Yoke*. Waco, Tex.: Baylor University Press, 1964.

Varghese, Roy Abraham (Hrsg.), *The Intellectuals Speak Out About God*. Dallas: Lewis and Stanley Publishers, 1984.

Veith, Gene Edward, *Postmodern Times: A Christian Guide to Contemporary Thought and Culture*. Wheaton, Ill.: Crossway Books, 1994.

Vincent, Marvin R., *Word Studies in the New Testament*. 4 Bde. New York: Charles Scribner's Sons, 1924.

Vitz, Paul C., »Modern Psychology and the Turn to Belief in God«, *The Intellectuals Speak Out About God.* Hrsg. v. Roy Abraham Varghese. Dallas: Lewis and Stanley Publishers, 1984.

Vokes, F. E., »The Context of Life – Sitz im Leben«, *Church Quarterly Review*. Bd. 153. Juli 5, 1952.

Von Rad, Gerhard, *Genesis*. Übers. v. John H. Marks (in *The Old Testament Library*. G. Ernest Wright, u.a., Hg. Philadelphia: The Westminster Press, 1961.

Von Rad, G., *Old Testament Theology*. 2 Bde. Edinburgh and London: Oliver and Boyd, Ltd, English edition published 1962.

Von Rad, Gerhard, *The Problem of the Hexateuch and Other Essays*. London: Oliver and Boyd, 1966.

Vos, Geerhardus, *Biblical Theology: Old and New Testament*. Grand Rapids: Wm. B. Eerdmans Publishing Co., 1948.

Vos, Geerhardus, *The Mosaic Origin of the Pentateuchal Codes*. London: Hodder and Stoughton, 1886.

Vos, Howard F. (Hrsg.), *Can I Trust the Bible?* Chicago: Moody Press, 1963.

Vos, Howard F., *Fulfilled Prophecy in Isaiah, Jeremiah, and Ezekiel*. Unveröffentl. Dissertation, Dallas Theological Seminary, 1950.

Vos, Howard E., *Genesis and Archaeology*. Chicago: Moody Press, 1963.

Vos, Howard (Hrsg.), *An Introduction to Bible Archaeology*. Chicago: Moody, 1959.

Vos, Johannes G., »Bible«, *The Encyclopedia of Christianity*. Hrsg. v. Edwin Palmer. Bd. 1. Delaware: National Foundation of Christian Education, 1964.

Walker, Rollin, *A Study of Genesis and Exodus*. Zitiert in Oswald T. Allis, *The Five Books of Moses*, überarb. Philadelphia: The Presbyterian and Reformed Publishing Co., 1969.

Wallace, Daniel B., *Greek Grammar Beyond the Basics: An Exegetical Syntax of the New Testament*. Grand Rapids: Zondervan Publishing House, 1996.

Wallace, H. C., »Miracle as a Literary Device«, *The Modern Churchman*. Bd. 4. 27. April, 1961.

Walsh, W. H., *An Introduction to Philosophy of History. Key Texts, Classic Studies in the History of Ideas*. Bristol, England: Thoemmes Press, 1992.

Waltke, Bruce K., »A Critical Reappraisal of the Literary Analytical Approach«, Unveröffentl. Arbeit, Dallas Theological Seminary, 1975.

Walvoord, John F., *Jesus Christ Our Lord*. Chicago: Moody Press, 1969.

Walvoord, John F. u. Roy B. Zuck (Hrsg.), *The Bible Knowledge Commentary of the New Testament*. Wheaton, Ill.: Scripture Press Publications, Inc., 1985.

Walvoord, John F. u. Roy B. Zuck (Hrsg.), *The Bible Knowledge Commentary: Old Testament*. Wheaton, Ill.: Victor Books, 1985.

Ward, Philip, *Touring Lebanon*. London: o. O, 1971.

Warfield, B. B., *The Inspiration and Authority of the Bible*. Philadelphia: Presbyterian and Reformed, 1948.

Warfield, Benjamin B., »Introductory Note« in *Apologetics*, Bd. 1: *Fundamental*

Apologetics. v. Francis R. Beattie. Richmond, Va.: Presbyterian Committee of Publication, 1903.

Warfield, Benjamin, »The Resurrection of Christ an Historical Fact, Evinced by Eyewitnesses«, zitiert in Wilbur M. Smith, *Therefore Stand: Christian Apologetics*. Grand Rapids: Baker Book House, 1965.

Wedel, T. O., »Bultmann and Next Sunday's Sermon«, *Anglican Theological Review*. Bd. 39. Januar 1957.

Weinfeld, Moshe, *Deuteronomy and The Deuteronomic School*. Oxford: Oxford University Press, 1972.

Weiss, Johannes, *Earliest Christianity*. Übers. v. Frederick C. Grant. New York: Harper and Brothers, 1959.

Wellhausen, Julius, *Die Composition des Hexateuchs*. 3. Edition. Berlin, 1899.

Wellhausen, J., *Prolegomena to the History of Israel*. Übers. v. Black u. Menzies. Edinburgh: Adam and Charles Black, 1885. Original veröffentl. 1878 unter dem Titel: *History of Israel*.

Wellhausen, J., *Sketch of the History of Israel and Judah*. London and Edinburgh: Adam and Charles Black, 1891.

Wells, H. G., *Outline of History*. Garden City, N.Y.: Garden City, 1931.

Wenham, Gordon J., »Bethulah, a Girl of Marriageable Age«, *Vetus Testamentum* 22: 3. Juli 1972.

Wenham, John, *Christ and the Bible*. Downers Grove, Ill.: InterVarsity, 1972.

Wenham, John W., »Christ's View of Scripture«, *Inerrancy*. Hrsg. v. Norman L. Geisler. Grand Rapids: Zondervan, 1980.

Westcott, B. F., *Gospel of the Resurrection*. London: Macmillan and Co., 1868.

Westcott, Brooke Foss., *Introduction to the Study of the Gospels*. London: SCM Press Ltd., 1951.

Westermann, Claus, *Genesis 1-11: A Commentary*. Übers. v. John J. Scullion. Minneapolis: Augsburg, 1984.

Westermann, Claus, *Handbook to the Old Testament*. Übers. v. Robert H. Boyd. Minneapolis: Augsburg, 1967.

Westphal, Merald, »The Historian and the Believer«, *Religious Studies*. Bd. 2, Nr. 2, 1967.

Whedon, D. D., *Commentary of the Gospels Matthew - Mark*. Bd. 9. New York: Hunt and Eaton, 1888.

White, W., Jr., »Talmud«, *The Zondervan Pictorial Encyclopedia of the Bible*. Hg., Merrill C. Tenney. Bd. 5. Grand Rapids: Zondervan, 1976.

Whitehead, Alfred North, *Process and Reality: an Essay in Cosmology*. Hrsg. v. David Ray Griffin u. Donald W. Sherburne. New York: The Free Press, 1978.

Whitehead, Alfred North, *Religion in the Making*. In *Alfred North Whitehead. An Anthology*. Ausgewählt v. F. S. C. Northrop and Mason W. Gross. New York: The Macmillan Company, 1953.

Whitelaw, Thomas, *Old Testament Critics*. London: Kegan, Paul, Trench, Trubner & Co., Ltd., 1903.

Whitworth, John F., *Legal and Historical Proof of the Resurrection of the Dead.* Harnsburg: Publishing House of the United Evangelical Church, 1912.

Wickramasingha, Chandra, »Science and the Divine Origin of Life«, *The Intellectuals Speak Out About God.* Hrsg. v. Roy Abraham Varghese. Dallas: Lewis and Stanley Publishers, 1984.

Wight, Fred H., *Highlights of Archaeology in Bible Lands.* Chicago: Moody Press, 1955.

Wikenhauser, Alfred, *New Testament Introduction.* Übers. v. Joseph Cunningham. Freiburg, West Germany: Herder and Herder, 1958.

Wilhelmsen, Frederick. D., *Man's Knowledge of Reality: An Introduction to Thomistic Epistemology.* Englewood Cliffs, N.J.: Prentice-Hall, 1956.

Wilkins, Michael J. u. J. P. Moreland (Hrsg.), *Jesus Under Fire: Modern Scholarship Reinvents the Historical Jesus.* Grand Rapids: Zondervan Publishing House, 1995.

Willard, Dallas, »The Three-Stage Argument for the Existence of God«, *Does God Exist?* J. P. Moreland u. Kai Nielsen. Amherst: Prometheus Books, 1993.

Willoughby, Harold R. (Hrsg.), *The Study of the Bible Today and Tomorrow.* Chicago: University of Chicago Press, 1947.

Wilson, Joseph D., *Did Daniel Write Daniel?* New York: Charles C. Cook, o. J.

Wilson, Robert Dick, »The Meaning of ›Almah‹ (A.V. »Virgin«) in Isaiah VII.14«, *Princeton Theological Review* 24. 1926.

Wilson, Robert Dick, *A Scientific Investigation of the Old Testament.* London: Marshall Brothers Limited, 1926.

Wilson, Robert Dick, *A Scientific Investigation of the Old Testament.* Chicago: Moody Press, 1959.

Wilson, Robert Dick, *Studies in the Book of Daniel* (Series II). New York: Fleming H. Revell Company, 1938.

Wilson, Robert Dick, *Which Bible?* Hrsg. v. David Otis Fuller. o. O., o. J.

Wilson, Robert M., *The Gnostic Problem.* London: A. R. Mowbray & Co., Limited, 1958.

Wink, Walter, *The Bible in Human Transformation.* Philadelphia: Fortress Press, 1973.

Wiseman, Donald F., »Archaeological Confirmation of the Old Testament«, *Revelation and the Bible.* Hrsg. v. Carl Henry. Grand Rapids: Baker Book House, 1969.

Wiseman, D. J. (Hrsg.), *Peoples of the Old Testament.* London: Oxford Press, 1973.

Witherington, B., III., »The Birth of Jesus«, *Dictionary of Jesus and the Gospels.* Hrsg. v. Joel B. Green u. Scot McKnight. Downers Grove, Ill: InterVarsity Press, 1992.

Witmer, John A., »The Biblical Evidence for the Verbal-Plenary Inspiration of the Bible«, *Bibliotheca Sacra* 121, Nr. 483, 1964.

Wittgenstein, Ludwig, *The Blue and Brown Books.* New York: Harper & Brothers, 1958.

Wittgenstein, Ludwig, *Tractatus Logico-Philosophicus*. London: Routledge & Kegan Paul, 1961.

Wolff, Richard, *The Son of Man, Is Jesus Christ Unique?* Lincoln, Nebr.: Back to the Bible Broadcast, 1960.

Wood, Bryant G., »Did the Israelites Conquer Jericho?«, *Biblical Archaeology Review*. März/April 1990.

Woodward, Kenneth L., »2000 Years of Jesus«, *Newsweek*. März 29, 1999.

Woudstra, Marten H., »The Tabernacle in Biblical-Theological Perspective«, *New Perspectives on the Old Testament*. Hrsg. v. J. Barton Payne. Waco, Tex.: Word Books, 1970.

Wouk, Herman, *This Is My God*. New York: Doubleday and Co., 1959.

Wrede, W., *Paul*. Übers. v. Edward Lummis. London: Elsom and Co., 1907.

Wright, G. Ernest, »Biblical Archaeology Today«, *New Directions in Biblical Archaeology*. Hrsg. v. David N. Freedman u. J. C. Greenfield. Garden City, N.Y.: Doubleday, 1969.

Wright, G. E., »Archaeology and Old Testament Studies«, *Journal of Biblical Literature*. Dezember 1958.

Wright, G. E., *The Bible and the Ancient Near East*. New York: Doubleday & Co., 1961.

Wright, G. E., *Biblical Archaeology*. Philadelphia: Westminster Press, 1957.

Wright, G. E., *God Who Acts*. London: SCM Press, Ltd., 1958.

Wright, G. E., *The Old Testament Against its Environment*. Chicago: Henry Regnery Co., 1950.

Wright, G. E., »The Present State of Biblical Archaeology«, *The Study of the Bible Today and Tomorrow*. Hrsg. v. Harold R. Willoughby. Chicago: University of Chicago Press, 1947.

Wright, G. E., »The Terminology of Old Testament Religion and Its Significance«, *Journal of Near Eastern Studies*. Oktober 1942.

Wright, G. E., »Two Misunderstood Items in the Exodus Conquest Cycle«, *Bulletin of the American Schools of Oriental Research*. Nr. 86. April 1942.

Wright, G. E. (Hrsg.), *The Bible and the Ancient Near East*. New York: Doubleday & Company, 1961.

Wright, Thomas, *Early Travels in Palestine*. London: Henry G. Bohn, 1848.

Würthwein, E., *The Text of the Old Testament. An Introduction to the Biblia Hebraica*. Übers. v. Erroll F. Rhodes. Grand Rapids: Eerdmans, 1979.

Xenophon, *The Anabasis of Cyrus*. Übers. v. Carleton L. Brownson (von d. Loeb Classical Library, Hrsg. v. T. E. Page). Cambridge: Harvard University Press, 1950.

Yahuda, Abraham S., *The Language of the Pentateuch in Its Relation to Egyptian*. New York: Oxford, 1933.

Yamauchi, Edwin, »Easter – Myth, Hallucination or History«, *Christianity Today*. 2 Teile: 29. März, 1974; 15. April, 1974.

Yamauchi, Edwin, »Jesus Outside the New Testament: What Is the Evidence?«

Jesus Under Fire: Modern Scholarship Reinvents the Historical Jesus. Hrsg. v. Michael J. Wilkins u. J. P. Moreland. Grand Rapids: Zondervan Publishing House, 1995.

Yamauchi, Edwin, *Pre-Christian Gnosticism*. Grand Rapids: Wm. B. Eerdmans Publishing Co. 1973.

Yamauchi, Edwin M., »Stones, Scripts, and Scholars«, *Christianity Today*. Bd. 13, Nr. 10. 14. Februar, 1969.

Yamauchi, Edwin M., *The Stones and the Scriptures*. Philadelphia: J. B. Lippincott Company, 1972.

Yancey, Philip, *The Jesus I Never Knew*. Grand Rapids: Zondervan, 1995.

Yaron, Reunen, *The Laws of Eshnunna*. Jerusalem: Magnes Press, 1969.

Yockey, Hubert P., »Journal of Theoretical Biology«. Zitiert in Charles Thaxton, »A New Design Argument«, *Cosmic Pursuit* 1, Nr. 2., Frühjahr 1998.

Yohn, Rick, *What Every Christian Should Know About Prophecy*. Eugene, Ore.: Harvest House Publishers, 1990.

Young. E. J., *An Introduction to the Old Testament*. Grand Rapids: Eerdmans Publishing Co., 1949.

Young. E. J., *An Introduction to the Old Testament*. Grand Rapids: William B. Eerdmans Publishing Co., 1956.

Young, E. J., *Thy Word Is Truth*. Grand Rapids: Eerdmans, 1957.

Young, Edward J., »The Authority of the Old Testament«, *Infallible Word*. Hrsg. v. Ned B. Stonehouse u. Paul Wooley. Philadelphia: Presbyterian and Reformed, 1946.

Young, Edward J., *Genesis 3: A Devotional and Expository Study*. Carlisle, Pa.: The Banner of Truth Trust, 1966.

Young, John, *Christ of History*. London: Strahan and Company, 1868.

Youngblood, Ronald, *The Heart of the Old Testament*. Grand Rapids: Baker Book House, 1971.

Zacharias, Ravi, *Can Man Live Without God?* Dallas: Word Publishing, 1994.

Zacharias, Ravi K., *A Shattered Visage: The Real Face of Atheism*. Brentwood: Wolgemuth & Hyatt, Publishers, Inc., o. J.

Biografische Informationen zu den Autoren

Adler, Mortimer Jerome (1902-), B.A., Ph.D., ist Philosoph und ein sehr einflussreicher Autor. Adler, der am Columbia College und an der Columbia University studierte, arbeitete als Professor für Rechtsphilosophie an der University of Chicago und war viele Jahre lang der Direktor des Instituts für Philosophische Studien und Vorsitzender der Herausgeber der Encyclopedia Britannica. Er ist Autor vieler Werke, unter anderem von *Dialectic*, *How to Read a Book*, *How to Think About God*, *Ten Philosophical Mistakes*, *Truth in Religion*, *The Four Dimensions of Philosophy.*

Albright, William F. (1891-1971), Ph.D., Litt.D., war Archäologe und Gelehrter. Er war der W. W. Spence Professor für Semitische Sprachen und Vorsitzender des Oriental Seminary an der Johns Hopkins University. 1929 bis 1958 unterrichtete er semitische Sprachen an der Johns Hopkins University. Er war Präsident der International Organization of Old Testament Scholars (Internationale Organisation der Alttestamentler), Direktor der American Schools of Oriental Research in Jerusalem und leitete einige archäologische Expeditionen im Mittleren Osten. Er war der Autor von über 1.000 Veröffentlichungen zu Themen der Archäologie, der Bibel und der Orientalistik. Er spielte eine wichtige Rolle, als die Graf-Wellhausen-Theorie vom Ursprung des Pentateuchs in Zweifel gezogen wurde. 1933 beschrieb er seine Stellung als »weder konservativ noch radikal in der üblichen Wortbedeutung« (*Bulletin of the American Schools of Oriental Research*, No. 51, September, 1933, S. 5f.).

Allis, Oswald Thompson (1880-1973), war ein Alttestamentler. Er studierte an der University of Pennsylvania und am Princeton Theological Seminary und machte anschließend seinen Ph.D. an der Universität Berlin. Er ging an die Fakultät des Princeton Seminary und wurde Professor für Semitische Studien. Einige Jahre lang war er Herausgeber des *Princeton Theological Review*. Er schrieb unter anderem die Bücher *The Five Books of Moses*, *The Unity of Isaiah* und *The Old Testament. Its Claims and Its Critics*.

Anderson, J. N. D. (1908-1994), OBE, LLD, FBA, war jahrelang Lektor für Islamisches Recht. Er war Professor für Orientalisches Recht und Direktor des Instituts für fortgeschrittene Rechtsstudien an der University of London. 1974 schlug ihn Königin Elizabeth zum Ritter.

Archer, Gleason L., Jr., ist ehemaliger Vorsitzender der Abteilung für das Alte Testament an der Trinity Evangelical Divinity School in Deerfield (Ill.). Seine Spezialgebiete waren Archäologie, Ägyptologie und Semitische Sprachen. Er erlangte seinen B.A., M.A. und seinen Ph.D. an der University of Harvard, seinen LLB an der Suffolk University Law School in Boston und seinen B.D. am Princeton Seminary.

Blaiklock, Edward Musgrave (1903-1983), war Altphilologe und Kommunikator. Er schloss sein Studium an der Auckland University in Neuseeland ab und unterrichtete dort sein ganzes Berufsleben lang bis 1968 als Professor für Griechisch. Er leitete mehrere Unternehmungen zu archäologischen Plätzen im Mittleren Osten und im Mittelmeerraum und schrieb viel. Zu seinen Werken zählen *The Acts of the Apostles*, *The Archaeology of the New Testament* und *The Pastoral Epistles* und er war Herausgeber des *The Zondervan Pictorial Bible Atlas*.

Bockmuehl, Markus, ist Lektor für Theologie sowie Assistent und Mitglied des Fitzwilliam College in Cambridge.

Bright, William Rohl, (1921-), ist Evangelist und Autor sowie der Gründer von Campus Crusade for Christ (Campus für Christus). Er machte seinen B.A. am Northeastern State College in Oklahoma und studierte später am Princeton Seminary und am Fuller Theological Seminary. Außer der Zusammenfassung der Evangelien auf vier einfache Punkte im evangelischen Leitfaden *The Four Spiritual Laws* (»Gott persönlich kennen lernen«) schrieb er viele Bücher, Abhandlungen und Arbeitsmaterialen wie *Come Help Change the World*, *The Secret. How to Live with Power and Purpose* und *Witnessing Without Fear*.

Brown, Raymond E. (1928-1998), B.A., M.A., S.T.B., S.T.L., S.T.D., Ph.D., S.S.B., S.S.L., studierte an der Catholic University, am St. Mary's Seminary, an der Johns Hopkins University und in der Pontifical Biblical Commission in Rom. Brown war Professor am St. Mary's Seminary, am Union Theological Seminary, am Pontifical Biblical Institute in Rom (Italien), an der Columbia University, an der Johns Hopkins University und an der Yale Divinity School. Er war auf das Neue Testament spezialisiert und schrieb Arbeiten wie *Biblical Exegesis and Church Doctrine*, *The Epistles of John* und viele mehr.

Bruce, Alexander Balmain (1831-1899), M.A., D.D., war Professor für Theologie (Apologetik und Exegese des Neuen Testaments) am Free Church College in Glasgow (heute Trinity College).

Bruce, F. F. (1910-1990), M.A., D.D., hatte einen Lehrstuhl für Bibelkunde an der Sheffield University und war Rylands Professor für Bibelkritik und Exegese an der University of Manchester.

Bultmann, Rudolf Karl (1884-1976), war ein protestantischer Theologe und Neutestamentler. Er studierte an den Universitäten von Marburg, Tübingen und Berlin und hatte an mehren Universitäten verschiedene Stellen inne. Bultmann half dabei, den Weg für die Entwicklung der Formkritik frei zu machen, eine Methode, mit der man die christlichen Schriften untersucht. Zu Bultmanns wichtigsten Werken zählen *Jesus and the World, Jesus Christ and Mythology*, *Gnosis* und *Primitive Christianity in its Contemporary Setting.*

Carnell, Edward John (1919-1967), war evangelikaler Gelehrter und Theologe. Carnell besuchte das College, machte seinen Th.B. und seinen Th.M. am Westminster Seminary und seinen Th.D. an der Harvard University. Er unterrichtete Apologetik und Religionsphilosophie am Gordon College sowie Philosophische Apologetik und Systematische Theologie am Fuller Theological Seminary. Außerdem war er Präsident und später Professor für Ethik und Religionsphilosophie am Fuller Theological Seminary. Zu seinen Werken zählen *Introduction to Christian Apologetics, A Philosophy of the Christian Religion* und *The Case for Orthodox Theology.*

Chafer, Lewis Sperry (1871-1952), war ein dispensationalistischer Theologe. Er half C. I. Scofield dabei, das Philadelphia College of the Bible zu gründen und war an der dortigen Fakultät tätig. Später gründete er das Evangelical Theological College in Dallas, das später zum Dallas Theological Seminary wurde, wo er als Präsident und als Professor für Systematische Theologie tätig war. Sein wichtigstes Werk war *Systematic Theology*, ein Opus von acht Bänden.

Corduan, Winfried (1949-), B.S., M.A., Ph.D., ist Religionslehrer und Pfarrer. Er wurde an der University of Maryland, der Trinity Evangelical Divinity School und der Rice University ausgebildet und ist heute assistierender Professor für Religion und Philosophie an der Taylor University in Upland (Ind.). Er schrieb unter anderem *Handmaid to Theology.*

Darwin, Charles Robert (1809-1882) war ein Wissenschaftler. Darwin studierte an der University of Cambridge und ist bekannt für seine sehr einflussreiche und dennoch zunehmend diskreditierte Evolutionstheorie. Er war der Autor von *Origin of Species by Means of Natural Selection* und *The Descent of Man.*

Delitzsch, Franz Julius (1813-1890), studierte an der Universität Leipzig und war Professor für Theologie in Rostock (1846) und in Erlangen (1850).

Dibelius, Martin Franz (1883-1947), ein deutscher Gelehrter, war ein Pionier der Formkritik als Untersuchungsmethode für die Evangelien. Er machte seinen Dr. in Tübingen, lehrte an der Universität Berlin und war jahrelang Professor für das Neue Testament in Heidelberg. Zu seinen wichtigsten Werken gehören *From Tradition to Gospel* und *Studies in the Acts of the Apostles.*

Dockery, David S. (1952-), M.A., M.Div., M.Div., Ph.D., ist Präsident und Professor für Christliche Studien an der Union University in Jackson (Tenn.). Er war Vizepräsident der Akademischen Administration und Dekan der School of Theology am Southern Baptist Theological Seminary in Louisville (Ky.) sowie Professor für Theologie und Neues Testament am Criswell College in Dallas (Texas). Er studierte an der University of Texas-Arlington, an der Texas Christian University, am Southwestern Baptist Seminary und am Grace Theological Seminary. Er ist auf das Neue Testament spezialisiert und schrieb unter anderem *The Challenge of Postmodernism: An Evangelical Engagement*, war einer der Herausgeber von *New Testament Criticism and Interpretation* und schrieb zahlreiche Artikel in theologischen Zeitschriften.

Dodd, Charles Harold (1884-1973), war Neutestamentler und Theologe. Er studierte in Oxford und an der Universität Berlin und war Lektor am Mansfield College in Oxford, wo er Professor für das Neue Testament wurde. Später wurde er Professor in Manchester und Cambridge und verfasste viele Bücher und Artikel, darunter *The Bible and its Background*, *The Gospels as History* und *Historical Tradition in the Fourth Gospel*.

Dostoyevsky, Fyodor M. (1821-1881), war ein russischer Schriftsteller. Am wichtigsten waren seine Werke *Aufzeichnungen aus einem Totenhaus*, *Schuld und Sühne* und *Die Brüder Karamazov*.

Douglass, Jane Dempsey (1933-), A.B., A.M., Ph.D., ist Lehrer für Theologie. Sie studierte an der Syracuse University, der University of Geneva, dem Radcliffe College und an der Harvard University und war Professorin an der School of Theology und der Claremont Graduate School (California) sowie Hazel Thompson McCord Professorin für Geschichte und Theologie am Princeton Theological Seminary. Sie schrieb unter anderem *To Confess the Faith Today.*

Earle, Ralph, ist Leiter des Instituts für das Neue Testament am Nazarene Theological Seminary in Kansas City.

Edersheim, Alfred (1825-1889), besuchte die Universität Wien und war Sprachlehrer in Pest (Ungarn). Er war Warbutonian-Lektor am Lincoln's Inn (Oxford) und Grinfield-Lektor für die Septuaginta.

Evans, Charles Stephen (1948-), B.A., M.Phil., Ph.D., ist Lehrer für Philosophie. Er studierte am Wheaton College und an der Yale University. Er war Assistenz-Professor für Philosophie am Trinity College in Deerfield (Ill.) und Professor für Philosophie am Wheaton College und am St. Olaf College. Er ist der Autor von *The Quest for Faith* und *Philosophy of Religion*.

Finegan, Jack (1908-), B.A., M.A., B.D., LL.D., B.D., M.Th., Litt.D., ist ein Spezialist für Archäologie und für das Neue Testament. Er studierte an der Drake University, der Colgate University Rochester Division, der Friedrich-Wilhelms-Universität Berlin und am Chapman College. Er war Professor und Institutsleiter für Religionskunde an der Iowa State University, Frederick Billings Professor für die Geschichte des Neuen Testaments und für Archäologie an der Pacific School of Religion sowie Direktor an deren Institut für Biblische Archäologie. Finegan schrieb *The Archaeology of the New Testament*, *Encountering New Testament Manuscripts*, *Light from the Ancient Past*, *The Archaeology of World Religions* und andere Werke.

France, Richard T. (1938-), M.A., B.D., Ph.D., studierte am Balliol College, an der Oxford University, der University of London und der University of Bristol. Er ist Leiter des Instituts für Bibelkunde am London Bible College und war als Gastprofessor für Neues Testament an der Trinity Evangelical Divinity School sowie als Bibliothekar und Leiter im Tyndale House in Cambridge tätig. France schrieb unter anderem *A Bibliographical Guide to New Testament Research* und *Jesus and the Old Testament*.

Free, Joseph P., Ph.D., ist Professor für Archäologie und Geschichte am Bemidji State College und war früher Direktor für Archäologie am Wheaton College.

Fuller, Reginald H. (1915-), B.A., M.A., ist emeritierter Professor für Neues Testament am Episcopal Theological Seminary. Fuller studierte im Peterhouse in Cambridge und an der Universität Tübingen. Er war Professor am Union Theological Seminary, am Seabury-Western Theological Seminary und an der St. David's University. Zu seinen vielen Werken zählt auch *The Historical Jesus: Some Outstanding Issues*.

Geisler, Norman L., studierte am Wheaton College (B.A.) Philosophie und an der Wheaton Graduate School (M.A.) Theologie. Er besuchte auch das William Tyndale College (Th.B.), die Loyola University (Ph.D.) und das Detroit Bible College (Th.B.). Dr. Geisler war Vorsitzender des Instituts für Philosophie und Religion an der Trinity Evangelical Divinity School, Professor für Systematische Theologie am Dallas Theological Seminary und Dekan des Liberty Center for Research an der Liberty University. Zur Zeit ist er Dekan am Southern Evangelical Seminary, das er mit gegründet hat.

Grenz, Stanley J. (1950-), B.A., M.Div., Th.D., ist Dozent für Religion und studierte an der University of Colorado, am Denver Conservative Theological Seminary und an der Universität München. Grenz war Professor am North American Baptist Seminary und in jüngster Zeit am Carey Theological College. Grenz ist Autor von *Prayer: The Cry for the Kingdom*, *Reason for Hope* und anderen Werken.

Gromacki, Robert G. (1933-), Th.M., Th.D., ist ein Neutestamentler, der am Dallas Theological Seminary und am Grace Theological Seminary studiert hat.

Gromacki war Professor für Bibelkunde und Griechisch am Cedarville College, wo er auch Vorsitzender für Bibelkunde war. Er schrieb unter anderem *The Virgin Birth: Doctrine of Deity*.

Groothuis, Douglas Richard (1957-), B.S., M.A., ist Pfarrer. Er studierte an den Universitäten von Oregon und Wisconsin und ist Autor von *Unmasking the New Age*, *The New Age Movement*, *Jesus in an Age of Controversy* und *Revealing the New Age Jesus*. Außerdem ist er beitragender Herausgeber des *Christian Research Journal*.

Gundry, Stanley N. (1937-), B.A., B.D., S.T.M., S.T.D., ist der Geschäftsführer eines Verlagshauses. Er studierte am L. A. Baptist College, am Talbot Theological Seminary, am Union College und an der Lutheran School of Theology. Gundry war Professor für Theologie am Moody Bible Institut, Assistenz-Professor für Theologie an der Trinity Evangelical Divinity School und ist seit 1980 Vizepräsident und leitender Herausgeber des Zondervan Publishing House in Grand Rapids (Mich.). Gundry war Co-Autor und Co-Herausgeber vieler Literaturprojekte, unter anderem von *Tensions in Contemporary Theology* und *Perspectives on Evangelical Theology*.

Guthrie, Donald (1916-), B.D., M.Th., Ph.D., studierte am London Bible College und an der London University und war jahrelang Vizepräsident des London Bible College. Guthrie war Herausgeber von *The New Bible Commentary*, *The Illustrated Bible Dictionary* und vom *Lion Handbook to the Bible*. Er schrieb unter anderem *New Testament Theology* und *New Testament Introduction*.

Harrison, Roland Keith (1920-1993), B.D., M.Th., Ph.D., ist Alttestamentler und Theologe. Er studierte an der University of London, arbeitete als Leiter des Instituts für Hebräisch an der Western Ontario University und war viele Jahre Vorsitzender für das Alte Testament am Wycliffe College. Zu seinen ca. hundert Werken gehören die *International Standard Bible Encyclopedia*, der *New International Commentary on the Old Testament* und die *Introduction to the Old Testament*. Er bestand darauf, dass Bibelkritik nur auf der Basis eines gründlichen Verständnisses des Lebens und der Gebräuche im alten Nahen Osten erfolgen sollte.

Harvey, Van A. (1926-), B.A., B.D., Ph.D., ist Neutestamentler und studierte am Occidental College und an der Yale University. Zur Zeit ist er Professor an der Stanford University. Früher war er Assistent an der Princeton University und Professor an der Southern Methodist University und an der University of Pennsylvania. Zu seinen geschriebenen Werken gehören *Religious Thought in the 19th Century* und *The Historian and the Believer*.

Hengstenberg, Ernst Wilhelm (1802-1869), ging mit 17 an die Universität Berlin. Dort erhielt er so exzellente Grundlagen in den Sprachen und der Philosophie des

Orients, dass er mit nur 21 Jahren eine deutsche Übersetzung eines arabischen Werkes herausgeben konnte.

Henry, Carl Ferdinand Howard (1913-), ist ein amerikanisch-baptistischer Theologe, evangelischer Leiter und Verlagslektor. Er schloss sein Studium am Wheaton College ab, machte seinen Th.D. am Northern Baptist Theological Seminary und seinen Ph.D. an der Boston University. Außerdem erhielt er mehrere Ehrendoktortitel. Er war Professor für Theologie und Religionsphilosophie am Northern Baptist Theological Seminary und Gründungsprofessor für Theologie und Christliche Philosophie am Fuller Theological Seminary. Außerdem war er als Gastprofessor an der Trinity Evangelical Divinity School tätig. Er war Vorsitzender des World Congress on Evangelism und Präsident der American Theological Society. Das *Time Magazine* bezeichnete ihn als »den führenden Theologen der wachsenden evangelikalen Flanke der Nation«, was ihm den Respekt vieler außenstehender christlicher Kreise einbrachte. Zu seinen Werken gehören das sechsbändige *God, Revelation and Authority, Aspects of Christian Social Ethics* und *The Christian Mindset in a Secular Society*.

Henry, Matthew (1662-1714), war ein religiöser Schriftsteller. Er war ausgebildeter Anwalt, doch er wurde presbyterianischer Pfarrer und machte sich durch seine siebenbändige *Exposition of the Old and New Testaments* einen Namen.

Hick, John Harwood (1922-), ist Theologe und Religionsphilosoph. Er studierte an den Universitäten von Edinburgh und Oxford und unterrichtete Religionsphilosophie in Cambridge und Birmingham und an der Claremont School of Graduate Studies in Kalifornien. Er schrieb unter anderem *Evil and the God of Love*, *The Second Christianity* und *The Metaphor of God Incarnate*.

Hoehner, Harold W. (1935-), Th.M., Th.D., Ph.D., ist Neutestamentler und Absolvent des Dallas Theological Seminary und der Cambridge University. Er war jahrelang Assistenz-Professor für Bibelauslegung und Vorsitzender sowie Professor für Literatur und Exegese des Neuen Testaments am Dallas Theological Seminary. Zu seinen geschriebenen Werken zählt *Chronological Aspects of the Life of Christ*.

Horn, Siegfried H. (1908-), B.A., M.A., Ph.D., ist Archäologe und Absolvent des Walla Walla College, der Andrews University und der University of Chicago. Er war Professor für Archäologie an der Andrews University und leitete und beaufsichtigte zahlreiche archäologische Ausgrabungen. Er ist der Autor von *Biblical Archaeology - A Generation of Exploration*, *The Spade Confirms the Book* und anderen Werken.

Hort, Fenton John Anthony (1828-1892), studierte am Rugby und Trinity College in Cambridge. 1857 wurde er Pfarrer von St. Ippolyts bei Cambridge. Cambridge bat ihn oft um seine Dienste als Prüfer, Lektor und Professor. Er hielt sechs Jahre lang Vorlesungen zum Neuen Testament und zur Patristik am Emmanuel College (Cambridge). 1878 wurde er Hulsean Professor of Divinity.

James, William (1842-1910), war Philosoph. Die meiste Zeit seiner Karriere unterrichtete er an der Harvard University. Er machte sich als Autor von *The Varieties of Religious Experience*, *The Will to Believe* und *Pragmatism* einen Namen.

Jeremias, Joachim (1900-1979), war Theologe und ein sehr einflussreicher Gelehrter. Er unterrichtete an den Universitäten von Greifswald und Göttingen und schrieb *New Testament Theology: The Proclamation of Jesus*.

Josephus, Flavius (ca. 37 - ca. 101 n. Chr.) war ein jüdischer Historiker, Autor und Mitglied der Gruppierung der Pharisäer. Er studierte an verschiedenen jüdischen Schulen, wurde römischer Bürger und gab sich ganz dem Studium und der Beschäftigung mit der Literatur hin. Er schrieb das siebenbändige Werk *History of the Jewish War* und das zwanzigbändige Werk *Jewish Antiquities*.

Käsemann, Ernst (1906-), ist Theologe. Er war ein Student von Bultmann in Marburg und unterrichtete in Mainz, Göttingen und Tübingen. Er ist Spezialist für das Neue Testament und Autor von *Exegetische Versuche und Besinnungen*.

Kee, Howard C. (1920-), A.B., Th.M., Ph.D., studierte am Bryan College, am Dallas Theological Seminary und an der Yale University. Kee war jahrelang William Goodwin Aurelio Professor für Bibelkunde an der Boston University und unterrichtete davor am Bryn Mawr College und an der Drew University. Als Gelehrter in den Bereichen der Archäologie, des Neuen Testaments, der Apokryphen und frühchristlichen Studien schrieb er unter anderem *Interpreting the Gospels*.

Kenyon, Sir Frederic George, war ein britischer Gelehrter und Administrator. Er war der assistierende Verwalter der Manuskripte im British Museum (1898-1909). Dann wurde er Direktor des Museums, ein Amt, das er bis 1930 innehatte. Er veröffentlichte zahlreiche Werke, darunter: *The Palaeography of Greek Papyri*; *Our Bible and Ancient Manuscripts*; *Handbook to the Textual Criticism of The New Testament* und *The Bible and Archaeology*.

Kitchen, Kenneth A. (1932-), B.A., Ph.D., studierte an der University of Liverpool. Er ist für seine Gelehrsamkeit in den Bereichen der Archäologie, der hebräischen Bibel, des Neuen Testaments, der Ägyptologie, der Mesopotamischen Studien, der Semitischen Sprachen, Texte und Epigrafie und in anderen Bereichen bekannt. Kitchen nahm auch an vielen archäologischen Ausgrabungen teil. Als produktiver Schriftsteller ist Kitchen Autor von *Pharaoh Triumphant (Rameses II)*, *Ramesside Inscriptions* und von über 100 anderen Bücher und Artikeln.

Kline, Meredith G. (1922-), Ph.D., ist Professor für Altes Testament. Er studierte am Westminster Seminary und am Dropsie College of Hebrew and Cognate Learning. Kline schrieb unter anderem *Treaty of the Great King* und *The Structure of Biblical Authority*.

Küng, Hans (1928-), ist ein schweizer Theologe. Er studierte am German College in Rom, an der Gregorian University, am L'Institut Catholique und an den Universitäten von Amsterdam, Berlin, London und Madrid. Er wurde Mitglied der Fakultät für Katholische Theologie in Tübingen und war Professor für Dogmatik sowie Direktor des Ökumenischen Instituts der Universität Tübingen. Außerdem war er ein Berater von Papst Johannes XXIII. und schrieb unter anderem *Infallible?*, *Does God Exist?* und *The Kung Dialogue*.

Ladd, George Eldon (1911- 1982), war ein Bibelwissenschaftler. Er studierte am Gordon College of Theology and Missions und beendete seinen Ph.D. in Altphilologie an der Harvard University. Er war Professor am Fuller Theological Seminary und wurde zu einer führenden Persönlichkeit unter den Bibelgelehrten. Er versuchte, sowohl vollkommen kritisch als auch vollkommen orthodox zu sein. Er schrieb *Theology of New Testament*, eine Alternative zu Bultmanns Arbeiten.

Latourette, Kenneth Scott (1884-1968), war Historiker. Nach seinem Studienabschluss am Linfield College machte er seinen Ph.D. an der Yale University. Latourette unterrichtete am Reid College und an der Denison University, dann begann seine lange Amtszeit in Yale, von wo er Jahre später als Professor für Missiologie und Orientalische Geschichte in den Ruhestand ging. Er interessierte sich besonders für ostasiatische Geschichte und Missionen. Als hoch geachteter Historiker und Geistlicher schrieb Latourette Werke wie *The History of the Expansion of Christianity*, *Christianity in a Revolutionary Age* und *Beyond the Ranges*.

Lewis, C. S., war bis zu seinem Tod 1963 Professor für Literatur des Mittelalters und der Renaissance an der Cambridge University. Zu den Werken dieses fruchtbaren Autors gehören neben dem modernen Klassiker *The Chronicles of Narnia* andere Bestseller wie *Mere Christianity*, *The Screwtape Letters*, *Space Trilogy*, *Miracles* und *The Problem of Pain*.

Little, Paul, war Assistenz-Direktor des InterVarsity Christian Fellowship sowie dessen Direktor für Evangelisation. Er sprach an über 180 Colleges der Vereinigten Staaten und in 29 Ländern Europas und Lateinamerikas. Mr. Little war zeitweise Assistenz-Professor für Evangelisation an der Trinity Evangelical Divinity School in Deerfield.

Machen, John Gresham (1881-1937), war Neutestamentler und Geistlicher. Er machte seinen Abschluss an der Johns Hopkins University und am Princeton Seminary, dann studierte er Liberale Theologie in Deutschland. Er arbeitete als Professor in Princeton und schrieb unter anderem *The Origin of Paul's Religion*, *Christianity and Liberalism* und *The Christian Faith in the Modern World*.

Manson, Thomas Walter (1893-1958), war ein englischer Bibelwissenschaftler. Er studierte an der Glasgow University und am Westminster College in Cambridge. Später führte er den Vorsitz für Neutestamentliches Griechisch am Mansfield College in Oxford und er unterrichtete schließlich am Westminster College und an der Manchester University. Manson schrieb unter anderem *The Sayings of Jesus*.

Marshall, I. Howard (1934-), B.A., M.A., B.D., Ph.D., besuchte die University of Aberdeen und die University of Cambridge. Marshall war lange Zeit Professor für Neutestamentliche Exegese an der University of Aberdeen. Er ist seit langem Herausgeber der Zeitschrift *The Evangelical Quarterly* und Autor von *Luke: Historian and Theologian, The Origins of New Testament Christology* und anderen Büchern.

Metzger, Bruce M., war Professor für Sprachen und Literatur des Neuen Testaments am Princeton Theological Seminary. Er hat die Abschlüsse A.B. und D.D. vom Lebanon Valley College, ein Th.B. und Th.M. vom Princeton Theological Seminary, ein A.M. und ein Ph.D. von der Princeton University und andere höhere Abschlüsse von Universitäten in Deutschland, Schottland und Südafrika. Er war Präsident der Society of Biblical Literature. Er ist Experte auf dem Gebiet der neutestamentlichen Textkritik.

Miethe, Terry Lee (1948-), A.B., M.A., M.Div., Ph.D., ist Dozent. Er besuchte das Lincoln Christian College, die Trinity Evangelical Divinity School, McCormick Theological Seminary, die University of St. Louis und die University of Southern California. Miethe war Assistenz-Professor für Theologische Studien und lehrte Philosophie an der University of St. Louis. Jetzt ist er Professor für Philosophie an der Liberty University. Miethe ist Autor der Bücher *The Metaphysics of L. J. Eslick*, *The Philosophy and Ethics of Alexander Campbell*, *Aristotelian Bibliography*, *Does God Exist? A Believer and An Atheist Debate* und anderer Werke.

Millard, Alan Ralph (1937-), B.A., M.Phil., besuchte die Universitäten London und Oxford. Millard war an vielen archäologischen Ausgrabungen beteiligt, seine anderen Spezialgebiete sind die hebräische Bibel, Mesopotamienstudien, und semitische Sprachen, Texte und Inschriften. Er schrieb *The Bible B. C.: What Can Archaeology Prove?*, *Atra-Hasis. The Babylonian Story of the Flood* und andere Bücher und Artikel.

Montgomery, John Warwick, ging als Professor für Rechts- und Geisteswissenschaften der University of Luton, England, in den Ruhestand und war zuvor Professor und Vorsitzender der Abteilung für Kirchengeschichte und Geschichte für

Christliche Philosophie und Direktor der Bibliothek der Trinity Evangelical Divinity School, Deerfield, 1B. Er arbeitet heute am Trinity Seminary, Newburgh, Ind. Er war auch Mitglied der Dozentenschaft der University of Chicago und studierte an der Cornell University (A.B.), der University of California at Berkeley (B.L.S. und M.A.), der Wittenburg University (B.D. und S.T.M.), der University of Sussex, England (M.Phil. in Recht) und der University of Chicago (Ph.D.). Er ist Autor von mehr als 140 Büchern und journalistischen Artikeln.

Morris, Henry M., besuchte die Universität von Minnesota (M.S., Ph.D.), die Bob Jones University (LL.D.), die Liberty University (Litt.D.) und die Rice University (B.S.). Er war Professor für Wasserbau und Leiter der Abteilung für Hoch- und Tiefbau am Virginia Polytechnic Institute. Er ist heute Präsident des Institute of Creation Research und war Präsident des Christian Heritage College, San Diego, Kalifornien.

Morris, Leon Lamb (1914-), ist ein australischer anglikanischer Bibelwissenschaftler. Er besuchte die University of Sydney und das Sydney Teachers' Training College und erhielt später einen Abschluss in London und Cambridge (Ph.D.). Er war stellvertretender Rektor des Ridley College, Melbourne, Direktor des Tyndale House, Cambridge, und Rektor des Ridley College. Morris hielt oft im Ausland Vorlesungen und war ein produktiver Autor, unter anderem der Bücher *The Apostolic Preaching of Christ* und *Theology of the New Testament*.

Moule, Charles F. D. (1908-), B.A., M.A., besuchte das Emmanuel College, Cambridge. Als Neutestamentler unterrichtete er Theologie an der University of Cambridge und war Dekan des Clare College, Cambridge. Er schrieb *Essays in New Testament Interpretation*, *The Origin of Christology* und mehr als 80 andere Bücher und Artikel.

Nash, Ronald Herman (1936-), B.A., M.A., Ph.D., ist Philosophiedozent. Er studierte am Barrington College, an der Brown University und der Syracuse University. Nash war Professor für Philosophie an der Western Kentucky University und ist Professor für Philosophie und Religion am Reformed Theological Seminary. Er ist der Autor von mehr als 20 Büchern, darunter *Poverty and Wealth*, *Faith and Reason*.

Nix, William, unterrichtete am Detroit Bible College und am Trinity College. Er hat ein A.B. von der Wayne State University, ein A.M. von der University of Michigan und ein Ph.D. von der University of Oklahoma.

O'hair, Madalyn Murray (1919-), B.A., J.D., Ph.D., war die Prozesspartei im Fall Murray gegen Curlett Supreme Court, der das Gebet aus den öffentlichen Schulen Amerikas verbannte. Sie war die Gründerin der American Atheist Library und Autorin von *Freedom Under Siege*, *What on Earth Is an Atheist?*, *Why I Am an Atheist* und anderen Werken.

Orr, James (1844-1913), war schottischer Theologe und Philosoph. Er hatte einen Abschluss der University of Glasgow und arbeitete als Professor für Kirchengeschichte an der United Presbyterian Divinity Hall. Er hatte außerdem den Lehrstuhl für Systematische Theologie am United Free Church College in Glasgow. Orr ist der Autor von *God's Image in Man*, *The Problem of the Old Testament* (eine allgemein verständliche Darstellung der Graf-Wellhausen-Theorie über die Ursprünge des Alten Testaments), *The Virgin Birth of Christ*, *The Resurrection of Jesus* und anderen Werken, und war der Herausgeber der *International Standard Bible Encyclopedia*.

Orr, James Edwin (1912-1987), war Evangelist, Autor und Lehrer. Orr erlangte seinen Doktor an der Universität Oxford und wurde Professor an der Fuller Seminary's School of World Missions. Er gründete die Oxford Reading and Research Conference on Evangelical Awakenings und schrieb Bücher über den Glauben und gelehrte Erweckungsgeschichten.

Osborn, Grant Richard (1942-), B.A., M.A., Ph.D., ist Religionsdozent und Pfarrer. Er besuchte Ft. Wayne Bible College, Trinity Evangelical Divinity School und die University of Aberdeen, Schottland. Osborn war Professor für Neues Testament am Winnipeg Theological Seminary und ist außerordentlicher Professor für Neues Testament an der Trinity Evangelical Divinity School. Er ist der Autor der Bücher *Handbook for Bible Study*, *The Resurrection Narratives: A Reductional Study* und anderer.

Packer, James Innell (1926-), studierte in Oxford und ist anglikanischer evangelikaler Theologe. Nach Erreichen seines Phil.D.-Abschlusses arbeitete er als Seniortutor an der Tyndale Hall, Bristol und als Professor für Historische und Systematische Theologie am Regent College. Packer ist ein einflussreicher Denker und christlicher Apologet, der unter anderem folgende Bücher geschrieben hat: *Knowing God, Knowing Man*, *Rediscovering Holiness* und *Concise Theology: A Guide to Historic Christian Beliefs*.

Palau, Luis (1934-), ist Evangelist. Er studierte am St. Albans College in Argentinien und schloss ein Graduiertenprogramm an der Multnomah School of the Bible in Oregon ab. Palau ist der Gründer des Luis Palau Evangelistic Team und hat mehr als dreißig Bücher in Spanisch und Englisch geschrieben, unter anderem einen zweibändigen Kommentar zum Johannesevangelium, mit dem er einen Beitrag zur Bibelkommentarreihe Continente Nuevo leistete.

Pascal, Blaise (1623-1662), war Mathematiker und Theologe. Er ist hauptsächlich durch sein Buch »Pensées« bekannt. Pascal glaubte, dass man Gott durch Glauben und nicht durch den menschlichen Verstand fände.

Pelikan, Jaroslav Jan (1923-), B.D., M.A., Ph.D., D.D., ist Geschichtsdozent. Er besuchte Concordia Junior College, Concordia Theological Seminary und die University of Chicago. Pelikan erhielt außerdem Ehrendoktortitel von mehreren höheren Lehranstalten. Er war Teil der Dozentenschaft an der Valparaiso University, dem Concordia Seminary und der Universität Chicago, bevor er seine lange Amtszeit als Dozent an der University of Yale begann. Er ist ein außerordentlicher Autor und schrieb *From Luther to Kierkegaard*, *Fools for Christ*, *The Shape of Death*, *The Light of the World*, *The Christian Tradition* (in fünf Bänden) und viele andere. Außerdem war er Herausgeber und Übersetzer der Werke Luthers (in zweiundzwanzig Bänden).

Phillips, John Bertram (1906-1982), war englischer Bibelübersetzer, Autor und Rundfunksprecher. Er besuchte das Emmanuel College, Cambridge, und schrieb *New Testament in Modern English*, *Your God Is Too Small*, *Ring of Truth: A Translator's Testimony* und andere Bücher.

Ramm, Bernard (1916-1992), war Professor für Theologie am Eastern Baptist Theological Seminary und am American Baptist Theological Seminary of the West. Er hatte einen Ph.D. von der University of Southern California und schrieb Bücher wie *An Evangelical Christology*, *After Fundamentalism*, *Protestant Christian Evidences*, *The Christian View of Science and Scripture* und *Protestant Biblical Interpretation*.

Ramsay, Sir William (1851-1939), war britischer Archäologe. Er besuchte die Universitäten in Aberdeen, Oxford und Göttingen, arbeitete als Professor für Klassische Archäologie und Kunst in Oxford (1885-1886) und als Professor für Geisteswissenschaften an der University of Aberdeen (1886-1911). Er wurde 1906 zum Ritter geschlagen. Ramsay machte Entdeckungen in der Geografie und Topografie Kleinasiens und seiner antiken Geschichte. Er ist der Autor der Bücher *The Historical Geography of Asia Minor*, *The Cities of St. Paul* und *The Letters to the Seven Churches in Asia*.

Robinson, John Arthur Thomas (1919-1983), war anglikanischer Bischof und Theologe. Nachdem er seinen Abschluss als Ph.D. in Cambridge gemacht hatte, arbeitete er als Dekan des Clare College, Cambridge. Robinson schrieb eine Reihe von Büchern, unter anderem *The Human Face of God* und *The Priority of Man*.

Ryrie, Charles C. (1925-), ist Pfarrer, Administrator und Gelehrter. Ryrie studierte am Haveford College und am Dallas Theological Seminary und machte einen Abschluss als Ph.D. an der University of Edinburgh. Er arbeitete in professoralen und administrativen Tätigkeiten am Midwest Bible and Missionary Institute, am Westmont College und am Dallas Theological Seminary und war außerdem Präsident des Philadelphia College of the Bible. Als fundamentalistischer Gelehrter schrieb er das Buch *New Orthodoxy*, in dem er neoorthodoxe Ansichten als unlogisch und unbiblisch verurteilte. Er schrieb unter anderem auch *Biblical Theology of the New Testament*, *A Survey of Bible Doctrine*, *Ryrie Study Bible* und andere Bücher.

Russell, Bertrand Arthur William (1872-1970), war britischer Philosoph, Mathematiker und politischer Aktivist. Er lehrte in Cambridge und an der University of Chicago und erhielt 1950 den Nobelpreis für Literatur.

Sagan, Carl Edward (1934-1996), A.B., B.S., M.S., Ph.D., war Astronom, Dozent und Autor. Er besuchte die University of Chicago und erhielt zahlreiche Ehrendoktortitel von angesehenen höheren Lehranstalten. Sagan war über dreißig Jahre lang Mitglied der Dozentenschaft an der Cornell University und schrieb *Cosmos*, *Intelligent Man in the Universe* und viele andere Bücher.

Schaeffer, Francis August (1912-1984), war amerikanischer Gelehrter. Er machte seinen Universitätsabschluss am Hampden-Sydney College und am Faith Theological Seminary und gründete zusammen mit seiner Frau Edith die L'Abri Fellowship, ein Studienzentrum und Treffpunkt für nachdenkliche Christen. Als produktiver und einflussreicher christlicher Philosoph half Schaeffer, evangelikale Perspektiven zu erweitern, indem er das Interesse an Kunst und Kultur förderte. Unter seinen Büchern befinden sich Titel wie *Escape From Reason*, *How Should We Then Live?* und *Whatever Happened to the Human Race?*.

Schweitzer, Albert (1875-1965), war Missionar, Musiker, Arzt und Theologe. Er studierte Theologie und Philosophie an den Universitäten von Straßburg, Paris und Berlin und erhielt mehrere Doktortitel. 1952 erhielt er den Friedensnobelpreis. Schweitzer, kein Vertreter orthodoxer christlicher Ansichten, war der Autor von *The Quest for the Historical Jesus*, *My Life and Thought* und anderen Büchern.

Sider, Ronald J. (1939-), ist nordamerikanischer evangelikaler Theologe und sozial engagiert. Er machte seinen Universitätsabschluss am Waterloo Lutheran College, erhielt aber auch einen Ph.D. von der University of Yale. Er unterrichtete am Zweig des Messiah College and Eastern Baptist Seminary in Philadelphia und ist der Gründer der Organisation Evangelicals for Social Action. Sein einflussreichstes Buch ist *Rich Christians in an Age of Hunger*.

Smith, John Edwin (1921-), A.B., M.A., B.D., Ph.D., LL.D., ist Philosophiedozent. Er besuchte die Columbia University, das Union Theological Seminary, die University of Yale und die Universität von Notre Dame. Smith ist als Professor für Philosophie und als Vorsitzender der Abteilung seit vielen Jahren Mitglied des Lehrkörpers der University of Yale. Smith ist seit 1991 Clark Professor (em.) für Philosophie. Er ist der Autor von *Reason and God*, *The Philosophy of Religion*, *The Analogy of Experience*, *Quasi-Religions: Humanism, Marxism, Nationalism* und anderer Werke.

Smith, Wilbur, war Professor für Englische Bibel am Moody Bible Institute, am Fuller Theological Seminary und der Trinity Evangelical Divinity School. Er hat unter anderem die Bücher *The Supernaturalness of Jesus* und *Therefore Stand: Christian Apologetics* geschrieben.

Sparrow-Simpson, W. J., arbeitete als Kaplan des St. Mary's Hospital in Ilford, England, und war in Großbritannien hoch angesehen. Er war einer der Mitarbeiter der Oxford Library of Practical Theology.

Sproul, Robert Charles (1939-), ist Pfarrer, Rundfunksprecher und Autor. Er machte seinen Abschluss am Westminster College und dem Pittsburgh Theological Seminary und erhielt einen Doktortitel der Freien Universität Amsterdam. Er unterrichtete am Westminster College, am Gordon College und an der heutigen Gordon-Conwell School of Theology, bevor er Präsident der Ligonier Ministries wurde. Er war auch Professor für Systematische Theologie und Apologetik am Reformed Theological Seminary in Mississippi. Sproul ist der Autor von mehr als dreißig Büchern, wie z.B. *God's Inerrant Word*, *Classical Apologetics*, *The Holiness of God*.

Stauffer, Ethelbert, war Student und Professor an verschiedenen deutschen Universitäten. Er war Assistenz-Professor an den Universitäten Halle und Bonn und Professor für Neutestamentliche Studien und Antike Münzkunde an der Universität Erlangen. Er schrieb außerdem sechs Bücher über Christus und christliche Theologie.

Stein, Robert H. (1935-), B.D., S.T.M., Ph.D., besuchte das Fuller Theological Seminary, die Andover-Newton Theological School und das Princeton Theological Seminary. Als Neutestamentler wurde Stein Professor am Bethel College und arbeitet seit vielen Jahren als Professor für Neues Testament am Bethel Theological Seminary. Stein ist der Autor von *Difficult Passages in the Gospels*, *An Introduction to the Parables of Jesus* und anderen Büchern.

Stonehouse, Ned Bernard (1902-1962), war Neutestamentler. Er machte seinen Abschluss am Calvin College und am Princeton Theological Seminary und erhielt einen Th.D. von der Freien Universität Amsterdam. Er war Mitglied des Lehrkörpers am Westminster Theological Seminary und unterrichtete dort für den Rest seiner Laufbahn, schließlich auch als Dekan. Als energischer Verteidiger der Unfehlbarkeit der Bibel war er der Herausgeber des *New International Commentary on the New Testament*.

Stoner, Peter W., M.S., war bis 1953 Vorsitzender der Abteilungen für Mathematik und Astronomie am Pasadena City College, Vorsitzender der wissenschaftlichen Abteilung am Westmont College von 1953-1957 und Professor em. für Wissenschaft am Westmont College.

Stott, John R. W., machte seinen Universitätsabschluss am Trinity College, Cambridge. Er arbeitete viele Jahre als Pfarrer der All Souls Church in London. Er ist der Autor von Büchern wie *Issues Facing Christians Today* und *The Contemporary Christian*.

Taylor, Vincent (1887-1968), war Neutestamentler und Theologe. Taylor machte seinen Ph.D. und später seinen D.D. an der Universität London und unterrichtete Neues Testament am Headingley College, Leeds, wo er auch Rektor war. Er schrieb *The Formulation of the Gospel Tradition* und *The Life and Ministry of Jesus*.

Tenney, Merrill C. (1904-1985), war Dekan der Graduate school (Hochschulabteilung für das Fortgeschrittenenstudium) und Professor für Bibelkunde und Philosophie am Wheaton College, Wheaton, Ill. Berühmt für seine strenge Wissenschaftlichkeit erhielt er auch einen Ph.D.-Abschluss von der University of Harvard.

Unger, Merrill F. (1909-1980), erhielt A.B.- und Ph.D.-Abschlüsse an der Johns Hopkins University und seinen Th.M.- und Th.D.-Abschluss am Dallas Theological Seminary. Er war Professor und Vorsitzender der Abteilung für semitische und alttestamentliche Studien am Dallas Theological Seminary.

Van Til, Cornelius (1895-1987), war reformierter Theologe und Philosoph. Er besuchte das Calvin College und Calvin Theological Seminary, wechselte aber dann zum Princeton Seminary, wo er seinen Th.M.-Abschluss machte. Er erhielt außerdem einen Ph.D.-Abschluss der University of Princeton. Er arbeitete später für den Rest seiner Laufbahn am Westminster Theological Seminary. Er schrieb *The New Modernism*, *The Defense of the Faith*, *A Christian Theory of Knowledge* und andere Bücher.

Vos, Howard F., erhielt seine Ausbildung am Wheaton College (A.B.), dem Dallas Theological Seminary (Th.M., Th.D.), der Northwestern University (M.A., Ph.D.), der Southern Methodist University und dem Asiatischen Institut (Oriental Institute) der University of Chicago. Er war Professor für Geschichte am Trinity College, Deerfield, Ill., und am The King's College, Briarcliff Manor, N.Y., wo er noch immer Professor em. für Geschichte und Archäologie ist.

Walvoord, John Flipse (1910-), ist amerikanischer Theologe, Pfarrer und Autor. Er machte seinen Abschluss am Wheaton College und der Texas Christian University, erhielt aber auch einen Th.D. vom Dallas Theological Seminary. Walvoord war Mitglied des Lehrkörpers des Dallas Seminary, deren Präsident und schließlich Kanzler er später wurde. Er ist der Autor von *The Millennial Kingdom*, *Prophecy Knowledge Handbook* und anderer Bücher und Herausgeber des *Bible Knowledge Commentary*.

Warfield, Benjamin, unterrichtete Neutestamentliche Sprache und Literatur am Western Theological Seminary in Pittsburgh. Er studiert am Princeton Theological Seminary und erhielt 1892 seinen Doctor of Laws (Doktor der Rechte) vom College of New Jersey und dem Davidson College, 1911 seinen Doctor of Letters (Literarum Humaniorum Doctor) vom Lafayette College und 1913 seinen Sacrae Theologiae Doctor von der Universität Utrecht. 1886 wurde er gerufen, Archibald Alexander Hodge als Professor für Systematische Theologie am Princeton Theological Seminary nachzufolgen, eine Position, die er mit großer Ehre bis zu seinem Tod 1921 bekleidete.

Wellhausen, Julius (1844-1918), war Bibelwissenschaftler. Er besuchte die Universität Göttingen und lehrte später in Halle, Marburg und Göttingen. Er ist vor allem für sein Buch *Prolegomena zur Geschichte Israels* bekannt, das seine Theorie enthielt, die später als »Graf-Wellhausen-Hypothese« bekannt wurde und der zufolge der Pentateuch auf der Basis verschiedener früherer Quellen geschaffen wurde.

Wells, H.G. (1866-1946), war britischer Autor. Wells besuchte die Morley's School in Bromley und machte einen B.S.-Abschluss, aber er war in erster Linie Autodidakt, der sich Wissen durch intensives Lesen angeeignet hatte. Er unterrichtete einige Jahre lang in Privatschulen, begann dann aber seine literarische Karriere mit solch einflussreichen Werken wie *The Time Machine*, *The Invisible Man*, *The War of the Worlds*, *A Modern Utopia*, *Outline of History*, *The Shape of Things to Come* und anderen.

Westcott, Brooke Foss (1825-1901), Theologe und Bischof, besuchte die King Edward VI's School in Birmingham und das Trinity College in Cambridge, das er mit den höchsten Auszeichnungen abschloss. Westcott trug dazu bei, den besten griechischen Text des Neuen Testaments zu erarbeiten und half, die Cambridge Clergy Training School zu gründen.

Wilson, Robert Dick (1856-1930), war Alttestamentler. Wilson besuchte das College of New Jersey (heute die University of Princeton), das Western Theological Seminary und die Universität Berlin. Er war Professor für Semitische Philologie und Einführung in das Alte Testament am Princeton Seminary. Er war ein fortgeschrittener Sprachwissenschaftler, von dem gesagt wird, dass er fünfundvierzig Sprachen und Dialekte fließend sprach. Er schrieb *Is the Higher Criticism Scholarly?*, *Scientific Old Testament Criticism* und andere Werke.

Wiseman, Donald J., arbeitete viele Jahre als stellvertretender Kustos der Abteilung für Ägyptische und Assyrische (heute Westasiatische) Altertümer des British Museum. Er besuchte das King's College, London, das Wadham College, Oxford (M.A.), und die School of Oriental and African Studies (D.Lit.). Später führte er Ausgrabungen in Nimrud, Irak, und Harran, Südtürkei, durch und nahm an archäologischen Vermessungsarbeiten in anderen Ländern des Nahen Ostens teil. Er arbeitete als Professor für Assyriologie und ist Professor em. an der University of London. Er schrieb mehr als 150 Bücher und Artikel.

Witherington, Ben III. (1951-), B.A., M.Div., Ph.D., studierte an der University of North Carolina, dem Gordon-Conwell Theological Seminary und der University of Durham. Als Neutestamentler arbeitet Witherington seit 1984 als Assistenz-Professor am Ashland Theological Seminary.

Witmer, John Albert (1920-), A.B., A.M., M.S., Th.M., Th.D., ist Bibliothekar. Er besuchte das Wheaton College, das Dallas Theological Seminary und die East Texas State University. Witmer war zunächst außerordentlicher Professor und später außerordentlicher Professor em. am Dallas Theological Seminary. Er arbeitete dort auch als Bibliothekar und Archivar. Er hat häufig Artikel für Fachzeitschriften geschrieben.

Wright, George Ernest (1909-1974), war biblischer Archäologe. Wright studierte am Wooster College und dem McCormick Theological Seminary und erhielt einen Ph.D.-Abschluss von der Johns Hopkins University. Er gründete das Magazin *The Biblical Archaeologist* und arbeitete viele Jahre als sein Herausgeber, außerdem war er Professor für Theologie an der Universität Harvard. Er war weiterhin Präsident der American Schools of Oriental Research, leitete verschiedene archäologische Ausgrabungen und schrieb *Biblical Archaeology*, *The Old Testament and Theology* und andere Bücher.

Young, E. J. (1907-1968), machte seinen Abschluss an der Stanford-Universität. Er erhielt seinen Ph.D.-Abschluss vom Dropsie College for Hebrew and Cognate Learning, Philadelphia. Er verbrachte zwei Jahre in Palästina, Ägypten, Italien und Spanien mit dem Studium antiker Sprachen und studierte an der Universität Leipzig, während er in Deutschland war. Er arbeitete bis 1968 als Professor für Altes Testament am Westminster Seminary, Philadelphia.

Yamauchi, Edwin M., machte seinen Abschluss am Shelton College (B.A.) und der Brandeis University (M.A., Ph.D.). Er ist seit über 30 Jahren Professor an der Miami University (Ohio) und seine Spezialgebiete sind unter anderem Archäologie, die hebräische Bibel und semitische Sprachen.

Yancey, Philip David (1949-), B.A., M.A., ist Autor und Herausgeber. Er studierte am Columbia Bible College, dem Wheaton College und der University of Chicago. Yancey war einige Jahre lang leitender Herausgeber des Magazins *Campus Life* und ist heute Mitherausgeber des Magazins *Christianity Today*. Er ist der Autor von *In His Image*, *The Student Bible*, *Disappointment With God*, *Reality and the Vision* und anderen Büchern.

Youngblood, Ronald F. (1931-), B.D., Ph.D., studierte am Fuller Theological Seminary und am Dropsie College. Er war Professor an der Wheaton College Graduate School, der Trinity Evangelical Divinity School und dem Bethel Theological Seminary und arbeitete außerdem für einige Jahre als akademischer Dekan an der

Wheaton College Graduate School. Youngbloods Spezialgebiete sind Archäologie, die hebräische Bibel, Mesopotamienstudien, semitische Sprachen, Texte und Inschriften. Er schrieb *Evangelicals and Inerrancy*, *The Living and Active Word of God* und andere Bücher.

Personenindex

A

B

C

D

E

F

G

I

J

K

L

M

O

P

S

T

W

X

Y

Z